Martin Schulze

Geschichte der amerikanischen Literatur

MARTIN SCHULZE

GESCHICHTE DER AMERIKANISCHEN LITERATUR

Von den Anfängen
bis heute

PROPYLÄEN

Die Deutsche Bibliothek – CIP-Einheitsaufnahme
Schulze, Martin
Geschichte der amerikanischen Literatur : von den Anfängen bis heute / Martin Schulze. – Berlin : Propyläen, 1999
ISBN 3-549-05776-8

Propyläen Verlag

Karten: Erika Baßler
Satz: Utesch GmbH, Hamburg
Druck und Verarbeitung: Wiener Verlag, Himberg bei Wien
ISBN 3 549 05776 8
Printed in Austria 1999

Gedruckt auf alterungsbeständigem Papier
mit chlorfrei gebleichtem Zellstoff

INHALT

EINLEITUNG

Man schrieb das Jahr 1820, als der in Oxford ausgebildete Sydney Smith, Mitbegründer der damals angesehenen *Edinburgh Review*, in seiner Zeitschrift die gleichermaßen abschätzige wie rhetorische Frage stellte, wer denn wohl in aller Welt ein amerikanisches Buch lese. Was damals bereits für England nicht mehr zutraf, war auch schon unzutreffend für den deutschsprachigen Raum. Und dies galt nicht nur für Sachbücher, sondern auch für die Belletristik. Bereits 1790 hatte der Romancier Charles Brockden Brown die Übersetzungshürde genommen, und von 1820 an wuchs das Interesse an amerikanischer fiktionaler Literatur in den deutschen Landen beträchtlich. 1824 wurde James Fenimore Cooper übersetzt, 1853 lag Edgar Allan Poes Gedicht »The Raven« in einer deutschen Fassung vor. Sechs Jahre später erschien Friedrich Spielhagens Sammlung amerikanischer Gedichte. Und nachdem in den fünfziger Jahren Hawthorne entdeckt worden war und in der Folge Autoren wie Harriet Beecher Stowe oder Bret Harte mit ihren spezifisch amerikanischen Thematiken einen großen deutschen Leserkreis gewonnen hatten, nahm der Siegeszug der amerikanischen Literatur hierzulande seinen Lauf.

Parallel dazu entwickelte sich das ›akademische‹ Interesse an der Literatur aus der Neuen Welt, die manche freilich noch lange als Seitenzweig der britischen ansahen und auch so behandelten. Das galt nicht nur für die Literaturkritik, sondern auch für das, was man heute Literaturwissenschaft nennt. Bereits 1854 legte Ludwig Herrig sein *Handbuch der Nordamerikanischen Nationalliteratur* vor, gefolgt von Karl Brunnemanns *Geschichte der Nordamerikanischen Nationalliteratur* (1866). Beide Titel signalisieren die Erkenntnis, daß es sich um eine eigenständige Literatur handelt. Von da an verging bis zur Jahrhundertwende kein Jahrzehnt, in dem nicht mindestens eine deutschsprachige Darstellung der US-Literatur erschien. Diese Tradition setzte sich im 20. Jahrhundert mit den Arbeiten von Leon Kellner (1913), Walther Fischer (1931), Walter Schirmer (1937), Henry Lüdeke (1952) und anderen bis in die Gegenwart fort. Geschichten der nordamerikanischen Literatur in deutscher Sprache gehören also bereits seit hundertfünfzig Jahren zur akademischen Tradition, sind Hilfs- und Orientierungsmittel für Lesende und Studierende, die sich die Literatur und damit einen

Teil der Kultur der USA erschließen wollen. Sie sind auch Dokumente eines ungebrochenen, ja steigenden Interesses an der amerikanischen Literatur, die derzeit im deutschsprachigen Raum einen Spitzenplatz unter den übersetzten Titeln einnimmt. Und wirft man schließlich noch einen Blick auf den Umfang der Bände, so muß man feststellen, daß er sich in gleichem Maße erweiterte, wie die Bedeutung der in ihnen abgehandelten Literatur in der Weltliteratur zugenommen hat.

Sehr früh schon wird in diesen Bänden deutlich, daß die Aspekte der ›Stilgeschichte‹ zurücktreten hinter weiter ausgreifende kultur- und sozialgeschichtliche Ansätze. Diese Tendenz – von Régis Michaud bereits zu Beginn der dreißiger Jahre diagnostiziert – hat sich mit der Herausbildung der *American Studies* als *area studies* weiter verstärkt.

Diesem Umstand trägt auch der vorliegende Band Rechnung. Damit rückt er jedoch nicht in die Nähe jener Bilderstürmer, die seit dem Ende der sechziger Jahre einen Tod der Literatur prognostizierten und die Unsinnigkeit ihrer historischen Betrachtung im ›nationalen/ethnischen‹ Rahmen glaubten, als nicht mehr zeitgemäß abtun zu können. Die Literaturgeschichte und damit auch das Konzept der ›National‹-Literaturen, das bei der Begründung der amerikanischen Literaturgeschichtsschreibung Pate gestanden hat, lebt weiter, wenn auch in modifizierter Form, da ihre Grenzen eher von kulturellen als von ›national-staatlichen‹ Indikatoren markiert werden. Wenn es aber gerade heute für ihre identitätsstiftende Funktion noch eines ›modernen‹ Beweises bedurft hätte, so findet er sich besonders in der Entwicklung der US-Literatur der zweiten Hälfte des 20. Jahrhunderts. Dies geschieht übrigens zu einem Zeitpunkt, da manche Apologeten des angeblichen ›Zeitgeistes‹ das Aufkommen multikultureller Gegebenheiten als Indiz für eine Epochenwende hinsichtlich der ›Nationalliteraturen‹ ins Feld führen. Hier ist einfach nicht zu übersehen, daß gerade die Einbindung der Literatur in Zeit und Ort ihrer Entstehung eher an Bedeutung gewonnen hat. Figuren aus den Werken Mark Twains, William Faulkners oder Toni Morrisons sind nun einmal ebensowenig am Bodensee denkbar wie Protagonisten Tolstois, Flauberts oder Fontanes in New Orleans. Und auch die Unterschiede in den Literaturen der in vielfacher Hinsicht so verwandten Räume wie dem kanadischen Westen und dem amerikanischen Nordwesten stimmen in diesem Zusammenhang nachdenklich.

Nun fällt dieses ›Phänomen‹ nicht vom Himmel, sondern bildet wohl den derzeitigen Endpunkt einer langen historischen Entwicklung, die keineswegs immer gleichförmig, leicht durchschaubar oder gar ›gesetzmäßig‹ verläuft, vielmehr von höchst komplexer Beschaffenheit ist. Wenn man akzeptiert, daß Literatur als Produkt des in einer Epoche herrschenden Weltbildes und dem aus der Vergangenheit Wirkenden und Denkbaren wächst, steht sie in ihrer Geschichtlichkeit, ihrer soziologischen Komplexität als ein gewaltiges Gebäude künstlerischer Tektonik vor uns. Und sie sagt uns sicher nicht weniger über die Befindlichkeit einer Gesellschaft und ihrer Entwicklung als etwa die sogenannten harten Fakten der *documentary history*. Diese Erkenntnis darf eben nicht dazu führen, Literatur allein an einer sozialwissenschaftlichen Elle zu messen. Sie ist, wie stark auch immer Autoren und Kritiker in ihre Zeit eingebunden sein mögen, die Summe der individuellen Kreativität ihrer Schöpfer.

Im Zentrum aller Betrachtungen dieses Bandes stehen in den von Chronologie, Epoche und Gattung bestimmten Parametern Autoren und ihre aus individueller Schöpferkraft resultierenden Werke und Weltbilder, freilich nicht losgelöst von den sie zum Schreiben drängenden Bedingungen. Dies soll dazu beitragen, die Vernetzungen innerhalb dieser Literatur – zuweilen auch mit anderen literarischen Traditionen – und ihre geschichtlichen Zusammenhänge überschaubarer und verständlicher werden zu lassen. Aus diesem Grunde lehnt sich die Struktur des Bandes im wesentlichen an hergebrachte Epochenbezeichnungen an.

Nach wie vor aber ist richtig – und dies gilt angesichts der stürmischen Renaissance der Literaturen ethnischer Minderheiten in den USA mehr denn je –, daß die Geschichte dieser Literatur keinem großflächigen Gemälde gleicht, sondern eher einem aus unendlich vielen Steinchen bestehenden, in reichen Farben spielenden Mosaik. Und so muß es immer wieder Aufgabe des Chronisten sein, zum Detail zurückzukehren, um ein Ganzes zusammenfügen zu können. Diesem Zwang zur Konzentration auf das einzelne in der Gesamtheit glaubt der Verfasser dadurch Rechnung getragen zu haben, daß er bei der Behandlung der wichtigsten Autoren knappe Bio-Bibliographien und Inhaltsskizzen ihrer bedeutendsten Werke einfügte.

Die Aufgabe dieser Literaturgeschichte besteht darin, den Leser eines amerikanischen Buches in die Lage zu versetzen, das Gelesene in größeren Zusammenhängen zu sehen und damit den Blick zu schärfen. Wenn sie des weiteren dazu beiträgt, ihm Orientierungshilfe in einer schier unüberschaubaren, aber ungemein lebensnahen und produktiven Literatur zu gewähren, so hat sie ihr Ziel erreicht, zumal sie damit auch dazu beiträgt, Einsichten in die Befindlichkeit einer anderen Gesellschaft, der US-amerikanischen, zu vermitteln. Damit kann sie Fenster aufstoßen und zu einem Teil des Dialoges werden, der dem Leser fremde Epochen und Kulturen erschließt und hilft, mit ihnen umzugehen.

Zu danken habe ich vielen Kollegen, allen voran Dr. Gabriele Spengemann und Dr. Martin Meyer, die mich mit ihrer hohen fachlichen Kompetenz und steten Unterstützung zu diesem Vorhaben ermutigt und dieses ständig nicht nur kritisch begleitet haben, sondern auch zur Textgestaltung und deren inhaltlichen Füllung beitrugen. Für wertvolle punktuelle Hinweise danke ich den Professoren Winfried Nöth, Horst

Dippel und Wolf Kindermann. Ein besonderer Dank gebührt einer Reihe von Kollegen des *English Department* der *Radford University*, vor allem Prof. Myrl G. Jones, der weder Zeit noch Mühen scheute, um mir bei der Sichtung und Erschließung der umfangreichen Gegenwartsliteratur zu helfen. Dies wurde mir nicht nur durch Unterstützung der *Fulbright Commission* und des *Deutschen Akademischen Austauschdienstes* möglich, sondern auch durch die Hilfe der *Radford University*, insbesondere in Gestalt ihres Vizepräsidenten Charles A. Wood. Hier, umgeben von den grünen Bergen Virginias, fand ich immer wieder einen ›Arbeitsplatz‹, von dem aus ich Zugang zu den Quellen und Datenbanken hatte, die ich für mein Vorhaben brauchte, ohne mich weiteren zeit- und kraftraubenden Reisen unterziehen zu müssen. Weiterhin gebührt Dank meiner Sekretärin Frau Martina Burba und Frau Dr. Ursula Lucas-Hentschke sowie den studentischen Hilfskräften Katja Fredow, Yvonne Holm und Urte Wiegmann-Truß, ohne deren ständige Hilfsbereitschaft und Verläßlichkeit die Fertigstellung des Manuskriptes nicht in den erhofften Fristen möglich gewesen wäre. Und nicht zuletzt gilt mein Dank dem Geschäftsführer des Verlages, Herrn Dr. Wolfram Göbel, für seine souveräne Art, Probleme zu lösen, sowie dem Lektor, Christian Seeger, seiner Mitarbeiterin Gisela Hidde und seinem Mitarbeiter Gregor Strick für die Betreuung und Zusammenarbeit bis zur Drucklegung.

I. DIE KOLONIALZEIT

Auftakt

Wohl selten ist in der jüngeren Geschichte unserer Welt der Gegensatz zwischen dem stürmischen Werden und Wachsen einer Nation und der literarischen Darstellung eben dieser Entwicklung so deutlich zutage getreten wie auf dem nordamerikanischen Kontinent im Verlaufe des 17. und 18. Jahrhunderts. Seitdem der Venezianer John Cabot mit einem Patent des ersten Tudorkönigs Henry VII. im Mai 1497 nach dem Westen gesegelt war und seinen Fuß – wahrscheinlich in der Nähe von Cape Breton, Nova Scotia – auf amerikanischen Boden gesetzt hatte, beanspruchte die englische Krone die Ostküste Nordamerikas für sich. Aber erst knapp hundert Jahre später unternahm der Höfling der Königin Elizabeth I., Sir Walter Raleigh, im Jahre 1583 den ersten Versuch, nordamerikanisches Gebiet für die britische Krone zu besiedeln. Dieses Unternehmen – bekannt als *Lost Colony* – schlug fehl. Was jedoch blieb, war die von Raleigh zu Ehren Elizabeths gewählte Bezeichnung Virginia und ein öffentliches Interesse an Siedlungen in Amerika, so daß allen Unbilden zum Trotz im Jahr 1607 mit Jamestown die erste dauerhafte englische Siedlung in Virginia entstand. Dies geschah zu einer Zeit, da das geistige Antlitz Englands von den Ideen der Renaissance und der Reformation geprägt wurde. Das Wirken so bedeutender Dichter wie John Lyly, Edmund Spenser oder Philip Sidney beherrschte die literarische Szene Londons. William Shakespeare und Francis Bacon standen auf dem Höhepunkt ihres Schaffens.

Virginia und Amerika aber waren weit entfernt. Wer dorthin segelte, um zu siedeln, brach in der Regel die Brücken zu seiner alten Heimat hinter sich ab. Die Siedlungen jenseits des Meeres waren Kolonien in des Wortes voller Bedeutung, und da es anfangs nicht recht gelingen wollte, die zur Besiedlung nötigen Menschen zur Überfahrt zu bewegen, ging man bald dazu über, regelrechte Werbekampagnen zu organisieren und auch Sträflinge zu verschicken, wofür unter anderem Daniel Defoes Roman *Moll Flanders* aus dem Jahr 1722 Zeugnis ablegt. Nordamerika wurde auf diese Weise in der Vorstellung der damaligen Europäer entweder das Ziel freiheitsliebender Menschen, politisch und religiös Verfolgter, sozial Benachteiligter oder das Schicksal straffällig gewordener Verbrecher. In jedem Fall aber formierten sich an der viele tausend Kilometer langen Ostküste Gemeinwesen, die, im ganzen gesehen, zunächst einen äußerst heterogenen Charakter aufwiesen. Selbst wenn man etwa die holländischen und schwedischen Siedlungen in Nieuw Amsterdam (dem heutigen New York) und in Delaware als wenig nachhaltig wirkende Ausnahmen ansieht, bleibt doch zu bedenken, daß die anderen Kolonien, von Teilen Neuenglands und Pennsylvanias einmal abgesehen, nicht von geschlossenen Gruppen besiedelt wurden. Zudem trafen die bunt zusammengewürfelten Schiffsladungen von Einwanderern überall an der langen Küste auf recht unterschiedliche topographische und klimatische Verhältnisse, so daß in diesem Stadium der Besiedlung eine einheitlich formende Kraft kaum wirksam werden konnte, es sei denn, man wäre geneigt, der *frontier*, der Grenze, bereits für diesen Zeitabschnitt die Funktion eines Prägestockes zuzuschreiben. Die Kontakte zwischen den einzelnen Kolonien und Siedlungen waren nicht zuletzt auf Grund der großen Entfernungen naturgemäß lose, und so konnte es nicht ausbleiben, daß das in der amerikanischen Mentalität und der amerikanischen Literatur später so ausgeprägte regionale Denken schon in der Formierung der ersten Gemeinwesen angelegt war und eine bedeutende Rolle spielte.

Auf eine gewisse geistige und gleichzeitig regionale Geschlossenheit trifft man von Anfang an in relativ großen Bereichen Neuenglands. Nur etwa hundert Menschen nennt die Passagierliste der *Mayflower*, die am 16. September 1620 das englische Plymouth mit Kurs auf die Neue Welt hinter sich ließ. Unter diesen rund hundert Menschen waren einundvierzig Männer, die am 21. November des gleichen Jahres mit ihren Familien an der unwirtlichen Felsenküste von Plymouth, im heutigen Massachusetts, dem Kernstück jenes Gebietes, das auch sie schon *New England* nannten, an Land gingen. Der erste Winter in dieser Welt forderte von den wagemutigen Siedlern schwere Entbehrungen, und als der Frühling kam, waren nur noch sieben Männer in der Lage, für sich und die anderen zu sorgen. Doch im Unterschied zu den Siedlern manch anderer Gründungen entlang der Ostküste kam es hier – auch auf Grund einer gewissen Unterstützung durch *Native Americans* – nicht zu einer neuen *Lost Colony*. Vielmehr setzten die *Pilgrim Fathers* den Kampf mit der Natur (und später mit den *Native Americans*) fort. Durch ihr schlichtes Heldentum wurde die *Plymouth Colony* beispielgebend für die in immer rascherer Folge entstehenden Siedlungen, Hafenplätze und Städte.

Hier in Neuengland und insbesondere in Massachusetts wuchs eine Gesellschaft heran, die nicht zufällig über lange Zeiten die geistigen Artikulationen des transatlantischen Englands bestimmen sollte. Die Ursache dieses Phänomens ist in der relativen Geschlossenheit der siedelnden Gemeinschaften und den sie alle mehr oder weniger einigenden religiösen Bindungen zu suchen. Ein gemeinsames Motiv war es gewesen, das den Stamm der Siedler in Neuengland zu dem großen amerikanischen Wagnis veranlaßt hatte: der entschlossene Wunsch, den eigenen religiösen Anschauungen in Freiheit dienen und nachgehen zu dürfen und ein neues Kanaan zu gründen. Die Siedler in Neuengland waren zunächst meist Puritaner, Kalvinisten also, denen die Kirchenpolitik nach dem Tod von Königin Elizabeth in England wenig Spielraum ließ. Als Briten zogen sie es nach einem kurzen Asyl in Holland vor, Untertanen der englischen Krone zu bleiben.

Im Gegensatz zu den meisten anderen ›Auswanderern‹ kamen sie zum Teil in geschlossenen Gruppen über den Atlantik. Nicht selten geschah es, daß sich ganze Gemeinden zur Übersiedlung entschlossen, die dann in Neuengland den Bevölkerungskern eines neuen Ortes, einer neuen Stadt bildeten. Hier stand von Anfang an der Farmer neben dem Pfarrer, der Handwerker neben dem Arzt oder der Jäger neben dem Lehrer. Landschaft und Klima förderten – ganz im Gegensatz zur Besiedlung im Süden und Westen – dörfisches, städtisches Zusammenleben. Alle neigten sie ihr Haupt vor demselben Herrn, dem harten, strafenden, ja zuweilen rächenden Gott der Puritaner, so wie ihn Calvin entworfen hatte. Unter dem Puritanerführer JOHN COTTON (1584–1652), der 1632 in der *Massachusetts Bay Colony* eintraf, ist eine Tendenz zu einer aristokratischen Theokratie zu konstatieren, die im Grunde auch JOHN WINTHROPs (1588–1649) Vorstellungen von einer Art von »benevolent despotism« nahestand. Denn der Mensch ist, wenn wir den Worten des bereits in Connecticut geborenen und an der (schon 1701 gegründeten) *Yale University* ausgebildeten Geistlichen JONATHAN EDWARDS (1703–1758) glauben wollen, der natürliche Feind Gottes. In einer diesem Thema gewidmeten Predigt heißt es: »Ein Naturmensch hat das Herz eines Teufels ... Das Herz eines Naturmenschen hat so wenig Liebe zu Gott, wie ein toter, starrer, kalter Leichnam Lebenswärme besitzt.« Und in seiner berühmten Predigt über die »Sinners in the Hands of an Angry God« lesen wir noch 1741: »Gott, der dich über dem Höllenschlund baumeln läßt, wie man eine Spinne oder sonst ein ekelhaftes Insekt über dem Feuer hält, verabscheut dich und ist furchtbar erzürnt ... Du bist in seinen Augen zehntausendmal verabscheuungswürdiger als die abscheulichste, giftigste Schlange in den unseren ... Du hängst an einem dünnen Faden, um den die Flammen des göttlichen Zorns lodern ... Und wenn du Gott um Erbarmen anflehst, ist er so weit davon entfernt, dich in deinem jämmerlichen Zustand zu bemitleiden, daß er dich mit seinem Fuß zermalmen wird ... Und dein Blut wird hervorspritzen bis auf sein Gewand und wird es von oben bis unten besudeln ...«

Diese Philippika wider die dem puritanischen Pfarrer anvertraute Herde sagt viel aus über das Wesen der sich auf neuenglischem Boden herausbildenden Theokratie, die durchaus auch bereit war, Andersdenkende zumindest ebenso zu züchtigen, wie sie selbst als Puritaner in England von ihren religiösen Gegnern bedrängt worden waren. Aus den drohenden Worten Edwards' spricht die Entschlossenheit vieler Puritanerführer, auf unbedingter kalvinistischer Disziplin zu bestehen. Welche Formen die dadurch bedingte Unduldsamkeit annahm oder annehmen konnte, zeigt uns unter anderem der Puritanersproß Nathaniel Hawthorne in seinem Roman *The Scarlet Letter* oder der *short story* »The Maypole of Merry Mount«. In diesem speziellen Verhältnis zwischen Gott und Mensch aber wurzeln auch jene Komplexe und jenes Schuldbewußtsein, mit denen eine ganze Generation amerikanischer Schriftsteller zur Zeit Hawthornes und Melvilles und auch noch später rangen und das einen wesentlichen Anteil an der intellektuellen Kreativität Neuenglands hat.

Und doch handelt es sich, trotz all seiner Rigidität, beim neuenglischen Puritanismus des 17. Jahrhunderts keineswegs um eine selbstzerstörerische Lehre. Leon Kellner vermerkt sehr richtig: »Der Kalvinismus ist die natürliche Theologie der Enterbten.« Schon allein deshalb waren ihm ungeachtet mancher Unduldsamkeit und ›aristokratischer‹ Tendenzen jene demokratischen und auf individueller Selbstverantwortung beruhenden Elemente immanent, die zu wesentlichen Grundpfeilern der amerikanischen Demokratie werden sollten. GEORGE BANCROFT (1800–1891), der ›Vater der amerikanischen Geschichtsschreibung‹, Freund Goethes und Humboldts sowie Schüler Schleiermachers und Hegels, meinte: »Die Armen sagten zu den bevorrechtigten Klassen: ›Ihr weist auf eure fünfzehn Ahnen hin? Wir, die Auserwählten, sind vom Anfang der Schöpfung von Gott eingesetzt als der Adel der Welt. Wessen Adel ist älter?‹«

Die Anbetung des drohenden oder gar rächenden Gottes konnte diese Menschen nur dann vor Resignation und moralischer Selbstzerstörung bewahren, wenn sie auch eine erlösende Funktion einschloß. Dies war durch die Anerkennung der Prädestinationslehre gegeben, der Gnadenwahl, die jeden ergebenen Puritaner mit der Überzeugung des Auserwähltseins ausstattete und ihm so das Gefühl gab, bei Einhaltung der Spielregeln besser als andere Menschen zu sein. Ihm war die Erlösung gewiß: Das Jammertal dieser Erde galt ihm als die Durchgangsstation, als der Ort der Bewährung auf dem Wege zum goldenen Brunnen ewigen Lebens. Das Auserwähltsein mußte man sich jedoch durch ein gottgefälliges Leben verdienen, durch Arbeit und Fleiß, deren Erfolge als Fingerzeige Gottes gewertet werden konnten, daß man auf dem richtigen Wege war. Die Verbindung von diesseitigem Streben und der Anwartschaft auf Erlösung bildet eine der wesentlichen Säulen, auf denen das spezifisch amerikanische Arbeitsethos und individuelle Selbstverständnis fußen und ohne die die Entwicklung der amerikanischen Gesellschaft in den uns bekannten Bahnen sich nicht hätte vollziehen können. In strebsamem Sendungsbewußtsein, das in vielfach abgewandelter Form noch heute in den USA wirksam ist, wurzelte der Glaube vieler Amerikaner, in Gottes eigenem Land zu leben. Hierin sehen viele Soziologen die geistige Grundlage der in den Vereinigten Staaten so dynamisch voranschreitenden Landerschließung und Industrialisierung.

Ein so bewußt geistig und religiös konzipiertes und geformtes System mußte die literarische Entwicklung in diesen neuen Gemeinwesen nachhaltig beeinflussen. Die Bibel war *die* Lektüre in Neuengland. Was außer der Heiligen Schrift gelesen werden sollte, empfahl der im Mittelpunkt des neuenglischen Lebens stehende Geistliche. Alles Weltliche, das nicht der Verwirklichung der Glaubenssätze im täglichen Leben dienen konnte, sollte aus dem Denken der Puritaner verdrängt werden oder aber zumindest integrierter Teil der Eschatologie sein. Ist es unter diesen Umständen verwunderlich, daß sich der ideologische Herrscherwille der puritanischen Führerschicht *de facto* mit aller Macht gegen die Entwicklung einer schöngeistigen Literatur wandte, die diesen Prämissen nicht gerecht wurde? Wir finden im Boston der Puritaner des 17., 18. und teilweise noch des frühen 19. Jahrhunderts den gleichen Geist, der ihren Glaubensgenossen unter Cromwell in England eigen war, als sie die Theater als Stätten des Teufelswerks verdammten und nur sechsundzwanzig Jahre nach dem Tode Shakespeares schlossen. Das gesamte geistige Leben sollte nach Ansicht der Puritaner allein von der Sorge um das (sich auch im wirtschaftlichen Erfolg manifestierende) Heil, das Jenseits und die Gnade beherrscht sein. Bei einer solchen Haltung mußten naturgemäß die ›kleinen diesseitigen Sorgen‹ des Menschen, ja jede Beschäftigung mit ihnen, die vom Dienste im Glauben ablenkte – und schöngeistige Literatur hätte an diesen Realitäten nicht vorübergehen können –, in höchstem Grade sträflich und heidnisch sein, es sei denn, auch sie diente der Festigung des puritanischen Weltbildes und dem höheren Ruhme Gottes.

Die Abneigung gegen eine säkulare schöngeistige Literatur bezeichnete jedoch nicht unbedingt das Verhältnis der Puritaner zu außerreligiöser geistiger Beschäftigung überhaupt. Sie hatten kaum die Pfähle ihrer Blockhäuser in den Boden gerammt, als sie auch schon eine Art Schulpflicht einführten. Es entsprach ihrem Verhältnis zur Welt des Geistes, daß sie bereits 1636, nur sechzehn Jahre nach der Ankunft der *Mayflower*, in Newe Towne (Cambridge) mit dem *Harvard College* die erste amerikanische Hochschule gründeten. Somit wurde Neuengland zum ersten und lange Zeit führenden geistigen Zentrum Amerikas, das sich seinem Wesen nach von den im alten englischen Mutterland herrschenden Verhältnissen – insbesondere in der Phase der *Restauration* – sehr früh deutlich abhob. Eine unumstößliche Tatsache bleibt aber auch, daß sich diese transatlantische Führerrolle aus den skizzierten Gründen auf die Entwicklung einer eigenständigen schöngeistigen Literatur zunächst negativ auswirkte. Dichtung im eigentlichen Sinne des Wortes, Dichtung von hoher Qualität gar bildete in Neuengland, wo interessanterweise mehr geschrieben wurde als in den mittleren und südlichen Kolonien, in der Kolonialzeit die Ausnahme.

Am Anfang haben wir es in den amerikanischen Kolonien also mit einer andersgearteten Literatur zu tun, und vielfach zögert man zu Recht, diesen Schriftdenkmälern das ›Prädikat‹ Dichtung oder auch nur die Kriterien, die bewußt komponierte Prosa ausmachen, zuzuerkennen. Selbst dort, wo dichterische Schöpfungen angestrebt wurden, stehen Worte, Bilder und Fügungen oft so unbeholfen und roh da wie die Blockhäuser, in denen ihre Schöpfer wohnten. In diesem Zusammenhang muß jedoch darauf hingewiesen werden, daß der utilitaristische Ansatz der puritanischen Literatur jener Zeit einen Stil erforderte, der den Lesern aller Schichten die herrschenden philosophischen und religiösen Axiome nahebringen konnte. »The Puritan author maintained that the essential of good writing was the expression in words or ideas arranged in an order naturally and properly in agreement with the structure discernible in the physical world and with the natural working of men's mind. Clear structure was essential; the belief that ideas were counterparts of objects made for exactness in diction ... The puritans gave special character to their metaphors and similes by insisting that they be relevant to central truth. They avoided using them simply as adornments, displaying rather the ingenuities of rhetorical theorists than God's planning of the created order.« (Kenneth B. Murdock)

Wenn sich dabei dennoch oft kein wirklich eigenständiger ›amerikanischer‹ Tonfall herausbildete, so liegt das auch daran, daß es sich bei den Autoren zum überwiegenden Teil um weniger talentierte Epigonen englischer Dichter handelte, die sich selbst offensichtlich auch in dieser Beziehung noch nicht als ›Amerikaner‹ fühlten. Der Intellektuelle jener Jahre blickte nach Osten. Interessant und gewichtig sind seine Werke für den Ästheten sicher nicht. Aber sie geben Zeugnis vom Wollen und Können einer Literatur, die sehr aufschlußreiche Einblicke in die sich langsam vom Mutterland lösende Geisteshaltung der transatlantischen Engländer gewährt. Und gerade diese Entwicklungen interessieren mit Blick auf das Werden der neuen Literatur. So haben wir es zunächst mit Schriftdenkmälern zu tun, weniger mit ›künstlerischen‹ Kompositionen oder gar eigenständigen, autochthonen dichterischen Artikulationen einer neuen Welt. Ausnahmen bestätigen lediglich die Regel. Sie reizen den Literaturhistoriker, der nach den Wurzeln bestimmter Ideengehalte der amerikanischen Literatur fahndet, und sie fesseln den Historiker, weil sie das Denken der ersten Siedler reflektieren.

Es ist gründlich darüber nachgedacht worden, warum es nahezu zweier Jahrhunderte bedurfte, ehe sich eine ›amerikanische‹ Literatur entwickelte, die diesen Namen verdient. Dabei ist zu Recht festgestellt worden, daß die schriftstellerischen und dichterischen Versuche der Siedler fast völlig unter dem Einfluß und dem Eindruck der zeitgenössischen englischen Literatur standen. So ist es auch verständlich, wenn die ›amerikanische‹ Literatur jener Jahrzehnte im allgemeinen als ein wenig bedeutsamer Seitenzweig der englischen empfunden wurde. Es ist jedoch nicht zu übersehen, daß profilierte koloniale Schriftsteller und Dichter nicht immer an den jeweils führenden Vorbildern orientiert waren, sondern zuweilen durchaus auch die Grenzen der englischen Literatur überschritten. So folgte beispielsweise Anne Bradstreet dem im elisabethanischen England als Dichter hochgeachteten Franzosen Guillaume Salluste DuBartas (1544–1590) mehr als etwa John Milton (1608–1674), der nicht nur der bedeutendste puritanische Dichter war und somit das wichtigste Vorbild hätte sein können, sondern der auch die Kunst DuBartas' in England verfeinert hatte. Ähnliches können wir bei Cotton Mather feststellen. Nicht so sehr John Dryden (1631–1700) stand bei seiner Prosa Pate, sondern seine stilistisch unbeholfeneren Vorgänger.

Der Hinweis auf das Vorhandensein einer englischen Mutterliteratur – die ja die Nationalliteratur der meisten Siedler war – reicht nicht aus, um die künstlerischen Schwächen ihres transatlantischen Seitenzweiges hinlänglich zu erklären. In Nordamerika herrschten für das Entstehen und die Entwicklung *dieses* Seitenzweiges der englischen Literatur allgemein keine guten Bedingungen. Das gilt sowohl für den Norden als auch für den Süden und die mittleren Kolonien jeweils auf unterschiedliche Weise, weil sich diese Regionen nicht nur soziologisch, sondern auch in der jeweils herrschenden Geisteshaltung deutlich voneinander unterschieden.

Während in Neuengland – wie bereits aufgezeigt – eine Theokratie entstand, in der der Geistliche gegenüber dem Laien eine schwächere hierarchische Stellung einnahm, als dies in vielen anderen Religionsgemeinschaften und Kirchen der Fall war (was auf einem demokratischen Umweg dennoch zu einer Art geistiger Tyrannei führen konnte), bildete sich im Süden – zunächst mit dem Zentrum Virginia – das Plantagensystem heraus, dessen geistig wie ökonomisch tragende Schicht die Pflanzeraristokratie wurde. Diese Oberschicht bildete jedoch keinesfalls die Mehrheit der in den südlichen Kolonien siedelnden Bevölkerung. Auch hier waren es eher Menschen der unteren und der mittleren Schichten, die jedoch weniger am geistigen Leben teilnahmen als die puritanischen Gemeindemitglieder in Neuengland. Die gebildeteren Schichten der südlichen Kolonien standen darüber hinaus in der Regel der anglikanischen Mutterkirche und damit dem Geschehen im Mutterland näher als die Puritaner. Dies und der Umstand, daß sie nicht selten ihre Söhne auf englische Schulen schickten, hatten zur Folge, daß sie ihre literarischen Bedürfnisse in starkem Maße durch den Import englischer Bücher deckten und mithin das Fehlen einer ›eigenen‹ Literatur über einen relativ langen Zeitraum kaum negativ vermerkten. Ähnlich verhielt es sich zunächst

– wenn auch die religiösen Bindungen sehr viel unterschiedlicher waren – im von Quäkern dominierten Pennsylvania und in New York. Vor allem in den mittleren Kolonien, und hier insbesondere in Pennsylvania, treffen wir auf Siedlungseinheiten, in denen Toleranz stärker ausgeprägt war. So verschieden die Systeme auch waren, eines hatten sie gemeinsam – das Unvermögen oder mangelnde Interesse, eine eigenständige, transatlantische Dichtung und schöngeistige Literatur hervorzubringen.

Betrachten wir die koloniale Szene von 1620 bis zur Revolutionszeit, so können wir feststellen, daß die Einwohner der dreizehn Kolonien im Laufe von zweihundert Jahren nicht nur die gesellschaftliche Entwicklung Europas eingeholt, sondern, was die demokratischen Formen des Zusammenlebens betraf, die Mehrzahl der europäischen Staaten weit überflügelt hatten. Wo aber ist die künstlerisch-literarische Interpretation dieses beispiellosen Vorganges? Wo hat diese Entwicklung, die ja von Alltagsheroismus durchdrungen gewesen sein muß, von großen Leiden, Entbehrungen und Opferbereitschaft, wo hat sie ihren poetischen oder epischen Niederschlag gefunden? Die ersten Siedler und Pioniere waren sich der Größe und Bedeutung ihres Unterfangens bewußt. Das geht aus vielen ihrer, man möchte fast sagen zum Privatgebrauch bestimmten Aufzeichnungen, Traktate oder Tagebücher hervor. An Schriften dieser Art hat es im kolonialen Amerika nicht gefehlt, wohl aber an repräsentativen Dichtungen.

Immer wieder trifft man in diesem Zusammenhang auf die These, vor Washington Irving (1783–1859) und James Fenimore Cooper (1789–1851) seien die Menschen so mit Arbeit, der Kolonialisation und den Sorgen um die Erhaltung der nackten Existenz beschäftigt gewesen, daß ihnen einfach die Zeit gefehlt habe, all das Erlebte, Große, Einmalige, Neue in literarisch anspruchsvoller Form zu Papier zu bringen. Diese These ist nur bedingt haltbar, obwohl sie hinsichtlich der allerersten Siedlerwellen gewiß stimmig ist. Nicht überzeugend ist sie beispielsweise hinsichtlich der Pflanzeraristokratie des Südens, jener Schicht also, die in Virginia und dem atlantischen Süden lebte, große Bibliotheken über den Ozean kommen ließ und sehr wohl las und auch schrieb. Überdies war es das Ziel dieser ›Aristokratie‹ gewesen, eine kulturelle Gesellschaft nach hellenistischem Vorbild – das sich ja ebenfalls auf Sklaverei gestützt hatte – zu schaffen. Und was den Norden betrifft, so wurden dort bereits in den ersten Jahren der Besiedlung unter den schwierigsten Lebensbedingungen unzählige Seiten an tiefsinnige und breit angelegte theologische und philosophisch-historische Abhandlungen gewandt. Diese Texte und Traktate wurden auf den abgelegensten Farmen und Pfarren gelesen. Ja, die tausendfach überlasteten Siedler fanden sogar noch die Zeit, mit eigenen Beiträgen in die Dispute und Streitereien der Geistlichkeit einzugreifen.

Die quantitativ wie qualitativ eher spärliche weltlich-literarische Ausbeute jener Tage ist im Süden wohl eher auf die enge Bindung an das Mutterland, im Norden hingegen auf die kunstfeindliche puritanische Ideologie zurückzuführen. Was vom strenggläubigen Puritaner kaum erwartet werden konnte, vermochte der aller schönen Literatur aufgeschlossene Intellektuelle des Südens schon deshalb nicht zu bewirken, weil er als Adept der importierten Literatur kaum einen Mangel an Dichtung und Literatur empfand. Besonders im Süden dominierte der rege geistige Austausch oder besser geistige Import aus England. Hinzu kam, daß im Süden auf Grund der vom Plantagensystem geprägten Siedlungsstrukturen das städtische oder dörfische Element nicht sehr ausgeprägt war. Und was den Geistlichen im Süden angeht, der in der Regel nicht Puritaner, sondern Anglikaner war, so muß er nach den vorliegenden Quellen im allgemeinen derartig drittrangig gewesen sein, daß sich selbst die weniger anspruchsvollen Siedler jener Kolonien darüber beschwerten.

Bliebe also die Frage nach den mittleren Kolonien, die weder unter der ideologischen Kuratel des Puritanismus standen noch kulturell gar so eng mit dem Mutterland liiert waren wie die Pflanzeraristokratie des Südens. Tatsächlich aber haben weder Pennsylvania noch New York, ungeachtet der dort zu konstatierenden größeren Toleranz in religiösen und weltanschaulichen Dingen, in der Epoche der Kolonialzeit ›reifere‹ literarische Leistungen hervorgebracht als die anderen Kolonien und Gebiete. In diesen liberaleren Bezirken der Neuen Welt hat sich die literarische Übermacht Englands ebenfalls noch lange bemerkbar gemacht. Angesichts dieser Situation darf man nicht übersehen – und dies gilt für alle Kolonien –, daß es neben den ›intellektuellen‹ Elementen zusätzlich einen ganz prosaischen, weil wirtschaftlichen Faktor gab, der sich negativ auf die Entwicklung einer eigenständigen ›amerikanischen‹ Literatur auswirkte. Wie die Schicksale heute hochgeschätzter amerikanischer Autoren des 19. Jahrhunderts zeigen, konnten Schriftsteller zu jener Zeit in den seltensten Fällen von dem Erlös leben, der ihnen aus den Veröffentlichungen ihrer Werke zufloß. Sowohl Hawthorne als auch Melville waren gezwungen, Staatsstellungen anzunehmen. Selbst ein so populärer und vielgelesener Autor wie James Fenimore Cooper zog keinen großen Gewinn aus seinen überaus erfolgreichen Romanen und konnte eigentlich nur deshalb schreiben, weil er als Großgrundbesitzer finanziell unabhängig war.

Es gab damals und im Verlauf nahezu des ganzen 19. Jahrhunderts in den USA kein bindendes internationales Copyright für literarische Werke. Zwar konnten Amerikaner etwa ab 1787 einen Urheberrechtsschutz im eigenen Lande geltend machen, nicht aber Ausländer, so daß amerikanische Verleger mit Werken britischer Autoren verfahren konnten, wie sie wollten. Das blieb auch nach Inkrafttreten der Berner Konvention im Jahre 1885 so, da ihr die USA nicht sofort beitraten. Die Lage änderte sich erst mit der

Verabschiedung der *Chase Act* von 1891 (und deren Ergänzungen bis 1909), womit sich die USA relativ spät auf einen internationalen Urheberrechtsschutz auf Gegenseitigkeit verpflichteten. Folglich konnten britische und andere ausländische Autoren, deren Werke in den USA gedruckt und vertrieben wurden, zunächst nicht damit rechnen, für ihre Arbeit auch nur einen *penny* zu erhalten. Im Fall der englischen Kolonien in Amerika hatte die englische Literatur indessen nicht einmal eine Sprachbarriere zu überspringen; die kostspielige und zeitraubende Übersetzungsarbeit entfiel. Englische fiktionale Texte konnten direkt importiert oder im unmittelbaren Nachdruck dem Leser zugänglich gemacht werden. Den damals herrschenden Usancen zufolge war kein amerikanischer Verleger – und derer gab es bereits sehr früh eine ganze Reihe – verpflichtet, für ein von ihm herausgebrachtes ›ausländisches‹ Buch auch nur einen *penny* Nachdruckgebühr zu zahlen. Eine Ausnahme bildeten im 18. und 19. Jahrhundert auf Grund der herrschenden internationalen Copyright-Bedingungen literarische Produkte, die von einer engen Kooperation mit der Presse – etwa aus Gründen der Aktualität – abhängig waren, zum Beispiel expositorische Texte, Essays, aber auch Kurzprosa und Lyrik, die in den überall verbreiteten *magazines* und Zeitungen abgedruckt wurden. Bis 1890 waren Bücher praktisch vogelfrei; die in England erschienenen Bücher konnten ungestraft als *pirate-editions* nachgedruckt werden. Von der Möglichkeit des Raubdrucks wurde in den amerikanischen Kolonien ausgiebig Gebrauch gemacht. Daher ist es nicht sonderlich überraschend, daß der Einfluß der englischen Literatur, die ja – und das muß betont werden – eine künstlerische Interpretation des Kulturkreises war, aus dem die Mehrzahl der Siedler stammte, ständig wuchs und eigentlich erst in der zweiten Hälfte des 19. Jahrhunderts zurückgedrängt werden konnte.

Sehr zum Nachteil einer eigenständigen ›amerikanischen‹ schönen Literatur ergaben sich aus diesen Verhältnissen für den amerikanischen Verleger drei gewichtige Vorteile: Erstens war die englische Literatur gut eingeführt, der Absatz war gesichert, zumal das lesende Publikum unbedingt auf dem neuesten Stand der englischen Verlagsproduktion bleiben wollte. Zum zweiten wußte der Verleger in jedem Fall, wie das Buch jenseits des Ozeans angekommen war, so daß das Risiko einer Fehlspekulation sehr gering war. Drittens war die finanzielle Seite einer solchen Verfahrensweise reizvoll. In jenen Jahren erzielte der Markt der *pirate-editions* bemerkenswerte Umsätze, auch schon im verlegerischen Vorfeld: Zum Beispiel wandten sich geschäftstüchtige Kapitäne und Agenten dem Manuskriptimport zu und machten daraus ein lukratives Gewerbe. Wem es gelang, ein in England freundlich aufgenommenes Werk als erster über den Atlantik zu bringen, der konnte auf ein gutes Geschäft hoffen.

Dagegen war die Veröffentlichung des umfangreichen belletristischen Werkes eines ›Amerikaners‹ nicht ohne Risiko. Warum sollte sich also der ›amerikanische‹ Verleger auf ein Unternehmen einlassen, bei dem er nicht sagen konnte, ob er das für Manuskript, Satz, Papier und Druck ausgegebene Geld je wiedersehen würde? Sollte es ihm einmal nicht gelingen, aus England ein neues oder bedeutendes Buch eher zu erhalten als die Konkurrenz, so blieb die Neuauflage eines älteren, bekannten Werkes noch immer sicherer als das Experiment mit einem unbekannten Autor, der noch dazu ›Amerikaner‹ war. Auf diese Weise verblieb den Schriftstellern der neuen transatlantischen Gesellschaften relativ wenig Spielraum, der überdies – wie gezeigt – durch die geistigen Bedingungen ohnehin schon sehr eingeschränkt war.

Wie wir sehen, war die langsame Entwicklung und Formung einer eigenständigen ›amerikanischen‹ Dichtung das Ergebnis mehrerer sich potenzierender Erscheinungen. So haben wir es bei der frühen ›amerikanischen‹ Dichtung im allgemeinen mit Nachahmungen der jeweils herrschenden britischen zu tun. Das gilt sowohl für das Formale als auch für die Ideengehalte, die in der Hoffnung gewählt wurden, auch in England beachtet zu werden. Es ist gewiß kein Zufall, wenn etwa einige Gedichte Anne Bradstreets oder Prosa Washington Irvings zuerst in England gedruckt wurden. Wo eigene ›amerikanische‹ Töne anklangen oder spezifisch koloniale Themen abgehandelt wurden, geschah das im Rahmen dessen, was die Formen und die Metaphorik englischer Literatur vorgegeben hatten. Nur selten gelangten die Dichter der Neuen Welt darüber hinaus. Die sich später entwickelnde, typisch amerikanische Form der *short story* ist, was Form, Darstellungsart und ihre spezifische Nähe zum Journalismus betrifft, das Ergebnis des Suchens nach Nischen und zeitgemäß ›amerikanischen‹ Publikationsformen.

Frühes Schrifttum

Unter diesen Umständen konnte die ›amerikanische‹ Literatur an ihrem Anfang, der ja kein nationaler oder autochthoner war, nicht mit einem zeitgemäßen Heldenlied aufwarten. Die Saga Amerikas, das Hohelied des transatlantischen Wagnisses, wurde nicht geschrieben, und man darf sagen, daß es – bei allen Versuchen – auch nicht mit der Fülle jener retrospektiven Dichtung entstand, mit der spätere Poeten Amerikas die Heldentaten ihrer Vorväter besangen.

An die Stelle der *Ilias*, des *Finsburgh-Liedes* oder der *Nibelungen* treten in der Neuen Welt höchst prosaische Texte: Aufzeichnungen und Berichte von Männern, die ausgezogen waren, die Neue Welt zu erkunden, von ihren Abenteuern zu berichten oder für ihre Auftraggeber dringend benötigte Siedler zu werben. Gerade der Reisebericht aus der für Europa so exotisch anmutenden Welt jenseits des Meeres hatte damals in ganz

Europa und in fast allen Sprachen des alten Kontinents einen guten Markt. Die Autoren dieser ersten Berichte haben sich in der Regel noch nicht als der Neuen Welt zugehörig empfunden und mithin über Nordamerika aus der Sicht des Gastes, Entdekkers und Reisenden berichtet, womit ein guter Teil dieser frühen, ›Amerika‹ betreffenden Texte aus einer europäischen (britischen) Perspektive für europäische Adressaten geschrieben wurde. Daraus bestimmte sich auch der Erfahrungshorizont dieser Schriftdenkmäler, was insbesondere bezüglich der ersten Schilderungen der *Native Americans* deutlich zutage tritt. Es handelt sich also zunächst mehr um Schriften *über* denn *aus* Amerika, die im Gebiet der Anglia auf den Gelehrten RICHARD HAKLUYT (1552?–1616) zurückgehen. Hakluyt begann 1582, seine Landsleute in seinen *Divers Voyages* mit den Fahrten Cabots, Verrazanos und Ribaults vertraut zu machen. 1589 gab er den Folioband *The Principal Navigations, Voyages, Traffiques, and Discoveries of the English Nation* heraus. Dieses Buch galt als Standardwerk seines Genres und wurde 1625 von SAMUEL PURCHAS (1575?–1626) fortgeführt.

Die südlichen Kolonien

Die früheste englische Schrift über die erste britische Kolonie in Amerika ist das Werk des Mathematikers und Astronomen THOMAS HARIOT (HARRIOT) (1560–1621), der auf Bitten Sir Walter Raleighs an der Expedition von 1585/86 teilgenommen hatte, um über dieses Unternehmen zu berichten. Das Buch erschien 1585 unter dem Titel *A Briefe and True Report of the New-Found Land of Virginia* und war das instruktive Produkt eines Kurzbesuchs. Anders verhält es sich schon bei den Aufzeichnungen des ersten *president* der Siedlung Jamestown, EDWARD MARIA WINGFIELD (1560?–1613?). Mit seiner Schrift *A Discourse of Virginia* (1608) haben wir den Bericht eines Insiders und Augenzeugen. Es handelt sich dabei nicht nur um die persönliche Rechtfertigung dieses unglücklich operierenden ersten ›amerikanischen‹ Politikers nach seiner Amtsenthebung, sondern um eine der authentischsten Darstellungen all der Schwierigkeiten und Probleme, denen sich die Siedler im ersten Jahr in Jamestown ausgesetzt sahen. Im selben Jahr meldete sich Wingfields Amtsnachfolger Captain JOHN SMITH (1580–1631) zu Wort, und zwar mit einem Geschäftsbericht für die in England residierenden Aufsichtsratsmitglieder seiner *Virginia Company.* Er trägt den wahrhaft barocken Titel *A True Relation of such occurrances and accidents of noate as hath hapned in Virginia since the first planting of that Collony, which is now resident in the South part thereoff, till the last returns from thence* (1608). Dieser »wahrheitsgetreue Bericht« gilt deshalb als erstes wirklich amerikanisches Schriftdenkmal, da er aus der Feder eines Mannes floß, der sich bereits den Siedlern zugehörig fühlte.

John Smith war ein typischer Glücksritter seiner Zeit. Mit sechzehn verließ er sein Elternhaus, streifte durch Europa, diente 1602 in der österreichischen Armee gegen die Türken, soll als Gefangener nach Konstantinopel gekommen sein und kehrte ca. 1604 nach England zurück. Zwei Jahre später trat er in den Dienst der *Virginia Company* und ging 1607 in Jamestown an Land. Seiner Umsicht ist es zuzuschreiben, daß dieser zweite Siedlungsversuch am Ort erfolgreich wurde. Bei einer seiner Entdeckungsfahrten fiel er in die Hände von *Native Americans*, geriet nach einer wundersamen Rettung in Konflikt mit dem Rat der Siedler und entging nur knapp einem bereits verkündeten Todesurteil. 1609 kehrte er nach England zurück und erkundete im Dienst von Kaufleuten die Küste Neuenglands. Später ließ er sich in London nieder und schrieb eine Reihe von Büchern, die sich mit der Besiedlung des nordamerikanischen Kontinents beschäftigen.

Bei Erscheinen der *True Relation* 1608 waren gerade achtzehn Monate seit jenem Tag vergangen, da die englischen Schiffe im James River festgemacht hatten. Smith hat diese Schrift in den folgenden Jahren ergänzt und erweitert, bis schließlich 1624 in London die endgültige Ausgabe unter dem Titel *The Generall Historie of Virginia, New England, and the Summer Isles* herauskam. Der Titel macht deutlich, worum es John Smith ging. Er wollte als Chronist der Neuen Welt auftreten. Ob er sich auch als Poet verstand, bleibt selbst dann fraglich, wenn man sein pathetisch-autobiographisches Poem »The Sea-Mark« berücksichtigt. Trotz seiner *Generall Historie* und der Tatsache, daß er sich in anderen Veröffentlichungen sehr akademisch gab, ist nicht zu übersehen, daß er dem zeitgenössischen Trend folgte, Werbeschriften für die Besiedlung der Neuen Welt zu verfertigen, was zuweilen den Wahrheitsgehalt des Präsentierten beeinflußte. Sowohl in den genannten Schriften als auch in den 1620 erschienenen *New England's Trials* tritt uns eher ein Erzähler entgegen, dem es mehr um farbige Darstellung angeblich erfolgreich überstandener persönlicher Nöte und Gefahren als um historische Exaktheit ging. Die moderne Literaturkritik sagt Smith Egozentrik und Ruhmredigkeit nach; diese Eigenheiten bringen es jedoch mit sich, daß seine Schriften noch heute unmittelbarer wirken als manche distanziert-sachliche Aufzeichnung ›objektiver‹ Chronisten. John Smith beschäftigt heute nicht nur Historiker; mit der Geschichte seiner wunderbaren Errettung durch die ›Prinzessin‹ Pocahontas schuf er einen amerikanischen Mythos und eine Fabel, die uns etwa in den Dichtungen W. M. Thackerays, Vachel Lindsays oder Carl Sandburgs wiederbegegnet. Die von Wingfield und Smith gezeichneten Bilder aus der unmittelbaren Gründungsphase Jamestowns werden ergänzt durch drei Briefe, die ein gewisser RICHARD FRETHORNE 1623 an seine in England lebenden Eltern geschrieben hat. Frethorne, von dem wir sonst nichts wissen, war als *indentured servant* in die Nähe von Jamestown gekommen und bat nach großen Entbehrungen und angesichts der ständigen tödlichen Bedrohung durch die *Native Americans* seinen Vater flehentlich, ihm bei der ›Flucht aus Ägypten‹ zu helfen. Diese Zeilen sind ein interessantes Zeugnis dafür, daß Jamestown und Umgebung für einen der Unterschicht zuzurechnenden Siedler fünfzehn Jahre nach seiner Gründung noch immer kein Paradies auf Erden war.

Des weiteren wären zu erwähnen der Jesuitenpater ANDREW WHITE (1579–1656), in dessen *A Brief Relation of the Voyage unto Maryland* (1634) die katholischen Wurzeln dieser Gründung aufscheinen, sowie *Leah and Rahel; or the Two Fruitful Sisters, Virginia and Maryland* (London 1656) von JOHN HAMMOND, der zwischen 1635 und 1656 in diesen Kolonien gelebt hatte, ehe er nach der Machtübernahme der Puritaner in Maryland zum Tode verurteilt wurde und nach England floh. Mit seiner Schrift wollte er sich von den »infamen Lügnern« distanzieren, die alles so beschreiben, als sei das Land »eher ein Paradies als ein irdischer Wohnplatz«. Kritische Töne werden auch in der von PATRIC TAILFER (um 1740), HUGH ANDERSON (†1748), DAVID DOUGLAS und anderen Farmern verfaßten *A True and Historical Narrative of the Colony of Georgia, in America* (1741) laut, die eigentlich eine Satire auf den Gründer dieser Kolonie – James Oglethorpe – ist, dem die Verfasser mit dem Satz »you have protected us from ourselves« einen schweren Vorwurf machen; zudem habe er ihnen eine »Primitive Poverty« zugewiesen. Einer der ersten Berichte über die Entdeckungen im Westen des Siedlungsgebietes stammt ebenfalls aus dem Süden. In *The Discoveries of John Lederer in three several marches from Virginia to the West of Carolina* (1672) lernen wir nicht nur die landschaftlichen Besonderheiten sowie die Fauna und Flora, sondern auch die *Native Americans* dieser Terra incognita kennen. Hier war das Verhältnis zu den *Native Americans*, worüber gesondert zu sprechen sein wird, keineswegs so gut wie an der Grenze Pennsylvanias. Ähnliche Schriften entstanden in fast allen Kolonien; von besonderem Interesse ist jedoch das Werk von GEORGE ALSOP (*1638), der wie Frethorne als *indentured servant* in die Neue Welt kam und diese deshalb auch nicht aus der Perspektive der Oberschicht schilderte. In einem beeindruckenden dynamischen Stil wirbt er in Vers und Prosa für dieses neue Land und ermutigt seine britischen Landsleute herüberzukommen. Der Titel seiner Schrift liest sich wie ein Inhaltsverzeichnis: *A Character of the Province of Mary-Land: Wherein is Described … The Scituation and plenty of the Province … The Law, Customs, and natural Demeanor of the Inhabitants … The worst and best Usage of a Mary-Land Servant … The Traffique, and vendable Commodities of the Countrey. Also a small Treatise on the wilde and naked Indians … their Customs, Manners, Absurdities, & Religion* (1666). Er beschreibt die Vorzüge, die dieses Land insbesondere für die kleinen Leute hat, und sein humoriges Fazit lautet, daß es sich bei denen, die nicht in dieses schöne Land kommen, um Feiglinge handeln müsse. Was die Carolinas betrifft, so kann auf die Schriften von SAMUEL WILSON (um 1678–82) *(An Account of the Province of Carolina)* und THOMAS ASHE (*1770) *(Carolina: or a Description of the Present State of that Country)* hingewiesen werden, die beide 1682 in London erschienen.

Neuengland

Das Schrifttum Neuenglands begann mit Aufzeichnungen der beiden Puritanerführer WILLIAM BRADFORD (1590–1657) und EDWARD WINSLOW (1595–1655), die mit der *Mayflower* nach Massachusetts gekommen waren. Bekannt aber wurde dieser Bericht als Edition GEORGE MORTONs (1585–1624), der in England gleichsam als Vermittler und Vertrauensmann für die ausgewanderten Puritaner fungierte. Da Morton diesen Aufzeichnungen zum Druck verhalf, wird *A Relation or Journall of the Beginning and Proceedings of the English Plantation Setled at Plimoth in New England* (1622) in der Literatur als *Mourt's Relation* geführt. Hierbei handelt es sich um den einzigen zeitgenössischen Bericht über die Seereise der *Mayflower* (16. September–21. Dezember 1620) und die Ereignisse, die sich in den ersten überaus harten Monaten (bis 23. März 1621) in der Puritanerkolonie zutrugen. Das Wesentliche an dieser Schrift ist, daß wir es hier mit einer Schilderung zu tun haben, die – anders als spätere Darstellungen von der Ausfahrt der *Pilgrim Fathers* – den Geist des unmittelbaren Erlebens atmet. Auch William Bradford, der von 1622 bis 1656 mit kurzen Unterbrechungen Gouverneur der *Plymouth Colony* war, hinterließ eine erst 1856 veröffentlichte *History of Plimmoth Plantation* und das Fragment eines Brieftagebuchs, das in den Jahren zwischen 1624 und 1630 entstanden ist. Diesen aus einer gewissen zeitlichen Distanz aufgezeichneten Eindrücken und Erkenntnissen kann man jedoch nicht die Frische der *Mourt's Relation* zuerkennen. Dasselbe gilt im Prinzip auch für das Werk eines anderen Gouverneurs, JOHN WINTHROP, der 1630 mit der *Arabella* in die Neue Welt gekommen war. Noch an Bord machte er sich darüber Gedanken, wie das neue Gemeinwesen aussehen sollte (»A Modell of Christian Charity«). Als Politiker plädierte er gegen ein demokratisches System, weil es dafür in der Heiligen Schrift und in Israel kein Beispiel gebe; er bezeichnet Demokratie sogar als »meanest and worst forms of government«, der ein aristokratisches System vorzuziehen sei. Die Tagebücher der beiden Puritanerführer mußten übrigens lange auf ihre Veröffentlichung warten; das von Bradford, der als *independent* liberaler war, erschien erst 1856, die ersten beiden Teile des *Journal* von Winthrop 1790 und die gesamte Niederschrift unter dem Titel *The History of New England* (2 Bde.) 1825/26, die, wie oben erwähnt, ähnlich wie die vergleichbare Arbeit Bradfords bereits an Bord des Auswandererschiffes einsetzt. In seiner Tendenz zu einer aristokratisch strukturierten Theokratie und einem »benevolent despotism« steht er dem 1633 nach Neuengland gekommenen Kirchenführer John Cotton näher als den *freemen*. Winthrop begegnet uns übrigens in der amerikanischen Dichtung als literarische Gestalt, so etwa in Hawthornes *The Scarlet Letter* und »Endicott and the Red Cross«.

Während Winthrop auf diese Weise einen Platz in der schöngeistigen Literatur Amerikas einnimmt, machte sich Bradford an das ehrgeizige Projekt, das große transatlantische Wagnis der Puritaner poetisch zu besingen. Seine heute langatmig wirkenden Poeme »A Word to New Plymouth; A Word to New England« und »Of Boston in New-England« (1654) zählen zu den ersten poetischen Artikulationen der Neuen Welt. Sowohl Bradford als auch Winthrop – und das ist typisch für die geistige Führerschicht jener ersten Generation von Puritanern – kommen ungeachtet ihres gespannten Verhältnisses zu England aus der intellektuellen Schule ihres Mutterlandes. Den Vorstellungen der Puritaner folgend, vermeiden sie stilistisch weitgehend barokke Manierismen, was zur Klarheit und Flüssigkeit der Darstellung beiträgt. Hier ist zu bedenken, daß diese Männer mit der *King-James-Version* der Bibel lebten, die die Glättung des literarischen Ausdrucks stark beeinflußt hat und auch dem modernen Engländer noch nicht allzu fern steht. Der Einfluß dieser Bibelübersetzung ist auch in den von den Puritanern geschaffenen Bildern deutlich spürbar. Damit waren die Neuengländer sprachlich durchaus keine ›Modernisten‹, vielmehr handelt es sich hier um eine Diktion, die nach Ansicht C. V. Wedgwoods schon im Jahre 1611 – als die *Version* erschien – um ein Jahrhundert überholt war. Über dieses ›Nachklappen‹ der ›amerikanischen‹ Literaten, das sowohl den Stil als auch Inhalte, Formen und Entwicklungstendenzen betrifft, wird noch zu sprechen sein.

Ein ganz anderes Bild Neuenglands, als es Bradford und Winthrop entwarfen, findet man im *New English Canaan* (1637) des eigenwilligen THOMAS MORTON (1590?–1647). Als Oberhaupt der Siedlung Ma-re-Mount, die unter dem Namen Merry Mount in die Literatur (Hawthorne) Einzug hielt, war er mit den Puritanerführern zwischen Boston und Plymouth in Konflikt geraten und gibt so eine Darstellung der neuenglischen Wirklichkeit, die sich von der konformistischen puritanischen Chronistik unterscheidet.

Im allgemeinen aber herrschte über lange Zeit das von Bradford und Winthrop vorgeformte Neuengland-Bild. In diese Kategorie gehört etwa NATHANIEL MORTONs (1613–1686) *New Englands Memorial* (1669), wozu er unveröffentlichte Arbeiten Bradfords und Winthrops heranzog. Aus der Fülle dieser Darstellungen der damals noch kurzen Geschichte Neuenglands verdienen WILLIAM WOODs (†1635)

New England's Prospect (1634) und EDWARD JOHNSONs (1598–1672) *A History of New-England* (1654) mit dem bezeichnenden Untertitel *The Wonder-Working Providence of Sions Saviour in New-England* hervorgehoben zu werden. In beiden Fällen wird die Welt mit den Augen des einfachen Siedlers gesehen, was – im Vergleich zur Darstellung der akademisch gebildeten Führerpersönlichkeiten – zu neuen Akzentuierungen führt. Insbesondere die Arbeit von Wood besticht durch ihre vergleichsweise geradlinige Darstellungsart. Das Buch Johnsons verdient deshalb besondere Aufmerksamkeit, weil es – wie weiter unten darzulegen sein wird – stärker auf das Verhältnis zwischen Siedlern und *Native Americans* eingeht. Im Gegensatz zur schlichten Sprache von Wood schildert Johnson die von anderen Chronisten oft nur gestreiften Einzelheiten des Alltags in einer diesen Problemkreisen wenig angemessenen Diktion, die dem Zeitgeist entsprach. Sicher sind auch die in den Prosatext eingestreuten Verse aus seiner Feder nicht dazu geeignet, Interesse an der frühen kolonialen Poesie zu wekken. Symptomatisch für den um diese Zeit in den Puritanersiedlungen herrschenden Geist ist die im Untertitel zum Ausdruck kommende Weltschau. Es geht ihm nicht darum, erlebte Wirklichkeit abzuschildern. Die höhere Funktion dieses Textes bestand darin zu zeigen, daß der Gott der Puritaner seine Gefolgschaft in Neuengland mit einer ganz bestimmten, biblischen Aufgabe bedacht hatte und sich die Siedler somit als das neue auserwählte Volk betrachten mußten. Dies war aber nicht nur ein Vorrecht, sondern vor allem eine Verpflichtung: Zwar stand Gottes Segen zu erwarten, dieser würde aber nicht von selbst kommen. In ihrem Missionseifer sahen sich die *Pilgrim Fathers* als die biblischen Juden eines neuen Zeitalters.

Seit der Veröffentlichung des von Richard Mather, John Eliot und Thomas Weld vorgelegten *The Whole Booke of Psalmes Faithfully Translated into English Metre* (1640), das zu den ersten drei in Amerika gedruckten Büchern zählt – 1639 war die erste Druckerei in Neuengland errichtet worden –, war es das Ziel der Schriftsteller Neuenglands, ihre Mission zu propagieren und zu rechtfertigen. Sehr früh kam es dabei zu Kontroversen zwischen den Vertretern verschiedener Richtungen. Bereits in den Jahren 1644 und 1652 hatte ROGER WILLIAMS (1603?–1683) in seinen Traktaten *The Bloudy Tenent of Persecution for Cause of Conscience* und *The Bloudy Tenent Yet More Bloudy ...* die in Massachusetts seiner Meinung nach herrschende religiöse Unduldsamkeit in Frage gestellt und mehr Freiheiten gefordert. Vieles spricht dafür, daß die Verankerung der Menschenrechte im Weltbild der ›Amerikaner‹ vor allem das Verdienst seines Mutes in der Auseinandersetzung mit dem orthodoxen Puritanismus in Massachusetts war. Dennoch blieb die Stellung der Theokraten noch lange unangefochten, wobei der ›Aufweichungsprozeß‹ gegen Ende des 17. Jahrhunderts bereits im Gange war.

Die mittleren Kolonien

Derart pointiert sendungsbewußte Töne finden wir in der Regel in den Büchern und Schriften der gewiß nicht weniger religiös gestimmten Menschen der mittleren Kolonien nur selten. Das enge Zusammenleben verschiedener religiöser Gruppen ließ Ausschließlichkeitsansprüche in jenen Regionen nicht in dieser Weise aufkommen. So beschränkte sich der bereits auf Long Island geborene DANIEL DENTON (†1696) in *A Brief Description of New York: formerly called New Netherlands* (1670) auf eine sachlich-nüchterne Darstellung, die tatsächlich nicht mehr sein will als die im Titel angedeutete Beschreibung. Denton legt indes Wert auf die Feststellung, daß es sich um den Bericht eines Augenzeugen handelt. Die fast allen Chronisten dieser Zeit in der Neuen Welt eigene idealistische Weltschau tritt zutage, wenn er am Ende seiner Schrift der Überzeugung Ausdruck verleiht, die Neue Welt habe für alle Unterdrückten und Armen Europas Raum. Enthusiastisch verkündet er in diesem ersten englischen Buch über New York, daß hier »Milk and Honey« flössen. Um vieles sachlicher und weniger ideologisch als seine neuenglischen Amtsbrüder gibt sich auch der Geistliche CHARLES WOLLEY (*1652?) in seiner Schrift *A two years journal in New-York* (1701). Die hier anklingende objektivere Lebensschau mag auf die Tatsache zurückzuführen sein, daß in New York von Anfang an eine Synthese verschiedener Denkarten stattfinden mußte. Die Holländergründung gab sich sehr früh kosmopolitisch und verstand sich eher als Handels- denn als Siedlungsplatz. Mithin war der Blick mehr nach außen als nach innen gerichtet, eine Haltung übrigens, die ›patriotischen‹ Amerikanern bis nach der Revolution Sorge bereitete.

Auch in der etwas später – 1681 – gegründeten Kolonie Pennsylvania findet man zuerst den Bericht des Augenzeugen, die Chronik, die nicht nur Auskunft gibt über die regionalen Bindungen, sondern auch die besondere Zielrichtung der Gründer offenbart. Dies gilt für den Quäker WILLIAM PENN (1644–1718). Noch ehe er aus England abreiste, um seinen Glaubensbrüdern in Amerika ein Refugium vor Verfolgung zu schaffen, hatte er in seiner Schrift *Some Account of The Province of Pennsylvania* (1681) die besondere Rolle der amerikanischen Siedlungen hervorgehoben und geschrieben, die Kolonien seien die »Staaten der Union«. In seinem *Frame of Government* (1682) mahnt er: »Wo die Gesetze regieren und wo die Menschen sich für die Gesetze einsetzen, gewährt jede Regierungsform den Regierten die Freiheit.« Damit hatte er sein Programm umrissen, und in der Tat können wir heute sagen, daß die von William Penn in seinem Siedlungsgebiet geschaffene Atmosphäre ganz wesentlich zur geistigen Formung jener Siedler beigetragen hat, die in der zweiten Hälfte des 18. Jahrhunderts nach ›amerikanischer‹ Freiheit und somit nach Unabhängigkeit strebten.

Im Grunde aber hat Penn dem Thema seiner Kolonien nur wenige Texte gewidmet. »A Letter from William Penn« (1683) und sein *Further Account* (1685) sind nicht mehr als bloße Beschreibungen oder Ratschläge für potentielle Siedler, wie man sie – um nur ein Beispiel zu nennen – unter Titeln wie *Advertisments for the Unexperienced Planters of New England, or anywhere* (1631) fast überall in der Neuen Welt antraf. Die erste wirklich umfassende Darstellung des Lebens in den mittleren Kolonien stammt aus der Feder des Quäkers THOMAS BUDD (†1689) und trägt den Titel *Good Order Established in Pennsylvania and New Jersey* (1685). Die wichtigsten Schriften, die sich mit dem Problem der *Native Americans* befassen, werden weiter unten zusammengefaßt. Ergänzend ist hier hinzuweisen auf *An Historical and Geographical Account of Pennsylvania* (1698) von GABRIEL THOMAS (1661–1714) und die *Umständige Geographische Beschreibung* (1700) des Deutschen FRANCIS DANIEL PASTORIUS (1651–1720).

Neue Welten

Um die Jahrhundertwende wandelte sich langsam der Charakter des kolonialen Schrifttums. Dies scheint in erster Linie auf die fortschreitende Konsolidierung der Kolonien rückführbar zu sein. An die Stelle des Erlebnisberichts trat in zunehmendem Maße die Reflexion jener Männer, die sich eher als Historiographen denn als Chronisten verstanden. Der zeitliche Abstand vom Beginn der Besiedlung – den Captain John Smith, Bradford, Winslow oder Winthrop nicht hatten – prägt weitgehend die Publikationen des ausgehenden 17. und beginnenden 18. Jahrhunderts. Selbst Augenzeugenberichte geben sich nun distanzierter, denn sie machen in den jetzt vorgelegten Werken nur noch einen Teil aus. Die zurückliegenden Zeiträume müssen aus bereits vorhandenen Quellen erschlossen werden, was den Autor, auch bei der nicht seltenen engen Anlehnung an Vorhandenes, zur analytischen Methode zwingt. Als ein Beispiel für das neue Herangehen an den Stoff sei die Arbeit des Virginiers ROBERT BEVERLEY (1673?–1722) genannt, dessen 1705/22 in London erschienene *The History and Present State of Virginia* die erste umfassende und vom historischen Standpunkt weitgehend zuverlässige Arbeit über die Entwicklung dieser Kolonie ist; sie ist in klarem Stil gehalten und ironisch, wo es um die Verteidigung von *self-government* geht. Beverley liebte dieses Land, nannte sich selbst ›Indian‹ und ›American‹ und zeigt viel Sympathie für die *Native Americans*, die seiner Meinung nach durch die ›Zivilisation‹ der Weißen mehr zu verlieren als zu gewinnen hätten. Von neuer Art der Faktendarstellung ist auch die *History of the Dividing Line* (1841) des heute wohl bekanntesten kolonialen Autors des Südens, WILLIAM BYRD (1674–1744). Hier handelt es sich um Beobachtungen, die der Autor im Jahre 1728 bei Grenzvermessungen in dem Gebiet zwischen Virginia und North Carolina machen konnte. Byrd, Sohn eines der reichsten Pflanzer Virginias, war der Typ des südlichen ›Aristokraten‹, der nicht nur die geistigen Strömungen des Mutterlandes nachempfand, sondern sich weitgehend mit ihnen identifizierte. Er war mit Wycherley und Congreve befreundet und glaubte zunächst, seinen Weg als Poet gehen zu können. Er muß wohl aber selbst erkannt haben, daß ihm das Verseschmieden nicht lag, denn bald verschrieb er sich den Naturwissenschaften und wurde sogar Mitglied der *Royal Society*. Von besonderem Interesse für die Literaturwissenschaft ist das erst spät veröffentlichte *The Secret Diary of William Byrd of Westover* (2 Bde., 1940 u. 1943) und ein weiteres Manuskript seiner in Kurzschrift gehaltenen Tagebuchaufzeichnungen, die die Jahre 1717–21 betreffen und das 1958 unter dem Titel *The London Diary* erschien. In all diesen Schriften erweist sich Byrd als ein an den klassizistischen Vorbildern (Addison, Steele) geschulter Stilist, der es den zeitgenössischen Meistern der englischen Sprache gleichzutun bestrebt war. Für eine Betrachtung der ersten Entwicklungsjahre Virginias dürfte auch die 1747 in Williamsburg erschienene *The History of the First Discovery and Settlement of Virginia* von WILLIAM STITH (1707–1755) aufschlußreich sein, die bis 1624 reicht.

Von ganz anderer Art sind die um die Jahrhundertwende in Neuengland erscheinenden Schriften. Während sich der Lebemann und ›Aristokrat‹ Byrd in London dem süßen Leben hingab und seine Erlebnisse in der Art von Samuel Pepys genüßlich zu Papier brachte, standen die Arbeiten der Nachfahren der Pilgerväter noch immer im Zeichen jener Linie, die von den frühen Puritanerführern vorgegeben war. In dieser Welt entsteht das noch heute als wichtigstes Werk jener neuenglischen Epoche angesehene Buch *Magnalia Christi Americana; or, The Ecclesiastical History of New England* (1702) von COTTON MATHER (1663–1728), der als die führende Geistesgröße seiner Zeit in Amerika gilt.

Als Sproß der Massachusetts vier Generationen lang formenden Mather-Dynastie, als Enkel Richard Mathers und des aristokratischen Gegners Roger Williams', John Cotton, gehörte er zum inneren Kreis der ›Auserwählten‹. Mit zwölf Jahren trat er in Harvard ein, studierte zunächst Medizin, um sich dann aber auf den Beruf des Geistlichen vorzubereiten, den er ab 1681 ausübte. In dieser Funktion muß er bereits als ein Mann des Übergangs gewertet werden. Das wird an seiner Haltung den Hexenprozessen gegenüber sichtbar. Zwar spricht er sich für die Rechtmäßigkeit der Urteile aus, gibt aber zu bedenken, daß es angebrachter wäre, die ›besessenen‹ Personen durch Fasten und Gebete zu retten. 1714 wird er in die *Royal Society* aufgenommen. Die politische Bedeutung seines Vaters kann er jedoch nicht erreichen, was wohl auch auf seine liberaleren Ansichten zurückzuführen ist, die sich u. a. in den Schriften *Manuductio ad Ministerium* (1726) und *Christian Philosopher* (1721) manifestieren. Hier ist nicht nur von Toleranz die Rede, sondern auch von Gedanken, die auf einen gewissen Deismus hinzielen. Aus seiner Feder stammen fast fünfhundert Arbeiten meist theologischen Charakters und viele Schriften, die sein Interesse an Geschichte und Naturwissenschaften verraten. Lag seine Opposition gegen die englische Bevormundung in der Tradition dieser Kolonie begründet, so waren seine Vorbehalte gegenüber gewissen dogmatischen Positionen konservativer Puritaner ein Indiz für die sich auch in Massachusetts abzeichnenden Veränderungen.

Seine *Magnalia* sind nicht eigentlich ein homogenes Werk eigener Vorstellung. Mather benutzt bei der Zusammenstellung des Textes zeitgenössische Briefe und Diarien, Berichte und Biographien und nicht zuletzt auch bereits vorliegende Schriften, so daß wir es hier eigentlich mit einem Sammelwerk zu tun haben. Auf diese Weise gelingt es ihm, ein farbiges Panorama der neuenglischen Entwicklungen zu entwerfen, das über Jahrhunderte die Vorstellungen über das Wesen Neuenglands formte. Mather gelingt es nur selten, die Fesseln seiner Ideologie abzustreifen und zu einer wirklich objektiven Berichterstattung vorzudringen. Aber gerade deshalb vermitteln die *Magnalia* einen so unmittelbaren Einblick in das Denkgebäude einer Theokratie, die ein reichliches halbes Jahrhundert später zu einer Keimzelle der amerikanischen Unabhängigkeit werden sollte. Dieser Wandlungsprozeß wurde keineswegs nur von außen in Gang gesetzt. Eine neue Generation bereits in Neuengland geborener und ausgebildeter Geistlicher, die mehr und mehr unter den Einfluß der Aufklärung geriet, begann die orthodoxen Formen des Puritanismus von innen heraus zu sprengen. Zu diesen Reformern zählte der in Harvard ausgebildete und in Ipswich wirkende Geistliche JOHN WISE (1652–1725), der sogar ins Gefängnis gehen mußte, weil er seine Gemeinde aufforderte, unrechtmäßige Steuern nicht zu zahlen. In seinen Schriften *The Churches Quarrel Espoused* (1710) und *A Vindication of the Government of New-England Churches* (1717) trat er entschlossen gegen jeden Versuch auf, die puritanische Macht auszubauen. Das Interessante an seiner Beweisführung ist, daß er sich nicht mehr nur auf das Gotteswort, sondern auch auf Motive beruft, die an den Rationalismus, ja an naturrechtliches Denken erinnern. Noch vernehmen wir hier nicht die Stimme John Lockes, doch Wise ist auf seine Art der Verkünder eines neuen Evangeliums, in dem menschliche Leistung und das Recht auf individuelle Entscheidung schwerer wiegen als die Thesen der Ur- und Erbsünde. Wise erhebt seine Stimme im Interesse des diesseitigen Lebens, zugunsten des Individuums und gegen die Macht der Theokratie. Damit kündet er von einer Form menschlichen Zusammenlebens, die später die Phantasie der Revolutionäre beflügeln sollte.

Bereits zu Beginn des 18. Jahrhunderts wurde klar, daß die Theokratie von Massachusetts an einem Scheideweg stand. Das wachsende Selbstbewußtsein der Siedler, der Zustrom von nicht dem Puritanismus verpflichteten Immigranten und die Tatsache, daß man sich nicht von der Außenwelt abkapseln konnte, stellte die Ideologen des Puritanismus vor die Wahl, entweder den neuen Zeitströmungen und damit der Verweltlichung ihrer theokratischen Vorstellungen Tribut zu zollen oder aber den neuen Zeitgeist zu ignorieren und gegen das moderne Teufelswerk kompromißlos anzugehen. Mit diesem Problem waren auf diese oder jene Weise alle religiös geprägten Gründungen in den Kolonien konfrontiert, und es ist eine kleine Ironie der Geistesgeschichte, daß nicht nur der ›zersetzende‹ Geist der Aufklärung aus der alten Welt importiert wurde, sondern mit ihm auch bereits die neue Gegenideologie. Dabei handelt es sich um eine religiöse Bewegung, die als *The Great Awakening* in die amerikanische Religions- und Geistesgeschichte einging und als deren Verkünder GEORGE WHITEFIELD (1714–1770) auftrat, ein enger Mitarbeiter der Begründer der Methodistenbewegung, John und Charles Wesley.

Als Whitefield 1741 nach England zurückkehrte, übernahm der bis dahin in Northampton, Massachusetts, amtierende Geistliche JONATHAN EDWARDS die Führung der kirchlichen Reaktion und kann für sich in Anspruch nehmen, einer der letzten bedeutenden dogmatischen Ideologen gewesen zu sein. Er legte die Rolle des friedfertigen Mystikers ab und kämpfte mit fanatischer Verve an allen Abwehrfronten einer untergehenden Welt theokratisch-absolutistischer Prägung. Dem Pfarrvolk drohte er mit der unnachsichtigen Rache Gottes, wofür die bereits zitierte Predigt »Sinners in the Hands of an Angry God« (1741) symptomatisch ist. Er sah sehr klar, daß die Gefahr für die von ihm verteidigte Bastion keineswegs nur von dem wachsenden Selbstbewußtsein und der Indolenz der einfachen Menschen ausging, sondern vor allem eine Folge der ›ätzenden Philosophie‹ des Rationalismus war. So schickte er sich an, die philosophischen Angriffe auch philosophisch zu erwidern und sich aus der Sicht seiner Kirche mit dem höchst diffizilen Problem des freien Willens auseinanderzusetzen. Im Grunde geht es in seinem diesem Thema gewidmeten Hauptwerk *A Careful and Strict Enquiry into the Modern Prevailing Notions, of that Freedom of Will which is supposed to be Essential to Moral Agency …* (1754) darum zu beweisen, daß es keine Willensfreiheit gebe, da das Schicksal des Menschen letztlich dem Willen Gottes unterworfen sei. Ohne einen Fußbreit seiner theologischen Position aufzugeben, unterscheidet Edwards zwischen einem wirklichen Willen, dem Willen an sich und den Wünschen eines Menschen. 1758 führt er in der Schrift *The Great Christian Doctrine of Original Sin Defended* die nun allenthalben geführte Diskussion über die Bedeutung und Funktion der Erbsünde auf dieselbe Weise.

Zweifellos gehörte Edwards zu den führenden Vertretern des Geistes in Neuengland, und es könnte sein, daß sein philosophischer Scharfsinn in der amerikanischen Geistesgeschichte bis heute nicht übertroffen wurde. Wenn seine Wirkung dennoch nicht von Dauer war, so ist dies nicht zuletzt auf den Umstand zurückzuführen, daß er seine Gaben in den Dienst einer Sache stellte, die bereits zu seinen Lebzeiten nur noch schwer haltbar war. Mit Edwards hatte Neuengland seinen letzten großen Kämpfer für die Ideale der *Pilgrim Fathers* in die Schlacht geführt. Was danach noch an Schriften zu den von Edwards abgehandelten Themen erschien, spiegelt lediglich die Rückzugsgefechte einer Ideologie, die sich zum Unwillen ihrer konservativsten Vertreter in den folgenden Jahren in geradezu erstaunlicher Weise wandelte und den Forderungen der Zeit anpaßte.

In jener Zeit entstanden auf dem Hintergrund der ›Glaubenskämpfe‹ in Neuengland eine Fülle von Traktaten, Schriften und Bücher, die sich mit der Entwicklung und der Geschichte dieses Siedlungsgebietes auseinandersetzen. Zu erwähnen wären in diesem Zusammenhang der in Harvard ausgebildete Geistliche THOMAS PRINCE (1687–1793) mit *A Chronicle History of New England in the Form of Annals* (1. Teil 1736), der Bostoner Arzt WILLIAM DOUGLASS (1691–1752) mit *A Summary, Historical and Political … of the British Settlements in North-America* (2 Bde., 1749/51) und *A Discourse Concerning the Currencies of the British Plantations in America …* (2 Bde., 1749/51), die zwar ›historisch‹ nicht sehr zuverlässig sind, aber Gebiete wie Medizin und Botanik einbeziehen, sowie *The History of the Colony and Province of Massachusetts Bay, from its First Settlement in 1628 to the year 1750* (2 Bde., 1764/67) des Kaufmanns und Politikers THOMAS HUTCHINSON (1711–1780). Diese Arbeit des Gouverneurs von Massachusetts gilt als das kompetenteste zeitgenössische Werk seiner Art.

Selbstverständlich konnten auch die mittleren Kolonien mit Werken vergleichbarer Art aufwarten. Die Quäker mit ihrem Hang zum Diarium und zur Autobiographie widmeten sich auch der damals in Amerika aufkommenden wissenschaftlichen Darstellung der Umwelt, und das galt ebenfalls für die anderen Kolonien der Mitte, wobei diese Tendenz ebenso in die Historiographie einfloß. Hier – und nicht auf dem Gebiet der philosophischen Meditation – lag die Stärke der Männer der geographischen Mitte, zu denen insbesondere der Gouverneur von New York, Cadwallader Colden (s. S. 41) zu rechnen ist. Als Mitglied der *Royal Society* stand er in ständigem Gedankenaustausch mit führenden Intellektuellen Englands und Europas. Im Gegensatz zu den meisten bis zu diesem Zeitpunkt erschienenen historischen Darstellungen geht es ihm nicht nur um die Wiedergabe von Erlebtem, sondern um das Erforschen. Colden war Enzyklopädist, und es mag mit seinem Verhältnis zu Medizin, Mathematik und Physik zusammenhängen, daß er der Geschichtsschreibung oder besser der Chronistik eine neue, von den Naturwissenschaften beeinflußte Zielsetzung gab. Die Historiker sollten seiner Meinung nach nicht Geschichten, sondern Geschichte schreiben. »Ich habe manchmal den Eindruck gehabt«, lesen wir bei ihm, »daß die Geschichtsdarstellungen, die mit aller Feinheit wie ein Roman geschrieben sind, französischen Gerichten gleichen, die für den Gaumen angenehmer sind als für den Magen annehmbar und dafür weniger bekömmlich als gewöhnlichere und derbere Kost.« Natürlich ging eine solche Einstellung auf Kosten der Farbigkeit der Darstellung. Ein Musterbeispiel einer neuen Geschichtsinterpretation gibt der in Yale ausgebildete WILLIAM SMITH (1728–1793) mit seiner *History of the Province of New York*, deren erster Teil 1757 in London erschien. Sein Werk deckt die Zeit bis 1732 ab. Des weiteren sollte der überzeugte Quäker SAMUEL SMITH (1720–1776) mit *The History of the Colony of Nova Caesaria, or New Jersey ... to the Year 1721* (1765) und seiner Arbeit über Pennsylvania Erwähnung finden.

Zur gleichen Zeit entstanden die ersten um Wissenschaftlichkeit bemühten Topographien, die das Bestreben der Verfasser reflektieren, die nun als Heimat empfundene Umwelt gründlich kennenzulernen und sich untertan zu machen. LEWIS EVANS konnte mit seinen *Geographical, Historical, Political and Mechanical Essays* (1755/56) die Aufmerksamkeit der geistigen Welt Englands und Amerikas auf sich lenken. Dr. Samuel Johnson nahm sie zum Anlaß zu erklären, daß die Literatur in Amerika gute Fortschritte mache. Johnson macht hier erstmals auf das Phänomen einer ›amerikanischen Sprache‹ aufmerksam. Zwar waren die Essays seiner Meinung nach mit »soviel Eleganz geschrieben, wie der Gegenstand es zuläßt«, aber doch nicht »ohne eine gewisse Beimischung des amerikanischen Dialekts, eine Verwilderungserscheinung, der jede weitverbreitete Sprache notwendigerweise immer ausgesetzt ist«. In der Tat lassen sich hier eine ganze Reihe Amerikanismen nachweisen, etwa Wörter wie *run*, *creek* oder *branch*.

Ebenfalls in Philadelphia wirkte JOHN BARTRAM (1699–1777), der als der erste amerikanische Botaniker gilt und mit seinen *Observations on the Inhabitants, Climate, Soil, ... Made by Mr. John Bartram in his Travels from Pensilvania to ... Lake Ontario* (1751) die Tradition der amerikanischen Naturschilderung begründete, die von seinem Sohn WILLIAM BARTRAM (1739–1823) fortgeführt wurde. Insbesondere dessen *Travels Through North and South Carolina, Georgia, East and West Florida, the Cherokee Country, the Extensive Territories of the Muscogulges, or Creek Confederacy and the Country of the Chactaws* (1791) hinterließen einen tiefen Eindruck auf Wordsworth,

Coleridge und Chateaubriand, was nicht zuletzt darauf zurückzuführen ist, daß sich in dem jüngeren Bartram wissenschaftliche Beobachtungsgabe mit der Darstellungskraft eines sensiblen Künstlers vereinten.

Native Americans

Schon in den Schriften der Chronisten der ersten Siedlungen tritt uns das für die Siedler lebenswichtige Verhältnis zu den *Native Americans* – und das heißt auch das Problem der Grenze, der *frontier* – entgegen. Damit werden wir, nachdem bereits 1586 Sir Walter Raleigh angesichts der Konflikte mit den Indianern die *Lost Colony* aufgeben mußte und nachdem bereits Captain Smith das Indianer-Thema angeschnitten hatte, mit einem der beiden ethnischen Probleme konfrontiert, die die Kolonien und später die Union bis auf den heutigen Tag als Hypothek ihrer Vergangenheit abzutragen versuchen: die Behandlung und das Schicksal der *Native Americans* (die zweite Hypothek sollte sich aus der Sklavenfrage entwickeln).

Es ist oft – nicht zu Unrecht – darauf hingewiesen worden, daß es die Bedingungen der *frontier* waren, die die so unterschiedlich konzipierten und gewachsenen Siedlungen und Kolonien an der Ostküste des nordamerikanischen Kontinents eine nach Westen hin gemeinsame Sprache und Handlungsweise gelehrt hätten. Dies resultierte zu einem guten Teil aus der Tatsache, daß die ›Berührungen‹ der ersten Siedler und Pioniere mit den *Native Americans* an der ganzen langen *frontier* fast immer nach ähnlichen Mustern abliefen und zu ähnlichen Erfahrungen führten. Einer zum Teil freundlichen, aber oft nur kurzen Phase relativ konfliktfreier erster Begegnungen, die aus den territorialen Eigentumsvorstellungen zum Vorteil der Siedler erwuchsen, folgte eine Phase lokaler Konflikte bis hin zu großflächigeren Auseinandersetzungen von Neuengland bis hinab in die Carolinas. Insbesondere an den Berührungslinien, der *frontier* selbst, entwickelte sich ein Bild und eine Vorstellung von der jeweils anderen Seite, das wenig Spielraum für eine gedeihliche Koexistenz ließ. Aus der Sicht der Weißen gipfelte es in dem Bild von der barbarischen, brutalen, hinterhältigen und heidnischen Rothaut, dem Indianer, der nur dann ein guter war, wenn man ihn getötet oder wenigstens missioniert hatte. Das Töten bedeutete übrigens – anders als bei den afroamerikanischen Sklaven – keinen wirtschaftlichen Verlust für die Siedler, da sich die *Native Americans* für die Sklavenarbeit auf den Plantagen als ungeeignet erwiesen.

Dort, wo sie den Siedlern in ihrem Drang nach Landnahme im Weg standen, waren die *Native Americans* trotz aller größeren und kleineren Verträge und Absprachen fast absolut der Willkür der Weißen ausgesetzt. Bereits ab 1620 kommt es in der Nähe von Jamestown, Virginia, zu Auseinandersetzungen mit den Powhatan. Diese Stammesverbindung, aus der Pocahontas (1595?–1617) stammt, war 1644 zerschlagen. Etwa zur gleichen Zeit, 1643, darf das Schicksal der in New York lebenden Wappinger als besiegelt angesehen werden. In den Jahren 1636/37 ereilte es die Pequots in Connecticut, und in den Jahren 1675/76 endete der Versuch des Wampanoag-Häuptlings Metacom (bei den Weißen bekannt als King Philip), neuenglische und New Yorker Stämme vereint gegen die weißen Eindringlinge zu führen, in einem Fiasko. Am Ende dieser blutigsten Auseinandersetzung in Neuengland stirbt King Philip von der Hand eines Indianers.

Dieses Gesamtbild bestimmte die Szenerie des 18. Jahrhunderts bis zur Erlangung der Unabhängigkeit, wobei die um die Vormacht in Amerika ringenden Franzosen und Briten die Rivalitäten unter den Stämmen der *Native Americans* jeweils für sich auszunutzen versuchten. Die *Native Americans* wurden zu allem Überfluß Werkzeuge, aber noch öfter Opfer europäischer Machtpolitik und konnten aus ihren Entscheidungen in diesem für sie kaum durchschaubaren Kräftespiel keine längerwirkenden Vorteile ziehen. Ihr Schicksal blieb Verdrängung, Vertreibung, Dezimierung und schließlich Konzentrierung in ›Reservaten‹. Das 18. Jahrhundert wartete in dieser Beziehung mit einer nahtlosen Fortsetzung der Verfolgung der *Native Americans* auf, die sich im 17. Jahrhundert herausgebildet hatte: Die Schlachten, in denen 1713 die Tuscarora in Virginia, 1715 die Yamasee in North Carolina, 1763 die Stämme am Bushy Run in Pennsylvania, 1774 am Point Pleasant, heute West Virginia, oder 1779 die Senecas in New York geschlagen wurden, markieren einen Weg der ›ethnischen Säuberung‹.

Ungeachtet der Spannungen und Probleme zwischen den *Native Americans* und der sich konsolidierenden Gesellschaft der Weißen war das Bild vom toten als dem guten Indianer doch nicht absolut vorherrschend. Vielmehr trugen zum Beispiel die wachsende geographische Distanz zu den Berührungslinien, religiöse Überzeugungen oder Ideen sowie die Ideale der Aufklärung und der Romantik dazu bei, das an der *frontier* dominierende Bild vom barbarischen Wilden zu relativieren und später durch das ebenso wirklichkeitsfremde vom *noble savage*, dem ›edlen Wilden‹ der Romantiker (Cooper), zu ergänzen. Immerhin führte dieser partielle Sinneswandel insbesondere in den Städten an der neuenglischen Küstenregion dazu, daß sich Initiativen und Bewegungen mit dem Ziel bildeten, ihre Mitbürger darauf aufmerksam zu machen, daß auch *Native Americans* Geschöpfe Gottes sind und mithin einen Anspruch auf die Menschenrechte haben, die man gerade im Begriff war, den Herrschern in London abzutrotzen.

Die *Native Americans* der nordamerikanischen Atlantikküste verfügten bei der Ankunft der Europäer über keine verschriftlichte Chronistik oder ›Literatur‹ im weiteren Sinne des Wortes. Dies ist der wichtigste Grund dafür, daß wir über das Weltbild und Lebensgefühl, das Denken, die Sagen und Mythen der *Native Americans* zumeist erst auf dem Umweg der im 19. (und 20.) Jahrhundert systematischer einsetzenden schriftlichen Fixierung mündlicher Überlieferungen etwas erfahren, was nicht vorher durch den Filter weißer Wahrnehmungsmuster gegangen ist. So beklagt beispielsweise noch in der ersten Hälfte des 19. Jahrhunderts der Fellhändler EDWIN T. DENIG (1812–1858) in seinen erst 1961 von J. C. Ewers edierten Aufzeichnungen *Five Indian Tribes of the Upper Missouri* ... die große Ignoranz bezüglich der Welt der *Native Americans* sowohl bei den Siedlern als auch bei den Schriftstellern.

Diese Entwicklung spiegelt sich natürlich im Schrifttum jener Zeit wider. Einer der ersten Berichte, die von den Entdeckungen im Westen der Siedlungsgebiete erzählen, stammt aus dem Süden. Wie schon erwähnt, geht bereits JOHN LEDERER (†1672?) 1672 in seinen *Discoveries* auf dieses Thema ein. Etwa um dieselbe Zeit nimmt man sich auch in Neuengland des Indianerthemas an. Hier war das Verhältnis zu den *Native Americans* keineswegs so gut wie an der Grenze Pennsylvanias. Bereits im Jahr 1637 war es an der *frontier* Neuenglands zu blutigen Zusammenstößen mit den Pequots unter Sassacus gekommen, die vom Oberbefehlshaber der Siedlungstruppen, JOHN MASON (1600?–1672) geschlagen wurden. Die Niederschrift dieses Ereignisses findet vierzig Jahre später in INCREASE MATHERs (1639–1723) *A Relation of the Troubles Which Have Hapned in New-England* ... (1677) statt. Es läßt sich denken, daß der martialische Captain Mason wenig Schmeichelhaftes über die anwohnenden *Native Americans* zu sagen weiß, und diese Einstellung scheint die in jener Zeit in Neuengland vorherrschende gewesen zu sein. Selbst der das Evangelium der Liebe predigende WILLIAM HUBBARD (1621?–1704), bekannt durch *A General History of New England from the Discovery to MDCLXXX* (gedruckt 1815), kann in seiner *Narrative of the Troubles with the Indians in New England* (Boston und London 1677) seinen Haß gegen die ›Rothäute‹, die er als »verräterische Strolche« oder »Unrat der Menschheit« apostrophiert, kaum zügeln. Natürlich spielt bei der Formung dieses Indianerbildes neben den tatsächlichen Interessengegensätzen auch der Umstand eine Rolle, daß es sich bei den *Native Americans* um ›Heiden‹ handelte. Hinzu kommen die Erfahrungen, die von Indianern entführte Siedler gemacht haben. Die Niederschriften dieser Erlebnisse, die in jenen Jahren offensichtlich die Rolle dessen spielten, was man heute *thriller* nennt, und die sich deshalb großer Popularität und entsprechender Verbreitung erfreuten, taten ein weiteres, stützten dieses negative Bild. Aus der Fülle dieser *captivity narratives* seien drei Beispiele genannt. *A Narrative of the Captivity and Restauration of Mrs. Mary Rowlandson* (1678) von MARY WHITE ROWLANDSON

(1635?–1678?), einer frommen Neuengländerin, die in der Gewißheit, unter dem Schutz ihres Gottes zu stehen, ihre Gefangenschaft und alle Erniedrigungen und Versuchungen selbst durch King Philip tapfer überstand; die im Rahmen derselben Glaubenssätze stehende Erzählung des Quäkers JONATHAN DICKINSON (oder DICKENSON, 1663–1722) *God's Protecting Providence: Man's Surest Held and Defence ... Faithfully related ... by Jonathan Dickinson* (1699), oder die in Schriften Cotton Mathers dreifach vorhandene Erzählung über das Schicksal von Hanna Dustin, so zum Beispiel unter dem Titel »Humiliations followed by Deliverances« (1697). Es ist die Geschichte einer Frau, die am 15. März 1697 von *Native Americans* entführt wurde und am 29. April desselben Jahres ihre Entführer tötete und mit zehn Skalpen nach Boston zurückkehrte. Mather sorgte dafür, daß Hanna Dustin zur bekanntesten *frontierswoman* und zum Vorbild für die weißen Pioniere wurde. Als Beispiel einer späteren Begebenheit sei *John Tanner's Narrative of his Captivity Among the Ottawa and Ojibwa Indians* erwähnt. Eine besondere Spielart der *captivity narrative* bietet *The Redeemed Captive, Returning to Zion* (1707) von JOHN WILLIAMS (1664–1729), einem weitläufigen Verwandten von Increase Mather und Pfarrer in Deerfield. Das Besondere an seiner Geschichte und für die Puritaner das besonders Perfide daran ist, daß ihn die *Native Americans* nach etwa acht Wochen an die Franzosen auslieferten, wo Jesuiten zwei Jahre lang versuchten, ihn vom puritanischen Glauben abzubringen. Die Indianer fungieren hier als Werkzeuge der religiösen Erzfeinde.

Dennoch war das Verhältnis zwischen den *Native Americans* und den weißen Eindringlingen nicht immer und überall so schlecht, wie man auf Grund der angeführten Texte annehmen könnte. Nur ein Jahr vor Beginn des Pequot-Krieges fand der von orthodoxen Puritanern verbannte spätere Gründer der wohl freiesten Kolonie Neuenglands, Rhode Island, ROGER WILLIAMS (1603?–1683) freundliche Aufnahme bei den *Native Americans* und veröffentlichte als Ergebnis seiner Erfahrungen die Schrift *A Key into the Language of America* (1643), die als erste Arbeit über die Sprachen der *Native Americans* zu werten ist. Ähnlich bedeutsam für eine differenziertere Beurteilung der *Native Americans* durch die Weißen ist das Wirken und das Schrifttum des 1631 aus England nach Boston übergesiedelten ›Apostle to the Indians‹, JOHN ELIOT (1604–90). Er wirkte erfolgreich als Missionar, auch wenn er wegen der kriegerischen Auseinandersetzungen an der Grenze viele Rückschläge hinnehmen mußte. Er übersetzte die Bibel in die Sprache der *Native Americans* von Massachusetts (1661/63) – dies war übrigens die erste in den englischen Kolonien Amerikas gedruckte Heilige Schrift –, schrieb einen *Catechism* (1654) in derselben Sprache und *The Indian Primer* (1669).

Die umfassendste und kompetenteste Darstellung der neuenglischen *Native Ame-*

ricans aber schrieb DANIEL GOOKIN (1612–1687), der dreißig Jahre lang als Oberaufseher der Indianer in Massachusetts wirkte. Seine *Historical Collections of the Indians in New England* aus dem Jahre 1674 (gedruckt 1792) zeichnen sich nicht nur durch einen weitgehend klaren Stil und das Verständnis für viele Reaktionen der *Native Americans* auf die Invasion der Weißen aus, sondern bilden durch die Fülle ihrer Beobachtungen noch heute eine der wichtigsten Quellen für die Geschichtsforschung. Dies gilt auch für *A Memorial Relating to the Kennebeck Indians* (1721), in dem SAMUEL SEWALL (1652–1730) eine humane Behandlung der *Native Americans* fordert. Zu erwähnen ist hier auch die *History of the Fife Indian Nations* (1727) von CADWALLADER COLDEN (1688–1776), der das Leben der *Native Americans* für den Stoff hielt, aus dem man Epen macht. Seine *Piskaret Story* war grundlegend für die Vision vom *noble indian* der Romantik. Indessen ging nahezu jedes Buch, jede Schrift jener Zeit – und sei es nur am Rande – auf die *Native Americans* ein, erwähnte sie, beurteilte sie. Und so liefert uns das Schrifttum des 17. und 18. Jahrhunderts in Amerika eine Fülle von sehr unterschiedlich motivierten, alle Bereiche der *frontier* umfassenden Bildern von den *Native Americans.* Fast alle Chronisten und Berichterstatter waren offenbar von der Überzeugung durchdrungen, in bezug auf die *Native Americans* in ein kulturelles Vakuum vorgestoßen zu sein. Anders ist es nicht zu erklären, daß man sich so lange mit der ›weißen‹ Interpretation des Denkens und des Weltbildes der *Native Americans* zufriedengab und erst relativ spät begann, den reichen Schatz ihrer Mythen, Sagen, *tales* und anderen Überlieferungen – die mangels einer Schriftsprache mündlich überliefert und am Leben gehalten worden waren – zu übersetzen und schriftlich zu fixieren.

Die Fülle des gesicherten Materials ist außerordentlich groß und spiegelt die ganze stammesgeschichtliche Spannweite der großen Welt der *Native Americans* wider. Es handelt sich dabei um eine *oral literature*, die in ihren ›Stücken‹ aus der Zeit vor der Ankunft der Europäer mit einer diesen sehr fremden – und damit für die Siedler auch schwer oder nicht verständlichen – Weltsicht aufwartet. Diese *myths* und *tales* reichen von poetischen bis zu sehr bodenständigen Stücken aus einer »very real and physically grounded world but that for him, the Indian was only one of several« (Frederick Turner). In diesen Mythen spielt die Entstehung der Welt eine ganz bedeutende Rolle, so daß fast jeder Stamm mit seiner Genesis aufwartet: »The Creation« (Iroquois), »How the World was Made« (Cherokee), »The Blackfoot Genesis«, »The Creation or Age of Beginning« (Navaho) oder »The Sioux Genesis«, die mit dem Satz »We are the soil and the soil is of us« endet. Dazu kommt Folkloristisches wie zum Beispiel »How the Rabbit stole the Otter's Coat«, »How the Deer got His Horns« (Cherokee), »The Animals Argue about the Lenghth of Day and Night« (Nez Perce), pikaresk anmutende *stories* wie »Taken From Guts« (Micmac) und *war songs.* Aus diesen Texten spricht viel Stolz und Selbstbewußtsein, was sich in späteren *poems* und *songs*, die nach der Berührung mit den Siedlern im Zeichen von Niederlagen und Erniedrigung entstanden, nicht mehr in dem Maße feststellen läßt. Töne der Trauer, der Resignation und verletzter Würde sind nicht zu überhören, was einige Zeilen aus der Überlieferung der Ojibwa und der Pawnees beispielhaft zeigen: »You cannot harm me, / you cannot harm / one who has dreamed a dream like mine« oder »Let us see, is this real, / Let us see, is this real, / This life I am living? / You, Gods, who dwell everywhere, / Let us see, is this real, / This life I am living?«

Eine weitere Quelle, die die Denkgebäude der *Native Americans* erschließt, sind die *oratories*, eigentlich Protokolle (weißer Dolmetscher) von Reden, und die *statements*, die Häuptlinge anläßlich von Friedensverhandlungen mit Weißen abgegeben haben. Als ältestes *oratory* gilt die von John Smith aufgezeichnete Rede eines Powhatan in Werowocomico im Jahre 1609. Ausführlicher sind die von dem Dolmetscher Conrad Wise festgehaltenen Reden der Vertreter der Onondagoes, Senecas, Cayogoes, Oneidas und Tuscaroraes, die anläßlich der Verhandlungen zwischen dem Gouverneur von Pennsylvania und den »Six Nations« am 2. Juni 1744 in Lancester gehalten wurden, oder auch die wahrscheinlich 1774 bei Friedensverhandlungen in Chillicothe (jetzt Ohio) verlesene Rede des Cayuga-Häuptlings Tachnechdorus (ca. 1725–1880) – auch bekannt unter dem Namen John oder James Logan –, die auf Veranlassung von James Madison erstmals 1775 im *Pennsylvania Journal* abgedruckt wurde. Für Jefferson war sie ein Beleg dafür, daß die *Native Americans* keineswegs primitive Wilde waren.

Wenngleich die *Native Americans* während der Epoche der Romantik in der sich formierenden nationalen Literatur eine nicht zu übersehende Rolle spielten, traten sie in dem Maße, wie sie an die Peripherie des Staates und der Gesellschaft gedrängt wurden, auch hinter die Probleme zurück, die sich aus der Institution Sklaverei in den Südstaaten entwickelten und eine vitale Gefährdung der Union ergaben.

Frühe Dichtung

Neben der Fülle chronologischer, historiographischer, theologischer, philosophischer Traktate und Schriften der Siedler finden sich auch die ersten ›rein‹ literarischen Texte, poetische Versuche und dichterische Leistungen von beachtenswerter Qualität.

Der Süden

Einer solchen schöngeistigen Literatur sind die erst 1814 veröffentlichten *Burwell Papers* (gedruckt 1814/66) zuzurechnen, die eine Darstellung des Aufstands (1676) des Nathaniel Bacon gegen den Gouverneur von Virginia, Sir William Berkely, sowie ein Epitaph auf den Tod Bacons enthalten. Über die Urheberschaft gibt es nur Spekulationen, wobei man unter anderem annimmt, daß die *Papers* von John oder Ann Cotton stammen, die in der Nähe von Williamsburg gelebt haben. Schon ein erster Blick auf das Epitaph läßt erkennen, daß ihr Schöpfer ganz unter dem Einfluß der zu dieser Zeit auch in England herrschenden Vorbilder Dryden und Pope stand. Der Schluß dieser Verse atmet an keiner Stelle einen spezifisch amerikanischen Geist, sondern zeigt, was Inhalt, Form und Metaphorik betrifft, daß man sich dem Zeitgeist entsprechend so englisch (klassizistisch) wie möglich gab. Hier bilden Mars und Minerva, Cato und Caesar die Kulisse.

Nicht viel anders verhält es sich bei einer ganzen Anzahl von Versdichtungen, die in der Frühzeit in den südlichen Kolonien entstanden. Das Bild änderte sich auch kaum, als William Parks zu Beginn des Jahres 1726 in Annapolis eine Druckerei eröffnete und von 1736 an die Spalten seiner *Virginia Gazette* einheimischen Dichtern und Schriftstellern zur Verfügung stellte. Hier finden wir die beachtenswerteste Leistung jener Jahre, die von dem Lehrer RICHARD LEWIS (1699?–1733?) stammende Übersetzung des lateinischen Gedichts »Muscipula« (1728) des EDWARD HOLDSWORTH (1684–1746) unter dem Titel »The Mouse-Trap, or the Battle of the Cambrians and Mice« (1728). Dieser steht, wie in »A Journal from Patapsko to Annapolis, April 4, 1730« unter dem Einfluß der Pastorale Popes. Etwa zur gleichen Zeit entsteht auch die typisch klassizistische »Typographia, an Ode on Printing« (1730) von JEREMIAH MARKLAND (1693–1776). Daß darin auch von Virginia die Rede ist, bleibt fast bedeutungslos. Von einem gewissen transatlantischen Selbstbewußtsein aber spricht *The Sot-Weed Factor* (London 1708) des in Maryland ansässigen Plantagenbesitzers EBENEZER COOK (1667–1733). Dabei handelt es sich um eine an SAMUEL BUTLERs (1612–1680) Attacke auf die Puritaner – *Hudibras* (1663/78) – orientierte Satire, in der er sich einerseits über die kräftig trinkenden, nicht eben frommen ›Amerikaner‹, andererseits aber auch über die elitären Erwartungen der Briten in bezug auf die Neue Welt lustig macht. Die 1730 verlegte Wiederaufnahme des Themas durch E. C. Gent in *Sot-Weed Redivivus, or the Planter's Looking Glass* … ist nur eine blasse Nachahmung eines besseren Vorbildes. Als gute Beispiele für die formale wie inhaltliche Nähe der frühen ›amerikanischen‹ Dichtung des Südens zur britischen können auch Verse wie »To Silvia, on Approach of Winter« oder »Anacreontic« aus den *Poems on Several Occasions* (1636) des Virginiers WILLIAM DAWSON (1704–1752) dienen.

Die mittleren Kolonien

Während die Literatur im engeren Sinne des Wortes – soweit sie nicht den herrschenden Glaubensrichtungen diente – in Neuengland eher unter Ausschluß der Öffentlichkeit entstand, findet sie in den mittleren Kolonien auch eine Heimstatt an den Hochschulen. Ungeachtet eines betont klassischen Erziehungsideals pflegte man hier Englisch als besonderes Fach. Man sah die Dinge pragmatisch, und WILLIAM SMITH (1727–1803) behauptete in seiner *General Idea of the College of Mirania* (1753), die althergebrachte Form des Studiums sei nichts anderes als »eine etwas raffiniertere und sinnreichere Art von Müßiggang und eine verzeihlichere und achtenswertere Art der Unwissenheit«. Smith, der in den Jahren zwischen 1755 und 1779 Provost des *College of Philadelphia* war und in dieser Zeit die Position eines pennsylvanischen Literaturpapstes einnahm, achtete peinlich darauf, daß sich seine Studenten der Rhetorik und der literarischen Übung befleißigten. Natürlich war unter diesen Bedingungen der Stil des englischen Klassizismus prägend. Aber selbst hier wurde die Literatur nicht unbedingt als eine Sache angesehen, die man um ihrer selbst willen tun sollte. Schon in jenen Jahren zeigte es sich auch in den mittleren Kolonien, daß das Buch in Amerika, wie Régis Michaud so treffend formulierte, »immer eine Form und eine Begleiterscheinung der Handlung gewesen ist«. Zu diesem Literaturideal bekannte sich der New Yorker Rechtsanwalt WILLIAM LIVINGSTON (1723–1790), dessen Gedicht »Philosophical Solitude« (1747) zu den frühesten Stücken einer Poesie der geographischen Mitte zählt. Gleich John Woolman spürte Livingston seine Verantwortung als sozialer Mahner. Bei ihm heißt es: »Mit Gegenständen bloßen literarischen Charakters werde ich mich nur selten abgeben.« Damit wird in Amerika von einem relativ liberalen Mann erstmals offen ausgesprochen, was fast alle großen amerikanischen Schriftsteller bis auf den heutigen Tag beherzigen: Der Dichter sollte sich nicht in den Elfenbeinturm zurückziehen. Die von Livingston genannten literarischen Vorbilder zeigen, welcher Geist gerade über die mittleren Kolonien in Amerika eindrang. Befragt, welche Autoren er in seiner Bibliothek haben möchte, nannte er neben den Großen der Antike Fénelon, Montesquieu, Milton, Dryden, Pope und von den englischen Prosaisten vor allem Swift und Addison. Bacon, Boyle, Newton und Locke nannte er die Baumeister des Weltbildes des 18. Jahrhunderts.

Auch hier wird das Buch zu einer Waffe im Kampf der Ideen. Aber obgleich Livingston selbst Presbyterianer war und aus einer Familie holländischer Kalvinisten stammte, hatte er sich keinem Dogma verschrieben. Die Literatur sollte seiner Ansicht nach der »Sache der Wahrheit und Freiheit« dienen, und von sich sagte er: »Was er bekämpft, ist Aberglaube, Frömmelei, Pfaffentrug, Tyrannei, Knechtschaft, öffentliche Mißwirtschaft und Untreue im Amt. Was er zu lehren beabsichtigt, ist die Kenntnis des Wesens und der Vorzüge unserer Verfassung, des unschätzbaren Wertes der Freiheit; die Erkenntnis der unheilvollen Wirkung der Frömmelei, der Schande und der Schrecken der Knechtschaft; der Bedeutung einer Religion, die durch abergläubische Zutaten und Erfindungen der Pfaffen nicht beschmutzt und nicht verfälscht ist.«

Doch Livingston repräsentiert nur die eine Seite des literarischen Schaffens der mittleren Kolonien. Am Anfang steht eine Frau, die noch in London geborene Quäkerin ELIZABETH SOWLE BRADFORD (1663?–1731), die zum Band *War with the Devil* (1674) des Baptistenpredigers BENJAMIN KEACH (1640–1704) Gedichte (u. a. »To the Reader, in Vindication of this Book«) beisteuerte. Und hier dichtete auch die aus Massachusetts geflohene Quäkerin BATHSHEBA BOWERS (1672–1718) ihre »Lines from the Spiritual Autobiography« (1709). Etwas später begegnen wir in dem Sekretär William Penns, JAMES LOGAN (1674–1751), einem Mann, der das klassische Erbe pflegte und Übersetzungen von Catos moralischen *Distichen* (1735) und Ciceros *De Senectute* (1744) vorlegte. Daneben treffen wir in Philadelphia auf eine Gruppe von *university wits*, die völlig im Bann der englischen Vorromantik steht und in einer Zeit des Umbruchs zwischen Pindar, Horaz und Milton schwankt und schließlich wie THOMAS GODFREY (1736–1763), dessen Werk von seinem Dichterfreund NATHANIEL EVANS (1742–1767) 1765 veröffentlicht wurde, danach trachtete, die Ritter- und Schäferdichtung in Amerika einzuführen. Zwar wird in diesen Gedichten die amerikanische Kulisse beschworen, indem man nun etwa vom Delaware oder dem Schuykill spricht, aber die »heiteren Haine im Perlmutterglanz« bleiben fast sklavisch von Vergil und Pope übernommene bukolische Szenerien. In welchem Maße gerade die sich um die Hochschule gruppierenden Dichter jede Wendung der englischen literarischen Strömungen nachvollzogen, wird insbesondere deutlich, wenn man das Werk Godfreys betrachtet. Hier stehen neben Stücken der soeben erwähnten Art Gedichte wie »Night Peace« (1758), die nicht nur in der Strophenform an Thomas Grays »Elegy written in a Country Churchyard« (1751) erinnern. Zur Friedhofsdichtung kommen Stücke, die dem Geist der damaligen Chaucer-Renaissance entsprechen, und nur selten und relativ spät stoßen wir auf Poesie, die wenigstens vom Inhalt her eine gewisse Eigenständigkeit verrät. Dies gilt etwa für die Ballade »The New Roof: A Song for Federal Mechanics« (1787), in der Francis Hopkinson in schlichter und eindrucksvoller Sprache die Annahme der föderativen Verfassung besingt. Dies aber geschah schon zu einer Zeit, die man nicht mehr als Kolonialepoche bezeichnen kann.

Neuengland

Der Intellektuelle und der Pflanzeraristokrat des Südens wußte, wie das Beispiel William Byrds zeigt, die angenehmen Seiten des Lebens zu schätzen. Damit unterschieden sie sich nicht unwesentlich von den Vertretern des Geistes in Neuengland, denen es auch in jenen Arbeiten, die der schöngeistigen Literatur näherstanden als moraltheologischem Schriftgut und Historiographien der Kirchenführer, in erster Linie um moralische Nutzanwendung im puritanischen Sinne ging. Im besten Fall war Erbauung ihr Ziel, nicht Unterhaltung. Das gilt weitgehend auch für die Fülle der Poeten und Reimschmiede jener Region, die sich vom Traktat entfernten. Und davon gab es in Neuengland auf Grund des höheren Bildungsstandes der Siedler weit mehr als in den anderen Regionen. Unter diesen Bedingungen mußte die Kunst – wo sie aufleuchtete – Mittel zum Zweck sein. Hätte sie einen Selbstzweck verfolgt, wäre sie verdächtigt worden, Teufelswerk zu präsentieren. Unter diesen Bedingungen wurde die ›schöne‹ Literatur Neuenglands zunächst ›nur‹ eine neue Form, in der man Glaubensbekenntnisse ablegte. Sie stand eingangs stark unter dem Einfluß des Kirchenliedes, wie es uns im *Bay Psalm Book* seit 1640 begegnet. Das gilt insbesondere für die Poesie des Geistlichen MICHAEL WIGGLESWORTH (1631–1705), dessen im Balladenmetrum gehaltenes ›theologisches‹ Poem *The Day of Doom* (1662) das am nachhaltigsten wirkende Dichtwerk seiner Zeit in den Kolonien war. Diese Strophen wurden wirklich gelesen. Sie erzielten innerhalb von acht Jahren mindestens zehn Auflagen und galten noch im 18. Jahrhundert als das Nonplusultra neuenglischer Verskunst.

Interessanter für den Literaturhistoriker und auch den Ästheten sind die Gedichte von ANNE BRADSTREET (1612?–1672).

> Sie war als Siebzehnjährige ihrem Mann auf der *Arabella* 1630 nach Massachusetts gefolgt, lebte mit ihm zunächst in Ipswich und später in North Andover. Als Tochter des Haushofmeisters des Earl of Lincoln hatte sie offenbar die Möglichkeit gehabt, eine gute Bibliothek zu benutzen und viel zu lesen. Obgleich ihr Mann zu den führenden Gestalten Massachusetts zählte (1679–86 und 1689–92 war er Gouverneur; s. Hawthornes »The Grey Champion«, »Howe's Masquerade«), konnte sich Anne Bradstreet als Mutter von acht Kindern nur nebenher der Poesie widmen. 1650 erschien der erste Gedichtband unter dem Titel *The Tenth Muse Lately Sprung Up in America*. Die zweite – posthume – Ausgabe mit Zusätzen und Korrekturen der Dichterin wurde 1678 in Boston herausgegeben; 1867 erfolgte eine wissenschaftliche Ausgabe der Gedichte.

Auch Anne Bradstreet hat ausführlich über religiöse Themen meditiert. Doch dies ist nur eine Seite ihrer Poesie. Gelegentlich scheint es, als sei der noch in England geborenen Dichterin puritanische Sittenstrenge nur aufgepfropft worden. Ihre Nachahmungen Spensers und des Franzosen DuBartas, dessen Texte sie in der Übersetzung Joshua Sylvesters kennengelernt hatte und verehrte, zeigen nicht ihre Stärken. Dort aber, wo sie nicht belehrt, spüren wir ihre kreative Kraft und poetische Gabe. Sie erhebt sich immer dann über die Klischees ihrer Zeit und Umwelt, wenn sie zu sich selbst zurückkehrt und allein ihren Empfindungen nachgeht, wie dies etwa in den schlichten, auch von ihrem Glauben durchdrungenen Zeilen auf den Tod eines Enkelkindes der Fall ist. Die einfache Bildhaftigkeit der Sprache zeigt uns eine Dichterin, die das Sinnliche mit dem Übersinnlichen zu verweben versteht: »But plants new set to eradicate, / And buds new blown, to have so short a date, / Is by his hand alone that guides nature and faith.« Der gleichen Intuition folgte sie auch bei der Komposition ihrer *Contemplations*, in denen sie unter anderem die Schönheit ihrer neuen Heimat besingt. Weitgehend frei von puritanischer Zurückhaltung in bezug auf die diesseitige Liebe ist sie zum Beispiel in dem zarten Gedicht »To My Dear and Loving Husband« (gedruckt 1678), in dem alle Gedanken auf das Wunder des Lebens und der Liebe konzentriert sind. Hier tritt uns eine poetische Begabung entgegen, die keinen Vergleich mit der gängigen Dichtung *Old Englands* jener Zeit zu scheuen braucht. Ihre ersten Gedichte erschienen ohne ihr Wissen 1650 in London; von ihr wohl für die Schublade bestimmt, künden sie davon, daß auch Menschen aus dem puritanischen Milieu der Neuen Welt ungeachtet der drückenden Überlegenheit der englischen Literatur in der Lage waren, ›diesseitige‹ Poesie von bleibendem Wert zu schaffen.

Lange Zeit galt Anne Bradstreet als Neuenglands einzige lyrische Begabung von Rang. Diese Ansicht mußte revidiert werden, als 1937 bis dahin unbekannte Manuskripte des Pfarrers und Arztes EDWARD TAYLOR (1644?–1729) veröffentlicht wurden. Wie Mrs. Bradstreet war auch er noch in England geboren und erzogen worden. 1668 kam er nach Boston und wurde drei Jahre später nach einem Theologie- und Medizinstudium in Harvard Seelsorger und Arzt in der kleinen Grenzgemeinde Westfield, Massachusetts, wo er bis zu seinem Tode wirkte. Manche seiner Texte erschienen noch zu seinen Lebzeiten. Dabei handelte es sich um Beispiele konformistischer Erbauungs- und Bekenntnisdichtung, die ihn keineswegs über andere Zeitgenossen seines Umfeldes hinaushoben. Anderes war nicht für die Öffentlichkeit geschrieben, und so hinterließ Taylor eine Fülle von Manuskripten, die auf seinen ausdrücklichen Wunsch nach seinem Tode nicht veröffentlicht wurden. So fielen diese Verse der Vergessenheit anheim, bis sie in den dreißiger Jahren des 20. Jahrhunderts entdeckt wurden.

Das Schicksal dieser Dichtung sagt mehr über die Situation von Poeten unter den Bedingungen des Puritanismus aus, als es tiefschürfende Interpretationen dieser Zeit vermögen. Taylor war Pfarrer und diente als solcher der Verbreitung und Festigung der von der neuenglischen Hierarchie angestrebten ›kulturpolitischen‹ Linie. Der Dichter Taylor aber ging eigene Wege, und so fromm seine Verse auch gedacht waren – sie waren im Kern eben nicht so puritanisch, wie man es von einem Pfarrer dieser Kirche erwartete. Seine ›eigenwillige‹ Entwicklung könnte übrigens dadurch gefördert worden sein, daß er fern vom Zentrum Boston in einer Grenzgemeinde lebte, wo die für die *frontier* eher typischen liberalen Ideen stärker ausgeprägt waren. In seiner engen Bindung an die Kirche aber dürften die Gründe dafür zu suchen sein, daß er vor einer Veröffentlichung seiner Poesie zurückschreckte.

Wenn Taylor heute als der bedeutendste Dichter Neuenglands jener Zeit angesehen wird, so deshalb, weil er mit seinen poetischen Bildern auch puritanische Denkschablonen durchbrach und als Schüler und Nachahmer John Donnes (1571/72–1631), Richard Crashaws (1612?–1649) oder Francis Quarles (1592–1644), der *metaphysicals* also, nach neuen Ausdrucksformen suchte. Seine kaum ›puritanisch‹ zu nennende Sinnenfreude erinnert an die Bilder des Hohenliedes Salomos, und viele seiner frömmsten Strophen sind durchdrungen von einer ganz besonderen Aufnahmebereitschaft für die Wunder, die uns das diesseitige Leben zu bieten vermag. Zeilen wie diese sprechen eine bis dahin in Massachusetts nicht gehörte Sprache: »Shall I not smell thy sweet, oh Sharon's Rose? / Shall not my Eye salute thy Beauty? Why? / Shall thy sweet leaves their Beautitious sweets up close? / As halfe ashamed my sight should on them ly?« Und an anderer Stelle: »But now my heart is made thy Censor Trim, / Full of thy golden Altars fire, / To offer up Sweet Incense in / Unto thyself intire.«

Dieser modern anmutende Sensualismus, der eigentlich bei allen nichtkonventionellen poetischen Bildern Taylors Pate stand, zeichnet seine Verse immer wieder aus. Selbst dort, wo es sich um reine religiöse Lyrik handelt, begegnen wir Kompositionen, deren Plastizität einen unabhängigen, kühnen Geist verraten. Dabei kommt es gelegentlich zu starken antithetischen Konstellationen, die Sinnesdinge und Verstandesbegriffe metaphorisch verschmelzen. Diese *conceits* sind typisch für den Stil der *metaphysical poets.* So wünscht sich Taylor, das heilige Wort möge sein Spinnrocken werden, seine Seele eine heilige Spule. Aber auch vom Inhaltlichen her weist Taylor für Neuengland neue Wege. Aus diesen Zeilen spricht bereits die Überzeugung, daß man Gott nicht nur fürchten müsse und Gott keineswegs nur als großer Rächer fungiert, wie ihn Edwards beschrieb. Bei Taylor stehen Juwelen und fleischliche Liebe gleichberechtigt neben Altären und Glaubensbekenntnissen. Alles ist Gottes Werk und deshalb der poetischen Ausformung würdig.

In Verbindung mit dem Bedürfnis, Gott und seine Vorsehung zu akzeptieren und in höchstmöglicher sprachlicher Vollendung zu loben, führte der relativ hohe Bildungsstand in Neuengland dazu, daß sich erstaunlich viele Menschen auf dem Felde der Lyrik versuchten. Man schätzt, daß in der Kolonialzeit in Neuengland etwa dreihundert Poeten geschrieben haben. Neben den öffentlich publizierten Versen erscheinen Gedichte in Manuskripten, Tagebüchern, Briefen und – wie bereits gezeigt – eingestreut in Prosaschriften. Hier finden wir die Elegie, das Versepos, die Verssatire, die Ballade, den am Kirchenlied orientierten Hymnus oder das intime Gedicht zu allen Themen, die ihre Verfasser bewegten: Tod in der Familie oder der Gemeinde, neue Umwelt, Erntesegen, Naturereignisse und Indianerkonflikt. Diese Inhalte sind in die aus dem England der Renaissance und später der *metaphysicals* übernommenen Formen gegossen. Sidney, Donne, Herbert und später Milton und Dryden dienen als Vorbilder. Während aber die Themen im Süden und in den mittleren Kolonien säkulare Tendenzen aufweisen, haben wir es in Neuengland in aller Regel mit einer engen Bindung an Glaubensbekenntnis und Bibel zu tun. Bemerkenswert ist der relativ hohe Anteil der Frauen an der frühen Poesie Neuenglands, von denen noch viele in England geboren worden waren. Aus der großen Fülle dieser Dichter, die zum Teil nur deshalb interessant sind, weil sie sich so früh in einer neuen (Um-)Welt artikulierten, sollen einige Beispiele herausgehoben werden, so der schon an anderer Stelle erwähnte Edward Johnson (1598–1672) mit dem »Poem for Thomas Hooker« (1653), der in Massachusetts lebende Apologet der Sklaverei und Sklavenhändler JOHN SAFFIN (1632–1710) mit »Acrostic on Mrs Winfret Griffin« oder die erste in der Neuen Welt geborene Dichterin dieser Region SARAH WHIPPLE GOODHUE (1641–1681), die zu den führenden Familien von Ipswich, Massachusetts, gehörte, mit ihren »Lines to Her Family« (1681) und dem Band *The Copy of a Valedictory* (1681). Zu den damals bekannteren Dichterinnen zählte die aus Boston stammende ANNA TOMPSON HAYDEN (1648–1720?), die mit Elegien wie »Upon the Death of Elizabeth Tompson« (1712) familiäre Trauer in Verse faßte. Typische Beispiele für religiöse Lyrik bietet der aus einfachen Verhältnissen aufgestiegene Gouverneur von Connecticut, ROGER WOLCOTT (1679–1767) mit seinem Band *Poetical Meditations, Being the Improvement of Some Vacant Hours* (1725) – etwa in dem Gedicht »Psalm 64:6 – ›The heart is deep‹«.

Der orthodoxe Puritanismus mag dafür verantwortlich sein, daß säkulare Dichtung und *belle-lettres* in Neuengland zunächst keine wirkliche Heimstatt fanden. Ebenso richtig ist aber auch, daß gerade in dieser Region der Neuen Welt die Kunst der poetischen Komposition einen hohen Stellenwert hatte, was unter anderem dazu führte, daß Neuengland in dem Maße, wie sich der orthodoxe Puritanismus liberalisierte, bis zum Beginn des 19. Jahrhunderts eine Art geistige wie auch literarische Führerposition erlangen konnte.

African-Americans

Das Bild der Kolonialzeit wäre unvollständig, würde nicht auf die zweite große ethnische Hypothek hingewiesen, die in den folgenden Jahrhunderten die amerikanische Gesellschaft noch stärker belasten sollte als die ständig abnehmende Gefährdung durch die *Native Americans*: die Herausbildung der Sklavengesellschaft. Nachdem in den spanischen Kolonien Amerikas der Beginn des Sklavenhandels im allgemeinen auf das Jahr 1517 festgesetzt wird, ist es bemerkenswert, daß bereits im Jahre 1619, also noch vor der Ankunft der *Pilgrim Fathers* in Massachusetts, in Jamestown, Virginia, zwanzig Afrikaner an Land gebracht wurden, um unter den für weiße Arbeiter und *Native Americans* ungünstigen Bedingungen in der Landwirtschaft zu arbeiten. Dabei handelte es sich zunächst nicht um Sklaven im späteren Sinne des Wortes, sondern um *indentured servants* (eine Art von Schuldknechten), die ihre Passage nach der Ankunft abarbeiten mußten, solange ›Eigentum‹ ihrer Herren waren, danach aber in der Regel freigelassen wurden. Das galt auch für weiße Einwanderer. Doch bald schon wurde deutlich, daß schwarze Arbeitskräfte für die Entwicklung der Kolonien auf unterschiedliche Weise in den verschiedenen geographischen Regionen wichtig, zum Teil sogar lebenswichtig waren. Und so schufen sich die einzelnen Staaten Gesetze, mit denen sie die Sklaverei als ›legalisierte‹ Institution etablierten, so Virginia 1661, Maryland 1663 oder New York 1684, um nur drei Beispiele zu nennen. Das Interesse an diesem System war fast ausschließlich ökonomisch bedingt. Das sich herausbildende Plantagensystem der südlichen Kolonien war auf eine möglichst große Zahl von billigen Landarbeitern angewiesen, während man im Norden auf den kleinen Farmen und in den Städten ökonomisch von dieser ›Institution‹ nicht abhängig war und mithin die Zahl der Sklaven, die überdies sehr häufig sogenannte Haussklaven waren, überschaubar blieb. Der Norden, der sich später als moralisches Korrektiv des Südens gerierte, verdrängte dabei, daß es gerade Kaufleute und ›Händler‹ ihrer Region waren, die – neben den Briten – die größten Profite aus dem Sklavenhandel zogen. Es wäre jedoch falsch anzunehmen, daß die Sklaverei, zumindest in dieser frühen Phase, überall in der Neuen Welt gleichsam widerspruchslos in die sich entwickelnde demokratische Gesellschaft integriert worden wäre.

Dies war – und hier zeigen sich Parallelen hinsichtlich der Einschätzung der *Native Americans* durch die Siedler – nicht der Fall. Auf dem Höhepunkt des Sklavenhandels, etwa hundert Jahre, ehe William Wilberforce (1759–1833) 1787–1807 dem Sklavenhandel ein Ende setzen konnte, riefen die Quäker um Penn, insbesondere in Germantown, zum Kampf gegen die Sklaverei auf. Einer der frühesten puritanischen Texte wider die Sklaverei stammt von dem in vielfacher Hinsicht bemerkenswerten neuenglischen Würdenträger SAMUEL SEWALL. Aufsehen hatte er unter anderem damit erregt, daß er später seine Rolle in den Salemer Hexenprozessen öffentlich bereute. Nicht minder instruktiv und bezeichnend für seine humanitäre Haltung ist seine Absage an die Sklaverei in *The Selling of Joseph* (1700), der übrigens Cotton Mather widersprach, und sein *A Memorial Relating to the Kenebeck Indians* (1700). Sein *Diary* (1878/82), dessen drei Bände die Zeit zwischen 1674 und 1729 abdecken, sowie *The Revolution in New England Justified* (1691) sind weitere Beispiele für sein weitgespanntes Interesse an einem gedeihlichen Wachstum seiner neuen Heimat. Es mag an dem besonderen Interesse der Quäker an religiös gefärbten Moralschriften gelegen haben, daß man hier sehr früh das brisante Thema der Sklaverei, aber auch soziale Fragen zu diskutieren begann. Als ein Beispiel für viele sei auf JOHN WOOLMAN (1720–1772) verwiesen, dessen in klarer und geradliniger Sprache gehaltene Texte zu sozialen Themen ihrer Zeit weit voraus waren. In seinen *Some Considerations on the Keeping of Negroes* (1754/1762), in denen er den Aspekt der Ausbeutung der Sklaven anschneidet, spricht er sich unmißverständlich für die Gleichheit der Rassen aus und warnte vor den Folgen der Sklaverei. Auch seine *Considerations on the True Harmony of Mankind (*1770*)* und *A Plea for the Poor* (posthum 1793), weisen darauf hin, daß er sich als soziales Gewissen seiner Zeit empfand. Alle seine Forderungen und Gedanken waren in die Weltschau der Quäker eingebettet.

Noch vor der Unabhängigkeitserklärung machte 1774 der *Continental Congress* dem Import von Sklaven in die amerikanischen Kolonien ein Ende, förderte aber das abscheuliche *breeding*. Die Institution schien sich insbesondere im Süden immer fester zu gründen. Auf dem Hintergrund dieser sich schon in der Kolonialzeit abzeichnenden Auseinandersetzungen, die sich bis in die Briefwechsel von George Washington, Benjamin Franklin oder Thomas Jefferson – um hier nur einige ganz prominente Väter der Republik anzuführen – verfolgen lassen, entwickelte sich im Süden eine Plantagengesellschaft, als deren Folge in manchen Regionen mehr Sklaven gehalten wurden, als Weiße ansässig waren. Mit anderen Worten: Während sich für die Weißen die ›Gefährdung‹ durch die *Native Americans* zunehmend verminderte, sorgten die Plantagenbesitzer selbst dafür, daß die Gefährdung des im Entstehen begriffenen transatlantischen Gemeinwesens von Jahr zu Jahr wuchs und die Einheit der Kolonien/Union bis an die Grenze des Erträglichen belastete.

Dieser Gefahr durch die Verschärfung der Sklavengesetze zu begegnen erwies sich als ein untauglicher Versuch, das Problem zu handhaben. Tatsache bleibt, daß die Institution Sklaverei die dreizehn Kolonien/Staaten noch nach der errungenen Unabhängigkeit gleichsam flächendeckend überzog. 1790 kamen auf etwa vier Millionen Einwohner siebenhunderteinundfünfzigtausend Sklaven. Dabei darf nicht übersehen werden, daß deren ›Handhabung‹ im Norden und Süden doch sehr unterschiedlich war. Hinderte man zum Beispiel im Süden die Sklaven um fast jeden Preis daran, des Lesens und Schreibens kundig zu werden, mühten sich – besonders im Norden und in den mittleren Kolonien – religiös gesinnte Philanthropen darum, ihre (Haus-)Sklaven, zumeist auf der Basis der Bibel, zu bilden.

Aus dem Kreis der belesenen und gebildeten Afroamerikaner kamen relativ früh die ersten Autorinnen und Autoren dieser Minderheit und begannen, sich noch vor der Unabhängigkeit der dreizehn Kolonien vom Mutterland ›literarisch‹ zu artikulieren. Daß dies nur wenige sind, überrascht nicht, daß es überhaupt möglich wurde, spricht für die Oasen von Toleranz in einer Zeit, in der die Mehrheit selbst in einer nach mehr Menschenrechten strebenden Gesellschaft die Sklaverei als etwas Normales hinzunehmen bereit war.

Am Anfang der afroamerikanischen Literatur stehen sechsundzwanzig Zeilen in unregelmäßigen Tetrametern von nicht zu hoher poetischer Qualität, in denen aus der Perspektive der Weißen ein Überfall von *Native Americans* geschildert wird, bei dem am 25. August 1745 in der Nähe von Deerfield, Massachusetts, weiße Farmer mit ihren Frauen und Kindern beim Heumachen abgeschlachtet wurden. Die Zeilen geben nicht den geringsten Hinweis darauf, daß sie von einer Afroamerikanerin geschrieben worden sind. Das Gedicht stammt aus dem Jahr 1746, wurde nahezu anderthalb Jahrhunderte mündlich überliefert und erst 1893 unter dem Titel »Bars Fight« in dem Artikel »Negro Slavery in Old Deerfield« in *The New England Magazine* abgedruckt. Die Autorin, LUCY TERRY (1730–1821), war als Kind aus Afrika nach Rhode Island verschleppt worden, heiratete 1756 einen ›free Negroe‹ und erlangte auf diese Weise ihre Freiheit. Bis zur ›Entdeckung‹ von Lucy Terry galt der bereits auf Long Island geborene JUPITER HAMMON (1720?–1806?), von dessen Arbeiten ganz offensichtlich einiges (z. B. »An Essay on Ten Virgins«) verlorengegangen ist, als erster schwarzer Poet Nordamerikas. Seine Verse »An Evening Thought: Salvation by Christ, with Penetential Cries« (1760), »An Address to Miss Phillis Whetly, Ethiopean Poetess, in Boston, who came from Africa ...« (1778) oder seine in Prosa gehaltene »Address to the Negroe: In the State of New-York« (1787) rufen seine Schicksalsgenossen zu Glauben, Demut und Dienst auf, und dies in einer Sprache und in Bildern, die sich prinzipiell nicht von dem unterscheiden, was gläubige Weiße in den Kolonien im Schatten ihrer britischen Vorbilder zu Papier brachten.

Ähnlich milde gestimmt ist auch die religiös, moralisch und didaktisch angelegte Lyrik der etwa im Alter von sieben Jahren aus Afrika verschleppten und auf dem Bostoner Sklavenmarkt verkauften PHILLIS WHEATLEY (1753?–1784). Sie hatte das große Glück, im Haushalt einer frommen Familie aufwachsen zu können, die sie mit der Bibel vertraut machte und sie Englisch und Latein lehrte. Es heißt, sie habe bereits vier Jahre nach ihrer Ankunft in Amerika (1765) zu schreiben begonnen. 1773 erschien ihr Band *Poems on Various Subjects, Religious and Moral*, der wegen mangelnden Interesses in Boston – unterstützt von der Countess of Huntingdon – in London publiziert wurde. Es ist das erste Buch afroamerikanischer Urheberschaft, das je gedruckt wurde. Weitere Arbeiten und Briefe von ihr wurden im 19. und 20. Jahrhundert (wieder-)verlegt (*Memoir and Poems of Phillis Wheatley, A Native African and Slave*, 1834; Charles Deane [ed.], *Letters of Phillis Wheatley, the Negro Slave Poet of Boston*, 1864; Charles F. Heartman, [ed.], *Phillis Wheatley [Phillis Peters] Poems and Letters. First Collected Edition*, 1915; Julian D. Mason [ed.] *The Poems of Phillis Wheatley*, 1966).

Ihr Weltbild war beherrscht von Frömmigkeit und Gottvertrauen, und das trifft auch auf ihre Verse und Briefe zu, die in Sachen Sklaverei indes sanftere Töne anschlagen, als es das Thema schon damals hätte erwarten lassen. An diesem Punkt setzten afroamerikanische Kritiker späterer Jahrhunderte an. In ihren Versen finden sich Übersetzungen aus dem Lateinischen, Huldigungen prominenter Zeitgenossen, Elegien auf den Tod von Geistlichen, Patriotisches und das für uns heute besonders aufschlußreiche Gedicht »On Being Brought from Africa to America«, das vor 1773 entstanden ist. Hier verknüpft die schwarze Dichterin ihren Dank, vom Heidentum erlöst worden zu sein, mit der Mahnung an die weißen Christen, die Schwarzen als Geschöpfe Gottes gleichberechtigt anzunehmen. Und daß sie keineswegs die Sklaverei nur demütig hinnahm – das wird von ihren Kritikern heute gern übersehen –, ist in dem Brief an den Geistlichen Samson Occom (1723–1792) – einem Angehörigen des Mohegan-Stammes – vom 11. Februar 1774 nachzulesen, in dem vom »cry for liberty« die Rede ist. Phillis Wheatley hat zu ihren Lebzeiten in Boston als Dichterin keine hohe Wertschätzung erfahren, und auch Jefferson äußerte sich abschätzig über ihre Verse. Dies ist aber eher ein Indiz dafür, daß sie in jenen Tagen auch in Amerika über die Grenzen ihrer engeren Heimat hinaus bekannt war und nicht nur in England gelesen wurde. Heute gilt ihr schmales Opus zu Recht als Beleg dafür, daß Afroamerikaner ungeachtet aller Schwierigkeiten kreativ tätig wurden und so dazu beitrugen, das Selbstbewußtsein der Sklaven zumindest im Norden zu stärken. Auch in Europa hat sie noch zu ihren Lebzeiten ein Zeichen dafür gesetzt, daß sich in der Neuen Welt Afroamerikaner auf den Weg machten, an der Entstehung einer neuen Literatur mitzuwirken.

An diesem Bild begannen auch Prosaisten mitzuarbeiten. Die Produkte ihrer Niederschriften und Kompositionen waren Texte, die nicht selten den Begriff *narrative* im Titel führten und die Basis für die insbesondere in der Zeit des Ringens um die Befreiung der Sklaven so wichtigen *slave narratives* bilden, der wohl bedeutendsten literarischen afroamerikanischen Artikulationsform bis hinein ins 19. und 20. Jahrhundert. Wenn man diese als Produkt eines Sklaven oder Ex-Sklaven und dessen Schicksals definiert, so sind die ersten der uns begegnenden *narratives* afroamerikanischer Autoren durchaus auch als – damals auf dem Literaturmarkt außerordentlich populäre – Reiseberichte zu werten. Das gilt etwa für den relativ kurzen Text *A Narrative of the uncommon Sufferings and Surprizing Deliverance of Briton Hammon, A Negro Man, Written by Himself* (1760). Die von ihm geschilderten Erlebnisse weisen ihn als einen privilegierten Afroamerikaner aus, der die Chance hatte, die Welt zu sehen. Das gilt im Prinzip auch für JOHN MARRANT (1755–1791), einem in New York frei geborenen Afroamerikaner, dessen *A Narrative of the Lord's Wonderful Dealings with John Marant, a Black* (1785), mehr über das Gefühl eines vom Christentum Geretteten als über das Schicksal seiner schwarzen Mitbürger aussagt.

Bedeutsamer für die Ausprägung dessen, was im 19. Jahrhundert zur *slave narrative* werden sollte (man schätzt, daß zwischen dem Ende der Kolonialzeit und der *Reconstruction* über sechstausend solcher *narratives* erschienen sind), ist das Werk des OLAUDAH EQUIANO (1745?–1801?), auch bekannt unter dem Namen Gustavus Vassa: Er gelangte über die *middle passage* nach Barbados und Virginia, wo er von einem britischen Kapitän als ›Dienstkraft‹ gekauft wurde, womit er dem Los der Plantagensklaven entging und sich 1766 freikaufen konnte. Er hinterließ die zweibändige Autobiographie *The Interesting Narrative of Olaudah Equiano, or Gustavus Vassa, the African* (1789), die heute nicht nur als Prototyp der für die Entwicklung der afroamerikanischen Prosa so wichtigen *slave narrative* gilt, sondern auf Grund ihrer vielen Auflagen und Übersetzungen in andere Sprachen auch eine bedeutende Rolle im Kampf um die Abschaffung der Sklaverei gespielt hat und einen tiefen Einblick in diese Welt gewährt. Seine Erzählung beginnt in Afrika, seiner Heimat im heutigen Nigeria, und führt uns über die Sklavenmärkte der Karibik nach Virginia, schildert seine Zeit als Sklave in den Kämpfen des Siebenjährigen Krieges, seinen Weiterverkauf (1763) an einen Quäker in Philadelphia bis hin zur ›Befreiung‹. Von da an begleiten wir ihn als Reisenden auf den sieben Meeren und fast allen Kontinenten, ehe er sich schließlich in England, dem Land seiner Sehnsucht, niederläßt.

Texte dieser Art bilden die Basis für einen Zweig der amerikanischen Literatur, der später als *literature of necessity* bezeichnet werden sollte. Sie wollte dazu beitragen, für die schwarzen Bewohner der dreizehn Kolonien/Staaten zu erstreiten, worum die

Weißen mit London zu kämpfen bereit waren. Es entbehrt nicht einer gewissen Tragik, daß die Afroamerikaner sich stets dafür rechtfertigen mußten, was die Weißen für sich als Naturrecht oder Gebot Gottes, jedenfalls als Selbstverständlichkeit reklamierten.

II. REVOLUTIONSZEIT

The Pursuit of Happiness

»Die Revolution«, schrieb John Adams, »war Wirklichkeit, noch bevor der Krieg begonnen hatte. Die Revolution lebte im Geist und im Herzen des Volkes.« Er vertrat die Ansicht, daß sie bereits im Jahre 1620 begonnen habe. Gemeinhin wird in diesem Zusammenhang das Jahr 1763, das Ende des Siebenjährigen Krieges genannt, in dem England in Nordamerika den Rivalen Frankreich ausschalten konnte. Tatsächlich aber dürfte der Keim der Revolution bereits in den dreißiger Jahren des 18. Jahrhunderts gelegt worden sein. Immer mehr Untertanen der britischen Krone überschritten damals die Grenze der Küstenkolonien nach Westen und gewannen als Pioniere und *frontiersmen* einen immer größeren Abstand zum Mutterland. Der sich insbesondere an der Grenze – zwangsläufig – entwickelnde Individualismus wurde noch dadurch gefördert, daß London wenig tat, um diesen Menschen das Gefühl zu vermitteln, für ihr Heimatland in die Wildnis vorzudringen. Dies ist um so bemerkenswerter, als es in Nordamerika bereits seit 1690 zu Zusammenstößen zwischen Briten und Franzosen gekommen war und bis zum Ende des Siebenjährigen Krieges alle englisch-französischen Meinungsverschiedenheiten auch in der Neuen Welt ausgefochten wurden.

Die Ziele Frankreichs bestanden darin, den britischen Einflußbereich möglichst auf die Ostküste zu beschränken. Ausgehend von ihren Kolonien in Kanada und Louisiana, trieben die Franzosen durch das Ohio- und Mississippi-Tal einen Riegel vor, der die britischen Siedler vor die Alternative stellte, ihn entweder zu akzeptieren oder zu durchbrechen. Erst relativ spät bemerkten sie, daß es sich bei den französischen Aktivitäten um eine alle britischen Siedlungen gleichermaßen bedrohende Politik handelte. Als dies jedoch erkannt wurde, bildete sich von Neuengland bis nach Georgia – ungeachtet vieler Unterschiede – eine in der Abwehr entstehende englisch-amerikanische Denkweise heraus. Da in den folgenden Kämpfen auch und gerade die Milizen der Siedler Erfolge verzeichnen konnten, wuchs das Selbstbewußtsein der Kolonisten erheblich. Damit war der Erfolg Englands über Frankreich in Nordamerika für London zu einem höchst problematischen Sieg geworden. Noch während der Kampfhandlungen hatte sich die englische Krone um die Geschlossenheit der Kolonien bemüht; kaum aber schwiegen die Waffen, mußte London erkennen, daß sich die herbeigesehnte Einheit der Kolonien nun auch gegen das Mutterland richtete.

Die Gründe für diesen Frontwechsel – und hier hat Adams recht – lagen in der Tat weit zurück. Von Beginn der Besiedlung an hatte es in Fragen der Verfassungen und der Kompetenzen von Krone und Selbstverwaltung der Siedler ein beständiges Tauziehen zwischen den Kolonien und London gegeben. Im großen und ganzen schienen diese Probleme am Ende des Siebenjährigen Krieges zur Zufriedenheit fast aller gelöst. Angesichts des schnellen Wachstums des britischen Weltreiches jedoch meldeten sich in Westminster Stimmen zu Wort, die eine straffere Gliederung und Verwaltung des Empire verlangten. Dies mag den Erfordernissen der Zeit entsprochen haben, doch die Vertreter des Empire-Gedankens hatten die Situation in den nordamerikanischen Kolonien falsch eingeschätzt. Im Gegensatz zu den meisten anderen Kolonien Englands handelte es sich hier nicht um Besitzungen, in denen eine dünne Oberschicht von Briten über ›Eingeborene‹ herrschte. Mithin waren die Interessen der Einwanderer in Nordamerika nicht mit denen der etwa in Indien für die Krone wirkenden Untertanen gleichzusetzen.

In dem Augenblick, da England seine merkantilistische Politik auch auf seine dreizehn amerikanischen Kolonien anwandte, mußte der Benachteiligte nicht der ›kolonialisierte Eingeborene‹, sondern der (englische) Kolonist selbst sein. Damit aber fühlte sich der Siedler deklassiert, und das zu einer Zeit, da er die Interessen der Krone gegen französische Ansprüche erfolgreich verteidigt hatte. Hier beginnt das Ringen der nunmehr eineinhalb Millionen Siedler mit dem Mutterland. Es setzte ein mit Disputen über die Steuergesetzgebung *(no taxation without representation)* und endete mit der *Declaration of Independence* am 4. Juli 1776. Erst 1783 aber, nach einem blutigen Krieg, sollte auf der diplomatischen Bühne der Kampf um die Freiheit Amerikas beendet werden. Dabei war es keineswegs so, daß die Siedler einmütig hinter den die Unabhängigkeit fordernden Kräften gestanden hätten. Wenn wir John Adams glauben dürfen, hat ein Drittel der Bevölkerung der dreizehn Kolonien die Revolution in allen ihren Phasen abgelehnt, so daß der *War of Independence* zuweilen nicht nur den Charakter eines Kampfes gegen die Krone, sondern auch den eines Bürgerkrieges trug.

Für die Entwicklung des ›amerikanischen‹ Geisteslebens und somit auch der Literatur war diese Zeit des Umbruchs nicht auf allen Gebieten gleich fruchtbar. Insbesondere das für koloniale Verhältnisse zum Teil recht gut ausgebaute Bildungswesen mußte starke Rückschläge hinnehmen. Einstmals blühende Schulen und Hochschulen wie Yale und das *King's College* (heute *Columbia University*) mußten schließen. Im

Jahr 1797 unterrichtete der Rektor des *William and Mary College* eine Gruppe barfüßiger Jungen, und noch im Jahr 1800 bestand der Lehrkörper einer Fakultät aus vier Professoren und vier Dozenten. So überrascht es wenig, daß in den Jahren zwischen 1780 und 1784 kein einziger Buchhändler Bostons in der größten Zeitung der Stadt Bücher anzeigte. Ungeachtet dieser Begleit- und Folgeerscheinungen des Konfliktes waren es aber gerade die Intellektuellen, deren Wirken einen großen, wenn nicht entscheidenden Einfluß auf die Entwicklung nahm. Sosehr sich die Gemüter über Tee- und Zuckersteuern erregten, so indirekt bestimmten diese Dinge den geistigen Gehalt der Revolution, der ganz und gar von den Ideen des Naturrechts und der aus Europa herüberwirkenden Aufklärung bestimmt war.

Wenn heute auf die mangelnde Originalität der kolonialen Dichter Nordamerikas hingewiesen wird, so zeigt es sich doch spätestens in den entscheidenden Phasen der Unabhängigkeitsbewegung, wie ausgezeichnet der gebildete ›Amerikaner‹ das Instrumentarium der englischen Aufklärung zu handhaben wußte. Im Prinzip handelte es sich bei ihrer Revolution um eine Fortsetzung jenes Weges, den das englische Bürgertum 1688 eingeschlagen hatte. Da das religiöse Element bei den nordamerikanischen Gründungen eine bedeutende Rolle gespielt hatte, waren es vor allem die Schriften der um das rechte Verhältnis zwischen Vernunft und Offenbarung ringenden englischen Philosophen von Locke bis Hume, die nun das ›amerikanische‹ Denken der Männer um Franklin und Jefferson beeinflußten und ihnen die Argumente für ihr Tun an die Hand gaben. Dies gilt insbesondere für JOHN LOCKEs (1632–1704) *Essay Concerning Human Understanding* (1690) und *Reasonableness of Christianity* (1695). Von hier bis zu MATTHEW TINDALs (1657–1733) *Christianity as Old as the Creation* (1739) war es nur ein kleiner Schritt, aber ein weltgeschichtlich folgenschwerer, denn dort wird festgestellt, daß »ein sich selbst verantwortliches Denken das Recht der Vernunft ist« (Schirmer). Wenig später vollzieht sich die Übertragung der moralphilosophischen Kategorien auf das Wirtschaftsleben. Hier schließt sich der Kreis, wenn man bedenkt, daß es auch wirtschaftspolitische Fragen waren, die in der Diskussion mit dem Mutterland eine wichtige Rolle spielten. ADAM SMITHs (1723–1790) *Theory of the Moral Sentiments* (1759) und *An Inquiry into the Nature and Causes of the Wealth of Nations* (1776), die den Utilitarismus eines Bentham, Ricardo und Mill vorbereiteten, mußten den ›Amerikanern‹ wie gerufen kommen. Während mit DAVID HUMEs (1711–1776) *Treatise of Human Nature* (entstanden zwischen 1734 und 1737) bereits 1739/40 die Zusammenfassung der englischen Aufklärung vorlag, wirkte französisches Gedankengut damals weniger und gewöhnlich in englischer Reflexion herüber.

Aber auch diese Zeiten waren zunächst wenig dazu angetan, eine ›eigenständige‹ schöngeistige Literatur in Amerika hervorzubringen. Ungeachtet der sich verschärfenden politischen Differenzen beherrschte die englische Literatur weiterhin den ›amerikanischen‹ Geschmack und Markt. Mehr noch: Hatte bereits der Klassizismus ein neues, auch von ›amerikanischen‹ Dichtern und Schriftstellern akzeptiertes und gepflegtes Stilempfinden hervorgebracht, so sorgten nun die großen englischen Prosaisten des 18. Jahrhunderts dafür, daß das Bedürfnis nach ›amerikanischen‹ *belles-lettres* eher zurückging. Über die Versuche, dem entgegenzuwirken, wird noch zu sprechen sein. Einem Defoe und Swift, einem Richardson und Fielding, einem Sterne und Smollett hatten die dreizehn Kolonien nichts entgegenzusetzen. Auch die Stimme Edward Youngs wurde in Amerika vernommen, aber nicht überall richtig verstanden. Zwar las man in seinen *Conjectures on Original Composition* (1759), daß sich der Dichter von den Fesseln der Nachahmung befreien müsse, aber man nahm ihn offensichtlich wörtlich in dem Sinne, daß man diese Forderung lediglich als eine Absage an den Klassizismus verstand. Die Interpretation seiner Ideen erschöpfte sich im Erkennen der Antithetik von Klassizismus und anbrechender Romantik. Und da Young überdies davon sprach, daß es für den Dichter Wichtigeres gebe als die nüchterne Vernunft, konnten die Gedanken des Wegbereiters der englischen Vorromantik zunächst kaum eine Resonanz bei jenen ›Amerikanern‹ auslösen, die sich gerade anschickten, ihre politischen und geistigen Probleme mit Hilfe der Vernunft zu lösen. »Da es sich um ein politisches Ringen über juristische Fragen handelt«, schreibt Henry Lüdeke, »treten die Theologen und Historiker, die bisher die literarische Arena beherrscht hatten, zurück, und Juristen nehmen den Vordergrund ein. Und in dem Maße, wie der Kampf aus den Ratssälen in die Öffentlichkeit hinausdrang, nimmt die Literatur einen journalistischen Charakter an.« Dem ist hinzuzufügen, daß in dieser Phase eine Fülle von Reden und politischer Literatur höchster rhetorischer Qualität entstand, deren Behandlung unseren Rahmen sprengen würde. Und natürlich beherrscht in dieser Phase ›amerikanisch-patriotisches‹ Denken die Bühne. Der ›Journalismus‹ aber sollte ein ständiger Begleiter der sich entwickelnden ›amerikanischen‹ Literatur bleiben.

Darüber hinaus übte die Unabhängigkeitsbewegung einen weiteren, vorerst nur indirekten Einfluß auf die ›amerikanischen‹ Schriftsteller aus. Es lag in der Natur der Dinge, daß sich die Forderungen nach Unabhängigkeit nicht auf den politischen Bereich beschränken konnten. Nun wurde ein nationales Bewußtsein gefordert und gefördert, das alle Gebiete des Lebens durchdrang. In dem Maße, wie sich die Ideen der politischen Freiheit durchsetzten, wurde den ›Amerikanern‹ ihre intellektuelle, kulturelle und literarische Abhängigkeit von England bewußt, die sie bis dahin nicht immer und überall in den Kolonien als lästig empfunden hatten. Von nun an meldeten sich immer wieder Stimmen, die eine ›eigene‹ Literatur auf der Grundlage der neuen ›amerikanischen‹ Ideale forderten.

Der erste ›Amerikaner‹, der diesen Vorstellungen entsprach und insbesondere auch den Europäern als lebendige Verkörperung spezifisch amerikanischer Menschheitsideale erschien, ist BENJAMIN FRANKLIN (1706–1790). Es entbehrt nicht einer gewissen Symbolik, daß der in Boston geborene Franklin als Siebzehnjähriger aus dem Zentrum der Puritaner floh, um sich in der liberaleren Atmosphäre Philadelphias niederzulassen.

Er entstammte einem puritanischen Elternhaus, jedoch hatte seine Familie – sein Vater war Seifensieder – nie zu den oberen Schichten gehört, und so stellte sich ihm die Welt des in Massachusetts herrschenden Puritanismus aus einer anderen Perspektive dar als etwa Theokraten wie den Mathers. Aus diesem Grunde unterschied sich sein Puritanertum – solange es währte – von dem der bevorrechtigten Schichten. Im Alter von zehn Jahren begann er im Betrieb seines Vaters zu arbeiten, mit zwölf wechselte er in die Redaktion seines Halbbruders James, der den *New England Courant* herausgab. Mangelnde formale Bildung glich er durch seinen unstillbaren Lesehunger aus. Die Beschäftigung mit moralphilosophischen Schriften nährte seine Zweifel am Sinn einer Gesellschaft, die zum Teil von der Furcht vor einem rächenden Gott zusammengehalten wurde. In Philadelphia legte er die Grundlagen für eine steile Karriere, die aufs engste mit der amerikanischen Unabhängigkeitsbewegung verknüpft sein sollte. Von 1729 bis 1766 gab er *The Pennsylvania Gazette* heraus, erlangte Berühmtheit aber erst mit seinem außerordentlich populären *Poor Richard's Almanack* (1733–1758), mit dem er sich als schlichter Pragmatiker empfahl. Neben der verlegerischen Tätigkeit widmete er sich seinen wissenschaftlichen Interessen und den öffentlichen Angelegenheiten. In den Jahren 1753–1774 war er Generalpostmeister der Kolonien, 1754 der Vertreter Pennsylvanias auf dem Albany Congress, der seinen »Plan of Union« erörterte. 1757 wurde er mit dem Auftrag nach England entsandt, bessere Beziehungen zwischen dem Mutterland und den Kolonien herbeizuführen. In England wurde er mit Burke, Hume, Adam Smith und Chatham persönlich bekannt und widmete einen großen Teil seiner Zeit wissenschaftlichen Studien. Nach dem Ausbruch der Feindseligkeiten vertrat er die USA in Frankreich und gehörte schließlich der Kommission an, die 1783 den Friedensvertrag von Paris unterzeichnete, der die Unabhängigkeit der USA anerkannte. Ab 1785 fungierte er drei Jahre als Präsident des Exekutivrates von Pennsylvania, arbeitete in der Verfassungskonvention mit und gehörte zu den Unterzeichnern des dort erarbeiteten Dokuments.

Franklin ist in den Krisenzeiten keineswegs von Anfang an ein entschiedener Befürworter des Abfalls vom Mutterland gewesen. Im Prinzip stand er auf der Seite jener weitschauenden britischen Politiker, die den Empire-Gedanken ablehnten und für die föderative Gliederung des Weltreiches eintraten. Franklin schwebte ein *Commonwealth* nach späterem Muster vor. Erst als sich alle seine diesbezüglichen Hoffnungen zerschlagen hatten, ging er den oben skizzierten Weg. Das Leben Franklins ist zu einem guten Teil die Geschichte der amerikanischen Revolution. Das gilt nicht nur für den politischen, sondern auch für den geistesgeschichtlichen Aspekt dieser Entwicklung. So ist seinem Wirken etwa das Entstehen der *University of Pennsylvania* und der *Philosophical Society of America* zu verdanken. Als Schriftsteller mag er überschätzt worden sein, zumal er als Kind der Aufklärung für Amerika eigentlich nirgends als ein Vollender, sondern mehr als Anreger auftrat und wirkte. Dennoch darf man nicht übersehen, daß es viele der Vorstellungen Franklins waren, die dem Beginn eines eigenständigen amerikanischen Denkens einen unauslöschlichen Stempel aufdrückten. Es spricht für seinen noch im hohen Alter ungetrübten Blick, daß er auch die Gefahren erkannte, die der jungen Demokratie drohten, und sich noch kurz vor seinem Tode einem Manifest zur Befreiung der Sklaven anschloß.

Für das Verständnis seiner Schriften ist es unerläßlich, seine naturwissenschaftlichen Studien einzubeziehen. Freilich können auch Erfindungen – wie beispielsweise die des Blitzableiters – nicht darüber hinwegtäuschen, daß Franklin im Gegensatz zu vielen seiner berühmten Brieffreunde kein Forscher im eigentlichen Sinne des Wortes war. Er verließ sich auf die Erfahrung und blieb Empiriker auch dann, wenn er sich philosophischen Problemen zuwandte. So ist es zu erklären, daß er nach Überwindung puritanischer Orthodoxie einem Pragmatismus zuneigte, der auf viele Zeitgenossen – auch in Amerika – zunächst schockierend wirkte. Was hier geschah, war der Versuch, Elemente der puritanischen Weltanschauung den neuen Bedingungen anzupassen. Das gilt insbesondere für die Haltung des Menschen gegenüber dem diesseitigen Erfolg. Während der ›alte‹ Puritanismus glaubte, das individuelle Streben mit einem Hinweis auf das Jenseits stimulieren zu müssen, bekannte sich Franklin zu einer Zweckmoral, die aber keineswegs die Verantwortung des Individuums der Gesellschaft gegenüber in Frage stellen sollte. Diese Betonung der Individualität ging Hand in Hand mit der Forderung nach Selbstdisziplin, die nun an die Stelle des institutionellen Regulativs des Puritanismus trat. Mithin wird dem Individuum zusammen mit einer größeren persönlichen Willensfreiheit die Verpflichtung zu größerer Eigenverantwortung zugewiesen. Die sogenannte Zweckmoral bleibt somit moralisch im besten Sinne des Wortes, und zwar deshalb, weil sie nicht nur ein Kind der Empirie und des Zweckes ist, sondern auch rational und damit für alle Beteiligten vernünftig zu sein hat. Es handelt sich also nicht um einen – dem moralischen und gesellschaftlichen Anarchismus Tür und Tor öffnenden – ›vulgären‹ Pragmatismus, wie von Gegnern Franklins gern insinuiert wurde, wenn sie sich dem Lebenswandel dieses vitalen Menschen zuwandten.

Obgleich Franklin alles andere als ein geschlossenes philosophisches System hinterlassen hat und das Wort Philosophie mit Blick auf sein Denken und Schreiben recht prätentiös klingt, bleibt doch zu konstatieren, daß nur wenige geschlossene philosophische Systeme eine Gesellschaft so nachhaltig beeinflußten und formten, wie das in diesem Falle in Amerika zu beobachten war; vergleichbar ist dies bis zu einem gewissen Grade mit der Wirkung Emersons. Franklin mißtraute nicht nur dem metaphysischen Denken, er zog selbst den Skeptizismus in Zweifel, und zwar immer dann, wenn er davon überzeugt war, daß auch dieser nicht weiterhalf. Typisch für sein Denken war sein Verhältnis zu den sich unter dem Eindruck der Naturwissenschaften herausbildenden materialistischen Betrachtungsweisen, die seiner Ansicht nach zwar richtig sein mochten, aber eben nicht immer sehr ›nützlich‹ sind (»tho' it might be true, was not very useful«). Wie ›amerikanisch‹ sich aber Franklin auch gefühlt haben mag und als wie ›amerikanisch‹ er insbesondere in Europa empfunden wurde – sein Ideengebäude hat er doch keineswegs nur aus amerikanischen Bauelementen errichten wollen. Im Grunde fühlte er sich – wie so viele bedeutende Amerikaner nach ihm – als ein Mitglied jenes Kulturkreises, den man als europäisch im engeren Sinne des Wortes bezeichnet, so daß Lüdeke feststellen kann: »Er trug freilich nicht alle typischen Züge seiner Nation in sich; denn sein Blick war nach Osten, nicht nach Westen gerichtet, und er entbehrte der den Kontinent umfassenden Phantasie, die ins Maßlose greift.« Die ›Beschränkung‹, die auf den ersten Blick als ein bedauerlicher Mangel erscheinen mag, hat jedoch nicht unwesentlich dazu beigetragen, daß die ins »Maßlose« ausgreifende Phantasie der Amerikaner am Beginn der unabhängigen geistigen Entwicklung gezügelt und auf die zu beachtenden Notwendigkeiten des Lebens hingewiesen wurde. Damit dürfte Franklin jenen für den Aufbau des Landes so typischen Charakter mitgeformt haben, der sich bei aller Himmelsstürmerei nie gefährlich vom Boden der realen Gegebenheiten löste. Sicher liegen hier auch die Wurzeln für den die amerikanische Literatur durchziehenden scheinbaren Widerspruch zwischen gesellschaftlichem Optimismus und individueller Skepsis. Anzumerken ist jedoch, daß die amerikanische Literatur unter den Vorzeichen der Romantik zu eigenem Tun ansetzte, in einer Zeit also, die mit dem schlichten Pragmatismus eines Franklin nicht immer viel anzufangen wußte.

In einer Hinsicht aber stand Franklin ganz zweifelsfrei in der neuenglischen Tradition: Auch für ihn ist Literatur nie Selbstzweck gewesen, sondern ein wichtiges Mittel der Erziehung, standen doch selbst die von ihm verfaßten oder kolportierten Alltagsweisheiten ganz im Dienste einer moralischen Bildung der Leserschaft.

Ursprünglich muß Franklin davon geträumt haben, sich als Dichter zu bewähren, denn am Beginn seiner schriftstellerischen Betätigung standen – nicht mehr erhaltene – Balladen über zeitgenössische Themen. Sehr bald aber wandte er sich der Prosa zu und erwies sich auf diesem Feld als ein geschickter Schüler Addisons. Schon *The Dogood Papers*, die er 1722 für den *New England Courant* schrieb, beweisen, daß er keineswegs in sklavischer Abhängigkeit von seinen Vorbildern stand, sondern nach eigenem Profil strebte. Am nachhaltigsten wirkte er mit seinem *Poor Richard's Almanack*, der sich einer weiten Verbreitung erfreute. Gründe für diesen Erfolg gibt es viele. Zum einen war es die Form des Almanachs, zum anderen sprach Franklin in einer »fließenden klaren und knappen Form« aus, was seine Zeitgenossen bewegte. So ist es zu erklären, daß seine volkstümlichen »Bagatelles« in den Bestand der amerikanischen Literatur eingingen und jenseits des Ozeans eine ähnliche Rolle spielten wie Hebels *Schatzkästlein* in Deutschland. Sein Verhältnis zum Schreiben umriß Franklin in der *Poor-Richard*-Ausgabe des Jahres 1738 mit den Worten: »Wenn du nicht vergessen sein möchtest, sobald du tot und verwest bist, dann schreibe entweder Dinge, die des Lesens wert sind, oder tue Dinge, die des Aufschreibens wert sind.«

Ein Dichter ist Franklin nicht gewesen, sondern ein zuweilen glänzender Prosaist, der stets wußte, welche Art zu schreiben dem jeweils behandelten Thema adäquat war. Dies wird deutlich, wenn wir seine humoristisch gehaltenen moralischen Traktate mit den diplomatischen Schriften vergleichen, die zweifellos zum Besten zählen, was auf diesem Gebiet geschrieben wurde. Heute aber wirkt vor allem sein Humor weiter, hat er doch den Amerikanern eine Fülle von Sentenzen hinterlassen, die nicht nur als Sprichwörter unsterblich wurden, sondern auch dazu beitrugen, das Weltbild dieser Menschen zu prägen. »The Way to Wealth« (1757) ist gerade darum ein bedeutendes Werk.

Für Europa ist Franklin vor allem der Verfasser seiner berühmten *Autobiography*, die 1791 zuerst in einer nicht autorisierten französischen Fassung erschien und 1867 in einer Rückübersetzung in England verlegt wurde. Erst 1868 fand man in Frankreich die Originalhandschrift und mit ihr den bis dahin unveröffentlichten kurzen vierten Teil der Memoiren. Dieses oft als ›erstes amerikanisches Buch‹ bezeichnete Werk hatte nicht nur eine verlegerische Geschichte. Begonnen wurde es von Franklin im August 1771 in der Form des autobiographischen Briefes an seinen Sohn. Der erste Teil ist nach Angaben Franklins in nur dreizehn Tagen entstanden und gilt als der geschlossenste und heiterste des Textes. Er ist angefüllt mit Kindheitserinnerungen. Seit jenen Augusttagen des Jahres 1771 in Twyford vergingen dreizehn Jahre, ehe

Franklin seine Arbeit in Paris fortsetzte. Die Ereignisse, die der Revolution vorangingen, und der Krieg selbst ließen ihm keine Zeit dafür. Inzwischen aber war etwas geschehen, was Franklin veranlaßte, neue Adressaten für seine Briefe zu suchen. Sein Sohn hatte sich auf die Seite der Briten gestellt, und überdies mochte Franklin bemerkt haben, daß die vom zweiten Teil an geschilderten Begebenheiten nicht nur von privatem Interesse waren. Benjamin Franklin konnte sein Werk nicht abschließen. Die wenigen noch 1789 niedergeschriebenen Passagen enden mit den Ereignissen des Jahres 1759, und so fehlen nicht nur die Darstellung seiner Auslandsmissionen, sondern auch seine Ansichten über den Krieg und die errungene Freiheit. Daß die *Autobiography* tatsächlich ein Fragment ist, geht aus einem Manuskript hervor, das vermutlich von M. le Veillard stammt. In dieser *Copie d'un Projet très Curieux de Benjamin Franklin – I*ere Esquisse de ses Mémoires. *Les additions à l'encre rouge sont de la main de Franklin* lauten die letzten Stichworte: »Congress, Assembly, Committee of Safety, Chevaux-de-frise. Sent to Boston, to the Camp. To Canada, to Lord Howe. To France, Treaty, etc.«

Franklin hat zwar das ›erste amerikanische Buch‹ geschrieben und gilt heute sowohl in den USA als auch in Europa als nationales Denkmal. Für die Literatur im engeren Sinne des Wortes hat er aber mehr indirekt als direkt gewirkt. Im Formalen konnte er keinen jungen Amerikaner zu dichterischem Tun beflügeln, dazu war seine Sprache, waren seine Bilder zu nüchtern – eben pragmatisch. Indirekt aber bereitete er den geistigen Boden und legte in ihn die Saat, die mit Beginn des 19. Jahrhunderts – unter bedingt romantischen Vorzeichen – aufgehen sollte. Er erschütterte mit seiner einleuchtenden ›Philosophie‹ des Alltags nicht nur das brüchige Gebäude des orthodoxen Puritanismus, sondern führte seine Schüler auch an die Quellen amerikanischen Selbstverständnisses. Dieser Doppelfunktion seines Wirkens verdanken nicht nur Washington Irving und Emerson jene Atmosphäre, in der sich künstlerische Kreativität und aufgeklärtes Denken behaupten konnten. Franklin ist geistiger, nicht formaler Wegbereiter.

Noch aber hatte die ›Schöne Literatur‹ hinter den politischen Erfordernissen des Tages zurückzustehen. In den Kolonien ging es nun in erster Linie darum, für Standpunkte im Streit mit dem Mutterland zu werben. Das führte zu einem beachtlichen Aufschwung auf dem Gebiet der politischen Literatur. Da dieser Kampf mehr auf dem Forum als in der Studierstube geführt wurde, bestimmten nicht das umfangreiche Werk, sondern das sorgfältig rhetorisch konzipierte Traktat und die Rede die Form der Veröffentlichungen. Auf diesen Feldern ist in jenen Jahren in Amerika Großes geleistet worden, und es wäre verfehlt, die führenden Vertreter dieses Schrifttums als ›bloße‹ politische Journalisten abzutun. Die Tatsache, daß man sich in den Kolonien durchaus nicht einig war, wie man das künftige Verhältnis zum Mutterland gestalten sollte, spiegelt sich in diesen Schriften. Sehr deutlich heben sich die Parteigänger Englands, die *torys*, von den Verfechtern des Neuen, den *patriots* ab. Die Bindung zum Mutterland scheint bei den Anglikanern am stärksten gewesen zu sein. Offensichtlich machte es ihnen die kurzsichtige Politik Londons sehr schwer, den *patriots* überzeugende Argumente entgegenzusetzen. So befanden sie sich eigentlich immer in der Defensive und gerieten bei dem Versuch zu vermitteln letztlich zwischen die Fronten. Obgleich sich – nach späteren Schätzungen – ein großer Teil der ›Amerikaner‹ nicht mit einer Trennung von England anfreunden konnte, gelang es den *torys* nicht, ihre Kräfte in gleichem Maße zu mobilisieren, wie es ihren revolutionären Gegenspielern möglich war.

Zu den führenden Vertretern der *Torys* auf dem Gebiet des politischen Schrifttums zählen die Anglikaner MYLES COOPER (1735–1785), der anglikanische Geistliche JONATHAN BOUCHER (1738–1804) und der aus Massachusetts stammende Jurist DANIEL LEONHARD (1740–1829). Sowohl Cooper als auch Boucher waren erst spät nach Amerika gekommen und haben sich deshalb stets mehr als Engländer denn als ›Amerikaner‹ gefühlt. Cooper war schon in England Geistlicher gewesen und trat nach seiner Ankunft in New York die Präsidentschaft im *King's College* an. Insbesondere seine Schriften *The American Querist* und *A Friendly Address to All Reasonable Americans* (1774), in denen er die Revolutionäre zur Mäßigung aufrief, stießen auf den entschiedenen Widerstand seiner Gegner, so daß er 1775 nach England fliehen mußte. Ein ähnliches Schicksal war auch Boucher beschieden. 1759 kam er als Tutor nach Virginia, um schließlich ein geistliches Amt in Annapolis anzutreten. Ungeachtet seiner Freundschaft mit Washington hielt er in den Krisenjahren ständig Predigten gegen die Revolutionäre und wirkte auch in dem von ihm gegründeten *Homony Club* gegen eine Entwicklung, die, wie er glaubte, alles zerstörte, was »angenehm und ordentlich« war. Auch er floh 1775 und veröffentlichte dreizehn seiner amerikanischen Predigten zusammen mit einem Vorwort unter dem Titel *A View of the Causes and Consequences of the American Revolution* (1797) in England. Seiner Meinung nach war die Monarchie eine gottgewollte Einrichtung. »Wenn wir nicht gute Untertanen sind«, schrieb er, »können wir auch nicht gute Christen sein ... Es gehört sich, Kränkungen nobel zu ertragen, der eingesetzten Regierung aber den Gehorsam zu verweigern, bedeutet den Geboten Gottes Widerstand zu leisten.« Weniger auf Gott als auf die den Absolutismus rechtfertigende Philosophie THOMAS HOBBES' (1588–1679) stützen sich die scharfsinnigen loyalistischen Beiträge Daniel Leonhards. Sein Gegenspieler John Adams vertrat die Ansicht, daß die von Leonhard in der kritischen Periode zwischen Dezember 1774 und April 1775 für *The Massachusetts Gazette and Post Boy* unter dem Pseudonym MASSACHUSETTENSIS geschriebenen Artikel sich »wie der Mond von den kleineren Sternen« von den anderen *Tory*-Veröffentlichungen abhoben. Adams trat den Argumenten Leonhards in *The Boston Gazette* unter dem Pseudonym NOVANGLUS entgegen. Auch Leonhard mußte das Land verlassen. Er floh über Halifax nach England und wurde für seine loyalistische Haltung von der Krone mit dem Posten des *Chief Justice* der Bermudas belohnt.

Zwischen den Revolutionären und den *Torys* stand der in Frankreich geborene MICHAEL-GUILLAUME JEAN DE CRÈVECŒUR (1735–1813). Nach seiner Ankunft im damals noch französischen Kanada diente er unter Montcalm und unternahm ausgedehnte Entdeckungsfahrten in das Gebiet der Großen Seen und das Ohio-Tal. Noch vor dem Verlust Kanadas begab er sich 1759 nach New York und ließ sich dort zwei Jahre nach dem Ende des Siebenjährigen Krieges naturalisieren. Dieser Entschluß hat aus ihm aber keinen ›Amerikaner‹ gemacht. Im Grunde betrachtete er die ›amerikanische‹ Szene aus dem Blickwinkel eines kaum engagierten Zuschauers. Aus seiner Feder stammen unter anderem die drei Bände der 1801 erschienenen *Voyage dans la Haute Pennsylvanie et dans l'état de New-York* und zwölf unter dem Pseudonym HECTOR ST. JOHN 1782 veröffentlichte Essays *Letters from an American Farmer*, die eindrucksvolle und farbige Schilderungen des ›amerikanischen‹ Lebens enthalten. In jener Region hatte er die Menschen angetroffen, von denen seiner Meinung nach »jenes Geschlecht abstammt, das wir heute die Amerikaner nennen«. Sein an Rousseau orientierter Idealismus ließ ihn Amerika als das natürliche Asyl aller Erniedrigten und Beleidigten sehen, dennoch neigte er in seiner politischen Haltung zum Konservatismus, da er einerseits keine vernünftigen Gründe für einen Bruch mit England zu sehen glaubte und andererseits die Volksherrschaft als eine Angelegenheit des Pöbels erachtete. Obgleich er sich aus dem Meinungsstreit weitgehend heraushielt, galt er bei den Revolutionären als *Tory* und zog es 1790 vor, in seine Heimat Frankreich zurückzukehren. Seine Liebe und sein Verständnis für die Amerikaner aber sollten auch sein weiteres Schaffen bestimmen. Nach seinen 1793 in Frankreich veröffentlichten *Lettres d'un Cultivateur Américain* galt er in Europa – ähnlich wie später sein Landsmann Tocqueville – als wohlwollender Interpret des ›amerikanischen‹ Lebens.

Für die Mehrzahl der *Patriots* war der heraufziehende und von ihnen ausgelöste Konflikt mit dem Mutterland ebenfalls nicht frei von Tragik. George Washington (1732–1799) hatte sich als Offizier des Königs im Kampf mit den Franzosen hervorgetan, Benjamin Franklin hatte nichts unversucht gelassen, um die Engländer zu einem Kompromiß zu bewegen. Diesem Ziel diente über lange Jahre auch der aus Philadelphia stammende Jurist JOHN DICKINSON (1732–1808). Von Haus aus eher ein Konservativer, hatte er 1764 seinen *Protest against the Appointment of Benjamin Franklin* veröffentlicht, um schon wenig später auf die Gefahren hinzuweisen, die sich aus der Londoner ›Amerikapolitik‹ ergaben. Zuerst hat er sich vornehmlich als Warner verstanden. Das gilt etwa für die Schrift *The Late Regulations Respecting the British Colonies on the Continent of America* … (1765) sowie für die 1767/68 veröffentlichten *Letters from a Farmer in Pennsylvania*. Auf Locke verweisend, vertrat er die These, die Politik der Krone sei mit den Prinzipien der Verfassung unvereinbar. Grundsätzlich aber stand er den weitsichtigen englischen Politikern näher als den ›amerikanischen‹ Revolutionären vom Schlage Patrick Henrys oder Samuel Adams'. Und so war es nur natürlich, daß er in den Jahren der Krise als konservativer und der Krone wohlwollender Kritiker auftrat. Noch als Mitglied beider Kontinentalkongresse fuhr er fort, sowohl den Engländern als auch den seiner Meinung nach extremistischen *Patriots* ins Gewissen zu reden. Seine Essays »Upon the Constitutional Power of Great Britain …« (1774) und »A Declaration by the Representatives of the United Colonies« (1775) sollten in diesem Sinne verstanden werden. Als er jedoch erkannte, daß die Krone die von ihm als sakrosankt erachteten Prinzipien der Verfassung mißachtete, beteiligte er sich aktiv an der Aufstellung bewaffneter Verbände. Aber selbst in dieser Handlung sah er noch nicht den endgültigen Vollzug des Bruchs mit dem Mutterland. Bis zuletzt hoffte er, die Krone werde den Weg zurück zur Verfassung finden und so eine Aussöhnung mit den Landeskindern in Übersee ermöglichen. Aus diesem Grunde stimmte er 1776 gegen die *Declaration of Independence*, die besiegelte, was Dickinson im Grunde seines Herzens nie angestrebt hatte.

Einer ganz anderen Haltung begegnet man in den Reden, Traktaten und Streitschriften jener Männer, die sich nach kürzerem oder längerem Zögern entschieden auf die Seite der Revolution gestellt hatten. Dies gilt insbesondere für den dynamischen PATRICK HENRY (1736–1799), dessen revolutionäre Reden zum Bildungsgut der amerikanischen Demokratie gehören. Als Vertreter Virginias nahm er relativ früh eine kompromißlose Haltung ein. »Tarquin und Caesar hatten ihren Brutus, Charles I. seinen Cromwell, und George sollte aus diesen Beispielen seine Lehren ziehen«, rief er den Mitgliedern des Parlaments von Virginia am 29. Mai 1765 anläßlich der Stempelgesetzgebung zu, und am 23. März 1775 erklärte er in der *Convention* derselben Kolonie: »Ich weiß nicht, welcher Linie andere folgen werden, was mich aber betrifft, so gebt mir Freiheit oder den Tod.« Ähnlich dachte auch der Bostoner Rechtsanwalt JAMES OTIS (1725–1783) – allerdings ohne zum Königsmord aufzurufen. Dieser geistvolle und gelehrte Mann, der eine lateinische Metrik herausgegeben hat, bezog ursprünglich einen eher konservativen Standpunkt, ehe er 1764 mit *The Rights of the British Colonies Asserted and Proved* naturrechtlichen Auffassungen das Wort redete.

Seiner Ansicht nach liegt die Staatsgewalt »ursprünglich und zuletzt beim Volke«. Und: »Der Zweck der Regierungsgewalt, der das Wohl der Menschheit ist, weist die Regierenden auf ihre großen Pflichten hin: Er besteht vor allem darin, für die Sicherheit, den ruhigen und glücklichen Genuß des Lebens, der Freiheit und des Eigentums zu sorgen.« In den *Considerations on Behalf of the Colonists*, seiner Antwort an den englischen Schriftsteller Soame Jenyns, warnte er 1765: »Revolutionen hat es gegeben. Es kann auch wieder welche geben.« Hierin wußte er sich einig mit seinem Bostoner Kollegen SAMUEL ADAMS (1722–1803), der auf Grund seiner glänzend formulierten Traktate, Streitschriften und Reden heute als der Volkstribun der Unabhängigkeitsbewegung angesehen wird.

Das Wirken dieser Agitatoren und Schrittmacher revolutionärer Ideen ließ – wie bereits gesagt – eine umfangreiche politische Literatur entstehen, aus der das Werk von THOMAS PAINE (1737–1809) durch Kompromißlosigkeit herausragt. Die Radikalität der von ihm vertretenen Ansichten sowie der Umstand, daß man ihn nach der Revolution des Atheismus bezichtigte, trugen dazu bei, daß die gebildeten Schichten der USA in ihm lange Zeit eine Art blutrünstigen Revoluzzer sahen und er nach der Erlangung der Unabhängigkeit ein wenig der Vergessenheit anheimfiel. Sein Werk wurde von Erneuerern demokratischer Ideen gleichsam wiederentdeckt.

Obwohl Paine in England geboren worden war, gleicht sein Lebenslauf dem vieler amerikanischer Schriftsteller. Er versuchte sich in mancherlei Berufen, ehe er 1774 mit einer Empfehlung Benjamin Franklins nach Philadelphia kam, wo er für das *Pennsylvania Magazine* zu schreiben begann. Über Nacht berühmt und berüchtigt wurde er 1776 mit seiner Schrift *Common Sense*, in der er – alle rechtlichen Bedenken beiseiteschiebend – für einen sofortigen Bruch mit England plädierte. Es ist nicht übertrieben zu sagen, daß diese Schrift einen entscheidenden Anteil an der Vorbereitung der *Declaration of Independence* hatte. In wenigen Monaten wurden in den Kolonien mehr als hunderttausend Exemplare verkauft, und als schließlich eine halbe Million in Umlauf war, lagen bereits vier europäische Ausgaben vor.

Paine, dessen Stärke in der Rhetorik und der im politischen Leben so wichtigen treffenden Vereinfachung lag, kämpfte nicht nur für die Unabhängigkeit der dreizehn Kolonien, sondern, wie schon vorher in England, gegen die Obrigkeit und für die Menschenrechte schlechthin. Früher als viele seiner Mitstreiter stellte er die Monarchie als Institution göttlichen Willens in Frage. In der Wahl seiner Ausdrücke war er nicht kleinlich. So bezeichnete er George III. als »die königliche Bestie von Britannien« und nannte ihn »His Madjesty«. Paine war fest davon überzeugt, daß sich die transatlantische Gesellschaft am Vorabend der Revolution bereits so weit konsolidiert hatte, daß ihr weiteres Verharren im Zustand der demütigenden Abhängigkeit eine

Gefahr für die ganze Menschheit darstelle. Er sprach von den drei Millionen Amerikanern, »die jedesmal, wenn ein Schiff aus London ankommt, an die Küste eilen, um zu erfahren, welche Ration Freiheit ihnen zugeteilt würde«. Dabei war Amerika seiner Meinung nach dazu berufen, der Welt die Freiheit zu bewahren: »O ihr, die ihr die Menschheit liebt!« rief er den Zögernden zu. »Jeder Fleck in der Alten Welt ist vom Geist der Unterdrückung überflutet. Die Freiheit wird auf dem ganzen Erdball verfolgt. Asien und Afrika haben sie schon vertrieben. Europa betrachtet sie als einen Fremdling; und England hat ihr angekündigt, daß sie das Land verlassen muß. Oh, nehmt die Flüchtenden auf und bereitet rechtzeitig ein Asyl für das Menschengeschlecht.« Mit solchen Äußerungen wurde Paine der Wortführer des radikalen Flügels der Unabhängigkeitspartei. Von sich selbst sagte er: »Die Welt ist mein Vaterland, Gutes zu tun, meine Religion.«

Folgerichtig zählte Paine zu den treuesten Weggenossen der Revolution und wandte in den sechzehn unter dem Titel *The American Crisis* (Dezember 1776 bis April 1783) erschienenen Streitschriften seine ganze schöpferische Kraft auf, um der ›amerikanischen‹ Sache zum Siege zu verhelfen. Im Grunde ging es ihm aber nicht nur um die ›amerikanische‹ Revolution; er war kein *Patriot* im engen Sinne des Wortes, sondern strebte als Weltbürger danach, die Menschen allüberall zu befreien. Sein Bekenntnis zur demokratischen Weltrevolution in *The Rights of Man* (1791/92) hatte zur Folge, daß er Amerika verließ, als dort das Werk getan war. Der nun notwendige Prozeß der Sicherung des Erreichten entsprach nicht seinem Temperament. Sein dynamischer Geist fand keine Ruhe, solange die Revolution als Ganzes unabgeschlossen war. So ging er 1787 in die Alte Welt zurück. Nach der Veröffentlichung seiner ›Menschenrechte‹, die ein Plädoyer für die Französische Revolution in Form einer Auseinandersetzung mit den Ansichten Edmund Burkes waren, mußte er aus England fliehen und wurde vom Frankreich der Revolution ehrenvoll aufgenommen, wo er nach seiner Einbürgerung in den Konvent einzog. Hier stand er auf seiten der gemäßigten Republikaner. Als diese 1793 verdrängt wurden, fiel auch Paine in Ungnade. Ungeachtet der Tatsache, daß er in England wegen seines Eintretens für die Französische Revolution verurteilt worden war, sprach man ihm in Paris die Einbürgerung ab und warf ihn als feindlichen Engländer ins Gefängnis. Hier verfaßte er in der Zeit zwischen Dezember 1793 und November 1794 *The Age of Reason*, jene Schrift, in der er der Verknüpfung politischer und theologischer Lehren nachging und jene deistischen Positionen bezog, die ihn selbst bei Freunden als Atheisten suspekt machten. Nach dem Ende des Terrors in Paris wurde er auf Intervention Monroes aus der Haft entlassen und kehrte in den Konvent zurück.

Aber auch die Französische Revolution ging zu Ende und damit die Zeit, um derentwillen er nach Europa gekommen war. Als er 1802 in die USA zurückkehrte, hatte er dort nurmehr wenige Freunde. Nicht zuletzt durch seinen »Letter to George Washington« (1796), in dem er den Präsidenten beschuldigte, zusammen mit dem Pariser US-Botschafter gegen ihn intrigiert zu haben, manövrierte er sich ins Abseits. Man fürchtete die von ihm ausgehenden Querelen, beschuldigte ihn der Trunksucht, des Ehebruchs und des Atheismus. Als er 1809 in Elend und Einsamkeit starb, verweigerte man dem Apologeten der Vernunft und der amerikanischen Unabhängigkeit ein Begräbnis in geweihter Erde.

Von ganz anderem Zuschnitt und Paine nur in bezug auf einen schlichten menschlichen Rationalismus wesensverwandt ist THOMAS JEFFERSON (1743–1826). Für seinen Grabstein schrieb er: »Here was buried Thomas Jefferson, Author of the Declaration of American Independence, of the Statute of Virginia for Religious Freedom and Father of the University of Virginia.« Heute gilt der ›Aristokrat‹ aus dem Süden nicht nur als einer der bedeutendsten Staatsmänner der jungen Union, sondern auch als wichtiger Vordenker der sich entwickelnden Demokratie. Es hat den Anschein, als habe er sich stets als ein geistiger Verwalter des Erbes der Unabhängigkeit gefühlt. Ihm ist es in erster Linie mit zu verdanken, daß die Idee der Unabhängigkeit mit der aus Frankreich stammenden Idee der Menschenrechte verschmolzen wurde und so das wichtige Revolutionspathos entstehen konnte. Jefferson war Gouverneur von Virginia, Botschafter der USA in Paris, Außenminister Washingtons, dritter Präsident der USA und Gründer der ersten politischen Partei seines Landes.

Mehr als das Forum oder die Tribüne galt dem Schüler des *William and Mary College*, dem gebildeten Humanisten und feinsinnigen Ästheten die Studierstube, die er auf seinem Landsitz *Monticello* mit einer zehntausend Bände umfassenden Bibliothek sowie einer Gemälde- und Skulpturensammlung gefüllt hatte, als der eigentliche Ort seines Wirkens. In seinen Schriften finden wir immer wieder Hinweise darauf, daß er sich der Diskrepanz zwischen der Welt seiner humanistischen Ideale und dem den politischen Kompromiß fordernden Wirken des Staatsmannes bewußt war. So sehr er sich bemühte, sein auf hellenistischen Vorstellungen beruhendes Weltbild etwa auf das Sklavensystem des Südens zu übertragen, so wenig übersah er, daß diese ›Institution‹ eine der größten Gefahren für die junge Demokratie barg. Sein weitgespanntes (klassizistisch orientiertes) Interesse aber reichte bis in die Poetik und die ›Sprachwissenschaft‹, wofür seine »Thoughts on English Prosody« und »An Essay Towards Faciliating Instruction in the Anglo-Saxon and Modern Dialects of the English Language« (entstanden ca. 1798, gedruckt 1851) Zeugnis ablegen. Noch zu Beginn des 20. Jahrhunderts wurde er deshalb als »the real pioneer in the historical English work in America« bezeichnet.

Es ist nicht leicht zu sagen, worauf die geistige Nachwirkung Jeffersons im Grunde beruht. Seine vornehme Zurückhaltung hinderte ihn daran, ein glänzender Pamphletist im damaligen Sinne des Wortes zu werden. Er war ein sensibler Stilist, dessen Worte von den lauten und oft ›populäreren‹ Stimmen seiner Mitstreiter übertönt wurden. Seine Meisterleistung ist der Entwurf der *Declaration of Independence*, in den er ursprünglich auch die Forderung nach der Sklavenbefreiung aufgenommen hatte. In diesem Punkt konnte er sich nicht gegen die Konservativen durchsetzen. Dennoch gilt das von Benjamin Franklin, John Adams und anderen überarbeitete Dokument als das Werk Jeffersons. In ähnlichem Stil sind alle seine Arbeiten geschrieben, von denen die *Notes on the State of Virginia* (Paris 1784) einen guten Einblick in Jeffersons Verhältnis zu seinem Heimatstaat und die Zeitläufe gewähren.

Indirekt hat Jefferson zum Entstehen eines der großen Werke politischer Literatur beigetragen, als er sich in den berühmten Richtungsstreit mit seinem Kabinettskollegen Alexander Hamilton verstrickte. Während Jefferson als Vertreter einer agrarisch orientierten progressiven Demokratie die Bewahrung der individuellen Freiheiten über alles stellte, gingen die demokratisch-konservativen, bis zu einem gewissen Grade bereits kapitalistisch bestimmten Kräfte des Nordostens für die Idee des zentralistisch orientierten Bundesstaates in den Ring. Zu den Führern dieser Partei, die ihren Zentralismus Föderalismus nannte, zählten neben ALEXANDER HAMILTON (1757–1804) vor allem JOHN ADAMS (1735–1826), JAMES MADISON (1751–1836) und JOHN JAY (1745–1829). In fünfundachtzig Essays, die 1787/88 in Briefform im New Yorker *Independent Journal*, *Packet* und *Daily Advertiser* unter dem Pseudonym PUBLIUS erschienen und die ein Jahr später in zwei Bänden unter dem Titel *The Federalist* herauskamen, erwiesen sich die Männer um Hamilton nicht nur als scharfsinnige Politiker, sondern auch als vorzügliche Stilisten, denen die Feder als Florett im Kampf um die Zukunft der USA diente.

Ähnlich wie in der Kolonialzeit – und die Grenzen zwischen ihr und der Revolutionszeit sind angesichts der langen Vorgeschichte der letzteren ohnehin fließend – entstehen nun auch künstlerisch gestaltete wissenschaftliche Werke, die noch heute Weltrang beanspruchen können, wie etwa die Serie *The Birds of America* (veröffentlicht 1827–1838) von JOHN JAMES AUDUBON (1785–1851), der seine Erziehung in Frankreich genossen hatte und sich unter dem Eindruck der Werke Rousseaus und Buffons und einer Lehrzeit im Studio des Malers David nach seiner Rückkehr auf die väterliche Farm in der Nähe Philadelphias Naturstudien hingab. Sein Buch stellt über fünfhundert amerikanische Vogelarten dar (viele Zeichnungen Audubons gingen verloren und wurden durch Arbeiten Havells ersetzt). Zusammen mit WILLIAM MacGILLIVRAY (1796–1852) edierte er in den Jahren 1831–1839 die fünfbändige

Ornithological Biography, die ein weiterer Schritt auf dem Weg der Darstellung der Neuen Welt ist.

Verskunst

Eine auf ähnlich hohem Niveau stehende Poesie oder Belletristik ist in jenen Jahren noch sehr rar. Dies mag zum einen darauf zurückzuführen sein, daß diejenigen, die sich mit Poesie oder auf der Bühne versuchten, in den Sog der politischen Entwicklungen und der damit einhergehenden Themen gerieten und mehr für den Tag als für die Zeit schrieben. Hinzu kam, daß sich mit dem politischen Abfall vom Mutterland nicht automatisch auch die kulturellen und literarischen Bindungen in nichts auflösten.

Die Loyalisten, die schon auf dem Gebiet der politischen Prosa nicht allzu stark vertreten waren, vermochten auch auf dem Felde der sich rasch entwickelnden Satire keine sonderlich überzeugenden Werke hervorzubringen. JOSEPH STANSBURY (1772–1809) beschränkte sich darauf, die *Patriots* gutmütig zu verspotten. Wie wenig politisch gefestigt er war, zeigte sich, als er später mit ganz anders gearteten Zeilen die siegreichen Revolutionäre um Verzeihung bat. Schärfer ging der anglikanische Geistliche und Arzt JONATHAN ODELL (1737–1818) mit seinen Gegnern ins Gericht, als er in »Word of Congress« (1779) den Kontinentalkongreß und in »The American Times« (1780) die Führer der Revolution angriff, wofür er sich bis zum Ende des Krieges in den Schutz der Briten begab. Die Gedichte dieser beiden *Torys* erschienen 1860 unter dem Titel *The Loyal Verses of John Stansbury and Doctor Jonathan Odell.*

Im Prinzip nur wenig bedeutender, aber um vieles aufschlußreicher für die damalige Situation ist das Wirken einer Gruppe von Poeten, die unter der Bezeichnung *Hartford Wits* in die amerikanische Kulturgeschichte eingegangen sind. Oft werden die Männer um Trumbull als die erste Dichterschule der USA bezeichnet. Die zum Teil progressiven literarischen Ansichten der Gruppe standen in Widerspruch zu den zum Teil konservativen politischen Vorstellungen mancher *Hartford Wits*. Fast alle waren aus Yale hervorgegangen und traten – von wenigen Ausnahmen abgesehen – als Vertreter kalvinistischer und zentralistischer Ideen gegen jede Form des Deismus und gegen die angeblich von Jefferson geförderte Gleichmacherei auf. Was die Literatur betrifft, so fühlten sie sich in erster Linie als Neuerer. Hier ging es ihnen darum, es den Politikern gleichzutun und auch auf ihrem Felde die ›Unabhängigkeit‹ zu erringen. Das entsprach einer immer lauter werdenden Forderung. Der ebenfalls in Yale ausgebildete Lexikograph NOAH WEBSTER (1758–1834) forderte noch 1789: »Großbritannien sollte nicht länger unser Vorbild bleiben, denn der Geschmack seiner Schriftsteller ist bereits korrumpiert, und ihre Sprache verfällt.« Obgleich dies nicht den Tatsachen entsprach, zeigt es doch, zu welchen Argumenten selbst gebildete Amerikaner in ihrem Streben nach geistiger Unabhängigkeit griffen. Die *Hartford Wits* sahen das differenzierter. Auf Grund ihrer Erfahrung mit der klassisch orientierten Ausbildung an der *Yale University* hielten sie es für gut, den amerikanischen Studenten an die *moderne* Literatur heranzuführen. Sie machten es sich zur Aufgabe, die Leistungen der zeitgenössischen englischen Literatur gründlich zu studieren. Auf den Ergebnissen aufbauend, forderten sie, die ihnen vorbildlich erscheinenden Formen mit amerikanischen Inhalten zu füllen. Die Historie und die Probleme Amerikas sollten als Gegenstände der Poesie dienen.

Als Mentor dieser Gruppe trat JOHN TRUMBULL (1750–1831) auf, der bereits 1770 in seiner Universitäts-Abschiedsrede »An Essay on the Uses and Advantages of the Fine Arts« gegen eine Diktatur des klassizistischen Reglements zu Felde gezogen war und von da an bestrebt blieb, das Interesse an der von den amerikanischen Universitäten vernachlässigten modernen Literatur zu wecken. In den Jahren 1772/73 schrieb er die bekannte Satire auf das Collegewesen, *The Progress of Dulness*. Kurz darauf trat er als Jurastudent in die Bostoner Praxis von John Adams ein, der ihn für die patriotische Sache gewann. Trumbulls Hauptwerk ist die nach dem Vorbild Butlers geschriebene Satire *M'Fingal* (1775/76, vollständig 1782), in der er seinen Honorius (John Adams?) dem einfältigen *Tory* M'Fingal entgegenstellt, der die englischen Anliegen nur unzulänglich zu vertreten weiß und sich schließlich unter lächerlichen Umständen aus dem Staub machen muß. Zweifellos wurde Trumbull von seinen Zeitgenossen, die ihn als amerikanischen Swift feierten, überschätzt; sicher ist aber auch, daß er auf dem Gebiet der Satire mehr leistete als dort, wo er versuchte, es Milton oder Gray gleichzutun. 1782 wandte er sich der Jurisprudenz zu und versuchte als Tutor in Yale weiterhin, Studenten mit den Werken der Engländer – besonders denen Popes und Addisons – vertraut zu machen.

Unter literarischen Gesichtspunkten war Trumbull der bekannteste und wohl auch originellste Vertreter der *Hartford Wits*. An Einfluß übertraf ihn TIMOTHY DWIGHT (1752–1817), der 1805 Präsident der *Yale University* wurde und als solcher – ungeachtet seiner engstirnigen politischen, sozialen und religiösen Ansichten – wesentlich zur Modernisierung dieser Hochschule beigetragen hat. Als Enkel Jonathan Edwards' gehörte Dwight zu den Verfechtern einer politischen Idee, die sich am ehesten mit dem Begriff ›theokratischer Zentralismus‹ umschreiben läßt. In diesem Sinne ging er daran, das – wie er sagte – »erste epische Poem« Amerikas zu schreiben, das den bezeichnenden Titel *The Conquest of Canaan* (1785) trägt. In elf im *heroic couplet* gehaltenen Büchern präsentiert Dwight eine Allegorie, in der Kanaan für Connecticut und Josuha für George Washington stehen. In einem weiteren Poem, *Greenfield Hill* (1794), als Antwort auf englische Kritiker gedacht, die noch immer nichts von einer amerikanischen Literatur wissen wollten, lehnte er sich eng an Pope, Goldsmith, Thomson und Gray an. Die Beschreibung aufblühender Dörfer, glücklicher Menschen und siegreicher Krieger schließt mit der Vision einer herrlichen Zukunft Amerikas. Ob er damit seine europäischen Kritiker überzeugen konnte, steht dahin, zumal er erst wenige Jahre zuvor mit dem ungefügeren Poem *The Triumph of Infidelity* (1788) den orthodoxen Kalvinismus verteidigt und Voltaire, Hume und Priestley und deren vorgeblich ungläubige Weggenossen verunglimpft hatte. Seine später erscheinenden Schriften, wie etwa die fünfbändige *Theology, Explained and Defended* (1818/19) zeigen einen Mann, der gegen den Strom der Zeit schwamm.

Eine ganz und gar entgegengesetzte Entwicklung machte sein Jugendfreund und Yale-Kommilitone JOEL BARLOW (1754–1812) durch. Als Lehrer, Prediger und Soldat hatte er das Leben bereits kennengelernt, als er sich getreu den Forderungen der *Hartford Wits* anschickte, das große Epos Amerikas zu schreiben. Die erste Fassung seines Vorhabens, das seine dichterische Potenz überstieg, erschien 1787 als *The Vision of Columbus*, um 1807 in erweiterter Form unter dem anspruchsvolleren Titel *The Columbiad* vorgelegt zu werden. Das patriotische Wollen des Autors kompensierte nicht seine mangelnde Fähigkeit zu erkennen, daß es nicht genügt, das *heroic couplet* zu beherrschen und Milton nachzuempfinden, um ein homogenes Sprachkunstwerk entstehen zu lassen. *The Columbiad* ist ein Musterbeispiel für das Versagen des von den *Hartford Wits* betriebenen Formalismus. Weder Dwight noch die anderen Berater konnten verhindern, daß dieses Epos drittrangig blieb und daher eher geistes- denn literaturgeschichtliche Bedeutung erlangte.

Barlow verließ 1788 Amerika und wandelte sich während seines siebzehnjährigen Europaaufenthaltes vom konservativen Neuengländer zum kosmopolitischen Demokraten, der nicht nur mit dem verketzerten Tom Paine befreundet war, sondern auch viele seiner Ansichten teilte. 1792 wurde er Ehrenbürger der Französischen Revolution und 1811 Botschafter der USA in Paris. Während seine *Columbiad* heute in den Bibliotheken schlummert, trifft man in Anthologien immer wieder auf das *mock-epic Hasty Pudding* (1796), in dem er schildert, wie er sich angesichts französischer Gaumenfreuden nach derber heimischer Kost sehnt.

Als letzter aus dieser Gruppe ist der Arzt LEMUEL HOPKINS (1750–1801) zu nennen, der sich – wie Dwight – die Aufgabe gestellt hatte, gegen die ›Ungläubigen‹, sprich die von Aufklärung und Rationalismus ›Angekränkelten‹, zu Felde zu ziehen. Diesem Zweck dienten etwa seine »Verses on General Allen« oder »The Hypocrite's Hope«.

Diese vier *Hartford Wits* veröffentlichten in den Jahren 1786/87 in *The New Haven Gazette and Connecticut Magazine* anonym zwölf gemeinsam verfaßte Satiren, die 1861 als *The Anarchiad: A New English Poem* erschienen. Als Vorbild hat offensichtlich die in England von den Whigs edierte Satire-Sammlung *The Rolliad* (1784) gedient. Bereits im Titel wollten die *Hartford Wits* andeuten, wie sie die politische Entwicklung in ihrem um eine Verfassung ringenden Staat einschätzten. Eine weitere Gemeinschaftsleistung der Gruppe sind die in den Jahren 1791–1805 im *American Mercury* erschienenen zwanzig Verssatiren, die ab 1807 als *The Echo* bekannt wurden. Bezeichnend für den Geist dieser Stücke ist eine Satire auf Jeffersons *Inaugural Address* von 1805, in der sich die *Hartford Wits* einmal mehr als Gegner dieses Mannes hervortun.

Betrachtet man diese Dichtungen genauer, so läßt sich feststellen, daß ihre ehrgeizigen Urheber nicht einmal immer sehr geschickte Nachtreter ihrer englischen Vorbilder waren: Kaum eines ihrer Gedichte oder Poeme erreicht ein wirklich bemerkenswertes Niveau. Ihr Verdienst um die amerikanische Literatur- und Geistesgeschichte besteht vor allem darin, daß sie die Aufmerksamkeit ihrer Studenten und des lesenden Publikums ihres Umfeldes auf die damals moderne Literatur richteten und dafür sorgten, daß man sich in Amerika in zunehmendem Maße auf heimische Stoffe besann. Damit förderten sie ein neues literarisches Selbstbewußtsein, das sich allerdings erst dann positiv auf die Entwicklung einer amerikanischen Literatur auswirken konnte, als man auch im Formalen mehr Abstand zu den englischen Vorbildern gewann und das Epigonenhafte der *Hartford Wits* einer schöpferischen Übernahme europäischer Impulse wich.

Während sich die *Hartford Wits* im Formalismus ihrer englischen Dichterideale verstrickten und somit kaum noch poetischen Nachruhm in Anspruch nehmen können, wuchs an der Universität Princeton mit PHILIP FRENEAU (1752–1832) ein Mann heran, der ein amerikanischer Dichter von Qualität und Originalität werden sollte.

In New York geboren, stammte er aus einer sehr wohlhabenden Hugenottenfamilie, erhielt seine ersten Unterweisungen von einem Privatlehrer und studierte – zusammen mit Madison und Brackenridge – in Princeton. Bereits als Student schrieb er Gedichte (u. a. »The Power of Fancy«) und verfaßte anläßlich seines Examens zusammen mit Brackenridge das Gedicht »The Rising Glory of America« (1771), in dem die beiden ›patriotische‹ Positionen beziehen. Nach dem Studium war er zunächst zusammen mit Brackenridge als Lehrer in Maryland tätig und schrieb zu Beginn der Revolution acht scharfe politische Satiren (u. a. *The Political Litany*, 1775, *General Gage's Soliloquy* und *General Gage's Confession*,

1775). Danach führte er ein unstetes Leben, diente als Sekretär auf einer Plantage in Santa Cruz (»The Beauties of Santa Cruz«, »The Jamaica Funeral«, »The House of Night« u. a.), wurde auf einer Seereise von den Briten festgenommen und 1780 im New Yorker Hafen auf dem berüchtigten Gefangenenschiff *Scorpion* festgehalten (*The British Prison Ship*, 1781). Nach seinem Austausch schrieb er vor allem politisch-satirische Prosa und wurde nun als »Dichter der amerikanischen Revolution« gefeiert. Von 1784 bis 1790 fuhr er zur See, arbeitete danach unter Jefferson als Übersetzer im Außenministerium und gab als Gefolgsmann dieses Politikers verschiedene Zeitungen heraus. Seine politische Einstellung war so antizentralistisch, daß ihn Washington einen »rascal« und Hamilton das »antiföderalistische Sprachrohr« nannte.

Als Dichter überragte Freneau seine amerikanischen Zeitgenossen. Wie kein anderer wußte er die scharfe Waffe des satirischen Zweizeilers einzusetzen, aber technische Brillanz allein würde bei seinem Engagement sicher nur gereimte Leitartikel hervorgebracht haben, hätte er nicht über jene Kreativität verfügt, die mehr vermag als Haß und formales Können. Gewiß handelt es sich bei fast allen seiner ›patriotischen‹ Gedichte um Tendenzpoesie, und bei weitem nicht alle diese Verse sind poetisch vollendet. Seine besten Stücke aber heben sich deutlich von jenen Gedichten ab, mit denen emsige Verseschmiede von sich reden machten. Ähnlich wie Tom Paine wurde der ungestüme Freneau – insbesondere in den Jahren nach dem Krieg – den Gebildeten in Amerika etwas unheimlich. Stets hatte er zu den radikalen Vertretern der jungen Demokratie gehört, deren Patriotismus weniger ›regional‹ als ideologisch begründet war. Nicht nur den Amerikanern, sondern dem unterdrückten Menschengeschlecht allgemein galten seine Sympathien, und nicht selten kann man seinen Versen entnehmen, welches Unbehagen ihn angesichts der überall sichtbaren sozialen Mißstände beschlich.

Freneau war ein politischer Stürmer und Dränger, aber auch eine verhalten-lyrische Natur. Sein romantischer Rationalismus wurde ergänzt durch eine angelsächsisch-elegische Grundhaltung. Amerika preist ihn heute als den Sänger seiner Freiheit und vergißt darüber zuweilen die poetischen Leistungen, die Freneau als einen elegischen Romantiker ausweisen. Sieht man einmal von der historischen Bedeutung seiner politischen Lyrik ab und nimmt man seine Lehrgedichte (etwa »Pictures of Columbus«) als Zeichen der Zeit, so bleibt noch seine ›reine‹ Lyrik, die zu einem gut Teil neben den Versen der großen englischen Romantiker bestehen kann. Selbst dort, wo seine Gedichte unmittelbar auf englische Vorbilder hinweisen, wie etwa in »The American Village« oder »The Deserted Farmhouse«, bleibt ein bedeutender Rest eigenständiger Artikulation. Goldsmith dürfte ihn beeinflußt haben, zum Epigonen konnte er Freneau nicht herabwürdigen. Gray und die englische Nacht- und Grabesdichtung mögen ihm vor Augen gestanden haben, als er »The Jamaica Funeral« oder »The Indian Burying Ground« schrieb; dennoch sind diese Verse nicht blasse Imitation. Und man sollte nicht übersehen, daß er Jahre vor dem Erscheinen der *Lyrical Ballads* Gedichte wie »To a Night-Fly« und »On a Honey Bee« geschrieben hat, die eines Wordsworth würdig gewesen wären.

Die Originalität Freneaus beruht vor allem darauf, daß seine elegische Grundstimmung von anderer Art war als die seiner englischen Vorbilder. Ihn interessierte nicht so sehr die Naturmystik an sich – die Natur ist ihm weniger Gleichnis als Hintergrund des Menschenschicksals. Deshalb ist seine Grabesdichtung nicht allein auf den Endpunkt aller Dinge konzentriert. Das hätte sich auch schlecht mit seinen sonstigen Ansichten vereinbaren lassen, denn schließlich glaubte und predigte er, daß mit dem Sieg der Revolution die Zeit für Optimismus kommen werde. Seine Verse »To the Memory of the Brave Americans«, die er auf die bei Eutaw Springs Gefallenen schrieb, stellen eine Synthese dieser beiden Seelen in der Brust des Dichters dar. Freneau war der erste transatlantische Poet, der auf ›amerikanische‹ Weise Sprache und Ideengehalt seiner Dichtung miteinander verband. Im lärmenden Getümmel der Revolution wurde der lyrische Teil seiner Dichtung kaum zur Kenntnis genommen, und es will scheinen, daß der feinsinnige Lyriker Freneau noch immer nicht die ihm gebührende Würdigung erfährt.

Fiktionale Prosa

Zur gleichen Zeit, da sich die *Hartford Wits* um eine ›amerikanische‹ Dichtung bemühten und der ihnen suspekt erscheinende Freneau an seinen amerikanischen Versen feilte, stand der englische Roman in Amerika in einem so hohen Ansehen, daß sich kaum ein Amerikaner fand, um auf diesem Felde mit Autoren des einstigen Mutterlandes in einen Wettstreit zu treten. Erst ab etwa 1790 meldeten sich auf diesem Gebiet amerikanische Stimmen zu Wort. Natürlich war der englische Einfluß bestimmend, so daß sich die ersten amerikanischen Romanciers eng an ihre Vorbilder anlehnten, um ihre Publikationschance zu wahren. Im Prinzip waren es drei ›Romanschulen‹, die den amerikanischen Geschmack beherrschten: der von SAMUEL RICHARDSON (1689–1761) mit dem Briefroman *Pamela* (1740/41) kreierte empfindsame Roman, die auf JONATHAN SWIFT (1667–1745) und HENRY FIELDING (1707–1754) zurückgehende eigentümliche Mischung von Satire und Schelmenroman sowie der von HORACE WALPOLE (1717–1797) mit *The Castle of Otranto* (1764) geschaffene Schauer- oder Schreckensroman *(gothic novel)*.

Der empfindsame Roman eroberte sich – wohl nicht zuletzt wegen seiner spezifisch auf das Bürgertum gerichteten didaktischen Zielsetzung – zuerst das Feld. Im Jahr 1789 erschien *The Power of Sympathy* von WILLIAM HILL BROWN (1765–1793). Dieses Buch gilt als der erste amerikanische Roman. Dem Vorwort ist zu entnehmen, daß Brown »die bestehenden Ursachen der Verführung darstellen, ihre verhängnisvollen Folgen aufzeigen ... und die Besonnenheit der menschlichen Lebensführung« deutlich machen wollte. So läßt die Fabel von der gewaltsamen Entführung über Notzucht und Blutschande bis hin zum Selbstmord, der nicht ohne ein Exemplar der *Leiden des jungen Werther* vonstatten geht, kaum eines jener pikant-verruchten Standardmotive aus. Diese Vorgänge werden aber keineswegs plastisch dargestellt, sondern vernebelt und verschämt umschrieben. Ein Teil der Handlung soll auf einer wahren Begebenheit beruhen. Das gilt auch für den zweiten amerikanischen Roman dieser Art, der eigentlich ein englischer ist und den die amerikanische Literaturwissenschaft usurpierte, weil *plot* und *setting* amerikanisch sind. Der überaus populäre und noch heute gelesene Roman vom Schicksal der *Charlotte Temple* (1791) von SUSANNA ROWSON (1762–1824) schildert die Geschichte einer englischen Jungfrau, die nach New York gelockt, dort verführt, von ihrem Galan verlassen wird und schließlich im Kindbett stirbt. Susanna Rowson war die Tochter eines englischen Seeoffiziers und hat einen Teil ihrer Jugend (bis 1777) in Massachusetts verbracht.

Nach demselben Schema schrieb HANNAH FOSTER (1759–1840) den vielgelesenen Roman *The Coquette* (1797), der insofern einen anderen Akzent setzt, als die an sich wohlanständige, aber eben doch ein wenig eitel dargestellte Eliza Wharton nicht ganz unschuldig daran ist, daß ihr ein Mann nachstellt und sie schließlich bezwingt. Auch sie muß ihre ›Sünde‹ bei der Geburt ihres Kindes mit dem Tode ›sühnen‹. Diese Rührgeschichten, die eine Umkehrung der Richardsonschen Formel *virtue rewarded* in *vice punished* zum Thema haben, sind heute lediglich interessante Zeitdokumente, standen aber damals in hohem Ansehen, spiegelten über Generationen den Geschmack des Lesepublikums und zeigen einmal mehr, wie lange und nachhaltig der englische Geschmack über den Atlantik wirkte.

Daß dagegen unter den der Satire zuzurechnenden amerikanischen Romanen jener Zeit heute nur noch das Mammutgebilde des Freneau-Freundes HUGH HENRY BRACKENRIDGE (1784–1816) Erwähnung verdient, ist um so bemerkenswerter, als damals andere Formen der Satire in Amerika in Blüte standen. Brackenridge, in Schottland gebürtig, kam im Alter von acht Jahren nach Pennsylvania und empfahl sich nach seinem Studium in Princeton am Beginn der Revolution als *patriot*. Davon zeugen seine beiden im Blankvers geschriebenen Stücke *The Battle of Bunkers-Hill* (1776) und *The Death of General Montgomery* (1777), die typische Beispiele der Revolutionsdramatik sind. Nach der Revolution wechselte er von der Kanzel in eine Anwaltspraxis und stritt als Anhänger Jeffersons. Diesem Anliegen diente er auch mit dem Romanungetüm *Modern Chivalry* (1792–1815), das als moralische Satire konzipiert und in die von Cervantes benutzte Form des pikaresken Romans gegossen wurde.

Brackenridges Don Quixote ist der Jefferson nahestehende und Paine achtende Demokrat Captain Farrago, hinter dem sich der Autor selbst verbirgt. Sein Sancho Pansa posiert in der Gestalt des tumben Iren O'Regan. Beide ziehen durch das Land und werden dabei mit allen Segnungen des Neuen, aber auch vielen Schattenseiten der Demokratie, wie Korruption oder Ämterpatronage, konfrontiert. Dabei wird mancher Hieb gegen Hamilton und seine ›Zentralisten‹ ausgeteilt.

Brackenridge ging es bei aller Skepsis hinsichtlich des Fortgangs der Dinge keineswegs darum, die Demokratie an sich in Frage zu stellen. »Die große Moral dieses Buches«, sagt er, bestehe darin, »als Übel anzuprangern, daß Menschen danach streben, Ämter zu übernehmen, für die sie nicht geeignet sind.« Der Erfolg des Buches erklärt sich aus der politischen Situation der USA in diesen ersten Jahren der Unabhängigkeit.

Eine Sonderstellung unter den ersten Romanciers in Amerika nimmt der lange zu Unrecht unterbewertete Vertreter des amerikanischen Schauerromans, CHARLES BROCKDEN BROWN (1771–1810) ein.

Brown entstammte einer in Philadelphia ansässigen Quäkerfamilie, studierte Jura und siedelte nach New York über, wo er als erster Amerikaner den Versuch unternahm, ein Leben als ›Berufsschriftsteller‹ zu führen. In New York geriet der junge Revolutionär unter den Einfluß der Ideen Godwins, worüber sein Frauenrechtstraktat *Alcuin: A Dialogue* (1798) Auskunft gibt. In nur zwei Jahren brachte er jene vier Romane zu Papier, die seine Stellung in der amerikanischen Literatur begründen: *Wieland* (1798), *Arthur Mervyn*, *Ormond* und *Edgar Huntly* (alle 1799). 1801 folgte *Clara Howard*. Später widmete er sich als Herausgeber mehrerer Zeitschriften (u. a. *The Monthly Magazine* und *The Literary Magazine*) vornehmlich der Literaturkritik. Sein Hauptanliegen war, die Behandlung amerikanischer Stoffe anzuregen, und das unter Anlegung hoher Maßstäbe.

Brown hat sich stets als amerikanischer Schriftsteller gefühlt, und es ist nicht übertrieben, wenn er heute – ungeachtet aller englischen Entlehnungen – als einer der ersten ›wirklichen‹ amerikanischen Romanciers gilt. Da sind zunächst die von Godwin übernommenen moralischen Anliegen, gefolgt von den Akzenten, die Richardsons *novel of manners* und Ann Radcliffes *gothic novel* gesetzt hatten, beide indes verkürzt um die aristokratisch-feudalen Accessoires, die für die europäischen Vorbilder so charakteristisch waren, angesichts des amerikanischen *setting* aber keine Verwendung finden konnten. Auch begnügte sich Brown nicht damit, seine Figuren mehr oder weniger unmotiviert durch Abgründe des Schreckens taumeln zu lassen, sondern griff die vom empfindsamen Roman benutzten psychologischen Erzählstrategien auf. Ihm ging es nicht um den Typus, sondern um das Individuum unter ganz bestimmten Bedingungen, was ihn in die Lage versetzte, Schauer und Schrecken in Tragik ausklingen zu lassen. Deshalb schätzten ihn Keats, Shelley oder Scott als bedeutenden Schriftsteller. Wollte man Brown aber nur auf Grund seiner Fabeln und deren Komposition unter Anlegung zeitgenössischer Maßstäbe beurteilen, dann könnte man seine Bücher als nicht einmal gut gearbeitete *thriller* bezeichnen, die sie ihrem Wesen nach jedoch nicht sind. Oft wurde Brown der Vorwurf gemacht, er habe sich nicht die Zeit genommen, seine Romane gründlich zu konzipieren und auszuführen. Dabei sollte man bedenken, daß Brown nicht nur ein politischer, sondern auch ein literarischer Rebell war, der bewußt versuchte, die Fesseln des Klassizismus zu sprengen. Er war einer jener Vorromantiker, die dem klassizistischen Streben nach Formvollendung die Vorstellung einer eruptiven Ausdrucksweise entgegensetzten und denen das Fragment als eine legitime Form erschien. Brown ist vor allem ein Interpret des Pathologischen, der Nachtseiten des Lebens, des Dämonischen und damit ein ›Vorfahr‹ Edgar Allan Poes. Im Gegensatz zu Poe aber folgte er der damaligen amerikanischen Tendenz, beim Schreiben von tatsächlichen Begebenheiten auszugehen und seine Romane bis zu einem gewissen Grad als Programmschriften für bestimmte Themen zu konzipieren.

Sein erster Roman *Wieland, or the Transformation: An American Tale* ist eine Interpretation des religiösen Wahns.

> Den Stoff bezog Brown aus Tomhannock, wo einige Jahre zuvor unter dem Zwang religiöser Wahnvorstellungen ein Mord geschehen war. Brown verlegte die Handlung in die Nähe Philadelphias. Der deutsche Farmer Wieland, der hier mit seiner Familie in ländlicher Einsamkeit lebt, glaubt ›Stimmen‹ zu vernehmen, die ihn veranlassen, seine Frau und seine Kinder umzubringen. Tatsächlich aber ist er das Versuchsobjekt und Opfer des Bauchredners Carwin. Erst als das Unglück geschehen ist und Wieland auch seine Schwester erschlagen will, greift Carwin ein. Der nunmehr in die Wirklichkeit Zurückgeschleuderte steht gebrochen vor dem Ergebnis seines Tuns.

Speziell jene Passagen des Buches, die den rasenden Wieland zeigen, haben Zeitgenossen von Keats bis Hazlitt stark beeindruckt, so daß Whittier vermerkte: »Im ganzen Bereich der englischen Literatur gibt es keine erregendere Stelle ... Die Meister der alten griechischen Tragödie haben den erhabenen Schrecken dieser Szene des amerikanischen Romanschriftstellers kaum übertroffen.«

Mag die Komposition dieses Romans auch ungereimt erscheinen, so wird man doch die Wirkung der eingesetzten Mittel würdigen. Das gilt nicht nur für die psychologisch interessante Reaktion Wielands auf die ›Stimmen‹ und das Erkennen seiner Untat, sondern auch für jenen Teil des Buches, in dem Clara durch die Nächte von Angst und Schrecken gejagt wird. Dies ist die emphatisch gesteigerte Ausdeutung der Ideen Richardsons, die sich potenzierende Wirkung von Horror und Empfindsamkeit. Und schließlich begegnet man in Carwin einer Gestalt, die in gewisser Beziehung den Chillingworth in Hawthornes *Scarlet Letter* vorwegnimmt, mit dem Unterschied, daß Chillingworth sein Opfer Dimmesdale bewußt in den Untergang treibt, ohne daß dabei andere zu Schaden kommen. Carwin aber muß nach der Tat Wielands erschreckt feststellen: »Hatte ich nicht unbesonnen eine Maschine in Bewegung gesetzt, über deren weiteren Lauf ich die Herrschaft verlor und die, wie mich die Erfahrung lehrte, über unbegrenzte Kräfte verfügte?« Carwin ist so nur indirekt ein Bösewicht, der Typ des Pseudowissenschaftlers, der noch Poe anzog.

Wieland gilt zu Recht als das eindringlichste Buch Browns: Weder der Roman über den verbrecherischen Superman *Ormond* noch der erste amerikanische Detektivroman *Edgar Huntly*, in dem er sadistische Neigungen auslotet, erreichen die Wirkung des Erstlings, wiewohl auch von ihnen Impulse ausgehen. So ist es wahrscheinlich, daß die Höhlenszene aus *Edgar Huntly* Poe als Vorlage für seine *short story* »The Pit and the Pendulum« gedient hat, und auch James F. Cooper wurde von diesem Roman beeinflußt. Bei *Arthur Mervyn* und *Clara Howard* haben wir es mit Sensationsgeschichten zu tun, in denen Brown das Augenmerk der Leser auf Reformen und Ehefragen lenken wollte.

Der Stern Browns leuchtete nur kurze Zeit. Erst im 20. Jahrhundert setzte sich die Auffassung durch, daß er keineswegs nur als Vertreter des flachen Schauerromans anzusehen ist, sondern auch als Interpret menschlicher Tragik. So umstritten sein Werk sein mag, so eindeutig fixieren läßt sich heute die Bedeutung Browns als Anreger. Sein literarischer Patriotismus war geradezu militant. In *Clara Howard* stellt er fest: »Unsere Bücher sind fast ausschließlich Erzeugnisse Europas, und die Vorurteile, mit denen wir infiziert sind, entspringen hauptsächlich dieser Quelle.« An anderer Stelle definiert er diese Quelle: »Kindischer Aberglaube und unbeherrschte Sitten, mittelalterliche Schlösser und Schimären sind die Stoffe, die gewöhnlich ... verwendet werden. Die durch Feindseligkeit der Indianer verursachten Zwischenfälle und die Gefahren der Wildnis des Westens sind viel geeigneter; und für den geborenen Amerikaner, der diese Dinge übersehen wollte, gäbe es keine Entschuldigung.« Und schließlich macht er ausdrücklich darauf aufmerksam, daß er sich im *Edgar Huntly* um eine Schilderung »in lebendigen und naturgetreuen Farben« bemüht habe. Daraus geht hervor, daß Brown nicht nur als Vorromantiker schlechthin, sondern als Wegbereiter jener typisch amerikanischen Spielart der Romantik anzusehen ist, die ohne Mittelalter auskommen mußte und dem Exotischen täglich als Realität an der *frontier* begegnete. Dabei war er kein Isolationist. In seinem Ehrgeiz hatte er ein unerfüllbares Programm entwickelt: Er wollte »die Quintessenz aus der europäischen Weisheit ziehen, um die Arbeiten aller einheimischen und ausländischen Schriftsteller zu überprüfen und zu bewerten«. Zur Ausführung dieses Vorhabens blieb dem früh Verstorbenen keine Zeit.

Schauspiel

Eine ähnlich begabte und weiterwirkende Persönlichkeit, wie sie der frühe amerikanische Roman mit Charles Brockden Brown aufzuweisen hat, suchen wir auf dem Gebiet der dramatischen Literatur vergeblich. Tatsächlich hatte keine literarische Gattung in den ersten hundertfünfzig Jahren mit mehr Widrigkeiten zu kämpfen als die Bühnendichtung; kaum eine andere erfreute sich später größerer Beliebtheit, ohne daß dieser Umstand zum Entstehen bedeutender Bühnenwerke von bleibendem Wert beigetragen hätte.

Die Tatsache, daß man erst um 1920 von einem Aufbruch der amerikanischen Bühnendichtung sprechen kann, ist eines der interessantesten Phänomene der amerikanischen Kulturgeschichte. Es wird in diesem Zusammenhang oft auf die Theaterfeindlichkeit der Puritaner und die sich aus der Kolonisation des Landes ergebenden Besonderheiten hingewiesen, die sich in der Tat nachteilig auf die Entwicklung des Bühnenwesens ausgewirkt haben. Das trifft insbesondere auf die Kolonialzeit zu. Der kirchliche Widerstand gegen das Theater als Haus des Teufels war aber keineswegs auf den Herrschaftsbereich der Puritaner beschränkt. Auch die Behörden von Virginia hielten es 1610 für gut, die Einwanderung von Schauspielern zu untersagen. Studenten waren die ersten, die in Yale und Harvard – hier ging 1690 die Historie *Gustavus Vasa* des Geistlichen BENJAMIN COLMAN (1673–1747) über die Bühne – Stücke inszenierten. Am *William and Mary College* wurden 1736 Arbeiten von Addison und Farquhar aufgeführt. Nach der Überlieferung war die Inszenierung des empfindsamen Dramas *The London Merchant* des Engländers George Lillo 1731 die erste öffentliche

Theatervorstellung in den Kolonien. Das Bild wandelte sich ab 1732, als die ersten Berufsschauspieler auftraten und die Schauspieltruppe der englischen Familie Hallam – ab 1763 die *American Company* – zwischen Virginia und New York Stücke von Shakespeare und Jonson aufführte. Noch immer fanden die Vorstellungen – mit widerwilliger Billigung der Behörden – in Lager- und Kaffeehäusern statt. Erst mit der Errichtung fester Theater, des *Southwark Theatre* in Philadelphia (1766), des Theaters in der John Street in New York (1767) oder des Theaters in Charleston (1773) begann sich die Bühne als Institution zu etablieren.

Als erstes in den Kolonien geschriebenes und gedrucktes Stück gilt die privat aufgeführte satirische Farce *Androboros* (1714) von ROBERT HUNTER (†1734) und LEWIS MORRIS (1671–1746). 1766 erschien in London das in schwachen Blankversen gefügte Stück *Ponteach, or the Savages of America* von ROBERT ROGERS (1731–1795). Als ein Markstein auf dem Weg des amerikanischen Theaters gilt die 1759 entstandene romantische Blankverstragödie *The Prince of Parthia* von THOMAS GODFREY (1736–1763), die am 24. April 1767 als erstes Stück eines ›Amerikaners‹ an einer Berufsbühne, dem *New Theatre* in Philadelphia, Premiere hatte. Wie aber schon der Titel sagt, war das Stück alles andere als ›amerikanisch‹. Es stand in der Tradition gewisser Shakespeare-Epigonen, nach dem Geschmack der Zeit um exotisches Beiwerk angereichert. Die verworrene Handlung spielt im sowohl geographisch als auch zeitlich fernen Parthien. Das zweite Stück eines ›Amerikaners‹, die *comedy of manners The Contrast* von ROYAL TYLER (1757–1826), ging am 16. April 1787 über die Bretter des New Yorker *John Street Theaters*. Es zählte zu den publikumswirksamsten Stücken jener Tage, war unter dem unmittelbaren Eindruck einer Aufführung von Sheridans *School for Scandal* (1777) entstanden und behandelt in einer an Richardson erinnernden Manier amerikanische Anliegen. Hier widersteht ein züchtiges amerikanisches Mädchen den Versuchungen eines lasziv-dreisten Engländers und gibt ihn der Lächerlichkeit preis. Wenn man davon ausgeht, daß mit den von Richardson geschilderten Konflikten auch der Zusammenstoß von Aristokratie und sich seines Wertes bewußtwerdenden Bürgertums dargestellt wird, so sehen wir hier, daß im Konflikt England–Amerika die Briten die Position der absteigenden Aristokratie zu übernehmen haben. Jedenfalls wird die Überlegenheit der Amerikaner postuliert, was ein Grund dafür gewesen sein dürfte, daß diese Komödie einen starken Einfluß auf nachfolgende amerikanische Bühnenschriftsteller ausübte, und zwar in einer Zeit, da sich die USA von England lösten.

Ein sehr vielseitiger und produktiver Stückeschreiber, der sich im Maskenspiel ebenso zu Hause fühlte wie in der Historie und sich in fast allen Sparten der Dramatik versuchte, war der aus Philadelphia stammende JAMES NELSON BARKER (1784–

1858). Mit *Tears and Smiles* (1807) folgte er dem Vorbild Tylers und schuf – wie auch SAMUEL WOODWORTH (1785–1842) mit *The Forest Rose; or, American Farmers* (1825) – ein typisches Beispiel für die sehr populäre Yankee-Komödie. Barker löste mit der Dramatisierung des Pocahontas-Erlebnisses von Captain John Smith in *The Indian Princess; or, La Belle Sauvage* (1808) eine Woge von ›Indianerspielen‹ zum Thema des ›edlen Wilden‹ aus. Seine reifste Leistung ist die in *blank verse* geschriebene Tragödie *Superstition* (1824), in der auf dem Hintergrund der frühen Jahre Neuenglands vom Schicksal des ›Königsmörders‹ Goffe berichtet wird. Alle diese Stücke sind europäischen Vorbildern verpflichtet. Das gilt auch für das Werk des ersten professionellen Bühnendichters der Neuen Welt, des aus New Jersey stammenden Freundes von Charles Brockden Brown, WILLIAM DUNLAP (1766–1839).

> Als Journalist, Biograph, Historiker, Bühnenschriftsteller, Maler, Regisseur und Theaterleiter nahm er eine Sonderstellung unter den amerikanischen Intellektuellen ein und wurde so eine der bedeutendsten Gestalten des sich formierenden ›amerikanischen‹ Theaters. Ursprünglich wollte er Maler werden. Als er aber nach einer Lehrzeit bei Benjamin West aus London zurückkehrte, beeindruckte ihn der Erfolg der Komödie *The Contrast* so sehr, daß er sogleich das Stück *The Father; or, American Shandyism* (1789) schrieb. Als er damit Furore machte, wandte er sich ganz der Dramatik zu und brachte von da an jährlich mindestens ein Stück heraus, darunter 1796 sogar eine Oper *(The Archers)*. Im selben Jahr wurde er Teilhaber der New Yorker *Old American Company*, die von 1798 bis zum Bankrott 1805 sein Eigentum war. Von 1815 an – in diesem Jahr erschien die wenig geglückte Biographie *The Life of Charles Brockden Brown* – wandte er sich wieder der Malerei zu und arbeitete vornehmlich an theoretischen Schriften. Er wurde Mitbegründer der *National Academy of Design* (1826) und Professor für Historienmalerei. Seine *History of the American Theatre* (1832) und die zweibändige *History of the Rise and Progress of the Arts of Design in the United States* (1834) sind die ersten bedeutenden Werke ihrer Art in Amerika. Hier liegt seine eigentliche Wirkung in der amerikanischen Kulturgeschichte begründet.

Als Theaterbesitzer konnte Dunlap seine Ideen relativ ungestört auf der Bühne verwirklichen, aber natürlich setzte der Publikumsgeschmack diesem auf Gewinn angewiesenen Unternehmen Grenzen. Eines seiner Hauptverdienste bestand darin, die amerikanische Bühne für die nichtenglische europäische Dramatik zu öffnen. Er hat selbst über ein Dutzend solcher Stücke ins Englische übertragen oder bearbeitet. Kotzebue, Schiller und einige Franzosen führte er in Amerika als erster auf. Darüber hinaus hat er wesentlich dazu beigetragen, die Bedeutung des Regisseurs zu unterstreichen sowie das Ansehen der Schauspieler und der amerikanischen Theaterkultur zu heben.

Von Dunlaps fünfundsechzig Stücken können dreißig als Eigenschöpfungen angesehen werden. Obgleich viele von ihnen recht erfolgreich waren, sind sie – ähnlich wie die Stücke seiner amerikanischen Zeitgenossen – eher Produkte ehrsamen Handwerksfleißes als große künstlerische Würfe. Zu welchen Kompromissen er als Theaterunternehmer vom Publikumsgeschmack gezwungen wurde, zeigt sich am Schicksal seines wohl besten Stückes, *André* (1798), in dem er die letzten Tage eines von den Amerikanern zum Tode verurteilten britischen Offiziers behandelt. Wenn dieses Stück in seiner ersten Fassung ein Mißerfolg war, so sicher weniger auf Grund der etwas losen Komposition. Zwar hielt es Dunlap für gut, die Tragödie zu straffen, aber entscheidend für den späteren Erfolg war die Umwandlung des *André* in ein musikalisch angereichertes patriotisches Stück, das nun unter dem Titel *The Glory of Columbia* Furore machte.

Obwohl sich Dunlap auf diese Weise noch um die Jahrhundertwende als ein besonders guter Patriot empfahl, war er auf dem Gebiet des Theaters alles andere als ein Nationalist, ja, er fragte sich sogar, »inwieweit man ein nationales Drama wünschen sollte, das sich von dem der englischen Vorbilder unterscheide«. Er war sich voll bewußt, daß die Amerikaner noch nicht in der Lage waren, die Leistungen der großen englischen Dramatiker auch nur annähernd zu erreichen. Immerhin hatte er die absolute englische Vorherrschaft auf der amerikanischen Bühne durch die Übernahme deutscher und französischer Stücke brechen können. So wurde das amerikanische Theater durch sein Wirken wenn schon keine ›eigenständige‹, so doch eine weltoffene Anstalt. Erstaunlich ist nur, daß aus der großen Fülle amerikanischer Bühnenschriftsteller nicht ein einziger Stücke von wirklich bleibendem Wert schrieb.

III. DIE JUNGE UNION

Sail on, o Union!

Der Friedensschluß des Jahres 1783 brachte den dreizehn Kolonien die Unabhängigkeit. Daraus erwuchs den *patriots* die gewaltige Aufgabe, sich in ihrer neuen Republik einzurichten und sie politisch, juristisch und wirtschaftlich auszugestalten. Vier Jahre dauerte das Ringen um die Verfassung, in der man sich zur Gewaltenteilung Montesquieus und den Ideen Lockes bekannte, und es spricht für das gesunde Mißtrauen der Amerikaner gegenüber institutionalisierter Macht, daß sie die selbstgegebene Verfassung (1788) erst akzeptierten, als ihr 1791 eine *Bill of Rights* hinzugefügt worden war, in der die Rechte des Individuums fixiert waren.

Noch war das Ringen um den von der Exekutive einzuschlagenden Weg kaum beendet, als die gewählten Führer bereits mit Entwicklungen konfrontiert wurden, die in der modernen Geschichte ihresgleichen suchten. Schon vor der Jahrhundertwende waren die Siedler über die westlichen Grenzen der dreizehn Kolonien vorgestoßen und hatten den Mississippi erreicht. Der Zug nach dem Westen und die Durchdringung dieser weiten Gebiete sollten das Antlitz der im Entstehen begriffenen Nation entscheidend prägen. Der Optimismus der Pioniere erschloß eine neue Welt und sorgte dafür, daß die *frontier* wanderte, bis sie schließlich den Pazifik erreichte.

Noch war das Gebiet zwischen der alten Grenze und dem Mississippi nicht erschlossen, als sich Präsident Jefferson 1803 entschloß, im *Louisiana Purchase* Napoleon eine Fläche westlich des Stromes abzukaufen, die das Staatsgebiet der Union mit einem Schlage verdoppelte und es im Nordwesten bis an die Rocky Mountains ausdehnte. Innerhalb der nächsten fünfzig Jahre – vom *Florida Purchase* (1819) bis hin zum *Gadsden Purchase* (1853) – wurden etwa jene Grenzen gezogen, die noch heute gültig sind. In rascher Folge entstanden neue Staaten.

Am Beginn dieser Entwicklung zählten die USA rund zehn Millionen Einwohner. Im Jahr 1850, als Kalifornien als Staat in die Union aufgenommen wurde, lebten zwischen Atlantik und Pazifik bereits dreiundzwanzig Millionen Menschen, von denen nicht weniger als fünf Millionen aus dem Europa Metternichs in die Neue Welt gekommen waren, um hier, im Land der Freiheit, Zuflucht zu suchen. 1810 gab es in den

USA noch keine Großstadt im heutigen Sinne des Wortes, doch nun wuchsen sie gleichsam aus dem Boden. Chicago zum Beispiel zählte 1840 viertausendfünfhundert Einwohner, zwanzig Jahre später lebten in der neuen Metropole des Westens hundertzehntausend Menschen. Angesichts dieser sich überstürzenden Entwicklung konnte von einem organischen Wachstum keine Rede sein. Auf allen Gebieten des Lebens galt es fieberhaft zu sichten, zu ordnen und zu institutionalisieren, was die Praxis im Geschwindschritt hervorgebracht hatte.

Wirtschaftlich waren die USA bis zum *Civil War* ein agrarisches Land, was jedoch nicht darüber hinwegtäuschen darf, daß sich schon um die Jahrhundertwende jene Antagonismen abzuzeichnen begannen, die schließlich unter dem Vorwand der Sklavenfrage im Bürgerkrieg ausgetragen werden sollten.

Als 1793 Eli Whitney mit der Erfindung seiner *cotton gin* die Baumwollproduktion im großen Maßstab ermöglichte, stärkte er damit ein Wirtschaftssystem, das fast ausschließlich auf Sklavenarbeit beruhte. Hätte zu diesem Zeitpunkt eventuell noch die Möglichkeit bestanden, die Sklavenhaltergesellschaft ohne Gewaltanwendung zu überwinden, so wurde nun der Bestand dieser Wirtschaftsform für den Süden und seine Pflanzeraristokratie eine Frage auf Leben und Tod. Bereits 1820 war es anläßlich der Aufnahme Missouris in die Union zu starken innenpolitischen Spannungen gekommen. Um das politische und wirtschaftliche Gleichgewicht zwischen Nord und Süd zu erhalten, entschlossen sich die um die Einheit besorgten Väter der Union wiederholt, Kompromisse auszuhandeln. Dieses Verfahren aber glich einem Kurieren an Symptomen und konnte schon deshalb den Ausbruch des Bürgerkrieges nicht verhindern, weil in der Zwischenzeit eine neue Generation politische Verantwortung übernommen hatte, die nicht mehr an der Wiege der Einheit und Unabhängigkeit gestanden hatte und deshalb eher dazu neigte, um ihrer jeweiligen Prinzipien willen die Einheit aufs Spiel zu setzen.

Während sich im Süden die Sklavenhaltergesellschaft kräftig entwickelte, meldeten im Nordosten Handel und Industrie ihre Interessen an. Zur gleichen Zeit machte sich im Westen ein wachsendes Unbehagen angesichts der zum Konservatismus neigenden, im Norden und Osten etablierten Gesellschaften bemerkbar. Die immer stärker werdende Stellung des Westens innerhalb der Union aber wurde spätestens sichtbar, als Andrew Jackson seine unkonventionellen Demokraten 1829 in das Weiße Haus führte. Der Westen war der Sauerteig für den Laib der Union, und ihm ist es unter anderem zu verdanken, daß um 1829 in fast allen Stammstaaten das allgemeine Wahlrecht eingeführt war.

Von etwa 1825 an beschleunigte sich das Entwicklungstempo in auffallender Weise, was vor allem auf die Fülle von Erfindungen und die verkehrstechnische Erschließung des Landes zurückzuführen ist. Die Einführung der Dresch- und Mähmaschine machte es möglich, zur Großflächenbewirtschaftung überzugehen, und von 1830 an begann man die landwirtschaftlichen Gebiete durch Straßen, Kanäle und Eisenbahnen mit den Ballungszentren und den Häfen der Ostküste zu verbinden. 1844 wurde der von Morse erfundene Telegraph praktisch nutzbar, und drei Jahre später begannen die Rotationspressen Richard Hoes ihre ersten Druckerzeugnisse auszuspeien. Im Jahr 1860 waren die Vereinigten Staaten die viertgrößte Industriemacht der Welt.

Wenn sich die Amerikaner ungeachtet aller Spannungen und Widersprüche und trotz ihrer immer unübersichtlicher werdenden ethnischen Zusammensetzung sehr bald als *eine* Nation empfanden, so war dies nicht nur die Folge des erfolgreich geführten Unabhängigkeitskrieges, sondern auch eines der Ergebnisse der militärisch sinnlosen britisch-amerikanischen Auseinandersetzung der Jahre 1812–14. Dieser Waffengang war auf eigentümliche Weise ein zweiter *War of Independence*; von neuer Qualität in dem Sinne, daß sich nun *alle* Amerikaner durch eine ausländische Macht bedroht sahen. Hinzu kam, daß dieser Krieg die USA – die bis dahin von den Großmächten jener Zeit noch nicht als gleichberechtigter Partner akzeptiert worden waren – politisch aufwertete und die Ansicht förderte, die politische Unabhängigkeit könne erst dann voll wirksam werden, wenn sie durch wirtschaftliche Stärke ergänzt würde. Das wichtigste Ergebnis dieser Auseinandersetzung war somit die Entwicklung eines amerikanischen Selbstbewußtseins und eines von Chauvinismus weitgehend freien Nationalgefühls, das später in so entscheidendem Maße dazu beitragen sollte, den Bürgerkrieg immer wieder zu vertagen und – als er schließlich doch ausbrach – die Einheit der Nation zu retten. Hier findet man die Wurzeln des selbstbewußten Wortes »Amerika den Amerikanern«. Als 1823 Präsident Monroe diese Doktrin verkündete, fühlten sich die Amerikaner nicht nur als Sachwalter der sich vom kolonialen Joch befreienden Menschen Südamerikas und als Führungskraft der westlichen Hemisphäre, sondern als Bürger einer Weltmacht, die man in Europa nicht länger ignorieren konnte. Freilich liegen hier auch die Gründe für jene isolationistischen Tendenzen, die es den USA in späteren Epochen zuweilen schwermachten, ihre Rolle in der Weltpolitik adäquat zu spielen, denn schließlich begründete man in Washington die Zurückweisung europäischer Ansprüche auf die westliche Hemisphäre mit dem Hinweis, die USA hätten sich nie in europäische Dinge eingemischt und gedächten auch weiterhin an dieser Politik festzuhalten.

In keiner Weise stürmisch vollzog sich die geistesgeschichtliche Entwicklung der jungen Union. Zwar lautete auch auf diesem Gebiet das große Wort jener Tage *liberty*, aber Freiheit bedeutete den Intellektuellen des neuen Staates vor allem Unabhängigkeit in dem eben abgesteckten nationalen Rahmen, wobei jedoch das patriotische Streben etwa der *Hartford Wits* oder Freneaus deutlich macht, um wieviel leichter es war, die politische und wirtschaftliche Unabhängigkeit zu erringen als die geistige. Dieses Unvermögen, der politischen und wirtschaftlichen Unabhängigkeit die geistige und mit ihr die literarische auf dem Fuße folgen zu lassen, trug wesentlich dazu bei, daß ›patriotische‹ Amerikaner so viele untaugliche Versuche unternahmen, etwas zu revolutionieren, was nur evolutionär zu erreichen war. Daraus resultierte, daß die Amerikaner bei aller sonstigen Selbstsicherheit auf dem Gebiet des Geistes und der Literatur noch lange mit einem ausgeprägten Inferioritätsempfinden zu ringen hatten. Tatsächlich ist erst der Transzendentalismus als frühestes wirklich amerikanisches Gegenstück zur geistesgeschichtlichen Entwicklung Europas anzusehen. Aber noch in den dreißiger Jahren, zu einer Zeit also, da sowohl Washington Irving als auch Cooper bereits als ›typische Amerikaner‹ auch in Europa Anerkennung gefunden hatten, wurden viele Amerikaner das Gefühl nicht los, noch immer den europäischen Vorbildern über Gebühr verpflichtet zu sein. WILLIAM ELLERY CHANNING (1818–1901) erklärte in seinen *Remarks on American Literature* (1830), daß »es besser wäre, keine Literatur zu haben, als uns kritiklos einer fremden unterzuordnen«. Emerson schrieb 1837 in *The American Scholar*, den Oliver Wendell Holmes als die »intellektuelle Unabhängigkeitserklärung der Vereinigten Staaten« bezeichnet hat: »Wir haben zu lange den höfischen (artigen) Musen Europas gelauscht.« Und auch Poe glaubte seine Landsleute aufrütteln zu müssen, als er verkündete: »Wir haben endlich einen Punkt erreicht, da unsere Literatur auf ihren eigenen Leistungen stehen kann und muß, oder aber auf Grund ihrer eigenen Mängel fällt. Wir haben das Gängelband unserer britischen Großmama zerrissen.«

Was jedoch diesen Kritikern als ein ›Zurückbleiben‹ der amerikanischen Literatur erschien, findet in bezug auf die soziologischen Entwicklungen keine Parallele. Wie im England des 18. Jahrhunderts schickt – um Jahrzehnte später – sich nun das sich konsolidierende Bürgertum der USA an, ein eigenes Selbstbewußtsein zu entwickeln, und benutzt dabei dieselben literarischen Formen – etwa den Essay oder die Satire –, mit denen auch das englische Bürgertum neue Akzente gesetzt hatte.

Obwohl erst der *Chase Act* (1891) die Möglichkeit der *pirate-editions* einschränkte, begann sich die schlechte wirtschaftliche Situation des amerikanischen Schriftstellers langsam zu bessern, so daß die Bedingungen für eine eigenständige Literatur günstiger wurden. Wichtiger aber war der Umstand, daß nun aus Europa eine geistige Bewegung herüberwirkte, die als spirituelle Komplementärerscheinung der politischen Entwicklung Amerikas empfunden wurde: die *Romantik.* In England werden bei der Erörterung dieses Phänomens oft drei Daten genannt: 1750 (Grays »Elegy written in a Country Churchyard«), 1798 (das Erscheinungsjahr der *Lyrical Ballads*) und 1832, das Jahr, in dem Scott starb und die *Reform Bill* vom Beginn einer neuen Epoche kündete. Obgleich es nicht geraten erscheint, derart starre Grenzen zu ziehen, läßt sich vermerken, daß in jener Zeit die Meisterwerke der englischen Romantik entstanden. Auf den ersten Blick hat es den Anschein, als setzte in Amerika die Romantik erst um 1815 ein. Bei dieser Datierung wird jedoch übersehen, daß Freneau bereits über ein Jahrzehnt vor dem Erscheinen der *Lyrical Ballads* einen Ton getroffen hatte, der im besten Sinne romantisch ist. Unumstritten bleibt, daß die Romantik in Amerika länger wirkte als in Europa, obschon – ähnlich wie in der russischen Literatur – Romantik und Realismus eine lange Strecke Weges gemeinsam zurücklegten. So läßt sich sagen, daß die amerikanische Romantik länger mit dem Rationalismus kämpfen und früher mit dem Realismus ringen mußte, als das vielfach in Europa der Fall war.

Dieser Parallelismus hat dazu geführt, daß viele amerikanische Schriftsteller dieser Zeit unterschiedlichen Strömungen Tribut zollten. Typisch für diese Erscheinung ist das Werk Freneaus, der mit seinen Satiren und seinem Optimismus als Vertreter des Rationalismus des 18. Jahrhunderts erscheint und dabei als Lyriker ganz der romantischen Welt angehört. Im Prinzip läßt sich dieser Dualismus auch bei Washington Irving nachweisen, und in der Tat hatte die amerikanische Romantik starke Gegner, sei es im Klassizismus, sei es im noch nachwirkenden Puritanismus, der insbesondere den deistischen Vorstellungen der Romantik entgegenwirkte. Schließlich darf nicht übersehen werden, daß die Aufklärung, auf der die amerikanische Unabhängigkeitsbewegung geistig beruhte, der Empfindsamkeit wie dem Überschwang romantischen Fühlens wenig Raum ließ.

Was die Amerikaner an der Romantik faszinierte, war ihr Ruf nach Freiheit, und wenn diese Bewegung schließlich in der Neuen Welt so tiefe Wurzeln schlagen konnte, so vor allem deshalb, weil einige ihrer Kriterien insbesondere dem *frontiersman* aus der Seele sprachen: der betonte Individualismus, die intime Begegnung mit der Natur, die Aufgeschlossenheit für das große Abenteuer – Dinge, die die Bewohner ›zivilisierter‹ Landstriche eher theoretisch berührten und für sie zum Teil sogar einen exotischen Anstrich hatten. Mit anderen für die europäische Romantik typischen Erscheinungen aber wußte man in Amerika nur wenig anzufangen. Der Drang in die Ferne und eine gewisse Zivilisationsfeindlichkeit bedurften hier keiner Mystifizierung, sie waren tägliche Realität; für Weltflucht und Weltschmerz gab es in diesen Aufbaujahren in ›Gottes eigenem Land‹ wenig Veranlassung; in Amerika war der Kampf gegen die Tyrannei abgeschlossen, der mögliche Weg in die Vergangenheit, ohnehin kurz, entsprach nur wenig dem nach vorn gerichteten Denken der Amerikaner. Entscheidender war, daß sich nun auch in Amerika die antipuritanische, romantische Überzeugung durchsetzte, wonach der Mensch von Haus aus nicht abgrundtief böse, sondern ursprünglich gut sei.

So wirkte die Romantik in Amerika nicht sogleich auf breiter Front. Dominierend blieb der Glaube an den Anbruch einer neuen Zeit, und dies selbst dort, wo man sich in der Hektik des Aufbaus einer neuen Welt zuweilen in die ruhigeren Tage einer beschaulichen Vergangenheit zurücksehnte. Indessen gilt diese Feststellung nicht uneingeschränkt für alle romantischen Schriftsteller und Dichter der USA; bei Poe oder bei Hawthorne zum Beispiel zeigt sich ein grüblerischer Skeptizismus, der sich nur schwer mit dem allgemeinen Optimismus dieser Epoche Amerikas vereinbaren läßt.

Eine besonders typische Erscheinung der geistigen Provinz der jungen Union ist ein verhältnismäßig lange währender und nachhaltig wirkender Parallelismus verschiedener geistiger Strömungen, der sich nicht allein mit dem angeblich »regionalen Charakter« der damaligen amerikanischen Geisteswelt erklären läßt. Noch um 1830 war in Neuengland der *New English Primer* voll präsent, wirkten die aufklärerischen Ideen Franklins und begeisterten die romantischen Schilderungen Coopers. Erst in dem Augenblick, da Emerson eine Verschmelzung spezifisch amerikanischer Freiheitserfahrungen mit den politischen und ästhetischen Ideen der europäischen Romantik im Transzendentalismus vollzog und dabei die kreativen Züge des Puritanismus in seiner neuen Weltschau bewahrte, war eine ›amerikanische‹ Weltanschauung geboren, die einer wirklich eigenständigen Literatur als tragfähige Basis dienen konnte. Erst damit fiel die geistige Führung des Landes auch auf dem Felde der Belletristik wieder Neuengland zu. Doch ehe dies geschah, war es die besonders liberale Atmosphäre New Yorks, die die ersten ›wirklich‹ amerikanischen Schriftsteller hervorbrachte.

Der New Yorker Kreis

Im Dezember 1818 schrieb der heute vergessene Engländer Sydney Smith in der *Edinburgh Review*, derselben Zeitschrift, die mit einer Verurteilung der Romantiker Wordsworth und Coleridge hervorgetreten war, überheblich: »Eine Literatur haben die Amerikaner nicht – keine eigene Literatur, meinen wir. Es ist alles importiert. Sie hatten zwar ihren Franklin und werden es sich leisten, ein halbes Jahrhundert von seinem Ruhm zu leben. Da gibt oder gab es einen Mr. Dwight, der einige Gedichte schrieb, sein Vorname ist Timothy. Auch gibt es einen kleinen Bericht über Virginia von Jefferson und ein Epos von Joel Barlow – und auch einige nette Sachen von Mr. Irving. Aber warum sollten die Amerikaner auch Bücher schreiben, da sie unser Verstand, unsere Wissenschaft und unser Genius in unserer Sprache in Ballen und Gallonen nach sechs Wochen Überfahrt erreichen.« Und er fügte später hinzu: »Wer in den vier Himmelsrichtungen der Erde liest denn schon ein amerikanisches Buch?« *Blackwood's Magazine* assistierte ihm 1819 mit dem Hinweis: »Im Lande der albernen Realitäten gibt es nichts, was die Einbildungskraft wecken könnte. Keine zerbröckelnden Ruinen erregen das Interesse an der Geschichte. Keine Denkmäler erinnern an große Taten oder fördern Enthusiasmus und Verehrung. Keine Traditionen, Legenden, Fabeln – nichts von dem Material, dessen Dichtung und Romanze bedürfen.« 1827 sah es Goethe aber schon ganz anders, als er folgende Zeilen über die Vereinigten Staaten schrieb: »Amerika, du hast es besser / Als unser Kontinent, der alte, / Hast keine verfallenen Schlösser / Und keine Basalte. / Dich stört nicht im Innern / Zu lebendiger Zeit / Unnützes Erinnern / Und vergeblicher Streit. / Benutzt die Gegenwart mit Glück! / Und wenn nun eure Kinder dichten, / Bewahre sie ein gut Geschick / Vor Ritter-, Räuber- und Gespenstergeschichten.«

Doch kehren wir zu den Ansichten Sydney Smiths zurück. Sein Urteil mag der stocksteifen *Edinburgh Review* mit ihren durch Lokalpatriotismus beschränkten Auffassungen gut zu Gesicht gestanden haben – den tatsächlichen Gegebenheiten entsprach es nicht mehr. Franklins *Autobiography* zum Beispiel war bereits in England, Frankreich und Deutschland erschienen, ehe 1818 die erste amerikanische Ausgabe herauskam. Man mag nun einwenden, die *Autobiography* gehöre nicht eigentlich zur schönen Literatur, aber selbst dann hat Smith unrecht. Der Kreis um Shelley las mit Begeisterung die Romane Charles Brockden Browns; Bryants »Thanatopsis« (1817) und besonders sein liedhaft-elegisches Gedicht »To a Waterfowl« (1815/18) sowie die Gedankenlyrik Freneaus konnten sich mit der englischen Lyrik sehr wohl messen; Irving war auch in Europa bekannt und gab ein Jahr, nachdem Smith sein überhebliches Urteil zu Papier gebracht hatte, womit er mit vielen europäischen Kritikern übereinstimmte, sein *Sketch Book* heraus, das allenthalben wohlwollend aufgenommen wurde, obwohl man in Edinburgh von einer amerikanischen Literatur noch nichts wissen wollte, ja die Existenz einer solchen rundweg bestritt.

Als ihr ›Begründer‹ gilt heute WASHINGTON IRVING (1783–1859).

Irving wurde im Jahr der Unabhängigkeit als Sohn eines presbyterianischen Kaufmanns schottischer Abkunft und einer englischen Mutter in New York geboren. Als jüngstes von elf Kindern war ihm vom Vater bestimmt, Jurist zu werden. Seine Neigung aber galt dem Journalismus und der Literatur. In den Jahren 1802/03 schrieb er für den von seinen Brüdern herausgegebenen *Morning Chronicle* die *Letters of Jonathan Oldstyle, Gent.*, eine Serie charmanter Satiren auf New

York. Der von Tuberkulose Bedrohte unternahm 1804–06 eine Europareise und setzte 1807/08 die Satiren auf die New Yorker Gesellschaft mit den ›*Salmagundi*‹-*Papers* fort, an denen auch seine Brüder und J. K. Paulding beteiligt waren. Seinen ersten großen Erfolg erzielte er 1809 mit der humoristischen *History of New York by Diedrich Knickerbocker*. 1815 ging er als Vertreter des Familienunternehmens nach Liverpool und sah sich hier nach dem Bankrott der Firma gezwungen, von seinen Veröffentlichungen zu leben. Siebzehn Jahre blieb er in Europa und bereiste weite Teile des Kontinents. In dieser Zeit entstanden *The Sketch Book of Geoffrey Crayon* (1819/20), die Sammlung *Bracebridge Hall* (1822), die *Tales of a Traveller* (1824), eine Kolumbus-Biographie (1828), ferner *A Chronicle of the Conquest of Granada* (1829) und *The Alhambra* (1832). Nach seiner Rückkehr in die USA wandte er sich amerikanischen Themen zu, u. a. in *A Tour on the Prairies* (1835). In den Jahren 1842–45 war er Botschafter in Madrid, nach einer diplomatischen Mission in London widmete er sich dann nur noch der schriftstellerischen Arbeit. Zu den bedeutenderen Werken dieser Zeit zählen *The Life of Oliver Goldsmith* (1840), *Mahomet and His Successors* (2 Bde., 1849/50) sowie die fünfbändige Biographie *The Life Of George Washington* (1855–59).

Irvings Verdienst besteht vor allem darin, daß er in einer Zeit, da sich die amerikanische Literatur zu regen begann, als Mittler zwischen der Alten und der Neuen Welt auftrat. Im Gegensatz zu seinem Zeitgenossen Cooper war sein Blick vornehmlich ostwärts gerichtet, nach Europa, an dessen literarischen Maßstäben er sich orientierte. Das gilt ebensosehr für die von ihm gewählten Themen wie für seine Auffassung von der Stilistik und seine Sprache, die unschwer Vorbilder wie Addison, Steele oder Goldsmith erkennen läßt und ihn als einen Zögling klassizistischer Zucht ausweist. Mit seinen Themen hat er keineswegs nur dem Wunsch vieler seiner Landsleute entsprochen, ›Amerikanisches‹ zu gestalten, sondern darüber hinaus dazu beigetragen, den Amerikanern ein Bild von Europa zu vermitteln. Auf der anderen Seite wurde er in Europa als ein Verkünder des neuen amerikanischen Geistes empfunden. Diese Mittlerstellung nimmt er auch dort ein, wo es nur um amerikanische Themen geht. Hier ist er spielerisch bemüht, die Brücke zwischen einer idyllisch anmutenden Vergangenheit und der fordernden Gegenwart zu schlagen. Diese Momente sind es, die ihm zu Recht den Ehrennamen eines »Vaters der amerikanischen Literatur« einbrachten, wobei hinzugefügt werden muß, daß er nach Franklin das meiste dazu beitrug, die Aufmerksamkeit Europas auf die sich regende Literatur Amerikas zu lenken. Amerika erscheint in seinen frühen Arbeiten als eine Welt voller Widersprüche, als eine im Umbruch befindliche Gesellschaft. Daß diese Welt in den Aufzeichnungen

Irvings zunächst nur aus New York bestand, minderte die Gültigkeit und Wirksamkeit seiner Aussagen kaum, konnte er hier doch den Kontrast zwischen der Hast und Hektik des Yankeetums und der schlichten Beschaulichkeit der alten holländischen Gemeinde, die gleichsam die Vergangenheit verkörpert, sinnfällig machen. Dies geschah anfangs noch ganz im Geist und Sinn des Klassizismus. Die *›Salmagundi‹-Papers* hatten ihre Vorbilder im *Spectator*, und auch die *History of New York by Diedrich Knickerbocker* atmet den Geist der klassizistischen Satire und gilt noch heute – ungeachtet einer gewissen Monotonie – als eine der köstlichsten burlesken Historienparodien der Weltliteratur. Der fiktive holländische Schulmeister Diedrich Knickerbocker, aus dessen Nachlaß die Geschichte Nieuw Amsterdams und seines starrköpfigen Bürgermeisters Peter Stuyvesant vorgeblich stammt, wurde zu einem nationalen Symbol, so daß man die New Yorker Schriftsteller um Irving als die *Knickerbocker School* bezeichnete.

In dieser ersten Schaffensperiode Irvings, die man die klassizistische nennen kann, wurde bereits seine besondere Begabung und Zielsetzung offenbar. Es ging ihm nicht nur um die Gesellschaftsbespöttelung und die scharfe Satire, wie sie in den *›Salmagundi‹-Papers* anklingen, vielmehr versteht es Irving, die flämische Kunst des Genrebildes mit der englischen Idylle im Stil Goldsmiths zu verknüpfen. Später – nach seiner Begegnung mit Scott und der europäischen Romantik – wird er beides mit der deutschen Sage und der europäischen Folklore harmonisch verweben. Faszinierend ist vor allem sein Gespür für Ironie und sein Gefühl für das Pittoreske in der Gegenstandswahl, die – vereint mit der Methode des Graphischen – noch heute über manche sentimentale Passagen hinwegtrösten.

Es ist unbestritten, daß Irving in seinem Werk eine Vorliebe für die idyllisch aufgefaßte Vergangenheit erkennen läßt. Ob man dies als einen Beweis für seine Sehnsucht nach der Beschaulichkeit vergangener Zeiten werten darf, steht dahin. Schließlich ist nicht zu übersehen, daß die von ihm geschilderten Holländer zwar friedlich dahinleben und die Hektik des ›modernen‹ Alltags nicht kennen, aber doch als ein wenig tumbe Relikte einer untergehenden Welt erscheinen. Auf der anderen Seite deutet alles darauf hin, daß sich Irving der neuen Gesellschaft aufs engste verbunden fühlte. Aus vielen seiner Skizzen spricht der Stolz, Bürger dieser Republik zu sein. Indessen belehrt er nicht; seinen Gedanken fehlt die sonst in jenen Tagen in der amerikanischen Literatur gepflegte didaktische Note; diese wird ersetzt durch eine problemlos-heitere, ja fast verträumte Darstellung der von ihm geschauten Welt.

Von großer Bedeutung war seine Begegnung mit Scott. Das Ergebnis dieser Bekanntschaft liegt uns mit seinem *Sketchbook of Geoffrey Crayon* vor, das in jener Zeit auf beiden Seiten des Atlantiks als ein amerikanisch-britisches Versöhnungswerk empfunden wurde. Von den vierunddreißig in diesem Band enthaltenen Stücken behandeln die meisten englische Themen, die in den USA sehr zum neuerlichen Verständnis der europäischen Vettern beitrugen. Irvings Gedanken über die *Westminster Abbey* oder »Stratford-on-Avon« gehören ebenso zum Fundus der angelsächsischen Literatur wie seine Betrachtungen über »John Bull« oder zum Thema »English Writers on America«. Die wenigen Stücke, die sich mit der amerikanischen Szenerie befassen, machen deutlich, wie stark sich Irving nun dem Geist der Romantik verpflichtet fühlte. Der Essay über »Traits of Indian Character« nimmt Coopers Idee vom *noble indian* vorweg, während »Rip Van Winkle« und »The Legend Of Sleepy Hollow« sich als Vorläufer einer Erzählform präsentieren, die damals *sketch* oder *tale* genannt wurde und die sich später zur *short story* entwickeln sollte.

Sketch und *tale* waren Abwandlungen entsprechender europäischer Formen, bildeten sich aber auf dem Weg zur *short story* immer stärker als spezifisch amerikanische Form heraus. Bei Irving überwog noch das europäische Moment. Allein die Thematik dieser beiden *sketches* belegt es. Im »Rip Van Winkle« amerikanisiert er ein deutsches Stoff-Muster. In einer Anmerkung verweist Irving auf die Kyffhäuser-Sage, aber der Stoff des holländischen Schläfers in den Kaatskill-Bergen reicht weiter zurück; er ist eng verwandt mit dem, der in »Peter Klaus, der Hirtenbub«, in den *Volkssagen*, nacherzählt von Otmar (1800), in Deutschland bereits literarischen Ausdruck gefunden hatte. Jedoch der Stoff ist noch älter: Er erinnert an die Entrückungslegende vom schlafenden Mönch, die auf Caesarius von Heisterbach selbst (um 1180–1240), den Verfasser des *Dialogus miraculorum* übertragen wurde und die im 19. Jahrhundert Wolfgang von Königswinter in der Ballade »Der Mönch von Heisterbach« behandelt hat.

Man hat Irving zuweilen den Vorwurf gemacht, seine Übernahmen stünden nahe an der Grenze zum Plagiat. Dieses Verdikt wird jedoch nicht der tatsächlichen Durchdringung seiner europäischen Motive gerecht. Übrigens gab er auch zurück, was er nahm. So beeinflußten die *Tales of a Traveller* Wilhelm Hauff, dessen Erzählung »Das Kalte Herz« auf Irvings »The Devil and Tom Walker« zurückgeht. Die deutsche Rheinromantik wiederum, die Irving so tief beeindruckt hatte, fand in *A Book of the Hudson* (1849) ihre amerikanische Entsprechung. Die deutsch-amerikanischen Wechselwirkungen werden in jenen Jahren so stark, daß Erzählungen »aus dem Deutschen« in den USA keine Seltenheit waren. Noch Poe gab seiner ersten Erzählung »Metzengerstein« (1832), deren Titel bereits auf den deutschen ›Ursprung‹ hinweist, ausdrücklich den plakativen Untertitel »A Tale in Imitation of the German«.

Kurz nach dem Erfolg des *Sketch Book* veröffentlichte Irving die Sammlung *Bracebridge Hall*, in der er – zuweilen recht sentimental – die absterbende englische Landidylle porträtiert. Dieser Band festigte zwar seinen Ruhm, fügte seinem Schaffen aber keine nennenswerten neuen Züge hinzu. Und wenn er nur zwei Jahre später in den

Tales of a Traveller mit europäischen Eindrücken und Motiven vertraut machte, so geschah dies doch auf eine recht eklektische Weise, die das Ende seiner zweiten Schaffensperiode anzeigt, deren Nachhall wir noch in *A Tour on the Prairies* und *The Crayon Miscellany* (1835) verspüren.

Das Kennenlernen Spaniens weckte in Irving ein echt romantisches Interesse für die Geschichtsschreibung, deren historischer Wert aber nicht selten hinter der Lust am Fabulieren zurückbleibt. So atmen seine *History of the Life and Voyages of Christopher Columbus*, *A Chronicle of the Conquest of Granada*, die als Bericht eines spanischen Mönchs ausgegeben wird, sowie *The Alhambra* ganz und gar den Geist der Romantik.

Die letzten Jahre seines Lebens verbrachte Irving in dem kleinen Städtchen Tarrytown am Hudson und widmete sich archivalischen und biographischen Studien, zu denen auch die Auftragsarbeit *Astoria* (1836) zu zählen ist, in der er die Geschichte des Pelzhandels von John Jacob Astor erzählt und ein großartiges Bild amerikanischer Expansion entwirft. Neben der Biographie seines Vorbildes Oliver Goldsmith beschreibt Irving das Leben Mahomets und seiner Nachfolger, um schließlich kurz vor seinem Tode die sechsbändige Biographie Washingtons zu vollenden.

Der Konflikt ist nie sein Thema gewesen, ja, vielleicht ist die Geschichte des armen Rip Van Winkle, der dem immerwährenden Streit mit seiner Frau durch einen langen Schlaf auszuweichen vermochte, als Gleichnis zu werten für das Schaffen eines Mannes, der vor allem um Verständnis warb und wohl gerade deshalb in der Alten wie in der Neuen Welt gleichermaßen hoch geschätzt wurde.

Diese Zurückhaltung kann man dem außerordentlich produktiven JAMES FENIMORE COOPER (1789–1851) nicht nachsagen.

Cooper wurde in Burlington, New Jersey, als Sohn eines Quäkers geboren, der ein Jahr nach der Geburt James Fenimores sein Richteramt aufgab, um am Otsego Lake die Grenzsiedlung Cooperstown zu gründen. Hier hatte der junge Cooper seine ersten Eindrücke vom Grenzerleben, die später den Kern seiner *Leatherstocking-Tales* bilden sollten. Nachdem er 1805 von der *Yale-University* relegiert worden war, diente er von 1808–1811 in der US Navy. 1811 heiratete er in die New Yorker ›Aristokratie‹ ein, um später daheim und im Ausland seinen literarischen Neigungen zu leben. 1820 erschien sein erster Roman *Precaution*, ein sentimental-konventionelles Buch englischer Machart. In den dreißig Jahren seiner Schaffenszeit hat Cooper über fünfzig Bücher und Schriften, davon zweiunddreißig Romane, veröffentlicht. Zu den noch heute gelesenen zählen *The Spy* (1821), *The Pilot* (1823) und *The Red Rover* (1827) sowie die fünf in Abständen entstandenen *Leatherstocking-Tales: The Pioneers* (1823), *The Last of the Mohicans*

(1826), *The Prairie* (1827), *The Pathfinder* (1840) und *The Deerslayer* (1841). 1826–1833 wirkte er als Konsul in Lyon und bereiste England, Frankreich, Deutschland, die Schweiz und Italien. Als ein Ergebnis seiner europäischen Eindrücke verfaßte er die Trilogie *The Bravo* (1831), *The Heidenmauer* (1832) und *The Headsman* (1833) mit dem Ziel, den falschen Glanz des Feudalismus mit den neuen demokratischen Ideen zu konfrontieren. Auch seine *Sketches of Switzerland* (1836), die *Gleanings in Europe* (4 Bde., 1837/38) sowie eine ganze Reihe polemischer Schriften setzen sich kritisch mit europäischen Vorurteilen über die USA auseinander. Nach seiner Heimkehr kritisierte er die Plutokratie vom Stile Astors und stellte ihr als Vorbild eine Aristokratie vom Typ der *landed gentry* gegenüber: *A Letter to His Countryman* (1834), *The Monikins* (1835) und *The American Democrat* (1838). Cooper starb verbittert über die ›plebejische‹ Entwicklung seines Landes. Seine Verbundenheit mit der Marine drückte er in der *History of the Navy of the U.S.A.* (1839) aus, ohne dafür Dank zu ernten.

Cooper, der von der Zurückhaltung seines Zeitgenossen Irving weniger hielt, hatte das Herz eines kämpferischen Demokraten, der sehr ungehalten werden konnte, wenn man seine Republik in Europa geringschätzte. Der vornehme, konservative ›Landedelmann‹, der sich zur agrarischen Demokratie Jeffersons bekannte und die Ideen des Westlers Jackson mißbilligte, ignorierte die geistige Welt Europas nicht, fühlte sich jedoch nie als ihr Schüler, sondern sah sich eher im Wettbewerb mit ihr. Dies mag einer der Gründe dafür gewesen sein, daß er sich um die stilistischen Feinheiten eines Goldsmith oder Addison weniger kümmerte, sondern sein Hauptaugenmerk auf die Fabel richtete. Und diese Fabel fand er in Amerika und nutzte sie, um seine neue Welt zu präsentieren. Er ist der erste amerikanische Schriftsteller, dessen Blick bewußt nach Westen gewandt war.

Sein Leben war ein beständiger Kampf mit der ihn jeweils umgebenden Umwelt, ein Kampf gegen Libertinage, Mittelmäßigkeit und oligarchisches Denken. Die Fama weiß zu berichten, er sei über einen Roman von Amelia Opie oder Jane Austens so empört gewesen, daß er sich auf der Stelle entschloß, etwas Besseres zu schreiben, was ihm mit *Precaution* jedoch nicht gelang. Auch die nächsten beiden Romane *The Spy* und *The Pilot*, die ihn unverhältnismäßig schnell berühmt machten und ihm den Beinamen ›amerikanischer Scott‹ einbrachten, waren das Ergebnis einer von ihm gefühlten Herausforderung durch Scott. Die Bezeichnung verdient Cooper insofern, als er das Romanschema Scotts übernahm, aber eben nur das Schema und die allgemeinverbindliche Grundkonzeption romantischer Inhalte. Ein bloßer Nachahmer ist er nicht gewesen. Das gilt auch für den Roman *The Pioneers*, den ersten der Lederstrumpfserie. In diesem und den beiden vorangegangenen Romanen hatte Cooper jene drei Themen angeschlagen, mit denen er für die amerikanische Literatur bedeutend und in der ganzen Welt bekannt werden sollte: das historische, das See- und das Grenzerthema.

Am wenigsten neu war das zuerst genannte, doch begnügte sich Cooper nicht damit, Scott zu kopieren, um so ein weiteres Beispiel dafür zu liefern, daß amerikanische Schriftsteller bestenfalls in der Lage seien, im Schatten ihrer britischen Vorbilder zu wandeln. Seinen Romanen sind starke ›patriotische‹ Grundströmungen immanent. So gelingt es Cooper beispielsweise in der Geschichte um den Spion Harvey Birch und George Washington *(The Spy)*, den feudalhistorischen Roman Scotts zu ›demokratisieren‹. Nicht der Adel, sondern die Pflanzeraristokratie des Südens, ja einfache Menschen aus dem Volk tragen die Handlung dieses Revolutionsromans. Ähnlich schöpferisch ist die Leistung Coopers auf dem Gebiet des Seeromans. Sein *Pilot* wurde geschrieben, um Scott zu zeigen, daß ein Seeroman anders aussehen müsse, als dessen zwei Jahre vorher erschienenes Buch *The Pirate.* In *The Pilot* und in *The Red Rover* erweist sich der ehemalige Seeoffizier Cooper als ein Erneuerer des englischen Seeromans. »Zum ersten Mal in der Literaturgeschichte«, sagt Henry Lüdeke, »hat ein großes Gebiet der modernen Technik eine so hinreißende Darstellung gefunden, in der Hunderte von an sich dichterisch leblosen Gegenständen zu einem unerhörten Glanz und frischen Dasein erwachen, um sich im Gesamtgefüge des Schiffes, dem sie dienen, zu einem organischen Wesen zu vereinen.« Die Romantik von Coopers See-Erzählungen vermag jedoch nicht darüber hinwegzutäuschen, daß das eigentlich Neue an ihnen in der präzisen Darstellung der Technik der Segelschiffahrt bestand. Erst dort, wo das Schiff und die See die übrige – nicht immer sehr überzeugende – Handlung zurückdrängen, gewinnen diese Bücher an Bedeutung. Wenn es heißt, Cooper habe dem angelsächsischen Seeroman neue Impulse verliehen, bleibt anzumerken, daß er damit weder die Seemystik Melvilles noch die psychologisch-symbolische Verdichtung Conrads vorwegnahm. Hingegen scheint der moderne amerikanische Seeroman eines Herman Wouk oder Alastair McLean jener Cooperschen Ahnenreihe verpflichtet zu sein, in der auch Marryat und Dana zu finden sind.

Bedeutsamer für die amerikanische Literatur und ihr Ansehen in der Welt ist jedoch das Grenzerthema, die Geschichte des Kulturkonflikts, die Fabel vom Menschen auf der Grenze zwischen zwei Kulturen. Denn nicht anders kann der Charakter und das Wirken Natty Bumppos, des Lederstrumpfs, gedeutet werden. In erster Linie handelt es sich bei den fünf *Leatherstocking-Tales* (man sollte sie in folgender Reihenfolge lesen: *The Deerslayer*, *The Last of the Mohicans*, *The Pathfinder*, *The Pioneers*, *The Prairie*) um eine noch weitergehende Demokratisierung und Amerikanisierung des romantischen historischen Romans. Die Fabel ist in der Zeit des englisch-französischen Konflikts, also Mitte des 18. Jahrhunderts angesiedelt. Cooper wurde durch sein Thema gezwungen, weiter auszugreifen, als dies bis dahin im Rahmen des historischen Romans üblich gewesen war. Der sich hier auftuende Kulturkonflikt nährt sich aus jenen aufklärerischen Ideen, die von den Enzyklopädisten und Rousseau ausgingen und von der Sorge um die von der ›Zivilisation‹ bedrohte Individualität des Menschen. Daß die Natur grausame Realität werden kann und sich dieser Konflikt zwischen zwei Rassen abspielt, verleiht diesen Romanen jene exotischen Akzente, die ihnen den Weg zum Welterfolg ebneten. Immerhin bot sich Cooper an der *frontier* eine Kulisse, von der Rousseau nicht einmal träumen konnte.

Es ist die Geschichte der sich vorschiebenden und ständig verändernden Grenze, die in den Urwald eindringt, ihn durchschreitet, um schließlich über die Weiten der Prärie zu wandern. Zusammengehalten wird dieses gewaltige Thema durch die Gestalt Natty Bumppos, die neben den letzten Mohikanern Chingachgook und Uncas zu den lebendigsten Figuren in der Masse zuweilen eher flacher Charaktere Coopers zählen. Was hier geschildert wird, ist nicht in erster Linie der Gegensatz Rot–Weiß, der auch noch zu Coopers Zeiten das Denken der *frontiersmen* beherrschte, sondern der rousseauistische Konflikt Zivilisation–Natur, auf dessen schmalem Grat Natty dahinschreitet. Nicht die Idee allein, sondern auch selbsterlebte Wirklichkeit führte Cooper die Feder. Dabei verschmäht er es nicht, seinen Lesern Lektionen zu erteilen, etwa dann, wenn er Natty sagen läßt: »Gott hat uns alle geschaffen, Weiß, Schwarz, Rot, und er hatte gewiß seine Gründe, als er uns verschiedene Färbung gab. Doch hat er uns im wesentlichen dasselbe Fühlen gegeben, wenn auch verschiedene Art.« Aber sind es nun die ›zivilisierten‹ Weißen, die mehr Gesittung an den Tag legen als die ›skalpjagenden‹ Rothäute? Der Indianer Rivenoak klagt sie an: »Wenn die Bibel, die ihr Weißen uns empfehlt, verlangt, man solle dem, der um eine Sache bittet, das Doppelte geben, warum nehmt ihr uns armen Indianern das Doppelte, die wir nicht einmal das Einfache verlangen?« In solchen Passagen erweist sich Cooper als Humanist, als Sänger der ›edlen Wilden‹, was wohl auch als eine Reaktion auf den Indianerhaß der weißen Grenzer zu werten ist. Den ›edlen Wilden‹ werden allerdings recht unedle wie Magua an die Seite gestellt, wie andererseits Natty Bumppo als weißer Philanthrop viele Sünden seiner Rasse aufwiegen soll. Alles bewegt sich in einer von Gott gegebenen Ordnung, etwa dann, wenn sich unser Philanthrop seinen ›Verpflichtungen‹ bewußt wird (»Ich weiß, ich habe ein weißes Herz und kann vernünftigerweise kein rothäutiges Mädchen lieben«). Es fragt sich, ob das Epos der Grenze auch das Hohelied auf die *Native Americans* ist, wie es uns aus den verstümmelten Jugendbearbeitungen der Cooperschen Romane entgegentritt. Ihrem Wesen nach bleiben die *Leatherstocking-Tales* typisch romantische Interpretationen des Zusammenstoßes zweier Welten. Daß Cooper für solche Konfrontationen ein feines Gespür besaß, zeigte er im übrigen auch dort, wo er europäisch-amerikanische Kontroversen diskutierte.

Im Grunde sind die Romane Coopers – und zwar aller drei Themenkreise – Erzählungen des Kampfes, der Gefahr, des Abenteuers und nicht zuletzt der Bewährung des Individuums. Es ist eine Welt der Männer. Was sich außerhalb dieses Kernbezirks abspielt, ist nicht selten klischeehaft, wenig motiviert, weitschweifig. Immer wieder sind es die Natur- und Landschaftsschilderungen, die über weniger geglückte Passagen hinwegführen. Es sei nur an die Liebesgeschichten der Leutnants Barnstable und Griffith mit Cecilia Howard und Katherine Plowdon *(The Pilot)* und die sich daraus ergebenden Verwicklungen erinnert, die Produkte konventionellster Machart sind. Dort aber, wo Tom Coffin auftritt, gewinnt das Buch an Farbe und Leben – und auch an Glaubwürdigkeit. Wenn Cooper keine überzeugende Frauengestalt und daher auch keine wirklich motivierte Liebesgeschichte geschaffen hat, so ist das vor allem darauf zurückzuführen, daß seine um Kampf, Gefahr und Abenteuer kreisenden Themen dem weiblichen Element eine untergeordnete Rolle zuwiesen. Seine Idealgestalt ist der junge, kräftige Mann, der jungenhafte Amerikaner, der noch heute – als Klischee – das Amerikabild vieler Europäer bestimmt.

Cooper hat sich nie – im Sinne Poes – als ›Dichter‹ verstanden. Seit seinen mißglückten Versuchen auf dem Feld der Lyrik interessierten ihn in erster Linie der Inhalt und die Aussage, nicht so sehr das Wie der Komposition. Seine Stärke bestand in einer guten Beobachtungsgabe und dem Gespür für den Zeitgeschmack. Sein zuweilen weniger ausgeprägtes Gefühl für das kompositorisch Mögliche und Nötige aber ist der Grund dafür, daß innerhalb eines Werkes das Erhabene und das Triviale, ja Banale so dicht beieinander stehen können. Bereits Mark Twain hat in seinem Essay »Fenimore Cooper's Literary Offences« auf Unglaubwürdigkeiten, deplazierte Mono- und Dialoge, die oberflächliche Charakterzeichnung, gestelzten Stil und den Mangel an direkter Erzählkunst hingewiesen. Doch Mark Twains Einwände sind die eines Realisten und tragen dem Umstand, daß Cooper als Kind seiner Zeit Pathos, Mystik oder Sentimentalität anders bewertete als die Generation nach ihm, kaum Rechnung. Balzac hat die Auffassung vertreten, daß Cooper das letzte Wort des Romans gesprochen haben würde, hätte er die Kunst der Charakterzeichnung ebenso beherrscht wie die der Darstellung der Natur. In jedem Fall entsprach Coopers Werk in einem Maße dem Zeitgeschmack, daß er auch außerhalb der USA zu einem der meistgelesenen Autoren wurde. Und wenn Gestalten wie Natty oder Chingachgook neben Robinson, Gulliver oder Huck Finn ihren festen Platz in der Jugendliteratur der Welt haben, so beweist dies, daß er mehr war als nur ein Wegbereiter des Seeromans, der Grenzerfabel oder des Themas vom jungen Amerikaner, der in einer drohenden Umwelt seine Individualität zu erringen und zu bewahren trachtet.

Irving, Cooper und die *knickerbocker* hatten sich vornehmlich der Prosa verschrieben und dort, wo sie sich in der gebundenen Sprache versuchten, von wenigen Ausnahmen abgesehen, kaum Beachtenswertes geleistet. Der alles überragende Lyriker dieser Jahre war der aus Massachusetts zugewanderte Puritanersproß WILLIAM CULLEN BRYANT (1794–1878), dessen Schaffen zwei Epochen amerikanischer Geistesgeschichte umgreift. Er gilt zu Recht als der erste bedeutende Lyriker der Neuen Welt.

Bryant, der von 1825 an unter den *knickerbockers* lebte, ohne ihnen zugezählt werden zu können, wurde als Sohn eines kalvinistischen Arztes in Cummington, Massachusetts, geboren. Nach kurzem Studium am *Williams College* wandte er sich der Jurisprudenz zu. Mit vierzehn schrieb der im föderalistischen Geist erzogene Knabe die Anti-Jefferson-Satire *The Embargo*, mit siebzehn die Gedichte »Thanatopsis« und »To a Waterfowl«, die sechs Jahre später ohne sein Wissen in der *North American Review* abgedruckt wurden und seinen Ruhm als Dichter begründeten. Er löste sich von den Ideen des Föderalismus, des Kalvinismus und des Klassizismus und wurde zu einem Verfechter demokratischer, unitarischer und romantischer Ideen. In den Jahren 1823–1825 schrieb er Gedichte für die *United States Literary Gazette*, gab die juristische Karriere auf und galt, als er 1825 nach New York kam, als der führende Dichter Amerikas. Als Mitarbeiter der *North American Review* und Herausgeber der New Yorker *Evening Post* wurde er bald der angesehenste Journalist der USA. 1821 erschien sein erster Gedichtband, 1832 sein zweiter, dem weitere folgen sollten. Obgleich er bis in sein hohes Alter der Dichtung treu blieb und bedauerte, nicht von der Lyrik leben zu können, entstanden seine reifsten Leistungen in der Zeit vor 1840, ehe der Dichter Bryant – wie es F. L. Pattee ausdrückt – »schließlich im Redaktionsbüro starb«. In dieser Zeit machte sich Bryant als Kritiker, Essayist und Übersetzer um das amerikanische Geistesleben verdient. Er übertrug Poesie aus dem Französischen, Deutschen, Spanischen und Portugisischen und schenkte seinen Landsleuten eine Blankversübersetzung der *Ilias* (1870) und der *Odyssee* (1871/72).

Bereits in den 1825 vorgelegten *Lectures on Poetry* erwies er sich als ein kreativer Literaturtheoretiker. Als Publizist und Journalist zählte er zu den Schrittmachern freiheitlicher und humanitärer Ideen. An seinem siebzigsten Geburtstag feierten ihn Emerson, Bancroft, Lowell, Holmes, Stoddard u. a. als Doyen des amerikanischen Geisteslebens.

Wenngleich Bryant nicht der internationale Ruhm Irvings oder Coopers zuteil wurde, ist seine Bedeutung für die amerikanische Literatur doch kaum zu überschätzen. Auch er war ein Mann des Übergangs; als Lyriker stand er am Beginn seines Schaffens in der Tradition Blairs, Youngs und Grays. Diese Affinität zur Friedhofslyrik steht in eigenartigem Kontrast zu seiner Tätigkeit als Publizist, wo er als Verfechter des Abolitionismus und der Rechte der arbeitenden Menschen so modern war, wie man es damals nur sein konnte. Sprachlich schulte er sich in seiner Jugend am Klassizismus, bis er bemerkte, daß die Dichter vor Burns »die Natur durch die Brille der Bücher betrachtet« hatten, und er gestand seinem Freund Dana, die Poesie Wordsworths habe ihn sehend gemacht. Diese Wahlverwandtschaft rechtfertigt es jedoch nicht, Bryant als Nachtreter dieses englischen Romantikers zu bezeichnen. In der Wahl der Themen und auch formal mag er ihm verpflichtet sein, Komposition und Ton Bryants aber bleiben originär. Seine großen Themen sind Natur, Freiheit und Humanität. Sein Ziel als Kalvinist: den Leser zu »bessern«, ihm eine »direkte Lektion der Weisheit« zu erteilen. Im Gegensatz zu amerikanischen Vorgängern aber warnt er vor der »bloßen Didaktik« und fordert poetische »Wahrheiten, die der Geist instinktiv anerkennt«. Abstrakte Meditationen oder Untersuchungen, die den Geist übermäßig belasten, sollen keinen Platz in der Dichtung haben. »Die große Quelle der Poesie ist die Emotion«, sagt er, gibt aber zu bedenken, daß es zum Schreiben guter Dichtung »hoher intellektueller Fähigkeiten« bedarf. Nur Poesie, die sich auch an den Verstand richte, berühre das Herz, wecke die Imagination, könne die gedachte Lehre vermitteln. Dies habe durch überzeugende Verallgemeinerungen und Analogien zu geschehen. Angesichts dieser Einstellung überrascht es nicht, wenn Bryant mehr Wert auf die Originalität des Ausdrucks denn auf Regeln und Vorbilder legt.

Die gleiche Freiheit hat sich der aus einem puritanischen Hause stammende Dichter auch in bezug auf sein Gottes- und Weltbild genommen. Bei aller Frömmigkeit bleibt er ein Suchender. So ist sein Gott in »The Forest Hymn« keineswegs der ihm überlieferte, sondern »die Seele des weiten Universums«, ja, zuweilen glaubt man in seiner Naturlyrik einen Pantheisten sprechen zu hören, der manchmal erschrocken zaudert, um nach ›Zeichen‹ und ›Emblemen‹ des Schöpfers zu suchen. Leben und Tod sind in seiner Weltschau verschiedene Formen des Daseins; er fürchtet diese Veränderung nicht. Schon in dem Frühgedicht »To a Waterfowl« unterwirft er sich dem in der Natur wirkenden Gesetz Gottes, und in »Mutation« beschwört er uns, nicht darüber zu weinen, daß sich die Welt verändert. Veränderte sie sich nicht, so wäre dies wahrhaftig ein Grund, Tränen zu vergießen. Romantisch im eigentlichen Sinn ist Bryant insofern, als ihn weniger Form und Farbe als vielmehr die belebte Natur interessiert. Im Gegensatz zu Wordsworth sucht er in der Natur nur selten das Detail, sein Thema ist der große Überblick, hier verknüpft er Zeit und Strom (»The Green River«, »The Tides«, »The Firmament«, »Autumn Woods«). Die Kleinmalerei, der man etwa in dem Gedicht »To the Fringed Gentian« begegnet, bildet die Ausnahme. Das große Panorama entspricht mehr seinem dichterischen Wollen, zumal sich hier weitgefaßte Gedanken über Sinn und Lauf des Lebens einflechten lassen (»The Planting of the Apple Tree«, »The Song of the Sowers«, »The Journey of Life«, »The Ages«, »The Past«, »The Flood of Years«).

Immer geht es ihm um die Verknüpfung der moralischen und der natürlichen Welt. Daraus resultiert eine eigentümliche Zweiteilung seiner Gedichte in *survey* und *analogy*. Der Dichter führt uns gleichsam betrachtend hin zur Analogie, die generalisierend ihre Moral verkündet. So deutet der Flug des Wasservogels auf das Wirken einer alles steuernden Macht hin, während die Stille nach dem Sturm das »Zeichen des Friedens« ist, der »dennoch kommen wird«. Seine Stilmittel sind es, die auf die Position Bryants zwischen Klassizismus und Romantik hindeuten. Die Tendenz zur thematischen Weite korrespondiert mit einem Zug zur Verallgemeinerung. Selbst in seinen späten Gedichten behaupten sich Typ und Idee gegenüber den romantischen Vorstellungen vom Individuum und seiner Konkretion.

Neben seiner Naturpoesie stehen die den Themen Freiheit und Humanität gewidmeten Stücke, die bis zu einem gewissen Grade als Lehr- und Tendenzdichtung anzusehen sind. Hier erweist sich der nationalbewußte, weitgereiste Amerikaner als ein Mensch, für den Vorurteile fremd und Grenzen nicht existent sind (»The Indian Girl's Lament«, »The African Chief«, »The Greek Partisan«, »Wilhelm Tell«, »The Death of Lincoln«).

In den fünzig Jahren seiner journalistischen Tätigkeit hat Bryant wie kaum ein anderer dem Fortschritt gedient. Wann immer er Freiheit und Menschlichkeit gefährdet sah, erhob er seine Stimme. Als Herausgeber der von Hamilton gegründeten *Evening Post* stritt er für die weithin als plebejisch empfundene Demokratie Jacksons, die Abschaffung der Sklaverei und die von Lincoln verfochtene Idee der Einheit der Union. Das »Recht« der Reichen, den Armen die Löhne zu diktieren, stellte er in Abrede. Als gefeierter Festredner huldigte er dem politischen und technischen Fortschritt, als Übersetzer erschloß er den Amerikanern neue Welten und machte sie sehr früh auf die zukünftige Bedeutung des Westens aufmerksam. Wenn ihm Lowell die »Kälte und Kühle eines Eisbergs« nachsagte, so trifft dies nicht den Kern seines Wesens. Er war stets ein leidenschaftlicher Dichter und Publizist, gezügelt freilich von der Selbstdisziplin des Puritanertums.

Neben Irving, Cooper und Bryant wirken die um diese Zeit in New York schreibenden Essayisten, Romanciers und Dichter zweitklassig, wenngleich manche von ihnen in ihrer Zeit angesehen waren und etwa Nathaniel Parker Willis in Europa als legitimer Erbe Irvings und Coopers galt. Tatsächlich sind diese *literati* – wie sie Poe nennen sollte – entweder Irving, Cooper und Bryant oder den englischen Romantikern von Wordsworth über Shelley bis hin zu Byron und Scott zutiefst verpflichtet. Das gilt auch für die *Knickerbocker School*, die starke Cooper-Nachfolge und die Anbeter Bryants – die sich übrigens auch außerhalb des Dunstkreises von New York bemerkbar machten.

Zu den selbständigsten Vertretern der *knickerbocker* zählte der Schwager Irvings, JAMES KIRKE PAULDING (1778–1860), der schon an den *›Salmagundi‹-Papers* mitgewirkt hatte und als hoher Beamter und Marineminister die Literatur, wie viele seiner Zeitgenossen, als Nebenbeschäftigung betrieb. Im Gegensatz zu Irving war er ein streitbarer Geist und engagierte sich in jenem amerikanisch-britischen Kritikerkrieg, den Irving nur zu gern beendet hätte. Nach dem Mißerfolg der zweiten *Salmagundi*-Veröffentlichungen (1819/20) wandte sich dieser scharfe Kritiker und Essayist mit Erfolg dem Roman zu, wobei er mit *Koningsmarke, the Long Finne* (1823) so etwas wie eine Parodie auf den romantischen Roman Scotts schrieb, als dessen Epigonen er Cooper zu dieser Zeit empfand. Ein Jahrzehnt später freilich hat er die Berechtigung des von Cooper auf die amerikanischen Verhältnisse umgemünzten Romanschemas anerkannt und dieses in *The Dutchman's Fireside* (1831) selbst angewendet. Sein zweiter historischer Roman *Westward Ho!* (1832), in dem die Auswanderung einer Familie nach Kentucky geschildert wird, trägt schon deutlich einige realistische Züge, die 1846 in dem Buch *The Old Continental* noch stärker hervortreten sollten. Damit folgte Paulding der von ihm 1820 selbst aufgestellten Forderung, gegen die »Kultivierung des Aberglaubens, des Erscheinens von Geistern, Feen und Kobolden und all der … veralteten Requisiten« aufzutreten.

Dieser Devise sollten viele Adepten Coopers nur bedingt folgen. Zwar finden wir in den *Legends of the West* (1832) von JAMES HALL (1793–1868) etwa die realistische Erzählung »The Seventh Son«, dennoch verdienen die meisten der nun erscheinenden Romane eher als *romance* denn als *novel* bezeichnet zu werden. Das gilt in vollem Umfang für die Happy-End-Story *Greyslear, a Romance of the Mohawk* (1840) von CHARLES FENNO HOFFMAN (1806–1884) und bis zu einem gewissen Grad auch für die ersten Romane des in Philadelphia praktizierenden Arztes ROBERT MONTGOMERY BIRD (1806–1854), der sich unter dem Eindruck der lateinamerikanischen Freiheitsbewegung mexikanischen Themen zuwandte (*Calavar*, 1834; *The Infidel; or, The Fall of Mexico*, 1835). In dem in Pennsylvania spielenden Revolutionsroman *The Hawks of Hawk-Hollow* (1835) und seinem bekanntesten Buch *Nick of the Woods* (1837), in dem er – anders als Cooper – die ›edlen Wilden‹ als blutrünstige Primitivlinge zeichnet, gegen die sein Indianerhasser Nick kämpft, interpretiert die Vergangenheit des eigenen Volkes. Interessantere Leistungen bringt – wie zu zeigen sein wird – die Cooper-›Nachfolge‹ im Süden hervor.

Obgleich es vor allem die Prosa und hier insbesondere der Essay war, in dem sich die *knickerbocker* zu Hause fühlten, hinterließen sie auch eine Fülle von Gedichten, von denen aber nur wenige zum lebendigen Bildungsgut der Amerikaner zählen, und diese Gedichte wiederum stammen nur zum Teil von Vertretern des inneren Kreises dieser Gruppe. Pauldings Blankversgedicht »The Backwoodsman« (1818) mag wenig geglückt erscheinen, dennoch galt es lange Zeit als das Hohelied auf die Tugenden des amerikanischen Grenzers. Immer wieder übertrugen die *literati* den Geist der Satire in die Sphäre der gebundenen Sprache, wobei nicht selten an Byron gemahnende Stücke entstanden. Typisch ist das Werk der Dichterfreunde FITZ-GREENE HALLECK (1790–1867) und JOSEPH RODMAN DRAKE (1795–1820), die 1890 unter dem Pseudonym ›Croaker‹ in einer Reihe von Gedichten die Zustände in New York aufs Korn nahmen. Hallecks *Fanny* (1819) diente dem gleichen Ziel. Der aus Connecticut stammende Dichter, der als Jünger Byrons dem Philhellenismus jener Tage huldigte, stand zeit seines Lebens auf der Grenze zwischen der »guten alten Zeit« und der hektischen Moderne und hinterließ so ein recht uneinheitliches Gesamtwerk, in dem neben Satire romantische Verse wie »Alnwick Castle« (1827), Zeilen auf die *Native Americans*, Gedichte auf Burns und Poesie im Stil Campbells stehen. Weder formal noch im Ton hat er die feinsinnigeren Leistungen seines früh an Tuberkulose verstorbenen Freundes Drake erreicht, dessen Gedichte er 1835 unter dem Titel *The Culprit Fay and other Poems* edierte.

Ähnlich uneinheitlich ist das Werk des ebenfalls aus Neuengland nach New York zugewanderten NATHANIEL PARKER WILLIS (1806–1867), der sich einen Namen auf dem Gebiet der essayistischen Reiseberichte machte (*Pencillings by the Way*, 1835). Seine Lyrik ist ganz am Geschmack jener Zeit orientiert. Stücke wie »Parrhasius«, »The Scholar of Thebet« und die vielen Blankversgedichte zu biblischen Themen sind heute ebenso vergessen wie JOHN PIERPONTs (1785–1866) »Airs of Palestine« (1816) oder die Gelegenheitsdichtung des älteren RICHARD HENRY DANA (1787–1879). Für den Literaturhistoriker interessant bleiben jedoch Willis' Versuche, mit Hilfe psychologischer Interpretationen in den Bereich des Realismus vorzustoßen; noch immer erinnert man sich in den USA des Gedichts »Unseen Spirits«, in dem eine Gesellschaft dafür getadelt wird, daß sie das reiche Mädchen dem armen vorzieht. Obwohl Willis heute kaum noch Beachtung findet, galt er lange Zeit in Europa als eine der größten Begabungen der Neuen Welt. Ganz allgemein schätzte man ihn höher als JAMES GATES PERCIVAL (1795–1856), dessen Gedicht »Prometheus« (1821) mit Byrons *Childe Harold* in einem Atemzug genannt wurde.

Nachruhm errangen einige Dichter, die nur bedingt den *knickerbockers* zugezählt werden können. Diese Poeten der *sentimental songs* – Bewunderer Byrons, Burns' und

Moores – schufen neben einer umfangreichen Gelegenheitsdichtung einige Verse, auf deren folkloristischen Charakter es zurückgeht, daß sie noch heute zum lebendigen Bildungsgut amerikanischer Schulen gehören: SAMUEL WOODWORTHs (1785–1842) »The Old Oaken Bucket«, JOHN HOWARD PAYNEs (1791–1852) »Home, Sweet Home« und GEORGE POPE MORRIS' (1802–1864) »Woodman, Spare That Tree« und »Near the Lake Where Drooped the Willow«.

Der Süden

Obgleich der Süden bis zum Bürgerkrieg die Mehrzahl der amerikanischen Präsidenten stellte und somit entscheidenden Einfluß auf die Entwicklung der Union ausübte, geriet er in bezug auf die geistesgeschichtliche Entwicklung der USA in jenen Jahren, da sich in den mittleren Staaten und in New England die neuen Kräfte formierten, in den Sog der dort formulierten Postulate. Zu dem Zeitpunkt, da Irving und Cooper – ungeachtet ihrer englischen Verpflichtungen – für die mittleren Staaten ihren Ton suchten und fanden, orientierten sich die Dichter und Schriftsteller des Südens fast ausschließlich an klassizistischen Idealen. Und tatsächlich trugen die gesellschaftlichen Verhältnisse im *borderstate* Maryland sowie Virginia, den Carolinas und Georgia wenig dazu bei, neuen Auffassungen den Weg zu bereiten. Den literarischen Geschmack bestimmte die dünne Oberschicht der Pflanzeraristokratie, die auf Grund ihrer klassischen Bildungsideale die englische Literatur vergangener Jahrhunderte noch immer den Werken amerikanischer Zeitgenossen vorzog. Zudem waren für sie Poesie und Prosa eher eine besondere Form ›höherer‹ Unterhaltung. Dieses Verhältnis zur damals modernen amerikanischen Dichtung mag auch dazu beigetragen haben, daß diese Oberschicht – von Männern wie Legaré oder Hayne abgesehen – keine beachtenswerten Literaten hervorgebracht hat. Diese Rolle übernahmen Autoren, die bei aller Parteinahme für den Süden die geistigen Entwicklungen des Nordens schon deshalb nicht ignorieren konnten, weil sie dort ihr Leserpublikum fanden. Die Tatsache, daß sie auch auf die Verleger und Buchhändler außerhalb des *Old South* angewiesen waren, bedingte besonders bei den um und nach 1830 schreibenden Südstaatlern einen merkwürdigen literarisch-weltanschaulichen Dualismus, der nicht einmal durch die Ereignisse des Bürgerkrieges aufgehoben wurde. Die Parteinahme für die *Confederacy* ging Hand in Hand mit der Übernahme ästhetischer Regeln, die der liberalere Geist der mittleren Staaten hervorgebracht hatte.

Die ältere Generation der *Ante Bellum*-Literaten des Südens ist noch weitgehend dem 18. Jahrhundert verhaftet. Das gilt für das Werk des Juristen und Politikers GEORGE TUCKER (1775–1861), der es nach 1845 vorzog, in der liberaleren Luft

Philadelphias zu leben. Sein Virginiaroman *The Valley of Shenandoah* (1824) läßt das Vorbild Richardsons erkennen, und *A Voyage to the Moon* (1827) gemahnt an Swift. Auch der Starjurist WILLIAM WIRT (1772–1834), der als erster Rektor der *University of Virginia* eine bedeutende Stellung in der Geisteswelt des Südens einnahm, schrieb seine Essays über das Leben in seiner engeren Heimat im Stile Addisons, während EDWARD COOTE PINKNEY (1802–1828) in seiner »Serenade Written by a Gentleman of Baltimore« (1823) elisabethanische Vorbilder bemühte. Selbst der damalige Literaturpapst des Südens, der Politiker und Diplomat HUGH SWINTON LEGARÉ (1797–1843), dessen *Southern Review* einen beträchtlichen Einfluß auf die Literatur des *Old South* ausübte, blieb dem Überlieferten verhaftet und zeigte wenig Neigung, die nun aus dem Norden eindringenden literarischen Vorstellungen zu fördern.

Das Blatt wendete sich erst um 1830, als der Jurist JOHN PENDLETON KENNEDY (1795–1870), der als Freund Thackerays, Förderer Poes und Mäzen der jüngeren Dichter des Südens in die amerikanische Geistesgeschichte eingegangen ist, 1832 *Swallow Barn*, seine »Reihe zusammenhängender Skizzen«, herausgab und in den Jahren danach den historischen Roman im Süden einführte. Bereits in *Swallow Barn* gab er zu verstehen, daß er nicht mehr so sehr europäischen Vorbildern, sondern eher den von Irving vorgenommenen Transformationen folgte. Seine historischen Romane zeichnen sich insofern durch eine besondere Note aus, als ihre typisierten Charaktere *chevaliers* alter südlicher Schule sind. Dennoch ist es nur bedingt richtig, ihn als Erbwalter Wirts einzustufen. Kennedy war Romantiker. Sein *Horse-Shoe Robinson* (1835) behandelt die revolutionären Ereignisse des Jahres 1780 in Virginia und den Carolinas und gilt neben Coopers *Spy* und Mitchells *Hugh Wynne* als eine der eindrucksvollsten amerikanischen Revolutionsromanzen. Sein zweiter Roman, *Rob of the Bowl* (1838), ist dem Kampf der katholischen Gründer Marylands um die Durchsetzung religiöser Toleranz gewidmet. Politisch bleibt Kennedy ein Traditionalist und wendet sich mit seiner Satire *Quodlibet* (1840) entschieden gegen die Demokratie Jacksons.

Der von Kennedy angeschlagene ›Kavalierston‹ bestimmt auch die historischen Romanzen des Arztes WILLIAM ALEXANDER CARUTHERS (1802–1846). Sein in die Form des Briefwechsels gekleidetes Buch *The Kentuckian in New York* (1834) bietet eine interessante Gegenüberstellung nördlicher und südlicher Charaktere. Seine Romane *The Cavaliers of Virginia* (1834/35) und *The Knights of the Horse-Shoe* (1845) behandeln nicht nur Stoffe aus der Vergangenheit der ältesten Kolonie, sondern bringen die Überzeugung des Autors zum Ausdruck, dieses *Old Dominion* nehme eine Sonderstellung innerhalb der Staaten ein. Zur gleichen Zeit bemerkt man bei ihm eine damals durchaus nicht übliche Beachtung des Westens, die über das Interesse an der Grenze hinausgeht.

Der einzige Schriftsteller des Südens, der neben Poe ein eigenes Profil gewinnen sollte, ist der aus South Carolina stammende, noch immer unterschätzte WILLIAM GILMORE SIMMS (1806–1870).

Simms wurde als Sohn eines kleinen irischen Geschäftsmannes in Charleston geboren. Er arbeitete zunächst als Drogist und wandte sich schließlich der Jurisprudenz zu. Wegen seiner Abkunft blieb ihm der Zugang zu den exklusiven Zirkeln seiner Heimatstadt verwehrt. Obgleich er unter dieser Zurücksetzung litt, war er zeit seines Lebens ein Verfechter südlicher Lebensart und Apologet der Sklavenhaltergesellschaft. Anläßlich eines Besuches auf den Pflanzungen seines nach Mississippi ausgewanderten Vaters lernte er 1824/25 das Leben der Grenzer sowie der Cherokee- und Creek-Indianer kennen. Nach Charleston zurückgekehrt, widmete er sich der Dichtkunst. Seine Poesie (gesammelt in zwei Bänden: *Poems: Descriptive, Dramatic, Legendary, and Contemplative*, 1853) lassen die Einflüsse Wordsworths, Byrons und anderer englischer Romantiker erkennen. Seine Stärke lag auf dem Gebiet des Romans und der *short story*. Hier versuchte er sich in allen damals publikumswirksamen Themenkreisen: der psychologisch ausgedeuteten Kriminalerzählung (*Martin Faber*, 1833), der von Ch. B. Brown nach Amerika verpflanzten *gothic novel* Godwinscher Prägung (*Castle Dismal*, 1844), der Gesellschaftssatire (*The Golden Christmas*, 1852) und Romanen mit lateinamerikanischem Hintergrund, mit denen er aber ebensowenig Erfolg hatte wie mit seinen dramatischen Arbeiten.

Seine besten Leistungen erzielte er in seinen südlichen Grenzer- und Revolutionsromanzen. *Guy Rivers* (1834) leitete eine Serie von *border romances* ein: *Richard Hurdis* (1838), *Border Beagles* (1840), *Beauchampe (1842), Charlemont* (1856) u. a. Zu seinen Revolutionsromanzen zählen *The Partisan* (1835), *Mellichampe* (1836), *The Kinsmen* (1841; rev. 1854 *The Scout*), *The Sword and the Distaff* (1853; rev. *Woodcraft*) u. a. Sein bedeutendstes Werk, *The Yemassee* (1835), gilt als Korrektiv und Gegenstück zu Coopers *The Last of the Mohicans*. *The Wigwam and the Cabin* (1845/46) ist eine Sammlung von dreizehn Erzählungen. *Slavery in America* (1838) und *The History of South Carolina* (1840) sind Beispiele seiner Geschichtsschreibung; als Biograph zeichnete er u. a. das Leben des Gründers Virginias nach (*Captain John Smith*, 1846). Aus der Vielzahl seiner Essays sind die *Views and Reviews on American Literature, History, and Fiction* (1845) hervorzuheben.

Nachdem er durch seine zweite Ehe 1836 selbst Plantagenbesitzer geworden war, wirkte er von 1850 an als glühender Apologet der Sklaverei und Sezession, was ihm die Aufnahme in die *St. Cecilia Society* und damit die höchste gesellschaftliche Anerkennung der ›Aristokratie‹ von Charleston brachte. Durch diese Parteinahme verspielte er die Sympathien seiner nördlichen Lesergemeinde, der er seine literarische Anerkennung verdankte. Im Krieg wurde seine Besitzung ›Woodlands‹ zerstört. Finanziell ruiniert und moralisch isoliert, starb Simms in bitterer Armut und Einsamkeit.

Bevor Simms im Jahr 1833 mit seiner Kriminalgeschichte *Martin Faber* erfolgreich als Romancier debütierte, hatte er von der Prosa keine hohe Meinung gehabt. Für ihn, den Sohn des Südens, war Dichtung zunächst Poesie im engeren Sinne des Wortes. Fälschlicherweise hatte er sich stets als Poet gefühlt und war bitter enttäuscht, daß die ›Aristokratie‹ des Südens einschließlich Legaré von seiner Lyrik anfangs nichts wissen wollte. Tatsächlich ist Simms nie ein großer Meister der gebundenen Sprache gewesen. Hier mangelte es ihm nicht nur an Originalität, sondern auch an dem Vermögen, inneres Erleben so nuanciert und feinsinnig in Sprache umzusetzen, wie es Poesie erfordert. Diese Schwäche tritt insbesondere in seinen größeren Dichtungen zutage, etwa in dem Blankversgedicht »The Vision of Cortes«, wo er sich als ein wenig überzeugender Epigone Byrons erweist. Auch seine südlich-patriotischen Tendenzgedichte erheben sich kaum über das übliche Mittelmaß. Seine Stärke ist die Deskription, und so hat er etwa in »The Edge of the Swamp« oder »The Morning in the Forest« den Zauber der südlichen Landschaft meisterhaft eingefangen. Zu den geglückten, weil feinsinnigen Wiedergaben inneren Erlebens zählen »Atalantis«, die Liebesgeschichte einer Seenymphe, und die Elegie »The Lost Pleiad«.

Letztlich war es nicht der poetische Geist des Südens, sondern der Einfluß der New Yorker Literaten – mit denen Simms lange in Verbindung stand –, der ihn seiner eigentlichen Begabung zuführte. *Martin Faber* und die erste *border romance Guy Rivers* entstanden während eines dreijährigen Aufenthaltes in New York. Hier wurde Simms zum Schüler Scotts und Coopers, ohne seinen Lehrmeistern sklavisch zu folgen. Seine Originalität auf dem Gebiet des Grenzerromans und der historischen Fabel beschränkte sich keineswegs nur auf die Verwendung südlicher Themen oder lokaler Traditionen. Wenn Simms heute als der profilierteste und bedeutendste Schriftsteller des Südens neben Poe gewertet werden kann, so vor allem deshalb, weil seine ›Lokalfarbe‹ genuin ist, er einen eigenen Ton fand, der sich sowohl von dem der *knickerbocker* als auch von dem der ›Kavaliersschule‹ unterscheidet. Seine Romantik ist farbiger, bewegter, weil wilder und grausamer; seine Historie dunkler und ungeachtet vieler melodramatischer Wendungen doch realistischer als die in den Romanen vieler Zeitgenossen. Dieser Weltsicht entsprechen Stilmittel und Sprache. Man meint einen Zug zum Behaviorismus zu spüren, einen Hang zur Oberflächenschilderung. Hier wird wenig ziseliert – die Sprache wirkt derb und kantig. Gezeichnet wird in groben Strichen. Dies, seine wenig geglückten Dialoge und ein Mangel an kompositorischer Zielstrebigkeit haben Simms den Ruf eingetragen, ein zweitrangiger Romancier zu sein. Mag dieses Urteil auch etwas ungerecht erscheinen, so kann man doch nicht übersehen, daß Simms seine Fabeln mit Handlung überfrachtete und nicht selten Zuflucht zur Kolportage nehmen mußte. Aber gerade die von einer empfindsamen Kritik gerügte Derbheit und die ihm unterstellten Vulgarismen verleihen seinen besten *romances* eine Frische, die man bei den meisten Romanciers seiner Zeit vergeblich sucht.

Simms hat in seinen zahlreichen Romanen viele Aspekte der südlichen Historie und Tradition behandelt: In *Guy Rivers* schildert er das rauhe Goldgräberdasein in Georgia, und seine *border romances* zählen zu den besten Zeugnissen der literarischen Darstellung der Südwestgrenze. Der große Wurf gelang ihm mit dem Roman *The Yemassee*, der noch immer Neuauflagen erlebt. Zumindest hier übertraf er Cooper in der Kunst der Charakterdarstellung und der realistischen Vertiefung des Themas. *The Yemassee* behandelt den Endkampf eines Indianerstammes, der 1715 in einer Abwehrschlacht gegen die vordringenden Siedler vernichtet wurde. Dieses Buch ist thematisch eng mit *The Last of the Mohicans* verwandt. Das gilt im Ansatz auch für den Ideengehalt, da Simms Coopers romantische Vorstellung vom *noble indian* bis zu einem gewissen Grad teilte. Sein Häuptling Sanutee und seine Squaw Matiwan entsprechen diesem Ideal. Aber Simms kannte das Leben der *Native Americans* offenbar besser als Cooper, und so konzentrierte er sich nicht auf die Darstellung einiger weniger und zudem idealisierter Indianercharaktere, sondern zeichnete sie auf dem Hintergrund ihrer von den Weißen bedrohten Gemeinschaft. Während bei Cooper auch die junge Indianergeneration – in der Gestalt Uncas' – noch nach der Berührung mit den Weißen ›edel‹ bleibt, entwirft Simms in der Gestalt des Häuptlingssohns Occonestoga einen durch diese Begegnung depravierten *Native American*, der sich als Verräter auf die Seite der Bleichgesichter schlägt und deshalb von seiner eigenen Mutter getötet wird. Hier werden die Gegensätze zwischen Rot und Weiß nicht verniedlicht – es fehlt der Lederstrumpf. An seine Stelle tritt Captain Harrison, der seinen Gegenspieler Sanutee schätzt und von ihm ebenfalls geachtet wird; beide fühlen sich jedoch als von der historischen Notwendigkeit in Bewegung gesetzten Akteure, als Erfüllungsgehilfen ihrer unterschiedlichen Missionen, die sie zu einem Kampf auf Leben und Tod zwingen. Somit entbehrt dieser Roman bei mancher Melodramatik nicht eines tragischen Kerns.

Nicht nur die Haupthandlung ist es, die diesen Roman für das Denken Simms' so charakteristisch erscheinen läßt. In den verzweigten Nebenhandlungen bedenkt er uns mit einer ganzen Reihe politisch-weltanschaulicher Glaubensbekenntnisse. Neben seiner Auseinandersetzung mit dem Puritanismus trifft man auf eine eindrucksvolle Illustration seiner Vorstellungen von der »griechischen Demokratie« der Sklavenhaltergesellschaft. Obwohl er die Einstellung der Plantagenbesitzer gegenüber den Sklaven teilt, individualisiert er den Diener Harrisons, den *Afro-American* Hector, und stellt ihn als einen mutigen, treuen und ausdauernden Gefährten dar. All dies soll jedoch nur deutlich machen, daß es selbst einer so positiven afroamerikanischen Gestalt an der Fähigkeit oder dem Willen gebricht, als freier Mensch sein Schicksal in die eigenen Hände zu nehmen. Nur unter der Anleitung der Weißen ist es dem *Afro-American* demnach möglich, Herr seiner barbarischen Triebe zu bleiben. Und schließlich zeigt es sich, daß Hector vor allem deshalb ein guter Afroamerikaner ist, weil er die ihm gezogenen Grenzen anerkennt und das Angebot seines Herrn, ihn freizulassen, ablehnt.

In seinen *short stories* präsentiert sich der oft weitschweifig fabulierende Romancier als ein Meister der Konzentration, und so enthalten die 1845 erschienenen beiden Bände *The Wigwam and the Cabin* Erzählungen aus der Welt der *Native Americans*, der Afroamerikaner und dem Grenzermilieu sowie Fabeln aus dem Bereich des Übernatürlichen, die sich – wie etwa »Grayling; or, Murder will out« – sehr wohl mit den Leistungen Poes auf diesem Gebiet vergleichen lassen.

Als *man of letters* ist Simms stets für die Ideale einer von England unabhängigen Literatur eingetreten und hat eine wichtige Aufgabe darin gesehen, einer jungen Dichtergeneration des Südens diesen rechten Weg zu weisen. So sehr er die politischen Vorstellungen des Nordens auch bekämpfte, so wenig hielt er es für angebracht, die literarischen Leistungen der Männer um Irving und Cooper zu ignorieren. Von ihnen übernahm er die Überzeugung, Literatur müsse auch lehrhaft sein; kein Wunder, daß er immer wieder der Versuchung erlag, auch dort zu moralisieren, wo es der Wirkung eines Buches Abbruch tun muß.

Tatsächlich war Simms, wie V. L. Parrington in seinen *Main Currents in American Thought* (1927) vermerkt, keineswegs ein typischer Romantiker, sondern eher ein Realist mit dem Hang zum Pikaresken. Die Gestalt des Porgy in *The Forayers* (1855) ist nicht nur eine eindrucksvolle Charakterstudie, sondern auch ein Beweis für die These Parringtons.

Wenn Simms' Romane – abgesehen von *The Yemassee* – heute weitgehend vergessen sind, so liegt dies zu einem guten Teil daran, daß ihr Autor in den USA als ein Exponent der verachteten und geächteten Sezessionisten nach dem *Civil War* wenig geschätzt wurde und Coopers zahmere Romanzen dem Geschmack der Viktorianischen Zeit mehr zusagten als jene ›Grobschlächtigkeit‹, die Simms von einer ungnädigen Kritik angekreidet wurde.

Kurz vor Ausbruch des *Civil War* konzentrierte Simms, der eigentlich der große Poet des Südens hatte werden wollen und zu seiner eigenen Überraschung als Romancier gefeiert wurde, seine ganze Aufmerksamkeit auf eine Gruppe junger Dichter, die sich seit 1856 in *Russel's Bookstore* in Charleston zu treffen pflegte und das von Hayne 1857 begründete und bis zum Krieg geführte *Russel's Magazine* als Sprachrohr nutzte. Hier schrieb auch WILLIAM JOHN GRAYSON (1788–1863), dessen Blankversgedicht »The Hireling and the Slave« (1854) darzutun versucht, um wieviel glücklicher die Plantagensklaven des Südens im Vergleich mit den Lohnsklaven in den Fabriken des Nordens leben. Den literarischen Ton gaben indessen Jüngere an: JAMES METTHEWES LEGARÉ (1823–1859) (*Orta-Undis and other Poems*, 1848), Hayne und Timrod.

PAUL HAMILTON HAYNE (1830–1886), der *last cavalier* der Literatur des Südens, Sohn des bekannten sezessionistischen Senators von Carolina, war der bewunderte Poet von Charleston. Den Beifall seiner Zeitgenossen hat der gewiß nicht geniale Dichter dadurch errungen, daß er sowohl in formaler als auch in thematischer Hinsicht dem Zeitgeschmack nachgab, so daß seinem Gesamtwerk der Geruch des Eklektizismus anhaftet. Vor dem Krieg widmete er sich insbesondere der Naturlyrik im Stil der englischen Romantiker (*Poems*, 1855; *Sonnets and Other Poems*, 1857), um schließlich seine im ganzen Süden beliebten Kriegsgedichte (u. a. »The Battle of Charleston Harbor«) zu schreiben. Seine beste Lyrik aber entstand in der für ihn von Not und Depression gekennzeichneten Nachkriegszeit (*Legends and Lyrics*, 1872).

Ein Jahr später gab er die mit einem Vorwort versehenen *Collected Poems* (1873) seines an Tuberkulose verstorbenen Freundes HENRY TIMROD (1828–1867) heraus, der mit Chivers als der disziplinierteste und wohl auch talentierteste Poet des Südens neben Poe zu gelten hat.

Timrod stammte aus einer weniger bemittelten, deutsch-schweizerischen Familie und schlug sich als Hauslehrer durchs Leben. Armut und Unglück waren seine ständigen Weggenossen. In einem Brief an Hayne heißt es: »Sie bitten mich, Ihnen die Geschichte des letzten Jahres zu erzählen ... ich kann sie in wenigen Worten zusammenfassen: Bettelei, Hunger, Tod, bittere Not und äußerste Hoffnungslosigkeit.« Dieser ›Poeta laureatus der Konföderation‹, der Byron, Wordsworth und Tennyson verehrte, entdeckte als Student die Zucht der klassischen Dichtkunst, übersetzte Catull und erwarb sich ein Gefühl für die den Romantikern nicht immer eigene strenge Form. Zu Beginn des Bürgerkrieges erschien sein erster Gedichtband (*Poems*, 1860), der einzige übrigens, dessen Druck er erlebte. Vergeblich wartete er auf eine englische Ausgabe.

Als Dichter des Südens (»The Cotton Boll«, »Charleston«) wurde er in der Zeit der Krise ein machtvoller Verkünder der Sache der Konföderation, deren Gründung er in seiner »Ethnogenesis« enthusiastisch begrüßte, ihr Sieg im Krieg und Größe im Frieden prophezeite. Mit seinen Kriegsgesängen (»Carmen Triumphale!«, »Carolina« oder »The Unknown Dead«) gab er der amerikanischen Literatur die besten Verse südlichen Patriotismus, dem er auch nach der Niederlage nicht entsagte, als er 1866 zur Einweihung des Magnolia-Friedhofes zu Charleston seine »Ode«, eine Elegie auf die *martyrs of the fallen cause*, schrieb. Sein an der Klassik geschultes Sprach- und Formgefühl ließ ihn auch in der intimen Dichtung nicht in Melodramatik absinken. Weder in den Elegien auf seinen verstorbenen Sohn (»A Mother's Wail«, »Our Willie«) noch in dem Liebesgedicht an seine Frau (»Katie«) finden wir Rührseligkeit, sondern die Wiedergabe schlichter menschlicher Gefühle, die seelische Not und Freude reflektieren. Seine »Theory of Poetry«, in der er sich als kritischer Bewunderer Wordsworths erweist, gehört deshalb zu den interessantesten frühen amerikanischen ›Theorien‹, weil Timrod bei aller Bewunderung der englischen Vorbilder den Rahmen des Epigonentums zu sprengen vermochte und ihm Verse gelangen, deren Originalität unumstritten ist.

Zeilen von ähnlicher Eindringlichkeit schrieb im Süden neben Timrod und Poe lediglich der Pflanzer THOMAS HOLLEY CHIVERS (1809–1858), bei dem das Stoffliche mehr und mehr zurücktritt, um Form, Melodie und Rhythmus Raum zu geben. Chivers, der Einfluß auf Poe ausübte und auch auf Swinburne, Rossetti und Kipling wirkte, ist fasziniert vom Medium Sprache – die verkündete Idee tritt zurück. Seine Verse »Georgia Waters« oder das einfühlsame Liebesgedicht »Song to Isa Singing« zeigen deutlich diese Akzentsetzung. »Isadore« (1841) nimmt nach S. F. Damon den Grundgedanken, einen Teil der Atmosphäre sowie strukturelle Eigenheiten des Gedichts »The Raven« von Poe vorweg. Auch in der Theorie steht er Poe nahe. In einem Brief an Poe bekennt Chivers, wie dicht Musik und Poesie in seiner Vorstellung zusammenrückten. Seiner Ansicht nach sollte Dichtung reine Dichtung sein. Der Poesie aber gebühre die Krone, weil sie die originärste Wahrheit verkünde. Mit anderen Worten, Chivers forderte fast den *poeta assoluto* und damit einen Dichter, der insofern aus der amerikanischen Tradition ausbrechen müßte, als er die ihm von der Gesellschaft zugedachte moralisierende und didaktische Funktion abzulegen hätte.

EDGAR ALLAN POE (1809–1849) hat diesen Gedanken konsequent weitergeführt und damit seine Sonderstellung in der amerikanischen Literatur des 19. Jahrhunderts begründet.

Poe wurde als zweites Kind wandernder Schauspieler in Boston geboren und ist irisch-schottischer Abkunft. Sein Großvater väterlicherseits diente als General im Unabhängigkeitskrieg und zählte zu den angesehensten Persönlichkeiten des

Südens. Mit drei Jahren Vollwaise, wurde Edgar von dem wohlhabenden Kaufmann Allan als Pflegekind aufgenommen. Die Allans sorgten für eine gute Ausbildung, zuerst (1815–1820) in England, später in den USA, und ließen Poe 1826 an der *University of Virginia* einschreiben. Als Allan seinem Pflegesohn nach vorangegangenen Auseinandersetzungen die Unterstützung versagte, begann Poe zu spielen, machte Schulden und mußte die Universität verlassen. Zu dieser Zeit sollte sich auch das unselige Erbteil seines trunksüchtigen Vaters bemerkbar machen. Poes Versuch, in New York Fuß zu fassen, scheiterte. In Boston erschienen anonym *Tamerlane and Other Poems* (1827), ehe er sich unter falschem Namen in die Armee flüchtete. Nach dem Tode Mrs. Allans kam es zu einer kurzfristigen Aussöhnung mit dem Vormund. 1829 folgte *Al Aaraaf, Tamerlane and Minor Poems* – ehe er mit der Unterstützung Allans in die Militärakademie West Point aufgenommen wurde. Durch undiszipliniertes Verhalten erzwang er 1831 ein Kriegsgerichtsverfahren, das mit dem Ausschluß aus der Akademie endete, wo das Lesen nichtfachlicher Literatur genehmigungspflichtig war. Nach dem endgültigen Bruch mit Allan finden wir Poe erneut in New York; nun erscheinen die *Poems By Edgar A. Poe* (1831). In den Jahren von 1831–1835 lebte er bei seiner Tante Mrs. Clemm, deren dreizehnjährige Tochter Virginia er 1836 heiratete. Hier in Baltimore begann seine enge Zusammenarbeit mit den *magazines*. Um Geld zu verdienen, schrieb er Erzählungen und gewann von Verlegern ausgeschriebene Preise. Sein »MS. Found in a Bottle« (1833) brachte ihm Anerkennung, und durch die Vermittlung J. P. Kennedys wurde ihm die Leitung des *Southern Literary Messenger* übertragen, der unter seiner Hand schnell an Bedeutung gewann. Doch sein Leben blieb weiter unstet; er wanderte von *magazine* zu *magazine*. 1837/38 war er erneut in New York *(The Narrative of Arthur Gordon Pym)*, in den Jahren 1839/40 lebte er als Redakteur von *Burton's Gentleman's Magazine* in Philadelphia. Im selben Jahr erscheinen die *Tales of the Grotesque and Arabesque* (weitere Bände mit Erzählungen folgen 1843 und 1845). 1841/42 arbeitete er am *Graham's Magazine*, wo neben »The Murders in the Rue Morgue« und »The Masque of the Red Death« 1842 auch jene für die Theorie der *short story* so bedeutsame Kritik an Hawthornes *Twice Told Tales* abgedruckt wurde. Hier veröffentlichte er 1846 sein poetisches Credo »The Philosophy of Composition«. Weitere Stationen sind der *New York Mirror*, als dessen Literaturkritiker Poe 1844/45 einen Kampf mit Longfellow ausfocht, die Herausgeberschaft des *Broadway Journal*, wo »The Pit and the Pendulum« und »The Premature Burial« erschienen. 1845 legte er den Gedichtband *The Raven and Other Poems* vor und gab schließlich in *Godey's Lady's Book* sein berühmtes Urteil über die achtunddreißig *literati* ab. Obgleich Poe als Dichter nun geschätzt wurde, verstand er es nie, diese Anerkennung in eine ihm Unabhängigkeit garantierende Position umzuwandeln. Seine Lebensführung und seine kritische Feder ließen ihn in den Augen vieler Zeitgenossen suspekt erscheinen, und als 1847 Virginia Clemm starb, verfiel er erneut dem Alkohol. Im Jahr 1849 sah er sich nach der Verlobung mit einer wohlhabenden Witwe aus Richmond seinem Ziel nahe, eine eigene Zeitschrift ins Leben zu rufen. Auf der Reise nach New York aber verschwand er unter mysteriösen Umständen und wurde in Baltimore vor einer Kneipe in der Gosse aufgefunden. Wenige Tage später starb er, ohne das Bewußtsein wiedererlangt zu haben. Dieses für viele Amerikaner schockierende Ende und die gleich nach seinem Tode ausgerechnet von seinem literarischen Erbwalter eingeleitete Verleumdungskampagne trugen dazu bei, das Bild des Menschen und Dichters Poe in den USA zunächst zu verdunkeln.

Im Grunde war es weder Poes ›anrüchiger‹ Lebenswandel noch sein ›unwürdiges‹ Sterben, was es den Amerikanern schwer machte, sich mit diesem eigenwilligen Charakter anzufreunden. In Wirklichkeit handelte es sich bei Poe um den ersten recht eigentlich ›unamerikanischen‹ Dichtertypus der Neuen Welt. Es bedurfte nicht erst der Verleumdungen Griswolds, um Poe den amerikanischen Mitmenschen befremdend, ja sogar unheimlich erscheinen zu lassen. Und dies weniger deshalb, weil er es prinzipiell ablehnte, seine Dichtung in den Dienst des amerikanischen Patriotismus zu stellen, sondern weil in seinem Werk jene optimistische Note fehlt, die damals üblich war, wenn nicht gar erwartet wurde. Er spricht nicht vom Land der unbegrenzten Möglichkeiten, und seinen Charakteren fehlt jene naiv-optimistische Jungenhaftigkeit, die seit Cooper das Image Amerikas prägen sollte. Hinzu kommt, daß Poe sein Gesamtwerk von Zeitbezügen politischer Provenienz freihielt. Man findet keinen Hinweis auf Jefferson, die Monroe-Doktrin oder die ganz Amerika bewegende Gestalt Andrew Jacksons. Selbst das Thema der Sklaverei muß man in dieser Dichtung suchen. Nur in zwei kurzen Beiträgen greift er diese Frage auf und bezieht dabei die Position des Südens. Poe wollte der *poeta assoluto* sein, der Dichter der Sache an sich. Doch diese Sache repräsentiert keine lichte Welt. Er führt uns in die Sphäre des Morbiden, der Dekadenz, des Schreckens und des Untergangs. Damit wird Poe der erste bewußte amerikanische Sänger der Nachtseiten des Lebens, stets darum bemüht, Raum für das Gefühl der Auflösung, des Verhängnisses zu schaffen. All das vollzieht sich bei ihm unter dem Vorzeichen einer an das Manische grenzenden Art der Seelenzergliederung. Zwei einander eigentlich ausschließende Begabungen sind es, deren von Poe ganz bewußt herbeigeführte Synthese das Einmalige seiner Leistung bedingt: ein rationaler, mit mathematischer Präzision konstruierender und komponierender Geist und das sichere Gefühl für die unbegrenzte, gleichsam ätherische Intuition. Die Fusion dieser beiden poetischen Charakteristika dient bei Poe dem einen Zweck, eine einmalige Atmosphäre zu schaffen, die im Leser nicht den Verstand ansprechen, sondern Emotionen auslösen soll.

Poes Ästhetik und Literaturtheorie, niedergelegt in vielen Aufsätzen, Essays und Kritiken (»Letter to B-«, »The Philosophy of Composition«, »The Poetic Principle« u. a.) gehen in ihren Ansätzen auf die Erkenntnisse der englischen Romantiker zurück. Wenngleich zu Recht darauf verwiesen werden kann, daß neben Shelley und Moore die orientalischen Gedichte Byrons und Hoods einen Einfluß auf Poe ausgeübt haben, so schloß er sich in seinen grundlegenden theoretischen Betrachtungen doch mehr den Vorstellungen an, die der ihm auch menschlich sehr verwandte Coleridge 1817 in seiner *Biographia Literaria* niedergelegt hatte. Beide stimmen darin überein, daß jedes Kunstwerk eine organische Einheit darzustellen habe, deren Ziel es sein müsse, den Leser total zu erfassen. Poe bringt dies auf die Formel der »totality, or unity of effect«. Diese aber ist seiner Meinung nach nur zu erreichen mit einer »creation of beauty«. Die Begriffe *beauty* und *truth* sind es dann auch, um die Poes Gedanken immer wieder kreisen. Ein Gedicht steht seiner Meinung nach dadurch im Gegensatz zu einem wissenschaftlichen Werk, daß sein unmittelbares Ziel *excitement*, nicht *truth* ist, *excitement* indessen nicht im herkömmlichen Sinn des Wortes, denn die von Poe benutzten Farben sind alles andere als licht und heiter. *Excitement* steht hier nicht für Vergnügen, sondern für »Gefühlsbewegung«, die nach Poe in den Bereichen der Furcht, der Existenzangst, ja im tragischen Grenzbezirk des Daseins erst ihr eigentliches Wesen und Wirken entfaltet. Der Tod einer jungen Frau ist für Poe das erregendste Thema, das sich einem Dichter stellen kann. Wenn das Ziel der Kunst aber darin besteht, angesichts von Grauen, Schrecken und Melancholie *excitement* zu erzeugen, so bleibt wenig Platz für herkömmliche moralische *truth*. Und genau hier konnten ihm viele Zeitgenossen nicht folgen. »Musik« und »Grenzenlosigkeit« allein, die Poe ebenfalls als so entscheidend für die poetische Wirkung hielt, vermochten seine Kritiker nicht zu befriedigen.

»With me«, schrieb Poe, »poetry has not been a purpose, but a passion.« Keine ungezügelte *passion* jedoch, die sich in der Emotion allein entlädt, sondern jene bewußt Atmosphäre schaffende Art des Komponierens, die im Formalen nichts dem Zufall überläßt, da Poes Meinung nach die höchste Stufe des imaginativen Intellekts vornehmlich mathematisch ist.

Während Poe in seinen frühen Betrachtungen noch davon spricht, daß nicht Schönheit *und* Wahrheit, sondern Schönheit – wie er sie versteht – Selbstzweck der Dichtung sein müsse, so fließen diese beiden von der Romantik so stark beachteten Begriffe später zusammen, wenn er in seinem philosophischen Prosagedicht »Eureka« (1848) feststellt, daß Dichtung und Wahrheit ein und dasselbe sind. Diese Definition entspricht dem poetischen Weltbild eines Dichters, bei dem wir den Satz lesen können: »*All* what we see or seem / Is but a dream within a dream«. Damit aber begibt sich Poe der im konkret Faßlichen ruhenden Begrenzung; die von ihm angestrebte Atmosphäre wird nicht nur zum Selbstzweck, sondern zum Inhalt selbst. Diese Verschmelzung ist es, die die Emotion auslösen soll, und nur so kann Poe – nach dem Gesetz, nach dem er angetreten ist – den erstrebten »Schimmer des Übernatürlichen und Ewigen« zu erhaschen suchen. Dies läßt sich nach den Spielregeln Poes nur mit »lyrischer«, kaum mit epischer oder dramatischer Poesie erreichen. Poes Bekenntnis zur Kürze und Konzentration – »Was wir ein langes Gedicht nennen, ist tatsächlich nur eine Abfolge von kurzen« – zwingt den Dichter zu äußerster Präzision des Ausdrucks und verschließt ihm die Gefilde gefälliger Epik. Hier liegen die Gründe dafür, daß Poe sowohl in der Poesie als auch in der Prosa der knappen Form diente und seine längeren Stücke nur selten die Intensität seiner kurzen erreichen. Damit hatte Poe ein formal-ästhetisches Programm entwickelt, das mit seiner romantischen Grundhaltung den Weg in neue dichterische Dimensionen wies.

Auch in der Beurteilung der literarischen Situation unterschied sich Poe wesentlich von den meisten seiner amerikanischen Zeitgenossen. Dies gilt für seinen Kampf gegen die »didaktische Häresie« wie auch für seine Einschätzung der Bedeutung einer »Nationalliteratur«. Selbstverständlich lehnte er das platte Epigonentum strikt ab und war bekanntlich stets auf der Jagd nach dem Plagiat, aber er stellte ganz entschieden in Abrede, daß Literatur überhaupt »national« sein könne, und machte darauf aufmerksam, daß die Bühne der Literatur die ganze Welt sei. Damit wies er nicht nur im Formalen neue Wege, sondern blieb auch stets darum bemüht, die zeitgenössische amerikanische Literatur durch ständige Kritik aus der von ihm empfundenen provinziellen Enge zu führen. Bleibt noch hinzuzufügen, daß er glaubte, die Schwächen dieser Kunst seien die Folge des immer mehr um sich greifenden materialistischen Denkens.

Diese Erkenntnisse wurden von Poe zum Maßstab seiner Kritik erhoben und als Gradmesser poetischer Leistungen eingesetzt. Poe wurde auf diese Weise zum Mitbegründer der amerikanischen Literaturkritik. Bis dahin waren Wesen, Form und Ton der Kritik von Gruppen bestimmt worden, denen es oft weniger um die Objektivität des Urteils als vielmehr um das Lob der jeweils vertretenen Schule ging. Da Poe keiner dieser Gruppen angehörte und sich einzig seinen Analysen verpflichtet fühlte, bewahrte er sich auf diesem Gebiet die Unabhängigkeit des Urteils.

Poe hatte seine poetologischen und kritischen Ansichten in zahllosen Essays und Kritiken niedergelegt, deren Stärken und Schwächen darin bestehen, daß die Schärfe seines Tons zuweilen nur durch das Kasuistische seiner Urteile übertroffen wird. Nicht selten streifen seine Angriffe den Tatbestand der Beleidigung, so daß Lowell meinte, er habe Tinte mit Blausäure verwechselt, und nicht ganz zu Unrecht fiel im Zusammenhang mit den im *Messenger* erschienenen »critical notices« das Wort vom »Tomahawk-Stil«. Boston, dessen Brahmanen er von Herzen haßte, nannte er schlicht einen »Froschteich«, die sich als Dichter von hohen Graden fühlenden Männer der New Yorker Gruppe apostrophierte er als *literati* – kein Wunder, daß aus solchem Tun wenig Gegenliebe erwuchs. Irving, Cooper oder Bryant bedeuteten ihm wenig. Lowell, Longfellow und Emerson ließ er zwar gelten, doch lehnte er den Transzendentalismus des letzteren als zu mystisch ab. Auch sein Verhältnis zu Hawthorne blieb kühl und distanziert. Als er aber Longfellow des Plagiats bezichtigte, brachte er auch ihm sonst wohlgesonnene Dichter und Kritiker gegen sich auf und veranlaßte Lowell in *A Fable for Critics* 1848 zu der Bemerkung, Poe sei »drei Fünftel Genie und zwei Fünftel Unsinn«. Noch Henry James erklärte, die Bewunderung Poes sei ein »Zeichen einer entschieden primitiven Geistesstufe«.

Auf dem alten Kontinent war man relativ früh anderer Meinung. Tennyson hielt Poe für das originellste Genie Amerikas, Dickens, der ihm in Philadelphia begegnete, war tief beeindruckt, Baudelaire, die Dichter des *fin de siècle*, Valéry, ja noch Yeats schätzten ihn als den Wegbereiter einer neuen Kunstauffassung.

Nicht immer darf man die von Poe verkündeten ästhetischen Ansprüche wörtlich nehmen. So lassen sich Zweifel an der Aufrichtigkeit Poes anmelden, wenn er über die Bedeutung der Inspiration meditiert. Es ist richtig, daß er Musterbeispiele dafür bietet, wie ein Dichter durch sprachliche Zucht, immerwährendes Bemühen und ständiges Überarbeiten seiner Verse näher und näher an den Kern des von ihm Gemeinten und Gewollten herankommt. Ein Vergleich früher und späterer Versionen seiner Gedichte liefert dafür den Beweis. Das ständige Feilen am Wort ist in der Tat nicht mehr so sehr das Ergebnis der Intuition oder gar der Inspiration, sondern ein vornehmlich rationaler Schöpfungsakt. Poe hat im Anschluß an und beflügelt durch den großen Erfolg seines Gedichts »The Raven« in seiner berühmten »Philosophy of Composition« behauptet, die Wirkung seiner Dichtung durch kaltes Kalkül erreicht zu haben, was schließlich eine ganze Generation von Dichtern zu dem Schluß verleitete, die Poesie könne ohne Inspiration auskommen. Man hat Poe in diesem Zusammenhang vorgeworfen, mit seiner eigenen Ästhetik kokettiert zu haben – eine Behauptung, die in bezug auf die dort programmatisch bestrittene Bedeutung der Inspiration gewiß zutrifft. Die sich in diesem Punkt auftuende Diskrepanz zwischen Poes Theorie und seiner poetischen Praxis tritt jedoch zurück hinter die Bedeutung der in der »Philosophy« fixierten formalen und ›technischen‹ Forderungen: Einheit der Wirkung, sorgfältige Komposition, überlegte Wahl des Themas, richtige Länge, angemessenes Metrum, Beachtung der Melodie sowie der damit verbundenen musikalischen Werte der Vokale und Konsonanten, die adäquate Einsetzung der Assonanz, der Alliteration, des Refrains und der Klangmalerei. Daß er selbst zuweilen gegen diese Forderungen verstieß – es sei in diesem Zusammenhang nur auf die von ihm abgelehnten und dennoch verwendeten Klatschreime hingewiesen –, kann den weiterweisenden Wert seiner Einsichten nicht schmälern.

Insbesondere »The Raven« und das lautmalende Gedicht »The Bells«, das Emerson zu der Bemerkung veranlaßte, Poe sei ein »jingling man«, oder die ersten Sätze der *short story* »The Fall of the House of Usher«, wo er diese Prinzipien auf die Prosa überträgt, sind Musterbeispiele für eben diese Theorie. Die Bevorzugung dunkler Vokale in dem Gedicht »The Raven«, dessen »nevermore« als Symbol der Spätromantik fungiert, die geradezu auf Suggestion berechnete Wiederholung der schicksalsträchtigen Vokale – der wir auch bei Chivers und Lowell begegnen – sind Merkzeichen einer sehr rationalen Verskunst, deren Wert für die Romantik vor allem darin bestand, den Poeten erneut die Bedeutung der Formgebung, des Handwerklichen vor Augen zu führen.

Ein Trugschluß wäre es, wollte man die von Poe in der »Philosophy« gemachten Aussagen dahingehend interpretieren, daß er selbst die Inspiration mißachtet habe. Selbst wenn man die sehr vage Behauptung aufstellte, dies könne beim Schöpfungsakt von Gedichten wie »The Raven« oder »The Bells« der Fall gewesen sein, läßt sich doch bei zahllosen anderen Poe-Gedichten der Nachweis erbringen, daß sie das Ergebnis einer lokalisierbaren, also ganz konkreten Inspiration sind. So ist sein frühes Gedicht »To Helen« (1831) die Reaktion auf den Tod Mrs. Stanards, der »ersten idealen Liebe meiner leidenschaftlichen Knabenzeit«. »Ulalume« und die posthum erschienenen Verse »Annabel Lee« wurden ausgelöst durch das Leiden und Sterben seiner geliebten Frau Virginia. »Eulalie« und »To My Mother« wurden inspiriert durch Gefühle des Dankes gegenüber seiner Frau und Mrs. Clemm, die ihm zeitlebens treu zur Seite gestanden hatte. Doch selbst dort, wo sich die Inspiration nicht in dieser Weise konkretisieren läßt, darf man diese stillschweigend als initialen Akt poetischer Schöpfung voraussetzen.

Poes Grundstimmung ist Melancholie und Trauer, die Erkenntnis, daß alle Schönheit nur dazu bestimmt ist, dahingerafft zu werden. Mittsommernachtsstimmungen wie in »Fairyland« bilden die Ausnahme. Poe zieht es in die psychologischen und physiologischen Grenzbezirke unseres Daseins. Weder in dem an Moore gemahnenden Traumgedicht vom »Geburtsort der Schönheit«, dem Stern »Al Aaraaf« noch in »Tamerlane« vermögen die Menschen ihr Glück zu fassen oder gar zu halten. Sie sind dazu bestimmt, angesichts der Schönheit zu leiden, zumal sie ihrem Glück bestenfalls in einer Traumwelt begegnen können.

Aber auch jene Welt verheißt nicht nur »beauty«, sie trägt den Keim des Untergangs in sich. Warum dies so ist, erfährt man in dem Gedicht »The City in the Sea« (1831/45), das Poe bedeutungsvoll auch »The Doomed City« (1831) und »The City of Sin« (1836) genannt hat. Diese Bezeichnungen haben nichts mit einer herkömmlichen Moral zu tun, denn in »Conquerer Worm« heißt es, daß über alle Freuden dieser Welt ein »curtain, a funeral pall« niedergeht. In einer Galanacht ziehen sich die Engel zurück und weinen, weil »seraphs sob at vermin fangs / In human gore imbued. ... That the play is the tragedy, ›Man,‹ / And it's hero, the Conqueror Worm.« Der Kontrast von Schönheit und Verfall bestimmt auch die Atmosphäre des Gedichts »The Haunted Palace«: »In the greenest of our valleys / By good angels tenanted, / Once a fair and stately palace – / Radiant palace – reared its head.« Die Schönheit, geschmückt mit Blüten und Fahnen, hat keinen Bestand: »And round about his home the glory / That blushes and bloomed, / Is but a dim-remembered story / Of the old time entombed.« Wo einst Schönheit, Stolz und Freude prangten, beherrscht schließlich der Verfall die Szene, tanzen Verdammte ihren Reigen.

Nur selten klingt in den Versen Poes Hoffnung oder gar Zuversicht an. Merkwürdigerweise geschieht dies noch am ehesten in einigen späteren Gedichten, etwa in den Versen »To My Mother« (1849/50) oder »To Helen« (1831/43), der Dichterin Sarah Helen Whitman gewidmet, die Poe nach dessen Tode gegen die Verleumdungen Griswolds verteidigte. Doch selbst versöhnende Zeilen laufen schließlich nicht selten – wie in seinem letzten Gedicht »Annabel Lee« (1849) – in einem makabren Bild aus: »And so, all the night-tide, I lie down by the side / Of my darling, my darling, my life and my bride, / In her sepulchre there by the sea – / In her tomb by the side of the sea.« Solche Bilder sind lange Zeit als das Ergebnis durch Rauschgift hervorgerufener Visionen gewertet worden. Dem Poe-Biographen Arthur Hobson Quinn blieb es vorbehalten, nachzuweisen, daß Poe mit an Sicherheit grenzender Wahrscheinlichkeit keine Opiate benutzt hat.

Es erscheint heute wie eine Ironie des Schicksals, daß der Poet Poe um des Broterwerbs willen gezwungen war, seine Feder in den Dienst der Prosa zu stellen, die er anfangs durchaus geringer schätzte als die Poesie, um schließlich als Meister der Prosa-Kurzform in die Weltliteratur einzugehen. Später hat Poe diese von ihm gepflegte Gattung als höchste Form literarischen Ausdrucks bezeichnet, und es ist nicht ganz falsch, wenn Poe heute gemeinhin als Schöpfer und Theoretiker jener Gattung gefeiert wird, die man zu seiner Zeit *tale* und *sketch* nannte und für die sich nach dem Erscheinen des Bandes *Daisy Miller: A Study; and Other Stories* (1883) von Henry James und des Essays »The Philosophy of the Short-story« (1884) von BRANDER MATTHEWS (1852–1929) die Bezeichnung *short story* einzubürgern begann.

Die Ansicht, daß die *short story* eine amerikanische ›Erfindung‹ sei, ist heute allgemein verbreitet, wohl weil man den besonders starken Anteil amerikanischer Autoren bei der Ausbildung und Entwicklung anerkennt. In dieser Erzählform und ihrer Weiterbildung wurde der Weg von traditionellen zu neuen Aussageweisen leichter und kürzer. Vom klassizistischen Essay zur romantischen Sagenerzählung beschritt ihn Irving, von der Romantik zum Realismus dann die Vielzahl der großen Prosaisten.

Wenn die *short story* als ein amerikanischer Beitrag zur Weltliteratur gewertet wird, so darf man nicht übersehen, daß sie ihr Entstehen europäischen Ausdrucksformen verdankt. Die in England lange vor der Romantik herrschende Prosakurzform, der Essay, besonders von Addison in den Zeitschriften *The Tatler* und *The Spectator* eingeführt, wirkte nachhaltig auf Amerika. Irving hat sich dieses Genres in starkem Maße bedient und seinen Stil an den Vorbildern Steele und Addison geschult. Zur gleichen Zeit greifen die Amerikaner den Ton der deutschen romantischen Erzählung auf; Irvings »Rip Van Winkle« oder WILLIAM AUSTINs (1778–1841) »Peter Rugg« (1824) – wo das Thema vom fliegenden Holländer anklingt – sind Beispiele dieser Rezeption. Die Tatsache, daß Poe seiner ersten Erzählung »Metzengerstein« einen deutsch klingenden Titel gab und ausdrücklich hinzufügte, es handele sich dabei um eine dem Deutschen nachempfundene Erzählung, spricht für sich.

Damit dürften wenig Zweifel an den Wurzeln dieser Gattung bestehen. Wie aber kam Amerika dazu, diese Erzählform besonders auszubilden? Nach Ansicht vieler Europäer hatten die Amerikaner, deren Leben unter der Devise *time is money* steht, keine Zeit, ›dicke Bücher‹ zu lesen. So erklärte zum Beispiel der Kritiker Clifton Fadiman noch im Jahr 1932, Amerika lese alles, nur keine Bücher. Diese Behauptung traf jedoch nie im vollen Umfang zu. Eine große Anzahl sehr gut verkaufter Werke waren und sind ›dicke‹ Bücher – auch im Sinne Fadimans. Allein aus der Vorliebe des Amerikaners für die *short story* ist also das Werden dieser Gattung nicht zu erklären. Zweifellos trifft eine neue Form auf Wünsche und Anforderungen der Zeit, wenn sie sich in einer Weise durchzusetzen vermag, wie dies bei der *short story* der Fall gewesen ist. Es gibt jedoch Kritiker und Schriftsteller, die im Gegensatz zu Poe die *short story* als eine literarische Gattung zweiten Ranges bezeichnen. Diese Ansicht scheint auch Somerset Maugham geteilt zu haben, als er etwas herablassend sagte, daß sich diese Gattung »damit begnügen muß, den Leser zu ergreifen, zu spannen und zu unterhalten«. Selbst Henry James, dessen Erzählungen zu den bedeutendsten Schöpfungen dieser Art gehören, fragt sich in einem Brief an William Dean Howells, ob man der *short story* einen hohen literarischen Wert zuerkennen dürfe. Er setzt das Wesen dieser Prosaform mit dem Wesen des amerikanischen Lebens – wie er es sieht – in Beziehung und stellt Howells die Frage: »Liegt es daran, daß das Leben in Amerika flüchtig und fragmentarisch ist, oder weil die kurze Geschichte sich in allen Literaturen früher entwickelte als der Roman?« Dieser Vergleich hinkt insofern, als die amerikanische Literatur nahezu organisch aus der englischen hervorgegangen ist.

Obgleich man also auch in Amerika den künstlerischen Wert dieser Prosakurzform sehr unterschiedlich einschätzte, erfreute sie sich beim Lesepublikum außerordentlicher Beliebtheit. Der Grund für die Entwicklung dieser Form liegt jedoch nicht nur in der Neigung oder Abneigung der Leser. Er ist auch in den wirtschaftlichen und geistigen Strömungen der Zeit zu suchen, in der die *short story* in den USA um ihre Anerkennung rang. In diesem Zusammenhang sei nochmals darauf hingewiesen, daß kein heute gefeierter amerikanischer Schriftsteller jener Jahre von dem Erlös seiner *Bücher* leben konnte. So waren nach S. Earl S. Bradsher 1820, ein Jahr nach Veröffentlichung des *Sketch Book*, von hundert in den USA herausgebrachten Büchern etwa siebzig englischer Herkunft; nur bei den restlichen dreißig handelte es sich um amerikanische; es waren vornehmlich Schul- und Lesebücher sowie Werke religiösen Inhalts. Auch Poe hatte unter dem Zwang seiner finanziellen Verhältnisse eine solche Tagelöhnerarbeit übernommen und 1839 ein Schulbuch über Muscheln herausgegeben. Es war übrigens das einzige unter seinem Namen erschienene Buch, das zu seinen Lebzeiten eine zweite Auflage erlebte.

Diese Situation, die ein schnelles Aufleben eines ›selbständigen‹ Romans behinderte, wurde zum Geburtshelfer der *short story*. Da es unter den herrschenden verlegerischen Verhältnissen für einen Amerikaner fast aussichtslos war, ein belletristisches Buch herauszubringen, blieb nur der Ausweg über die Zeitung, die Zeitschrift oder die außerordentlich verbreiteten Almanache. Auch hierfür legt das Leben Poes Zeugnis ab. Auf diese Weise sahen sich die Schriftsteller gezwungen, neue Wege zu beschreiten. Zeitschriften und Almanache boten nur einen sehr beschränkten Raum, auf dem versucht werden mußte auszusagen, was man in anderen Ländern ausführlich und breiter auszuführen vermochte. Die neue knappe Form konnte aber nicht nur die des Gedichtes sein – auch auf diesem Gebiet hatte England die Vorherrschaft –, sondern eine Prosaform, die das Umfeld der Zeitschriftenleser reflektierte. Diese besonderen Möglichkeiten der Veröffentlichung hingen mit der Bereitschaft des Lesers zusammen, neben den vielen anderen Neuigkeiten, die Zeitungen und Zeitschriften ins Haus brachten, auch Literatur aufzunehmen, die sich so in neuer Form darbot – und hier beginnt der Siegeszug der *short story* durch die Staaten und um die Welt. Im wesentlichen wurde damals – und so ist es in den USA noch heute – die *short story* durch Zeitschriften an den Leser herangetragen. Daß in den USA unverhältnismäßig viele Schriftsteller über den Beruf des Journalisten in die Welt der Literatur eindrangen, mag ebenfalls seinen Grund in dem besonderen Verhältnis von Zeitschriften und Literatur haben.

All das kann und soll nicht heißen, daß das Zeitungs- und Zeitschriftenwesen Amerikas die *short story* ›geschaffen‹ hat. Zwischen Presse und *short story* besteht vielmehr von Anfang an ein enges Verhältnis wechselseitiger Beeinflussung. Die ersten Essayisten Englands schufen sich die neuen Organe der ›Moralischen Wochenschriften‹; andererseits regte das bloße Vorhandensein von Journalen das Entstehen einer journalistischen Belletristik an. Die gestalterische Energie aber lag beim Menschen. Die *short story* lebte und gedieh in Amerika auch dann noch weiter, als die Autoren längst die Wahl zwischen *short story* und Roman hatten.

Sehr schnell waren *tale* und *sketch* so beliebt, daß die Verleger für gute Erzählungen vergleichsweise hohe Summen zahlten. Sogar Wettbewerbe zur Ermittlung guter Stücke wurden ausgeschrieben. Poe hat sich auf diese Weise manchen Dollar verdient, und es ist bezeichnend, wie viele Schriftsteller oder Lyriker diese Gattung aufgriffen, wenn sie sich in finanziellen Schwierigkeiten befanden.

Es wäre jedoch verfehlt anzunehmen, daß nur die äußere Form des neuen Genres durch sein Medium, die Zeitschrift, bestimmt worden sei: Auch der Inhalt trägt Spuren des Zeitungswesens. Wie sich die Autoren in bezug auf die Länge nach dem richten mußten, was die Zeitschriften an Raum boten, so wurden sie auch gezwungen, der Mentalität der Zeitschriftenleser Rechnung zu tragen. Die Erzählung sollte den Eindruck erwecken, als erführe der Leser hier von einer Sache, die für ihn ebenso neu und womöglich authentisch war wie alles andere, was die Zeitung brachte. Diese Voraussetzung und die bereits erwähnte Tatsache, daß viele der Schriftsteller vom Journalismus herkamen, hat zweifellos dazu beigetragen, daß eine *short story* nicht selten wie die Darstellung tatsächlicher Begebenheiten anmutet und sich auf der Grenze zwischen Tatsachenbericht und neuer Form, die künstlerische Freiheit erlaubt, bewegt. Viele der bedeutenden Schöpfungen dieser Gattung wurden in der Tat wirklichen Begebenheiten nachgeschrieben, wie dies etwa bei Poes »Marie Rogêt« oder Stephen Cranes »The Open Boat« der Fall ist. Und noch immer wird versucht – auch dort, wo kein Ereignis zugrunde liegt –, den Eindruck zu erwecken, als berichte der Autor dem Leser eine ›Neuigkeit‹ tatsächlichen Charakters.

Läßt sich die Frage nach Ursprung und Herkunft der *short story* schlüssig und befriedigend beantworten, so kann der Leser auf die Frage, was eine *short story* sei, keine so scharf umrissene Definition erwarten, wie sie Paul Heyse noch 1870 mit seiner »Falken«-Theorie für die Novelle glaubte geben zu können. Indem er Boccaccios Erzählung vom Edelmann, der schließlich nur noch seinen Falken besitzt und diese seine letzte Habe zu opfern bereit ist, zum Muster nimmt, sieht Heyse das Wesen der Novelle darin, daß »in einem einzigen Kreis nur ein einziger Konflikt ist«. »Der Leser wird sich überall fragen, wo der Falke sei, also das Spezifische, das die Geschichte von tausend anderen unterscheidet.« Eine solche Eingrenzung, die selbst für die Novelle nie unumstritten war, ist für die *short story*, wie sie sich uns heute präsentiert, kaum möglich. Die klassischen Ansichten darüber, wie eine *short story* komponiert werden solle, hat zuerst Poe in seiner berühmt gewordenen Rezension der Erzählungen Hawthornes in *Graham's Magazine* (April bis Mai 1842) weiter ausgeführt.

Hier zeigt es sich, wie die für die *short story* gegebenen Möglichkeiten jenen theoretischen Ansichten entgegenkamen, die Poe bereits auf seine Lyrik angewendet hatte. Damit rücken in der Vorstellung Poes gebundene Sprache und fiktionale Prosa sehr dicht zusammen. Eine der wichtigsten Forderungen dieses Meisters der Erzählkunst betraf die *Kürze*. Der Leser muß in der Lage sein, das Gebotene in einem Zug ›durchzulesen‹. Nur für diese kurze Zeitspanne wird es dem Autor möglich sein, so folgert Poe, die ausschließliche Aufmerksamkeit des Lesers zu fesseln. Das ist übrigens auch das Maß, das Poe auf die Länge eines Gedichtes angewendet wissen möchte. Weiter fordert er Sachlichkeit der Darstellung. Außerdem dürfe eine solche Erzählung kein einziges Wort enthalten, das nicht der Erzielung der beabsichtigten Wirkung dient. Jedes überflüssige Beiwerk müsse vermieden und *eine ganz bestimmte Atmosphäre* erzeugt werden. Aus diesen Kriterien soll sich die »unity of effect« ergeben, die Poe für das wesentliche Merkmal der *short story* hält. Hierin unterscheide sie sich ganz grundsätzlich vom Roman.

Bei der Untersuchung des Wesens der heutigen *short story* können wir sehr bald bemerken, daß diese vor mehr als hundertfünfzig Jahren aufgestellten Forderungen durchaus nicht immer alle beachtet wurden, ohne daß man der betreffenden Erzählung den Charakter einer *short story* aberkennen müßte. Zweifellos haben die von Poe formulierten Grundsätze nach wie vor ihre Bedeutung und Gültigkeit, aber sie konnten variiert werden und wurden und werden es. Nicht selten verwischen sich dann die Grenzen zwischen *short story*, Kurzroman und Novelle.

Wie in der Poesie, so nahm Poe auch in der Kurzprosa eine Sonderstellung in der amerikanischen Literatur ein. Was vor und neben ihm auf diesem Gebiet vorhanden war, etwa bei Irving, Hale, Paulding oder Simms, entbehrte nicht einer spürbaren didaktischen Grundstimmung oder gab sich historisierend. Erzählungen wie Simms' »Grayling« waren die Ausnahme, und das ist kein Wunder, wenn man bedenkt, wie sehr diese Gattung an die Zeitschrift gebunden war, und in Rechnung stellt, welche gewaltigen Probleme die amerikanische Nation in jenen Jahren bewegten. Es spricht jedoch für die Prinzipienfestigkeit Poes, daß er ungeachtet seiner finanziellen Misere auch dann noch seinen Leitsätzen treu blieb, als er erkennen mußte, daß seine Arbeiten zum Teil schlechter bezahlt wurden als die der moralisierenden Sentimentalisten.

Thematisch steht der Prosaist Poe in einer Ahnenreihe mit dem damals sehr populären Schauerroman M. G. Lewis' und Ann Radcliffes; außerdem ist auf Ch. B. Brown hinzuweisen sowie auf die Übersetzungen E. T. A. Hoffmanns. Doch sind es weniger die *gothic*-Themen, die Poes Sonderstellung und Meisterschaft so deutlich hervortreten lassen, als vielmehr ihre Behandlung. Untersucht man seine Erzählungen, so lassen sich drei *Short story*-Typen unterscheiden. Allen gemeinsam ist die besondere Berücksichtigung des psychologischen Kerngehalts einer Situation.

Poe nannte einige seiner Prosastücke analytische Erzählungen, wobei die »analysis of sensation«, wie er es in dem Artikel »How to write a Blackwood's Article« formuliert, im Mittelpunkt der Komposition steht. Hier werden Elemente der realen Welt mit phantastischen Begebenheiten verquickt, um eine Atmosphäre des Grauens und der Angst zu erzeugen. Als Musterbeispiele für diesen Typus können »A Descent into the Maelstrom«, »The Pit and the Pendulum«, »The Tell-Tale Heart«, »The Black Cat« oder »The Premature Burial« gelten. Die beiden erstgenannten Stücke warten mit pseudowissenschaftlichen Überlegungen auf, wie sie uns später auch bei Jules Verne begegnen. In der Geschichte vom Maelstrom schildert ein norwegischer Seemann die Schrecken des Strudels, in den er und sein Bruder hineingeraten waren. Im Angesicht des Todes – den Bruder hat bereits der Wahnsinn gepackt – erinnert er sich eines Gesetzes der Mechanik, wonach zylindrische Körper angeblich zuletzt in den Strudel gerissen werden. So wird ein treibendes Faß seine Rettung; er aber hat sich in den Augenblicken des Schreckens so verändert, daß man ihn nicht mehr erkennt. Auch in der Schreckensgeschichte aus der Zeit der Inquisition spielt die Mechanik eine Rolle, schwankend zwischen Halluzination und minutiöser Beobachtung sieht das Opfer den pendelnden Tod näherkommen, bis es schließlich völlig unerwartet aus der Grube befreit und gerettet wird. In diesen zwischen 1841 und 1843 entstandenen Erzählungen treffen wir auf eine Dichte von einmaliger Intensität.

Eine besondere Form der analytischen Erzählung sind die von Poe als »tales of ratiocination« bezeichneten *stories* – die Geschichten mit logischer Schlußfolgerung. Hierbei handelt es sich um die Entschlüsselungen des Privatdetektivs C. Auguste Dupin, dessen Tun Arthur Conan Doyle und Edgar Wallace zu ihren Erzählungen angeregt hat. »The Murders in the Rue Morgue«, »The Mystery of Mary Rogêt« und »The Purloined Letter« stehen am Anfang der modernen Detektivgeschichte. Aber auch die Erzählung »The Gold Bug«, in der es mit Hilfe logischer Schlußfolgerung gelingt, das Kryptogramm auf einem alten Pergament aufzulösen, was schließlich zur Hebung des Schatzes von Kapitän Kidd führt, gehört in diese Gruppe. Diese »tales of ratiocination« unterscheiden sich insofern von den erwähnten analytischen Erzählungen, als hier nicht *eine* Sensation, sondern ein komplexes Problem analysiert wird. Durrel Abel nennt sie deshalb synthetische Erzählungen, Fabeln voller romantisierter Schrecken, in denen die Realität – ähnlich wie bei Coleridge – die Kulisse ist, hinter der sich das Unheil zusammenbraut. Wie immer geht es Poe auch hier um die Durchdringung der optisch erfaßbaren Seinserscheinungen; er will die mit Hilfe der *fancy* erschlossenen tieferen Wahrheiten sichtbar machen. Die Erzählungen »MS. Found in a Bottle«, »Ligeia«, »The Fall of the House of Usher«, »The Masque of the Red Death« und die besten Teile des *Gordon Pym* sind Beispiele dieser Technik.

Das Bild des Prosaisten Poe wäre indes unvollständig, wollte man nicht auch auf die das Burleske streifenden, weniger problematischen Stücke hinweisen, die übrigens mehr als die anderen Erzählungen den Geist des Journalismus atmen. Es sei nur an die Mondreise des holländischen Blasebalgflickers »Hans Pfaal« oder die transatlantische Ballonfahrt »The Balloon-Hoax« erinnert. Diese Art Erzählung nimmt einen ziemlich großen Raum im Schaffen Poes ein. Seine Zentralthemen aber, das Anomale, Morbide, Makabre, ja Böse – von D. H. Lawrence in den »Studies in Classic American Literature« als Beweis für das Lebensfeindliche, ja Zerstörerische eines Künstlers apostrophiert –, sind seit dem Wirken Poes aus der Dichtung des amerikanischen Südens nicht mehr wegzudenken.

Mit völlig anderen Weltbildern als Poe, in dessen Werk die Sklavenfrage kaum anklingt, werden wir in den frühen fiktionalen Texten afroamerikanischer Autoren des Südens konfrontiert, die jedoch nördlich der *Mason-Dixon-Line* oder gar in England erschienen. Letzteres gilt für WILLIAM WELLS BROWN (1816?–1884), dessen historisches Melodrama *Clotelle; or, The President's Daughter: A Narrative of Slave Life in the United States* (London, 1853) wahrscheinlich der erste amerikanische Roman eines afroamerikanischen Autors ist.

Brown, Sohn eines Sklavenhalters und einer Mulattin, kam in Kentucky als Sklave zur Welt. 1834 gelang ihm mit Hilfe eines Quäkers die Flucht. Danach wurde er ein aktiver Abolitionist; 1849 wurde er als ein Vertreter der *American Peace Society* nach Paris entsandt und blieb einige Jahre in Europa. *Clotelle* enthält mit der »Narrative of the Life and Escape of William Wells Brown« eine biographische Skizze seines Lebens. Im Zentrum des Romans steht mit Clotel eine Tochter Jeffersons und dessen schwarzer Dienerin Currer, die vom *auction block* bis zur Nachstellung weißer Männer durch alle Tiefen des Sklavendaseins gehen muß. Das Buch, das in der Zeit zwischen 1817 und 1842 unter anderem in Richmond, New Orleans und in Mississippi spielt, hat insofern einen versöhnlichen Ausklang, als Clotels Tochter Mary nach ihrer Befreiung in Frankreich mit einem ebenfalls befreiten Sklaven ihr Glück findet.

Nicht uninteressant ist die Publikationsgeschichte dieses Buches insofern, als in der 1864 erschienenen amerikanischen Version *Clotelle: A Tale of the Southern States* (1864) alle Jefferson betreffenden Bezüge getilgt sind – eine weitere Version erschien nach Ende des *Civil War* 1867. Zu Browns weiteren Publikationen zählen *Narrative of William Wells Brown, A Fugitive Slave* (1847), *The Anti-Slavery Harp: A Collection of Songs for Anti-Slavery Meetings* (1848) und andere. Er selbst bezeichnete sich als »a soldier in the moral warfare against the most cruel system of oppression that ever blackened the character or hardened the heart of man«, als einen leidenschaftlich für die Befreiung der Sklaven eintretenden Menschen.

Damit war er eine führende Figur in einer Bewegung, die in jenen Jahren eine Flut von *slave narratives* unterschiedlichster Qualität auf den Markt warf. Die meisten dieser Texte stammen von Männern. Angesichts der Bedeutung der Werke afroamerikanischer Autorinnen im letzten Drittel des 20. Jahrhunderts und dem Einfluß, den die Tradition der *slave narratives* auf ihr Schaffen genommen hat, sei hier auf die plastische und durch authentische Frische gekennzeichnete Erzählung *Incidents of the Life of a Slave Girl* (1861) von LINDA BRENT (1818–1896) hingewiesen. Sie war die Urenkelin eines Plantagenbesitzers aus South Carolina, konnte im Alter von siebenundzwanzig Jahren aus der Sklaverei entkommen und publizierte aus Angst vor neuer Versklavung (*Fugitive Slave Law*, 1850) nicht nur unter Pseudonym, sondern verschleierte alle Namen und Orte ihres Berichtes. Sie schreibt: »Slavery is terrible for men, but it is far more terrible for women« und nimmt damit vorweg, was schreibende Afroamerikanerinnen des 20. Jahrhunderts immer wieder in das Bewußtsein einer Zeit rücken wollen, die mit dem *Civil Rights Movement* zu neuen Ufern der Emanzipation aufgebrochen ist.

Neuengland und der Nordosten

So unterschiedlich die Intellektuellen, Dichter und Schriftsteller der mittleren Staaten und des Südens das amerikanische Leben und ihre jeweilige Mission einschätzten, so einig waren sie sich zunächst in der Ablehnung des in Neuengland herrschenden intellektuellen Klimas. Irving, Cooper und Poe haben sich – ihrem jeweiligen Temperament entsprechend – mehr oder weniger zurückhaltend über den Norden geäußert. Bryant und andere Neuengländer verließen ihre Heimat, um außerhalb der Bannmeile orthodoxer Traditionen zur Literatur und Dichtung zu gelangen. Sowohl die Überreste des Puritanismus als auch die durch die beginnende Industrialisierung hervorgerufenen sozialen Spannungen und Veränderungen waren ihnen in hohem Grade suspekt. Und tatsächlich bedurfte es in Neuengland eines längeren, weil tiefgreifenderen geistigen Klärungsprozesses, ehe säkulare Kunst und Literatur die ihnen zustehenden Plätze einnehmen konnten. Hier ging es nicht nur um die Überwindung des englischen Einflusses, sondern um die Bewältigung der eigenen Vergangenheit. In einer Zeit, da in den mittleren Staaten und im Süden bereits ein Aufblühen schöngeistiger Literatur zu registrieren ist, widmen sich die besten Köpfe des Nordens noch immer mehr politischen, staatsrechtlichen oder geisteswissenschaftlichen Problemen. Männer wie Daniel Webster, John Quincey Adams und der Lehrer Emersons, Edward Everett, waren glänzende Rhetoriker, keiner aber dachte daran, seine ganze Kraft in den Dienst der Literatur zu stellen.

Es ist zu Recht darauf hingewiesen worden, daß der Kalvinismus wesentlich zum Entstehen einer ›kapitalistischen‹ Mentalität und damit zur Industrialisierung beigetragen hat. Das gilt ganz besonders für Neuengland. Sehr bald aber wirken auch hier die nun freigesetzten säkularen Kräfte auf die Theologie zurück und stimulieren erneut den Prozeß wechselseitiger Beeinflussung, dessen Bedeutung für die Entwicklung der USA nicht hoch genug veranschlagt werden kann.

Das Streben nach diesseitiger Bestätigung jenseitiger Bestimmung war die Voraussetzung dafür, daß Neuengland die amerikanische Heimstatt eines dynamischen Unternehmertums werden konnte. Aufklärung, Rationalismus, moderne Naturwissenschaft und der spezifisch amerikanische Optimismus wirkten auf das theologische Gebäude zurück und brachen Stein um Stein aus den orthodoxen Bastionen. Der engere Spielraum der Puritaner, exemplifiziert im rächenden Gott, wie ihn Edwards sah, weitete sich langsam aber stetig.

Solchen ketzerischen Tendenzen hatte in Amerika bereits JONATHAN MAYHEW (1720–1766) das Wort geredet. Er forderte das eigenverantwortlich handelnde, strebsame, der Gesellschaft verpflichtete Individuum, das schließlich seine theologische Bestätigung im Unitariertum finden sollte. James Freeman Clarke blieb es vorbehalten, 1785 in der *King's Chapel* der Puritanerhochburg Boston die erste Unitariergemeinde zu institutionalisieren. Zuerst entfernte man aus der Liturgie die Doktrin der Dreieinigkeit. Gnadenwahl, Erbsünde und der damit verbundene Verlust des freien Willens wurden bekämpft. Darüber hinaus bemühte man sich, Glaube und Ratio miteinander zu versöhnen. Zwar schloß man das Wunder nicht völlig aus, überließ es aber dem Gläubigen in einem bisher in Neuengland nicht gekannten Maße, eigene Glaubensentscheidungen zu treffen. Die Befreiung des Menschen von den Fesseln orthodoxer Provenienz verlieh ihm jene intellektuelle Flexibilität, die ihn in die Lage versetzte, die sich abzeichnenden wirtschaftlichen und geistigen Probleme anzupacken.

Zu den Aposteln dieser neuen Lehre zählten der 1794 aus England kommende JOSEPH PRIESTLEY (1733–1804), WILLIAM ELLERY CHANNING (1780–1842), unter dessen Hand die Unitarische Kirche entstand, sowie GEORGE RIPLEY (1802–1880), JAMES FREEMAN CLARKE (1810–1888) und insbesondere THEODORE PARKER (1810–1860), der nun auch das Wunder bekämpfte und das religiöse *Empfinden* nur noch als irrationalen Restbestand des Glaubens gelten ließ. Damit hatten die Unitarier die theologischen Voraussetzungen für das Entstehen des Transzendentalismus geschaffen.

Entscheidend für die Wirkung des unitarischen Gedankengutes war der Umstand, daß Harvard von der neuen Idee gleichsam im Sturm genommen wurde. Eine Schlüsselfigur im Kampf um die Neuformierung der geistigen Elite Neuenglands war Professor HENRY WARE (1764–1845), der 1805 als erster Unitarier an der *Harvard University* zu lehren begann. Etwas später können wir ein wachsendes Interesse an den geistigen Entwicklungen in Deutschland verzeichnen, das sich nach dem Sieg über Napoleon keineswegs mehr in der Bewunderung der Rheinromantik erschöpfte. Die Befreiungskriege 1813–1815 waren in den Augen vieler Amerikaner eine deutsche Variante ihres *War of Independence*. Und als schließlich 1814 die New Yorker Ausgabe von Madame de Staëls Buch *De l'Allemagne* erschien, wurde Göttingen zum wissenschaftlichen und Weimar zum literarischen Mekka vieler bedeutender Neuengländer.

Der einsetzende Pilgerzug nach Deutschland und die bedeutende Rolle, die eine ganze Reihe dieser ›Deutschlandfahrer‹ im geistigen Leben Neuenglands einnehmen sollten, bewirkten unter anderem, daß man Harvard nach deutschem Vorbild reorganisierte und Karl Follen 1825 auf den neuerrichteten Lehrstuhl für Germanistik berief, auf dem später Longfellow wirkte.

Weder Göttingen noch Weimar veranlaßten die ersten ›Deutschlandfahrer‹, sich der fiktionalen Literatur zu widmen. Die erste Gruppe, zu der neben Everett der Goethe-Besucher J. G. COGSWELL (1786–1847) zählt, machte sich vor allem um das Bildungswesen verdient und wirkte vornehmlich als Vermittler der neuen Ideen.

Vier jüngere Vertreter – Ticknor, Prescott, Bancroft und Motley – schickten sich an, Neuengland zum Zentrum der amerikanischen Geschichtsschreibung zu machen und den wissenschaftlichen Ruhm der jungen Republik in Europa zu begründen. Sie alle gehörten der ›aristokratischen‹ Oberschicht an und können – mit Einschränkungen – als Prototypen des Bostoner Brahmanentums angesehen werden.

GEORGE TICKNOR (1791–1871) stammte aus einer wohlhabenden Bostoner Familie, arbeitete als Rechtsanwalt und ging – angeregt durch das Buch der Madame de Staël – nach Europa, um in Göttingen Dissen, Schulze und Eichhorn zu hören. Auf ausgedehnten Bildungsreisen lernte er Goethe, die Gebrüder Schlegel, A. v. Humboldt, Wolf, Voß, aber auch Scott, Byron, Chateaubriand und Mme. de Staël kennen. Nach seiner Rückkehr wirkte er in den Jahren 1816–1835 als Professor für Spanisch an der *Harvard University* und genoß später als Privatgelehrter großes Ansehen. Seine *History of Spanish Literature* (3 Bde., 1849), die in mehrere Sprachen übertragen wurde, empfahl ihn als kompetenten Interpreten des spanischen Kulturerbes. Er war es auch, der WILLIAM HICKLING PRESCOTT (1796–1859), der ursprünglich hatte Schriftsteller werden wollen, auf die Geschichte Spaniens aufmerksam machte. Prescott, wie Ticknor konservativer ›Aristokrat‹, stammte aus einer alten Salemer Familie, studierte in Harvard und sammelte schließlich auf mehrjährigen Bildungsreisen durch Europa das Material für seine in der *North American Review* veröffentlichten Studien über die europäischen Literaturen. Sein Hauptinteresse galt jedoch der Geschichte. Historiker war er aber eher im Sinne Schillers und Karamsins. Phantasie und Temperament des Romantikers führten seine Feder. *The History of the Reign of Ferdinand and Isabella the Catholic* (3 Bde., 1837/38), *The History of the Conquest of Mexico* (3 Bde., 1843) und *The History of the Conquest of Peru* (2 Bde., 1847) weisen ihn als einen der bedeutendsten Historiker Amerikas aus. Seine Freundschaft mit Humboldt, sein Wirken als korrespondierendes Mitglied der Preußischen Akademie der Wissenschaften und des Institut de France sowie die Ehrendoktorwürde der Universität Oxford sprechen für seine allseitige Anerkennung.

Sein Ruhm wurde allenfalls überstrahlt vom internationalen Ansehen GEORGE BANCROFTs (1800–1891), dem ›Vater der amerikanischen Geschichtsschreibung‹. Auch er stammte aus Boston und war Sohn eines unitarischen Geistlichen. Im Gegensatz zu Ticknor und Prescott war dieser Schüler Everetts ein überzeugter Demokrat, der nicht nur Jefferson, sondern auch Jackson achtete. Nach Studien in Harvard ging er nach Göttingen, wo er promovierte. In Berlin hörte er bei Schleiermacher und Hegel, knüpfte Briefwechsel mit Goethe und Humboldt an und begegnete auf seinen Bildungsreisen auch Byron. Von 1822 an lehrte er Griechisch an der *Harvard University* und erregte Aufsehen mit seinen Beiträgen über die europäische Reaktion und den konservativen Geist Neuenglands. Mit *The History of the United States* (endgültige Ausgabe 6 Bde., 1883–1885), seinem Lebenswerk, schuf er die erste Gesamtdarstellung der amerikanischen Geschichte. Das Werk schließt mit dem Ende des Bürgerkriegs. Bereits der erste Band (1834) fand die Zustimmung Carlyles und Everetts. Das von Bancroft entworfene Geschichtsbild, das so nachhaltig auf die Amerikaner gewirkt hat, ist sendungsbewußt in dem Sinne, daß es unter dem Einfluß der Ideen Jacksons und der deutschen Idealisten von der besonderen Mission der amerikanischen Nation ausgeht. Von 1845 an hat Bancroft seinem Land als Politiker und Diplomat gedient. Als Marineminister gründete er die *Naval Academy* in Annapolis, 1846–

1849 war er als Gesandter in London, 1866–1874 als Vertreter der USA in Berlin tätig, wo er als kluger Diplomat und Wissenschaftler in hohem Ansehen stand und mit Bismarck verkehrte.

Ähnlich wie Bancroft dachte sein aus einer der ersten Bostoner Familien stammender Schüler JOHN LOTHROP MOTLEY (1814–1877). Sein Weg führte ihn von Harvard nach Göttingen und schließlich auf Bildungsreisen durch Österreich, Italien, Frankreich und England. Als Diplomat vertrat er die USA in St. Petersburg, Wien und London und konnte sich ebenfalls einer engen Freundschaft mit Bismarck rühmen. Sein historisches Interesse galt dem Freiheitskampf der protestantischen Niederländer, dem er in *The Rise of the Dutch Republic* (3 Bde., 1856) und den ersten beiden Bänden der *History of the United Netherlands* (1860–1867) ein Denkmal setzte. Seine Begeisterung für dieses Thema ist einer kritischen Würdigung der behandelten Ereignisse nicht immer zuträglich, so daß er sich in dieser Beziehung eng an seinen Meister anschließt.

Als weitere Beispiele für die Historiographie können die von JARED SPARKS (1789–1866) 1834–1837 edierten zwölf Bände der Schriften Washingtons, die 1829/30 erfolgte Edition *The Diplomatic Correspondence of the American Revolution* (12 Bde.) sowie die *Political and Civil History of the United States* (2 Bde., 1828) von TIMOTHY PITKIN (1766–1847) oder *The History of the United States* (6 Bde., 1849–1852) von RICHARD HILDRETH (1807–1865) genannt werden. Er ist auch der Verfasser von *The White Slave* (1836), der als der erste Anti-Sklaverei-Roman der amerikanischen Literatur gilt. Den Leistungen neuenglischer Historiographen kann der Süden im Grunde nur die *History of the United States* (4 Bde., 1856/57) von GEORGE TUCKER (1775–1861) an die Seite stellen.

Während sich Männer wie Prescott oder Bancroft, beflügelt von den neuen Ideen, der Geschichtsschreibung zuwandten, ging Theodore Parker dazu über, den von den Unitariern eingeschlagenen Weg konsequent weiterzuverfolgen. Seine Kritik an den Überresten orthodoxer theologischer Traditionen konzentrierte sich auf das Wunder im Glauben, das er in romantischer Manier durch das Gefühl ersetzen wollte. Damit löste er praktisch den Transzendentalismus aus, die größte und wohl bedeutendste geistige Revolution Amerikas vor dem *Civil Rights Movement* der sechziger Jahre des 20. Jahrhunderts. Das Ziel dieser sowohl theologisch als auch weltlich wirkenden Bewegung war es, eine »reinere, schönere, göttlichere Gesellschaftsform zu verwirklichen, als sie jemals auf Erden war« (George Ripley). Nach Lüdeke war der Transzendentalismus »ein Glaube, eine Laienreligion, die, vom Kalvinismus durch das Unitariertum erlöst, nun auch das letztere zu überwinden und sich von der Bevormundung durch einen Gottesbegriff überhaupt zu befreien trachtete. Auf philosophischer

Ebene konnte der Transzendentalismus als Protest gegen den Sensualismus Lokkes ... und als eine Betonung des Übersinnlichen im Leben betrachtet werden. In der deutschen idealistischen Philosophie, besonders bei Fichte, Schelling und Schleiermacher, fanden diese Neuengländer Gedankengänge, die ihrem angestammten Puritanismus mit seiner Lehre von der Immanenz Gottes im menschlichen Leben und seiner Betonung des Individuums wahlverwandt erscheinen konnten. Mit dem Begriff des sündigen Menschen warf man auch die Vorstellung vom richtenden Gott über Bord ... und an seine Stelle trat die Vergöttlichung des gesamten Lebens an sich und im besonderen des Menschen in dem Begriff der *Over-Soul*, der Allseele.« Damit war der Mensch in der Lage, ja geradezu aufgerufen, unabhängige Gewissensentscheidungen zu treffen. Die Gewißheit des Individuums, dennoch in Gott zu stehen, erzeugte ein neues Selbstverständnis und damit eine der Voraussetzungen jenes amerikanischen Sendungsbewußtseins, das Emerson 1837 zum Ausdruck brachte, als er erklärte, Amerika werde der Welt bald mehr liefern können als nur Getreide und Maschinen, und forderte: »Auch wir müssen Bibeln schreiben!«

Dieses der Individualität Spielraum lassende Programm wurde zwischen 1836 und 1844 von einer Gruppe von Männern und Frauen diskutiert, die sich in Concord im *Transcendental Club* zusammengefunden hatten und ihre Ideen in der Vierteljahresschrift *The Dial* (1840–1844) verkündeten. Die Mitglieder dieses Symposiums – wie sie ihre Gesellschaft nannten – waren, was Bildung und Herkunft betraf, so verschieden, wie sie nur sein konnten; was sie einte, war die Bewunderung für die deutsche Philosophie und der Geist des aufgeklärten Unitariertums. Anreger dieser Zusammenkünfte war der Theologieprofessor FREDERIC HEDGE (1805–1890), der mit Bancroft in Deutschland gewirkt und sich an der *Harvard University* mit seinem Kollegen CONVERS FRANCIS (1795–1863) um die Vermittlung deutschen Gedankengutes verdient gemacht hatte. Zusammen mit GEORGE RIPLEY gab er die vierzehn Bände der *Specimens of Foreign Standard Literature* (1838–1842) heraus, die vor allem jene deutschen Texte enthalten, auf denen die Philosophie der Transzendentalisten fußte. In seiner Anthologie *The Prose Writers of Germany* (1848) unternahm er den Versuch, seine Landsleute mit der deutschen Literatur vertraut zu machen. Sein theologisch-philosophisches Ziel war ein »himmlisches Königreich auf Erden«, das getragen werden sollte von einer »katholisch-protestantischen Kirche« und einer »Priesterschaft der Guten und Weisen«. Zu den bedeutenden Theologen des Kreises zählte ferner der bereits erwähnte James Freeman Clarke, der sich auch als Kritiker und Übersetzer einen Namen machte.

Eine besondere Rolle spielte der Hausierer und spätere Schulmeister AMOS BRONSON ALCOTT (1799–1888), der die Ideen des Transzendentalismus auf recht eigenwillige Weise auf die Pädagogik zu übertragen suchte und mit seiner Libertinage viel Anstoß erregte. Viele seiner pädagogischen Ideen (u. a. Förderung des selbständigen Denkens, Offenheit in sexuellen Fragen, Lernen als Vergnügen, körperlich-geistige Ganzheitsbildung) eilten ihrer Zeit so weit voraus, daß er die von ihm geleitete *Temple School* in Boston (1834–1839) schließen mußte. Als 1836/37 seine *Conversations with Children* erschienen, bedurfte es der Hilfe des *Clubs*, um ihn vor dem Zorn der Zeitgenossen zu schützen. Von Armut heimgesucht und von Spott verfolgt, gelang es diesem eigensinnigen Autodidakten 1879 endlich, seine lang erstrebte *Concord Summer School of Philosophy and Literature* ins Leben zu rufen, der er bis zu seinem Tod vorstand.

Von ganz anderem Zuschnitt war Alcotts Mitarbeiterin ELIZABETH PALMER PEABODY (1804–1894). Diese Schülerin Emersons hatte mit dem *Record of a School* (1835) ihren Lehrer auf Alcott aufmerksam gemacht und so dazu beigetragen, daß dieser in den Kreis aufgenommen wurde. Sie teilte sein Interesse an den pädagogischen Experimenten und gründete 1860 den ersten Fröbelschen Kindergarten in Amerika. Auch als Unternehmerin stand sie ihren ›Mann‹; in ihrer Buchhandlung fand der Neuengländer deutsche und europäische Literatur, und in ihrer kleinen Druckerei erschienen die ersten Werke ihres Freundes Hawthorne und Arbeiten MARGARET FULLERs (1810–1850). Letztere trug neben Emerson am meisten zum Erfolg des *Club* bei. Auch sie unterrichtete an der Schule Alcotts und legte 1839 eine Übersetzung der Eckermannschen Gespräche mit Goethe vor. Die enge Freundschaft mit Emerson, Hedge und Clarke mag bewirkt haben, daß man sie mit der Herausgeberschaft des *Dial* betraute, als dessen Mitherausgeber Ripley fungierte. Als Kritikerin der *New York Tribune* leistete sie einen wesentlichen Beitrag zur neuenglischen Literaturkritik. Zusammen mit Elizabeth Peabody veranstaltete sie Konversationskurse, aus denen ihr für die amerikanische Frauenbewegung wichtiges Buch *Woman in the Nineteenth Century* (1845) hervorging, das die in Mary Wollstonecrafts *Rights of Women* (1792) aufgestellten Thesen den Bedürfnissen der Zeit anpaßte. Margaret Fuller ging 1846 nach Italien und lernte dort den Grafen Ossoli kennen, der auf der Seite Garibaldis kämpfte. Nach dem Scheitern der Befreiungsaktion verließ sie mit ihrer Familie Italien und fand auf der Heimfahrt bei einem Schiffbruch den Tod.

War es die Absicht Margaret Fullers oder Alcotts, die Ansichten der Transzendentalisten auf theoretischem, ästhetischem oder pädagogischem Gebiet zu verkünden, so bestand der Ehrgeiz George Ripleys unter anderem darin, die sozialen Ideen dieser Gruppe in die Praxis umzusetzen. Vorbilder für ein solches Experiment gab es genug: Owens schottische Kommune in New Lenark (1815), sein Versuch in New Harmony in Indiana (1826) oder die utopisch-sozialistischen »Phalangen« Fourierscher Prägung in Amerika. Obgleich die Erfolge dieser Unternehmungen nicht gerade ermutigend waren, schritt auch Ripley zur Tat und gründete in West Roxbury bei Boston im Jahr 1841 die *Brook Farm*, ein Gemeinwesen, das seine Mitglieder bei körperlicher und geistiger Betätigung aus den Fesseln der herrschenden Gesellschaft lösen sollte. Im Zentrum dieses kollektiven Unternehmens stand die Schule und damit eine pädagogische Zielsetzung. Neben Margaret Fuller, Elizabeth Peabody, Alcott und vielen anderen Transzendentalisten verbrachte auch Hawthorne einen Sommer auf der Farm, die er in seinem Roman *The Blithedale Romance* in einem nicht gerade rosigen Licht erscheinen läßt. Als Ripley 1844 die Institution nach Fourierschem Muster umorganisierte, lockerte sich die Bindung zum *Club*. Der Brand des Jahres 1846 setzte diesem Experiment bald darauf ein Ende.

RALPH WALDO EMERSON (1803–1882) fand an diesem praktischen Experiment wenig Geschmack; sein Feld war die geistige Durchdringung des neuen Denkgebäudes.

Emerson stammte aus einer alten Puritanerfamilie, die ihrer Kirche sieben Generationen hindurch Geistliche gestellt hatte. Nach dem Tod seines Vaters, der an der ältesten Kirche Bostons gewirkt hatte, ging er recht unbemittelt an die *Harvard University*, hörte bei Ticknor und Everett, verdiente sich Geld als Lehrer, um nach kurzem Theologiestudium 1829 in seiner Heimatstadt Boston ein Predigeramt anzutreten. Nach zweijähriger Ehe verlor er 1831 seine Frau. Ein Jahr später legte er sein kirchliches Amt nieder, da er es nicht mit seinem Gewissen vereinbaren konnte, das Abendmahl zu reichen. 1832/33 reiste er erstmals durch Europa, lernte Carlyle, Wordsworth und Coleridge kennen, heiratete 1835 zum zweitenmal und ließ sich in Concord nieder. Sein erstes Buch, *Nature* (1836), wurde kaum beachtet. In dieser Zeit begann er seine Ideen in Vorträgen zu verkünden. Seine Vorlesung *The American Scholar* (1837) nannte O. W. Holmes die »intellektuelle Unabhängigkeitserklärung« Amerikas. Als Emerson ein Jahr später vor Harvarder Theologiestudenten die »Divinity School Address« verlas, unterstellte man ihm, ein gefährlicher Atheist zu sein, und untersagte ihm fast fünf Jahrzehnte, an der *Harvard University* zu sprechen. Seine bedeutendsten Werke entstanden in den Jahren zwischen 1836 und 1860. Erst am Ende dieser Periode war er ein wirklich bekannter Mann: der »Weise von Concord«. In dieser Zeit erschienen Essay-Serien (1841 und 1844), die *Poems* (1847), *Representative Men* (1850), *English Traits* (1856) und *The Conduct of Life* (1860). Die Gedichtbände *May-Day* und *Selected Poems* folgten 1867 und 1876. Am Vorabend des Bürgerkriegs erwies sich der sonst so besonnene Emerson als ein leidenschaftlicher

Gegner der Sklaverei (»Emancipation in the British West Indies«, 1844; »The Fugative Slave Law«, 1851; »The Emancipation Proclamation«, 1862). Als Mitbegründer des *Saturday Club* war er einer der stärksten moralischen Stützen Lincolns. Die Einladung zu Vorlesungen, die Verleihung der Ehrendoktorwürde und die Wahl in den Aufsichtsrat der *Harvard University*, die ihm 1837 die Tür gewiesen hatte, waren späte Triumphe für den nun zurückgezogen lebenden Emerson.

Wenn der »Weise von Concord« schließlich der Wegbereiter, ja Philosoph der materialistisch orientierten amerikanischen Gründermentalität wurde, so lief das auf das Gegenteil dessen hinaus, was er eigentlich erstrebt hatte. »Was unter uns gewöhnlich Transzendentalismus genannt wird, ist Idealismus«, erklärte er und ließ keinen Zweifel daran, daß ihm »Bewußtsein« mehr als Schein einer »äußeren Welt«, die »Kraft des Gedankens« mehr als die »Macht der Umstände« bedeuteten.

Diese idealistische Weltanschauung prägte seine Lehre, in deren Mittelpunkt das befreite Individuum steht: »Die Welt ist nichts, der Mensch ist alles.« Damit der Mensch zu dieser Erkenntnis komme, bedarf es jenes echten Selbstvertrauens, das Emerson seinen Zeitgenossen einzuhämmern suchte. »Erkenne dich selbst«, forderte er, »und studiere die Natur«, um schließlich zu verheißen: »In dir selbst liegt das ganze Gesetz der Natur.« Weil aber die Welt ohne den Menschen nichts sei und der Mensch nach Emerson aus seinem Willen bestehe, ist es nur logisch, daß er im Gegensatz zu seinen meisten Gefährten die gesellschaftlichen Bindungen des Menschen an die nun einmal vorhandenen Realitäten mit einem euphorischen Optimismus ignorierte. Da sich der Mensch auf dem Weg zur Vollendung befinde, spielte für Emerson das Böse keine große Rolle. Diese Einseitigkeit haben manche seiner Freunde durchaus empfunden, und Carlyle mahnte 1844: »Immer wieder muß ich Ihnen vorwerfen, daß Sie Selbstgespräche auf den ewigen Berggipfeln führen … Und ich möchte Ihnen sagen: Steig zu uns hernieder und hilf uns! … komm herunter und gib uns Lebensbilder, Leidenschaften und Taten.«

Diesen Rat hat Emerson eigentlich nur im Zusammenhang mit der Sklavenfrage beherzigt. Sonst war er kein Mann der praktischen Tat. Als Puritanersproß glaubte er an die Macht der im Wort verkörperten Idee. Gar so sehr, wie Carlyle meinte, hat aber auch der Philosoph Emerson nicht über den Wolken geschwebt, denn alle seine Aphorismen und die meisten unter seiner Herausgeberschaft im *Dial* erschienenen Beiträge waren dazu geeignet, den Menschen zur Tat anzuregen. Allein seine Predigt über den Menschen, die später in der Lyrik Whitmans so eindringlich wiederholt werden sollte, hat wesentlich dazu beigetragen, die schöpferische Initiative des Individuums, aber auch seinen Egoismus zu mobilisieren. Letzteres war von Emerson nicht beabsichtigt, sondern ein Nebenprodukt seines romantischen Glaubens an das Gute im Menschen.

Gerade dieser optimistische Zug seiner Lehre dürfte das Geheimnis ihrer Wirkung enthalten. Schon in seiner Frühschrift *Nature* singt er das Hohelied der All-Seele des Menschen, der zu seiner eigentlichen Bestimmung im göttlichen System der Natur zurückfindet. Das ist das Credo der Transzendentalisten. Emerson hat diese Erkenntnis in unzähligen Schriften auf verschiedene Lebensgebiete angewendet. So in dem berühmten Vortrag »The American Scholar«, der in der Forderung gipfelt, sich von belastenden Traditionen und Einflüssen zu befreien, und der Überzeugung Ausdruck verleiht, Amerika werde auch auf geistigem Gebiet Großes leisten. Sein Verhältnis zur Vergangenheit und zum Tradierten war kritisch: »Das eine, was man gebildeten Leuten nicht verzeihen soll, ist der Glaube an die Gedanken anderer.« Diese Betonung der Individualität und der unabhängigen Urteilsfindung mußte bei konsequenter Anwendung auf den theologischen Bereich selbst Unitarier schrecken und zu einem Zusammenstoß mit dem institutionalisierten Glauben, also der Kirche führen. Dies geschah, als Emerson in seiner »Divinity School Address« angehende Theologen aufforderte, die religiösen Wahrheiten in der Natur und nicht in der Kirche zu suchen. Damit stellte er *de facto* die Rolle des Geistlichen und der Kirche in Frage. Die Theologen erkannten sehr richtig, daß ihnen in der Lehre Emersons – der übrigens zeitlebens ein tiefreligiöser Mensch war – Gefahr erwuchs, da hier zuviel des Zweifels gefordert wurde. Und sicher war es nicht ganz falsch, wenn sie meinten, daß ein Individuum Emersonscher Prägung das letzte Glück nur in der Anarchie finden könne.

Zudem war diese Lehre alles andere als statisch. Mit Hegel teilte Emerson zwar die Ansicht, daß die Geschichte ein Fortschreiten des Weltgeistes sei, betonte aber, daß man nichts dem Selbstlauf überlassen solle. »Der Mensch wurde zum Kampf geschaffen, nicht zur Ruhe ... Der wahrste Seelenzustand, wenn man darin verharrt, wird zur Unwahrheit.«

Diese Grundstimmungen klingen in allen seinen aus Vorträgen hervorgegangenen Essays an: sei es im ersten Band (1841), in dem sich die Betrachtungen »History«, »Self-Reliance«, »The Over-Soul« oder »Intellect« finden, sei es in der zweiten Serie (1844), in der wir auf die Stücke »The Poet«, »The Character«, »Nature« oder »Politics« stoßen.

Unter diesen Umständen nimmt es nicht wunder, daß Emerson in seinen Essays über den Philosophen Plato, den Mystiker Swedenborg, den Skeptiker Montaigne, den Poeten Shakespeare, den Mann der Welt Napoleon und den Schriftsteller Goethe, wie wir sie in dem Band *Representative Men* finden, Symbolgestalten möglichen Menschseins präsentiert. Diese vorher in Boston, London und Manchester gehaltenen Vorträge mögen von Carlyles *On Heroes, Hero-Worship, and the Heroic in History* (gedruckt 1841) inspiriert worden sein. Nietzsche hat diese evolutionären Charakterstudien aufmerksam gelesen und dürfte hier Anregung oder Bestätigung für seine Idee vom Übermenschen gefunden haben.

Wesentlich ›realistischer‹ sind die während eines zweiten Englandaufenthaltes entstandenen Vorträge, die unter dem Titel *English Traits* erschienen. Seine Betrachtungen über »Land«, »Race«, »Manners«, »Aristocracy«, »Universities«, »Religion« oder »The Times« gehören in ihrer Ausgewogenheit und der verständnisvollen Interpretation des englischen Wesens zu den besten Darstellungen der britischen Lebensart um die Mitte des 19. Jahrhunderts. Sein Band *Conduct of Life*, in dem wir zum Teil ältere, unter dem Eindruck der Englandreise entstandene Essays finden, zeigt erste Anzeichen einer philosophischen Resignation. In »Wealth« und in »Power« hat sich Emerson mit den Gegebenheiten, für die auch seine Forderungen mitverantwortlich wurden, arrangiert. In »Culture«, »Behavior« oder »Worship« sucht er zu retten, was unter den ›kapitalistischen‹ Bedingungen der Gründerjahre zu retten blieb.

Der Philosoph Emerson war weder ein Gelehrter im klassischen Sinne des Wortes noch gar ein Systematiker. Im Widerspruch zu seinen eigenen Forderungen begnügte er sich in seinen Studien nicht selten damit, Ansichten aus zweiter Hand zu beziehen. Erst spät lernte er Deutsch, um Goethe im Original lesen zu können. Plato, Augustinus, Swedenborg, die indische und persische Literatur nahm er hin, wie sie sich in englischen Übersetzungen boten und – so will es scheinen – wie sie ihm gerade in die Hände fielen. Im Grunde ist Emerson ein genialer, weil schöpferischer Eklektiker, der von überall her seine Anregungen bezog und sie in sein Denkgebäude in der ihm jeweils nützlich erscheinenden Weise einbaute.

Dieser Form des Studiums entsprach seine Art, Gedanken zu Papier zu bringen. Sie vermittelt zuweilen den Eindruck, als habe Emerson sein im ganzen prächtiges Gebäude ohne Wasserwaage und Senkblei errichtet. Der Weg des Gedankens vom Tagebuch über den Vortrag bis hin zum Essay ist gut zu verfolgen. Diese Schaffensweise verleiht dem Gesamtwerk Emersons etwas Aphoristisches, Fragmentarisches. Emerson selbst hat das auch gesehen, denn er schrieb 1838 an Carlyle: »Da sitze ich und lese und schreibe, mit sehr wenig System, und was das Schreiben betrifft, ist das Ergebnis lauter Stückwerk: Absätze, die sich nicht zusammenpressen lassen, jeder Satz ein unendlich abstoßendes Teilchen.« Und richtig hatte er erkannt: »Ein einzelner Gedanke besitzt einen unabsehbaren Wert.« In diesem Punkt wird seine Verwandtschaft mit Franklin offenbar. Mit einer Fülle einzelner Gedanken, deren wichtigste zuweilen in Nebensätzen verborgen sind und die sich jedem Versuch einer auch nur annähernd erschöpfenden Darlegung entziehen, haben der Pragmatiker Franklin und der Transzendentalist Emerson – jeder auf seine Weise – den Charakter einer Nation mitgeformt. Nicht das ›System‹, sondern der sentenzhafte, knappe Gedanke erreichte den weniger zum Abstrahieren neigenden Durchschnittsbürger.

Als Dichter hat Emerson diese Wirkung nicht erzielen können. Die Lehrhaftigkeit seiner Essays, die auch in seine Poesie Eingang findet, nimmt ihr den Hauch des Lyrischen, und Schirmer bemerkt, viele seiner Gedichte seien lediglich »versifizierte Fassungen seiner Essays« (vgl. die seine Essays »Love« und »Friendship« begleitenden Gedichte »To Rhea« und »The Visit«). Eigentlich hätte ein Mann wie Emerson, der jede Erscheinungsform als Symbol zu sehen in der Lage war, auf ebendiese Weise große Poesie schreiben müssen. Ihm gebrach es, wie er selbst sagte, an den »animal spirits«, an der Sinnlichkeit der Wahrnehmung, die gerade in der Naturpoesie oder in der Liebesdichtung so entscheidend sind. Abgesehen von einigen Beispielen interessanter Symbolik – etwa in »Woodlands II« – überwiegt schwere und zähe Gedankenlyrik (»The Problem«, »The World Soul« oder »Terminus«). Auch seine berühmte »Concord Hymn« ist nicht frei von Abstraktionen, die ihren wirksamen poetischen Ausdruck in der sentenzenhaften Form finden, wie sie uns in den kurzen Gedichten »Eros«, »Days« oder »Brahma« begegnet. Didaktik und ethische Überfrachtung erzeugen, wie ein Amerikaner einmal sagte, nur Licht, aber keine Wärme. Hinzu kommt, daß seine Verse letztlich wenig originell sind. Sein Feld war der Essay. Hier kam die Macht seiner Worte voll zur Geltung, hier war er Lehrer und Prophet zugleich. Und zu Recht konnte er von sich sagen: »As the birds trims her to the gale, / I trim myself to the storm of time / I man the rudder, reef and sail …«. Bereits in seiner »Divinity School Address« heißt es: »Das Alte ist für Sklaven, nun wollen wir leben … nicht das Leichentuch der Vergangenheit nachschleppend, sondern als Verkünder und Schöpfer unseres Zeitalters.«

Emersons Mahnung, sich auf das Menschsein zu besinnen und das Leben unter diesem Vorzeichen neu zu beginnen, hat insbesondere sein Schüler HENRY DAVID THOREAU (1817–1862) beherzigt. Sein Verdienst war es, daß die Ideen des Transzendentalismus – so wie es Carlyle forderte – auch zu Leitbildern des gesellschaftlichen Lebens umgeprägt wurden.

Thoreau nannte sich selbst einen »Lehrer, Erzieher, Geometer, Gärtner, Bauern, Maler, Zimmermann, Tagelöhner, Bleistiftfabrikanten, Schriftsteller und (ein) Dichterlein«, aber auch einen »Mystiker, Transzendentalisten und Naturphilosophen«. Er war der Sohn eines Bleistiftfabrikanten aus Concord, dessen Vorfahren von den Kanalinseln über den Atlantik gekommen waren. Seine Mutter war schottischer Abkunft. Thoreau studierte an der *Harvard University* (u. a. bei Channing), lernte Emerson kennen und wirkte von 1837 an als Lehrer in Concord. Er las Griechisch, Latein, Deutsch, Französisch, Italienisch und etwas Spanisch. In den Jahren 1841–1843 lebte er in Emersons Haus, fand Zugang zum *Transcendental Club* und wurde ständiger Mitarbeiter des *Dial.* Nur selten verließ er seine engere, von ihm gründlich durchwanderte Heimat; abgesehen von einer Reise in das nahe Kanada hat er die USA nie verlassen. Nach einem kurzen Zwischenspiel als Erzieher im Hause von Emersons Bruder auf Staten Island, New York, kehrte er nach Concord zurück, errichtete sich am Walden-See ein Blockhaus, um hier vom Sommer 1845 bis zum Herbst 1847 sein »Leben in den Wäldern« zu führen. 1849 erschien *A Week on the Concord and Merrimack Rivers* und »Civil Disobedience«, 1854 *Walden; or, Life in the Woods*. Thoreau zählte zu den entschiedensten Gegnern der Sklaverei (»Slavery in Massachusetts«, 1854, u. a.). In seinen letzten Lebensjahren verschlechterte sich das Verhältnis zwischen Emerson und ihm, den nun eine enge Freundschaft mit seinem ersten Biographen, dem Dichter William Ellery Channing, verband. Thoreau starb an Tuberkulose.

Zu den posthum erschienenen Schriften zählen: »Life without Principle« (1863), *Excursions in Field and Forest* (1863), *The Maine Woods* (1864), *Cape Cod* (1865) und *A Yankee in Canada* (1866). Die erste Auswahl seiner Gedichte erschien 1895 unter dem Titel *Poems of Nature*, die zwanzig Bände umfassende *Walden-Edition*, von der vierzehn mit den Tagebüchern gefüllt sind, 1906. Carl Bode veranstaltete 1943 eine Ausgabe *Collected Poems*, in die alle »erreichbaren Stücke« aufgenommen wurden.

Es hätte nicht erst des Mexikanischen Krieges und der Auseinandersetzung um die Sklavenfrage bedurft, um Thoreau mit der gesellschaftlichen Wirklichkeit in Berührung zu bringen. Im Gegensatz zu Emerson war er stets unmittelbar an den sozialen Problemen seiner Zeit interessiert. Dies mag daran gelegen haben, daß er sich bei aller auch bei ihm anzutreffenden Naturmystik nicht nur auf die Wahrheit eines reinen Gedankens, sondern auch auf die bei der Beobachtung der Natur gemachten Erfahrungen, mithin auf die Wirklichkeit stützte. Diese Methode trug dazu bei, den Transzendentalismus auf das Gebiet der Soziologie zu übertragen und praktisch-politisch umzusetzen. Gerade darin aber ist er – ungeachtet der auch ihm eigenen utopischen Denkweisen – einen entscheidenden Schritt weiter gegangen als sein Lehrmeister Emerson. Von ihm jedoch übernahm er die Art zu schreiben. Seit seinem siebzehnten Lebensjahr führte Thoreau Tagebuch, und viele der darin festgehaltenen Gedanken gingen ein in die Vorträge und Essays, deren Form er meisterhaft beherrschte. Auch Thoreau ist somit ein Mann des kürzeren Gedankens mit einer Neigung zum Fragmentarischen.

Thoreaus Eigenbrötlerei trug dazu bei, daß man ihn aus der Ferne als einen Vertreter der spätromantischen Weltflucht einschätzen konnte. Dieses Urteil enthält noch nicht einmal die halbe Wahrheit. Richtig ist, daß er die Forderung nach Individualität von allen Transzendentalisten am ernstesten nahm und auf sein eigenes Leben anzuwenden suchte. Er hat darüber seine Karriere vernachlässigt und sein Leben im Blockhaus dem auf der *Brook Farm* vorgezogen. In seiner Ethik orientierte er sich letztlich am kategorischen Imperativ; in der institutionalisierten Gesellschaft sah er den Todfeind der Emanzipation des Individuums. »Mein Leben ist ehrbarer und freier als jede ehrbare Regierungsform«, sang er in dem Gedicht »Independence« und fügte hinzu: »Aber eine freie Seele kann sich – Gott sei Dank – selbst helfen.« Diese Betonung der staatsbürgerlichen Individualität, die anarchisch erscheinen mag, mußte zu einem Zusammenstoß mit der Staatsgewalt führen. In seiner Schrift *Civil Disobedience*, die zuerst unter dem Titel *Resistance to Civil Government* erscheinen sollte, vertritt er folgende Überzeugung: »Jene Regierung ist die beste, die am wenigsten regiert.« Dieser Essay hat Mahatma Gandhi 1907 zu seiner Politik des passiven Widerstands inspiriert. Auch der posthum erschienene Essay »Life without Principle« befaßt sich mit der Moral des Bürgers in seiner Gesellschaft.

Mehrfach gab Thoreau deutlich zu verstehen, daß sein Leben am Walden-See nicht mit einem Rückzug aus dem Leben gleichzusetzen sei. »Ich ging in die Wälder, weil ich mit Überlegung leben, nur den wesentlichen Tatsachen des Lebens die Stirn bieten und sehen wollte, ob ich nicht lernen könne, was das Leben zu lehren hatte.« Tatsächlich hat er in den zwanzig Monaten des Blockhüttendaseins stets in engem Kontakt zu seinen Freunden gestanden.

Der Bericht über jene Zeit, den er in *Walden* vorlegte, verbindet in den einzelnen Essays Naturbeobachtung mit soziologischen Überlegungen vielfältiger Art. Hier, wie in den meisten seiner Schriften, predigt er die Rückkehr des von Industrialisierung und Entfremdung bedrohten Menschen zu einer naturgemäßen Lebens- und Arbeitsweise. Kein Wunder, daß *Walden* in der Zeit vor Marx ein Hausbuch der englischen Arbeiterbewegung wurde. Auf jeden Fall sah er die Welt um vieles nüchterner und realistischer als sein Meister. In der Natur interessierten ihn nicht nur wirkender Geist und webende Ideen, sondern auch die äußeren Erscheinungen, die er so präzise und sachlich wie möglich zu beschreiben suchte. Sein Freund Channing konnte ihn deshalb treffend einen »poet naturalist« nennen. »Der Körper, die Sinne müssen mit dem Geist zusammenwirken«, schrieb Thoreau. Ihm war die Natur ein auf Empirie begründetes Erlebnis, aus dem er soziologische Belehrungen ableitete. So unterscheiden sich Ausgangs- und Endpunkt seines Denkens wesentlich von der sehr viel stärker romantisch beeinflußten Denkweise seiner Concorder Bekannten. Er blieb erdverhafteter.

Der Dichter Thoreau wurde von den Zeitgenossen kaum beachtet und war so gut wie vergessen, als man ihn um die Mitte des 20. Jahrhunderts wiederentdeckte. Sehr bald nach seiner Harvarder Zeit begann Thoreau Homer und Aischylos zu übersetzen und zeigte großes Interesse an Milton, Herbert und den *metaphysicals* sowie vedischem Gedankengut. Seine Verse muteten indes in seiner Zeit roh und ungefüge an. Gerade aber die Symbiose von Sinnlichem und Gedanklichem, der man etwa in »Low in the Eastern Sky« oder »I am a Parcel of Vain Striving Tide« begegnet, spricht in ihrer Bildhaftigkeit den modernen Menschen an. Scudder zitiert: »Thoreau wie Emily Dickinson ... nehmen den kühnen Symbolismus, den ätherischen Impressionismus, den harten Realismus und die rohe Uneinheitlichkeit der Lyrik des 20. Jahrhunderts vorweg.« Damit setzte eine Neubewertung der Lyrik Thoreaus ein. Die von ihm vertretenen sozialen Aspekte des Transzendentalismus behielten ihren bedeutenden – historischen – Wert. Seine Lyrik aber und die in *A Week on the Concord and Merrimack Rivers* geschaffene subtile impressionistische Prosa mußten erst zu neuem Leben erwachen.

Abgesehen von der wieder stärker beachteten Poesie und Prosa Thoreaus hat der engere Kreis der Transzendentalisten wenig die Zeiten überdauernde Vers- oder Prosadichtung hinterlassen. Diese Gruppe war von ihrer Mission offenbar so durchdrungen, daß sie den Geistlichen SYLVESTER JUDD (1813–1853) als einen großen Romancier feierte. Tatsächlich spiegeln seine Bücher die Ideen der Transzendentalisten. *Margaret, A Tale of the Real and Ideal* (1845) schildert ein ideales christliches Gemeinwesen, wie es sich wohl manche Mitglieder des *Club* gewünscht hätten. Der zweite Roman *Richard Edney and the Governor's Family* und das didaktische Gedicht »Philo, an Evangeliad« (beide 1850) variieren die Ideen seiner Gefährten, ohne jedoch Beispiele großer Komposition zu sein, und so verblaßte sein Ruhm schon bald.

Zur gleichen Zeit zeigte NATHANIEL HAWTHORNE (1804–1864) mit seinem Roman *The Scarlet Letter*, wie die literarische Unabhängigkeit errungen werden konnte.

Hawthorne stammte aus einer der ältesten puritanischen Familien Neuenglands. Sein amerikanischer Urahn, William Hathorne aus Binfiled in Berkshire, war 1630 mit John Winthrop in die Neue Welt gekommen. Des Dichters Vater war Kapitän und starb 1808 in Surinam. Da er seine Familie in recht bescheidenen Verhältnissen zurückließ, wurde Nathaniel von einem gebildeten Onkel erzogen, in dessen Bibliothek er u. a. Milton, Spenser und Bunyan las. 1821–1825 besuchte er das *Bowdoin College*, wo er seine Freunde Longfellow, Bridge und den späteren Präsidenten Pierce kennenlernte. Hawthorne betrieb kein Brotstudium, sondern kehrte in das Haus seiner Mutter zurück, wo er sich zunächst sehr abkapselte, das Haus zuweilen nur in der Dunkelheit verließ und ganz seinen schriftstellerischen Neigungen lebte. Anonym veröffentlichte er Skizzen und Erzählungen und brachte im Selbstverlag den Roman *Fanshawe* (1828) heraus, von dem er später alle erreichbaren Exemplare vernichten ließ. Auf Anregung und mit finanzieller Unterstützung seines Freundes Bridge erschienen 1837 die *Twice-Told Tales* (1842 zu zwei Bänden erweitert). Seine Verlobung mit Sophie Peabody, einer Schwester Elizabeths, führte ihn mit Emerson, Thoreau, Margaret Fuller und anderen Mitgliedern des *Club* zusammen. Bancroft verschaffte ihm 1839 das Amt des Wiegemeisters im Hafen von Boston, das er 1841 wieder verlor. Im Jahr darauf heiratete er Sophie und ließ sich im alten Pfarrhaus zu Concord nieder. Einen Teil seiner geringen Ersparnisse hatte er in die *Brook Farm* investiert, obwohl sein Verhältnis zu diesem Experiment keineswegs innig war. 1846 erschien der Band *Mosses from an Old Manse*. Als Parteigänger der Demokraten wurde er 1846 Hafeninspektor in seiner Heimatstadt Salem, mußte aber das Feld räumen, als 1849 ein politischer Wechsel eintrat. Mit *The Scarlet Letter* (1850) gewann er nicht nur Ruhm, sondern auch die finanzielle Unabhängigkeit, die es ihm ermöglichte, in Lenox, Massachusetts, der Literatur zu leben. In diesen glücklichen Jahren entstanden die Romane *The House of the Seven Gables* (1851) und *The Blithedale Romance* sowie der Band *The Snow – Image and Other Twice-Told Tales* (beide 1851). Danach siedelte er wieder nach Concord über, um die Wahlkampagne seines Freundes Pierce zu unterstützen, der diesen Einsatz mit dem Amt des Konsuls von Liverpool honorierte, das Hawthorne von 1853 bis 1857 wahrnahm. 1857–1860 bereiste er England, Frankreich und Italien. Als er in die USA zurückkehrte, verstand der auf Ausgleich bedachte Schriftsteller seine auf den Bürgerkrieg zutreibende Heimat nur noch schwer. Von Krankheit und Gram gebeugt, veröffentlichte er den noch in Europa geschriebenen Roman *The Marble Faun* (1860) sowie sein Englandbuch *Our Old Home* (1863) und hinterließ bei seinem Tod vier unvollendete Romane. Seine Tagebücher *American Notebooks*, *English Notebooks* und *French and Italian Notebooks* wurden von seiner Frau zwischen 1868 und 1871 posthum ediert.

Immer wieder ist versucht worden, Hawthorne einer der zu seiner Zeit wirkenden Strömungen zuzuordnen, und jeder Versuch zeigt, daß seine überragende Stellung in der amerikanischen Literatur mit den tradierten Kategorien nicht zu umreißen ist. Er galt als Puritaner und Überwinder des Puritanismus, als Transzendentalist und als Kritiker dieser Schule, als Romantiker und als Realist, als Mann, dem die Schauerromantik vertraut und der dem Klassizismus verpflichtet war. All das ist richtig, beweist aber auch, daß Hawthorne die Kraft besaß, inmitten dieser Strömungen eine selbständige Position zu erringen und zu bewahren.

Dennoch sollte Hawthorne mehr noch als manch anderer neuenglischer Zeitgenosse auf dem Hintergrund seiner puritanischen Herkunft gesehen werden. In der Einleitung zum *Scarlet Letter* lesen wir: »Doubtless, however, either of these stern and black-browed Puritans would have thought it quite a sufficient retribution for his sins that ... the old trunk of the family tree ... should have borne ... an idler like myself. No aim, that I have cherished, would they recognize as laudible ... ›What is he?‹ murmurs one grey shadow of my forefathers to the other. ›A writer of story-books! ... Why, the degenerate fellow might as well have been a fiddler.‹ ... And yet, let them scorn me as they will, strong traits of their nature have intertwined themselves with mine.«

Sein romantisches Interesse an der Vergangenheit seiner Familie, seiner angestammten Glaubensgemeinschaft, seiner engeren Heimat, seine Überzeugung, die Einzelseele sei Teil der Weltseele, mündeten in Grübeln über Schuld und Sünde, Reue und Sühne. Damit aber wurde für ihn die äußere Welt nur Lieferant des Rohmaterials, hinter dessen Erscheinungsformen die moralische Welt zu suchen war. Sie wiederum offenbarte sich für Hawthorne im Gewissenskonflikt. Und hier erhielt die Sünde, auch die Erbsünde, eine neue Funktion, sie wurde eine seelenverwandelnde, läuternde Macht. Damit aber verlagerte sich im Werk Hawthornes – wie auch Poes – die noch bei Cooper die Fabel bestimmende äußere Handlung auf eine neue Ebene. An die Stelle der Tat, die beim Einsetzen seiner *plots* bereits vollzogen ist, tritt das innere Erleben. Somit kann sich Hawthorne einen ›psychologischen‹ Romancier nennen. Er hat sich als Sittenlehrer gefühlt. Die seinen Fabeln immanente Moral entbehrt jeder Penetranz, zumal sie in der Allegorie aufscheint. Der Leser kann seine Romane mit dem Gefühl aus der Hand legen, zu einem selbständigen Urteil aufgerufen worden zu sein. Im Rahmen dieser weitgehend auf die Darstellung innerer Konflikte gerichteten Gestaltungsweise sind Geschehen und Charaktere durchaus realistisch gezeichnet. Hier steht er in einer Reihe mit Balzac, Dickens und Trollope. Seine Bilder sind klar, eindeutig, seine Figuren haben unverwechselbare Profile. Dieser realistische Einschlag im Werk eines Schriftstellers, der weniger Seher denn Deuter war, ist die Folge einer bewußt gepflegten Wortökonomie, seiner an den großen Essayisten des 18. Jahrhunderts geschulten Sprache. Form und Inhalt sind bei ihm aus einem Guß. Fragmentarisches, wie wir es bei vielen Zeitgenossen finden, gibt es bei ihm nicht. Wie kaum ein anderer übte er Selbstkritik, und es ist bekannt, daß er viele seiner frühen Arbeiten vernichtete, da sie ihm nicht vollendet genug erschienen.

Hawthornes Thema ist der Umbruch Neuenglands, die Bewältigung einer Vergangenheit, von der er sich belastet fühlte und die er zugleich als Verpflichtung empfand. Das zeitlose Thema von Schuld und Sühne ist historisch eingekleidet, wie es Hawthorne in den Chroniken und Überlieferungen der Puritaner fand. Historische Fabeln im damals gültigen Sinn des Wortes aber wollte er nicht schaffen, sondern Bilder des Ringens des Menschen um eine allgemeingültige Moral. Wenn er dabei häufig zu Urteilen über die Unmenschlichkeit von Puritanern kommt, so sind diese Verdikte Nebenprodukte einer Seelenforschung, der die in einem puritanischen Umfeld spielende Handlung als Vehikel dient. Hawthorne hätte die sich im Puritanismus manifestierende Kluft zwischen moralischer Theorie und gelebter Praxis in jeder beliebigen Gesellschaft aufspüren können. Die Tatsache aber, daß er es vorzog, das ›eigene Nest zu beschmutzen‹, beweist, mit welchem Ernst er sein Verhältnis zu den von ihm hochgeachteten Ahnen zu überdenken versuchte. Damit trug der Puritanersproß Hawthorne dazu bei, den orthodoxen Puritanismus auf dem Gebiet der Literatur zu überwinden.

Es hieße aber sein Werk einseitig zu interpretieren, wollte man sich dabei ausschließlich auf den puritanischen Hintergrund beziehen. Henry James machte darauf aufmerksam, daß Hawthornes Wesen in seinem »sense of sin« bestehe, und tatsächlich geht er vornehmlich den moralischen und psychologischen ›Störungen‹ des ethischen Gleichgewichts in den menschlichen Bezeihungen nach. Dies sind Themen für die Satire, aber der ›Klassizist‹ Hawthorne nutzte diese Form fast nie und läßt selbst in seinen Tagebüchern die Tendenz zu Parabeln, Allegorie und Symbolik erkennen.

Emersons Forderung »Erkenne dich selbst« findet in den Werken Hawthornes ihren exemplarischen Niederschlag. Er suchte die zwischenmenschlichen Beziehungen der Heuchelei zu entkleiden, um auf diese Weise die Selbsterkenntnis zu fördern. So predigt sein Geistlicher (»The Minister's Black Veil«) von »verborgener Sünde und jenen traurigen Geheimnissen, die wir vor denen verbergen, die uns am nächsten und am teuersten sind, die wir ganz aus dem Bewußtsein verbannen möchten, ganz vergessend, daß der Allwissende sie aufdecken kann«. Diese Seelenstudien lassen Hawthorne zu einem anderen Ergebnis in der Beurteilung der menschlichen Entwicklungsgeschichte kommen als Emerson. Im Grunde seines Herzens bleibt Hawthorne Skeptiker, ja Pessimist. »Ich schaue mich um und sehe vor jedem Antlitz einen schwarzen Schleier!« Kein Wunder, daß ihm bei einer solchen Welt-Erkenntnis von allen Transzendentalisten Thoreau am nächsten stand.

Über die Hälfte der in den *Twice-Told Tales* enthaltenen Erzählungen war bereits vorher anonym oder unter Pseudonym in Zeitschriften erschienen, da sich für die 1830 geplante Sammlung *Provincial Tales* kein Verleger gefunden hatte. Sie stehen am Anfang einer Serie von rund hundert Erzählungen und Skizzen, die Hawthorne geschrieben hat. Neben Skizzen und Essays aus dem Alltagsleben im Stil Goldsmiths und Irvings (»Sights from a Steeple«, »Sunday at Home«, »Buds and Bird-Voices«, »My Visit to Niagara«, »Old Ticonderoga« u. a.) finden wir Satire (»The Hall of Phantasy«), Humoreske (»The Celestical Railroad«) oder an Poe gemahnende Groteske (»Wakefield«). Im Zentrum seiner Werke aber stehen symbolbeladene Stücke: »The Minister's Black Veil« behandelt das Sündenbewußtsein, »Roger Malvin's Burial« die Reue, »Young Goodman Brown« den Verlust des Glaubens, »The Ambitious Guest« das Ende eines von Ehrgeiz Getriebenen und »Rappaccini's Daughter« den Frevel intellektueller Überheblichkeit. Diese Form der Allegorie spielt in den in der Frühgeschichte Bostons angesiedelten Erzählungen eine wichtige Rolle. So wird in »The Gentle Boy« von der grausamen und in allen Einzelheiten belegbaren Verfolgung einer Quäkerfamilie berichtet, von den Leiden und dem Tod eines Jungen, dem man die Eltern nahm. In »Maypole of Merry Mount« schildert Hawthorne die Unterdrückung der Lebensfreude durch Puritaner, die aber schließlich vor der Liebe eines jungen Paares kapitulieren. Der Ton, mit dem diese Geschichte ausklingt, macht deutlich, daß Hawthorne keineswegs ausgezogen war, den Puritanismus kritiklos zu verbannen. Die Erzählungen »The Grey Champion« oder »Endicott and the Red Cross« zeigen patriotische Puritaner, die sich vorteilhaft von ihren englischen Gegenspielern abheben. Dort, wo der puritanische Kampf um die Unabhängigkeit anklingt, tritt die Kritik an den Vorfahren zurück.

Die durch ihre Geradlinigkeit und Dichte bestechenden Erzählungen, die Poe Musterbeispiele ihrer Gattung nannte, gehören zu den größten Leistungen Hawthornes. Hier ist kein Wort zuviel, die Themen werden mit hoher Konzentration behandelt. Insbesondere die symbolischen Erzählungen – seien sie historisch oder nicht – können als Vorstufen für die großen Romane Hawthornes gewertet werden. In ihnen spielt das Schuld-und-Sühne-Thema eine dominierende Rolle. Wenn Emersons *The American Scholar* als die intellektuelle Unabhängigkeitserklärung Amerikas bezeichnet wurde, dann ist es erlaubt, *The Scarlet Letter* die literarische zu nennen.

Im Vorwort erwähnt der Autor, er habe in seinem Zollhaus den roten Buchstaben A (Adulteress = Ehebrecherin) gefunden und sei der Geschichte dieses Buchstabens nachgegangen. Bereits in »Endicott ...« wird auf dieses Thema hingewiesen.

> Die schöne, junge Hester Prynne wird in Salem an den Pranger gestellt und dazu verurteilt, das rote A zu tragen. Sie hatte das Mädchen Pearl zur Welt gebracht, obgleich ihr Gatte, ein alter Arzt, seit Jahren verschollen war. Da sie den Namen

> ihres Geliebten nicht preisgibt, wird sie von der Gemeinde verstoßen. An dem Tag, da sie am Pranger steht, kehrt ihr Mann – von anderen nicht mehr erkannt – als Roger Chillingworth zurück. Chillingworth nähert sich dem jungen Geistlichen Dimmesdale, dem Vater Pearls, weidet sich an der Furcht Hesters und quält ihren Liebhaber, bis dieser an seiner Schande zugrunde geht. Hester aber triumphiert letztlich deshalb über Peiniger und Sünde, weil sie durch ihren reinen Altruismus die Anerkennung der Mitmenschen gewinnt. Nicht sie, die Sühnende, sondern die brüchige Moral der Puritaner steht schließlich am Pranger.

Bezeichnend für Hawthorne ist, daß ihn nicht so sehr die Tat interessiert – sie liegt beim Einsetzen der Handlung bereits lange zurück –, sondern die sich aus ihr ergebenden Folgen. Die Sünde Hesters und Dimmesdales wurde zum einen aufgehoben durch die Liebe Hesters zu Pearl und die tiefe Reue Dimmesdales. Der Dämon Chillingworth, nach Moral und Sittenkodex im Recht, begibt sich dieser Position in dem Augenblick, da er sich anschickt, Hester und Dimmesdale gleichsam an Stelle Gottes zu richten. Er ist der einzige, der nicht auf Erlösung hoffen kann. Damit löst Hawthorne die zum Schein gewordene Moral aus ihrem orthodoxen Kodex und führt sie wieder ihrer humanitären Bestimmung zu. Diese Korrektur an den puritanischen Moral-Normen ist in ihren Auswirkungen auf die amerikanische Literatur nicht zu überschätzen.

Das biblische Thema der noch die Enkel treffenden Sünden der Vorväter bildet den Rahmen des Romans *The House of the Seven Gables*.

> Colonel Pyncheon verurteilt Wizard Maule in einem Hexenprozeß zum Tode und eignet sich dabei den Grund an, auf dem er sein Haus der Sieben Giebel errichtet. Sterbend verflucht Maule die Pyncheons. Die Familie ist nun gezeichnet. Der Oberst stirbt an dem Tag, an dem das Haus fertig ist. Noch zweihundert Jahre später wirkt der Fluch. Clifford Pyncheon wird beschuldigt, seinen reichen Onkel umgebracht zu haben, und muß für dreißig Jahre in den Kerker. Seine altjüngferliche Schwester Hepzibah betreibt ein kleines Geschäft. Allein der Richter Jaffrey Pyncheon vermag mit seiner angesehenen Stellung noch anzudeuten, daß seine Familie einst zur ›Aristokratie‹ Salems zählte. Als er stirbt, stellt sich heraus, daß er es war, der Clifford in den Kerker schickte, um sich dessen Erbteil anzueignen. Nur das aus einem Seitenzweig der Familie stammende Landmädchen Phoebe – das nicht in dem fluchbeladenen Haus aufgewachsen ist – ist frei von dem Bann. Sie löst das Haus von dem Fluch, als sie Holgrave heiratet, einen Nachfahren Maules.

Auch in diesem Roman ist die alles auslösende Tat längst geschehen, als die eigentliche Handlung einsetzt. Alles, was eine epische Gestaltung des Stoffes ermöglicht hätte, wird in den einleitenden Kapiteln ›referiert‹. Was bleibt, ist die Charakterzeichnung der vom Fluch Betroffenen. Tatsächlich gelingen Hawthorne vortrefflich differenzierte Gestalten. Er wurde zu diesem Buch von der eigenen Familiengeschichte angeregt. Einer seiner Vorfahren hatte als Richter an den Salemer Hexenprozessen mitgewirkt. So dunkel aber die hier geschilderte kleine Welt auch sein mag, so hoffnungsvoll ist der Ausblick auf eine bessere Zukunft. Die Pyncheons werden nicht bis ins letzte Glied für die Sünden des Ahns gestraft. In der Versöhnung der Urenkel findet Hawthorne ein Symbol für die Sühne: die Erlösung.

Eine Sonderstellung nimmt der Schlüsselroman *The Blithedale Romance* ein. Dieser in der Ich-Form gehaltene ›Bericht‹ über das Leben in einer Kommune *(Brook-Farm)* zeigt deutlich, wie Hawthorne dieses Unternehmen einschätzte und wie wenig er sich innerlich damit verbunden fühlte. Ganze Passagen dieses Romans, in dem sich hinter dem Erzähler (Coverdale!) der Autor selbst verbirgt, sind mit leichterer Hand hingeworfen, als wir es aus den anderen längeren Werken kennen. Alle jene Teile aber, die davon berichten, wie das dunkle Vollblutweib Zenobia (Margaret Fuller?) an ihrer Liebe zu dem Eiferer Hollingworth zugrunde geht, sind von großer Eindringlichkeit. Dieser Qualitätsunterschied macht die Uneinheitlichkeit der Komposition besonders augenfällig. Kein anderer Roman Hawthornes ist indes so zeitbezogen.

Erst zwölf Jahre nach dem Erscheinen dieses Buches griff Hawthorne das Schuld-und-Sühne-Thema noch einmal in der längeren Form auf: in dem Roman *The Marble Faun*.

> Der italienische Graf Donatello, dem Marmorfaun des Praxiteles im kapitolinischen Museum ähnlich, begegnet in Rom einer Gruppe junger Künstler. Seine Liebe zu der schwarzen Dame Miriam löst die Verwandlung dieses naturverbundenen und deshalb triebhaften Mannes aus (engl. Titel des Romans: *Transformation*). Er betritt Rom ›unschuldig‹, und am Ende steht die ›Erfahrung‹, ein Mord aus Liebe zu Miriam, ausgeführt mit ihrer Billigung an einer dunklen Gestalt, die sie ständig verfolgt. Die junge Neuengländerin Hilda wird Zeugin, als Donatello den Verfolger vom Trapeiischen Felsen in den Tod stürzt, Mitwisser ist der amerikanische Bildhauer Kenyon. Damit ist die ganze Gruppe in Schuld verstrickt, die Hawthorne als die Voraussetzung für den nun einsetzenden Läuterungsprozeß erachtet. Donatello stellt sich den Behörden und befreit sich so von den Gewissensqualen, die stolze Miriam beugt ihr Haupt, und Hilda, die Puritanerin,

überwindet alle Vorurteile und sucht Absolution bei einem katholischen Geistlichen, um ein geläutertes Glück an der Seite Kenyons zu finden.

The Marble Faun ist das ausgreifendste Werk Hawthornes; es bildet die Summe seiner Erfahrungen. Rom ist der Schauplatz einer Handlung, der es ihm ermöglicht, Kultur und Primitivität, Altes und Neues wirkungsvoll gegenüberzustellen. Letztlich aber bleibt es bei seinem Puritanerkomplex, nur, daß sich hier zeigt, daß seine Thematik allgemeinmenschlich ist. Gerade dieser Roman macht deutlich, daß sein Gesamtwerk von der Variation ganz weniger Themen lebt. Das gilt auch für eine Reihe seiner Charaktere, etwa die Frauengestalten. Die dunkle Miriam ist die Schwester Zenobias, Hilda, das jungfräuliche Neuenglandmädchen, gleicht der Priscilla in *The Blithedale Romance* und in gewisser Beziehung auch Hester.

Episch sind seine Romane, die er *romances* nennt, nur bedingt, ›dramatisch‹ aufgebaut in keinem Falle, und selbst wenn wir Zeugen eines tiefgreifenden Charakterwandels werden, bleiben die Bilder eher statisch. Nicht in die Breite, in die Tiefe sucht Hawthorne vorzudringen. »Seelenanalyse und Sprachkunst sind ihm die einzig berechtigten Mittel der erzählenden Schriftstellerei.« (Kellner) Das Allegorische seiner Aussagen, die Verlegung der Handlung in das Innere der Figuren und das Fehlen einer bewegten äußeren Handlung ließen Hawthorne Gefahr laufen, etwas blutleere Romane zu schreiben. Er hat diese Gefahr durchaus erkannt und dadurch abgewendet, daß er große, zeitlose Wahrheiten verkündete. Er wollte eine »Reform des Herzens« herbeiführen, den von Emerson befreiten Menschen in das Gefüge einer ihm Freiheit und Individualität gewährenden Gemeinschaft der Verantwortlichkeit ansiedeln. Da wir aber alle schuldig seien, ist nach Hawthorne eine solche Gemeinschaft der Freien nur durch Erkenntnis und Bekenntnis der Sünde zu erreichen. Der schwarze Schleier vor unser aller Gesichtern muß verschwinden, dann werden wir erlöst. Im Gegensatz zu Emerson aber mangelte es Hawthorne an weltbeglückender Euphorie. Er hatte den Menschen und seine Vergangenheit zu genau studiert, um nicht skeptisch zu bleiben.

Während es der stets auf Ausgleich bedachte Hawthorne vermied, zur Lebensfrage der Nation, der Sklaverei, entschieden Stellung zu nehmen, zählte JOHN GREENLEAF WHITTIER (1807–1892) auf diesem Felde zu den engagiertesten Dichtern seiner Zeit.

Whittier stammte aus einer alteingesessenen Quäkerfamilie, die unter der religiösen Intoleranz der Puritaner hatte leiden müssen. Über Generationen hatten die Whittiers den kargen Boden Neuenglands bearbeitet, und auch der Dichter ist im Grunde immer ein Bauer geblieben. Ohne eine gründliche formale Bildung erworben zu haben, arbeitete er als Redakteur und Herausgeber kleiner Provinzblätter. Seine ersten schriftstellerischen Versuche galten der Vergangenheit seiner engeren Heimat (*Legends of New-England in Prose and Verse*, 1831). Um diese Zeit kam er mit dem radikalen Abolitionisten W. L. Garrison in Berührung und trat 1833 in dessen Bewegung ein, deren Ziele er mit Leidenschaft propagierte. Innerhalb weniger Jahre wurde er der bedeutendste Gegner der Sklaverei. Als Sekretär der *American Anti-Slavery Society*, als Gründer der *Liberty Party* und als Chefredakteur der *National Era* (1847–1860) kämpfte er als Politiker, Pamphletist und Dichter um die Befreiung der Sklaven (*Poems Written During the Progress of the Abolition Question*, 1838; *Voices of Freedom*, 1846). Zur gleichen Zeit pflegte er die lyrische Idylle, und als der Krieg vorüber war, sind es diese Themen, die ihn als Volksdichter erscheinen lassen (»Among the Hills«, 1869; »Hazel Blossoms«, 1875; »At Sundown«, 1890, u. a.). Er lebt heute in der Erinnerung der Amerikaner als der militante Quäker und der bescheidene Sänger seiner Heimat.

Whittier war von unglaublicher Produktivität. Hunderte von Gedichten erschienen in Zeitungen, Zeitschriften und Sammlungen, so daß wir nicht sicher sein können, ob die heute vorliegenden Ausgaben wirklich sein Gesamtwerk darstellen. Der junge Whittier muß noch als Epigone Byrons und Moores angesehen werden. Seine Versdichtung »Mogg Megone« (1836) erinnert – in nicht gerade rühmlicher Weise – an Scott. Immerhin aber zeigt er bereits in seinen frühen Stücken, daß er das Verseschmieden beherrschte, so daß er in der Zeit der Krise der Nation spontan auf die Ereignisse reagieren konnte. Seine fast hundert *Anti-Slavery-Poems*, seine Elogen auf die Gegner der Sklaverei, die Gesänge auf die Freiheitsbewegungen anderer Völker und die vielen Zeilen auf die Entrechteten der Welt sind nicht nur Gelegenheitsgedichte, sondern auch ganz bewußte Propagandaverse. Im Grunde war Whittier nicht so sehr der Sänger der Abolitionisten als der Hüter der Freiheit schlechthin. Hier ähnelt er Freneau, Tom Paine oder Thoreau. Die Sklaverei schien ihm das größte Übel zu sein, und zudem bedrohte sie die Moral seines Landes. Sie verletzte zutiefst das Gefühl eines Mannes, der vom Wert der Individualität, der Freiheit und der Toleranz überzeugt war. Wenn seine Tendenzdichtung noch nicht vergessen ist, sondern in ihren besten Stücken in das lebendige Bildungsgut Amerikas einging, so deshalb, weil sich der Dichter bei allem Engagement stets einen ungetrübten Blick für Sachverhalte bewahrte. Seine klaren Aussagen sind noch heute gültig und verständlich. Whittier ging es nicht um Gefühle, sein nüchtern-kritischer Geist verabscheute Rührseligkeit. Das Schicksal der gepeinigten schwarzen Brüder sollte nicht Anlaß zum Wehklagen, sondern Grund für die befreiende Tat sein. Nur so ist es zu verstehen, daß wir selbst in einem Gedicht wie

»The Farewell of a Virginia Slave Mother« von Sentimentalität verschont bleiben. Das gilt auch für die *Songs of Labor* (1850) oder die Kriegsgedichte *In War Time and Other Poems* (1864). Dieser Band enthält die Ballade von »Barbara Frietchie«, jener alten Frau, die sich angesichts der Truppen Lees zur Flagge der Union bekennt.

Obgleich Whittier zu Beginn seines Kampfes gesagt hatte, er opfere seine Musen dieser Aufgabe, hat er doch stets auch an jenem Werk weitergearbeitet, das von dem Farmer-Dichter, dem stillen erdverbundenen Sänger Neuenglands Zeugnis ablegt. In gewisser Beziehung kehrt er damit zu seinen ersten Themen zurück. Nun aber haftet seinen Versen nichts Epigonenhaftes mehr an. Whittier hatte sich die Vergangenheit seiner engeren Heimat schon in den *Legends of New-England* zu erschließen versucht. Die historische Skizze *Leaves from Margaret Smith's Journal in the Province of Massachusetts Bay, 1678–1679* (1849) enthält eine Schilderung der Unduldsamkeit der Puritaner, die das von Hawthorne entworfene Bild ergänzt. Doch seine Prosa – *The Narrative of James Williams* (1838), eine Darstellung der Not der Sklaven, oder *Old Portraits and Modern Sketches* (1850) – ist so gut wie vergessen. Seine Stärke war die Lyrik und deren balladeske Form. Sicher entbehren die zu Recht als Gelegenheitsdichtungen bezeichneten Verse des Feuers seiner politischen Gedichte, und es trifft zu, wenn man ihm rhythmische und metrische Enge nachsagt. Doch innerhalb dieser Grenzen schrieb er Verse von beeindruckender Volkstümlichkeit, die noch heute ihre Frische bewahren. Die Ballade »Skipper Ireson's Ride« oder die ländlichen Idyllen »The Barefoot Boy«, »Maud Muller«, »Telling the Bees« und sein berühmtes »Snow Bound« bestechen durch ihre schlichte Wahrhaftigkeit. Whittiers Verhältnis zur Natur und zum Menschen ist frei von Mystik; er suchte weder Allegorie noch gar Philosophie in die Natur hineinzugeheimnissen. Für ihn war sie eine reine Quelle des Seins – auch im religiösen Sinn. So wurde Whittier am Ende seines Lebens der Verkünder eines unaufdringlichen Optimismus, der seine Kraft aus der unkomplizierten Seele eines gläubigen, naturverbundenen Farmers bezog. Damit aber kehrte der Dichter zum Ausgangspunkt seines Seins zurück; er war ausgezogen in den politischen Kampf, um den Menschenrechten Geltung zu verschaffen. Mehr hat er nie gewollt. An seinem Lebensabend formulierte er die Inschrift für seinen Grabstein, in der es heißt: »Schwach war er; doch ist ihm geblieben, / seine Mitgeschöpfe zu lieben.«

Obwohl Whittiers Volksdichtung hohes Ansehen genoß, geriet sie mehr und mehr in den Schatten einer ›professionellen‹ Poesie, deren Richtung und Geschmack in Neuengland von dem Triumvirat Longfellow-Lowell-Holmes bestimmt wurde. Diese drei Brahmanen gehörten dem *Saturday Club* an, zu dessen Mitgliedern neben Emerson, Hawthorne und Whittier auch Prescott, Motley und der Maler Hunt zählten. *Spiritus rector* dieser erlauchten Gesellschaft war Holmes, der als Mitbegründer des

Atlantic Monthly und Chefredakteur der *North American Review* einen großen Einfluß auf die literarische Entwicklung Neuenglands und der ganzen Union nahm.

Nestor dieser akademisch gebildeten Literaten war HENRY WADSWORTH LONGFELLOW (1807–1882), dessen heute fast vergessenes Werk zu seiner Zeit so große Anerkennung fand, daß man ihm nach seinem Tode als einzigem Amerikaner eine Büste in der *poet's corner* der Londoner *Westminster Abbey* aufstellte.

> Longfellow wurde in Portland, Maine, als Sohn einer alteingesessenen Familie geboren, studierte am *Bowdoin College* und wurde für den soeben errichteten Lehrstuhl für neuere Sprachen vorgeschlagen. Um sich auf diese Professur vorzubereiten, ging er 1826 nach Europa, studierte in Göttingen und Heidelberg und unternahm Bildungsreisen durch Deutschland, Frankreich, Italien, Spanien und England. Von 1829 bis 1836 wirkte er als Professor am *Bowdoin College* und erhielt nach seiner zweiten Europareise 1836 einen Ruf an die *Harvard University*, wo er Nachfolger Ticknors wurde. Sein europäisches Skizzenbuch *Outre-Mer: a Pilgrimage Beyond the Sea* (1833/34) wirkte blaß und konnte ebensowenig die Aufmerksamkeit der Leser erringen wie sein reisebuchartiger Bekenntnisroman *Hyperion: a Romance* (1839) oder die Neuengland-Idylle *Kavanagh: a Tale* (1849). Auch seinem dramatischen Versuch *The Spanish Student* (1843) blieb der Erfolg versagt. Nach der Veröffentlichung der Gedichtbände *Voices of the Night* (1839) und *Ballads and Other Poems* (1841) schätzte man ihn jedoch als den bedeutendsten Dichter Amerikas. Sein wachsender Ruhm gründete sich auf die in schneller Folge erscheinenden Sammelbände und Versdichtungen: *Poems on Slavery* (1842), *The Belfry of Bruges and Other Poems* (1845), *Evangeline* (1847), *The Seaside and the Fireside* (1849), *The Golden Legend* (1851), *Hiawatha* (1855), *The Courtship of Miles Standish* (1858), die *Christus*-Trilogie (1872) und *Ultima Thule* (1880). Seit 1854 übte er sein Lehramt nicht mehr aus und widmete sich ganz seiner Dichtung und der Vermittlung europäischen Gedankengutes; mit der Blankversübersetzung von Dantes *Divina Comedia (1876)* setzte er diesem Streben ein würdiges Denkmal.

Longfellows Ruhm verblaßte fast so schnell, wie er gekommen war, und tatsächlich hat seine Dichtung bei aller Formvollendung und Disziplin wenig Originelles oder gar Kühnes. Die Quellen, aus denen sich seine Poesie speiste, waren nicht eine sinnlich bestimmte Intuition, sondern das romantische Bildungserlebnis, das ihn nicht selten in die Epigonenrolle drängte. Longfellow konnte sich dieser Gefahr nicht bewußt werden, da er sich seinen Vorbildern zugehörig, ja ebenbürtig fühlte. Die meisten seiner Verse lesen sich wie Gedichte der deutschen Spätromantik, die Longfellows großes Erlebnis war. Der Dichter hat bewußt jede Anregung aufgegriffen, so daß sich Poe – wohl nicht ganz zu Recht – veranlaßt sah, ihn des Plagiats zu zeihen. Sicher aber ist, daß Longfellow eine andere Vorstellung vom literarischen Unabhängigkeitsstreben hatte als die meisten seiner neuenglischen Freunde und Zeitgenossen. Whitman ermahnte er einmal: »Ehe die Neue Welt in würdiger Weise originell sein und sich ihre eigenen Helden entwerfen kann, muß sie zuerst mit der Originalität anderer wohl gesättigt sein.« Diese »anderen« waren in seinen Augen die Europäer, denen er mit Ehrfurcht begegnete und von denen er die nötige geistige Nahrung zu beschaffen gedachte. »Hyperion« ist nicht nur eine Eloge auf »Jean Paul, den einzigen«, sondern auch in der Art des Angebeteten geschrieben; das Hexameter-Versepos *Evangeline* erinnert an Goethes *Hermann und Dorothea*; das Indianer-Epos *Hiawatha* ist nicht nur von Tegnérs *Kalewala*-Version angeregt. Der Traum des armen Sklaven gemahnt an Freiligraths »Mohrenkönig«; in »The Wreck of the Hesperus« klingt der »Erlkönig« an, das Lehrgedicht »The Building of the Ship« steht Schillers »Glocke« nahe, und »The Golden Legend« ist ohne den »Armen Heinrich« Hartmann von Aues schwer denkbar.

Diese Vielseitigkeit, die vom Indianerepos über Reisegedichte wie »Nuremberg« oder »The Belfry of Bruges« bis hin zu den vortrefflichen Dante-Sonetten alles umgreift, was man von der Dichtung in jenen Tagen erwartete – machte ihn so populär, daß bereits im Jahr 1857 über dreihunderttausend Exemplare seiner Bücher verkauft waren. Tatsächlich entsprachen seine Werke den geistigen Bedürfnissen eines sich arriviert fühlenden Bildungsbürgertums. Seine Verse vermittelten ›Kultur‹, waren glatt, poliert, formal exakt, sentimental und intellektuell gewichtig; auch die Belehrung kommt nicht zu kurz. Intellekt und Reflexion allein aber hauchen der Dichtung noch kein Leben ein, und so muß man Longfellow vornehmlich als den Vermittler deutschen, englischen, französischen, italienischen, spanischen und skandinavischen Gedankengutes erwähnen. Selbst die großen Verserzählungen wie *Evangeline* leben heute mehr vom viktorianischen Nachruhm als aus eigener Kraft. Die lebenslange Suche der bei der Evakuierung Acadiens 1755 getrennten Verlobten, die sich schließlich in einem Armenhaus in Philadelphia wiederfinden, um nun gemeinsam zu sterben, berührt uns kaum noch. Das akademische Bild der Indianerkultur in *Hiawatha* interessiert weniger als der hier von Longfellow erbrachte Beweis, daß er die reimlosen vierfüßigen Trochäen durch geschickte Variationen vor drohender Monotonie zu bewahren weiß. In seiner Christus-Dichtung, die er als sein Meisterstück erachtete, gelang es dem Techniker nicht, die drei Teile nahtlos miteinander zu verschweißen. Ihr erster Teil, *The Divine Tragedy* (1871), ist eine Bearbeitung der Evangelien nach mittelalterlichem Muster, den zweiten bildet *The Golden Legend*, das wohl beste Stück, dem schließlich recht unmotiviert als dritter Teil die beiden »New England Tragedies« (*John Endicott*, 1857, und *Giles Corey of the Salem Farms*, 1868) folgen, in denen Quäker- und Hexenverfolgungen nicht sonderlich überzeugend dargestellt werden.

Es sind nur relativ wenige Stücke dieses umfangreichen Lebenswerkes lebendig geblieben. Von den ›intellektuellen‹ Versen wäre in diesem Zusammenhang »Excelsior« zu nennen, die Parabel des nach höchster Vollendung strebenden Genies, das den Gipfel seiner Karriere zu erklimmen sucht und schließlich auf dem höchsten Gletscher tot aufgefunden wird. Auch die Geschichte vom ungeschickten Liebeswerben des alten Haudegens Miles Standish um das junge Puritanermädchen Priscilla und dem ausgesandten Freier John Alden lebt in der Erinnerung fort. Priscillas Frage »Why don't you speak for yourself, John?« ist eine amerikanische Redewendung geworden.

Dort aber, wo die Bildungspoesie zurücktritt und das Lehrhafte persönlichen Empfindungen Platz macht, gelingen Longfellow Verse von großer Geschlossenheit und Schönheit, deren schlichte Aussagen Originalität atmen. »The Village Blacksmith«, »The Hymn to Night«, »The Day is Done«, »The Old Clock on the Stairs«, »The Curfew« oder »The Children's Hour« lassen vergessen, daß Longfellow heute eher als Kulturpromoter gewertet werden muß und selbst in seiner reinen Lyrik europäischen Vorbildern verpflichtet bleibt. Das Gedicht auf den Tod seiner Frau, »The Cross of Snow«, ist dafür ein besonders schönes Beispiel. Die wieder stärker beachteten Sonette zeigen, daß es Longfellow durchaus gegeben war, in gedanklicher und sprachlicher Disziplin, in Form und Inhalt adäquate Dichtung zu schreiben. Zwischen diesen eindringlichen Versen und der Sentimentalität der *Poems on Slavery* tut sich eine Kluft auf.

Von solchen Ausnahmen abgesehen, wird Dichtung unter der Hand Longfellows zum Medium, mit dessen Hilfe der romantische Geist Europas nach Amerika transferiert werden sollte, und das ist einer der Gründe dafür, daß sein Werk bereits gegen Ende des 19. Jahrhunderts außerhalb der eigentlichen Entwicklungslinien der amerikanischen Literatur lag und heute eher als ein – wenn auch wichtiges – ›europäisches‹ Einsprengsel empfunden wird.

Unter diesen Vorzeichen schickten sich die Brahmanen von Boston an, ihren stets vertretenen kulturellen Führungsanspruch erneut zu unterstreichen. Longfellow hatte es vorgezogen, Zurückhaltung zu üben – er wirkte diszipliniert, stets ausgeglichen und auf Ausgleich bedacht. Darin unterschied er sich zum Teil wesentlich von seinem akademischen Weggenossen JAMES RUSSELL LOWELL (1819–1891), der um die Mitte des Jahrhunderts als oberste kritische Instanz Neuenglands geachtet wurde.

Lowell stammte aus einer der vornehmsten Familien von Massachusetts, die im politischen, kulturellen und wirtschaftlichen Leben Neuenglands eine bedeutende Rolle spielte, und wurde als Sohn eines Geistlichen auf ›Elmwood‹ bei Cambridge geboren. Nach Abschluß seiner Studien an der *Harvard University* versuchte er 1838 Anwalt zu werden, wandte sich aber der Publizistik zu und war u. a. Mitarbeiter des *Dial*. Die Gedichtbände *A Year's Life* (1841) und *Poems* (1844) begründeten seinen Ruhm. Unter dem Einfluß seiner Frau, Maria Whites – er heiratete 1844 –, wurde der sozialen Fragen stets aufgeschlossene Lowell zu einem der treuesten Kampfgefährten Whittiers. Die beiden Serien der *Biglow Papers* (1848 und 1867) empfahlen ihn als einen glanzvollen Propagandisten der Sache des Nordens. *A Fable for Critics* (1848), Essays zu Literatur und Geschichte, und *The Vision of Sir Launfal* (1848) sicherten ihm die Nachfolge Longfellows als Professor an der *Harvard University*. Als Herausgeber des soeben gegründeten *Atlantic Monthly* und als Mitherausgeber der einflußreichen *North American Review* galt er als der führende Kritiker und Vertreter der europäischen Kultur in Amerika. Diesen Ruf verdankte er vor allem jenen Essays, die in den Sammelbänden *Among My Books* (1870, 1876), *My Study Windows* (1871), *Democracy* (1887), *The English Poets*, *Lessing*, *Rousseau* (1888) u. a. zusammengefaßt wurden. Aus dem leidenschaftlichen Reformer wurde im Laufe der Jahre ein konservativer ›Aristokrat‹, der der Gefahr der Nivellierung in der Demokratie entgegenzuwirken suchte. Von 1877–1880 vertrat er die USA in Spanien; von 1880–1885 war er Gesandter in London und hat auf diesem Posten wesentlich zur Annäherung der angelsächsischen Vettern beigetragen, so daß man dem Präsidenten der *Wordsworth Society* 1885 eine Professur in Oxford anbot.

Lowell, der einer Generation bildungsbeflissener junger Amerikaner als Olympier erschienen war, äußerte gegen Ende seines Lebens die Befürchtung, er habe seine Begabung nicht voll ausgeschöpft: »Ich habe das Gefühl, daß ich mein Leben in der Hauptsache vertan habe – daß ich mehr weggeworfen habe, als die meisten Menschen besaßen.« An anderer Stelle heißt es: »Ich weiß so gut, wie gewisse Dinge gemacht werden, daß ich sie nicht machen kann.« Diese Selbstkritik enthält einen Kern Wahrheit. Im Gegensatz zu Longfellow nahm sich der *Dichter* Lowell nur selten Zeit und Muße, seine Poesie ausreifen zu lassen. Sein leidenschaftliches Interesse an öffentlichen Angelegenheiten und seine Art der Kulturpropaganda trieben ihn zu einer schriftstellerischen Produktivität, die sich zuweilen nur auf Kosten der Originalität aufrechterhalten ließ. Spätere Kritiker nannten sein Verhältnis zur eigenen Poesie undiszipliniert. Das ist nicht die ganze Wahrheit, denn Lowell war ein Mann des

Übergangs und blieb sich seiner unsicheren Stellung inmitten einer Welt geistigen Umbruchs durchaus bewußt. Romantik – so nahe er ihr innerlich auch stehen mochte – hatte für ihn nur eine bedingte Gültigkeit; doch nicht der Realismus, sondern der Klassizismus war seiner Ansicht nach dazu berufen, die Wertmaßstäbe zu setzen.

Lowells reine Lyrik bietet Beispiele formaler und thematischer Vollendung. Die Verse auf den Tod von Frau und Kindern (»The Dead House«, »After the Burial« oder »The First Snow-Fall«), seine reflektierende Naturlyrik (»To the Dandelion«, »Under the Willows«, »Beaver-Brook«) und einige Gedichte zu klassischen Motiven (»Prometheus«, »Rhoccus«) sind klar und unmittelbar; immer wieder zeigt es sich, daß Lowells Stärke in der Naturlyrik bestanden haben müßte, hätte er sich auf dieses Genre konzentriert. Doch diese Welt war ihm zu eng. Den Brahmanen von Boston drängte es wie seine missionsbeflissenen Ahnen, die Feder in den Dienst einer das Leben bewegenden Idee zu stellen. Hätte er den Sinn seines Lebens an der Wirkung seiner Lyrik gemessen, so gliche seine Karriere gewiß jener Fabel vom Ritter Sir Launfal, der am Ende seines Suchens nach dem Heiligen Gral erkennen mußte, daß eine Brotkruste mehr Wert haben kann als ein hochmütig hingeworfenes Goldstück.

Lowells Wollen angemessener war das Feld der Verssatire. Mit seinen berühmten *Biglow Papers* hat er einen bedeutenden Beitrag zur Entwicklung dieser Gattung geleistet. Diese an Popes *Dunciad* erinnernden, vorgeblich von dem Neuenglandfarmer Hosea Biglow in Yankee-Dialekt und eigenwilliger Orthographie verfaßten ›Briefe‹ und Spottgedichte erfreuten sich ungeheurer Beliebtheit. Die Opposition gegen den Mexikanischen Krieg in der ersten Serie (neun ›Briefe‹ von 1846 an im *Boston Courier* und im *National Anti-Slavery Standard*) und die Verteidigung des Nordens in der zweiten (elf ›Briefe‹ von Januar 1862 bis Mai 1866 im *Atlantic Monthly*) trugen wesentlich zur Meinungsbildung bei. Genau diese Funktion hatte Lowell ihnen zugedacht. Abgesehen aber von ganz wenigen Stücken reiner Lyrik und der berühmten Ode auf die im *Civil War* gefallenen Harvard-Studenten, »Ode Recited at the Harvard Commemoration« (1865), einer Staatsakt-Gelegenheitsdichtung, ist die Verskunst Lowells weitgehend der Vergessenheit anheimgefallen. Das gilt auch für die noch immer zitierte Verssatire »Fable for Critics«, in der sich Apollo unter einem Lorbeerbaum mit dem Kritiker D. (Duyckinck) nachsichtig-scharfsinnig über amerikanische Schriftsteller unterhält. Ein Teil der hier gefällten Urteile über Irving, Cooper, Poe, Emerson, Willis, Neal, Bryant, Whittier, Hawthorne, Holmes und andere konnten bis heute eine gewisse Gültigkeit bewahren. Die von lustigen Wortspielen und Scherzen durchsetzte *Fable* – in der auch politische Themen aufgegriffen werden – leitet über zu dem umfangreichen Essaywerk, das der bedeutendste Beitrag Lowells zur amerikanischen Geistesgeschichte ist. Was in der *Fable* auf den ersten Blick noch als Spaß erscheinen mochte, erweist sich nun als ein wohldurchdachtes, wenn auch nicht immer konsequent zu Ende geführtes literaturkritisches System, das seinen Ort zwischen dem Klassizismus und der Romantik hat. Für Lowell bedeutete die Wiederentdeckung der Klassizisten um Pope die Rückkehr zur Klarheit, die er in der Spätromantik vermißte. Damit näherte er sich der Weltanschauung der deutschen Klassiker, von denen er insbesondere Goethe verehrte. Fast alle seine Essays und Aufsätze erschienen zuerst in den bedeutendsten Zeitschriften Neuenglands und übten somit eine beträchtliche Breitenwirkung aus.

Lowells Betrachtungen über die Literatur erfüllten eine wichtige Doppelfunktion: Einerseits waren sie ein Korrektiv der besonders von ›technischen‹ Gesichtspunkten bestimmten Literaturkritik Poes, andererseits erschlossen sie den Amerikanern die geistige Welt Europas. In beiden Fällen erwies sich der ›Aristokrat‹ Lowell als ein Mann der Vermittlung, als ein humanitärer Klassizist, dem es jedoch an Gespür für die Bedeutung des aufkommenden Realismus mangelte. Dieser Konservatismus stand im Gegensatz zu seiner sonstigen Aufgeschlossenheit, die sich überall in den seit 1854 erschienenen Analysen manifestiert. Seine Studien über Dante, Cervantes, Rousseau und Lessing sind kaum von Vorurteilen getrübt; die Aufsätze über Chaucer, Shakespeare, Milton, Pope, Coleridge, Wordsworth, Keats oder Carlyle und andere mehr prägten die amerikanische Vorstellung von der europäischen Kultur jener Zeit. Überdies bildeten sie das erste umfassendere Werk der Literaturkritik in Amerika. Wo die Sicherheit des Urteils beeinträchtigt erscheint, geht dies zum Teil auf die bereits erwähnte Stellung Lowells zwischen den Fronten zurück. Außerdem fehlte es dem rührigen Kulturmanager an der Kraft, sich inmitten des Wandels ein so konsequent konzipiertes Denkgebäude zu errichten, wie es Poe getan hatte. Lowells Zeitgenossen haben diese Schwäche offensichtlich weniger empfunden als er selbst, denn für sie war er neben Longfellow die letzte Instanz ästhetischer Gerichtsbarkeit, und es hat ganz den Anschein, als wirke der Geist Lowells noch heute, da sich auf den Bänden Longfellows längst Staub niedergelassen hat, in Amerika fort.

Im Gegensatz zu Lowell hat der stets optimistische und vom Leben verwöhnte OLIVER WENDELL HOLMES (1809–1894) nie die Befürchtung geäußert, seine besten Gaben vertan zu haben.

Als Sohn eines orthodoxen kalvinistischen Geistlichen aus Cambridge – zu seinen Vorfahren zählte Anne Bradstreet – war Holmes bereit, alles zu studieren, nur nicht Theologie. So versuchte er sich erst als Jurastudent, um sich schließlich der Medizin zuzuwenden. Nach Studien an der *Harvard University* und in Paris wurde er 1838 Anatomieprofessor in Dartmouth und lehrte von 1847–1882 an der *Harvard University*. Ermutigt durch den Erfolg des Gedichts »Old Ironsides« (1830) und anderer kleinerer Arbeiten veröffentlichte er 1836 den ersten Band *Poems*, dem 1846 ein zweiter folgte. Obgleich er sich in den folgenden Jahren fast ausschließlich der Medizin widmete, konnte er sich als Rhetoriker einen Namen machen und brillierte im *Saturday Club* mit seiner rhetorischen Begabung, so daß Lowell die Leitung des *Atlantic Monthly* nur unter der Bedingung übernahm, daß auch Holmes mitarbeitete. Als Folge dieser Übereinkunft erschienen die berühmten Essays *The Autocrat of the Breakfast-Table* (1858), *The Professor at the Breakfast-Table* (1860), *The Poet at the Breakfast-Table* (1872) und *Over the Teacups* (1891). Dazwischen entstanden medizinische Schriften, drei medizinisch-psychologische Romane (*Elsie Venner*, 1861; *The Guardian Angel*, 1867; *A Mortal Antipathy*, 1885), Gedichtsammlungen (*Songs in Many Keys*, 1862; *Songs of Many Seasons*, 1875; *The Iron Gate*, 1880 und *Before the Curfew*, 1888), Essaybände (*Soundings from the Atlantic*, 1864; *Pages from an Old Volume of Life* (1883) sowie Biographien Motleys (1879) und Emersons (1885).

Der Mediziner Holmes war der einzige ›Brahmane‹ des *Saturday Club*, dessen Weltbild nicht nur von der idealistischen deutschen Philosophie und der Romantik geprägt worden war. Sein enges Verhältnis zu den Naturwissenschaften, seine Kenntnis der damals modernen Entwicklungstheorien und die frühe Begegnung mit dem französischen Rationalismus machten aus ihm den wohl unromantischsten Vertreter der Bostoner Gruppe. Als Lyriker bevorzugte er die Formstrenge des Klassizismus, als Neuengländer neigte er zur Belehrung. Fast alle seine Verse sind Gelegenheitsgedichte, die ungeachtet ihrer formalen Vollendung nur noch wenig Interesse finden. Sein einstmals berühmtes Lehrgedicht »The Chambered Nautilus« ist vergessen; »Old Ironsides«, als Protest gegen die geplante Abwrackung der *Constitution* entstanden, hat nur noch historischen Wert. Das gleiche gilt für den »Treadmill Song«, in dem er die Verhältnisse im amerikanischen Strafvollzug geißelt. Frischer, weil volkstümlicher und inniger, erscheinen noch heute das heitere Porträt des alten Revolutionskriegers in »The Last Leaf«, die ironische Behandlung des Themas von der ewigen Sehnsucht nach Jugend in »The Old Man Dreams« oder die gleichermaßen spaßigen wie phantasievollen Verse »To an Insect«.

Sehr deutlich wird Holmes' naturwissenschaftliches Interesse in den drei Romanen, deren künstlerischer Wert selbst von Freunden des Verfassers nicht hoch eingeschätzt wurde. Konstruktion und Fabel vermochten nicht zu überzeugen, doch löste der Ideengehalt einen Sturm des Protestes aus, da Holmes hier durch die Einführung wissenschaftlicher Erkenntnisse der Vererbungslehre und der Betonung des Unbewußten im Seelenleben des Menschen die theologischen Vorstellungen von Sünde und Vergehen in einem neuen Licht erscheinen ließ. Diese psychologischen Studien sind die literarischen Produkte eines Arztes, den man einen Pionier der Psychiatrie nennen könnte.

Ähnlich unkonventionell, ja zuweilen nonkonformistisch wie seine Romane war seine praktische Philosophie, die er in den vier Serien der *Breakfast-Table*-Gespräche entwickelte. Sie zählten neben den Essays Lowells zu den bedeutendsten Publikationen des *Atlantic Monthly*. Diese aus den Konversationen im *Saturday Club* hervorgegangenen Reihen haben ihre Vorläufer in zwei »Autocrat Papers«, die Holmes im November 1831 und im Februar 1832 im *New England Magazine* veröffentlicht hatte. Als Lowell bei der Gründung des *Atlantic Monthly* auf Holmes' Mitarbeit drang, griff dieser seine alte Idee wieder auf und schuf damit eine nur schwer zu definierende Gattung. Vieles spricht dafür, daß Boswells *Life of Samuel Johnson* (1791) eine Anregung war. Die einzelnen Beiträge aber, in denen sich Vers und Prosa abwechseln, die Anekdote neben dem Epigramm und der Erzählung steht, bewegen sich auf der Grenze zwischen typischen *Spectator*-Beiträgen und dem von Charles Lamb gepflegten romantischen Essay. Sie haben etwas Fragmentarisches. Die Fiktion, es handele sich hier um zwanglose Gespräche am Frühstückstisch, löst den Holmes-Monolog dramatisch auf.

Diese Art der Darstellung ermöglichte es dem Verfasser, seine Ansichten im alltäglichen Gewande zu präsentieren und populär zu machen. Immer wieder trifft man hier auf Ermahnungen, die Fesseln der Vergangenheit abzustreifen. Dabei schreckte Holmes nicht davor zurück, auch an Tabus zu rühren. Beliebte Themen sind Religion und Religionsphilosophie sowie die von ihnen bestimmten Moralkodizes, denen er das Selbstverständnis eines vom Positivismus eingenommenen Naturwissenschaftlers entgegenstellt. Auf den Vorwurf eines Gesprächspartners, der ›Autocrat‹ ruiniere die Moral, antwortet dieser: »Ich ruiniere die Moral nicht, ich definiere sie nur.« Und der Professor weist den Tadel des Theologiestudenten zurück, der meint, es bestehe eine Gefahr, »wenn man Religion in einem Alltagsgespräch traktiert«. »Gefahr? Was für eine Gefahr?« fragt der ›Professor‹ Holmes, und der Student antwortet ihm: »Gefahr für die Wahrheit!« Doch nun doziert der Professor: »Ich wußte nicht, daß die Wahrheit so kränklich ist, daß sie sich nicht an die frische Luft wagen kann. Nein, die Wahrheit hat ein zähes Leben. Die Wahrheit wird genesen, auch wenn ihr eine Lokomotive über den Leib fährt, der Irrtum geht zugrunde, wenn er sich in den Finger ritzt.« Die Wahrheit aber sah für Holmes im Jahr 1860 folgendermaßen aus: »Der Geist des Jahrhunderts strebt immer mehr nach den beiden Polen Rom und Vernunft: – entweder die alleinseligmachende Kirche oder Freiheit der Seele, Autorität oder Persönlichkeit, unser eigener Gott oder der Gott unserer Herzen.« Daraus zieht er die Konsequenz:

»Man kann fromm sein und sogar regelmäßig zur Kirche gehen, und dabei kann man doch seine eigene Meinung über die wichtigsten Dinge haben und dieser Meinung freien Ausdruck geben. Wir leben in einer männlichen Welt, Ehrerbietung ist eine vortreffliche Sache, aber sie taugt nichts, wenn sie nicht bei der Selbstachtung beginnt ...« Selbst mildgestimmten Unitariern klangen solche Sätze nicht gut in den Ohren, da hier die Autorität jedweder kirchlichen Institution in Frage gestellt wurde. Und doch war Holmes alles andere als ein Freigeist: Er wollte den Glauben modernisieren und die Erkenntnisse der Naturwissenschaften mit dem Göttlichen im Menschen versöhnen. Damit schlug er nicht nur eine Brücke zwischen Vergangenheit und Gegenwart, sondern vermittelte durch sein Bekenntnis zu einer Religion der Nächstenliebe einen durchaus optimistischen Ausblick auf die Zukunft, der so recht nach dem Herzen seiner dynamischen Zeitgenossen war.

Neben diesen Brahmanen von Boston nimmt sich das Werk von HARRIET BEECHER STOWE (1811–1896) bescheiden aus, und sicher erinnerte man sich dieser Frau heute kaum noch, wäre sie bei den neuenglischen Themen geblieben, die den Beginn und den Ausklang ihres Schaffens markieren.

Sie wurde als Tochter eines orthodox-kalvinistischen Geistlichen in Litchfield, Connecticut, geboren. 1832 übernahm ihr Vater die Leitung eines theologischen Seminars in Cincinnati, Ohio. Hier lernte sie – inzwischen Lehrerin – Calvin E. Stowe, einen Kollegen ihres Vaters, kennen, den sie 1836 heiratete. Unter dem Einfluß Scotts schrieb sie Skizzen und Erzählungen über Geschichte und Gegenwart Neuenglands, die 1843 in der Sammlung *The Mayflower; or, Sketches of Scenes and Characters Among the Descendants of the Pilgrims* erschienen. Als sie mit ihrer Familie 1850 nach Maine übersiedelte, begann sie unter dem Eindruck des Auslieferungsgesetzes für entlaufene Sklaven den Roman *Uncle Tom's Cabin; or, Life Among the Lowly* zu schreiben, der von 1851 an von Whittier in der *National Era* abgedruckt wurde, aber erst nach dem Erscheinen in Buchform (1852) seinen legendären Erfolg erzielte. Ein zweiter Roman zu diesem Thema, *Dred. A Tale of the Great Dismal Swamp* (1856), sollte die demoralisierende Wirkung der Sklaverei auf die weißen Herren illustrieren. Mehr erschreckt denn erfreut wandte sich die Schriftstellerin nach ihrem schnell erworbenen Ruhm wieder neuenglischen Themen zu (*The Minister's Wooing*, 1859; *The Pearl of Orr's Island*, 1862; *Sam Lawson's Oldtime Fireside Stories*, 1872, u. a.).

Diese Schriftstellerin, die in beschaulicher Zurückgezogenheit lebte, ist nie eine militante Abolitionistin gewesen. Ihr Protest gegen die Sklaverei richtete sich ursprünglich weniger gegen das System selbst als gegen dessen unmenschliche Auswüchse. Ihre Parteinahme für die ›armen Schwarzen‹ beruhte auf der Überzeugung, Gott habe die Menschen gleich geschaffen, und ihr Sinn für Fairneß hielt sie davor zurück, die Südstaatler zu verteufeln. So zeigt sie in ihrem Roman *Uncle Tom's Cabin* nicht nur die Schattenseiten der Sklaverei, sondern müht sich auch, gewisse positive Aspekte sichtbar zu machen. Es ist aber kein Zufall, daß die Teufel vom Schlage eines Simon Legree aus dem Norden stammen. Die Schriftstellerin hatte gehofft, mit der von ihr angestrebten Objektivität der Darstellung die Kontrahenten zur Mäßigung zu bewegen, ja, sie war davon überzeugt, Nord und Süd würden sich in der Ablehnung des Buches einig sein. Schließlich war sie entsetzt, als sie sah, was dieser Roman bewirkte und daß sie sich über Nacht in der Rolle der entschiedensten Abolitionistin wiederfand.

Es mag übertrieben sein, wenn Lincoln annahm, dieses Buch habe den Bürgerkrieg ausgelöst und wesentlich zu dessen glücklichem Ausgang beigetragen, sicher aber ist, daß *Uncle Tom's Cabin* eine ungeheure Wirkung hatte. Viele noch immer zu Kompromissen neigende Amerikaner votierten nach der Lektüre des Romans entschieden gegen die Sklaverei. Der Erfolg dieses Buches hatte vor allem zwei Ursachen: Erstens wartete es mit einem brisanten Thema auf, und zweitens bot es jene Mischung von Sentimentalität, Pathos und Realität, die bei breiten Lesermassen Anklang findet. Daß die Autorin vieles verzerrt darstellte und sicherlich kein typisches Bild der Sklavenhaltergesellschaft entwarf, wurde im Norden nicht zur Kenntnis genommen, in Europa nicht bemerkt. Harriet Beecher Stowes Leistung war die Gestalt des Uncle Tom. Mit ihm schuf sie ein Symbol des geknechteten Gottesgeschöpfes, das in die Weltliteratur einging und seine Stellung neben Don Quixote, Robinson oder Huck Finn bis auf den heutigen Tag bewahren konnte.

Nur acht Jahre nach *Uncle Tom's Cabin* legte HARRIET E. WILSON (1808–1870?) den ersten von einer Afroamerikanerin geschriebenen Roman der US-Literatur vor. *Our Nig; or, Sketches from the Life of a Free Black in a Two-Storey White House, North, Showing that Slavery's Shadows Fall Even There* (1859) trägt starke autobiographische Züge. Im Zentrum steht das schwere Los der in Boston lebenden Mulattin Fredo, die von ihrem sechzehnten bis achtzehnten Lebensjahr als *indentured servant* bei einer weißen Familie lebt und hier – im sklavenfeindlichen Norden – ähnliche Erniedrigungen erleiden muß wie die Sklaven des Südens. Die Fabel endet insofern ›positiv‹, als die schließlich von ihrem Mann Samuel verlassene junge Frau hofft, mit ihrem Kind vom Erlös ihres Buches leben zu können. Bemerkenswert ist dieses Buch auch deshalb, weil es zeigt, daß die Afroamerikaner selbst auf dem Höhepunkt des Abolitionismus in Massachusetts keineswegs eine allgemein akzeptierte Minderheit waren. Die Autorin war sich ihrer schwierigen Position durchaus bewußt und bemüht, mit der gegen den Norden sprechenden Kritik der Sache des hier starken Abolitionismus nicht zu schaden. Im Vorwort schreibt sie: »I have purposely omitted what would most provoke shame in our good antislavery friends at home.« Weit über ein Jahrhundert war dieses Buch praktisch unbekannt und verdankt seine Wiederentdeckung im Jahr 1982 H. L. Gates, der auch den Beweis erbringen konnte, daß es sich bei der Autorin um eine Afroamerikanerin handelt.

Einen interessanten Einblick in die weniger bekannte Welt der Sklaverei in New York vermittelt SOJOURNER TRUTH (1797?–1883) mit der *Narrative of Sojourner Truth* (1851). Die begabte Rhetorikerin wurde als Sklavin einer *dutch-american family* geboren, früh von ihren Eltern getrennt, dreimal verkauft, ehe sie 1826 in die Freiheit floh. Später stritt die mit Frederick Douglass, Harriet Tubman, Harriet Beecher Stowe, Lincoln und anderen führenden Abolitionisten bekannte überzeugte Christin für die Befreiung der Sklaven und die Rechte der Frauen (»and a'n't I a woman«).

Während sich Harriet Beecher Stowe ihres langen Ruhmes erfreuen konnte und Harriet E. Wilson der Vergessenheit anheimfiel, schenkte ihr Zeitgenosse HERMAN MELVILLE (1819–1891) den Amerikanern – die es ihm zu Lebzeiten nicht dankten – sein großartiges Werk.

Melville wurde als Sohn einer angesehenen Kaufmannsfamilie schottisch-holländischer Abkunft in New York geboren. Nach dem Zusammenbruch des Geschäftes und dem frühen Tod des Vaters lebte die vielköpfige Familie in bescheidenen wirtschaftlichen Verhältnissen, so daß Melville nur eine äußerst kurze formale Bildung genießen konnte. Mit fünfzehn Jahren verließ er die Schule, arbeitete als Bankangestellter, im Pelzgeschäft seines Bruders, auf einer Farm und als Primarschullehrer. Um dieser engen Welt zu entfliehen, heuerte er 1839 als *cabin boy* an und segelte nach Liverpool *(Redburn)*. Nach der Rückkehr versuchte er es erneut als Lehrer, um im Januar 1841 auf dem Walfänger *Acushnet* anzuheuern. Die folgenden achtzehn Monate verbrachte er auf Schiffen, deren Lebensbedingungen zu den härtesten zählten, die die damalige Seefahrt zu bieten hatte. Die Fahrenszeit in der Südsee lieferte ihm das Rohmaterial für den bedeutendsten Teil seines Werkes. Im Juli 1842 desertierte er mit einem Kameraden, lebte einige Wochen auf den Marquesas unter den Insulanern *(Typee)*, ging an Bord eines australischen Schiffes, schloß sich im September 1842 in Papeete einer ›Meuterei‹ an, wurde festgesetzt, arbeitete u. a. als Landarbeiter auf Tahiti *(Omoo)* und kehrte schließlich als Matrose der US-Navy an Bord der Fregatte *United States* im Oktober 1844 nach Norfolk zurück. Diese Zeit betrachtete der Dichter als sein Harvard und sein Yale.

Schon bald nach seiner Rückkehr begann er unter dem Druck seiner finanziellen Verhältnisse und angesichts der Tatsache, daß er über keine Berufsausbildung und -erfahrung für Tätigkeiten an Land verfügte, seine Erlebnisse aufzuschreiben. Er wurde in New York von den Brüdern Duyckinck ermuntert und unterstützt und geriet in einen Kreis von Dichtern, Kritikern und Intellektuellen, für die die Etablierung einer von England und Europa unabhängigen Literatur hohen Stellenwert hatte.

Mit den nun erscheinenden ›Reisebüchern‹ *Typee: A Peep at Polynesian Life During a Four Month's Residence in a Valley of the Marquesas* (1846); *Omoo, a Narrative of Adventures in the South Seas* (1847), *Redburn: His First Voyage* (1849) und *White-Jacket; or, The World in a Man-of-War* (1850) wurde er bekannt und erwarb sich allgemeine Anerkennung, lediglich *Mardi: and a Voyage Thither* (1849) hatte ein schwächeres Echo. In diesen Jahren (1849) bereiste er England und Frankreich und siedelte sich 1850 für dreizehn Jahre auf einer Farm bei Pittsfield, Massachusetts, in der Nachbarschaft Hawthornes an, mit dem ihn bald eine Freundschaft verband und dem er sein Meisterwerk *Moby-Dick; or, The Wale* (1851) widmete. Zu diesem Zeitpunkt aber begann sein Stern bereits zu sinken. Als auch *Pierre; or, The Ambiguities* (1852) die alte Popularität nicht zurückbrachte und ein Jahr später ein Brand die Druckplatten und die Bestände seiner noch nicht verkauften Bücher vernichtete, wurde es stiller um Melville. Weder der historische Roman *Israel Potter: His Fifty Years of Exile* (1855) noch die *The Piazza Tales* (1856), die seine besten Leistungen auf dem Gebiet der Kurzprosa enthalten, und die unvollendete Satire *The Confidence Man: His Masquerade* (1857) bewirkten eine Wende.

Um des Broterwerbs willen betätigte sich Melville nun – nicht sehr erfolgreich – als Vortragsreisender und übte zwischen 1866–1885 das Amt eines Zollinspektors im Hafen von New York aus. Mit Beginn der sechziger Jahre wandte sich der große Prosaist zunehmend der Lyrik zu. Nun veröffentlichte er – z. T. als Privatdrucke, z. T. finanziert von Freunden und Verwandten – in kleinen Auflagen die Sammlungen *Battle-Pieces and Aspects of the War* (1866), *John Marr and Other Sailors* (1888) und *Timoleon* (1891) sowie die philosophische Dichtung *Clarel: A Poem and Pilgrimage in the Holy Land* (1876), eine Reflexion auf seine Palästinareise im Jahr 1857.

The Apple-Tree Table and Other Sketches, zehn Stücke, die zwischen 1850 und 1856 in verschiedenen Zeitschriften erschienen waren, erlebten 1922 eine angemessene Ausgabe. Sein letztes Meisterwerk *Billy Budd, Foretopman* und eine Sammlung bis dahin nicht veröffentlichter Gedichte erschienen erst 1924, das

Tagebuch seiner Reise ins Heilige Land, *Journal Up the Straits* 1935, *Journal of a Visit to London and the Continent* 1948, das *Journal of a Visit to Europe and the Levant* 1955 und *Letters* 1960. Der Tod eines der bedeutendsten Schriftsteller Amerikas und der Welt blieb so gut wie unbemerkt. Erst in den zwanziger Jahren des 20. Jahrhunderts wurde sein Werk wirklich (wieder-)entdeckt und seitdem in seiner Bedeutung angemessen gewürdigt.

Wie Hawthorne dichtete und deutete auch Melville in Symbolen, doch war sein Reich nicht die ›kleine‹ Welt Neuenglands und seines puritanischen Erbes, sondern die Weite des Meeres mit ihren elementaren, im Herzen der Menschen Himmel und Hölle in Bewegung setzenden Gewalten. In seinen Werken präsentiert sich uns in zunehmendem Maße eine düstere Welt, handeln Menschen, die vom Schicksal gezeichnet oder diesem ausgeliefert sind. Die Tragik, unter der Melvilles Familie und letzlich auch er selbst zu leiden hatten, bestimmte den Grundton seiner Werke. So überrascht es wenig, daß die vom Optimismus Emersons infizierten Amerikaner wenig Gespür für die von Melville in den späteren Werken verkündete Botschaft hatten. Sie waren nur bedingt bereit, ihm bei seinen bohrenden Seelenanalysen zu folgen, und es zeugt für die Vergänglichkeit des Tagesgeschmacks, daß Kritik und Leserschaft Melville just in dem Augenblick im Stich ließen, da er sein Meisterwerk *Moby-Dick* vorlegte.

Wie wenig er verstanden wurde, wird deutlich, wenn wir die mehr als knappen Hinweise auf ihn in den vor dem Ersten Weltkrieg erschienenen Literaturgeschichten lesen und uns daran erinnern, daß die Literaturwissenschaft und -kritik erst im ersten Drittel des 20. Jahrhunderts damit begann, den Schatz wirklich zu heben, den Melville hinterlassen hat.

Lange Zeit war man der Ansicht, Melville sei vor allem ein lesenswerter Reiseschriftsteller gewesen, der sein Publikum mit allem versorgte, was es von diesem Genre erwartete: Exotik, Mystik, Fernweh, Zivilisationsferne – aber auch eine die klassizistische Form sprengende Maßlosigkeit. Und so ritten seine ersten Bücher auf der Woge des Erfolges, der in den ersten Jahrzehnten des 19. Jahrhunderts diesem Genre beschieden war. Melville setzte dabei insofern neue Akzente – meinte man –, als er der Literatur die Südsee und deren ›Naturkinder‹ entdeckte und überdies – ganz im Sinne der Romantik und Rousseaus – ›vorchristliche‹, von keiner Zivilisation beeinträchtigte Gesellschaften schilderte. Daß diese Bilder nicht nur Produkte reiner Imagination waren, sondern auch sehr realistisch, eben erlebte Welt des Autors, erhöhte die Popularität dieser Bücher. Als *Typee* erschien, war das Publikum begeistert. Im *Blackwood's Magazine* nannte man Melville den »Phönix der modernen Reisenden, der aus der vereinten Asche Kapitän Cooks und Robinson Crusoes entstanden zu sein scheint«. Ein anderer Kritiker bemerkte: »Seit dem frohen Augenblick, da wir zum ersten Mal *Robinson Crusoe* lasen und daran glaubten, sind wir keinem so bezaubernden Buch wieder begegnet wie dieser Erzählung Herman Melvilles.«

Und in der Tat bieten *Typee*, *Omoo* und *White-Jacket* vor dem Hintergrund der Biographie Melvilles eine Art stark autobiographisch eingefärbter Trilogie, womit noch nicht die Frage nach der gattungsmäßigen Zuordnung beantwortet ist. Der hier anzutreffende Einsatz unterschiedlicher erzählerischer Mittel, vom schlichten Reisebericht über ethnographische und soziologische Interpretationen des Erlebten bis hin zu philosophischen Meditationen, lösten schon unmittelbar nach dem Erscheinen von *Typee* eine Diskussion darüber aus, ob man es hier ›nur‹ mit einem Reisebericht oder doch einem Roman zu tun habe, und es ist sicherlich nicht uninteressant, sich daran zu erinnern, daß die erste englische Ausgabe von *Typee* von einem wissenschaftlichen Verlag vorgenommen wurde, womit deutlich wird, welchen ›völkerkundlichen‹ Wert man dem Buch beimaß. Betrachtet man diese drei Texte gemeinsam, so zeigt sich an ihnen das wachsende literarische Selbstbewußtsein Melvilles. Während er in *Typee* etwa den Chronisten Mendana (1595) heranzieht und die Entdecker des 18. Jahrhunderts, etwa Kapitän Cook, Bougainville, Carteret, Pitcairns Vancouver oder die Reiseliteratur zum Beispiel Porters bemüht, erzählt er in *Omoo* fast ausschließlich ›Selbsterlebtes‹, um schließlich in *White-Jacket* – unter dem Deckmantel des ›Chronisten‹ – von wenigen Ausnahmen abgesehen – eher ein Produkt der Imagination vorzulegen. Das Logbuch der *United States* ist erhalten. Aus ihm geht hervor, daß Melville an Bord dieses Schiffes recht ereignislose Monate verbrachte und nur einen Vorfall von Belang in sein Werk miteinfließen lassen konnte. Nicht unerwähnt sollte bleiben, daß die Geschichte vom Maststurz White Jackets aus den *Mariner's Sketches* des späteren Melville-Biographen Nathaniel Ames stammt.

In diesen ersten Büchern erweist sich Melville als ein Meister der Verknüpfung von Erlebtem und Fiktivem. Seine Fähigkeit, die damals in der Leserschaft populären Themen und gattungstypologischen Mittel in spannungsgeladenen Texten miteinander zu verbinden, ist eines der Geheimnisse seines frühen Erfolgs. Mit *Typee* schreibt er nicht nur das erste Südseebuch von wirklich literarischem Rang, sondern liefert auch ein Musterbeispiel dafür, in welchem Maße die unterschiedlichen Aspekte der Romantik das Lesepublikum beherrschten. In *Typee* bietet der *plot* – wenn wir denn die Handlung so nennen wollen – das Exotische, Anekdotische, Humorige, den leichten Plauderton, die Vereinnahmung durch den Ich-Erzähler, aber auch viele Varianten aus der Rezeptur der damals außerordentlich populären *gothic novel*, neben deren ›Schrecken‹ wir auf Heiteres, Lichtes, die Idylle und den Frieden stoßen, von dem der Mensch der Romantik ebenfalls träumte. Und alles spricht dafür, daß es eben der aus jener Komposition resultierende Spannungsbogen in Verbindung mit der ethnologischen Neugier der Zeitgenossen war, der diese Texte so populär machte. Melville gelingt es darüber hinaus, die Fiktion zu wecken, es handele sich bei allem Dargestellten um abgeschilderte Wirklichkeit, was es ja zu einem guten Teil auch war, aber eben nur zu einem Teil. *Typee* ist sein ›romantischstes‹ Buch, *Omoo* sein unbeschwert-fröhlichstes, *White-Jacket* sein ›chronistischstes‹. Diejenigen, die *Typee* zuerst als reines *travelbook* werteten, konnten bei genauerem Lesen erkennen, daß sich das Werk nur bedingt dieser damals so beliebten Gattung zuordnen ließ.

> Tom und Toby desertieren von ihrem Walfänger, da ihnen das Leben an Bord unerträglich geworden ist. Sie suchen Zuflucht im Tal der Taipis auf den Marquesas, das ihnen nach den soeben gemachten Erfahrungen zunächst als ein Paradies erscheint. Sie treffen auf schöne, in Eintracht lebende Menschen, die keine Armut und keine Not kennen. So positiv sich die ›edlen Wilden‹ aber von der Zivilisation abheben, aus der Tom und Toby kommen, so wenig können letztere die Probleme übersehen, die sich für sie aus den geschilderten Sitten, Gebräuchen, Riten etc. der Insulaner ergeben – insbesondere aus den Tabus und dem Kannibalismus. Als schließlich Toby auf Nimmerwiedersehen verschwindet – sein Schicksal bleibt auch am Ende des Buches offen –, entschließt sich der Ich-Erzähler Tom zu fliehen. Interessant ist dabei die Behandlung der mit dem Kannibalismus einhergehenden Grausamkeiten der ›Wilden‹, denen die »unbarmherzige Grausamkeit des weißen Mannes« gegenübergestellt wird. Nicht unkritischer geht der Erzähler mit den französischen Kolonisatoren und den Missionaren um: »Der Himmel sei den ›Inseln der See‹ gnädig! – Die Anteilnahme, die ihnen das Christentum entgegenbringt, hat sich – leider! – in zu vielen Fällen als ihr tödliches Verderben erwiesen.« Und an anderer Stelle: »Zivilisiert die Wilden, aber bringt ihnen die Segnungen und nicht die Übel der Zivilisation.«

Was Melville aus diesem ›glücklichen Tal‹ zu berichten wußte, war an sich nicht neu. Die Schilderungen von Heiratsbräuchen, Riten, naturgeschichtliche und anthropologische Einschübe waren den gängigen Reiseberichten eigen. Erst die Stellung des Erzählers dieses in der Ich-Form geschriebenen Buches, der gleich Robinson nicht als allwissender Berichterstatter, sondern als ein von den Geschehnissen unmittelbar Betroffener auftritt, verleiht diesem ›Bericht‹ seine Authentizität und Frische und einen wirksamen Spannungsbogen. Bis zum Ende weiß man nicht, wie sich das Schicksal der beiden Deserteure gestalten wird. Überdies zeichnet Melville mit dem Häuptling Mahevi und vor allem mit der polynesischen Fee Fayaway Gestalten, die ganz nach dem Geschmack einer romantischen Leserschaft waren. Auf Kritik stießen indes die freimütigen Schilderungen der ›Natürlichkeit‹ der polynesischen Frauen und die sehr kritischen Bemerkungen zu den Folgen christlicher Missionstätigkeit, die in der zweiten Auflage getilgt wurden. Gerade an diesen Punkten erweist sich der im kalvinistischen Geist erzogene Melville als ein unbestechlicher Kritiker der Schwächen der westlichen Zivilisation. Das unverklemmte Verhältnis der »prächtigen Schar unehrerbietiger Heiden« zu ihrer Religion faszinierte ihn. Das Kannibalentum – eines der Leitmotive des Buches – löste er nicht aus seinem gewachsenen Rahmen und verwies auf die barbarischen Sitten in der Geschichte der ›zivilisierten‹ Weißen, wobei die Ironie nicht zu kurz kommt, wenn es heißt: »Eine menschlichere, gebildetere und liebenswürdigere Gesellschaft dieser Feinschmecker gibt es vielleicht in der ganzen Südsee nicht.« Und was die Folgen der Mission betrifft, so vermerkt er: »Kaum sind auf den Polynesischen Inseln die Götzenbilder umgestürzt, die Tempel zerstört und die Götzenanbeter dem Namen nach zum Christentum bekehrt, erscheinen auch schon Krankheit, Laster und vorzeitiger Tod … Man hat die Eingeborenen buchstäblich zu Zugpferden zivilisiert und zu Lasttieren christianisiert.«

> Die *Typee* auszeichnenden Spannungsmomente finden sich in *Omoo* nicht in gleichem Maße, und doch kommt dieses Buch unseren Vorstellungen von einer *novel of adventure* näher als das erste. Das Wort »omoo« bezeichnet im Polynesischen einen Mann, der von Insel zu Insel wandert. Die Handlung dieses Buches schließt unmittelbar an die seines Vorgängers an. Die Flucht aus dem Tal der Taipis führt den Erzähler auf der *Julia* nach Tahiti. Nach einer Meuterei, die ihn zum Gefangenen macht, und Arbeit auf einer Plantage zieht er mit dem eigenartigen Dr. Long Ghost aus, um das Leben der Insulaner zu studieren, bis sie schließlich vergeblich versuchen, sich der den Franzosen feindlich gesonnenen Königin Pomaree Vahinee I. anzudienen.

Auch dieses Buch ist episodenhaft komponiert, im Prinzip aber realistischer als sein Vorgänger und ›freundlicher‹ als die folgenden Werke. Die amüsanten Streiche der Meuterer, der fast fröhliche Müßiggang der ›Helden‹, die angedeuteten Verwicklungen und nicht zuletzt die plastischere Charakterzeichnung sind Belege für den fortschreitenden künstlerischen Reifeprozeß Melvilles. Hinter der Fassade der Fröhlichkeit verbirgt sich aber bereits hier die später nicht mehr verhüllte Erkenntnis des Autors, daß es für den modernen Menschen kein Zurück mehr in einen Garten Eden gibt. Das gilt auch für das Schicksal der ›Eingeborenen‹, denen wir in *Typee* und *Omoo* begegnen.

Im Zeichen der Anklage gegen die Exzesse der weißen ›Zivilisation‹ steht auch der chronikartige Bericht über das Leben an Bord der *Neversink*. *White-Jacket* wartet mit einigen Kapiteln auf, die nicht nur Tendenzdichtung sind, sondern fast schon dem Propagandaschrifttum zugerechnet werden können. Tatsächlich hat dieses Buch neben RICHARD HENRY DANAs Jr. (1815–1882) *Two Years Before the Mast* (1840) wesentlich zur Reform der inneren Führung der US-Navy beigetragen. Dies war auch eines der Anliegen Melvilles. Darüber hinaus erlangte *White-Jacket* durch die minutiöse Schilderung des Bordalltags den Ruhm, als eine der besten Darstellungen des Lebens auf einem Kriegsschiff in die Geschichte der Weltliteratur eingegangen zu sein.

> Obgleich es sich bei *White-Jacket* um eine eigentümliche Mischung von Bericht, Erzählung, Essay, Chronik und Belehrung handelt, der jeder Ansatz zum Romankonflikt fehlt, ist dieses Buch – wohl weil die ›Handlung(en)‹ auf die Planken eines Schiffes beschränkt sind – das geschlossenste Werk Melvilles vor *Moby-Dick*. Für den Ich-Erzähler präsentiert sich das Leben an Bord der *Neversink* als Mikrokosmos einer Gesellschaft, deren Schwächen sich auf diesem engen Raum und unter den Bedingungen absoluten Gehorsams deutlicher sichtbar machen lassen als anderswo. Der Kapitän ist der Zar, ausgestattet mit allen Rechten eines Despoten, aber selbst er kennt das Ziel nicht und ist dennoch gezwungen, unter allen Umständen auf bedingungslose Disziplin zu dringen. Andere Schiffsbücher hatten diesen Mikrokosmos aus der Sicht der Schiffs-Herren geschildert. Melvilles Erzähler aber lebt in Mannschaftslogis und ist so in der Lage, die Welt von unten zu sehen, die Kluft, die sich zwischen Offizieren, Maaten und einfachen Seeleuten auftut, aus der Perspektive der Bedrückten sichtbar zu machen. Dabei führt er uns durch alle Stationen dieser komplexen ›Welt‹: Von der Brücke und dem Kapitän über die Kapelle und den Schiffsgeistlichen, die Bibliothek bis hin auf den höchsten Mast. Der Geistliche schaut seelenruhig zu, wie brutale Maate Matrosen auspeitschen und der einem Fleischer gleichende Schiffsarzt Dr. Cuticle (!) unnötigerweise einem Seemann ein Bein absägt und ihn damit in den Tod schickt. Der Prunk beim Empfang des Geschwaderchefs steht in schroffem Gegensatz zum entbehrungsreichen Leben der Matrosen, und die Eifersüchteleien unter den Seekadetten lassen erkennen, wes Geistes die zukünftigen Herren über das Schicksal einfacher Seeleute sind. All das erlebt der Protagonist White Jacket, ein Mann »nachdenklichen Gemüts«, der – mit dem Autor – aufs tiefste von der ständigen Verletzung der Menschenwürde betroffen ist. Und schließlich mutiert die *Neversink* zur Allegorie, zur Welt-Fregatte, womit Melville gleichsam

> das Weltbild des Raumfahrtzeitalters antizipiert. Die Schuld an all den Übeln auf diesem Mikrokosmos – so die Botschaft des Demokraten Melville – tragen nicht einige wenige, sondern wir alle: »Oh, Schiffsgefährten und Weltgefährten überall! Wir Menschen erdulden viele Mißhandlungen ... Vergebens appellieren wir an die Leutnants, vergebens an den Kapitän; vergebens – so lange wir an Bord unserer Welt-Fregatte sind – an die unbestimmten Flottenbevollmächtigten, hoch droben, außer Sichtweite. Aber unsere schlimmsten Übel fügen wir uns selber zu ... Vor den äußeren Übeln kann kein Wesen ein anderes bewahren, hierin muß jeder Mensch sein eigener Erretter sein.«

Auch die ›Reisebücher‹ Melvilles werden so zum Instrument der Verkündung ethischer Postulate. Ausgangspunkt für die Dichtung Melvilles ist – wie aus diesen frühen Werken ersichtlich – stets das Konkrete. ›Fakten‹ haben für ihn, wie es übrigens auch Thoreau von sich behauptete, »eine natürliche Tendenz, zu Ideen aufzublühen«. Selbsterfahrene Fakten bilden auch die Basis der beiden 1849 erschienenen Bücher *Redburn* und *Mardi*, wobei diese beiden Texte sinnfällige Beispiele dafür sind, wie unterschiedlich die Fakten unter der Feder Melvilles zu Ideen aufblühen.

> *Redburn* präsentiert eine stark autobiographisch gefärbte Rückbesinnung Melvilles auf den Beginn seiner Fahrenszeit. Der Protagonist Willingborough Redburn schildert in der Ich-Form und der aus den vorhergehenden Werken bekannten Erzählweise seine erste Seereise an Bord der *Highlander*, die für den ›unschuldigen‹ Bürger seiner jungen Nation in mehrfacher Weise zum Initiationserlebnis wird. Überall stößt er auf Brutalität, Betrug, Heuchelei. Der Kapitän terrorisiert die Mannschaft, und der davon ausgehende Druck trifft die Jüngsten und Schwächsten an Bord am stärksten. Die Ausnutzung der Lage der Auswanderer wird nur noch übertroffen vom Los der Menschen, die Redburn in den Slums von Liverpool antrifft. Eigentlich alle Erfahrungen, die der junge Amerikaner machen muß, sind negativ; nur seine romantische Unschuld bewahrt ihn davor, zum Zyniker zu werden. Am Ende dieser Reise ist Redburn ein auf der Schattenseite des Lebens gereifter Mann.

Melville selbst scheint dieses Buch nicht sonderlich hoch eingeschätzt zu haben: »Es bringt Geld in die leere Börse. Aber ich hoffe, nie wieder ein derartiges Buch schreiben zu müssen.« Hawthorne gegenüber äußerte er: »Was ich am liebsten schreiben würde, das muß ich mir versagen; ... aber in ganz und gar anderer Art schreiben kann ich nicht. So ist das Ergebnis also ein Mischmasch, und alle meine Bücher sind Flickwerk.« Interessant ist dieses Buch – und das sollte nicht übersehen werden – auch deshalb, weil es die Reaktion eines Amerikaners auf die mit der industriellen Revolution in England einhergehenden sozialen Probleme darstellt. Sie enthalten Bilder aus der Zeit der *Reform Act* und des Chartismus aus dem Zentrum des Umbruchs, als unweit Liverpools – 1837 in Preston – protestierende Arbeiter niedergeschossen wurden und in Rochdale aus der Not der Lohnabhängigen heraus die Coop-Bewegung entstand.

Der vom Kritiker- und Publikumsgeschmack erzwungene und Melville schon zu diesem Zeitpunkt offenbar bedrückende Kompromiß bestand darin, *stories* voller Abenteuer, Exotik und Romantik zu bieten, in denen er sich ein Reservat weiterweisender Symbolik schuf. In *Typee*, *Omoo*, *White-Jacket* und *Redburn* waren die Gewichte so verteilt, daß sowohl die vordergründigen Bedürfnisse der Unterhaltung erwartenden Leser erfüllt wurden wie auch die eines anspruchsvolleren Publikums. In *Mardi* aber ließ sich die Kluft zwischen diesen beiden Konzeptionen offenbar nicht mehr so überbrücken, daß ihm eine breitere Leserschaft zu folgen bereit war. Das Konkret-Greifbare bildet hier nurmehr die Exposition.

> Auch dieses Buch beginnt mit der Flucht von einem Walfänger. Was den beiden Deserteuren Taji und Jarl, die dabei auf die rätselhafte Yillah stoßen, danach widerfährt, präsentiert sich als eine nicht leicht zu durchdringende »philosophische Phantasmagorie« (Lüdeke). Den Kern dieses als Erzählung beginnenden und als Allegorie endenden Textes bildet die Jagd von fünf Männern, Taji (der monomanische Held), Babbalanja (der Philosoph), Yoomy (der Poet), Mohi (der Historiker) und King Media (der Menschenverstand), nach der absoluten Wahrheit. Manches erinnert an Swift, etwa, wenn sie nach Dominora (England) oder Vivenza (USA) kommen oder nach Serenia, wo Alma (Christus) regiert. Schließlich findet Taji seine Yillah bei Queen Hautia wieder und wird vom Verfolger zum Verfolgten, trennt sich von den anderen, um seine Suche auf einer »endlosen See« fortzusetzen. Er hatte den »goldenen Hafen« nicht erreicht: »Und dennoch lieber auf der kühnen Suche danach in grenzenlosen Tiefen versinken, als auf gemeinen seichten Wassern dahintreiben; gebt mir, ihr Götter, einen völligen Schiffbruch, falls ich scheitere.«

Das Buch war harte Kost für die Zeitgenossen und ist es auch heute noch, sagt aber viel aus über das Weltbild Melvilles. Hier findet er sein eigentliches Thema, seit der *Odyssee* oder dem *Beowulf* eines der ältesten der Weltliteratur überhaupt: die Seefahrt als Lebensfahrt, das Meer als das unauslotbare, den Menschen Freiheit verheißende, aber auch elementare Umfeld, dessen unberechenbaren Gewalten der Mensch hilflos ausgeliefert ist. Was ihm bleibt, ist ein kleiner Kernbezirk des Schönen. »Denn ebenso, wie das schreckliche Meer die grünende Erde umarmt und umschlingt, so liegt inmitten der menschlichen Seele eine Insel, ein Tahiti friedlicher Freude, das aber von allen Seiten von den Schrecken eines Lebens umschlossen ist, das sich zur Hälfte unserer Kenntnis entzieht.« Liebevolles Umarmen und tödliches Umschlingen gehören zusammen. Das Meer wird zum Schauplatz des elementaren Kampfes um das Dasein, aus diesem Meer steigen die Symbole und formen sich zum Kosmos Melvillescher Provenienz, gegründet auf alttestamentarischem Gedankengut. Damit ist der Melville-Held zu einer Gestalt aus der Genesis geworden. Diese Metamorphose gebiert Ishmael, den Sohn der Hagar, den Prototyp des unbehausten Einzelgängers. Ishmael wird ausgeliefert einem Kapitän Ahab, dessen alttestamentarischer Namensvetter »tat, was dem Herrn mißfiel«, ja »mehr tat, den Herrn, den Gott Israels, zu erzürnen, als alle Könige von Israel, die vor ihm gewesen waren« (1. Könige 16,30 u. 33). Die Wahl dieser Namen ist Programm, und die Suche nach der blauen Blume der Romantik in Gestalt der Yillah weicht in *Moby Dick* einem archaisch-elementaren Jagdmotiv, in dem es buchstäblich um Sein oder Nichtsein geht.

Auch *Moby Dick* ist nicht mit der herkömmlichen Gattungstypologie zu definieren. Das Buch enthält die Summe aller von Melville gemachten Erfahrungen, ein Fazit seiner Ahnungen. Das bereits aus den vorhergehenden Werken bekannte episodenhafte Gestalten führt hier zu einem Mosaik, dessen Bauelemente buchstäblich alle Möglichkeiten erzählerischer Präsentation enthalten. Hier treffen wir auf Berichte, Forschungsergebnisse, Studien, die Predigt, den Essay oder auf Lexikalisches; auf epische und dramatische Erzählstrategien, auf dynamische und statische Elemente. Form und Inhalt sprengen den Rahmen dessen, was man damals unter *novel* und *romance* verstand.

Als Gerüst dieses – im *plot* in der Ich-Form geschriebenen – Werkes dient das Konkrete, dessen Summe ein in mehreren Ebenen aufgebautes metaphysisches Epos stützt. Die Basis bietet der Walfang, der zu jener Zeit eine der bedeutendsten Wirtschaftszweige Neuenglands war. Um 1840 waren allein in New Bedford und Nantucket, den Zentren dieses Gewerbes, etwa siebenhundert Walfänger beheimatet, so daß Melville ein den Amerikanern wohlbekanntes Thema behandelte. Aber auch der Titel und ein Teil der äußeren Handlung lehnen sich an damals weithin bekannte Gegebenheiten an. In der Geschichte des amerikanischen Walfangs trieb der in der Nähe der südchilenischen Insel Mocha gesichtete Pottwal »Mocha Dick« ein böses Spiel. Er soll im Jahre 1820 den Walfänger *Essex* versenkt haben. Einer der Überlebenden publizierte noch im selben Jahr die »Narrative of the Most Extraordinary and

Distressing Shipwreck of the Waleship Essex«. Melville hat diesen Bericht gelesen, und er kannte auch die Geschichte von »Mocha Dick, the White Wale of the Pacific« des John Reynolds, die 1839 im *Knickerbocker Magazine* erschienen war. Was das Leben auf den Walfängern betraf, deren Besatzungen sich aus dem »Abschaum vieler Nationen« zusammensetzte, so wertete Melville die Erfahrungen aus, die er selbst an Bord der *Acushnet* gemacht hatte.

Melville hat für *Moby Dick* umfangreiche Vorarbeiten geleistet. Diese reichen von etymologischen Studien über historische und literarische Untersuchungen, Philosophie, Theologie oder Folklore bis zur Sichtung naturwissenschaftlichen Materials, als deren Ergebnis das Kapitel 32, »Cetology«, ein Beispiel bietet. Dabei werden Plinius und Aristoteles ebenso bemüht wie das Alte Testament, der Angelsachse Ohtere, Rabelais, Milton, Dryden, Pope oder Eckermann, um nur einige zu nennen. Dennoch bleibt der vordergründige Handlungsfaden dünner, als es die ungeheure Stoffülle des wohl größten Seeromans der Weltliteratur auf Grund der dargebotenen Episoden, Betrachtungen und den *plot* nicht unmittelbar betreffende Einschübe vermuten läßt.

> Der Erzähler Ishmael heuert in New Bedford auf dem Walfänger *Pequod* an. Sein Gefährte wird der Polynesier Queequeg. Weihnachten verläßt das Schiff New England unter dem Befehl des Kapitäns Ahab, dessen Ziel es ist, den Weißen Wal zur Strecke zu bringen, der ihm in einem vorangegangenen Kampf ein Bein abgerissen hatte. Das Klopfen des Stelzfußes wird für die aus aller Herren Länder zusammengewürfelte Besatzung zum Signal nahenden Unheils. Sie alle sind durch das Seemannsgesetz dem selbstzerstörerischen Haß des Monomanen Ahab ausgeliefert. Die Fahrt zu den Fanggründen im Pazifik verläuft zunächst im allgemeinen ereignislos. Um so mehr Zeit bleibt dem Erzähler, den Schiffs-Mikrokosmos zu analysieren und den Leser auf den Endkampf mit dem Wal, in dem die *Pequod* in einem gewaltigen Crescendo sinkt, einzustimmen. Nur der Erzähler Ishmael wird gerettet und kehrt an Bord der *Rachel* ins Leben zurück.

Alles in diesem Buch ist auf den Wal bezogen. Erst aus der Gefahr, die aus seiner Jagd resultiert, entwickelt sich ein Symbol unberechenbarer Naturgewalt. Zur Inkarnation des Bösen – aus der Sicht Ahabs – aber wird er erst als Gegenstand des monomanischen Hasses des jagenden, in seinem Stolz zutiefst getroffenen Kapitäns. Die Rache, die Ahab beseelt, ist ein Gefühl, das dem mit der puritanischen Tradition wohlvertrauten Dichter verständlich ist, aber nicht mehr seine Zustimmung findet. Damit wird die monomanische Jagd Ahabs zum Symbol einer selbstzerstörerischen Apokalypse. Die »unauslöschliche Fehde« ist der »besondere Wahnsinn« Ahabs. Und so betet Ishmael für seinen Kapitän: »Gott helfe dir, alter Mann, deine Gedanken haben ein Geschöpf in dir geschaffen; so kann das angestrengte Denken einen zum Prometheus machen; ein Geier frißt auf ewig an diesem Herzen; dieser Geier ist recht eigentlich das Geschöpf, das er erschafft.« Ahab aber ist nur zu einem Teil ein Prometheus, zum anderen ein Satan, der um jeden Preis töten will, koste es auch das Leben der ihm anvertrauten Besatzung. D. H. Lawrence nannte *Moby-Dick* die »Apokalypse unserer Zivilisation«. Im weiteren Sinne aber steht der Kampf zwischen Ahab und dem Wal für das Ringen zwischen angeblich vernunftbegabten und unvernünftigen Wesen, den bewußten und den unbewußten Kräften. Bei aller technischen Überlegenheit der Vernunftbegabten bleibt am Ende die Frage offen, wer denn nun der Jäger, wer das Opfer ist. Damit scheint der Mensch in seiner Hybris sich selbst den Urgewalten auszuliefern. Was bleibt, ist die Ungewißheit, ob der Mensch je wirklich über die Natur siegen kann und ob nicht jeder seiner ›Siege‹ ein Beitrag zu seinem Untergang ist. Das ursprünglich Gute im Menschen wird im Laufe seiner Entwicklung und seiner Lebenserfahrung mehr und mehr vom Bösen überlagert. Allein der ohne eigenes Verschulden in den Strudel der Tragödie gerissene Ishmael bleibt *diesem* Leben überlassen. Er entkommt der auf den Frevel folgenden Todesstrafe, da er sich wandelte, und der Wandel ist nach Hawthorne, dem dieses Buch »In Token of my Admiration for his Genius« gewidmet ist, das wesentliche Element der Sühne und damit die Voraussetzung für Erlösung und Errettung. Aus Ishmael, dem Ausgestoßenen, wird der Auserwählte.

Der romantischen These vom jungen, natürlich-guten Menschen Emersons setzt Melville mit dem folgenden Roman *Pierre* ein anderes Weltbild entgegen.

> In *Pierre*, das man als das pessimistischste Buch Melvilles bezeichnen kann, findet Hoffnung keinen Raum mehr. Pierre Glendenning, der »Narr der Wahrheit, der Narr der Tugend, der Narr des Schicksals«, gerät durch die prinzipielle Befolgung des Gesetzes christlicher Nächstenliebe in Grenzsituationen, die er schließlich nicht mehr meistern kann. Am Ende steht die Vernichtung eines ursprünglich hoffnungsvollen und glücklichen Lebens.

Im Grunde stellt dieses Buch einen Versuch des Autors dar, seine religiöse Position zu bestimmen, wie er es später noch einmal in *Clarel* zu tun versuchte.

Schon *Moby-Dick* hatte die Kritik nicht gewinnen können, *Pierre* aber löste fast einen Schock aus. Dieses Buch, in dem Melville seinen eher prüden Zeitgenossen nicht nur eine fast alles überwuchernde Symbolik, sondern auch Hinweise auf problematische sexuelle Konstellationen gab, war nicht geeignet, sein geschwundenes Ansehen wiederherzustellen. Angesichts seiner finanziellen Lage entschloß er sich zu weitergehenden Konzessionen an den Zeitgeschmack. Unter diesen Vorzeichen entstand der Revolutionsroman *Israel Potter: His Fifty Years of Exile*, der sich auf die 1824 erschienene Schrift *Life and Remarkable Adventures of Israel Potter* stützt.

> Der junge Neuengländer Israel Potter wird während des Unabhängigkeitskrieges als Gefangener nach England gebracht, kann fliehen und kehrt nach einem ereignis- und entbehrungsreichen Leben – als Arbeiter, Agent und Seemann – als alter Mann in die USA zurück, die ihm seinen Patriotismus nicht lohnen, so daß er mittellos stirbt. Die Skizzen Benjamin Franklins, John Paul Jones' oder Ethan Allans zählen zu den besten historischen Porträts der amerikanischen Literatur. Daneben finden wir Ansätze zur Sozialkritik, zu der sein Held Israel Potter auf Grund seiner Erfahrungen als Opfer seiner Zeit besonders berufen erscheint. Auch ist Israel Potter eine Figur, die bei allem Einsatz für sein Land nachdenklich bleibt, wenn er etwa sagt: »Im Angesicht dieser Schlacht kann man sich fragen: Was unterscheidet den gebildeten Menschen vom Wilden? Ist die Zivilisation etwas Besonderes, oder ist sie eine fortgeschrittene Stufe der Barbarei?«

Aber auch dieses Mal blieb Melville die Wiederholung seiner frühen Erfolge versagt, und so können wir in vielen der im Band *Piazza Tales* enthaltenen Erzählungen Anzeichen von Resignation bemerken. In »Bartleby«, »The Encantadas« oder »Benito Cereno« stoßen wir immer wieder auf Themen wie Isolierung, Selbstisolierung, geschundener Mensch und Einsamkeit, und wer dächte nicht gleich an das Schicksal Melvilles, wenn in der Erzählung »The Fiddler« ein einstmals berühmter Violonist schließlich von niemandem mehr erkannt oder beachtet wird. Von ihm bis zum Hilfsschreiber Bartleby – der mit dieser Welt nichts mehr zu tun haben möchte und dessen Tod für ihn selbst und seine Umgebung Erlösung bedeutet – ist es nur ein kleiner Schritt.

Noch einmal lehnt sich Melville auf, ehe er sich entschließt, die Prosa aufzugeben. Aber auch *The Confidence Man* (1857), eine Satire, bleibt ein Torso, interessant deshalb, weil hier die pessimistische Weltschau des Autors besonders deutlich wird. Melville sagte seinem Freund Hawthorne nach der Vollendung dieses Textes, er habe »seine Seele ziemlich auf die Vernichtung vorbereitet«. In dieser Zeit brach das Unglück über den Dichter herein. Nach dem Erscheinen von *Pierre* erlitt er einen Nervenzusammenbruch, und als der Versuch von Freunden scheiterte, ihn im konsularischen Dienst unterzubringen, fristete er sein Leben mit Vorträgen und wurde durch Zuwendungen seines Schwiegervaters, des angesehenen Richters Shaw, vor dem Ärgsten bewahrt.

Noch vor Beginn des *Civil War* hatte Melville das Vertrauen in die Spielregeln dieser Welt weitgehend verloren. Nun aber reißt ihn der Kampf um die Einheit des Landes und die Befreiung der Sklaven aus seiner Resignation, zumal er ihn als eine Auseinandersetzung zwischen Gut und Böse empfindet. Er hofft, »daß vielleicht die ›Geburtswehen des Zeitalters‹ das ›endgültige Reich und die glücklichere Welt‹ errichten«. Insofern enthalten etwa die *Battle-Pieces*, die neben Gedichten Whittiers und Whitmans die Höhepunkte nördlicher ›Kriegsdichtung‹ markieren, vergleichsweise erlösende Momente. Im Anhang des Bandes mahnt Melville: »Die Kriegsjahre stellen unsere Hingabe an die Union auf die Probe; die Friedenszeit mag die Aufrichtigkeit unserer Treue zur Demokratie prüfen.« Eine Wende zum Guten kann seiner Meinung nach aber erst dann eintreten, wenn das Individuum die Kraft findet, sich ein von der christlichen Nächstenliebe bestimmtes ethisches Fundament in einer Welt im Umbruch zu schaffen. Letztlich geht es darum, sich einen Glauben zu erkämpfen, wie es Melville für sich selbst in dem philosophischen Gedicht *Clarel* versuchte: »If Luther's day expand to Darwin's year, / Shall that exclude the hope – foreclose the fear / The running battle of the star and clod / Shall run for ever – if there be no God.«

Seit dem Erscheinen von *The Confidence Man* legte Melville keine größere Prosa mehr vor. Im Nachlaß fand man die Geschichte vom Vortoppmann Billy Budd, die Melville kurz vor seinem Tod vollendet hatte. Noch einmal behandelt er den Tragik gebärenden Zusammenstoß von Gut und Böse in einer nun von philosophischen Spekulationen weitgehend freien, nahezu geradlinig erzählten Fabel. Keines seiner längeren Prosawerke ist so zuchtvoll komponiert wie diese von ihm mehrfach überarbeitete Erzählung.

Im Jahr 1797 wird der ›Handsome Sailor‹ Billy Budd von Bord der *Rights of Man* (!) geholt und als Matrose in den Dienst der englischen Majestät gepreßt. Auf der *HMS Indomitable* (!), die unter dem Kommando des aufgeklärten Kapitäns Vere steht, fügt sich Billy in sein Schicksal. Die »Menschenrechte« sind vergessen, und wäre der sprachbehinderte, von Natur gutmütige Jüngling nicht das Opfer der Intrige des Stückmeisters Claggart – der Inkarnation des Bösen – geworden, hätte Billy dem anderen Leben nicht nachzutrauern brauchen. Claggart beschuldigt ihn vor dem Kapitän, eine Meuterei anzetteln zu wollen. Billy versagt die Stimme, und er reagiert mit der Faust und tötet Claggart. Obgleich Vere von der Unschuld Billys überzeugt ist und seine Reaktion versteht, muß er das Todesurteil aussprechen, nicht zuletzt deshalb, weil kurz zuvor die Schlagkraft der Flotte durch eine Meuterei bedroht worden war.

Billy Budd ist als ein spätes Bekenntnis Melvilles zum »Primat des Gesetzes vor dem natürlichen Gefühl« (Lüdeke) gewertet worden. Melville schreibt: »Nach juristischer Auffassung war derjenige das Opfer der Tragödie, der versucht hatte, einen untadeligen Mann zum Opfer zu machen, und die unbestreitbare Tat des letzteren stellte nach dem Marinerecht eines der abscheulichsten militärischen Verbrechen dar.« Nach diesem »primitiven Gesetz« mußte Kapitän Vere handeln. Er ist es, der in diesem Duell zwischen Gut und Böse Stellung beziehen muß, auf Spielraum für seine Pflicht hoffte und diesen nicht hat. »Sprich! Verteidige dich!« ruft er dem beschuldigten Billy zu, denn dessen »Verwunderung war frei von Furcht und Mißtrauen. Die unreife, aber grundehrliche und gutmütige Natur Budds ahnte nur langsam oder überhaupt nicht, wenn ihm von seinesgleichen heimlich Gefahr drohte.« Doch der tödliche Schlag änderte die Situation blitzartig: »Hatte er (Vere) sich bisher in der Szene gegen Billy wie ein Vater gezeigt, so nahm er jetzt eine streng militärische Haltung an.« Nicht mehr die Motive, sondern die »Folgen des Schlags« zählen. Claggart war ein Stück der um jeden Preis zu bewahrenden Autorität. Der Primat des Gesetzes aber wird moralisch angefochten. Zur gleichen Zeit ist *Billy Budd* auch eine Studie zum Thema Fatalismus. Billy, ein Mann ohne Herkunft, fügt sich nicht nur willig, als er die »Menschenrechte« verlassen muß; die »grundehrliche« und »gutmütige« Natur sieht auch ihrem Tod an der Rah ohne äußere Bewegung ruhig entgegen. Im Augenblick seines Todes »durchbrach ein sanfter Glanz das dunstige Vlies, das tief im Osten hing, als erschiene das Vlies Gottes in mystischer Vision ... und steigend blickte er in das strahlende Morgenrot.« Die Erzählung läßt offen, ob sich Melville tatsächlich zum Primat des Gesetzes vor dem Gefühl bekennen wollte. Vieles spricht dafür, daß der Frieden, den er Billy Budd mit den Wolfsgesetzen dieser Welt schließen ließ, ein Friede der Resignation war, angereichert mit einem Funken Hoffnung, daß die stets dem Bösen unterliegenden Unreifen, aber Guten einst in das strahlende Morgenrot blicken können, ohne daß sie den Strang um den Hals spüren. Am Ende seiner lebenslangen Suche nach Menschlichkeit mußte der sich aus puritanischen Wurzeln speisende Humanist erkennen, daß die Gebote des Christentums von der Gesellschaft zum Schaden aller ihrer Teile nicht zur Maxime ihres Handelns erhoben wurden. Und so blieb für Melville die Aussöhnung des Individuums mit seiner Umwelt ein unlösbares Problem, nicht zuletzt deshalb, weil er der individuellen Identität den absoluten Vorrang unter den Werten einräumte.

Sein Zeitgenosse WALT WHITMAN (1819–1892) beantwortete die von Emerson aufgeworfene Frage nach dem Standort des amerikanischen Individuums in seiner Gesellschaft anders. Bei mancher Übereinstimmung der von Melville und Whitman geschaffenen Bilder und der beiden eigenen, die Formen herkömmlicher Dichtung sprengende Dynamik, schufen sie zwei weitgehend voneinander abweichende Deutungen der menschlichen Existenz.

Der Autodidakt Whitman wurde als Sohn eines Yankee-Farmers und Zimmermanns und einer Mutter holländisch-walisischer Abkunft in West Hill auf Long Island geboren. Der Vater Whitmans war Anhänger der ›radikalen‹ Demokraten und sympathisierte mit den Ideen Tom Paines, Fanny Wrights und Robert Owens. Dieser ›Radikalismus‹ bestimmte auch den religiösen Bereich der sehr patriotisch gestimmten Familie, die sich dem Gedankengut des ausgestoßenen Quäkers Elias Hicks verpflichtet fühlte. Nach kurzer Schulzeit arbeitete Walt als Gehilfe seines Vaters als Buchdrucker, Journalist und Lehrer. In jenen Jahren übten die Schriften Carlyles und Emersons großen Einfluß auf ihn aus. Von 1841 an wirkte Whitman als Mitarbeiter und Redakteur vieler Zeitungen und Almanache, die seine frühen Arbeiten und Traktate sowie konventionelle Gedichte und der Tagesmode entsprechende sentimentale Erzählungen abdruckten (gesammelt in: *The Uncollected Poetry and Prose of Walt Whitman*, 2 Bde., 1921, und *The Half-Breed and Other Stories*, 1927). Aus dieser Zeit stammt auch der Temperenz-Roman *Franklin Evans* (1842). Nach einer Reise durch den Mittleren Westen und nach New Orleans legte er am 4. Juli 1855 die erste Ausgabe der *Leaves of Grass* vor (weitere folgten 1856, 1860, 1867, 1871 und 1876). Die *Author's Edition* (1881/82) – ihr Vertrieb wurde in Boston untersagt – kann als die endgültige Ausgabe angesehen werden, da die Editionen von 1889 und 1891/92 keine Bearbeitungen mehr erfuhren, sondern lediglich durch Anhänge ergänzt wurden. Während des *Civil War* pflegte Whitman 1863–1865 als weltlicher Seelsorger Verwundete in Washingtoner Lazaretten und arbeitete schließlich bis 1872 als subalterner Beamter in Bundesministerien. In diesen Jahren erschienen die *Democratic Vistas* (1871) und der Gedichtband *Passage to India* (1871), der ursprünglich als poetische Interpretation der *Democratic Vistas* und als spirituelles Gegenstück der *Leaves of Grass* gedacht war und später, wie die *Drum-Taps* (1865/66), in jene aufgenommen wurde. Nach einem Schlaganfall zog sich der Dichter nach Camden bei Philadelphia zurück, wo er den Rest seines Lebens verbrachte. 1875/76 veröffentlichte er die *Memoranda During the War*, die in den autobiographischen Bericht *Specimen Days and Collect* (1882) eingingen. Den Lebensabend verbrachte der nie wirklich populäre Dichter im Kreis von Schülern und bewundert von Kennern. Die 1961 publizierten *Collected Writings*, in die auch kleinere Stücke und Korrespondenz aufgenommen wurden, bilden die bisher wohl vollständigste Edition seines verstreuten Gesamtwerkes.

Im Gegensatz zu Melville lebte Whitman in der Überzeugung, der Mensch habe die Kraft, das Gute zum Siege zu führen. Die Wesensverschiedenheit dieser beiden poetischen Ausdeuter transzendentaler Ideen läßt sich an ihrem jeweiligen Verhältnis zum Meer demonstrieren. Für Melville wie für Whitman ist das Meer ein Grunderlebnis. Sie betrachten die See als eine Urkraft von symbolischer Bedeutung für unser Dasein. Ihre Beziehung zu dieser Naturgewalt spiegelt jene dualistische Auffassung des Menschen vom Meer, die Hemingway in *The Old Man and the Sea* diskutiert, wenn er Santiago über *el mar* und *la mar* meditieren läßt. Für Melville ist das Meer *el mar*, ein Maskulinum, die Stätte gnadenlosen Kampfes, der Bewährung, des Untergangs des Guten. Whitman hingegen denkt eher in femininen Kategorien. Seine See ist *la mar*, etwas Liebenswertes, Lebenstiftendes, dessen Wellen nicht nur würgen, sondern »umarmen und schmeicheln«. *La mar* ist *the endlessly rocking cradle* der Menschheit. Und selbst wenn sie den Tod bringt, bleibt sie die »wilde alte Mutter«. Dieser unterschiedliche Denkansatz ist symptomatisch und führt die beiden großen amerikanischen Dichter und Zeitgenossen zu verschiedenen Weltdeutungen.

Whitman zog aus, die Freiheit gegen jegliche Orthodoxie zu erstreiten. Nur so glaubte er, zur Versöhnung der Gegensätze – und darauf kam es ihm an – beitragen zu können. Überschaut man sein Gesamtwerk, so wird deutlich, in welch starkem Maße der wohl originellste Dichter Amerikas vielschichtigen Einflüssen ausgesetzt war. Er las viel, aber ohne System. Er kannte die Werke Aischylos' und Sophokles', er studierte Shakespeare, Dante, Ossian, den *Don Quixote*, die *Nibelungen*, *Tausendundeine Nacht* und die Balladen Scotts; er vertiefte sich in naturwissenschaftliche und philosophische Werke. Am nachhaltigsten beeindruckte ihn das Werk Emersons, der übrigens als einer der ersten die Bedeutung der *Leaves of Grass* erkennen sollte. Seine Betonung der Individualität und die Idee der Allseele korrespondierten weitgehend mit den Ansichten Whitmans von der Rolle des Menschen in der Welt. Und so schickte sich der Quäker an, zu einem demokratischen Vollstrecker der Lehre Emersons zu werden.

Der Kern dieser neuen und über weite Strecken durchaus transzendentalistischen Botschaft Whitmans ist expansiv-positiv. Hier geht es um die Aufhebung des Konfliktes zwischen dem Individuum und der Gesellschaft, und zwar mit Hilfe der dynamischen Kraft Amerikas, in der nach Ansicht des Dichters Selbstgefühl und Selbstvertrauen mit allgemein menschlicher Solidarität zusammenfließen. Dies geschieht ohne die Melville bedrückende Furcht vor dem Materialismus, denn Whitman schließt eine mögliche Vernichtung der Seele durch die Materie aus, da diese seiner Meinung nach nur eine Objektivierung der Seele sei. Die neue Allseele Whitmans besteht aus Körper *und* Geist, beide Elemente sind einander im Wert gleich, und auch das romantische, transzendentale »Ich« wird demokratisiert. Es ist individuell *und* absolut; es wirkt in einer Wirklichkeit des Jetzt und Hier. Unter diesen Vorzeichen brachte der bereits sechsunddreißigjährige Dichter am Nationalfeiertag des Jahres 1855 die selbst gesetzte, anonym erscheinende erste Ausgabe der *Leaves of Grass* heraus. Emerson schrieb damals an Whitman: »Ich halte sie (*Leaves of Grass*) für die außerordentlichste Probe von Geist und Weisheit, die Amerika bisher hervorgebracht hat.« Und Carlyle ließ wissen: »Hier ist ein Buch erschienen, das hat furchtbare Augen und Büffelstärke.«

Tatsächlich handelte es sich bei diesem dreizehn Dichtungen enthaltenden schmalen Band um ein absolut neues und ganz und gar amerikanisches Buch. Männer wie Hawthorne oder Whittier hatten die Gedanken der Neuen Welt in herkömmliche poetische Formen gegossen. Whitman hingegen erwies sich nicht nur als besonders konsequenter und origineller Interpret der von Emerson verbreiteten amerikanischen Identitätsphilosophie und als Sänger der verpflichtenden Freiheit der Gleichen, sondern auch als Pionier eines neuen Rhythmus in der Lyrik. Bau und Länge der Zeilen werden nicht mehr von formalen Gesichtspunkten bestimmt, sie werden das sprachliche Gerüst einer Sinngruppe. Im Grunde sind *Leaves of Grass* ein großes poetisches Experiment, in Form und Inhalt beherrscht von einem grenzenlosen Vitalismus. Aus dem knapp hundert Seiten starken Band des Jahres 1855 entwickelte sich durch Umarbeitung, Revision, Anfügung, Erweiterung und Umstellung jenes stattliche Werk, das schließlich fast alle Dichtungen Whitmans in sich vereinigen sollte. Diese besondere Arbeitsweise läßt zwar noch erkennen, wann die einzelnen Stücke entstanden sind, gerade aber die Revisionen und Überarbeitungen verwischen die bei anderen Dichtern durchaus sichtbaren Entwicklungsstufen.

Bereits die ersten dreizehn – vor 1855 entstandenen – Dichtungen trugen alle für das Dichten Whitmans wesentlichen Merkmale. Dies gilt grundsätzlich auch für die Motive. Was später in die *Leaves of Grass* Aufnahme fand, wirkte vertiefend, definierend, vervollständigend, weicht jedoch nur unwesentlich vom Typus seiner frühen Dichtung ab. Auch die während des Bürgerkriegs in den *Drum-Taps* aufgegriffenen patriotischen Gedanken können angesichts der Erziehung Whitmans nicht als eigentlich neu gewertet werden. Erst in der Altersdichtung, etwa in *Passage to India* oder in den *Queries to My Seventieth Year*, verspüren wir Ansätze einer neuen, symbolischen Ausdeutung der Welt und einer Neubewertung der göttlichen Fügung.

Die *Leaves of Grass*, schrieb Whitman, erwuchsen »aus meinem Leben in Brooklyn und New York in den Jahren 1838 bis 1853; es hat fünfzehn Jahre lang Millionen von Menschen mit einer Intensität, einem Eifer, einer Hingabe in sich aufgenommen, die vielleicht nie ihresgleichen hatte.« Den Schlüssel für den Zugang zu dieser kaum faßbaren Vielfalt liefert uns eine Sentenz aus den »Inscriptions«: »One's-Self I sing, a simple separate person, / Yet utter the word Democratic, the Word En-Masse. / En Masse ...« Mit anderen Worten: »The Modern Man I sing.« Oder: »I celebrate myself; / And what I assume you shall assume; / For every atom belonging to me, as good belongs to you.«

Im Zentrum der eigenwilligen Aussage Whitmans steht von Anfang an das ›Ich‹ als der Vollstrecker eines lange gehegten amerikanischen Traums. K. A. Preuschen spricht in diesem Zusammenhang von einem lyrischen Ich, das getragen wird »von einem Kraftgefühl, das ihm vom ersten Satz an die beherrschende Stellung gegenüber dem Angeredeten verschafft und ihm zudem erlaubt, ohne Verlust an Würde die lässige Diktion seiner Umgangssprache zu gebrauchen, die er in dichterische Sprache hohen Stils verwandelt.« Dieses Whitman-Ich – der Dichter betrachtet sich als einen »representative man« des Durchschnitts – steht insofern in einer tief christlichen Tradition, als es ihm nicht nur um die Belehrung, sondern um die Überzeugung, die Bekehrung der Angesprochenen geht. Um dieses Ziel erreichen zu können, muß dieses Ich einen polysemantischen Charakter annehmen. Wo jedes Atom in mir auch dir gehört, wird das Ich zum Plural, zum Wir. Die persönliche Identität und die Masse bilden nun keinen Widerspruch mehr, sie bedingen eine dialektische Einheit.

Das individuelle Aufbegehren Whitmans steht im festen Glauben an die Gleichheit aller. Ohne Freiheit des einzelnen keine Gleichheit und Brüderlichkeit. Damit wird Whitman nicht nur zum Sänger, sondern auch zum Missionar und Propheten der Demokratie. Diese ›Gleichmacherei‹ hat jedoch nicht den Charakter einer negativen Nivellierung. Das neue Maß der Dinge wird hoch angesetzt. Weder Rassen noch Klassen behalten ihre alte Bedeutung. Die Welt ist »aller Menschen Heim und Herd«: »I speak the Pass-word primeval, I give the sign of democracy. By God! I will accept nothing which all cannot have their / counterpart of on the same terms.« In »Salut au Monde« schließlich grüßt Whitman seine Weltkameraden, den Sibirjaken, Samojeden, Juden oder Schwarzen, um sich selbst in die Rolle des allgegenwärtigen Weltbürgers zu transponieren: »I am a real Parisian, / I am a habitan of Vienna, St. Petersburg, Berlin, Constantinopel ... / I am of Madrid, Cadiz, Barcelona, Oporto, Lyons, Brussels, / Berne, Frankfurt, Stuttgart, Turin, Florence ...«

Aber diese Welt des Volkes und aller Völker soll frei sein von der Furcht vor überirdischen Mächten, zumal sich nach Whitman »alle Wahrheiten in allen Dingen verborgen« halten, die Welt also letztlich erkennbar ist. Diese Auffassung, so pantheistisch sie auch sein mag, leitet sich aus einer im Grunde materialistischen Denkweise ab, deren Sensitivismus bis in die Wortwahl wirkt. Während seine dichtenden amerikanischen Zeitgenossen darum bemüht waren, die rauhen Sitten ihrer Mitbürger nach europäischen Vorbildern zu verfeinern, rühren die »furchtbaren Augen« und die »Büffelstärke« dieser Poesie von der Dynamik ursprünglicher und auch von der Physis gesteuerter Regungen her. Der Mensch steht im Mittelpunkt – in seiner ganzen Totalität, auch und gerade in seiner physischen Konsistenz, die Whitman mit dem Auge des Mediziners sieht: »Of physiology from top to toe I sing, / Not physiognomy alone nor brain alone is worthy for the Muse / I say the form complete is worthier far, / The Female equally with the Male I sing.« Oder in »Children of Adam«, 9: »Man's, woman's, Child's, youth's, wife's, husband's, / mother's, / father's, young man's, young woman's poems, / Head, neck, hair, ears, drop and tympan of the ears, / Eyes, eye-fringes, iris of the eye, eyebrows, and the waking or sleeping of the lids ...« In einem früheren Manuskript hat er zum Ausdruck gebracht, daß er Physis und Psyche in einer gleichsam partnerschaftlichen Verbindung sieht: »And I say that the soul is not greater than the body, / And I say that the body is not greater than the soul.«

Trotz mancher Mystik bedeutet Fühlen bei Whitman stets mehr das Tasten und Spüren als das Empfinden. Er horcht und tastet das Hier und Heute ab, um es zu ›begreifen‹. Nach Preuschen kennzeichnen folgende Merkmale diese Dichtung: »Die physische Existenz und die vitalen Lebensäußerungen als bevorzugtes Thema, das Leiden als eines der Hauptmotive. Die Selbstbeobachtung des physischen Vorgangs als Darbietungsform und der profane geistige Horizont (Beschränkung auf innerweltlich-empirische Gegebenheiten)«. All dies in einem »pathetisch-expressiven und zugleich ›konstruktiven‹ Stil«.

Musterbeispiele für die Darstellung der vitalen Lebensäußerungen und der physischen Vorgänge finden wir in der psalmodierenden Abfolge des Zeugungsaktes in »Children of Adam«. Auch in dem Hohenlied auf die Männerfreundschaft spielt Eros eine große Rolle, ist doch »Calamus« stets ein Sexsymbol gewesen.

Schön und häßlich, gut und böse, Freude und Angst, Gedanke und Tat, Kontemplation und Zeugung, Einzelheit als Vielheit ergeben so das Gewebe unseres Daseins. Alle antagonistischen Widersprüche werden aufgehoben durch die Kraft der Nächstenliebe. Whitman glaubte in einem Maße an eine zukünftige Gesellschaft freier und gleicher Menschen, daß er noch vor dem Ausbruch des *Civil War* in seinen »Chants Democratic« vom besseren Amerika sang. Doch schon um diese Zeit mischen sich in seine optimistischen Proklamationen Töne elegischer Stimmungen. »Out of the Cradle Endlessly Rocking« (1859) kündet von Trennungsschmerz und Einsamkeit und weist dem Tod eine neue, von nun an das Werk Whitmans bestimmende Funktion zu. In »The Sleepers« (1855) hat der Tod noch etwas Schreckliches: »Will you kill the courageous giant? Will you kill him in the prime of his middle age?« Und die Wogen töten grausam. Sein Körper »is continually bruis'd on rocks«. Die Strudel sind blutig. »What are you doing you ruffianly red-trickled waves?« Im »Song of Myself« ist der Tod von seinem Schrecken befreit, lediglich eine Voraussetzung für die Wiedergeburt, um in »Out of the Cradle ...« endlich jenen versöhnenden Charakter anzunehmen, der seine reinste Ausdeutung in den »Whispers of Heavenly Death« (1868) erfährt.

Wie Melville wurde auch Whitman vom Ausbruch des *Civil War* aus einer sich abzeichnenden Frustration gerissen. Die ersten Gesänge der *Drum-Taps* sind Musterbeispiele patriotischen Überschwangs: »Beat! beat! drums! bugles! Blow / Through the windows – through doors – burst like a ruthless force, / Into the solemn Church, and scatter the congregation ... / So fierce you whirr and pound you drums – so shrill you bugles blow.« Doch sehr bald weicht dieser Enthusiasmus wieder dem eigentlichen Anliegen des Dichters, dem Streben nach Nächstenliebe. »The Wound-Dresser«, »Dirge for Two Veterans« oder »Over the Carnage Rose Prophetic a Voice« machen deutlich, daß Whitman bei aller Parteinahme für den Norden eigentlich keine Feinde kennt. Alle Opfer des Krieges – auf welcher Seite sie auch immer gekämpft haben mögen – sind nicht nur Mitamerikaner, sondern Brüder und Kameraden, Betroffene des Brudermords. In den 1865 entstandenen Versen »Pioneers, o Pioneers« verspüren wir tiefe Trauer ob der Teilung des von den Pionieren einst gemeinsam errichteten Hauses: »O resistless restless race! / O beloved race in all! O my breast aches with tender love for all! / O I mourn and yet exult, I am rapt with love for all, / Pioneers! Pioneers!«

Whitman glaubte zu dieser Zeit noch einen Grund zur Freude zu haben, ging er doch davon aus, daß dieser Bruderkrieg nicht nur Leid, sondern auch den Beweis für den zukunftsträchtigen *élan vital* seiner Idee vom besseren Amerika hervorbringt. Die von 1865 an entstandenen »Memoires of President Lincoln« geben sich in dieser Beziehung nicht mehr ganz so sicher und sind über weite Strecken elegisch. Lincoln war wie Whitman ein Mann aus dem Volke und damit ein »representative man« im Sinne des Dichters: »Gentle, plain, just and resolute ...« Selbst der gewaltsame Tod des Führers der um Freiheit und Brüderlichkeit besorgten Menschen hat bei Whitman etwas Versöhnliches. Unter dem Venusgestirn am westlichen Himmel, wohin der tote Präsident, der »powerful western fallen star« entrückt ist, dringt Weizen aus dem Boden und kündet vom ewigen Stirb und Werde. »When Lilacs Last in the Dooryard Bloom'd« zählt zu den würdigsten Stücken der reichhaltigen amerikanischen Lincoln-Dichtung.

Gegen Ende der sechziger Jahre mußte Whitman erkennen, daß sich die Hoffnungen, die er an den Ausgang des *Civil War* geknüpft hatte, nicht erfüllen würden. An Stelle der von ihm erwarteten und geforderten Vergebung trat das Strafgericht der Sieger. Korruption und Ämterpatronage bewiesen ihm, daß die »Kameraden« und »Brüder« seine Botschaft nicht verstanden hatten. So nahm er in der Ausgabe der

Leaves of Grass des Jahres 1871 das ›nationale‹ Gedankengut zurück und kehrte die Idee der Menschen- und Völkerverständigung deutlicher hervor. Damit kam er nach einem kurzen ›patriotischen‹ Zwischenspiel wieder zum Ausgangspunkt seiner Mission zurück. Die Zeit der Enttäuschungen wurde Whitman gemildert durch die steigende Anerkennung, die ihm nun auch in Europa gezollt wurde. Tennyson, Dante Gabriel Rossetti, Swinburne oder John A. Symonds waren fasziniert; Freiligrath brachte 1868 die ersten deutschen Übersetzungen heraus.

Fast gleichzeitig mit der fünften Ausgabe der *Leaves of Grass* erschien im Sonderdruck der Sammelband *Passage to India*, der neben dem Titelgedicht auch die Nänie auf Lincolns Tod enthielt. Whitman strebte mit diesem Band verschiedenen Zielen zu: Zum einen sollten es Gesänge des Übersinnlichen werden, mithin das metaphysische Gegenstück der *Leaves of Grass*, zum anderen eine poetische Ausdeutung der Ideen der *Democratic Vistas*, die im gleichen Jahr erschienen waren. Als diese *chants* schließlich in die *Leaves of Grass* aufgenommen wurden, fügten sie sich völlig in den Kanon ein. Gerade hier wird sichtbar, welche Entwicklung das Denken Whitmans seit dem Jahr 1855 genommen hat.

Passage to India bietet eine Vision des Zusammenrückens der Menschheit und ihrer Rückbesinnung auf den Geist des Ostens – wo einst die Wiege der Menschheit gestanden habe –, dem sich der Westen unter dem Einfluß der Naturwissenschaften entfremdet habe. Den so geläuterten Menschen und Völkern werde der wirkliche Gottessohn in Gestalt des wahren Dichters erscheinen. Die *Passage to India* ist die »Passage indeed O soul to primal thought, / Not lands and seas alone, thy own clear freshness, / The young maturity of brood and bloom, / To realms of budding bibles … / Back, back to wisdom's birth, to innocent intuitions, / Again with fair creation.« Hier gefällt sich Whitman in der Rolle des ›Religionsstifters‹, ohne jedoch dem Evolutionsgedanken abzuschwören. Das Prometheische weicht bis zu einem gewissen Grade einer zunehmenden Bereitschaft, der göttlichen Fügung in diesem System einen Platz einzuräumen. Die 1874 entstandenen Gedichte »Prayer of Columbus« und »Song of the Redwood-Tree« sind Beispiele dieser Neuorientierung der Altersdichtung.

Der englische Lyriker und Whitman-Bewunderer John A. Symonds urteilt: »Whitman ist in der Tat im höchsten Grade verwirrend für die Kritik. Über ihn reden ist wie über das Universum reden … Er gleicht dem Universum, nicht nur, weil er so weit und umfassend ist, sondern weil er ungreifbar, entweichend, auf den ersten Blick widerspruchsvoll und in gewissem Sinne formlos ist.« Tatsächlich sind die *Leaves of Grass* weder gedanklich noch sprachlich ein in sich einheitliches Werk. K. A. Preuschen bemerkt: »Die einzelnen Dichtungen sind nicht alle in gleichem Maße durchgeformt, und selbst gleichrangige Abschnitte unterscheiden sich voneinander, weil innerhalb des Gedichtes ein Pluralismus von Stilideen herrscht.« Da jedoch der Rhythmus und die Bilder den Gedanken zumindest gleichrangig sind, greift dieser Pluralismus auf den Ideengehalt über und wird durch die weitgehende Verfremdung noch unterstrichen. Erstaunlich ist nur die Geschlossenheit des Gesamtwerkes. Die *Leaves of Grass* sind ein nicht enden wollender, riesiger Monolog, Reihung und Repetition wesentliche Merkmale seiner Rhetorik. Das nach dem Muster der Psalmen ausgebildete Kompositionsmuster verleiht den Versen etwas Hymnisches. Die reichlich verwendeten Interjektionen und das festgefügte Verhältnis Ich–Du versehen diese Dichtung mit einer den Leser bedrängenden Intensität. Der häufig verwendete Zeilenstil lebt vom natürlichen Rhythmus der Sprache, und da jede Zeile einen vollständigen Satz oder Satzteil enthält, also Träger einer Sinngruppe ist, schwankt die Verslänge so sehr, daß diese Freiverskunst zuweilen unmittelbar an die Prosa zu grenzen scheint. Vergleichsweise ›gebundene‹ Sprache wie in »O Captain! My Captain!« ist eher die Ausnahme. Whitman selbst nannte seine Verse »flüssige, wogende Wellen«.

Für die Kritiker Whitmans war dessen Plädoyer für die Freiheit und Individualität nicht nur ein Fanal der Demokratie, sondern auch ein gefährlicher Vorbote der Anarchie. War nicht der Dichter selbst ein Bohemien? Man unterstellte ihm, die guten Sitten zu gefährden und die Gesellschaftsordnung zu untergraben. Diesen Vorwürfen entgegnete er bereits im Jahre 1860: »I hear it was charged against me that I sought to destroy institutions, / But really I am neither for nor against institutions ... / Only I will establish in Mannahatta and in every city of these States inland and seabord ... / The institution of the dear love of comrades.«

Acht Jahre später begann Whitman an den *Democratic Vistas* zu arbeiten. Die Erfahrungen und Enttäuschungen der Nachkriegszeit hatten ihn davon überzeugt, daß es an der Zeit sei, eine programmatische Prosaschrift zum Thema der staatlich institutionalisierten Demokratie vorzulegen. Dieses Traktat gilt neben den *Federalist-Papers* als eine der bedeutendsten politischen Schriften der jungen amerikanischen Demokratie.

Whitman verkündet, es sei die Aufgabe des Dichters, die Demokratie zu definieren und zu artikulieren. Literatur werde erst wirklich zu Literatur, wenn sie in einem engen Verhältnis zur Wirklichkeit stehe. Die amerikanischen Schriftsteller beschuldigte er, sich zu wenig um ihre Demokratie gekümmert zu haben. Überdies müsse dem Entstehen einer amerikanischen Nationalliteratur eine kulturelle Unabhängigkeitsbewegung vorausgehen. Darin stimmte er mit Emerson und anderen Zeitgenossen überein. Nach seiner Ansicht wurden die Institutionen nicht durch das Individuum seiner Vorstellung, sondern durch ihre eigene Degeneration bedroht. Eine Mehrheitsherrschaft, die das Individuum unterdrücke, könne nicht als Volksherrschaft bezeichnet werden. Wirkliche Demokratie sei eine Regierungsform, die dem einzelnen optimale Freiheiten gewährt. Das sei aber nur dann möglich, wenn sich diese Institution auf die Brüderlichkeit der Kameraden stütze. Von der Erkenntnis dieser Tatsache und deren Realisierung hänge es ab, ob die nun dem Menschen dienstbar gemachte Natur der Menschheit zum Segen oder zum Untergang gereiche.

Whitman war davon überzeugt, daß die Menschen – und mochte es noch so lange dauern – den positiven Weg wählen würden. Als Whitman ohne kirchliche Zeremonie zu Grabe getragen wurde, hatten die USA einen Genius verloren, der als Humanist und Romantiker der Vorkriegszeit verpflichtet war und mit seinem Werk eine Brücke in die Moderne geschlagen hatte. Was Amerika selbst betraf, so äußerte er nach einer Reise in den Westen (1879) die Überzeugung, die Wiege des neuen Amerika stehe in den soeben kultivierten Neulandgebieten des Westens.

IV. VOM BÜRGERKRIEG ZUM »GILDED AGE«

Demokratie und Kapitalismus

Der vierjährige Bruderkrieg von 1861 bis 1865, in dem über sechshunderttausend Amerikaner ihr Leben lassen mußten, ist die bedeutendste Zäsur in der geistigen, politischen, wirtschaftlichen und kulturellen Entwicklung der USA vor dem *Civil Rights Movement* der zweiten Hälfte des 20. Jahrhunderts. Als General Lee am 9. April 1865 bei Appomattox vor den *Yankees* kapitulierte, gehörte das *Golden Age* unwiderruflich der Vergangenheit an. »Der Bürgerkrieg«, schreibt Lewis Mumford, »schlug eine weite, klaffende Wunde in die Geschichte des Landes.« Präsident Lincoln, der am 19. November 1863 in seiner berühmten *Gettysburg Address* versichert hatte, die »Regierung durch das Volk und für das Volk wird nicht wieder von dieser Erde verschwinden«, wurde fünf Tage nach Unterzeichnung des Waffenstillstandes ermordet. Die seinem Tod folgenden Jahre wuchsen sich zu einer Krise der Demokratie aus. Die Republikanische Partei, die unter Lincolns Führung die Teilung des Landes hatte verhindern können, schickte sich an, ihre Machtposition zum Schaden der Allgemeinheit auszubauen und trug damit zur Lockerung der politischen Sitten bei.

Die Erbschaft des Kriegs war beglückend und bedrückend zugleich. Zu den Positiva zählten die seitdem nicht mehr in Frage gestellte Einheit der Union, der industrielle Aufschwung des Nordens, die integrierende Kraft der wirtschaftlich-technischen Entwicklung, die zunehmende Bedeutung des Westens sowie die Abschaffung der Sklaverei. Ein Teil dieser Gewinne wurde jedoch teuer erkauft.

Der Süden war völlig erschöpft; zuweilen hatten die Truppen der Union das Prinzip der verbrannten Erde so gründlich praktiziert, daß eine »Krähe, die über das (Shenandoah-)Tal flog, ihre eigenen Vorräte hätte mit sich führen müssen«. Lincoln hatte während des Krieges nicht ein einziges Wort der Rache gegen die Bevölkerung des Südens gerichtet. Er wollte keine Einheit des Zwanges, sondern die des Herzens. Als weitblickender Politiker war er sogar geneigt, den Süden für die befreiten Sklaven zu entschädigen.

Von einer solchen auf Ausgleich und Versöhnung bedachten Politik war unter seinem Nachfolger Johnson keine Rede mehr. Die Pflanzeraristokratie und ihre Kultur waren ein Opfer des Krieges geworden, und es gab keine Kraft, die das so entstandene Vakuum in den Südstaaten ausfüllen konnte. Somit war das Los vieler Ex-Sklaven nach dem Ende des Krieges kaum leichter als vor der Befreiung. Hinzu kam, daß die vom Norden erlassenen Gesetze die Weißen des Südens demütigten und gegen die ehemaligen Sklaven aufbrachten. Das Aufbauprogramm Stevens' und Sumners von 1866 unterstellte die geschlagenen Südstaaten praktisch einer Militärregierung; vielfach wurden sie die Beute korrupter Möchtegern-Politiker aus dem Norden. Die vierzehnten und fünfzehnten *Amendments* zur Verfassung, die den ehemaligen Sklaven formale Rechtsgleichheit und das Wahlrecht brachten, waren in ihrer Form und zu diesem Zeitpunkt wenig geeignet, Regierungen durch das Volk und für das Volk zu schaffen. Mangelndes Gespür für das politisch Mögliche und eine von Haß bestimmte Kurzsichtigkeit trugen wesentlich zum Entstehen jener Spannungen bei, unter denen das Verhältnis von Schwarz und Weiß noch heute leidet. Eine weitere Folge der engstirnigen Politik der Republikaner war das Vordringen der Demokratischen Partei im Süden; es sollten aber noch fünfzig Jahre vergehen, ehe mit Woodrow Wilson 1913 wieder ein Mann aus dem Süden in das Weiße Haus einziehen konnte.

Alles in allem trug die Zerschlagung der Sozialstruktur des alten Südens dazu bei, den nord-südlichen Antagonismus auf wirtschaftlichem Gebiet – der als eigentliche Kriegsursache anzusehen ist – zu relativieren und später aufzuheben. Damit wurden die Voraussetzungen dafür geschaffen, daß die beiden Teile der Union zusammenwachsen konnten.

Auch der Norden war im Krieg und in den Jahren danach aus den alten Fugen geraten. Die sich bereits in den fünfziger Jahren abzeichnende industrielle Entwicklung wurde durch den Krieg enorm beschleunigt und führte zu einer schnellen und tiefgreifenden Wandlung der Gesellschaft. Der freie Farmer Jeffersons wurde zum Lieferanten für eine von Industrie und Technik bestimmte neue Lebensform, Franklins unabhängiger Handwerksmeister zum Arbeitnehmer in der Fabrik. Damit war die »allgemein glückliche Mittelmäßigkeit« Amerikas, die Franklin als ein wesentliches Merkmal der Demokratie erachtet hatte, dahingeschwunden. Dieses neue, aus der Wiege des *Civil War* gehobene und im Bessemer-Verfahren getaufte Amerika (Kazin) überrundete in den nun folgenden Gründerjahren fortgeschrittene Industrienationen Europas. Der Rationalismus und die auf Erwerb und Selbstbestätigung gegründeten Überreste des Puritanismus waren Motoren dieses Aufschwungs. Der Zwang zur Technisierung beflügelte die Phantasie der Erfinder, die Maschine wurde zum »eigentlichen Kulturträger« (Lüdeke) Amerikas. Eli Whitneys Baumwollentkörnungsmaschine, Robert Fultons Dampfschiff, Elias Howes Nähmaschine, Charles Goodyears Hartgummi, Cyrus McCormicks Mähmaschine, Samuel Morses Telegraphie oder Alexander Bells Telefon sowie die im Krieg erworbene Fähigkeit, Industrien im großen Maßstab zu leiten, sind Marksteine auf diesem Weg und haben das Gesicht der modernen Welt und die Denkweise der Industrienationen nachhaltig geprägt.

Zur gleichen Zeit änderte sich die Zusammensetzung der Bevölkerung. Im Jahr 1850 betrug der Anteil der nicht in den USA geborenen Bürger rund zehn Prozent, 1870 waren es zwanzig. Von 1870 bis 1890 stieg die Zahl der Lohnempfänger von zwölf auf neunundzwanzig Millionen. Frauen- und Kinderarbeit nahmen zu, ebenso die wirtschaftliche Konzentration und die Trustbildung. In den Städten entstanden die ersten Slums. Zu Beginn des Krieges waren die USA ein vorwiegend agrarisch bestimmtes Land gewesen, eine Gesellschaft, in der kleine Unternehmer fast gleichberechtigt neben dem freien Farmer standen. Am Ende der Gründerjahre kämpften die Farmer gegen das Monopol einiger Eisenbahngesellschaften, die Unternehmer alten Stils gegen die Trusts. Damit waren die patriarchalischen Beziehungen zwischen Arbeitgeber und Arbeitnehmer und das partnerschaftliche Verhältnis zwischen den Kleinunternehmern einem expansiven Kapitalismus ausgeliefert. In den USA zeigten sich die ersten Vorboten des Massenzeitalters.

Der kriegsbedingte rasche Aufschwung der industriellen Produktion hatte findigen Unternehmern und Händlern auf Kosten des Lebensstandards der Arbeitnehmer riesige Profite gebracht. Der von vielen amerikanischen Intellektuellen jener Zeit beklagte um sich greifende Materialismus erschütterte die bis dahin gültigen ethischen Normen. Während sich im Süden die Radikalen aufmachten, um zum Beispiel im Zeichen des *Ku Klux Klan* ehemalige Sklaven zu jagen, zeigten sich in den Industriezentren des Nordens erste Symptome eines Klassenkampfes. Wenn es sich dabei nicht um Entwicklungen im Sinne von Marx handelte, so vor allem deshalb, weil es bis etwa 1890 für Lohnabhängige die Möglichkeit gab auszuweichen, denn noch brauchte der Westen Menschen. Außerdem war ein Teil der Immigranten aus seinen Heimatländern an ärgere Verhältnisse gewöhnt und bereit, für fast jeden Lohn zu arbeiten. Dennoch bildete sich mit den *Knights of Labor* bereits 1869 der erste Gewerkschaftsverein. Sieben Jahre später kam es in Pittsburgh zum ersten schweren Streik in der Geschichte der USA; 1881 schließlich organisierten sich die Facharbeiter in der *American Federation of Labor*. Die Heymarket-Affäre des Jahres 1886 und der Einsatz von Bundestruppen gegen Arbeiter in Chicago (1892) waren die Ergebnisse wachsender sozialer Spannungen.

God's own country lag nun jenseits des Mississippi. Der eigentliche Sieger des *Civil War* war der Westen mit seinen gewaltigen Entfaltungsmöglichkeiten, der nun in jeder Beziehung an Gewicht und Bedeutung gewann, zumal seine Parteinahme für den

Norden den Verlauf des Krieges wesentlich mitbestimmt hatte. Die Besiedlung und wirtschaftliche Durchdringung der weiten Räume setzte eine verkehrstechnische Erschließung voraus, die nur vom industriell fortgeschrittenen Norden bewerkstelligt werden konnte. Außerdem waren die Ballungszentren des Nordostens und deren Häfen die natürlichen Absatzmärkte der Farmer des Westens, die Industrien die Abnehmer der Rohstoffe.

Für viele Amerikaner war der Westen das Symbol der alten Freiheiten. Die Staaten an der Ostküste wurden nicht mehr als der eigentliche Hort der Demokratie empfunden. Schon seit der Zeit Jacksons hatte der Westen mit seinen freiheitlichen Auffassungen – und seien es nur *myths* gewesen – auf die atlantischen Staaten zurückgewirkt. Während Emerson und Whitman um die Individualität ihrer vorgeblich vom Materialismus bedrohten Mitmenschen fürchteten, war sie in den Weiten des Westens noch immer eine Voraussetzung für die Selbstbehauptung. In einer Zeit, da Hawthorne und Melville nicht frei von Skepsis waren, herrschte jenseits der Berge noch immer jener Optimismus, der ein wesentliches Merkmal der alten Pioniermentalität war.

Auf dem Hintergrund einer forcierten, das ganze Land in Atem haltenden Erschließung des Westens entstand eine neue amerikanische Ideologie, die eine Mischung aus der Zukunftsgerichtetheit der Pioniere, dem pragmatischen Utilitarismus der Unternehmer des Nordens und einem immer stärker ins Gewicht fallenden naturwissenschaftlich-technischen Denken war. Unter dem Einfluß der neuen Ideen wandelte zum Beispiel CHARLES WILLIAM ELIOT (1834–1926) Harvard – weitgehend nach deutschem Muster – in eine moderne Universität um und trug damit wesentlich zur Reform des amerikanischen Hochschulwesens bei.

Die führenden Geister des *Golden Age* waren bestürzt über die Entwicklung, in der sie einen wuchernden Materialismus diagnostizierten. Melville und Whitman hatten Schwierigkeiten, mit der Nachkriegssituation fertig zu werden, zumal sich das von Emerson als Krone der Schöpfung angesehene Individuum nicht selten als ein ellenbogenstarkes, egozentrisches Wesen entpuppte. Die sich daraus ergebenden Beeinträchtigungen des Nächsten bedeuteten ihm wenig.

Die philosophischen Rechtfertigungen für dieses Laisser-faire-System kamen aus England. Seitdem HERBERT SPENCER (1820–1903) in den fünfziger Jahren die Ansicht vertreten hatte, daß sich die Natur durch Wettbewerb von den Lebensuntüchtigen trennt und der Kampf ums Überleben die Tüchtigsten selektiert, und CHARLES DARWIN (1809–1882) mit *On the Origin of Species* (1859) diese nationalökonomischen Axiome auf die Biologie übertrug und den Menschen damit entgöttlichte, kam es auch in Amerika zu kontroversen Diskussionen. Darwin wurde zunächst nicht nur von Theologen, sondern auch von Naturwissenschaftlern wie Agassiz abgelehnt. Spencer hingegen erregte ein zum Teil zustimmendes Interesse, zumal sein Evolutionsgedanke eine Versöhnung von Wissenschaft und Religion für den Fall in Aussicht stellte, daß auch die Religion das Unbekannte schweigend verehre.

Sein überzeugender Realismus und der auf Hume und Mill zurückgehende Empirismus wurden insbesondere von der jungen amerikanischen Generation begrüßt. Nicht einverstanden war man freilich mit den deterministischen Akzenten der Lehre Spencers, die im Widerspruch zu den Vorstellungen vom individuellen Spielraum des Menschen standen, den man sich in Amerika durch die Überwindung des puritanischen ›Determinismus‹ gerade erst erkämpft hatte.

Die Industriekapitäne waren indes sofort bereit, sich diese neuen Ideen zu eigen zu machen. ANDREW CARNEGIE (1835–1919) sagte, nachdem er Spencer und Darwin gelesen hatte: »Ich wurde nicht nur die Theologie und das Übernatürliche los, sondern fand die Wahrheit in der Evolution«, und in seinem Essay »The Gospel of Wealth« (1889) vertrat er die Ansicht, daß der Millionär das Ergebnis seiner im Ringen mit den anderen wirksam gewordenen besonderen Fähigkeiten sei. Ähnlich äußerte sich JOHN D. ROCKEFELLER (1839–1937) vor seinen baptistischen Brüdern in der Sonntagsschule: »Das Wachsen eines großen Unternehmens ist nur ein Überleben der Fähigsten« und der Untergang schwächerer Konkurrenten »lediglich das Wirken des Gesetzes der Natur und des Gesetzes Gottes«. Die konsequenteste Anwendung der Lehre Spencers findet man in dem Buch *What Social Classes Owe to Each Other* (1883) von WILLIAM GRAHAM SUMNER (1840–1910), der von 1872 an einen Lehrstuhl für politische und soziale Wissenschaften an der *Yale University* innehatte. Er gilt als der Apostel des Laisser-faire. Die Demokratie und das Naturrecht sind seiner Meinung nach romantische Fiktionen, die sich ein Staat nur so lange leisten könne, als er Platz sowohl für Lebenstüchtige als auch Lebensuntüchtige hat. Der wirtschaftliche Wettbewerb sei nur ein Teil des universalen Kampfes um das Überleben, und so seien die Millionäre die höchsten Schöpfungen der Zivilisation, »ein Produkt natürlicher Selektion«.

Der Soziologe Lester Frank Ward hielt Sumner entgegen, der uneingeschränkte Wettbewerb müsse keineswegs zu einer Auswahl der Besten führen, da die Fähigkeiten zu überleben nicht mit einer wirklichen Überlegenheit zu tun hätten. Aus diesem Grunde plädierte er für eine politische Einflußnahme auf das Wirtschaftsleben und eine unter sozialen Gesichtspunkten konzipierte Planung.

Dieses radikale Umdenken und das Ringen um neue Maßstäbe erfaßte alle Bereiche der amerikanischen Gesellschaft. Selbst so berühmte Kanzelredner wie der Bostoner Anglikaner PHILLIPS BROOKS (1835–1893) oder der in Brooklyn amtierende Kongregationalist HENRY WARD BEECHER (1813–1887) – ein Bruder Harriet

Beecher Stowes – suchten sich diesen neuen Tendenzen anzupassen. Natürlich lehnten sich die Kirchen gegen die fortschreitende Säkularisierung des amerikanischen Weltbildes auf. Da sie aber keine wirksamen Alternativen anzubieten hatten, blieb ihr Einfluß auf die von ihnen verurteilten Tendenzen gering.

Bedeutsamer war das Wirken einer Gruppe von Männern, die sich in dem in den siebziger Jahren von Charles Sanders Peirce in Cambridge, Massachusetts, gegründeten *Metaphysical Club* zusammenfanden, um die zeitgenössischen Lehren und Einflüsse zu erörtern und nach Wegen zu suchen, die neuen Ideen mit der amerikanischen Tradition und den vorhandenen Gegebenheiten auszusöhnen. Hier schickten sich die Bentham-Schüler Nicholas St. John Green, Chauncey Wright, Francis E. Abbot, Oliver Wendell Holmes jr. und William James an, Erziehung, Recht, Geschichtsschreibung, Philosophie und Religion einer Neubewertung zu unterziehen. Der *Metaphysical Club* wurde zur Keimzelle des amerikanischen Pragmatismus.

Der populärste Mittler der naturwissenschaftlich geprägten englischen Philosophie in Amerika war JOHN FISKE (EDMUND FISK GREEN, 1842–1901). Als Gefolgsmann Comtes, Spencers und Darwins trug er mit seinen Arbeiten (*The Outlines of Cosmic Philosophy*, 1874; *Darwinism and Other Essays*, 1879; *The Destiny of Man Viewed in the Light of His Origin*, 1884 u. a.) wesentlich zur Verbreitung der neuen Ideen bei. Seine Schlußfolgerungen wurden bald überschattet von den gründlicheren Analysen Peirces und James'. Der führende Kopf des Cambridger Kreises war zunächst der Harvarder Astronomie- und Mathematikprofessor CHARLES SANDERS PEIRCE (1839–1914), der als Bewunderer Kants und Hegels jede mechanistische Philosophie ablehnte. Ihm ging es um das »Abwägen des Notwendigen und Möglichen«, um das aus »Zufall, Logik und Eros gewobene Ganze«. Seine scharf formulierten, aber subjektiv gefaßten Begriffe waren nicht dazu geeignet, seine Schriften populär zu machen. Peirce bekannte sich zu einem persönlichen Gott und richtete seine Kritik vornehmlich gegen die deterministischen Kategorien Spencers. Er war es auch, der den Begriff *pragmatism* prägte, den dann William James 1898 anläßlich einer Vorlesung an der *University of California* übernahm. In dem Essay »How to Make Our Ideas Clear« (1878 im *Popular Science Monthly*) gab Peirce James das Stichwort für dessen Philosophie, die praktisch die Identitätslehre Emersons ausbaute und modernisierte und – gewollt oder ungewollt – als philosophische Rechtfertigung der amerikanischen Gründermentalität empfunden und gedeutet wurde.

WILLIAM JAMES (1842–1910) vermochte sich auf Grund seiner Herkunft und Erziehung schneller von den Fesseln neuenglischen Denkens zu lösen als die meisten seiner Kollegen im *Metaphysical Club*.

James wurde in New York geboren und entstammte einer wohlhabenden und bildungsbeflissenen Familie. Sein Vater, Henry James sen. – ein Jünger Swedenborgs und Fouriers, ein Freund Emersons und Carlyles –, widmete sich der Philosophie, Schriftstellerei und ausgedehnten Bildungsreisen. William wurde – wie sein Bruder, der Schriftsteller Henry James – in England, Frankreich, der Schweiz, Deutschland und in Newport von Hauslehrern erzogen. 1860 gab er das Studium in Bonn auf, um sich unter W. M. Hunt der Malerei zuzuwenden. Von 1861–1864 hörte er an der *Harvard University* bei Eliot und Wyman Chemie und Medizin und promovierte 1869 zum M. D., nachdem er ein Jahr an einer von Agassiz geleiteten Brasilienexpedition teilgenommen hatte. 1872 wurde er Dozent für Physiologie an der *Harvard University*, setzte sich mit Spencer und Darwin auseinander und entdeckte sein Interesse für die Psychologie und die Philosophie. Diese Fächer vertrat er von 1885 an als Professor. Erst relativ spät legte er seine bereits in Vorlesungen entwickelten Gedanken in Büchern vor. Zu seinen wichtigsten Werken zählen: *The Principles of Psychology* (1890), *The Will to Believe* (1897), *Human Immortality* (1898), *Pragmatism* (1907), *The Meaning of Truth* (1909) und *A Pluralistic Universe* (1909).

Schon in *The Principles of Psychology* wandte sich James entschieden gegen die herkömmlichen Formeln einer statischen Psychologie. Seiner Meinung nach ist das Seelenleben des Menschen nicht das Produkt einer Summe starrer Inhalte, sondern das Ergebnis ständig wirkender Erlebnisse und Erfahrungen. In diesem entscheidenden Punkt tritt James sowohl gegen die deterministischen Vorstellungen Lockes, Humes und ihrer Schüler als auch den Idealismus Emersons auf. Der schlicht-naive Pragmatismus eines Franklin und die optimistische Euphorie Emersons, die bislang so stark das amerikanische Denken beeinflußt hatten, mußten angesichts der Wirklichkeit in Frage gestellt werden. James forderte den absoluten Empirismus, der insofern der amerikanischen Tradition entgegenkam, als er mühelos die auf Psychologie reduzierten metaphysischen Bereiche einschloß, da James auch die Religion zu den unmittelbaren oder mittelbaren Erfahrungen rechnete.

James war kein Systemphilosoph, sondern wartete eher mit einem fragmentarischen Bündel von Thesen auf, die eine große praktische Wirkung hatten. Er rückte den Menschen vollends ins Zentrum der Welt. Für ihn ist das Individuum nicht Zuschauer auf dem Welttheater, sondern ein aktiv handelndes, mehrfach von der Umwelt abhängiges und diese doch verwandelndes Wesen. James beurteilte das Leben als ein Phänomen der Handlung. Gedanke und Aktion treten in eine enge Wechselbeziehung, da sich bei ihm jede Theorie aus der Praxis herleitet und ihren Wert wieder in der Praxis nachzuweisen hat. Das Vakuum im Spannungsfeld Individuum–Gesellschaft, das die amerikanischen Vorgänger von James seit Emerson entweder nicht bemerken wollten oder füllen konnten und gelegentlich gar dem Irrationalen überantworteten, wird nun zum konkreten Ort der Bewährung. Es ist der Spielraum für die dem Menschen ständig abgeforderten Entscheidungen. In einem pluralistischen Universum dieser Art, in dem sich selbst Gott in einem ständigen Kampf mit anderen, ebenbürtigen Mächten befindet, ist das Leben eine risikoreiche Herausforderung. Der Mensch ist gehalten, durch Erfahrung und den »Willen zum Glauben« zur Wahrheit vorzudringen, um schließlich seine Entscheidung zu fällen. Das Ergebnis der daraus sich ableitenden Handlung befindet über Wert oder Unwert dieser Entscheidung. Hier kann sich der freie Wille des einzelnen bewähren, freilich unter Berücksichtigung des legitimen freien Willens anderer.

Diese Lehre kam den Vorstellungen der Amerikaner deshalb gelegen, weil bei allem naturwissenschaftlichen Denken die individualistischen, optimistischen und dynamischen Wesenszüge der vorwärtsdrängenden Kräfte unbezweifelt blieben. Die praktische Wirksamkeit dieser Philosophie gründete sich in erster Linie auf den Umstand, daß sie nach James »bis auf die Methode keine Dogmen und keine Doktrin« kennt. Sie war demokratisch und individualistisch, praktisch und spekulativ; überdies verlieh sie dem Selbstbewußtsein neue, an der Praxis meßbare Impulse. Natürlich haben die opportunistischen Aspekte dieser Lehre auch zur Vulgarisierung des Pragmatismus beigetragen, so daß schließlich James selbst mit aller Kraft gegen diese unbeabsichtigte Nebenwirkung ankämpfte. Damit bezog er eine mittlere Position zwischen den Anhängern der Lehre vom absoluten Kausalkosmos und den Vertretern des deutschen Idealismus. Zu den letzteren zählen insbesondere die Hegelianer, als deren Schrittmacher der aus Minden in die USA eingewanderte Henry C. Brokmeyer anzusehen ist. Er gründete die *St. Louis Philosophical Society* und machte sie gemeinsam mit William Torrey Harris und Denton J. Snider zum Zentrum eines amerikanischen Neoidealismus. WILLIAM TORREY HARRIS (1835–1909) war von Alcott und Parker mit der deutschen Philosophie vertraut gemacht worden und sah im System Hegels die einzig mögliche Medizin gegen den um sich greifenden Materialismus. Als Mitbegründer des *Journal of Speculative Philosophy*, in dem zwischen 1867 und 1897 die wichtigsten Werke der deutschen Philosophie in englischer Übersetzung sowie die frühen Arbeiten Peirces, James', Royces und Deweys erschienen, und als Kampfgefährte Alcotts an der *Concord School of Philosophy* hat er wesentlich zur Neubelebung des Idealismus in den USA beigetragen. Während seiner Amtszeit als Inspektor des amerikanischen Bildungswesens (1889–1906) suchte er überdies die Prinzipien Hegels auf die Erziehung der Jugend anzuwenden, aber erst Josiah Royce sollte sich als ein wirklich ebenbürtiger idealistischer Gegner von William James erweisen.

Im Schrifttum jener Jahre verspürt man einen deutlichen Zug zu mehr Sachlichkeit. Dies gilt nicht nur für die noch immer sehr populären Naturbeschreibungen und Reiseberichte, sondern auch für die Historiographie. Die romantische Geschichtsschreibung eines Bancroft, Prescott und Motley wird abgelöst durch eine strengere Wissenschaftlichkeit. Typisch für die neue Einstellung ist die Arbeitsweise des aus Boston stammenden Harvard-Professors für Gartenbau, FRANCIS PARKMAN (1823–1893). Als Ergebnis einer Reise durch den Nordwesten veröffentlichte er das noch immer vielbeachtete Buch *The Oregon Trail* (1849). Nach gründlichen Quellenstudien und umfangreicher archivalischer Arbeit, deren Ergebnisse über zweihundert Foliobände füllen, erschien 1851 die *History of the Conspiracy of Pontiac* (2 Bde.), in der die Kämpfe mit den Indianern unmittelbar nach dem *French-Indian War* dargestellt werden, als Auftakt zu einer umfassenden Untersuchung der französischen Kolonisation in Amerika. Nach einer längeren Pause veröffentlichte er nacheinander *Pioneers of France in the New World* (1865), *The Jesuits in North America* (1867), *La Salle and the Discovery of the Great West* (1869), *The Old Regime in Canada* (1874) und *Count Frontenac and New France* (1877). Die nun in der Chronologie der Darstellung folgenden Bände *A Half-Century of Conflict* erschienen erst 1892, nachdem bereits 1884 die das Gesamtwerk abschließenden beiden Bände *Montcalm and Wolfe* vorlagen. Diese großangelegte Untersuchung stellt eine der bedeutendsten Leistungen der amerikanischen Historiographie dar und war richtungsweisend für eine ganze Schule amerikanischer Historiker. Parkman hatte zwar keinen Blick für die wirtschaftspolitischen Aspekte der Geschichtsschreibung, dafür sind die von ihm geschilderten Begebenheiten exakt und zuverlässig festgehalten. Das Werk konfrontiert zwei Welten miteinander: die kolonisierenden Franzosen und die das Land wirklich durchdringenden englischen Siedler.

Zu den Bewunderern Parkmans zählte vor allem John Fiske, der sich Ende der achtziger Jahre ebenfalls der Historiographie zuwandte. *The Critical Period of American History, 1783–1789* (1888) und *The Beginnings of New England* (1889) sind gelungene Versuche, die Gedanken Comtes von der soziologischen Evolution auf die amerikanische Geschichte anzuwenden. Seine späteren Werke *Civil Government in the United States* (1890) oder *The Mississippi Valley in the Civil War* (1900) sind flüssig und farbig geschriebene Arbeiten, deren wissenschaftliches Niveau aber hinter ihrer Volkstümlichkeit zurücksteht.

Zu den Vertretern der neuen, sachlichen Geschichtsschreibung zählen neben vielen anderen vor allem der aus Ohio nach California ausgewanderte HUBERT H. BANCROFT (1832–1918) mit seiner *History of the Native Races* (5 Bde., 1874/1875) und der *History of the Pacific States* (28 Bde., 1882–1890), der Begründer der *American Library Association* JUSTIN WINSOR (1831–1897) mit der von ihm edierten *Narrative and Critical History of America* (8 Bde., 1884–1889), der Ingenieur und Historiker JOHN B. McMASTER (1852–1932) mit der *History of the People of the United States from the Revolution to the Civil War* (8 Bde., 1883–1913) und der aus Ohio stammende JAMES F. RHODES (1848–1927) mit seiner *History of the United States from the Compromise of 1850* (7 Bde., 1893–1906).

Unter den Historikern jener Jahre nimmt der aus Boston stammende ›Aristokrat‹ HENRY BROOKS ADAMS (1838–1918) eine Sonderstellung ein.

Als Urenkel des zweiten und Enkel des sechsten Präsidenten der USA gehörte er einer Familie an, die seit Gründung der Union einen großen Anteil an der politischen Ausformung des Landes hatte. Auch sein Vater diente anfangs dem Staate, zunächst als Mitglied des Kongresses, dann – in den kritischen Jahren des Bürgerkrieges – als Gesandter in London, zog sich später in die Studierstube zurück, um die Werke und Memoiren der Adamspräsidenten zu edieren. Die Geschichte war für Henry Adams gleichsam eine Familienangelegenheit.
Adams bereiste Deutschland und Italien, ging seinem Vater bei den historischen Arbeiten zur Hand und diente ihm schließlich in London als Privatsekretär. Als er im Jahre 1870 als Geschichtsprofessor an die *Harvard University* berufen wurde, übernahm er die Herausgeberschaft der *North American Review* und unterstützte Carl Schurz in dessen Kampf gegen Korruption und Chauvinismus. Adams scheint nie den Versuch unternommen zu haben, ein politisches Amt anzunehmen; er hielt sich vielmehr im Schatten der Macht, um sie zu kritisieren und zu analysieren. Schon bald nach seiner Rückkehr aus England hatte er in dem Aufsatz »The New York Gold Conspiracy« (1870) nicht nur die Manipulation des Goldpreises vom 27. September 1869 aufgedeckt, sondern auch eine Probe seiner Auffassung von der Darstellung politisch-historischer Ereignisse gegeben. Eine gründliche Recherche und eine kühl-sachliche, ein wenig zur Ironie tendierende Beschreibung der Vorgänge zeichnen diese Arbeit aus. Noch immer schwankte der vielseitig interessierte und gebildete Neuengländer bei der Wahl des künftigen Lebensweges. Im Jahr 1877 legte er sowohl seine Dozentur als auch die Leitung der *North American Review* nieder und führte das Leben eines Privatgelehrten. 1889–1891 erschienen die neun Bände der *History of the U.S. during the Administration of Jefferson and Madison. Mont-Saint-Nichel and Chartres* (1904) und die 1904 privat gedruckte, aber erst 1918 veröffentlichte *The Education of Henry Adams* gelten heute als Standardwerke des amerikanischen Bildungsbürgertums jener Zeit.

Zwei Jahre nach der Niederlegung seiner Ämter veröffentlichte Adams eine Biographie des langjährigen US-Finanzministers Albert Gallatin, um sich danach auf dem Gebiet des Romans zu versuchen. Aber weder der anonym erschienene scharfe Angriff auf die herrschenden politischen Praktiken (*Democracy*, 1880) noch der Roman über das New Yorker Gesellschaftsleben (*Esther*, 1884) konnten überzeugen. Nach diesen Fehlschlägen wandte er sich der Historiographie zu.

Als Bewunderer der deutschen Rechts- und Kulturhistoriker lehnte er von Anfang an die ›erzählende‹ Methode der Ticknor-Prescott-Bancroft-Schule ab, forderte wie Parkman eine gründliche Tatsachenforschung, vertrat aber die Ansicht, daß die Historiographie sowohl Wissenschaft als auch Kunst zu sein habe. Sein bereits in den frühen Aufsätzen und in der Gallatin-Biographie demonstriertes Interesse an den wirtschaftspolitischen Aspekten der Geschichte führte ihn zu neuen Methoden ihrer Darstellung. Damit aber bleibt seine *History of the U.S. …* nur zu einem Teil traditionell-diplomatische Geschichtsschreibung; zum anderen ist sie ein Beispiel für die Auswertung statistischen Materials, was letztlich zu einer sozial- und wirtschaftspolitischen Ausdeutung des hier behandelten Zeitraums (1800–1816) führt. Adams stellte sich die Aufgabe, »die Entstehung der amerikanischen Nation soziologisch als Übergang der Republik des Großbürgertums und der Aristokratie zur egalitären Demokratie und zugleich als politischen Sieg des Zentralismus über den Partikularismus darzustellen und geschichtsphilosophisch zu deuten« (Preuschen). Hierbei spielte der Determinismus eine große Rolle. Jefferson und Madison erweisen sich als mehr oder weniger hilflose Statisten der Geschichte, als Gefangene kausaler Entwicklungen – »nature not mind did the work« ist eine seiner Thesen. Das Individuum ist nicht in der Lage, das eigene Los zu bestimmen, und bleibt daher unfähig, den Ablauf der Ereignisse entscheidend zu beeinflussen.

Damit hat Adams die ›heroische‹ Historiographie durch die wissenschaftliche ersetzt. Er schrieb: »Die Geschichte hat sowohl ihre wissenschaftliche wie ihre menschliche Seite, in der amerikanischen Geschichte war das wissenschaftliche Interesse größer als das menschliche …« Adams denkt dabei in naturwissenschaftlichen Kategorien. In seiner *Education* und in »A Letter to American Teachers of History« (1910) stellt er unter Berufung auf den zweiten Hauptsatz der Thermodynamik die wechselseitige Beziehung zwischen naturwissenschaftlichen und historischen Kategorien her. Hier stößt man auf den Kern der dynamischen Theorie seiner Historiographie. Adams' Geschichtsphilosophie nennt zwei Arten empirisch erkennbarer Kraft: die innere, nach Einheit strebende (Glaube, Religion, Gott) und die zur Vielfalt tendierende äußere (Natur, Wissenschaft). Inmitten dieses Spannungsfeldes steht der Mensch und mit ihm die Geschichte. Adams kommt zu dem Schluß, daß die menschliche Entwicklung ihren Höhepunkt im christlichen Mittelalter erreichte, zu einer Zeit, da der Glaube ein Höchstmaß an Einheit des Denkens und Fühlens bewirkte. Der philosophische Zweifel, der Empirismus und die Naturwissenschaft wirkten auflösend und hätten schließlich das polyzentrische Denken des 19. Jahrhunderts herbeigeführt.

Der Illustration dieser Geschichtsphilosophie dienen die beiden Bücher *Mont-Saint-Michel and Chartres* und *The Education of Henry Adams*. Wie sehr diese beiden Bücher zusammengehören, geht aus dem Kapitel XXIX der *Education* hervor: »Eight or ten years of study had led Adams to think he might use the century 1150–1250 ... as the unit from which he might measure motion down to his own time ... Setting himself to the task, he began a volume which he mentally knew as ›Mont-Saint-Michel and Chartres: A Study in Thirteenth Century Unity‹. From that point he proposed to fix a position for himself, which he could label: ›The Education of Henry Adams: A Study of Twentieth-Century Multiplicity‹«.

Bei der Darstellung der Geschlossenheit der mittelalterlichen Kultur geht Adams von der Architektur der Kathedralen von Mont-Saint-Michel, Amiens, Coutance, Paris und Chartres aus. Die Poesie jener Zeit und die Philosophie eines Abaelard, Bernhard von Clairvaux oder Thomas von Aquin sind ihm Beweise für die im Geist der Jungfrau Maria entstandene Einheit des Gefühls. Damit schuf Adams eine Kulturgeschichte im eigentlichen Sinn des Wortes.

Nicht anders verhält es sich bei der als Autobiographie nur wenig befriedigenden *Education*. Allein die Tatsache, daß er dieses Buch in der dritten Person schrieb, deutet darauf hin, daß er sein Leben nur als Katalysator seiner »Studie der Vielfältigkeit« betrachtete. Überdies hat er manche Episode seines Lebens weggelassen, die der dem Buch zugedachten Idee hätte gefährlich werden können. In seiner Zeit übrigens konnte Adams keine allgemeinverbindlichen Symbole entdecken.

Diese kühl und ironisch geschriebene Besichtigung des hereinbrechenden Massenzeitalters ist nicht optimistisch im amerikanischen Sinn jener Zeit. Dennoch ist es nicht zulässig, die »Studie der Einheit« als einen Beweis der Sehnsucht Adams' nach einer Restauration vergangener Zeiten zu werten. Seiner Geschichtsphilosophie entsprechend liegt die Entwicklung der menschlichen Gesellschaft in den Gesetzen der Natur und ihrer Wissenschaft (»mechanical formula of acceleration«), so daß es ein sinnloses Unterfangen wäre, das Rad der Geschichte zurückdrehen zu wollen. Wenn er dennoch der zeitgenössischen Demokratie mit Reserve begegnete, so spricht dies für seine Distanz von den eigenen Thesen und dem rationalistischen Zeitgeist, in dem Adams lebte.

Regionalismus und Local Color

Bis zum Beginn des *Civil War* war die amerikanische Literatur von Belang, ungeachtet der ständig zunehmenden Bedeutung der *frontier* und des Westens, fast ausschließlich in den eher östlichen Teilen der atlantischen Kolonien, Staaten und Regionen entstanden. Boston, New York, Philadelphia, Baltimore, Richmond und Charleston galten als die geistigen Zentren. Bei aller Orientierung insbesondere an England, die die spezifisch amerikanische Situation mit sich brachte, wiesen die einzelnen Kolonien, Staaten und Regionen von Anfang an auch auf deren literarische Artikulationen zurückwirkende geographische, religiöse, national-ethnische und wirtschaftlich-soziale Besonderheiten auf. Immerhin sorgte im ›Osten‹ die allgemeine Orientierung an den Bildungsidealen europäischer Vorbilder zunächst für eine weitgehende ›Gleichschaltung‹ im Zeichen des Klassizismus und der Romantik. Diese Positionen sind seit dem ersten Drittel des 19. Jahrhunderts aus den Regionen und insbesondere von der Grenze her Einflüssen ausgesetzt, die auf das Entstehen eines ›spontanen‹ Realismus hinwirkten und diesem letztlich zum Durchbruch verhalfen.

In diesem Zusammenhang wird nicht selten von *sectionalism* oder auch *regionalism* gesprochen, wobei man auf unterschiedliche Definitionen dieser Begriffe stößt. Was man aber gemeinhin als *regionalism* in der amerikanischen Literatur bezeichnen kann, ist *de facto* so alt wie diese selbst. Es handelt sich dabei um die Tendenz, Themen aus den ›kleineren‹ Lebensbereichen, Landstrichen und überschaubaren Regionen literarisch zu behandeln. Bis zu einem gewissen Grad sind die Texte aus der *New England School*, der *Knickerbocker School* oder der *South Carolina School* Produkte, Autoren wie Irving, Cooper oder Simms Beispiele dieser Situation. Wenngleich man bereits etwa bei J. P. Kennedy oder Simms zuweilen auf Dialekt stößt, präsentiert sich *regionalism* in dieser frühen Phase nicht vornehmlich in *plot* und Struktur; die Formung des Stoffes und die dabei zum Einsatz kommende Sprache vereint diese Autoren noch im Geist des Klassizismus. Bedeutsam für die weitere Entwicklung der amerikanischen Literatur – und das gilt gleichermaßen für Formen *und* Inhalte – sind Elemente, die sich an den Berührungslinien der besiedelten Gebiete und den Weiten des ›wilden‹ Westens herausbildeten oder hier ihre Verstärkung fanden.

Was das Inhaltliche betrifft, so sind es insbesondere die Konzentration auf eine überschaubare Region in ihren ›typischen‹ Erscheinungsformen, die Sitten und Gebräuche, das Alltagsleben, die Freuden und Sorgen der ›kleinen Leute‹. Was die sprachliche Ausformung angeht, so dringen – zunächst über die direkte Rede – *vernacular*, *dialect*, zuweilen *slang* in die Texte ein. Mühte man sich in *plot* und *setting*, regionale Porträts von großer Detailtreue zu zeichnen, so war es nur logisch, wenn man die Menschen dieser Regionen auch über ihre Idiome charakterisierte, was zu einem weiteren Schub hin zur ›Demokratisierung‹ der Inhalte und deren Formen führte. Geschildert werden diese Welten meist von Autorinnen und Autoren, die selbst in den jeweiligen Regionen verwurzelt oder ihnen durch Zuwanderung verhaftet sind. Dabei kommen sehr früh Ansätze ins Spiel, deren Auswirkungen besonders auf die sich vorbereitende und nach dem *Civil War* kräftig entwickelnde Literatur des Westens nicht hoch genug veranschlagt werden können.

Wesentliche Komponenten dieser die Grenzen des Klassizismus sprengenden Elemente finden sich zunächst nicht nur in einem immer stärker werdenden Bekenntnis zu romantischen Weltsichten, sondern in gleichermaßen situationsbedingten wie komplexen Erscheinungsformen einer auf Besiedlung beruhenden Gesellschaft. Einerseits ist es die außerordentlich enge Bindung der Autoren an die (regionale) Presse: Viele von ihnen sind ohne große formale Bildung über die Druckerei und die Redaktionsstube in die Literatur eingezogen. Andererseits ist es der Einsatz eines überschäumenden Humors, den Welten von der feinen Satire des Klassizismus trennen und der sich in jener Zeit höchster Popularität erfreut. *Humor Magazines* wie *Yankee Blade* (1845–1890), *Carpet Bag* (1851–1853), *Comic Monthly* (1859–1876) oder *Vanity Fair* (1859–1863) – um nur einige zu nennen – belegen dies. Auch sie pflegten nicht selten den Dialekt *auch* als eine besondere Ausdrucksform des Humors. Die Verbindung von *Down East Humor* und *Down East Talk* traf offenbar ein Bedürfnis der zeitgenössischen Leserschaft, denn anders ist es kaum zu erklären, warum diese Verbindung von Form und Inhalt, die vordergründig auf originäre mündliche Präsentation verweist, allseits so beliebt war. Manches spricht dafür, daß damit auch das relativ niedrige formale Bildungsniveau ansonsten aber sehr pfiffiger und lebenstüchtiger Bürger zum Ausdruck gebracht werden sollte; letzteres spiegelt sich im Einsatz einer Sprache, die praktisch alle Regeln der Grammatik und – wo sie niedergeschrieben wird – auch der Orthographie mißachtet. Diese Elemente werden insbesondere an der *frontier* miteinander verschmolzen und führen später einen Zustand herbei, der als ›typisch‹ amerikanisch bezeichnet werden kann und der dazu beiträgt, daß das, was sich zunächst sehr regional ausprägte, über führende Autoren des Westens auf die gesamte Literatur der USA zurückwirkte.

Die Wurzeln dieses literarischen Demokratisierungsprozesses lassen sich relativ weit zurückverfolgen – bis in die alten Kulturzentren des Ostens. Die Verbindung von Dialekt und Humor, gepaart mit illustrer Orthographie (in Form der Satire), findet sich schon im *Down East Humor* in John Tylers Stück *The Contrast* (1787), wo der *Yankee* Jonathan auf der Bühne mit einer Umgangssprache daherkommt, die bis an die Grenze des *slang* reicht. Da es sich um ein *play* handelt, präsentiert sich hier dieses Medium in seiner *oral* Variante. In den 1830er Jahren reüssiert diese Form von *colloquial speech* und ist in den Jahren zwischen 1840 und 1850 im Journalismus, insbesondere in den Almanachen, den *Jest Books* und *Travel Books* weit verbreitet, ehe sie um 1870 ihren ersten (literarischen) Höhepunkt erreicht. Beispiele für diese Art von journalistisch-literarischem Humor bieten etwa die *Jack Downing Letters* (1830) des aus Maine stammenden und immer wieder imitierten Journalisten SEBA SMITH (1792–1868), FRANCIS MIRIAM WHITCHER (1814–1852), die für *Godey's Lady's Book* mit den Witwen Bedott und Spriggins die ersten in Dialekt gekleideten, humorvoll gezeichneten Frauengestalten schuf, oder BENJAMIN SHILLABER (1814–1890) aus Boston, der für seine Zeitung 1897 den Charakter der Mrs. Partington kreierte. In diese Kategorie gehört auch der aus Pennsylvania stammende Juwelier, Flußlotse und Eisenbahnmann GEORGE WASHINGTON HARRIS (1814–1869). Mark Twain kannte und schätzte dessen »earthy yarns«. Seine Tribüne waren Zeitungen und Magazine wie zum Beispiel ab 1845 *The Spirit of the Times*. Die so erschienenen Beiträge faßte er in dem Band *Sut Lovingood: Yarns Spun by a »Nat'ral Born Durn'd Fool* (1867) zusammen, der sich so großer Beliebtheit erfreute, daß er mehrere Auflagen erlebte. Und nicht zu vergessen sind natürlich die 1848 und 1861/62 erschienenen *Biglow Papers* von Lowell.

Die so begründete Tradition hat auch außerhalb dessen, was man später als typisch für die Literatur des Westens bezeichnen sollte, fortgewirkt und der amerikanischen Literatur im allgemeinen und später auch dem Film und dem Fernsehen einen unverwechselbaren Stempel aufgedrückt. Man denke in diesem Zusammenhang nur an den in Chicago wirkenden Journalisten J. P. DUNNE (1867–1936), den Schöpfer des irischstämmigen Chicagoer Kneipiers Dooley (*Mr Dooley in Peace and in War*, 1898, oder *Mr Dooley on Making a Will*, 1919) oder den aus Indiana stammenden GEORGE ADE (1866–1944), der auch als Bühnenschriftsteller hervortrat, aber vor allem mit seinen *Fables in Slang* (1899) und ähnlichen Texten populär wurde. Nicht zu vergessen ist in diesem Zusammenhang etwa auch das umfangreiche Werk von JAMES THURBER (1894–1961), der als der wohl bekannteste Vertreter dieser spezifischen Tradition in der amerikanischen Literatur des 20. Jahrhunderts angesehen werden kann.

Zeitlich fast parallel dazu und nach nahezu gleichen Mustern entwickelte sich, was zur Literatur des Westens werden sollte und was gemeinhin als (die dem *regionalism* eng verwandte) *Local Color School* bezeichnet wird. Typisch für die Anfänge dessen, was gemeinhin als ›Literatur des Westens‹ bezeichnet wird, waren der Humor und eine von Sentimentalitäten weitgehend freie Grundstimmung, die überall an der *frontier* von Kentucky über Tennessee bis Georgia, in Lousiana, Mississippi oder Arkansas anzutreffen sind. Diese Form des Humors wird vom Beginn der Besiedlung des Westens an wohl eine Waffe im Kampf gegen die Unbilden des unberührten Landes und ein wesentliches Element der Selbstachtung, aber auch ein Ergebnis des wachsenden Selbstbewußtseins der Grenzpioniere gewesen sein. An die Stelle des listigen Lächelns Franklins und der feinen Ironie Irvings tritt hier ein den Humor des Ostens in seiner Unbekümmertheit übertreffendes herzhaftes Lachen, eine Form robusten Humors, der vorgibt, das Produkt ungebildeter Pioniere zu sein und tatsächlich doch in den meisten Fällen aus den Federn gebildeter Journalisten und Schriftsteller des Ostens geflossen ist. Das »laute Lachen des Westens« ist mithin ein Ergebnis der Kollision des inzwischen gebildeten und verfeinerten Ostens mit den »rohen Sitten des Westens«. Constance Rourke vertritt in ihrem Buch *American Humor* (1931) die Ansicht, die *backwood men* hätten zwar die *Native Americans* überwunden, seien ihrerseits jedoch von den ›Wilden‹ selbst in ›Wilde‹ verwandelt worden. Das Lachen dieser in den Augen der Gebildeten des Ostens oft primitiv, bestenfalls ›exotisch‹ erscheinenden ›Wilden‹ war durch und durch derb, burschikos, frei von Klassendenken, kurzum: demokratisch und geeignet, sowohl ihren Selbstbehauptungswillen in einer oft feindlichen Umwelt und Natur zu stärken als auch sentimentaler Anwandlungen und Inferioritätsgefühlen Herr zu werden. Rauh wie die Gesellen in der Männerwelt der Siedlungen der *frontier* und den Goldgräberlagern der Rocky Mountains waren Sprache und Humor, und als dies schließlich auf den Osten zurückwirkte, empfand man es in Neuengland – von wo dies einmal ausgegangen war – als eine Invasion des Vandalismus »von jenseits der Berge«. Niemand vermochte abzusehen, daß die ihr immanente Entpoetisierung des Westens zu einem nicht zu unterschätzenden Schrittmacher des amerikanischen Realismus werden sollte.

Die erste Generation der Humoristen der Grenze wurde noch im 18. Jahrhundert geboren und gab lange vor dem *Civil War* frühe Proben ihrer burlesken Kunst. Was sie zu sagen hatte und wie sie es sagte, unterscheidet sich beträchtlich von den literarischen Zeugnissen des entlaufenen mährischen Priesters KARL POSTL (1793–1864, Pseud. CHARLES SEALSFIELD), dessen ›farbige‹ Bücher (*Tokeah; or, The White Rose*, 1828; *Das Kajütenbuch*, 1842, u. a.) auch in Amerika sehr beliebt waren und in Deutschland den Reiseroman anregten und bereicherten. Seine weitgehend ›realistischen‹ Bilder von der Grenze Texas' und Georgias und die lebensnahe – wenn auch romantische – Charakterisierung seiner aus Helden und Mördern, ehrbaren Frauen und Dirnen bestehenden Komparserie hat jedoch diejenigen amerikanischen Autoren, die selbst im Westen lebten, kaum beeindruckt. Bedeutsamer war das Wirken des in Illinois lebenden Bankiers, Juristen und Zeitungsmannes JAMES HALL (1793–1868), der in romantischer Manier die Überlieferungen, Sagen und Geschichten der Grenze sammelte und 1830 das erste literarische Magazin westlich des Ohio gründete. Dieser

»literarische Pionier des Ohio-Tals« veröffentlichte von 1828 an seine *Letters from the West*, *Legends of the West* (1832), *The Harpe's Head: A Legend of Kentucky* (1833), *Sketches of History, Life, and Manners in the West* (2 Bde., 1834/35) und andere Sammlungen, die mit ihrem folkloristischen und realistischen Material, ihren Skizzen, Episoden und Anekdoten aus dem Leben der Menschen an der Grenze eine Fundgrube für die Chronisten der *frontier* wurden.

Gerade in der Anekdote sollte sich sehr bald der spezifische Grenzerhumor in der Literatur ausprägen. Der erste bedeutende Humorist ›westlicher‹ Provenienz und einer der Begründer des *South-* und *Southwest Humor* ist der aus Georgia stammende, in Yale ausgebildete Methodistenprediger, Jurist und Pädagoge AUGUSTUS BALDWIN LONGSTREET (1790–1870), der als College- und Universitätspräsident zu den führenden geistigen Köpfen des Südwestens zählte. Seine für Zeitungen geschriebenen, später in der Sammlung *Georgia Scenes, Characters, Incidents etc. in the First Half of the Century of the Republic* (1835) zusammengefaßten Skizzen sind zum Teil voller Übertreibungen und weisen den Weg zu den westlichen *tall tales*, den grotesken Münchhausiaden, in deren Mittelpunkt nicht selten bramarbasierende, mit allen Wassern der Wildnis gewaschene *frontiersmen* stehen, denen kein Spaß zu derb, keine Lage hoffnungslos erscheint.

Ein solcher Typ ist der aus Tennessee gebürtige DAVY CROCKETT (1786–1836), der angeblich ebenso schnell Wählerstimmen sammeln wie Bären erlegen konnte. Er diente unter Jackson, um schließlich als Inbegriff des Naturburschen von der Grenze in den Kongreß einzuziehen. Zu seinen wichtigen Veröffentlichungen zählen etwa *Sketches and Eccentricities of Colonel David Crockett* (1833) und die vermutlich mit Hilfe von Thomas Chilton geschriebene *Narrative of the Life of David Crockett, of the State of Tennessee* (1834). Als er bei der Belagerung von Alamo fiel, war er längst selbst zu einer ähnlich legendären Gestalt wie der Holzfäller DANIEL BOONE (1734–1820) geworden, der seine Erlebnisse (enthalten in *Discovery, Settlement, and Present State of Kentucky*, 1784) offenbar JOHN FILSON (1747?–1788) in die Feder diktiert hatte. Ähnlicher Popularität erfreuten sich der »King of the Keelboatmen« MIKE FINK (1770?–1823?), den Bernard De Voto als »Casanova, together with Paul Bunyan merged into Thor« beschreibt, und der *folk-hero* PAUL BUNYAN. Der erste überlieferte Bericht von Fink wurde 1829 von Morgan Neville in *The Western Souvenier* vorgelegt; *Paul Bunyan and His Big Blue Ox* erschien 1914. Sie haben in der Zwischenzeit folkloristische Qualität gewonnen und stehen im amerikanischen Weltbild für die *frontiersmen* schlechthin. Wie populär sie aber schon zu ihrer Zeit wurden, zeigt der Umstand, daß in den Jahren zwischen 1835 und 1856 etwa fünfzig *Crockett Almanacs* erschienen, die diese Art von Literatur pflegten. Von ähnlichem Schrot und Korn war auch JOHN S.

ROBB, von dem nicht einmal die Lebensdaten bekannt sind. In den vierziger Jahren tauchte er in St. Louis auf, arbeitete als Druckergeselle und Journalist und veröffentlichte seine Erzählungen um den zu dieser Zeit bereits legendären Mike Fink in *Spirit of the Times*. Seine gesammelten Werke erschienen unter dem Titel *Streaks of Squatter Life, and Far-West Scenes: A Series of Humorous Sketches Descriptive of Incident and Character in the Wild West* (1846/47). Mit seinem beinharten Humor, seiner Unbeschwertheit und seinem launigen Stromertum – etwa in der Geschichte von der lebend verschluckten Auster – überließ er der Nachwelt Skizzen aus dem Leben des Südwestens von besonderer Ursprünglichkeit.

Die folgende Generation der Humoristen des Westens rekrutierte sich zu einem guten Teil aus journalistisch tätigen Schriftstellern aus dem alten Osten. Das gilt zunächst für den aus Virginia nach Mississippi und Alabama zugewanderten Juristen JOSEPH GLOVER BALDWIN (1815–1864), dessen *The Flush Times of Alabama and Mississippi* (1853) bei aller Witzigkeit doch eher eine Satire auf das von ihm als primitiv empfundene Leben in der Wildnis anzusehen ist. Es hat den Anschein, daß er das Treiben seiner wilden Burschen aus einer gewissen Distanz sieht. Das kann man bei dem aus North Carolina stammenden und schließlich in Alabama lebenden Journalisten und Zeitungsbesitzer JOHNSON JONES HOOPER (1815–1862) nicht sagen. Sein *account Some Adventures of Captain Simon Suggs, Late of the Tallapoosa Volunteers* (1845) oder *The Widow Rugby's Husband, A Night at the Ugly Man's and Other Tales of Alabama* (1851) vermitteln einen interessanten Einblick in die Sitten, Gebräuche und das Lebensgefühl dieser Region. Von ähnlicher Bedeutung ist der aus Massachusetts nach Louisiana gekommene Redakteur und Maler THOMAS B. THORPE (1815–1878), der ebenfalls in *The Spirit of the Times* publizierte. Seine wichtigsten Stücke sind in den Bänden *The Mysteries of the Backwoods* (1846) und *The Hive of the Bee Hunter* (1854) zusammengefaßt. Von ihm stammt eine der berühmtesten *tall tales*, »The Big Bear of Arkansas« (1841).

Einen weiteren Höhepunkt erreicht diese literarische Form unter der Hand einer etwas jüngeren Gruppe von Journalisten-Schriftstellern, deren bedeutendster CHARLES FARRAR BROWNE (1834–1867) ist, der als ARTEMUS WARD in die Literaturgeschichte einging. Dieser aus Maine stammende Spaßvogel gehört an die Seite Robbs. Als Mitarbeiter des *Punch* hat er wesentlich dazu beigetragen, den Lebens- und Erzählstil der Grenze auch in Europa bekanntzumachen. Seine Serie *Artemus Ward's Sayings* (ab 1857) machte Schule, zumal er die Sprachkomik – verballhornte, mundartliche und gesunkene Sprache, verbunden mit falscher Orthographie, deformierter Grammatik und monströser Logik – wirkungsvoll einzusetzen verstand. Diese Art zu schreiben war eine bewußte Auflehnung des jungen ›Plebs‹

gegen die ›Aristokratie‹ der Brahmanen. Hier findet das laute Lachen des Westens – übrigens auch über Erscheinungsformen europäischer Traditionen – seine volle Ausprägung. Lincoln hat im Kabinett einmal aus *Artemus Ward's Book* vorgelesen; Ward selbst war ein virtuoser Interpret seiner *Sayings* und las häufig vor einer großen Zuhörerschaft. Neben *tall tales* aus dem Westen wie etwa »Among the Free Lovers« (1862) findet sich bei ihm auch schon das später von Mark Twain aufgenommene Thema vom europäisch-amerikanischen Kulturkonflikt in der herrlichen Skizze »At the Tomb of Shakespeare« (1867). Auf einer seiner vielen Vortragsreisen kam es zur Begegnung mit Mark Twain, die für die amerikanische Literatur so folgenreich werden sollte.

Als Artemus Ward früh an Tuberkulose starb, hatte seine Ausdrucksform viele Schüler gefunden. Er selbst sorgte dafür, daß die spöttischen Weisheiten des lächelnden Pessimisten HENRY WHEELER SHAW (1818–1885), der unter dem Pseudonym JOSH BILLINGS (*Josh Billings, His Sayings*, 1865) schrieb, erscheinen konnten. Seine Persiflage auf den wissenschaftlichen Essay »Essa on the Muel« (1860) zählt zu den Kabinettstücken dieser Gattung. Bewußt ungebildet gibt sich auch der aus New York stammende Artemus-Ward-Adept DAVID ROSS LOCKE (1833–1888). Er verbarg sich hinter dem Pseudonym PETROLEUM VESUVIUS NASBY und überschüttete seit 1861 (*The Nasby Papers*, 1864, u. a.) die entstehenden Institutionen des Westens mit Spott und Hohn. Seine in einem Postamt in Kentucky angesiedelte *story* »Mr. Nasby Finds a New Business« bietet ein schönes Beispiel für eine fast phonetische Transkription niederer Umgangssprache. Und schließlich ist der aus Massachusetts stammende Gentleman und ehemalige Offizier GEORGE HORATIO DERBY (1823–1861) zu nennen, der sich von 1849–1856 in Kalifornien aufhielt, unter den Namen JOHN PHOENIX (*Phoenixiana*, 1855) und SQUIBOB (*Squibob Papers*, 1865) schrieb und seinen burlesken Humor an den Spekulanten und Ewiggestrigen des Südwestens ausließ. Er wurde nicht nur zum Vorbild für Bret Harte und Mark Twain; mindestens zwei Generationen von Schriftstellern sind ihm verpflichtet, so daß man ihm in der amerikanischen Kritik zu Recht den Ehrentitel eines »great-grandfather of American Humor« verlieh.

Fast alle Stücke dieses westlichen Humors gehören der Kurzprosa an, erschienen zunächst in Zeitungen und Zeitschriften und waren vor allem dazu bestimmt, der Unterhaltung zu dienen. Sie zeugen von einem fast grenzenlosen erzählerischen Reichtum, und nicht zufällig werden Bret Harte und Mark Twain die klassischen Vollender, aber auch Überwinder dieses Lebens- und Erzählstils.

Karl Postls Streben nach »ethnographischer Genauigkeit«, der romantische Realismus Halls und der von Artemus Ward und anderen verkörperte Humor finden in der *Local Color*-Kunst zueinander und drücken der entstehenden Literatur des Westens ihren Stempel auf. Ihr erster bedeutender, aus dem Westen schreibender Vertreter ist BRET HARTE (1836–1902).

Er wurde als Sohn einer holländischen Mutter und eines Lehrers englisch-jüdischer Abkunft in Albany, New York, geboren. Nach dem Tode seines Vaters ging er 1854 nach Kalifornien, mit dem Ziel, der Washington Irving des Westens zu werden. Um sein Leben zu fristen, mußte er sich als Bote, Apothekergehilfe, Postangestellter, Lehrer und Geometer verdingen, ehe er als Schriftsetzer eine Arbeit fand, die seinen Wünschen am nächsten kam. Bei der *Golden Era* in San Francisco traf er mit Artemus Ward und Mark Twain zusammen. 1867 erschien der erste Gedichtband *The Lost Galleon* und die erste Serie der *Condensed Novels* (die zweite folgte 1902), in der er bekannte Autoren wie Cooper, Dickens, Dumas, Hugo u. a. parodierte. Seine Popularität wuchs schnell, so daß er ein Jahr später mit der Leitung der *Overland Monthly* betraut wurde. Die nun in rascher Folge erscheinenden Goldgräbergeschichten (»The Luck of Roaring Camp«, 1868; »The Outcasts of Poker Flat«, »Miggles«, »Tennessee's Partner«, alle 1869 u. a.) und Gedichte (»The Society upon the Stanislaus«, »John Burns of Gettysburg«, »San Francisco« und »Jim«, alle 1871) festigen seinen Ruhm als führender Poet des Westens. Die komische Ballade »Plain Language from Truthful James« (1870) war so populär, daß sie als Raubdruck von Hand zu Hand ging. Ein Jahr wirkte Harte als Professor für moderne Literatur an der *University of California* (1870), danach kehrte er in den Osten zurück und schrieb als hochdotierter Autor für *Atlantic Monthly*. Die nun veröffentlichten Sammelbände (u. a. *Tales of the Argonauts*, 1875), Bühnenstücke (*Two Man of Sandy Bar*, 1876) und der kaum beachtete Roman *Gabriel Conroy* (1876) waren vergebliche Versuche, den Niedergang seiner Popularität in Amerika aufzuhalten. In den Jahren 1878–1885 war er Konsul in Krefeld und Glasgow. In dieser Zeit entstand *Jeff Brigg's Love Story* (1880). In Europa erlebte Harte noch einmal eine Woge großer Anerkennung und wurde als der bedeutendste Schriftsteller Amerikas gefeiert. Er starb in England.

Wenn Harte heute als Chronist der Goldgräber gilt, so sollte man nicht übersehen, daß dies eine sehr einseitige Bewertung seines Werkes darstellt und daß seine frühen Skizzen dieses Lebens in den Camps kein ermutigendes Echo fanden. Die Desperados vermochten aus diesen Erzählungen nur Angriffe gegen ihr Tun herauszulesen, nicht aber das tiefe Mitgefühl und Verstehen, das ihnen der Autor entgegenbrachte. Viele von ihnen sahen in Harte einen Snob aus Neuengland. Und so schrieb er in »The Poet of Sierra Flat« nicht ohne Bitterkeit: »Außerdem hatte der Redakteur mit Schmerzen die Wahrnehmung machen müssen, daß nirgends in der Welt so wenig Poesie vorhanden sei wie in den Vorgebirgen der Sierras ... Allein, der Redakteur hatte noch nicht alle Hoffnung auf eine bessere Zukunft aufgegeben. Nach vier, fünf Jahren, wenn das Land dichter bevölkert sein würde ...«

Dieser vier, fünf Jahre bedurfte es in der Tat, aber sie waren für Harte keine verlorene Zeit. Drei Jahre durchstreifte der an den englischen Dichtern des 18. Jahrhunderts geschulte junge Mann in der Gesellschaft von Schnapphähnen, Glücksrittern und Goldgräbern – die dem *gold rush* des Jahres 1849 gefolgt waren – die Berge und konnte die Charaktere für seine späteren Erzählungen hautnah studieren. Hier in den Sierras fand er eine »Gemeinschaft, die nicht zur Tugend des Hinnehmens neigte«. Aus den Worten aber, die er für diese Menschen fand, die »den heimischen Fluren Lebwohl sagten und von dannen zogen, um in den Berggeländen des fernen Westens das goldene Vlies zu suchen«, spricht der romantische Glaube an das Gute in der menschlichen Natur. Harte sagt, daß das »Roaring Camp eine Freistatt für Leute war, die sich mit den Landesgesetzen überworfen hatten«, und fügt hinzu: »Einige von ihnen waren tatsächlich Flüchtlinge vor dem Gesetz, ein paar Verbrecher, alles aber Menschen, die weder Grundsätze noch Gefahren kannten ... Der größte Gauner hatte ein Raphaelgesicht mit einer Fülle blonder Locken.« Dies sind die »emporstrebenden und rücksichtslosen jungen Leute in dem jugendlich-energischen Vorwärtsstreben der Kolonie«. Harte spricht von »Zuchthäuslern, Falschspielern und Taschendieben«, aber er gestaltet Charaktere, die unter ihrer rauhen Schale, ungeachtet aller Enttäuschungen und Entbehrungen, ein sentimental verklärtes goldenes Herz bewahrt haben. Jede allzu leichtfertig nach außen gewendete Sensibilität aber käme unter den Bedingungen des Camps einer Selbstaufgabe gleich. Dann aber geschieht eines Tages das große Wunder, das in Wirklichkeit keines ist, sondern die natürliche Reaktion von Menschen, denen es bisher an Wärme und Nächstenliebe gemangelt hat. Nun können sie alles, was ihnen ein hartes Schicksal vorenthielt, an ihr Kind, das »Glück von Roaring Camp«, weitergeben. Die Wandlung, die dieses unschuldige kleine Wesen in der Welt der Rauhbeine herbeiführt, entspricht den romantischen Vorstellungen Hartes. Für ihn ist der Mensch von Natur aus gut und wird erst von der Umwelt deformiert. Mit Dickens teilt er die Überzeugung, das Gute im Menschen könne nicht zerstört werden; wie Victor Hugo feilt er an der Gestalt des edlen Bösewichts. Das ist der romantische Kern seines – nicht unsentimentalen – Realismus.

Als Romantiker und Verehrer Irvings faszinierte ihn auch die Geschichte, und so suchte er die spanische Vergangenheit Kaliforniens literarisch einzufangen. So steht »The Legends of Monte del Diablo« bei aller Verschiedenheit des Themas Irvings »Rip Van Winkle« sehr nahe. In beiden Fällen sind amerikanische Dichter stolz darauf,

Bürger einer demokratischen Republik zu sein. Harte läßt es sich nicht entgehen, in den Sagenstoff Visionen einzubauen, um den Padres die Unterlegenheit ihres feudalistischen Systems vor Augen zu führen: »Ihr habt, Herr Priester, die verblassenden Spuren des abenteuerlichen Kastilien wahrgenommen ... Das Zepter, das Spanien den Heiden entrissen hat, entfällt schnell seinem greisen, kraftlosen Griff.« Darauf ruft der Teufel: »Blicket nach Osten!« Und unter den Strahlen der Sonne »ergoß sich eine sonderbare, bunt zusammengewürfelte Menge« blauäugiger und flachsblonder Angelsachsen. Mit ihrem Erscheinen stirbt die Welt des Mittelalters dahin. »Statt so vornehm aufzutreten und eine so stolze Haltung zu bewahren wie die (spanischen) Kavaliere der ersten Vision, bewegt diese Menge sich stoßend, lärmend, keuchend und prahlend vorwärts.« Und: »Vergeblich schaut Padre José nach einem heiligen Kreuz oder einem anderen christlichen Symbol aus.« Die unbegreifliche Kraft steht im Zeichen des Bären. Es ist der Geist der Revolution, der egalitären Demokratie, eben des amerikanischen Westens. Die Gestalten sind so mächtig, »daß bei ihrem Vorbeimarsch riesige Bäume zu Boden sanken wie unter dem Atem eines Wirbelsturms und daß die Eingeweide der Erde aufgerissen und gespalten wurden«. Padre José steht vor diesem Neuen ebenso fassungs- und hilflos wie Austins Peter Rugg oder der aus langem Schlaf erwachte Rip Van Winkle. Alles aber »geschieht, weil es geschehen muß«. So verbindet Harte in seinen Legenden und Sagenstoffen Überliefertes mit Gegenwärtigem, Erträumtes mit Realität. Von dieser Einstellung zur Legende ist es nur ein kleiner Schritt zur Gesellschaftssatire. So heißt es in »The Adventure of Padre Vicentio« von der Keuschheit des Padres: »... er (Vicentio) genoß die Verehrung der einfältigen Wilden und hatte ihnen den Stempel seiner Persönlichkeit so stark aufzuprägen vermocht, daß ihm, wie es hieß, sogar die Kinder auf wunderbare Weise ähnlich sahen«. Noch deutlicher wird die Hintergründigkeit in Erzählungen wie »The Devil and the Broker«, »The Ruins of San Francisco« oder »The Ogress of Silverland«. Hier handelt es sich nicht um »mittelalterliche Legenden«, wie es im Untertitel des »Börsenmaklers« heißt, sondern um scharfe Angriffe auf den materialistischen Zeitgeist. Die *broker* übertreffen in dieser Gründeratmosphäre mit Hilfe der Kirche, ja auf dem Dach des Gotteshauses, die Teufeleien Satans. Was dem Versucher nicht gelingt, vollbringt die Geldhyäne im Handumdrehen; sogar der Teufel geht ihr auf den Leim. In der »utopischen Erzählung« von den Ruinen San Franciscos schwimmen die Makler nach dem Tod »mit Hilfe ihrer Aktien noch oben, diese Kaste der Müßiggänger, oder ›Bummler‹ – mit diesem Ausdruck bezeichnete man eine aristokratische Klasse Bevorzugter, die sich der Befreiung von jeglicher Arbeit erfreute und aus deren Reihen die meisten Regierenden gewählt wurden.« Auch in der »orientalischen Erzählung« von der Unholdin des Silberlands pervertiert die Sucht nach Aktien alles Denken.

Mit gleicher Leidenschaft kämpfte Harte gegen das bigotte Philistertum seiner Zeit und jede Form von Intoleranz. Es ist gewiß kein Zufall, wenn der Possenreißer in »The Luck of Roaring Camp« und der Erzhumorist in »The Poet of Sierra Flat« ausgerechnet »Boston« heißen.

Die in Brutalität und Unmenschlichkeit ausartende Intoleranz angeblicher Christen schildert Harte in »Wan Lee, The Pagan«. Voller Bitterkeit spricht der Autor von den zwei Tagen des Jahres »des Heils« 1869, »an denen ein Mob von Bürgern San Franciscos« unbewaffnete Ausländer überfiel und mordete, »weil sie Ausländer waren, weil sie von anderer Rasse, Religion und Farbe waren und weil sie für den Lohn arbeiteten, den sie gerade erlangen konnten«. Der kleine Chinesenjunge Wan Lee wird »von einem Haufen halbwüchsiger christlicher Schulkinder« zu Tode gesteinigt.

Harte umgeht in seinen Legenden und Sagen nicht die Probleme seiner Zeit. Aus dem »Washington Irving des Westens« wird ein gesellschaftskritischer Autor, der nicht in eine romantisch verbrämte Vergangenheit flüchtet, obgleich er viele seiner Charaktere bis an die Grenze des Erträglichen idealisiert. Seine Goldgräberromantik, seine wilden Gesellen erinnern zuweilen an Jemljan Pilaij oder Tschelkasch in den frühen Erzählungen Maxim Gorkis.

Die Welt der Sierras bleibt Hartes tiefstes und literarisch fruchtbarstes Erlebnis. Indessen war es mit relativ wenigen Werken ausgeschöpft, so daß sein späteres Schaffen in seinen vielen Wiederholungen an Farbe verliert. Harte war vor allem ein glänzender Techniker der *short story* (über deren Wesen er sich auch literaturtheoretische Gedanken gemacht hat). Wie Poe war er stets auf die Einheit der Wirkung bedacht. In seiner Kurzprosa ist nichts überflüssig, jede Einzelheit ist bewußt und allein mit Blick auf den anvisierten Effekt ausgewählt. So bewahrte Harte, den eigenen Thesen folgend, das Tempo und die Prägnanz der Poeschen Erzähltechnik und bereicherte diese Gattung um die neuen Erfahrungen des Westens, wobei er den grellen Humor der *tall tale* meidet. Hartes längere Werke stehen qualitativ weit hinter den *short stories* zurück.

Den Schlüssel zum Erfolg fand Harte in der geschickten, dem Zeitgeschmack entgegenkommenden Verquickung von Romantik (in ihren verschiedenen Ausdrucksformen) und den realistischen Elementen, mit denen vor ihm schon der Regionalismus gearbeitet hatte. Seine *settings* sind »exotisch«, regen aber nicht nur zum Träumen an, sondern sind auch rauh und realistisch. Sie bilden einen realen Hintergrund für eine unter romantischen Vorzeichen konzipierte Handlung. Damit wurde Harte zum eigentlichen Begründer der *Local Color School*, der von den siebziger Jahren an fast alle Regionalisten und Realisten Amerikas Tribut zollten. Sie ist ein wesentlicher Beitrag des Westens zur Entwicklung der modernen amerikanischen Literatur. Die im realistischen Detail gestalteten Sitten der Bewohner, die Beschreibung der Kleidung, das Sichtbarmachen einer spezifischen Landschaft und die Beachtung des Dialekts als ein wesentliches Charakterisierungsmittel ergeben das unverwechselbare Flair eines Landstrichs. Damit war diese Strömung, was ihren erzähltechnischen Teil betrifft, der Ausgangspunkt eines gleichsam »spontanen Realismus«. Was seine Sprache betrifft, stieß Harte indes relativ vorsichtig zu den neuen Ufern vor, sind doch seine narrativen Passagen – im Gegensatz zu der direkten Rede – noch immer stark klassizistischen Vorbildern verhaftet. Hartes – wie auch Mark Twains – Realismus ist das Produkt der vom Journalismus geprägten Beobachtungsweise. Diese Schulung drückt sich unter anderem in der Tendenz aus, die fiktional konzipierten Handlungen örtlich und zeitlich genau festzulegen. In jedem Fall soll dem Leser auch dann der Eindruck eines authentischen Berichts suggeriert werden, wenn es nach Lage der Dinge kaum vertretbar erscheint.

Noch zu Lebzeiten Hartes hatte sich die gesellschaftliche Szenerie in den USA derart verändert, daß die Welt der von ihm geschilderten Goldgräber als anachronistisch empfunden wurde, und als Harte starb, machten die Werke Theodore Dreisers und Upton Sinclairs deutlich, wie sehr die Goldgräberromantik angesichts der fortschreitenden Industrialisierung und Urbanisierung bereits der Vergangenheit angehörte.

Während Bret Harte bereits gegen Ende des 19. Jahrhunderts als ein Autor der Vergangenheit gewertet wurde, verkörperte SAMUEL LANGHORNE CLEMENS (1835–1910), der als MARK TWAIN in die Literaturgeschichte eingegangen ist, wie kein anderer Grenzerart und amerikanische Gründermentalität. Anders als Harte war Mark Twain ein eher konsequenter Realist und ganz und gar ein Mann des Westens, in dessen Namen er seinen Siegeszug in der amerikanischen Literatur antrat.

Er wurde in Florida, Missouri, als Sohn eines Grenzers geboren, den es auf der Suche nach dem großen Glück aus Virginia über Kentucky und Tennessee an den Mississippi verschlagen hatte. Seine Mutter war eine streng kalvinistisch denkende Frau. Die sorglosen Jugendjahre erlebte er in Hannibal. Der Tod des Vaters beendete einen kurzen Schulbesuch; er trat eine Druckerlehre an und begab sich 1853 auf Wanderschaft. Über St. Louis, New York und Philadelphia kehrte er 1857 an den *Ol' Man River* zurück und befuhr bis zum Ausbruch des *Civil War* als Lotse den Strom. Sein Pseudonym stammt aus der Lotsensprache und heißt so viel wie »Freie Fahrt«. Wenig später folgte er seinem Bruder nach Nevada, versuchte sein Glück als Goldgräber und begann 1862 als Mark Twain in Virginia City, Nevada, für die *Daily Territorial Enterprise* zu schreiben. Zwei Jahre darauf ging er nach San Francisco und suchte die Gesellschaft Bret Hartes und Joaquin Millers. Hier begegnete er erneut Artemus Ward, der ihn veranlaßte, »The Celebrated Jumping Frog of Calaveras County« (im *Sunday Express*, 18. 11. 1865) zu schreiben. Als zwei Jahre später in einem gleichnamigen Sammelband 27 Humoresken in der Grenzerart erschienen, galt er neben Harte als der führende Autor des Westens. Sein auf Vortragsreisen bewiesenes rhetorisches Talent und das burlesk-satirische Reisebuch *The Innocents Abroad* (1869) festigten seinen Ruhm. Nach seiner Eheschließung ließ er sich in Hartford, Connecticut, nieder. In der Schilderung seines Zuges nach Westen, *Roughing It* (1872), und dem gemeinsam mit C. D. WARNER (1829–1900) verfaßten satirischen Roman *The Gilded Age* (1873) bespöttelte er Amerika. In den Büchern *A Tramp Abroad* (1880), *The Prince and the Pauper* (1882) und der Artusidyllen-Persiflage *A Connecticut Yankee in King Arthur's Court* (1889) bespöttelt und kritisiert er die alte Welt aus der Sicht eines westlichen Demokraten. Auch in den *Personal Recollections of Joan of Arc* (1896) will er den Mythos von der »guten alten Zeit« zerstören. Den Kern seines Werkes bildet das machtvolle »Epos von Amerikas glücklicher Kindheit«: *The Adventures of Tom Sawyer* (1876), *Life on the Mississippi* (1883) und *The Adventures of Huckleberry Finn* (1885). Finanzielle Sorgen zwangen ihn zu ausgedehnten Vortragsreisen und hastigem Arbeiten. Die in jener Phase entstandenen Bücher *The American Claimant* (1892), *Tom Sawyer Abroad* (1894) oder *Tom Sawyer, Detective* (1896) sind von unterschiedlicher Qualität und stehen hinter den vorangegangenen Werken zurück. In seinem Weltreisebericht *Following the Equator* (1897) verspürt man deutlich jene bitteren Untertöne, die sich nach dem Tod seiner Frau und zweier Töchter noch verstärken sollten und die Atmosphäre solcher Werke wie *The Man That Corrupted Hadleyburg* (1900), »What Is Man?« (1906) oder »The Mysterious Stranger« (posthum 1916) bestimmen. Neben seinen längeren Werken schrieb Mark Twain eine Fülle glänzender *short stories* und Essays. Von 1906 an diktierte er seinem Sekretär A. B. Paine seine Biographie.

In einem Brief an Andrew Lang bekannte Mark Twain 1889, er habe nie den Wunsch gehegt, »die kultivierten Klassen kultivieren zu wollen ... Selten habe ich mit Überlegung versucht zu belehren, aber ich habe mein Bestes getan, sie zu unterhalten.« Dies macht deutlich, daß sich Mark Twain nicht als Vertreter der didaktischen Tradition in der amerikanischen Literatur gefühlt hat. Am Anfang seiner Karriere ging es ihm darum, aus allem, was er sah und hörte, »komisches Kapital« zu schlagen. Dabei benutzte er jene Mittel, die ihm Artemus Ward, G. H. Derby, D. R. Locke oder H. W.

Shaw an die Hand gegeben hatten, und wurde zunächst ein westlicher Humorist jener Provenienz. Die Groteske von Jim Smiley und dem mit Blei gefütterten Frosch sowie die im Band *Mark Twain's Sketches: New and Old* (1875) gesammelten Anekdoten, Späße und Humoresken ordneten ihn in die Gruppe der Unterhaltungsschriftsteller ein, die man nicht sonderlich ernst nahm. In den Augen mancher einflußreicher Kritiker blieb Mark Twain zunächst ein Barbar aus dem Westen, ein das Abenteuer, die Banalität und das Primitive einfangender Zeitungsmann, dessen sprühender Witz eher das Zwerchfell denn den Geist strapazierte. Für das ausgehende 19. Jahrhundert war er ein Humorist – der Meister einer Gattung eher niederen Ranges. Als der in *Yale* lehrende Anglist William L. Phelps Mark Twain zu Beginn des 20. Jahrhunderts mit Emerson und Hawthorne auf eine Stufe stellte, gab es – nach H. L. Mencken – »unter den Ulmen der Universität einen großen Aufruhr – wie wenn eine nackte Frau über den *campus* gegangen wäre«.

G. B. Shaw war einer der ersten, die meinten, Mark Twain sei der eigentliche große Chronist seiner amerikanischen Zeit und Welt. »Ich bin überzeugt«, schrieb er an ihn, »daß der zukünftige Geschichtsschreiber Amerikas ihre Werke ebenso unentbehrlich finden wird wie ein französischer Geschichtsschreiber die politischen Abhandlungen Voltaires.« Erst im Laufe der Zeit bemerkte man, daß dieser angebliche »Playboy des Westens« im Grunde seines Wesens nicht nur ein spontaner, sondern gleichwohl überzeugter Realist war, hinter dessen Humor das Hohelied auf das Individuum erklang und der sich anschickte, den von den Scott-Adepten und Cooper romantisierten Westen zu entmythologisieren. Obgleich sich bereits sehr früh satirische Töne bemerkbar machten, wollte man zunächst nicht wahrhaben, daß Mark Twain seinen Ulk auch als Waffe der Kritik betrachtete.

Überschaut man heute sein Gesamtwerk und zieht dabei auch seine Korrespondenz zu Rate, so stellt sich die Welt aus der Sicht Mark Twains nicht nur licht, sondern auch als Alptraum dar. Hinter dem lauten Lachen der frühen Texte verbirgt sich schon bald die Sorge um das Los der Armen und Schutzlosen. »Alles Menschliche verdient unser Erbarmen«, schreibt er gegen Ende der neunziger Jahre. »Selbst der Humor hat seinen verborgenen Quell nicht in der Freude, sondern im Schmerz.«

In fast allen wichtigen Teilen schuf Mark Twain ein auf eigenem Erleben beruhendes Werk. Auf Grund seiner engen Bindung an den Journalismus lebte er als Autor in einer ihm konkret und faßlich erscheinenden Welt: Fühlen und Spüren, nicht Abstrahieren sind zunächst seine Stärken. Dort, wo er die ihm vertraute, gegenständliche Welt verläßt und zu philosophieren beginnt, erreicht er nicht die sonst so beeindrukkende Überzeugungskraft.

Zu den stark autobiographischen, der Publizistik sehr nahestehenden Werken gehören die sich durch ihren chronologischen Aufbau auszeichnenden Reisebücher, in denen Mark Twain eine Fülle künstlerisch verdichteter Episoden verwob. Bereits das aus den Reisebriefen an die *Alta California* und die *New York Times* hervorgegangene Buch *The Innocents Abroad* – mit dem bezeichnenden Untertitel »The New Pilgrim's Progress« – enthält einen Appell an die Menschlichkeit und eine Absage an Heuchelei und feigen Konformismus. Auf dieser Reise durch Europa, Ägypten und Palästina fand er mehr Anlaß zur Kritik als zu unverbindlichen Späßen, die eigentlich nur dann in eingeflochtenen *tall tales* und im Touristenlatein aufscheinen, wenn es sich um vergleichsweise problemlose Gegenstände handelt, etwa die Beschreibung eines Kamels. Die erste Reise Mark Twains nach Europa war für ihn aber offenbar insofern wichtig, als er bei seiner Heimkehr die Unterschiede zwischen der Alten und Neuen Welt und damit auch die Probleme Amerikas und des atlantischen Kulturkonfliktes deutlicher erkannte als vorher.

Das Erscheinungsjahr der *Innocents* ist für das Schaffen Mark Twains in mehrfacher Hinsicht bedeutungsvoll. Führende Zeitschriften laden ihn nun zur Mitarbeit ein, und die Begegnung mit William Dean Howells öffnete ihm nicht nur das Tor zum inneren Tempel amerikanischer Literaturkritik, sondern führte auch zu einer lebenslangen Freundschaft. Nicht minder bedeutsam ist die Eheschließung des ›Vandalen‹ aus dem Westen mit der im viktorianischen Geist erzogenen, aus einem konservativ-wohlhabenden Hause stammenden Olivia Langdon. Damit war der Grenzerjunge zu einem wohlhabenden Mitglied der ›Gesellschaft des Ostens‹ geworden. Der Einfluß der Heirat auf das Schaffen Mark Twains wird von der Kritik unterschiedlich beurteilt. Van Wyck Brooks vertritt die Ansicht, Mark Twain habe in der puritanisch-materialistischen Umwelt einen guten Teil seiner ursprünglichen Schöpferkraft verloren. Bernard De Voto hingegen meint, der Einfluß seiner Frau habe wesentlich dazu beigetragen, aus dem primitiven Humoristen der Grenze einen profunden Schriftsteller werden zu lassen. Sicher ist, daß seine Frau sowohl seine Manieren als auch seine Manuskripte korrigierte und von allem »befreien« wollte, was sie für »gewöhnlich« hielt. So ist es unter anderem zu erklären, daß der im Kreise seiner Freunde durchaus auch zotenreißende Autor in seinen das elementare Leben darstellenden Texten keinen Hinweis auf Sexuelles gibt. Bezeichnend für diesen Umstand ist die in sein Gesamtwerk nur schwer einzuordnende romanhafte Biographie *Personal Recollections of Joan of Arc*, die Mark Twain – zu Unrecht – für sein wichtigstes Buch hielt. Die romantische und idealisierende Eloge auf die Keuschheit der Frau veranlaßte G. B. Shaw, Mark Twains Jungfrau von Orleans »eine untadelige amerikanische Lehrerin in Ritterrüstung« zu nennen.

Die der Heirat folgenden zwanzig Jahre, die Mark Twain vornehmlich in Connecticut verbrachte, bieten ein recht widersprüchliches Bild des Autors. Auf der einen Seite hatte er sich in der materialistischen Welt eingerichtet und jagte dem Erfolg auch in Gestalt des Dollars nach. Dabei spekulierte er sich 1894 an den Rand des Ruins. Andererseits entstanden in dieser Zeit die großen Bücher von der glücklichen Kindheit Amerikas, und es ist bezeichnend für den um Reichtum und Anerkennung ringenden Mann aus dem kleinen Mississippidorf, daß er die 1907 erfolgte Verleihung der Ehrendoktorwürde der Universität Oxford als den Höhepunkt seines Lebens betrachtete, obwohl er sonst kaum eine Gelegenheit ausließ, die »verstaubten Institutionen Europas« zu verspotten.

Nach dem Erfolg des europäischen Reisebuchs schilderte Mark Twain in *Roughing It* seinen Zug von St. Louis nach Nevada, die Erlebnisse in Virginia City, San Francisco und den Sandwich Islands. Dieser Band enthält von der *tall tale* über die melodramatische Schauergeschichte und die paradoxe Anekdote bis hin zur Tierfabel alle kurzen Erzählformen, die damals an der *frontier* in hohem Kurs standen, und ist eine der wahrheitsgetreusten und umfassendsten Interpretationen der Grenzermentalität. Hier tritt die für Mark Twains Technik typische episodenhafte Gestaltung besonders hervor. In den späteren Reisebüchern wartet er zunehmend mit Satire auf. Dies gilt sowohl für den eine Tour durch den Schwarzwald und die Alpen schildernden Band *A Tramp Abroad* als auch für *Following the Equator*, wo er über eine Reise im Zusammenhang mit Vorträgen in Australien und Indien berichtet. Seine Reiseliteratur setzt insofern neue Akzente, als diese Bücher im Gegensatz etwa zu Irvings *Sketch Book* oder Longfellows *Outre-Mer* weitgehend frei sind vom Gefühl der Bewunderung oder der sentimentalen Verklärung europäischer Traditionen.

Die Verspottung mancher ihm absurd erscheinenden Dinge der Alten Welt verleitete ihn jedoch nicht zum kritiklosen Lob der amerikanischen Nachkriegsgesellschaft. Im Jahre 1873 vollendete er den gemeinsam mit seinem Nachbarn Charles Dudley Warner geschriebenen Roman *The Gilded Age*, dessen Titel zur Markenbezeichnung der amerikanischen Gründerjahre werden sollte. Mark Twain, der sich während des *Civil War* als ein politisch nicht sonderlich engagierter ›Patriot‹ erwiesen und sich dem Krieg selbst nach einem äußerst kurzen militärischen Interludium durch seinen Zug in den Westen entzogen hatte, war im Winter 1867/68 als Sekretär des Senators von Nevada, William Stewart, in Washington zu der Überzeugung gelangt, Amerika habe »keine eindeutig einheimischen Kriminellen, ausgenommen den Kongreß«. Was Henry Adams vom politischen Leben abgestoßen und Whitman zu den sorgenvollen Passagen in den *Democratic Vistas* veranlaßt hatte, bewegte Mark Twain und Warner dazu, das »vergoldete Zeitalter« seiner aus Heuchelei, Egoismus und selbstgefälliger Hybris errichteten Fassade zu entkleiden. Dieser nachlässig komponierte, in Tennessee,

Missouri und Washington spielende Roman, in dem der Besitzertyp Silas Hawkins (Mark Twains Vater), der rastlose Pläneschmied und Spekulant ›Colonel‹ Sellers (sein Onkel James Lampton) und der Senator Dilworthy durch ihr Denken und Handeln unbewußt die Ideale Amerikas verraten, soll demonstrieren, wie alle zum Ruin der Neuen Welt beitragen und somit letztlich ihre eigenen Opfer werden. *The Gilded Age* ist eine der schärfsten Kritiken, die amerikanische Schriftsteller an der den Nachkriegsboom tragenden Mentalität übten. Dieser hastig geschriebene und nur sehr oberflächlich bearbeitete Roman kann die doppelte Vaterschaft nicht verleugnen. Insbesondere mangelt ihm eine dem Gegenstand angemessene komplexe Charakterdarstellung.

Mark Twain scheint bei der Arbeit an diesem Buch erkannt zu haben, daß ihm die Psyche von Knaben vertrauter war als die Erwachsenenwelt. Seinen Notizen ist zu entnehmen, daß seine Gedanken spätestens seit 1867 immer wieder um eine literarische Interpretation seiner glücklichen Kinderjahre in Hannibal kreisten. Den ersten Hinweis auf das Paradies seiner Kindheit finden wir in einem »Brief« an die *Alta California* vom Frühjahr 1867, in dem er den Trunkenbold Jimmy Finn erwähnt, der uns später als Vater Hucks wiederbegegnen soll. Auch in den *Innocents Abroad* klingen Kindheitserinnerungen an. Die nach dem Vorbild des Vaters und des Onkels entworfenen Charaktere in *The Gilded Age* stellen erneut eine Verbindung zur Kindheit her, die Mark Twain erstmals umfassender 1875 in der für *Atlantic Monthly* geschriebenen Serie »Old Times on the Mississippi« darstellt. Damit tastete er sich an das »Epos vom Strom«, die Sage von der glücklichen Kindheit Amerikas heran und schuf mit Tom Sawyer, insbesondere aber mit Huck Finn »eine jener überdauernden Gestalten der Dichtung, nicht unwürdig, neben Odysseus, Faust, Don Quixote, Hamlet und den anderen großen Entdeckungen genannt zu werden, die der Mensch von sich gemacht hat« (T. S. Eliot). Als Howells als erster den *Tom Sawyer* las, vertrat er die Ansicht, es handele sich vornehmlich um ein Jugendbuch und veranlaßte Mark Twain, einige Streichungen vorzunehmen, um das Werk für diesen Zweck geeigneter zu machen.

> Im kleinen Grenzerort St. Petersburg, Missouri, am Ufer des Mississippi, lebt Tom in der Obhut seiner gutmütigen Tante Polly. Tom ist kein Musterknabe, und als ihn seine kleine Jugendliebe Becky Thatcher abweist, beschließt er, ein Pirat oder Robin Hood zu werden. Aus diesem Grunde nähert er sich dem kleinen, zerlumpten Paria Huckleberry Finn, der Tom auffordert, mitternachts auf dem Friedhof eine »Mutprobe« abzulegen. Damit ist der Bund geschlossen. Beide beobachten, wie Injun Joe den Doktor ersticht und die Mordwaffe dem betrunkenen

Muff Potter in die Hand drückt. Der Ermahnungen der Tante überdrüssig und von Becky enttäuscht, flieht Tom mit Huck und Joe Harper auf das Jungenparadies der Jacksoninsel. Im Dorf glaubt man, die Jungen seien ertrunken, aber das für sie ausgerichtete Totenamt endet mit ihrem Wiederauftauchen. Tom söhnt sich mit seiner Tante und Becky aus, bezeugt im Prozeß gegen Muff Potter dessen Unschuld und spürt mit Huck dem Mörder nach. Huck wird schließlich von der Witwe Douglas aufgenommen und sagt seinem Stromerleben mit dem Trost ade, daß ihn Tom in seine Clique einbezieht.

Mark Twain hatte die Arbeit an diesem possenreichen und im Vergleich zur »Fortsetzung« unbeschwert-heiteren Buch gerade abgeschlossen, als er auch schon (1876) mit der Niederschrift des erst acht Jahre später erschienenen Romans um Huckleberry Finn begann. Manches spricht dafür, daß es sich in dieser Phase um einen Schaffensprozeß handelte, dem eine Art Flucht des Autors aus dem *gilded age* in die Unschuld der Kindheit immanent war. Zwischen diesen beiden Büchern lag 1882 eine Reise an die Stätten seiner Jugend. Während der in der dritten Person gehaltene Roman *Tom Sawyer* weitgehend von einer unbeschwerten Kindheit berichtet und in einem ein wenig an Dickens erinnernden melodramatischen Ende ausklingt, handelt es sich bei *Huckleberry Finn* um die von dunklen Wolken überschattete Odyssee eines von der Welt der Erwachsenen grausam bedrängten Kindes. Huck erzählt seine Geschichte in der Ich-Form.

Er lebt in der Obhut der Witwe Douglas und ihrer Schwester Miss Watson, als sein trunksüchtiger Vater auftaucht, um am plötzlichen materiellen Glück seines Sohnes zu partizipieren. Huck flieht erneut auf die Jacksoninsel, trifft hier auf den entlaufenen Sklaven der Miss Watson, den Nigger Jim, und treibt mit ihm auf einem Floß den Strom hinab. Beide überstehen viele Abenteuer, geraten unter Desperados und werden Zeugen mancher Verbrechen und Untaten. Schließlich entdeckt Huck, daß ein heruntergekommener »Schauspieler« und »Missionar« Jim verkauft hat. Bei dem Befreiungsversuch wird Tom Sawyer – der nun wieder mit von der Partie ist – von einer verirrten Kugel getroffen. Huck erfährt, daß Miss Watson Jim die Freiheit gegeben hat und die ganze Befreiungsaktion nur um des Abenteuers willen inszeniert worden war. Da inzwischen Hucks Vater gestorben ist, könnte sich nun für die kleine Flußratte alles zum gutbürgerlich Guten wenden. Huck aber befürchtet, adoptiert und »zivilisiert« zu werden, und beschließt, sich dem zu entziehen.

Auftakt und Ausklang dieser beiden zusammengehörenden Bücher haben etwas Heiter-Versöhnliches. In den der Befreiungsaktion vorausgehenden Passagen aber gestaltet Mark Twain in *Huckleberry Finn* die Tragödie eines um seine physische Existenz und moralische Integrität ringenden Jungen, den das Schicksal mit dem Makel des Außenseitertums behaftet hatte. Huck wird mit allen Brutalitäten konfrontiert, zu denen Erwachsene fähig sind. Wenn der Knabe am Ende unverdorben, selbstbewußt und lebenstüchtig aus diesem aus Raub, Sadismus, Indolenz, Totschlag und Mord bestehenden Purgatorium hervorgeht, so erinnert diese Seinsausdeutung im Ansatz an die romantische Weltschau, deren melodramatische Interpretation bei der Schöpfung Oliver Twists oder David Copperfields Pate stand. Dennoch hat die Gestalt Huck Finns mit Dickens' Charakteren wenig gemeinsam. Eher ist er der Bruder des um seine Individualität ringenden Ishmael, mit dem Unterschied freilich, daß Melville seinen Charakter einer rational nicht mehr faßbaren Dämonie ausliefert. Mark Twains Meer der Bewährung ist konkreter; es ist das Alltagsleben der *frontier*.

Hemingway schreibt in *Green Hills of Africa*: »Die ganze moderne amerikanische Literatur ist aus einem Buch von Mark Twain hervorgegangen, das *Huckleberry Finn* heißt ... Alles, was man in Amerika geschrieben hat, stammt von daher.« Und in der Tat hat dieser Roman wie kein zweites Buch die amerikanische Prosadichtung beeinflußt. Die Konfrontation des jugendlichen Individualisten – er verkörpert den Traum des sich jung fühlenden Amerika in einer alternden Welt – mit dem Konformismus der Erwachsenen hat die amerikanischen Dichter nach Mark Twain unablässig beschäftigt. Es ist eines der Schlüsselmotive der amerikanischen Prosa geworden und faszinierte nicht nur Stephen Crane, Sherwood Anderson oder Hemingway, sondern bestimmte – nun im psychoanalytischen Gewand – Truman Capotes *Other Voices, Other Rooms* oder Salingers *The Catcher in the Rye*. Auch kompositorisch und stilistisch hat Mark Twain nachhaltigen Einfluß ausgeübt. Hier trifft man auf den Übergang vom ›klassischen‹ Roman zum experimentellen des 20. Jahrhunderts.

Mark Twain ist ein Meister der Episode, ein Dichter des engumgrenzten Bildes, der keinen langen epischen Atem hat. Der ›klassische‹ Roman ist nicht sein Feld; es scheint, als sei selbst der lose geknüpfte, dem pikaresken Muster nahestehende Text das Äußerste gewesen, was Mark Twain souverän beherrschte. Die Bausteine seiner Romane bilden *short stories* und Episoden, aber auch Vortragsnummern, Skizzen oder Tagebucheintragungen. Sie werden weniger miteinander verfugt als aneinandergereiht und montiert. Dies ist ein Grund dafür, daß die Romane Mark Twains in ihrer Geradlinigkeit tektonisch an Kurzprosa erinnern, und es ist nur dem sicheren poetischen Instinkt des Autors zu verdanken, daß sie nicht in sich zusammenbrechen. Howells bemerkte, daß sich Mark Twain beim Schreiben »der Art und Weise bedient, die wir alle beim Denken anwenden, und den Gegenstand, der ihm gerade in den Sinn kommt, niederlegt ohne Rücksicht oder Voraussicht auf das, was vorher kam oder allenfalls folgen soll«. Damit stehen die Romane Mark Twains formal-tektonisch auf einer ›niedrigeren‹ Stufe des ›Kunstbewußtseins‹ als etwa die von Henry James. Erst Crane und den Schriftstellern des 20. Jahrhunderts blieb es vorbehalten, diese bei Mark Twain noch als Improvisation erscheinende Kompositionstechnik bewußt einzusetzen und zu vollenden.

Ebenso bedeutsam ist die Hinwendung Mark Twains zur gesprochenen Umgangssprache als Mittel der Charakterisierung seiner Figuren. Damit ›befreite‹ er die amerikanische Literatur endgültig vom ›schönen Stil‹. Seine Diktion gründet sich auf schlichte Wörter in kurzen, eindeutigen Aussagesätzen oder einer Folge von ihnen, zusammengehalten durch Konjunktionen. Hier reiht sich Feststellung an Feststellung, ohne daß sich Kommentare des Autors aufdrängen. Diese *lingua communis*, getragen von idiomatischen und sprichwörtlichen Redensarten und der den Menschen unterer Bildungsgrade eigentümlichen Art des Wiederholens, ist die rhythmische Prosa des gesprochenen Wortes, die heute aus der modernen Literatur – nicht nur Amerikas – nicht mehr wegzudenken ist. Da die ›gesprochene Prosa‹ zwangsläufig auf einem volkstümlichen Sujet beruht, schafft Mark Twain in diesen Romanen in Form und Inhalt ausgewogene Werke. Daß ihr spontaner Vulgarismus keineswegs nur das Ergebnis spontaner Improvisation ist, kann man dem »Explanatory« zu *Huckleberry Finn* entnehmen, aus dem hervorgeht, wie eingehend sich Mark Twain mit den von ihm eingesetzten Sprechweisen und Sprachebenen beschäftigt hat und mit welcher Gewissenhaftigkeit er das Material Sprache handhabte. Wenn ein Schriftsteller den Feinheiten der gesprochenen Sprache so viel Aufmerksamkeit schenkt wie Mark Twain, so ist es nur zu natürlich, daß auch der Dialog zu einem wesentlichen Bestandteil seines Werkes wird. Mark Twain lehrte die amerikanischen Schriftsteller, elementare Dinge einfach zu sagen.

Als Mark Twain *Huckleberry Finn* für den Druck vorbereitete, schied er aus dem Manuskript ein Kapitel aus und fügte es als das dritte in *Life on the Mississippi* ein. Das zeigt, daß er auch dieses Buch als einen Teil des *Epos vom Strom* betrachtete. Dies gilt im eigentlichen Sinne nur für die Kapitel 4 bis 22, die im wesentlichen der Serie »Old Times on the Mississippi« entsprechen. Der Schilderung der Jugendjahre konnte das Huck-Finn-Kapitel vorangestellt werden, ohne daß damit ein Bruch entstand. Der erste Teil – eingeleitet durch eine kurze Geschichte des *Ol' Man River* seit seiner Entdeckung – unterscheidet sich wesentlich von dem sieben Jahre später entstandenen zweiten, der den Rahmen der Jugenderinnerungen sprengt. Die Berichte über die Begegnungen mit Cable oder J. C. Harris, die Kritik an der Romantik

Scotts oder die Betrachtungen über das Eindringen der Technik in die jungfräuliche Welt des Westens haben mit den Schicksalen Tom Sawyers oder Huck Finns unmittelbar nichts mehr gemein. Überschaut man das Gesamtwerk des Dichters, so erscheint das *Epos vom Strom* mit seinen romantischen Untertönen zuweilen als ein von Nostalgie getragenes Werk über eine als glücklich empfundene vergangene Zeit.

Obgleich Mark Twain die amerikanische Nachkriegsgesellschaft des ausgehenden 19. Jahrhunderts – verglichen mit den Monarchien Europas – als das kleinere Übel erachtete, war der überzeugte Humanist und Demokrat doch alles andere als ein Apostel einer gesetzmäßig erscheinenden evolutionären Fortschrittsgläubigkeit. Nicht erst die wirtschaftlichen Mißerfolge und der Tod von Frau und Töchtern verbitterten ihn. Bereits 1871 nannte er die Menschheit eine »Raufe voller kleiner Reptilien«. Eitelkeit, Bosheit, Anmaßung oder die »verkehrende Macht des Geldes« sind für ihn mehr als lediglich zu bespöttelnde, verzeihliche Gebrechen. Mit aller Macht stemmt er sich nun gegen die romantische Idealisierung der »guten alten Vorzeit«. In dem als Kinderbuch konzipierten Band *The Prince and the Pauper* – einer Kritik an den Mißständen und der kirchlichen Intoleranz der Tudor-Zeit – lernt der verkleidet durch sein Land streifende spätere König Edward VI. das Elend seiner Untertanen kennen, und auch der in einem Raufhandel durch einen Schlag ins Jahr 528 zurückversetzte *Yankee in King Arthur's Court* stößt bei seinem Versuch, die Lebensbedingungen der Bauern King Arthurs' zu verbessern, auf den entschiedenen Widerstand der Ritter und der Kirche. Hier wird nicht nur Tennysons Artus-Bild einer – humorvoll eingekleideten – Kritik unterzogen, sondern insbesondere im zweiten Teil des Romans auch der ethische Wert der *Yankee*-Zivilisation in Frage gestellt. Die Kritik an der Gegenwart ist kaum noch verschleiert, und wenn schließlich der *Yankee* mit Hilfe der ins 6. Jahrhundert gebrachten Technik des ausgehenden 19. Jahrhunderts mit 54 Kriegern fünfundzwanzigtausend Ritter schlägt, so bleibt dies doch ein Pyrrhussieg. Die Republik des Waffenschmieds aus Hartford bricht zusammen. Die sich aus dem Zusammenstoß von Feudalismus und Kapitalismus ergebende Komik – die im 20. Jahrhundert vom Film ausgebeutet wurde – hat bei Mark Twain einen bitteren Kern. Da Mark Twain wenig von der Wirkung frontaler Angriffe hielt, kleidete er auch die in den neunziger Jahren entstandenen Kritiken in einen – allerdings immer weniger verhüllenden – Mantel des Humors. *The American Claimant*, *The Tragedy of Pud'nhead Wilson* (1894) oder *The Man That Corrupted Hadleyburg* sind Beispiele dieser Art. *Die Personal Recollections of Joan of Arc* bilden eine Ausnahme, und das mag der Grund dafür gewesen sein, daß sich Mark Twain erst nach dem Erfolg dieses Buches zu seiner Autorschaft bekannte.

Beim späten Mark Twain verstärken sich bittere Züge, Anflüge von Verbitterung, die zuweilen an Menschenverachtung zu grenzen scheinen. Nun wandte er sich auch der Telepathie und *Christian Science* zu und nahm davon Abstand, seine dunklen Zukunftsvisionen vom Schicksal der Menschheit, wie er sie in *The Mysterious Stranger* entworfen hatte, noch zu seinen Lebzeiten zu veröffentlichen. Diese Erzählung erinnert an die bissigsten Aussagen Swifts; das hier gebotene düstere Weltbild sucht in der amerikanischen Literatur jener Jahre seinesgleichen. Der vom Determinismus bestimmte philosophische Dialog *What Is Man?* trägt jedoch dazu bei, diese Seite Mark Twains besser zu verstehen. Sie ist keine Vorstufe der Resignation. Als ein vom romantischen Denken geprägter Mensch scheint er sich zwar das Vertrauen in die *innocence*, die seine jugendlichen Charaktere so stark verkörpern, bewahrt zu haben, offensichtlich aber nicht die Hoffnung, daß die von *experience* bestimmte Erwachsenenwelt eine Garantie für Humanität bereithält. Das Gegenteil wurde ihm schließlich wahrscheinlicher. Und so ist Huck Finn in diesem Weltbild mehr als eine Verkörperung romantisch gesehener Unschuld zu sehen. Er steht für die Hilflosen und Entrechteten, die von ihren Mitmenschen Bedrängten schlechthin. Gerade aber diesen gilt alle Sympathie Mark Twains, sei es, daß es sich dabei um die Opfer belgischer Kolonisation in Afrika (»King Leopold's Solyloquy«) oder die vom Zarismus 1905 verfolgten russischen Revolutionäre handelt.

Mark Twains Werke erzielen ihre Wirkung durch die unmittelbare Frische der ins Allgemeingültige transponierten Impression. Die Spannung einer schier unerschöpflich erscheinenden Phantasie und einer spontan-realistischen Gestaltung des Gegenstands vermindert die Distanz zwischen dem Autor, seinem Stoff und den Lesern und verleiht den Werken, die sich auf das Grunderlebnis Mark Twains stützen, eine Tiefenschärfe, die noch heute als ein besonderes Merkmal der amerikanischen Prosadichtung empfunden wird.

Einen *Poeten* von der Bedeutung und Ausstrahlung Mark Twains hat der Westen in der Zeit um den *Civil War* und danach nicht hervorgebracht. Selbst die Lyrik eines so bekannten Autors wie Bret Harte stand eigentlich immer im Schatten seiner Prosa. Dies mag zu einem Teil daran gelegen haben, daß die Dichtung etwas länger romantischen Vorbildern verhaftet blieb als die für die Ausprägung der Literatur des Westens so wichtige, vom spontanen Realismus lebende kurze Prosaform etwa der *tall tale*. Dennoch hat die gebundene Sprache auch an der *frontier* eine wichtige Rolle gespielt und in ihren zu einem guten Teil sehr volksnahen Versen das Lebensgefühl dieser Welt festgehalten. Es sei in diesem Zusammenhang auf die vielen (meist anonymen) *Songs* und *Ballads* hingewiesen, die noch heute als lebendiges Erbe im Leben der Amerikaner fortwirken, etwa der *Cowboy Song* »O Bury me not on the Lone Prairie« oder die Ballade vom ›Robin Hood von Missouri‹, »Jesse James«, und viele andere mehr.

Zum bekanntesten Dichter des Westens in der Nachkriegszeit stieg der aus Indiana stammende CINCINNATUS HINER (HEINE) MILLER (1841?–1913) auf, wie Mark Twain ein typisches Grenzerkind. Im Jahre 1852 zogen seine Eltern mit dem Treck nach Oregon; anstatt in die Schule zu gehen, mußte er auf der Farm des Vaters arbeiten. Mit siebzehn ging er auf und davon, streifte durch die Goldfelder Kaliforniens, lebte unter *Native Americans* (*Life Amongst the Modocs*, 1873), wurde Soldat, betätigte sich als Pferdedieb, landete im Gefängnis und wurde schließlich nach kurzem Studium Richter und Chefredakteur des *Democratic Register*, in dem er Propaganda für den Süden machte. In seiner Begeisterung für den kalifornischen Partisanen Joaquin Murietta nahm er dessen Vornamen an und gab als Joaquin Miller 1868 seine erste Gedichtsammlung *Specimens* heraus. Ein Jahr später folgte *Joaquin et al.* Da seine Lyrik in Amerika wenig beachtet wurde, ging er enttäuscht nach London, wo er als *Cowboy Poet* posierte und nach dem Erscheinen der *Pacific Poems* (1870) – die ein Jahr später in den USA als *Songs of the Sierras* herauskamen – als »Poet der Grenze« und »Byron von Oregon« gefeiert wurde. In Amerika hingegen konnte selbst die Fürsprache Whitmans die Leser nicht für seine Lyrik erwärmen. Beliebt hingegen war das Bühnenstück *The Danites of the Sierras* (1877), das den Einfluß Bret Hartes spüren läßt und das populärste Grenzerdrama jener Jahre war.

Im Werk Millers findet sich viel Epigonenhaftes, in den Versen dieses Autodidakten spiegeln sich die Einflüsse der Zeit. So ist »Kit Carson's Ride« eine metrische Imitation des Browning-Gedichts »How They Brought the Good News from Ghent to Aix«. Andere Gedichte sind Byron, Southey, Poe oder Tennyson nachempfunden. Überdies tragen mangelnde Konzentration, stilistische Defekte oder ungenügende metrische Sicherheit dazu bei, der Wirkung seiner Lyrik Abbruch zu tun. Dort aber, wo Miller diese Schwächen überwindet und seine unmittelbaren westlichen Erlebnisse zu Papier bringt, ist von Epigonentum nicht mehr viel zu spüren. »The Exodus for Oregon« ist eine realistische Hymne auf die große amerikanische Westwanderung, und sein berühmtes Gedicht »Columbus«, mit dem Refrain »On, sail on!«, atmet den dynamischen Geist der den Kontinent erobernden Nation. Im Jahr 1890 baute sich Miller am Golden Gate ein Haus, veröffentlichte längst vergessene Prosa sowie *The Complete Poetical Works of Joaquin Miller* (1897) und wurde als Dichterfürst des Westens verehrt.

Ebenfalls aus Indiana stammt der »Hoosier«-Dichter JAMES WHITCOMB RILEY (1849–1916), der lange Zeit als Journalist in Indianapolis lebte. Ursprünglich hatte er Maler werden wollen, gab diese Absicht jedoch sehr bald auf und begann im Stil Bret Hartes die Farmerwelt Indianas poetisch zu porträtieren. Seine erste Gedichtsammlung *The Old Swimmin'-Hole* (1883) fand starke Beachtung, auch deshalb, weil er hier den Westen nicht nur realistisch zeichnete, sondern auch romantisch-sentimental verklärte. Aber erst in den folgenden Sammlungen *Afterwhiles* (1887), *Old-Fashioned Roses* (1888), *Rhymes of Childhood* (1890) und anderen läßt er die nachromantischen Vorbilder hinter sich und entwirft lebensechte Bilder seiner ›unzivilisierten‹, ländlichen Heimat, so daß er als einer der ganz wenigen Dichter des Westens anzusehen ist, die sich schließlich nicht mehr an die Vorbilder der Traditionalisten hielten.

Eine Sonderstellung nimmt der aus Indiana stammende, an der *Brown University* ausgebildete Jurist und Politiker JOHN HAY (1838–1905) ein. Er diente Lincoln als Sekretär, wirkte zwischen 1865 und 1870 als Diplomat in Paris, Wien und Madrid und schließlich 1897/98 als Botschafter in London und vertrat als Außenminister die Politik Theodore Roosevelts. 1871 wurde er als Dichter durch seine Dialektgedichte *Pike County Ballads* bekannt, und im selben Jahr erschien als Ergebnis seiner spanischen Zeit das Reisebuch *Castilian Days*. Ein egalitärer Demokrat im Sinn Mark Twains oder Millers ist er bei aller Bindung an Lincoln nicht gewesen oder zumindest nicht geblieben. Dafür zeugt der von ihm anonym herausgebrachte Roman *The Bread-Winners* (1884), in dem er als Antwort auf die Streiks und Unruhen des Jahres 1877 das Eigentum gegen die »dangerous classes« verteidigte.

Einen Mann des Westens nannte sich auch der in St. Louis geborene, in Neuengland erzogene und schließlich in Chicago wirkende Lyriker und Kolumnist EUGENE FIELD (1850–1895). Seine humorvollen Kolumnen in der Denver *Tribune* oder der Chicago *Daily News* stehen aber letztlich im Dienst des Sentimentalen und der von den Idealisten des ausgehenden 19. Jahrhunderts geforderten Moral. Zu seinen weithin beliebten Stücken zählten die spritzigen Humoresken und noch heute gelesenen Kindergedichte wie »Little Boy Blue« oder »Wynken, Blynken, and Nod«. Das in den Bänden *A Little Book of Western Verse* (1889), *A Little Book of Profitable Tales* (1889) und *A Second Book of Verse* (1892) gesammelte Gesamtwerk ist zu glatt, anmutig und konventionell, um als genuine Reflexion der Mentalität des Westens angesehen zu werden.

Das Entstehen der Literatur des Westens hängt ohne Zweifel mit den bereits vor dem *Civil War* zu konstatierenden Tendenzen zum literarischen Regionalismus zusammen und ist in engem Zusammenhang mit dem zu sehen, was unter der Bezeichnung *Local Color School* in die Literaturgeschichte eingegangen ist. Alle drei Richtungen haben manches gemeinsam, unterscheiden sich aber zuweilen nicht unerheblich in der Intention und im Ton voneinander. Gemeinsam ist ihnen die Entdeckung des Lokalkolorits und der Umgangssprache bis hin zum Dialekt. Mithin folgen sie der Forderung Walt Whitmans: »Zehntausend bodenständige mundartliche Wörter wachsen oder sind heute schon gewachsen, die in ungeheurer Zahl von den amerikanischen Schriftstellern sinn- und wirkungsvoll angewandt werden können …« Die Unterschiede zeigen sich etwa in der Handhabung des Humors, der in der ›Heimatkunst‹ der Nachkriegszeit weniger schrill ausfällt als im Westen, und natürlich in den unterschiedlichen Stimmungsebenen, die den lokalen Porträts immanent sind, wie beispielsweise die herbe Poesie Neuenglands, die etwas sentimentale Trauer des Südens oder das Erwachen des Interesses an den Überlieferungen der befreiten Sklaven.

Die Regionalkunst Neuenglands wurde von Frauen beherrscht. Am Anfang stand das Heimatgefühl im engeren Sinn des Wortes, die Liebe zur kleinen Stadt, die Verehrung der lokalen Vergangenheit und die Entdeckung der lokalen Atmosphäre. Frühe Beispiele – noch vor der Zeit des *Civil War* – sind die Bücher von CATHARINE MARIA SEDGWICK (1789–1867). In ihren dem Zeitgeschmack entsprechenden stimmungsvollen Erzählwerken *A New-England Tale* (1822), *Hope Leslie, or Early Times in the Massachusetts* (1827) oder *A Tale of Our Own Times* (1830) doziert sie nicht nur romantische Moral, sondern gestaltet auch realistische Bilder aus dem Leben ihrer engeren Heimat Massachusetts und New York. Charakteristisch für diese Regionalkunst war zunächst die Verbindung einer realistischen Darstellungsweise mit romantischem Ideengehalt. Bezeichnend ist, daß die besten Leistungen des Regionalismus auf dem Gebiet der kurzen Prosaform hervorgebracht wurden, so daß diese ›Schule‹ bedeutenden Einfluß auf die Gattung der *short story* nahm. Diese Art der historischen Genremalerei bildet den Auftakt und den Ausklang des Schaffens von HARRIET BEECHER STOWE, deren Bücher *The Pearl of Orr's Island* (1862) oder *Old Town Folks* (1869) typische Beispiele neuenglischer Regionalliteratur sind. Sie war es auch, die um des präzisen Bildes willen die Warnungen der Sprachpuristen ignorierte und nach dem Vorbild Lowells den Dialekt einsetzte. Die aus Connecticut stammende ROSE TERRY COOKE (1827–1892) schuf in *Root-Bound* (1885) oder *Huckleberrys Gathered from New England Hills* (1891) beeindruckende Skizzen des neuenglischen Landlebens, während LOUISA MAY ALCOTT (1832–1888) – Tochter des bekannten Transzendentalisten – der Regionalkunst mit ihrem Buch *Little Women* (1868) ein gültiges Bild der neuenglischen Kleinstadt schenkte. Aus der Feder des Vermont-Farmers ROWLAND EVANS ROBINSON (1833–1900, *Forest and Stream Fables*, 1886 u. a.) stammen Skizzen aus dem Leben der Bauern, die besonders wegen der feinfühligen Anwendung des Dialekts Aufmerksamkeit verdienen.

Einen Höhepunkt der neuenglischen Regionalliteratur bildet die Erzählkunst Sarah Orne Jewetts und Mary Wilkins Freemans. SARAH ORNE JEWETT (1849–1909) hat als Arzttochter ihren Vater oft bei Besuchen begleitet und dabei ihre engere Heimat Maine gründlich kennengelernt. Von Harriet Beecher Stowe zum Schreiben bewogen, vom Realismus Flauberts beeindruckt und an der feinen Ironie Jane Austens, W. M. Thackerays und Elizabeth Gaskells orientiert, entwirft sie in der Sammlung *Deephaven*

(1877) ein beeindruckendes Bild ihrer verarmenden Heimat. *The Life of Nancy* (1895) – darin die zart-herbe Erzählung vom ereignislos-ereignisreichen Stadtausflug der Familie Hilton – und ihr Meisterwerk *The Country of the Pointed Firs* (1896) deuten das Leben der Menschen in Maine aus verschiedenen Perspektiven. Sarah Orne Jewett überzeugt noch immer in ihren *short stories*. Ihre Romane sind so gut wie vergessen.

Auch MARY WILKINS FREEMAN (1852–1930) hat auf dem Gebiet des Romans nur Durchschnittliches geleistet. Ihre Stärke ist die kurze Prosaform. Im Gegensatz zu Sarah O. Jewett, deren Erzählungen von einem versöhnlichen Ton bestimmt sind, spürt die aus Massachusetts stammende und von 1902 an in New Jersey lebende Autorin den Schattenseiten des Daseins in einer niedergehenden Gesellschaft nach. Viele ihrer scharf gezeichneten und beobachteten Charaktere sind vom Leben bedrückte, vom Schicksal geschlagene Menschen. In *A Humble Romance, and Other Stories* (1887) begegnen wir in der Titelgeschichte einem Hausierer, der unwissentlich zum Bigamisten wird und nun von seiner Frau erpreßt werden soll, und in »The Bar-Light House« werden wir mit der paralytischen Frau eines Leuchtturmwärters konfrontiert. Auch die Erzählungen des Bandes *A New England Nun* (1891) sind überwiegend in düsteren Farben gehalten. Die *short story* »A Gala Dress«, die Geschichte eines herumschnüffelnden Schwätzers, zählt zu den humorvollsten der Autorin, deren sachliche, durchaus nicht immer poetische Sprache völlig dem Ideengehalt ihrer Aussagen entspricht.

In New York gerät die ›Heimatkunst‹ unter die Kuratel von Publizisten, so daß sie noch deutlicher journalistische Züge aufweist. Der Maupassant-Verehrer und zeitweilige Chefredakteur des *Puck*, H. C. BUNNER (1855–1896), wies mit seiner Erzählung »The Midge« (1886) oder dem Band *The Story of a New York House* (1887) in jene Richtung, die auch O. Henry einschlug. Sehr populär wurde auch der Allround-Journalist R. H. DAVIS (1864–1916), der New York als Reporter des *Sun* gründlich kennengelernt hatte. Er erfreute seine große Lesergemeinde mit launigen New Yorker Anekdoten (*Van Bibber and Others*, 1892).

Eine Tendenz zur realistischen Erzählweise im Rahmen dessen, was auch *novel of the soil* genannt wurde, findet sich in den besten Romanen des aus Indiana stammenden Lehrers und Methodistenpredigers EDWARD EGGLESTON (1837–1902). Der im ganzen von einem frömmelnden Sentimentalismus bestimmte Roman *The Hoosier School-Master* (1871) bietet realistische Bilder vom Hinterland Indianas; *The Circuit Rider* (1874) schildert die mangelnde Rechtssicherheit an der *frontier*, und *Roxy* (1878) macht uns mit den Konflikten zwischen Pionieren und den *Poor Whites* in der Grenzregion bekannt. In anderen Romanen erweist sich Eggleston als Melodramatiker traditioneller Provenienz. Seine Romane sollten ein »Beitrag zur Geschichte der Zivilisation in Amerika« sein. Seiner religiösen Einstellung entsprach die Überzeugung, historische Werke hätten eine didaktische Funktion zu erfüllen. Seit Ende der siebziger Jahre wandte er seine Aufmerksamkeit historischen Problemen zu, veröffentlichte eine Reihe für die Jugend bestimmter Indianerbiographien und schrieb schließlich die beiden Bände (posthum 1904) einer unvollendet gebliebenen Kulturgeschichte der USA.

Zum Führer dieser noch heute gelesenen *Local Color*-Bewegung des Südens wurde GEORGE WASHINGTON CABLE (1844–1925). Er war der Sohn eines Virginiers und einer kalvinistischen Mutter, hatte als Laufbursche, Kaufmann, Geometer und Journalist gearbeitet und auf der Seite des Südens gekämpft, ehe er seine romantisch-exotische Heimat in und um New Orleans zu beschreiben begann. Die Sammlung *Old Creole Days* (1879) begründete seinen Ruf; die Louisiana-Romane *The Grandissimes* (1880), *Bonaventure* (1888) und andere festigten ihn. Dabei ist es nicht nur die exotisch anmutende Welt der Kreolen, die Interesse erregte, sondern auch die feinfühlige Darstellung des Lebens dieser Menschen des Mississippideltas. Die anmutig-wehmütige *novelette* »'Sieur George« zählt zu den eindringlichsten Charakterstudien der amerikanischen *short story*. Die Kreolen selbst konnten sich mit diesen Porträts ihres Lebens nicht abfinden. Einer von ihnen, der Dichter und Geistliche ADRIEN E. ROUQUETE (1813–1887), richtete 1880 unter dem Pseudonym E. JUNIUS in der Schrift *Critical Dialogue Between Aboo and Caboo* heftige Angriffe gegen Cable. Dennoch wurde der Dichter zum wegbereitenden Schöpfer eines eigentümlich morbid-depressiven Deltatons, den auch LAFCADIO HEARN (1850–1904) anschlug. Diese Atmosphäre wirkt fort in den Romanen und *short stories* von GRACE ELIZABETH KING (1851–1932; *Monsieur Motte*, 1888; *Tales of Time and Place*, 1892; *Balcony Stories*, 1893, u. a.). Bedeutender ist das Werk von KATE CHOPIN (1851–1904), die mit einem Kreolen aus New Orleans verheiratet war. Bei ihr tritt zur Analyse des Morbiden eine zuweilen fast gnadenlos eingesetzte realistische Darstellungstechnik und eine Thematik, die über das Anliegen der meisten Heimatkünstler hinausgeht. Sie spannt den Bogen weiter; nicht nur die Deltametropole, sondern auch die Plantagen und Siedlungen außerhalb New Orleans' sind ihre Gegenstände. Die *short stories* der Sammlung *Bayou Folk* (1894) und *A Night in Acadie* (1897) sind klassische Beispiele einer distanziert-objektiven Komposition. Der Roman *The Awakening* (1899) rief beim Erscheinen einen Sturm der Kritik hervor, der sie bewog, das Schreiben aufzugeben. Die realistische Interpretation der Emanzipation einer das traditionelle Rollenverständnis ablehnenden Frau stieß damals auf heftigen Widerstand, heute hingegen gilt dieses Buch als ein Dokument weiblicher Emanzipation von der Art der *Madame Bovary*, *Anna*

Karenina oder *Effi Briest*. All diese Delta-Autoren und Autorinnen schufen eine Atmosphäre, die bis in das Werk William Faulkners fortwirkte.

Ähnlich realistisch, wenn auch in den Themen den Zeitgenossen verständlicher, sind die *short stories* der aus Tennessee stammenden MARY NOAILLES MURFREE (Pseud. CHARLES EGBERT CRADDOCK) (1850–1922). Sie kam aus einer durch Krieg und Nachkrieg verarmten, einst vornehmen Familie. Ihre Bürgerkriegsromane darf man übergehen, nicht hingegen ihre *short stories*, in denen sie die knorrig-aufrechten, primitiven Bergmenschen ihrer Heimat schildert (*In the Tennessee Mountains*, 1884; *The Prophet of the Great Smoky Mountains*, 1885 u. a.). Hier begegnet man erstmals den nach der Sklavenbefreiung zwischen die Fronten geratenen *poor whites*, die später eine beachtliche Rolle in den Romanen Erskine Caldwells spielen sollten.

Einen sehr bedeutenden Beitrag zur Literatur der USA leistete der Regionalismus des Südens mit der Entdeckung, Erforschung, Aufzeichnung und Popularisierung der afroamerikanischen Folklore. Wenngleich es dabei zunächst zu Klischeebildungen kam, die heute von der afroamerikanischen Kritik zum Teil scharf abgelehnt werden, darf man nicht vergessen, daß die Weißen, die sich dieses Themas annahmen, dazu beitrugen, diese Welt bekanntzumachen, womit sie – nach der Blütezeit der *slave narratives* – auch den Boden für eine fiktionale Literatur dieser Minderheit bereiteten.

Die Quellen dieser Literatur sind in der schier unübersehbaren Fülle von mündlich überlieferten *folk songs* und der *folk poetry* zu suchen, in Stücken wie »John and the Frog«, »How the Brother was Called to Preach«, »Why Women always take Advantage of Men« oder »›De Reason Niggers Is Working so Hard‹«. Hinzu treten die das Leben der Afroamerikaner auch nach der Befreiung begleitenden *spirituals* und Stücke wie »Jack and Dinah Want Freedom«, »Run Nigger Run!« oder »Negro Soldier's War Chant«. Hier handelt es sich – auch wenn sie oft von Weißen aufgeschrieben wurden – in der Regel um ›authentische‹ Texte der Sklaven. Bereits unmittelbar nach Kriegsende stellten W. F. Allen, C. P. Ware und L. M. Garrison den Band *Slave Songs in the United States* (1867) zusammen. Vier Jahre später gingen die *Jubilee Singers* der *Fisk University* auf Tourneen durch die Staaten und Teile Europas und leiteten den Siegeszug des *Spiritual* ein.

Das Interesse für die Folklore der Afroamerikaner bestimmt das Gesamtwerk von JOEL CHANDLER HARRIS (1848–1908), der als unehelicher Sohn einer Näherin in Georgia geboren wurde und somit ursprünglich zu den *poor whites* seiner Heimat zählte. Er arbeitete als Journalist, als ihn ein Artikel zum Thema *negro folklore* von William Owens in *Lippincott's Magazine* dazu anregte, jene afroamerikanischen Fabeln, Märchen und Geschichten aufzuzeichnen, die er in seiner Jugend auf einer Plantage Georgias gehört hatte. Die von 1879 an erscheinenden *Uncle Remus*-Geschichten mit ihren lebensechten Helden, dem alten Schwarzen, der seine Weisheiten an einen kleinen weißen Jungen weitergibt, gehören mit ihrer getreuen Wiedergabe afroamerikanischer Mentalität und Sprechweise sowie der Plantagenatmosphäre zum Gelungensten dieses literarischen Genres. *Uncle Remus: His Songs and Sayings* (1881), *Uncle Remus and His Friends* (1892), *Uncle Remus and Br'er Rabit* (1906) und viele andere *Uncle Remus*-Bände sowie *Free Joe, and Other Georgian Sketches* (1887) und *Tales of the Home Folks in Peace and War* (1898) waren auch deshalb so populär und erfolgreich, weil diese Skizzen und *short stories* nicht nur mit Lebensechtheit, sondern auch mit einem – zuweilen skurrilen – Humor aufwarten, den die anderen Schriftsteller des Südens nicht mehr zu kennen schienen.

Die sich aus der Niederlage des Südens und den Folgen des Zusammenbruchs der *Institution* ergebenden Probleme für die Ex-Sklaven waren indes zu grundsätzlicher Art, als daß deren literarische Aufarbeitung es hätte bei Folkloristik bewenden lassen können. Vor welchen Problemen schwarze Autoren standen, wenn es um die Aufarbeitung der Probleme der Afroamerikaner ging, deutet sich in der Tatsache an, daß zwischen der vierten Version von Browns *Clotelle* im Jahre 1867 und dem Roman *Bond and Free* (1886) von JAMES HOWARD kein weiterer Roman aus der Feder eines Afroamerikaners erschienen ist. Und unter welchen Bedingungen dies geschah, ist dem *Preface* dieses Romans zu entnehmen, in dem sich Howard vorgreifend für mögliche »errors« in der Darstellung entschuldigt und »endeavored to surpress all rancorous feeling«, um ja niemanden zu beleidigen. Immerhin hatten die nun Befreiten in der Gestalt des in Maryland als Sklave geborenen, 1838 nach Massachusetts geflohenen und zunächst von Garrison beeinflußten FREDERICK DOUGLASS (1817–1895) eine kraftvolle Führerpersönlichkeit, dessen *Narrative of the Life of Frederick Douglass* (1845, bearb. 1892) zu den wichtigsten und wirksamsten Arbeiten zu diesem Thema zählt.

Gleichsam im Schatten der Folkloristik wuchs in dieser *Post Bellum*-Periode auch eine Literatur afroamerikanischer Autoren heran, die bei aller regionalen Einbindung auf eine weitergehende Emanzipation der schwarzen Minderheit zielte. Dies gilt für die erst spät entdeckte, aus Baltimore stammende, frei geborene FRANCES ELLEN WATKINS HARPER (1825–1911), die als international bekannte Journalistin für die Befreiung der Sklaven eingetreten war. Ihr Roman *Iola Leroy; or, Shadows Uplifted* (1892) verurteilt unter anderem das Streben von *mulattos*, als Weiße akzeptiert zu werden, und fordert, Afroamerikaner als gleichwertig im Sinne einer »christlike humanity« anzuerkennen. Ihr geht es darum, »to uplift the race, to elevate the race«. Auf eine Verbindung von folkloristischen Elementen und den oben skizzierten Problemen der Afroamerikaner stoßen wir in dem Werk von CHARLES W. CHESNUTT (1858–

1932). Mit Dialektgeschichten aus der Sklavenzeit, *The Conjure Woman* (1899), und dem Eheroman *The Wife of His Youth* (1899) folgte er zunächst der folkloristischen Konzeption, um in dem Roman *The House Behind the Cedars* (1900) die verzweifelte Position einer Mulattin zwischen einem Weißen und einem Afroamerikaner darzustellen und in *The Coronel's Dream* (1905) zu zeigen, wie der Versuch eines Idealisten, den Rassenhaß in einer Stadt des Südens zu überwinden, scheitert.

Von ähnlicher Bedeutung ist das Schaffen von PAUL LAURENCE DUNBAR (1872–1906). Der aus Ohio stammende Sohn eines geflohenen Sklaven erlangte mit seinen in Dialekt geschriebenen Gedichten (*Oak and Ivy*, 1893; *Lyrics of Lowly Life*, 1896; *Folks from Dixie*, 1898; *Lyrics of Love and Laughter*, 1903; *Complete Poems*, 1913) breite Anerkennung. Ungeachtet ihres oft melancholischen Tones wirken sie in zunehmendem Maße anklagend. In den Bänden *The Strength of Gideon and Other Stories* (1900) und the *Sport of the Gods* (1902) verbindet er schließlich seine Ironie mit einer nicht mehr zu übersehenden Sozialkritik. Vieles ist sehr didaktisch; sein Denken war von den »agrarian values of the Midwest« beeinflußt. Zu seinen literarischen Vorbildern zählte er unter anderem Vertreter der *Local Color School* wie Bret Harte, Joel C. Harris und James W. Riley.

Über lange Zeit zu Unrecht vernachlässigt wurde das Werk des aus Texas stammenden SUTTON ELBERT GRIGGS (1872–1933), der auf das rassistische Machwerk Thomas Dixons mit *The Hindred Hand* (1905) und *Pointing-the-Way* (1908) antwortete. In seinen Romanen *Imperium in Imperio* (1899) und *Overshadowed* (1901) fordert er in unterschiedlicher Schärfe ein angemessenes Mitspracherecht für Afroamerikaner. Noch aber sprang seine Botschaft nicht über, nicht einmal im eigenen Lager, und dies wohl deshalb, weil er die radikalsten Forderungen stellte, die man bislang in der Literatur von Afroamerikanern zu lesen bekommen hatte. Weiße Kritiker bezeichnen ihn heute als einen »black nationalist«, Afroamerikaner meinen, sein Werk dokumentiere »the passing of the servile black man and hailed the advent of the intellectually emancipated Negro«. Damit habe er die ideologischen Paradigmen für den »New Negro« geschaffen. Mit ihm tritt das Anliegen der Afroamerikaner aus der oft idyllischen Einfärbung der Regionalkunst heraus, womit er neue Maßstäbe setzt, nicht so sehr in Hinblick auf die formale Qualität seiner Texte, sondern mehr hinsichtlich ihrer Aussagen. Damit schlägt der aus der relativen Enge seiner Heimat heraus schreibende Afroamerikaner eine Brücke zu dem stärker thesenartig angelegten, alle Bereiche der USA abdeckenden sozialkritischen Roman der Jahrhundertwende.

Verskunst im Wandel

In welchem Maß die Zeit zwischen dem Ende des *Civil War* und der Jahrhundertwende auch auf die nicht der *Local Color*-Konzeption verpflichtete Lyrik wirkte, zeigen die Œuvres von Dichtern, die bei aller regionalen Einbindung heute nicht mehr als *regionalists* empfunden werden. Das gilt zunächst für den aus Macon, Georgia, stammenden feinsinnigen Versarchitekten und Musiker SIDNEY LANIER (1842–1881).

Er ist der bedeutendste Lyriker des Südens nach Timrod und Poe. Er wurde auf Privatschulen erzogen, studierte bis 1860 an der *Oglethorpe University* und geriet unter dem Einfluß seines Lehrers James Woodrow in den Bannkreis der Ideen Carlyles und der deutschen Romantik. Der Krieg hinderte ihn daran, sich in Heidelberg auf eine Hochschullehrerlaufbahn vorzubereiten. Er kämpfte in der Armee der Südstaaten, arbeitete als Soldat in den wenigen Mußestunden an dem relativ realistischen Kriegsroman *Tiger-Lilies* (1867) und kehrte 1865 mit einer Tuberkulose aus der Gefangenschaft heim. Zunächst ging er verschiedenen Beschäftigungen nach. Als er sich 1872 nach schwerer Erkrankung in San Antonio erholte, beschloß er, seine juristischen Pläne aufzugeben, um sich ganz der Poesie und der Musik zu widmen. Er ging nach Baltimore und wurde 1873 erster Flötist am Peabody Orchestra. Sein Roman war kaum beachtet worden, und so wandte er sich – beeindruckt von Poe, Keats, Tennyson und Swinburne – der Poesie zu. Sein Freund Bayard Taylor sorgte dafür, daß seine Lyrik in *Lippincott's Magazine* abgedruckt wurde. Bereits die frühen Gedichte »Corn« und »The Symphony« (beide 1875) ließen erkennen, daß sich mit Lanier ein Tektoniker von hohen Graden zu Wort meldete. Als er ein Jahr später den Auftrag erhielt, die »Centennial Meditation of Columbia« – eine »Cantata« auf die hundertjährige Wiederkehr des Tages der Unabhängigkeit – zu schreiben, hatte er seine führende Stellung nicht nur als Poet des Südens gefestigt. Kurz darauf erschien die erste Sammlung seiner *Poems* (1877), die erst nach seinem Tode erweitert werden sollte. Mit der Berufung auf den Lehrstuhl für englische Literatur an der neugegründeten *Johns Hopkins University* fand der bereits vom Tod gezeichnete Dichter 1879 eine seinen Neigungen entsprechende Wirkungsstätte. *The Science of English Verse* (1880), der Band *The English Novel* (1883) sowie die weniger bedeutende, ebenfalls posthum erschienene Studie *Shakespeare and His Forerunners* (1902) sind interessante Beiträge zur Literaturtheorie und -wissenschaft.

Lanier war stets Poet und Musiker zugleich. Von 1874 an hatte er sich Gedanken darüber gemacht, wie man die Gesetze der Musik auf die Prosodie des Verses übertragen könne. Ein charakteristisches Beispiel für diese Art des Experimentierens ist das Gedicht »The Symphony«. Lanier legte seine Absicht in einem Brief an Gibson

Peacoc dar: »Ich personifiziere jedes Instrument im Orchester und lasse sie verschiedene wichtige soziale Fragen der Zeit im musikalischen Fortgang diskutieren.« Er schreibt den bestimmten Instrumenten zugewiesenen Passagen des Gedichts spezifische Töne und Stimmungen zu. So artikuliert bei ihm die Violine den Schrei der Armen und Entrechteten, ihren Protest gegen die Ausbeutung durch den Kommerzialismus, während das Horn Mut und Tapferkeit zum Ausdruck bringen soll. Überdies ist das Gedicht ein sich durch reiche metrisch-rhythmische Variationen, Assonanzen und Alliterationen auszeichnendes tektonisches Kabinettstück. Sein Inhalt richtet sich – wie auch das Gedicht »Corn« – gegen den Materialismus der Gründerjahre. Wie Emerson glaubte auch Lanier an die mystische Kraft einer im Grunde gütigen Natur, und er teilte die Ansicht des Weisen von Concord, daß der Dichter eine prophetische Mission zu erfüllen habe. Lanier identifizierte sich weitgehend mit dieser Natur und schuf in »The Song of the Chattahoochee« (1877) ein Gedicht, in dem der zum Strom anschwellende, dem Meer entgegeneilende Gebirgsbach zur Imago eines Dichterlebens wird.

Die Liebe des im Zeichen der Sezession geschlagenen und um seine Gesundheit gebrachten Mannes gehörte seiner ungeteilten Nation. Sowohl die Centenar-Cantata als auch »The Psalm of the West«, in dem er die USA als die Heimstatt der Freiheit preist, sind nicht nur ›prophetische‹, sondern auch patriotische Verse, deren Ideengehalt heute indes weniger berührt als die eindrucksvollen Bilder seiner deskriptiven Naturlyrik. »The Mocking Bird«, »Evening Song« oder die den »Hymns of the Marshes« zugehörigen Stücke »Sunrise« oder »The Marshes of Glynn« sind besonders gut gelungene Widerspiegelungen südlicher Landschaft und Atmosphäre. Aber auch hier fasziniert der Formkünstler Lanier. Die Kontrastierung und Vermischung szenischer Objekte (»Emerald twilights, – / Virginal shylights, / Wrought of the leaves ...«) und die kontrapunktische Verwendung von Jamben und Daktylen in Versen verschiedener Länge verbinden sich in »The Marshes of Glynn« (1878) in einer Harmonie des Rhythmus, des Tons und der Atmosphäre. Diese rationale Kompositionsweise erinnert an Poe. Mehr noch als anderswo aber wird in der Naturlyrik die Grenze dieser auf Virtuosität beruhenden Wirkung sichtbar, zumal der lyrische und melodische Instinkt Laniers sicherer und wohlbegründeter ist als sein philosophisches Wollen. Seine Neigung zum Mystifizieren verwischt manches Bild, und seine Moral tendiert zuweilen zum Sentimentalen. Immer aber versucht er – ähnlich wie Chivers –, reine Musik mit den Mitteln des Verses zu schaffen. Für Lanier »is clear that what we call ›verse‹ is a set of specially related sounds ... when we hear verse, we *hear* a set of relations between sounds; when we silently read verse, we *see* that which brings us a set of relations between sounds; when we imagine verse, we *imagine* a set of relations between sounds« *(The Science of English Verse)*. Laniers Experimente und sein Suchen nach neuen Ausdrucksformen fanden Anregungen in der Dichtung des 17. Jahrhunderts, der er sich als Professor besonders widmete. Aus dieser Berührung leiten sich seine barocken Stilfiguren ab, die in einem merkwürdigen Kontrast zur einfachen Diktion seiner Dialektgedichte stehen.

In *The Science of English Verse* suchte Lanier mit Hilfe einer systematischen Analyse der Versformen und -techniken den Versbau als einen wissenschaftlichen Schöpfungsakt darzustellen; die enge Verwandtschaft zwischen Musik und Literatur einerseits und die Interdependenz zwischen Form und Rhythmus, Farbe, Ton und Melodie andererseits stehen im Mittelpunkt seiner theoretischen Überlegungen. Auch in *The English Novel* – in dessen Untertitel auf die Entwicklung der menschlichen Persönlichkeit hingewiesen wird – steht die Musik gleichberechtigt neben der Wissenschaft und dem Roman. Die theoretischen Schriften des Darwin-Bewunderers Lanier, insbesondere *The Science of English Verse* machen deutlich, daß er, wie Poe, nach objektiven poetischen Kriterien suchte. Intuition und Inspiration werden nach Lanier erst dann zur wirklich poetischen Aussage, wenn sie der Disziplin des rational und musikalisch komponierenden Dichters unterworfen werden. Poesie in seinem Sinne ist von der Musik bestimmtes, wissenschaftlich zu betreibendes Kunsthandwerk. Wenn seine Theorien nur einen geringen Einfluß auf die zeitgenössische Dichtung ausübten, so vor allem deshalb, weil sie den Zeitgenossen zu gekünstelt erschienen. Dennoch bleibt es ein Verdienst Laniers, seine Dichterkollegen in einer Zeit, da Whitman alle Formen gesprengt hatte, nachdrücklich auf die Bedeutung einer bewußten Versarchitektur hingewiesen zu haben.

Zur gleichen Zeit, da Lanier in Baltimore über seine poetischen Prinzipien und Theorien nachsann und sie in die Praxis umsetzte, war in der Klausur eines Zimmers und Gartens in Amherst, Massachusetts, mit EMILY DICKINSON (1830–1886) eine der unkonventionellsten und bedeutendsten Dichterinnen Amerikas herangereift.

Aus ihrem an äußeren Ereignissen armen Leben gibt es nur wenig zu berichten. Ihr Vater war ein strenger, patriarchalisch denkender Jurist, der als Schatzmeister des *Amherst College* und als Mitglied des Kongresses von Massachusetts eine führende Stellung in seiner Heimatstadt einnahm, die eine der wenigen verbliebenen kalvinistischen Bastionen des nun vorwiegend unitarischen Landstrichs war. Emily besuchte das Mount-Holyoke-Mädchenseminar und das *Amherst Institute*. Abgesehen von einer Reise nach Washington und Baltimore lernte sie nur wenig von ihrer Heimat kennen. In einem Brief an Thomas Wentworth Higginson vom April 1862 heißt es: »I went to school, but in your manner of the phrase had no education. When a little girl, I had a friend who taught me Immortality; but venturing too near, himself, he never returned. Soon after my tutor died, and for several years my lexicon was my only companion. Then I found one more, but he was not contented I be his scholar, so he left the land.«

Ein Jahr, ehe diese Zeilen geschrieben wurden, hatte sich die vordem so lebendige, lustige und wohl auch eigenwillige junge Frau fast völlig aus der Gesellschaft zurückgezogen. Ähnlich wie der junge Hawthorne verließ sie schließlich kaum noch ihr Zimmer und zog es vor, den Besuchen im Haus vom Nebenzimmer aus zu folgen. Ihre Verbindungen zur Welt waren Zeitungen, Bücher und eine sehr umfangreiche Korrespondenz. Unter diesen Vorzeichen entstanden fast achtzehnhundert Gedichte, von denen zu Lebzeiten der Dichterin nur sieben abgedruckt wurden. Bei ihrem Tode fand Emilys Schwester Lavinia die etwa seit 1858 in *packets* gebündelten Verse. Obgleich die Datierung der einzelnen Stücke schwierig ist, läßt sich sagen, daß die Mehrzahl von ihnen in den Jahren zwischen 1859 und 1865 entstand. Ihr erster Herausgeber war T. W. Higginson, ein in der Vorstellungswelt des Viktorianismus befangener Literat, der an der Unregelmäßigkeit der Zeilen, der eigenwilligen Orthographie und Interpunktion Anstoß nahm und daran ging, die Gedichte zu ›glätten‹ und zu ›verbessern‹. So enthalten seine Editionen *Poems* (1890) und *Poems: Second Series* (1891) bis zu einem gewissen Grade verfälschte Texte. Ähnlich verhält es sich bei den folgenden Ausgaben *Poems: Third Series* (1896), *The Single Hound* (1914) und *Further Poems* (1929). Auch die *Poems of Emily Dickinson* (1937) – diese Edition galt lange als Standardausgabe – waren nicht vollständig, da Familienangehörige und Freunde noch immer Stücke zurückhielten, die erst 1945 unter dem Titel *Bolts of Melody* erschienen. Damit war der Weg frei für die neue Gesamtausgabe *Poems of Emily Dickinson* (3 Bde., 1955). Ihr Herausgeber, Th. H. Johnson, stellte den ursprünglichen Text wieder her, nahm Varianten auf und versah seine Edition mit einer interpretierenden Biographie. 1958 besorgte er die dreibändige Ausgabe der *Letters*. *The Manuscript Books of Emily Dickinson* (1982) enthält die Faksimiles von 1147 ihrer Gedichte.

Über die Ursachen ihrer Weltflucht verriet sie so gut wie nichts, und auch von den Biographen konnte nicht eindeutig geklärt werden, was Emily Dickinson in die Abgeschiedenheit geführt hatte. Ob es wirklich die vom Tod oder anderen unglücklichen Umständen verhinderte Erfüllung ihrer Liebe war, die sie zur Eremitin werden ließ, ist Gegenstand vieler Untersuchungen und Spekulationen. Sicher ist nur, daß sie der 1853 erfolgte Tod ihres ersten literarischen Mentors, Benjamin Franklin Newton, der in der

Anwaltspraxis ihres Vaters gearbeitet hatte, schwer getroffen hatte. 1853 oder 1854 begegnete ihr in Philadelphia der fünfzehn Jahre ältere Geistliche Charles Wadsworth, neben Henry Ward Beecher der wohl bekannteste Prediger seiner Zeit. Emilys Nichte und Biographin Martha Dickinson-Bianchi weiß zu berichten, daß Emily vor ihrer Liebe und dem verheirateten Mann zurück nach Amherst floh und sich dem Ansinnen Wadsworths, mit ihm zu gehen, widersetzte. Aber auch diese Darstellung kann nicht belegt werden; interessant hingegen erscheint, daß sich die junge Frau von da an mehr und mehr von ihrer Umwelt abkapselte und ihre fast vollständige Klausur etwa zu der Zeit begann, als Wadsworth aus San Francisco nach Neuengland zurückkehrte.

Im Gegensatz zu Poe, Lanier oder den Traditionalisten findet man bei Emily Dickinson kaum Hinweise darauf, daß sie sich Gedanken über die Wirkungsmöglichkeiten poetischer Formen und ihrer Strukturprobleme gemacht hat. Sie ist eine intuitive Dichterin, eine vom Konkreten ausgehende, in Metaphern dichtende und in Bildern deutende Poetin. Die Sprache ist für sie – und hier steht sie im Formalen Whitman nahe – lediglich ein Sinnträger, der sich völlig den das Bild schaffenden Gedanken unterzuordnen hat. Diese Konzeption unterscheidet sie wesentlich von den Verseschmieden der Viktorianischen Zeit.

Aus der Fülle ihrer meist nur vierzeiligen Strophen – längere Stücke sind die Ausnahme – ließe sich mancher Einfluß ablesen. Sie kannte das Werk Shakespeares, las die Gedichte Keats', teilte dessen Ansicht, daß Gott die Wahrheit und die Wahrheit Schönheit sei, und bewunderte George Eliot. Im Grunde aber blieb sie dem Puritanismus verhaftet und ahnte wohl die vom Transzendentalismus ausgehenden bewegenden Kräfte. Von diesen Positionen aus fand sie ihren Zugang zur Bibel und der ihr nahestehenden *metaphysical poetry* des 17. Jahrhunderts, deren Bilder in ihrer Poesie eine neue Ausdruckskraft erhalten. Nicht weit aber war auch der Weg zum Kirchenlied und der epigrammatischen Ausdrucksweise Emersons, von denen die Formen ihrer Dichtung beeinflußt zu sein scheinen.

Auf den ersten Blick mutet diese Poesie wie eine Kette von Aphorismen zu Themen wie Alltagsleben, Liebe, Tod oder Zeit und Ewigkeit an. Ihre Ausgangspunkte sind vordergründig realistisch, nicht selten witzig und ironisch, ja zuweilen auch trivial. Sie schreibt dem Mond ein »chin of gold« zu und sieht den Schnee als »alabaster wool«. Von hier stößt sie in den spannungsgeladenen Bereich der Beziehungen zwischen der natürlichen und der übernatürlichen Wahrheit, zwischen Konkretem und Abstraktem vor. Am Anfang steht in fast allen ihren Gedichten die Erkenntnis eines Objekts – der Biene, der Spinne, der Fledermaus oder des Sonnenuntergangs. Damit aber endet die realistische Untersuchung dieser Welt, denn: »Perception of an / Object costs / Precise the Object' loss.«

Da es ihr um die Ausdeutung der ›echten‹ Wahrheiten geht und sich diese Wahrheiten ihrer Meinung nach nur aus den spröden Fakten unserer Umwelt ableiten lassen, werden in ihrer Lyrik Faßliches und Metaphysisches in einem das Wesentliche herausstellenden Bild zusammengepreßt oder miteinander vermischt. Die von ihr eingesetzten sprachlichen und kompositorischen Mittel entsprechen fast genau dem im Jahr 1915 nach Vorarbeiten von Th. E. Hulme, Ezra Pound und Amy Lowell von Richard Aldington verfaßten *Credo* der Imagisten. Diese fordern den Gebrauch der Umgangssprache, Präzision, die Schöpfung eines neuen Rhythmus, die absolute Freiheit in der Wahl des Gegenstands, die Schaffung von *images* in harter, klarer Dichtung und Konzentration. Tatsächlich hat Emily Dickinson die sprachlichen Mittel auf das eben Notwendige reduziert. Ihre Bilder – Perlen der *image*-Gestaltung – erreichen höchste Präzision durch rigorose sprachliche Konzentration, die selbst vor den gängigen Regeln der Syntax nicht haltmacht. Dem Streben nach äußerer Gedrängtheit des Ausdrucks entsprechen die bevorzugten Ein- und Zweisilber der Umgangssprache. Die vielen Gedankensprünge und das durch den häufigen Ausfall der Konjunktion begünstigte Stakkato sind Merkmale einer Dichtung, die sehr wohl mit schwachen, Halb- und Viertelreimen auszukommen vermag.

Da viele der Gedichte nicht exakt zu datieren sind, läßt sich die Entwicklung ihrer Dicht-Kunst nur schwer aufzeigen. Zu keiner Zeit jedoch ist Emily Dickinson ein *lady poet* gewesen; von Anfang an war ihre Poesie der zeitlos-metaphysische Ausdruck der Freuden und Sorgen des Menschen, eine sinnspruchartige Ausdeutung des menschlichen Verhältnisses zur Natur und zur Ewigkeit, die nicht zuletzt – wie gerade in ihrer Liebeslyrik – deshalb den Geist schlichter, bekenntnishafter Wahrheit atmet, weil sie nicht für ein Publikum geschrieben wurde. Fügt man die vielen ›Aphorismen‹ zusammen, so wird ihr Werk zu einer allumfassenden Interpretation des menschlichen Seins.

Ihr Lieblingswort ist »calvary«, und sie selbst hat sich stets als eine Beobachterin am ›Leidensweg‹ menschlicher Existenz gefühlt. Nicht die Breite gesammelter Erfahrung, sondern die Tiefe metaphysischen Grübelns und Erlebens bildet den Kern ihrer Aussage. Wenn schließlich ihre Gedanken mehr und mehr um die Pole Tod und Ewigkeit kreisen, so läßt dies auf die zunehmende innere Vereinsamung einer Frau schließen, die von sich sagte: »I measure every grief I meet / With analytic eyes.«

Die Freude am diesseitigen Dasein im Schatten eines allmächtigen Todes bleibt das zentrale Thema ihrer heute als modern anmutenden Dichtung, die erst zu Beginn des 20. Jahrhunderts unter der Bezeichnung *Imagism* so nachhaltig auf Poesie und Prosa wirken sollte. Damit aber schlug Emily Dickinson auch eine Brücke von den *metaphysical poets* des 17. Jahrhunderts zur Moderne.

Von ähnlicher Kühnheit ist auch die erst in den dreißiger Jahren des 20. Jahrhunderts wiederentdeckte Lyrik des Einsiedlers und Träumers FREDERICK GODDARD TUCKERMAN (1821–1873). Er stammte aus einer angesehenen Familie aus Massachusetts, betätigte sich als Jurist und zog sich dann nach Greenfield, Massachusetts, zurück, um einsiedlerisch seinen astronomischen Studien und der Poesie zu leben. Als der in Harvard ausgebildete Tuckerman 1860 seine *Poems* veröffentlichte und einige Exemplare an die angesehensten Dichter seiner Zeit verschickte, fand er bei Tennyson zwar freundliche Anerkennung, dennoch blieben auch die Neuauflagen der Jahre 1864 und 1869 so unbekannt, daß sich eigentlich niemand mehr an ihn erinnerte, als Witter Bynner 1931 *The Sonnetts of Frederick Goddard Tuckerman* (drei Sonetten-Kränze) edierte. Mit dieser Ausgabe setzte eine Tuckerman-Renaissance ein, die weniger auf den Ideengehalt dieser an Imagerie und Melancholie reichen Lyrik als vielmehr auf das Interesse an der freien Handhabung der Sonetten-Form zurückzuführen ist, die den Viktorianern im Grunde unpoetisch erscheinen mußte. Auch Tukkerman ordnete die Form der Sinngebung unter und ließ seine Sonette auf Alexandriner enden oder verkürzte auch den letzten Vers um einen Fuß. Im Jahre 1952 legte Samuel A. Golden eine neue Tuckerman-Ausgabe vor, die neben bis dahin unbekannten Sonetten auch Briefe enthält. Die aus Manuskripten zusammengestellten *Complete Poems* erschienen 1965. »The Cricket« (erstmals 1950 abgedruckt) ist eine besonders feinfühlig komponierte Ode auf die Beziehung des Menschen zur Natur. Losgelöst von Schulen und Gruppen, hat auch Tuckerman den engen Rahmen konventioneller Verskunst durchbrechen können.

Traditionalisten und populäre Romanciers

Die Jahre zwischen 1870 und 1890, die heute als die Zeit Melvilles, Whitmans, Emily Dickinsons oder Howells' erscheinen, standen im Zeichen des Literaturmonopols einer von Traditionalismus, Neoromantizismus und Idealismus bestimmten Strömung. Die großen Meister der amerikanischen Literatur jener Tage wurden kaum zur Kenntnis genommen, mißverstanden, vergessen oder zuweilen sogar bekämpft. Das Feld wurde von einer Gruppe von Männern beherrscht, die viel daransetzte, dem materialistischen Zeitgeist mit Hilfe einer auf Moral und Ethik basierenden ›Idealpoesie‹ zu begegnen. Ihr Hauptstoß galt dem von ihnen gründlich mißverstandenen Realismus. Schriftsteller, die dieser neuen Methode folgten, begingen nach Ansicht der Traditionalisten insofern Verrat an der Mission des Dichters, als sie nicht nur vor dem angeblich schädlichen Zeitgeist kapitulierten, sondern sich sogar mit ihm solidarisierten. Die ›Idealisten‹ erkannten zunächst nicht, daß Realisten und Naturalisten im Grunde ihre Verbündeten waren und ebenfalls danach strebten, den vulgären Materialismus der *Post Bellum*-Periode durch Bloßstellung seiner Auswüchse zu bekämpfen. Der Realismus verleitete die ›Idealisten‹ vielmehr zu der Annahme, daß diese modernere Methode letztlich nichts anderes darstelle als der in den Bereich von Kunst und Literatur einsickernde Materialismus.

In der Tat gelang es den ›Idealisten‹, den vordringenden Realismus ein Vierteljahrhundert zu behindern und den amerikanischen Literaturgeschmack des ausgehenden 19. Jahrhunderts weitgehend in ihrem Sinne zu beeinflussen. In Wirklichkeit aber standen die Traditionalisten zwischen den Fronten des ›Goldenen Zeitalters‹ und der hereinbrechenden ›Epoche des Realismus‹. Auch ihr Verhältnis zu den älteren Brahmanen um Lowell und Holmes, denen sie alle in der einen oder anderen Weise verpflichtet waren, blieb zwiespältig, da sich die jüngere Generation der ›Idealisten‹ auch als Überwinder des alten Geistes empfand. Keats war ihr neuer Gott und die in seinem Sinn wirkende Romantik ihre Offenbarung. Dennoch fühlten sie sich keineswegs als Epigonen europäischer Schulen, sondern als völlig gleichberechtigte Partner ihrer zeitgenössischen englischen Dichterkollegen. Ihrem Wesen nach waren die Traditionalisten die literarischen Vertreter eines viktorianisch gestimmten amerikanischen Bildungsbürgertums, denen mit Stedman die »Champagneraristokratie« der Gründerzeit herzlich zuwider war. Die rüden und rauhen Formen des amerikanischen Gärungsprozesses verhärteten die Fronten, so daß sich die Traditionalisten in den USA stärker an alten Formen und Stoffen orientierten als ihre europäischen Weggenossen. Mit Verve fochten sie gegen die Demokratisierung der Sprache. Von hier schien ihrer ›Idealpoesie‹ die größte Gefahr zu drohen, denn im Gefolge der Umgangssprache drang in Literatur und Dichtung auch jener ›Populismus‹ des Sujets ein, der ihrer Meinung nach der Kunst ein Ende setzen mußte.

Die einseitige Interpretation der hereinbrechenden neuen Zeit verlieh dem Traditionalismus einen ausgesprochen restaurativen Zug und sorgte dafür, daß seine Vertreter im allgemeinen Epigonen der neoklassizistischen Formkunst und der Spätromantiker wurden. Von allen amerikanischen Schulen standen ihnen die *genteel tradition* des Südstaatlers Paul Hamilton Hayne und die Wertvorstellungen N. P. Willis' am nächsten. In EDWARD EVERETT HALE (1822–1909), dem unitarischen Prediger aus Boston und späteren Senatskaplan, lebte der militante Puritanismus als Patriotismus fort. In der Erzählung »The Man Without a Country« (1863) überschreitet die Moral, der Fahne zu dienen, auch wenn dieser Dienst durch tausend Höllen führt, die Grenze des Erträglichen. Hale wollte zeigen, »welchen furchtbaren Fehler der beginge, der sich von seinem Vaterland lossagte«. Spuren des Rip-Van-Winkle- und des Peter-Rugg-Motivs werden sichtbar. In der gleichen neuenglischen Ethik lebte GEORGE WILLIAM CURTISS (1824–1892), der als Herausgeber von *Putnam's Magazine* und *Harper's Magazine* eine konservative kultur- und literaturkritische Stellung bezog und diese auch in literarischen Reisebriefen (*Nile Notes of a Howadij*, 1851 u. a.) sowie Essays (*Lotus Eating*, 1852, und *Prue and I*, 1856) vertrat. Ähnlich traditionalistisch gab sich der aus Boston stammende und seit 1845 in New York lebende Vetter des Dichters F. G. Tuckerman, der Kritiker HENRY THEODORE TUCKERMAN (1813–1871). Seine *Thoughts of the Poets* (1846) und die *Characteristics of Literature* (1849, 1851) atmen den Geist der Spätromantik und wurden zu einer Art Richtschnur für die jüngeren Traditionalisten. Denselben Geist trifft man in seinen Reisebüchern oder den sentimentalen *Poems* (1851) an. Seine Essays und Skizzen *Leaves from the Diary of a Dreamer* (1853) verraten die Mentorschaft Washington Irvings.

Seit Beginn der siebziger Jahre nahm der ›Abwehrkampf‹ gegen den Realismus härtere Formen an. Unter der Devise Stedmans, »dem Gesetz der Treue dichterische Form zu geben«, traf sich in dem New Yorker Hause Richard Henry Stoddards eine Gruppe von Freunden, um eine den materialistischen Zeitgeist bekämpfende und läuternde *poetry of ideality* zu kreieren und zu fördern. Den inneren Kreis dieses ›Bundes‹ *(the band)* bildeten R. H. Stoddard, Bayard Taylor, G. H. Boker, Th. B. Aldrich und E. C. Stedman. Innerhalb verhältnismäßig kurzer Zeit bestimmten sie mit ihren Gefolgsleuten den Tenor der Kritik und sorgten dafür, daß die traditionalistische Romantik in den achtziger Jahren eine späte amerikanische Blütezeit erlebte. Das Haupt der *band* war der aus ärmlichen Verhältnissen stammende Seemannssohn RICHARD HENRY STODDARD (1825–1903), ein Autodidakt aus Massachusetts. Er kam nach New York und veröffentlichte 1852 ein Bändchen romantischer *Poems*. Hawthorne nahm sich seiner an und verschaffte ihm den Posten eines Zollinspektors im Hafen von New York. Nun konnte sich Stoddard ganz der Poesie widmen. Die Sammlungen *Songs of Summer* (1857), *Poems* (1880) oder *The Lion's Club; with Other Verse* (1890) machten ihn zu einem bewunderten Lyriker. Von 1880 bis 1903 wirkte der Schöpfer einer melodischen und bildhaften, aber doch gekünstelten, sentimentalen und wenig kraftvollen Poesie als Feuilletonchef der New Yorker *Mail and Express* und als Rezensent der *World*. Damit hatte er die Möglichkeit, Einfluß auf die literarische Geschmacksbildung auszuüben, und zählte zu den einflußreichsten Kritikern seiner Zeit. Die Poe-Ausgabe (1894) zeugt von einem relativ geringen Verständnis für den großen Dichter des Südens und ist ein Beispiel für Stoddards Konservatismus. Von etwa 1870 an unterhielt er zusammen mit seiner Frau, der von Hawthorne geschätzten Regionalschriftstellerin ELIZABETH DREW STODDARD (1823–1902, *Temple House*,

1867, u. a.), jenen literarischen Salon, in dem sich *the band* traf und der eine Zeitlang als das literarische Zentrum New Yorks galt. Auch Melville verkehrte hier.

Der bekannteste Dichter der *band* war der aus einer Quäkerfamilie Pennsylvanias stammende Weltreisende BAYARD TAYLOR (1825–1878). Seine erste Gedichtsammlung *Ximena* (1844) war von Willis freundlich beurteilt worden, so daß ihn die *New York Tribune* nach Europa entsandte, um das Blatt mit Reisebriefen zu versorgen. Zu Fuß durchstreifte er England, Deutschland, Österreich und Frankreich. Die Erlebnisse dieser Wanderungen erschienen in dem Sammelband *Views A-foot* (1846). Wenig später schickte ihn das Blatt nach Kalifornien, um vom *gold rush* zu berichten (*Eldorado*, 2 Bde., 1850). Nach dem Tod seiner Frau (1851) reiste Taylor über Ägypten, Abessinien, Indien und China nach Japan, wo er im Stab des Geschwaderkommodore Perry diente. 1853 kehrte er nach New York zurück und veröffentlichte in rascher Folge stark beachtete Reiseberichte (*A Journal to Central Africa*, 1854; *A Visit to India, China, and Japan in the Year 1853*, 1855). Bereits 1849 war der Band *Rhymes of Travel, Ballads and Poems* erschienen, zu dem sich mit *A Book of Romances, Lyrics, and Songs* (1852), den *Poems of the Orient* (1855) und anderen weitere Gedichte gesellten. Sein Ruhm wuchs schnell, und binnen kurzem war Taylor einer der gesuchtesten Lyzeumsredner.

Nicht lange aber hielt es ihn zu Hause; zwischen 1856 und 1858 war er wieder unterwegs (*Northern Travel*, 1858; *Travels in Greece and Russia*, 1859), um schließlich 1863 als Legationssekretär an der Gesandtschaft zu Petersburg zu wirken. Nun wandte er sich auch dem Roman zu. Mit Ausnahme des sozialreformerischen Buches *Hannah Thurston* (1863) oder einer realistischen Geschichte aus dem New Yorker Literaturbetrieb, *John Godfrey's Fortunes* (1864), handelt es sich bei diesen Romanen um typische Beispiele der Regionalkunst. Auch seine Erzählungen und Skizzen (*Beauty and the Beast and Tales of Home*, 1872), in denen man romantischen Rußlandbildern, Satiren und realistischen Beschreibungen des Quäkerlebens begegnet, beeindrucken eher auf Grund ihrer thematischen Vielfalt als durch ihre Originalität. Von ähnlich unterschiedlicher Qualität ist auch seine Poesie (*Lars: A Pastoral of Norway*, 1873; *Home Pastorals, Ballads and Lyrics*, 1875). Diese polierte und glatte Lyrik ist nur in relativ wenigen, schlichten Stücken stark, entsprach aber dem Zeitgeschmack in einem Maße, daß man Taylor anläßlich der Jahrhundertfeier der Unabhängigkeit in Philadelphia als *Poeta laureatus* des *Gilded Age* feierte. Wirklich originell und witzig war Taylor lediglich in dem Parodien auf Whitman und andere moderne Dichter enthaltenden Band *To Echo Club and Other Literary Diversions* (1876).

Im Gegensatz zu den meisten seiner Freunde im und um den ›Bund‹ hat Taylor weniger als Kritiker denn als Dichter Einfluß ausgeübt. Seine bleibende Leistung aber ist nicht die bildungsbürgerliche Poesie, sondern die Übersetzung beider Teile des *Faust* (2 Bde., 1870/71), die noch heute als die englischsprachige Standardübertragung gilt. Diese Arbeit brachte ihm eine Gastprofessur in *Cornell* ein (1870–1877), und 1878 schließlich ehrte man ihn mit dem Posten des Gesandten in Deutschland. Doch nun versagte ihm der von einem Übermaß an Arbeit geschwächte Körper den Dienst. Taylor starb in Berlin, noch ehe er recht in den Genuß seines neuen Amtes gekommen war.

Als die in jeder Beziehung einflußreichste Persönlichkeit der *band* erwies sich der aus Portsmouth, New Hampshire, gebürtige THOMAS BAILY ALDRICH (1836–1907). Der frühe Tod seines Vaters hinderte ihn daran, an der *Harvard University* zu studieren. Er betätigte sich im Geschäftsleben, lebte in New Orleans und New York und schrieb Gedichte für Magazine. Nach dem Erscheinen seiner ersten Lyriksammlung *The Bells* (1855) geriet er als Mitarbeiter des *Evening Mirror* und des *Home Journal* unter den Einfluß von Willis. Bis zum Jahr 1865 arbeitete er als Kriegskorrespondent verschiedener Blätter; bei Kriegsende ließ er sich in seinem geliebten Boston nieder. Aldrich verdankte den älteren Brahmanen viel, ja, er fühlte sich von ihnen gesegnet, und dieser Segen bestimmte ihn dazu, sich als Wächter der *ideality* bewähren zu wollen. Als Herausgeber von *Every Saturday* (1866–1874) und als Mitarbeiter des von Howells geleiteten *Atlantic Monthly* wurde er sehr schnell zu einer der geachtetsten literarischen Autoritäten. Seine etwas flachen, aber gleißenden und formvollendeten Gedichte (*Pampinea*, 1861; *Flower and Thorn*, 1877; *Mercedes and Later Lyrics*, 1884, u. a.) kontrastieren auf eigentümliche Weise mit dem ursprünglichen und frischen Humor des halbautobiographischen Buches *The Story of a Bad Boy* (1870). Aldrich war ein Meister der Prosakurzform. Seine besten *short stories* erschienen in den Sammlungen *Marjorie Daw and Other People* (1873) und *Two Bites at a Cherry, with Other Tales* (1894). Die in Briefform gehaltene und mit einem Überraschungseffekt endende Titelgeschichte des ersten Bandes ist in ihrer charmanten Eleganz ein Meisterstück ihrer Gattung. Auf dem Gebiet des Romans gelangte Aldrich von der *romance* (*Prudence Palfrey*, 1874) und der phantastischen, schließlich aber gut ausgehenden Erzählung (*The Queen of Sheba*, 1877) zur düster-drohenden Abschilderung der Welt in *The Stillwater Tragedy* (1880), die seine Anteilnahme an den sozialen Nöten und Spannungen der Zeit bekundet.

Als Howells 1881 die Leitung des *Atlantic Monthly* abgab, wurde Aldrich sein Nachfolger. In den neun Jahren seiner Herausgeberschaft, die von Konservatismus und Traditionsbewußtsein gekennzeichnet waren, bewahrte das Magazin seine bedeutende Stellung und wurde unter Aldrich nun zu einer der stärksten Stützen einer Literatur der *ideality*.

Der Ästhet und Theoretiker der *band* war der Poet und Wall-Street-Makler EDMUND CLARENCE STEDMAN (1833–1908). Seiner Ansicht nach war der Dichter verpflichtet, eine Idealwelt zu begründen und das ›Wahre‹ nicht in der Realität, sondern im Herzen der Menschen zu suchen. Seine Furcht vor dem Realismus resultierte aus der Ansicht, daß Naturwissenschaften und Psychologie und der sich daraus ergebende Positivismus die idealistischen Positionen gefährdeten. Immerhin bewertete er Poe – den er als einen Idealpoeten einstufte – in der zusammen mit G. E. Woodberry edierten Ausgabe positiver als sein Freund Stoddard, und auch Whitman wurde von ihm nicht in Bausch und Bogen verdammt. Stedmans Gedichte (*The Blameless Prince*, 1869; *Poetical Works*, 1873, u. a.) sind Reflexionen der *genteel tradition*, Nachhall der Romantik und Echos auf Tennyson und andere Zeitgenossen. Wirksamer war Stedman als Kritiker und Essayist. Seine Prinzipien legte er in den Arbeiten *Victorian Poets* (1875), *The Poets of America* (1885) und *The Nature and Elements of Poetry* (1892) nieder und schuf damit eine Art *Credo* des ›Bundes‹. Alle diese Schriften sind heute weitgehend vergessen. Seine weiterwirkende Leistung bestand eher in der Veröffentlichung der nach diesen Prinzipien zusammengestellten Anthologien *A Victorian Anthology* (1837–1895), *An American Anthology; 1787–1900* (1900) und der gemeinsam mit Ellen M. Hutchinson edierten Reihe *A Library of American Literature* (11 Bde., 1888–1890).

Der Bühnendichter des ›Bundes‹ war der aus Philadelphia stammende Millionär und ›Aristokrat‹ GEORGE HENRY BOKER (1823–1890), dessen romantische Tragödien große Popularität genossen. Die Verstragödie *Francesca da Rimini* (1855) ist sein gelungenstes Stück. Von 1871 bis 1879 wirkte er als Gesandter der USA in der Türkei und in Rußland. Als er Mitglied des Kreises um Stoddard wurde, hatte er seinem bereits abgeschlossenen Werk nichts Nennenswertes mehr hinzuzufügen. Seine Stükke waren ganz nach dem Geschmack des aus Massachusetts gebürtigen WILLIAM WINTER (1836–1917), der sich zwischen 1865 und 1909 in der *New York Tribune* als Apologet der Romantik, des Sentimentalen und einer konservativen Moral empfahl und wie kaum ein zweiter die ›Gefahr‹ des Realismus fürchtete. Volle fünfundzwanzig Jahre bestimmte er den Ton der Theaterkritik und sorgte unter anderem dafür, daß Ibsen verteufelt wurde. Es ist bezeichnend für die Situation der amerikanischen Bühne jener Zeit, daß es vergleichsweise lange dauerte, ehe Winter als ein Relikt eines konservativen Viktorianismus empfunden wurde. Seine Theatererinnerungen (*Other Days*, 1908, und *Old Friends*, 1909) sind aufschlußreiche Zeitdokumente. Die beiden Bände *Shakespeare on the Stage* (1911, 1915) interessieren noch heute die Theaterwissenschaft, da Winter hier der Interpretation Shakespeares durch führende Schauspieler der Jahrhundertwende nachgeht. Seine Gelegenheitsgedichte, insbesondere aber seine Trauerlyrik (*Poems*, 1909) brachten ihm den Namen »Weeping Willie« ein.

Ganz im Sinne des ›Bundes‹ wirkte eine Phalanx größerer und kleinerer Geister, die sich bei aller Verschiedenheit ihres Wesens in der Ablehnung des Realismus zusammenfanden. Einer der einflußreichsten Kritiker war RICHARD WATSON GILDER (1844–1909), der seine bedeutende Stellung als Herausgeber von *Harper's Magazine* und des *Century Magazine* allerdings auch dazu nutzte, Whitman zu fördern. Als eine ›Idealistin‹ reinsten Wassers erscheint LOUISE CHANDLER MOULTON (1835–1908), die in Boston Kinderbücher, Reiseberichte, Skizzen, Kurzbiographien sowie Romane schrieb und als Verfasserin melancholisch-subjektiver Gedichte (*Poems and Sonnets*, 1909) geachtet wurde. Etwas kräftiger wirkt die Lyrik des aus Connecticut gebürtigen und in Ohio und Kalifornien lebenden Lehrers und Universitätsprofessors EDWARD ROWLAND SILL (1841–1887). Abgesehen von der als Privatdruck erschienenen Sammlung *The Venus of Milo and Other Poems* (1883) veröffentlichte er nur den Band *The Hermitage and Other Poems* (1868). Seine gesammelten Prosaschriften wurden 1900, die zusammengetragenen *Poems* 1902 verlegt. Still war ein guter Techniker des Verses, geschult an klassizistischen Formvorstellungen und ein bei aller Skepsis idealistischer Geist im Sinne der *band*.

Etwa um die Jahrhundertmitte hatten sich Kurzprosa und Roman bei den Lesern als der Lyrik und dem Schauspiel absolut ›gleichwertige‹ Gattungen durchgesetzt. Der Siegeszug der Prosa begann in Amerika im Zeichen des Regionalismus und einer dem Geschmack des Bildungsbürgertums entsprechenden Verarbeitung historischer, moralisierender oder auch pseudowissenschaftlicher Stoffe. Innerhalb weniger Jahre ergoß sich eine Flut von Romanen über das Lesepublikum, von denen heute nur noch wenige Erwähnung verdienen. Im allgemeinen profitierte diese Prosa auch von den Formdiskussionen der Lyriker, so daß der Roman der Nachkriegszeit, was Technik und Tektonik betrifft, neben der unterhaltenden Prosa der Revolutionszeit und des beginnenden 19. Jahrhunderts sehr wohl bestehen kann. Ein typisches Beispiel für den nicht regional gebundenen Roman dieser Zeit ist das Werk des aus Indiana stammenden Juristen und Diplomaten LEW WALLACE (1827–1905), der im Mexikanischen Krieg und im Bürgerkrieg kämpfte, als Generalmajor Washington, D. C., verteidigte und seinem Land schließlich als Botschafter in der Türkei diente. Schon sein erstes Buch, der die spanische Eroberung Mexikos behandelnde Roman *The Fair God* (1873), war ein Erfolg. Der große Wurf gelang ihm jedoch mit *Ben-Hur, a Tale of the Christ* (1880), einer sentimental-dramatischen Geschichte von der missionierenden Kraft des Christentums im alten Rom. Mit einer Auflage von über zwei Millionen Exemplaren übertraf Wallace damit selbst so bekannte Bücher wie *Uncle Tom's Cabin* oder Bulwers *The Last Days of Pompeii* (1834). Das Buch wurde ein Welterfolg. Damit hatte Wallace dem amerikanischen Roman in Europa eine gleichberechtigte Stellung erobert. Sein drittes, aus Bibelstudien hervorgegangenes Buch, *The Boyhood of Christ* (1888), ist heute ebenso vergessen wie das lange Gedicht *The Wooing of Malkatoon* (1898).

Von ganz anderer Art als die kulturhistorischen Romane von Wallace waren die sehr beliebten romantisch-psychologischen, ja zum Teil realistischen Romane des Arztes S. WEIR MITCHELL (1829–1914), der sich nach Studien in Paris einen Namen als populärwissenschaftlich-medizinischer Autor gemacht hatte, ehe er 1882 mit der Sammlung *The Hill of Stones* den ersten mehrerer Lyrikbände veröffentlichte. Sein eigentliches Feld war der historische Roman, der sich unter seiner Hand in eine psychologisch orientierte Charakterstudie wandelte. Als wissenschaftlich geschulter Mann legte Mitchell Wert auf die getreue Wiedergabe der von ihm behandelten Gegenstände und kam damit realistischen Vorstellungen nahe. Das gilt insbesondere für die auf eigenem Erleben gegründeten Bürgerkriegsromane: *In War Time* (1885) bietet eine Psychologie der Feigheit, *Roland Blake* (1886) behandelt den Menschen unter der Last des Kampfes, und *Westways* (1913) schließlich enthüllt das von jeder Verklärung befreite, nackte Antlitz des menschenmordenden Krieges. Sein bekanntestes Buch ist der Tagebuchroman *Hugh Wynne, Free Quaker* (1897), die Geschichte eines während der Wirren der Revolutionszeit in Philadelphia um seine religiöse Position ringenden Mannes. Mit *Constance Trescot* (1905), der psychologischen Studie einer Frau, die davon besessen ist, den Mord an ihrem Mann zu rächen, empfahl sich Mitchell als einer der ersten Porträtisten der modernen amerikanischen Frau. Obgleich Mitchell stark von romantischen und idealistischen Einflüssen bestimmt war, heben sich insbesondere seine späteren Romane von den Machwerken vieler zeitgenössischer Schriftsteller deutlich ab.

Das ist von der in England gebürtigen und seit 1865 in den USA lebenden FRANCES HODGSON BURNETT (1849–1924) nur bedingt zu sagen. Sie debütierte 1877 recht erfolgreich mit dem in den Kohlengruben von Lancashire spielenden Roman *That Lass o' Lowrie's* und schrieb danach eine Fülle romantischer Geschichten und Romane. Viele von ihnen waren für Kinder bestimmt, so ihr bekanntestes Buch *Little Lord Fauntleroy* (1886) – hier wird ein braver Bub schließlich Graf –, das in einem Maß den Publikumsgeschmack traf, daß es auch erfolgreich dramatisiert werden konnte. Als Kinder- und Jugendschriftsteller begann auch der wie Mitchell aus Philadelphia stammende Romancier und *Short story*-Autor FRANK R. STOCKTON (1834–1902). Seine für den *St. Nicholas* geschriebene und in den Bänden *Ting-a-Ling* (1870), *The Floating Prince and Other Fairy Tales* (1881) und *The Bee Man of Orn and Other Fancyful Tales* (1887) gesammelte Jugendliteratur lebt zum Teil noch heute fort. Erst relativ spät begann er auch für Erwachsene zu schreiben und verspottete im Gewand des Burlesken und in einer an das Absurde grenzenden Phantasie das Sentimentale und Talmi-Romantische, so in der Kanalboot-Idylle *Rudder Grange* (1879), der *Short-story*-Sammlung *The Lady or the Tiger?* (1884), der köstlichen Geschichte vom Schiffbruch zweier Damen, *The Casting Away of Mrs. Lecks and Mrs. Aleshine* (1886) oder der Piratenburleske *Buccaneers and Pirates of Our Coast* (1898). In seinem Humor erinnert Stockton an den Ironiker der englischen Romantik, Thomas Love Peacock. Gegen Ende der neunziger Jahre schrieb er humorvolle Romane pseudowissenschaftlicher Provenienz, um sein Lebenswerk in Virginia – wohin er sich zurückzog – mit regionalistischen Romanen abzuschließen. Zielscheibe seines Humors war der amerikanische Philister. Stockton war aber selbst zu sehr Bildungsbürger, um die Schwächen seiner Mitmenschen als eine Gefahr für den Bestand seiner Gesellschaft zu fürchten.

In dieser Beziehung dachte die aus Massachusetts stammende und später in Colorado lebende HELEN HUNT JACKSON (1831–1885) anders. Sie hatte an Ort und Stelle das tragische Los der geschlagenen und entwurzelten *Native Americans* kennengelernt. Ihre Reisebilder, Essays und Gedichte hoben sich nicht über das übliche Mittelmaß hinaus. Als jedoch im Jahr 1881 ihr Buch *A Century of Dishonor*, ein leidenschaftlicher Protest gegen die Behandlung der *Native Americans*, erschien, war ihr Name in aller Munde. Ihr Roman *Ramona* (1884) ist das romantische Gegenstück zu den spanischen Legenden Bret Hartes und schildert das alte Kalifornien, in dem missionierte *Native Americans* idyllisch in der spanischen Welt dahinleben, bis die grobschlächtigen Pioniere diesem Zauber ein Ende bereiten. In diesem Zusammenhang zu erwähnen ist die Großnichte Coopers, CONSTANCE FENIMORE WOOLSON (1840–1894). Sie war mit ihren Eltern in das Gebiet der Großen Seen gekommen und lebte nach dem Tod ihres Vaters in Florida und an anderen Orten des Südens. Hier begann sie mit *short stories* und Romanen in der Art der Regionalisten (»The Old Stone House«, 1873; *East Angels*, 1886, u. a.). 1879 verließ sie Amerika und porträtierte nun auch das Leben ihrer Landsleute in Europa. Beide Frauen sind handwerklich an der Kunst ihrer englischen Schriftstellerkolleginnen geschult, und nur die Wahl ihrer Themen unterscheidet sie von den Regionalisten.

Ein völlig anderer Typ ist der Kosmopolit FRANCIS MARION CRAWFORD (1854–1909), der nicht nur einer der produktivsten Romanciers, sondern auch ein versierter Techniker des viktorianischen Romans war. Er stammte aus einer angesehenen Familie und wurde als Sohn eines Bildhauers in Italien geboren. Seine Erziehung genoß er auf beiden Seiten des Atlantiks, studierte in Cambridge (England) und Karlsruhe, um sich schließlich in Indien dem Journalismus zuzuwenden. Er hinterließ über vierzig Romane, die nach eigener Aussage ausschließlich der Unterhaltung dienen sollten. Aus diesem Grund bevorzugte er historische Themen oder romantische Fabeln aus einer kosmopolitischen Welt, vermied das Moralisieren und ging einer realistischen Darstellungsweise aus dem Weg. Damit war er ein Unterhaltungsschriftsteller par excellence. Seine Romane führen den Leser in all jene Länder, die Crawford besucht hatte; nur sieben von ihnen handeln in Amerika, alle anderen in Deutschland, Italien, Indien, Spanien, Persien oder der Türkei. Der Reigen beginnt mit *Mr. Isaacs, A Tale of Modern India* (1882), der Geschichte eines Diamantenhändlers, und umschließt Mesalliancen englischer Mädchen mit italienischen *marchesi* ebenso wie zeitgenössische Künstlerprobleme oder historische Fabeln. In *An America Politician* (1884) gibt sich der Weltmann Crawford als ein Gegner des seiner Ansicht nach von Korruption bestimmten »vergoldeten Zeitalters«. Die große Mehrzahl seiner Romane ist ordentlich gefügt und flüssig geschrieben. In gewisser Beziehung erinnern sie durch die Auswahl der Themen an den ›internationalen‹ Roman von Henry James, ohne jedoch dessen Absichten zu teilen.

Der Realismus

Noch im Jahr 1891, zu einer Zeit, da man in Amerika Zola bereits als einen »furchtbaren Vertreter des lateinischen Realismus« zur Kenntnis genommen hatte, schrieb die *Literary World*, viele der von William Dean Howells vertretenen ›realistischen‹ Ansichten seien »ebenso interessant und lehrreich wie etwa die eines Indianerhäuptlings im Louvre«. Der von Howells verfochtene »gemäßigte Realismus« gründete sich nach Ansicht der ›Idealisten‹ auf einem ästhetischen Nichts. Einer ihrer Wortführer, MAURICE THOMPSON (1844–1901), der selbst keineswegs den Dialekt in seinen Erzählungen verschmähte, unterstellte Howells, er huldige einer »mild form of vulgarity«. Dabei forderte Howells lediglich die realistische Motivierung und Ausführung einer auf alltäglichen Wahrheiten beruhenden Fabel, aber Thompson attackierte ihn: »All this worship of the vulgar, the commonplace and the insignificant is the last stage of vulgarity, hopelessnes and decadence.«

Mit diesem Verdikt stand der ›Idealist‹ aus Indiana keineswegs allein; es war Gemeingut vieler Traditionalisten. Ihre Beurteilung des Realismus beruhte auf einer prinzipiellen Fehleinschätzung des Wesens und Wollens dieser neuen Methode und darf daher als ein eklatantes Mißverständnis gewertet werden. Gewiß ist kaum daran zu zweifeln, daß das Mißtrauen allem Romantischen und Sentimentalen gegenüber einer der wichtigsten Geburtshelfer des amerikanischen Realismus war. Dennoch sind nicht alle entscheidenden Impulse für die Herausbildung dieser neuen Weltinterpretation aus dem ethischen und ästhetischen Spannungsfeld zwischen den beiden Polen hervorgegangen. Während die meisten anderen literarischen Bewegungen fast ausschließlich von Europa herübergewirkt hatten, kann man den amerikanischen Realismus nicht nur als ein Kind der europäischen Geistesgeschichte werten. Er ist auch eine unmittelbare, völlig unakademische Reaktion auf die Eroberung des Kontinents und die schnellen Veränderungen der amerikanischen Gesellschaft in der Zeit um den *Civil War*. Es war die von Howells formulierte Erkenntnis: »It remained for realism to assert that fidelity to experience and probability of motive are essential conditions of a great imaginative literature.« Alfred Kazin vertritt die Ansicht: »Realism in America ... poured sullenly out of agrarian bitterness, the class hatreds of the eighties and nineties, the bleakness of small-town life, the mockery of the *nouveaux riche* and the bitterness of the great new proletarian cities.« – »Realism came to America from everywhere and nowhere.« Howells schrieb: »... no one invented it, it came.«

Er kam aus dem Westen und über den Atlantik. Er hat damit zumindest zwei Wurzeln: den »spontanen Realismus« der *frontier* und den importierten europäischen, wie er sich in den Romanen Balzacs, Thackerays, Turgenjews oder Tolstois präsentierte. Als sich der europäische Realismus schließlich in den Vereinigten Staaten durchzusetzen begann, hatte vor und mit Mark Twain in den Weiten des Westens bereits eine ganze Reihe amerikanischer Schriftsteller erste Proben ihres von theoretischen Überlegungen freien Realismus abgelegt. Sie hatten sich nicht lange bei theoretischen Vorreden aufgehalten, was ein Grund mehr war, sie ›Vandalen‹ zu nennen. Tatsächlich haben sich außer Howells und Norris die spontanen Realisten in der Regel nicht einmal gründlich mit den Theorien der neuen Weltausdeutung vertraut gemacht. Ihr *Credo* war der Protest gegen bestehende Verhältnisse. Damit kehrten diese Realisten zu einem ursprünglichen Anliegen der amerikanischen Literatur zurück – sie betrachteten ihre Werke in zunehmendem Maße wieder als *weapons in the war of ideas*. Die ihren Themen angemessene Form sollte vor allem die Kurzprosa und der nun in voller Blüte stehende Roman sein. Die Realisten waren davon überzeugt, daß der formale Kult der von ihnen als blutleer empfundenen Neuengländer nicht dazu beitragen konnte, die Themen der Zeit literarisch zu bewältigen. Zwar hatte James in Abrede gestellt, daß der Roman eine »moralische« Absicht habe, doch konnte diese Feststellung nicht verhindern, daß der aufkeimende amerikanische Realismus, noch ehe er wirklich erwachsen war, eine kämpferische Literatur hervorbrachte. Das Ziel, weniger die Form stand zunächst im Vordergrund. Kein Wunder, daß sich unter diesen Bedingungen gerade in Amerika auch der holzschnittartig gestaltete Thesenroman kräftig ausbildete.

Diese spontane, weitgehend autochthone Entwicklung erfuhr ihre Ergänzung durch den bereits im ästhetischen Bereich ausgebildeten europäischen Realismus. Howells, der so entscheidend zur Verschmelzung der beiden Konzeptionen beigetragen hat, fand seinen Weg zum Realismus nicht nur in der Konfrontation mit der amerikanischen Umwelt, sondern auch in der Beschäftigung mit den Dramen Goldonis oder den Romanen Valdés', Trollopes, Jane Austens, Turgenjews oder Tolstois. Zola hatte erst relativ spät ein amerikanisches Echo, aber gewiß ist es auch sein Verdienst, daß der amerikanische Roman sehr bald Züge des sozialen Protests und damit eine Wesensart annahm, die bis heute fortdauert.

Eine realistische ›Schule‹ hat es in den USA nicht gegeben, freilich auch keine Gegenspieler von der Qualität eines Ferdinand Bruntière oder Anatole France. Die Beweggründe, die Howells dazu veranlaßten, in den Jahren zwischen 1886 und 1892 in *Harper's Magazine* seine Schlacht für den Realismus zu schlagen, waren weniger poetischer oder ästhetischer Natur. Sie resultierten aus der Überzeugung, die USA hätten sich seit 1850 stärker gewandelt als jedes andere Land: »The struggle for life has changed from a free fight to encounter of disciplined forces, and the free fighters that are left ground to pieces between organized labor and organized capital.« Der Entfremdungsprozeß konnte seiner Ansicht nach nur mit realistischen Mitteln eine adäquate künstlerische Ausdeutung finden.

Der Sieg des Realismus bedeutet für die amerikanische Literatur jedoch mehr als für jede der europäischen Literaturen. Noch einmal traten die Amerikaner in die Fußstapfen ihrer europäischen Vorbilder, als sie ihren Pionier-Realismus mit den Ideen Ibsens, Flauberts oder Zolas verschmolzen. In dem Maße aber, wie die Amerikaner den Realismus bewältigten und konsequent ausführten, wurden sie von Nachtretern europäischer Entwicklungen zu vollwertigen Partnern. Im Zeichen des Realismus haben die Amerikaner ihr bis dahin von vielen empfundenes Nachhinken überwunden und ein neues, der Größe Amerikas entsprechendes literarisches Selbstverständnis gewonnen. Seitdem geben die Schriftsteller der Staaten der Alten Welt zurück, was sie einst von dort an Anregungen empfangen hatten. Aus diesem Grund darf der Sieg des Realismus als einer der Höhepunkte der amerikanischen Literatur- und Geistesgeschichte angesehen werden.

Die Schlüsselfigur in diesem Ringen um die Anerkennung des Realismus in Amerika ist WILLIAM DEAN HOWELLS (1837–1920), der als Freund und Ratgeber so grundverschiedener Charaktere wie Mark Twain und Henry James und als Förderer Hamlin Garlands, Stephen Cranes, Frank Norris' oder Robert Herricks nach Ansicht von Carl Van Doren als Herausgeber und Kritiker so einflußreich war, daß er selbst schon fast eine literarische Bewegung darstellte. Howells ist wie Mark Twain ein Kind der *frontier* und konnte auch in seinen Bostoner Jahren diese Herkunft nie ganz verleugnen.

Er wurde in Ohio geboren; sein Vater war ein von den Ideen Swedenborgs begeisterter Buchhalter walisischer Abkunft, die Mutter eine Quäkerin aus einer pennsylvania-deutschen Familie. Seine Schulzeit war kurz bemessen; im Alter von knapp zehn Jahren stand er am Setzkasten und füllte seine Bildungslücken später durch intensives Selbststudium (Bilder aus der Jugendzeit enthalten: *A Boy's Town*, 1890; *My Year in a Log Cabin*, 1893; *Years of My Youth*, 1916, u. a.). Von 1856 bis 1861 war er Mitarbeiter des *Ohio State Journal*, veröffentlichte mit J. J. PIATT (1835–1917) die *Poems of Two Friends* (1860) und schrieb eine für den Wahlkampf bestimmte Lincoln-Biographie. Zum Dank erhielt er den Posten eines Konsuls in Venedig, den er vier Jahre innehatte. Die Begegnung mit Italien fand ihren Niederschlag in Reiseberichten (*Venetian Life*, 1866; *Italian Journeys*, 1867), Essays (*Modern Italian Poets*, 1887) und einigen in Boston entstandenen Romanen (*A Foregone Conclusion*, 1875; *The Lady of Aroostook*, 1879, u. a.). 1865 kehrte er in die Staaten zurück und lebte als Mitarbeiter und Chefredakteur des *Atlantic Monthly* (1871–1881) in Boston. In dieser Zeit entstanden Romane wie *Their Wedding Journey* (1872) oder *A Chance Acquaintance* (1873). Von 1882 an widmete er sich der realistischen Charakterstudie: *A Modern Instance* (1882), *A Woman's Reason* (1883), *The Rise of Silas Lapham* (1885), *Indian Summer* (1886), *The Minister's Charge* (1887) u. a. 1888 ging er nach New York und wurde Mitarbeiter des *Century Magazine* und bei *Harper's*. Die Beschäftigung mit politischen und sozialen Fragen, mit Tolstoi, William Morris und Henry George gaben seinem Schaffen eine neue Note (*Annie Kilburn*, 1889; *The Quality of Mercy*, 1892; *A Traveler from Altruria*, 1894; *Through the Eye of the Needle*, 1907, u. a.). Seine grundlegenden literaturkritischen Arbeiten erschienen in *Harper's Magazine* und den Bänden *Criticism and Fiction* (1891), *My Literary Passions* (1895) und *Literature and Life* (1902). Einige Gedichtbände, ein knappes Dutzend Reisebücher und einunddreißig Bühnenwerke – von der Farce bis zur Blankverstragödie – runden sein gewaltiges Werk ab. 1907 wurde er der erste Präsident der *American Academy of Arts and Letters*. Rückblickend schrieb John Macy scherzhaft: »Viele Jahre lang war Howells der Dekan der amerikanischen Literatur; und außer ihm gab es niemanden in der Fakultät.«

Wenn sich Howells selbst einen »theoretical socialist and a practical aristocrat« nannte, so umreißt diese Feststellung ziemlich genau den Standort, den er im Laufe seines langen Lebens eingenommen hat. Eines seiner Lieblingswörter ist »commonplace«, was bei ihm so viel heißt wie durchschnittlich, gewöhnlich, in der Mitte stehend, und zwar im positiven Sinn dieser Bezeichnungen. Als junger Mensch paßte er sich den literarischen Forderungen der Zeit an und schloß manchen Kompromiß mit von ihm an sich abgelehnten Ideen. Später, als er sich endgültig – mehr theoretisch als praktisch – von den Traditionalisten löste, empfanden ihn seine Schüler als einen zwar würdigen, aber doch etwas anachronistischen Geist. Tatsächlich war es sein Schicksal, stets in der von ihm gewählten, keineswegs bequemen Mitte zu stehen, und so wurde er schließlich der große Mittler zwischen Altem und Neuem, der Vermittler zwischen westlichem und europäischem Gedankengut. Wenn dies Neue schon so bald über die von ihm postulierten Ziele hinausschoß, so belegt dies den vollkommenen Sieg des Realismus, der jahrelang von den Idealisten und Traditionalisten in Schach gehalten worden war. Ohne Howells wäre ein Dreiser kaum denkbar gewesen, und dennoch zog es der alte, nun auch von den Konservativen mit Ehren überschüttete ›Dekan‹ vor, dem Werk des Naturalisten aus dem Weg zu gehen.

Wie so viele amerikanische Schriftsteller gelangte auch Howells auf dem Weg über die Druckerei und die Redaktion in die literarische Welt. Am Anfang stand politischer Ehrgeiz, und schließlich bahnte ihm ein im *Atlantic Monthly* abgedrucktes Gedicht den Weg nach Boston. Dem Grenzerkind aus Ohio mochte das von ›Aristokraten‹ des Standes und des Geistes beherrschte Kulturleben Neuenglands fremd oder gar unsympathisch erscheinen, für den ehrgeizigen jungen Dichter aber war es der rechte Ort für den Beginn einer Karriere. Nach der gnädigen Aufnahme durch Lowell und Holmes äußerte er sich begeistert über diese Stadt. Jedoch wurde er bereits in Venedig in dieser Überzeugung schwankend. Im Jahr 1882 schrieb er, er wolle sich nach seiner Rückkehr nach Oregon zurückziehen und so weit entfernt wie möglich vom Einfluß der europäischen Zivilisation leben. Ungleich James – dem er die Abkehr von der Heimat nie recht verziehen hat – wandte sich Howells ganz seinem Amerika zu. Aber wo hätte er seine Ideen wirksamer vertreten können als in den renommierten Zeitschriften der alten Kulturmetropole? Den Kunstrichtern Bostons empfahl er sich vor allem mit seinen Reisebüchern *Venetian Life* und *Italian Journeys*, in denen er sich bereits behutsam von der herrschenden literarischen Konvention löste. In *Italian Journeys* deutet er sein Programm an: »Das Melodrama ist vorbei, und jetzt haben wir ein Schauspiel aus dem wirklichen Leben, das auf Tatsachen beruht und eine Lehre mitteilt.«

In der Praxis wirkte sich dieses Postulat schon in den Reiseberichten aus. Ihr Stil ist klassizistisch klar, die Beobachtung genau und durch Liebe zum Detail gekennzeichnet. Da seine Figuren nicht mehr Helden, sondern psychologisch verstandene Charaktere sind, stößt man bereits hier auf die Technik eines »gemäßigten Realismus«, bei dem der Zufall seine Bedeutung verliert. Diesen Prinzipien ist Howells auch in seinen Romanen treu geblieben. Die ersten – *Their Wedding Journey* und *A Chance*

Acquaintance –, denen amerikanische Reiseerlebnisse zugrunde liegen, sowie *A Foregone Conclusion* mit seinem venezianischen Hintergrund – stehen auf der Mitte zwischen Reisebericht und Roman. Auch *The Lady of the Aroostook* ist der Gruppe der Howellsschen Reiseromane zuzurechnen, denen er noch 1899 mit *Their Silver Wedding Journey* einen letzten hinzufügte. *A Foregone Conclusion*, *The Lady of Aroostook*, *A Fearful Responsibility* (1881) und *Indian Summer*, denen der italienische Hintergrund gemeinsam ist, stehen den frühen ›internationalen Romanen‹ Henry James' nahe. Howells verfolgte dieses Thema jedoch nicht weiter und hat den Zusammenstoß der beiden Kulturen nie als ein für die amerikanische Entwicklung so folgenreiches oder gar entscheidendes Spannungsmoment empfunden wie James.

Etwa zur gleichen Zeit, da er die Leitung des *Atlantic Monthly* an Aldrich abgab, wandte sich Howells amerikanischen Themen zu und suchte in einer Fülle von Romanen Situationen und Konflikte aus dem Alltagsleben zu gestalten. Es ist die Welt der mehr oder weniger glücklos um Aufstieg und Erfolg kämpfenden Philister und ihrer Frauen, denen wir ein halbes Jahrhundert später in den Gestalten Babbitt oder Carol Kennicott bei Sinclair Lewis wieder neu begegnen sollen. Neben *A Modern Instance* ist in dieser Gruppe von Romanen *The Rise of Silas Lapham* zu nennen, ein Buch, das bei seinem Erscheinen auf heftigen Widerstand stieß und heute als typisches Beispiel für den ›gemäßigten Realismus‹ gilt.

> Colonel Silas Lapham, ein von einer Vermont-Farm stammender Selfmademan, hat es zu so viel Geld gebracht, daß er sich in Boston eine Villa baut und seine Frau und die Töchter Penelope und Irene drängt, bei den aristokratischen Kreisen der Stadt Anschluß zu suchen, denen er sich auf Grund seines schnell erworbenen Reichtums ebenbürtig fühlt. Penelope wird von Tom Corey, einem Sproß des inneren Gesellschaftszirkels, umworben und weist dessen Avancen ab. Anläßlich eines Dinners im Haus der Coreys erscheint Lapham als ein ungehobelter Neureicher. Unglückliche Spekulationen bringen Lapham an den Rand des Ruins, dem er nur dadurch entrinnen könnte, daß er einen Teil seines Besitzes an englische Interessenten verkauft. Da diese Transaktion zum Zusammenbruch der potentiellen Käufer des Besitzes führen würde, lehnt der nun anständig denkende Lapham diesen Ausweg ab, macht Bankrott und zieht sich wieder nach Vermont zurück. Tom Corey und Penelope fliehen nach Mexiko, um dort – unbehelligt von den Klassenschranken der Bostoner Gesellschaft – ihr Glück zu suchen.

Obgleich Howells einer didaktischen Funktion der Literatur keineswegs das Wort redete, ist diese Geschichte vom materiellen Fall und moralischen Aufstieg eines in den Strudel des Materialismus gerissenen, letztlich aber fairen Amerikaners bezeichnend für das ethische Anliegen des Autors. Sein Realismus ist lediglich eine Methode zur besseren Sichtbarmachung nun einmal vorhandener Erscheinungen, mit denen er sich keineswegs identifiziert. Ein ätzend kritischer Realismus liegt nicht in seiner Absicht. Selbst seine späteren ›sozialistischen‹ Charaktere rebellieren nicht gegen die institutionalisierte Ordnung. Irgendwie, mit Hilfe einer neuen Wohltätigkeit, so meint Howells, würden sich die Probleme lösen.

Auch in den späten achtziger Jahren, in der Zeit, da er sich intensiv mit sozialistischer Literatur, mit den Ideen Henry Georges oder William Morris' – ein Studium der Schriften von Marx kann nicht belegt werden – beschäftigte und sich schämte, aus den theoretischen Einsichten keine praktischen Konsequenzen zu ziehen, blieb er auch dort ein Gemäßigter, ein Tolstoianer, ein Mann verschwommener Evolutionsgedanken, wo er die Berechtigung der starken Aktion durchaus anerkannte. Im Grunde handelt es sich bei seinen ›sozialen‹ Romanen wie *Annie Kilburn* oder *A Hazard of New Fortunes* (1890) nur um die Darstellung eines neuen Milieus, der Welt der Arbeiter. Der Geist der Bücher aber bleibt, was ihren Ideengehalt betrifft, gutbürgerlich. Die Opfer der skrupellosen Unternehmer, die Arbeiter, sind zu »müde«, um Haß zu empfinden. Lediglich in den utopischen Romanen bringt Howells seine sozialen Anliegen unmißverständlich zum Ausdruck. Der Reisende aus Altruria erklärt: »We believe that inequality and inequity are the same.« Und in *Through the Eye of the Needle* lesen wir: »I have come to the end of my tether ... and, if I've given up, it's because I see, in our state of things, *no* hope of curing the evil ... If you think of the misery around you, that must remain around you for ever and ever as long as you live, you have your choice – to go mad and be put into an asylum, or go mad and devote yourself to society.«

Am Ende standen eine gewisse Resignation und die Erkenntnis, daß die Menschen weder Altrurier noch Altruisten sind und alle utopischen Warnungen in den Wind geredet waren. Howells hatte kein soziales Programm. Seine Fabeln gleichen Parabeln und sanften Predigten (Kazin), und so verstand sich Howells schließlich, wie sein großes Vorbild Tolstoi, als Mittler zwischen einem im Grunde moralischen Menschen und einer un- oder amoralischen Umwelt. Seine Lehre von der Gewaltlosigkeit fußte letztlich auf dem Glauben an die alles umformende Kraft der Erziehbarkeit von Menschen guten Willens. Howells hat seinen Kampf um den Realismus stets als ein Ringen um die Wahrheit erachtet. Seine frühen Lehrmeister waren die Klassizisten und Heine; von Jane Austen lernte er das Gefühl für die Wesentlichkeit kleiner Dinge. Trollope dürfte das Vorbild für den Einsatz ständig wiederkehrender Charaktere gewesen sein. Was jedoch den von ihm so bewunderten Tolstoi betrifft, so hat er ausdrücklich darauf hingewiesen, daß er ihm nicht nur ästhetisch, sondern auch ethisch verpflichtet sei. Gerade dieser ethische Aspekt teilte sich seinem gemäßigten Realismus nachhaltig mit. Howells' realistische Toleranz endete aber dort, wo ein Roman Gefahr lief, nicht mehr in der Familie, in der Gegenwart der Töchter vorgelesen werden zu können. Wie Mark Twain klammerte er den Bereich des Sexuellen aus und beschwerte sich heftig darüber, daß Schüler wie Herrick dieses Tabu nicht mehr gelten ließen. Überhaupt neigte er dazu, Frauenwelten zu gestalten und in ihnen Damen, die er, als Mann der *frontier*, als vorbildliche Charaktere komponierte.

Obgleich seine Charaktere und besonders seine Frauengestalten gute Beispiele psychologisch aufgebauter Porträts sind, darf man heute sagen, daß die Bedeutung des Mentors und Wegbereiters über der des Schriftstellers steht. Seine Gedichte und die seinerzeit sehr beliebten Theaterstücke sind fast ganz vergessen, und seine besten Romane leben in ihren Nachauflagen vom Ruhm des großen Essayisten und Kritikers. Es ist unerheblich darüber zu streiten, ob Howells ein anderer geworden wäre, wenn er sich früher von Boston gelöst hätte. Sein Gefühl für die Mitte, das zuerst die Traditionalisten und schließlich sogar die von ihm geförderten jungen Realisten gegen ihn aufbrachte, war das Elixier seines Erfolgs und ein wesentliches Element seiner Wirkung. In der Fixierung auf das menschliche Mittelmaß liegt aber auch die Begrenzung dieses Mannes. Seine mangelnde Konsequenz bedingte, daß er die von ihm freigesetzten und immer wirksamer werdenden Kräfte letztlich nicht mehr verstand. Es hieße jedoch dem Schriftsteller Howells unrecht zu tun, wollte man sich heute nurmehr des bahnbrechenden Kritikers und Literaturtheoretikers erinnern. Gewiß war er ein Vielschreiber, zweifellos sind viele seiner rund vierzig Romane nur mittelmäßig, und doch hat er mit *Silas Lapham* und einigen anderen Büchern Muster einer stilistischen und kompositorischen Formvorstellung geschaffen, die zu den Klassikern der amerikanischen Romankunst zählen.

Der amerikanische Roman ist nach Howells nicht mehr, was er vor dem Auftreten dieses Mannes gewesen war. Die Engländerin CLARA REEVE (1729–1807) hatte bereits 1785 in *The Progress of Romance through Times, Centuries, and Manners* zwischen *romance* und *novel* unterschieden. Nach ihrer Definition ist »the Novel … a picture of real life and manners, and of the time in which it is written. The Romance, in lofty and elevated language, describes what never happened nor is likely to happen.« Demnach wäre die *romance* bis zu einem gewissen Grad poetisch-irrational, die *novel* aber ein sich kräftig entwickelnder Seitenzweig der von Authentizität – im engsten Sinne des Begriffs – ausgehenden Erzähl- und Berichtsform. In dem Augenblick, da Howells erneut auf diese Wurzeln der *novel* hinwies, wurde er zum Wegbereiter des realistischen Romans in Amerika. *The Scarlett Letter* Hawthornes und selbst *Huckle-*

berry Finn sind nach der Definition Clara Reeves und der Auffassung Howells' Mischformen, in denen *novel*-Elemente neben *romance*-Elementen stehen. Bei Mark Twain überwiegt bereits die realistische Konzeption. Howells aber blieb es vorbehalten, die realistische Auffassung auf die *drei* Komponenten des Romans – Handlung, Charakterisierung, Atmosphäre – zu übertragen und somit eine neue kompositorische Geschlossenheit herbeizuführen. Ein wesentliches Merkmal des von Howells geprägten »gemäßigten Realismus« ist das wache Interesse für die Soziologie, das schließlich den Weg zu einem kritischen Realismus sozialer Provenienz weisen sollte.

Für HENRY JAMES Jr. (1843–1916), der weder eine Beziehung zu den unteren Schichten noch klare Vorstellungen von den brennenden sozialen Fragen hatte, war dieser Gesichtspunkt nachrangig. Seine künstlerische Konzeption ist insofern ein Korrektiv des Howellschen Realismus, als er die Soziologie durch die Psychologie ersetzte und wenig darauf gab, ob seine Bücher nach dem *consensus omnium* als realistische Werke anerkannt wurden.

James kam in New York zur Welt und erhielt, wie sein Bruder, eine Leben und Werk bestimmende kosmopolitische Bildung. 1860 kehrte er nach Newport zurück, studierte von 1862 bis Kriegsende an der *Harvard Law School* Jurisprudenz und widmete sich danach ganz der Literatur. Von Howells, C. E. Norton und anderen ermutigt, veröffentlichte er von 1864 an kritische Aufsätze in der *North American Review*, der New Yorker *Nation* und der *Galaxy*. Das *Atlantic Monthly* druckte seine ersten Erzählungen (gesammelt in *A Passionate Pilgrim and Other Tales*, 1875).

Im Jahr 1875 ließ er sich in Paris nieder und suchte Anschluß an die Welt Flauberts, Maupassants, Daudets, Turgenjews und der Impressionisten; ein Jahr später wählte er London als Residenz und bekundete sein enges Verhältnis zu England durch die 1915 vollzogene Einbürgerung. Mit seinem Bruder William teilte er das Interesse für die Psychologie, die ein wesentliches Merkmal seiner literarischen Kreativität ist. James war von Anfang an Kritiker und Dichter zugleich. Im Zentrum seines Werkes steht der vom Kulturkonflikt Amerika–Europa betroffene Mensch. Diesem Thema gilt bereits die erste Erzählung »A Passionate Pilgrim« (zuerst 1871); es lieferte die Substanz für das Reisebuch *Transatlantic Sketches* (1875) und bestimmt den Ideengehalt der folgenden Prosawerke *Roderick Hudson* (1876), *The American* (1877), *The Europeans* (1878), »Daisy Miller« (1879), »An International Episode« (1879), *Confidence* (1880) und *The Portrait of a Lady* (1881). Auf die Gruppe der ›internationalen Romane‹ folgten mit *Washington Square* (1881) und *The Bostonians* (1886) Bilder aus dem amerikanischen Leben. Die Jahre 1881–1886 standen im Zeichen der *short story* (*The Siege of London*, 1883; *Stories Revived*, 3 Bde., 1885), des Reiseberichts (*Portrait of Places*, 1883; *A Little Tour in France*, 1885) und der Sammlung des bisherigen Werkes (14 Bde., 1883). Der Anarchistenroman *The Princess Casamassima* (1886) leitet ein Jahrzehnt recht unterschiedlicher Werke ein. Neben kritischen Arbeiten (*Partial Portraits*, 1888; *Essays in London and Elsewhere*, 1893) stehen Novellen (*The Aspern Papers*, 1888; *A London Life*, 1889; *The Lesson of the Master*, 1892; *The Wheel of Time*, 1893, u. a.) sowie der Künstlerroman *The Tragic Muse* (1890). In dieser Zeit erscheinen auch zwei Bände *Theatricals* (1894/95), denen jedoch kein Bühnenerfolg beschieden war. Die Beschäftigung mit der dramatischen Literatur findet ihren Niederschlag in *The Spoils of Poynton* (1897), *What Maisie Knew* (1897) und *The Awkward Age* (1899). Auf Wunsch seines Verlegers kehrte James um die Jahrhundertwende wieder zum ›internationalen Thema‹ zurück. *The Ambassadors* (1903) läßt den Kulturkonflikt in einem neuen Licht erscheinen. *The Wings of the Dove* (1902) und *The Golden Bowl* (1904) sind Meisterwerke der psychologischen Romankunst. In *The Ivory Tower* (1917) suchte James sein Verhältnis zu Amerika zu überprüfen. Die Arbeiten der letzten zehn Jahre stehen im Zeichen eines Bilanz ziehenden Dichters. Zu den bedeutsamen 16 Vorworten zur New Yorker Gesamtausgabe (ab 1907) gesellen sich Reiseberichte (*The American Scene*, 1907; *Italian Hours*, 1909), kritische Essays (*Views and Reviews*, 1908; *Notes on Novelists*, 1914) und Autobiographisches (*A Small Boy and Others*, 1913; *Notes of a Son and Brother*, 1914; *The Middle Years* – unvollendet –, 1917).

Der intellektuelle Globetrotter James, der am liebsten in Paris, London und Rom lebte, hat sich nie dazu entschließen können, seine engen Bindungen an Cambridge, Massachusetts, zu lösen. Wenn er schließlich die USA verließ, um der erste bedeutende *expatriate* der amerikanischen Literatur zu werden, so deshalb, weil er glaubte, die amerikanische Atmosphäre sei seinem Künstlertum wenig zuträglich und biete ihm nicht die seinem Talent adäquaten Stoffe. Diese suchte er im Spannungsfeld zweier Kulturen. Drei Ideenkreise sind es, die sein Schaffen bestimmen: das ›internationale Thema‹, in dem Amerika das Symbol der naiven Unschuld und Europa das der Erfahrung verkörpert; das Thema des Künstlers und seiner problematischen Stellung in der Gesellschaft und das Thema des aus seinem Gefüge gerissenen Menschen auf der Suche nach dem »großen guten Ort«.

Prinzipiell läßt sich sein Werk in vier Schaffensperioden einteilen: Bis Ende der siebziger Jahre herrscht das ›internationale Thema‹ vor; die Zeit zwischen 1882 und

1897 steht im Zeichen des formalen Experiments und des Künstler-Themas; die Periode von 1897 bis 1904 bringt die Perfektion der neuen Romanform, den ›psychologischen Realismus‹, und vom Jahre 1904 an widmet sich der Dichter seinem ›summing up‹.

Seinen ersten kritischen Arbeiten ist zu entnehmen, daß James auf der Suche nach Tradition auf die ihm stets als Vorbild dienende Erzählkunst Hawthornes stieß, Dikkens schätzte und George Eliot bewunderte. Es ist bezeichnend für sein Weltbild, daß er das Ringen zwischen Romantizismus und Realismus nie als einen Kampf zweier Weltanschauungen wertete und sich nicht ideologisch verstrickte, wo es seiner Meinung nach nur um ästhetische, stilistische, also technische Probleme ging. Balzac war ihm Vorbild als Realist, George Sand verehrte er als Romantikerin. Wenn man einmal von den Erzählungen »De Gray« oder »Gabrielle de Bergerac« sowie von den Geistergeschichten und *short stories* wie »The Great Good Place« absieht, läßt sich selbst der junge James nicht in die Welt der Romantik einordnen. In *The Bostonians* fixierte er seinen Standpunkt im Streit dieser Ideen im technischen Bereich, wenn er sagt: »Das Gegebene scheint ... in die Region der Einbildungskraft (fancy) zu gehören, aber die Behandlung gehört in den Bereich des vollendeten Realismus.«

Das Frühwerk läßt kaum etwas von der späteren Originalität spüren; noch stehen ihm Hawthorne und Dickens näher als die ›modernen‹ Franzosen. Der erste Roman *Watch and Ward* (1871) unterscheidet sich kaum von den besseren Stücken der zeitgenössischen amerikanischen Prosa, und auch den folgenden Büchern haftet viel Konventionelles an. Das gilt sowohl für *Roderick Hudson*, da der Ruin eines amerikanischen Künstlers in Italien dargestellt wird, als auch für *The American*, in dem französische Aristokraten einem jungen Amerikaner das geliebte Mädchen nehmen. Der Ausklang dieses Romans ist nicht frei von Melodramatik. Auch *The Europeans* und *Confidence* weisen noch nicht in die neue Richtung. Alle diese Bücher sind auch insofern dem Zeitgeist verpflichtet, als James die Personen und Orte der Handlung mit großer Liebe zum Detail ausführt. Von der Metaphorik oder Symbolik der späteren Werke ist wenig zu spüren. In zwei Punkten jedoch unterscheiden sich bereits die frühen Romane James' von den vergleichbaren anderer amerikanischer Zeitgenossen. Schon hier läßt der Dichter erkennen, daß er weder ein breit angelegtes Panorama noch einen ›Fall‹, sondern eine ganze Welt im Spiegel des Lebens einer kleinen Gruppe darzustellen bestrebt ist. Er sucht somit nicht nach epischer Breite, sondern nach episch-psychologischer Tiefe. Thematisch setzte er in den ›internationalen‹ Romanen neue Akzente, indem er – etwa im Gegensatz zu Mark Twain – nicht die Europäer, sondern eher die eigenen Landsleute für die im Kulturkonflikt Unterlegenen erachtet und seiner feinen Ironie preisgibt.

All diese Romane waren zunächst nicht sonderlich erfolgreich. Das ›internationale Thema‹ berührte die Amerikaner angesichts anderer, unmittelbar auf sie einwirkender Probleme offenbar wenig. Berühmt wurde James erst mit der Charakterstudie »Daisy Miller«, die seine Absage an die Romankonvention einleitet und ein erstes überzeugendes Beispiel einer *point de vue*-Technik ist. Im Zentrum des Gegebenen steht nicht mehr die äußere Aktion, sondern eine ethisch-moralische Situation, die sich in diesem Fall aus dem Kulturkonflikt ergibt. Damit sind bei James nun Handlung, Charakterisierung, ja selbst das Milieu die Summe der Reaktionen einer im Mittelpunkt des Geschehens stehenden Figur, denn, so fragt er später: »Was sonst ist der Charakter als die Bestimmung des Geschehens? Was ist das Geschehen anders als die Illustration des Charakters?« Daisy Miller ist eine solcherart erdachte Gestalt, und wenn das unschuldig-naive Mädchen aus Schenectady schließlich an den von ihr mißachteten europäischen Konventionen scheitert und, gebrochenen Herzens, am römischen Fieber stirbt, so wird sie zum Opfer und Symbol eines aus Offenherzigkeit und Unwissenheit resultierenden Mißverständnisses.

Die allgemein-menschliche Bedeutung des Konflikts sprengt den Rahmen der Fallstudie. Damit hatte James sein eigentliches Anliegen dargetan. In *Washington Square*, der Geschichte von der zuerst erzwungenen und schließlich selbstgewählten Altjungfernschaft Catherine Slopers, suchte James seine neuen Erkenntnisse mit naturalistischen Mitteln zum Tragen zu bringen. Zu voller Meisterschaft entfaltet sich diese Konzeption jedoch erst im letzten Roman der ersten Schaffensepoche, *The Portrait of a Lady*.

> Es ist die Geschichte der jungen, schönen und mittellosen Isabel. Mrs. Touchett, Frau eines in England lebenden amerikanischen Bankiers, holt ihre Nichte über den Atlantik. Der alte Touchett, sein kranker Sohn Ralph und der reiche Nachbar Lord Warburton bezeugen der jungen Amerikanerin mehr als nur Zuneigung. Der Lord will Isabel heiraten, aber sie lehnt ab, und als schließlich ihr amerikanischer Verehrer, Casper Goodwood, sein Heiratsangebot erneuert, erbittet sie sich zwei Jahre Bedenkzeit. Auch Ralph liebt sie und sorgt dafür, daß ihr sein Vater eine Erbschaft aussetzt. Als Touchett stirbt, wird Isabel eine wohlhabende Dame und geht mit Mrs. Touchett nach Florenz. Hier lernt sie im Kreise amerikanischer *expatriates* Gilbert Osmond kennen, eine dilettantische Künstlernatur, und wird nicht zuletzt von Madame Merle dazu veranlaßt, ihn zu heiraten. Sehr bald muß sie erkennen, daß Osmond an ihrem Vermögen interessiert war. Stolz, Pflichtbewußtsein und die Liebe zu Osmonds Tochter Pansy bestimmen Isabel dazu, an der Seite ihres Mannes zu bleiben. Nun aber wollen Madame Merle und Osmond

Pansy an Lord Warburton verheiraten; da Pansy diese Verbindung nicht wünscht, lehnt Isabel jede Mithilfe ab. Die Kluft zwischen Osmond und Isabel wird noch größer, als man ihr unterstellt, sie habe ein Verhältnis mit dem Lord. In England erfährt Isabel, daß Madame Merle die Geliebte ihres Mannes und die Mutter Pansys ist. Sie zögert, nach Italien zurückzukehren; noch einmal begegnet sie Goodwood und erkennt, daß sie ihn liebt, aber ihr Gewissen und ihr Pflichtgefühl sind stärker. Sie kehrt in ihr unglückliches Leben zurück.

Mit diesem komplexen Bild einer um ihr Ansehen ringenden, unglücklichen Frau schloß James die Serie seiner ersten Romane ab. In den folgenden fünf Jahren widmete er sich dem Reisebericht und der von ihm mit großer Virtuosität gehandhabten *short story*. Erst 1886 legte er wieder zwei Romane vor, die deutlich den Charakter von Übergangswerken tragen. Beide beschäftigen sich mit sozialen Fragen und sozialreformerischen Ideen, mit Problemen also, die James eigentlich nicht beherrschte, sondern nur vom Hörensagen kannte. In *The Bostonians* siegen Liebe und Gefühle über extremes Suffragettentum, und *The Princess Casamassima* führt in die Welt englischer Anarchisten, in der sich der unehelich geborene Buchbinder Hyacinth Robinson und die von ihrem italienischen Gatten getrennt lebende Prinzessin im gemeinsamen Planen und Tun finden. Vor der letzten Tat, dem Mord an einem Grafen, schreckt Robinson zurück und entzieht sich der übernommenen Verpflichtung durch Selbstmord.

Wieder vergehen Jahre, ehe nach einer Fülle kritischer Arbeiten und *short stories* 1890 der Roman *The Tragic Muse* erscheint, ein Buch, das dem Konflikt zwischen künstlerischer Berufung und gesellschaftlicher Forderung gewidmet ist, aus dem die Kunst als Sieger hervorgeht, wenn Nick Dormer auf seinen Parlamentssitz verzichtet und lieber ein mittelmäßiger Porträtmaler als ein angesehener Politiker sein will.

Die Zeit zwischen dem Erscheinen des Romans *The Portrait of a Lady* und dem Ende der neunziger Jahre stand fast völlig im Zeichen thematischer und formaler Experimente und dem mißlungenen Versuch, die Bühne zu erobern. Schon immer hatte sich James für die Dramatik interessiert und die Gesetze dieser Gattung gründlich studiert. Er kannte nicht nur die Technik des modernen Bühnenstücks, sondern beherrschte sie auch. Seine *Theatricals* aber zeigen, daß James ein Epiker war, der von den Möglichkeiten eines epischen Theaters noch nichts ahnte. Seine Komödien und die Dramatisierungen einiger seiner Romane sind formal nicht zu tadeln und bestechen durch hohe sprachliche Meisterschaft; was ihnen fehlt, ist die bühnenwirksame Spannung. Selbst eine wohlwollende Kritik konnte James nicht vor Mißerfolgen und Enttäuschungen bewahren, so daß er sich tief getroffen von der Welt des Theaters lossagte und erst sehr spät wieder daran dachte, Stücke zu schreiben.

Dieses Bühnen-Zwischenspiel sollte jedoch die Ausformung seiner epischen Konzeption entscheidend beeinflussen. Bei der Arbeit an seinen dramatischen Etüden lernte er die Wirksamkeit einer noch weitergehenden Konzentration und Vertiefung psychologischer Phänomene kennen. Dies suchte er auf die Prosa zu übertragen und unter besonderer Berücksichtigung des dramatischen Elements Dialog einzusetzen. Damit hatte er das Instrumentarium für den psychologisch-symbolischen Realismus seines Spätwerks gefunden. Es hatte dem Bestreben des Dichters zu dienen, den Leser immer tiefer in die Komplexität des Bewußtseins der erdichteten und verdichteten Charaktere einzuführen. Der allwissende Erzähler fällt dieser Darstellung zum Opfer, nichts soll sich zwischen die handelnden Personen und den Leser schieben können. »I don't want to teach, I want to learn; and, above all, I want to know *à quoi m'en tenir*«, heißt es in *The Princess Casamassima*. Damit mußte sich aber auch die Thematik ändern; waren die frühen Romane in den Augen der Zeitgenossen noch vergleichsweise ›gefällig‹ und für den am Geschmack des ausgehenden Jahrhunderts geschulten Leser verständlich gewesen, so erschienen die späten Meisterwerke selbst gebildeten Lesern als zu exzentrisch. James war nie ein sehr populärer Autor gewesen, nun aber schrieb er fast nur noch für einen kleinen Kreis intellektueller Esoteriker. Dabei näherte er sich den Positionen des Schöpfers des Oblomow, Gontscharow, und Dostojewskijs, denn man erfährt nun auch bei James nurmehr sehr wenig über das Aussehen der Handlungsorte oder die physische Beschaffenheit, Kleidung und so weiter der Gestalten; alles konzentriert sich auf die Motive, Wünsche und Wertungen, kurz: auf den *Geistes*zustand der Charaktere. Aus der Reduzierung allen Ereignens auf die vom *Geistes*zustand der Figuren bestimmte Ambivalenz Charakter–Geschehen resultiert, daß das äußere *Szenenbild* einer durch symbolische Wiedergabe komplexer Empfindungen geschaffenen *szenischen Atmosphäre* weichen muß. Die Handlung wird in einem Maß in das Innenleben der Charaktere verlagert, daß selbst ein Vertreter des *fin de siècle* und Apologet des *l'art pour l'art* wie Oscar Wilde meinte, James vergeude seine Stilkünste, seine geglückten Wendungen, seine zupakkende, beißende Satire an armselige und kaum wahrnehmbare Gesichtspunkte.

Der Roman *The Spoils of Poynton* leitete 1897 die neue Schaffensperiode ein, und noch im selben Jahr erschien das erste impressionistische Meisterstück, *What Maisie Knew*. Das Kind Maisie tritt als *reflector* an die Stelle des Erzählers und berichtet in aller Unschuld über die von ihr nicht verstandenen Affären der Eltern. Der Roman *The Awkward Age*, eine in London spielende, verwickelte Liebesgeschichte, ist eine weitgehend im Dialog gehaltene, fast behavioristische Charakterstudie, in der der Dichter dem Erzähler keine Möglichkeit läßt, das Seelenleben und die Regungen der Heldin Nanda Brookham zu kommentieren.

In dem bereits 1901 vollendeten, aber erst zwei Jahre später veröffentlichten Roman *The Ambassadors* – James hielt ihn für sein reifstes Werk – findet er wieder zum ›internationalen Thema‹ zurück und führt dieses nun auf neue Art aus. Akteur und Zeuge der Geschehnisse ist die an die Stelle des Erzählers tretende Hauptperson Lambert Strether. Um jedoch nicht auf die größeren Möglichkeiten des auktorialen Erzählers verzichten zu müssen, vermeidet es James, Strether in die Rolle des Ich-Erzählers zu versetzen, so daß eine gewisse Distanz zum Dargebotenen bestehen bleibt.

> Strether wird von seiner Verlobten, der sehr wohlhabenden Witwe Mrs. Newsome aus Woollsett, Massachusetts, nach Paris geschickt, um ihren Sohn Chad aus den Armen einer Geliebten zu befreien und nach Neuengland zurückzubringen. Strether trifft einen völlig veränderten Chad an und verfällt selbst dessen Geliebter, der Gräfin Vionnet, sowie dem kulturellen Zauber der Stadt, so daß er seine Mission aufgibt. Als er nicht zurückkehrt, schickt Mrs. Newsome ihre Tochter, Mrs. Pocock, deren Mann Jim und dessen Schwester Mamie aus. Keiner der neuen Abgesandten begreift, was Chad und Strether so verändert hat, so daß die Begegnung zwischen ihnen nicht frei von Komik ist. Strether überredet Chad, in Paris zu bleiben, verzichtet aber selbst auf ein mögliches Glück mit der in Frankreich lebenden jungen Amerikanerin Maria Gostrey und läßt sich von den Gesandten mit nach Hause nehmen.

Auch thematisch unterscheidet sich dieser späte ›internationale‹ Roman von seinen Vorgängern. Während Roderick Hudson und Daisy Miller an dieser fremden Welt zerbrechen, wird sie für Chad und Strether nicht nur zum Bildungserlebnis, sondern auch zu einer ihr amerikanisches Wesen kultivierenden Kraft. James ist den Seelenregungen Strethers ›nachgegangen‹ und hat diese mit hoher Meisterschaft in Worte umgesetzt.

Eben dieses Vermögen, das Denken seiner Charaktere mit seismographischem Feingefühl sprachlich umzusetzen, zeichnet auch das Wesen der noch stärker verinnerlichten und komplizierteren Romane *The Wings of The Dove* und *The Golden Bowl* aus. Hier präsentiert sich der Psychologismus seiner Romankunst am reinsten.

> In *The Wings of the Dove* scheitert der Versuch Cate Croys, sich des Vermögens ihrer kranken Freundin Milly Theale dadurch zu bemächtigen, daß sie ihren ehemaligen Verlobten Merton Densher mit Milly verheiratet, an der Aufdeckung der Intrige. Dies kostet Milly das Leben. Aber Densher, der von dem Komplott nichts ahnte und nun so wohlhabend ist, wie es sich Kate wünschte, folgt seinem

Gewissen und lebt lieber in der Erinnerung an die Tote, als daß er eine Verbindung mit Kate eingeht.

In *The Golden Bowl* – einem der kompliziertesten Romane James', wo jeder alles vor allen zu verbergen sucht, die ›wahre‹ Handlung oft nur von Andeutungen lebt und in dessen zweitem Teil ein Wechsel der Perspektive erfolgt – erreicht die ›objektive‹ Wiedergabe subjektiver Empfindungen und Regungen einen kompositorischen Höhepunkt.

Die mittellose Amerikanerin Charlotte Stant hat in Rom eine Affäre mit dem verarmten italienischen Prinzen Amerigo. Da beide glauben, mit den ihnen zur Verfügung stehenden Mitteln nicht glücklich werden zu können, kehrt Charlotte nach Amerika zurück. Darauf heiratet der Prinz Charlottes Freundin, die frische, lebenstüchtige Millionärstochter Maggie Verver. Erst nach der Hochzeit merkt Maggie, daß sie sich mit diesem Schritt ihren Vater entfremdete. Als Charlotte nach London zurückkehrt, trifft sie den Prinzen wieder. Auf der Suche nach einem Geschenk stoßen sie auf eine vergoldete Kristallschale, die sie aber wegen eines fast unsichtbaren Risses nicht kaufen. Diese Schale wird zum Symbol für den Charakter des Prinzen und die verwickelten Beziehungen, die sich nach der Heirat von Maggies Vater und Charlotte komplizieren. Alle leben in England zusammen, bis Maggie erkennt, daß ihre Freundin und nunmehrige Stiefmutter die Geliebte ihres Mannes ist. Sie verbirgt ihr Wissen und sucht – der Kauf der Schale insinuiert den anderen ihr Wissen – die rechte Ordnung wieder herzustellen. Auch ihr Vater beginnt die Situation zu durchschauen und rettet das Glück seiner Tochter, indem er mit Charlotte für immer nach Amerika zurückkehrt. Die Tragödie kommt nicht zum Austrag, und der Läuterungsprozeß setzt in dem Moment ein, da die Schale zerspringt.

James war ein an den Franzosen geschulter Dichter. Wie sein Vorbild Flaubert, betrachtete auch er die Prosa als ein nach formalen Gesichtspunkten gewissenhaft zu betreibendes Kunsthandwerk. Als Mensch blieb er ungeachtet seiner kosmopolitischen Bildung insofern Amerikaner, als er kein ›philosophischer‹ Romanautor war und sich sein Intellektualismus mehr auf die Formgebung als auf den Ideengehalt seiner Werke auswirkte. Man kann aber auch nicht übersehen, daß er in den USA nicht als ein wirklicher ›Amerikaner‹ empfunden wurde. Der um die Tradition bemühte Autor konnte sich als Kritiker nur auf eine gute Kenntnis der französischen und englischen Literaturen des 19. Jahrhunderts stützen. Wie kaum ein anderer Amerikaner vor ihm, verschrieb er sich der Kunst um der Kunst willen. Von den Vertretern des *l'art pour l'art* unterschied er sich jedoch dadurch, daß er als Amerikaner stärker ethische Gesichtspunkte berücksichtigte. Seiner Meinung nach sollte ein Kunstwerk erhebend wirken.

Liebe und Treue, Wahrhaftigkeit und Ehrlichkeit sind die sein Werk bestimmenden Tugenden. Conrad nannte ihn einen Historiker des guten Gewissens. Wenn diese Grundeinstellung zur recht ›unamerikanischen‹ Negierung der didaktischen Funktion des Kunstwerkes führte, so deshalb, weil James ideologisch indifferent, ja uninteressiert war. Für ihn reduzierte sich das ganze Leben auf die Frage zwischenmenschlicher Beziehungen. Seine Welt ist eine Intim-Welt. Eines seiner Hauptanliegen war, den Nachweis zu erbringen, daß Kunstprosa und Roman jeder anderen literarischen Gattung ebenbürtig, wenn nicht gar überlegen waren. Im Vorwort zu *The Ambassadors* heißt es: »The Novel remains still, under the right persuasion, the most independent, most elastic, most prodigious of literary forms.« Damit aber wurden die formalen Gesichtspunkte bei der Abfassung seiner Romane zu den entscheidenden Kriterien seiner Kreativität. Nichts Wesentliches überließ er dem Zufall, und es entsprach seinem Bekenntnis zur kompositorischen Disziplin und zur sprachlichen Zucht, wenn er – wie Goethe und Scott – den Handlungsplan im voraus fixierte und dieses feste Gerüst extemporierend ausfüllte.

Der eigenen Romandefinition zufolge bediente sich James der ›objektiven‹ Methode. Er war der Ansicht, daß der Roman abwechselnd ›Bild‹ und ›Drama‹ oder, wie es in *The Art of the Novel* heißt, ›Bild‹ und ›Szene‹ biete. Damit steht dieser Roman in der Mitte zwischen reiner Epik und Dramatik. Da aber der allwissende Erzähler dieser Methode zum Opfer fällt, nimmt das epische Element in dem Roman eine neue Qualität an. Es ist nicht länger das Ergebnis konventioneller ›Berichterstattung‹, sondern einer ›objektiven‹ Wiedergabe subjektiver Empfindungen der im Zentrum des Geschehens stehenden Gestalten. Von seiner Disposition zum retardierenden Stil geht ein zur Statik tendierender Effekt aus, der jedoch von der dem Dialog innewohnenden Dynamik wieder aufgehoben wird. Das geschieht um so mehr deshalb, weil James seine Romane diktierte und diese – wie Theodora Bosanquet nachwies – so den Charakter eines mündlichen Berichts annahmen. Dieser Bericht aber ist in den seit 1890 erschienenen Romanen eine vornehmlich aus Dialog und *stream of thought* zusammenfließende Impression.

James wollte nicht abschildern, sondern bis an die Grenze der Leidenschaft wahrnehmen. Mithin bediente er sich einer Technik, die dem *monologue intérieur* sehr nahe kam und den *stream of consciousness* vorbereitete. Dujardin definierte den *monologue intérieur* als ein Instrument zur »direkten Einführung des Lesers in das Innenleben eines Charakters ohne irgendwelches Dazwischentreten von seiten des Autors mit Erklärungen und Kommentaren«. Er sei ein »Ausdruck der inneren Gedanken, die dem Unbewußten am nächsten sind«. Ganz so weit ging James nicht. Noch dominierte der Gedanke *(thought)*. Dennoch ist Percy Lubbock zuzustimmen, wenn er sagt, James habe in *The Ambassadors* den Geist Strethers »dramatisiert«. Es »wird nichts gezeigt als die vorüberziehenden Bilder, die irgend jemand entdecken könnte, der in einen sichtbar gewordenen Geist hineinsieht«. Angesichts dieser Bedingungen wird auch der Dialog zu einem spezifischen Medium subtiler Charakterzeichnung. Selbst ein Meister des Dialogs wie Hemingway fühlte sich dem natürlichen Rhythmus der von James geschaffenen Dialoge in einem Maße verpflichtet, daß er James als seinen diesbezüglichen Lehrmeister bezeichnete. Typisch für das Bestreben James', die leisesten Vibrationen und Regungen seiner Gestalten sichtbar zu machen, ist die dem Dialog zugeordnete – bei Hemingway fehlende – *stage direction*. Es genügt James nicht darzutun, was gesagt wird, der Leser soll auch erkennen, mit welchen Untertönen oder welcher begleitenden Mimik – kurzum, *wie* etwas gesagt wird. Auch im Dialog herrscht die gepflegte Sprache, was James, ohne einen Stilbruch begehen zu müssen, tun kann, weil seine Gestalten fast ausnahmslos den gebildeten Schichten angehören.

Eine solcherart ›objektive‹ Methode läßt keine statische Charakterisierung der handelnden Personen zu, wie sie etwa Scott in einführenden Kapiteln vorzunehmen pflegt. Da es sich in den späten Romanen James' um eine sich aus ständiger Reflexion ergebende Charakterisierung handelt, ist diese fortlaufend, dynamisch. Eine aus dem Kontext gelöste James-Gestalt verliert jede Aussagekraft. In dieser bis an die Grenze getriebenen psychologischen Analyse kommt die Einheit der Wirkung nur zustande, indem Form und Inhalt einander weitgehend bedingen.

Das Bekenntnis zur ›objektiven‹ Methode bedeutete für James einen Verzicht auf die Möglichkeit, epische Personen zu entwerfen. Konsequent beschränkte er sich auf die Darstellung eines örtlich und zeitlich begrenzten Lebensabschnittes und griff nicht zum Hilfsmittel des Epilogs, mit dem Turgenjew gern arbeitete, um dem Leser einen Blick in die Zukunft seiner Gestalten zu vermitteln. Selbst die erweiterte *point de vue*-Technik der letzten Romane – hier wird das Geschehen durch mehrere ›Reflektoren‹ aufgehellt – vergrößert den epischen Spielraum nur unbedeutend. Was James an Handlungsbreite verlorenging, ersetzte er durch Handlungsdichte und -tiefe, indem er seine ›Reflektoren‹ sowohl als Schauspieler auf der Bühne als auch als Beobachter des Geschehens agieren und reagieren läßt.

Bis zum Einsetzen der James-Renaissance waren die Bücher dieses Meisters der Aussparung und Verdichtung alles andere als Bestseller. Der Pionier des psychologischen Realismus war in den Augen vieler Zeitgenossen ein ›manierierter‹ Techniker, der, wie Hardy meinte, in endlosen Sätzen nichts sagte. Zu diesem Urteil hat auch die stoffliche Begrenztheit seiner Themenkreise beigetragen. Im Grunde waren ihm nur die mondäne Welt und die Probleme der Kultur vertraut. Vom Alltagsleben war er so wenig berührt, daß er die Handlung des Romans *The Princess Casamassima* – hier steht ein Arbeiter im Mittelpunkt – hauptsächlich auf einen Sonntag verlegte. Relativ spät erkannte man, daß ihm seine vertraute Komparserie dazu diente, Einsichten ins Allgemeinmenschliche zu vermitteln. In seinen von leichter Ironie bestimmten Romanen schildert er eine von Mißverständnissen oder einer brüchigen Moral bestimmte unvollkommene Gesellschaft, die ihre Schwächen nicht erkennen kann oder will. Als Gegner des Materialismus und des Determinismus wird er dabei zu einem skeptischen Apologeten der Kraft des freien Willens.

Viele der von James behandelten Stoffe, Probleme und Fragestellungen haben zum Teil ihre Aktualität verloren. Nicht so sehr das Was, sondern das Wie seines Künstlertums führte zur James-Renaissance. Er erschloß der Prosa neue Dimensionen und wurde damit zum Lehrmeister so verschiedenartiger Schriftsteller wie Arnold Bennett, Joseph Conrad, Virginia Woolf, James Joyce, Edith Wharton, William Faulkner oder Ernest Hemingway. Er schlug die Brücke vom konventionellen Roman zur modernen Prosa an der Schwelle des 20. Jahrhunderts und erkämpfte ihm einen angesehenen Platz im Kanon der literarischen Gattungen.

Viele der von James vertretenen Positionen finden sich in der vornehm-zurückhaltenden Satire von EDITH WHARTON (1862–1937). Sie kam wie Henry James aus einer Welt, die von den Existenzsorgen der Unterschichten ebensowenig wußte wie von den die Nachkriegsgesellschaft beherrschenden wirtschaftlichen Bedingungen. Erschreckt sah sie sich in ihren Reservaten um den Washington Square, an der Fifth Avenue oder im Modebad Newport mit den Parvenüs und Neureichen konfrontiert, denen sie mißtraute und mit Snobismus begegnete, weil diese angeblich die ›guten Sitten‹ der ›guten Gesellschaft‹ untergruben.

Edith Newbold Jones stammte aus einer der ältesten und vornehmsten Reedereifamilien New Yorks und lernte bereits als Kind England, Deutschland, Frankreich und Spanien kennen. Nach ihrer Heirat (1885) mit dem Bostoner Bankier Edward Wharton versammelte sie in ihren Salons in Newport und Lenox, Massachusetts, Männer wie Ch. E. Norton, W. D. Howells oder H. James. Auf Europareisen lernte sie Meredith, Hardy und Paul Bourget kennen. Da sie sich in ihrem Milieu nicht ausgefüllt fühlte und in der Ehe mit ihrem kranken und amusischen Mann keine Erfüllung fand, wandte sie sich – zum Verdruß der Familie – der Literatur zu. 1897 erschien das ›Sachbuch‹ *The Decoration of Houses*. 1907 ließ sie sich in Paris nieder, diente während des Krieges ihrem Gastland in karitativen Organisationen und blieb bis zu ihrem Tod in Frankreich. Seit 1899 erschienen in schneller Folge *Short-story*-Bände (*The Greater Inclination*, 1899; *Crucial Instances*, 1901; *The Descent of Man and Other Stories*, 1904; *Xingu and Other Stories*, 1916; *Old New York*, 1924; *The World Over*, 1936; *Ghosts*, 1937, u. a.), Gedichte (*Artemis to Actaeon and Other Verses*, 1909; *Twelve Poems*, 1926) sowie eine Fülle von Novellen und Romanen: *The Touchstone* (1900), *The Valley of Decision* (1902), *The House of Mirth* (1905), *Madame de Treymes*, *The Fruit of the Tree* (beide 1907), *Ethan Frome* (1911), *The Reef* (1912), *The Custom of the Country* (1913), *The Marne* (1918), *The Age of Innocence* (1920), *The Glimpses of the Moon* (1922), *Hudson River Bracketed* (1929), der Folgeband *The Gods Arrive* (1932) u. a. Daneben stehen Reisebücher (*Italian Villas and Their Gardens*, 1904; *Italian Backgrounds*, 1905; *A Motor-Flight Through France*, 1908). *The Writing of Fiction* (1925) und die Autobiographie *A Backward Glance* (1934) vermitteln Einblick in ihre Schaffensweise und ihr Weltbild.

Wenn Edith Wharton nach dem Ersten Weltkrieg schnell ihre vordem bedeutende Stellung geschmälert sah, so ist das vor allem darauf zurückzuführen, daß sie als Mittlerin zwischen Viktorianismus und der ›Moderne‹, als »weiblicher Galsworthy« (Geoffrey Moore), eine Welt und eine Gesellschaft schilderte, die den vom Krieg bedingten Umschichtungen zum Opfer gefallen war. Der Generation Fitzgeralds, Dos Passos' oder Hemingways erschienen ihre Schilderungen als Porträts einer untergegangenen Zeit.

Drei Themenkreise bestimmen ihr von feiner Ironie und menschlicher Tragik charakterisiertes Werk: In vielen Erzählungen und Romanen, wie *Ethan Frome* und *Summer* (1917), spürt man den Einfluß des neuenglischen Regionalismus. ›Internationale Themen‹ und der Kulturkonflikt finden sich in *The Valley of Decision*, *Madame de Treymes*, *The Glimpses of the Moon*, *Hudson River Bracketed* oder *The Gods Arrive*, während *The House of Mirth*, *The Custom of the Country* und *The Age of Innocence* Sittenromane aus der – vornehmlich New Yorker – *high society* sind. Als im Jahr 1900 die Novelle »The Touchstone« erschien, hatte mit Edith Wharton eine Autorin die literarische Bühne betreten, die den ästhetischen Vorstellungen Henry James' sehr nahestand. Tatsächlich kann der Einfluß ihres Freundes und Mentors hoch veranschlagt werden, zumal beide viele Lebenserfahrungen gemeinsam hatten. Sowohl James als auch Edith Wharton stammten aus der Oberschicht, genossen eine kosmopolitische Erziehung und lebten schließlich als *expatriates* in Europa. Die Geistesverwandtschaft der beiden zeigte sich in der Betonung der moralischen und psychologischen Aspekte der Darstellung. Das von Mrs. Wharton in *The Writing of Fiction* niedergelegte Credo zeichnet sich durch eine starke Affinität zu James aus. Hier heißt es: »Jeder große Roman muß vor allem auf einem profunden Sinn für moralische Werte beruhen und aus einer klassischen Einheit und der Ökonomie der Mittel gefügt werden.« Überdies müsse der Autor stets beachten, »daß es nicht seine Aufgabe ist, danach zu fragen, was wohl eine Situation aus seinem Charakter machen würde, sondern danach, was seine Charaktere, wie sie nun einmal sind, aus der Situation machen würden.« Da auch sie die Geschehnisse aus dem Blickwinkel des zentralen Charakters zu interpretieren sucht, sind ihre Romane keine Panoramen, sondern in ihrer Breite beschränkte und auf die Tiefe individuellen Lebens gerichtete Seinsausdeutungen.

Die weitgehende Übereinstimmung mit den Ansichten James' bedeutet jedoch nicht, daß Mrs. Wharton eine – wenn auch begabte – Epigonin ihres Meisters gewesen ist. In einigen ganz wesentlichen Punkten ging sie ihren eigenen Weg. Sie stand ihrer New Yorker Heimat auch im Ausland näher als James der seinen. Sie war ein Teil ihrer Gesellschaft und vermochte es nicht, sich von ihr zu lösen. Während James bemüht blieb, wertfreie Analysen seiner Welt zu schaffen, war sie eine engagierte Künstlerin, die unter dem Zerfall ihrer Gesellschaftsschicht litt und das Vordringen der Neureichen als eine persönliche Herausforderung empfand. Zwar war auch ihr Künstlertum europäisch bestimmt, seinem Wesen nach aber weniger kosmopolitisch, so daß der von James behandelte Kulturkonflikt in ihren Werken stärker intraamerikanisch ausgedeutet wird, wobei das kulturelle Ost-West-Gefälle ihre Aufmerksamkeit erregte. Da sie überdies ihre Stoffe direkter abhandelte, ist Lüdeke zuzustimmen, wenn er Mrs. Wharton eine »Stellung zwischen Howells, James und Marion Crawford« zuweist.

Von wenigen Ausnahmen – etwa *Ethan Frome* oder *Summer* – abgesehen, interpretiert Edith Wharton die Welt der oberen Gesellschaftsschichten. Das gilt auch für ihren ersten, erfolgreichen historischen Roman *The Valley of Decision*, in dem der liberal denkende junge Edelmann Odo Valsecca, der spätere Duke of Pianura, in der Lombardei des ausgehenden 18. Jahrhunderts einen zähen Kampf gegen die von dem Minister Trescorre verkörperten feudalen und klerikalen Kräfte führt, um schließlich von den Weggenossen der Französischen Revolution vertrieben zu werden. Die menschliche Tragik Valseccas besteht darin, daß er – trotz seiner progressiven Ideen und seines liberalen Wollens – zwischen Reaktion und Fortschritt zerrieben wird.

Hier verlagert Edith Wharton den Akzent von der bloßen Darstellung der historischen Ereignisse auf das individuelle Drama des Charakters, der ungeachtet seiner Stellung zum Spielball des Geschehens wird. Die Nichtigkeit des Wollens kontrastiert in ihrem Werk mit ihrem »Glauben an den Wert persönlicher Haltung« (Schirmer). Im Gegensatz zu Dreiser läßt sie ihre Charaktere für die Sünden büßen. *The House of*

Mirth etwa ist insofern ein absolut moralischer Sittenroman, als die um ihre Position in der *high society* bangende und eine Geldheirat planende Lily Bart im Konflikt zwischen Liebes- und Erfolgsheirat in den Selbstmord getrieben wird.

Fast absolut naturalistisch und regionalistisch gefärbt ist ihre wohl bedeutendste Leistung, *Ethan Frome*, die auf der Grenze zwischen Erzählung und Roman steht. Die tragische Geschichte von Ethan Frome und der Cousine seiner Frau, Mattie Silver, wird von einem Ingenieur berichtet. Ethans Frau, Zenobia (Zeena), tyrannisiert ihren Mann und verschwendet die dem kargen Boden von Massachusetts mühsam abgerungenen Erträge an Quacksalber. Als Mattie auf die Farm kommt, merkt die Schlampe Zeena, daß ihr Mann sich dem Mädchen zuwendet und erzwingt ihre Abreise. Auf der Fahrt zum Bahnhof sucht Ethan den gemeinsamen Unfalltod; aber anstatt erlöst zu werden, müssen die beiden Liebenden den Rest ihres Lebens als Krüppel unter dem Kommando Zeenas zubringen.

Sechs Jahre später wendet sich Mrs. Wharton noch einmal der naturalistischen Gestaltung eines neuenglischen Stoffes aus der unteren Gesellschaftsschicht zu. In *Summer* berichtet sie vom Entschluß eines Landmädchens, das geordnete Leben ihres langweiligen Dorfes zu verlassen, um sich einer Gruppe krimineller Desperados anzuschließen.

Edith Wharton wurde nach dem Erscheinen der beiden Bücher vorgeworfen, sie habe kein rechtes Gefühl für das Leben einfacher Menschen und deshalb atypische Charaktere und Ereignisse gestaltet. Dieser Einwand verliert jedoch angesichts der gerade hier vollbrachten künstlerischen Leistung an Gewicht, da sich beide Texte durch eine konsequente Technik, subtile Motivierung und eine beeindruckende, psychologisch angelegte Charakterzeichnung empfehlen.

Nach diesen Ausflügen in den Naturalismus und in eine ihr tatsächlich weniger vertraute Welt wandte sich Edith Wharton ›ihrer‹ Gesellschaft zu und schrieb eine Reihe von Sittenromanen, die die Bezeichnung Sittentragödien verdienen. Sieht man von den französischen Stoffen (*Madame de Treymes* oder *A Son at the Front*, 1923) ab, so erweist sie sich auch in ihren kosmopolitischen Romanen als eine intime Kennerin des typisch amerikanischen Spannungsverhältnisses zwischen Konvention und Emotion. In *The Fruit of the Tree* steht ein Neuengländer zwischen zwei Frauen; in *The Custom of the Country* schildert sie die Bedrohung der von ihr als aufrichtig und moralisch erachteten alten Gesellschaft durch die neuen Kräfte. Dieses Thema – ausgedehnt auf den Kulturkonflikt und angewandt auf die Welt des Mittleren Westens, New Yorks, Englands und Europas – bestimmt auch die Romane *Hudson River Bracketed* und *The Gods Arrive*.

James' Technik am nächsten steht der in den siebziger Jahren des 19. Jahrhunderts in der *high society* New Yorks handelnde Roman *The Age of Innocence*, der sich, wie alle anderen Sittentragödien Edith Whartons, durch die Verdeutlichung konventioneller Absurditäten auszeichnet. Der Leser verfolgt das Geschehen aus dem Blickwinkel der zentralen Gestalt Newland Archers, der sich zwischen der von gesellschaftlichen Konventionen bestimmten Bindung an May Welland und seiner Liebe zu Ellen Olenska entscheiden muß. Obgleich er bei der von ihrem polnischen Grafen getrennt lebenden Ellen mehr Verständnis findet, beugt er sich den gesellschaftlichen Regeln, verzichtet auf die Erfüllung seiner Liebe und heiratet May. Das Verhältnis zu Ellen zerbricht, als May ihrer Niederkunft entgegensieht. Nach dem Tode Mays vermeidet Newland ein Wiedersehen mit Ellen. Er schickt seinen Sohn nach Paris und zieht es vor, sich das Idealbild der einstigen Geliebten zu erhalten. Eine ähnliche Seelenmarter kennzeichnet den Roman *The Mother's Recompense* (1925), da die Mutter erkennt, daß die Tochter ihren vormaligen Liebhaber heiraten will.

Die Poesie Edith Whartons ist heute vergessen; ihre *short stories* und Novellen hingegen zählen zu den Meisterwerken ihrer Gattungen. Die Novellen aus dem New Yorker Leben der vierziger bis siebziger Jahre des 19. Jahrhunderts *(Old New York)* sind Verdichtungen ihrer Romanthemen, so daß ihr ethischer Gehalt noch pointierter hervortritt. Das trifft insbesondere auf die Novelle »Old Maid« zu, die in der Erkenntnis gipfelt, daß jeder Mensch das Recht hat, nach eigenen Vorstellungen zu lieben und zu leiden. Immer ist es ein ethischer Bezugspunkt, um den Edith Wharton ihre Handlung aufbaut.

Die besten ihrer Erzählungen und Romane stehen auf der Grenze zwischen Ironie und Satire. Sie sind sorgfältig komponierte Kunstwerke. Ihr an Hawthorne, Jane Austen und Henry James geschulter Stil zeichnet sich durch hohe Flexibilität aus. Obwohl sie die Form nie zum alleinigen Wesen aller literarischen Dinge erhob, folgte sie James in der Kunst des Aussparens, der Wortökonomie und dem Versuch, die psychologischen Bereiche mit Hilfe einer Technik zu erschließen, die dem *point-de-vue* Aspekt ihres Vorbildes nahekommt. Hervorzuheben ist, daß sie wirklich glaubhafte und psychologisch fundierte Frauengestalten entworfen hat.

Obgleich sie sehr früh erkannte, wie es um ihre Gesellschaftsschicht stand, wird ihr Schaffen doch durch ihre Position innerhalb der *high society* begrenzt. Das mag ein Grund dafür sein, daß sie sich auf der Suche nach ethischen Werten immer wieder der Vergangenheit zuwandte. Aber auch dort findet sie keinen Anlaß zu großem Optimismus. Während etwa die Frauengestalten Dreisers erst durch den Verstoß gegen die Konventionen eine Chance haben, sozial aufzusteigen, müssen die Heldinnen Edith Whartons für ihre Charakterfestigkeit ebenso leiden wie für ihre Fehltritte. Und so kommt sie zu dem Schluß: »Das Leben ist das Allertragischste der Welt. Fast so traurig wie der Tod.«

Hierin unterscheidet sie sich wesentlich von der in Richmond geborenen Patriziertochter ELLEN GLASGOW (1874–1945). Sie gehörte einer Schicht an, deren privilegierte Stellung mit dem Bürgerkrieg dahingeschwunden war. Freilich war der Untergang der Pflanzeraristokratie die Folge eines Schwertstreiches, der allen Betroffenen schonungslos klargemacht hatte, daß die Zeit ihrer Herrschaft endgültig vorbei war. Man konnte sie idealisieren, ihr nachweinen, aber es gab keinen Anlaß, an eine mögliche Restauration der alten Kultur zu glauben, von der die von einem langsamen Auflösungsprozeß betroffene Aristokratie des Nordens träumte. Das Werk Ellen Glasgows schildert die Geschicke Virginias vom Jahr 1850 bis in die Gegenwart der Autorin und macht das Umdenken der um eine neue Position ringenden jüngeren Generation des Südens sichtbar. Die frühen Romane *The Descendant* (1897), *The Voice of the People* (1900) und *The Battle-Ground* (1902) zeichnen das im Krieg und der *Reconstruction* bitter leidende Virginia in realistischen, aber doch noch immer sentimentalen Farben. *The Deliverance* (1904) setzt dieser Betrachtungsweise ein Ende. Hier überträgt Ellen Glasgow den sich aus dem sozialen Umbruch ergebenden Kulturkonflikt auf die Ebene des Generationsproblems. Es entbehrt nicht der Symbolik, wenn die blinde Mutter einer verelendeten Pflanzerfamilie noch immer in der alten Vorstellungswelt lebt, während ihre Kinder mit den letzten ihnen verbliebenen Mitteln um die nackte Existenz ringen. Mit diesen jungen Menschen porträtiert Ellen Glasgow eine neue Generation, die das Leben meistert, weil sie es ablehnt, von den Illusionen der Alten zu leben. Dieses trotzige ›Dennoch‹ verleiht vielen ihrer Bücher eine optimistische Note. Wenn in *Virginia* (1913) die »vollkommene Blume des viktorianischen Ideals«, die Schönheit Virginia Pendleton, mit ihren Problemen nicht fertig wird, so deshalb, weil sie der modernen Zeit verständnislos gegenübersteht. Daß dieses Schicksal keineswegs automatisch alle in der südlichen Tradition erzogenen Mädchen treffen muß, zeigt sich in *Life and Gabriella* (1916), wo mit Gabriella Carr eine *Southern Belle* in einer Weise mit dem neuen Lebensstil umzugehen weiß, daß ihr der Sprung in die Geschäftswelt New Yorks glückt.

Den Höhepunkt ihres Schaffens erreicht Ellen Glasgow mit dem Roman *Barren Ground* (1925). Diese einfühlsame psychologische Studie der vom Glück genarrten und vom Leben geschlagenen und dennoch das »Gefühl der Nutzlosigkeit allen Handelns« überwindenden Dorinda Oakley zählt zu den großen Leistungen amerikanischer Prosa. Dorinda repräsentiert den Glauben an das Gute, dem Ellen Glasgow selbst dort vertraut, wo ihr objektiver Realismus dafür eigentlich wenig Raum läßt.

Immer wieder betont sie: »Was der Süden braucht, ist Blut und Ironie.« Doch bei Ironie allein bleibt es bei ihr nicht; vielmehr schrieb sie seit Mitte der zwanziger Jahre eine Reihe von Büchern (*The Romantic Comedians*, 1926; *They Stooped to Folly*, 1929;

The Sheltered Life, 1932), die als in die Form der Satire gegossene Sittenromane bezeichnet werden können. *The Romantic Comedians* ist der wohl charakteristischste der Richmond-Romane. Hier geht der fünfundsechzigjährige Richter Gamaliel Honeywell (!) aus Queenborough (Richmond), der über die Hälfte seines Lebens in einer ›idealen‹ Ehe verbrachte, nach dem Tod seiner Frau und trotz empfindlicher Rückschläge – mutiger als Longfellows Miles Standish – unverdrossen auf Freiersfüßen und erklärt seiner jungen Krankenpflegerin in schlichter Torheit: »Ach, meine Liebe, ich fühle mich heute viel jünger als im vergangenen Jahr.«

Ellen Glasgow blieb ihrer Heimatstadt Richmond zeitlebens treu und beschränkte sich auch in ihren späteren Werken auf die Welt Virginias. In *Vein of Iron* (1935) behandelt sie die zeitgenössischen Verhältnisse auf dem Lande, während sie in dem Roman *In This Our Life* (1941) den Abstieg einer aristokratischen Familie schildert. Ihre Gedichte (*The Freeman, and Other Poems*, 1902) sind vergessen, und ihre *short stories* (*The Shadowy Third*, 1923) stehen im Schatten ihrer Romane.

In dem Essayband *A Certain Measure* (1943) teilt Ellen Glasgow ihr Werk in drei Kategorien: die Romane über das »Commonwealth of Virginia« (historische Stoffe), die Romane aus dem Landleben des Staates und den Richmond-Zyklus, das heißt die »Queensborough«-Romane, mit denen eine soziologisch fundierte Sittengeschichte der Aristokratie dieser Stadt entstand. Wenn sie trotz ihrer Beschränkung auf Themen aus Virginia keine Regionalistin wurde, so deshalb, weil sie sich darum bemühte, mehr den »universellen Impulsen« als den »provinziellen Lebensgewohnheiten« nachzuspüren. Überdies bekannte sie sich zu einem Realismus, den sie als »optimistisch, ohne sentimental zu sein« definierte und als ein »Gegengift gegen den sentimentalen Verfall« bezeichnete. Damit brach sie mit der südlichen Romankonzeption jener Tage und setzte an die Stelle des Selbstmitleids die Skepsis als das »Sicherheitsventil der Zivilisation«. Ihr verhaltener Optimismus gründet sich auf die »Freiheit des Verzweifelns«, die ihren zum Fatalismus tendierenden Charakteren die Möglichkeit läßt, nach dem Sinn des Lebens zu suchen. So ist es fast natürlich, wenn Ellen Glasgow dem Roman die Aufgabe stellt, »das Verständnis für das Leben zu verbessern und das Bewußtsein zu heben«. Indem sie sich die »Freiheit, nicht zu glauben«, nahm, setzte sie dem Süden neue Zeichen.

Im Gegensatz zu Edith Wharton hatte sich Ellen Glasgow am Beginn ihres Schaffens nicht mit Literaturtheorien auseinandergesetzt. Sie schätzte Richardson wie Fielding und verehrte Tolstoi und Dickens. In den späteren Jahren fühlte sie sich Howells verpflichtet, den sie als den größten amerikanischen Realisten bezeichnete und von dem sie sagte: »Er lehrte uns die Poesie des Lebens sehen.« Von James und Wharton unterscheidet sie sich durch die bewußte Berücksichtigung soziologischer

Aspekte und die Ausweitung ihrer Themen auf Schichten außerhalb der *high society*. Damit entsprach sie den südlichen Besonderheiten und ihren Forderungen an den Roman. Ihre realistischen Interpretationen südlichen Lebens und ihr Blick für die Realitäten trugen wesentlich dazu bei, der *genteel tradition* ein Ende zu bereiten und den Roman des Südens von den Fesseln des Sentimentalismus und der Idealisierung der Vergangenheit zu befreien.

Einer ähnlich nüchtern betrachteten Welt begegnet man im Frühwerk der ebenfalls aus Virginia stammenden psychologischen Realistin WILLA SIBERT CATHER (1873–1917), die von sich sagte, ihre literarische Betätigung sei eine »Rückkehr in die Kindheit und zu frühen Erinnerungen« gewesen. Im Alter von neun Jahren zog sie mit ihren Eltern in die weiten Prärien Nebraskas, wuchs hier zwischen nord- und mitteleuropäischen Immigranten auf, schloß 1895 ihre Studien an der *University of Nebraska* ab und lehrte an verschiedenen High Schools Englisch. In dieser Zeit wandte sie sich dem Journalismus zu und schrieb Gedichte (*April Twilights*, 1903, erw. 1923) sowie *short stories* (*The Troll Garden*, 1905). Damit gelang ihr der Sprung in die Redaktion von *McClure's Magazine* (1908–12). Nach dem Erfolg des ›internationalen Gesellschaftsromans‹ *Alexander's Bridge* (1912), der den Einfluß James' spüren läßt, widmete sie sich ganz der Literatur. Ihre Themen sind die neue Besiedlung der Grenze durch Skandinavier, Polen, Tschechen und Franzosen, »der Zivilisationskontrast, der sich aus dieser Besiedlung ergibt, der Weg der amerikanischen Religionsgeschichte und der Triumph der starken Persönlichkeiten über die Härte des amerikanischen Lebens« (Elizabeth Monroe).

Ihr Werk läßt sich in drei Schaffensperioden einteilen. Nach *Alexander's Bridge* wandte sie sich Themen aus ihrer Jugendzeit zu und schilderte die an der Grenze Nebraskas um eine neue Heimat ringenden Einwanderer. Die Romane *O Pioneers!* (1913), *The Song of the Lark* (1915) und *My Ántonia* (1918) gehen über den Rahmen üblicher Zustandsschilderungen hinaus, indem sie sich der Jamesschen These vom Kulturkonflikt bemächtigen und diesem Phänomen unter den Bedingungen einer ›multikulturellen‹ Grenze nachgehen. Die Charaktere Willa Cathers leben nicht vom mühsam erarbeiteten Brot allein; ihre Schwierigkeiten bestehen weniger in der Sicherung der materiellen Existenz als in der Anpassung der Einwanderer an die Lebensnotwendigkeiten der Neuen Welt. Da sich dieser Konflikt nicht in den Salons, sondern in den Hütten der Farmer abspielt, gewinnt er an elementarer Bedeutung. Dabei teilt Willa Cather das Interesse Ellen Glasgows an starken Frauengestalten.

In diesen drei Romanen, besonders in *The Song of the Lark*, wird das an der Grenze herrschende kulturelle Vakuum sichtbar. Andererseits sind diese Bücher Dokumente eines Vertrauens in den Pioniergeist, die Mission des Westens und die Überlegenheit der Neuen Welt. Die Pioniere haben noch immer die Möglichkeit, sich selbst zu verwirklichen. Dieses Sendungsbewußtsein bestimmt auch die Atmosphäre des Romans *One of Ours* (1922), der Geschichte des in Frankreich gefallenen Nebraska-Jünglings Claude Weeler. Im zweiten Teil dieses Buches erliegt Willa Cather jedoch einem vordergründigen Chauvinismus, der schon wenig später bitterer Ernüchterung weicht. Immer mehr erkannte die durch und durch idealistische Autorin, daß für ihre Vorstellungen vom ewigen Pioniergeist im Industriezeitalter kaum mehr Raum war und daß die »großen Raubvögel« der Industrie und ihr Wechselbalg, der Materialismus, zur Auflösung und zum Verfall gewachsener Traditionen beitrugen.

Diese Erkenntnis steht am Anfang ihrer zweiten, von einer konservativen Grundhaltung geprägten Schaffensperiode. *A Lost Lady* (1923) und *The Professor's House* (1925) sind Versuche der desillusionierten Autorin, diesen Gärungsprozeß zu interpretieren. Das Leben der »lost lady« Marian Forrester, der Frau eines Pioniers alter Art, kennzeichnet das Ende der Pionierzeit, und in *The Professor's House* verliert der Historiker Godfrey St. Peter in dem Augenblick das Interesse an seinem geistigen Pioniertum und am Leben, da ihm seine Arbeiten Ansehen und Wohlstand bringen. Die Haltung dieser Charaktere korrespondiert mit den – von ihrer Schöpferin schmerzlich empfundenen – Auflösungserscheinungen einer aus den Fugen geratenen Welt. Willa Cather litt so sehr unter diesem Umschichtungsprozeß, daß sie sich in ihrer dritten Schaffensperiode – bei gleichzeitigem Übertritt zum Katholizismus – historischen Stoffen zuwandte. Beide Entscheidungen stehen in einem inneren Zusammenhang und sollten weniger als Flucht vor der Realität denn als Suche nach festgefügten Ordnungsprinzipien gewertet werden.

Dabei blieb Willa Cather auch in ihren auf katholischem Hintergrund spielenden historischen Romanen ihrem Grundkonzept treu. So schildert sie in *Death Comes for the Archbishop* (1927) nicht nur die Missionsgeschichte des Südwestens in den fünfziger Jahren des 19. Jahrhunderts. Die Bischof Lamy und seinem Pater Machebœuf nachgezeichneten Charaktere des Bischofs Jean Latour und seines Weggenossen Joseph Vaillant sind nicht nur Vertreter der römisch-christlichen Kultur in der Wildnis, sondern gleichzeitig auch echte Pioniergestalten. Bei aller Unterschiedlichkeit ihrer Charaktere steht ihr Ringen um die Seelen der Hopi und Navajo im Zeichen des Pioniergeists, des Kulturkonflikts und einer ethisch fest gefügten Ordnung. Ähnlich verhält es sich in dem Roman *Shadows on the Rock* (1931), der im 17. Jahrhundert in der kanadischen Hauptstadt Quebec spielt. Nur in dieser Vergangenheit fand Willa Cather noch die Erfüllung ihrer Vorstellungen. Ihre späteren Bücher (*Obscure Destinies*, 1932; *Lucy Gayheart*, 1935; *Sapphira and the Slave Girl*, 1940) fügen den früheren Aussagen nichts Neues hinzu.

In dem Essayband *Not Under Forty* (1936) erläutert Willa Cather ihre künstlerische Position. Als psychologische Realistin folgte sie zunächst dem Vorbild James', wird aber keine Epigonin, obgleich sie sich den Möglichkeiten der *Point of View*-Technik nicht verschloß. Neben James wirkten auf sie Flaubert, Turgenjew, Mérimée, Tolstoi, Conrad und Crane; auch verehrte sie Hawthorne. Es spricht für ihre Unabhängigkeit, daß sie so unterschiedliche Bücher wie *The Scarlet Letter*, *Huckleberry Finn* und *The Country of the Pointed Firs* ihrer Freundin S. O. Jewett – von der sie zum Schreiben ermuntert worden war – als für die Romankunst verbindliche Werke bezeichnete.

Die Technik um der Technik willen hat Willa Cather nie sonderlich interessiert. Sie wollte »Dinge und Leute ihrer Geschichte durch einfaches Aneinanderreihen erzählen lassen«. Das bedingte eine episodale Erzähltechnik. Selbst ihre mit großem Fingerspitzengefühl gestalteten Charaktere bieten keine psychologischen Analysen, sondern lediglich psychologisch aufgebaute und gut motivierte Figuren, deren Handlungsweise einfach zur Diskussion gestellt wird, wobei Kommentare sehr sparsam eingesetzt werden. Verglichen mit James ist sie eine geradlinige Erzählerin, eine Porträtistin komplexer, aber nicht zerfaserter Gestalten. Die Welt des Mittleren Westens, in der ihre kultivierten Menschen leben, war zu hart und handfest, als daß sie Raum für Exzentriker geboten hätte. Der Titel *O Pioneers!* ist ein Bekenntnis zur Mission Walt Whitmans; indem sie dieses Buch aber S. O. Jewett widmete, in deren »herrlichem und köstlichem Werk die Vollendung ist, die überdauert«, bezog sie eine Position zwischen den progressiven und konservativen Kräften. Die beiden Romane *My Ántonia* und *Death Comes for the Archbishop* stecken das Feld ab, auf dem sich Willa Cather bewegte.

V. START INS AMERIKANISCHE JAHRHUNDERT

Aufstieg zur Weltmacht

Kurz vor der Jahrhundertwende war die erste Durchdringung des riesigen Landes zwischen Atlantik und Pazifik praktisch abgeschlossen. Schienenstränge verbanden das Hinterland mit den Küsten und Industriezentren, und in der Wirtschaft folgte auf eine Epoche härtester Konkurrenz die Zeit der Konzentration, die mit einer weitergehenden Verstädterung der Bevölkerung einherging. Amerika hörte auf, ein Agrarstaat zu sein. Kapitalismus und Kommerzialismus bestimmten die weitere Entwicklung einer Gesellschaft, in der die organisierten Interessengruppen den Spielraum des Individuums eingeengt hatten. Hand in Hand mit diesem Strukturwandel vollzog sich eine Verschiebung des amerikanischen Weltbildes. Daniel Boone oder Mike Fink gehörten der Vergangenheit an. Das neue Pionier-Idol war der Selfmademan vom Schlage John Pierpont Morgans, Andrew Carnegies oder John D. Rockefellers.

Die Bevölkerung hatte sich seit Beginn des *Civil War* verdoppelt und war durch Einwanderungswellen aus Ost- und Südeuropa noch heterogener geworden. Zwischen 1870 und 1920 kamen nahezu zwanzig Millionen Einwanderer in die Staaten, 1870 waren von tausend US-Bürgern nur vierhundertfünfunddreißig gebürtige Amerikaner, deren beide Elternteile schon in den USA zur Welt gekommen waren. Da sich die Mehrzahl der Einwanderer in den Industriezentren des Ostens und Mittleren Westens niederließ und für jeden Lohn zu arbeiten bereit war, entstanden neue soziale Probleme. Um einer weiteren ›Überfremdung‹ Einhalt zu gebieten, machte der Kongreß bereits 1882 der Einwanderung aus China ein Ende und beschränkte seit 1917 auch den Zustrom von Europäern.

Sozialpolitisch standen diese Jahre im Zeichen des Machtanspruchs der Industriemagnaten und der Emanzipation der sich herausbildenden Industriearbeiterschaft. Die Streikstatistik von 1881 bis 1905 verzeichnet siebenunddreißigtausend Arbeitskämpfe. Überall im Land entstanden radikale, vorwiegend anarchistisch-syndikalistisch orientierte Gruppen, die die Rechte der von den Facharbeiter-Gewerkschaften *(A.F.L.)* nicht vertretenen Arbeitnehmer wahrzunehmen suchten. Die bekannteste Organisation dieser Art waren zwischen 1905 und 1917 die sehr aktiven *Industrial Workers of the World (I.W.W.).* Wenn sich in diesen Jahren in den USA keine marxistische

Bewegung von Bedeutung bildete, so hat dies verschiedene Ursachen. Einmal wurden viele Differenzen noch im Geist der demokratischen Traditionen ausgefochten, zum anderen war die von Individualismus geprägte Lebensart der Amerikaner wenig dazu geeignet, einer Kollektivierung marxistischer Provenienz unterworfen zu werden. Auch war die Klassenstruktur in den USA weit durchlässiger als die europäische. Aus diesen Gründen gaben in den radikaleren Organisationen häufig eingewanderte ›Sozialisten‹ und ›Anarchisten‹ den Ton an.

Bis zum Jahr 1900 hatte die amerikanische Arbeiterschaft die wichtigsten Grundrechte erkämpft: das Streikrecht, das Recht auf Tarifverträge und das Koalitionsrecht. Die Arbeits- und Lebensbedingungen begannen sich auch für den Industriearbeiter wieder zu bessern. Unter dem Druck der öffentlichen Meinung ging die von den Republikanern bestimmte Epoche des wirtschaftlichen Laisser-faire zu Ende. Als am 6. September 1901 Präsident McKinley einem Attentat zum Opfer fiel und Theodore Roosevelt die Nachfolge antrat, forderte der aufgeklärte Konservative, daß die Regierung des Volkes auch über die Könige der Industrie zu herrschen habe. »Die ungeheure Entwicklung des Industrialismus«, sagte er, »bedeutet, daß die Aufsicht der Regierung über die Geschäftsunternehmen erweitert werden muß.« Damit bekannte er sich im Prinzip zu den Forderungen der seit 1884 bestehenden Antimonopol-Partei und den Ansichten des Millionärs und Philosophen PETER COOPER (1791–1883), der schon 1876 festgestellt hatte: »Unsere Freiheiten sind heute in keiner geringeren Gefahr als zu Beginn der Revolution ... In unserem Land ist eine Aristokratie des Reichtums im raschen Entstehen. Und das ist die schlimmste Form von Aristokratie, die dem Wohlergehen eines Landes zum Fluch werden kann.« Roosevelt verkündete sein – freilich nicht konsequent durchgeführtes – Programm des *Square Deal* und sorgte für eine ganze Reihe von Gesetzen, die die Unternehmerwillkür zügeln sollten. An den allgemeinen Tendenzen aber konnte Roosevelt nur wenig ändern, so daß auch sein Nachfolger Woodrow Wilson resigniert feststellen mußte: »Das große Monopol in unserem Land ist das Geldmonopol.«

Roosevelt konnte sich mit seinen populären Zielen auf eine Gruppe einflußreicher Zeitschriften und Publizisten stützen, die er *muckrakers* nannte. In dieser »Ära der Enthüllungen« feierten Magazine wie *McClure's*, *Everybody's* oder *Collier's* Triumphe. Die Schriften T. W. LAWSONs (1857–1925) und die Bücher IDA TARBELLs (1857–1944), *The History of the Standard Oil Company* (2 Bde., 1904), oder CHARLES EDWARD RUSSELs (1860–1941), *The Uprising of the Many* (1907), fanden eine große Leserschaft. Sie stellten Korruption, soziale Mißstände und Rassendiskriminierung an den Pranger und trugen dazu bei, daß die Bäume der Unternehmer nicht in den Himmel wuchsen.

Die USA hatten sich auf die Gesetze des Industriezeitalters eingestellt, aber Rockefeller sollte Recht behalten, als er sagte: »Die Interessengemeinschaften sind da und bleiben da. Der Individualismus ist auf immer dahin.« Nicht einmal die Farmer konnten sich dieser Entwicklung entziehen. Einerseits brachte auch ihnen die Industrie neue Möglichkeiten und Absatzmärkte, andererseits gerieten sie damit in eine weitergehende Abhängigkeit vom Kapital. Neben den freien Farmern stand nun der von den Banken beherrschte Pächter. Ungeachtet einiger Krisen und Rezessionen stiegen Produktivität und Sozialprodukt bis zum Ersten Weltkrieg so gewaltig, daß die USA letztlich den Ausgang des Krieges bestimmten und 1918 nicht nur die mächtigste Industrienation der Welt waren, sondern nun auch begannen, den amerikanischen Managergeist und *way of life* in die Alte Welt zu exportieren. Seitdem formen diese das Antlitz der modernen Industriegesellschaften in einem Maße, daß Kritiker von einer den Globus bedrohenden Coca-Cola-Zivilisation zu sprechen begannen.

Außenpolitisch standen diese Jahre im Zeichen des Widerstreits imperialistischer und isolationistischer Kräfte. Die nördlichen Staaten hatten die Expansionsgelüste der südlichen aus innenpolitischen Gründen gezügelt, und so setzte sich nach dem Erwerb Alaskas von Rußland für kurze Zeit die Ansicht durch, daß nun das Gebiet der USA angemessen abgerundet sei. Diese Auffassung änderte sich erst wieder Anfang der siebziger Jahre. Als eine Folge des wachsenden Wirtschaftspotentials stellte sich ein gewaltiger Aufschwung des Außenhandels ein, der die Regierung zur Überprüfung der Außenpolitik veranlaßte. Im Jahr 1880 hatten die Exporte einen Wert von 8,4 Millionen Dollar, zwanzig Jahre später war er auf 1,4 Milliarden angeschwollen. Dem imperialistischen Zeitgeist folgend, bauten auch die USA eine mächtige Flotte, griffen 1887 nach Hawaii und luden als Folge der Dollardiplomatie 1889 zwanzig lateinamerikanische Staaten zur ersten Panamerikanischen Konferenz ein. Die USA strebten die Hegemonie über die westliche Hemisphäre an. Zwar konnte diese Tendenz 1893 durch die Wahl Clevelands ein wenig abgebremst werden, aber schon fünf Jahre später nahmen die USA die mysteriöse Explosion ihres Kriegsschiffes *Maine* im Hafen von Havanna zum Anlaß, in einem nur zehn Wochen dauernden Krieg mit Spanien Kuba aus der Abhängigkeit von Madrid zu lösen und in die Washingtons zu überführen sowie Puerto Rico und die Philippinen zu annektieren. Ein Jahr darauf (1889) beteiligten sich die ehemals kolonialfeindlichen Amerikaner im Fernen Osten an der »Politik der Offenen Tür«. Der »häßliche Amerikaner« wurde geboren.

Der Krieg mit Spanien und die außenpolitischen Ambitionen, als deren einer Meilenstein auch der Bau des Panamakanals anzusehen ist, bewirkten einen starken

Aufschwung nationalistischer Gefühle. Mit ihnen schmolzen viele der partikularistischen Relikte dahin. Die noch aus der Vorkriegs- und Kriegszeit stammenden psychischen Wunden schlossen sich weitgehend. Die traditionellen Differenzen zwischen Washington und London wichen zunehmend einer *special relationship*, so daß es schließlich fast logisch war, daß die USA auf seiten der Westmächte in den Ersten Weltkrieg eintraten. Die materielle Überlegenheit der USA und der moralische Gehalt der 14-Punkte-Erklärung Wilsons vom Januar 1918 trugen wesentlich zum Abschluß des Waffenstillstandes bei. Nun aber zeigte sich, daß es die USA noch nicht verstanden, ihre im Krieg bewiesene Macht bei der Gestaltung des Friedens in die Waagschale zu werfen. Der eigentliche Sieger vermochte seine auf den Ideen des Selbstbestimmungsrechtes basierenden Vorstellungen nicht durchzusetzen. Wilson hatte gehofft, daß die von ihm angeregte »Allgemeine Gesellschaft der Nationen« die ärgsten Fehler der Friedensregelungen werde korrigieren können. Als er jedoch am 25. September 1919 einen Schlaganfall erlitt, waren die Würfel anders gefallen. Im März lehnte der Senat sowohl die Ratifikation des Friedensvertrags als auch die Völkerbundsatzung ab. Unter Führung des republikanischen Präsidenten Harding suchte das mächtigste Land der Welt sein Heil in einem bis in die Ära Franklin D. Roosevelts wirkenden Isolationismus.

Der Kampf um die Persönlichkeit

Die Zeit des Siegens und Erfindens, der wirtschaftlichen Rekorde und der politischen Konsolidierung vermittelte den Amerikanern ein Gefühl des Stolzes und der außenpolitischen Sicherheit. Die Kehrseite dieser Medaille aber war der von Arbeitskämpfen und sozialen Spannungen gekennzeichnete Weg des Individuums in eine als unheilvoll empfundene Vermassung. Wie immer man es auch wenden mochte, der von den Amerikanern gepriesene Primat des freien Willens korrespondierte nicht mehr mit den Gegebenheiten. Zurück blieb ein bis dahin in den USA unbekanntes Unbehagen, die Erkenntnis der zunehmenden Depravierung des Individuums, die begleitet war von der Sorge um die soziale Sicherheit und der Furcht, daß die Idee des freien Willens nurmehr von einer kleinen Gruppe Mächtiger auf Kosten der Durchschnittsbürger gelebt werden könne. Daran änderte auch die Tatsache nichts, daß man prinzipiell vom Zeitungsboy zum Millionär aufsteigen konnte.

Vor diesem Hintergrund zog eine neue Generation von Nationalökonomen, Soziologen, Philosophen und Schriftstellern aus, um den Wurzeln der Übel nachzuspüren und dem Individuum wieder den ihm angemessenen Platz in der sich wandelnden Gesellschaft zu sichern. Zu denen, die der immer sichtbarer werdende Kontrast zwischen Arm und Reich auf den Plan rief, gehörte der aus Philadelphia stammende Autodidakt HENRY GEORGE (1839–1897). In seinem Buch *Progress and Poverty* (1879), das in fünfundzwanzig Jahren hundert Auflagen erlebte, stellte er die am Naturrecht orientierte Frage, warum der kulturelle Fortschritt Hand in Hand mit einer wachsenden Verarmung derer geht, die alle Werte schaffen. Seine Lehren und von einem prophetischen Geist durchdrungenen Schriften zu Land- und Steuerproblemen trugen wesentlich dazu bei, die öffentliche Meinung gegen die Auswüchse des Kommerzialismus zu mobilisieren. In diese Richtung wirkte auch der Publizist HENRY DEMAREST LLOYD (1847–1903). In seinem klassischen Enthüllungswerk *Wealth Against Commonwealth* (1894) deckte er die Diskrepanzen zwischen herrschenden Theorien und der Praxis auf und zeigte, wie die Kapitalisten nicht nur Geld anhäuften, sondern sich mit Hilfe der Macht ihres Geldes auch Regierungen, Kirchen oder das Erziehungssystem zu willen machten. Sein von Howells im *Atlantic Monthly* abgedruckter Aufsatz »The Story of a Great Monopoly« (1881) eröffnete den Reigen einer »Literatur der Anprangerung«. Ein erster Theoretiker dieser Protestbewegung war der von naturwissenschaftlichen und evolutionären Ideen beeinflußte LESTER FRANK WARD (1841–1913). Er ließ die mechanistischen Evolutionstheorien hinter sich und trat ihrem deterministischen Kern mit soziologischen Gedanken entgegen. In *Dynamic Sociology* (1883), *The Psychic Factors of Civilization* (1893) oder *Pure Sociology* (1903) vertritt er die Ansicht, ein naturwissenschaftlich ausgebildeter Geist werde das Individuum in die Lage versetzen, auch unter den neuen Bedingungen Richtung und Tempo der Evolution mitzubestimmen. Damit wurde Ward zu einem der ersten Fürsprecher einer auf die Methoden der Naturwissenschaften gestützten Erziehung der Massen und gilt deshalb – wie Spencer und Comte – als einer der Begründer der modernen Soziologie.

Auf seinen Erkenntnissen konnte der wohl originellste und schärfste Kritiker des amerikanischen Kommerzialismus, THORSTEIN VEBLEN (1857–1929), sein Denkgebäude errichten. Er wurde als Kind norwegischer Immigranten in Wisconsin geboren, studierte an verschiedenen Universitäten und erwarb 1884 den Ph. D. Erst relativ spät erhielt er einen Lehrauftrag und mußte schließlich auf Grund einer ganzen Reihe von Frauenaffären von Universität zu Universität wandern. Sein Buch *The Theory of the Leisure Class; an Economic Study in the Evolution of Institutions* (1899) ist ein leidenschaftlicher, anthropologisch und soziologisch motivierter Angriff auf die Geldaristokratie und machte ihn nicht nur berühmt, sondern trug ihm auch die Feindschaft vieler akademischer Kollegen ein. Veblen geht davon aus, daß dem Menschen schon immer ein räuberischer und ein produktiver Zug eigen gewesen sei, und er folgert daraus, daß die Geldhyänen mit den Raubrittern feudaler Zeiten zu vergleichen seien und damit im Grunde einem kriminellen Gewerbe nachgingen. Da nach Veblen der gesunde Mensch Freude an produktiver Arbeit hat, sieht er die Geschäftsleute als deformierte Geister. Seiner Ansicht nach bewegt sich die Laisser-faire-Moral auf der primitivsten Stufe menschlicher Entwicklung, weil die dem ›Geschäft‹ lebenden Individuen als Parasiten wirken; da für ihn jedoch alles einer ständigen Veränderung unterworfen ist, postuliert er die reale Möglichkeit des ökonomischen und soziologischen Umschwungs. Die Industrie an sich sei nicht schlecht, sondern zeitige nur unter der Leitung der Müßiggängerklasse ihre verheerenden Wirkungen. Die vom ›Geschäft‹ befreite Maschine sei durchaus in der Lage, Überfluß und Frieden für alle zu bringen.

Diese Theorie von der Klasse der Müßiggänger hat Veblen in einer Reihe von Schriften weiter ausgeführt. In *The Instinct of Workmanship* (1914) beleuchtet er nationalökonomische Probleme aus dem Blickwinkel der Soziologie. Wie Lloyd war auch er von der korrumpierenden Macht des Geldes in Administration und Kirche überzeugt. Diese trieben nicht nur »conspicious waste«, sondern trügen sogar unter dem Deckmantel patriotischer Phrasen dazu bei, daß sich die Klasse der Müßiggänger selbst im Krieg auf Kosten der arbeitenden Menschen bereichern könnte. Dies hat ihm das amerikanische Bürgertum nicht verziehen, und als er 1921 in *The Engineers and the Price System* die Skizze einer durch die Organisierung von Technokraten-Sowjets herbeigeführten Revolution vorlegte, hielten ihn seine Gegner für einen Bolschewisten, zumal er die Hoffnung äußerte, daß die vom Kapital befreiten Ingenieure Rußlands seine Theorie bestätigen würden. In der Schrift *Absentee Ownership and Business Enterprise in Recent Times* (1923) faßte er seine Ideen noch einmal zusammen. Der nach Habitus und Methode liberale Veblen lieferte schließlich eine in ihrer Wirkung sozialistische Kritik an den Verhältnissen. Die ›Populisten‹ feierten ihn als einen der ihren; wirkliche Bedeutung erlangten seine Gedanken aber erst, als man sich nach dem Bankkrach des Jahres 1929 zu überlegen begann, wie man in Zukunft ähnliche Fehlentwicklungen verhindern könne. Veblen hat die Renaissance seiner Ideen nicht mehr erlebt; er starb vereinsamt am 3. August 1929, zwölf Wochen vor jenem denkwürdigen 29. Oktober, der Millionen Amerikaner aus dem Taumel der angeblich *golden twenties* riß.

Solche mit dem Geruch des Sozialismus oder Anarchismus behafteten Gedankengänge hatten damals keine Chance, von der Philosophie berücksichtigt zu werden, am wenigsten an der *Harvard University*, wo zwischen 1889 und 1907 mit William James, Royce und Santayana drei der vier bedeutendsten modernen Philosophen zur gleichen Zeit in einer Fakultät wirkten. Royce und Dewey, der ab 1904 die Philosophie an der *Columbia University* vertrat, schritten auf den von Emerson vorgezeichneten und von

James den Bedürfnissen der Zeit angepaßten Wegen voran und suchten – ohne jedes sozialistische Experiment – den Ort des Individuums in der modernen Welt zu bestimmen. Aber auch in dieser akademischen Gemeinde machte sich nun die von Henry Adams konstatierte Vielfalt bemerkbar, zumal Santayana den Sinn der amerikanischen Philosophie in Zweifel zog.

Als James 1882 den in Kalifornien lehrenden Englischprofessor JOSIAH ROYCE (1855–1916) bat, ihn während seiner Abwesenheit in Harvard zu vertreten, hatte er geglaubt, einen Jünger seines Pragmatismus berufen zu haben. Sehr bald aber zeigte es sich, daß Royce der letzte große Idealist des ausgehenden 19. Jahrhunderts und damit James' eigentlicher Gegenspieler werden sollte.

> Seine Eltern waren erst 1849 nach Kalifornien gekommen und sorgten dafür, daß ihr schüchtern wirkender Sohn eine den östlichen Vorstellungen entsprechende Ausbildung erhielt. Royce absolvierte 1871 seine Studien an der *State University of California*, studierte in Göttingen und Leipzig u. a. bei Lotze und Wundt, erlangte 1898 den Ph. D. an der *Johns Hopkins University* und lehrte von 1878 bis zu seinem Ruf nach Harvard in Kalifornien. Zu seinen wenigen Jugendfreunden zählte der Dichter Rowland Sill. Nach James' Ausscheiden aus der Fakultät galt Royce als der führende Philosoph Amerikas. Als wichtigste Schriften sind zu nennen: *The Religious Aspect of Philosophy* (1885), *The Spirit of Modern Philosophy* (1892), *The Conception of God* (1897), *Studies in Good Will and Evil* (1898), *The World and the Individual* (2 Bde., 1900/01), *The Philosophy of Loyalty* (1908), *The Problem of Christianity* (2 Bde., 1913), *The Hope of the Great Community* (1916) und *Lectures on Modern Idealism* (1919).

Als Royce dem Ruf von James folgte, glaubte er sich in einer fast völligen Übereinstimmung mit den Ideen und Lehren seines Meisters. Während der für sein Weltbild wichtigen Studienzeit in Deutschland hatte er nicht nur den Neukantianismus Windelbands, sondern auch den naturwissenschaftlich orientierten Empirismus Lotzes und Wundts kennengelernt. So fiel es Royce zunächst nicht schwer, die Ideen der deutschen Idealisten – von Kant über Fichte bis Hegel – mit dem in Amerika wirkenden Rationalismus angelsächsischer Schule zu vereinbaren. Diesem Prinzip ist er auch nach dem Bekenntnis zum Neukantianismus in einer Weise treu geblieben, daß sein Interpret Santayana von ihm sagen konnte, er »wollte den absoluten Idealismus mit dem mit diesem absolut nicht zu vereinbarenden sozialen Realismus verbinden«. Wie James ging es auch Royce um das vom Kollektivismus bedrohte Individuum, und wie James war auch Royce der Ansicht, daß die Menschen ihre Ziele nur in der Gemeinschaft verwirklichen können.

Im Gegensatz zu James aber kam Royce von der Theologie her und bekannte sich schließlich zum Monismus. Alle Wirklichkeit ist nach Royce in der Idee gegeben, im Geist. Aber letztlich gibt es in seinem Denkgebäude nur eine, den möglichen Irrtum ausscheidende letzte Instanz: den absoluten Geist, dem sich alles Einzelne als Teil eines Ganzen unterordnet. Hier konzentriere sich der Allwille.

Diese in *The Religious Aspect of Philosophy* und *The Conception of God* enthaltenen Gedanken verdammen die Individuen jedoch nicht zur Untätigkeit. Zwar sind sie Teile des Absoluten, da aber jedes einzelne Wesen mit einem moralischen Willen und moralischer Selbständigkeit versehen ist, leistet es einen außerordentlichen und unverzichtbaren Beitrag zum *gemeinsamen* Ganzen. Damit widerspricht er dem Determinismus Darwins und erweitert die in der Fichte verpflichteten Schrift *The Spirit of Modern Philosophy* geübte Kritik am Positivismus und Evolutionismus. In *The Philosophy of Loyalty* fordert er das Individuum auf: »Wähle Deine Taten so, daß ihr Ergebnis als das möglichst beste erscheinen möge, wenn alle Resultate zugleich und als Ganzes in bezug auf das wesentliche Gute oder Böse in ihnen betrachtet werden.« Und: »Die individuelle Erlösung liegt in der Loyalität zu einer Sache.« Falls jedoch das Individuum Gefahr laufen sollte, in einen unvermeidbaren Konflikt zwischen Loyalitäten zu geraten, so läßt sich dieser gordische Knoten nach Royce durch »loyalty to loyalty« lösen, was nichts anderes heißt, als daß die absolute Hingabe an die Hingabe um ihrer selbst willen geschieht. Dies ist sinnvoll nur dann möglich, wenn Royces Thesen vom kollektiven Christentum befolgt werden. Damit begründete er seine »Hoffnung auf die große Gemeinschaft«.

Der Leitstern seiner Philosophie ist das »Absolute«, aus dem sich die »absolute Idee« und schließlich die »ideale Gemeinschaft« entwickeln soll. Im Rahmen dieser Ordnung wächst der Eigenverantwortlichkeit und damit dem freien Willen und der Aktivität des einzelnen eine entscheidende gesellschaftliche Funktion zu. Es handelt sich nirgends um einen theologischen Atavismus, sondern um eine Lehre, in der idealistische und empiristische, dynamische und voluntaristische Elemente den Ton angeben und eine Weltanschauung ermöglichen, die der Identität des Individuums in der Gemeinschaft das Wort redet, den freien Willen als Motor der Entwicklung anerkennt und den Determinismus ausschaltet. Dies entsprach so absolut der amerikanischen Tradition, daß Royce nach dem Tod seines philosophischen Gegners und persönlichen Freundes James eine Zeitlang als Patriarch der amerikanischen Philosophie galt und für sich in Anspruch nehmen konnte, den Idealismus den modernen Bedürfnissen Amerikas angepaßt zu haben.

Weit wirksamer als Royce war das Werk des Philosophen und Pädagogen JOHN DEWEY (1859–1952).

Dewey stammte aus Burlington, Vermont, studierte bis 1879 an der *University of Vermont* und promovierte 1884 mit der Arbeit »The Philosophy of Kant« an der *Johns Hopkins University* zum Ph. D. Nach Lehrtätigkeiten an den Universitäten von Minnesota, Michigan und Chicago, wo er vornehmlich Logik und Moralphilosophie dozierte, übernahm er 1904 den Lehrstuhl für Philosophie an der *Columbia University*. Im Gegensatz zu Royce empfand er seine Professur als eine Verpflichtung, tatkräftig am öffentlichen Leben mitzuwirken. So gründete er u. a. in Chicago eine Versuchsschule, um neue Unterrichtsmethoden zu erproben. Nicht zuletzt durch seine ständige enge Verbindung zur Pädagogik – wo er seine Philosophie in die Tat umsetzen wollte – wurde Dewey der wohl einflußreichste amerikanische Denker in der ersten Hälfte des 20. Jahrhunderts. Er hinterließ ein gewaltiges Werk. Zu den wichtigsten philosophischen Arbeiten zählen: *Outlines of a Critical Theory of Ethics* (1891), *Studies in Logical Theory* (1903), *The Influence of Darwin on Philosophy* (1910), *Democracy and Education* (1916), *Reconstruction in Philosophy* (1920), *Human Nature and Conduct* (1922), *Experience and Nature* (1925), *Philosophy and Civilization* (1931), *Art as Experience* (1934), *Logic, The Theory of Inquiry* (1938), *Freedom and Culture* (1939) u. a. Aus seinem pädagogischen Œuvre sind zu nennen: *Psychology* (1887), *The School and Society* (1899), *Moral Principles in Education* (1909), *Interest and Effort in Education* (1913), *Experience in Education* (1938) und *The Public Schools and Spiritual Values* (1944). Eine Sammlung seiner Essays erschien unter dem Titel *Problems of Men* (1946).

Dewey war zunächst ein am Idealismus geschulter Akademiker. Seine Dissertation oder das 1888 erschienene Buch über Leibniz sind Beispiele einer bald von ihm überwundenen Weltschau. Die Wende vollzog sich in Chicago, als er die *Psychology* seines Vorbildes James studierte und sich anschickte, den »Pragmatismus« konsequent im »Instrumentalismus« weiterzuentwickeln. Die Essenz seiner neuen Ideen findet sich in den Arbeiten *Democracy and Education*, *Human Nature and Conduct* und *Logic, the Theory of Inquiry*.

Das Fundament seines Gebäudes bildet der von James entlehnte wissenschaftliche Realismus. Doch hier scheiden sich bereits die Wege, da Dewey den im »will to believe« enthaltenen Restbestand des Subjektivismus und Irrationalismus als unvereinbar mit dem von ihm geforderten konsequenten Realismus empfand. Die einzige Realität, die Dewey anzuerkennen bereit war, ist die Realität der Erfahrung. Sein Vorbild waren die Naturwissenschaften, die sich durch Beobachtung und Versuch, das heißt mit Hilfe der Erfahrung zu Erkenntnis und Wahrheit vorantasten. Mithin müsse das

Denken allein funktionalistisch gesehen werden. Abstraktes oder rein theoretisches Wissen besage wenig, solange nicht die Probe auf die Richtigkeit der Gedanken erbracht würde. Damit näherte er sich Darwin und lehrte, daß das Denken ein im Laufe der Evolution entwickeltes Instrument sei, ein Mittel zur Anpassung an sich ständig verändernde Bedingungen. Das Denken sei vornehmlich praktisch und nützlich und habe erst dann einen Sinn, wenn es als ein Plan für das Handeln aufgefaßt werde. Nicht »will to believe«, sondern der vom Gedanken eingeleitete Wille zur Tat führe zur Wahrheit, da Wille und Notwendigkeit zur Anpassung Sinn und Zweck allen Denkens sei. Da nach Dewey selbst psychische Vorgänge lokalisierbar sind, da sie auf objektiv-erkennbare Impulse zurückgeführt werden können, ist in dieser Logik kein Platz mehr für einen Bereich des Irrationalen.

Den nächsten entscheidenden Schritt vollzog Dewey, indem er die – aus ihrer metaphysischen Verklammerung gelöste – »Wahrheit« in ein praktisch überprüfbares Kriterium verwandelte. Sie offenbart sich dem Suchenden als Ergebnis seines Denkens in der Tat, und zwar dann, wenn die in Aktion umgesetzte Idee ihr Ziel in der Praxis erreicht. Ist dies nicht der Fall, so sei der Beweis für fehlerhaftes Denken erbracht. Damit ist die Lehre Deweys, wie es Brand Blanshard formulierte, »mehr eine Philosophie der Aktion als der Kontemplation«, ein praktisch-nüchternes Verfahren, mit dessen Hilfe das Individuum im Zusammenwirken mit anderen in die Lage versetzt werden soll, die Welt nach seinen Bedürfnissen und Wünschen umzugestalten. Es ist eine ›Religion‹, in der sich Wahrheit und Erfolg decken und der Mensch – bei aller Ablehnung traditioneller Metaphysik – absolut in das Zentrum der Welt gerückt wird. Deweys Glaube an die Kraft des einzelnen speist sich aus amerikanischen Wurzeln und verleiht seiner Lehre einen optimistischen Zug. Wie James lief aber auch er Gefahr, gründlich mißverstanden zu werden, denn wo der Wahrheitsgehalt des Denkens vom Grad des Erfolgs der daraus abgeleiteten Tat bestimmt wird, ist jedem Tat- und Machtmißbrauch Tür und Tor geöffnet. Dewey wirkte einer solchen Interpretation entgegen, indem er das Individuum in einen ethischen Bezug zur Gemeinschaft stellte; dennoch ist die Ethik wohl der schwächste Punkt im System des »Instrumentalismus«. Da es in diesem dynamisch verstandenen Weltbild auch im ethischen Bereich keine festen Normen geben kann, ist gut, was zum Fortschreiten, zur Reife des Menschen beiträgt. Was aber unter Reife zu verstehen ist, hat der sonst so konsequente Logiker nicht zu definieren vermocht. Eine metaphysische Hilfskonstruktion kam für ihn nicht in Betracht; er lehnte den Idealismus in einer Weise ab, daß er in *Reconstruction in Philosophy* die Metaphysik als ein Produkt der Müßiggängerklasse bezeichnete, mit deren Hilfe sich diese aus ihrer Verantwortung entlassen und in eine andere, nicht überprüfbare Welt flüchten wolle.

»Die Philosophie« war nach Ansicht Deweys »nur dann von Wert, wenn sie eine Anleitung zum Handeln bietet«. Sie sollte das Dasein nicht (passiv) interpretieren, sondern zu dessen aktiver Umgestaltung beitragen. Die beste Möglichkeit dafür sah Dewey auf dem Feld der Pädagogik. Hier wurde seine Philosophie des tätigen Lebens zu einer gewaltigen, die bisherigen Erziehungsgrundsätze überwindenden Kraft. Es besteht kein Zweifel, daß seine Lehre erst durch die Übertragung auf die Erziehungswissenschaften ihre das ganze Land bewegende Bedeutung erlangte und auf die Welt ausstrahlte.

Die vollständigste Darlegung seiner auf dem »Instrumentalismus« beruhenden Erziehungslehre ist in *Democracy and Education* enthalten. Dewey ging davon aus, daß der Mensch ein biologisches Wesen sei, das sich an seine Umwelt und die komplexe moderne Gesellschaft anpassen müsse. Damit war für ihn eine Neuorientierung der Pädagogik mit Blick auf das Industriezeitalter gegeben. Da der Mensch jedoch ein Produkt der Gewohnheit sei, stellten sich Dewey die didaktischen und methodischen Probleme neu. Der aus seiner Philosophie stammende Gedanke von der Einheit des Denkens und Handelns, vom Primat der Tat, führte in der Schule zur Verdammung des reinen Lernens. Jede Aufgabe muß ihre praktische Lösung finden, alle Probleme sollen in einer natürlichen Reihenfolge behandelt werden. Beobachten, Experimentieren, Revidieren sollen den Charakter des Unterrichts bestimmen. »Learning by doing« ist das neue Zauberwort: Das Kind soll spielend lernen. Damit propagiert Dewey auf seine Weise die Ideen Pestalozzis in reiner Form. Natürlich aber ist, daß sich der Mensch in seinen Verhaltensweisen unbewußt an die Umwelt adaptiert. Dieser Umstand soll nach Dewey in der Methodik berücksichtigt werden: »Die Tat muß vor dem Gedanken erfolgen und die Gewohnheit vor der Fähigkeit, den Gedanken aus freiem Willen zu erzeugen.« Da auch die Schule ein Instrument zur besseren Anpassung des Individuums an die Umwelt ist, muß sie nicht nur die Veranlagungen der einzelnen Kinder stärker als bisher fördern, sondern auch den Unterschied zwischen kultureller und berufsbildender Erziehung aufheben. Auch hier gilt der Grundsatz, daß sich die Realitäten ständig ändern und die Wahrheit der Ideen, Hypothesen und Gedanken am Erfolg des Bemühens zu messen sei. Damit löste Dewey das »Progressive Education Movement« aus, dessen Wirken wesentlich zur Demokratisierung des amerikanischen Bildungswesens beigetragen hat.

Aktiv wie seine Philosophie war auch Dewey selbst. Nie ist er gesellschaftlichen Problemen aus dem Weg gegangen. Der sich in seinen Elfenbeinturm zurückziehende Akademiker war ihm ein Greuel. Er war stets bereit, die akademische Karriere für seine Ideen aufs Spiel zu setzen. Seine Kritiker nannten ihn den Plebejer unter den amerikanischen Philosophen. Was einem verfeinerten Geschmack an seinem Werk plebejisch erscheint, sind seine pragmatische Vitalität und sein Bekennermut. Dewey war kein glänzender Stilist, sondern führte eine prosaische, spröde Feder. Nicht selten gab er sich mit unpräzisen Aussagen zufrieden, die in vielen Fällen mehrere Interpretationen zulassen.

Die amerikanischen Philosophen – von Emerson bis Dewey – hatten eine ihrer Hauptaufgaben darin gesehen, ihren Mitmenschen die Überzeugung zu vermitteln, ungeachtet aller sie bedrängenden Entwicklungen seien sie mit einem freien Willen ausgestattete, dem Determinismus – gleich welcher Art – nicht hilflos ausgelieferte Wesen. Dieser Weltausdeutung trat der von James und Royce ausgebildete Aristokrat, Philosoph und Künstler GEORGE SANTAYANA (1863–1952) entgegen.

Jorge Ruiz de Santayana y Borrais wurde als Sproß eines spanischen Adelsgeschlechts in Avila, Spanien, geboren, kam 1872 mit seinen Eltern nach Boston, studierte bis 1886 an der *Harvard University*, ergänzte die Studien in Deutschland und England und promovierte 1889 in Harvard zum Ph. D. Anschließend wirkte er bis 1912 als Kollege seiner Lehrer. Santayana hat sich in der Atmosphäre Neuenglands nie wohlgefühlt. Er verabscheute den Protestantismus, den Puritanismus, die Demokratie und die amerikanische Dynamik in einem Maße, daß er nach seiner Erbschaft 1912 die Professur niederlegte und 1914 vor dem »muffigen Pflichtgeruch« der Kalvinisten nach Europa floh, um nie wieder in die USA zurückzukehren. In Frankreich, England und Italien lebte er als Schriftsteller und Privatgelehrter das Leben eines aristokratischen Individualisten. Dennoch konnte er sich nie von der in Boston empfangenen Erziehung gänzlich freimachen. Er schrieb Englisch und sagte: »Soll ich überhaupt etwas gelten, so muß ich als amerikanischer Schriftsteller Geltung haben.« Seine Gedankenlyrik (*Sonnets and Other Verses*, 1894; *A Hermit of Carmel and Other Poems*, 1901; gesammelte *Poems*, 1923) sowie die Verstragödie *Lucifer; a Theological Tragedy* (1899, rev. 1924) stehen der europäischen Tradition näher als der amerikanischen. Der Roman *The Last Puritan* (1935) und die autobiographischen Bücher *Persons and Places: The Background of My Life* (1944), *The Middle Span* (1945) und *My Host the World* (1953) runden das nichtphilosophische Werk ab. Nach der Jahrhundertwende widmete sich Santayana vornehmlich der Philosophie und legte seine grundsätzlichen Gedanken in zwei Bücherfolgen nieder: *The Life of Reason; or, The Phases of Human Progress* (5 Bde., 1905/06) und *The Realms of Being* (4 Bde., 1927–1940). Eine neue Denkweise kündete sich in dem Band *Scepticism and Animal Faith* (1923) an. Er führte seine Gedanken in einer Reihe weiterer Werke aus, von denen *Three Philosophical Poets: Lucretius, Dante, and Goethe* (1910),

Winds of Doctrine (1913), *Platonism and the Spiritual Life* (1927), *Some Turns of Thought in Modern Philosophy* (1933), *Obiter Scripta* (1936) und *The Idea of Christ in the Gospels* (1946) die wichtigsten sind. *Philosophical Opinion in America* (1918), *Character and Opinion in the United States* (1920) und *The Genteel Tradition at Bay* (1931) sind Studien zum Thema des amerikanischen Charakters. In *Dominations and Powers: Reflections on Liberty, Society and Government* (1951) vertritt er die Ansicht, daß die »Welt nach einer universalen Regierung ruft«.

Als der Romane Santayana an seiner Schrift *Three Philosophical Poets* arbeitete, war er davon überzeugt, daß die amerikanische Philosophie eine Beute des idealistischen Egozentrismus der teutonischen Denker geworden war. Goethe erscheint hier als Inkarnation übersteigerter Ich-Bezogenheit, die weniger zur Vergöttlichung des Menschen als vielmehr zu einer durch nichts gerechtfertigten Selbstüberschätzung führen müsse. In *Egotism in German Philosophy* (1916, rev. 1940) führte er diesen Gedanken weiter aus und hielt schließlich den amerikanischen Philosophen entgegen, daß ihr freier Mensch alles in allem nur ein Materie-Produkt sei.

Santayana hielt sich für einen »entschiedenen Materialisten – den allem Anschein nach einzigen unter den Lebenden«. Aber auch sein Materialismus war insofern kein amerikanischer, als er sich nicht moralisch gab. Sein »großes Axiom« ist »die Vorherrschaft der Materie in jedem seienden Wesen, selbst wenn das Wesen ein geistiges ist«. In den unter dem Titel *The Life of Reason* zusammengefaßten Bänden *Introduction and Reason in Common Sense*, *Reason in Society*, *Reason in Religion*, *Reason in Art* und *Reason in Science* erscheinen selbst das Denken, Fühlen und Glauben als Produkte einer materialistisch zu erklärenden Hirntätigkeit, als Nebenprodukte unseres physischen Funktionierens. Die Materie ist »die Quelle unseres Lebens und Erteiler von Gut und Böse«. Begriffe wie sittliche Willensfreiheit, Weiterleben des Geistes nach dem Tode oder Gott als Walter der Welten verweist Santayana in den Bereich einer zwar ergreifenden, aber doch primitiven Mythologie. Religion ist ihm nicht Philosophie, sondern Dichtung.

Damit kann es für das Individuum nicht primär darum gehen, über seine Freiheit oder Unfreiheit nachzugrübeln. Seine Aufgabe besteht vielmehr darin, die animalischen Triebe unter Kontrolle zu halten, damit der irdische Friede – einen anderen gibt es nicht – gewährleistet werde. Wer sein eigenes Leben vernünftig gestalten will, sollte daher alle Metaphysik von sich weisen, denn: »Alles Ideale hat eine natürliche Grundlage und alles Natürliche eine ideale Entwicklungsmöglichkeit.«

In den zwischen 1927 und 1940 erschienenen Werken *The Realm of Essence* (1927), *The Realm of Matter* (1930), *The Realm of Truth* (1937) und *The Realm of Spirit* (1940) ist eine deutliche Verlagerung des Interesses festzustellen. »Wissen«, so lehrt er, »ist nicht Wissen von Erscheinungen; sondern Erscheinungen stellen eine Kenntnis der Substanz dar, insofern sie als Zeichen der Substanz hingenommen werden.« Der letzte Teil dieser Aussage weist darauf hin, daß es auch im System Santayanas eine Frage des »Glaubens« ist, ob man sich zum Primat der Materie bekennen will und diese als eine unabhängig vom Denkenden existierende Kraft anerkennt. Die Welt besteht nun für Santayana aus einer Fülle von Wesenheiten *(essences)* zeitlosen Charakters, die außerhalb des Bereichs des Veränderlichen liegen. Diese *essences* ähneln den »ewigen Bildern« Platos. Diese Verwandtschaft beschränkt sich jedoch auf bloße Äußerlichkeiten. Die ewigen Bilder Platos sind nämlich nicht nur Ideen, sondern auch Ideale von dynamischer Bedeutung, während die *essences* ohne Wirkung auf das Geschehen dieser Welt bleiben. Um nicht in einem Chaos zu versinken, ist der Mensch gezwungen, Wesentliches von Unwesentlichem zu scheiden. Auch dieser Akt ist wertfrei und hat nichts mit der ethisch gefärbten amerikanischen Auffassung von der Willensfreiheit zu tun. Der Mensch Santayanas agiert nur, indem er auf materialistisch zu erklärende Prozesse reagiert. Dieses Individuum pendelt zwischen zwei Polen, dem aus der Logik geborenen Skeptizismus und dem aus dem animalischen Glauben erfahrenen Wissen. »Alles im Leben ist lyrisch in seinem Ideal, tragisch in seinem Schicksal und komisch in seiner Existenz.« Der Kern dieser Lehre offenbart eine epikuräische Ethik, da er die Menschen letztlich dazu auffordert, sich das Leben so angenehm wie möglich zu machen. Freilich warnt er sie auch davor, die Erfahrungen zu übersehen: »Diejenigen, die nicht die Vergangenheit kennen, sind verdammt, sie zu wiederholen.«

Seinem Wesen nach steht Santayana von allen Amerikanern Henry James und T. S. Eliot am nächsten. Mit letzterem verbindet ihn ein Interesse an griechischer Klassik, mit ersterem die bewußte Künstlerschaft und ein feinfühliger, gelassen anmutender glänzender Stil sowie der Kosmopolitismus. Als Lyriker hat Santayana beispielhafte Sonette verfaßt, die er als die Dichtung seiner werdenden Philosophie bezeichnete. »Lucifer« muß als sein Ergebnis des Ringens um religiöse Erkenntnis gewertet werden. Santayana behauptete von sich, er sei bis auf den Glauben Katholik und umriß damit sein Verhältnis zum Puritanismus, von dem er sagte, er »lebe in Feindschaft mit der Freude«. Diesem Thema ist sein einziger Roman, *The Last Puritan*, mit dem bezeichnenden Untertitel *A Memoir in the Form of a Novel* gewidmet.

> Hier stehen sich in dem asketisch-intellektuellen Neuengländer Oliver Alden und dem romanischen Hedonisten Mario Van de Weyer zwei Welten gegenüber: die Welt der Pflicht und Disziplin und die einer natürlich-vitalen Weltbewältigung. Die Sinnlosigkeit des Daseins dieses »letzten Puritaners« wird dadurch symboli-

siert, daß Oliver nach langem Frontdienst kurz nach dem Waffenstillstand zum Opfer eines Verkehrsunfalls wird. Auch hier erweist sich Santayana als glänzender Stilist und Schöpfer geschliffener Aperçus.

Seine Ablehnung jeder Pedanterie hat seinem philosophischen Werk nicht immer zum Vorteil gereicht, da es auf diesem Felde weniger um geistreiche Aphorismen als um Klarheit und Präzision des Ausdrucks und der Definition geht. Und so haben seine Gegner nicht selten den Stil zum Anlaß genommen, die Ernsthaftigkeit seiner Gedanken in Zweifel zu ziehen.

Der soziale Realismus und Tendenzprosa

»Die Literatur«, schrieb Régis Michaud im Jahre 1931, »ist in den Vereinigten Staaten viel weniger die Schöpfung einer Elite als in Europa ... Das Buch ist in Amerika immer eine Form und eine Begleiterscheinung der Handlung gewesen. Die Literatur der Amerikaner ist in ihrer Gesamtheit eine utilitaristische, predigende, puritanische Literatur zum Zwecke der sittlichen Bildung und Läuterung ... Die soziale Bedeutung dieser Literatur steht über der künstlerischen.« Selbst wenn man davon ausgeht, daß der Franzose einen anderen Elite-Begriff im Auge hat als die Amerikaner und möglicherweise auch Kunst anders definiert, so trifft seine Beobachtung insbesondere auf die *literature of exposure* zu, die um die Jahrhundertwende – mit einem ihrer Seitenzweige – in die Bewegung der literarischen *muckrakers* einmünden und nach der Überwindung des reinen Thesen- und Tendenzromans einen bedeutenden Einfluß auf die Ausformung einer sozialkritisch orientierten Prosa in den USA haben sollte.

Die ›Literatur der Enthüllung‹ ist in den USA keineswegs nur auf das zeitgeschichtlich-zeitkritische Sachbuch beschränkt gewesen, sondern bemächtigte sich bereits sehr früh des Romans, so daß die sozialkritischen Schriftsteller der Jahrhundertwende auch in dieser Beziehung schon auf eine gewisse Tradition zurückblicken konnten. Da jedoch die amerikanischen Autoren – von relativ wenigen Ausnahmen abgesehen – stets um die Demokratie und die Identität des Individuums besorgt waren und mehr oder weniger stark dazu neigten, ihre Kunst auch in den Dienst gesellschaftlicher Reformen zu stellen, läßt sich in Amerika nur schwer eine Grenze zwischen der *literature of exposure* und der sich nun immer kräftiger entwickelnden sozialkritischen Literatur realistischer Provenienz ziehen. Legt man den Begriff ›Enthüllungsliteratur‹ weit aus, so ist ihr fast die gesamte amerikanische Prosaliteratur bis in das zweite

Drittel des 20. Jahrhunderts zuzurechnen. Im Ziel einig, unterscheiden sich die einzelnen Werke vornehmlich in der Methode der Weltausdeutung und in den gewählten Themen und Formen. In diesem Sinne gehören Melvilles *White-Jacket*, Mark Twains und Warners *The Gilded Age*, Steinbecks *The Grapes of Wrath*, Sandburgs *Chicago Poems* oder Werke von Farrell oder Bellow, um nur einige zu nennen, in diese Kategorie. Selbst ein vergleichsweise gemäßigter Kritiker wie Sinclair Lewis nannte sich stolz einen *muckraker* und stellte damit seine Charakterstudien an die Seite des Tendenzromans von der Art Upton Sinclairs.

Eine solche vereinfachte Definition befriedigt aber nicht, da sie dem unterschiedlichen Wesen der unter dem Rubrum ›Enthüllungsliteratur‹ genannten Werke nicht gerecht werden kann. Aus diesem Grund empfiehlt es sich, zwischen dem Thesen-, Tendenz- oder zeitgeschichtlich-historischen Roman und jenen Texten zu unterscheiden, die über die psychologische Ausdeutung zur kritischen Aussage kommen. Gewiß sind die Grenzen fließend: Im ersten Fall handelt es sich jedoch vorwiegend um psychologisch wenig vertiefte, fast ausschließlich vom Ziel der Aussage bestimmte Abschilderungen äußerer Erscheinungen. Im zweiten werden die in der Gesellschaft wirkenden Spannungen in die Psyche des Charakters projiziert und als Gewissenskonflikt der Betroffenen präsentiert. Der frühe sozialkritische Roman ist in der Regel eine Mischform beider Konzeptionen, ehe in der Blütezeit der *muckrakers* – etwa zwischen 1902 und 1914 – auch ein fast reiner Thesenroman an Bedeutung gewinnt.

Sucht man nach Vorbildern und Vorläufern der literarischen ›Schmutzaufwühler‹, so stößt man bereits in den sechziger Jahren des 19. Jahrhunderts auf den anklägerischen Realismus der in Philadelphia lebenden REBECCA HARDING DAVIS (1831–1910), die neben sentimentalen Erzählungen und Romanen in »Life in the Iron Mills« (1861 in *Atlantic Monthly*) das harte Leben in den Stahlwerken Pennsylvanias schildert und in dem Roman *John Andross* (1874) der politischen Korruption nachgeht. In ihrer Zielsetzung war sie eine echte ›Schmutzaufwühlerin‹, denn sie wollte »in diesem gemeinen, vulgären amerikanischen Leben graben und sehen, was in ihm ist«. Bekanntlich leitet sich die Bezeichnung *muckraker* von einer Gestalt aus Bunyans *Pilgrims Progress* (1678) ab, die so viel im Schmutz wühlte, daß sie die über ihr schwebende himmlische Krone nicht mehr zu erblicken vermochte.

Mitte der achtziger Jahre setzte unter dem Eindruck kapitalistischer Entartungen eine Hochflut von Enthüllungsliteratur ein. Sie war für den Tag geschrieben und verfolgte in der Regel einen ganz bestimmten, zuweilen sehr eng umrissenen Zweck. So antwortete etwa HENRY FRANCIS KEENAN (1850–1928) auf das alles andere als gewerkschaftsfreundliche Buch *The Bread-Winners* (1884) von JOHN HAY (1838–1905) mit dem Roman *The Money-Makers* (1885), in dem das Treiben der Unternehmer für die in *The Bread-Winners* geschilderten Reaktionen der Arbeiter verantwortlich gemacht wird. Viele dieser Tendenzromane bewegen sich zwar auf einem realistischen Hintergrund, sind in ihrer Mehrheit aber sentimental angelegt und didaktisch konzipiert. Das änderte sich etwas, als Kritiker wie George Lloyd oder Veblen der sentimentalen Erörterung dieser Probleme ein Ende zu setzen suchten und die ökonomischen Phänomene in das Zentrum der Betrachtung rückten. Überdies machte sich nun auch der Einfluß Zolas bemerkbar. All das trug zur ›Versachlichung‹ des Enthüllungsromans bei. Was blieb, war ein mehr oder weniger gut verborgener, heimlicher Romantizismus, wie er auch dem Werk Zolas eigen ist.

Ein entschiedener Gegner jedweder sentimental gefärbten Sozialkritik war der aus Norwegen stammende, 1869 in die USA eingewanderte Deutsch-Professor HJALMAR HJORTH BOYESEN (1848–1895). Er hatte in Christiania und Leipzig studiert und lehrte später an der *Cornell* und der *Columbia University*. Aus seinen wissenschaftlichen Arbeiten (*Goethe and Schiller*, 1879; *Essays on Scandinavian Literature*, 1895), Gedichten und Prosawerken ragen vier Romane heraus, die den neuen Zeitgeist atmen. Der auf norwegischem Hintergrund spielende Roman *Gunnar* (1874) führte zu einer lebenslangen Freundschaft mit Howells. Tolstoi und Turgenjew wurden seine literarischen Vorbilder. Am meisten beunruhigte ihn der von den lesenden Damen viktorianischer Erziehung ausgehende Einfluß auf die literarische Geschmacksbildung. Er nannte diese literaturbeflissene Amerikanerin »die Eiserne Madonna, die den amerikanischen Schriftsteller in ihrer freundlichen Umarmung erdrosselt«. Boyesens spätere Romane *The Mammon of Unreighteousness* (1891), in dem er zwei Brüder – den sozialen Idealisten und den skrupellosen Politiker – gegenüberstellt, *The Golden Calf* (1892), der den Abstieg eines idealistischen jungen Mannes in der Welt des Reichtums schildert, und *The Social Strugglers* (1893) sind realistische Versuche, in denen die Thesen noch nicht die Problemstellung überwuchern.

Einen ganz anderen Weg ging der aus Massachusetts gebürtige Publizist EDWARD BELLAMY (1850–1898), der zuerst romantisch gefärbte Proletarier-Bilder entwarf, um 1888 mit dem aufsehenerregenden utopischen Roman *Looking Backward: 2000–1887* und der Fortsetzung *Equality* (1897) eine neue soziale und wirtschaftliche Ordnung zu propagieren. Von einer solchen Flucht in die Zukunft hielt der aus Indiana stammende und in New York lebende Journalist und Schriftsteller DAVID GRAHAM PHILLIPS (1867–1911) wenig. Als Mitarbeiter und Korrespondent der New Yorker *Sun* und der *World* hat er seine Umwelt gründlich erforscht. Als er 1911 von einem Geisteskranken ermordet wurde, hatte der Farmersohn neben vielen Essays nicht weniger als dreiundzwanzig Romane geschrieben, die ihn neben Upton Sinclair als den produktivsten und wirksamsten *muckraker* ausweisen. Alle seine Bücher verraten den Reporter, viele sind recht geschickte Kolportagen, dennoch kann man nicht sagen, daß er nur literarisch verbrämte Leitartikel geschrieben habe. Dieser ungewöhnlich engagierte Mann ließ kein Thema aus, das ihm Gelegenheit bot, die Unmoral der Besitzenden anzuprangern. *The Great God Success* (1901) ist seinem Titel nach Programm. *The Cost* (1904) und *The Deluge* (1905) richten sich gegen das Wall-Street-Spekulantentum; *The Plum Tree* (1905), *The Fashionable Adventures of Joshua Craig* (1909) und *The Conflict* (1911) führen in die Welt der politischen Korruption, und *The Second Generation* (1907) erinnert in der Thematik an *The Golden Calf* von Boyesen, mit dem Unterschied, daß Phillips den verderbenden Einfluß des Geldes an der verwöhnten zweiten Generation einer durch Ellenbogenstärke und Fleiß aufgestiegenen Schicht demonstriert. Eines seiner Hauptthemen ist die Stellung der Frau in der sich wandelnden Gesellschaft. Bereits in *Golden Fleece* (1903) hatte er den nach einer amerikanischen Millionärstochter Ausschau haltenden europäischen Adligen geschildert. Später (*Old Wives for New*, 1908; *The Husband's Story*, 1910; *The Price She Paid*, 1912) wandte er sich dem Schicksal der ›Durchschnittsfrau‹ zu. Sein wichtigstes Werk, *Susan Lenox: Her Fall and Rise* (1917), erschien posthum. Es ist die auf dem Hintergrund der Slums von Cincinnati und der politischen Korruption New Yorks abrollende Geschichte eines Bauernmädchens. Susan flieht aus einer von den Eltern aufgezwungenen Ehe, kämpft sich als Prostituierte in New York an die Sonnenseite des Lebens, um schließlich als Schauspielerin Erfolge zu feiern.

Phillips kam es weniger auf die Form als auf den didaktischen Aussagewert an. Viele seiner Bücher hinterlassen den Eindruck schnell hingeworfener Studien zu sozialen Themen, die den Autor gerade beschäftigt haben. Konzeption und Struktur dieser Romane lassen zu wünschen übrig, und es ist gerade die Klarheit der Diktion, die das mangelnde Differenzierungsvermögen bei der Charakterdarstellung zutage treten läßt. Die psychologische Studie war weder sein Anliegen noch seine Stärke, so daß seine Bücher zum Teil doch recht unmotiviert anmuten. In ihrer Zeit wurden sie jedoch mit Begeisterung gelesen und trugen dazu bei, das soziale Gewissen der Amerikaner zu wecken. Phillips war ein Vorkämpfer der Reformbewegung. Sein Angriff auf den Senat (1906 im *Cosmopolitan Magazine*) provozierte Theodore Roosevelt, den Begriff *muckraker* zu benutzen, der binnen kurzem ein Schlagwort wurde und seitdem nicht mehr aus der amerikanischen Literatur verschwunden ist.

Der eigentliche Führer der *muckraker*-Bewegung war der aus San Francisco stammende Publizist LINCOLN STEFFENS (1866–1936), der als Chefredakteur so angesehener Magazine wie *McClure's*, *American* und *Everybody's* einen großen Einfluß auf die literarische Protestbewegung ausübte. Ihm ist es zu verdanken, daß manche der *muckrakers* überhaupt zu Wort kamen. Seine Artikel (gesammelt in: *The Shame of the*

Cities, 1904; *The Struggle for Self-Government*, 1906, und *Upbuilders*, 1909) machen deutlich, daß er auch insofern die typische Entwicklung eines *muckraker* durchlief, als seine anfangs rein ethisch motivierte Gegnerschaft zum System sich schließlich in eine ökonomisch-politisch begründete wandelte. Mit Nachdruck wies er in seinen späteren Schriften darauf hin, daß es bei der Anprangerung der menschenunwürdigen Verhältnisse nicht mehr auf die Sensations-Reportage um das einzelne, verabscheuungswürdige Faktum, sondern auf die Darstellung der ganzen Komplexität der kritisierten Bedingungen ankomme. Seine *Autobiography* (1931) gilt als eine der umfassendsten Interpretationen des Wesens der *muckraker*-Bewegung.

Eher liberal als revolutionär gab sich der in Emporia, Kansas, wirkende Politiker und Publizist WILLIAM ALLAN WHITE (1868–1944), der in der *Emporia Gazette* sein politisches Anliegen in einer Reihe von Erzählungen erläuterte (*The Real Issue and Other Stories*, 1896) und in dem Roman *A Certain Rich Man* (1909) die Funktion eines ›Schmutzaufwühlers‹ in seinem Heimatstaat übernahm. Damit aber hat er nicht im entferntesten die Bedeutung des asketischen Reformers und Agitators UPTON SINCLAIR (1878–1968) erlangt.

Sinclair stammte aus einer verarmten, vornehmen Familie des Südens. Von Baltimore führte ihn sein Weg über das *City College* und die *Columbia University* nach New York. Hier bildete sich sein urchristlich-idealistisches Weltbild heraus, das einer Konfrontation mit der amerikanischen Wirklichkeit nicht standhalten konnte. Die ersten Romane, darunter die gelungene Bürgerkriegsgeschichte *Manassas* (1904), atmen den Geist eines Autors, der noch bedingt daran glaubte, daß die Welt von Liebe und Vertrauen zusammengehalten wird. Die Enttäuschung folgte auf dem Fuße, und als Sinclair die Zustände in den Schlachthöfen von Chicago kennengelernt hatte, wandelte er sich zum sozialistischen Reformator. *The Jungle* (1906), die Geschichte des litauischen Einwanderers Jurgis Rudkus und seiner in den Slums von Chicago dahinvegetierenden Landsleute, klingt mit dem Bekenntnis zum revolutionären Sozialismus aus: »Chicago will be ours!« Mit diesem Roman wurde er über Nacht berühmt und gründete in Englewood, New Jersey, die *Helicon Home Colony*, in der sozialistische Ideen praktiziert werden sollten. Ein Großfeuer machte diesem Experiment – an dem auch Jack London und Sinclair Lewis teilnahmen – ein Ende. In der Folge schuf Sinclair über hundert Bücher, die sich mit allen Lebensbereichen der USA befassen, und wurde so zu einem der bedeutendsten Kritiker des amerikanischen Kapitalismus. Dabei setzte er auch das Pamphlet ein: In *The Profits of Religion* (1918), *The Goose-Step – A Study of American Education* (1923), *The Goslings – A Study of American Schools* (1924) oder

> *The Wet Parade* (1931) u. a. greift er die Korruption der Kirchen, das Bildungswesen oder den verderblichen Einfluß des Alkohols an. Auch in seinen Thesenromanen ist er um die Aufdeckung sozialer Mißstände bemüht. In *Jimmie Higgins* (1919) schildert er einen in Rußland stationierten amerikanischen Soldaten, der die Folter einem Verrat an seinen sowjetischen Klassengenossen vorzieht, und in *100%, the Story of a Patriot* (1920) rechnet er mit Streikbrechern ab. Texte dieser Art führten dazu, daß Sinclair lange Zeit seine Bücher im Selbstverlag herausbringen mußte und man ihn als Kommunisten denunzierte. Gegen diese Etikettierung hat sich Sinclair stets verwahrt, und tatsächlich war er – wie er selbst schreibt – »a democratic Socialist«, dem es darum ging, die demokratischen Traditionen Amerikas vor dem Zugriff eines skrupellosen Kapitalismus zu retten, ohne dabei die Freiheit der Persönlichkeit zur Disposition zu stellen.

Mit Romanen wie *King Coal* (1917) oder *Oil* (1927) erweist sich Sinclair als ein Romancier, der das Instrumentarium des sozialkritischen Realismus zu handhaben wußte. Später wurden seine Romane, Theaterstücke und Erzählungen in zunehmendem Maße zu Illustrationen vorgegebener Thesen. Dies gilt in gewisser Beziehung auch für *Boston* (1928), der weltweit wirkenden leidenschaftlichen Verteidigung der unschuldig hingerichteten Anarchisten Sacco und Vanzetti, oder für das elfbändige Romanwerk der *Lanny Budd*- beziehungsweise *World's End*-Serie (1940–1953).

> Hier wird der Leser von dem fiktiven Unternehmersohn und Kunsthändler Lanny Budd, einem Vertrauten des Präsidenten, durch die Geschichte Europas und der Welt (1913–1952) geführt. Stalin und Hitler figurieren neben Roosevelt und vielen anderen Gestalten der Zeitgeschichte, Antifaschisten und vom NKWD verfolgten Studenten der sowjetischen Besatzungszone. Im Zentrum stehen auch hier die politische Korruption, der gewissenlose Waffenhandel eines Zaharoff oder die Warnung, sich jedem Totalitarismus – gleich welcher Provenienz – entschieden entgegenzustellen. In diesem Werk wird auch der Weg Sinclairs vom Apologeten der sowjetischen Revolution zum entschiedenen Gegner des Stalinismus deutlich. Der Autor nannte diese Werke *contemporary historical novels*.

Ein Marxist ist Sinclair nie gewesen, und als er 1934 mit seiner *EPIC-League* (*E*nd *P*overty *In C*alifornia) in die Politik eintrat – fast wäre er Gouverneur geworden –, war er ein Gefolgsmann Roosevelts und dessen *New Deal*. Im Grunde ging es Sinclair um die Verwirklichung urchristlicher Prinzipien (*They Call Me Carpenter*, 1922; *A Personal Jesus*, 1952), um den Versuch, einen entmythologisierten Christus und sein natürliches, der Liebe gewidmetes Leben als vorbildlich zu propagieren. Sinclair ist einer der größten Moralisten der amerikanischen Literatur. Alle seine Schriften und Romane sollten aufrütteln: *No Pasaran* (1937) galt der moralischen Unterstützung der Verteidiger von Madrid; mit dem Bühnenstück *A Giant's Strength* (1948) profilierte sich Sinclair als einer der frühesten Gegner des Atomkriegs, und in dem Roman *Another Pamela* (1950) heißt es – noch einmal in Anspielung auf Richardson –, daß Tugend noch immer belohnt werde.

Die Werke Sinclairs wurden in sehr viele Sprachen übersetzt, und lange Zeit galt er in der Arbeiterbewegung Europas als das gute Gewissen Amerikas. Bei seinem schnellen Arbeiten konnte es jedoch nicht ausbleiben, daß nur relativ wenige seiner Bücher Anspruch auf einen hohen literarischen Rang erheben können. Immer aber ist Sinclair ein routinierter Schriftsteller mit Sinn und Gespür für brisante Themen, Effekte und einem Hang zu realistischer Romantik, die sich aus dem Glauben an den grundsätzlich guten Kern des Menschen speist. Formal hat Sinclair der weiteren Entwicklung des amerikanischen Romans nicht viel zu bieten gehabt, es sei denn, man führte die Art, wie etwa Gore Vidal und andere Autoren des ausgehenden 20. Jahrhunderts ihre historischen Gegenstände angehen, auf das Vorbild Sinclairs zurück. Was in jedem Fall fortwirkte, war der Ideengehalt seines Protests. Grenze und Bedeutung dieses Werkes umriß G. B. Shaw mit dem Satz: »When people ask me what has happened in my long lifetime, I do not refer them to the newspaper files and to the authorities, but to Upton Sinclair's novels.«

Ein Realismus, in dem Propaganda und das Pamphletistische den künstlerischen Gestaltungswillen überwucherten, war in dem Augenblick der Sterilität preisgegeben, da er sich in Oberflächenschilderung erschöpfte und den Text ausschließlich als Instrument der Ideologie betrachtete. Da dies auf den Thesenroman der *muckrakers* in unterschiedlichem Maße zutraf, blieb er eine – allerdings wichtige – Episode in einer Zeit, da die literarische Entwicklung in den USA über die von Howells gesetzten Ziele hinaus dem Naturalismus zustrebte. Emile Zola hatte seinen amerikanischen Schriftstellerkollegen in Romanen wie *L'Assomoir* (1877), *Nana* (1880) oder *Germinal* (1885) gezeigt, wie man das Los der ›Misérables‹ literarisch gestalten konnte. Seit 1893 lag auch *Le roman expérimental* (1880) in einer amerikanischen Ausgabe vor, in der Zola die Prinzipien seiner naturalistischen Literaturtheorie erläuterte. Den Amerikanern fiel es schwer, sich mit diesem neuen Ismus anzufreunden, der nicht nur – wie der Realismus – eine Methode zur literarischen Interpretation der Welt war, sondern darüber hinaus ein weltanschauliches Bekenntnis forderte, dessen deterministischer Kern und der sich daraus ergebende Pessimismus in der Neuen Welt fremdartig anmuten, wenn nicht suspekt erscheinen mußte. Selbst im

Dschungel der Schlachthäuser und Slums von Chicago fanden die Elenden Sinclairs noch die Kraft, siegesbewußt in die Zukunft zu schauen. Sowohl der auf dem biologischen Determinismus basierende Naturalismus Zolas als auch der ökonomisch begründete Flauberts boten lediglich Raum für Charaktere, die von ihren Trieben und Instinkten oder dem sozialen Milieu beherrscht wurden, und zwar in einer Weise, daß der Amerikaner liebstes Kind, die Idee von der alles entscheidenden Kraft des freien Willens, ebenso zum Tode verurteilt zu sein schien wie ihr Bestreben, mit der Literatur moralische und ethische Urteile von größtmöglicher positiver ›Ausstrahlung‹ zu fällen. So ist es zu erklären, daß diese Form des Naturalismus in den USA nur langsam an Boden gewann, wobei zu bedenken bleibt, daß es – wie etwa Dreiser oder Farrell – nur sehr wenige Autoren gab, die dieses Prinzip nach europäischem Vorbild einigermaßen konsequent übernahmen. Der engagierte, utilitaristisch denkende Schriftsteller der Neuen Welt tat sich schwer, die beklagenswerten Übel seiner Gesellschaft mit dem leidenschaftslosen, wissenschaftlich geschulten Blick des Arztes zu sehen. So nimmt es nicht wunder, daß die meisten sozial-realistischen Romane bis zur Jahrhundertwende kaum naturalistische Weltinterpretationen aufweisen und sich schließlich der Strom des amerikanischen Naturalismus – was man heute darunter versteht – ein eigenes Bett grub.

Blickt man zurück, so dürfte JOSEPH KIRKLAND (1830–1894) aus Michigan einer der ersten gewesen sein, der seinen Realismus mit einem Schuß Naturalismus anreicherte. Seine Romane *Zury: The Meanest Man in Spring County* (1887) und der Folgeband *The McVeys* (1888) schildern den von seinem Milieu depravierten ›erfolgreichen‹ Farmer Zury Prouder als eine mehr oder weniger von den Drähten eines sowohl biologisch als auch ökonomisch bestimmten Determinismus dirigierte Figur, die sich allenfalls noch einbildet, freie Willensentscheidungen zu treffen. Einer ähnlich düsteren Welt begegnet man in dem ausweglosen, pessimistischen Roman *The Story of a Country Town* (1883) des aus Indiana stammenden Publizisten und Verlegers EDGAR WATSON HOWE (1853–1937). Diese in Melodramatik, unglücklicher Liebe, Mord und Selbstmord kulminierende Geschichte zeichnet ein düsteres Bild vom Farmer- und Kleinstadtleben des Mittleren Westens und kann ungeachtet ihrer stilistischen Schwächen und methodischen Inkonsequenzen als frühes Beispiel des amerikanischen Naturalismus angesehen werden.

Eine Sonderstellung unter den Vorläufern dieser Richtung nimmt der von Bret Harte geschulte und zuweilen an Poe erinnernde, bissige Misanthrop AMBROSE BIERCE (1842–1914?) ein.

Bierce stammte aus einer nach Ohio ausgewanderten neuenglischen Familie. Er wurde auf einer Farm geboren, erhielt eine recht mangelhafte Schulbildung und wurde Soldat im *Civil War*. Nach dem Waffenstillstand ging er nach San Francisco, freundete sich mit Mark Twain und Joaquin Miller an und wurde von Bret Harte in die Literatur eingeführt. Nach vierjährigem Aufenthalt in England (1872–1876), wo er unter dem Pseudonym Dod Grile bissige Skizzen und Epigramme schrieb (gesammelt in: *The Fiend's Delight*, 1872; *Nuggets and Dust Panned Out in California*, 1872; *Cobwebs from an Empty Skull*, 1874), kehrte er an das Golden Gate zurück und galt nun als ein so brillanter Publizist, daß ihn Hearst nach Washington holte. Hier entstanden in schneller Folge *Short story*-Sammlungen (*Tales of Soldiers and Civilians*, 1893; *Can Such Things Be?*, 1891), satirisch-epigrammatische Verse (*Black Beetles in Amber*, 1892; *Shapes of Clay*, 1903), die Epigrammsammlung *The Cynic's Word-Book* (1906, ab 1911 *The Devil's Dictionary*) und bittere Essays über die zeitgenössische Zivilisation (*The Shadow on the Dial*, 1909). Zwischen 1909 und 1912 edierte er seine *Collected Works* (12 Bde.) und ging 1913 – während der Huerta-Rebellion – nach Mexiko. Dort ist er verschollen.

Bierce war als ein typisch ›westlicher‹ Humorist nach England gegangen. Sehr bald aber zeigte es sich, daß sein bleibendes Werk dort beginnen sollte, wo Mark Twain geendet hatte. Es ist nicht die Freude am humoristischen Fabulieren, sondern die bittere, ja ätzende Satire, die sein Werk auszeichnet. »Fast alle Amerikaner haben Humor«, heißt es bei ihm, »sollten ein paar als witzige Köpfe zur Welt kommen, so möge der Himmel ihnen zur Auswanderung verhelfen.« Bierce war ein solcher Mann und erwies sich schon als Journalist als ein geschworener Feind der ihn umgebenden Ordnung. Diese Einstellung sollte sich in seinen *short stories* weiter verdichten. Viele von ihnen erinnern an die Schreckensgeschichten Poes, wenngleich Tod, Entsetzen und Unerbittlichkeit des Schicksals hier ihre naturalistische Ausdeutung erfahren. Das dürfte ein Grund dafür gewesen sein, daß die *Tales of Soldiers and Civilians* zunächst keinen Verleger fanden und als Privatdruck erscheinen mußten. Dennoch ist es die von Bierce meisterhaft beherrschte Form der *short story*, die ihm zu einem – späten – Ruhm verhalf. Obgleich er stets bestritt, ein Schüler Poes zu sein, darf er doch als einer der bedeutendsten Vollender Poescher *Short story*-Kunst gewertet werden. Das gilt nicht nur für gewisse Themen, sondern vor allem für die konzise Kompositionsweise und seine konsequent einem einzigen Ziel zustrebende Tektonik. Bierce kennt keinen Ausweg aus den von ihm präsentierten Situationen. Selbst dort, wo Rückblenden oder Träume eine gewisse Ironie bewirken, wie etwa in »The

Mocking Bird«, steht am Ende ein Nichts. Sein Pathos ist grausam (»Killed at Resaca«), sein Humor sarkastisch, ja makaber, und schließlich sucht er durch überraschende Pointen Entsetzen und lähmenden Schrecken zu erzeugen.

Bierce war davon überzeugt, daß der Roman eine »aufgeblasene *short story*« sei. Alles, was sichtbar wird, konnte seiner Meinung nach in der kurzen Form eindrucksvoller gestaltet werden. Darin stimmen seine Ansichten mit denen Poes überein. Das gilt auch für eine Reihe architektonischer Aspekte der *short story*, insbesondere für die die Spannung erzeugenden und haltenden Instrumentarien. Doch hier geht er bereits über Poe hinaus, indem er den Schrecken realistisch fundiert und sich bemüht, auch seinen übernatürlichen Geschichten einen glaubwürdigen Hintergrund zu geben (»One of the Missing«). Was ihn interessiert, sind nicht äußere Gegebenheiten – so detailliert er auch Szenen ausgestaltet –, sondern die psychischen Auswirkungen physisch bedingter Ausnahmesituationen. Hier erweist er sich als ein subtiler Beobachter mit der Fähigkeit, seelische Spannungen differenziert wiederzugeben. Dieses Ziel erreicht er vor allem durch den Einsatz des für seine *short stories* typischen überraschenden Endes, den Fabelsturz *(snap of the fable)*. Dieser Kunstgriff hebt den bereits im Verlauf der Handlung erzeugten Schrecken für einen Augenblick auf und führt den Leser auf einen dem ursprünglich gezeigten Pfad entgegengesetzten Weg, um schließlich die schon vorher angedeutete Grausamkeit des Schicksals mit doppelter Wucht auf Charakter und Leser niedergehen zu lassen.

> Besonders typisch für diese Technik ist die Bürgerkriegserzählung »An Occurence at Owl Creek Bridge«, wo ein zum Tode verurteilter Spion, den Strick um den Hals, auf das Ende wartet. Der Leser ist darauf vorbereitet, daß die Exekution unmittelbar bevorsteht. Doch nun wird eine realistisch geschilderte Halluzination eingeblendet. Der Verurteilte sieht sich fliehend in den Fluß stürzen, schwimmend entkommen, und in dem Augenblick, da er seine Frau vor seinem Haus sieht, »ein Lächeln unendlichen Glücks auf den Lippen«, »schießt blendend weißes Licht in ihm auf – dann ist alles dunkel und still. Peyton Farquar war tot. Mit gebrochenem Genick schwang sein Körper unter den Schwellen der Brücke über dem Eulenfluß sanft von einer Seite zur anderen.«

The Devil's Dictionary und die in dem Band *The Shadow on the Dial* enthaltenen Gedanken sind Zeugnisse eines zunehmenden Daseinsekels und Lebensüberdrusses, so daß es nicht unwahrscheinlich ist, daß »bitter Bierce« im unruhigen Mexiko den Tod suchte und fand.

Das Mittel überraschender Schlußpointierung übernahm der Erzähler New Yorks,

O. HENRY (Pseud. für WILLIAM SYDNEY PORTER, 1862–1910). Wie Bierce sah auch er die Welt als ein Kaleidoskop, das sich literarisch am besten in der Episode gestalten ließ.

> Ohne eine rechte Schulbildung genossen zu haben, zog der aus North Carolina gebürtige Meister der *short story* 1882 aus, um in Texas sein Glück zu suchen. Als Ladenjunge, Cowboy und kleiner Bankangestellter schlug er sich durchs Leben, als ihn eine Unterschlagung nach vorangegangener Flucht nach Lateinamerika für drei Jahre ins Gefängnis brachte. Hier schrieb er seine ersten *short stories* über das Leben in Texas und Honduras. Nach seiner Entlassung (1902) siedelte er sich in New York an und erlangte – inzwischen Journalist, Reporter und Chefredakteur – als ein brillanter und überaus produktiver *Short story*-Autor Ruhm und so große Anerkennung, daß heute der bedeutendste Preis, der für *short stories* in den USA vergeben wird, der *O. Henry Award*, seinen Namen trägt.

Der Band *Cabbages and Kings* (1904) behandelt lateinamerikanische Revolutionsabenteuer und ist typisch für die Erzähltechnik O. Henrys. Obgleich es sich hier nur um ein Thema und einen Personenkreis handelt und somit alle Voraussetzungen für das Entstehen eines Romans gegeben wären, löst O. Henry das Ganze in Einzelbilder auf und gestaltet mit den Mitteln der *short story*, ohne jedoch die Themen-Einheit zu zerstören. Sherwood Anderson, Steinbeck und andere sollten ihm darin später folgen.

O. Henrys Erzählungen spielen in allen Teilen des Landes (»Heart of the West«, 1907) und in Lateinamerika, die besten Stoffe aber lieferte ihm die Großstadt, die in den Bänden *The Four Million* (1906) – darin die fatalistische Erzählung »The Furnished Room« – oder *The Voice of the City* (1908) eine ihrem Wesen adäquate Gestaltung erfuhren. Aus der Fülle seines Nachlasses erschienen noch immer Sammlungen (*Sixes and Sevens*, 1911; *Rolling Stones*, 1913), als O. Henry schon Legende war. Seine Stärke liegt nicht nur in Milieuschilderungen – womit er zu einem der ersten Autoren der Urbanisierung der USA wird –, sondern auch in Trickbildern in Worten, den Karikaturen absurder Zufälle und der Skizzierung einfacher, geradliniger Charaktere, die sich – mit einem ironischen Geschehen konfrontiert – als Fatalisten einem überraschenden Ende gegenübersehen.

Die Komparserie O. Henrys entsprach den Vorstellungen HAMLIN GARLANDs (1860–1940), hatte doch dieser Vater des *veritism* seinen Zeitgenossen – Eugène Véron zitierend – zugerufen: »Wir scheren uns nicht mehr um Götter und Helden; wir kümmern uns um die Menschen.«

Garland hatte als Kind auf den Farmen Wisconsins, Iowas und South Dakotas wie ein Erwachsener arbeiten müssen und kannte die Not der Farmer aus eigenem Erleben. 1884 lief er seinen Eltern davon, um sich in Boston der Literatur zu verschreiben. Da man ihn in Harvard nicht aufnahm, betrieb er ein ausgedehntes Selbststudium, las Darwin, Spencer, Taine, Véron, Helmholtz und Haeckel und geriet als Rezensent unter den Einfluß Howells', der ihn auf James und Hardy aufmerksam machte und ihm riet, es Kirkland und Howe gleichzutun. 1891 erschien der erste Band Skizzen und Erzählungen aus dem Farmerleben, *Main-Travelled Roads*, denen mit *Prairie Folks* (1893) und *Wayside Courtship* (1897, später vereinigt in *Other Main-Travelled Roads*, 1910) weitere folgten. 1892 erschienen drei Romane: *A Member of the Third House*, *Jason Edwards: An Average Man* und *A Spoil of Office*, denen das Aufbegehren gegen die Korruption gemein ist, sowie *A Little Norsk: or, Ol'Pap's Flaxen*. Zwei Jahre später siedelte er nach Chicago über und legte die Essaysammlung *Crumbling Idols* (1894) vor, in der er seine als *veritism* bezeichnete Literaturtheorie entwickelte. Weitere Romane folgten (*Rose of Dutcher's Coolly*, 1895; *The Captain of the Gray-Horse Troop*, 1902; *Hesper*, 1903 u. a.). Seit 1898 arbeitete er an der Geschichte seiner Familie: *A Son of the Middle Border* (1917), *A Daughter of the Middle Border* (1921), *Back-Trailers from the Middle Border* (1928). Sein Spätwerk besteht aus ›literarischen Logbüchern‹. Garland starb in Hollywood.

Als Autor fühlte sich Garland zwei Thesen verpflichtet: »Die Wahrheit hat eine höhere Qualität als die Schönheit«, und: »Es sollte überall die Pflicht und das Ziel des Künstlers sein, die Herrschaft der Gerechtigkeit auszudehnen.« Sein Werk gliedert sich in drei Abschnitte. Während der Jahre in Boston und Chicago stehen die Ausbeutung der Farmer und das schwere Los der Landfrauen im Zentrum seiner Betrachtungen. Egglestons *Hoosier School-Master* hatte ihn tief beeindruckt, und tatsächlich haben auch Garlands Texte wenige bunte Tupfen; sie sind bitter, und in »Mrs. Ripley's Trip« zeigt Garland, daß nur der familiäre Zusammenhalt die Last des Daseins erträglich macht. Diese frühen Arbeiten, einschließlich der Romane, sind Studien, in denen Taines Milieuauffassungen, Georges Gedanken über die falsche Verteilung des Bodens oder die Ansichten Spencers vom Leben als biologischem Prozeß Pate gestanden haben. Einen Ausweg sieht er nur in der Natur und in der Wissenschaft. So wird der ›Durchschnittsmann‹ Jason Edwards durch die hohen Lebenshaltungskosten aus Boston vertrieben, um im Nordwesten in die Hände gewissenloser Geldhyänen zu fallen und schließlich von Naturgewalten in den Bankrott getrieben zu werden. Nicht hoffnungsvoller ist die in dem wohl besten seiner frühen Bücher, *A Little Norsk*, erzählte

Geschichte des Adoptivkindes, in der ein junges Mädchen in die Ehe gezwungen und vor ihrer Niederkunft allein gelassen wird. In all diesen Fällen ist Garland ein engagierter Porträtist, der sich aber jedes Hinweises auf mögliche Lösungen der dargestellten Probleme enthält.

Nach der Heirat mit der Schwester des Bildhauers Lorado Taft und der Übersiedlung nach New York bemächtigte sich Garland nach ausgedehnten Reisen durch die USA neuer Themen, denen auch ein neuer Stil entsprach. Vieles scheint um des Broterwerbs willen geschrieben zu sein und huldigte dem Zeitgeschmack. So schildert er in *The Captain of the Grey-Horse Troop* (1902) die ungerechte Behandlung der *Native Americans* durch die Grenzer, und in *Cavanagh, Forest Ranger* (1910) entwirft er ein Bild vom Konflikt zwischen Ranchern und Staatsbeamten. Erst im Jahr 1917 kehrt er in den Jugenderinnerungen *A Son of the Middle Border* wieder zu jenem Thema zurück, das 1885 mit »Boy Life on the Prairie« den Auftakt seines Schaffens gebildet hatte. In der drei Generationen behandelnden Chronik seiner Familie *(Trail-Makers of the Middle Border, A Son of the Middle Border, A Daughter of the Middle Border* und *Back-Trailers from the Middle Border)* berichtet Garland, wie sein Vater von Maine nach Wisconsin zog, schildert die Wanderung von Iowa nach Dakota, seine mittleren Jahre als Schriftsteller und schließlich das Leben in New York und London sowie den Werdegang der Töchter und literarische Begebenheiten. Hier erweist sich Garland als Soziologe.

Alles in allem aber steht die Wirkung des Schriftstellers Garland hinter der des Literaturtheoretikers zurück. In dem Roman *The Shadow World* (1908) spricht eine Figur das Glaubensbekenntnis ihres Schöpfers aus: »In all meinen Empfindungen bin ich Naturwissenschaftler ... Ich bin bereit, der Naturwissenschaft zu folgen, wohin immer sie mich führt, und ich würde mich freuen *sicher zu wissen*, daß unser Leben hier nur ein Glied in der Kette des Daseins ist.« Garland achtete den Empiriker und Experimentator höher als den Theoretiker, weil er hoffte, daß die Naturwissenschaften dereinst in der Lage sein würden, auch die komplizierten Rätsel einer Zivilisation zu lösen. Damit wird seine Literatur zuweilen zur Illustration naturwissenschaftlicher Thesen.

Letztlich ist auch sein *veritism* kein Naturalismus, weil Garland hier den Versuch unternimmt, den Realismus für einen guten demokratischen Zweck mit dem Individualismus Whitmanscher Prägung zu verbinden und mit Elementen des Lokalkolorits anzureichern. In seinem *veritism* gehen naturwissenschaftliches Bildungsgut, Ideen der französischen Impressionisten und pessimistische Weltschau eine enge Verbindung ein. In *Crumbling Idols* fordert Garland, die amerikanische Prosa solle sich von Traditionen und Nachahmungen lösen, Inspiration im eigenen Lande finden, den einfachen Menschen in den Mittelpunkt des ästhetischen Bezugsfeldes stellen und die Wahrheit auf den ihr innewohnenden Sinn hin analysieren. Daraus ergebe sich, daß die Schattenseiten des Lebens genauso eingehend zu behandeln seien wie die Sonnenseiten. Hierfür müsse eine Form gefunden werden, die sich aus dem Augenblick des Lebens entwickle und durch einen direkten Ausdruck starke Empfindungen evoziere. Wie weit der *veritism* damit von Zolas Naturalismus entfernt ist, wird aus der These Zolas ersichtlich, nach der »ein Romanschriftsteller nichts anderes zu sein hat als ein Wissenschaftler, ein Analytiker, ein Anatom, und daß sein Werk die Exaktheit, die Gediegenheit und die praktische Anwendbarkeit eines naturwissenschaftlichen Werkes haben müsse«. Nur sehr theoretisch nähert sich Garland einer Position, wo man die Theorie der experimentellen Medizin Claude Bernards auf die Literatur anwenden möchte. Deshalb nimmt Garland – der Howells' Abneigung gegenüber sexuellen Themen teilte – eine Mittelstellung zwischen den Franzosen und seinem Lehrmeister Howells ein, bereitete damit aber eine Entwicklung vor, die über Howells hinausführte.

Die Romane Garlands zielen darauf, das romantisierte, idealisierte Bild einer mit Heroismus angereicherten Farmeridylle zu zerstören. In dieser Absicht folgte ihm der aus Utica, New York, stammende Nachfahre eines hessischen Söldners, HAROLD FREDERICK (1856–1898). Nach dem frühen Tod des Vaters und einer harten Jugend eroberte er sich den Chefredakteurssessel einer Lokalzeitung und führte eine so glänzende Feder, daß ihn die *New York Times* 1884 als Korrespondenten nach London entsandte. Als er sich schließlich der Literatur zuwandte, teilte er das zeitgenössische Interesse an historischen Stoffen, die er dank seiner realistischen Kunst-Auffassung einer nur wenig romantisierenden Behandlung aussetzte. Sein erster, erst 1890 veröffentlichter Roman *In the Valley*, in dem das Schicksal der Bewohner des Mohawk-Tals in der Zeit des Unabhängigkeitskrieges geschildert wird, gehört zu den am wenigsten sentimentalen Büchern dieses Genres jener Zeit. In *Seth's Brother's Wife* (1887) gibt er einen naturalistisch anmutenden Ausschnitt aus dem harten Farmerleben, der Lokalpolitik seiner Heimat und den Unbilden des Journalistenberufs.

Sein weiteres Werk ist uneinheitlich und zeigt die Neigung des Autors, zwischen Historie und Zeitkritik zu schwanken. *The Lawton Girl* (1890) ist ein sozialkritischer Roman, in dem auf dem Hintergrund des Kampfes zwischen Unternehmertum und Arbeiterschaft die Geschichte eines Mädchens erzählt wird, das in einer Kleinstadtgesellschaft unter seinem den Zeitidealen nicht entsprechenden Ruf zu leiden hat. Dieses Buch gehört zu den ersten Werken der amerikanischen Prosa, in denen das Thema der Sexualität relativ unsentimental behandelt wird. Darauf folgen eine unbedeutende Fantasia, Bürgerkriegsstoffe (*The Copperhead*, 1893) sowie sein bekanntester Roman *The Damnation of Theron Ware* (1896). Diese Darstellung des kleinstädtischen Methodismus erinnert an Sinclair Lewis. Der Methodistenprediger Ware geht – im Gegensatz zu einem katholischen Priester – an einer Frau zugrunde. Der Erfolg dieses Buches ist darauf zurückzuführen, daß Frederick hier seine an Naturalismus grenzende Interpretation der ersten Bücher nicht konsequent fortsetzte und damit dem sentimentalen Publikumsgeschmack näherkam. Die englische Historie *Gloria Mundi* (1898) und der einer finanziellen Intrige gewidmete Roman *The Market Place* (1899) bieten Passagen von großer Eindringlichkeit. Frederick wußte um die Macht des Milieus, aber auch er war von dieser Erkenntnis in einer Weise beunruhigt, daß er seine Charaktere nicht konsequent in den vom Naturalismus geforderten Rahmen stellte.

Das gilt auch für die in der Nähe Pittsburghs aufgewachsene George-Eliot-Schülerin MARGARETTA WADE CAMPBELL (Pseud. für MARGARET DELAND, 1857–1945). Die meisten ihrer realistischen *short stories* und Romane sind Charakterstudien, die in sachlicher Manier die Tragödien des Kleinstadtlebens analysieren. Das »Old Chester« ihrer Prosa ist die Stadt ihrer Jugend, Manchester, Pennsylvania, von der es heißt, es sei bei ihr »weniger ein Ort als eine Anzahl von Leuten und Geisteshaltung«. In ihrem ersten Roman *John Ward, Preacher* (1888) schildert sie distanziert-objektiv den Konflikt zwischen einem der Orthodoxie lebenden kalvinistischen Prediger und seiner liberaler denkenden Frau. *Sidney* (1890) und *Philip and His Wife* (1894) sind dem Thema der Liebe gewidmet und gelten auf Grund ihrer ›objektiven‹ Tendenz als die gelungensten Charakterstudien der Autorin. In *The Awakening of Helena Richie* (1906) und dem Folgeband *The Iron Woman* (1911) greift sie das Thema der freien Liebe auf und stellt sie als eine Wechselbeziehung zwischen der freien Willensentscheidung und der Beachtung der Rechte des anderen dar. Auch in *The Vehement Flame* (1922), wo es um die Liebe zwischen einem jungen Mann und einer reifen Frau geht, handelt es sich um eine soziologische Studie zum Thema Liebe. Ihre *short stories* (*Old Chester Tales*, 1898; *Around Old Chester*, 1915; *New Friends in Old Chester*, 1924, u. a.) stehen zum Teil in der Tradition des Regionalismus und warten mit kraftvollen, aber auch sehr subtil gestalteten Porträts auf. Die Werke von Margaret Deland erfreuten sich einer solchen Beliebtheit, daß sie um 1906 in den Bestsellerlisten zu finden war.

Von ganz anderer Art war der Garland und der *Poetry* nahestehende Romancier Chicagos, HENRY BLAKE FULLER (1857–1929), der neben einer Reihe kosmopolitischer Romane (*The Chevalier of Pensieri-Vani*, 1890; *The Châtelaine of La Trinité*, 1892; *The Last Refuge*, 1900), die als Ergebnisse seiner Europareisen entstanden, realistische Studien aus dem Leben der Metropole des Mittleren Westens schrieb. In dem erfolgreichsten Roman *The Cliff-Dwellers* (1893) erscheint Chicago als ein alles Gesunde, Natürliche und Anständige vernichtender Ort. Auch in dem Roman *With the Procession* (1895), der die Verstrickung der Kaufmannsfamilie Marshall in einen materiellen Generationskonflikt schildert, wird die Stadt in düsteren Farben gemalt. Die *Short story*-Sammlung *Under the Skylights* (1901) enthält neben der Garland-Schlüsselerzählung »The Downfall of Abner Joyce« Skizzen aus dem Leben der Künstler Chicagos, und *Waldo Trench and Others* (1908) wartet mit einer Reihe unter Amerikanern in Italien spielender *short stories* auf. Der Band *Not on the Screen* (posthum 1930) bietet eine Satire auf den Film und die Zustände in Fullers Heimatstadt. Bezeichnend für sein Gesamtwerk ist die Diskrepanz zwischen der Lieblichkeit seiner italienischen Bilder und der ausweglosen, bedrückenden Atmosphäre der Chicago-Stoffe.

Auf der Mitte zwischen dem Thesenroman der *muckrakers* und dem aufziehenden Naturalismus steht das heute eher gering geschätzte Werk des aus Cambridge, Massachusetts, stammenden Howells-Schülers ROBERT HERRICK (1868–1938). Er studierte an der *Harvard University* und lehrte zwischen 1893 und 1923 als Anglist an der Universität Chicago. Mit der *novelette* »The Man Who Wins« (1897), die den determinierenden Einfluß der Umwelt auf einen an seinen freien Willen glaubenden Wissenschaftler behandelt, hatte der dem neuen Zeitgeist verpflichtete Akademiker sein Zentralthema gefunden. Obgleich Howells bestürzt war, daß sein Schüler den Rahmen des gemäßigten Realismus sprengte und Bücher schrieb, die man nicht den viktorianisch erzogenen Töchtern vorlesen mochte, ist Herrick im Grunde ein in der neuenglischen Bildungstradition stehender Mann geblieben. Sein Chicago unterscheidet sich kaum von dem Fullers, seine Charaktere aber stammen – was ihre Geisteshaltung betrifft – aus einer früheren Zeit. *The Gospel of Freedoms* (1898), *The Web of Life* (1900) und *The Real World* (1901) sind Plädoyers für die Freiheit des einzelnen und die moralische Verantwortung des Individuums gegenüber der Gesellschaft. Zugleich opponieren sie in *muckraker*-Manier gegen Korruption und Materialismus. Diese Themen werden in *The Common Lot* (1904), *The Memoirs of an American Citizen* (1905) und anderen insofern abgewandelt, als nun der Konflikt zwischen dem Streben nach materiellem Erfolg und der Bewahrung der persönlichen Integrität in das Zentrum gerückt wird.

Der Roman *The Memoirs of an American Citizen* kann als das Credo der Weltschau Herricks gewertet werden. Gerade weil sein Industrieller ein solcher Durchschnittsmensch ist und deshalb die Skrupellosigkeit so medioker daherkommt, wirken die als selbstverständlich erscheinenden Handlungen dieses Erfolgstyps besonders bedrükkend, da ihn schließlich diese Haltung in den Senat führt. Erfolg und Moral schließen hier einander aus. Herricks dritter Themenkreis ist die Stellung der Frau in dieser Zeit des Umbruchs. *Together* (1908) schildert den verderblichen Einfluß der Industrialisierung auf den Charakter der Frau und die so bedingte Lockerung der Ehemoral. *One Woman's Life* (1913) ist erschütternd in seiner an Höhepunkten armen Folgerichtigkeit. Dazwischen entstanden ausgesprochen didaktische Romane, wobei Herrick – wie in *A Life for a Life* (1910) – die Regeln seines sozialen Realismus außer acht läßt, um seinen ›Anarch‹ auf seiner Traumreise mit den Slums bekanntzumachen und die Tochter eines Millionärs vorzuführen, die Waisenkindern den Weg in ein neues Leben ermöglichen will.

Hier, wie auch in dem vom Glauben an die verwandelnde Macht des Christentums zeugenden Roman *The Healer* (1911), wird deutlich, wie wenig Herrick ein Naturalist im europäischen Sinn des Wortes ist. Der Glaube an die Kraft des Guten im Wesen der Amerikaner dominiert. Das Ende des Ersten Weltkrieges läßt diesen Glauben, dem er noch in *Clark's Field* (1914) huldigte, zusammenbrechen. *Homely Lilla* (1923) und *Waste* (1924) zeigen, daß Herrick die ›roaring twenties‹ nicht positiv, sondern als Ausdruck der Auflösung aller ethischen Bezugssysteme wertet. Im Gegensatz zu den meisten *muckrakers* fühlte sich der Literaturwissenschaftler Herrick auch den Strukturproblemen des Romans verpflichtet. Wenn sich seine Bücher über das Mittelmaß der Thesenromane erheben, so deshalb, weil er stets darum bemüht blieb, über die Abschilderung vorgegebener Situationen hinauszugelangen und das Allgemeinmenschliche der Probleme auszuloten. Sein Werk ist ein Bindeglied zwischen den Ansichten Howells' und dem konsequenteren Naturalismus Dreisers, und es entbehrt nicht einer gewissen Ironie, daß Herrick dem Werk Dreisers ebenso ablehnend gegenüberstand wie Howells dem seines Jüngers Herrick.

Der erste wirklich bedeutende Dichter und Gestalter der von Garland in den USA vorbereiteten naturalistischen Richtung war der aus einer vornehmen, aber verarmten Familie stammende STEPHEN CRANE (1871–1900). Nach Ansicht Joseph Hergesheimers schuf er »die neue Sprache eines neuen Landes«.

Crane wurde als vierzehntes Kind eines Methodistenpfarrers in Newark, New Jersey, geboren, verlebte einen großen Teil seiner Jugend im Nordwesten des Staates New York und ging nach einem kurzen Zwischenspiel am *Lafayette College* und der *Syracuse University* 1891 nach New York City. Während des Studiums begann er die Erzählung *Maggie: A Girl of the Streets* zu schreiben, die – da sich kein Verleger fand – 1892 als Privatdruck (Pseud. Johnston Smith) erschien und Crane mit Howells und Garland zusammenführte. Als Publizist schlug sich Crane recht und schlecht durchs Leben, bis ihn der Roman *The Red Badge of Courage* (1895) berühmt machte. Im selben Jahr veröffentlichte er die an Emily Dickinson erinnernden Freiversgedichte *The Black Riders*; 1896 folgten naturalistische

Kriegserzählungen *(The Little Regiment)* und *George's Mother*, eine Studie aus dem Leben der Arbeiter New Yorks. Nun entsandte ihn die Presse in den Südwesten, nach Mexiko und nach Kuba. Wenig später arbeitete er als Kriegskorrespondent im griechisch-türkischen Konflikt und ließ sich schließlich in England nieder, wo er sich mit Joseph Conrad und H. G. Wells anfreundete. Die letzten Lebensjahre in England waren von Krankheit und Geldsorgen überschattet. In dieser Zeit erschienen der Roman über den griechisch-türkischen Krieg *Active Service* (1899) und der zweite Band Freiversgedichte *War Is Kind* (1899). Die Sammelbände *The Open Boat and Other Tales of Adventure* (1898) und *The Monster and Other Stories* (1899) sind Marksteine auf dem Weg der *short story*. Western Stories (»The Bride Comes to Yellow Sky«, 1897; »The Blue Hotel«, 1898), Kindheits- (*Whilomville Stories*, posthum 1900) und Kriegserzählungen (»The Upturned Face«, 1900; »An Episode of War«, posthum 1902) sind Meisterwerke der kurzen Form. Im April 1900 stellten sich Anzeichen einer Tbc ein, so daß sich Crane auf Anraten der Ärzte nach Badenweiler begab, wo er am 5. Juni verstarb. Als weitere posthume Veröffentlichungen sind zu nennen: *Great Battles of the World* (1901), *Last Words* (1902) und der von Robert Bart vollendete Roman *The O'Ruddy* (1903). Eine Gesamtausgabe – *The Works of Stephen Crane* (12 Bde., 1969–76) besorgte Fredson Bowers; *The Correspondence of Stephen Crane* (2 Bde., 1987) gaben S. Wertheim und P. Sorrentino heraus.

Nicht selten wird Crane pauschal als ein mit impressionistischen Mitteln arbeitender Naturalist bezeichnet. Diese Einordnung zeugt von der Schwierigkeit, einen so originellen und genialen Autor einem Schema zu unterwerfen. Crane bekannte einmal: »Ich kam zu dem Schluß, daß der Schriftsteller ein um so größerer Künstler wird, je näher er dem Leben kommt.« Obgleich er sich bereits sehr früh dem *veritism* Garlands und den realistischen Auffassungen Howells verschrieb, lassen sich Einflüsse, die eine entscheidende Wirkung auf das Werden und Wesen seiner Kunst ausübten, nur schwer nachweisen. Seine Notizen geben darauf nur unbefriedigende Antworten. Gewiß verehrte er Flaubert und James; auch Zola stand ihm nicht fern. Was seine Dichtung betrifft, so erinnert sie nach Garland an die französischen Übersetzungen japanischer Verse und die Lyrik Emily Dickinsons. Über alles aber schätzte Crane Tolstoi, dessen Epopöe *Krieg und Frieden* (1864–69) er jedoch erst nach der Veröffentlichung von *The Red Badge of Courage* gelesen hat. Damit dürfte der russische Realist Crane lediglich zur Bestätigung seiner Ansichten, nicht aber zu deren Umsetzung verholfen haben.

Auf der Suche nach Einflüssen wird deutlich, daß Crane ein Dichter *sui generis* war, ein Künstler, ausgestattet mit der Gabe, üblichen Stoffen mit Hilfe einer überaus verdichteten Sprache neue Ausdruckskraft zu verleihen. In der *short story* »The Open Boat« heißt es: »Wenn ein Mensch erkennt, daß ihm die Natur nicht die geringste Bedeutung beimißt, ... ist seine erste Regung, Steine gegen den Tempel zu werfen, aber verbittert stellt er fest, daß weder Steine noch Tempel da sind ...« Crane war davon überzeugt, daß das Individuum das Opfer blind waltender Mächte ist. Der Wille seiner Charaktere ist durch Instinkt und Milieu an das Fatum gekettet. Dort, wo sie um der Selbstachtung willen aufbegehren, gleichen sie verzweifelt sich wehrenden Fliegen im Spinnennetz. Selbst eine Gestalt wie Dr. Trescott muß sich in »The Monster« schließlich der normativen Kraft des Faktischen beugen und den Schwarzen Henry Johnson, der im Dienst der Weißen buchstäblich das Gesicht verlor, dem Gruppenterror Whilomvilles opfern.

Die Themen Cranes sind Armut, Grausamkeit, Krieg und gewaltsamer Tod: der in der Grenzsituation um seine nackte Existenz oder moralische Integrität ringende junge Mensch. Damit schuf er psychologische Studien, die als Anatomien der Angst bezeichnet wurden. Bereits in der ersten Erzählung, *Maggie*, drang Crane in Neuland vor. Es ist nicht zu übersehen, daß er dabei unter dem Einfluß der französischen Naturalisten stand. Naturalismus bedeutete für ihn aber weder ein photographisches Abschildern des Gegebenen noch eine moralische Entpflichtung der weitgehend determinierten Charaktere. Einerseits vermeidet er es zu richten, andererseits läßt er erkennen, daß es letztlich der Mensch selbst ist, der für den Lauf der Dinge verantwortlich gemacht werden muß. Damit gewinnt sein Naturalismus eine neue, sozialmoralische Qualität.

> Maggie Johnson und ihr Bruder Jimmie durchleben in einem brutal-primitiven Elternhaus in der Bowery eine schreckliche Jugend. Beide gehen einem ordentlichen Beruf nach, und es scheint, als werde sich an ihnen das Schicksal der Eltern nicht wiederholen. Da verliebt sich Maggie in den Freund ihres Bruders, Pete, wird von ihm verführt und lebt mit ihm zusammen, da sie von ihrer trunksüchtigen Mutter als ›unanständig‹ verstoßen wird. Als sich auch Pete von ihr abwendet, verfällt sie der Prostitution, ohne in ihrer naiven Rechtschaffenheit den Belastungen dieses Gewerbes gewachsen zu sein. Sie begeht Selbstmord, und nun läßt sich ihre Mutter dazu herab, ihrer ›verkommenen‹ Tochter zu verzeihen.

Thematisch hatte Crane mit dieser Erzählung nicht viel Neues zu bieten. Wenn *Maggie* dem Kritiker RICHARD WATSON GILDER (1844–1909) einen Schreck einjagte und erst nach dem Erfolg des Bürgerkriegsromans einen Verleger fand, so lag dies weniger am Stoff als an dessen Ausführung. Die literaturhistorische Bedeutung dieser Erzählung, in der Crane »den Leuten Leute zeigten wollte, wie sie mir erscheinen«, überwiegt die thematische. Abgesehen von wenigen Episoden ist *Maggie* frei von Sentimentalität und Moralismen. Cranes Absicht, so ›hart‹ wie möglich zu schreiben, schuf in der Gestalt der Mutter einen an der Grenze der Glaubwürdigkeit stehenden Charakter. Andererseits wird das naturalistische Konzept überall dort nicht konsequent eingesetzt, wo es um sexuelle Belange geht. Von der Verführung Maggies, einer der Schlüsselszenen, erfährt der Leser nur ganz am Rande, und der Selbstmord Maggies beendet schnell das unbehagliche Thema der Prostitution. Das Aussparen von Schlüsselszenen, die Kunst der Andeutung gehen aber mit einer außerordentlichen sprachlichen Verdichtung einher. Die ersten Ansätze einer impressionistischen Gestaltung weisen auf die bevorstehende Erschließung neuer Dimensionen in der Prosa hin. Hier wird mit sparsamsten Mitteln die ganze Komplexität eines Ereignisses transparent gemacht. Elend und Ende Maggies gehen letztlich auf das Konto einer verkommenen Trunkenboldin, die Maggie von der Ironie des Schicksals als biologische Mutter verordnet bekam. Sie ist das Schicksal des Mädchens, und wenn sie sich schließlich unter Alkohol dazu bereit findet, großmütig zu verzeihen, so steckt in diesem Akt nicht mehr als eine makabre Selbst-Absolution. Maggie allein kann die ihr von der Determination angelegten Fesseln nur durch einen letzten, großen Willensakt abstreifen – im Freitod.

Obgleich Crane die Bowery noch nicht kannte, als er *Maggie* zu schreiben begann, handelt es sich bei der Erzählung um das Ergebnis genauer Beobachtungen. *The Red Badge of Courage* hingegen ist ein Produkt literarischer und historischer Studien sowie einer ausgreifenden Imagination. Als Crane 1893 mit der Niederschrift begann, hatte er noch keinen Krieg erlebt und war später selbst erstaunt, wie genau er die Atmosphäre des Kampfes und Todes wiederzugeben vermocht hatte. Da er ein Eidetiker und Empirist war und letztlich nur das vollendet gestaltete, was er erlebt oder innerlich erfahren hatte, mußte die Behandlung dieses Themas von vornherein in anderen Bahnen verlaufen, als dies in den traditionellen historischen Kriegsromanen der Fall war. Sicher ist, daß sich Crane seit 1893 intensiv mit Bürgerkriegsliteratur beschäftigt hat. Dabei mögen ihm die vier Bände *Battles and Leaders of the Civil War* (1887–88) wertvolle Kenntnisse vermittelt haben. Diese Studien dienten jedoch nur dem Entwurf einer Kulisse, auf deren Hintergrund sich das Drama eines um seine Integrität ringenden jungen Menschen abspielt. Der Krieg ist Crane – wie später Hemingway – nur ein Mittel zum Zweck. Hier schuf er sich eine Situation, die wie kaum eine andere dazu geeignet ist, den Menschen im Angesichts des Todes aller Idealisierung zu entkleiden.

Nicht die Schlacht von Chancellorsville (?) von 1862, sondern allein die seelische Not Henry Flemings bestimmt die Atmosphäre.

> Henry Fleming, dessen Name man erst im elften Kapitel erfährt, verläßt gegen den Willen seiner Mutter die Farm und stellt sich freiwillig der Armee. Er träumt vom Heldentum und kann es nicht erwarten, Ruhmestaten zu vollbringen. Als das Regiment schließlich eingesetzt wird, flieht er in panischer Angst. Nirgends findet er Sicherheit, aber das Gefühl der Angst vermischt sich mit dem der verlorenen Selbstachtung und des jämmerlichen Versagens. Im Handgemenge mit Kameraden wird Henry verletzt, und als er zu seinem Regiment zurückfindet, empfängt man ihn nicht etwa als Deserteur, sondern als ein tapferes Opfer des Kampfes. Tief gedemütigt sieht er dem nächsten Gefecht entgegen und begeht nun in einer beispiellosen Flucht nach vorn Heldentaten, für die er nicht verantwortlich gemacht werden kann, da nicht der Verstand, sondern der Instinkt sein Handeln bestimmte. Nicht der bewußt erstrittene Ruhm, sondern purer Selbsterhaltungstrieb kennzeichnen die Position eines jungen Mannes, der sich nach den Erfahrungen der Schlacht zu seiner Pflugschar zurücksehnt.

Hemingway nannte das Buch »eines Knaben Traum vom Krieg … der, was den Krieg betrifft, wahrer ist als jeder Krieg, den der Knabe, der ihn niederschrieb, erleben sollte«. Dem Traum folgt jähes Erwachen und die Erkenntnis, daß es nicht süß und ehrenvoll, sondern grausam und bitter ist, für das Vaterland zu sterben. Hier ist der Krieg nicht mehr der Vater aller Dinge, sondern ein Gemetzel, in dem der Tod wahllos zuschlägt. Bei Crane stehen hinter den patriotischen Phrasen die Fratze des Krieges und die nackte Angst gehetzter Menschen. Nicht der freie Wille vollbringt Heldentaten, sondern blinder Atavismus. Der Mensch wird zum Schräubchen in der Maschinerie des Schreckens.

»Streng genommen ist ›Der rote Tapferkeitsorden‹ nicht Roman«, sagt F. W. Schulze, »sondern eine Aneinanderreihung von impressionistischen, gattungsmäßig der Kurzgeschichte nahestehenden Bildern, manchmal geradezu Schnappschüssen. Aber der Impressionismus unterscheidet sich von dem Liliencrons und Verwandter. Crane verzichtet nicht auf expressive Einsätze. Er macht den Krieg, wie er ihn will. Daß das Ergebnis seines Wollens so mit der Wirklichkeit zusammenfällt, spricht für die Einheit der Auffassungsempfindlichkeit und Wiedergabekraft bei Crane.«

Wie vor ihm Mark Twain und nach ihm Hemingway neigt auch Crane zu der Ansicht, Romane seien verlängerte *short stories* oder eine Verbindung von Erzählungen innerhalb eines bestimmten thematischen und personellen Rahmens. Tatsächlich gelang ihm nach *The Red Badge of Courage* kein wirklich überzeugender Roman mehr. Weder *George's Mother* noch *Active Service* reichen an den Bürgerkriegsroman heran.

Von besonderer Prägnanz des Ausdrucks sind seine *short stories*, ebenso seine Freiversgedichte; deren natürlicher Rhythmus ist charakteristisch für die Sprache Cranes, deren höchste Verdichtung besonders in der Kurzprosa hervortritt. Alle seine *short stories* sind Charakterstudien; in ihnen ist kein Platz für versteckte Epik, alles ist dem Augenblicksgeschehen untergeordnet. Auch hier greift Crane über den Impressionismus hinaus und gestaltet – selbst dort, wo der Naturalismus zu regieren scheint – Bilder und Gestalten nach eigenem Wollen. Gewiß haben ihn Maupassant und Turgenjew beeinflußt, verwandter aber ist ihm Anton Tschechow, der aus einem Stichwort oder einem Gegenstand sofort eine Episode ableiten konnte. Cranes *short stories* erreichen ihre symbolische Bildkraft dadurch, daß in ihnen neben dem Bewußten das Unter- und Unbewußte zum Schwingen gebracht wird. Dies gilt für *stories* wie »The Bride Comes to Yellow Sky« oder »The Blue Hotel« im gleichen Maße wie für »The Open Boat«, »The Monster« oder »An Experiment in Misery«. Da die letztere als eine der naturalistischsten gilt, sei auf Cranes entsprechendes Bekenntnis hingewiesen: »In einer Erzählung von mir, betitelt ›An Experiment in Misery‹, habe ich versucht, deutlich zu machen, daß der Grund für das Bowery-Dasein eine Art Feigheit ist. Ich meine vielleicht einen Mangel an Ehrgeiz oder willentlich breitgeschlagen zu werden und Züchtigungen hinzunehmen ...«

Die Bilder Cranes zeichnen sich durch Kühnheit aus. In *The Red Badge of Courage* heißt es: »Die Sonne war wie eine Hostie an den Himmel geklebt«, und in »The Blue Hotel« ist von einem Blau die Rede, das »fortwährend schrie und heulte auf eine Weise, daß die Winterlandschaft Nebraskas wie ein graues morastiges Schweigen erschien«. Nicht ganz zu Unrecht hat man Crane pointillistisches Komponieren nachgesagt und dabei auf die Bilder Monets verwiesen, die Crane schätzte. Immer wieder dreht sich sein Denken um Farben: der schwarze Reiter, das blaue Hotel, der gelbe Himmel, der rote Orden, die Illusion in Rot und Weiß. In der ersten Sinngruppe von *The Open Boat* beherrscht die Sensibilität für Farben den Auftakt, und die Farbe wird symbolträchtig: »Und die Männer wußten die Farbe des Meeres zu deuten ...«

Wie Bierce war auch Crane ein viriler Dichter, wie Poe zählt er zu den bewußten Tektonikern des Effekts, und der Naturalist in ihm fügte das Ironisch-Absurde tragisch, weniger im Sinne Gogols als in der männlichen Art Bierces oder der subtilen Nichtigkeit Tschechows. Nach Crane sollte sich die Dichtung »die gute, ehrliche Unvollkommenheit« zu eigen machen, das heißt, dem Gegenstand dienen. Doch dieser Gegenstand will gestaltet sein, und Crane gestaltete bewußt. Seine Wiederholungen sind keine Nachlässigkeiten. Ironie und Dialekt erfüllen wichtige formale Funktionen, die kontrapunktische Kompositionsweise reicht bis in die Wortgruppe. Kontraste und überraschende Wendungen lösen das Gewebe seiner Prosa auf, um es in der Gesamtkonstruktion im Zeichen des *Image* und des Symbols auf höherer Ebene neu zusammenzufügen.

Tektonisch sind Cranes Werke so rational und rationell gefügt, daß kein Wort überflüssig ist, jede Wendung dem Ziel dient, das Geschaute oder Erfahrene bis in seine Wurzeln zu ergründen. Damit wurde Crane neben James der Schöpfer einer modernen amerikanischen Prosa. Der Unterschied zwischen beiden besteht unter anderem darin, daß der Ältere vom gemäßigten Realismus Howells' direkt zum psychologischen Realismus vorstieß, während sich der Jüngere, von dem Thomas Beer sagt, »Angst war es, was die Seele des jungen Mannes beherrschte«, zu einer Weltinterpretation durchkämpfen mußte, die sich nur noch zu einem geringen Teil auf die neuenglische Bildungstradition stützen konnte. Crane war für seine amerikanischen Zeitgenossen ein noch größerer ›Außenseiter‹ als James. Sein vitales Leben, sein Verhältnis zu der skandalumwitterten Cora Taylor und seine unviktorianische literarische Attitüde sorgten dafür, daß seine Übersiedlung nach England fast einer Flucht gleichkam. Man hielt ihn für einen literarisch begabten Reporter, und es mußten fast zwanzig Jahre vergehen, ehe der einst gefeierte Autor eines Kriegsbuches als Pionier moderner Prosa Anerkennung fand. Eigentlich setzte die Crane-Renaissance erst in den dreißiger Jahren des 20. Jahrhunderts ein, als man erkannte, daß etwa »An Episode of War« zum Entstehen von Hemingways *A Farewell to Arms* beigetragen haben könnte, *Maggie* in Farrells Studs-Lonigan-Welt fortwirkte oder die Kindheitserzählungen die Brücke von Mark Twains Huck Finn zu Hemingways Nick Adams schlugen. Dabei war es keineswegs nur die Thematik, sondern deren kompositorische Ausführung und der vom natürlichen Rhythmus der Sprache geprägte Stil, was Crane nun so ›modern‹ erscheinen ließ. Auch war es seine Freiverskunst, die die Aufmerksamkeit der Imagisten um Ezra Pound und Amy Lowell auf sich zog und Cranes Wiederentdeckung einleitete. Von Cranes »War Is Kind« (»Hoarse, booming drums of the regiment ...«) führt eine gerade Linie über Lindsays Gedicht »General William Booth Enters Into Heaven« bis zu den Imagisten und den »Wanderings« (»Drummed their boots ...«) von Hemingway.

Im Gegensatz zu Crane, der bereits in seiner ersten Erzählung ein Bekenntnis zum *veritism* ablegte, stieß der ebenfalls früh verstorbene Millionärssohn FRANK NORRIS (1870–1902) auf dem Umweg über die Romantik zum Naturalismus. Seine Lehrmeister waren Zola, Kipling und R. H. Davis. Da Norris in Zola auch einen Romantiker sah, nimmt es nicht wunder, daß sein Werk, ähnlich wie das Jack Londons, im Zeichen einer romantisch-naturalistischen Polarität steht.

Norris wurde als Sohn eines Juweliers in Chicago geboren, wuchs von 1885 an in Kalifornien auf und bereitete sich in San Francisco sowie im Pariser Atelier Julien bei Bouguereau darauf vor, Maler zu werden. Nach seiner Rückkehr verbrachte er vier Jahre an der *University of California* (1890–1894) und veröffentlichte neben Skizzen das aus drei Gesängen bestehende romantische Gedicht »Yvernelle, A Tale of Feudal France« (1892). Noch vor der Übersiedlung nach Harvard wandte er sich dem Naturalismus zu, begann die Arbeit an *McTeague* und schrieb in Harvard Teile des Romans *Vandover and the Brute*. Nach Abschluß der Studien wurde er Journalist, berichtete aus dem Burenkrieg, arbeitete in der Redaktion eines San Franciscoer Magazins, veröffentlichte den Roman *Moran of the Lady Letty* (1898) und ging als Kriegskorrespondent nach Kuba. Danach wurde er Lektor des neuen Verlags Doubleday, Page and Company und hatte einen wesentlichen Anteil an der Entdeckung von Conrads *Lord Jim* und Dreisers *Sister Carrie*. 1899 erschienen die Romane *McTeague* und *Blix*, im Jahr darauf *A Man's Woman.* Sein wachsendes Interesse an sozialen, wirtschaftlichen und historischen Problemen führte zur Planung der »Weizentrilogie«: *The Octopus* (1901), *The Pit* (posthum 1903) und *The Wolf* (nicht mehr begonnen) sowie einer nie geschriebenen Trilogie über die Schlacht von Gettysburg. Unter den posthumen Veröffentlichungen befinden sich der Essayband *The Responsibilities of the Novelist* (1903), die *Short story*-Sammlung *A Deal in Wheat* (1903) und *The Third Circle* (1909) sowie das seit dem Erdbeben von San Francisco verschwundene und wiederentdeckte Manuskript des Romans *Vandover and the Brute* (1914). Eine zehnbändige Gesamtausgabe erschien 1928 (eine kritische 1977), ihr folgten 1956 und 1986 Editionen der *Letters*.

Als sich Norris in Paris aufhielt, fand er keinen Zugang zu den Ansichten Zolas und Maupassants, sondern war fasziniert von der Kultur des Mittelalters, dem er mit dem Rittergedicht *Yvernelle* seine Referenz erwies. Im Grunde ist Norris stets ein um die Moral und den Fortbestand einer humanen Gesellschaft besorgter Idealist gewesen. Der Naturalismus war ihm mehr Methode zur besseren Sichtbarmachung des materialistisch bedingten Unheils als eine dem Determinismus verpflichtete Weltanschauung. Franklin Walker hat nachgewiesen, daß der junge Norris unter dem Einfluß Scotts und Dickens' gestanden hat, und tatsächlich kann man den Spuren dieser Einwirkung in Norris' Werken selbst dort folgen, wo der naturalistische Firnis relativ stark aufgetragen ist.

Norris war überzeugt, daß es nicht möglich sei, das Leben so darzustellen, wie es wirklich ist. Mithin mußte er am objektiven Gehalt des naturalistisch gehandhabten

Begriffs ›Wahrheit‹ zweifeln, der in seiner Romantheorie dem der ›Verantwortung‹ nachgeordnet wird. Wie aus dem Titel des Bandes *The Responsibility of the Novelist* hervorgeht, ist für Norris der Romancier eine Person, die aus ihrer Pflicht gegenüber der Allgemeinheit nicht entlassen werden kann. Seine Ethik sei eine soziale, seine Aussage eine die gesellschaftliche Moral fördernde Lehre. Er dürfe von allen Menschen am wenigsten »an sich und für sich« denken; vielmehr müsse er Ansehen, Geld und Erfolg zu opfern bereit sein, um die Wahrheit zu sagen. Norris gibt aber auch zu bedenken, daß diese Wahrheit auf viele Weisen ausgedrückt werden kann, denn schließlich sei »genausoviel Romance auf der Michigan Avenue« anzutreffen wie »Realismus am Hofe König Artus'«. Damit löst er sich von der Vorstellung vieler Naturalisten, daß die mit ihren Mitteln gestalteten Bilder der Welt gleichsam automatisch die einzig legitime Wahrheit darstellen.

Was den Roman betrifft, so meint Norris, er sei »die Art der Dichtung, die die Abweichung vom Typ des normalen Lebens zur Kenntnis nimmt«. In diesem Punkt unterscheidet er sich deutlich von anderen zeitgenössischen Naturalisten wie etwa Maxim Gorki, dessen Vorstellungen von den »typischen Charakteren unter typischen Bedingungen« zum Credo des »sozialistischen Realismus« sowjetischer Provenienz werden sollten. Norris suchte die Ausnahmesituation darzustellen. Der beste Roman ist seiner Meinung nach jener, »der etwas beweist, aus einem großen Gemengsel wirkender Kräfte, sozialer Tendenzen und menschlicher Impulse Folgerungen zieht und sich nicht dem Studium der Menschen, sondern des Menschen widmet«. Kausalität und Komplexität der Ereignisse spielen eine große Rolle, und doch ist Lester Frank Ward zuzustimmen, wenn er sagt: »Norris akzeptierte den Determinismus nur so weit, wie er seinen dramatischen Sinn anregte ... Er folgte Zola, weil dieser, indem er den Menschen als das Opfer äußerer Gesetze darstellte, große Kräfte sichtbar machte und damit große Konflikte ermöglichte.« Dieser Satz gilt in vollem Umfang für den Roman *McTeague*, einer in Haupt- und Nebenhandlung ausgeführten Tragödie der Habsucht.

> Hier werden drei Menschen von einem Lottogewinn völlig depraviert. Die Frau des Dentisten McTeague, Trina, läßt ihren Mann in dem Augenblick verkommen, da sie im Geld wühlen kann. Ihr ehemaliger Freund Marcus Schouler enthüllt, daß McTeague weder ein Diplom noch eine Approbation besitzt, und nun beginnt sein steiler Absturz. McTeague bestiehlt seine Frau und ermordet sie schließlich. Auf der Flucht wird er von Schouler im Death Valley eingeholt und tötet auch ihn. Noch ehe Schouler stirbt, kann er den Mörder an sich fesseln, und so verdurstet McTeague, an den Ermordeten gekettet.

Die naturalistische Exposition des Romans löst sich in einem melodramatischen Endkampf auf, der nicht zur Alltäglichkeit der Ausgangssituation passen will. Die dick aufgetragene Moral lautet, die der Habsucht verfallenen Menschen könnten ihrem Schicksal nicht entgehen. Auch *Vandover and the Brute* ist sehr didaktisch. Es ist die Geschichte eines aus San Francisco stammenden und in Harvard ausgebildeten jungen Künstlers, der es für unter seiner Würde hält, sich einen Platz in der Gesellschaft zu erkämpfen. Müßiggang, Laster, Triebhaftigkeit und Egoismus zerstören sein ethisches Bezugssystem und verwandeln ihn in ein animalisches Wesen, das gerade noch in der Lage ist, in den Slums ein stumpfes Putzer-Dasein zu fristen.

Ganz anders verhält es sich bei der romantischen Abenteuererzählung *Moran and the Lady Letty*, die nur äußerlich an Stevenson erinnert und in der Gestalt des ›Wikinger-Mädchens‹ den romantisch konzipierten Übermenschen Jack Londons vorwegnimmt. Es ist zu Recht gesagt worden, das blonde, kräftige Naturgeschöpf Moran entstamme den nordischen Sagas, mit denen sich Norris während seiner Studienzeit in Berkeley beschäftigt hat. Es sei in diesem Zusammenhang nur auf die *short story* »Grettir at Dragney« (in *The Third Circle*) verwiesen.

> Nicht Seefahrt, Kampf und Gewalt bilden den Ideengehalt dieses Stoffes, sondern die Konfrontation des bläßlichen Neuengländers Ross Wilbur mit der kraftvollen Moran. Es ist der Konflikt zwischen Zivilisation und Natur. Für einen Augenblick deutet Norris an, die Kraft der Liebe könne die sich zwischen beiden Polen auftuende Kluft überwinden. Aber es kommt zu keinem melodramatischen Ende. Moran wird von einem Chinesen ermordet, und ihr Schiff treibt auf die See hinaus. Beide Welten streiften sich; eine mögliche Symbiose wird verworfen.

Was für Norris von dieser mystisch-symbolischen Erzählung bleibt, ist die Erkenntnis der Rolle einer starken und vitalen Frau im Leben eines Mannes. Dies ist das Thema des teilweise autobiographischen Romans *Blix*. Travis (Blix) Bessemer löst den Journalisten Condé Rivers aus seinem von Spiel und Müßiggang bestimmten Milieu und macht einen geachteten Schriftsteller aus ihm. In *A Man's Woman* begegnet man einer Frau, die einem inhaltlosen Leben als Salondame dadurch entgeht, daß sie sich als Krankenschwester einer Aufgabe stellt und einem dynamischen Polarforscher als adäquates Wesen zugeordnet wird.

In all diesen Fällen handelt es sich um starke Menschen im Sinne Jack Londons, mit dem Unterschied, daß Norris das Primitive nie als etwas an sich Erstrebenswertes erachtete, sondern den Weg zurück in die Natur auch als einen Rückfall ins Primitive wertete. Nur dort, wo sich Vitalität mit dem Vermögen zu positiver Charakterbildung verbindet, sieht Norris eine sinnvolle Synthese dieser unterschiedlichen Seinsebenen.

In der Weizen-Trilogie sollten all diese Erwägungen mit der determinierenden Kraft des Wirtschaftslebens konfrontiert werden. Es ist aber bezeichnend für Norris, daß er im Industriezeitalter nicht die Produktion und den Verbrauch einer ›toten Materie‹, sondern die Erzeugung, den Handel und die Konsumtion des Weizens darstellten wollte – eines wachsenden, organischen, unmittelbar aus der Natur kommenden Produkts, das als unverfremdetes Lebenselixier, als Nahrung einen mystischen Symbolwert behält und sich damit deutlich von jenem Kommerzialismus abhebt, der sich seiner bemächtigt. Der Weg des Getreides soll von den Weizenfarmen des Joaquin Valley über die Börse in Chicago in ein hungerndes europäisches Dorf führen. Ehe Norris an einer Blinddarmoperation starb, hatte er gerade noch die Zeit gefunden, den zweiten Band abzuschließen. Strukturell ist *The Octopus* ein in viele Haupt- und Nebenhandlungen zerfallender, von Erzählpartikeln bestimmter Roman naturalistischer Art. Sieht man jedoch etwas genauer hin, so stößt man auf einen idealistischen, ja romantischen Kern, der schließlich in der Romanze zwischen Vanamee und Angèle – die sich weder im Ton noch in ihrer Wirkung in das Kausalgewebe einfügen will – an die Oberfläche bricht.

> *The Octopus* schildert den Kampf der von Magnus Derrick geführten Farmer gegen die alles beherrschende *Pacific and Southwestern Railroad*. Bonville, in dessen Nähe Derricks Rancho de los Muertos liegt, wird mit Hilfe des bestochenen Zeitungsbesitzers Genslinger und der von der Bahn diktierten Preise und Zinsen eine Kolonie der Gesellschaft, die sich anschickt, die Farmer zu unterjochen. Als sich der Eisenbahner Dyke entschließt, sein Glück als Farmer zu suchen, wird er durch Frachtraten ruiniert. Als er in seiner Verzweiflung einen Zug überfällt, landet er als Krimineller im Gefängnis. Die Bahn ist gnadenlos und denkt nur an den Profit. Viele Farmer leben auf bahneigenem Land, und als dieses unter Bruch der Verträge zum Verkauf angeboten wird, organisieren sie den Widerstand. Aber auch ihr Vertreter Lyman wird bestochen, und schließlich kommt es zu einem blutigen Zusammenstoß der Farmer mit der von der Bahn herbeizitierten Staatsgewalt. Sieger bleibt die Bahn; Magnus Derrick muß in den Dienst ihres Agenten, Behrman, treten, und der Präsident der Gesellschaft, Shelgrim, erweist sich als ein netter, sentimentaler Mann, der in aller Unschuld davon überzeugt ist, daß seine Entschlüsse lediglich der Vollstreckung ökonomischer Gesetze dienen. Doch der Weizen ist mehr als ein Objekt; er verschüttet und erstickt Behrmann.

Die Menschen zerfleischen sich. »Aber der Weizen, der blieb. Unberührt, unangreifbar, unbefleckt ruht er, die Kraft der Welt, der Ernährer der Völker, unbewegt von dem wimmelnden Schwarm menschlicher Wesen, im Schoße des Daseins und erfüllte seine Bestimmung.« Und dies ist das Gute: »Die Lüge stirbt, Ungerechtigkeit und Vergewaltigung schwinden am Ende aller Dinge dahin. Kurzlebig sind nur die Gier, die Grausamkeit, die Selbstsucht und die Unmenschlichkeit. Der Einzelmensch leidet, aber die Geschlechter gedeihen ... Vor dem weiteren Blick enthüllt sich dem Suchenden hinter allem Lug und Trug ... die Wahrheit, und sie wird am Ende siegen, und alles wird mit unüberwindlicher Kraft zusammenwirken für den ewigen Bestand des Guten.« Hier wird Norris zum idealistischen Prediger, dessen Optimismus nicht in die naturalistische Landschaft des Determinismus zu passen scheint. Die Hoffnung, letztlich könne alles gut ausgehen, gewinnt auch in *The Pit* die Oberhand. Hier bildet der Weizen aber nur noch einen abstrakten Hintergrund, auf dem das Schicksal des Spekulanten Curtis Jadwin und sein Verhältnis zu Laura Dearborn gewoben wird.

Der vitale Übermensch Jadwin vergißt im Streben nach Geld und Macht seine Frau und strauchelt in dem Moment über eine Fehlspekulation, da er seinem Ziel, den Weizenhandel ganz in die Hand zu bekommen, greifbar nahe ist. Als er, am Ende seiner Kraft, aufgeben will, erweist sich Laura als starke Frau von der Art der Blix. Sie richtet ihn auf, und beide hoffen auf ein neues, wirkliches Leben im Westen. Die läuternde Kraft der Selbsterkenntnis und der Mut zum Durchstehen machen das Leben wieder lebenswert.

Dieser sentimental anmutende Ausgang mag dazu beigetragen haben, daß *The Pit* Norris' populärstes Buch wurde. Gegen Ende seines kurzen Lebens war Norris ein Sozialreformer, der seine Literatur in den Dienst eines idealistischen Glaubens an die Macht des Guten stellte und – ohne die Macht der determinierenden Einflüsse zu leugnen – dem freien Willen des starken Individuums eine Chance einräumte.

Gerade in dieser Beziehung fand er in JACK LONDON (John Griffith London, 1876–1916) einen würdigen Schüler und Erben.

London wurde unehelich in San Francisco geboren, durchlebte eine triste Kindheit, schlug sich nach kurzer Schulzeit als Gelegenheitsarbeiter durchs Leben und heuerte schließlich auf einem Robbenfänger an. Nach Oakland zurückgekehrt, zog er als Tramp und sozialistischer Agitator durch die USA, studierte ein Semester an der *University of California* und verbrachte den Winter 1897/98 auf den Goldfeldern von Klondike, wo er Stoffe für seine Erzählungen fand. Das im

Selbststudium erworbene Wissen stand im Zeichen einer – nie überwundenen – Spannung materialistisch-kollektivistischer (Spencer, Darwin, Marx, Engels) und idealistisch-individualistischer (Nietzsche) Ideen. Als im Januar 1900 die ersten Alaska-Erzählungen erschienen, stand London am Anfang einer steilen Karriere. Um 1913 war er der bestbezahlte und meistübersetzte Autor der USA. In rund sechzehn Jahren erschienen neunundvierzig Romane, *Short story*-Bände, Essaysammlungen, Schauspiele und Pamphlete. London erwarb eine riesige Ranch, kreuzte mit seiner Yacht *Shark* auf den Ozeanen und begann seine Begabung in zunehmenden Maße an die Hearst-Presse zu verkaufen, so daß er schließlich gezwungen war, Ideen für seine *short stories* zu kaufen. Übermäßige Arbeit, Frauen und Alkohol zerstörten seine Physis, und vieles spricht dafür, daß er seinem vitalen und unsteten Leben selbst ein Ende setzte. Seine besten Bücher fußen auf persönlichen Erlebnissen, wie z. B. *The Road* (1907), *Martin Eden* (1909) und *John Barleycorn* (1913). Die Welt Alaskas schildern *The Son of the Wolf* (1900), *The Call of the Wild* (1903), *White Fang* (1906), *Burning Daylight* (1910) und *Smoke Bellew* (1912). *South Sea Tales* (1911), *The House of Pride and Other Tales of Hawaii* (1912) oder *Jerry of the Island* (1917) gehören zur Gruppe der Südsee-Erzählungen; Seeabenteuer präsentieren *The Sea-Wolf* (1904) und *The Mutiny of the Elsinore* (1914). *The People of the Abyss* (1903), *The Iron Heel* (1907) und *The Valley of the Moon* (1913) sind Bücher sozialer Thematik. Londons Kult der Kraft und des ›rohen Fleisches‹ findet ihre überzeugende Ausdeutung in *The Strength of the Strong* (1914) und *The Abysmal Brute* (1913). Sein sozialistisches Credo legte er in den Essays *War of the Classes* (1905) und »The Human Drift« (1917) nieder. Die bekannteste Darstellung seines Lebens findet sich in *Sailor on Horseback* (1938) von Irving Stone. 1963 erschien der erst kurz vorher entdeckte und von Robert L. Fish nach Notizen von London fertiggestellte Roman *The Assassination Bureau, Ltd.* 1982 edierte Donald Pizer *Jack London: Novels, Stories & Social Writings*; 1988 folgten *The Letters of Jack London*, herausgegeben von Earle Labor.

Für London war die literarische Betätigung ein Mittel im Dienst zweier Zwecke. Zum einen sollte sie ihm dazu verhelfen, die Schranken seiner niedrigen Abkunft zu überwinden und zu Ruhm und Reichtum zu gelangen, zum anderen sah er die Möglichkeit, den Glauben an die Kraft der Starken und die bevorstehende Befreiung der Versklavten dieser Erde zu propagieren. Beide Motive wurzeln in der Erfahrung seiner Kindheit und Jugend als Tellerwäscher, Zeitungsboy oder Matrose, da er nicht nur Not und Elend, sondern auch die erlösende Kraft männlicher Vitalität kennengelernt hatte. Er bekannte sich zum Evolutionismus. Die philosophischen Erklärungen für seine bitteren Erfahrungen fand er in den Schriften Darwins, Spencers oder Marx'. Das »Kommunistische Manifest« erschien ihm wie eine Offenbarung, aber er hätte kein Amerikaner sein dürfen, um sich mit dem biologischen und ökonomischen Determinismus der Europäer zufriedengeben zu können. Als ein Mann der allerletzten Grenze wollte er nicht auf den Glauben an das bessere Morgen und die schöpferische Kraft des freien Willens verzichten. Marx kam ihm insofern entgegen, als er eine Lösung aller Widersprüche versprach, aber sein System des Kollektivismus bot einem Charakter wie London wenig Spielraum, und so stieß er auf der Suche nach dem das Leben aus eigener Kraft meisternden Mann auf den Übermenschen Nietzsches.

Leben und Werk Londons standen von nun an im Zeichen der Unvereinbarkeit dieser beiden Ideen, in deren Spannungsfeld er schließlich zerbrach. Londons Ehrgeiz, seine Gier nach Geld und Ruhm, nach einem in vollen Zügen genossenen Leben sowie seine monomanische Sucht nach Selbstbestätigung finden ihren Niederschlag in den autobiographischen Büchern. In *Martin Eden* nimmt der Selbstmord des halbautobiographischen Titel-Charakters das Schicksal Londons vorweg, denn tragischerweise gehörte er nicht zu den Menschen, die auf Grund ihrer genialen Anlagen und der erzielten Erfolge ein ausgeglichenes Leben finden. Wohl verstand er sich als literarischen Selfmademan, aber er wußte – wie *John Barleycorn* zu entnehmen ist –, daß er auf dünnem Eis ging. Ein drittes autobiographisches Buch, *Jack Liverpool*, in dem er nach der Behandlung seiner Jugend und des Ringens mit dem Alkohol sein fatales Verhältnis zu Frauen darstellen wollte, blieb ungeschrieben.

Theoretisch war London ein Materialist, der Haeckel gelesen hatte; was aber seinen Marxismus betraf, so opferte er ihn – zumindest in seinen Werken – nach und nach einem Führerkult, in dem die von Marx geforderte Disziplin anarchistischen Gedankengängen wich. Nach Ansicht Londons sollte der Individualismus absolut sein. Selbst von einer universellen Brüderschaft der Menschheit im Sinne Whitmans hielt er wenig, vielmehr schrieb er an Claudesley Johns: »Sozialismus ist kein ideales System, um alle Menschen glücklich zu machen; er ist nur für gewisse, bevorzugte Rassen da. Seine Aufgabe ist es, diesen verwandten von der Natur bevorzugten Rassen mehr Kraft zu verleihen, so daß sie überleben und die Erde auf Kosten der schwächeren, minderwertigen Rasse erben können.« Die Lehre vom Überleben des Tüchtigsten wird bei London zu einer Theorie des Rassen-Sozialismus, zur Lehre von der Überlegenheit der Angelsachsen und ihrer blonden und blauäugigen Verwandten. Warum das so ist, erfahren wir aus dem Mund Wolf Larsens in *The Sea-Wolf*: »Ich glaube, das Leben ist ein Chaos. Es ist wie Hefe, ein Ferment, das sich bewegt und bewegen kann … Die Großen fressen die Kleinen, damit sie sich weiterbewegen können; die

Starken fressen die Schwachen, um ihre Stärke zu behalten. Die Glücklichen fressen am meisten und bewegen sich am längsten, das ist alles.«

London wußte nur zu gut, wie einem zumute ist, wenn man ständig der Gefahr ausgesetzt ist, gefressen zu werden. So empfand er keine Skrupel, sich wie ein Rockefeller des Literaturbetriebes zu gebärden und gleichzeitig seinen Sozialismus zu predigen. Elend hatte er genug gesehen; was er jedoch während eines Aufenthalts in den Slums von Ostlondon erlebte, übertraf alle seine bisherigen Erfahrungen. In *The People of the Abyss* schildert er nun Menschen, »elend am Boden jenes Abgrunds der Gesellschaft sterbend, London genannt«. Seine Empörung war echt, dennoch muß man Kazin zustimmen, wenn er sagt, Londons Sozialismus »war in Wahrheit etwas Herablassend-Leutseliges; es war ein Kraftgefühl, von dem er den Massen etwas abgeben wollte, eine Kraft, die sich vom Führer auf die anderen übertrug«. Hinzu kam, daß sich London ein neues Bezugssystem schuf, in dem nicht moralische oder ethische, sondern physische Gesetze das Koordinatensystem bildeten. Der These gut–schlecht setzte er die Antithese stark–schwach entgegen. Daraus folgt, daß sich die Menschheit für London aus einer dünnen Oberschicht wirklich starker und damit Ausersehener und einer riesigen Masse dahinlebender Kreaturen rekrutiert. Auch seine Zukunftsvision, *The Iron Heel*, ist dem Thema dieses Kräftespiels gewidmet.

> In diesem angeblich 1932 geschriebenen, die Zukunft der Jahre 1912–1918 behandelnden Roman schildert der Autor die Machtübernahme der Monopole, deren ›eiserne Ferse‹ jede demokratische Regung zerstampft. Mit Hilfe von Geheimpolizei, Militär und gleichgeschalteten Gewerkschaften errichtet das Kapital ein Klassensystem, an dessen Spitze eine Plutokratenaristokratie steht. Dreihundert Jahre soll dieser Totalitarismus währen, ehe er von der ›goldenen‹ Ära des Kollektivismus besiegt wird. Als Gegenspieler dieses Systems tritt aber nicht ein Proletarier Marxscher Schule, sondern ein Nietzsche-Übermensch auf. Der blonde Sozialistenführer Ernest Everhead ist jedoch keine blonde Bestie vom Zuschnitt Wolf Larsens, sondern ein Mann, der sein Leben in den Dienst eines demokratischen Auftrags stellt.

In *Valley of the Moon* entfernte sich London noch weiter von seinen marxistischen Ausgangspunkten. Hier sucht das junge Ehepaar Saxon und Billy Roberts nach Erniedrigungen, Arbeitskämpfen und Gefängnis keinen neuen Kampf mit dem Kapital, sondern besinnt sich auf die Pioniertradition der Vorfahren und sucht sich im Tal des Mondes, das heißt an der Grenze, eine glückliche Zukunft aufzubauen. Der junge Saxon ist sogar ›tief religiös‹. Tatsächlich distanzierte sich London in der Sammlung

The Star Rover (1915) deutlich von jenem Materialismus, den er noch 1906 in *Before Adams* am Beispiel der prähistorischen Menschen vorgestellt hatte.

Einem Höhepunkt des Zynismus – wenn das Buch nicht als Satire auf die Supermänner gedacht war – begegnet man in dem 1910/11 entstandenen unvollendeten Roman *The Assassination Bureau, Ltd.*, in dem sich letztlich der Moralfanatiker und Auftragsmörder-Chef, der Supermann Dragomiloff, selbst überspielt.

Wenn Bret Harte auszog, der Irving des Westens zu werden, so bemühte sich London – ebenfalls von Irving inspiriert –, die *last frontier* in der Eiswüste Alaskas zu schildern und, wie vormals Melville, an die Zivilisationsgrenze der Südsee vorzustoßen. Er vermittelte den Zeitgenossen die Illusion, daß die Romantik dieser Grenze noch immer existiere. Von dem Augenblick an, da der *Overland Monthly* und der *Atlantic Monthly* seine an Kipling anklingenden harten Erzählungen aus einer elementaren Welt abdruckten, galt London als der Poet der Tat in einer weitgehend verweichlichten Welt. Der Kult der Kraft und Virilität, das Bekenntnis zu Instinkt und Trieb (das Sexuelle bleibt allerdings ein Tabu) wurden hier in farbigen, bewegten Bildern mit poetischem Flair und jenem Schuß ursprünglicher Romantik geboten, die nur eine unberührte Natur bereitzuhalten scheint. Allein mit der Liebe zum Detail und der Darstellung elementarer Lebensäußerungen konnte London nicht zum Vollender eines amerikanischen Naturalismus werden. Sein Gesamtwerk vermittelt den Eindruck, als habe er – trotz gegenteiliger Bekundungen – dem ökonomischen Determinismus stets mißtraut und diesen als eine Art Zivilisationskrankheit empfunden. Jedenfalls dominieren die biologischen Aspekte des Daseins.

In der Wildnis des Nordens, in der Südsee und auf dem Meer fand London jene zivilisationsfernen Räume, in dem sich die Kreatur auf Leben und Tod bewähren mußte. Damit wurde London zum Schöpfer einer »blutroten« Romantik und nimmt insofern Hemingway vorweg, als seine Charaktere – ob Mensch oder Tier – zwar vernichtet, nicht aber besiegt werden können. Große Literatur entsteht dort, wo London seine Thesen vom Kampf ums Dasein und der biologischen Verstrickung in Tiergeschichten gestaltet. Die Studie des Hundes Buck in *The Call of the Wild*, der sich – aus Kalifornien nach Alaska entführt – im Kampf gegen Spitz zum Leithund des Schlittens durchbeißt und nach der Ermordung seines Herrn John Thornton die Zivilisation verläßt, um, seinem Instinkt folgend, mit den Wölfen zu leben, ist ein Beispiel vollendeter Kunst. In *White Fang* zeichnet London die entgegengesetzte Entwicklung eines Wolfshundes, der, mit Liebe domestiziert, vom Yukon nach Kalifornien kommt und sein Leben für den Menschen opfert. Solchen Naturgesetzen unterliegen bei London auch die Menschen. Der über Leichen gehende Kapitän Wolf Larsen ist, obwohl auch ihn der Tod schlägt, ein siegreiches Individuum, eine Menschenbestie, die nicht an rationalen Maßstäben gemessen werden kann. Und in *Burning Daylight* schildert London eine Gestalt, die in der freien Welt Alaskas als Übermensch wirkt, um schließlich in der Zivilisation zugrunde zu gehen.

London ist ein geradliniger Erzähler und, obwohl journalistische Klischees und mangelnde Pflege seines Talents seiner Kunst Abbruch taten, in seinen besten Stükken ein Dichter von Rang. Gewiß erinnern viele seiner späteren Arbeiten daran, daß er seine Feder als Goldsieb betrachtete, dennoch aber bewahrte er sich stets einen wachen Sinn für die Symbolik der fundamentalen Antriebskräfte der menschlichen Existenz. Sein eigentliches Feld war die Prosakurzform. In *short stories* wie »Love of Life« (1907 in *Love of Life and Other Stories*) oder »To Build a Fire« (in *Lost Face*, 1910) schuf er Kabinettstücke dieser Gattung. Der Dichter der Muskelkraft, der Sänger der Tat erweist sich immer wieder als ein genauer Beobachter und feinfühliger Interpret seelischer Regungen und wird so zu einem Ausdeuter des psychischen Gleichgewichts in einer ihm chaotisch erscheinenden Welt.

Viele der von Jack London vertretenen Ansichten finden sich – nun stärker von romantischem Beiwerk befreit – im Werk des ersten, weitgehend konsequenten amerikanischen Naturalisten, Moralisten und Reformers THEODORE DREISER (1871–1945). Auch ihm erschien das »Irrsal des menschlichen Lebens« als ein von Urinstinkten und Determination in Bewegung gehaltenes Chaos, das Dasein selbst als ein vergebliches Suchen nach dem Sinn des Lebens.

Dreiser wurde als zwölftes Kind eines deutschen Vaters und einer pennsylvaniadeutschen Mutter in Terre Haute, Indiana, geboren. Armut, fanatische Religiosität des Vaters, ständiger Wechsel des Wohnorts und das Gefühl, ausgestoßen zu sein, kennzeichnen seine Kindheit, in der für formale Bildung wenig Raum blieb. Der Gelegenheitsarbeiter Dreiser suchte seinem Schicksal im Journalismus und Selbststudium zu entgehen. Er lebte als Reporter in St. Louis, Chicago, Pittsburgh und New York, las Darwin, Spencer, Tyndell und Huxley und zeigte sich von Balzac beeindruckt. Sein erster Roman, *Sister Carrie* (1900), wurde auf Drängen der Frau des Verlegers zurückgezogen. Innerhalb kurzer Zeit stieg Dreiser zum hochdotierten Chefredakteur des Frauenmagazins *The Delineator* auf und war damit endlich finanziell gesichert. Norris bestärkte ihn in seinen literarischen Absichten. Mit *Jennie Gerhardt* (1911) errang er einen Achtungserfolg. Wirklich bekannt wurde er mit den ersten beiden Bänden der *Trilogy of Desire*, *The Financier* (1912) und *The Titan* (1914); der dritte, *The Stoic*, erschien 1947 posthum. Neben weiteren Romanen – *The ›Genius‹* (1915), *An American Tragedy* (1925) und *The Bulwark* (posthum 1946) – entstanden Schauspiele (*Plays of the*

Natural and the Supernatural, 1916; *The Hand of the Potter*, 1918), *short stories* (»Free«, 1918; »Chains«, 1927; *A Gallery of Women*, 2 Bde., 1929), Lyrik (*Moods, Cadenced and Declaimed*, 1926/27) und Essays (*Hey Rub-a-Dub-Dub: A Book of the Mystery and Terror and Wonder of Life*, 1920). Hinzu kommen autobiographische Bücher: *A Traveller at Forty* (1913), *A Hoosier Holiday* (1916), *A Book About Myself* (später: *Newspaper Days*, 1922) und *Dawn* (1931). 1959 edierte R. H. Elias eine dreibändige Ausgabe der *Letters*.

Im Gegensatz zu Norris oder Herrick war Elend für Dreiser kein Studienobjekt, sondern am eigenen Leibe bitter erfahrene Realität. »Jede Form des Elends«, schrieb er später, »zerlumpte, heruntergekommene Nachbarn, eine verarmte Farm, ein Asyl, ein Gefängnis, ein Individuum oder eine Gruppe von Individuen, irgendwo, ohne Existenzmittel, jeden Komforts beraubt – das genügte, um in mir Gedanken und Gefühle zu erregen, die mir einen fast körperlichen, schweren Schmerz verursachten.« In dieser Beziehung war er Fleisch vom Fleische der antikorruptionistischen Schriftsteller seiner Zeit. Aber es ist Alfred Kazin zuzustimmen, wenn dieser – um die Sonderstellung Dreisers hervorzuheben – sagt, die anderen Antikorruptionisten seien davon ausgegangen, daß die von ihnen kritisierte Gesellschaft »von vorübergehender Dauer sein würde; die Romanautoren jener Periode bauten ihre Wertordnung entweder auf dem traditionellen Individualismus, den Vorzügen des Landlebens und des Kleinbesitzes auf (das Ideal der progressiven Bewegung) oder auf dem Sozialismus ... Dreiser wollte weder die Gesellschaft reformieren noch sie abtun. Es war die einzige Gesellschaft, die er kannte, die einzige, die zu verstehen man ihm erlaubt hatte ... sie war das Leben selbst, in dem, wie er schrieb, ›nichts bewiesen und alles erlaubt ist‹.«

Auf Grund seiner Erfahrungen suchte Dreiser sehr früh nach seiner »theory of existence«, die ihm eine Erklärung für den schwer einzusehenden Sinn des Lebens geben sollte. Spencer, Huxley, aber auch Loeb lieferten ihm Denkanstöße und sorgten dafür, daß er die Natur auf recht mechanistische Weise mit der Gesellschaft gleichsetzte und Kriterien biologischer Evolution auf die soziale übertrug. Das Ergebnis dieser Überlegungen war ein biologisch akzentuierter individueller und sozialer Determinismus, dessen literarische Gestaltung naturalistisch sein mußte.

Der Mensch Dreisers ist ein von Instinkten getriebenes unfreies Wesen; die Instinkte werden auf ›chemisms‹, im Körper wirkende chemische Vorgänge, zurückgeführt. Mithin ist der Determinismus des Dreiser-Individuums ein doppelter. »Wir leiden unter unserem Temperament, das wir nicht selbst gemacht haben, und unter seinen Schwächen und Mängeln, die nicht Teil unseres freien Willens sind und gegen die wir nichts ausrichten können.« Da somit der Mensch seinen Trieben ausgeliefert ist und die Welt von einer unberechenbaren, weil unbekannten Kraft zusammengehalten wird, folgt, daß hier auch ein Restbestand freien Willens keinen Platz mehr hat. An seine Stelle tritt der instinkt- und triebhafte Drang des Menschen, aus der gegebenen Situation das Beste zu machen und die größtmögliche Befriedigung zu suchen. Damit unterliegen die Charaktere Dreisers dem ständig auf sie einwirkenden Antagonismus von Trieben und den bestehenden Regeln menschlichen Zusammenlebens. Auf die gesellschaftliche Sphäre übertragen, bedeutet dies ein immerwährendes Aufbegehren der Natur gegen die Konventionen. Da Dreiser das Streben nach größtmöglicher Befriedigung als legitim, weil natürlich erachtete, akzeptierte er auch die sich daraus ergebenden Konsequenzen auf sozialem Gebiet. Hier manifestiert sich der Widerspruch in einem gnadenlosen Kampf um Ansehen, soziale Stellung und Besitz, und Besitz ist Macht, sein Fehlen ein Zeichen der Niederlage. In einer solchen Gesellschaft haben nur die eine Chance, die auch die Kraft aufbringen, gegen die Konventionen zu verstoßen.

Das bedeutet aber nicht, daß sich Dreiser mit dieser Gesellschaft identifiziert hätte. Sein Bekenntnis zum Kommunismus beweist das Gegenteil. Kurz vor seinem Tod hoffte er, es möge der kommunistischen Partei gelingen, die dem System innewohnenden Widersprüche aufzuheben. In seinen Werken indes spürt man von dieser Hoffnung nichts. Hier erscheint die Welt grau, hoffnungslos und vom Kampf aller gegen alle gekennzeichnet. Hier findet sich kein Charakter von der Statur des Jurgis Rudkus, der das Zeug hätte, revolutionäre Impulse auszulösen oder marxistische Einsichten zu vermitteln. »Die Starken kamen nach oben, wie ihr Instinkt es ihnen befahl; die Schwachen gingen entweder unter oder ertrugen das Leben, so gut sie konnten. Mut war das Glück der einen und Schwäche das Unglück der anderen« (Kazin).

Eine solcherart relativierte Auffassung von Moral fand ihren ersten Niederschlag in *Sister Carrie*. Dreiser schockierte die viktorianische Leserschaft nicht nur mit seiner freimütigen Art der Darstellung, sondern vielmehr dadurch, daß er das noch immer gültige Pamela-Bild in sein Gegenteil verkehrte. Im Fall Carrie Meebers wird nicht ›Tugend‹, sondern ›Laster‹ belohnt.

> Das aus ärmsten Verhältnissen stammende Landmädchen, »erfüllt von der Illusion der Ignoranz und der Jugend«, lernt in Chicago unter dem Druck der Verhältnisse, wie sich eine Frau die Instinkte und Triebe des Mannes für den eigenen Aufstieg nutzbar machen kann. Die auf höheren Sprossen der Erfolgsleiter stehenden Charles Drouet und George Hurstwood werden für Carrie Mittel zum Zweck, und sie läßt Hurstwood in dem Moment fallen, da dieser nicht mehr bereit ist, um seine Position zu kämpfen. Hurstwood endet als Bettler im Selbstmord; die nun voll emanzipierte Carrie aber wird in New York ein gefeierter Bühnenstar.

Im Gegensatz zu Crane, dessen Maggie den Wertvorstellungen der Zeit entgegenkam, indem sie ihrem ›unwürdigen‹ Leben selbst ein Ende setzte, schuf Dreiser in Carrie Meeber und Jennie Gerhardt Frauengestalten, die sich ihrer moralischen Fragwürdigkeit nicht bewußt sind und im Kampf um einen Platz an der Sonnenseite der Gesellschaft an Unabhängigkeit gewinnen. In *Sister Carrie* ist die Existenztheorie Dreisers geradliniger ausgeführt als in *Jennie Gerhardt*, wo Gefühlsmomente eine größere Rolle spielen. Überdies steht am Ende nicht der materielle Erfolg Jennies, sondern der moralische Sieg über die Familie des zweiten Geliebten, Lester Kanes. Wäre ihr erster Geliebter, der Senator Brander, nicht vor ihrer Hochzeit verstorben, hätte Jennie kein uneheliches Kind zur Welt gebracht, hätte sich die Unternehmer-Familie Lesters nicht gegen die unstandesgemäße Verbindung ihres Sohnes mit dem Landmädchen ausgesprochen, wäre ihr noch ein ›gutbürgerliches‹ Glück beschieden gewesen. So aber muß sich die von Lester ausgehaltene Jennie mit einem Platz im Schatten der Reichen begnügen und gibt ihrem Leben nach dem Tod ihrer Tochter einen neuen Sinn, indem sie Waisenkinder adoptiert.

Sowohl Carrie als auch Jennie sind – gemessen am Maßstab Dreisers – starke Persönlichkeiten und leben in der Illusion, ihre Selbstverwirklichung durch freie Willensentscheidungen herbeigeführt zu haben. Damit sind sie weibliche Gegenstücke des Meisters der Macht, Frank Cowperwood. Dreiser schuf die zentrale Gestalt der *Trilogy of Desire* nach dem Vorbild des in Philadelphia, Chicago und London wirkenden Straßenbahnkönigs C. T. Yerkes, dessen wechselvolles Leben von Dreiser als typisch für die amerikanische Gründermentalität erachtet wurde.

> Der Roman *The Financier* (1912, bearb. 1927) setzt kurz vor dem *Civil War* ein. Cowperwood, der in Philadelphia lebende Sohn eines kleinen Bankangestellten, glücklich verheiratet mit Lillian Semple, erzielt an der Börse Millionengewinne. Da er sein Geld in Macht umsetzen will, verbindet er sich mit dem einflußreichen Edward Butler und geht mit dessen Tochter Aileen ein heimliches Verhältnis ein. Die Krise des Jahres 1871 macht seinen gewagten Spekulationen ein Ende; da ihm niemand hilft, muß er für ein Jahr ins Gefängnis. Allein Aileen hält zu ihm. Die Krise von 1873 gibt ihm die Gelegenheit, die verlorenen Millionen zurückzugewinnen.
>
> *The Titan* beginnt mit der Legalisierung des Verhältnisses zu Aileen und der Übersiedlung nach Chicago, wo er mit Hilfe von Spekulationen, Erpressungen und politischer Korruption bald eine Schlüsselstellung einnimmt. Weniger glücklich verläuft das Ringen um die gesellschaftliche Anerkennung, da seine Konkurrenten sein Vorleben ans Licht zerren. Da weder eine Stiftung noch eine Gemäl-

desammlung die gegen ihn bestehenden Vorurteile abtragen können, entschließt sich Cowperwood, diese Festung mit Geld zu erobern. Damit beginnt der zunächst erfolgreiche ›Titanen‹-Kampf um die wirtschaftliche Macht in der Stadt. Im Privatleben jagt eine Affäre die andere. Ein Verhältnis mit der Frau des Finanzgewaltigen Hand führt zur Formierung der Meute seiner Feinde, dennoch bleibt ihm das geschäftliche Glück treu. Wenn er schließlich seinen größten Plan nicht verwirklichen kann, so deshalb, weil die Korruption ruchbar wurde und die Wähler einem im Sinne Cowperwoods ausgearbeiteten Gesetz die Zustimmung verweigern. Etwa zur gleichen Zeit findet Cowperwood in der jungen, unschuldigen Bernice Fleming, der Tochter einer vormaligen Bordellwirtin, ein neues Ideal. Er trennt sich von Aileen und geht mit Bernice nach Europa, um nur noch für sie und die Kunst zu leben. Sein Titanenkampf ist zu Ende.

Im dritten Band, der nicht mehr vollendet wurde, ist Cowperwood *The Stoic* geworden. Da er in Chicago nicht Fuß fassen konnte, zieht er sich nach New York zurück. Als man in London den U-Bahn-Bau plant, ist Cowperwood wieder dabei und kann einundfünfzig Prozent des Kapitals an sich ziehen. Um sein Verhältnis mit Bernice zu decken, holt er Aileen nach, diese aber droht die Geschäfte ihres Mannes durch die Bloßstellung seines Lebenswandels zu gefährden. Auf dem Sterbebett erkennt Cowperwood, daß er außer Bernice niemanden hat. Unmittelbar nach seinem Tod beginnt der Streit um die Millionen, aller Reichtum zerrinnt, und Bernice flüchtet nach Indien und lernt hier die Philosophie der Entsagung und der Yogi kennen. Zur gleichen Zeit schärft sich ihr Blick für die soziale Not. Hier brach das Manuskript ab. Den Schluß faßte Mrs. Dreiser nach den Notizen ihres Mannes zusammen: Bernice erkennt, daß die Not in New York ebenso groß ist wie in Indien, spendet ihr Cowperwood-Geld für die Gründung eines Krankenhauses, wird selbst Krankenschwester und umsorgt kranke Kinder.

Cowperwood erscheint als Prototyp des berechnenden Geschäftsmannes, der Reichtum und Sex in den Dienst seines Machtstrebens stellt. Nicht Reichtum gewährt ihm die letzte Befriedigung, sondern die damit verbundene Möglichkeit, Macht auszuüben. Es stellt sich die Frage, in welchem Maße Dreiser in der Gestalt Cowperwoods einen Übermenschen entwerfen wollte. Ein Vergleich mit den Gestalten Londons zeigt, daß in der Welt Dreisers kein Platz für eine selbständig handelnde Führernatur ist. Cowperwood hat zwar die Möglichkeit, anderen seinen Willen aufzuzwingen, aber er ist mehr Opfer als Gestalter der Geschehnisse. Sein Spielraum bleibt eng, nicht zuletzt deshalb, weil der sonst so nüchtern rechnende Finanzier auf sexuellem Gebiet ein

Gefangener seiner Triebe ist und somit seinen Gegnern ständig Angriffsflächen bietet. Damit ist Cowperwood sowohl von außen kommenden als auch in seiner psychischen Anlage begründeten Determinationen ausgeliefert. Was sich in ihm abspielt, ist ein nicht enden wollender Kampf zwischen den Kräften des Körpers und des zweckgerichteten Verstandes, der ›Natur‹ Cowperwoods mit den Konventionen.

Wenn man bedenkt, daß Dreiser, als er den dritten Band schrieb, der kommunistischen Partei der USA beitrat, muß es erstaunen, welche Schlüsse er aus dem Wirken Cowperwoods zog. Sicher stellte er die gesellschaftlichen Verhältnisse an den Pranger, aber nirgends nähert er sich den Positionen des jungen Sinclair. Während sein Zeitgenosse Gorki in *Die Mutter* (1906) oder in *Das Werk der Artamonows* (1925) die sich aus dem Elend ergebende revolutionäre Stimmung sichtbar macht, bescheidet sich Dreiser in seiner Trilogie mit einem philanthropisch getönten Ausgang. Von Bernice heißt es: »In Indien hatte sie zum ersten Mal die Morgendämmerung eines geistigen Erwachens gespürt, das sie jetzt befähigte, klarer zu sehen.« Aber zur gleichen Zeit fragt sie: »Was ist das überhaupt für eine Welt?« Und: »Warum kommen Millionen Wesen auf diese Welt – nur um gequält und gepeinigt zu werden, nur damit sie an Mangel, Kälte und Hunger zugrunde gehen?«

> In dem Roman *The ›Genius‹* begegnet man in der Gestalt Eugene Witlas ebenfalls einer – freilich emotionaler bestimmten – Kämpfernatur, die ihre Befriedigung weniger in der Macht als in der Schönheit sucht. Auch seine vielen Affären sind Mittel zum Zweck; die Frauen sind ihm Inspirationen, derer er als Künstler bedarf. Und als die Affäre mit Suzanne Dale seine erfolgreiche Karriere als Direktor eines großen Verlages beendet, findet er im Leben des Kindes seiner verstorbenen Frau und in der Berufung zur realistischen Malerei neuen Lebenssinn.

Im Gegensatz zu diesem Roman ist Dreisers bekanntestes Buch, *An American Tragedy*, in seinem konsequenten Determinismus eine deprimierende Studie menschlicher Schwäche.

> Clyde Griffith, Sohn eines armen Wanderpredigers aus Kansas City, zieht aus, um zu Ansehen und Reichtum zu kommen. Er begegnet einem reichen Onkel, Samuel Griffith, der im Staat New York eine Fabrik besitzt. Hier findet Clyde eine Anstellung. Die Verbindung mit der Arbeiterin Roberta Alden und Clydes plötzliche Liebe zu der aus der Oberschicht seines Onkels stammenden Sondra Finchley macht mit einem Schlag die Stellung des jungen Mannes zwischen den sozialen

> Fronten sichtbar. Als Roberta schwanger ist, beschließt Clyde, sie aus dem Weg zu räumen, um sich an der Seite Sondras den sozialen Aufstieg zu sichern. Bei der zu diesem Zweck unternommenen Kahnfahrt auf einem abgelegenen See ist er aber zu schwach, seinen Plan auszuführen; als schließlich das Boot mehr durch Zufall kentert, läßt er Roberta ertrinken. Am Ende eines Prozesses, den Dreiser zum Anlaß nimmt, die Schwächen des Systems aufzuzeigen, wird Clyde zum Tode verurteilt.

Carrie, Jennie, Cowperwood oder Witla sind aktive Charaktere; Clyde hingegen ist bei allem Wollen stets passiv. Er gehört zu jener Kategorie von Menschen, die sich mit ihrem Schicksal eigentlich abgefunden haben und nicht in der Lage sind, ihre Pläne zu verwirklichen. Damit wird Clyde das Opfer eines mechanistisch wirkenden Determinismus. In dem Augenblick, da es ihm an Entschlußkraft fehlt, ist sein Schicksal besiegelt. Von einer Tragödie im klassischen Sinn des Wortes kann nicht die Rede sein. Am deutlichsten wird die Willensschwäche in dem Moment, da Clyde den in allen Einzelheiten vorbereiteten Mord nicht ausführen kann. Wenn Roberta schließlich einem Unfall zum Opfer fällt, so ist dies die bittere Ironie eines Schicksals, das trotz aller biologischer und sozialer Kausalität voller Geheimnisse bleibt.

Damit rückt Clyde an die Seite des Quäkers Solon Barnes, der zentralen Gestalt des Romans *The Bulwark*. Auch er steht am Ende seines Lebens vor einem Scherbenhaufen, weil er, anstatt seine ganze Persönlichkeit einzusetzen, mit Hilfe von Heuchelei voranzukommen trachtete. Erst auf dem Sterbebett erkennt er seine Fehler und flüchtet sich in Mystizismus. Seine neuentdeckte Philosophie der Liebe zu allen Kreaturen, der Glaube an das Göttliche und die durch das »innere Licht« zu erlangende persönliche Offenbarung stehen stellvertretend für Dreisers Ratlosigkeit. Die in diesem Buch eingesetzte Liebe paßt nicht in die – zwar unsystematische – »theory of existence« und steht mit ihrem okkulten Charakter im Widerspruch zu den bis dahin in den Romanen Dreisers vertretenen Ideen. Diese Widersprüchlichkeit tritt noch klarer hervor, wenn man den Ideengehalt der Romane mit den Aussagen der Bücher *Dreiser Looks at Russia* (1928), *Tragic America* (1931) oder *America Is Worth Saving* (1941) vergleicht; hier gibt er sich überzeugt, daß der Sozialismus den Ausweg aus der Krise der Menschheit weisen werde.

Die Ansichten Dreisers werden oft mit denen Zolas verglichen, und zweifellos ergeben sich gewisse methodologische und weltanschauliche Übereinstimmungen. Beide sind methodisch objektive Realisten und leidenschaftslose Porträtisten ihrer jeweiligen Welt. Bereits mit *Sister Carrie* aber hatte Dreiser das ihm eigene Profil erlangt. Seine Relativierung der herkömmlichen Moral war das Ergebnis bitterer persönlicher

Erfahrungen in »God's own country«. Dennoch mutete er in seiner Robustheit viele Amerikaner fremder an als Zola. Nur eine oberflächliche Beurteilung seines Werkes aber kann zu dem Schluß verleiten, Dreiser habe eigentlich außerhalb der amerikanischen Tradition gestanden. Zumindest drei zentrale Kriterien seiner Weltausdeutung sind typisch amerikanisch: Dreiser bleibt ungeachtet seiner marxistischen Orientierung der Gestalter des Individualismus. Kollektives Handeln findet in seinen Romanen nicht statt. Wenn er den Wunsch nach Befriedigung als das wesentliche Merkmal menschlichen Strebens propagiert, so ist dies bei ihm lediglich eine sich aus der Relativierung des Moralkodexes ergebende Neubewertung des das amerikanische Leben von Anfang an bestimmenden Ziels, der *pursuit of happiness*. Und schließlich steckt auch ein Rest Amerikanertum in seinem Naturalismus, der den freien Willen zwar zu einem Wechselbalg des Erfolges degradiert, ihn jedoch nicht völlig dem Determinismus opfert.

Die Kritik hat Dreiser den Vorwurf gemacht, er habe wenig konzentrierte und schlecht komponierte Bücher in einem schwerfälligen, von grammatischen Fehlern strotzenden Stil geschrieben. Das alles trifft zu, und es ist auch richtig, wenn ihm Stilbrüche nachgesagt werden, die vor allem ihren Niederschlag in romantischen oder sentimentalen Reflexionen finden. Gewiß hat der Autodidakt Dreiser seine Bücher immer wieder stilistisch überarbeiten müssen, und tatsächlich leiden sie zuweilen unter einer den Themen nicht angemessenen Weitschweifigkeit. Ungeachtet solcher Mängel präsentieren sich jedoch seine Romane als kraftvoll geschriebene und in der Ehrlichkeit ihrer Aussage geschlossen wirkende, beeindruckende Zeitdokumente.

Sein Verhältnis zu den USA – und das hat man ihm am wenigsten verziehen – war zwiespältig. »Es war wunderbar, Amerika zu entdecken«, heißt es bei Dreiser, »aber es wäre noch wunderbarer gewesen, es zu verlieren.« Und in *Dawn* bezeichnet er den puritanisch-patriotischen Zeitgeist als einen »Zwillingszustand, der aus Unwissenheit und ich weiß nicht was für sonstigen Mängeln geistiger und wirtschaftlicher Art geboren war«. Als Schriftsteller ist Dreiser der Vollstrecker der von Howells vorbereiteten und von Garland und Norris zum Naturalismus hin entwickelten Romankonzeption. Gerade damit versetzte er vielen seiner Landsleute einen Schock, so daß er in Europa lange Zeit mehr geschätzt wurde als in den USA.

Gleichsam im Schatten des Ringens um den Sieg des Realismus und Naturalismus vollzog sich auf dem Hintergrund der die befreiten Sklaven nicht gerade verwöhnenden *Reconstruction* ein zäher Kampf um die Anerkennung der intellektuellen Leistungsfähigkeit der afroamerikanischen Minderheit. Ein wichtiges Feld in diesem Zusammenhang war das Streben nach praktischer Ausbildung und mehr Bildung für die schwarze Minderheit. Hier machte sich BOOKER T. WASHINGTON (1856–1915), Sohn einer Sklavin und eines Weißen, verdient. Er widmete sich dieser Aufgabe nicht nur mit der Gründung des *Tuskegee Normal and Industrial Institute*, sondern auch in einer Reihe von Schriften (*The Future of the American Negro*, 1899) und machte mit der Douglass-Biographie (1906/07), *The Story of the Negro* (1909) und seiner Autobiographie *Up from Slavery* (1901) die Nation mit der Tatsache vertraut, daß von einer Emanzipation erst dann gesprochen werden könne, wenn die schwarze Minderheit völlig gleichberechtigt behandelt wird.

Der an der *Harvard University* zum Ph. D. promovierte Wirtschaftswissenschaftler und Historiker WILLIAM E. B. DuBOIS (1868–1963) nahm diesen Gedanken auf. Wenngleich seine bekannteren Bücher (*The Negro*, 1915; *The Gift of Black Folk*, 1924, und *Black Reconstruction*, 1935) und seine leidenschaftlichen Engagements für die Rechte der jungen Staaten gegenüber ihren ehemaligen Kolonialherren (*Color and Democracy: Colonies and Peace*, 1945) erst relativ spät in seinem Leben entstanden und er damit eher als Propagandist der Rechte seiner Minderheit bekannt wurde, sollte nicht vergessen werden, daß er mit seinen Erzählungen *The Souls of Black Folk* (1903) auch mit fiktionalen Texten um die Anerkennung der befreiten Sklaven kämpfte. Seine Romane *The Dark Princess* (1928) sowie die Trilogie *The Black Flame* (1957–1961) vermitteln interessante Einblicke in die Welt der *African-Americans*, waren jedoch bereits auf einem Hintergrund entstanden, der durch die *Great Migration* und die Erfolge der *Harlem Renaissance* gekennzeichnet und somit dieser Epoche der schwarzen literarischen Emanzipation zuzurechnen sind.

Neuhumanismus und Neoromantik

Die Thesen der literarischen Bilderstürmer um Norris, Garland und Dreiser blieben nicht unwidersprochen. Der soziale Gärungsprozeß der Jahrhundertwende wirkte seit etwa 1910 in verstärktem Maß auch im ästhetischen Bereich der Literatur, und nach wie vor erwies sich Neuengland als ein Ort konservativer Ideen. Die Traditionalisten des ›Bundes‹ – Stoddard, Stedman, Aldrich – sahen auch eine ihrer Hauptaufgaben darin, die ihrer Meinung nach von Materialismus und Skeptizismus begünstigte Auflösung des traditionellen Formbewußtseins aufzuhalten. In dieser Beziehung war ihr Wirken für eine jüngere Generation konservativer Kräfte richtungsweisend. Kritiker und Schriftsteller wie G. E. Woodberry, W. C. Brownell, I. Babbitt oder P. E. More schickten sich nun unter Berufung auf das klassische Erbe und die Antike an, den Tendenzen der modernen Literatur entgegenzuwirken. Damit wurden sie zu Schrittmachern neuhumanistischer, neoklassizistischer und neuromantischer Ideen, denen die ›literarischen Radikalen‹ um H. L. Mencken, Lewis Mumford, Van Wyck Brooks und Waldo Frank eine heftige Kritiker-Schlacht liefern sollten.

Sieht man von dem gemeinsamen Protest gegen den angeblich von den Realisten und Naturalisten betriebenen Abbau der Ideale und Werte ab, so unterscheiden sich aber die Ziele der Neuhumanisten doch deutlich von den Zielen der in *the band* Versammelten. Im Gegensatz zu diesen stützten sich die Neuhumanisten nicht vornehmlich auf überkommene traditionalistische Prämissen, sondern forderten eine neue Analyse des Verhältnisses zwischen dem zeitgenössischen Leben und der Kunst. An diesem Punkt vollzog sich der Generationswechsel im Lager der Konservativen.

Der alten Schule am nächsten stand der in New York als Sproß einer neuenglischen Familie geborene Schriftsteller und Kritiker WILLIAM CRARY BROWNELL (1851–1928), der in den Jahren 1881 bis 1884 in Paris die Kunst und das Formgefühl der Franzosen schätzen lernte. In *French Traits* (1889) und *French Art* (1892) suchte er seine Landsleute vor einem weiteren, von der Romantik ausgelösten Auflösungsprozeß zu warnen. Als Idealist war er ein Verfechter des Wertes der Persönlichkeit, aber eben kein Parteigänger der Ellenbogenaristokratie des *Gilded Age*. Die Besinnung auf die Werte des Klassizismus, die »maßvolle Uneigennützigkeit« und die »Übereinstimmung mit dem genauen Vernunftideal« wollte er zu Maßstäben der Kunst und des Lebens erhoben wissen. In den Bänden *Victorian Prose Masters* (1901) und *American Prose Masters* (1909) wertet er Literatur unter diesen Gesichtspunkten und nennt Matthew Arnold als Vorbild. In den Werken *Criticism* (1914) und *Standards* (1917) konzipiert er eine Kritik, deren Aufgabe darin besteht, unter Berücksichtigung von Geschichte, Ästhetik und Philosophie »die abstrakten Eigenschaften, die den konkreten Ausdruck des Künstlers beseelen, zu erfassen und zu charakterisieren«. In seinen letzten Büchern, *The Genius of Style* (1924) und *Democratic Distinction in America* (1927), beruft sich Brownell auf den »Geist der Ordnung« Hellas', Roms, aber auch der Franzosen und verweist auf die »Verbrechen der Sensation«, als deren Exponent er Dreiser bezeichnet. Brownell hat in vierzig Jahren (1888–1928) als Mitarbeiter des Verlagshauses Scribner einen bedeutenden Einfluß auf die literarische Geschmacksbildung ausgeübt.

Nicht minder bedeutend war das kritische Wirken dreier Professoren. Der durch Reisebücher, romantische Skizzen und Essays bekanntgewordene presbyterianische Geistliche und spätere Princeton-Professor HENRY VAN DYKE (1852–1933) focht mit einer Verve gegen die »realistischen Entgleisungen« der zeitgenössischen Literatur, daß er die Verleihung des Nobelpreises an Sinclair Lewis fast als eine kulturelle Katastrophe wertete. Ganz ähnlich dachte der in Harvard wirkende, aus Neuengland stammende Anglist BARRETT WENDELL (1855–1921), der die amerikanische Literatur in *A Literary History of America* (1900) an der viktorianischen Elle maß. Er stellte fest, daß »dieses unser Zeitalter sich buchstäblich zum Unzüchtigen auswächst – überall die Fäulnis ins Bild zerrt, die man besser übersieht«. Nicht viel anders dachte der weitgereiste Idealist, Kritiker, Biograph und Dichter GEORGE EDWARD WOODBERRY (1855–1930). Dieser aus Massachusetts stammende, in Harvard von Adams, J. R. Lowell und C. E. Norton ausgebildete, später an der *Columbia University* lehrende Literaturprofessor begann seine literarische Karriere mit militanten Beiträgen im *Atlantic Monthly* und in *The Nation*. In längst vergessenen Gedichten (*The North Shore Watch*, 1890; *Wild Eden*, 1899), besonders aber in der Sonettensammlung *Ideal Passion* (1917) und *The Roamer, and Other Poems* (1920) tritt er als Verfechter der idealistischen Philosophie des Schönen auf, dessen an Shelley orientierte Romantik wenig Raum für eine vorurteilslose Beurteilung der zeitgenössischen Strömungen ließ. Seine Literaturkritik (*Makers of Literature*, 1900; *America in Literature*, 1903; *The Appreciation of Literature*, 1907; *The Inspiration of Poetry*, 1910) zeugt von seiner Abneigung gegenüber dem Realismus. Mark Twain, Whitman oder Melville werden in *America in Literature* als Entartungserscheinungen dargestellt. Die Biographien Hawthornes (1902) und Emersons (1907) machen deutlich, wie stark Woodberry in der neuenglischen Bildungstradition wurzelt. Bereits 1885 hatte er eine erste Studie über den damals noch sehr umstrittenen E. A. Poe vorgelegt; 1894/95 edierte er zusammen mit E. C. Stedman *The Works of Edgar Allan Poe* (10 Bde.) und rundete seine Arbeit über diesen ihm nicht sympathischen Dichter mit *Life of Edgar Allan Poe* (2 Bde., 1909) ab. Näher stand ihm Shelley, dessen Werke er 1892 edierte. Hier fand er jenen romantischen Zugang zum Weltbild der Antike, das seiner Ausbildung und seinem Wesen entsprach.

Neuhumanist im engeren Sinn des Wortes war Woodberry nicht, wohl aber einer der geistigen Wegbereiter dieser Strömung, deren erster bedeutender Vertreter der aus einer angesehenen Familie Neuenglands stammende, in Ohio geborene IRVING BABBITT (1865–1933) ist. Bereits als Harvard-Student folgte er der Ansicht Adams', daß die moderne Welt an Auflösungserscheinungen leide, und schloß sich – nach Studien an der Sorbonne – den Überzeugungen Brownells an, der auf dem Umweg über die französische Kultur im Erbe des Hellenismus und der mittelalterlich-christlichen Ideale jene stabilisierenden Ordnungsfaktoren suchte, derer die Moderne bedürfe. Als Dozent und Professor für Romanistik am *Williams College* und an der *Harvard University* (1894–1933) wirkte er als Verfechter des Neuhumanismus und führte einen verzweifelten, aber glänzenden Kampf mit ›modernen‹ Schriftstellern und Dichtern wie Sinclair Lewis, O'Neill, Sandburg und den Autoren der *lost generation*. Seine

Werke *Literature and the American College* (1908), *The New Laokoon* (1910), *Rousseau and Romanticism* (1919) und *Democracy and Leadership* (1924) bilden eine Einheit.

Nach Babbitt ist die Wurzel allen zeitgenössischen Übels in der Renaissance zu suchen. In dem Augenblick, da sich der Mensch in den Mittelpunkt der Welt gerückt sah, die Macht der Kirche verfiel und sich das Verhältnis des Individuums zu Gott lockerte, war es nicht nur um die geistige Einheit, sondern auch um den Humanismus geschehen. Der erste Irrtum der Menschen bestehe darin, daß er mit Bacon nach einer naturwissenschaftlichen Ersatzreligion strebte und somit zu einem bedeutungslosen Partikel in einer mechanistisch interpretierten Welt wurde. Rousseau habe diesen Irrtum dadurch potenziert, daß er, in dem Bestreben, das Selbstverständnis des so entwürdigten Menschen zu retten, die Emotion und nicht die Ratio einsetzte. Dies habe zu einer Überbetonung des Individualismus, zu Auflösung ethischer Normen und zu geistiger Anarchie geführt, die sich im Materialismus des *Gilded Age* manifestiere. Babbitts Hauptanliegen war eine allumfassende Harmonie und die Bändigung der auseinanderstrebenden Kräfte in einem an den Hellenen orientierten Humanismus. Nur auf diese Weise werde man den Willens-Freiraum der Menschen wiederherstellen können. In seinem bedeutendsten Werk *The Masters of Modern French Criticism* (1912) legte er dar, in welchem Maß die romantische französische Kritik zur literarischen Anarchie beigetragen habe. In *Democracy and Leadership* übertrug er seine Thesen auf die Gesellschaftswissenschaften, indem er der auf romantischen Ideen und dem Bekenntnis zum Naturrecht basierenden egalitären Demokratie sein Ideal einer humanistischen und aristokratischen entgegensetzte. So sehr sich Babbitt mühte, seine Gedanken rational zu begründen, so deutlich mußte er gegen Ende seines Lebens erkennen, daß sein Ziel nur unter Einbeziehung irrationaler Kriterien zu erreichen war. In seinem Beitrag zu *Humanismus and America* (1930) forderte er die Vereinigung aller Religionen und Glaubensrichtungen und wies dem Glauben eine zentrale Funktion bei dem Versuch zu, die moralisch-sittliche Einheit des Denkens neu zu begründen.

Während gemeinsamer Studientage in Harvard fand Babbitt in dem aus St. Louis gebürtigen und in einer kalvinistischen Familie aufgewachsenen Kritiker und Denker PAUL ELMER MORE (1764–1937) einen neuhumanistischen Kampfgefährten und Freund.

Nach dem Studium der Hindu-Philosophie und der Altphilologie lehrte More an der *Harvard University* und am *Bryn Mawr College*, zog sich von 1897 bis 1899 in das Dorf Shelburne, New Hampshire, zurück, um über seinen philosophischen Standort nachzudenken, wirkte von 1904 bis 1914 als Chefredakteur des *Inde-*

pendent, der New Yorker *Evening Post* und der *Nation* und wurde 1914 Professor für alte Sprachen in Princeton. Sein Gedichtband *Helena and Occasional Poems* (1890) darf am Rande erwähnt werden. Bedeutung erlangte er mit den literaturkritischen *Shelburne Essays* (11 Bde., 1904–1921), die mit den *New Shelburne Essays* (3 Bde., 1928–1936) fortgesetzt wurden, sowie den fünf Bänden *The Greek Tradition* (1921–1931).

Bereits in den ersten *Shelburne Essays* läßt More keine Zweifel daran, daß er den Empirismus und den naturwissenschaftlich begründeten Monismus für ein Verhängnis hielt. In »The Demon of the Absolute«, womit die *New Essays* 1928 beginnen, verurteilt More mit den Werken Dreisers, Andersons oder Dos Passos' auch die dem Naturalismus immanente Überzeugung von der allgewaltigen Macht der Determination. Er war davon überzeugt, daß es unveränderliche Moralgesetze gibt und der Mensch in der Lage ist, nach freiem Willen zu handeln. Bei seiner Suche nach Vorbildern stieß er zunächst auf den Geist der Antike, wo er das Ideal der mäßigend wirkenden goldenen Mitte gefunden zu haben glaubte. Dabei ging er insofern über den eigentlichen Humanismus hinaus, als er das Christentum und die katholische Kirche als Grundpfeiler einer neuen, aus Tradition schöpfenden Ehtik wertete. Zu den bedeutendsten Manifestationen des amerikanischen Neuhumanismus zählen die fünf Bände *The Religion of Plato* (1921), *Hellenistic Philosophies* (1923), *The Christ of the New Testament* (1924), *Christ the Word* (1927) und *The Catholic Faith* (1931), die More unter dem Titel *The Greek Tradition* subsumierte. Seine Kritiker nannten ihn einen Platonisten, Thomisten und Reaktionär; diese Bezeichnungen treffen aber nur partiell zu. Gewiß hat er sich leidenschaftlich gegen den Determinismus und den überschäumenden Individualismus gewandt, blieb aber bemüht, dem freien Willen im Rahmen sittlicher Verantwortlichkeit zu seinem Recht zu verhelfen. Damit hat er – nicht zuletzt durch seine Polemiken mit den Progressivisten – seine Gegner gezwungen, ihre Positionen genauer zu durchdenken. Mit seinen Interpretationen der Antike und der weitergehenden Analyse der Funktion des Glaubens in einer von materialistischem Denken beherrschten Welt ließ er seinen Mentor Babbitt hinter sich. Die Bedeutung Mores bestand darin, daß er nicht nur eine neuhumanistische Literaturkritik entwikkelte, sondern mit *The Greek Tradition* ein Credo dieser Bewegung schuf.

Zu Mores Bewunderern zählte der in Harvard von Babbitt ausgebildete, vom Positivismus und der Romantik herkommende STUART PRATT SHERMAN (1881–1926). Seine Auseinandersetzungen mit Mencken machen aber deutlich, daß er weder als Professor an der *University of Illinois* noch als Leiter der Buchabteilung der *New York Herald Tribune* ein kritikloser Schüler Babbitts oder Mores gewesen ist.

Indem er sowohl die »Partei der Kultur« als auch die der »Natur« ergreifen wollte und danach trachtete, »ihre einander ergänzenden Werte zu einem gemeinsamen Ziel zu vereinigen«, war er, wie Lüdeke vermerkt, ein Verteidiger der neuenglischen Bildungstradition. Diesem Thema sind fast alle seine Schriften gewidmet (*Matthew Arnold: How to Know Him*, 1917; *On Contemporary Literature*, 1917; *Americans*, 1922; *The Genius of America: Studies in Behalf of the Younger Generation*, 1923; *The Main Stream*, 1927, u. a.). Gegen Ende seines Lebens gewann Sherman einen guten Teil jener Liberalität zurück, die er bei seiner Konversion zum Neuhumanismus über Bord geworfen hatte. Bezeichnend für diese Entwicklung ist sein Verhältnis zu Dreiser, dessen »barbarischen Naturalismus« er 1915 verdammt hatte, um später *An American Tragedy* sittliche Größe zuzugestehen, ohne freilich damit dieses Weltbild anzuerkennen.

Neuhumanist im engeren Sinn ist der aus einer deutschen Familie stammende, in Pittsburgh geborene Anglist NORMAN FOERSTER (1887–1972), der an der *Harvard University* bei Babbitt hörte und Ende der zwanziger Jahre in England, Frankreich und München studierte. In seiner Literaturkritik (*Nature in American Literature*, 1923; *American Criticism*, 1928) und in der Sammlung *A Re-Interpretation of American Literature* (1928) ist er bemüht, den literarischen Auffassungen der Neuhumanisten Geltung zu verschaffen. Diesem Ziel dient auch eine Art Geschichte der Literaturkritik, *Towards Standards: A Study of the Present Critical Movement in American Letters* (1930). Aber es lag in der Sache selbst, daß er sich nicht auf die Literaturkritik beschränkte, sondern in *The American Scholar: A Study in Litterae Inhumaniores* (1929) oder in der Sammlung *Humanism and America: Essays on the Outlook of Modern Civilization* (1930) zusammen mit einem guten Dutzend anderer Neuhumanisten zum Sturm auf die Bastionen des Materialismus blies. Damit wurden diese zu Wegbereitern einer populären neoromantischen Literatur, die ihre Stoffe aus der Historie und ihre Impulse aus der Regionalkunst bezog.

Was die Idealisten, Neuhumanisten und Neoromantiker, von denen viele aus dem Westen kamen oder dort wirkten, einte, war die Auffassung, man müsse die ethischen Werte der Vergangenheit beschwören. Diese Ansicht entsprach bis zum Ende des Ersten Weltkrieges in einer Weise dem Lesergeschmack, daß die realistisch gestalteten, ihrem Ideengehalt nach aber romantischen historischen Romane einen weit größeren Leserkreis fanden als die Bücher Howells' oder James'. Daß es sich aber bei der Neoromantik um eine Übergangsliteratur handelt, belegen beispielsweise Maurice Thompson und Booth Tarkington. Thompson begann 1875 in den *Hoosier Mosaics* mit Dialekterzählungen, und Tarkington stieß in seinen späten »Penrod«-Büchern nach einer neoromantischen Exkursion zur humoristischen Position Mark Twains. Der neoromantische Weg in die Vergangenheit impliziert die Idealisierung der Historie und die melodramatische Auflösung von Konflikten.

Der erste Vertreter dieser Richtung ist der aus Indiana stammende und im Süden aufgewachsene MAURICE THOMPSON (1844–1901), der sich in seinen Hoosier-Dialekt-Erzählungen dem romantischen regionalen Roman (*A Tallahassee Girl*, 1881; *At Love's Extremes*, 1885) und der Lyrik zuwandte (*Songs of Fair Weather*, 1883; *Poems*, 1892), ehe er mit dem 1779 an der *frontier* spielenden Buch *Alice of Old Vincennes* (1900) ein besonders typisches Beispiel des neoromantisch-historischen Romans schuf. Der ebenfalls aus Indiana kommende CHARLES MAJOR (1856–1913), der sich mit Skizzen in der Art der *Local Color* als Chronist seiner Heimat betätigte, wählte für den Schauplatz seiner historischen Romane *When Knighthood Was in Flower* (1898) – der Liebesgeschichte Queen Marys und Sir Edward Caskodens – und *Dorothy Vernon of Haddon Hall* (1902) die romantisch ausgestaltete Szenerie Englands im 16. Jahrhundert. Auch die in Kalifornien lebende GERTRUDE ATHERTON (1857–1948) schrieb zunächst historische Romane (*The Californians*, 1898, bearb. 1935; *Before the Gringo Came*, 1894, bearb. 1902 unter dem Titel *The Splendid Idle Forties*), um sich schließlich dem melodramatischen Gesellschaftsroman zuzuwenden; die Liebesgeschichte einer durch Operation verjüngten Frau, *Black Oxen* (1923), kennzeichnet ihr Spätwerk.

Der New Yorker Autor IRVING BACHELLER (1859–1950) trat 1900 mit *Eben Holden* als Realist in die Literatur ein und schrieb darauf eine Reihe populärer historischer Romane, von denen der aus der Zeit des Krieges von 1812, *D'ri and I* (1901) sowie der Roman aus der Frühzeit Neuenglands, *A Candle in the Wilderness* (1930), die bekanntesten sind. Eine ähnliche Entwicklung nahm das Werk des aus einer angesehenen Familie Pennsylvanias stammenden Harvard-Absolventen OWEN WISTER (1860–1938), der als Cowboy-Romancier in seinen frühen Erzählungen und Romanen *Red Men and White* (1896), *The Jimmyjohn Boss* (1900) und anderen das »cattle country« porträtierte und seine Mischung von Realismus und Melodramatik auf die zunehmend romantisch konzipierten Bücher wie *The Virginian* (1902) oder den Charleston-Roman *Lady Baltimore* (1906) übertrug.

Das Bekenntnis zum Idealismus kennzeichnet den Standort des Wissenschaftlers, Biographen und Romanciers PAUL LEICESTER FORD (1865–1902), der neben der Edition *The Writings of Thomas Jefferson* (10 Bde., 1892–1894) und den Essays *The True George Washington* (1896) nach dem Vorbild des »praktischen Idealisten« Grover Cleveland *The Honorable Peter Stirling* (1894) schrieb und in der auf dem Hintergrund des Revolutionskrieges spielenden Liebesgeschichte *Janice Meredith* (1899) interessante Porträts Washingtons und Hamiltons zeichnete. Der aus Indiana stammende

BOOTH TARKINGTON (1869–1946) begann seine schriftstellerische Karriere mit einem Protest gegen die politische Korruption (*The Gentleman from Indiana*, 1899), schilderte in *Monsieur Beaucaire* (1900) das England des 18. Jahrhunderts mit den Mitteln Thompsons und schuf mit der Trilogie *Growth* (*The Turmoil*, 1915; *The Magnificent Ambersons*, 1918; *The Midlander*, 1923) ein moralisch getöntes Sittengemälde des Mittleren Westens. Seine Romane aus der Welt der Jungen und Jünglinge (*Penrod*, 1914; *Penrod and Sam*, 1916; *Seventeen*, 1916 und *Penrod Jashber*, 1929) bieten humorvolle, an Mark Twain erinnernde Bilder. Damit ging er einen Schritt weiter als der New Yorker Maler und Illustrator ROBERT W. CHAMBERS (1865–1933), der neben *short stories* und *plays* eine Reihe sehr populärer pseudohistorischer Romane (*In the Quarter*, 1894; *The Drums of Aulone*, 1927) schrieb, und der aus Michigan stammende und lange in Kalifornien lebende STEWART EDWARD WHITE (1873–1943). White bewahrte sich die in den historischen Romanen aus der Vergangenheit Kaliforniens (*Gold*, 1913; *The Gray Dawn*, 1915; *The Rose Dawn*, 1920) herrschende Romantik bis in sein hohes Alter. In dem Roman *Wild Geese Calling* (1940) folgt er den Farmern nach Alaska und sucht hier die romantische Atmosphäre an der letzten Grenze einzufangen.

Darin unterscheidet sich White wesentlich von dem populärsten Autor romantisch-historischer Romane jener Jahre, dem in St. Louis geborenen und bis 1894 an der Marineakademie ausgebildeten WINSTON CHURCHILL (1871–1947). Dieser entfernte Verwandte der englischen Familie ist ein Mann des Übergangs. Sein erstes Werk *The Celebrity: An Episode* (1898), eine soziale Satire, steht in der neuenglischen Bildungstradition. Aber die Revolutionsromanze *Richard Carvel* (1899), der auf dem Hintergrund von St. Louis in der Zeit vor und während des *Civil War* spielende Roman *The Crisis* (1901) sowie die Darstellung der Besiedlung Kentuckys und der Rolle der *frontier* während der Revolution in *The Crossing* (1904) bieten romantische Historienmalerei und die Idealisierung der amerikanischen Vergangenheit und ihrer Helden. Churchill ist ein geschickter Panoramenmaler, die Charakterstudie hingegen ist nicht seine Stärke. Die Beschäftigung mit der Vergangenheit impliziert bei ihm kein Ignorieren der Gegenwartsprobleme, vielmehr suchte er als Mitglied der Volksvertretung und als Kandidat für den Posten des Gouverneurs von New Hampshire seine Vorstellungen in die Praxis umzusetzen. Dieses Engagement für die Gegenwart veranlaßte ihn, sich auch als Romancier zeitgenössischer politischer Probleme anzunehmen. In dem Roman *Coniston* (1906) – mit dem gelungenen Charakter Jethro Bass – entwirft er ein Bild des politischen Lebens in Neuengland; in *Mr. Crewe's Carreer* (1908) schildert er den Versuch einer Eisenbahngesellschaft, sich die Regierung zu unterwerfen, und the *Dwelling-Place of Light* (1917) ist die Geschichte eines Streiks in Neuengland.

Alle diese Bilder sind aus dem Blickwinkel eines Idealisten gezeichnet; sie sind romantisch und melodramatisch gefärbt, didaktisch und moralisch gemeint. Churchill glaubte, man könne dem materialistischen Zeitgeist unter anderem nur dann widerstehen, wenn sich die Religion den Gegebenheiten des modernen Lebens anpasse (*The Inside of the Cup*, 1913). In *The Unchartered Way* (1940) brachte er die Überzeugung zum Ausdruck, der Glaube stelle in Verbindung mit selbstloser christlicher Nächstenliebe das ethische Fundament menschlichen Seins dar.

Von ganz anderem Zuschnitt ist der Bohemien und Weltenwanderer LAFCADIO HEARN (1850–1904). Amerikaner war er nur insofern, als er zwischen seinem neunzehnten und neununddreißigsten Lebensjahr in den USA lebte und ungeachtet seiner französischen Schulung die Literatur nicht um ihrer selbst willen betrieb.

> Hearn wurde auf der ionischen Insel Santa Maura (Leukadia) geboren, ging in Dublin und Yorkshire zur Schule und sollte Priester werden. Um ihm die pantheistischen Neigungen auszutreiben, schickte ihn die Familie auf das Jesuitenkolleg Rouen, doch Hearn entwich, lebte einige Zeit in Paris und London und wurde 1869 von der Familie nach New York abgeschoben. Auf einem Auge blind und von schwächlicher Statur, litt Hearn unter Minderwertigkeitskomplexen und konnte sich in den USA nur schwer an die neue Umwelt anpassen. Seine Introvertiertheit, die ihn in Cincinnati als Journalisten scheitern ließ und zu Skandalen führte, stattete ihn mit einem Sinn für Schönheit und Sinnlichkeit aus. Romantiker war er insofern, als er zeit seines Lebens dem Exotisch-Unberührten und der Folklore nachjagte.

Seine ersten Zeitungsskizzen, die »Fantastics«, erinnern an Poe; seine Vorbilder waren Baudelaire, Flaubert und Gautier. *One of Cleopatra's Nights and Other Fantastic Romances* (1882) enthält die Übersetzung von sechs Gautier-Novellen; in dem Sammelband *Stray Leaves from Strange Literature* (1884) wartet Hearn mit einer Fülle abseitiger Legenden und Erzählungen auf. In New Orleans und im schwül-farbigen Delta, wo er seit 1877 lebte, fand er eine seinem Wesen adäquate Landschaft und ein für seine exotischen Neigungen fruchtbares Gebiet. Die kreolische Sprichwortsammlung *Gombo Zhêbes* und die in *Cuisine Créole* (beide 1885) erschienenen Kochrezepte waren Ergebnisse seiner folkloristischen Studien.

Die ersten Arbeiten hatten ihn so bekannt gemacht, daß sich ihm nun auch die Spalten so angesehener Zeitschriften wie *Century* und *Harper's Weekly* öffneten. Die Sammlung chinesischer Legenden *Some Chinese Ghosts* (1887) und der auf der »letzten Insel« vor der Küste Louisianas spielende Roman *Chita* (1889) festigten seinen Ruhm als Erzähler von der Art Stevensons. Im Jahr 1887 war Hearn für *Harper's Weekly* nach Französisch-Westindien gegangen und schuf hier mit dem Reisebuch *Two Years in the French West Indies* (1890) und dem Roman über einen Sklavenaufstand im 19. Jahrhundert, *Youma* (1890), die wohl besten amerikanischen Darstellungen des Lebens auf den tropischen Inseln.

Als ihn die Zeitschrift 1890 nach Japan entsandte, hatte Hearn endlich eine geistige Heimat gefunden. Er heiratete die Tochter eines Samurai, verband sich mit den konservativen Schichten des Landes, ließ sich unter dem Namen Koizumiu Yakumo einbürgern und konvertierte zum Buddhismus. Als er schließlich den Lehrstuhl für Anglistik an der Tokioter Reichsuniversität erhielt, dankte er seiner neuen Heimat mit zwölf Büchern, in denen er die Sitten und Legenden, die Flora und die Fauna Nippons schilderte und so zu einem ersten kompetenten ›westlichen‹ Interpreten dieses gerade erst ›geöffneten‹ Landes wurde. Als Romantiker und Konservativer beklagte er das Dahinschwinden des alten Japan und fürchtete, der in Folge der erzwungenen Öffnung des Landes aufkommende Nationalismus und Militarismus werde zu einem Zusammenstoß mit dem Westen führen. *Glimpses of Unfamiliar Japan* (1894), *Out of the East* (1895), *Kokoro* (1896), *In Ghostly Japan* (1899), *Shadowings* (1900) und *Japan: an Attempt at Interpretation* (1904) sind – in die Form des Essays gegossene – farbige, sorgfältig komponierte und sprachlich durchgefeilte Studien, die noch heute von Interesse sind, weil sie zeigen, welch stürmische Entwicklung Japan innerhalb zweier Generationen durchlief. Wenn Hearn nicht in den Bereich der Publizistik verwiesen werden muß, so deshalb, weil er auch in seinen späten Essays ein origineller Prosa-Dichter blieb. Er steht gleichberechtigt neben den Franzosen und Stevenson und nimmt damit in der amerikanischen Literatur eine bemerkenswerte Sonderstellung ein.

Das gilt auf andere Weise auch für den romantischen Zyniker und Symbolisten JAMES BRANCH CABELL (1879–1958), der bis zum Ende des Ersten Weltkriegs als Vertreter eines amerikanischen *l'art pour l'art* gefeiert wurde

> Cabell stammte aus Richmond und war der Sproß einer vornehmen, alteingesessenen Familie Virginias. Er studierte am *William and Mary College*, lehrte dort Französisch und Griechisch, arbeitete als Journalist und wirkte am Staatsarchiv Virginias. Seine ersten Bücher, *The Eagle's Shadow* (1904) und *The Line of Love* (*short stories*, 1905), bewegen sich im Rahmen der Konvention. In *Chivalry* (1909), *Gallantry* (1907) und *The Cords of Vanity* (1909) interpretiert er Formen der Liebe des Mittelalters, des 17. Jahrhunderts und der Neuzeit. *The Rivet in Grandfather's Neck* (1915) ist eine Satire auf den romantischen Idealismus Virginias. 1913 er-

schien mit *The Soul of Melicent* (bearb. als *Domnei*, 1920) der erste der *Poictesme*-Romane, die sich um Dom Manuel und seine Nachfahren bewegen (*Jurgen*, 1919; *Figures of Earth*, 1921; *The High Place*, 1923; *Something About Eve*, 1927; *The White Robe*, 1928, u. a.). Daneben stehen *short stories* (*The Certain Hour*, 1916; *The Music from Behind the Moon*, 1926), kaum beachtete Gedichte (*From the Hidden Way*, 1916; *Sonnets from Antan*, 1929) und Kritik (*Beyond Life*, 1919; *Straws and Prayer-Books*, 1924; *Some of Us*, 1930; *Preface to the Past*, 1936), in der Cabell seine antirealistische Haltung darlegt. In *Smirt* (1934), *Smith* (1935) und *Smire* (1937) wandte er diese Theorien konsequent an. Geistvolle Romanzen (*The King Was in His Counting House*, 1938; *Hamlet Had an Uncle*, 1940; und *The First Gentleman of America*, 1942) sowie Essays und Erinnerungen runden das umfangreiche Gesamtwerk ab. Der Briefwechsel *Between Friends* wurde 1962 ediert.

Der frühe Cabell unterschied sich kaum von seinen neoromantischen Zeitgenossen; so wandte er sich mit *The Eagle's Shadow* gegen die Anbetung der Macht des Geldes und schuf in *The Line of Love* historische Erzählungen nach üblichem Muster. Erst *The Rivet in Grandfather's Neck* läßt erkennen, daß der gebildete Gentleman Cabell nicht Fleisch vom Fleische der Neoromantiker, sondern ein Autor *sui generis* war. Sieht man von den frühen Arbeiten ab, so bietet das Œuvre Cabells eine verwirrende Synthese romantizistischer Handlungshintergründe und modernistisch-skeptischer Seinsinterpretationen, die einen zynisch anmutenden Symbolismus hervorbringt. Am Anfang stand ein durch das Studium des Französischen gewecktes Interesse am Mittelalter. Die Hinwendung zur Vergangenheit diente – ähnlich wie bei Henry Adams – zunächst nur dem Zweck, die Unvollkommenheit der zeitgenössischen Zivilisation an der Kultur des Mittelalters zu demonstrieren. In *Chivalry*, *Gallantry* und *The Cords of Vanity* entwirft Cabell ein für seine Zeit nicht sonderlich schmeichelhaftes Bild von der Evolution im Bereich der ›Minne‹. Dabei entbehrt es nicht einer gewissen Ironie, daß Cabell in *Gallantry* den geographischen Hintergrund so verzeichnete, daß er sich entschloß, von nun an seine Handlungen nur noch in fiktive Welten zu stellen. Damit machte er aus der Not eine Tugend, die seinem poetischen Wesen entsprach.

Die Lösung von der geographischen Realität korrespondierte mit seiner Überzeugung, der Traum sei für die Menschheit »die einzige wahre Wirklichkeit«. Das Ergebnis war das im mittelalterlichen Frankreich angesiedelte Traumreich Poictesme (eine Verbindung von Poitiers und Angoulème). Cabell erklärt: »Ich muß in meiner kleinen Welt allmächtig sein und mich frei von den Banden historischer Fakten, die ein anderer Weltschöpfer neben mir geschaffen hat, bewegen können.« Nun fordert er, die Literatur solle den »Traum des Lebens« allegorisch interpretieren, da der Realismus die *facts* ohne Berücksichtigung des *spirit of life* präsentiere. Unter diesen Vorzeichen entstand mit den *Poictesme*-Romanen eine breit angelegte Phantasmagorie, von der es bei H. S. Canby heißt, sie sei mittelalterlich im äußeren Gepräge, ritterlich, was die Handlung betrifft, und satirisch und zynisch in der geistigen Haltung. Satire und Zynismus gelten den Figuren, denen der historische Mantel nur lose übergeworfen ist. Dieses Traumreich ist durchdrungen von Gegenwartsbezügen. Hier wird deutlich, daß Cabell mit der Neoromantik eine Haßliebe verband. Ständig löckte er wider den Stachel viktorianischer Moralkodizes und verstieß dabei so sehr gegen die sexuellen Tabus seiner Zeit, daß Wagenknecht von einer »phallischen Komödie« sprechen kann. Cabell fühlte sich als ein Streiter gegen die Lebenslüge. Und wenn er das Leben beschreiben wollte, »nicht wie es ist, sondern wie es sein sollte«, so gelang es ihm nur unvollkommen, denn in Wirklichkeit war sein Traumreich Poictesme mit tausend Fäden an die Unvollkommenheiten der realen Welt gebunden. Nirgends wird dies klarer als in seinem bekanntesten Roman *Jurgen*, dem Buch, in dem die Wort- und Kompositionskunst Cabells höchste Vollendung erreicht und das sein Weltbild exemplifiziert.

> Jurgens Frau Lisa wird vom Teufel entführt. Vom Gewissen und der Konvention getrieben, macht sich der Pfandleiher aus Poictesme auf die Suche. Mit Hilfe des Zentauren Nessus gelangt er in den Garten zwischen Morgendämmerung und Sonnenaufgang, wo er seine Jugendliebe Dorothy la Désiré wiedertrifft. Die Erdenmutter Sereda dreht die Zeit zurück und beschert beiden einen Tag voller Liebe, an dessen Ende die Erkenntnis Jurgens steht, daß seine Wünsche verlorene Illusionen waren. Damit beginnt eine erotische Wanderschaft in eine mythische Welt. Jurgen begegnet Guenevere, der Dame Anaïtis, Merlin oder Helena und gelangt über Cocaigne, Pseudopolis und Leukè in die Hölle, wo er einen Vampir heiratet. Später kommt er als Papst Johannes XX. in den Himmel seiner Großmutter und besteigt Gottes Thron. Endlich trifft er Koschei, den Gott, »der alle Dinge gemacht hat, wie sie sind«. Nun entsagt er allen Versuchungen, nimmt Lisa wieder in Empfang und kehrt in sein bürgerliches Leben zurück.

Jurgen ist eine Phantasmagorie romantischer Desillusionierung, der Kraft des Geschlechts und mediokrer Selbstbescheidung. Damit wird deutlich, worin sich Cabell von den Neoromantikern unterscheidet, und ein Vergleich mit Melvilles *Mardi* zeigt, wie weit die Jahre des *Gilded Age* nun schon zurücklagen, als Cabell zum Stoß gegen das Philistertum ansetzte. Während Tajis Suche nach Yillah von Liebe diktiert wird, die den Tod einer mittelmäßigen Selbstzufriedenheit vorzieht, fahndet Jurgen nach Lisa, weil es der gute Ton gebietet. Im übrigen kann eine nicht vorhandene Liebe auch wenig gegen den Sexus ausrichten, und so vergißt Jurgen über den Schönen der Mythologie und anderen Versuchungen sein ohnehin schwach motiviertes Anliegen. Erst in dem Augenblick, da ihn Koschei aus den Illusionen reißt, erkennt er seine Verirrungen, findet aber nicht die Kraft, um die Illusion zu ringen. Dieses unglücklich-glückliche Ende ist nicht nur ironisch, sondern entspricht der Erkenntnis Cabells, daß seine sich heroisch gebärdenden Zeitgenossen nicht einmal mehr versuchen, das Leben nach eigenen Vorstellungen zu gestalten. Damit ist *Jurgen* – und mit ihm der *Poictesme*-Zyklus – eine Satire auf das frömmelnd und heuchelnd dahinlebende Bürgertum. Ironie und Skepsis sind Cabells Waffen, *cant* und Selbstzufriedenheit seine Zielscheiben. Im Grunde identifizierte er sich mit dem pessimistisch-epikuräischen Manuel in *Figures of Earth*, der erfolglos seinen unerreichbaren Idealen nachjagt. Im Gegensatz zu den meisten Idealisten hatte Cabell den Glauben an die Kraft des freien Willens verloren. In dem als Prolog zu den *Poictesme*-Romanen konzipierten Buch *Beyond Life* (1919) findet sich der Satz: »Wir müssen schon zufrieden sein, daß alles vorwärts geht, in Richtung auf irgend etwas. Es mag sein, daß wir nächtliche Kreaturen sind, aufgeschreckt von den Gerüchten einer Morgendämmerung, die unausweichlich kommt, als der Prolog eines Tages, an dem wir und unsere Kinder keinerlei Teil haben.« So ist die Geschichte Poictesmes in den Jahren zwischen 1234 und 1750 eine Historie der Bitterkeit und Frustration.

Als Verehrer Scotts und Dumas' war Cabell ein Gegner des Realismus. Das Werk Cabells lebt von der Kraft meisterhafter Sprachbeherrschung und einer kontrapunktischen Komposition, die seine Romane in Erzählpartikel zerfallen läßt. Die traditionelle Form wird aufgelöst. Schönheit steht neben Vulgarität, Zynismus neben romantischer Emotion; Manierismus und Wiederholungen neben geradlinigen Passagen. Geistvolle Anspielungen verdichten sich in Symbolen; ihre Träger sind ihrer Individualität weitgehend entkleidete Figuren. Mit *Jurgen*, wo es immer wieder um die Vorbereitung des Geschlechtsaktes geht – deshalb kam das Buch auf den Index –, schockierte Cabell seine Zeitgenossen in einer Weise, daß man ihm unterstellte, er wolle mit seiner Philosophie des *virtus* der Verantwortungs- und Bindungslosigkeit des Individuums das Wort reden. Nur wenige Kritiker erkannten seine Absicht, und es ist bezeichnend, daß ausgerechnet H. L. Mencken, der gewiß kein Parteigänger der Neoromantiker war, den Kern dieser Satire freilegte. Märchenwelt und Allegorie dienen hier einem desillusionierten Romantiker und Amerikaner, dessen Werk der Kunst von Anatole France nahekommt. Cabell stand zwischen Tradition und zeitgenössischer Skepsis, und wenn man ihn in den USA relativ schnell vergaß, so wohl deshalb, weil das Klima der zwanziger Jahre schon sehr bald nur wenig Raum für seine Weltinterpretationen ließ.

Dichtung: Make It New

Der Siegeszug des von Howells propagierten und von Autoren wie Mark Twain, Norris oder Dreiser in der Prosa praktizierten Realismus und Naturalismus, die nichts anderes waren als eine Anpassung an die Gegebenheiten einer sich wandelnden Welt, vollzog sich auf dem Feld der Lyrik langsamer. Traditionalismus und neuenglische Bildungstradition haben bis an die Schwelle des 20. Jahrhunderts Ton und Gestalt der amerikanischen Lyrik so stark bestimmt, daß originelle Artikulationen von der Art Whitmans und Emily Dickinsons die Ausnahme blieben. Die Anpassung der Lyrik an den Geist der Massengesellschaft gestaltete sich schwieriger. Die nun von Urbanisierung und Industrialisierung gekennzeichnete Szenerie bot wenig Schönheit im Sinne der Klassizisten oder Romantiker, ja, sie mußte den an der Vergangenheit und der *beauty* geschulten Poeten häßlich erscheinen. Während sich die Prosa seit Cervantes oder Defoe auch mit ›unpoetischen‹ Sujets befaßte, verlangte die lyrische Darstellung einer ›entpoetisierten‹ Welt nach einer Umwertung lyrischer Werte und hatte diese zur Voraussetzung. Damit wurden nicht nur das bis dahin verwendete Material und die traditionellen Formen, sondern auch die hergebrachte Funktion der Lyrik in Frage gestellt. Zwar hatte bereits Whitman darauf hingewiesen, daß es neuer Formen, einer neuen Sprache und eines neuen Rhythmus bedürfe, um das zeitgenössische Amerika poetisch zu interpretieren. Tatsächlich aber verharrten die amerikanischen ›Schulen‹ bis etwa zur Jahrhundertwende in ihren weitgehend von europäischen Vorbildern bestimmten Positionen, so daß die amerikanische Poesie – von wenigen Ausnahmen abgesehen – bis zu diesem Zeitpunkt weniger vital erscheint als die Prosa.

Eine ›amerikanische‹ Lyrik entstand unter diesen Bedingungen hauptsächlich außerhalb des Bannkreises der neuenglischen Bildungstradition. Damit wuchs die Übergangsdichtung im Zeichen einer relativ großen – zum Teil geographisch bedingten – thematischen und weltanschaulichen Vielfalt. Ihre Schöpfer waren vornehmlich literarische Einzelgänger wie der an der *Columbia University* lehrende Professor für Architektur und Graphik, FRANK DEMPSTER SHERMAN (1860–1916). Seine geistvollen *Lyrics for a Lute* (1890), *Little-Folk Lyrics* (1892) und *Lyrics of Joy* (1904) haben einen schlicht-humorvollen Ton und enthalten charmante Gedichte voller Lebensfreude. Noch ursprünglicher wirken die von BLISS CARMAN (1861–1929) und RICHARD HOVEY (1864–1900) als *Songs from Vagabondia* (1894) edierten Trink- und Wanderlieder.

Solch heitere Bilder sucht man in den melancholisch-subjektiven *Poems and Sonnets* (1909) von LOUISE CHANDLER MOULTON (1835–1908) vergebens. Dies gilt auch für die Lyrik des aus Virginia stammenden Priesters und Lehrers am *St. Charles Col-*

lege zu Baltimore, JOHN B. TABB (1845–1909). Seine kurzen, meist in Vierzeilern komponierten *Poems* (1894), *Lyrics* (1897), *Later Lyrics* (1902) oder *The Rosary in Rhyme* (1904) sind religiöse Dichtungen und erinnern in ihrem kryptischen und epigrammatischen Charakter an die *metaphysicals* und Emily Dickinson. Ebenfalls den *metaphysicals* verpflichtet ist die Poesie der New Yorker Lyrikerin ANNA HEMPSTEAD BRANCH (1874–1937; *The Heart of the Road*, 1901; *Rose of the Wind*, 1910; *Sonnets from a Lock Box*, 1929, u. a.).

Bedeutender ist das Werk der in Baltimore gebürtigen Lehrerin LIZETTE WOODWORTH REESE (1856–1935), in deren Sammlungen *A Branch of May* (1887), *A Handful of Lavender* (1891), *A Wayside Lute* (1909) – darin ihr wohl bestes Gedicht »Tears« – und *Pastures* (1933) pastorale Themen vorherrschen. Da sie ihre Objekte einer direkten Behandlung aussetzt, überwindet sie die sentimentale Ausdeutung der Natur und durchbricht konservativ-viktorianische Auffassungen. Ähnliche Ansätze finden sich in den *First Poems and Fragments* (1895) und den *Poems* (1898) des aus Boston stammenden PHILIP HENRY SAVAGE (1868–1899) und bei dem Poeten aus Kentukky, MADISON CAWEIN (1865–1914), dessen sechsunddreißig Sammelbände viel Mittelmäßiges bieten. Seine besten Stücke sind in *Lyrics and Idyls* (1890), *Vale of Tempe* (1905) und in den von Edmund Gosse in England edierten *Kentucky Poems* (1902) enthalten. Hier entwirft er feinsinnige Bilder seiner Heimat und gestaltet sie in einer einfachen und klaren Sprache.

Härter zeichnet der aus Oregon gebürtige, als Lehrer in Kalifornien lebende EDWIN MARKHAM (1852–1940). Insbesondere das Blankvers-Titelgedicht des Bandes *The Man with the Hoe and Other Poems* (1899), wo er für den »unter der Last gebeugten Farmer« eintritt, zeugt von einer Verbundenheit mit Garland und einem wachen sozialen Gewissen. Darin unterscheidet er sich von dem in New York gebürtigen, von Tabb ausgebildeten und in Kalifornien als Bohemien und Schüler von Bierce auftretenden Verehrer Keats' und der englischen Romantik, GEORGE STERLING (1869–1926). Seine Sammelbände *The Testimony of the Suns* (1903), *A Wine of Wizardry* (1909) oder *Thirty-Five Sonnets* (1917) enthalten Gedichte von hoher melodischer Reinheit und vollendete Sonette. Obgleich dieser glänzende Techniker in *Robinson Jeffers, the Man and the Artist* (1926) noch kurz vor seinem Freitod die Bedeutung der ›modernen‹ Poesie würdigte, hat er in seinem Werk keinen Gebrauch mehr von den neuen Ideen gemacht. Einen anderen Ton schlug der aus Indiana stammende, an der *Harvard University* ausgebildete und in Chicago lehrende Anglist und Dramatiker WILLIAM VAUGHN MOODY (1869–1910) an. Seine *Poems* (1901) – darin sein bekanntestes Gedicht »Gloucester Moores« und lyrische Momentaufnahmen wie »A Gray Day« – künden bei aller Skepsis von der idealistischen Überzeugung, die Irrfahrt der Menschheit werde ein gutes Ende nehmen. Dabei kontrastieren intime Stimmungsbilder mit Themen der Zeitgeschichte (»An Ode in Time of Hesitation«, 1909).

Es war das Los der meisten Übergangsdichter, bereits in den zwanziger Jahren am Rande zu stehen. Eine Ausnahme bildet der kraftvolle Poet EDWIN ARLINGTON ROBINSON (1869–1935).

Er stammte aus dem Dorf Head Tide, Maine, wuchs in Gardiner (dem Tilbury Town seiner Dichtung) auf, studierte in Harvard (1891–1893) und arbeitete in New York als Angestellter beim U-Bahn-Bau. 1896 erschien die Sammlung *The Torrent and the Night Before* im Selbstverlag. Es folgten *The Children of the Night* (1897) und *Captain Craig* (1902). Dem Zweiunddreißigjährigen verschaffte Theodore Roosevelt eine Sinekure beim New Yorker Zoll. Seit 1910 – in diesem Jahr erschien der Band *The Town Down the River* – lebte der Dichter sommers in McDowell, New Hampshire, und im Winter in Boston und New York. Die Komödie *Van Zorn* (1914) und die Tragödie *The Porcupine* (1915) brachten nicht den erhofften Erfolg; dieser stellte sich mit dem Gedichtband *The Man Against the Sky* (1916) ein. Die Artus-Trilogie *Merlin* (1917), *Lancelot* (1920) und *Tristram* (1927) festigten seinen Ruhm. Weitere bedeutende Titel sind die Gedichtsammlungen *The Three Taverns* (1920), *Dionysus in Doubt* (1925) und *Nicodemus* (1932) sowie die Verserzählungen *Avon's Harvest* (1921), *Roman Bartholow* (1923), *Cavender's House* (1929), *Matthias at the Door* (1931), *Talifer* (1933) und *King Jasper* (1935). Die gesammelten *Sonnets, 1889–1927* erschienen 1928, eine Auswahl der Briefe 1940, die *Uncollected Poems and Prose* 1975.

Robert Lee Frost stellte in seinem Nekrolog auf seinen großen Zeitgenossen fest: »Robinson stayed content with the old way to be new.« Damit ist die Position Robinsons sehr genau umrissen. Alt in diesem Sinn waren vor allem die von Robinson bevorzugten Formen. Seine Vorliebe für das Sonett und die zuchtvoll gebundene Sprache in dramatischem Monolog und Verserzählung sprechen für sein Traditionsbewußtsein. Sein strenger, grüblerischer Intellekt, sein düsteres Weltbild sowie die herbspröden Ausdrucksformen wurzeln im Puritanismus, die Betonung der Rolle des Individuums im Transzendentalismus seiner engeren Heimat. Wenn er Hawthorne in der Auslotung seelischer Konflikte, Emerson in der Betonung der Individualität und Emily Dickinson im sparsamen Gebrauch der Mittel nahesteht, so zeugt auch dies vom traditionsbewußten Wesen seiner Kunst.

Zunächst hat es den Anschein, als wachse das Neue seiner Dichtung lediglich aus einer geschickten Handhabung hergebrachter Formen und Themen und der Verwendung einer moderner anmutenden Sprache, des *common speech* und dessen natürlichem Rhythmus. Das eigentlich Originelle an dieser Lyrik aber ist der illusionslose Ton, die Fähigkeit, die gesellschaftlichen Wandlungen in der ihnen angemessenen Sprache poetisch zu erfassen. Eine so erdachte Dichtung ist kaum deskriptiv und noch weniger ›lyrisch‹, sie ist dramatisch komponiert und psychologisch fundiert. Sie zeichnet eine Welt, in der die seelischen Reaktionen des Menschen zum zentralen Thema aufsteigen, da die Natur – im Sinne der Romantik – die Antwort auf die brennenden Fragen verweigert. Robinsons Interesse an seelischen Befindlichkeiten schuf bereits in den ersten Sammlungen *The Children of the Night*, *Captain Craig* und *The Town Down the River* psychologische Porträts unter der Last des Lebens ächzender Gestalten. Die Studie des erfolgreichen und doch verzweifelnden Richard Corey, des geizigen Aaron Stark, des Zynikers Cliff Klingenhagen oder des an seinem Idealismus scheiternden Craig erinnern in ihrer Form an Browning, in ihrer – zuweilen ironisch oder humorig aufgelockerten – düsteren Seinsausdeutung an Hardy. *The Children of the Night* vermitteln die Erkenntnis, daß es für denjenigen, der in seiner Furcht die Schwärze und das entsetzliche Chaos der Nacht begrüßt, nur einen schwachen Lichtschein gibt.

Diese Tragödien brachten Robinson den Vorwurf ein, die Welt habe für ihn nichts Schönes und erscheine ihm als Gefängnis. Darauf erwiderte er, die Welt sei eher eine Art konfessioneller Kindergarten, in dem verwirrte Kinder den Namen ›Gott‹ mit falschen Lettern zu buchstabieren suchten. Diese These spricht aus dem vierteiligen Gedicht »The Town Down the River«, wo selbst der Skeptiker und Warner in den Sog der gedankenlos dahintreibenden Masse gerät. Ein beeindruckendes Beispiel der humorvollen Variante dieses Weltbildes findet sich in »Miniver Cheevy«. Die Figuren Robinsons sind Opfer ihres Fatalismus, der wiederum als Stärke gewertet werden kann, da er sie das Leben leichter ertragen läßt. Höchste Verdichtung erfahren die Meditationen über den Sinn des Daseins im Titelgedicht des Bandes *The Man Against the Sky*. Auf die ständig wiederkehrende Frage: »Where was he going, this man against the sky?« folgen viele Antworten, aber keine befriedigt, weil die von Menschen geschaffenen Ordnungen unzulänglich sind. Aufgabe des Menschen ist es zwar, den »satanic kink« zu lösen, und er ist verpflichtet zu denken, um nicht ins Animalische abzusinken, aber denkt er wirklich, so wird ihm auch seine Beschränktheit bewußt und er muß seinen engen Spielraum erkennen. Was ihm bleibt, ist die unbeantwortbare Frage nach den Gründen seines Seins, in dem »nothing« und »nought« eine zentrale Rolle spielen. Viel von dieser Nichtigkeit ist auch in den anderen Gedichten dieses Bandes enthalten: »The Clinging Vine« oder »Eros Turannos« spüren ihr im Bereich der Liebe nach, in »Old King Cole« findet sich der Alte mit dem fragwürdigen Treiben seiner Söhne ab, und in »The Burning Book« verbrennt der in den Besitz von

Antworten gelangte Metaphysiker sein Buch, um sich von der Last der Verantwortung zu befreien. Hier findet sich auch das bekannte Gedicht »Ben Jonson Entertains a Man from Stratford«.

Nur ein Stück dieses Bandes, »Cassandra«, ist unmittelbar zeitbezogen, indem es dem Materialismus widerspricht. Neun Jahre später griff Robinson dieses Thema noch einmal auf und warnte die Künstler in »Dionysus in Doubt« und »Demos and Dionysus« vor den Gefahren, die sich aus Vermassung und Materialismus für die Demokratie ergäben.

Die meisten frühen Dichtungen sind lakonisch und zeichnen sich durch bildhafte Sprache und Mehrdeutigkeit der Aussagen aus. Bereits in der Sammlung *Captain Craig* fand Robinson mit »Isaac and Archibald« und »The Book of Annandale« zur Form der Verserzählung, die – neben dem Sonett – für sein späteres Werk charakteristisch ist. In dieser Form gestaltete er das psychologisch motivierte Ende König Artus' und schuf damit eine Korrektur der Artus-Idylle Tennysons. In *Merlin* treibt er die Zerfaserung der Psyche seiner Charaktere so weit, daß eigentlich nur jene Szenen befriedigen, in denen sich Merlin entscheiden muß, ob er in seiner Liebe zu Vivian der Leidenschaft oder der Ratio folgen will. Lancelot hingegen ist ein echter Robinson-Charakter, ein ewiger Frager und Sucher nach dem »glimmer«, ein Mensch, der seine Zweifel nicht verdrängen kann und sie daher bändigen muß. Damit bietet er eine weitere Variante der Robinson-Idee »faith within fear«. Am vordergründigsten ist die ›Modernisierung‹ des Artus-Stoffes in *Tristram*. Hier wird auf den Deus-ex-machina-Effekt der Sage verzichtet; es bedarf nicht mehr des Liebestrunks und des Liebestodes, alles geht natürlich zu. Die Liebe zur irischen Isolde ist ebenso psychologisch begründet wie Tristrams aus Verzweiflung geborene Hinneigung zu Isolde Weißhand. Schließlich ist es der verletzte Andred, der die Erfüllung der ersten großen Liebe durch Mord verhindert.

Der unsentimentale und unromantische Ton der Artus-Trilogie bestimmt auch die Atmosphäre der späteren Versepen. Die Analyse der Furcht und des Hasses in *Avon's Harvest* oder die Studie des Abstiegs eines Künstlers in *The Man Who Died Twice* (1924) korrespondieren in ihren düsteren Farben mit dem Dialog Cavenders mit dem Geist seiner von ihm wegen angeblicher Untreue ermordeten Frau. Von allen Blankverserzählungen wartet allein *Talifer* mit einer optimistischen Note auf. In der (posthum veröffentlichten) Versdichtung *King Jasper* aber kehrte Robinson zum Thema der menschlichen Tragödie in einer chaotischen Welt zurück. Nun stellt er die Frage: »You were afraid of time, and you still fear it. / Is it worth fearing, when so little is left?« Am Ende aber steht nicht Resignation, sondern eine Weltanschauung, die das Leben im Dunkel mit einem ironischen Lächeln ertragen läßt. Der Mensch ist ein weitgehend isoliertes Geschöpf, das seine Konflikte allein austragen muß, sie aber lösen kann, wenn es ehrlich zu sich selbst und das Verhältnis zu den anderen ethisch fundiert ist.

Robinsons poetische Modernität wird aber nicht nur in den subtilen psychologischen Studien, sondern auch in der strengen Form des italienischen Sonetts sichtbar. Immer erweist er sich als ein Meister des Aussparens. Im Formalen zeichnet er sich nicht durch kühne Experimente aus, sondern durch das sichere Gefühl für die Wirkung der schlichten, alltäglichen und unprätentiösen Sprache. Seine Welt der Bedrängnis, Not und Angst hat keinen Platz für den naiven Optimismus der Gründerjahre und entsprach daher den Vorstellungen des Bürgertums nur wenig. Er sagte: »I have always told you it's a hell of a place. / That's why it must be something.« So ist es zu erklären, daß man Robinson zwar früh als einen großen Dichter feierte, seine Botschaft aber erst nach Krieg und Krise wirklich zu würdigen wußte.

Populärer war die Poesie des in den Bergen New Hampshires lebenden Dichters und Farmers ROBERT LEE FROST (1874–1963).

> Er wurde als Sohn einer neuenglischen Familie in San Francisco geboren, kehrte 1884 nach New Hampshire zurück und arbeitete vor und nach seiner Harvarder Studienzeit – er hörte bei James, Babbitt und Santayana – als Spinner, Lehrer, Redakteur und Farmer. 1912 ging er nach England, kam dort mit den Imagisten in Berührung und veröffentlichte die Sammlungen *A Boy's Will* (1913) und *North of Boston* (1914). Bei seiner Heimkehr wurde er als ›neuer‹ Dichter gefeiert und erwarb eine Farm in der Nähe von Franconia, New Hampshire. Die folgenden Sammlungen *Mountain Interval* (1916), *New Hampshire* (1923), *West-Running Brook* (1928) und *Collected Poems* (1930) brachten ihm Anerkennung und Ehrenprofessuren. Sein Spätwerk besteht aus den Gedichtsammlungen *A Further Range* (1936), *A Whitness Tree* (1942), den Blankversdramen über das Schicksal der Menschheit und ihr Verhältnis zu Gott, *A Masque of Reason* (1945) und *A Masque of Mercy* (1947) sowie den Sammlungen *Steeple Bush* (1947) und *In the Clearing* (1962). Die *Selected Letters of Robert Frost* wurden 1964 von L. Thompson ediert.

Das Dichten, schreibt Frost, ist »never a put-up job ... It begins as a lump in the throat, a sense of wrong, a homesickness, a loneliness. It is never a thought to begin with. It is at its best when it is a tantalizing vagueness.« Heimweh und Einsamkeit verleihen seiner Dichtung eine regionale Note. Frost ist der Poet der kargen Berge, der rauhen Landschaft und einsamen Farmen Neuenglands, der Interpret urwüchsig-einsilbiger Männer und vom Leben bedrückter Frauen eines herb-schönen, zum wirtschaftlichen

Niedergang verurteilten Landstrichs. Im Gegensatz zu Robinson ist er zunächst ein Dichter der Natur, die er aus dem Blickwinkel des schlichten Landmannes sieht. Seine Erfahrungen und eine gesunde Skepsis bewahrten ihn davor, einer Naturmystik das Wort zu reden. Seine Natur folgt ihren eigenen Gesetzen, sie existiert unabhängig vom Menschen und ist dessen Feind, wenn er sich nicht ihrem Rhythmus anzupassen versteht. Die Natur vernichtet Menschenwerk, um aus dem Moder neues Leben entstehen zu lassen.

Mit diesem sachlichen Weltbild korrespondieren die Ansatzpunkte seiner Dichtung: Stets geht er vom Gegenstand, der Person, dem Dinglichen aus. Sie lösen den Gedanken aus und weisen den Weg in die Abstraktion. Die Originalität einer Dichtung besteht nach seiner Ansicht in dem Schritt von *delight* zu *wisdom*. Damit steht er den *metaphysicals* nahe, aber Frost gestaltet weniger meditativ als vielmehr dramatisch. In den kurzen Gedichten der ersten Sammlung (»A Late Walk«, »Stars«, »Going for Water«, »Now Close the Windows« u. a.) wird die Verwandlung des Bildes in das Sinnbild mit sparsamsten Mitteln geübt. In *North of Boston* finden sich erstmals längere dramatische Monologe in der Art Robinsons, die naturalistische Härte mit schlichter Symbolik verbinden. (»The Death of the Hired Man«, »Home Burial«). Die Sammlung *Mountain Interval* setzt insofern neue Akzente, als der dramatische Monolog von kurzen dramatischen Meditationen abgelöst wird. Zu den bekanntesten Stücken dieses Bandes zählen die symbolischen Verse über den Lebensweg »The Road Not Taken«, »An Old Man's Winter Night«, »Bond and Free« und die berühmten »Birches«. In dem längeren satirischen Titelgedicht »New Hampshire« – hier spricht Frost auch über die Kunst – gewinnt die Gedankenpoesie an Boden. Zur gleichen Zeit entstehen epigrammatische Verse wie »Plowman« oder »The Lockless Door«, die sich durch dunkle Hintergründigkeit auszeichnen. Dieselbe Atmosphäre herrscht auch in dem Band *West-Running Brook* in Stücken wie »Devotion«, »Lodged« oder »Hannibal«. Bedeutender aber ist das Titelgedicht selbst, das vom Sinn des Gegen-den-Strom-Schwimmens spricht. Dieses Thema erfährt seine höchste Verdichtung in den letzten Zeilen des Sonetts »A Soldier«: »But this we know, the obstacle that checked / And tripped the body, shot the spirit on / Further than target ever showed or shone.«

Nun nimmt die Lehrhaftigkeit Frosts deutlichere Gestalt an. In der Sammlung *A Further Range*, die mit »Taken Doubly« und »Taken Singly« zwei Gruppen von Gedichten enthält, ist diese Absicht kaum verschleiert. »A Lone Striker or, Without Prejudice to Industry« ist eine Apologie auf die Freiheit der Persönlichkeit; »Two Tramps in Mud Time or, A Full-Time Interest« fordert vom Dichter, keinen Unterschied zwischen Beruf und Berufung zu machen.

Ein Neuerer der Form ist Frost nicht gewesen. In *Ten Mills* heißt es unter dem

Stichwort »Precaution«, er habe als junger Mensch nicht gewagt, radikal zu sein, weil er fürchtete, dafür im Alter mit Konservatismus zahlen zu müssen. Was die Metrik betrifft, so arbeitete er mit überkommenen Formen; anfangs meist mit langsamen Dreihebern, später mit dem »strict« und dem »loose iambic«, die er für die beiden eigentlichen Metren der englischen Sprache hielt. In den zehn Zeilen »The Rose Family« (in *West-Running Brook*) parodiert er die von Gertrude Stein geforderte Technik des *key word*, und 1939 legte er Wert auf die Feststellung, es sei ihm nie um Formexperimente im Sinne der modernen Dichtung gegangen. Vokale, Konsonanten, Interpunktion, Syntax, Worte, Sätze und Versmaß allein bedeuteten ihm nichts. Dennoch war Frost ein ganz bewußt komponierender, ja intellektueller Strukturist. Er erkannte, welche Kontrastwirkung sich durch die Verwendung des natürlichen Rhythmus und der Umgangssprache in den traditionellen Formen der Metrik erzielen ließ. Er sah in dieser Technik keinen Widerspruch: »Meter has to do with beats. The two are one in creation but separate in analysis.«

Frost fand seine Form und seinen Ton in einer Zeit, da die Freiverskunst ihren Siegeszug antrat. Er gilt als letzter Dichter des neuenglischen Farmerlebens, das er nicht mehr als Idylle, sondern frei von romantischen Verbrämungen interpretierte. Emotionslos ist seine Lyrik aber nicht, denn auch das Graue, Herbe, Knorrige hat seine Gefühlswerte, und so gilt auch für die Poesie dieses scheinbar gefühlsarmen Chronisten der Satz Robinsons: »Dichtung ist eine Sprache, die uns durch eine mehr oder weniger emotionale Reaktion etwas erzählt, was nicht gesagt werden kann.« Robinson und Frost wiesen vielen amerikanischen Dichtern den Weg, die nicht mit den traditionellen Formen brechen wollten und danach strebten, sie mit modernem Ton und Geist zu füllen.

Dies gilt zum Beispiel für den aus New Jersey stammenden Anglisten WILLIAM ELLERY LEONARD (1876–1944), dessen psychologisch fundierte Poesie in den autobiographischen Sonett-Zyklen *Two Lives* (geschrieben 1913, erschienen 1922) und *A Man Against Time* (posthum 1945) ihren Höhepunkt erreicht. Ähnlich verhält es sich bei der ebenfalls aus New Jersey gebürtigen ELINOR WYLIE (1885–1928), die neben Romanen mit den Gedichtsammlungen *Nets To Catch the Wind* (1921) oder *Black Armour* (1923) vollendete, an die *metaphysicals* erinnernde Verse schrieb. Der 1928 entstandene, später in *Angels and Earthly Creatures* (1929) aufgenommene Sonettkranz »One Person« ist ein Musterbeispiel subtiler Liebespoesie. Kühner wurden die hergebrachten Formen von der aus Maine stammenden und im New Yorker Künstlerviertel Greenwich Village lebenden EDNA ST. VINCENT MILLAY (1892–1950, s. S. 382) gehandhabt. Ihr Gedicht »Renascence« (zuerst in der Anthologie *The Lyric Year*, 1912, ed. Mitchell Kennerley) erregte Aufsehen. Ihre technische Meisterschaft und die Unmittelbarkeit ihrer Aussagen sind auch in den Sammelbänden *Renascence and Other Poems* (1917), *The Harp-Weaver and Other Poems* (1923) oder *The Buck in the Snow and Other Poems* (1928) gewahrt. Auch sie beherrschte – wie der Zyklus *Fatal Interview* (1931) beweist – die strenge Form des Sonetts meisterhaft. Ihre *Collected Sonnets* (1941), *Collected Lyrics* (1943) und *Collected Poems* (1956) enthalten ihr poetisches Gesamtwerk. Ihre satirischen Einakter und Bühnenversuche erreichen das Niveau ihrer Dichtung nicht.

Weniger bedeutend ist die melodische Lyrik (*Grenstone Poems*, 1917; *A Canticle of Pan*, 1920; *Indian Earth*, 1929) des Harvard-Absolventen WITTER BYNNER (1881–1958). Interessant hingegen sind seine Übersetzungen chinesischer Dichtung in *The Jade Mountain* (1929), in denen imagistische Züge sichtbar werden. Der satirische Ton späterer Stücke wird übertroffen von den Sarkasmen des in Tennessee gebürtigen Anglisten JOHN CROWE RANSOM (1888–1974). Als Gründer der *Kenyon Review* war er ein Wegbereiter des *New Criticism* (*The New Criticism*, 1941); politisch stand er auf der Seite der ›Agrarier‹ und focht entschieden gegen die vorgebliche Kulturlosigkeit seiner Zeit. Seine humanistischen Neigungen verstellten ihm aber nicht den Blick für die Realitäten. Die Klage über den Verlust der Schönheit in »Philomela« ist illusionslos; Ton und Geist des zweizeilig komponierten Gedichtes »Survey of Literature« sind sarkastisch, ja zynisch. Die *Selected Poems* (1945, 1963, 1969), *Beating the Bushes: Selected Essays, 1941–1970* (1971), die von Young und Hindle edierten *Selected Essays* (1984) und die von Young und Core herausgegebenen *Selected Letters* (1985) enthalten sein bislang bekanntes Gesamtwerk.

Zwischen 1908 und 1915 vollzieht sich in der amerikanischen Dichtung ein bedeutsamer Wandel. Die nun entstehende neue Poesie korrespondiert in ihrem Wesen mit der neuen realistischen und naturalistischen Prosa. Auch auf dem Gebiet der Dichtung kommen Impulse aus Frankreich, aber es ist bezeichnend für die Amerikaner, daß es in ihrer Poesie ebensowenig um *l'art pour l'art* geht, wie die Prosa reinrassigen Naturalismus aufzuweisen hat. Ideengehalt und Aussage bleiben den meisten Amerikanern unter den experimentierfreudigen Poeten fast ebenso wichtig wie die Form. Hand in Hand mit der Entdeckung Baudelaires, Verlaines, Rimbauds oder Mallarmés geht die von den Franzosen ausgelöste Bewunderung für Poe und Whitman. Im Prinzip wendet sich diese Neuorientierung gegen die als anachronistisch empfundene romantizistische Poesie viktorianischer Provenienz.

Amerika erreichte diese Botschaft auf dem Umweg über London. Die französische Dichtung und Rémy de Gourmonts *Le problème du style* (1902) hatten den jungen englischen Ästheten THOMAS ERNEST HULME (1883–1917) angeregt, den *Poet's Club* zu gründen und jene Bewegung ins Leben zu rufen, die unter der Bezeichnung

Imagismus in die Literaturgeschichte eingegangen ist. In den später gesammelten *Speculations* (1924), *Notes on Language and Style* (1929) und *Further Speculation* (1955) wies Hulme seinen zahlreichen Jüngern den Weg: »Die besonders gearteten Versdichtungen, die wir bald bekommen werden, werden heiter, nüchtern und von einer anspruchsvollen Geistigkeit sein.« Hulme schrieb 1908 die ersten experimentellen imagistischen Gedichte.

Ein Jahr später stießen der Apologet des *vers libre*, F. S. Flint, und Ezra Pound zu Hulme. Pound blieb es vorbehalten, den Begriff *Image* zu definieren: »An emotional and intellectual complex in an instant of time.« Vor seinem Ausscheiden aus der Gruppe, der unter anderem D. H. Lawrence, Richard Aldington, Amy Lowell und Hilda Doolittle angehörten, hatte Pound ein erstes, vier Punkte umfassendes Programm der Imagisten entworfen. Das offizielle Credo erschien jedoch erst in dem von Aldington geschriebenen und von Amy Lowell redigierten Vorwort zu *Some Imagist Poets* (1915). Es postuliert: (1) die Alltagssprache und stets das genau treffende Wort zu verwenden; (2) neue Rhythmen zu schaffen, die den neuen Stimmungen und Zuständen gerecht werden. Dabei sei der *vers libre* nicht die einzig mögliche Ausdrucksform; (3) die absolute Freiheit der Wahl des Gegenstands zu gewährleisten und ein Bekenntnis zum künstlerischen Wert des modernen Lebens abzulegen; (4) ein deutliches Bild zu entwerfen; (5) harte und klare Gedichte zu schreiben; (6) die Konzentration des Gehalts als eines der wesentlichen Merkmale der Dichtung anzuerkennen.

Einige dieser Forderungen waren nicht neu, trugen jedoch angesichts der noch immer starken Stellung der Traditionalisten dazu bei, einer neuen Sachlichkeit Gehör zu verschaffen. Die Amerikaner im *Poet's Club* sorgten dafür, daß dieses Gedankengut schnell in das westliche Kulturzentrum Chicago weitergeleitet wurde, wo sich HARRIET MONROE (1860–1936), assistiert von Henry Blake Fuller, anschickte, die *Poetry: A Magazine of Verse* herauszugeben. Bereits in der ersten Ausgabe vom Oktober 1912 finden sich zwei Gedichte von Pound, der einer der wichtigsten Mitarbeiter der Zeitschrift wurde. Er führte die Imagisten ein, und da Harriet Monroe bestrebt war, junge Kräfte zu fördern und bislang übersehene Dichter bekanntzumachen, ist die Karriere vieler bedeutender Poeten eng mit der *Poetry* verbunden. Die Liste der hier veröffentlichten Dichter reicht von Rilke, G. M. Hopkins, Yeats über Tagore, Sandburg und Stevens bis hin zu Hardy, Emily Dickinson, Lindsay und Masters.

Gemeinsam mit dem von WILLIAM MARION REEDY (1862–1920) in St. Louis herausgegebenen *Reedy's Mirror* kommt Harriet Monroe das Verdienst zu, der neuen Richtung ein Publikations- und Diskussionsforum gegeben und ihr damit zum Durchbruch verholfen zu haben. Auch sie war der Meinung, die alten Formen seien überlebt, und forderte dazu auf, mit freien Rhythmen zu experimentieren. Die Auflösung der traditionellen Formen war das äußere Merkmal der ›neuen‹ Dichtkunst. Aber Whitman hatte sie lange vor den Imagisten geübt, ohne in Amerika sogleich bedeutende Schüler zu finden. Auch Crane hatte in *The Black Riders* (1895) und *War Is Kind* (1899) Ton und Form der Imagisten vorweggenommen. Es bedurfte jedoch erst der *Spoon River Anthology* (1915) des aus Illinois stammenden Juristen EDGAR LEE MASTERS (1868–1950) und der ersten Freiversgedichte Carl Sandburgs, um dem freien Rhythmus auch in der amerikanischen Dichtung eine Bresche zu schlagen.

Masters war ein sehr produktiver Dichter, Dramatiker und Romancier und debütierte 1898 mit *A Book of Verses*. Seine Nüchternheit und die mit den Ansichten Garlands weitgehend übereinstimmende Beurteilung der Situation des Mittleren Westens finden ihren Ausdruck in der *Spoon River Anthology*. Als Bewunderer Whitmans bedient er sich hier einer der Prosa nahestehenden Freiverskunst, deren Härte an Crane erinnert. In zweihundertvierzehn Epitaphien (sie wurden in der zweiten Ausgabe um zweiunddreißig vermehrt) entkleidet er das Kleinstadtleben der bisher in der Dichtung gepflegten Idylle. In den knappen, pointiert komponierten Lebensbeschreibungen der auf dem Friedhof ruhenden Bürger kommt Masters' Sympathie für den von Reichtum oder Macht bedrängten kleinen Mann zum Ausdruck. Die Idee war Masters beim Lesen einer Sammlung antiker Epitaphien gekommen. Als die ersten Stücke 1914 in *Reedy's Mirror* erschienen, wurde Masters als Schöpfer einer in Form und Inhalt neuen Poesie gefeiert.

Nicht weniger provozierend und befreiend wirkte das Werk des in Springfield, Illinois, geborenen Evangelisten NICHOLAS VACHEL LINDSAY (1879–1931). Dieser von Poe, Blake und Ruskin beeindruckte, im Dienste Christi lebende Eiferer hatte ursprünglich Maler werden wollen. Während seines Kunststudiums in Chicago und New York und langer Wanderungen durch die USA schrieb er *Rhymes To Be Traded for Bread* (1912), um leben zu können. Seine frühen Gedichte (»The Tree of Laughing Bells, or the Wings of the Morning«, »The Spider and the Ghost of the Fly«, »The Comet of Prophecy« u. a.) sind mit einer eklektischen Symbolik ausstaffierte Phantasmagorien. In den autobiographischen Büchern *Adventures While Preaching the Gospel of Beauty* (1914) und *A Handy Guide for Beggars* (1916) berichtet Lindsay über die Notzeit, als er sich entschloß, der Sänger des Y.M.C.A zu werden.

Das 1913 in der *Poetry* abgedruckte Gedicht »General William Both Enters into Heaven« machte Lindsay als wichtigen Vertreter der ›neuen‹ Lyrik bekannt. Diese Verse sind ein Muster seines von rhythmischem Schwung getragenen, ja vorangetriebenen vierhebigen Verses. Da er mit seinem »higher Vaudeville« danach trachtete, eine Art Volkshymnus zu schaffen, war die feste metrische Form geboten. Dieser Vierheber dominiert auch in den Sammlungen *General Booth Enters into Heaven and Other Poems*

(1913) und *The Congo and Other Poems* (1914). Lindsays Charaktere – von Booth über John Appleseed, Alexander Campbell bis hin zu Altgeld oder Simon Legree – sind Kämpfernaturen oder Märtyrer ihrer Sache. Die psychologische »Studie der Negerrasse«, »The Congo« – ein glänzendes Beispiel eines »higher Vaudeville«-Gedichts – und das Bild der jungfräulichen Prärie in »The Ghost of the Buffaloes« bieten überzeugende Verschmelzungen von Dinglichem und Visionärem. Besonders kontrastreich ist seine ›Hieroglyphik‹ in dem humorvollen Gedicht »The Santa-Fé Trail«, wo Natur und Technik ins Bild genommen werden. Feine Beobachtungsgabe und dezente Symbolik sprechen aus dem Titelgedicht der Sammlung *The Chinese Nightingale and Other Poems* (1917). Dieser Gesang vom Heimweh des in San Francisco lebenden Chinesen Chang ist ein Höhepunkt Lindsayscher Verskunst. Kaum eines seiner späteren Gedichte erreicht dieses Niveau.

Lindsays Poesie will deklamiert werden, und er selbst zählte zu den besten Interpreten. Seine Rezitationen trugen wesentlich dazu bei, die Verse ins Volk zu tragen. Freilich erfüllten sich seine Hoffnungen, als Missionar des Schönen zu wirken, nicht, zumal er nie klar sagen konnte, wie der von ihm verkündete Glaube an die Demokratie und die Natur Gestalt annehmen sollte. Schon in »The Tree of the Laughing Bells« ist von der Finsternis und dem Chaos-Wind die Rede, und schließlich zeigt es sich, daß seine religiöse Überzeugung den Mächten der Unterwelt nicht gewachsen war. Was ihm blieb, war Resignation – das große ›Nirgendwo‹: »O nowhere, golden nowhere! / Sages and fools go on / To your chaotic ocean, / To your tremendous dawn. / Far in your fair dream-haven / Is nothing or is all ...« Vom Leben enttäuscht und ausgezehrt, geistig und körperlich erschöpft, wählte Lindsay den Freitod.

Der führende Kopf der Chicagoer Dichtergruppe war der Sohn eines schwedischen Immigranten, CARL SANDBURG (1878–1967). Seit seiner Entdeckung durch die *Poetry* im Jahr 1914 galt er als legitimer Erbwalter Whitmans, gleicht er doch seinem großen Vorbild im unerschütterlichen Glauben an die alles überwindende Kraft des Volkes und der Demokratie. Dabei geht es Sandburg nicht mehr nur um ›Allgemeinmenschliches‹. Seine Welt ist die des sozialen Kampfes und der Opfer der Industriegesellschaft.

Sandburg wurde als Sohn eines Eisenbahnarbeiters in Galesburg, Illinois, geboren, verdiente sich seinen Unterhalt als Gelegenheitsarbeiter in Handel, Industrie und Landwirtschaft und beendete sein Wanderleben als Soldat im Spanischen Krieg. Nach seiner Entlassung besuchte er ein College, wurde Journalist und organisierte die *Social Democratic Party* in Wisconsin. Die erste Gedichtsammlung *In Reckless Ecstasy* (1904) blieb unbeachtet. Dem Abdruck einiger

Gedichte – darunter »Chicago« – in der *Poetry* folgten die Bände *Chicago Poems* (1916), *Cornhuskers* (1918), *Smoke and Steel* (1920), *Slabs of the Sunburnt West* (1922), *Good Morning, America* (1928) und *The People, Yes* (1936). 1950 erschienen die *Complete Poems*; sie wurden 1963 durch *Honey and Salt* ergänzt. Zu seinen wichtigsten Prosawerken zählen neben autobiographischen Büchern und dem Roman *Remembrance Rock* (1918) die Kinderbücher *Rootabaga Stories* (1922) und *Rootabaga Pigeons* (1923) sowie die Lincoln-Biographie *Abraham Lincoln: The Prairie Years* (2 Bde., 1926) und *Abraham Lincoln: The War Years* (4 Bde., 1939). Die Sammlung von Volksballaden und Volksliedern, *The American Songbag* (1927), ist eine der besten Folklore-Editionen des Mittleren Westens. Die *Complete Poems of Carl Sandburg* erschienen 1970.

Sandburg wollte mit seiner Dichtung Wandel schaffen »in einer Welt, die den Wandel scheut«. Ein Vergleich mit Whitman aber zeigt, daß er weniger ›literarisch‹ zu Werke ging und daß sein Verhältnis zum Volk wenig mit dem ichbezogenen Missionseifer Whitmans zu tun hat. Nicht der starke Individualist, sondern das sich seiner Aufgabe bewußt werdende Kollektiv der Erniedrigten und Beleidigten bilden nach Sandburg die Kraft der Nation. Titel wie »I Am the People, the Mob« sind Programm, »The tycoons, big shots and dictators / Flicker in the mirrors a few moments / And fade through the glass of death / For discussion in an autocracy of worms.« Sandburgs Bekenntnis zu einem freien, wahrhaft demokratischen Leben ist alles andere als euphorisch; die in seinen Versen ständig wiederkehrenden Wörter Dunst, Rauch, Asche oder Nebel sind symbolträchtig, und der antithetische Titel »Nocturne in a Deserted Brickyard« zeigt, wie traditionell lyrisch empfundene Werte mit unpoetischen verbunden werden. Sandburg ist ein Mann des Mittleren Westens, der es sich leisten kann, die hochmütig-irritiert auf Chicago herabblickende feine Gesellschaft des Ostens auszulachen. Jawohl, Chicago ist »Hog Butcher of the World / Tool Maker, Stacker of Wheat / … / Stormy, Husky, Brawling«. Aber es ist auch die »City of the Big Shoulders«: »Bragging and laughing that under his wrist is the pulse, and under his ribs the heart of the people, Laughing! / Laughing the stormy, husky, brawling laughter of Youth half-naked, sweating, proud to be Hog Butcher, Tool Maker, Stacker of Wheat, Player with Railroads and Freight Handler to the Nation.«

Dieser Hymnus auf die schaufelnde und schwitzende, unter Rauch, Staub und der Bürde des Schicksals lachende Stadt ist das Bekenntnis zum neuen *industriellen* Pionier – nicht Unternehmer –, nach dem Amerika nach dem Verlust der *last frontier* gesucht hatte. Individualismus und Transzendentalismus erfahren hier eine neue, industriegesellschaftliche Ausdeutung. Impressionistische Studien wie »Fish Crier«,

»Onion Days« oder »Ice Handler« sind Momentaufnahmen aus dem Leben des arbeitenden Volkes. Die grauen Gesichter der Verkäuferinnen in »Halstead Street Car« oder die frühmorgendlich-frostige Atmosphäre in »Psalm of Those Who Go Forth Before Daylight« präsentieren Menschen, die »Brüder der Schlacke« sind. In diesen hart gezeichneten Bildern bleibt selbst angesichts traurigster Schicksale kein Raum mehr für das Melodrama, denn für Sandburg ist die »Vergangenheit ein Eimer voll Asche«. Am deutlichsten wird sein Bekenntnis zur schmutzig-grauen und dynamisch-schönen Industriewelt in den »Prayers of Steel«. Ein gesunder Skeptizismus bewahrt ihn aber davor, dem Taumel der *golden twenties* zu verfallen; er hatte die Probleme Amerikas gründlich studiert und, wie sein Bild des Mississippitals in *The Cornhuskers* belegt, nicht nur die Industrie.

Bezeichnend für seinen Glauben an die Kraft des Volkes ist der Umstand, daß er in der Zeit der großen Krise nicht zu den Verzweifelnden zählte, sondern in den kraftvollen hundertsieben Stücken des Bandes *The People, Yes* gegen die Resignation antrat. Sein Optimismus ist illusionslos, ja brutal, dynamisch wie seine freien Verse, die bis an die Grenze der Prosa gehen. Seine Diktion ist die der Volkssprache und ihres natürlichen Rhythmus. Slang, Flüche und Redewendungen werden in freie Formen aufgenommen, deren Tektonik sich der jeweils erstrebten Aussage und Atmosphäre anpaßt. Im Telegrammstil gehaltene Gedichte (»Fog« u. a.) stehen neben so ausladenden Freiversen wie »Onion Days«. Damit wurde Sandburg zu einem konsequenten Vertreter des *vers libre*. In mancher Hinsicht entspricht seine Poesie imagistischen Vorstellungen. Das gilt auch für den Einsatz des *Image* als Träger des weiterwirkenden Gedankens. Das Gedicht »The Fence«, in dem den Spitzen eines Eisenzauns eine sinnbildliche Funktion zuwächst, ist ein Beispiel dafür, wie Sandburg übliche Symbole meidet. Stets sind es Dinge und Erscheinungen des gewöhnlichen, oft tristen Alltags, die in einer spezifischen Situation symbolische Bedeutung erlangen. Sandburgs Welt ist diesseitig, im Wortsinne faßbar, eine Synthese von Brutalität und Pathos, von lyrischer Harmonie und industriellem Chaos, und er interpretiert sie naturalistisch wie sein Vorbild Dreiser. Damit hatte er der amerikanischen Prosa eine Versdichtung an die Seite gestellt, der es in Form und Inhalt möglich war, den um seine neue Selbstbestätigung ringenden Amerikaner adäquat zu charakterisieren. All das geschah in einer gewissen Distanz zum Londoner *Poet's Club*.

Die wichtigste Vertreterin dieser Gruppe der *Imagists* in den USA – nach dem Rückzug Pounds aus der Bewegung – war die aus einer berühmten Familie von Massachusetts stammende AMY LOWELL (1874–1925). Diese kosmopolitisch gebildete Dame hatte in ihrer ersten Sammlung *A Dome of Many-Coloured Glass* (1912) bewiesen, daß sie mit herkömmlichen Formen souverän umzugehen wußte. Es bedurfte des Einflusses Pounds, um ihr den Blick für die Möglichkeiten einer neuen Poesie zu öffnen. In der Folge hat sie mehr als die meisten ihrer Mitstreiter für die Verbreitung der Grundsätze der Imagisten getan (*Six French Poets*, 1915; *Tendencies in Modern American Poetry*, 1917). Dennoch ist Pound zuzustimmen, wenn er sagt, sie habe nur selten reinrassige imagistische Poesie geschrieben. In den weiteren Gedichtbänden *Blades and Poppy Seed* (1914), *Men, Women, and Ghosts* (1916), *Pictures of the Floating World* (1919) und *Legends* (1921) finden sich neben imagistischen Versen Stücke, die an Frost und Lindsay erinnern. Das gilt auch für eines ihrer besten Gedichte, »Patterns«. Dieser dramatische Monolog, in dem die sich aus der Spannung zwischen Wunsch und Möglichkeit ergebende seelische Not einer Frau des 18. Jahrhunderts dargestellt wird, gemahnt ungeachtet der Verwendung des freien Verses an Robinson. Als bestes Beispiel ihrer deskriptiven imagistischen Poesie gilt das Gedicht »Lilacs« aus der posthum erschienenen Sammlung *What's O'Clock* (1925). Ihre Dichtung hat nicht selten behavioristische Züge; sie war eine Eidetikerin, bemüht, Objekte als Objekte darzustellen. Wo ihr dies gelang, entstand eine Dichtung, in der Emotionen deplaziert erscheinen mußten. Tatsächlich haben ihr Kritiker vorgeworfen, ihr Objektivismus habe die Gefühle verdrängt. Im Zuge ihrer Formexperimente entwickelte sie in Anlehnung an Paul Fort eine Methode, die gebundene und ungebundene Sprache verbindet. Sie selbst hat sich in dieser »polyphonen Prosa« geübt und in J. G. Fletcher einen Schüler gefunden. Überschaut man heute das Wirken und Werk dieser Frau, so besteht ihre Bedeutung insbesondere darin, Brücken von Europa nach Amerika geschlagen zu haben. Als Dichterin mußte sie hinter die in Philadelphia aufgewachsene und am *Bryn Mawr College* ausgebildete HILDA DOOLITTLE (1886–1961) zurücktreten.

H. D., wie sie sich selbst als Dichterin nannte, war 1911 nach England gekommen, geriet in London unter den Einfluß Pounds, trat dem Kreis der Imagisten bei und ehelichte 1913 Richard Aldington. Im Gegensatz zu ihren meist frankophilen Freunden bekannte sie sich zum griechischen Schönheitsideal. In dem in klassischer Form gehaltenen Drama *Hippolytus Temporizes* (1927) oder der Übersetzung des *Ion* (1937) des Euripides verlieh sie dieser Haltung jedoch einen überzeugenderen Ausdruck als in ihrer Poesie. Die Gedichte des Bandes *Sea Garden* (1916) tragen bereits deutlich imagistische Züge; in den Sammlungen *Hymen* (1921) und *Helidora and Other Poems* (1924) erreicht diese Kunstauffassung, als deren konsequenteste Vertreterin H. D. nun angesehen wird, ihre reinste Ausprägung. Gedichte wie »Hymen«, »Heliodora« oder »Lethe« widerspiegeln das Credo der Imagisten in klassischer Weise. Bildhaftigkeit, Rhythmus und Tektonik verlieren auch in ihrer Natur- und Gedankenlyrik nichts von ihrer Dynamik. Aber die Saiten sind zart gestimmt: Assonanzen wachsen sich nicht zu Synkopen aus. In den späteren Sammlungen *Collected Poems* (1925), *The*

Walls Do Not Fall (1944), *Tribute to Angels* (1945) und *The Flowering of the Rod* (1946) fügte sie ihrer Kunst keine wesentlichen neuen Akzente hinzu. Ihr Prosawerk, darunter der *Stream of consciousness*-Roman *Bid Me To Live* (1960), stehen im Schatten ihrer Dichtung. Breitenwirkung blieb ihr bis heute versagt, was nicht verwundert, wenn man bedenkt, welche Anforderungen sie an ihre Leser stellt.

In dieser Beziehung teilt sie das Los des in Little Rock, Arkansas, als Sohn eines Südstaatlers und einer Deutschen geborenen JOHN GOULD FLETCHER (1886–1950), der sich nach Studien in Harvard von 1908 bis 1933 in London und Paris aufhielt und als Kenner der Malerei und der symbolistischen Dichtung mit den Imagisten in Berührung kam. Der französische Einfluß ist in den 1913 erschienenen kleinen Sammlungen *The Book of Nature*, *The Dominant City*, *Visions of the Evening*, *Fool's Gold* und *Fire and Wine* dominant. Fletchers Sinn für Farbe und Musik, seine Fähigkeit, Bilder zu entwerfen, offenbaren sich in den Sammlungen *Irradiations: Sand and Spray* (1915) und *Goblins and Pagodas* (1916), die als Ergebnis seiner Begegnung mit den Imagisten gewertet werden müssen. Von nun an experimentierte er auch mit Amy Lowells »polyphoner Prosa«. Die zweite Schaffensepoche beginnt mit dem Band *Breakers and Granite* (1921). In den folgenden Gedichtsammlungen (*Branches of Adam*, 1926; *The Black Rock*, 1928, *XXIV Elegies*, 1935; *South Star*, 1941, u. a.) kehrte er zur amerikanischen Szene zurück und benutzte dabei auch traditionelle Formen.

Die Poesie Fletchers hat viele Gesichter; sie kann hart und der Prosa nahe sein, klar oder mystisch und zuweilen auch verträumt. Nicht selten bedient er sich einer konsequent angewendeten kontrapunktischen Technik und einer intensiven Farbgebung. Zu seinen besten Prosawerken zählen die Biographie *Paul Gauguin* (1921) und *Life Is My Song* (1937), das eine interessante Darstellung der ›neuen‹ Dichtung enthält. Politisch war Fletcher den südlichen Agrariern verpflichtet, die sich in den Jahren zwischen 1935 und 1942 um die in Baton Rouge erscheinende *Southern Review* scharten, und steuerte – wie Ransom, Allan Tate oder Robert Penn Warren – sein Scherflein zur Anthologie *I'll Take My Stand: The South and the Agrarian Tradition* (1930) bei. In *The Epic of Arkansas* (1936) zollte er seiner südlichen Heimat als Dichter Tribut. Sein enges Verhältnis zu den Vertretern des *New Criticism* entsprach seiner Überzeugung, der Verlust ethischer Traditionen, der Moral und der intellektuellen Autorität des Dichters sei ein beklagenswertes Ergebnis des Materialismus. Fletcher ist ein letzter Anhänger des Imagismus, dessen Spätwerk nur noch dort mit der poetischen Entwicklung nach dem Ersten Weltkrieg Schritt hält, wo es sich an T. S. Eliot anlehnt.

VI. ZWISCHEN DEN WELTKRIEGEN

Weltmacht USA

In der Zeit nach dem Ende des Ersten Weltkrieges machten die USA eine der stürmischsten Entwicklungsperioden ihrer Geschichte durch. Zwischen der ersten Serienfertigung von Automobilen und der ersten Atombombe lagen Jahre voller tiefgreifender Krisen und großer Erfolge, deren Auswirkungen auf die Gesellschaftsstruktur des Landes sowie das Menschen- und Weltbild unseres Planeten nicht hoch genug veranschlagt werden können. Auf außenpolitischem Gebiet stehen die Jahre nach 1917 im Zeichen des Ringens um die der Macht der USA adäquate Stellung in der Welt. Die im Zusammenhang mit den Friedensverhandlungen von Versailles gemachten Erfahrungen erfüllte viele Amerikaner mit einer solchen Abneigung gegen die europäischen Querelen, daß die unter dem Banner des Isolationismus auftretenden Republikaner ins Weiße Haus gewählt wurden. Ihre Präsidenten Harding, Coolidge und Hoover gedachten, sich nicht länger in die Händel der Alten Welt zu verstricken und lebten in der Illusion, die USA könnten unbehelligt von der Welt ihr eigenes Leben führen. Damit vergaben die USA die Chance, ihr im Krieg gewonnenes Gewicht für dauerhafte Friedensregelungen einzusetzen.

Nie war die Diskrepanz zwischen der weltpolitischen Macht der USA und ihrem Unvermögen, diese im internationalen Kräftespiel einzubringen, größer als in dieser Nachkriegszeit, die eine Zwischenkriegszeit werden sollte. Der Schock des Jahres 1929 machte zwar die internationale Verflechtung der USA sichtbar, verhalf aber kaum zu der Einsicht, daß der Isolationismus bereits eine anachronistische Doktrin war. Erst unter dem Druck der von Japan, Italien und Deutschland provozierten Verschlechterung der Weltlage konnte der 1933 in das Weiße Haus gewählte liberale Demokrat Franklin D. Roosevelt eine mit vielen Vorbehalten aufgenommene Relativierung des Isolationismus einleiten. Gewiß betrachtete man in Amerika die Expansionsgelüste der autoritären Mächte mit Unbehagen, aber es gab auch nicht wenige, die mit diesen Systemen sympathisierten. Weit verbreitet war die Meinung, Washington solle die unbelehrbaren Europäer ihre Angelegenheiten allein regeln lassen. Es lohne sich nicht, noch einmal amerikanisches Blut für europäische Dummheiten zu opfern. Roosevelt war jedoch davon überzeugt, daß die Welt unruhigen Zeiten entgegenging und die USA davon nicht unberührt bleiben konnten. Schließlich war es der Kriegsausbruch selbst, der 1939 den Isolationismus in Frage stellte, ehe dieser durch den japanischen Angriff auf Pearl Harbour am 7. Dezember 1941 *ad absurdum* geführt wurde.

Immerhin traf der Zweite Weltkrieg die USA nicht so unvorbereitet wie der Erste. Binnen kurzem wurde ein Fünfzehn-Millionen-Heer aus dem Boden gestampft, über Nacht entstanden Industrien, die den Sieg der Aliierten sicherstellten. Allein die UdSSR erhielt unter anderem vierhunderttausend Lkws, fünfzigtausend Jeeps und vierhundertzwanzigtausend Tonnen Aluminium für die Flugzeugproduktion. Innerhalb von fünf Jahren hatten die USA im Rahmen des Pacht- und Leihabkommens Lebensmittel und Kriegsmaterial im Wert von fünfzig Milliarden Dollar geliefert und selbst Streitkräfte ausgerüstet, die in der Geschichte ihresgleichen suchten. Wieder hatte die Macht Amerikas einen entscheidenden Anteil am Sieg, und erneut standen die USA vor der Frage, ob sie die Friedensregelungen anderen überlassen sollten. Doch 1945 war nicht 1919. Roosevelt war schon vor Kriegsende entschlossen, die weltweite Verantwortung des Sieges mitzutragen. Die im Oktober 1943 gegründeten Vereinten Nationen sollten dazu beitragen, und es war bezeichnend für den Stimmungsumschwung in den USA, daß selbst ein so entschiedener Isolationist wie der Republikaner Vandenberg zu einem Verfechter amerikanischer Weltpolitik wurde. Als 1945 die Waffen schwiegen, war Roosevelt zwar tot, noch aber lebte das demokratische Sendungsbewußtsein von Millionen Amerikanern, die die Freiheit nach Berlin, Rom und Tokio getragen hatten. Irritiert stellten sie fest, daß ›good old Joe‹ Stalin andere Vorstellungen von der ›Demokratisierung‹ der befreiten Völker hatte. Die Politik der Sowjetdiktatur in den besetzten europäischen Ländern und Ostdeutschland leitete die Epoche des ›Kalten Krieges‹ ein. Als Außenminister Dulles seine Politik des *roll back* propagierte, gehörte der Isolationismus unwiderruflich der Vergangenheit an.

Bereits am Ende des Ersten Weltkrieges waren die USA der mächtigste Staat unseres Planeten. Eine dynamische, gewaltig expandierende Wirtschaft verwandelte das ethnisch noch immer recht heterogene Volk in eine von moderner Technik bestimmte Industrienation, in der man im Glauben lebte, man bilde auch einen *melting pot* der Rassen und Kulturen. Mit der Fließbandproduktion und der Standardisierung der Waren bei wachsendem Einkommen wurde die moderne Konsumgesellschaft aus der Taufe gehoben, eine in allen ihren Lebensäußerungen von Wissenschaft, Industrie und Handel geprägte Massengesellschaft. Bis dahin ungeahnter Wohlstand für alle schien im Bereich des Möglichen zu liegen, hatten doch Staat und Wirtschaft nicht nur einen Krieg finanziert und etwa zwanzig Milliarden Dollar ins Ausland transferiert, sondern auch den Reichtum des Landes gemehrt. Im Jahr 1930 lebte die Hälfte der Bevölkerung in Städten, und das heißt von Industrie, Dienstleistung und Verwaltung. In dieser Zeit hatte sich mit der *Great Migration*, während der Millionen schwarze Arbeitskräfte aus den ehemaligen Sklavenstaaten des Südens in die Industriereviere der Großstädte des Nordens strebten, eine der bedeutsamsten demographischen Veränderungen innerhalb der USA vollzogen. Sie bildete die Basis für die Emanzipationsbewegung der *African-Americans*, die in und nach der *Reconstruction* viel von den ihnen am Ende des Bürgerkrieges zugedachten Freiheiten wieder verloren hatten.

Die Freude an dieser insgesamt positiv erscheinenden Entwicklung war aber selbst im Taumel der *golden twenties* durchaus geteilt. Tatsächlich hatten Arbeiter und Farmer nur einen vergleichsweise geringen Anteil an den Gewinnen jener Jahre und mußten überdies erkennen, daß der Traum von der Freiheit des Individuums als Preis für die notwendig werdende wirtschaftliche Konzentration ausgeträumt war. Hinzu kam, daß sich die im Verlauf des Booms entwickelnden ökonomischen Widersprüche nicht in allen Bereichen vertuschen ließen. So sanken die Einkünfte der Farmer zwischen 1920 und 1932 von 15,5 auf 5,5 Milliarden Dollar; 1930 wurden zweiundvierzig Prozent des einstmals freien Farmlandes von zum Teil hochverschuldeten Pächtern bewirtschaftet. Was die Industrie betraf, so standen die noch aus der Gründerzeit stammenden Manager der Dynamik und den Gesetzen des von ihnen geschaffenen Systems so unwissend gegenüber, daß sie der Zusammenbruch des Jahres 1929 offenbar völlig unvorbereitet traf. In wenigen Monaten hatten die Amerikaner allein an der Börse vierzig Milliarden Dollar verloren. Die Folgen des Desasters waren wirtschaftliche Stagnation, Arbeitslosigkeit und der Zusammenbruch der von den USA abhängigen Weltwirtschaft mit allen ihren die Entwicklung hin zum Zweiten Weltkrieg fördernden Implikationen. Der »rücksichtslose Individualismus« (Hoover) hatte sich als ein für die moderne Wirtschaftsführung und ihr Gesellschaftskonzept unvollkommenes Instrument erwiesen.

Die große Krise setzte den *golden twenties* ein jähes Ende; Millionen, die noch vor kurzem an die Allmacht des Geldes und ihres *American way of life* geglaubt hatten, standen vor einem Nichts und mußten mit Roosevelt erkennen, daß nur die Besinnung auf die eigene Leistung und die Aufgabe liebgewordener Gewohnheiten einen Ausweg aus der Misere weisen konnten. Roosevelt setzte dem Laisser-faire sein *New Deal*-Programm entgegen, dessen dirigistische Aspekte in einer Weise mit der amerikanischen Tradition brachen, daß das Oberste Gericht viele dieser Maßnahmen als illegal qualifizierte. Mit der *Tennessee Valley Administration* bekannte sich Roosevelt sogar zum Unternehmertum der öffentlichen Hand. Damit leitete er die Entwicklung zu wohlfahrtsstaatlichem Denken ein, das in Kennedys Ruf nach der *New Frontier*, Johnsons

Programm der *Great Society* und Clintons Vorstellungen von sozialen Versicherungssystemen bis zum Ende des 20. Jahrhunderts fortlebte. Eine tiefergreifende Verbesserung der wirtschaftlichen Situation stellte sich allerdings erst nach Ausbruch des Zweiten Weltkrieges ein.

Die Arbeiterschaft entwickelte ein neues Selbstverständnis. Die Schaffung des *Labor Relation Board* und die Gründung des *Congress of Industrial Organizations* (*C.I.O.*) – hier organisierten sich die (von der Aufnahme in die *A.F.L.* ausgeschlossenen) Nichtfacharbeiter – stärkte die Position der Arbeitnehmer. Die Fusion beider Gewerkschaften (1955) bildete den vorläufigen Abschluß dieses Emanzipationsprozesses.

Der heilsame Schock der dreißiger Jahre und die mehr und mehr den Alltag prägende Technisierung förderte eine weitergehende Entindividualisierung regionaler Lebensformen. Über Nacht war aus der ohnehin dynamischen Nation mit Hilfe des Motors eine mobile geworden. Und schließlich trugen Rundfunk und Film – Hand in Hand mit der nun den Markt beherrschenden Standardware – zu einer das ganze Land erfassenden kollektivierenden Geschmacksbildung bei, so daß Lüdeke feststellt: »Was New York und New Orleans wesentlich unterscheidet, ist weniger das Leben der Gegenwart als die Überreste der Vergangenheit, die sich da und dort noch finden, und diese Schwächung des Individualitätsbewußtseins – das allerdings nicht mit dem Gefühl für die persönliche Freiheit zu verwechseln ist – hat auch das Familienleben ergriffen.« Diese vielbeklagte, nicht selten übertrieben dargestellte Nivellierung hat aber nicht die von den Kulturpessimisten befürchtete Entwurzelung der Amerikaner herbeigeführt. Das als ›Vermassung‹ apostrophierte Phänomen war die um des weiteren Erfolges willen notwendige Anpassung an die neuen Bedingungen einer sich rasant entwickelnden Industriegesellschaft. Zu den Positiva dieser Evolution zählten das von der Technik geförderte Zusammenrücken der einzelnen Landesteile, die daraus resultierenden Abschwächungen regionaler Sonderinteressen und die Herausbildung eines allgemeinamerikanischen Nationalgefühls. Parallel dazu verlief eine in der Geschichte der Union bis dahin undenkbare Stärkung der Zentralgewalt.

In einer Zeit, da es der Regierung nicht mehr gleichgültig sein konnte, ob Arbeits- oder Schulgesetze den Anforderungen der Wirtschaft und Industrie entsprachen, ist es nur natürlich, daß auch das Bildungswesen in den Dienst der neuen Aufgaben gestellt wurde. Für die USA bedeutete dies, daß die nach deutschem und englischem Vorbild konzipierte Heranbildung der Elite einer weitgehend pragmatisch bestimmten Ausbildung von Fachleuten weichen mußte. Das neue Bildungsideal war nicht mehr der allgemeingebildete Gentleman, sondern der hochspezialisierte Experte. Allgemein aber läßt sich sagen, daß das Bildungsniveau beachtlich stieg. Neben die alten

Kulturzentren traten neue, aber es ist bezeichnend, daß der Besuch Harvards oder Yales noch immer mit hohem Sozialprestige verbunden blieb.

Umwertung und Popularisierung der Kultur

Der Ruf nach Bildung der Massen führte zur Bestandsaufnahme der kulturellen Leistungen, zur gebotenen »Umwertung fast aller Werte der Vergangenheit« (Lüdeke), zum Sturm auf die verbliebenen Bastionen neuenglischer Bildungstradition und einer zunächst weitgehend liberal konzipierten Popularisierung der kulturellen Güter der Nation. Am deutlichsten wird diese Tendenz in der nun mit alten Traditionen brechenden Historiographie. Zu ihren wirksamsten Neuerern zählt der in Yale ausgebildete Historiker JAMES TRUSLOW ADAMS (1879–1949), der in *The Founding of New England* (1921), *Revolutionary New England* (1923) und *New England in the Republic* (1926) den Puritanismus einer skeptischen Reinterpretation unterzog und mit seinem erfolgreichen Band *The Epic of America* (1931) wesentlich zur Popularisierung des neuen Geschichtsbildes – in dem das Wirken geographischer und sozialer Besonderheiten stärker berücksichtigt wird – beitrug. Hierin unterstützte ihn der aus Indiana gebürtige linksliberale, später an der *Columbia University* lehrende Politologe CHARLES A. BEARD (1874–1948). Während eines Studienaufenthaltes in Oxford hatte er 1899 das *Ruskin College* zur Ausbildung von Arbeiterfunktionären gegründet und in seinen frühen Schriften (*The Development of Modern Europe*, 2 Bde., 1907/08; *An Economic Interpretation of the Constitution*, 1913; *Economic Origins of Jeffersonian Democracy*, 1915) ein Bekenntnis zum ökonomischen Determinismus abgelegt. Gemeinsam mit seiner Frau, MARY RITTER BEARD (1876–1958), die durch Arbeiten zur Sozialgeschichte und zum Thema der amerikanischen Frau hervorgetreten war (*A Short History of the American Labor Movement*, 1920/25; *Woman as a Force in History*, 1946, u. a.), schrieb er die sozial-ökonomisch konzipierten Werke *The Rise of American Civilization* (2 Bde., 1927), *America in Midpassage* (1939) und *A Basic History of the United States* (1944). Diese Bücher wie auch der Band *The Republic* (1943) standen am Beginn einer liberalen Geschichtsschreibung, der sich die jüngere Generation um ALLAN NEVINS (1890–1971, *The Emergence of Lincoln*, 2 Bde., 1950) und HENRY COMMAGER (*1902; *The Growth of the American Republic*, 2 Bde., 1930; *The American Mind*, 1951) anschloß.

Auf dem Gebiet der Literaturgeschichtsschreibung, die bis zu diesem Zeitpunkt in den USA keine bedeutende Rolle gespielt hatte, ging es vornehmlich darum, die von

Gruppeninteressen, regionalen und außeramerikanischen Gesichtspunkten bestimmten Urteile einer Kritik zu unterziehen. Einen ersten Versuch unternahm JOHN NEAL (1793–1876), als er zwischen September 1824 und Februar 1825 hundertfünfunddreißig amerikanische Autoren in fünf Aufsätzen in *Blackwood's Magazine* vorstellte; 1829 legte SAMUEL L. KNAPP (1783–1838) mit seinen *Lectures on American Literature* einen ersten Überblick vor. Der Pionier der amerikanischen Literaturgeschichtsschreibung aber war der an der *University of Michigan* und der *Cornell University* wirkende Anglist MOSES COIT TYLER (1835–1900), dessen *History of American Literature 1607–1765* (2 Bde., 1878) und *The Literary History of the American Revolution 1763–1783* (2 Bde., 1897) ihre Bedeutung bewahrt haben. Ein ähnliches Niveau ist der *American Literature, 1607–1885* (2 Bde., 1887/88) des Anglisten CHARLES F. RICHARDSON (1851–1913) nicht nachzusagen, und so konnte die von vierundsechzig Mitarbeitern geschaffene *Cambridge History of American Literature* (4 Bde., 1917–1921) eine spürbare Lücke füllen. Eine vergleichbare Bedeutung erlangte die von sechzig Spezialisten verfaßte, von R. E. SPILLER, W. THORP und anderen edierte *Literary History of the United States* (1. Ausg. 1946), deren ständig überarbeitete Bibliographie zum Wert des Werkes beiträgt.

Einen bedeutenden Anteil an den Umwertungen hatten unter den verschiedensten Gesichtspunkten geschriebene Monographien, die sich in der Ablehnung der von den Brahmanen geschaffenen Standards einig waren. Da sie hauptsächlich den Ursachen der ›Fehlurteile‹ nachspürten, lag es nahe, daß ihr Bemühen zu einer Kulturgeschichtsschreibung führte. Das gilt nicht nur für den an der *University of Washington* lehrenden VERNON L. PARRINGTON (1871–1929), dessen Werke *The Connecticut Wits* (1926) und die soziologisch konzipierten *Main Currents in American Thought* (3 Bde., 1927–1930) Musterbeispiele der Neuorientierung sind, sondern auch für den populären ›Umwerter‹ VAN WYCK BROOKS (1886–1963). Dieser Schüler von William James, Santayana und Babbitt entwickelte in *The Wine of the Puritans* (1909) die Ansicht, der Puritanismus habe der Entwicklung der amerikanischen Kultur und Literatur Schaden zugefügt, die ästhetischen Aspekte des Lebens ignoriert und der Überbewertung des Materiellen Vorschub geleistet. Diese These führte er in *America's Coming-of-Age* (1915), *The Ordeal of Mark Twain* (1920) und *The Pilgrimage of Henry James* (1925) weiter aus. Aus der Fülle seiner Veröffentlichungen ragt die von Nationalbewußtsein getragene Geschichte des Schriftstellers in Amerika heraus. Unter dem Titel *The Makers and Finders* subsumierte er die Bände *The Flowering of New England* (1936) und *New England: Indian Summer* (1940) – eine Kulturgeschichte der Perioden von 1815–1865 und 1865–1915 – sowie *The World of Washington Irving* (1944), *The Times of Melville and Whitman* (1947) und *The Confident Years* (1952), die ein Panorama der Entwicklung außerhalb Neuenglands (1800–1915) bieten. Brooks folgte insofern J. T. Adams und Ch. Beard, als er seine Kulturanalysen auf dem Hintergrund der soziologischen Evolution anstellte. Ähnlich verhält es sich bei CONSTANCE ROURKE (1885–1941), deren Bücher *American Humor: A Study of the National Character* (1931) und *Roots of American Culture* (1942) ebenfalls von einem neuen amerikanischen Selbstbewußtsein künden.

Aggressiver trat eine Gruppe von Bilderstürmern auf, denen die Literaturkritik ein Seitenzweig der Sozialkritik war und denen die Beziehung der Kunst zum Leben wichtiger war als ästhetische Gesichtspunkte. Allen voran stürmte HENRY LOUIS MENCKEN (1880–1956). Der in Baltimore geborene Sohn eines wohlhabenden Zigarrenfabrikanten hatte in den *Ventures into Verse* (1903) – Verse in der Manier Kiplings – und den Studien *George Bernard Shaw – His Plays* (1905) und *The Philosophy of Friedrich Nietzsche* (1908) ein Bekenntnis zur ›Moderne‹ abgelegt und entwickelte sich zu einem Anhänger des Naturalismus und avantgardistischer Strömungen. Als die ersten sechs Folgen seiner *Prejudices* (1919–1927) erschienen, wurde er über Nacht zum Idol der Nachkriegsgeneration, als deren Fürsprecher er zwischen den Kriegen eine scharfe Klinge schlug. Insbesondere die von ihm und G. J. NATHAN (1882–1958) 1924 gegründete Monatsschrift *The American Mercury* wurde zum Sammelbecken der neuen Literatur. Die Mitarbeit Dreisers, O'Neills, Sh. Andersons, Cabells oder Sandburgs war Programm und trug wesentlich zur Verbreitung des neuen Gedankengutes bei. Nach ästhetischen Bewertungen sucht man indessen vergebens. Das Buch war wieder zu einer »Waffe im Kampf der Ideen« geworden, ein Mittel der Kritik am Erbe des Viktorianismus. So scharf Mencken mit den Traditionalisten ins Gericht ging, so sehr war er bemüht, die kulturelle Eigenständigkeit zu propagieren. Diesem Ziel diente sein noch heute geschätztes Werk *The American Language* (1919, bearb. 1921, 1923, 1936; erg. 1945, 1948). Hier erweist er sich als ein glühender Verfechter seiner *amerikanischen* Muttersprache. Seine Sozialkritik galt vornehmlich der Auseinandersetzung mit den christlichen Moralkodizes und der Rolle der Staatsgewalt (*Notes on Democracy*, 1926). Sein Einfluß auf die Zwischenkriegsgeneration war so stark, daß selbst so angesehene Publizisten wie der Musikkritiker J. G. HUNEKER (1857–1921; *Iconoclasts, a Book of Dramatists*, 1905; *Egoists: A Book of Supermen*, 1909; *Promenades of an Impressionist*, 1910) und der Theaterkritiker G. J. Nathan schließlich seiner Konzeption Tribut zollten.

Abgelehnt wurde er von einer Gruppe weiter links stehender Kritiker, denen Menckens ›Radikalismus‹ nicht genügte. Einer der führenden ›marxistischen‹ Literatursoziologen war der Chefredakteur der Zeitschriften *The Masses* und *The Liberator*, MAX EASTMAN (1883–1969). In *Marx, Lenin, and the Science of Revolution* (1926) näherte er sich den Sowjets und vertrat in *The Literary Mind: Its Place in an Age of Science* (1931) die Ansicht, die Wissenschaft werde die Kunst überflüssig machen. Später wandelte er sich zu einem Antistalinisten, bekannte sich zu Trotzki und zog in *Reflections on the Failure of Socialism* (1955) viele seiner früheren Thesen in Zweifel. Eine ähnliche Entwicklung nahm das kritische Schaffen des ›philosophischen Sozialrevolutionärs‹ WALDO FRANK (1889–1967), der sich mit scharfen Attacken gegen die Neuhumanisten hervortat. Zurückhaltender gab sich der in Princeton ausgebildete EDMUND WILSON (1895–1972), dessen Essay »Marxism and Literature« (1938) und *The Wound and the Bow* (1941) mit dem ideologischen Potential dieser Diskussion differenzierter umging. Noch 1932 vertrat V. F. CALVERTON (1900–1940) in *The Liberation of American Literature* die Ansicht, eine neue Kultur werde nur unter den Bedingungen des Sozialismus Wirklichkeit werden. Diese Kritiker folgten im Prinzip den *muckrakers* und sahen sich zum Teil durch die russische Revolution und die Entwicklungen um das Jahr 1929 bestärkt und bestätigt.

Angesichts dieser stimmstarken Phalanx wurde die Stimme des an der *Stanford University* wirkenden Dichters und Idealisten YVOR WINTERS (1900–1968) zunächst kaum gehört, zumal er – in der Tradition Babbitts stehend – stärker ästhetische und ethische Gesichtspunkte berücksichtigt wissen wollte. Seine Poesie (*Collected Poems*, 1952, erw. 1960) folgte seinen Forderungen nach klassischer Zucht, Würde, Beschränkung und moralischem Urteil. In seinem kritischen Werk (*In Defence of Reason*, 1947; *Primitivism and Decadence*, 1937; *Maule's Curse*, 1938; *The Anatomy of Nonsense*, 1943) wendet er sich gegen die von der Romantik ausgehenden ›Verirrungen‹ der modernen Poesie, den angeblichen Obskurantismus des amerikanischen Schriftstellers des 19. Jahrhunderts und den Soziologismus in der Literatur jener Epoche. Die Werke dieses Neuhumanisten bildeten ein nützliches Korrektiv in einer Zeit, da die ästhetischen Aspekte vernachlässigt wurden. Erst langsam besann sich die Kritik wieder ihrer Aufgabe, auch strukturelle und stilistische Kriterien in ihr Urteil einzubeziehen. F. O. MATTHIESSEN (1902–1950) schlägt in *American Renaissance: Art and Expression in the Age of Emerson and Whitman* (1941) die Brücke von der Kultur- zur Literaturkritik und fand in LIONEL TRILLING (1905–1975) einen würdigen Sekundanten.

Vor diesem Hintergrund wurden die stärker auf den Text und die Ästhetik der Sprach-Kunstwerke orientierten Kritiker zunächst kaum gehört und überdies als konservativ, wenn nicht gar reaktionär zurückgewiesen. Dies konnte jedoch dem nach dem Krieg voll einsetzenden Siegeszug des *New Criticism*, der sich als eine der ›erfolgreichsten‹ und ›stabilsten‹ und vor allem weiterwirkenden Literaturtheorien Amerikas (und der Welt) in der zweiten Hälfte des 20. Jahrhunderts erwies, nicht aufhalten.

Der Kritikerkrieg der zwanziger und dreißiger Jahre war eine der fruchtbarsten Auseinandersetzungen in der amerikanischen Kulturgeschichte. Der Bogen war weit gespannt und reichte vom extremen Konservatismus über die Einbeziehung psychoanalytischer Methoden (J. W. Krutch, 1893–1970; *Edgar Allan Poe: A Study in Genius*, 1926) bis hin zu Marxisten-Leninisten. Die Umwertung der Werte veränderte das Verhältnis der Amerikaner zu ihrer Literatur. Überall im Land entstanden neue Magazine, die alles daransetzten, das Monopol der großen, angesehenen Zeitschriften zu brechen. Damit begann auch auf diesem Feld eine größere Vielfalt zu herrschen. Neben der *Poetry* waren es insbesondere die 1914 von Margaret C. Anderson in Chicago gegründete *Little Review*, die ab 1917 von Aiken und Brooks geleitete *Dial* und die von den *expatriates* in Paris edierte *Transition*, die neben Menckens *American Mercury* zu Bahnbrechern der zeitgenössischen Moderne wurden. Bald beteiligten sich auch die großen Blätter an der Propagierung der Kultur, und der große Erfolg der von H. S. CANBY (1878–1961) edierten *The Saturday Review of Literature* macht deutlich, in welchem Maß die Nation an diesem Geschehen Anteil nahm. Hinzu kam, daß sich nun auch Kräfte zu Wort meldeten, die sich für Literatur und Kultur der Afroamerikaner einsetzten und dazu beitrugen, daß sich diese Minderheit in der *Harlem Renaissance* zu organisieren und zu artikulieren begann, womit der entscheidende Grundstein für das Gebäude der sich in den dreißiger Jahren tastend entwickelnden und in der zweiten Hälfte des 20. Jahrhunderts großen Aufschwung nehmenden afroamerikanischen Literatur gelegt wurde.

Dichtung

Obgleich die Lyrik in den USA – von Ausnahmen abgesehen – lange Zeit eine Domäne traditioneller Kräfte war, hatte sie bereits in der Zeit vor dem Ersten Weltkrieg in Stephen Crane, Lindsay, H. D. und Sandburg Gestalter gefunden, deren Werke in Ton, Aussage und Struktur den von den Umwertern geforderten Ausdrucksformen nahekamen. Viele dieser älteren ›Modernen‹ wurden noch vor dem Krieg entdeckt und erlangten insbesondere in den dreißiger Jahren Anerkennung. Eine Analyse des Wesens dieser Poesie läßt erkennen, daß sie nur zu einem Teil ›amerikanisch‹, zum anderen kosmopolitisch war. Ähnlich wie in der damals modernen Prosa handelte es sich um eine Verschmelzung spontan entstandener amerikanischer Ausdrucksweisen mit aus Europa herüberwirkenden Ideen. Im Gegensatz zur Prosa aber – wo der direkte Einfluß der Franzosen größer war – kann sich die neue Poesie auf in Europa wirkende Mittler stützen, die, wie Pound, Amy Lowell und H. D., ihren Anteil an der Wirkung des Imagismus hatten.

Der ›amerikanische‹ Beitrag zur neuen Poesie bestand in einer mehr von Inspiration bestimmten, didaktisch konzipierten Dichtung, die in den dreißiger Jahren den Charakter einer ›sozialen‹ Muse annahm. Dieser traditionell amerikanischen Haltung setzten die in Europa lebenden Amerikaner wie Pound oder T. S. Eliot eine vom Intellekt bestimmte Position entgegen, deren Lehren sich von der erdgebundenen Gläubigkeit eines Frost oder der Anpassung Sandburgs an die Industriegesellschaft abhoben. Die Verwandtschaft der von beiden Gruppen benutzten Formen bedeutet keine Übereinstimmung der Ideengehalte, führte jedoch dazu, daß die in Amerika lebenden ›Modernisten‹ von Amy Lowell und dem Nestor der modernen Poeten, EZRA POUND (1885–1972), relativ schnell auf den neuen Ton eingeschworen werden konnten.

Pound stammte aus Idaho, studierte an der *University of Pennsylvania* und am *Hamilton College*, ging 1908 nach Italien (*A Lume Spento*, 1908), lebte von 1908 bis 1920 als der geistige Führer der Imagisten in London und wurde einer ihrer bedeutendsten Propagandisten. In diesen Jahren entstanden die Sammelbände *Personae* (1909), *Exultations* (1909), *Provença* (1910), *The Sonnets and Ballate of Guido Cavalcanti* (1912), *Ripostes* (1912), *Lustra* (1916), *Umbra* (1920), *Hugh Selwyn Mauberley* (1920), die ›transposition‹ der (chinesischen) Gedichte Li Pos, *Cathay* (1915) und Adaptionen wie »Homage to Sextus Propertius« (1919 in *Quia Pauper Amavi*). Von 1920 bis 1924 übte er in Paris, zusammen mit Gertrude Stein, einen bedeutenden Einfluß auf die hier lebenden Amerikaner (Hemingway u. a.) aus und zog sich schließlich nach Rapallo zurück, um an seinen *Cantos* zu arbeiten. Die ersten drei erschienen in *Quia Pauper Amavi*; *The Cantos* (1970) enthalten diesen Teil seines Werkes. Als Gegner des Kapitalismus und des Judentums verschrieb er sich Mussolini. Da er im Krieg Propagandareden gegen die Alliierten gehalten hatte, wurde er 1945 als Landesverräter festgenommen und entging der Todesstrafe durch Einweisung in eine Nervenheilanstalt. Hier entstanden u. a. die Übersetzungen *Confucius: The Unwobbling Pivot and the Great Digest* (1947), *Confucian Analects* (1951), *The Classic Anthology* (1954), *Selected Poems* (1959) und chinesische Lyrik. 1958 befreite ihn eine von Frost initiierte Intervention; Pound ging wieder nach Italien zurück. Zu seinen bedeutendsten kritischen Schriften zählen: *The Spirit of Romance* (1910), *Noh – or, Accomplishment* (1916) – eine Studie über die klassische japanische Bühne –, *Antheil and the Treatise on Harmony* (1924), *How to Read* (1931), *Make It New* (1934), *The Literary Essays of Ezra Pound* (1954) und *Impact, Essays on Ignorance and the Decline of American Civilization* (1960) u. a. George Kearns, *Guide to Ezra Pound's Selected*

Cantos (1980) bietet eine Hilfe zum Einstieg in dieses gleichermaßen komplexe wie komplizierte Opus.

Pound war stolz darauf, Abkömmling eines berühmten Banditen zu sein, und tatsächlich ist der von allen Kulturen angeregte, auf Neuerungen und Experimente versessene Exzentriker und anarchistische Intellektuelle aus dem Westen ein bewußter Partisan des Geistes gewesen, von dem Sandburg sagen konnte, er habe unter allen Lebenden am meisten dazu beigetragen, in der Dichtung neue Impulse zu wecken. Sucht man sein umfangreiches Œuvre nach Einflüssen ab, so stellt man fest, daß sein Intellektualismus ein weltumspannend kosmopolitischer und antisemitischer war. »What we need«, heißt es in »The Spirit of Romance«, »is a literary scholarship, which will weigh Theocritus and Mr. Yeats with one balance ... will give praise to beauty before referring to an almanack.« Aus seiner Verehrung Dantes, der *metaphysicals*, der Troubadoure und Symbolisten, Whitmans, Heines oder der japanischen und chinesischen Lyrik, die er in den Übersetzungen Judith Gautiers und durch Vermittlung des Bostoner Orientalisten Fenollosa kennenlernte, resultiert sein Bemühen, Überliefertes und Modernes miteinander zu verweben, Fremdes und Bekanntes zu verquicken. Viele Kritiker neigen mit R. P. Blackmur zu folgender Ansicht: »Pound ist stets der Meister seines Instruments, vorausgesetzt, daß das Thema nicht von ihm ist.« Und tatsächlich zählen seine »Transpositionen« aus dem Provenzalischen *(Provença)*, dem Italienischen *(The Sonnets and Ballate of Guido Cavalcanti)*, dem Chinesischen *(Cathay)*, dem Lateinischen *(Homage to Sextus Propertius)* oder dem Altenglischen (»The Seafarer«) zu seinen bedeutenden Leistungen. Philologen wird die Art der freien Übertragung nicht immer behagen, an der hohen poetischen Konvergenz der *transpositions*, die Pound »vollendete Masken« nannte, bleibt kein Zweifel.

Hier wie in der von den Troubadouren und der mittelalterlichen Dichtung beeinflußten frühen Lyrik erweist sich Pound als ein virtuoser Techniker der Form und Meister des Wortes, ausgestattet mit einem fast absoluten Gefühl für Melodik und Rhythmik. Die souveräne Umgestaltung provenzalischer und italienischer Versformen, die ›Wiederentdeckung‹ der der altenglischen Langzeile eigenen Alliteration und die schöpferische Übernahme des Browning-Dialogs charakterisieren seine Schaffensweise. Thematische und tektonische Vielfalt zeichnen die Sammlungen *Personae* und *Lustra* aus, in denen die »Maske des Schauspielers« zwischen Gestalter und Leser tritt. Stücke in der Art der Troubadoure (»Praise of Ysolt«, »Na Audiart«), romantische Lyrik (»In Durance«) und dramatische Monologe (»Cino«, »Ballad of the Goodly Fere«) stehen neben Gedichten, in denen Pound sein eigenes Schaffen diskutiert (»Tenzione«, »Further Instructions«). Da er die Dichtung als Wort-Kunst und Sache des Intellekts betrachtete, bedeutete ihm die Begegnung mit Hulme und dem Imagismus weniger eine Offenbarung als eine Bestätigung bei ihm bereits vorhandener Auffassungen. Bedeutsamer waren für ihn offenbar die von der japanischen und chinesischen Dichtkunst vermittelten Einsichten (»The River-Merchant's Wife«, »Exile's Letter«) in die Kunst ideogrammatischer Möglichkeiten. Seine *Image*-Gestaltung erreichte ihren Höhepunkt in Zweizeilern wie »L'Art«, »1910«, »In a Station of the Metro« oder »Portrait d'Une Femme«.

Die Poesie Pounds wirkt kalt und distanziert; es gebricht ihr fast immer an jener ›intimen‹ Sensibilität und Emotion, die bis dahin der Lyrik als arteigen zugeschrieben wurde. Gerade aber Gefühle dieser Art suchte Pound aus seiner Dichtung zu verbannen. Im Auftakt zur ersten Sammlung, in »Grace Before Song«, verkündet er sein Programm: »As bright white drops upon a leaden sea, / Grant so my songs to this grey folk may be.« Erst in *The Pisan Cantos* (1948) beklagt er seinen Mangel an Emotion, weil er in der Jugend zu hart gewesen sei. Der zeitgenössischen Kritik am zugänglichsten war Pound in seinem von Haß auf Krieg, Kapitalismus und Korruption geprägten, bitteren Poem »Hugh Selwyn Mauberley«, das die moderne Zivilisation für die Degeneration in Kultur und Kunst verantwortlich macht. Mauberley ist ein Ästhetizist, der bindungslos, ohne Verhältnis zu Vergangenheit und Gegenwart seiner Kunst nachgeht. Hier entstand eine Satire, die sich sehr wohl in die amerikanische Tradition einfügt. Der Ideengehalt dieser Zeilen korrespondiert mit den Erfahrungen, die junge Amerikaner auf den Schlachtfeldern Europas gemacht hatten, und so wurde Pound schnell zum Mentor der im Pariser Haus Gertrude Steins verkehrenden Vertreter der *lost generation*. Die Jahre 1920–1924 sahen Pound auf dem Höhepunkt seiner Wirksamkeit. Daseinsekel und die Hoffnung, im Faschismus Mussolinis die Wiedergeburt eines Jeffersonschen Republikanertums zu erleben, bewogen ihn, nach Rapallo überzusiedeln und die bereits begonnene Arbeit an den *Cantos*, die seine *Divina Comedia* werden sollte, fortzusetzen. Jahrzehntelang veröffentlichte er Strophe um Strophe dieser *Cantos*, in denen er in einem riesigen, kaum überschaubaren Monolog Kommentare zur Welt der Antike, der Renaissance und der Neuzeit zu Papier brachte, die nahezu den ganzen Weltgeist zu umgreifen trachteten. Befragt, worum es ihm gehe, antwortete er der gleichermaßen verwirrten wie überforderten Leserschaft mit einem typisch angelsächsischen *understatement*: Es ginge um »the usual subjects / Of conversation between intelligent men«.

Auch nach seinem Tode bleibt die Diskussion um die Person und das Werk dieses bedeutenden Dichters kontrovers, und noch immer ist es schwierig, einen einigermaßen verbindlichen Zugang zu den *Cantos* zu finden. Dieses thematisch und tektonisch außerordentlich variantenreiche Opus bietet von reifen Lyrismen (»What thou lovest well remains«) über kaum verständliche Anspielungen, langatmige Monologe über soziale und ökonomische Probleme bis hin zu chinesischen Ideographen und der ägyptischen Hieroglyphe alles, was Pound auf seiner Entdeckungsfahrt des Geistes wahrgenommen hat. Erlebtes und Rezipiertes aber stehen im Zeichen eines alle bisherigen Formvorstellungen sprengenden ›Chaos‹. So vielfältig wie die Themen ist die kaleidoskopartige Gestaltung der Sektionen. Eliot nannte die *Cantos* ein unerschöpfliches Nachschlagewerk für Versformen, und in der Tat ist Pounds metrischer Einfallsreichtum einzigartig. Virtuos beherrscht er die Klaviatur der Verstektonik und der – esoterischen – Sinngebung. Der Vers dient ihm als Redeform oder Gesang; Juxtaposition, Parataxe, lyrisch fließende Assoziation oder kunstvolle Ellipsen haben nur den einen Zweck, das Gemeinte eindeutig zu umgrenzen. Yeats glaubte, im Aufbau der *Cantos* die Technik der Bachschen Fuge entdecken zu dürfen, da hier der Homerische Abstieg in den Hades und die Ovidschen Metamorphosen des Menschen als Thema und Gegenthema sichtbar würden.

Pounds Suche nach dem *mot juste* und das seit der Begegnung mit der chinesischen Dichtung nicht enden wollende Ringen um das Ideogramm (»Wenn die Namen nicht stimmen, wird nichts geschaffen werden«), haben die ›Sprache‹ erneut in das Zentrum poetischen Komponierens gerückt. Für Pound war der Verfall der sprachlichen Ausdrucksformen gleichbedeutend mit psychischer und gesellschaftlicher Degeneration. In *How to Read* sagt er, es sei für das Denken ebenso wichtig, die Sprache funktionsfähig zu halten, wie es in der Chirurgie wichtig ist, das Verbandszeug von Tetanusbazillen freizuhalten. Intime Lyrik konnte auf diesem Boden nur schwer wachsen. Dennoch war diese über weite Strecken esoterische Poesie keineswegs wirkungslos. Die Dichter um T. S. Eliot und Prosaisten wie etwa Hemingway nahmen die von Pound ausgehenden Impulse auf und gelangten mit ihrer Hilfe zu neuen schöpferischen Selbstverständnissen.

Ähnlich bedeutend – dem Weltbild Pounds jedoch nur anfangs verwandt – ist das nach einer Periode der Verzweiflung um neue, auf Traditionen begründete Ordnungsprinzipien ringende Schaffen des *homme de lettres* THOMAS STEARNS ELIOT (1888–1965).

Eliot wurde als Sohn einer wohlhabenden und gebildeten neuenglischen Familie in St. Louis geboren, studierte in Harvard (Babbitt), an der Sorbonne (Bergson), in Oxford und München, ging 1914 nach England – wo er sich 1927 einbürgern ließ –, arbeitete als Lehrer und Bankangestellter, geriet unter den Einfluß Pounds und der Imagisten, wurde Mitarbeiter des Imagistenblattes *The Egoist* und übernahm 1923 die Leitung des *Criterion*, um schließlich bei Faber & Faber zum Verlagsdirektor aufzusteigen. 1948 erhielt er den Nobelpreis. 1915 druckte *Poetry* »The Love Song of J. Alfred Prufrock«. *Prufrock and Other Observations* (1917), *Poems* (1920), *The Waste Land* (1922) und »The Hollow Man« (1925) sind poetische Dokumente der Desillusion. *Ash-Wednesday* (1930) leitet den durch den Übertritt in die *High Church* gekennzeichneten zweiten Schaffensabschnitt ein; *The Rock* (1934) und *Four Quartets* (1943) kennzeichnen ihn. Das kritische Werk zeigt sein Interesse an der Tradition, dem Christentum und den ästhetischen Belangen der Kunst (*Ezra Pound: His Metric and Poetry*, 1917; *The Sacred Wood*, 1920; *Homage to John Dryden*, 1924; *Shakespeare and the Stoicism of Seneca*, 1927; *For Lancelot Andrewes*, 1928; *Dante*, 1929; *John Dryden the Poet, the Dramatist, the Critic*, 1932; *The Use of Poetry and the Use of Criticism*, 1933; *After Strange Gods*, 1934; *The Idea of a Christian Society*, 1940; *Notes Toward a Definition of Culture*, 1949; *Poetry and Drama*, 1951; *On Poetry and Poets*, 1957, u. a.). Sein dramatisches Werk umfaßt das Fragment *Sweeney Agonistes* (1926 bis 1932), *Murder in the Cathedral* (1935), *The Family Reunion* (1939), *The Cocktail Party* (1950), *The Confidential Clerk* (1954), *The Elder Statesman* (1958). *The Complete Poems and Plays* erschienen 1952, der erste Band der *Letters* 1988.

In London, wo er sich weitgehend mit den von Pound und den Imagisten vertretenen Ansichten identifizierte, bekannte Eliot 1908, daß die Form, in der er in dieser Zeit zu schreiben begann, das Ergebnis der Beschäftigung mit Laforgue gewesen sei. Mit Baudelaire stimmte er in der *désillusion urbaine* überein und fand bei Dryden, Donne und Herbert jene antiromantische Synthese von ›Geist‹ und ›Gefühl‹, die seinem Temperament entsprach. Seine Sympathien für Dante, Coleridge und Arnold resultieren aus dem Bestreben, die Dichtung auf ästhetische Traditionen zu gründen und von soziologischen Aspekten freizuhalten.

Die frühen Gedichte *Prufrock and Other Observations* und *Poems* sind Ausdruck seiner Skepsis, ironische Bilder des Verfalls einer steril gewordenen Gesellschaft; ihr Konversationston erinnert jedoch nicht nur an Laforgue. Der Snob Prufrock, der vulgär-derbe Ire Sweeney oder Gerontion stehen dem von Robinson in »Miniver Cheevy« angeschlagenen Ton nicht fern. »Sweeney Ercet«, »Sweeney Among the Nightingales«, »The Hippopotamus«, »Portrait of a Lady« und »Conversation Galante« rechnen mit dem Mut der Ignoranz und der dümmlichen Selbstzufriedenheit der Menschen ab. Der trockene Ton dieser in umgangssprachlichem Rhythmus gehaltenen, äußerst gedrängten Poesie wurde beispielgebend für eine Generation, die in *The Waste Land* ihr Unbehagen artikuliert fand. Diese Kritik an der Gesellschaft bietet eine Verknüpfung von Vergangenem mit Zeitgenössischem. Im impotenten, sein Reich zur Sterilität verdammenden Fisher King greift Eliot auf die heidnischen Wurzeln der Gralssage zurück und gestaltet den Verfall Europas im sexuellen Symbol. Die von Anspielungen, Zitaten und fremdsprachlichen Passagen durchsetzte Dichtung gibt sich gelehrt und ist das Produkt intellektueller Skepsis. Der durch die Zivilisation herbeigeführte »Tod der Liebe« bedingt den Verfall bisher sakrosankter Werte, die aber nicht unwiderruflich dahin sein müssen, wenn sich der Mensch zu Opfer und Tat bereit findet. Das Gedicht endet mit dem Hoffnung verheißenden Zitat aus den *Upanischaden*: »Datta. Dayadhvam. Damyata« (Schenke. Zeige Sympathie. Lenke). Den Höhepunkt Eliotschen Zweifelns bildet das Gedicht »The Hollow Men«. Vier Teile dieser Dichtung sind der Paralyse der Menschheit gewidmet, ehe im fünften der illusorischen Traumwelt der »lebenden Toten« in einer Mischung von Verzweiflung und Hoffnung die Botschaft »Dein ist das Reich« entgegengestellt wird.

Im Gegensatz zu vielen Weggenossen suchte Eliot keinen ›sozialen‹ Ausweg aus der von ihm empfundenen Krise der Kultur, sondern bekannte sich in dem Essayband *For Lancelot Andrewes* zur High Church als Ordnungsfaktor, die ihm Symbol und Ausdruck einer »bedeutungsvollen Form und Disziplin« geworden war. In *Ash-Wednesday* fand diese Haltung ihre erste poetische Ausprägung. Sie beendete aber auch die Rolle Eliots unter den Avantgardisten. Das Gedicht kündet in liturgischem Ton und in teilweise Dante nachempfundenen Passagen vom Vertrauen des Dichters in die Gnade Gottes. Mit *The Rock* folgte ein Hohelied auf den Triumph der Kirche, deren Ringen mit der weltlichen Macht in dem Becket-Drama *Murder in the Cathedral* (s. S. 386) interpretiert wird. Eliot hatte damit die seiner konservativen Haltung entsprechende Position gefunden und schuf nun mit den *Four Quartets* eine Dichtung, in der er die im Leben wirkenden Widersprüche aus der Sicht des Anglikaners erhellte. Mit Hilfe der an Pound erinnernden Aufhebung und neuen Verknüpfung des Geschichtlichen mit dem Gegenwärtigen suchte Eliot den Antagonismus christlicher und materialistischer Seinsweisen transparent zu machen. Im Zentrum des Widerspruchs steht die Menschwerdung Christi. Der Mensch steht im Zeitlosen mit der Zeit *(the timeless with Time)*; er findet seine Aussöhnung in jenen Augenblicken, da die Zeit stillsteht.

Für Eliot, der sich später einen Royalisten, Klassizisten und Anglikaner nannte, präsentierte sich die Welt als ein Ort des Ringens zwischen Gut und Böse. Sein Bekenntnis zum Konservatismus ließ seinen Einfluß in den USA seit 1940 spürbar zurückgehen. Dennoch blieb sein Hinweis auf die notwendige Verknüpfung der Poesie und ihrer Sprache mit den menschlichen Erfahrungen richtungsweisend. Seine an Harmonien und Assonanzen reiche, ausgefeilte, dem jeweils behandelten Gegenstand angepaßte Sprache und die äußerste Verdichtung des Gedankens im Bild sind Ergebnisse theoretischer Überlegungen und virtuos gehandhabter Techniken. In dem

Essay »Hamlet« zum Beispiel bereicherte er die Ideen der Imagisten um seine Theorie der *objective correlative*: »Der einzige Weg, ein Gefühlserlebnis künstlerisch zu gestalten, besteht im Auffinden einer ›gegenständlichen Entsprechung‹, einer Reihe von Gegenständen, einer Situation, einer Kette von Ereignissen, welche Formeln dieses besonderen Erlebnisses sein sollen, so daß, wenn die äußeren Tatsachen, die sinnlich wahrnehmbar sein müssen, gegeben sind, das Erlebnis unmittelbar hervorgerufen wird.«

Insbesondere seine frühen Gedichte haben sehr zur Ausformung der modernen amerikanischen Poesie beigetragen. Seit Pound, den Imagisten und Eliot ist die amerikanische Poesie kosmopolitischer, experimentierfreudiger, intellektuell-ironisch und auch im Bereich des Religiösen skeptischer. Der Traum, in Gottes eigenem Land zu leben, war weitgehend ausgeträumt.

Der konsequenteste Dichter dieser neuen Einsicht war der noch immer unterbewertete und auf Grund seiner frühen Dichtung als ›Dandy des Ausdrucks‹ bezeichnete Jurist und Versicherungsdirektor WALLACE STEVENS (1878–1955).

Stevens stammte aus Pennsylvania, studierte in Harvard und in New York, kam in Greenwich Village mit den Avantgardisten in Berührung und gab 1923 seine erste Gedichtsammlung *Harmonium* heraus. Erst spät folgten weitere: *Harmonium* (erw. 1931), *Ideas of Order* (1935), *Owl's Clover* (1936), *The Man with the Blue Guitar* (1937), *Parts of a World* (1942), *Notes Toward a Supreme Fiction* (1942), *The Auroras of Autumn* (1950), die *Collected Poems* (1954) u. a. Die Bände *The Necessary Angel: Essays on Reality and the Imagination* (1951), *Letters* (1966) und *Sur Plusiers Beaux Sujets: Wallace Stevens' Commonplace Book* (1989 von M. J. Bates ediert) geben Aufschluß über sein künstlerisches Anliegen.

Stevens ist ein an den Symbolisten geschulter Poet, dessen frühe Verse *(Harmonium)* deutlich machen, daß für ihn die »äußere Welt« existiert. Daran sollte sich auch später nichts ändern, aber aus dem ›Dandy‹ wurde ein vom Verhältnis zwischen Wirklichkeit und Dichtung geradezu umgetriebener philosophischer Poet. In »Nuances of a Theme by Williams« spricht er sich für den autotelischen Charakter der Kunst aus: »Lend no part to any humanity that suffuses / You in its own light. / Be not chimera morning, / Half-man, half-star.«

Eine gesellschaftliche Bindung der Kunst war ihm suspekt. Ihr Werden und Wesen ist das zentrale Thema in Gedichten wie »The Man with the Blue Guitar«, »Of Modern Poetry«, »The Comedian as the Letter C« oder »Notes toward a Supreme Fiction«. Das Leben des Dichters soll der Erforschung der »künstlerischen Wahrheit« dienen. In

»Another Weeping Woman« heißt es dazu: »The magnificent cause of being, / the imagination, the one reality / In this imagined world ...«

In dieser vorgestellten Welt ist Stevens' großartiger »Urgrund des Seins«. Das Epikuräertum seiner frühen Verse (»Le Monocle de Mon Oncle«, »The Paltry Nude Stars on a Spring Voyage«) erschöpft sich jedoch nicht in sprachlicher Eleganz. Hinter seinen bildkräftigen »Lebensweisheitsspielereien« verbirgt sich konstruktive Skepsis. Sein analytischer Geist zerbröckelt konventionelle Vorstellungen vom Sein und schafft neue Ordnungen und Bezüge. Dominierend ist die Überzeugung, das Leben finde mit dem Tode sein Ende und der Mensch habe sich im Diesseits einzurichten. »Anything is Beautiful If You Say It Is« lautet der Titel eines Gedichts, und dieser Sensitivismus bedingt einen religiöse Auffassungen ausschließenden Diesseitsglauben. Bei näherem Hinsehen erweist sich sein vorgeblicher Pantheismus als eine materialistische Dialektik (»Song of Fixed Accord«). In »Sunday Morning« aber wird deutlich, wie schmerzhaft auch für ihn die Entfernung des modernen Menschen von Paradiesvorstellung gewesen zu sein scheint: »We live in an old chaos of the sun, / Or old dependency of day and night ...« Alles werde in Dunkelheit enden. 1940 schrieb er an Henry Church: »Die wichtigste poetische Idee war und ist die Idee eines Gottes. Eine der sichtbaren Bewegungen der modernen Imagination ist die Bewegung fort von der Idee eines Gottes. Die Dichtung, die die Idee eines Gottes geschaffen hat, wird sie entweder unseren gewandelten Auffassungen anpassen, einen Ersatz schaffen oder sie unnötig machen.« Er selbst suchte letzteres zu tun. Alle seine Gedichte stützen sich auf eine Metapher oder ein *Image*, aus denen neugewonnene Wahrheiten geschöpft werden; da seine Wahrheiten unteilbar sind, verbinden sich ihre Partikel dialektisch und erzeugen eine leidenschaftslos-kühle Atmosphäre, die der distanzierten Behandlung des Objekts entspricht.

Seine tektonische Meisterschaft, die gedankliche Treffsicherheit seines Ausdrucks und *verbal wizadry* verleihen seinen Versen Flexibilität und Bildkraft. Darum ist R. S. Thomas zuzustimmen, wenn dieser in seiner »Homage to Wallace Stevens« sagt: »He burned his metaphors like incense« und »his syntax was as high as his religion«. »The House Was Quiet and the World Was Calm« ist das Kabinettstück einer Poesie, die von der Verschmelzung technischer Raffinesse mit der Verquickung der intellektuellen und sensitiven Aspekte ihrer Gegenstände lebt. Damit erreichte Stevens einen Grad an Vollendung, der für die amerikanische Dichtung möglicherweise einmal bedeutsamer sein wird als die gewiß große Leistung Eliots. Die intellektualistische Kälte und die gnadenlose Logik machen Stevens zu einem Dichter, der in seinem bohrenden Fragen nach der Realität in der Poesie seine Mitmenschen um Mythen und Illusionen zu bringen gedenkt, um sie auf neue Weise mit der poetischen Wirklichkeit zu konfrontieren.

Gedichte um der Kunst willen schrieb die aus St. Louis stammende, am *Bryn Mawr College* ausgebildete und von H. D. und den Imagisten beeinflußte langjährige Herausgeberin des *Dial*, MARIANNE MOORE (1887–1972). Ihre ersten *Poems* (1921) wurden ohne ihr Wissen von H. D. in England publiziert. Weitere Sammlungen (*Observations* – die erw. *Poems*, 1924; die von Eliot eingeleiteten *Selected Poems*, 1935; *The Pangolin, and Other Verse*, 1936; *Collected Poems*, 1951; *The Complete Poems of Marianne Moore*, 1967, 1981, u. a.) künden von ihrer Vorliebe für die im zumeist kurzen Gedicht und dem syllabischen Vers gestalteten kleinen Lebewesen und alltäglichen Dinge (»The Fish«, »Snail«, »To a Steamroller«). Die Verbindung von Objekt und Imagination vollzieht sich bei ihr weicher als bei den Imagisten, so daß sich in ihren Naturbildern eine Hinwendung zur verhaltenen Lyrik andeutet. Die Versübersetzung *The Fables of Lafontaine* (1954) bietet schöne Beispiele ihres Einfühlungsvermögens. *The Complete Prose of Marianne Moore* erschien 1989.

Selbst dort, wo sie zur Satire ansetzt, ist sie das Gegenteil des primitiv-vitalen Misanthropen ROBINSON JEFFERS (1887–1962). Die frühe Lyrik (*Flagons and Apples*, 1912) des in Pittsburgh geborenen, naturwissenschaftlich gebildeten Sohns eines presbyterianischen Geistlichen ist Rossetti verpflichtet. Mit *Tamar and Other Poems* (1924) begann er, einen exzessiv-leidenschaftlichen, vom Schicksal zur Wertlosigkeit verdammten Menschen zu porträtieren. In Sammlungen wie *Roan Stallion* (1925), *The Women at Point Sur* (1927), *Cowdor and Other Poems* (1928), *Give Your Heart to the Hawks* (1933), *Hungerfield and Other Poems* (1945), *The Double Axe* (1948) und anderen begegnen wir Gewalttätigkeit, Brutalität, Inzest und Mord auf dem Hintergrund einer erhabenen, idealisierten Landschaft. Dieser Kontrast bildet den Kern einer nicht selten melodramatisch wirkenden, vornehmlich aus losen, unregelmäßig gefügten Langzeilen bestehenden dramatischen Verskunst. Nur selten findet sich Sympathie für den Menschen. In »Hurt Hawks« heißt es, wäre da nicht die Strafe, würde ich lieber einen Menschen als einen Falken töten. »Nackte Ekstase«, »unglaubliche Leidenschaft«, »schön« und »wild« gehören zu den Lieblingswörtern Jeffers'. Freud und Jung lieferten ihm das Instrumentarium für die Interpretation perverser Triebe: der Inzest-Orgie (»Tamar«), der Bewunderung der Kraft des Hengstes durch ein ›Vollblutweib‹ (»Roan Stallion«) oder der sexuellen Brutalität (»The Women at Point Sur«). Wo Menschlichkeit aufschimmert (»The Loving Shepherdess«), leitet sich diese aus der den Menschen determinierenden Natur ab. Nachdem Jeffers im Freiversdrama »The Tower Beyond Tragedy« (in: *Tamar, and Other Poems*) seine sexualpsychologische Version von Orest und Elektra gegeben hatte, erteilte er durch Umkehrung des geläufigen Judas-Bildes (»Dear Judas«, 1929) auch christlichen Vorstellungen eine Absage. Diese Dichtung ist eine Kampfansage an die von den Neuhumanisten vertretene Auffassung, die Misere der Welt könne nur durch Wiedereinsetzung vergangener Werte überwunden werden. Das Bekenntnis des in Kalifornien lebenden Dichters zur Eigengesetzlichkeit der Natur, zur Urkraft der Triebe und zur Verschmelzung des Individuums mit diesen Elementen ist durchaus mystisch, doch frei von Esoterik.

Ebenfalls der Psychoanalyse nahe steht das Frühwerk des aus einer neuenglischen Familie stammenden und in Harvard ausgebildeten Poeten und Erzählers CONRAD AIKEN (1889–1973). Die ersten Gedichte in *Earth Triumphant and Other Tales and Verses* (1914) zeugen vom Einfluß der Imagisten und Aikens Liebe zur Musik; in seinen Romanen (*Blue Voyage*, 1927; *King Coffin*, 1935, u. a.) und *short stories* (*Bring! Bring! and Other Tales*, 1925) bediente er sich der Technik des Bewußtseinsstroms. Die Sonette *And in the Human Heart* (1940) zeigen, daß der Meister der freirhythmischen Langzeile auch die strenge Form beherrschte. In seinen späteren Gedichten (*Skylight One*, 1949; *The Morning Song of Lord Zero*, 1963, u. a.) bezieht dieser Kritiker der modernen Gesellschaft eine existentialistische Position.

Eine ganz andere Entwicklung nahm der aus Illinois gebürtige, in Yale ausgebildete und auf den Schlachtfeldern Frankreichs desillusionierte ARCHIBALD MacLEISH (1892–1982). Auch er war ein Schüler der Imagisten und zollte den *metaphysicals* des 17. Jahrhunderts Tribut. In seiner Pariser Zeit (1923–1928) erschien ihm die Welt als sinnloses Chaos. Die Gedichte jener Jahre (*The Happy Marriage*, 1924; *The Pot of Earth*, 1925; *The Hamlet of A. MacLeish*, 1928, u. a.) sind im Ton einer um die Werte der Welt gebrachten *lost generation* gehalten. Als er 1928 in die USA zurückkehrte, machte er sich angesichts der Weltwirtschaftskrise an die Wiederentdeckung der kulturellen Werte und der Demokratie seines Landes. *New Found Land* (1930) steht für diesen Sinneswandel. Angeregt durch die *True History of the Conquest of New Spain* von Bernal Diaz del Castillo, bereiste MacLeish Mexiko und veröffentlichte 1932 das Versepos *Conquistador*. In lockeren, lose gereimten freirhythmischen Zeilen – sie finden sich auch in der frühen Dichtung – läßt er den alten Bartholomeo Diaz von Cortez' Eroberungsfeldzug berichten. Doch sein Werk gilt weniger der Vergangenheit als den Problemen der Gegenwart: In *Public Speech* (1936) legte er ein Bekenntnis zur Gemeinschaft ab und bediente sich nun des neuen Massenmediums Rundfunk, um in Vers-Hörspielen (*Panic*, 1935; *The Fall of the City*, 1937; *Air Raid*, 1941) für die Lösung sozialer Probleme, gegen Diktatur und die Grausamkeiten des Krieges aufzutreten. *Land of the Free* (1938) und *The American Cause* (1941) sind Belege für seinen Patriotismus und seinen Glauben an die Demokratie, der MacLeish als Direktor der *Library of Congress* und als Unterstaatssekretär diente, ehe er 1949–1962 als Professor an der *Harvard University* wirkte. Die *Collected Poems, 1917–1952* (1952) machen seine immer stärker werdende gesellschaftliche Einbindung deutlich. In »Hypocrite Auteur«

(1952) sagt der ehemalige *expatriate*, die alten Metaphern seien nun unbrauchbar, jetzt käme es darauf an, sich dem gegenwärtigen Zeitalter zuzuwenden und neue Metaphern zu finden. In dem Essayband *Freedom is the Right to Choose* (1951) bekennt sich MacLeish bei aller Skepsis zu seiner Gesellschaft.

Darin unterscheidet er sich von dem in Cambridge, Massachusetts, geborenen Sohn eines Harvardprofessors EDWARD ESTLIN CUMMINGS (1894–1962). Auch er erlebte den Krieg und verbüßte wegen angeblich fahrlässigen Verrats eine Haftstrafe im Lager La Ferté-Macé. Die Erlebnisse dieser Zeit verarbeitete der mit den Pariser *expatriates* in Berührung kommende Dichter und Maler in dem Roman *The Enormous Room* (1922), einer ersten – sein Gesamtwerk bestimmenden – Verteidigung des Individuums gegen die Masse. Auch Cummings war ein Schüler der Symbolisten. Seine *Tulips and Chimneys* (1923) erinnern an Apollinaire, wobei Gedichte wie »Puella Mea« an den Lyrismus der Tudor-Zeit anklingen, den Cummings mit einem kräftigen Schuß Ironie anreicherte. Mit Humor und Satire zog er gegen die Konvention und philiströse Selbstzufriedenheit zu Felde und gab den Konformismus der »mostpeople« der Lächerlichkeit preis. Viele seiner frühen Sammlungen (&, 1925; *is 5*, 1926, u. a.) atmen diesen Geist; und auch die Bände *ViVa* (1931) und *No Thanks* (1935) – darin die Gedichte »XXXVII« und »XLI« sowie »13« und »38«, in denen sein Experimentieren den Höhepunkt erreicht – bieten neben lyrischen Stücken harte, anklagende Poesie. Die *Collected Poems* (1938) stehen am Ende seiner ersten Schaffensperiode; die *50 Poems* (1940) deuten einen Wandel des Verhältnisses zum Experiment an. Neben Gedichten in der bereits bekannten Art stehen mit »anyone lived in a pretty how town« und »my father moved through dooms of love« Verse, in denen sich Cummings wieder geläufigeren Sinngebungen annähert. Das gilt auch für einige Gedichte der *Poems, 1923–1954* (1954); in den *95 Poems* (1958) bedient er sich mit »So you're hunting for ann well i'm looking for will« und »handsome and clever and he went cruising« der traditionellen Metrik.

In der Poesie Cummings' erreicht das Experiment die Grenze des Verständlichen. Regeln der Grammatik, Syntax und der Interpunktion werden zerschlagen, die Trümmer nach eigenem Ermessen neu zusammengefügt; Verben verwandeln sich in Substantive, Substantive in Verben. Wortschöpfungen, Gedankensplitter und neuartige Assoziationen führen diese Freiverskunst in die Nähe des Dadaismus. Ihr Ideengehalt aber ist eindeutig. In »Sonnets-Realities« finden wir Proben: »the Cambridge ladies who live in unfurnished souls / are unbeautiful and have comfortable minds / (also, with the church's protestant blessings / daughters, unscented shapeless spirited) / they believe in Christ and Longfellow, both dead …« Der Verachtung dieser konformen, mediokren Welt stellt er aber auch das Bekenntnis zum lebensbejahenden Individuum entgegen: »love is a place / & through this place of / love move / (with brightness of peace) / all places // yes is a world / & in this world of / yes live / (skilfully curled) / all worlds.« Schuld an der Not des Menschen tragen nach Cummings die von der Massengesellschaft hervorgebrachten Moloche Geld, Staat und Krieg. Sie zu entlarven war eines seiner Hauptanliegen.

Der aus Ohio stammende und in Cleveland aufgewachsene HART CRANE (1899–1932) sah die Aufgabe des Dichters anders. Auch er war in Greenwich Village und in Europa mit Imagismus und Symbolismus in Berührung gekommen. Ihr Einfluß ist in der Sammlung *White Buildings* (1926) spürbar. Sehr früh löste er sich vom Zivilisationspessimismus Eliots. 1929 schrieb er: »Wenn die Dichtung sich nicht die Maschine zu eigen zu machen weiß, das heißt, wenn sie sie nicht so natürlich und glaubwürdig in sich aufzunehmen vermag, wie Bäume, Vieh, Gallonen, Schlösser und alle anderen Vorstellungen aus der menschlichen Vergangenheit, dann hat die Dichtung ihrer Zeit ihre Aufgabe nicht gelöst.« Dieser Form der Hinwendung zur Gegenwart entspricht sein Plan, im Geist *seiner* Gegenwart und Whitmans »den Mythos von der Größe Amerikas« zu schaffen und der aus *The Waste Land* sprechenden Aschermittwochsstimmung mit dem Versepos *The Bridge* (1930) das Bild einer alle Möglichkeiten offenhaltenden Welt entgegenzustellen. In der Sprache vermischen sich Slang und Metapher; in harten Bildschnitten folgen Verse auf Columbus, Cortez, Rip Van Winkle, Landschaften oder Schiffe. Die Brooklyn Bridge, in der Crane das Symbol für den »Mythos Amerikas« sah, »Brücke über den Strom, über den Ozean, über Raum und Zeit«, erwies sich in ihrer poetischen Tektonik als nicht tragfähig. Einige ihrer Elemente (»Cape Hatteras«, »To Brooklyn Bridge«, »The River« u. a.) zählen jedoch in ihrer Symbolträchtigkeit zu den vollkommensten Stücken amerikanischer Lyrik. Im ganzen aber war der Dichter Crane dem von ihm mit diesem Epos angestrebten Ziel nicht gewachsen. Diese Erkenntnis mag dazu beigetragen haben, daß er seinem unsteten Leben durch Freitod ein Ende setzte.

Vornehmlich der amerikanischen Szenerie ist auch das Werk des in Pennsylvania gebürtigen und aus Yale hervorgegangenen Dichters STEPHEN VINCENT BENÉT (1898–1943) gewidmet. Die Bürgerkriegs-Verserzählung *John Brown's Body* (1928) und das Versepos *Western Star* (1943), das die Gründungen von Jamestown und Plymouth schildert, wurden mit dem Pulitzerpreis ausgezeichnet. Ebenfalls etwas abseits vom verzweigten Strom der amerikanischen Lyrik jener Jahre steht das pantheistische Werk des aus Chicago stammenden, in den Rocky Mountains und Kanada lebenden, später an der *Northwestern University* lehrenden LEW SARETT (1888–1954). Seine in vielen Rhythmen und Metren geschriebenen Verse (*Many Many Moons*, 1920; *The Box of God*, 1922; *Wings Against the Moon*, 1931, u. a.) haben das

Leben an der Grenze zu den *Native Americans* und das Leben dieser Minderheit zum Thema. Das lyrische Erbe der Neoklassizisten verwaltete der aus Tennessee gebürtige »Agrarier« ALLAN TATE (1899–1979), der neben einer Reihe kritischer Werke in den Gedichtsammlungen *Mr. Pope and Other Poems* (1928), *The Mediterranean and Other Poems* (1936) dem Klassizismus und der lateinischen Kultur huldigte und schließlich mit *Winter Sea* (1944) religiöse Lyrik vorlegte. Seine Konversion zum Katholizismus korrespondierte mit der Überzeugung, die aus den Fugen geratene Welt könne durch die Kirche wieder eine verbindliche Ordnung erhalten. Tate stand Ransom nahe.

Beiden verpflichtet ist der aus Kentucky stammende Lyriker, Prosaist, Dramatiker, Kritiker und Hochschullehrer ROBERT PENN WARREN (1905–1989).

> Ransom war sein erster Lehrer; in der Gruppe der *Fugitives* und *Southern Agrarians* erhielt er seine *Education* und blieb dieser und dem *New Criticism* bis zu seinem Tod treu. Sein uneingeschränktes Bekenntnis zum Erbe des Südens legte er erstmals mit seinem Beitrag zu der Anthologie *I'll Take My Stand: The South and the Agrarian Tradition* (1930) und der Gründung der bedeutenden *Southern Review* (1935) ab. Gleich Ivor Winters, Allan Tate oder Cleanth Brooks – mit dem er eng zusammenarbeitete – verkörperte er einen neuen Typ des amerikanischen Dichters, den schreibenden Intellektuellen. Er war ein weitgereister, kosmopolitisch gebildeter *homme de lettres*, dem Geschichte und Philosophie ebenso vertraut waren wie die Dichtkunst der *metaphysicals* des 17. Jahrhunderts (zumal Donnes und Marvells) oder die drängenden Probleme seiner südlichen Heimat. Obgleich er bereits 1929 begonnen hatte, Apologien auf die traditionelle Haltung des Südens zu schreiben und bei Kriegsende mit *Night Rider* (1939) und *At Heaven's Gate* (1943) zwei Romane sowie die Lyrik-Bände *Thirty-Six Poems* (1935), *Eleven Poems on the Same Theme* (1942) und *Selected Poems: 1923–1943* (1943) sowie Essays vorgelegt hatte, erlangte er die ihm gebührende Anerkennung erst mit dem Roman *All the King's Men* (1946). Von nun an galt er sowohl als Prosaist (*World Enough and Time*, 1950; *Band of Angels*, 1955; *Wilderness*, 1961; *A Place To Come To*, 1977, u. a.) als auch als Lyriker (*Brother to Dragons*, 1953; *Incarnations*, 1968; *New and Selected Poems, 1923–1985*, 1985, und zwölf weiteren Bänden) sowie einflußreicher Kritiker und Historiker (*How Texas Won Freedom*, 1959; *Who Speaks for the Negro?*, 1965; *Democracy and Poetry*, 1975), mithin als eine der führenden Gestalten des amerikanischen Geisteslebens dieser Epoche. Hinzu gesellen sich die Editionen *An Approach to Literature* (1936), *Understanding Poetry* (1938), *Understanding Fiction* (1943) oder *Modern Rhetoric* (1949). Sein

Werk wurde durch unzählige Preise gewürdigt, und 1984 ernannte man ihn zum ersten *Poet Laureate of the United States.*

Fast sein ganzes Œuvre ist der Vergangenheit des Südens gewidmet. Das gilt besonders für seine Romane, und doch wehrte er sich vehement dagegen, als »historical novelist« bezeichnet zu werden. »I should hope«, sagte er, »that the historical novel would be a way of saying something about the present.« Und tatsächlich sind diese Bücher vornehmlich Ideen- und philosophische Romane und sprengen somit den Rahmen der konventionellen Historie als auch den der Regionalkunst. So schildert *Night Rider* den Kampf der Tabakpflanzer gegen die verarbeitende Industrie im Jahr 1904. Den ideellen Kern der Fabel aber bildet die Einsicht des geschlagenen Terroristen Munn, daß der Mensch so lange ein Reiter in der Nacht bleibt, wie es ihm nicht gelingt, sich selbst zu erkennen.

Das Problem der Selbsterkenntnis ist das zentrale Thema im Werk Warrens. In dem Roman *At Heaven's Gate*, der Geschichte des skrupellosen Finanziers Bogan Murdock, geht es um die Position des Individuums *in* der Gesellschaft. Hier vertritt der Dichter die Ansicht, die moderne Krankheit, die angstgebärende Isolation, resultiere aus der »Zurückweisung des Vaters« und es – und hier steht er dem jungen Thomas Wolfe nahe – komme darauf an, die Suche nach dem Vater zu krönen, indem man zu ihm zurückkehre. In *All the King's Men* wird dieser Gedanke weitergesponnen: In der Gestalt des an Huey Long erinnernden Politikers Willie Stark schildert Warren einen Charakter, der im Konflikt zwischen seinem unbändigen Willen zur Macht und dem Bestreben, seine Aufgabe optimal zu lösen, zerrieben wird. Die Politik erweist sich als ein schmutziges Geschäft. Doch ist dies nicht das letzte Wort, denn Jack Burden, ein Mitstreiter Starks, entschließt sich um des Seelenfriedens willen, der schweren politischen Aufgabe zu dienen, und »geht in die von Erschütterungen betroffene Welt, aus der Geschichte in die Geschichte und die furchtbare Verantwortung der Zeit«.

Für Warren ist der Schritt in die Verantwortung oft ein »Weg zurück«, der Weg zurück aber auch gleichsam ein Weg nach vorn. Dies gilt ebenso für den Roman *World Enough and Time*, wo er die bereits von Poe und Simms behandelte »Kentucky-Tragödie« des Jahres 1825 neu interpretiert. Hier muß Jeremiah Beaumont erkennen, daß es einen »Frieden der Selbstaufgabe, ... des Augenblicks, der Sauferei und Hurerei« nicht gibt.

Die Macht oder Bedeutung der Ideen steht auch im Zentrum der folgenden Werke. So gelten die Bürgerkriegsromane *Band of Angels* – die Geschichte einer in die Sklaverei verkauften Pflanzerstochter – und *Wilderness* – die Fabel um einen deutschen Juden, der in der Armee der Union für die »Freiheit« kämpfte – dem Gedanken der persönlichen

Identität. *The Cave* (1959) ist eine in die Form der psychologischen Analyse gegossene philosophische Ausdeutung der Idee der individuellen Selbstbehauptung. Dieses Thema greift er in seinen späteren Büchern, wie etwa in *Flood* (1964), immer wieder auf. Und dies gilt auch für die Lyrik, die ihm offenbar mehr am Herzen lag als Prosa, sagte er doch selbst: »If I had to choose between my novels and my *Selected Poems*, I would keep the *Selected Poems* as representing me more fully, my vision and my self.« Und er fügte hinzu: »I started as a poet and will probably end as a poet.« Aber tatsächlich waren Prosa und Lyrik für Warren keineswegs weit auseinander: »A poem for me and a novel are not so different. They start much the same way, on the same emotional journey, and can go either way ... At a certain level an idea takes hold. ... it comes as an idea or an impulse ... I've started many things in one form and shifted to another ... The interesting topics, the basic ideas in the poems and the basic ideas in the novels are the same.« Dies wird besonders deutlich in dem erzählenden Gedicht *Brothers to Dragons*, das einen Ausschnitt aus der Geschichte Kentuckys Anfang des 19. Jahrhunderts bietet und mit einer Apologie auf die für das Individuum notwendige Ordnung endet.

Das umfangreiche Korpus von Warrens Lyrik – die Kritik hielt es für bedeutender als sein Prosawerk – bleibt seinem oben skizzierten Anliegen immer treu. Interessant aber ist, wie sich der junge – ganz offensichtlich von T. S. Eliot beeindruckte – Dichter vom Ton seines Vorbildes löste, in den späten fünfziger Jahren mit *Promises, 1954–1956* (1957) beim Einsatz des Freiverses persönlichere Noten fand, um schließlich einen unverwechselbaren eigenen Ton anzuschlagen. Die Frage muß offenbleiben, ob Warren die Bedeutung bewahren wird, die ihm führende zeitgenössische Kritiker zugeschrieben haben, oder ob diejenigen Recht behalten, die ihn schon heute für eher ›überholt‹ einschätzen. Sicher scheint zu sein, daß sein Werk – und hier müssen seine Essays zu Literatur, Poetik und Geschichte einbezogen werden – als bemerkenswertes literarisches Denkmal seiner Zeit gewertet werden darf. Seine ›Quellen‹ waren die Erzählungen, Balladen und Legenden seiner südlichen Heimat, die ihn auch in Yale noch speisten. Und so wurde er – um ein Wort seines Dichter-Kollegen Dickey zu zitieren – »a poet of enormous courage, with a highly individual intelligence« und auch zu einer Art moralischer Instanz für sein Lager: »[He] looks, and refuses to look away ... he strikes ... with all the force and authority of time, darkness, and distance themselves, and of the Nothingness beyond nothingness, which may even be God.«

Bedeutsamer für die amerikanische Lyrik jener Jahre und die nachfolgende Generation ist die eine Bindung an die europäische Kultur weitgehend ablehnende, einen originären amerikanischen Ton suchende, den Glauben an Dichtung *und* Menschlichkeit neubelebende Poesie des aus New Jersey stammenden Arztes WILLIAM CARLOS WILLIAMS (1883–1963).

Williams ging in New York und Europa zur Schule, studierte an der *University of Pennsylvania* und in Leipzig und wurde früh mit Pound und H. D. bekannt. Nach konventionellen Gedichten (*Poems*, 1909) legte er mit der Sammlung *The Tempers* (1913) Muster imagistischer Lyrik vor. In *Al Que Quiere!* (1917) und den Prosagedichten *Kora in Hell* (1920), *Sour Grapes* (1921) und *Spring and All* (1922) entwickelte er seinen durch expressive Züge gekennzeichneten *subjectivism*. Die *Collected Poems* (1934) machen die Lösung vom Imagismus als Dogma deutlich. Die folgenden Sammlungen (*An Early Martyr*, 1935; *Adam & Eve & The City*, 1936; *The Complete Collected Poems*, 1938; *The Desert Music*, 1954; *Pictures from Brueghel*, 1963, u. a.) stehen im Zeichen seines *objectivism*. Sein anspruchsvollstes Werk ist das lange formlose ›Gedicht‹ *Paterson* (4 Bde., 1946–1951) und dessen *Book Five* (1958). Zu seinen wichtigsten Prosawerken zählen die Romane *A Voyage to Pagany* (1928) sowie die Trilogie *White Mule* (1937), *In the Money* (1940) und *The Build-Up* (1952), die *Short story*-Sammlungen *The Knife of the Times* (1932), *The Farmers' Daughter* (1961) u. a.; die Studie *The Great American Novel* (1923), der Band biographischer Skizzen *In the American Grain* (1925) und die *Selected Essays* (1954). Die *Autobiography* (1951), eine Sammlung von Bühnenstücken, *Many Loves* (1961) und die *Selected Letters* (1957) runden das vielseitige Œuvre ab.

Auch Williams ist dem Imagismus und den Symbolisten verpflichtet und bekannte sich unter dem direkten Einfluß Pounds und H. D.s zu deren Grundsätzen. Abgesehen von den ersten, eher lyrischen Etüden *(Poems)* steht sein Werk im Zeichen der direkten Behandlung des Objekts und einer außerordentlich gedrängten, klaren und eindeutigen Darstellung. Die Sammlung *The Tempers*, besonders aber das Gedicht »Tree and Sky« sind Muster imagistischer Verskunst. Wie sein Freund Stevens kam er jedoch zu der Überzeugung, die dogmatische Anwendung von Regeln widerspreche dem Wesen der Kunst. Was ihn am Imagismus faszinierte, war die einfache, klare Sprache und die direkte Behandlung des Objekts. Zugleich aber beklagte er das Fehlen formaler Gesetzmäßigkeiten, was dazu geführt hätte, daß sich der Imagismus im freien Vers verliere. Die von ihm auf der Grundlage des imagistischen Credos entwickelte und in den folgenden Sammlungen befolgte Theorie des *objectivism*, die davon ausgeht, daß sich die Idee nur aus dem Ding ableiten läßt, führte zu folgender Feststellung: »Die Kunst ist objektiv. Sie deklamiert nicht, sie erklärt nicht, sie stellt dar.« Auch darin stimmte er noch mit Stevens überein. Was ihn jedoch später von dieser gemeinsamen Auffassung Abstand nehmen ließ, war das Bekenntnis zu einer neuen Lehrhaftigkeit, zur Gesellschaft und zum Amerikanertum: »Good Christ what is / a poet – if any /

exists? / a man whose word will / bite / their way / home-being actual / having the form of motion.«

Damit hatte er die Position des ›reinen Dichters‹ hinter sich gelassen. Bereits in *In the American Grain* kamen patriotische Gefühle zum Ausdruck, und auch später ließ er keine Gelegenheit aus, auf die Bedeutung einer *amerikanischen* Sprache in einer amerikanischen Dichtung hinzuweisen. Jarrell sagte von seinem Vorbild: »Er will vor allem die Wahrheit sagen, gleich ob diese Wahrheit schädlich, absurd, obszön, enthüllend, begeisternd oder entzückend ist. Er ist weder ein Weiser noch ein Intellektueller, aber zeigt Klugheit und gesunden Menschenverstand.« Als Vorstadt- und Armenarzt kannte Williams die Nöte seiner Mitmenschen und trug seine Themen aus dem Alltagsleben in der einfachen Syntax der Umgangssprache vor. Witz, Ironie, Spott, Humor, beißende Satire sind die Bausteine seiner »antipoetischen« Konzeption. Die erste Zeile des Gedichts »Tract« lautet: »I will teach you my townspeople / how to perform a funeral«, und er fährt fort: »See! the hearse leads. / I begin with the design of a hearse. / For Christ's sake not black – / Nor white either – and not polished! / Let it be weathered – like a farm wagon – / With gilt wheels (this could be / applied fresh at small expense).«

Neben so makabren Rhythmen finden sich in seiner Dichtung viele an Whitman erinnernde Bekenntnisse zum Nächsten. Da ist vom »lebendigen Menschen« als dem Bruder die Rede, den er bestimmt verstehen werde. Die Ablehnung des ›reinen‹ Dichtertums wird am deutlichsten in der Krönung seines Werkes, der *Paterson*-Dichtung. Die Industriestadt Paterson, New Jersey, ist ihm Symbol vieler Dinge, letztlich aber steht sie für das spannungsgeladene Verhältnis Mensch–Gesellschaft–Natur. Lyrik, Prosazitate, Briefe und erzählende Dichtung wechseln einander ab und entwerfen ein vielgestaltiges Bild dieser Welt. Nirgends wird sein Bekenntnis zu Whitman offenkundiger als hier, aber es ist ein neuer Whitman, ein Dichter der Industriegesellschaft, der im Gegensatz zu Sandburg nicht zum optimistischen Sänger der Stadt wird und zum Volk einfach ›ja‹ sagen kann. Nicht Euphorie, sondern Skepsis bestimmen diese Dichtung. Damit schlug Williams eine Brücke von Whitman zu einer nach neuen Maßstäben suchenden jungen Generation. Als Vermittler von Ideen war er gleichzeitig ein Mittler zwischen Gestaltungsprinzipien. Stilistisch führte sein Weg zu einer Verbindung imagistischer Gesichtspunkte und den Eigenarten der amerikanischen Umgangssprache mit der eher epischen Grundhaltung seiner *Paterson*-Dichtung. Der Arzt Williams arbeitete an der Poesie wie an einem Patienten und suchte, wie er selbst sagte, im Besonderen das Universelle zu entdecken.

Viele seiner Ideen wurden von der im Feuer des Zweiten Weltkrieges versengten Generation aufgegriffen. Bei aller Vielfalt der Weltanschauungen betonen diese aus der Wirtschaftskrise hervorgegangenen Dichter wieder stärker moralische Aspekte und wenden sich etwas vom Kosmopolitismus ihrer unmittelbaren Vorgänger ab. Zugleich begegnen sie der Herrschaft des freien Verses wieder mit einem ausgeprägteren Formbewußtsein. Eigentlich verdankte Williams seine ›Entdeckung‹ dem aus Tennessee stammenden Dichter RANDALL JARRELL (1914–1965), der mit den Sammlungen *Blood for a Stranger* (1942) und *Little Friend, Little Friend* (1945) erste Proben seiner gedrängten Poesie und mit *Losses* (1948) beachtete Kriegsgedichte vorlegte. »The Death of the Ball Turret Gunner« und Stücke wie »Pilots, Men Your Planes« oder »O My Name It Is Sam Hall« sind unsentimentale Interpretationen grausamen Geschehens, deren Symbolik weit über die behandelten Dinge hinausweist. In seinem Spätwerk begegnet man den Themen Traum, Einsamkeit und Enttäuschung im Leben von Frauen (*The Woman at the Washington Zoo*, 1960), Gedanken an die Kindheit (*The Lost World*, 1965) oder der Reinterpretation von Märchen, wie zum Beispiel dem Gedicht »The Märchen (Grimm's Tales)«. Bei seinem Unfalltod hinterließ er die Übersetzung von *Faust I* und Essays, die in den Bänden *The Third Book of Criticism* (1969) und *Kipling, Auden & Co* (1980) erschienen. Seine *Complete Poems* wurden 1969 ediert.

Unausgeglichener ist das Werk des aus Baltimore stammenden Anglisten KARL SHAPIRO (*1913), der zunächst soziale Themen aufgriff (*Poems*, 1935, u. a.) und sich mit *V-Letter and Other Poems* (1944) als Kriegsdichter profilierte. Seine »Elegy for a Dead Soldier« oder »Homecoming« festigten seinen Bekanntheitsgrad. Seine *Poems, 1940–1953* (1953) und *Selected Poems* (1968) zeugen von seiner Annäherung an die Symbolisten. Er übersetzte nicht nur Baudelaire, sondern suchte es ihm mit »Mongolian Idiot« gleichzutun. Neben Stevens hat W. H. Auden auf ihn gewirkt. Die Blankverskritiken »Essay on Rime« (1945) oder »The Poetry Wreck« (1975) richten sich gegen die angebliche gedankliche und strukturelle Formlosigkeit der zeitgenössischen Poesie.

Sozialen Problemen galt auch die frühe Dichtung des in Brooklyn geborenen DELMORE SCHWARTZ (1913–1966; *In Dreams Begin Responsibilities*, 1938; die Rimbaud-Übersetzung *A Season in Hell*, 1939), der mit *Genesis* (1943) eine Prosa- und Verserzählung zum Thema des Selbstverständnisses der amerikanischen Juden vorlegte. Viele seiner Gedichte gelten dem Problem des Poeten in der Industriegesellschaft. Sonette wie »One in a Thousand Years of the Nights« sind Beispiele seines Formsinns. Auch er ist Williams verpflichtet; aus vielen Gedichten aber (»I Heard the Newsboy Shouting Europe! Europe!«) klingt der Ton Audens. In der Sammlung *Vaudeville for a Princess* (1950) nimmt seine Poesie intellektuelle Züge an. Im Gegensatz dazu greift der aus Minnesota stammende, in Harvard ausgebildete erfolgreiche Geschäftsmann RICHARD EBERHART (*1904) auf die neuenglische Tradition zurück. Seine an Edward Taylor und Emily Dickinson erinnernde spröde und grüblerische Art (*A Braverey of Earth*, 1930; *An Herb Basket*, 1950; *Great Praises*, 1957; *The Quarry*, 1964) folgen bis zu einem gewissen Grade den Vorgaben Frosts. Als weiteres Beispiel für die Vielfalt des im Schatten der großen Dichter dieser Übergangszeit wirkenden Lyriker ist auch das Werk des aus Michigan stammenden Dozenten THEODORE ROETHKE (1908–1963) zu erwähnen. In seinen Sammlungen *Open House* (1941), *The Lost Son and Other Poems* (1948), *Praise to the End!* (1951), *I Am! Says the Lamb* (1961), *The Far Field* (posthum 1964, u. a.) wandte er sich vom Intellektualismus ab. Unter dem Einfluß Blakes und Yeats' schuf er – neben an Dylan Thomas erinnernden Lyrismen – eine von der Idee des Sterbens und Werdens bestimmte, die Grenzen der Elegie überschreitende, fast instinktiv anmutende Poesie von besonderem Rang.

Modernes Drama

Die Fülle der amerikanischen Theaterstücke, die zwischen 1830 und dem wahren Aufbruch des amerikanischen Dramas entstanden, ist kaum zu übersehen. Viele sind solide gefügt, fast alle reflektieren den Geschmack ihrer Zeit. Wenn kaum eines bleibenden Wert erlangte, so ist dies unter anderem auf die enge Anlehnung an die europäischen Vorbilder jener Tage zurückzuführen, die in dem Augenblick, da man sich in Amerika verstärkt dieser Gattung zuwandte, ebenfalls nur wenige überzeugende Leistungen hervorbrachten. In der demokratischen Gesellschaft Amerikas war darüber hinaus kein Platz für Hof- oder Residenztheater, die im 18. und 19. Jahrhundert beispielsweise die deutsche Theaterszene nachhaltig prägten und – ohne allzu große Rücksichten auf materiellen Erfolg nehmen zu müssen – auch das zunächst nicht unbedingt publikumswirksame Stück pflegen konnten. Diesen Vorteil genoß das in der Regel von der Gunst des Publikums völlig abhängige amerikanische Theater nicht, was die dortige Bühne nicht nur zu einer moralischen Anstalt, sondern zu einem guten Teil zu einem Ort der (auch flachen) Unterhaltung für möglichst viele Besucher machte.

Beispiele für diese tief in das 19. Jahrhundert hineinwirkende Tendenz sind einerseits die von J. N. Barker und anderen ausgelöste Woge der Yankee-Komödie, aber auch die William Dunlap (s. S. 84/85) verpflichteten vielfältigen Ausformungen dieses Genres etwa durch JOHN HOWARD PAYNE (1791–1852), der mit Melodramen (*Julia; or, The Wanderer*, 1806; *Accusation*, 1816) und mit Blankverstragödien (*Brutus; or, The Fall of Tarquin*, 1818) Erfolge feierte. Ähnlich verhält es sich bei ROBERT MONTGOMERY BIRD (1806–1854), dessen Verstragödie *The Gladiator* (1831) – eine Dramatisierung des Spartakus-Stoffes – großes Aufsehen erregte. In jener Zeit also beherrschten die Klassiker, Klassizisten, die romantische Komödie und die romantische Tragödie (N. P. Willis, G. H. Boker u. a.; s. S. 105, 238) die Bühne. Besonders kräftig entwickelte sich das Melodrama. Symptomatisch dafür waren die gewaltigen Bühnenerfolge des aus Irland stammenden Dramatikers DION BOUCICAULT (1820–1890). Von seinen hundertzweiunddreißig Stücken erfreuten sich das melodramatische Problemstück zur Sklavenfrage *The Octoroon; or, Life in Louisiana* (1859) und die Dramatisierung des »Rip Van Winkle« (1865) großer Beliebtheit. Gegen die Jahrhundertwende ist eine gewisse thematische Akzentverschiebung hin zum Sozialen zu registrieren. Aber auch das melodramatisch-soziale Problemstück (BRONSON HOWARD, 1842–1908; CHARLES KLEIN, 1867–1915; PERCY MacKAYE, 1875–1956; EDWARD SHELDON, 1886–1946 u. a.), das von 1880 an entstand, schuf zunächst keinen grundlegenden Wandel. Die starke, wirtschaftlich bedingte Konzentration der Theaterunternehmen tat ein übriges. Um den Bestand ihrer Häuser zu sichern, gaben diese insbesondere in New York konzentrierten Bühnen populären Kassenfüllern den Vorzug.

Ein Umschwung deutete sich an, als der geschickte Techniker CLYDE FITCH (1865–1909) das degenerierte Melodrama und das soziale Problemstück mit *The Girl with the Green Eyes* (1902) und *The City* (1909) um eine psychologische Variante bereicherte. Das gilt auch für die regional gefärbten Melodramen (*Alabama*, 1891; *Arizona*, 1899, u. a.) von AUGUSTUS THOMAS (1857–1934), die durch Puccinis Vertonungen Weltruhm erlangten. Damit aber war das amerikanische Drama deutlich hinter dem europäischen zurückgeblieben. Das Verdienst, das erste realistische Drama Amerikas geschrieben zu haben, kommt dem Schauspieler, Manager und Bühnendichter JAMES A. HERNE (1839–1901) zu, der in *Margaret Fleming* (1890) mit einer unkonventionellen Behandlung moralischer Probleme aufwartete und in dem Essay »Art for Truth's Sake in the Drama« (1897 in *Arena*) auf die Aufgaben einer zeitgemäßen Bühne aufmerksam machte. Hierin fand er in WILLIAM VAUGHN MOODY (1869–1910) einen Kampfgefährten. Ihm ging es vornehmlich um eine bessere künstlerische Qualität des Bühnenstückes, und er meinte, daß das »moderne Leben in poetischer Form auf der Bühne dargestellt werden kann«. Neben philosophischen Versdramen legte er mit *A Sabine Woman* (1906), aufgeführt als *The Great Divide* (1909), eine Interpretation der sich zwischen Neuengland und der *frontier* auftuenden großen moralischen Kluft vor, indem er ein von Notzucht bedrohtes Mädchen darstellt, das Vertrauen in seinen Bedränger faßt und diesen schließlich liebt. *The Faith Healer* (1909) führt in die Farmerwelt des Mittleren Westens und kündet von der Kraft der Liebe und des Altruismus.

Die entscheidenden Impulse für ein literarisch anspruchsvolles Theater aber kamen aus Europa, und da das kommerzialisierte Management kaum ein Gespür für Avantgardistisches hatte, wurden die Universitäten zu Vermittlern des neuen Gedankengutes. Insbesondere die Professoren BRANDER MATTHEWS (1852–1929, Columbia) und WILLIAM L. PHELPS (1865–1943, Yale) widmeten sich dieser Aufgabe, während der an der *Harvard University* tätige GEORGE PIERCE BAKER (1866–1935) zwischen 1905 und 1925 in seinem berühmten *'47 Workshop* eine Art Dramatikerschule schuf, an der O'Neill, Barry, Dos Passos, Thomas Wolfe und andere ihr Handwerk erlernten. Seine Übungsbühne machte an vielen Universitäten Schule und trug um 1915 zum Entstehen der bald im ganzen Land anzutreffenden *little theaters* bei, die zu Geburtsstätten des modernen amerikanischen Dramas wurden. Im Jahr 1915 etablierten sich zum Beispiel die *Provincetown Players* – aus denen O'Neill hervorging – und die *Washington Square Players*, deren Nachfolger, die *Theatre Guild*, später am erfolgreichsten war. Von ihr spaltete sich 1931 das *Group Theatre* ab. Von den Ende der zwanziger Jahre existierenden rund dreitausend *little theaters* machte sich das 1916 gegründete *Playwrights Theatre* besonders um den Einakter verdient. In diesen Gruppen wirkten neben literarischen Einflüssen (Zola, Howells) und avantgardistischen Experimenten (Reinhardt, Stanislawskij) vor allem das Vorbild der neuen europäischen Dramatiker. Dabei zeichneten sich zwei Hauptströmungen ab: das realistische, sozial oder psychologisch konzipierte Stück (Ibsen, Shaw, Hauptmann, Tschechow) und das poetisch-expressionistische Drama (Strindberg, Maeterlinck, Pirandello, Andrejew, Brecht, Kaiser, Toller). Die populäre, mit Lustspiel- und farcischen Elementen angereicherte Komödie feierte als *folk-drama* an den kommerziellen Bühnen Triumphe. Dieses witzige, handlungsreiche, satirische *play* hat die nationalen Eigenheiten der problemfreien amerikanischen Komödie am reinsten bewahrt und in seinem folkloristischen Seitenzweig, dem *musical (South Pacific, Anny Get Your Gun)*, eine höchst populäre, heute weltweit wirkende Ausprägung erfahren.

Typisch für das Experimentieren der *little theaters* ist die Beachtung des Einakters, in dessen Form sowohl die realistisch-naturalistische als auch die poetische Dramatik gegossen wurde. Zu den von Shaw beeinflußten Realisten zählt SUSAN GLASPELL (1882–1948), die zusammen mit ihrem Mann G. C. COOK (1873–1924) die *Provincetown Players* gründete und leitete. Ihre Einakter (*Suppressed Desires*, 1914; *Trifles*, 1916; *A Woman's Hour*, 1918, u. a.) und der Dreiakter *Bernice* (1919) zeichnen sich durch ihren antiromantisch-satirischen Ton aus. Ihre Prosa steht im Schatten dieser knappen Dramatik. Poetisches Theater hingegen schrieb die von Yeats beeindruckte Dichterin EDNA ST. VINCENT MILLAY (1892–1950) (*The Princess Marries the Page*, 1918; *Two Slatterns and a King*, 1921, u. a.)

Die Verdrängung der Charaktere durch stilisierte Figuren erreicht in der Kurzdramatik des Poeten (*Mushrooms*, 1916; *Selected Poems*, 1945) und agilen Lyrik-Herausgebers ALFRED KREYMBORG (1883–1966) einen ersten Höhepunkt. Seine *Plays for Poem-Mimes* (1918), insbesondere aber die von Gordon Craig eingeleiteten *Puppet Plays* (1923) sind ein Echo auf die zwischen 1916 und 1920 erschienenen *Four Plays for Dancers* von Yeats. Bekannte Beispiele des Einakter-Experiments bieten auch die Dreiminutenstücke für drei Personen von Thornton Wilder.

Wie stark jedoch das aus seinem melodramatischen Traum erwachende amerikanische Drama hinter der europäischen Entwicklung zurückgeblieben war, wird besonders auf dem Gebiet des kritisch-realistischen Dramas sichtbar. 1877 hatte Ibsen die *Stützen der Gesellschaft* vorgelegt, zwei Jahre darauf mit *Nora* die Stellung der zeitgenössischen Frau diskutiert und 1881 in *Gespenster* die Diskrepanz zwischen den moralischen Normen und der Lebenspraxis aufgezeigt. Aber erst dreißig Jahre später griff RACHEL CROTHERS (1878–1958) diese Themen auf. Nach dem in einem Bergarbeiterlager Nevadas spielenden realistischen Stück *The Three of Us* (1906) begann sie mit *A Man's World* (1909) das Thema der zeitgenössischen Moral und der Stellung der Frau in dieser Gesellschaft zu dramatisieren. *He and She* (1911), *Everyday* (1921) und *A Lady's Virtue* (1925) beleuchten diese Problematik aus verschiedenen Blickwinkeln. In den späteren Stücken leidet die realistische Absicht unter der sentimentalen Behandlung der Konflikte.

Realistischer und illusionsloser ist das die Nachtseiten des Lebens und die Fragwürdigkeit herkömmlicher Moralauffassungen behandelnde Œuvre des aus Kalifornien stammenden Baker-Schülers SIDNEY HOWARD (1891–1939). Nach der romantischen Blankverstragödie *Swords* (1921) und der Adaption europäischer Stoffe wandte er sich in *They Knew What They Wanted* (1924) dem Konflikt zwischen einem verkrüppelten Mann und einer jungen, vitalen Frau zu, den er durch eine Mischung von Opportunität und Verzeihen löst. Auch *Lucky Sam McCarver* (1925), wo sich die New Yorker Gesellschaftsdame Charlotta Ashe an einen Nachtklubbesitzer verliert, *Ned McCobb's Daughter* (1926), die Geschichte der gewitzten Kapitänstochter Carrie, und *Alien Corn* (1933), mit der auf Verzicht hinauslaufenden Affäre einer Musiklehrerin, behandeln Stoffe aus dem Alltag. Interessanter ist die psychoanalytische Studie *The Silver Cord* (1926), in der die pathologische Mutterliebe der Witwe Phelps das Leben ihrer Söhne David und Robert zu vernichten droht. Erst Christina, der Frau Roberts, gelingt es, die verhängnisvolle ›silberne Fessel‹ zu lösen. Howard baut seine Stücke geschickt auf, doch mangelt es ihm an der Fähigkeit, wirklich dramatische Dialoge zu schreiben. Zusammen mit Sinclair Lewis dramatisierte er dessen Roman *Dodsworth* (1934) und folgte damit einer Besonderheit der amerikanischen Bühne, die sich von

Anfang an um die Adaption von Prosa (*Uncle Tom's Cabin*, *Of Mice and Men*, *Tobacco Road* u. v. a. m.) bemühte.

Ebenfalls aus Bakers *workshop* ging ein Autor witziger Gesellschaftskomödien hervor: PHILIP BARRY (1896–1949). Seine dem Generationskonflikt gewidmeten Stükke (*You and I*, 1923; *Holiday*, 1928) konnten diesem Thema keine neuen Seiten abgewinnen. Auch *Tomorrow and Tomorrow* (1931), in dem die Psychoanalyse und ein Psychoanalytiker im Zentrum stehen, ist mehr Ausdruck des Zeitgeistes als bleibende Leistung. Am besten ist der zum Mystizismus neigende Barry dort, wo er satirisch wird. Das gilt insbesondere für die grotesk-komische Allegorie *White Wings* (1926). Hier steht der Sproß einer Straßenreinigerfamilie, Archie Inch, als Sinnbild des Gestrigen, der das Pferd als Symbol der guten alten Zeit wertet. Obgleich er Mary Todd liebt, zieht er sich von ihr zurück, da ihr Vater durch die Erfindung des Automobils dem Selbstverständnis der Familie Inch einen schweren Schlag versetzte. Mary erschießt das letzte Pferd der Familie, und Archie ergibt sich endlich der neuen Zeit. In dem symbolträchtigen Schlußbild fährt er das tote Pferd und die Leiche seines Großvaters mit dem Auto zur letzte Ruhe. Mit *Hotel Universe* (1930) schrieb Barry eine Gesellschaftskomödie echt angelsächsischer Provenienz.

> Ann Field versammelt in einer südfranzösischen Pension eine Gruppe frustrierter Mitglieder der ›Gesellschaft‹. Diese an der Leere ihres Daseins leidenden Menschen werden von Anns Vater genötigt, sich ihren Problemen zu stellen. Während der Vater unbemerkt in seinem Stuhl stirbt, brechen die Gäste auf, um ein neues Leben zu beginnen.

Das Niveau dieser beiden Stücke hat Barry weder in dem mystischen Schauspiel *Here Come the Clowns* (1938) noch in den romantisch gefärbten Komödien *The Philadelphia Story* (1939) und *Without Love* (1942) erreicht, obgleich er sich auch hier als ein Meister der Dialogführung und der Charakterstudie erweist.

Einen Schritt weiter geht der von Matthews und Baker ausgebildete SAMUEL NATHANIEL BEHRMAN (1893–1973). Er debütierte mit der etwas sentimentalen Komödie *The Second Man* (1927) und suchte später seine ernsten Anliegen in die Form der Erhellungskomödie *(comedy of illumination)* zu gießen. Zu seinen bekanntesten Stücken zählen *Brief Moment* (1931) – die durch Komik relativierte tragische Mesalliance eines Intellektuellen –, *Biography* (1932), wo die Heldin zwischen einem Opportunisten und einem revolutionären Idealisten steht und sich für distanzhaltende Neutralität entscheidet, und *Rain from Heaven* (1934), wo wiederum eine geistvolle Frau zwischen zwei sehr verschiedenen Männern zu wählen hat. *End of Summer*

(1936), *Amphitryon 38* (1937) oder *No Time for Comedy* (1939) bieten wenig Neues; *Jakobowsky and the Colonel* (1944) – zusammen mit Franz Werfel verfaßt – aber war ein großer Erfolg. Alle Stücke Behrmans leiden unter einer gewissen Unausgewogenheit, da es ihm selten gelingt, seinen Hang zur Farce mit der ernsten Sinngebung seiner Probleme zu harmonisieren.

Eine Sonderstellung unter den Realisten nimmt der aus North Carolina stammende Professor PAUL GREEN (1894–1981) ein, der in den zwanziger und dreißiger Jahren viele in *Black English* gehaltene Einakter aus der Welt der Schwarzen schrieb (*The Lord's Will and Other Carolina Plays*, 1925; *Lonesome Road*, 1926; *In the Valley*, 1928). Sein bekanntester Einakter, *Hymn to the Rising Sun* (1936), richtet sich gegen die Bedingungen des Strafvollzugs. In seinen abendfüllenden Stücken behandelt er Themen aus dem Leben der *African-Americans* (*In Abraham's Bosom*, 1927; *Roll, Sweet Chariot*, 1934), aus der Welt der *poor whites* (*The Field God*, 1927) und des Niedergangs der südlichen Pflanzer (*The House of Connelly*, 1931). Später wandte er sich dem folkloristisch-historischen Genre zu (*Faith of Our Fathers*, 1950; *The Confederacy*, 1958, u. a.).

Bewußter gesellschaftsbezogen ist das disparate Bühnenwerk des in Harvard ausgebildeten ROBERT SHERWOOD (1896–1955). Seine Komödie *The Road to Rome* (1927), ein pseudohistorisches Lustspiel um Hannibal, richtet sich direkt gegen den Krieg. Diesem Anliegen dienen auch *Idiot's Delight* (1936) und *There Shall Be No Night* (1940). Neben einigen melodramatischen Stücken und den psychologisch-realistischen Studien *Waterloo Bridge* (1930) und *The Petrified Forest* (1935) steht das ungemein populäre Schauspiel *Abe Lincoln in Illinois* (1938), das in zwölf Bildern das Werden dieses Mannes veranschaulicht. Deutlicher ist die Sozialkritik in den Stücken des New Yorker Juristen ELMER RICE (Reizenstein, 1892–1967). Das um einen Mord spielende, mit filmischen Mitteln gestaltete Gerichtsdrama *On Trial* (1914) brachte einen ersten Achtungserfolg, ehe er mit der surrealistisch-expressionistischen Komödie *The Adding Machine* (1923), die eine durch Rationalisierung herbeigeführte menschliche Tragödie durch Mord und Selbstmord in die Elysäischen Felder transponiert, über Nacht bekannt wurde. Sein Stück aus den New Yorker Slums, *Street Scene* (1929), oder *We, the People* (1933) und *Judgment Day* (1934), in dem er zum Berliner Reichstagsbrand von 1933 Stellung nimmt, sind Beispiele seines sozialen und politischen Engagements, von dem in seinen späteren Farcen und Melodramen nicht mehr viel zu spüren ist.

Der führende sozialistische Bühnendichter jener Jahre war der in Philadelphia geborene, im New Yorker Stadtteil Bronx aufgewachsene Schauspieler und Gründer des *Group Theatre*, CLIFFORD ODETS (1906–1963). Der in sechs Bilder aufgelöste, mit dem filmischen Mittel der Rückblende komponierte Einakter *Waiting for Lefty* (1935), in dem der Arbeitskampf der New Yorker Taxifahrer und der durch den Mord an ihrem Gewerkschaftsführer Lefty Costello ausgelöste Streik skizziert werden, begründete seinen Ruhm als ›proletarischer‹ Bühnendichter. In *Awake and Sing* (1935) schildert er die Not der jüdischen Familie Berger – das Stück klingt in einem Bekenntnis zur sozialen Aktion aus –, und *Till the Day I Die* (1935) bietet einen Ausschnitt aus dem Widerstand deutscher Kommunisten gegen Hitler. Auch in seinen späteren Stücken *Rocket to the Moon* (1938), *Night Music* (1940) oder *The Country Girl* (1950) bleibt er seinem sozialen Anliegen treu, ohne jedoch noch einmal die Wirkung seiner frühen Stücke zu erreichen.

Parallel zum realistischen und naturalistischen Bühnenstück und nicht minder kräftig entwickelte sich das poetische und expressionistische Drama, wobei dem aus der Shakespeare-Renaissance resultierenden Versdrama eine besondere Bedeutung zukommt. Ein Mittler zwischen alt und neu war der aus New York stammende und an der *Harvard University* ausgebildete PERCY MacKAYE (1875–1956), der neben Sittenkomödien (*Anti-Matrimony*, 1910), Problemstücken (*Tomorrow*, 1913) und folkloristischen Komödien aus der Welt Kentuckys (*This Fine-Pretty World*, 1923) in *The Canterbury Pilgrims* (1903), *Jeanne d'Arc* (1906) oder *Sappho and Phaon* (1907) das Blankversdrama pflegte, ohne es jedoch mit neuen Akzenten zu versehen. In der Vers-Tetralogie *The Mystery of Hamlet, King of Denmark; or, What We Will* (1949), die als eine Art Prolog zum Shakespeare-Drama gedacht ist, wird MacKayes Verbindung zur Tradition des 19. Jahrhunderts besonders deutlich.

Der Theoretiker des neuen poetischen Versdramas war T. S. Eliot (s. S. 365), der sich intensiv mit dem elisabethanischen und jakobitischen Drama beschäftigt hatte und eine Wiederbelebung dieser Form forderte. Wiederbelebung aber bedeutete ihm zunächst Experiment, wenn er in den 1926/27 in *Criterion* abgedruckten beiden ›Fragmenten eines aristophanischen Melodramas‹, *Sweeney Agonistes*, moderne Psychologismen und farcische Elemente für die Interpretation des Tragischen heranzog. Die Chöre in *The Rock* (1934) können als ›formale‹ Vorstudien für die Komposition seines nach dem Vorbild der *morality plays* geformten, mit griechischen und neuirischen Dramentechniken angereicherten christlichen Festspiels *Murder in the Cathedral* (1935) gewertet werden.

Das im Jahr 1170 spielende, den Kampf zwischen geistlicher (Erzbischof Thomas Becket) und weltlicher (Henry II.) Macht behandelnde Drama ist keine klassische Tragödie, sondern – indem Becket das »Gesetz Gottes über das Gesetz des Menschen« stellt – ein selbstgewählter Opfergang. Die beiden Teile des Dramas, der Versuchung und dem Martyrium Beckets gewidmet, werden durch die Weihnachtspredigt des Erzbischofs – ein Interludium – verbunden. Parallel zu dieser Handlung wirkt der die Gemeinde repräsentierende Chor der Putzfrauen von Canterbury als Kommentator und Interpret der Geschehnisse. Abgesehen von der Predigt Beckets und der Rechtfertigung des Mordes durch die Mannen Henrys bedient sich Eliot des von ihm mit liturgischen Elementen versehenen und flexibler gestalteten Verses des aus dem 15. Jahrhundert stammenden *morality play Everyman*.

Murder in the Cathedral blieb die einzige ›Historie‹ Eliots. In seinen späteren Versdramen wandte er sich wieder der Gegenwart zu, wobei er zunächst antikes Gedankengut mit christlichem zu verschmelzen suchte. Das gilt besonders für das Experiment, die *Orestie* mit *The Family Reunion* (1939) in Form des Konversationsstückes christlich umzudeuten. Die Handlung dieses Schuld-und-Sühne-Themas vollzieht sich ausschließlich im Bewußtsein der Charaktere. Das gilt auch für die auf der *Alkestis* des Euripides fußende Gesellschaftskomödie *The Cocktail Party* (1950). Hier verbirgt Eliot sein religiös-ethisches Anliegen hinter realistischen Mitteln, indem er die unter der Leere ihres Daseins leidenden Gäste der Party durch einen Psychiater wieder dem tätigen Leben zuführt. Celia zahlt für den Entschluß, als christliche Krankenschwester in ein heidnisches Land zu gehen, mit dem Leben und steht damit für das moderne Martyrium. Etwas weniger intellektualistisch ist die um die Verwechslung unehelicher Kinder kreisende Komödie *The Confidential Clerk* (1954); aber auch hier stellt Eliot der unverbindlichen Eitelkeit (Lady Elizabeth, Sir Claude) in Eggerson und Mrs. Guzzard Repräsentanten einer christlichen Ethik entgegen, denen es schließlich gelingt, die am Sinn des Lebens vorbeigehenden Charaktere mit neuem Wollen zu erfüllen. Selbsterkenntnis als Voraussetzung eines ethisch fundierten Selbstverständnisses steht auch im Zentrum des Dramas *The Elder Statesman* (1958), wo der erfolgreiche und geachtete Lord Calverton unter der Erkenntnis leidet, zweimal entscheidend versagt zu haben. Erst in dem Moment, da er sich keiner Illusion mehr hingibt und seine Schuld bekennt, wird er wieder ein freier Mensch. Hier ist das Vorbild des Ödipus auf Kolonos nurmehr schemenhaft sichtbar.

Alle Versdramen Eliots setzen die psychische Erkenntnisfähigkeit und Beichtbereitschaft der Charaktere voraus. Die äußere Handlung ist Beiwerk in Schuld-und-Sühne-Themen, in denen die Katharsis der klassischen Tragödie durch christliche Ausdeutung der Konflikte relativiert wird. Schuldverstrickungen dienen Eliot dazu, darzutun, daß Sühne und ein Leben in Opferbereitschaft und Demut einen Ausweg aus der Misere schuldbeladenen Seins weisen können. Der Ideengehalt dieser Dramen lebt in den religiösen Stücken der *Faber-Dramatists* weiter, während die vom

Sweeney-Experiment ausgehenden Impulse von Auden, Spender und anderen aufgenommen wurden. Das große Verdienst Eliots um die Wiederbelebung des Versdramas aber besteht in der Schaffung eines hochflexiblen Verses, der sowohl als Vehikel trivialer Konversation wie als Träger poetischer Bildhaftigkeit dienen kann und nachhaltigen Einfluß auf die moderne Versdramatik ausübte.

Als Eliot seine Dramen schrieb, wurde er in den USA bereits als Engländer empfunden, so daß der aus Pennsylvania stammende Sohn eines Geistlichen MAXWELL ANDERSON (1888–1959) als der bedeutendste Versdramatiker Amerikas anzusehen ist. Nach der kaum beachteten Sittentragödie *White Desert* (1923) schuf er in Zusammenarbeit mit LAURENCE STALLINGS (1894–1968) mit *What Price Glory?* (1924) das bedeutendste Kriegsstück jener Jahre. Die brutal-offene, im Ton der *lost generation* gehaltene Darstellung vom Krieg depravierter Menschen (Captain Flagg, Sergeant Quirt) ist ein bedeutender Beitrag zur Entwicklung des realistischen Dramas in den USA. Die Zeit bis 1930, in der er – mit Stallings – Stücke über die Jugend Andrew Jacksons (*First Flight*, 1925), den Piraten Morgan (*The Buccaneer*, 1925) und andere schrieb, war eine Periode des Suchens nach dramatischen Ausdrucksformen. Mit *Elizabeth the Queen* (1930), der Dramatisierung des tragischen Verhältnisses zwischen der alternden Königin und dem jungen Essex, begründete Anderson seinen Ruhm als »poetic dramatist«. Dieses erste auf einer kommerziellen Bühne erfolgreiche moderne Blankversdrama verdankt seine Wirkung nicht nur dem aufgelockerten Vers und einer bildhaften Sprache, sondern vor allem der psychologisch motivierten Charakterisierung der historischen Gestalten. Das gilt auch für das weniger erfolgreiche Stück *Night Over Taos* (1932), in dem der Konflikt des Indianerhäuptlings Montoya mit den US-Behörden (1847) dargestellt wird, während in *Mary of Scotland* (1933) die idealisierte Maria Stuart zum Opfer einer alles Böse inkarnierenden Elizabeth wird. Im Zentrum der Dramen Andersons steht eine Intrige; so auch in *Valley Forge* (1934), wo Washington 1778 auf dem Höhepunkt der Krise des Revolutionskrieges von entmutigten Mitstreitern zu Verhandlungen mit dem englischen Oberbefehlshaber Howe gedrängt werden soll.

The Masque of Kings (1936), die in das Thema des Generationskonflikts einmündende Behandlung der Mayerling-Affäre des österreichischen Kronprinzen Rudolf, schließt die Reihe der ersten historischen Dramen ab. Nun wandte sich Anderson zeitgenössischen Themen zu und schuf mit *Winterset* (1935) eines der bedeutendsten expressionistischen Dramen der amerikanischen Literatur.

Das Thema ist das Problem der Rechtsbeugung; Anlaß war der Justizmord an Sacco und Vanzetti, dem Anderson bereits das Stück *Gods of the Lightning* (1928) gewidmet hatte. Nun aber wird der Stoff auf eine allgemeingültige Ebene gehoben. Der Sohn des in einem Komplott von der Justiz ermordeten Romagna, Mio, kämpft um die Rehabilitierung seines Vaters und findet die wahren Schuldigen. Er verliebt sich in die Tochter eines Rabbi, Miriamne, deren Bruder an dem Romagna zur Last gelegten Verbrechen beteiligt war. Der alte Rabbi legt Mio nahe, die Rache Gott zu überlassen, aber noch ehe sich Mio entscheiden kann, werden Miriamne und er von den Gangstern als Mitwisser umgebracht. Dieses düstere, im Gangstermilieu und auf dem Grund des Lebens spielende Drama, in dem nur die Weisheit des Rabbi und die Liebe zwischen Mio und Miriamne aufleuchten, ist Andersons größte Leistung.

Die phantastisch-symbolische Satire zum Thema der vergewaltigten individuellen Freiheiten *High Tor* (1937) und die Charakterstudie *Key Largo* (1939), in der ein im Spanischen Bürgerkrieg kämpfender amerikanischer Freiwilliger nach anfänglichem Versagen, und deshalb vom Gewissen geplagt, Heldentaten vollbringt, stehen *Winterset* deutlich nach. Das gilt auch für *Candle in the Wind* (1941), einem im von Deutschen besetzten Paris spielenden Stück, für *The Eve of St. Mark* (1942), das vom Opfergang eines amerikanischen Soldaten berichtet, und für das unter seiner dokumentarischen Last ächzende Drama *Storm Operation* (1944), das auf dem Hintergrund einer militärischen Operation im Mittelmeer abrollt.

Mit *John of Lorraine* (1947) kehrte Anderson zu historischen Stoffen zurück, wobei er in diesem dem dramatischen Experiment gewidmeten Stück die Schauspielerin und den Intendanten den Charakter der Jeanne d'Arc diskutieren läßt. In *Anne of the Thousand Days* (1948), einem Drama um Anna Boleyn, in dem Henry VIII. in einem relativ günstigen Licht erscheint, und *Barefoot in Athens* (1951), einem Sokrates-Drama, tritt das Experiment wieder zurück.

In seinem Essay »The Essence of Tragedy« (1939) läßt Anderson erkennen, daß er das Theater für eine moralische Anstalt, das Drama für ein Mittel zur Besserung der Menschen hält. Seiner Konzeption zufolge muß sich ein Stück auf das Innere seiner Charaktere konzentrieren und den Konflikt zwischen Gut und Böse in der Seele eines Menschen ansiedeln. Der Protagonist aber muß das Gute repräsentieren, das schließlich auch zu siegen habe. Obgleich der Protagonist eine außerordentliche Gestalt sein oder über außerordentliche Qualitäten verfügen müsse, dürfe er keineswegs vollkommen sein, müsse jedoch am Ende des Dramas besser sein als zu dessen Beginn. Weiter postuliert Anderson, das Erhabene müsse auf der Bühne stets eine moralische Erhabenheit sein; deshalb komme es darauf an, im Drama eine gesunde moralische Atmosphäre zu schaffen. Zu den auch vom Publikum akzeptierten Qualitäten der Andersonschen Stücke zählten die positiven Charaktere und die Überzeugungskraft der männlichen sowie die Treue und Hingabe der weiblichen Gestalten. Das Negative spiegele sich beim Manne in Feigheit, bei der Frau in Untreue, Selbstmitleid und im mangelnden Mitgefühl für das Los anderer. Damit schuf er eine Dramentheorie, deren moralischer Gehalt von einem idealistischen Glauben an den Sieg des Guten kündet, den andere bedeutende amerikanische Dramatiker nicht teilten.

Am ehesten ist dieser Glaube an die Hoffnung noch bei dem in Wisconsin geborenen, in den USA und China aufgewachsenen Schriftsteller und Dramatiker THORNTON WILDER (1897–1975; s. S. 451) anzutreffen. Er debütierte 1926 mit *The Trumpet Shall Sound* und legte mit *The Angel That Troubled The Waters* (1928) und *The Long Christmas Dinner* (1931) Sammlungen seiner erfolgreichen Einakter vor. Die Komödie *The Merchant of Yonkers* (1938, bearb. 1954 als *The Matchmaker*), das auf Euripides' *Alkestis* verweisende Stück *A Life in the Sun* (London 1955; *Die Alkestiade*, Deutschland 1958) sowie die in den *Plays for Bleecker Street* (1962) enthaltenen ersten drei Einakter eines geplanten, vierzehn Stücke umfassenden Zyklus über die sieben Alter des Menschen und die sieben Todsünden stehen im Schatten der erfolgreichen Bühnenexperimente *Our Town* (1938) und *The Skin of Our Teeth* (1942).

> *Our Town* – angeregt durch Gertrude Stein – schildert die einfachsten Aspekte des Lebens in der typischen amerikanischen Kleinstadt Grover's Corner in der Zeit zwischen 1901 und 1913. In drei Akten – »Daily Life«, »Love and Marriage« und »Death« – konzentriert sich die Handlung immer stärker auf die Familien Webb und Gibbs, bis schließlich die im Kindbett verstorbene Emily zu der jenseitigen Erkenntnis gelangt, daß irgendwo jedes menschliche Wesen etwas Ewiges an sich habe. Wilder verzichtet auf Vorhang, Bühnenbild und Requisiten. Ein Stage-Manager übernimmt die Rolle des die Handlung kommentierenden und das Auditorium in die Aktion einbeziehenden Explikators.

Auch in dem nach dem Zweiten Weltkrieg berühmt gewordenen Stück *The Skin of Our Teeth* wird der Zuschauer durch Unterbrechung des Handlungsflusses und direkte Ansprache durch die Schauspieler am Spiel beteiligt. Dieses in seinem Tenor an Joyces *Finnegans Wake* erinnernde Stück ist eine gelungene Mischung von Phantasie, Moralität und symbolträchtiger, apokalyptischer Satire.

> Der Sohn Adams und Evas, George Antrobus (!) – sein Sohn heißt Cain –, lebt in Excelsior, New Jersey, einem von Naturgewalten und Krieg bedrohten Ort, und

wird nach fünftausendjähriger Ehe von Lily Sabina, der ewigen Versucherin, heimgesucht. Auf dem Höhepunkt der Not kehrt er zurück. Als Erfinder des Alphabets und des Rades wird er zum Symbol der Kontinuität einer gerade noch einmal davongekommenen Kultur und folgt nun dem Urtrieb des Menschen, das Zerstörte wieder aufzubauen.

Wilders Verdienst besteht weniger in der Diskussion der von ihm dargestellten Probleme, als in der kühnen Handhabung des dramatischen Instrumentariums, das der modernen Dramatik neue Möglichkeiten erschloß und wesentlich zur Belebung des anspruchsvollen Theaters beitrug.

Der bedeutendste Pionier der amerikanischen Dramatik und noch immer alle anderen amerikanischen Bühnendichter überragende Dramatiker ist der in New York geborene Sohn eines Wanderschauspielers irischer Abstammung EUGENE O'NEILL (1888–1953).

O'Neill wuchs im Schatten der Bühne auf, studierte 1906 ein Jahr in Princeton und begann ein Wanderleben, das ihn als Prospektor nach Honduras, als Schauspieler und Journalist durch die Staaten und als Matrose um die halbe Welt führte. Eine Tuberkulose warf ihn 1913/14 aufs Krankenlager; sein Interesse an der Dramatik führte ihn nach Greenwich Village und in Bakers ›Workshop‹. 1916 stieß er zu den *Provincetown Players*, die seine ersten Einakter (gesammelt in: *Bound East for Cardiff*, 1916; *The Moon of the Caribbees and Other Plays*, 1918) in Szene setzten. Das erste längere Stück, *Beyond the Horizon* (1920), brachte ihm Anerkennung als führender Dramatiker der USA. Als Manager des *Greenwich Village Theatre*, als Direktor der *Provincetown Players* und Gründer der *Theatre Guild* übte er bedeutenden Einfluß auf das avantgardistische Theater in den USA aus. Neben naturalistischen Studien tragischer Frustration (*Chris Christopherson*, 1920, bearb. 1921 als *Anna Christie*; *Gold*, 1921; *The Straw*, 1921; *The First Man*, 1922; *All God's Chillun Got Wings*, 1924, und *Desire Under the Elms*, 1924) entstehen in schneller Folge symbolisch-expressionistische Dramen: *The Emperor Jones* (1920), *The Hairy Ape* (1922), *The Fountain* (1925), *The Great God Brown* (1926), *Lazarus Laughed* (1927), *Marco Millions* (1928), *Strange Interlude* (1928), *Dynamo* (1929), *Mourning Becomes Electra* (1931), *Ah, Wilderness!* (1933), *Days Without End* (1934), *The Iceman Cometh* (1946), *A Moon for the Misbegotten* (1952) und *Long Day's Journey into Night* (1956). *A Touch of the Poet* (1957) und *More Stately Mansions* (1964) sind zwei der geplanten elf Stücke des Zyklus *A Tale of Possessors Self-Dispossessed*, in dem die Wirkung des Besitzes auf eine Familie – von der Kolonialzeit bis zur Gegenwart – dargestellt werden sollte. 1936 wurde O'Neill der Nobelpreis verliehen.

Im Gegensatz zu Anderson kann O'Neill dem Leben nur selten lichte Seiten abgewinnen und verzichtet darauf, seine Dramatik in den Dienst hehrer moralischer Lehren zu stellen. Wenn es bei ihm eine Lehre gibt, so die, daß Begriffe wie Gut und Böse in ihrer herkömmlichen Bedeutung in einer amorphen Welt irrelevant sind und den Menschen nichts weiter bleibt, als sich in ihrem determinierten Sein einzurichten. Ihre Tragödien kulminieren nicht in Akten physischer Vernichtung, sondern in der schleichenden Krankheit psychischen Verfalls. Damit erfährt die Katharsis der klassischen Tragödie eine neue Ausdeutung. Auch O'Neills Charaktere sind Schuldige und Suchende, aber es ist nicht das Verhältnis von Mensch zu Mensch, sondern das die Tragik auslösende Verhältnis des Menschen zu einer Kraft außerhalb seiner selbst, das die in den Dramen vorgenommenen Seinsdeutungen bestimmt. Nach O'Neill ist die »Furcht vor dem Tode die Wurzel allen Übels, der Grund alles irrenden Unglücklichseins des Menschen«. In einem Brief an G. J. Nathan fordert O'Neill: »Der Dramatiker von heute muß den Wurzeln der Krankheit von heute, wie er sie spürt, nachgehen – dem Tod des alten Gottes und dem Versagen von Wissenschaft und Materialismus bei dem Bemühen, für den noch immer lebendigen primitiven religiösen Instinkt einen neuen Gott zu schaffen, mit dem sich ein Sinn im Leben finden und die Furcht vor dem Tode besänftigen läßt.« So gesehen stehen alle seine Charaktere in einer jedweder Verbindlichkeiten verlorengegangenen Welt. Dies ist der Grundtenor eines vielgestaltigen Werkes, in dem sich keine klare Entwicklung kompositorischer oder gedanklicher Konzeptionen nachzeichnen läßt. Es bedient sich sowohl naturalistischer als auch poetisch-expressionistischer Mittel, und es ist realistisch, mystisch, hart oder lyrisch.

Die auf O'Neill wirkenden Einflüsse waren mannigfaltiger Art. Sie reichen von der griechischen Tragödie über den ökonomischen und biologischen Determinismus, Conrad, Freud, Ibsen, Shaw bis hin zu Strindberg, den er gründlich studierte. In den Einaktern *Bound East for Cardiff*, *In the Zone*, *Ile*, besonders aber in *The Long Voyage Home* – wo die Seele als Symbol der an menschlicher Hoffnung völlig desinteressierten und diese zerstörenden Naturgewalten erscheint – erreicht O'Neills Auffassung der Tragik menschlichen Seins ihre erste und von nun an richtungsweisende Ausprägung. Der Naturalismus dieser Stücke kontrastiert mit der poetischen Atmosphäre des Einakters *Where the Cross is Made* oder der farbig-sinnlichen Ekstase in *The Moon of the Caribbees*. Immer aber handelt es sich um den frustrierenden Kampf des Menschen mit den unbegreiflichen und stets übermächtigen Kräften der Natur und das vergebliche Suchen des Individuums nach einer seinem Temperament adäquaten Position im Dasein. O'Neill reduziert die seine Gestalten bewegenden Triebkräfte mit Wedekind auf die »einfachsten animalischen Instinkte«.

In dem noch in der Technik des Einakters komponierten längeren Stück *Beyond the Horizon* leidet der zum Wandern bestimmte Romantiker Robert unter der Liebe zu einer Frau, die ihn an den Boden bindet, während sein Bruder Andrew – eine Farmernatur –, von dieser Frau abgewiesen, ein unglückliches Seemannsleben führt. Diese Fehlentwicklungen treiben schließlich auch die Frau in die Frustration. In *Anna Christie* wird die Titelfigur auf eine Farm geschickt, um vor den Gefahren der Hafenstadt geschützt zu werden. In einer tragisch-humorvollen Verkehrung konventioneller Vorstellungen wird Anna auf dem Lande zur Prostituierten, um bei ihrer Rückkehr in den Hafen in den Armen des primitiven irischen Heizers Matt Burke wieder Halt zu finden. *All God's Chillun Got Wings* zeichnet in dem Afroamerikaner Jim Harris einen Mann, der seiner die Schwarzen verachtenden, amoralischen Ehefrau auch dann noch die Treue hält, als sie seine Karriere vernichtet und im Dünkel ihrer Rassenüberlegenheit dem Schwachsinn verfällt. Noch düsterer ist die Atmosphäre in der von Habsucht und Geiz bestimmten Tragödie *Desire Under the Elms*. Das kalte Erwerbsstreben des fünfundsiebzigjährigen Puritanersprosses Ephraim Cabot und der geizigen und sinnlichen jungen Witwe Abbie Putnam führt in die Katastrophe. Sie verführt um eines Kindes, das heißt um der Erbschaft willen den Sohn Cabots, wird zur Kindesmörderin und vernichtet so endgültig die im Schatten traditionsträchtiger Ulmen bereits weitgehend zerstörte Familie.

Der in diesen naturalistischen Stücken zutage tretende Nihilismus erfährt in den expressionistisch-poetischen eine noch weitergehende, symbolische Verdichtung. So gestaltet O'Neill in dem expressionistischen Meisterwerk *The Emperor Jones* in acht kurzen Szenen den psychischen Desintegrationsprozeß des ehemaligen schwarzen Sträflings Brutus Jones, der sich als ›zivilisiertes‹ Mitglied seiner Rasse zum Diktator über die primitiven Schwarzen einer westindischen Insel aufgeschwungen hat. Ein Aufstand zwingt ihn zur Flucht; in wilder Panik – im Hintergrund das Dröhnen der Buschtrommeln – flieht er im Kreise und wird das Opfer seiner Opfer. Die Interpretation des seelischen Konfliktes lebt vom Monolog und der Pantomime. Von ähnlicher Intensität, jedoch schwerer zugänglich, ist die Tragödie einer Desillusionierung, *The Hairy Ape*.

> In dem Augenblick, da sich der Heizer Yank aus seinem primitiven Milieu lösen will und sogar von arrivierten Proletariern zurückgestoßen wird, verliert er seinen bisherigen Halt und wird von einem Affen, den er in seiner Not als Bruder

sucht, erdrückt. Dieses mehrdeutige Drama birgt Thesenhaftes, kündet aber letztlich von der Erkenntnis, daß der Mensch einem blindwütigen Schicksal ausgesetzt ist.

In dem einer Parabel gleichenden, mit halbsymbolischen Figuren ausgestatteten Stück *The Great God Brown* verurteilt O'Neill den zeitgenössischen Materialismus und bekennt sich zu einer Mystik der Liebe als dem Herz aller Dinge.

Die beiden männlichen Charaktere, der leere und »visionslose Halbgott unseres neuen materialistischen Mythos« William A. Brown und sein Freund Dion Anthony (aus Dionysos und St. Antonius), eine schöpferische Heidennatur im Kampf mit dem »lebensverneinenden Geist des Christentums«, verbergen sich hinter Masken, die sie nur abnehmen, wenn sie allein sind. Diese Masken verführen Dions Frau zu falscher Liebe, so daß beide Männer am Ende ihres Lebens Trost bei der Prostituierten Cybel finden, die als weise Erdenmutter die Tiefen des Lebens und die wahren Gesichter kennt und im Dienst der alles erlösenden Liebe steht.

Die Idee des Konfliktes zwischen Sein und Schein, zwischen Materialismus und mystischer Wahrheit, wird in *Lazarus Laughed* weiter ausgeführt. Der aus dem Grabe auferstandene Lazarus weiß, daß der Tod nicht Auflösung, sondern Eintritt in das ewige Leben bedeutet. Mithin kann er nicht vom Terror Caligulas beherrscht werden. O'Neill schrieb an A. H. Quinn: »Er ist ohne diese Furcht wiedergeboren. Deshalb ist er der erste und einzige Mensch, der wirklich befreit lachen kann. Sein Gelächter ist ein triumphierendes Ja zum Leben in seiner Gänze und Ewigkeit.« Auch in *Marco Millions* kontrastieren Idee und Materialismus.

Hier figuriert der nach Gewinn strebende Abenteurer Marco Polo als Inbegriff des materialistischen Westens, der für die Feinheiten der östlichen Kultur kein Gespür hat und die fette und gewöhnliche Donata der sich in Liebe zu ihm verzehrenden zarten Chan-Enkelin Kukachin vorzieht.

Der Rolle der Religion in der materialistischen Welt plante O'Neill eine nie vollendete Trilogie zu widmen. Im ersten dieser Stücke, *Dynamo*, kollidiert der Glaube mit der Anbetung der sich letztlich als zerstörerisch erweisenden Elektrizität. Das zweite, *Days Without End*, schildert einen ohne Glauben lebenden, in sich zerrissenen Mann, der mit Hilfe einer liebenden Frau zur Religion zurückfindet. Mit diesem versöhnlichen Ausgang steht dieses Stück außerhalb der tragischen Lebensauffassung des Autors, und tatsächlich sollte es das einzige *play* von solch ›positiver‹ Moralität bleiben. Typischer für O'Neills Weltschau ist das sechs Jahre früher erschienene *Strange Interlude*. Hier schuf der Dichter unter Verwendung Freudscher Thesen und durch die Erschließung des *monologue intérieur* ein *Stream-of-consciousness*-Drama *par excellence*. In der nur selten werkgerecht in Szene gesetzten überlangen Tragödie (neun Akte) der durch den Tod ihres Verlobten depravierten Nina Leeds gelingt es O'Neill, das äußere und innere Leben der Frau zu verweben und sichtbar zu machen, ohne daß die dramatische Spannung nachläßt. Am Ende muß die zwischen Männern hin- und hergerissene Nina erkennen, daß »unser Leben nur ein düsteres Intervall zwischen den elektrischen Lichtkaskaden der Schaustellung *(electrical display)* Gottvaters ist«. Quinn vertritt die Ansicht, der wahre Protagonist dieses Dramas sei das Freudsche ›Es‹. Die hier psychoanalytisch begründete Erkenntnis, daß der Mensch Spielball unerforschlicher Kräfte ist, liegt auch der vierzehnaktigen Trilogie *Mourning Becomes Electra* zugrunde.

Anders als Eliot, der das klassische Vorbild hinter der Handlung verbarg, verweist O'Neill bereits im Titel auf die *Oresteia* des Aischylos, deren Handlungsmodell in die Zeit nach dem *Civil War* transponiert wird. Indem O'Neill den Fluch der Götter gegen die Lehren Freuds austauscht, macht er die Kollision zwischen der erotischen Sterilität des Puritanersprosses Mannon und der Sinnlichkeit seiner Frau Christine zur psychologisch motivierten Ursache der Katastrophe. Im ersten Teil, »Homecoming«, kehrt General Ezra Mannon (Agamemnon) zu seiner Frau Christine (Klytämnestra) und Tochter Lavinia (Elektra) in die neuenglische Kleinstadt zurück. Während seiner Abwesenheit hatte Christine ein Verhältnis mit Captain Brant. Da auch Lavinia Brant liebt, zwingt sie ihre Mutter zur Wahrheit. Mit Hilfe Brants vergiftet Christine ihren Mann. Lavinia erkennt die Schuldigen. Im zweiten Teil, »The Hunted«, kehrt der Mannon-Sohn Orin (Orest) aus dem Krieg heim. Lavinia überredet ihn zur Rache. Orin tötet Brant, und Christine begeht Selbstmord. Im dritten, »The Haunted«, fliehen Orin und Lavinia auf eine Südseeinsel. Der unter Schuldgefühlen und Reue leidende Orin ähnelt immer stärker seinem Vater, während Lavinia nach der Mutter schlägt. Nach einem Versuch, sich Lavinia zu nähern, erschießt sich Orin, und da Lavinia nun auch von ihrem Jugendfreund Peter Niles verlassen wird, schließt sie sich mit den Worten in ihr Haus ein: »Love isn't permitted to me. The dead are too strong.«

Mourning Becomes Electra ist ein Muster an kompositorischer Geschlossenheit und psychologischer Konsequenz und zu den großen Leistungen angelsächsischer Dramatik zu zählen.

Noch einmal läßt O'Neill in der Komödie *Ah, Wilderness!* etwas Humor aufscheinen, um nach langem Schweigen in dem 1939 verfaßten, aber erst 1946 erschienenen Drama *The Iceman Cometh* ein bedrückendes Bild menschlicher Illusionsbereitschaft und Willensschwäche zu entwerfen.

> Das Stück spielt in einer schmutzigen New Yorker Kneipe, in der sich heruntergekommene Existenzen sammeln, um unter Alkohol vom Wiederaufstieg zu träumen. Sie werden durch die Ankunft des als Evangelist figurierenden Vertreters Hickey aufgestört. Er fordert sie auf, die Dinge und sich selbst zu sehen, wie sie wirklich sind. Als sich herausstellt, daß Hickey ein Mörder ist – er hat seine Frau umgebracht –, vertrauen sie sich wieder glücklich der Flasche und der Welt ihrer Illusionen an.

Dieselbe Atmosphäre des Lebensekels kennzeichnet auch die Säufertragödie *A Moon for the Misbegotten*, in der der Trinker Tyrone nach dem Tod seiner Mutter, der er Besserung gelobte und der er dennoch in der Stunde ihres Todes betrunken gegenübertrat, seine Schuldkomplexe mit Alkohol und sexuellen Exzessen zu überspielen sucht. O'Neill vermochte seinem Publikum keinen Trost mehr zu spenden, denn sein letztes größeres Drama *Long Day's Journey into Night* (geschrieben 1941, erschienen posthum 1956) zeigt noch einmal den Verfall einer von Ausschweifung und Rauschgift geschlagenen Familie.

> In diesem halbautobiographischen Stück, das jenen Tag im Leben der Tyrone-Familie abschildert, da ihr die bevorstehende lange Reise in die Nacht offenkundig wird, gibt es nur insofern Anlaß zu Hoffnung, als den depravierten Gestalten des Vaters, der Mutter und des Sohnes, Jamie, im Charakter des zweiten Sohnes, Edmund, ein zwar morbider und pessimistischer, aber doch wenigstens noch über den Sinn des Daseins brütender Intellektueller und zukünftiger Dichter entgegengestellt wird.

Das dramatische Œuvre O'Neills ist ganz dem Dilemma eines ausweglosen menschlichen Schicksals gewidmet und in einer Art gestaltet, als handele es sich um eine Vivisektion, die der Dichter am eigenen Körper vornimmt. Allen seinen Charakteren fehlt es an der Kraft, sich gegen Leid und Bedrängnis wirklich aufzulehnen. Selbst dort, wo die Fabel eine Ausdeutung und Handlungsführung im Sinne lösbarer sozialer Probleme zuließe, wählt O'Neill den Weg in die mystische Ausweglosigkeit, an dessen Ende der seelische oder physische Tod wartet. Mit dieser Verinnerlichung der Konflikte des Individuums in einer materialistischen Gesellschaft schuf O'Neill die Tragödie des modernen Menschen und in dieser Phase des Aufbruchs der amerikanischen Bühnenliteratur Stücke, die bis zum Ende des 20. Jahrhunderts zu den besten gezählt werden können, die in den USA entstanden sind und einen nicht zu unterschätzenden Einfluß auf folgende amerikanische Bühnendichter und die Weltliteratur ausübten.

Prosa

Obgleich Howells und seine Anhänger den Realismus um die Jahrhundertwende zum Sieg geführt und H. L. Mencken mit seinen *Prejudices* von 1919 in die avantgardistischen Auffassungen Breschen geschlagen hatte, erlebte auch der konventionelle, nun mit realistischen Mitteln gestaltete, sentimental, melodramatisch oder romantisch gefärbte Roman eine neue Blüte. Besonderer Beliebtheit erfreuten sich so konzipierte Sittenbilder, Gesellschaftssatiren und historische Gemälde. Sie wurden in den Jahren zwischen den Kriegen verfeinert, ohne jedoch ihres konventionellen Charakters verlustig zu gehen.

Zu den erfolgreichsten Autoren des sehr populären historischen Genres zählt der aus einer pennsylvania-deutschen Familie stammende JOSEPH HERGESHEIMER (1880–1954). Nach dem idealistischen Roman *The Lay Anthony* (1914) wandte er sich in *Mountain Blood* (1915) dem Grenzerleben Virginias Anfang des 19. Jahrhunderts zu, schilderte in *The Three Black Pennys* (1917) Aufstieg und Fall einer pennsylvanischen Unternehmerfamilie des 18. Jahrhunderts und gestaltete in *Java Head* (1919) ein Bild aus der Blütezeit der Kauffahrtei Salems zu Beginn des 19. Jahrhunderts. Mit *The Bright Shawl* (1922) folgte eine während des Spanischen Krieges in Westindien spielende Geschichte, während *Tampico* (1926) mit der romantisch-exotischen Welt Mexikos aufwartet. Der Bürgerkriegsroman *Swords and Roses* (1929) sowie *The Limestone Tree* (1931), ein Roman über die Pioniere Kentuckys und ihre Nachfahren, sind weitere Beispiele seiner kulturhistorisch orientierten Bücher. Auch der aus Tennessee stammende Jurist THOMAS SIGISMUND STIRLING (1881–1965) wandte sich nach Abenteuererzählungen und dem bitter-realistischen Roman über das Leben in einem Bergort Tennessees, *Teeftellow* (1926), der Historie zu und schildert in *The Forge* (1931), *The Store* (1932) und *Unfinished Cathedral* (1934) die Geschichte der in Alabama lebenden Pflanzerfamilie Vaiden von vor dem *Civil War* bis zur Gegenwart. Der in

Maine gebürtige Publizist KENNETH ROBERTS (1885–1957) behandelt in *Arundel* (1930) die Expedition Benedict Arnolds gegen Quebec, schildert in *The Lively Lady* (1931) eine Episode aus dem Krieg von 1812 und entwirft in dem bekannten Roman *Northwest Passage* (1937) ein farbiges Bild vom Wirken Robert Rogers'.

Großer Popularität erfreuten sich auch der Revolutionsroman *Drums* (1925) und der Bürgerkriegsroman *Marching On* (1927) des in North Carolina aufgewachsenen JAMES BOYD (1888–1944). Noch bekannter waren die auf historischer Forschung beruhenden Romane des in Pittsburgh geborenen HERVEY ALLEN (1889–1949), der zusammen mit DuBOSE HEYWARD (1885–1940) die *Carolina Chansons* (1922) herausgab und die Poe-Biographie *Israfel* (1926) schrieb. Der in der Napoleonischen Zeit spielende Roman *Anthony Adverse* (1933) war ein Welterfolg; es folgten der Bürgerkriegsroman *Action at Aquila* (1938) und die unter dem Titel *The City in the Dawn* (1950) zusammengefaßten Bücher über das Grenzerleben des 18. Jahrhunderts: *The Forest and the Fort* (1943), *Bedford Village* (1944) und *Toward the Morning* (1948). Den größten Erfolg dieses Genres aber erzielte die aus Georgia stammende Journalistin MARGARET MITCHELL (1900–1949) mit *Gone With the Wind* (1936), einem romantisch-farbenprächtigen Gemälde vom Untergang der alten Pflanzeraristokratie. Mit Scarlett O'Hara und Rhett Butler schuf sie zwei Gestalten, die Millionen von Leser so in ihren Bann zogen, daß sich ALEXANDRA RIPLEY (1934–1996) mit dem ›Folgeband‹ *Scarlett* (1991) auf internationalen Bestseller-Listen plazieren konnte. Ähnlicher Beliebtheit erfreute sich die Sage einer am Waffengeschäft verdienenden Familie (*Dynasty of Death*, 1938; *The Eagles Gather*, 1940; *The Final Hour*, 1944) der in England geborenen TAYLOR CALDWELL (1900–1985), die in *This Side of Innocence* (1946) ein plastisches Bild der New Yorker Gründergesellschaft zeichnet. Zu den bekanntesten jüngeren Vertretern dieser Richtung zählt der aus New York stammende WALTER D. EDMONDS (*1903). Von seinen in der Art Roberts' geschriebenen historischen Romanen aus der Geschichte New Yorks erfreute sich das während der Revolution im Mohawk-Tal spielende Buch *Drums Along the Mohawk* (1936) weiter Verbreitung.

Eine Sonderstellung unter den historischen Romanciers nahm der Ex-Kommunist HOWARD FAST (*1914) ein, der sich nach dem Ungarn-Aufstand 1956 vom Kommunismus abwandte. In seinen Romanen (*Conceived in Liberty*, 1939; *The Last Frontier* 1941; *Freedom Road*, 1944; *The American*, 1946; *The Immigrants*, 1977; *Second Generation*, 1978; *The Legacy*, 1981, u. a.) dient die Historie zur Sichtbarmachung des Verfalls der amerikanischen Demokratie unter den Bedingungen des Kapitalismus. Damit wurde Fast zum Schöpfer eines historischen Thesenromans, der zuweilen aber in der Kolportage steckenbleibt. Seine Memoiren, *Being Red* (1990), behandeln sein Verhältnis zum Kommunismus.

Etwas abseits von diesen ›Historikern‹ steht die in Michigan geborene EDNA FERBER (1887–1968). Neben vielbeachteten *short stories*, einigen Schauspielen und Gedichten schuf sie eine Reihe sehr populärer Romane. Ihren ersten großen Erfolg erzielte sie mit *So Big* (1924), der feingesponnenen Fabel um die sich gegen die Vorurteile der Farmer durchsetzende verwitwete Lehrerin Salina De Jong und ihren zu einem prächtigen Menschen aufwachsenden Sohn Dirk. In ihrem bekanntesten Roman *Show Boat* (1926) gestaltet sie die romantisch-tragische Liebe Magnolia Hawks und das Schicksal dreier Generationen einer Schauspielerfamilie auf einem Mississippi-Theaterboot, und in *Cimarron* (1930) zeichnet sie die Degeneration des brillanten Juristen Yancey Cravat auf dem Hintergrund der Besiedlung Oklahomas 1898. In den späteren Romanen (*American Beauty*, 1931; *Saratoga Trunk*, 1941; *Great Son*, 1945, u. a.) fügte sie ihrer subtilen Charakterzeichnung keine neuen Aspekte mehr hinzu. Ihre farbigen, von leiser Wehmut bestimmten Welten leben vom Geist der Vergangenheit. Das gilt auch für die völlig außerhalb der amerikanischen Szenerie stehenden chinesischen Bilder der in West Virginia geborenen, in China aufgewachsenen Missionarstochter und Missionslehrerin PEARL S. BUCK (1892–1973). In ihrer mit weichen Strichen gezeichneten Trilogie *The House of Earth* (*The Good Earth*, 1931; *Sons*, 1932; *A House Divided*, 1935) beschwor sie das alte China, wie Hearn den Traditionen Japans nachgegangen war. Auch in ihren späteren Romanen blieb die 1936 mit dem Nobelpreis ausgezeichnete Autorin ihrem China-Erlebnis treu (*Other Gods*, 1940; *Dragon Seed*, 1941; *The Hidden Flower*, 1952, u. a.), um sich schließlich mit *The Living Reed* (1963) der Geschichte einer führenden koreanischen Familie in der Zeit zwischen 1881 und 1945 zuzuwenden.

Der bekannteste Vertreter des populären ›religiösen‹ Romans jener Jahre ist der Lutheraner und spätere kongregationalistische Geistliche LLOYD C. DOUGLAS (1877–1951), dessen Bücher (*Magnificent Obsession*, 1929; *Forgive Us Our Trespasses*, 1932, u. a.) gewöhnlich in einem glücklichen Bekehrungserfolg enden und wenig Raum für echte menschliche Tragödien haben. Seiner konservativ-christlichen Ethik folgend, schrieb er den Bestseller *The Robe* (1942) – eine Geschichte um das Gewand Christi – und fügte ihm mit *The Big Fisherman* (1949) einen weiteren Roman aus der Geschichte des Christentums hinzu. Größere Lebensnähe in diesem Genre erzielte der aus Boston stammende Dichter und Kritiker HENRY MORTON ROBINSON (1898–1961) in seinem Roman *The Cathedral* (1950), der das an menschlichen Konflikten reiche Leben des Geistlichen Stephen Fermoyle zum Thema hat.

Psychologisch fundierter sind die besten Werke der in Florida lebenden Regionalistin MARJORIE KINNAN RAWLINGS (1896–1953). Ihre Liebe zur Vergangenheit und zur Folklore entspricht die der Wildnis verbundene Gestalt des Jägers Lant Jackson in *South Moon Under* (1933), dessen Mißtrauen gegenüber der sich ausbreitenden Stadt vom Unbehagen des um die persönliche Freiheit bangenden Individuums zeugt. Ihr reifstes Werk ist der Roman *The Yearling* (1938), die tragische Geschichte des Jungen Lody und seines von ihm aufgezogenen Rehkitzes, bei dem er alle Liebe sucht, die ihm die Welt der Erwachsenen vorenthält. Als das Tier – da es auf der Farm Schaden anrichtet – getötet wird, setzt der brutale Eingriff der Erwachsenen der Jugend Lodys ein Ende. Weniger subtil gestaltet der produktive Globetrotter LOUIS BROMFIELD (1896–1956). Aus der Fülle seiner *short stories*, *plays* und Romane ist die Tetralogie *Escape* (*The Green Bay Tree*, 1924; *Possession*, 1925; *Early Autumn*, 1926; *A Good Woman*, 1927) zu nennen – eine Apologie auf die persönliche Freiheit in einer Welt des Umbruchs, in der auch auf die Gefahren des Traditionalismus hingewiesen wird. Bekannter ist der in Indien spielende Roman *The Rains Came* (1937), eine exotisch-romantische Geschichte über die Krise einer vom Monsun von der Außenwelt abgeschnittenen Gruppe ›zivilisierter‹ Menschen. Der wenig motivierte Opfertod der Gesellschaftsdame Edwina gibt der psychologischen Studie eine melodramatische Wendung. Echte Tragik ist nicht Bromfields Sache. Psychologie und Handlung sind auch in seinen späteren Werken geschickt arrangiert, bewegen sich jedoch in den Grenzen der gehobenen Unterhaltung.

Einen Schritt weiter geht der in Delaware geborene und in Massachusetts aufgewachsene Kritiker des neuenglischen Dünkels, JOHN P. MARQUAND (1893–1960). Nach einer Reihe populärer Romane und Erzählungen eröffnete er seine ironiegeladenen Attacken gegen den snobistischen Provinzialismus von Puritanersprossen, die noch immer vom Ruhm ihrer Vorväter leben und sich ihrer Dekadenz und Mediokrität nicht bewußt werden. In *The Late George Apley* (1937) präsentiert er mit der Titelgestalt das Haupt einer Sippe, deren Söhne seit 1662 an der *Harvard University* zu studieren pflegen und die in ihrem Familienstolz nicht bemerkt, daß sie um des Wohlstands willen längst Kompromisse mit der von ihr verachteten materialistischen Gesellschaft geschlossen hat. Wie auch die Brills in *Wickford Point* (1939) stellen die Apleys ihre problematische Position nicht mehr in Frage, sondern verharren in der Illusion, Neuengland und die Urenkel seiner Gründer seien noch immer der Nabel der amerikanischen Welt. In *H. M. Pulham, Esquire* (1941), *B. F.'s Daughter* (1946) und *Point of No Return* (1949) wird dieses Thema weiter ausgeführt. Immer erweist sich Marquand als ein eleganter Erzähler und geschickter Meister herkömmlicher Formen. Seine von ironischer Nachsicht bestimmte Charakterisierung schafft Gesellschaftskomödien in Romanform.

Eigentlich war Marquand ein Übergangsdichter, und das gilt auch für einen der interessantesten Vertreter der populären Prosaisten jener Jahre, den Sportreporter und *short story*-Autor RING LARDNER (1885–1933). Seine Technik erinnert an O. Henry; sein Humor ist gute amerikanische Tradition; seine Illusionslosigkeit aber sowie der Skeptizismus und seine Absage an den Konformismus und die Lebenslüge korrespondieren mit den Auffassungen der damaligen Avantgardisten. Der mißlungene Roman *The Big Town* (1921) darf übergangen werden. Die frischen, in der Umgangssprache gehaltenen reportagehaften *short stories* (*You Know Me, Al*, 1916; *What of It?*, 1925; *The Love Nest*, 1926; *First and Last*, 1934, u. a.) sind bitter-ironische, zuweilen zynische Dokumente des Lasters und der Dummheit des Durchschnittsbürgers und der Hohlheit seines Daseins. Erzählungen wie »Champion«, »The Facts«, »Some Like them Cold« oder »The Golden Honeymoon« (in: *How to Write Short Stories [With Samples]*, 1924) sind Studien zum Thema falscher Werte und Heuchelei. Lardners ›unliterarische‹ Sprache, ihr natürlicher Rhythmus und die unmittelbare Ansprache des Lesers trugen wesentlich zum Entstehen jenes unkonventionellen Tones bei, der Ende der zwanziger Jahre als für die ›neue‹ amerikanische Prosa typisch erachtet wurde. Lardner nahe steht der New Yorker Journalist JOHN O'HARA (1905–1970). Die Briefe eines Bing Crosby der armen Leute an seinen ›Pal Ted‹ in *Pal Joey* (1940) erinnern an *You Know Me, Al* und zählen zu den gelungensten humorvoll-kritischen Stücken der damaligen Kurzprosa. In seinen Romanen (*Appointment in Samarra*, 1934; *Butterfield 8*, 1935, u. a.) übt O'Hara scharfe Gesellschaftskritik, die aber deshalb nicht in Zynismus umschlägt, weil sie von verstehender Ironie getragen wird.

Alle diese Autoren bedienen sich entweder konventioneller Darstellungsmittel oder folgen im Ideengehalt ihrer Werke den noch immer wirksamen Strömungen des 19. Jahrhunderts.

Etwa zu der Zeit aber, da sich in London Pound, H. D. und andere Amerikaner im Kreis der Imagisten um eine ›neue Poesie‹ verdient machten, schickte sich in Paris die in Pennsylvania geborene, kosmopolitisch gebildete GERTRUDE STEIN (1874–1946) an, das Entstehen einer ›neuen Prosa‹ zu fördern.

Sie stammte aus einem jüdisch-deutschen Elternhaus, lernte früh Europa kennen, studierte bei William James und Bergson und ging 1902 nach London. Ein Jahr darauf ließ sie sich in Paris nieder, wo sie in ihrem ›Salon‹ und zusammen mit Sylvia Beach in deren Buchhandlung *Shakespeare and Company* Picasso, Matisse, Braque, Apollinaire, Max Jacob, Cocteau, Eliot, D. H. Lawrence und James Joyce um sich versammelte und zusammen mit Pound einen starken Einfluß auf amerikanische Landsleute wie Sherwood Anderson, MacLeish, Fitzgerald, Hemingway und andere ausübte. Zu ihren wichtigsten Werken zählen das epische

Experiment *Three Lives* (1909); Versuche neuer Poesie, *Tender Buttons: Object, Food, Rooms* (1914); *Stanzas in Meditation* (posthum 1956); der Roman ihrer Familie *The Making of Americans* (1925); das Opernlibretto *Four Saints in Three Acts* (1934); *The Autobiography of Alice B. Toklas* (1933) und Reminiszenzen: *Matisse, Picasso, and Gertrude Stein, with Two Shorter Stories* (1933); *Paris, France* (1940); *Wars I Have Seen* (1945); *Brewsie and Willie* (1946) sowie die kritischen und theoretischen Schriften *Composition as Explanation* (1926), *How to Write* (1931), *Lectures in America* (1935) und *The Geographical History of America* (1936).

Obgleich Gertrude Stein während der Übersetzung der *Trois Contes* von Flaubert die Bedeutung des *mot juste* und den Schmelz einer ausgefeilten Sprache schätzen gelernt hatte, folgte sie weder in ihren *Three Lives* noch in *The Making of Americans* den ästhetischen Vorstellungen des Franzosen, sondern bediente sich der Filmtechnik aufeinanderfolgender Momentaufnahmen und einer um fast jeden Preis einfachen Sprache. Die Beschäftigung mit dem ›Primitivismus‹ und der Umgang mit Picasso und Braque bestärkten sie in der Überzeugung, die Kunst habe einfach zu sein. Wie ihre Malerfreunde auf die räumliche Perspektive verzichteten, entsagte Stein in ihrer Dichtung der zeitlichen, da es, wie es in *Lectures in America* heißt, »die Aufgabe der Kunst sei, in der Gegenwart zu leben« und nur »der unmittelbare Gedanke höchste Realität« sei. Diese Auffassung hatte bereits in *A Long Gay Book* (1932) zur Aufhebung eines literarischen Arrangements der Gedanken und der Deskription geführt. »Ich werde einfach sagen, was geschieht, so wie man erzählt«, dozierte sie. »Ich hatte immer gewollt, daß alles, was ich schrieb, banal und einfach würde.« Dies war nicht nur ein Bekenntnis zur Alltagssprache, sondern erforderte eine unmittelbare Fixierung dessen, was die Autorin gehört hatte, was ihr »durch den Kopf ging«, wobei auch das »automatische Denken« zu berücksichtigen war.

Eines ihrer Hauptanliegen bestand (fast ein Vorgriff auf Kerouacs Theorie in *Essentials of Spontaneous Prose*) darin, die Spontaneität und Dynamik der lebendigen Sprache für Prosa nutzbar zu machen. Alles, was den natürlichen Fluß des Gedankens *und* der Sprache aufhalten konnte, wird als unzweckmäßig verworfen. Stein bevorzugt das Verb (»Substantive schaffen keine Bewegung«), verzichtet weitgehend auf Konjunktionen, Adjektive und Interpunktion, stützt sich auf das die Kontinuität des Gedankens andeutende Partizip und benutzt in einem Maße das Stilmittel der Wiederholung (»A Rose is a rose is a rose is a rose«), daß Hemingway von »Stein-stutter« sprach. Für die Poesie hingegen, die sie für das objektivere Ausdrucksmittel hielt, empfahl sie den Nominalstil. Das Ziel dieser vom »automatischen Denken« bestimmten Technik war das Sichtbarmachen des Unterbewußten im Monolog, die Verschmelzung des Unterbewußten mit der äußeren Realität und die Verquickung dieser Kriterien mit der die Zeit aufhebenden erzählerischen Gegenwart.

Gertrude Stein hat ihr Experiment so konsequent betrieben, daß ihre Suche nach der letzten Einfachheit manieristische Züge annahm. Tatsächlich beruht die große Bedeutung der »Mama of Dada« (Fadiman) weniger auf ihrer Dichtung als in ihrer Ausstrahlung als Anregerin einer frischen und lockeren Prosa, die die konventionellen tektonischen und syntaktischen Fesseln zu sprengen suchte. Richard Wright bekannte: »Als ich ›Melanctha‹ las, erfaßte mein Ohr zum ersten Mal die Magie des Wortes«, und Sherwood Anderson und Hemingway zeigten, welche Flexibilität diese neue Sprache haben konnte, wenn man das Experiment auf ein vernünftiges Maß reduzierte. Die Bedeutung Steins für die amerikanische Prosa des 20. Jahrhunderts ist jedenfalls nicht hoch genug zu veranschlagen.

Eine ähnlich große Bedeutung erlangte der aus Ohio stammende und in ärmlichen Verhältnissen aufgewachsene Autodidakt und Vertreter der *village revolt*, SHERWOOD ANDERSON (1876–1941).

> Nach kurzer Schulzeit zog er als Gelegenheitsarbeiter durch den Mittleren Westen, diente im Spanischen Krieg, wurde Direktor einer Farbenfabrik und verließ sein Büro mitten im Diktat, um sich in Chicago im Kreis um Sandburg und Floyd Dell der Literatur zuzuwenden. Bereits seine ersten Romane sind Apologien auf die von der Maschinen-Zivilisation vernichtete Pioniertradition, Zeugnisse seiner Ablehnung der Industriegesellschaft. In *Windy MacPherson's Son* (1916) schildert er die Karriere eines Jungen vom Lande, der auf dem Höhepunkt seines Erfolges als Industrieller das Management aufgibt, um die ›Wahrheit‹ zu suchen. *Marching Men* (1917) berichtet von dem mißlungenen Versuch, Arbeiter des pennsylvanischen Kohlenreviers aus ihrer seelenlosen Routine zu reißen. Seine Gedichte (*Mid-American Chants*, 1918; *A New Testament*, 1927) sind von geringerer Bedeutung. Bekannt wurde er durch *Winesburg, Ohio* (1919). Es folgten die Romane *Poor White* (1920), *Dark Laughter* (1925), *Beyond Desire* (1932), die *Short story*-Sammlungen *The Triumph of the Egg* (1921), *Horses and Men* (1923), *Death in the Woods* (1933), die von Paul Rosenfeld in *The Sherwood Anderson Reader* (1947) edierten Erzählungen, die autobiographischen Schriften *A Story-Teller's Story* (1924), *Tar, A Midwest Childhood* (1926), die Skizzen *The Modern Writer* (1925), *Sherwood Anderson's Notebook* (1926) sowie die Essaysammlung *Home Town* (1940) u. a. Seine *Memoirs* (1942) und *Letters* (1953) erschienen posthum.

Im November 1917 schrieb Anderson im *Dial* (»An Apology for Crudity«): »Als Volk haben wir uns dem Industrialismus verschrieben, und dieser ist nicht schön ... Meiner Ansicht nach, und ich lebe ein Industrie-Leben, ist dieser so abscheulich wie ein moderner Krieg.« Seine Ablehnung galt der Entseelung des Dorfes und der Welt durch die Maschine sowie der sich daraus ergebenden »schrecklichen Bedeutung der menschlichen Beziehungen«. Mit D. H. Lawrence erachtete er die Instinkte und insbesondere den Sexualtrieb als die wesentlichen Antriebskräfte menschlichen Seins. Aus diesem Grund wandte er alle Sympathien an jene einfachen Menschen – schwarze und weiße –, die in ihrem *élan vital* ruhen, ohne um jeden Preis »vorankommen« zu wollen, und an die Tiere, kurzum an jene Kreaturen, die einer natürlichen, unschuldigen Sinnlichkeit leben. Diese Idee vom »Freudianischen Rousseauismus« (J. F. Hoffman) beruht auf der Überzeugung, die Anpassung an den »Industrialismus« bringe Engstirnigkeit, Heuchelei, Bigotterie und verfehlte Schicksale hervor und verfremde den Menschen. Alle seine Charaktere befinden sich auf einer Wanderschaft ohne Ziel. So schildert der Reporter George Willard in den dreiundzwanzig von der Einheit des Ortes zusammengehaltenen Skizzen des Bandes *Winesburg, Ohio*, eine Galerie depravierter Menschen und deutet in dem Kapitel »The Strength of God« den Mystizismus des Sex an, der auch in dem Roman *Poor White* eine Rolle spielt, da Hugh McVey erkennen muß, daß seine Erfindungen Bidwell, Ohio, an den Moloch Industrie ausliefern und damit die Pionierdemokratie dem Klassendenken zum Opfer fällt. Am deutlichsten wird Andersons Weltbild in *Dark Laughter*:

> Der Reporter John Stockton verläßt Familie und Beruf und stellt bei seiner Fahrt den Mississippi hinab fest, daß ein neuer Mark Twain nun das Epos vom »getöteten Leben und getöteten Lachen, von den im Zeitalter der Geschwindigkeit, der Fabriken, der eiligen, in schnellfahrenden Zügen zusammengepferchten Menschen« schreiben müßte. Den von der Zivilisation psychisch verkrampften Weißen stellt er das freie, sexuelle, »dunkle Gelächter« der Schwarzen entgegen. Wenn schließlich Stockton als Arbeiter Bruce Dudley mit der Frau eines Unternehmers davongeht, so ist dies ein Bekenntnis zur konfliktlösenden Kraft der Urinstinkte.

Die Romane Andersons sind formal oft nicht sehr befriedigend; sein eigentliches Feld ist die *short story*. In *A Story Teller's Story* heißt es: »Ich begann zu glauben, daß die wirkliche Geschichte unseres Lebens nur eine Geschichte von Augenblicken ist.« Damit bediente er sich einer Technik der Momentaufnahme, die der Konzeption Gertrude Steins nahesteht: »Der Begriff Handlung schien mir alles wirkliche Erzählen zu vergiften.« In *Winesburg, Ohio*, fand er eine diesem Gedanken adäquate Form. Alle seine

Fabeln entwachsen einer Episode; was ihn interessierte, war die Schilderung psychischer Krisen, die jedoch auch dann nicht zur psychoanalytischen Studie wird, wenn die einzig wirklich befriedigende Lösung im erotischen Bereich zu liegen scheint. Mit »I'm a Fool«, »The Egg« oder »Death in the Woods« schuf er Glanzstücke der amerikanischen Kurzprosa. Literaturhistorisch interessant ist die *short story* »I Want to Know Why«, die Geschichte der Desillusionierung eines Kindes, die die Brücke zwischen Mark Twain und Hemingways »My Old Man« schlägt.

Die Bedeutung Andersons mag in den zwanziger Jahren überschätzt worden sein. Nicht hoch genug zu veranschlagen ist jedoch sein Wirken neben Gertrude Steins und sein Einfluß auf jüngere Schriftsteller wie Hemingway und Faulkner, die er beide ›entdeckte‹. Aus seinem Bemühen, die Schattenseiten der Erfolgsgesellschaft mit naturalistisch-poetischen Mitteln auszuleuchten, resultiert ein sich aus der Darstellung persönlicher Erfahrungen ergebender, expressiver, in das Mystische ausgreifender Realismus.

Dies unterscheidet ihn von dem bekanntesten Vertreter der mittelwestlichen *village revolt*, SINCLAIR LEWIS (1885–1951).

> Er wurde als Sohn eines Arztes in Sauk Center, Minnesota, geboren, galt an der *Yale University* als nonkonformistischer Student, fuhr auf Viehdampfern nach Europa und Panama und wandte sich nach einem Zwischenspiel in Sinclairs *Helicon Home Colony* dem Journalismus zu. Seine ersten – romantischen – Romane *Our Mr. Wrenn* (1914), *The Trail of the Hawk* (1915), *The Innocents* (1917) und der realistische Roman aus dem Leben New Yorks, *The Job* (1917), fanden wenig Beachtung. Berühmt wurde er durch die Bücher *Main Street* (1920), *Babbitt* (1922) und *Arrosmith* (1925). Die späteren Romane, *Elmer Gantry* (1927), *Dodsworth* (1929), *Ann Vickers* (1933), *It Can't Happen Here* (1935), *The Prodigal Parents* (1938), *Gideon Planish* (1943), *Cass Timberlane* (1945), *Kingsblood Royal* (1947), *The God Seeker* (1949), *World So Wide* (1951) u. a. sind Varianten und Erweiterungen der ersten Themen. Hinzu kommen die *Selected Short Stories* (1935) und die Sammlung von Essays und Ephemera *The Man From Mainstreet* (1953). Lewis wurde 1930 als erster amerikanischer Autor mit dem Nobelpreis ausgezeichnet.

Lewis war als Liberaler ein den Werten des Individuums verpflichteter Geist. Als Apologet der Gerechtigkeit war er davon überzeugt, daß die Literatur eine didaktische und moralische Funktion zu erfüllen habe. Am Beginn seiner Karriere fühlte er sich – von Mencken bestärkt – als *muckraker* in einer von Banalität, Unwissenheit und

Selbstgefälligkeit bestimmten Gesellschaft. Wie Upton Sinclair zog auch er aus, um möglichst viele Aspekte des amerikanischen Lebens seiner Kritik zu unterziehen. Die Schauplätze sind gewöhnlich mittlere und kleinere Städte des Mittleren Westens, seine Charaktere Durchschnittsbürger. Im Grunde sind alle seine Romane Interpretationen eines vom Konformismus bestimmten Meinungsterrors, der sich gegen all jene richtet, die die Konventionen in Frage stellen. Die Kritik einer um die hehren Werte der Nation besorgten Gegner Lewis' beruhte auf dem Mißverständnis, seine Satire richte sich gegen den wohlanständigen, staatstragenden Mitmenschen. Dies ist jedoch deshalb nicht der Fall, weil Lewis die Wurzeln allen Übels in der Gesellschaftsstruktur sieht, die den Menschen nach ihrem Bilde formt und zum Opfer der so oktroyierten Unwissenheit macht. Diese Auffassung mündet zuweilen in eine etwas oberflächliche Gestaltung menschlicher Konflikte und läßt Lewis' Satire heute vergleichsweise gemäßigt erscheinen. Sein erster großer Erfolg, *Main Street*, behandelt eine Welt, »wo man aus Langweile einen lieben Gott gemacht hat«.

> Carol Milford, ein oberflächlich gebildetes *college-girl*, heiratet den Arzt der Dreitausend-Seelen-Gemeinde Gopher Prairie, Minnesota, der ihr sagt, der Ort brauche ihre Fähigkeiten und müsse reformiert werden. Doch bald erkennt Carol, daß Gopher Prairie vom geisttötenden »Dorf-Virus« befallen ist und alle selbständig denkenden Menschen abstößt. Frustriert flieht sie nach Washington, um zwei Jahre später resigniert zurückzukehren. Die menschliche Tragödie Carols, ihr Streben nach Höherem und ihr Verzicht, der nicht einmal mehr Raum läßt für Haß auf die Dummheit und Trägheit ihrer Mitmenschen, entbehrt nicht einer gewissen Komik.

Ähnlich verhält es sich bei Lewis' schärfstem Angriff auf das Banausentum und die mangelnde Zivilcourage des amerikanischen Philisters, dem Welterfolg *Babbitt*.

> George F. Babbitt aus Zenith war als Kind und junger Mann voller altruistischer Vorsätze, um schließlich von der Konvention zum Spießer umgeprägt zu werden. Als Republikaner preist er den technischen Fortschritt als Kultur, als Presbyterianer will er in der Sonntagsschule die Kinder zu braven Konformisten erziehen. Nur einmal versucht er aus seiner Welt auszubrechen, als er einen Seitensprung wagt, sich Semi-Bohemiens und gar einem Sozialisten nähert. Als er bemerkt, daß er damit nicht nur das Image eines guten Bürgers zu verlieren droht, sondern auch sein Immobiliengeschäft darunter leidet, flüchtet er sich unter die Fittiche der »Braven-Bürger-Liga« und schlägt nun wütender auf die Linken ein als alle

> anderen. Diese Kapitulation vor der öffentlichen Meinung wird durch neuen geschäftlichen Erfolg honoriert. Nur ganz privat, im Gespräch mit seinem Sohn Ted, stellt er sich auf die Seite der jungen Generation, die aus der Welt des totalen Konformismus auszubrechen gedenkt.

Babbitt, ein amerikanisches Pendant zu Gontscharows *Gewöhnlicher Geschichte*, porträtiert einen vitalen, mit besten Anlagen ausgestatteten Menschen, dessen soziales Gewissen von der Geschäftstüchtigkeit aufgezehrt wird und der am Ende ein Opfer der Gesellschaft ist, die er als den Gipfel der Menschlichkeit und Menschheit anbetet. Babbitt ist weniger ein Charakter als ein Typus, der in den USA und der Welt lange Zeit als Prototyp des amerikanischen Geschäftsmannes empfunden wurde. Dieser Geschichte eines moralischen Abstiegs stellte Lewis mit *Arrowsmith* den Kampf eines Arztes um seine idealistische Selbstverwirklichung an die Seite.

> Der an der *University of Winnemac* ausgebildete Bakteriologe Dr. Martin Arrowsmith glaubt am McGurk-Institut in New York eine Forschungsstätte gefunden zu haben, der die Medizin nicht als Geschäft dient. Aber auch hier muß er erkennen, daß das Geld mächtiger ist als der Altruismus. Im Kampf um den Markt werden seine Forschungsergebnisse verschleudert, und er selbst verliert bei dem übereilten Versuch, seine Erkenntnisse für das Institut nutzbar zu machen, seine Frau. So gründet er ein eigenes Institut, um der freien, wirklich im Dienst der Menschheit stehenden Forschung eine Heimstatt zu geben.

Mit diesen drei Romanen hatte Lewis seine eigentliche Leistung vollbracht. Die folgenden weiteten das Panorama, trugen jedoch nicht zu dessen Vertiefung bei. Das gilt auch für so erfolgreiche Bücher wie *Elmer Gantry*, in dem das Geschäftsgebaren eines skrupellosen ›Gottesdieners‹ und die religiöse Heuchelei an den Pranger gestellt werden, und *Dodsworth*, die Geschichte eines intelligenten und sensiblen Geschäftsmannes, der seine gefühlskalte Frau während einer Bildungsreise nach Europa an einen österreichischen Aristokraten verliert.

Die nach 1930 geschriebenen Romane verlieren deutlich an Kraft; speziell die letzten, *The God Seeker* und *World So Wide*, geraten in die bedrohliche Nähe der Sentimentalität. Von soziologischem Interesse sind die Vision eines faschistischen Amerika, *It Can't Happen Here*, in der sich der liberale Zeitungsmann Doremus Jessup, von den Scharfmachern verfolgt, zu aktivem Widerstand entschließt, und *Kingsblood Royal*, in dem der Rassismus angeprangert wird.

> Bei der Ahnenforschung stellt der aus einer angesehenen Familie Grand Republics stammende, im Krieg verwundete und dekorierte Captain Kingsblood fest, daß er nicht vom englischen Königshaus abstammt, sondern zu einem Zweiunddreißigstel Schwarzer ist. Aus Scham über die Behandlung seiner schwarzen Mitmenschen bekennt er sich zu ihnen, muß auf eine gute Karriere verzichten und wird mit Frau und Kind vom weißen Mob aus seinem Haus vertrieben.

Auch dieser Roman steht hinter den Leistungen der früheren Werke zurück. Lewis' Problem bestand darin, daß er rastlos von Thema zu Thema eilte. Dabei war sein Talent unbestritten, sein Gespür für Komik und das Gefühl für die Sprache der *middle class* kaum zu übertreffen. Er versäumte es indessen, tiefer in die Psyche seiner oft typisierten Figuren einzudringen. Seine Stärke bestand in dem sicheren Sinn für die äußere Realität, dem Vermögen, genau zu beobachten und mit Hilfe einer fast photographischen Technik Momentaufnahmen glaubhafter Karikaturen und Typen zu präsentieren. In der Liebe zum Detail ist er Realist, in der Art, wie er sie handhabt, Satiriker. Im Prinzip bleibt er aber ein konventioneller Autor, dem es gelingt, seinen amerikanischen Zeitgenossen die Malaise ihrer Situation bewußt zu machen. Da fast alle seine Charaktere vom Schicksal geschlagen werden, im Grunde ihrer Seele aber unfertige Jungen sind, beschwor er den großen amerikanischen Traum des 19. Jahrhunderts auf neue Weise. Als Lewis 1951 in Venedig starb, war die Zeit über viele seiner Themen hinweggegangen. Was jedoch von seinem Werk blieb, war die Glaubwürdigkeit dessen, was er ihnen durch Babbitt und viele andere Charaktere zu sagen, zu zeigen hatte.

Nicht gänzlich übersehen sollte man in diesem Zusammenhang die Prosa WILLIAM KEEPERS MAXWELLs (*1908), die ebenfalls ›Studien‹ aus dem Leben der Kleinstädte des Mittleren Westens bietet, die jenen nicht fernstehen, denen wir bereits bei Sherwood Anderson und Sinclair Lewis begegnet sind. Bis zu einem gewissen Grad schreibt er diese Weltbilder bis weit in die zweite Hälfte des 20. Jahrhunderts fort. Zu den bekanntesten seiner sechs Romane zählen *Bright Center of Heaven* (1934), *So Long, See You Tomorrow* (1980) und der in seiner transatlantischen Thematik an Henry James erinnernde *The Chateau* (1961). Hinzu kommen eine große Zahl vielgelesener *short stories*, deren wichtigste in dem Sammelband *All Days and Nights* (1995) Aufnahme fanden. In vielen dieser Texte bewegen sich die Figuren in Lincoln, Illinois, der Geburtsstadt ihres Schöpfers.

Zusammen mit Cabell und Anderson verkörperte Lewis das Ende der ›mittleren Generation‹, die sich von der ›älteren‹ um Howells, Crane und Norris ebenso stark abhebt wie von der folgenden, die Gertrude Stein die *lost generation* genannt hat.

Das Sprachrohr der vom Krieg desillusionierten amerikanischen Schicksalsgefährten Aldous Huxleys, Barbusses oder Remarques war zunächst der wohl einzige wirklich ›Verlorene‹ unter den Jungen, FRANCIS SCOTT FITZGERALD (1896–1940). Den Kritikern der zynisch und gottlos erscheinenden jungen Leute rief er zu: »The old generation had certainly pretty well ruined this world before passing it on to us. They give us this thing, knocked to pieces, leaky, red-hot, threatening to blow up; and then they are surprised that we don't accept it with the same attitude of pretty, decorous enthusiasm with which they received it, way back in the eighties.«

Fitzgerald stammte aus St. Paul, Minnesota, studierte – zusammen mit Edmund Wilson und J. P. Bishop – in Princeton und wurde 1917 Offiziersanwärter, ohne jedoch zum Einsatz zu kommen. Nach den Romanen *This Side of Paradise* (1920) und *The Beautiful and the Damned* (1922) sowie den *Short story*-Sammlungen *Flappers and Philosophers* (1920) und *Tales of the Jazz Age* (1922) galt er als der Chronist des *Jazz Age*, des Glanzes, der Hohlheit und der Verzweiflung der *roaring twenties*. 1924 schloß er sich in Paris dem Kreis um Gertrude Stein und Hemingway an. Nun entstanden die Romane *The Great Gatsby* (1925) und *Tender Is the Night* (1934). 1935 siedelte der von Ausschweifungen Gezeichnete nach Hollywood über und verfiel erneut dem Alkohol. Auf die *short stories Taps at Reveille* (1935) folgten posthum der unvollendete Roman *The Last Tycoon* (1941), die von E. Wilson edierten Essays und Skizzen *The Crack-Up* (1945), die letzte Fassung des Romans *Tender Is the Night* (1953), *Afternoon of an Author* (1958; 14 Stories und 6 Essays), *The Pat Hobby-Stories* (1962), die *Letters* (1963) und *Poems* (1981).

Fitzgerald gehörte zu jenen Amerikanern, die auf dem Gipfel des Nachkriegsbooms – den auch er im Kreis reicher und sorglos dahinlebender Menschen genoß – nie das Gefühl verdrängen konnten, daß hinter der glitzernden Fassade das Ende lauerte und die Party-Gäste zwischen New York und der Côte d'Azur auf einem Vulkan tanzten. Zwar waren für ihn alle »Götter tot, alle Schlachten geschlagen und jeder Glaube an den Menschen erschüttert«, was aber blieb, war nicht blanker Zynismus, sondern die Furcht vor dem Verfall einer Welt, für deren Eitelkeit seine Generation nicht verantwortlich, der sie aber dennoch ausgeliefert war. Erstaunt stellte er gegen Ende seines Lebens fest, daß man ihn mit den Objekten seines Horrors und Mitleids identifiziert habe, obgleich er stets im »Herzen ein Moralist« gewesen sei, der eher predigen als unterhalten wollte.

Die erste ›Predigt‹, *This Side of Paradise*, zugleich das erste bedeutende Buch der *lost generation*, entstand während der Militärzeit und bietet mit der autobiographisch angereicherten Gestalt Amory Blaines, fortan Prototyp der ›Verlorenen‹, einen Charakter, der sich seiner fatalen Situation wohl bewußt ist. Aus romantischen Träumen aufgeschreckt, muß er erkennen, daß der Krieg die alten Vorstellungen ruinierte und den Individualismus seiner Generation tötete. Am Ende steht die vergebliche Suche nach innerer Ruhe.

Der Erfolg dieses Buches veranlaßte Fitzgerald, dieses Thema in einer Reihe von *short stories* auszubeuten, ehe er in *The Great Gatsby* das wohl eindringlichste Bild von der Hohlheit des *Jazz Age* entwarf.

> Auf dem Höhepunkt seines Reichtums muß der arm aus dem Krieg zurückgekehrte und durch Alkoholschmuggel reich gewordene Jay Gatsby erkennen, daß materielle Mittel verlorenes Glück nicht zurückgewinnen können. »Gatsby glaubte an das grüne Licht der orgiastischen Zukunft, die mit jedem Jahr mehr von uns zurückweicht.« Er wird aus der Leere seines ›Erfolgs‹ durch Mord befreit; das Verlöschen der Lichter in seiner Traumvilla auf Long Island symbolisiert das Ende einer Zeit trügerischen Glanzes.

Der Zusammenbruch des Jahres 1929 bestätigte, was Fitzgerald befürchtet hatte, zugleich beraubte er ihn seines Themas. Die Kritik vernachlässigte ihn, und das nicht ganz zu Unrecht, denn er hatte – um rasch zu Geld zu kommen – seinem Talent zuweilen zuviel zugemutet. In *Tender Is the Night* stellt er den verderbenbringenden Einfluß einer Millionärsclique auf den begabten Psychiater Dick Diver dar, um in den fünf hinterlassenen Kapiteln des Romans *The Last Tycoon*, in dem noch einmal seine Künstlerschaft aufblitzt, von der Macht und Melancholie Monroe Stars zu berichten, der »alle Königreiche« gesehen hat und am Ende aus seinem zusammenbrechenden Hollywood-Imperium flüchtet.

Die kompositorischen Mängel seiner Romane sind offenkundig; Fitzgerald war ein Meister der kurzen Form. Sieht man von den nur um der Honorare willen geschriebenen Erzählungen ab, so darf gesagt werden, daß er mit *short stories* wie »May Day«, »The Rich Boy«, »Babylon Revisited« und anderen mehr Stücke von bleibendem Wert schuf. Die Tragik – und die Popularität – Fitzgeralds beruhte unter anderem darauf, daß er bis zu seinem frühen Tod ein ›jugendlicher‹ Schriftsteller blieb und am Ende ein Opfer seiner eigenen, romantischen Entzauberung wurde. Erst relativ spät begann man die poetischen Qualitäten seines mit einem feinen Gefühl für die gesprochene Sprache und die Ironie gestalteten Werkes zu erkennen. Es mag sein, daß er nicht fähig war, die ganze Komplexität seiner Themen und Charaktere transparent zu machen, dennoch verdient er einen Platz als erster Sprecher einer Generation, in deren Namen er sagte: »We *want* to believe, but we can't.«

Grundsätzlich ähnlich dachte der Fitzgerald freundschaftlich verbundene, aus New York stammende und auf der Fahrt zu Fitzgeralds Beerdigung tödlich verunglückte NATHANAEL WEST (Nathan Wallenstein Weinstein, 1903–1940). Dieser lange Zeit von der Literaturwissenschaft zu Unrecht weitgehend übersehene Autor war 1926/27 in Paris mit Vertretern der dortigen Avantgarde und der *lost generation* in Berührung gekommen, hatte manche ihrer Ideen aufgenommen und nach seiner Heimkehr in die USA in bittere, oft makabre Literatur umgesetzt. Damit hatte er zu seinen Lebzeiten wenig Beachtung gefunden; nach seinem Tod allerdings zogen diese Texte die Aufmerksamkeit der Kritik in zunehmendem Maß auf sich. Am Anfang stand mit dem Roman *The Dream Life of Balso Snell* (1931) eine provokante Satire auf die von West als besonders bitter empfundene menschliche Korruption, der er mit *Miss Lonelyhearts* (1933) das Porträt eines an den von ihm zu bearbeitenden Leserbriefen einsamer Menschen seelisch leidenden Journalisten folgen läßt, dessen aus dieser Arbeit resultierende Beziehung zu Fay Doyle in die Katastrophe führt. Von ähnlich satirischer Provenienz ist *A Cool Million* (1934), eine Travestie auf das sogar noch nach dem Schwarzen Freitag des Jahres 1929 wirkende Horatio-Alger-Syndrom. Dieser Autor (1832–1899) hatte seit den sechziger und siebziger Jahren des 19. Jahrhunderts in etwa hundertzwanzig Titeln (*Ragged Dick*, 1867; *Tattered Tom*, 1871, u. a.) Generationen Jugendlicher den ›Vom Tellerwäscher zum Millionär‹-Mythos und einen Erfolgskult eingeimpft, in dem Moral und Reichtum stets zusammengehen. Der bekannteste Roman Wests ist sein letzter, *The Day of the Locust* (1939), die gleichermaßen grotesk und surrealistisch angelegte, vor dem Hintergrund Hollywoods spielende Fabel um Faye Greener und den von ihr in ihrem männlichen Umfeld ausgelösten Irritationen und apokalyptischen Träumen. West wartet mit einer bestechend ausgefeilten Sprache und einem beeindruckenden Stil auf. Mit seinen in das Gewand des schwarzen Humors gekleideten pessimistischen Gesellschaftsanalysen hat er zum Teil vorweggenommen, was die Avantgardisten um Vonnegut und Pynchon für ihre Zeit fortschreiben sollten.

Ebenso betroffen reagierte zunächst der auf den Schlachtfeldern Frankreichs aus seinen *Fin de siècle*-Träumen gerissene ›Harvard-Ästhet‹ und Interpret einer sterilen, von Farbe, Freude und Liebe entblößten, mechanisierten Massengesellschaft, der ›Soziologe‹ der *lost generation*, JOHN DOS PASSOS (1896–1970).

Er war der Enkel eines portugiesischen Einwanderers und wurde als Sohn einer wohlhabenden Familie in Chicago geboren. Von 1912 bis 1917 studierte er in Harvard. An die Stelle des geplanten Architekturstudiums trat der Dienst in einer Sanitätseinheit. Die als Soldat in Frankreich gesammelten Erfahrungen fanden ihren Niederschlag in den Romanen *One Man's Initiation – 1917* (1920; 1945 als *First Encounter*) und *Three Soldiers* (1921). Nach dem Krieg bereiste er als Publizist Spanien, den Nahen Osten und Mexiko und geriet in Paris unter den Einfluß Gertrude Steins. Auf Gedichte, *A Pushcart at the Curb* (1922), Essays über Kunst und Kultur Spaniens, *Rosinante to the Road Again* (1922) und den Roman *Streets of Night* (1923) folgte mit *Manhattan Transfer* (1925) die erste Analyse der Massengesellschaft. Die von seinem sozialen Gewissen zeugenden expressionistischen *Three Plays* (1934; *The Garbage Man*, 1926; *Airways, Inc.*, 1929; *Fortune Hights*, 1933) festigten seinen Ruf als Linksintellektueller. In den Trilogien *USA* (*The 42nd Parallel*, 1930; *1919*, 1932; *Big Money*, 1936) und *District of Columbia* (*Adventures of a Young Man*, 1939; *Number One*, 1943; *The Grand Design*, 1949) behandelt er sein zentrales Thema von der Sinnlosigkeit und Nichtigkeit der modernen Zivilisation. Sein späteres Werk, *The Prospect Before Us* (1950), *Most Likely to Succeed* (1954) oder *Midcentury* (1961) zeugt von wachsendem Konservatismus. Hinzu kommen Reiseberichte (*Orient Express*, 1927; *In All Countries*, 1934; *Journeys Between Wars*, 1938; *State of the Nation*, 1944; *Tour of Duty*, 1946), Biographien von um die Freiheit und die Demokratie verdienter Amerikaner (*The Ground We Stand On*, 1941; *Men Who Made the Nation*, 1957; *Prospect of a Golden Age*, 1959) sowie die Essaybände *The Theme Is Freedom* (1956) und *Occasions and Protest* (1964).

Bereits vor seinem Kriegserlebnis war sich der Student Dos Passos der tragischen Situation des von Technik und Kommerzialismus bedrängten Individuums bewußt. In dem Essay »A Humble Protest« schrieb er: »Sind wir nicht wie Menschen, die auf einer Maschine hocken, über die wir die Herrschaft verloren haben? Und zur gleichen Zeit schaufeln wir sinnlos Brennstoff in sie hinein, ohne zu wissen, wohin sie uns trägt.« Und Kazin bemerkt zu Recht, die Bedeutung Dos Passos' bestehe darin, daß »der Defaitismus der verlorenen Generation durch ihn langsam und behutsam von den Personen auf die Gesellschaft übertragen wurde«. Am Anfang stand der individuell-romantische Protest des von der Gesellschaft und dem Krieg doppelt geknebelten jungen Intellektuellen. In *One Man's Initiation – 1917* ruft der im Inferno der Schlacht zum Sozialismus bekehrte Architekturstudent Martin Howe aus: »Gott! Wenn es heutzutage etwas gäbe, wohin man sich vor all dieser Dummheit flüchten könnte, vor all dieser Heuchelei der Regierenden und diesem schrecklichen, immer wiederkehrenden Haß, diesem erstickenden Haß!« Ähnlich verhält es sich bei der zentralen Figur des Romans *Three Soldiers*, dem Harvard-Absolventen und Musiker John Andrews, der schließlich desertiert, im Verborgenen eine Symphonie komponiert und – der Todesstrafe gewärtig – verhaftet wird. In beiden Fällen wird das Individuum besiegt, aber es fand vorher die Kraft zum Aufbegehren.

Bis zu einem gewissen Grade bieten die Gestalten Martin Howes und John Andrews' den Schlüssel zum Verständnis der Entwicklung ihres Schöpfers. Dos Passos hat zwar als Telemach in Spanien versucht, einen Vater, sprich einen neuen Lebenssinn zu finden *(Rosinante to the Road Again)*, aber schließlich einsehen müssen, daß sich sein Traum vom freien Individuum nicht mehr realisieren ließ. Die Folge war seine Hinwendung zum Sozialismus/Kommunismus und die Erkenntnis, daß der Mensch nur ein unbedeutendes Schräubchen, wenn nicht gar ein zu zermahlendes Sandkorn im Getriebe der Massengesellschaft ist. Damit tritt bei ihm an die Stelle der psychologischen Interpretation des einzelnen die soziologisch angelegte Analyse des Kollektivs. Der Roman von der »Massenagonie« der monströsen Großstadt, *Manhattan Transfer*, ist das erste Zeugnis dieses Sinneswandels.

> Der eigentliche Held dieses als Panoramaroman (Jules Romains) komponierten Werkes ist die die Identität des Menschen zerstörende Großstadt. Das reichliche Dutzend ihrer Persönlichkeit beraubter Figuren illustriert den von diesem Moloch bedingten psychischen und physischen, individuellen und gesellschaftlichen Desintegrationsprozeß. Der Verfall ist allgegenwärtig und so distanziert dargestellt, daß das Fehlen einer Katharsis um so bedrückender wirkt: Bud Korpenning kommt als tatkräftiger Mann vom Lande nach New York und endet nach zehn Jahren voller Not und Arbeitslosigkeit im Selbstmord; die Schauspielerin Ellen Thatcher Oglethorpe macht zwar Karriere, aber auf Kosten ihrer Ehre; der ›Magier der Wall Street‹, Joe Harland, verfällt dem Alkohol und verliert sein Vermögen. Nirgends ein Lichtblick, nirgends mehr ein ernstzunehmendes Aufbegehren. Tektonisch ist das Buch ein interessantes Experiment. An die Stelle des die Handlung tragenden Charakters treten als Strukturelemente in harten Bildschnitten wechselnde Episoden, die nicht nur die Hast und Hektik der City, sondern auch die Diskontinuität und Simultanität ihres Lebens reflektieren. Die ›Montage‹ von Zeitschriftenartikeln, Inseraten oder Schlagern dient der Schaffung einer zeitgebundenen Atmosphäre.

Manhattan Transfer muß als Vorstudie für das Romanwerk von den *two nations* – den Besitzenden und den Habenichtsen – gewertet werden, denn tatsächlich fand Dos Passos in der Apokalypse der Nichtigkeit des Individuums und der Großstadtzivilisation Thema, Ton und Form für die Trilogie *USA*, deren Nihilismus der sterilen Welt in Eliots *Waste Land* nahesteht.

In einem gewaltigen amorphen Fresko entwirft Dos Passos die soziale Entwicklung der USA zwischen 1900 und 1929. Das Bild wird beherrscht von sozialer Ungerechtigkeit und der Entwertung der Persönlichkeit in einer aller Werte baren, verdorbenen Gesellschaft, die die Vertreter ihres besseren Gewissens entweder ignoriert oder zum Schweigen bringt. Es wird dargestellt in einer nur schwer überschaubaren Fülle von Episoden aus dem Leben ebenso vieler Gestalten verschiedenster sozialer Herkunft.

The 42nd Parallel behandelt die ersten Jahre des 20. Jahrhunderts. Die Schlüsselfigur ist der Agent des Kapitals, J. Ward Moorehouse, ein Opportunist reinsten Wassers. Wer in seinen Bann gerät, wird über kurz oder lang korrumpiert. Auf der anderen Seite des Grabens stehen der Sozialist Fainy McCreary oder der *I.W.W.*-Gewerkschafter und Idealist Charley Anderson, der als freiwilliger Sanitätssoldat nach Frankreich geht.

1919 stützt sich auf denselben Personenkreis. Im Zentrum steht nun Joe Williams, der als Matrose desertierte und als Symbol der modernen Entwurzelung auf Schiffen zwischen den Kontinenten pendelt, während Moorehouse und seinesgleichen vom Krieg profitieren. Mit Richard Ellsworth Savage, einem vormaligen Harvard-Ästheten und Soldaten, betritt der neue Typ des Karrieristen die Bühne. Er legt Zeugnis davon ab, daß die Nachkriegsgesellschaft eher noch egoistischer, aber auch verblendeter, morbider ist als ihre Vorgänger.

The Big Money kündet von der Dollarjagd der Hochfinanz und ist von Anfang an überschattet vom kommenden Zusammenbruch. Der enttäuschte Idealist und Kriegsheld Charley Anderson giert nur noch nach Geld, die Schauspielerin Margo Dowling sichert sich in Hollywood durch ihre Reize einen Platz an der Sonne. Zurück bleiben Idealisten wie Mary French, die einen erfolglosen Kampf um das Leben der Anarchisten Sacco und Vanzetti führt, und der mittel- und heimatlose Tramp ›Vag‹, der irgendwo auf einer Landstraße einem Flugzeug nachschaut, das seine dollarschweren Passagiere bequem an ihr Ziel bringt.

Auch hier benutzt Dos Passos die Technik der ›Simultanität‹ und der ›Montage‹ von Liedern usw., bereichert sie jedoch um die *newsreel*, in denen über lokale Ereignisse berichtet wird, die Biographien typischer ›Größen‹ der Zeit – von Debs über Carnegie, Bryan, Edison, Veblen u. a. bis hin zu Hearst – und das *camera eye*, dem persönlichen Kommentar des Autors.

Die Gestalten dieser unmenschlichen Komödie sind ungeachtet ihrer vielfachen Bindungen einsam und isoliert und als Opfer der seelenlosen Technologie außerstande, das teuflische System zu beseitigen oder zu reformieren. Obgleich Dos Passos auch in diesem Werk eine Vivisektion der *Gruppe* vornimmt, gehört seine ganze Sympathie – wie schon in den Antikriegsromanen – dem einzelnen in der Masse der Erniedrigten und Beleidigten des Industrialismus. Im *Camera eye*-Kommentar zum Justizmord an Sacco und Vanzetti heißt es: »Amerika, unser Land, ist von Feinden besiegt worden, die unsere Sprache verwirrt und sich der klaren Worte unserer Väter bemächtigt haben und sie uns klebrig und schmutzig zurückgaben ...« Nachdrücklich bekennt sich der Autor zur These von den *two nations* innerhalb seines Volkes, und vieles spricht dafür, daß dies auf den Einfluß Veblens zurückgeht. Ein ›echter‹ Marxist aber ist Dos Passos wohl nie gewesen, eher ein romantischer Anarchist, der in seiner Skepsis übrigens auch zu wissen schien, daß eine Revolution zwar Formen und Zielrichtung der Unterdrückung, nicht aber diese selbst aufhebt. Der »red, radical and revolutionary«, wie er sich selbst bezeichnete, erkannte früher als andere Linke, wie etwa Heinrich Mann (*Ein Zeitalter wird besichtigt*, 1944), die Verbrechen des Kommunismus unter Stalin und schrieb 1937, der Marxismus sei eine »reactionary force and an impediment to progress« und die Kommunistische Partei »fundamentally opposed to our democracy«. Letztlich akzeptierte er keine der Spielarten des Industrialismus und demonstrierte diese Überzeugung am Schicksal der Familie Spotswood in der Trilogie *District of Columbia*.

> In *Adventures of a Young Man* geht der junge Kommunist Glenn Spotswood freiwillig in den Spanischen Bürgerkrieg, gerät als angeblicher Spion in die Fänge der GPU und wird nach der Haft anläßlich eines sinnlosen Angriffs von den Genossen in den Tod gejagt.
>
> In *Number One* dient sein Bruder Tyler einem skrupellosen Politiker von der Art Huey Longs, deckt den vorgeblichen ›Kämpfer für die Volksfreiheit‹ und geht für ihn ins Gefängnis, um dort zu erkennen, daß ihn die ›Nummer Eins‹ abgeschrieben hat.
>
> *The Grand Design* behandelt das Schicksal des Vaters der beiden Brüder, des ehemaligen Professors und Idealisten Herbert Spotswood, der als Beamter in Washington seine ganze Kraft in den Dienst des *New Deal* stellt und am Ende dem Krebsschaden Bürokratie machtlos gegenübersteht.

In diesem Werk ist Dos Passos zur konventionellen Erzählweise zurückgekehrt. Thematisch hat er seinem Werk insofern einen neuen Akzent verliehen, als vom revolutionären Feuer des Frühwerks nicht mehr viel zu spüren ist. Auf der Suche nach Werten begab er sich nun in die Vergangenheit und beschwört in seinen Biographien den Geist jener Amerikaner – besonders Jeffersons –, die sich um die Freiheit der Persönlichkeit verdient gemacht haben.

Vieles am Werk Dos Passos' mag heute überholt erscheinen; dennoch bleibt es, sowohl was die formalen Experimente als auch die Ideengehalte betrifft, ein bemerkenswertes literarisches Denkmal seiner Zeit, da eine junge Generation die Prosa revolutionierte. Dos Passos hat sich selbst stets als *observer* definiert; die Kritik nannte sein Œuvre »fiction of despair«, zumindest der späte Dos Passos aber war überzeugt, daß sich aus den Werten der Vergangenheit Kraft für die Meisterung der Gegenwart gewinnen läßt.

Der bedeutendste Vertreter der *lost generation* und die – neben Faulkner – überragende Erscheinung der amerikanischen Prosa des 20. Jahrhunderts aber ist ERNEST HEMINGWAY (1899–1961), der Interpret des in der Grenzsituation um seine Identität ringenden Individuums.

Er wurde als Sohn eines Arztes und einer streng religiösen Mutter in Oak Park, Illinois, geboren, arbeitete nach Verlassen der *High School* als Tagelöhner, Sparringpartner und Reporter, ging als Sanitätssoldat freiwillig an die italienische Front und kehrte schwerverwundet in die Heimat zurück. Im Winter 1920/21 erfolgte die bedeutsame Begegnung mit Sherwood Anderson. Kurz darauf ging Hemingway als Korrespondent des *Toronto Star* nach Europa, berichtete u. a. vom griechisch-türkischen Krieg und wurde durch eine Empfehlung Andersons mit Gertrude Stein bekannt. In Paris (*A Moveable Feast*, posthum 1964) traf er Joyce, Eliot, Fitzgerald, MacLeish u. a. und beendete auf Drängen Gertrude Steins – die zusammen mit Pound starken Einfluß auf ihn ausübte – seine journalistische Tätigkeit. In den Jahren 1920–1924 erschienen im *Double Dealer*, dem *Querschnitt* und anderen Zeitschriften die ersten achtzehn Freiversgedichte; es folgten *Three Stories and Ten Poems* (Paris, 1923, dreihundert Exemplare) und die Miniaturen *in our time* (Paris, 1924, hundertsiebzig Exemplare), die als Vignetten in die erste Sammlung von *short stories*, *In Our Time* (1925) aufgenommen wurden, die Anderson-Travestie *The Torrents of Spring* (1926) und der Roman *The Sun Also Rises* (1926). Die *short stories Men Without Women* (1927) und *Winner Take Nothing* (1933) sowie der Roman *A Farewell to Arms* (1929) festigten seinen Ruhm. Die dreißiger Jahre standen im Zeichen des Experiments: Die Bücher über den Stierkampf (*Death in the Afternoon*, 1932) und die Großwildjagd (*Green Hills of Africa*, 1935) enthalten Hinweise auf Hemingways Weltbild sowie seine literarischen Vorstellungen und Vorbilder. Die psychologischen Studien »The Short Happy Life of Francis Macomber« und »The Snows of the Kilimanjaro« (beide 1936) bezeichnen einen Wendepunkt seiner Auffassungen. Mit *To Have and Have Not* (1937), dem mißlungenen Theaterstück *The Fifth Column* (in: *The Fifth Col-*

umn and the First Forty-nine Stories, 1938) und dem Roman *For Whom the Bell Tolls* (1940) entstanden Werke, in denen sich der bislang entwurzelte Hemingway-Held Ideen zu verbinden sucht. Während des Zweiten Weltkriegs diente der nun in Kuba lebende Schriftsteller der *Naval Intelligence* und berichtete als Korrespondent aus Frankreich. *Across the River and Into the Trees* (1950) bietet ein erstes *summing up*. Er krönte sein Werk mit *The Old Man and the Sea* (1952) und wurde 1954 mit dem Nobelpreis geehrt. Nach dem Sieg Castros kehrte Hemingway in die USA zurück; physisch erschöpft und psychisch ausgebrannt, setzte er seinem dynamischen Leben durch Freitod ein Ende. Unter den posthum veröffentlichten, zum Teil unvollendeten Stücken sind zu erwähnen der Roman *Islands In the Stream* (1970), die von Philip Young edierten *The Nick Adams Stories* (1972), die von Carlos Baker herausgegebenen *Selected Letters 1917–1961* (1981), *88 Poems* (1979), *The Dangerous Summer* (1985) sowie *The Garden of Eden* (1986), *The Complete Short Stories of Ernest Hemingway* (1987) und Editionen seiner journalistischen Arbeiten (*By Lines*, 1967).

In *Death in the Afternoon* sagt Hemingway: »Ich suchte schreiben zu lernen, indem ich mit den einfachsten Dingen begann«, und er hatte das Glück, in Sherwood Anderson einen Mentor zu finden, der um diese Zeit ebenfalls der Ästhetik der Einfachheit anhing. Im Herbst und Winter 1921/22 entstand eine Anzahl *short stories*, von denen – nach einem Diebstahl – mit »My Old Man« und »Up in Michigan« zwei Stücke erhalten blieben, die über das Werden und Wesen Hemingwayscher Dichtkunst Aufschluß geben. Im ersten Fall handelt es sich um eine Variante des von Anderson in »I Want to Know Why« behandelten Themas, im zweiten um eine bereits weitgehend selbständige Leistung. Interessanter als der Inhalt dieser *short stories* sind die verwendeten Stilmittel. Sie enthalten im Keim alles, was den Stilisten Hemingway berühmt machen sollte: das einfache Wort, die Fügung in parataktischen, klaren Aussagesätzen, die Kopula *and*, das *vernacular* des Mittleren Westens, das sensitive Erfassen und die direkte Behandlung der Objekte, das Fehlen editorialer Reflexion, den Reporterblick für Zahl und Einzelheit, die Wortwiederholung (die in der dritten *story*, »Out of Season« – Einwirkung Gertrude Steins! –, die Funktion des Schlüsselwortes übernimmt), die *lingua franca* sowie die für Hemingway typische rhythmische Energetik der Sprache. Tektonik und Stil dieser noch in den USA entstandenen Erzählungen machen deutlich, daß sich Hemingway unter Anleitung Andersons bereits zu einer Konzeption bekannt hatte, die den ästhetischen Auffassungen Gertrude Steins und Ezra Pounds sehr nahe kam. Diese Affinität machte es Hemingway möglich, die Ratschläge seiner Pariser Mentoren weitgehend zu akzeptieren, ohne von eigenen Vorstellungen abrücken zu müssen.

Als Angehöriger der vom Krieg gezeichneten Generation, die er als eine ›getroffene‹, nicht aber ›verlorene‹ bezeichnete, lehnte er überlieferte Wertvorstellungen ab und redete in seinen expressiven Freiversgedichten (»The Age Demanded«, »The Soul of Spain ...«, »The Earnest Liberal's Lament«, »The Lady Poets with Foot Notes« u. a.) einem zynischen Antikulturismus das Wort. Zur *lingua franca* kommt hier eine kein Tabu achtende *lingua communis*. Etwa zur gleichen Zeit entstehen unter dem Eindruck der Imagisten und der Mentorschaft Gertrude Steins und Pounds die als Vignetten in *In Our Time* aufgenommenen Miniaturen (»Everybody was drunk ...«, »The First Metador ...«, »They shot ...«, »Nick sat ...« u. a.), die als ein Versuch angesehen werden müssen, die Forderungen der Imagisten konsequent in Prosa umzusetzen. Pound hatte Hemingway auf das *mot juste* und die sprachliche Disziplin Flauberts aufmerksam gemacht, vor Abstraktionen gewarnt und fast alle Adjektive aus den Manuskripten gestrichen. Gertrude Stein wandte sich gegen deskriptive Passagen und forderte Konzentration auf die Dramatisierung der Handlung. Damals kam Hemingway zu der Überzeugung, alle schlechten Schriftsteller seien in die Epik verliebt. Er selbst schickte sich an, eine »sequence of motion and fact«, eine dramatische Prosa zu schreiben, in der der Dialog eine entscheidende Funktion übernimmt, der Verbalstil und das Partizip die Illusion der Bewegung beschwören und das sensitiv wahrzunehmende und Eigenschaften bezeichnende Adjektiv die Gefahr einer Verwischung der Konturen weitgehend bannt. Da er überdies das Intellektualisieren und Mystifizieren ablehnte und das Symbol durch das *Image* ersetzte, schuf er frische, unmittelbare und hochverdichtete Prosa, deren Bedeutung weit über seine Zeit und den englischen Sprachraum hinausreicht.

Mark Twain hatte die Gestalt eines Zwölfjährigen »in der ersten Person durch das Leben führen« wollen. Hemingway griff diesen Gedanken auf und schuf in den Masken von Nick Adams, Jake Barnes, Frederic Henry, Harry, Robert Jordan, Richard Cantwell, Santiago oder Thomas Hudson *einen* Protagonisten, hinter dem sich der Autor immer wieder selbst verbirgt. Im Zentrum dieses Œuvres steht das in einer brutalen Welt ständig von Gewalt bedrohte, bis zum letzten um sein Selbstverständnis kämpfende Individuum, das eher »zerstört« als »besiegt« werden kann. Eines der »einfachsten Dinge« war für Hemingway der Tod. Der Raum menschlicher Bewährung für seine Charaktere liegt im Grenzbereich zwischen der Bedrohung und dem gleichsam faßbaren physischen Ende. Das Bekenntnis zu den »einfachsten Dingen« verstand Hemingway überdies so, daß er nur Dinge beschrieb, die er persönlich erlebt hatte oder kannte. Sein erster Protagonist ist Nick Adams, dessen Eltern denen Hemingways ähneln; eine Reihe von *short stories* (»Indian Camp«, »Big Two-Hearted River« u. a.) sind seiner Kindheit und Jugend gewidmet, in denen er ebenso brutal mit der

Erwachsenenwelt konfrontiert wird wie Huck Finn oder Cranes Jimmie Trescott. Die Desillusionierung Nicks erreicht ihren Höhepunkt im Inferno des Krieges (»Nick sat ...«, »Now I Lay Me«, »In Another Country« u. a.). Weitere *short stories* (»Cross Country Snow«, »Alpine Idyll«, »Fathers and Sons« u. a.) zeigen Nick in der Nachkriegszeit. Diese nicht chronologisch entstandene Episoden-Biographie reicht etwa bis zum dreißigsten Lebensjahr Hemingways. Sie fügt sich nahezu nahtlos in das Romanwerk ein, dessen Chronologie anfangs ebenfalls nicht der des Protagonisten entspricht. Anders als Dos Passos, Cummings oder Faulkner behandelte Hemingway in seinem ersten bedeutenden Roman nicht das Kriegserlebnis selbst, sondern interpretierte in *The Sun Also Rises* – einer Fiesta der Entwurzelten – dessen Auswirkungen auf eine internationale Gruppe in Paris lebender Bohemiens.

> Dem Buch gehen zwei Sinnsprüche voraus: »You are all a lost generation« (Gertrude Stein) und »One generation passeth away, and another generation cometh; but the earth abideth forever ... The sun also ariseth, and the sun goeth down, and hasteth to the place where he arose ...« (Ecclesiastes 1, 2–7). Die Antithetik dieser beiden Leitsätze bestimmt die Atmosphäre dieses Romans und die geistige Haltung der von der ›Nymphomanin‹ Lady Brett Ashley und dem durch die Verwundung entmannten Jake Barnes – des Ich-Erzählers – repräsentierten Gruppen. Brett und ihr Gefolge, Mike Campbell, Robert Cohn und das Babylon der Eitelkeit, Paris, gehören ebenso zusammen wie Jake und die gesunde Bergatmosphäre von Burguete. Die Handlung spielt in Paris und in den Bergen von Burguete während der Fiesta in Pamplona. In ihrem Zentrum steht die physisch nicht zu vollziehende Zuneigung zwischen Brett und Jake. Das *Fisher king*-Motiv als Symbol der Sterilität bestimmt auch die Atmosphäre dieses ›wüsten Landes‹. Bis auf den Skeptiker Jake verdrängen die einfach so Dahinlebenden etwa aufkommendes Unbehagen an ihrer Situation mit Alkohol, Sex, *action* und Selbsttäuschung.

Fast alles in diesem Buch beschwört die dem zweiten Motto vorangehenden Verse Prediger 1, 2–3: »Es ist alles ganz eitel ... Was hat der Mensch für Gewinn von all seiner Mühe, die er hat unter der Sonne?« Und doch bietet der Roman mehr als nur einen Jahrmarkt der Eitelkeit. Auf dem Weg von Paris nach Pamplona kommt der Hemingway-Held an seinen Kreuzweg. Der eine Pfad, Brett und Mike gehen ihn, führt über Pamplona und die *short stories* »A Canary for One«, »Cat in the Rain«, »Hills Like White Elephants« zu »A Clean Well-lighted Place« mit seinem Evangelium des absoluten Nihilismus: »Unser *Nada*, das du bist im *Nada*, *Nada* sei dein Name, dein Königreich *Nada* ...«; der andere Pfad geleitet den Protagonisten über Burguete an den Fuß des Kilimandscharo, lehrt ihn die Furcht, umsonst gelebt zu haben und gibt schließlich den Blick frei auf die Eitelkeit der Selbstisolierung, der sich Robert Jordan als Märtyrer im Dienst einer von ihm als gut empfundenen Sache entzieht.

Vier Jahre nach *The Sun Also Rises* gab Hemingway in *A Farewell to Arms* zunächst Aufschluß über die Ursachen der Nada-Konzeption.

> Der Roman behandelt – in der Ich-Form – das Kriegs- und Liebeserleben Leutnant Frederic Henrys und der schottischen Krankenschwester Catherine Barkley. Der amerikanische Freiwillige erkennt an der italienischen Front, daß alle patriotischen Reden Phrasen sind, der Krieg eine Katastrophe für Kultur und Zivilisation ist. Die schwere Verwundung, der Zynismus der Regierenden und die Liebe zu Catherine fördern Frederics aufkeimenden Pazifismus. Als er während des Rückzugs von Caporetto erschossen werden soll, mithin vor die Wahl Liebe – Leben und Kapitulation – Tod gestellt wird, desertiert er: »Ich hatte meinen Sonderfrieden geschlossen.« Er flieht mit der schwangeren Catherine in die neutrale Schweiz. Hier erreicht die Tragödie der Sinnlosigkeit ihren Höhepunkt, als Catherine ein totes Kind zur Welt bringt und bei der Geburt stirbt. Frederic hat damit alles verloren, was er aus dem Grauen des Krieges in seinen Sonderfrieden hinüberretten konnte.

In diesem harten, naturalistisch gestalteten Roman schuf Hemingway eine der zartesten Liebesgeschichten der amerikanischen Prosa des 20. Jahrhunderts, ein Buch aus einem Guß, wie es ihm nur noch einmal in *The Old Man and the Sea* gelingen sollte. Von hoher Vollendung ist die Verschmelzung von Handlung und Hintergrund und die sich daraus ergebende homogene Atmosphäre. Landschaft und Wetter sind hier mehr als nur eine Einstimmung in die angestrebte Emotion. Diese Kulisse ist ein reproduktives *Image*, dem schicksalhafte Bedeutung zuwächst. Wie in *The Sun Also Rises* bedeuten auch hier Ebene und Stadt Morbidität, die Bergeshöhe geistige Gesundheit und Vitalität. Hemingway erzielt diesen Effekt, obgleich er den Hintergrund, wie etwa Turgenjew, nur skizziert. Eine Schlüsselstellung nimmt das Todes-*Image* des Regens ein, das bereits in den Vignetten II und V Verwendung findet. In *A Farewell to Arms* wird der Leser schon am Schluß des ersten Kapitels eingestimmt: »Am Ende des Winters kam der Dauerregen, und mit dem Regen kam die Cholera.« Im neunzehnten Kapitel deutet der Regen das Ende Catherines an: »Ich habe Angst davor, weil ich mich manchmal tot im Regen liegen sehe.« Auch über dem Rückzug der Truppen hängt todesdräuend der Regen; er hört erst auf, als die Liebenden in die Schweiz – ins Leben

– flüchten. In der Todesstunde Catherines aber ist er wieder gegenwärtig. Die weitgehende Verdrängung des Symbols durch das empirisch motivierte *Image* ist – bis auf *The Old Man and the Sea* – ein charakteristisches Merkmal Hemingwayscher Gestaltung.

In *A Farewell to Arms* erweist sich auch der individuelle Sonderfrieden als ein untaugliches Mittel, das blind dreinschlagende Schicksal zu überlisten. In einer Reihe von *short stories* (»The Undefeated«, »The Killers«, »Fifty Grand« u. a.) wird das Thema des Kampfes um ein im Grunde sinnloses, von Angst beherrschtes Leben weiter ausgeführt und erfährt in »The Short Happy Life of Francis Macomber« seine absurde Zuspitzung. Zur gleichen Zeit entstand die Erzählung »The Snows of Kilimanjaro«, in der der Protagonist Harry angesichts des drohenden Todes erkennt, daß sein Leben, hätte es einen Sinn haben sollen, anders ausgesehen haben müßte. Im selben Jahr entschloß sich Hemingway, aus den *short stories* »One Trip Across« (1934) und »The Tradesman's Return« (1936) sowie der soeben entstandenen Richard-Gordon-Story den Roman *To Have and Have Not* zusammenzufügen. Kompositorisch ist dieses die Erzählperspektive wechselnde, in Teile zerbrechende Buch eine schwächere Leistung, nach seinem Ideengehalt aber insofern wichtig, als sich Hemingway hier unter dem Eindruck der *depression* faktisch zu Dos Passos' These von den *two nations* bekennt.

> Der um des Überlebens willen zum Schmuggel und in den Tod getriebene Harry Morgan wird den ein inhaltloses und verkommenes Leben führenden Millionären von Key West gegenübergestellt und gelangt sterbend zu der Erkenntnis, daß »ein Mann allein« in dieser Welt des organisierten Unrechts keine würdige Überlebenschance hat.

Diese Erkenntnis führt geradewegs in das belagerte Madrid, wo der Protagonist Philip Rawlings *(The Fifth Column)* sein Leben einer Ideologie unterordnet, und gipfelt in dem *For Whom the Bell Tolls* vorangestellten John-Donne-Zitat: »No man is an *Iland*, intire of it selfe; every man is a peece of the *Continent*, a part of the *maine*; … any mans *death* diminishes *me*, because I am involved in *Mankinde*; And therefore never send to know for whom the *bell* tolls; It tolls for *thee*.« Dieses Bekenntnis zur Solidarität bewirkt jedoch keine kritiklose Unterordnung des Protagonisten; und es entspricht dem Wesen des jungen Professors Robert Jordan, wenn er sich nicht in der Linie, sondern als Einzelkämpfer bewährt. *For Whom the Bell Tolls* ist ein weiteres Beispiel für den Hemingway-Kodex, wonach etwas moralisch ist, wenn man sich danach gut fühlt.

> Der Amerikaner Robert Jordan lernt in Madrid die zweifelhafte Atmosphäre der Etappe kennen, geht hinter die Front der Francisten, um mit einer Gruppe von Partisanen beim Beginn einer republikanischen Offensive eine wichtige Brücke zu sprengen. Im Kreis der vom langen Parialeben und Besitzstreben depravierten, nur noch von der starken Persönlichkeit Pilars zusammengehaltenen Guerillas um Pablo, trifft Robert die von den Faschisten vergewaltigte Maria. Während sich der Ring der Feinde immer enger schließt, erleben beide in der Vorahnung des baldigen Endes Stunden höchsten Glücks. Obgleich Robert weiß, daß die Offensive ein Fehlschlag wird und die um ihre Sicherheit besorgten Partisanen die Sprengung der Brücke sabotieren, führt er seinen Auftrag aus. Auf der Flucht wird er verletzt. Vor die Wahl gestellt – wie sein Vater –, den Freitod zu wählen oder aber der kämpferischen Pioniertradition des Großvaters zu folgen, entscheidet sich Robert für letzteres und verwirft damit die Möglichkeit eines Separatfriedens und die Nada-Konzeption. »Ich habe jetzt ein volles Jahr für meine Überzeugung gekämpft. Wenn wir *hier* siegen, werden wir *überall* siegen. Die Welt ist schön und wert, daß man um sie kämpft, und ich verlasse sie nur ungern.« Er opfert sich, um den Rückzug der Freunde zu decken.

Wie schon in *A Farewell to Arms* sind auch hier Liebe und Tod die Pole eines Lebens in der Grenzsituation, indessen ist die Atmosphäre nun frei von Nihilismus. Aber nicht nur die Aussage unterscheidet dieses Werk von seinen Vorgängern. Es ist epischer, und dies nicht immer zu seinem Vorteil. Hier zeigt sich, daß Hemingway ein Meister der kurzen Form und geradlinigen Fabel ist. Das der Epik eigene retardierende Element, die Reflexion und Abstraktion, sind nicht unbedingt sein Metier. Die Epik drückt auch der Sprache ihren Stempel auf; sie ist nun getragener, ihr Stakkato weitgehend geglättet. Die Er-Form ermöglicht größere Distanz zu den Geschehnissen und versetzt den Erzähler in die Lage, über den Erfahrungsbereich Jordans hinauszusehen. Interessant ist der Versuch, den spanischen Hintergrund *sprachlich* sichtbar zu machen. Eingedenk der Tatsache, daß Sinnentsprechungen in verschiedenen Sprachen unterschiedliche emotionale Werte haben, sucht Hemingway die Gefühlsebenen des Spanischen in den ja spanisch geführten Gesprächen der Charaktere ins Englische zu transponieren. Dies geschieht unter Verwendung dem Englischsprechenden verständlicher spanischer Wörter, Fremdwörter oder bisher gemiedener romanischer Stämme der englischen Sprache; hinzu kommen eine Umstellung der Syntax und der Gebrauch archaischer, meist elisabethanischer Formen (thy, thou, hadst, nay u. a.) des Englischen. Das Zusammenwirken dieser Stilmittel verleiht dem Dialog und dem ganzen Buch – auch wenn er damit die spanische Kritik nicht gewinnen konnte – einen ›fremdländischen Sprachcharakter‹, der in der Übersetzung verlorengeht.

Nach dem Spanien-Erlebnis kehrte der Hemingway-Held wieder in seine alte Isolierung zurück. Dies gilt zunächst für die Zentralgestalt des umstrittenen Romans *Across the River and Into the Trees*.

> Der alt gewordene Frederic Henry kehrt in der Maske des Colonel Cantwell nach dem Zweiten Weltkrieg und kurz vor seinem Tod an die Stätte seiner ersten Verwundung zurück. Die neunzehnjährige Contessa Renata dient dazu, ihm noch einmal die Illusion der Jugend zu vermitteln und Cantwell-Hemingway die Möglichkeit zu geben, weitgehend unwidersprochen seine Urteile über den Lauf der Welt abzugeben. Der Tod Cantwells in Venedig ist nicht frei von Sentimentalität. Einige Passagen, so die Jagdszene im Eis der Kanäle bei Venedig, gehören in ihrer Energetik zu den Meisterleistungen Hemingways.

Einen weiteren Höhepunkt seines Schaffens erreichte er mit der in ihrer Schlichtheit überzeugenden Erzählung *The Old Man and the Sea*.

> Seit vierundachtzig Tagen hat der alte kubanische Fischer Santiago keinen Fang mehr eingebracht, um am fünfundachtzigsten in einem dreitägigen Kampf den Fisch seines Lebens zu besiegen. Doch sein Glück ist kurz; Haie entreißen ihm die Beute. So bleibt der alte Mann nach dem Kampf ein »Sieger, der leer ausgeht«. Gleich Christus stolpert er nach seiner Heimkehr, den Mast auf der Schulter, den Berg hinan, strauchelt und rafft sich wieder auf, um vor seinem Golgatha zurückzublicken. Schließlich legt er sich nieder »und schlief … mit ausgestreckten Armen und den Handflächen nach oben« (!), um schließlich seiner Auferstehung entgegenzusehen, als der Junge Manolin verheißt: »Nun fischen wir wieder zusammen … Ich werd' das Glück mitbringen« (vgl. Joh. 21,3 und 14). Ungeachtet der religiösen Anspielung handelt es sich hier nicht um ein christliches Glaubensbekenntnis des Autors, sondern um eine allgemeinmenschliche Fabel *par excellence*. Im Grunde bleibt Santiago ein heidnisches, sich völlig mit der Natur eins fühlendes Wesen: »Du tötest mich, Fisch, dachte der alte Mann, aber dazu bist du berechtigt. Niemals habe ich etwas Größeres oder Schöneres oder Ruhigeres oder Edleres gesehen als dich, Bruder, komm nur und töte mich. Mir ist gleich, wer wen tötet.«

Die dämonische See Melvilles wird hier zum Ort menschlicher Bewährung und Selbstbestätigung des von Haien, anders gesagt: elementaren Feinden, bedrängten kleinen

Mannes. Der große Dialog mit den Mächten der Natur ist unprätentiös und in einer so einfachen, sentenzenhaften, ja nahezu biblischen Sprache gestaltet, daß er zu Recht als ein Stück ›klassischer‹ englischer Prosa angesehen wird.

Dem Thema Bewährung auf See begegnen wir noch einmal in der Form des Initiationsritus (»That'll make a man of you ...«) in *Islands in the Stream*, wo der Protagonist Thomas Hudson seinen Sohn David dieser Bewährungsprobe aussetzt. In solchen Szenen und manchen Reminiszenzen dieses torsohaften Nachlasses – Hemingway hat das kaum durchkomponierte Werk nicht veröffentlichen wollen – blitzt zuweilen noch die alte Meisterschaft auf, was sich von den beiden anderen unbearbeitet zurückgelassenen epischen Texten nicht sagen läßt. Die in *The Nick Adams Stories* enthaltenen, zuvor nicht publizierten acht Stücke runden das Bild dieses Protagonisten ab.

Hemingway galt lange als ein »hartgesottener«, »zynischer«, ja »primitiver« Schriftsteller, als ein Heidelberg-Mensch unter den Autoren, der das »Verschwinden der menschlichen Seele« dargestellt habe. Gewiß gehört seine Sympathie den einfachen Menschen, den Bauern, Boxern, Jägern, Stierkämpfern, die »mit den Eingeweiden denken«. Vieles aber spricht dafür – und das Ende Hemingways scheint es zu bestätigen –, daß die von seinen Protagonisten zur Schau gestellte Härte ein Schutz ist, mit dem sie sich von der Umwelt abschirmen, um nicht besiegt zu werden. Hemingways Bekenntnis »Du wirst es verlieren, wenn du darüber sprichst«, ist nicht nur ein ästhetisches, sondern auch ein existentielles Credo. Zur harten Schale kommt ein außerordentlich sensibler Kern. Das wird nirgends deutlicher als in den realistisch gestalteten und dennoch romantischen, ja geradezu überirdischen Liebesszenen, in denen sich Hemingway als ein Dichter der Lebensfreude erweist.

Die Tatsache, daß seine Frauengestalten – von Pilar abgesehen – nicht mehr den Emanzipationsvorstellungen am Ende des Jahrhunderts entsprechen, weist auf den virilen Charakter seines Œuvres hin. Dies mag einer der Gründe dafür gewesen sein, daß seine Bücher im Schatten zweier Kriege von einer existentialistisch denkenden Jugend in bemerkenswerter Weise beachtet wurden und die Kritik an den Frauengestalten erst sehr viel später einsetzte. Aber Hemingway war auch ein moralischer Autor, denn er bekannte sich bei aller Skepsis zum ethischen Sinn des Lebens, wenn er sagte: »Im Angesicht des Todes gibt es für den Menschen keine andere Rechtfertigung als die, seine Arbeit gut gemacht zu haben«; und als Ästhet warnte er: »Alle unsere Worte haben durch den nachlässigen Gebrauch an Schärfe verloren.« Eine routinemäßige Anwendung seines ästhetischen Credos führte in *A Moveable Feast*, *The Dangerous Summer* oder *The Garden of Eden* zuweilen zu einer bemerkenswerten Entleerung der Form.

Wie schwer Hemingways Stil selbst in Verbindung mit einer existentiellen Weltsicht zu kopieren ist, beweisen viele Adepten, von denen John O'Hara und JAMES M. CAIN (1892–1977) mit seinen *hard-boiled mysteries* (*The Postman Always Rings Twice*, 1934, u. a.) zu den Begabtesten zählen. In diesem Zusammenhang ist auf den sich herausbildenden *hard-boiled* Detektivroman hinzuweisen, der aufs engste mit den Namen RAYMOND CHANDLER (1888–1959; *The Big Sleep*, 1939; *Farewell, My Loveley*, 1940; *The Simple Act of Murder* – darin sein Essay über das Schreiben von *crime fiction* –, 1950, u. a.) und DASHIELL HAMMETT (1894–1961; *Red Harvest*, 1929; *The Maltese Falcon*, 1930, u. a.) und ihren Detektiven Philip Marlowe, Sam Spade und Nick Charles verbunden ist. Sie sind keine Superhirne mehr wie Poes Dupin oder Sherlock Holmes, sondern »common men« in einer Welt, in der es nicht mehr um die »power of reason«, sondern um den Kampf um das nackte Überleben im kriminellen Dschungel der Großstadt geht. Durch Einbeziehung sozialkritischer Intentionen und der realistischen Reflexion des einschlägigen Milieus wächst dem Kriminalroman – wie Sartre und Camus betonen – eine neue Qualität zu, die einen großen Einfluß auf die weitere Entwicklung dieses populären Genres weit über die Grenzen der USA hinaus ausüben sollte. Ob freilich Chandler – wie einige Kritiker meinen – das Werk Hemingways überdauern werde, darf bezweifelt werden. Immerhin suchte seit Ende des Zweiten Weltkriegs eine internationale Phalanx junger Autoren Hemingway nachzueifern, ohne daß aus ihren Reihen, vielleicht von Tim O'Brien abgesehen, bislang ein bemerkenswerter Erzähler hervorgegangen wäre.

Das Werk des anderen überragenden Meisters der amerikanischen Prosa jener Jahre, WILLIAM FAULKNER (1897–1962), ist eher noch düsterer als das Hemingways, von diesem jedoch grundverschieden. Die von dem Globetrotter Hemingway mit sparsamsten Mitteln geradlinig gestaltete Chronik der Entwurzlung und des Ringens um individuelle Selbstbestätigung ergänzt der seßhafte Südstaatler Faulkner durch seine von wuchernder Phantasie und barockem Formenreichtum überbordende, kompliziert strukturierte und makabre Tragödie eines an das fluchbeladene Erbe der Väter geketteten Menschengeschlechts. Ist es das Schicksal der meisten Charaktere der *lost generation*, ihrer Bindungen verlustig gegangen zu sein, so erfüllt sich das Verhängnis der Figuren Faulkners, weil sie sich nicht oder nur schwer von der depravierenden Tradition ihrer dekadenten Gesellschaft lösen können.

Faulkner wurde als Sproß einer verarmten ›aristokratischen‹ Familie in Albany, Mississippi, geboren und wuchs in Oxford, Mississippi, dem ›Jefferson‹ seines fiktiven Yoknapatawpha County, auf. Sein Urgroßvater, Colonel William C. Falkner, war ein bedeutender Gentleman-Pionier südlicher Prägung und Autor des Bestsellers *The White Rose of Memphis* (1880). Als Colonel Sartoris erscheint er im Werk Faulkners als Haupt einer Familie, die vieles mit den Falkners gemein hat. Faulkner besuchte die *High School*, diente im *Royal Canadian Flying Corps*, studierte kurz an der *University of Mississippi*, schlug sich als Gelegenheitsarbeiter und Journalist durchs Leben und veröffentlichte 1924 einen Band – vorwiegend pastoraler – Gedichte *(The Marble Faun)*. 1925 traf er in New Orleans (*New Orleans Sketches*, 1958) Sherwood Anderson, dem er die Veröffentlichung des Romans *Soldiers' Pay* (1926) verdankt. Die Romane *Mosquitoes* (1927), *Pylon* (1935), *A Fable* (1954) u. a. stehen außerhalb der weitverzweigten und verästelten ›Yoknapatawpha Saga‹, die nicht nur den Kern seines Romanwerkes ausmacht, sondern auch in den *short stories* weitergesponnen wird. Der Roman *Sartoris* (1929) leitet den vom Schicksal der Familien Sartoris, Compson, Benbow, McCaslin oder Snopes sowie der Einheit des Ortes zusammengehaltenen Zyklus vom Niedergang des Südens ein. Es folgten *The Sound and the Fury* (1929), *As I Lay Dying* (1930), *Sanctuary* (1931), *Light in August* (1932), *Absalom, Absalom!* (1936), *The Unvanquished* (1938), *The Hamlet* (1940), *Intruder in the Dust* (1948), *Requiem for a Nun* (1951), *The Town* (1957), *The Mansion* (1960) und *The Reivers* (1962). Parallel dazu entstanden die *Short story*-Sammlungen *These 13* (1931, darin »A Rose for Emily«), *Idyll in the Desert* (1931), *Miss Zilphia Gant* (1932), *Doctor Martino and Other Stories* (1934), *Go Down Moses* (1942, darin »The Bear«, »Delta Autumn«), *Knight's Gambit* (1949), *Collected Stories* (1950) und *Big Woods* (1955). Hinzu kamen ein Band früher Essays und Gedichte, *Salmagundi* (1932), die Gedichtsammlung *A Green Bough* (1933) sowie die posthumen Veröffentlichungen *Early Prose and Poetry* (1962) und *Essays, Speeches and Public Letters* (1965) und *Selected Letters of William Faulkner* (1977). Die in *Faulkner at Nagano* (1956) und *Faulkner in the University* (1959) enthaltenen Beiträge geben Hinweise auf seine poetische Konzeption. Faulkner erhielt 1950 den Nobelpreis.

Faulkner begann seine an Dostojewskij gemahnende psychologische Entdeckungsfahrt in die Abgründe der menschlichen Seele zunächst als ein Weggenosse der *lost generation*. Seine beiden ersten Romane sind südliche Variationen zum Thema allumfassender Desillusionierung und der Leere menschlichen Daseins.

In *Soldier's Pay* muß der schwerverwundete Leutnant Donald Mahon bei seiner Heimkehr nach Georgia feststellen, daß in der Welt des Egoismus kein Platz für die Opfer des Patriotismus ist. Vom Vater mißverstanden, von der Braut verlassen, darf er sich glücklich schätzen, von der Kriegerwitwe Margaret Powers bis zum Tod umsorgt zu werden.

Der Roman *Mosquitoes*, in dem ein von Trinken, Kartenspielen und menschlicher Eitelkeit ausgefüllter fünftägiger Jagdausflug in der Nähe New Orleans' geschildert wird, bietet ein südliches Pendant zur Welt Gatsbys und der Pariser Bohemiens. Im Gegensatz zu den meisten Autoren der *lost generation* ist Faulkner jedoch sehr früh davon überzeugt, daß der Mensch keineswegs eine Insel für sich selbst, sondern das Produkt und Opfer zeitlich-zeitloser Bindungen ist. Die Formel seiner Epik lautet: »Gestern ist nicht vor morgen zu Ende, und morgen hat vor zehntausend Jahren begonnen.« Diese Auffassung von der Zeitlichkeit bietet den Schlüssel zum Verständnis der vielschichtigen und eigenwilligen Erzähltechnik Faulkners. »Der Mensch ist die Summe seines Unglücks«, postuliert er. »Man könnte meinen, daß er eines Tages des Unglücks seiner selbst überdrüssig wird, aber dann wird die Zeit sein eigentliches Unglück.« Die Tragik des Individuums resultiert jedoch nicht nur aus seiner alttestamentarischen Haftung für die Sünden der Väter, sondern auch aus der permanenten Unfähigkeit, die von den Altvorderen geschürzten gordischen Knoten zu lösen und sich eine lebenswerte Welt neu zu schaffen. Das Ergebnis dieser Weltschau ist das im nördlichen Mississippi um ›Jefferson‹ angesiedelte Pandämonium ›Yoknapatawpha County‹, das sich insofern etwa vom ›Poictesme‹-Traumreich Cabells unterscheidet, als es die bedrückend realistische Kulisse für den von Faulkner geschilderten Verfall der südlichen Pflanzerkultur bietet. Mit dem Roman *Sartoris* schlägt Faulkner die Brücke von der Welt der *lost generation* in das Reich von *Yoknapatawpha*.

> Der Flieger Bayard Sartoris, Enkel des Bankpräsidenten Bayardsen und Nachfahr des berühmten Colonel Sartoris, kehrt aus dem Krieg zurück und kann sich nicht mehr in seine der Tradition verhaftete Familie einfügen. Auf der Jagd, mit Alkohol und in der Ehe mit Narcissa Benbow sucht er seiner Verzweiflung Herr zu werden und seine Isolierung zu überwinden. Als ihm das nicht gelingt, verläßt er die Familie, streift durch Südamerika und sucht schließlich als Testpilot den Tod. Am Tag seines Absturzes wird sein Sohn Benbow Sartoris geboren, der in *Knight's Gambit* als Offizier des Zweiten Weltkrieges auftritt.

Obgleich dieses Buch eine weitere Variante des bereits in *Soldier's Pay* abgehandelten Gegenstandes ist, enthält es nicht nur das Grundthema der sich entwickelnden Saga, sondern auch eine Reihe typischer, stets wiederkehrender Motive. Colonel Sartoris verkörpert den ›Alten Süden‹, Bayard die »Geister bezaubernder und alter unheilvoller Dinge«, und die Narcissa und die Familie bedrängenden Snopes repräsentieren den ›Neuen Süden‹, einen die alte südliche Kultur vergewaltigenden ›nördlichen‹ Materialismus. Zwischen diesen Kräften werden nicht nur der junge Kriegsheld Bayard, sondern auch eine ganze Reihe anderer Faulkner-Gestalten zerrieben.

Das nächste Buch, *The Sound and the Fury*, bringt die Hinwendung zum eigentlichen Faulkner-Thema, da der hier geschilderte Verfall der einst tonangebenden Familie Compson nicht als eine unmittelbare Folge des *Civil War* dargestellt wird. Vielmehr ist er das Ergebnis des seit diesem Krieg fortschreitenden Desintegrationsprozesses des alten Südens.

> Die Kritik hat die Compsons mit den Atriden verglichen, und in der Tat wird hier der an den Eltern haftende Makel den Kindern zum Verhängnis. Die hypochondrische Mutter und der trunksüchtige Vater leben auf ihrer geschrumpften Besitzung in der Illusion, noch immer eine Elite zu repräsentieren. Auch ihre Kinder weisen Degenerationserscheinungen unterschiedlichen Grades auf. Der taubstumme Idiot Benjy ist lebensuntüchtig, der übersensible, zum Inzest neigende Harvard-Student Quentin nimmt sich das Leben, als er von der liederlichen Sinnlichkeit seiner Schwester hört, und Jason – der Normalste – ist ein brutaler, habsüchtiger Pedant, der Caddys Tochter so lange quält, bis sie mit einem Schausteller davongeht. Die einzigen positiven Gestalten sind ironischerweise die tapfere und treue schwarze Dienerin Dilsey und ihr Sohn Luster. Ohne sie hätte sich der Zusammenbruch der Familie noch rascher vollzogen. Der Titel dieser vierteiligen, in drei inneren Monologen (Benjy, Quentin, Jason) und einen Bericht gestalteten, die übliche Chronologie weitgehend aufhebenden Komposition geht auf *Macbeth* V, 5, zurück (»… it is a tale / Told by an idiot, full of sound and fury«).

The Sound and the Fury ist ein Muster naturalistisch gestalteten poetischen Symbolismus. Die tektonische Kühnheit geht auf den Versuch Faulkners zurück – und damit steht er Proust, Joyce, Gide und Virginia Woolf nahe –, sich die Zeit untertan zu machen. »Es geschieht nichts«, sagt Sartre in dem Essay »La Temporalité chez Faulkner«, »die Geschichte entwickelt sich nicht, vielmehr entdeckt man sie hinter jedem Wort wie eine ungefüge, unflätige Gegenwart … Es springt in die Augen, Faulkners Metaphysik ist eine Metaphysik der Zeit … Die Geste Quentins, der seine Uhr zerbricht, hat also symbolische Bedeutung: Sie eröffnet uns den Zugang zur Zeit ohne Uhr.« Ist es das Unglück des Faulkner-Menschen, zeitlich zu sein, so erfüllt sich sein Schicksal in einer absoluten biologischen *und* ökonomischen Determinierung. Im Gegensatz zu den Charakteren Hemingways tritt er nicht einmal mehr zum Kampf an, sondern wird zum unbewußten Meister der Kunst des Erleidens und Erduldens. »Ich benehme mich schlecht«, sagt die Tochter Caddys, »und ich verurteile mich, aber das ist mir egal.«

Nach diesem ebenfalls kaum beachteten Buch zeigte Faulkner in *As I Lay Dying*, daß sich die allgemeine Degeneration keineswegs nur auf die verfallenden Landsitze beschränkt und somit Oberklassen-Dekadenz ist, sondern auch die *poor whites* erfaßt. In diesem Fall präsentiert er sie – wie dies bei Erskine Caldwell in der Regel der Fall ist – als von Armut und Unwissenheit Gezeichnete.

> Die Bundrens, typische *poor whites*, primitiv, ungebildet, gefühlsarm, aber auf ihre Weise ehrbar, fristen ihr elendes Leben auf einer abgelegenen kleinen Farm. Die Mutter, Addie, liegt im Sterben und äußert den Wunsch, in Jefferson neben ihren Angehörigen begraben zu werden. Sogleich beginnt sich die Familie auf den Abwechslung verheißenden Ausflug in die Stadt vorzubereiten. Der Älteste zimmert den Sarg, Vater Anse sieht eine Gelegenheit, endlich zu einem neuen Gebiß zu kommen, Tochter Dewey Dell braucht dringend ein Abtreibungsmittel, und der Jüngste freut sich auf die Straßenbahn. Als die Mutter tot ist, beginnt ein zehntägiger, immer wieder aufgehaltener Treck. Da der Körper bereits in Verwesung übergegangen ist, kreisen über dem Fuhrwerk Raubvögel; aber unbeirrt erfüllt die Familie das Vermächtnis der Toten. Erst nach der Beerdigung denken Mann und Kinder an ihre Wünsche: Dewey Dell zahlt für ihr Mittel, indem sie sich dem Drogisten hingibt, Vater Anse kommt zu seinem Gebiß und zu einer neuen Frau, allein Darl, der unterwegs eine Scheune angezündet hat, kehrt nicht wieder mit heim. Er wird in eine Irrenanstalt eingewiesen.

As I Lay Dying ist eine Tragikomödie der Primitivität und erinnert an das Schicksal der Lesters in Caldwells *Tobacco Road*. Auch diese, ebenfalls im inneren Monolog gestaltete, mit einem kräftigen Schuß Humor angereicherte makabre Farce in Romanform wurde zunächst kaum beachtet. In dieser Situation entschloß sich Faulkner, einen *thriller* zu schreiben und erzielte mit *Sanctuary* sofort einen Publikumserfolg. Malraux meinte: »'Santuary' ist der Einbruch der griechischen Tragödie in den Kriminalroman.« Doch diese Ansicht wird nur einem Aspekt dieses Buches gerecht. Überschaut man heute das Gesamtwerk Faulkners, so darf man Malcolm Cowley weitgehend zustimmen, wenn er in der Studentin Temple Drake und dem Gangster Popeye zwei Prototypen des allgemeinen Verfalls erkennt. Der impotente, Temple auf widernatürliche, gleichsam mechanische Weise vergewaltigende Popeye repräsentiert die Sterilität und Perversion der technologischen Zivilisation. Die unter diesem Einfluß dem Laster verfallende Temple, die noch als Ehefrau und Mutter *(A Requiem for a Nun)* wehmütig an die Tage im Bordell der Miss Reba zurückdenkt, wird zwar den Popeyes zum Verhängnis, aber sie ist von der Begegnung für immer gezeichnet.

Nach diesem als Reißer konzipierten Buch wandte sich Faulkner dem von der Sklaverei verursachten Krebsschaden der südlichen Gesellschaft zu und verdichtete das komplexe Thema des Rassismus in dem bemerkenswert fein gewobenen Roman *Light in August*.

> Das Buch beginnt mit dem mystischen Bild der schwangeren Lena Grove, die barfuß unter der brennenden Sonne des Südens über die Straßen wandert und den Vater ihres ungeborenen Kindes sucht. Dann erfolgt ein Szenenwechsel, und aus der Vielzahl der nun behandelten Schicksale kristallisiert sich das Los des zwischen den Fronten lebenden Mulatten Joe Christmas als das zentrale Thema heraus. Der Rassenhaß seines Großvaters machte Joe zur Vollwaise. In einer Weihnachtsnacht – daher der Name – wird Joe auf den Stufen des Waisenhauses abgelegt und leidet bereits als Kind unter seiner Abstammung. Später wird er dem religiösen Eiferer McEachern zur ›Erziehung‹ übergeben. Bis zum achtzehnten Lebensjahr erträgt Joe die vom Motto *ora et labora* bestimmte Fron, bis er flieht. Auf fünfzehnjähriger Wanderschaft wird er einmal als Weißer, einmal als Schwarzer angesehen und lernt beide ›Lager‹ hassen. In Jefferson wird er der Geliebte der aus einer vornehmen Familie Neuenglands stammenden ältlichen Jungfer Joanna Burden, die ihm Halt geben will. Als Joe sie vernachlässigt und sie ihn mit religiösem Missionseifer bedrängt, entlädt sich sein Haß: Er schneidet ihr die Kehle durch. Als der Weiße Joe Brown – der Vater des Kindes von Lena Grove – in den Verdacht gerät, den Mord begangen zu haben, denunziert er Joe. Seine Aussagen finden aber erst Glauben, als er Christmas einen ›Nigger‹ nennt. Joe wird gefaßt, und sein Großvater hetzt einen weißen Mob gegen ihn auf. Ein rassistischer *officer* leitet die nun einsetzende Orgie kollektiver und irrationaler Gewalttätigkeit und kastriert am Ende die Leiche des Gelynchten, damit »er nunmehr weiße Frauen in Ruhe läßt, sogar in der Hölle«.

Das unaufhaltsame, im Fall Joes individuelle Verhängnis symbolisiert das der ganzen Menschheit drohende Schicksal. Dabei ist es nicht so sehr die ›Rassenmischung‹, sondern der damit einhergehende Rassenhaß, der die Katastrophe bedingt. Das dünkelhafte Unvermögen weißer Rassisten, den zur ›Vermischung der Rassen‹ führenden Versuchungen zu widerstehen, erweist sich als schleichendes Gift. Es verurteilt den Versuch, stolze weiße Dynastien zu begründen, bereits in der ersten Generation zum Scheitern. Dies ist der Fall in der vornehmlich von Quentin Compson und seinem kanadischen Kommilitonen Shreve berichteten Geschichte der Sutpen-Familie. Ihr Titel, *Absalom, Absalom!*, deutet auf die Absicht Faulkners, die im Yoknapatawpha County abrollende Tragödie als ein alle Menschen betreffendes Debakel zu verstehen.

> Thomas Sutpen wird 1807 als *poor white* in den Bergen West Virginias geboren, zieht als Junge nach Haiti, heiratet die Pflanzertochter Eulalia Bon und hat mit ihr den Sohn Charles. Als Thomas erfährt, daß seine Frau ›Negerblut‹ hat, verläßt er sie und das Kind, taucht 1833 mit Sklaven im Yoknapatawpha County auf, erwirbt von *Native Americans* Land und baut seinen Stammsitz *Sutpen's Hundred*. 1834 zeugt er mit einer schwarzen Sklavin die Tochter Clytemnestra und heiratet vier Jahre später Ellen Coldfield, um mit ihr eine Dynastie zu begründen. Aus dieser Ehe gehen Henry und Judith hervor. An der *University of Mississippi* begegnen sich Charles Bon und Henry und werden Freunde. Charles kommt mit nach *Sutpen's Hundred* und verliebt sich in Judith. Der alte Sutpen verbietet eine Verbindung und weiht Henry in das Verwandtschaftsverhältnis ein, ohne allerdings das ›Rassenproblem‹ zu erwähnen. Darauf verzichtet Henry auf sein Erstgeburtsrecht und geht mit seinem Halbbruder in den *Civil War*. Als er erfährt, daß Charles ein ›Mischling‹ ist, tötet er ihn bei der Heimkehr aus dem Krieg am Eingang zu *Sutpen's Hundred* – nicht um den Inzest, sondern um die »rassische Entehrung« der Schwester zu verhindern. Seit diesem Brudermord ist Henry verschollen. Sutpen bemüht sich, einen neuen Erben zu zeugen. Als jedoch Milly Jones ein Mädchen zur Welt bringt, verstößt er sie und das Kind und wird von Millys Vater erschlagen. Vier Jahre später bringt Clytemnestra den unehelichen Sohn Charles Bons auf die Farm, dieser heiratet eine Schwarze, und beide lassen bei ihrem Tod einen Sohn, Jim Bond, zurück. 1910 wird Henry auf der Besitzung entdeckt, und Clytemnestra zündet das Haus an und verwandelt das Werk und die Idee Sutpens in Staub und Asche. Ein »Nigger-Sutpen« ist übrig – Jim Bond.

Der aus dem Norden stammende Shreve bemerkt nach dem Bericht: »Ich denke, daß die Jim Bonds mit der Zeit die westliche Erdhälfte erobern werden. Natürlich werden wir das nicht mehr erleben, und natürlich werden sie, je näher sie den Polargegenden kommen, wieder ausbleichen wie die Hasen und Vögel dort … Aber es wird immer noch Jim Bond sein; und so, in ein paar tausend Jahren, werde ich … auch meinen Ursprung in den Lenden afrikanischer Könige zu suchen haben.« Dieser Prozeß der ›Vermischung‹ und des Triumphs der Jim Bonds über die alte Pflanzeraristokratie wird auch in dem Roman *Intruder in the Dust* sichtbar: Hier ist es der alte, ehrbare schwarze Farmer Lucas Beauchamp, der das Erbe seines weißen Großvaters Carothers

McCaslin übernommen hat und sich nach einer falschen Mord-Beschuldigung als »Tyrann über das ganze weiße Gewissen des County« erheben kann.

Die letzten Sätze von *Absalom, Absalom!* bieten einen Schlüssel zum Verständnis Faulkners. Hier fragt Shreve den südlichen Aristokraten-Sproß Quentin: »Warum haßt du den Süden?«, und Quentin reagiert spontan: »›Ich hasse ihn nicht‹, sagte er. *Ich hasse ihn nicht*, dachte er, in der Kälte nach Luft ringend, in der eisigen Kälte Neuenglands. *Nein. Nein! Ich hasse ihn nicht! Ich hasse ihn nicht!*«

Wie sehr sich Faulkner dem dekadenten und zerbröckelnden »alten Süden« verpflichtet fühlte und wie stark er die vom Industrialismus ausgehende Eiseskälte nördlicher Denkweise ablehnte, geht aus der »Snopes«-Trilogie *(The Hamlet, The Town, The Mansion)* hervor. Die Snopes sind Vertreter des eiskalten Materialismus, Repräsentanten eines ›neuen Südens‹, der der Dekadenz der Pflanzeraristokratie keine echte Alternative zu bieten hat.

> Im Grunde sind die Snopes vom Schlag Popeyes; um 1890 taucht diese rücksichtslose Sippe aus dem Nichts auf und schickt sich an, die Welt der Sartoris' und Compsons zu erobern. Sie sind »nur Snopes, wie Kolonien von Ratten und Termiten eben Ratten und Termiten sind«. Sie graben sich in Frenchman's Bend ein und dringen unter Führung Abs' und seines Sohnes Flem nach Jefferson vor. Flem heiratet die nicht von ihm schwangere Tochter einer wohlhabenden Familie und verdrängt diese aus ihren Rechten. Darauf geht er nach Jefferson, rückt zum Vizepräsidenten der von Colonel Sartoris gegründeten Bank auf und benutzt die Untreue seiner Frau kaltblütig, um dem Präsidenten dessen Bankanteile abzupressen und dessen Posten und Haus zu übernehmen. Auf dem Gipfel seines Erfolges sucht Flem die ihm nun nicht mehr standesgemäß erscheinende Sippe abzuschütteln. Damit beschwört er den Anfang seines Endes. Als sein Vetter Mink einen Mord begeht, läßt er diesen im Stich und verletzt damit die Ratten-Moral. Da er Minks Rache fürchtet, will er ihn zur Flucht aus dem Gefängnis verleiten, in der Hoffnung, eine gescheiterte Flucht möge die Haft verlängern. Als Mink 1946 nach achtunddreißig Zuchthausjahren entlassen wird, tötet er Flem und stirbt selbst auf seiner alten Farm.

Die Sippe der Snopes, in der sich Perversion, Bigamie, Lumpenmoral und primitive Raffgier mit rücksichtsloser Karrieresucht vereinen, ist eher noch verworfener als die unter dem Erbe der Väter oder in ihrer dumpfen Unwissenheit dahinvegetierenden Aristokratenenkel und *poor whites* des ›alten Südens‹. Es entbehrt nicht einer bezeichnenden Symbolik, wenn sich der ehrlichste und menschlichste der Snopes, Eck, selbst in die Luft sprengt. Die Sünden der Väter suchen ein jegliches Geschlecht bis ins letzte Glied heim. Der modernistische Pragmatismus der Snopes ist für Faulkner eine besonders suspekte Spielart der Primitivität und völlig ungeeignet, als Basis einer neuen Kultur zu dienen.

Damit aber sind Jefferson, das Yoknapatawpha County und die hier duldenden oder ihr Schicksal herausfordernden Menschen Symbole einer aus den Fugen geratenen Welt, Sinnbilder der Verworfenheit des Menschengeschlechts. Wie wenig Faulkner seine Botschaft auf sein Reich am Mississippi beschränkt wissen will, zeigt er in dem Roman *A Fable*, wo er das Leben und Leiden eines Korporals des Ersten Weltkrieges in die Form des Lebens und der Passion Christi gießt.

Das Werk Faulkners ist das Produkt einer alle stilistischen und kompositorischen Fesseln der konventionellen Erzähltechnik sprengenden Phantasie, in der die chronologische Abfolge der psychologischen Ausdeutung des Geschehens nachgeordnet wird. In der Ausmalung psychischen Terrors und der Gestaltung romantisch-exotischer, der *gothic novel* verpflichteter Hintergründe steht er in der von Simms und Poe begründeten Tradition südlicher Dichtkunst und gibt sie weiter an die Vertreter der *Southern Renaissance* (Welty, McCullers, Capote). Ungleich Poe aber – von dem er sich auch tektonisch stark unterscheidet – verweist er seine Schrecken nicht in das Reich der Fabel, sondern verknüpft sie eng mit einer lokalisierbaren Welt. Die geographische oder soziologische Bindung seiner Themen und ihre naturalistische Gestaltung machen Faulkner jedoch nicht zu einem Realisten im herkömmlichen Sinn des Wortes. Das Wesentliche seiner Kunst ist nicht die Abschilderung gegebener Ereignisse, sondern ihr poetisch-symbolischer Gehalt.

Faulkners Stil und Kompositionsweise ist episch und rhetorisch. Kazin bezeichnet diese Rhetorik als die »vielleicht komplizierteste, inkohärenteste und zuweilen um die Grammatik unbekümmertste« sowie die »pathetischste und polyphonste« der amerikanischen Literatur jener Epoche. Das Werk Faulkners ist ein riesiges, zuweilen rätselhaftes erzählerisches Experiment, ein »beständiges Auftürmen von Hindernissen«, »ein kalkuliertes System von Vorwänden, Hemmungen und Einschüben und Verzögerungen« (Aiken), ein endloses Variieren der Themen in wuchernden hypotaktischen Ungetümen, in denen Parenthesen innerhalb der Parenthese nichts Ungewöhnliches sind. Faulkner suchte das Unaussprechliche sprachlich zu fixieren und erreicht dabei einen ungewöhnlichen Grad der Nuancierung und Flexibilität der Sprache. Sein wichtigstes Schattierungsmittel ist die Adjektiv-Reihe; nicht selten ersetzt er das *mot juste* durch Neologismen oder eigenwillige syntaktische Bezüge und schafft so Bilder von nebuloser Bedeutung (die tödliche Liebe des Idioten = »Sternenlaich einer Hieroglyphe«; Land = »des amoralisch Bösen unbeirrbar Absolutes« usw.). Seine farbigen und wildwuchernden Epitheta korrespondieren mit der sumpfig-tropischen Atmosphäre seines Pandämoniums.

Das mystische Reich Faulkners, das von der Indianerzeit bis in das frühe 20. Jahrhundert interpretierte Leben Yoknapatawphas, ist eine ungemein düstere Welt, in der »Mord, Vergewaltigung, Inzest, Prostitution, Brandstiftung, Idiotie, Schwachsinn« (Kazin) eine entscheidende Rolle spielen, in der gesunde Menschen vernichtet werden oder Randerscheinungen sind. Gewiß konnte eine solche Deutung nur auf dem Hintergrund des *deep south* – dem sich Faulkner in quälender Haßliebe verbunden fühlte – Gestalt annehmen. Wenn aber diese Literatur mehr ist als eine regionalistische, so deshalb, weil sie die zeitgenössische Daseinsnot des Individuums schlechthin zum Thema hat. Nach Faulkner besteht die Misere des Menschengeschlechts darin, daß es die Vergangenheit noch nicht bewältigt hat und schon einer neuen tödlichen Bedrohung ausgesetzt ist: der technischen Zivilisation und den ihr immanenten egalitären Tendenzen. Die dekadenten Aristokraten und die Snopes sind Symbole dieser tragischen Verstrickung. Anläßlich der Entgegennahme des Nobelpreises sagte Faulkner: »Die Tragik unserer Zeit ist eine allgemeine und umfassende Angst, die nun schon so lange besteht, daß wir sie sogar ertragen können. Es gibt keine geistigen Probleme mehr. Es gibt nur noch die Frage: Wann werde ich in die Luft gesprengt? Aus diesem Grunde hat der junge Mensch, der heute schreibt, die Probleme des menschlichen Herzens vergessen, das mit sich selbst im Widerstreit liegt, jene Probleme, die doch allein ein gutes schriftstellerisches Werk zeitigen können, weil nur dies Herz wert ist, daß man darüber schreibt.« Doch dann fügt der Dichter der Angst, die es seinen Lesern so schwer macht zu hoffen, hinzu: »Ich glaube, daß der Mensch nicht nur einfach dulden wird; er wird siegen … denn er allein unter allen Kreaturen hat eine Seele, einen zu Mitleid und Opfer und Erdulden fähigen Geist.«

Ebenfalls nachhaltig von der *great depression* geprägt ist das Weltbild des auch aus dem Süden stammenden romantischen Individualisten THOMAS WOLFE (1900–1938), der den größten Teil seines kurzen Lebens auf der Suche nach einer verlorenen Zeit verbrachte, ehe er kurz vor seinem Tode erkannte, daß er »nicht aus dem Leben heraus, sondern in es hinein entrinnen mußte«.

Wolfe wurde als Sohn eines idealistisch-schwärmerischen, dem Trunk ergebenen Steinmetzen und einer zänkischen und habsüchtigen Pensionsinhaberin in Asheville, North Carolina – dem Altamont und Lybia Hill seiner *fiction* –, geboren. Der sensible Knabe litt schwer unter der unheilvollen Atmosphäre seines kleinbürgerlichen Elternhauses. Er studierte an der *State University of North Carolina*, entdeckte sein Interesse für die Dramatik, schrieb Stücke für die *Carolina Playmakers* und ging 1920 an die *Harvard University*, wo er als Student des *47 Workshop* bei G. P. Baker hörte. Von 1924 bis 1930 lehrte er englische Literatur an der New Yorker Universität; ein Stipendium ermöglichte es ihm, Europa, insbesondere Deutschland zu bereisen. Mit Hilfe des Lektors Maxwell Perkins entstanden aus einem gewaltigen Berg von Manuskripten die Romane *Look Homeward, Angel* (1929) und *Of Time and the River* (1935). Die *Short story*-Sammlung *From Death to Morning* (1935) und *The Web and the Rock* (1939) sowie die Interpretation seiner poetischen Konzeption, *The Story of a Novel* (1936), erschienen noch vor seinem Tod. Das posthume Werk umfaßt den ebenfalls von Edward C. Aswell aus voluminösen Manuskripten gefilterten Roman *You Can't Go Home Again* (1940), den *short stories* und ein Romanfragment enthaltenden Band *The Hills Beyond* (1941), die *plays Gentlemen of the Press* (1942) und *Mannerhouse* (1948), von J. S. Barnes in Versform gebrachte poetische Passagen aus Wolfes Prosa, *A Stone, A Leaf, A Door* (1945), *Thomas Wolfe's Letters to his Mother* (1943) und *A Western Journal* (1951) sowie *The Complete Short Stories of Thomas Wolfe* (1987) u. a.

Der Südstaatler Wolfe schuf mit *Look Homeward, Angel*, *Of Time and the River*, *The Web and the Rock* und *You Can't Go Home Again* den jeder Konzeption oder durchgehend ausgeführter Planung baren, nur vom *alter ego* der zentralen Gestalten – Eugene Gant und George Webber – zusammengehaltenen, alle konventionellen Regeln der Romankunst sprengenden, gewaltigsten autobiographischen Roman der amerikanischen Literatur des 20. Jahrhunderts. Tatsächlich sind die vier Bücher Teile *eines* Werkes, und John Brown stellt treffend fest: »Seine vier Romane (haben) nur einen einzigen Helden: ihn selbst – und ein einziges Thema: den Konflikt zwischen diesem Helden und der Gesellschaft – und nur einen Ton, den des Monologs.« Dieser Standpunkt Wolfes und sein Unvermögen, auszusparen oder dichterische Disziplin zu wahren, bringen es mit sich, daß man es bei diesem Werk nicht mit der Behandlung enger umgrenzter Themen zu tun hat. Das hat Wolfe auch nie angestrebt, vielmehr ging es ihm darum, möglichst weite Bereiche des amerikanischen Lebens in seine Impressionen einzubeziehen. Er hat diese Manier bis zum Exzeß getrieben, so daß die Lektoren – ohne die er keine Chance gehabt hätte, seine Manuskripte als Romane je veröffentlichen zu können – gezwungen waren, aus der Flut der Manuskripte den gerade noch überschaubaren Kern herauszuschälen.

Im Grunde behandelte Wolfe das Thema des sich seiner Isolation bewußt gewordenen jungen Amerikaners: »Wir sind nackt und einsam und verlassen in Amerika … und haben keine Heimat.« Diese den Vorstellungen der *lost generation* entstammende Erkenntnis, die nicht nur eine literarische, sondern auch eine soziologische Herausforderung war, löste bei Wolfe die verzweifelte Suche nach einem Ruhepunkt in der von ihm als feindlich empfundenen Welt aus. Er definiert sein zentrales Thema in *The Story of a Novel* mit den Worten: »Die sehnsüchtige Suche im Leben … war des Mannes Suche nach seinem Vater, nicht bloß nach dem leiblichen Vater, nicht bloß nach dem verlorenen Vater seiner Jugend, sondern nach dem Bildnis einer Stärke und einer Weisheit, die seine Not und seinen Hunger überreichlich stillen und sich dem Glauben und der Kraft des eigenen Lebens vereinen könnten.« Mit *Look Homeward, Angel* beginnt die wohl von Joyce, aber auch von Proust angeregte Suche literarisch Gestalt anzunehmen.

> Es ist die Geschichte der unglücklichen Kindheit und Jugend Eugene Gants in Altamont (Asheville), Old Catawba (North Carolina). Eugene ist wie sein Vater eine verträumte, romantische Künstlernatur, ein unter der Härte und Raffgier der Mutter leidender hochsensibler Individualist. Obgleich er erkennt, daß die Familie ohne die von ihm als schmerzlich empfundene Zielstrebigkeit der Mutter längst in Armut und Not abgesunken wäre, vermag er dieser realistischen Seite des Lebens keinen Sinn abzugewinnen: »Von seiner Phantasie in eine höhere Welt emporgetragen, wischte er kurzerhand all die garstigen Schmutzflecken des Lebens gänzlich aus: Er führte ein edles Dasein in einer heldischen Welt mit liebenswerten und tugendhaften Geschöpfen.« Um so schmerzlicher berührt ihn das Ende seiner vielen Träume. Als er schließlich dank des Opfers seiner Mutter studieren kann, fühlt sich der introvertierte junge Mann allein, isoliert und ›anders‹ und sucht sich innerlich von der engen Kleinbürgerwelt seiner Familie zu lösen, um die Suche nach dem Vater aufzunehmen.

Of Time and the River ist fast gänzlich der »Suche nach dem Vater« gewidmet.

> Hier wird geschildert, wie Eugene den Süden verläßt, nach Harvard geht, bei Professor Hatcher (Baker) in die Kunst der Dramatik einzudringen sucht und eine enge Freundschaft mit dessen Assistenten Starwick schließt, die an dessen Homosexualität zerbricht. Mit Eindrücken von der Lehrtätigkeit in New York und der Europareise klingt das Buch aus.

The Web and the Rock – aus Eugene Gant wird hier George Webber – ist in vieler Hinsicht der Versuch, bereits Gesagtes neu zu interpretieren.

> Im ersten Teil des Buches erfolgt ein Rückgriff auf die Kindheit Georges in Lybia Hill (= Altamont); die Parallele zu *Look Homeward, Angel* ist offensichtlich.

> George verläßt Old Catawba, geht nach New York und hat ein desillusionierendes Verhältnis zu Esther Jack. Um dem Dilemma zu entkommen, flieht er nach Deutschland, um hier zu erkennen, daß »kein Weg zurück führt«.

Damit war der Titel seines letzten Romans *You Can't Go Home Again* geboren.

> Er behandelt die Rückkehr Webbers in die USA, seine schriftstellerische Arbeit und den erfolglosen Versuch, in der alten Heimat wieder Fuß zu fassen. In den USA muß er erkennen, daß eine korrupte Gesellschaft die Individualität des Menschen tödlich bedroht; in seinem geliebten Deutschland wird er Zeuge, wie die Nazis die Menschen unter ihre Stiefel zwingen. Diese Erlebnisse bewirken einen tiefgreifenden Wandel der Weltanschauung Webbers, der sich nun als Anwalt der bedrängten Menschheit zu bewähren sucht. In den Schlußkapiteln, die wenig geglückte Versuche weltanschaulicher Abstraktion bieten, erweist sich Wolfe nicht mehr nur als ein romantischer Schwärmer, sondern als ein bewußt sozialer und damit didaktischer Autor. Der sich einstmals isoliert fühlende Protagonist findet zurück in die Gesellschaft: »Und da all die Stärke und Leidenschaft seines Lebens immer mehr sich von den Kindheitsgedanken an seine Flucht durch die Lüfte und ein Entrinnen in ein zauberhaftes, nie gesehenes Herrschaftsgebiet entfernte, schien es ihm nun, daß die Erde selbst und alles Leben um ihn herum dies zauberhafte und nie gesehene Gebiet sei ...«

Dieses Leben war indessen von Dämonen beherrscht, vom Dämon der »widerlichen Verneinung«, von den »Dämonen der Grausamkeit und Zerstörungssucht, der Angst des Irrtums und der Verwirrung« und bewohnt »von ausgehungerten Halbmenschen, die Nahrung begehrten und nicht den Mut hatten, nach den Früchten zu greifen, die unaufhörlich auf der Suche nach Vergnügen waren und die Nacht mit dem geilen Glitzern von Tausenden ermüdender Belustigungen befleckten, die sich nach Freude und Kameradschaft sehnten und doch mit blasierter Absicht bei jedem Zusammentreffen ihre Gesellschaft mit Greuel, Schande und Ekel besudelten«. Deutlicher haben es weder Dos Passos noch Caldwell gesagt. Im Gegensatz zu ihnen schließt der frühvollendete Wolfe mit einem romantischen Hymnus auf die Zukunft seines Volkes: »Ich glaube, daß wir hier in Amerika verloren sind, aber ich glaube auch, daß wir eines Tages neu entdeckt werden ... Ich glaube, daß unsere Formen im Absterben begriffen sind und sterben müssen, aber ich weiß auch, daß Amerika und das amerikanische Volk unsterblich, unentdeckt und unvergänglich sind und leben müssen.« So hat Wolfe, der auszog, einen Vater zu suchen, schließlich die Gewißheit gefunden, daß der Traum eines demokratischen, der Bewährung des Individuums Raum lassenden Amerika eines Tages doch noch Wirklichkeit wird.

Auf den ersten Blick erinnern Tektonik und Stil Wolfes an die Schreibweise Faulkners. In beiden Fällen begegnet man einer superlativischen Rhetorik, einer Häufung von Adjektiven, einer Vorliebe für romanische Wortstämme, weitausgreifende hypotaktische Konstruktionen und einer weitgehenden Mißachtung der konventionellen Romanform. Was jedoch bei Faulkner als ›kalkuliertes System‹ gewertet werden muß, erweist sich bei Wolfe als das Ergebnis einer – was Formvorstellungen betrifft – völlig unbekümmerten Entladung, als eine Explosion des Geistes, die von den Lektoren nur mühsam unter Kontrolle gebracht werden konnte. So sind seine Romane ungeplant aneinandergereihte Abfolgen von Impressionen, Erlebnissen, Lyrismen, expressiven Passagen oder Diskursen, die zuweilen ausschließlich von der Gestalt des *alter ego* zusammengehalten werden. Beach sagte, es sei »oft ein trunkener und schülerhafter Stil, der sich nicht einmal an den natürlichen Rhythmus der Prosa hält, sondern geschwollener Pentameter wird – prahlend mit der Pracht von Milton oder Byron. Diese Verirrungen in schlechte Verse – rollende fünffüßige Jamben – wurden bei Wolfe zur Gewohnheit, zu einer Art Laster.« Ungeachtet dieser strukturellen Schwächen schuf Wolfe Passagen von großer poetischer Intensität und darf einen Platz unter den bedeutenden Epikern seines Jahrhunderts beanspruchen. Seine Protagonisten repräsentieren eine Generation junger Amerikaner, die letztlich von der Überzeugung durchdrungen sind, nicht bis in alle Ewigkeit verdammt zu sein. Wolfe hat versucht, ihrer Stimme Ausdruck zu verleihen und stets gefürchtet, »keine Sprache finden« zu können, die dem von ihm Erlebten gerecht wird. Um seine hektische Schaffensweise verstehen zu können, sei auf einen Satz hingewiesen, den Wolfe über Gant schrieb: »Das dann ist der Künstler – ein nach Leben hungriger Mann, der nach Ewigkeit Lechzende, der unter der Schönheit Leidende, des Ruhmes Sklave ...«

Von ganz anderer Art ist die ausgreifende Autobiographie des skandalumwitterten, von 1920 bis 1940 im Pariser Exil und danach in Kalifornien lebenden New Yorker Schriftstellers deutscher Abstammung HENRY MILLER (1891–1980), der nach der Freigabe seiner Bücher zu den meistdiskutierten Autoren Amerikas zählte. Auch er wartet mit einer wildwuchernden, strukturlosen, epischen Autobiographie auf. Der in einem Proletarierviertel Brooklyns aufgewachsene Miller (*Black Spring*, 1936, USA 1963; *Tropic of Capricorn*, 1939, USA 1962) bezeichnete sich als Gegner des »Literarischen«: »Für mich ist das Buch der Mensch, und mein Buch ist der Mensch, der ich bin, leidenschaftlich, obszön, ungestüm, nachdenklich, skrupulös, ein Lügner von diabolischer Aufrichtigkeit.« In Paris geriet der Urheber dieser an Whitman erinnernden Zeilen unter den Einfluß Anaïs Nins, Hans Reichels, Blaise Cendrars' und vor allem Célines. Die Welt der *expatriates*, der Entwurzelten und Enterbten, schildert er in *Tropic of Cancer* (1934, USA 1961), einem – besonders in sexueller Hinsicht – ungemein freimütigen Bericht über das Leben in Paris, das er im Gegensatz zum »vollklimatisierten Alptraum« (*The Air-Conditioned Nightmare*, 1945) der USA als eine Art Garten Eden empfindet. Amerika erscheint in seinen Büchern als die Quelle allen Übels, die lateinische Welt und die der Mittelmeerkultur (*The Colossus of Maroussi*, 1941) hingegen als Ursprung des Guten. Miller erweist sich auch in seinen späteren Büchern, etwa in der Trilogie *The Rosy Crucifixion* (*Sexus*, 1949; *Plexus*, 1953; *Nexus*, 1960), als der wohl am wenigsten amerikanische Autor seiner Generation. Worin er aber der Tradition seiner Heimat verpflichtet ist, ist sein geradezu inbrünstiges Bekenntnis zur Freiheit des Individuums. Sexuelle Freiheit, Ausschweifung und der immer wieder beschworene Akt der Paarung dienen ihm als Epitheta der Vitalität in einer Zeit technologischer Perfektion. Anders als Wolfe aber kann er nicht an die Zukunft der Demokratie seines Volkes glauben, sondern bekannte: »Ich bin geblendet vom grandiosen Schauspiel des Zusammenbruchs der Welt …«

Von einer solchen Götterdämmerung ist in dem vielseitigen und qualitativ recht unterschiedlichen Œuvre des von einem mystischen Glauben an das Stehvermögen und den schließlichen Triumph des einfachen Menschen beseelten Kaliforniers JOHN STEINBECK (1902–1968) selbst dort nichts zu spüren, wo seine Charaktere Opfer brutaler Mächte werden.

Steinbeck wurde als Sohn eines Beamten deutscher und einer Lehrerin irischer Abstammung in Salinas, Kalifornien, geboren, studierte von 1919 bis 1925 mit Unterbrechungen als Werkstudent an der *Standford University* und lernte als Tagelöhner sein heimatliches Salinas-Tal und die Gegend um Monterey – die Szenerie seiner meisten Werke – gründlich kennen. Nach einem kurzen journalistischen Zwischenspiel in New York kehrte er nach Kalifornien zurück und schrieb als Wächter eines abgelegenen Hauses in den Sierras die romantische Lebensgeschichte des englischen Freibeuters Henry Morgan, *Cup of Gold* (1929). *The Pastures of Heaven* (1932) und *To a God Unknown* (1933) brachten ebenfalls keine Anerkennung. Diese stellte sich mit *Tortilla Flat* (1935) ein. *In Dubious Battle* (1936), *Of Mice and Men* (1937), die *short stories The Long Valley* (1938; darin »The Chrysanthemums«, »Flight«, »The Red Pony«, »The Leader of the People«) und der Roman *The Grapes of Wrath* (1939) machten Steinbeck berühmt. Es folgten der Roman über die deutsche Besetzung Norwegens *The Moon Is Down* (1942), *Cannery Row* (1945), *Wayward Bus* (1947), die Erzählungen »The Pearl« (1947) und »Burning Bright« (1950), das Epos *East of Eden* (1952), die Burlesken

Sweet Thursday (1954) und *The Short Reign of Pippin IV* (1957), *The Winter of Our Discontent* (1961) sowie das Romanfragment *The Acts of King Arthur and his Noble Knights* (1976). Hinzu kamen Reiseberichte (*A Russian Journal*, 1948; *Travels with Charley in Search of America*, 1962; *America and Americans*, 1966), Kriegsskizzen (*Once There Was a War*, 1958), *The Journal of a Novel: The East of Eden Letters* (1969) und das als Ergebnis seines Interesses an der Meeresbiologie zusammen mit E. F. Ricketts verfaßte Buch *The Sea of Cortez* (1941). 1962 erhielt er den Nobelpreis.

Am Anfang seines disparaten Werkes steht die romantische Erzählung *Cup of Gold*, die nur insofern von Interesse ist, als sich ihr Held Henry Morgan durch jenen kraftvollen Individualismus auszeichnet, der – in verschiedenen Gewändern – typisch für die meisten Charaktere Steinbecks ist. Ebenfalls stark romantisch erscheint die durch die Einheit des Ortes und der Handlung zusammengehaltene Sammlung *The Pastures of Heaven*, in der das in der Nähe von Salinas gelegene Tal und seine Bewohner porträtiert werden. In *To A God Unknown* verbindet sich die Romantik mit einem verschwommenen Pantheismus und zeitigt in der Gestalt des aus Vermont nach Salinas gekommenen Puritaners und Farmers Joseph Wayne – er opfert sich, um nach langer Dürre Regen zu beschwören – einen wenig überzeugenden Mystizismus. Die relative Stärke dieser frühen Arbeiten beruht auf den gelungenen Landschaftsschilderungen, hinter denen die Charakterisierung der Personen zurückbleibt. Erst mit der Burleske *Tortilla Flat*, einer in der Art von Andersons *Winesburg, Ohio* gestalteten, von der Einheit des Ortes und der Personen zusammengehaltenen Sammlung von Episoden, gelingt Steinbeck ein größerer Wurf.

Hier schildert der Autor das unbeschwerte Leben der *paisanos* von Monterey, die als fröhliche Nichtstuer in ihrer naiven Amoralität zufrieden von der Hand in den Mund leben. Selbst der plötzlich über sie gekommene Besitz eines Hauses ändert nichts an ihrer unverbindlichen Einstellung zum Leben. Danny, Pilon und Pablo sowie ihre Turteltauben Sweet Ramirez oder die ständig gebärende Cornelia Ruiz lassen sich weder durch Armut noch Besitz aus ihrer Selbstzufriedenheit reißen, und als ihr Haus schließlich abbrennt, ziehen sie weiter, ohne diesem Verlust sonderlich nachzutrauern.

Mit den *paisanos* entdeckte Steinbeck seine Sympathie für die »Kinder der Erde«, für die Enterbten und Parias einer vom Kommerzialismus vergifteten Gesellschaft. Wenn seine Gestalten das Leben leichter nehmen können als ihre von Caldwell gezeichneten

Brüder in Georgia, so verdanken sie das ihrem südländischen Temperament. Nirgendwo aber wird ihre Außenseiterposition deutlicher als in der tragikomischen Geschichte vom Staubsauger – dem Statussymbol des kurzen ›Reichtums‹ –, der nicht einmal zu verwenden ist, weil es erstens keinen Strom in Tortilla Flat gibt und er zweitens keinen Motor hat. Ungeachtet gewisser Sentimentalismen ist dieses an menschlichen Weisheiten reiche, humorvoll geschriebene, nachdenklich stimmende Buch eine der schönsten Leistungen Steinbecks. Ähnliches läßt sich von dem ersten ›proletarischen‹ Roman, *In Dubious Battle*, nicht behaupten.

Die Geschichte des mißlungenen Streiks der brutal ausgebeuteten kalifornischen Wanderarbeiter zeigt, wie schwer es Steinbeck fällt, Ideologie und Philosophie mit der Handlung zu verweben, so daß – abgesehen von einigen kraftvollen Passagen – eine nicht immer überzeugende Schwarz-Weiß-Malerei dominiert. Hier klingt bei ihm erstmals das Thema von der bewußten menschlichen Solidarität an, doch Solidarität ist für Steinbeck selbst unter den Bedingungen des Klassenkampfes nicht gleichbedeutend mit Kollektivismus. Seine Streikführer – Mac oder Jim – stehen eher in der von ihm in der *short story* »The Leader of the People« beschworenen individualistischen Tradition der *pioneers* als im Kollektivismus von Karl Marx. So warnt der Doktor: »Gruppenmenschen bekommen immer eine Art Infektion.«

In *Of Mice and Men* wendet sich Steinbeck von den weltanschaulichen Problemen der um ihre nackte Existenz ringenden Landarbeiter ab und verlegt den Konflikt der Entrechteten mit der Gesellschaft in die Psyche der zentralen Charaktere.

Der infantile Riese Lanny, unter dessen Hand stirbt, was er liebkosen will, und sein Beschützer George sind in jeder Beziehung unbehaust, und doch glauben sie an die Zukunft in einem kleinen Häuschen mit einem kleinen Stück Land. Als sich die Frau ihres Arbeitgebers an Lannie heranmacht und er sie schließlich so heftig streichelt, daß sie zu schreien beginnt, sucht er sie zum Schweigen zu bringen, und da er seine Kräfte nicht abschätzen kann, erdrosselt er sie. George erweist ihm einen letzten großen Freundschaftsdienst und erschießt ihn, um ihn davor zu bewahren, gelyncht zu werden.

Auch diese sehr klar ausgeführte Tragödie der Einfalt und Kameradschaft ist nicht frei von Sentimentalität. Aber spätestens hier wird deutlich, daß die realistische Gestaltung des Details nicht auf eine absolut naturalistische Konzeption des Autors schließen läßt, sondern daß Steinbeck am ehesten in die Gruppe der »poetischen Realisten« einzuordnen ist.

In gewisser Beziehung dürfen die verallgemeinernde Analyse *In Dubious Battle* und die auf die Individuen bezogene Studie *Of Mice and Men* als Vorbereitungen für den bedeutendsten Roman Steinbecks, *The Grapes of Wrath*, gewertet werden, denn hier gelingt es ihm, eine überzeugende Synthese dieser beiden Gestaltungselemente herbeizuführen.

> Er bedient sich dabei des tektonischen Kunstgriffs, die Fabel als das Erleben der Familie Joad zu berichten und jedem Joad-Kapitel ein kürzeres, allgemein gehaltenes vorauszuschicken, in dem der historische oder symbolische Hintergrund der jeweiligen Situation transparent wird. Die Joads sind achtbare, von Staubstürmen und den kreditierenden Banken von ihrem Boden vertriebene Farmer. Vier Joad-Generationen machen sich auf, um mit ihren Leidensgenossen aus der *dust bowl* Oklahomas nach Kalifornien, dem Land der Verheißung, zu ziehen. Die zentrale, die Familie zusammenhaltende Gestalt ist Ma; das Sprachrohr der philosophischen Ideen der ehemalige Prediger und nunmehrige Sozialist Casy. Großmutter und Großvater sterben auf dem Treck, ein Sohn macht sich davon, und als die Joads, von Plantagenbesitzern angelockt, nach Kalifornien kommen, sollen sie als Lohndrücker dienen und müssen erleben, von ihren Klassengenossen als *okies* verachtet und bekämpft zu werden. Casy führt einen Streik und wird ermordet, Tom Joad tötet den Mörder und ist entschlossen, Casys Erbe als Arbeiterfunktionär anzutreten. Die verbliebenen Joads hungern in einem Regierungs-Camp, aber selbst in großer Not lehrt Ma: »Schau, Tom, Leute wie wir werden weiterleben ... sie kriegen es nicht fertig, uns kaputtzumachen.« Das Buch endet mit einem symbolischen Schlußakkord: Rose of Sharon, die ein totes Kind geboren hat, gibt einem verhungernden Mann die Brust und rettet ihm so das Leben.

Das Leitmotiv dieses – neben *Uncle Tom's Cabin* und *The Jungle* – wirksamsten Anklageromans der amerikanischen Literatur spricht Tom Joad aus, wenn er sagt: »Alles, was lebt, ist heilig.« Die literarische Bedeutung dieses Dokuments des Rechtes und des Humanismus beruht auf der ästhetischen und ideengehaltlichen Harmonie seiner Darstellung. Das an folkloristischen Elementen reiche, vom Glauben an die Lebenskraft der Unterdrückten und dem Symbol der Beharrlichkeit – man denke an das Bild von der Schildkröte – bestimmte Epos der *okies* darf als die reifste Leistung Steinbecks und der wohl beste Roman der *red decade* der amerikanischen Literatur angesehen werden.

Die folgenden Romane erreichen nicht dieses Niveau. Das gilt zunächst für *The Moon Is Down*, einen gutgemeinten Versuch, den deutschen Kriegsgegner in einem menschlichen Licht erscheinen zu lassen. In *Cannery Row*, der in Monterey spielenden lustigen Geschichte eines Biologen und einer Rotte ihn verehrender fröhlicher Nichtstuer, greift Steinbeck noch einmal das in *Tortilla Flat* bewährte Rezept auf. Ein weiteres Mal wird dieses Thema in *Sweet Thursday* variiert und verliert dabei einen guten Teil seiner Originalität. Nicht bedeutender ist die amüsante, mit Erotik angereicherte Geschichte einer gestrandeten Busbesatzung in *The Wayward Bus*.

Nach diesen unverbindlich fabulierten Romanen folgt mit *East of Eden* der anspruchsvolle Versuch, das alttestamentarische Thema von Gut und Böse mit einer amerikanischen Familiensaga zu verknüpfen.

> Der Connecticut-Farmer Adam Trask, die Inkarnation des Guten, heiratet die ehemalige Prostituierte Cathy Ames, die Verkörperung des Bösen, zieht mit ihr ins Salinas Valley und baut mit Hilfe des Nachbarn Sam Hamilton eine Farm auf. Aus der Ehe mit Cathy gehen die Zwillinge Caleb (Kain) und Aron (Abel) hervor. Aron ist ehrlich und aufrichtig, Caleb der Sohn seiner Mutter, die den Hof verläßt, um als Kate Albey in ein Bordell in Salinas einzutreten. Sie vergiftet die Besitzerin und übernimmt das Etablissement. Da sich Adam Aron verbunden fühlt, konfrontiert Caleb seinen Bruder mit dem Lebenswandel der Mutter; dieser ist so schockiert, daß er seine Verlobte verläßt und freiwillig in den Krieg zieht. Kate begeht Selbstmord und überläßt ihr Erbe Aron. Als dieser im Krieg fällt und Adam einen Schlaganfall erleidet, erkennt Caleb, welches Unrecht er durch sein Verhalten heraufbeschworen hat. Voller Reue tritt er an das Sterbelager seines Vaters, und dieser verzeiht ihm, wie einst Kain verziehen wurde. Ein Diener, der Chinese Lee, verkörpert menschliche und religiöse Weisheit in dieser alttestamentarischen Schuldverstrickung.

Die kompliziert strukturierte, nicht unsentimentale und zuweilen naiv anmutende Fabel beschwört den Mystizismus des Romans *To a God Unknown* und wartet mit einer Fülle feiner Beobachtungen, subtiler Lyrismen, prächtiger Landschaftsbilder und auch mit poetischen Verdichtungen von großer Prägnanz auf, ohne freilich so geschlossen zu wirken wie *The Grapes of Wrath*.

Steinbeck ist auch ein Meister der kurzen Form und auf dem Gebiet der *short story* dort am besten, wo er schlicht berichtet und der Gefahr der von ihm nur mühsam bewältigten Abstraktion entgeht. »The Chrysanthemums«, die Erzählung der gutgläubigen, getäuschten Frau, oder »The Red Pony« zählen zu den besten Stücken dieser

Gattung. »The Pearl«, wo ein armer mexikanischer Fischer eine prachtvolle Perle nach Hause bringt, die ihm und seiner Familie Unglück bringt, zeugt, wie der Roman *The Winter of Our Discontent*, der Geschichte des moralischen Verfalls einer alten neuenglischen Familie, von der Überzeugung Steinbecks, Geld und Reichtum würden den Menschen korrumpieren.

Steinbeck hat es der Kritik nicht leicht gemacht, und heute scheint es, als gereiche seine Vielseitigkeit seinem Œuvre eher zum Nachteil. Gewiß folgte er, was sein Interesse für die einfachen Menschen betrifft, Anderson, und es trifft zu, daß sein Mystizismus an Norris erinnert. Und doch haftet den meisten seiner Werke etwas Vergängliches an, weil sie an Stelle echter Ideen immer wieder pseudomystische oder pseudophilosophische Diskurse anbieten. In seinen großen Würfen aber, in *Tortilla Flat*, *Of Mice and Men*, *The Grapes of Wrath* und zum Teil auch in *East of Eden* ist Steinbeck ein bedeutender Erzähler mit einem feinen Ohr für die Umgangssprache und ein gründlicher Beobachter seiner Umwelt, ausgestattet mit einem wachen sozialen Gewissen und der Hoffnung, daß es die einfachen Menschen sind, die der Welt Rettung verheißen.

Diesen gedämpften Optimismus konnte der wohl konsequenteste Naturalist der amerikanischen Prosa jener Zeit, JAMES T. FARRELL (1904–1979), nicht teilen.

Er wurde als Sohn irischer Einwanderer in der ›südlichen Vorstadt‹ Chicagos – seinem ›Jefferson‹ oder ›Altamont‹ – geboren, besuchte eine von Nonnen geleitete Schule und brach sehr bald aus dem von ihm als unerträglich und engstirnig empfundenen katholischen Kleinbürgermilieu aus. Während des Studiums an der von den Eltern als atheistisch abgelehnten *University of Chicago* verlor er seinen Glauben und näherte sich deterministischen Positionen an. Angeregt durch die Professoren Linn und Lovett und unter dem Eindruck Dreisers begann er ein weitgehend autobiographisch erscheinendes Werk zu schaffen. Es sollte das »Gewissen eines Zeitabschnittes« verkörpern. Im Zentrum seines umfangreichen Œuvres stehen die *Studs Lonigan Trilogy* (*Young Lonigan*, 1932; *The Young Manhood of Studs Lonigan*, 1934; *Judgement Day*, 1935) und der *Danny O'Neill-Zyklus* (*A World I Never Made*, 1936; *No Star Is Lost*, 1938; *Father and Son*, 1940; *My Days of Anger*, 1943; *The Face of Time*, 1953). Hinzu kommen eine Reihe weiterer Romane (*Gas-House McGinty*, 1933; *Tommy Gallagher's Crusade*, 1939; *Ellen Rogers*, 1941, u. a.). Erweiterungen der *Studs Lonigan*- und *Danny O'Neill*-Welten bieten die *Bernard Carr*-Trilogie (*Bernard Clare*, 1946; *The Road Between*, 1949; *Yet Other Waters*, 1952), die von Chicago nach New York führende Fabel eines aufsteigenden Autors und der auf neunundzwanzig Bände angelegte *Eddy-Ryan*-Zyklus, *A Universe of Time*, von dem zwischen *Silence of History* (1963) und *The*

> *Death of Nora Ryan* (1978) elf vollendet wurden. Dazu gesellt sich eine Fülle von *Short story*-Sammlungen, in denen seine Chicago-Süd-Romane ergänzt werden: *Calico Shoes* (1934); *Can All This Grandeur Perish?* (1937); *$ 1,000 a Week* (1942); *When Boyhood Dreams Come True* (1946); *An American Dream Girl* (1950) und *A Dangerous Woman* (1957). Farrell ist einer der bedeutenden ›linken‹ Literaturkritiker der USA seiner Zeit und hat den sozialen Wert des Naturalismus in einer Reihe von Essaybänden (*A Note on Literary Criticism*, 1936; *The League of Frightened Philistines*, 1945; *Literature and Morality*, 1947) verteidigt. Seine *Collected Poems* erschienen 1965, *On Irish Themes* erschien 1982.

Farrell gilt heute als der bedeutendste Weggenosse Dreisers und führender Repräsentant des amerikanischen Naturalismus. Seine weitgehende Übereinstimmung mit den Ideen Dreisers resultiert nicht zuletzt aus der Tatsache, daß beide in ihrer Jugend von ähnlichen Erfahrungen geprägt wurden: Früh lernten sie die Not kennen, litten unter ihrer Außenseiterposition als katholische Einwandererkinder und konnten sich von der depravierenden Macht des Milieus überzeugen. Beide waren entschlossen, aus der ihnen vorbestimmten Welt auszubrechen, und beide kamen zuerst in Chicago, der Metropole des amerikanischen Naturalismus, mit der Literatur in Berührung und schickten sich an, ihr Werk in den Dienst ihres sozialen Gewissens zu stellen.

Farrells Credo lautet: »Lieber klares Verstehen als Glauben, lieber Wahrheit als angenehmes Behagen.« Angenehm und behaglich ist die von Farrell erfahrene und geschilderte Welt nicht; sie ist düster und erscheint als ein Kampf zwischen dem Individuum und den finsteren Mächten einer nahezu allmächtigen ökonomischen Determination. Dies erfährt in der *Studs Lonigan Trilogy* die folgerichtigste Ausdeutung; hier nimmt Farrell – von Mark Twain angeregt – sozusagen einen Jungen an die Hand und führt ihn in den drei Romanen *Young Lonigan*, *The Young Manhood of Studs Lonigan* und *Judgement Day* durchs Leben.

> »Die Geschichte von Studs Lonigan ist die eines jungen Mannes. Er ist Amerikaner, jung, normal, durchschnittlich, sinnlich«, sagte Farrell. Studs ist der Sohn irischer Einwanderer, die sich eine enge kleinbürgerliche Position erkämpfen konnten. Er besucht die Pfarrschule und soll Priester werden, wird jedoch mehr und mehr von seiner Umwelt infiziert und sinkt im Alter von fünfzehn Jahren im Spielsalon und als Mitglied einer *gang* immer tiefer. Mit Lucy Scanlan verliert er seinen Traum vom Glück. Ehrgeiz und Idealismus fallen dem Alkohol und der Ausschweifung zum Opfer. Ursprünglich war seine ›Revolte‹ ein Versuch, sein Milieu zu überwinden: »Eines Tages würde er mittels eines Buches diese Umge-

> bung und alle Erinnerungen daran aus seinem Gedächtnis verdrängen.« Doch seine »moralischen Kraftreserven sind klein«; von Gewissensbissen und Skrupeln geplagt, muß er sich mit siebenundzwanzig Jahren eingestehen: »Du bist ein Versager, Lonigan, ein vollkommener Versager! Du taugst nichts mehr, du bist erledigt ...« In diesem seelischen Tief trifft ihn der Schlag der *great depression*, die ihn aller Ersparnisse beraubt. Auf der Suche nach einem Ruhepunkt findet er Catherine Banahan, und als sie ein Kind von ihm erwartet und es nicht abtreiben will, entschließt sich Studs, das Leben in seine Hände zu nehmen. Doch der Sinneswandel kommt zu spät; von den Exzessen seines ausschweifenden Lebens geschwächt, stirbt Studs in der Blüte seiner Jahre.

Diese Studie eines psychischen Desintegrationsprozesses gleicht in ihrer distanzierten Sachlichkeit einer Dokumentation zum Thema der Macht des Milieus. J. W. Beach nennt diese Tragödie treffend eine »Fall-Analyse«. Doch unter der spröden Oberfläche verbirgt sich der leidenschaftliche Drang des Autors, seiner Zeit einen Spiegel vorzuhalten und mit seinem Werk als ein sozialer Messias zu wirken. In *A Note on Literary Criticism* bekennt sich Farrell *expressis verbis* zur didaktischen und gesellschaftspolitischen Funktion der Kunst, wenn er sagt, die Literatur sei »eines der Instrumente, die helfen, das menschliche Gewissen zu formen und umzuformen«. Tatsächlich läßt Farrell keine Gelegenheit aus, seine – von Proust angeregte – Suche nach der verlorenen Zeit in ein didaktisches Gewand zu kleiden. Dies ist ihm in der naturalistischen Studie des Studs Lonigan überzeugender gelungen als in den Romanen des *Danny O'Neill*-Zyklus.

> Danny, der bereits in der *Studs Lonigan Trilogy* aufgetreten ist, stammt aus demselben Milieu wie Studs (die Gestalten Farrells agieren in verschiedenen Büchern) und ist die ›starke‹ Variante dieses Charakters. Beim Tod des Vaters verzichtet Danny auf das Studium, sorgt für die Familie und wird – wovon Studs nur träumte – Schriftsteller. Damit tritt er den Beweis dafür an, daß ein entschlossener Geist der Determination ein Schnippchen schlagen kann. Der *Danny-Zyklus* verlegt den Schauplatz der Handlung von der Straße und aus den Spielsälen in die Familie und konzentriert sich auf die seelische Not der zwischen dem Zank und dem Streit der Großen heranwachsenden Kinder.

Mit den Bernard-Carr- und Eddie-Ryan-Romanen bietet Farrell weitere Varianten seiner irisch-amerikanischen Panoramen zum Thema der Rebellion und der Auflehnung gegen die Selbstzufriedenheit derer, die sich mit ihrem bescheidenen Platz in einer ungerechten Gesellschaft zufriedengeben. Die Figur des Eddie Ryan, eines 1926 in Chicago studierenden jungen Mannes, der auf der Suche nach dem Sinn des Lebens seinen katholischen Glauben verliert, ist die autobiographischste Gestalt Farrells. Alle anderen Werke stehen im Schatten der großen Zyklen.

Farrells Bekenntnis zum Materialismus und zum Naturalismus als künstlerischer Ausdrucksform ist die Folge seines lebenslangen Ringens um die Würde des Individuums in einer vom Kapitalismus verdorbenen Welt. Ihm geht es aber – wie Dreiser – in der Literatur nicht primär um Politik (weshalb ihn die extreme Linke attackierte), sondern um die Beseitigung der Grundübel der Unwissenheit, des Vorurteils und der Heuchelei. Ihm ist es darum zu tun, das soziale Gewissen der Nation zu wecken.

Was seine formalen Prinzipien betrifft, so hat sich Farrell – obgleich er behutsamer komponiert als Dreiser – stets mehr um die Aussage seiner Werke als um die ästhetische Ausformung gesorgt. Der Stil ist konventionell, ohne starke dialektische Einschläge, die Fabel wird geradlinig ausgeführt und nüchtern, ja spröde berichtet. ›Tatsache‹ reiht sich an ›Tatsache‹, ›Konflikt‹ an ›Konflikt‹. Geschickt verbirgt er sein leidenschaftliches Engagement hinter einem distanziert erscheinenden ›Objektivismus‹, der es ihm ermöglicht, die Nöte seiner lebendig gestalteten Charaktere frei von Sentimentalität zu halten. Die Liebe zur Charakterisierung der Einzelheit erinnert an Joyce, dessen *Stream of consciousness*-Technik zuweilen Anwendung findet. Diese Mittel dienen Farrell dazu, seine soziologischen Vivisektionen genau zu motivieren. Soziale und sprachliche Dokumente der Zeit sind seine Bücher insofern, als Farrell, etwa in der *Studs Lonigan Trilogy*, nach dem Vorbild Dos Passos' Zeitungsabschnitte zitiert oder andere zeitgebundene Hinweise in die Handlung einbezieht. Aussage und Form dieser Erzähltechnik, die keinen Platz für Humor oder Ironie läßt, verbinden sich homogen in dem wohl reinsten Naturalismus, den es bis dahin in Nordamerika gegeben hatte. Insofern blieb Farrell bis zu seinem Tod formal wie inhaltlich dem Geist der dreißiger Jahre treu und hat in seinem Spätwerk eigentlich nur noch seine alten Themen variiert oder aus der Sicht eines Autors beleuchtet.

Von ähnlich naturalistischer Härte ist das Werk des aus Georgia stammenden ERSKINE CALDWELL (1903–1987). Ist Faulkner vornehmlich der Chronist der fluchbeladenen und dekadenten ›Aristokratie‹ des ›tiefen Südens‹, so gestaltet Caldwell in seinen besten Romanen und *short stories* das von Existenznot, Hunger, sexueller Begierde und Rassismus demoralisierte Leben der *poor whites* seines Heimatstaates.

> Caldwell wurde als Sohn eines presbyterianischen Geistlichen in White Oak bei Atlanta geboren, studierte an den Universitäten von Virginia und Pennsylvania, fristete sein Leben als Tagelöhner und Journalist und zog sich 1926 auf eine

Farm zurück, um zu schreiben (*Call It Experience: The Years of Learning How to Write*, 1951). Seine ersten Erzählungen und *short stories* (»The Bastard«, 1929; »Poor Fool«, 1930; *American Earth*, 1931) wurden kaum beachtet; der Erfolg kam mit den Romanen *Tobacco Road* (1932) und *God's Little Acre* (1933) sowie den *Short story*-Bänden *We are the Living* (1933) und *Kneel to the Rising Sun* (1935). Zu seinen bekanntesten Romanen zählen *Journeyman* (1935), *Trouble in July* (1940), *Tragic Ground* (1944), *A House in the Uplands* (1946), *This Very Earth* (1948), *A Place Called Estherville* (1949), *Episode in Palmetto* (1950), *Gretta* (1955), *Claudelle Inglish* (1958), *Jenny By Nature* (1961), *Annette* (1973) u. a. Hinzu kommen *Short story*-Sammlungen: *Southways* (1938), *Georgia Boy* (1943), *When You Think of Me* (1959) u. a., die Fotodokumentation über das Elend des Südens, *You Have Seen Their Faces* (1937), sowie eine Reihe von Reisebüchern: *North of the Danube* (1939), *Say! Is This the U.S.A.?* (1941), *All-Out on the Road to Smolensk* (1942), *Around About America* (1964) und *With All My Might. An Autobiography* (1987).

Das Œuvre Caldwells wartet mit bedrückenden Bildern der Folgen mangelnder Anpassungsfähigkeit des Südens auf. Die von ihm dargestellten Situationen sind nicht minder düster, hoffnungs- und ausweglos wie die von Faulkner beschriebenen. Im Gegensatz zu Faulkner aber ist Caldwell Soziologe und hält den Zustand des Südens für eine Folge der hoffnungslosen ökonomischen Bedingungen. Seine Charaktere rekrutieren sich fast ausnahmslos aus den unter dem oder am Existenzminimum dahinvegetierenden *poor whites*, die – wie ihre Opfer, die Schwarzen – auf Grund ihrer sozialen Stellung keinen Sinn für ererbte Schuldverstrickungen haben. Wenn sie amoralisch sind, so deshalb, weil sie zum Teil buchstäblich »langsam Hungers sterben« und von der Not in einer Weise abgestumpft sind, daß sie selbst unflätigste Handlungen und Verbrechen mit einer fast rührenden Naivität begehen. Was diesen *poor whites* blieb, war ein gestörtes Verhältnis zu ihrem Boden, die Sexualität oder die in Lynchorgien genährte Illusion, zumindest den »Niggern« überlegen und somit noch nicht ganz auf den Grund der Gesellschaft abgesunken zu sein. Wenn es in den geradlinig erzählten und naturalistisch gestalteten, von der Idee des ökonomischen Determinismus beherrschten Fabeln Caldwells eine Mystik gibt, so die der Scholle und der Sexualität. Die Antriebskräfte in dieser Welt sind die Urinstinkte des Essens und Zeugens. So ist der Roman *Tobacco Road*, der auch in der Dramatisierung Kirklands einen gewaltigen Erfolg verbuchen konnte, die ›Studie‹ eines falschen Verhältnisses zum Boden und des sich daraus ergebenden Hungers und der Agonie.

> Jeeter Lester lebt als bettelarmer Pächter auf dem Land, das einst seinem Vater gehört hatte. Die Monokultur – Tabak und Baumwolle – hat den Boden so ausgelaugt, daß Jeeter nicht einmal mehr die Mittel für Saat und Dünger hat. Von seinen siebzehn Kindern sind noch zwei zu Hause, aber keines kümmert sich um die Eltern. Der sechzehnjährige Dude läßt sich um den Preis eines Autos von der achtunddreißigjährigen Baptistenpredigerin Bessie Rice heiraten. Die alte Mutter macht ständig Feuer, in der Illusion, eine warme Kochstelle müsse irgendwie Eßbares hervorbringen. Niemand aber wird sich der Lage der Familie bewußt. Es ist weniger Verrohung als Abstumpfung, wenn die Lesters ihre von Dude überfahrene Mutter im Staub liegen lassen, ohne sich davon zu überzeugen, ob sie wirklich tot ist. Abend für Abend nimmt sich Jeeter vor, nun aber an die Bestellung des Bodens zu gehen. Als er schließlich in seiner Hütte verbrennt, läßt er – wie seit Jahren – die Felder unbestellt zurück.

Wirklich schicksalhaft ist dieses Los nicht, denn der Erzähler meint: »Eine intelligente Ausnützung des Bodens, der Tiere und Maschinen hätte es Jeeter … erlaubt, Ernten zu erzielen, von denen sie hätten leben können.« Doch dazu fehlte den bereits der Agonie verfallenen Lesters die Kraft. Jeeter kann sich nicht mehr dazu aufraffen, seine hungernde Familie durch Arbeit in der nahegelegenen Spinnerei zu ernähren. Der Boden läßt ihn nicht mehr los. »Meiner Meinung nach hatte Jeeter recht«, heißt es in diesem Zusammenhang. »Er war ein Mann, der gern etwas in die Erde pflanzte. Die Fabriken sind nichts für Männer, die so etwas im Blut haben.« Nur der Boden, nicht die Technik schenke Liebe – freilich muß auch ihm Liebe gegeben werden, und gerade dies ist in *God's Little Acre* nicht der Fall, wo die Familie Ty Ty Waldens, vom Goldfieber erfaßt, ihre Farm in eine Kraterlandschafft verwandelt, wo Promiskuität und Brudermord die Szene beherrschen und Sex die einzige Abwechslung im Leben der hoffnungslos dahintreibenden Menschen ist. Moralische Bedenken kommen den Waldens nicht. So ist das Leben nun mal: »Irgendwo hat man uns einen bösen Streich gespielt«, heißt es. »Gott steckte uns in die Körper von Tieren und versuchte, uns wie Leute handeln zu lassen.« Dieser Versuch schlägt immer wieder fehl, was auch in dem dritten Roman zum Thema Mensch–Boden, *Tragic Ground*, zum Ausdruck kommt. In diesen Romanen wird die von Caldwell gegenüber dem Industrialismus gehegte Skepsis am deutlichsten.

Dies ist jedoch nicht der einzige Krebsschaden, den Caldwell zu bekämpfen sucht. Die naive Ursprünglichkeit seiner *poor whites* läßt diese in fast jeder Beziehung unberechenbar werden. In *Journeyman* schätzt sich Clay Horey glücklich, Semon Dye, einem primitiven Elmer Gantry, Unterkunft zu gewähren, der nicht nur Gottes Wort verkauft, sondern auch ein handfester Trinker, Spieler, Betrüger, Erpresser sowie Verführer ist und mit einer Prostituierten halbpart machen möchte. Wenn es jedoch um »Nigger« geht, so verwandeln sich diese gutmütigen Menschen beim geringsten Anlaß in Bestien und versuchen, in Lynchorgien ihr eigenes Los zu verdrängen. Caldwell hat dieses Phänomen – deutlicher als die meisten seiner weißen zeitgenössischen Mitautoren – in einer Reihe von *short stories* (»Saturday Afternoon«, »Kneel to the Rising Sun« u. a.) und dem Roman *Trouble in July* angeprangert. Der grausame Mord an dem schwarzen Jungen Sonny, nur weil er mit der weißen Katy Barlow von der Rassistin Narcissa Calhoun auf der Straße im Gespräch gesehen wurde, ist einer der bewegendsten antirassistischen literarischen Texte aus der Feder eines Weißen in der Zwischenkriegszeit. Immer ist es das Schicksal der Schwarzen, von den *poor whites*, die ja gleichsam ›Klassenbrüder‹ sind, besonders grausam verfolgt zu werden. In *Place Called Estherville* verknüpft Caldwell den Rassismus mit der Begierde weißer Männer und Frauen nach der angeblich besonderen sexuellen Kraft der Schwarzen. Weiße beiderlei Geschlechts bedrängen die hübschen Mulattengeschwister Kathyanne und Ganus; Ganus wird erschlagen, Kathyanne bringt das Kind eines Weißen zur Welt. Symbolisch – und an *Absalom, Absalom!* erinnernd – ist der Ausgang des Romans: Der weiße Arzt stirbt, als Kathyanne ihr Kind zur Welt bringt – die *light yellows* überleben.

Der Roman *A House in the Uplands* nimmt eine gewisse Sonderstellung im Werk Caldwells ein. Hier schildert er das von Alkohol, Ausschweifung und Spielleidenschaft herbeigeführte Ende der Dunbars, einer alten aristokratischen Familie des Südens, zeigt aber auch den möglichen neuen Beginn in der Gestalt des Vetters – Benn –, eines um die Schwarzen wie die *poor whites* gleichermaßen besorgten Anwalts, der als Vertreter eines ›neuen Südens‹ anzusehen ist.

Caldwell ist ein geradliniger Erzähler, ein Naturalist, der sich von Dreiser und dessen Schülern vor allem durch seinen von der Kritik als rabelaisisch bezeichneten Humor unterscheidet. Dieser Aspekt verleiht seiner unerträglichen Welt jenen Schuß Leben, ohne den seine *plots* – vergleiche »The Bastard« oder »Poor Fool« – keine künstlerische Aussagekraft hätten. Caldwell ist ein Meister der kurzen Form. Das gilt nicht nur für seine bedeutenden *short stories*, sondern auch für seine Romane, die fast immer als ausgedehnte *short stories* konzipiert sind und auf die deshalb die Bezeichnung *short novels* gut passen würde. Sprache und Syntax sind so einfach wie die Menschen. Bemerkenswert jedoch ist, daß es Caldwell vermeidet, jene Sprachniederungen einzusetzen, die für die meisten seiner Figuren charakteristischer wären.

Caldwells makabre Grotesken der hilflos ihrem Schicksal ausgelieferten Menschen des Südens stehen in der Tradition der amerikanischen Anklageliteratur. Sie sollten

– während der *red decade* – dazu beitragen, das soziale Gewissen der Nation wachzurütteln und haben dieses Ziel bis zu einem gewissen Grad erreicht. Szenen wie jene, da der alte Schwarze, um zu überleben, Schweinen Futter stehlen will und dabei von den Tieren zerfleischt wird (»Kneel to the Rising Sun«), zählen zu den eindringlichsten der amerikanischen Literatur.

Etwas abseits vom Strom der kraftvoll um die Probleme der Zeit ringenden, fast ausschließlich und unmittelbar zeitbezogenen Prosa der zwanziger bis vierziger Jahre des 20. Jahrhunderts stehen vornehmlich gedanklich konzipierte Werke einiger Akademiker und Ästheten, die die Gegenwart des Menschen in weit zurückliegenden Begebenheiten transparent zu machen suchen. Das gilt für den an der *Columbia University* lehrenden Anglisten, Musiker, Poeten und Romancier JOHN ERSKINE (1879–1951), der in einer Reihe von Romanen (*The Private Life of Helen of Troy*, 1925; *Galahad*, 1926; *Adam and Eve* (1927); *The Brief Hour of François Villon*, 1937, u. a.) geistvolle, zuweilen ein wenig zynische, in jedem Fall aber humorvoll-moderne Interpretationen berühmter Legenden schuf. In *The Start of the Road* (1938) schildert er eine hypothetische Episode aus der Jugend Whitmans, während er in *Give Me Liberty* (1940) über Patrick Henry berichtet und damit ein Bekenntnis zum Erbe der amerikanischen Demokratie ablegt. Von ganz anderer Art sind die phantastisch-romantischen Erzählungen der aus einem angesehenen neuenglischen Hause stammenden und in Washington aufgewachsenen ELINOR WYLIE (1885–1928), die sich als Lyrikerin einen Namen machte, um mit *Jennifer Lorna* (1923) – der romantischen Liebesgeschichte eines englischen Paares – den Geist des 18. Jahrhunderts zu beschwören. *The Venetian Glass Nephew* (1925) spielt im Venedig des Rokoko, während *The Orphan Angel* (1926) und *Mr. Hodge and Mr. Hazard* (1928) mit Phantasmen um die Gestalt und Zeit Shelleys aufwarten.

Der bedeutendste Vertreter der amerikanischen Gedankenprosa jener Jahre ist der kosmopolitisch gebildete Dichter und Dramatiker THORNTON WILDER (1897–1975).

Er wurde als Sohn neuenglischer Eltern in Madison, Wisconsin, geboren, verlebte als Kind einige Jahre in Hongkong und Schanghai, wo sein Vater als Generalkonsul diente, ging in Kalifornien zur Schule und studierte an der *Yale University* und der Amerikanischen Akademie in Rom, um danach einige Jahre als Dozent für englische Literatur an der *University of Chicago* zu wirken. Hier begegnete er Gertrude Stein, die einen tiefen Eindruck auf ihn machte. Neben seinen dramatischen Werken (s. S. 390) nimmt die Prosa bedeutenden Raum ein. Auf den Erstling *The Cabala* (1926) folgten *The Bridge of San Luis Ray* (1927), der von der

Komödie *Andria* von Terenz angeregte Roman *The Woman of Andros* (1930), *Heaven's My Destination* (1935), *The Ides of March* (1948), *The Eighth Day* (1967) und *Theophilus North* (1973). 1965 wurde Wilder als erster mit der National Medal of Literature ausgezeichnet.

Zunächst hatte es den Anschein, als wolle Wilder auf den Spuren Henry James' wandeln. *The Cabala* ist eine psychologische Studie im Italien der Nachkriegszeit lebender exzentrischer Amerikaner und dekadenter italienischer Aristokraten. Wilder hatte diese Welt in Rom kennengelernt. Seine Darstellung unterscheidet sich von der James' aber durch gröbere Strichführung, die eine derbere Ironie der feinen Andeutung vorzieht. Schon im nächsten Buch wandte sich Wilder von zeitgenössischen Themen ab. *The Bridge of San Luis Ray*, ein ganz vom Gedanken her aufgebauter, als Rahmenerzählung konzipierter philosophischer Roman, berichtet vom Schicksal der fünf im Jahr 1714 beim Einsturz einer Brücke bei Lima getöteten Menschen. Anhand ihrer Lebensläufe wird die Frage nach der Komplexität und Fragwürdigkeit des Zufalls gestellt. Der teilweise auf die *Andria* des Terenz verweisende Roman *The Woman of Andros*, in dem die gebildete Hetäre Chrysis, ihre Schwester Glycerium und der feinsinnige Pamphilius in einer hoffnungslosen, noch nicht christlichen Welt leben müssen, ist ein noch reinerer Ideen-Roman als sein Vorgänger. Mit *Heaven's Destination* suchte Wilder unter dem Einfluß Gertrude Steins die bisher an historischen Stoffen demonstrierte Konzeption am Gegenwartsthema zu erproben. Die Erzählung eines um das Seelenheil seiner Mitmenschen besorgten Yankee-Idealisten –dieses Thema hätte gut zu Lewis gepaßt – zeigt, daß Wilder seine ›literarische‹ Methode selbst in der Verkleidung der Satire nicht überzeugend auf Gegenwartsprobleme anzuwenden vermochte.

In *The Ides of March* wendet sich Wilder erneut der Vergangenheit zu und gestaltet ein pseudohistorisches, aber originelles Bild von den Ereignissen, die der Ermordung Caesars vorausgingen. Neun Jahre später legte er in *The Eighth Day* die im Frühsommer des Jahres 1902 spielende Geschichte des unschuldig wegen Mordes verurteilten und flüchtigen John Barrington Ashley vor. Aber auch hier ist die – wenig überzeugend aufgebaute – Handlung nur Ausgangspunkt und Vorwand für philosophische Reflexionen. Der nach den unergründlichen Ratschlägen Gottes forschende Dichter postuliert: »Es gibt keine Schöpfung ohne Glauben und Hoffnung«, aber er räumt nun auch ein, daß das »Leben eine Folge von Enttäuschungen ist«: »Alles ist hoffnungslos, aber wir sind Sklaven der Hoffnung.« Der alte, insbesondere in Deutschland hochgeachtete Wilder schien nun auch der Einsicht in die Determination des Menschen in stärkerem Maße Tribut zu zollen, wenn er schrieb: »Wir sagen immer, wir lebten unser Leben.

Blech! Das Leben lebt uns.« Aber er läßt auch den alten Doktor Gillies aus Coaltown den Sinn des Titels erläutern und die Situation, wie sie der Autor sieht: »Die Natur schläft nie. Der Prozeß des Lebens steht nicht still. Die Schöpfung ist noch nicht zu Ende … Der Mensch ist kein Abschluß, sondern ein Anfang. Wir stehen am Anfang der zweiten Woche. Wir sind Kinder des achten Tages.« Ein solches ›Kind‹ ist dann auch der Titelheld des Romans *Theophilus Norton*, der auf seiner Entdeckungsreise durch das Leben, obwohl er nicht mehr an die Existenz Gottes glauben kann, in seiner Liebe zu den Menschen zu einem ›Heiligen wider Willen‹ wird.

Obgleich sich Wilders religiös-idealistische und stark symbolische Prosa durch einen eleganten Stil auszeichnet, ist sie noch immer eine – wenn auch beachtete – Randerscheinung der modernen amerikanischen Literatur. Für Wilder ist das »erschöpfendste aller unserer Abenteuer die Reise durch die langen Korridore des Geistes bis zu den letzten Hallen, wo der Glaube inthronisiert ist«. Wilder dichtet als Christ, und so ist ihm die Brücke von San Luis Ray nicht nur Bauwerk, sondern Symbol, wenn Madre Maria del Pilar, die Äbtissin, auf alle Fragen nach den unerforschlichen Plänen Gottes antwortet: »Da ist ein Land der Lebenden, und da ist ein Land der Toten; die Brücke zwischen ihnen ist die Liebe – das einzig Bleibende, der Sinn.«

In den zwanziger, dreißiger und vierziger Jahren haben fast alle bedeutenden Prosaisten ihre besten Kräfte in den Dienst der Kurzprosa gestellt und – von Anderson über Fitzgerald, Hemingway, Faulkner und Wolfe bis hin zu Steinbeck, Farrell oder Caldwell – beachtliche Beiträge zu diesem Genre geleistet. Ausschließlich der kurzen Form widmete sich die in New York geborene Bühnen- und Literaturkritikerin DOROTHY PARKER (1893–1967). Sie debütierte mit den Gedichtsammlungen *Enough Rope* (1926), *Sunset Gun* (1928) und *Death and Taxes* (1931; zusammengefaßt in *Not so Deep as a Well*, 1936), einer Lyrik, die das Thema enttäuschter Liebe und betrogenen Idealismus einer satirisch-sarkastischen Behandlung aussetzt. Der Blick für die kleinen Dinge des Lebens bestimmt auch ihre *short stories* in *Laments for the Living* (1930) und *After Such Pleasures* (1933; gesammelt in: *Here Lies*, 1939). Die trocken-ironischen Skizzen aus dem Alltagsleben – »You Where Perfectly Fine«, »Big Blonde«, »Arrangement in Black and White«, »Dialogue at Three in the Morning« oder »The Sexes« – zeichnen sich durch ihre hohe Verdichtung und ihren lakonischen, an Hemingway geschulten, andeutend-sinnträchtigen Dialog aus. Dorothy Parker ist eine der originellsten und bedeutendsten *Short story*-Autorinnen der englischen Sprache.

Neben ihrer glitzernden Angriffslust steht die vornehm-ausgewogene psychologisierende Kurzprosa der aus einer alten, angesehenen texanischen Familie stammenden Kosmopolitin KATHERINE ANNE PORTER (1890–1980). Sie begann mit Übersetzungen alter französischer Lieder (*French Song-Book*, 1933) und schuf mit der Sammlung *Flowering Judas* (1930) meisterhafte Stücke feinsinniger psychologischer Charaktergestaltung. Stets resultieren die dargestellten Konflikte aus einem disharmonischen Verhältnis ihrer Gestalten zur Gesellschaft, und immer kreisen ihre Gedanken um den Sinn und Wert des sozialen Gewissens. Nach dieser Sammlung wandte sie sich der längeren Erzählung zu. »Hacienda« (1934) ist die Geschichte der Filmexpedition des Regisseurs Eisenstein nach Mexiko, und die Novelle »Non Wine« (1937) analysiert die Psyche eines Irren. Auch der Band *Pale Horse, Pale Rider* (1939) enthält – neben »Noon Wine« – zwei längere Erzählungen (»Old Mortality« erreicht fast den Umfang eines Romans). Die Titelgeschichte enthält eine Anklage gegen die Sinnlosigkeit des Krieges und schildert die seelische Not einer liebenden Frau, die erfahren muß, daß ihr Geliebter noch vor dem Fronteinsatz, am Tag des Waffenstillstands, von einer Epidemie dahingerafft wurde. Die Sammlung *The Leaning Tower* (1944) enthält neun vornehmlich im Süden spielende Erzählungen.

Im Jahr 1941 war der weniger bedeutende Roman *No Safe Harbor* erschienen, und es vergingen über zwanzig Jahre, ehe die Dichterin mit *Ship of Fools* (1962) nun auch weltweite Anerkennung fand. Das ›Narrenschiff‹ ist die *Vera*, auf der 1931 zumeist Deutsche von Mexiko nach Deutschland reisen, wo sich bereits die Machtübernahme Hitlers abzeichnete. Das Buch bietet eine moralische Allegorie und gipfelt in der Erkenntnis, daß das »Böse immer im heimlichen Einverständnis mit dem Guten getan wird«. Obgleich sich die Dichterin auch hier als eine einfühlsame Beobachterin und subtile Kennerin der menschlichen Psyche erweist, dürfte die Bedeutung der in ihrer Heimat hochgeehrten Autorin besonders auf ihren kürzeren Erzählungen (*Collected Stories*, 1965) beruhen. Ihr Essayband *The Days Before* (1952) und ihre *Letters* (1990) geben interessante Einblicke in ihre Kunst- und Weltauffassung.

Literatur von Minderheiten

African-Americans

Die Zeit zwischen den beiden Weltkriegen ist gekennzeichnet durch ein steigendes Interesse an den sogenannten ethnischen Minderheiten und deren Streben nach eigenständiger Identität im Rahmen der amerikanischen Gesellschaft. Das war die Folge weitreichender sozioökonomischer und ethnographischer Veränderungen, ausgelöst durch Einwanderung aus allen Teilen der Welt und kriegsbedingte Binnenwanderung der Afroamerikaner aus dem ländlichen Süden in die Großstädte des Nordens und Westens. In New York zum Beispiel stieg die schwarze Bevölkerung von hundertdreiundfünfzigtausend im Jahre 1920 auf fast dreihundertdreißigtausend 1930. Es ist die Zeit, in der sich schwarze Industriearbeiter und heimkehrende schwarze Soldaten nicht länger widerstandslos in die *Jim Crow*-Apartheid schickten. Allein 1919 zählte man fünfundzwanzig *race riots*. Parallel zu dieser Entwicklung ist ein steigendes Interesse der weißen Gesellschaft an der Entwicklung der schwarzen Minderheit zu konstatieren. So erschienen in der ersten Hälfte des 20. Jahrhunderts achthundert Werke, die sich mit dem Leben der Afroamerikaner beschäftigten, über vierhundert zum Thema schwarzer Folklore und über hundert sozioökonomische Studien.

Allein diese Zahlen belegen, daß es in jenen Jahren neben Afroamerikanern nicht wenige Weiße waren, die im Bewußtsein ihrer weißen Leserschaft Breschen schlugen für die Akzeptanz und das Interesse am Leben ihrer nichtweißen Mitbürger. Wiewohl man bereits im 19. Jahrhundert – insbesondere vor und unmittelbar nach dem Bürgerkrieg – auf solche Texte stößt, zum Beispiel *The Slave* (1836) von RICHARD HILDRETH (1807–1865), »Benito Cereno« (1856) von Melville oder *Uncle Tom's Cabin* (1851/52), wenden sich erst nach der Periode der *Reconstruction* weiße Autoren wieder verstärkt diesem Thema zu. Dabei handelt es sich um Werke renommierter Autoren von bemerkenswerter Qualität und beachtlicher Durchschlagskraft. Hier sind unter anderem »Melanctha« (1909) von Gertrude Stein zu erwähnen, »The Sahara of the Bozarts« (1917) von H. L. Mencken, der Einakter »Emperor Jones« von Eugene O'Neill, *Holiday* (1922) von WALDO FRANK (1889–1967) oder *Dark Laughter* (1925) von Sherwood Anderson sowie Werke von T. S. STRIBLING (1881–1965), K. A. Porter, Flannery O'Connor, Erskine Caldwell, William Faulkner oder späte Hervorbringungen von Sinclair Lewis oder R. P. Warren, um nur die wichtigsten zu nennen.

Eines der wirkungsvollsten Bücher dieser Art war der Roman *Porgy* (1925) von DuBOSE HEYWARD (1885–1940), der durch die Vertonung Gershwins als *Porgy and Bess* Weltruhm erlangte. Die tragische Geschichte von Porgy und Bess zeichnete sich – ungeachtet mancher Kritik militanter Afroamerikaner – für den zeitgenössischen weißen Rezipienten durch großes Einfühlungsvermögen und eine gute Kenntnis der Mentalität der schwarzen Charaktere aus. Sie erhalten ihre Authentizität vor allem dadurch, daß der Autor – wie auch in dem Roman *Mamba's Daughters* (1929) – seine Stoffe von falscher Sentimentalität freizuhalten versucht. Das gilt ebenfalls für das Werk der in South Carolina lebenden Frau eines Plantagenverwalters, JULIA PETERKIN (1880–1961), die in einer Reihe von Romanen (*Black April*, 1927; *Scarlet Sister Mary*, 1928; *Bright Skin*, 1932) und Skizzen (*Green Thursday*, 1924) ein folkloristisch getöntes, ausgewogenes Bild der an der Küste South Carolinas lebenden *Gullah Negroes* zeichnet.

Die meisten dieser Texte behandeln aber noch nicht den urbanisierten *New Negro* in seiner neuen Umwelt, wie sie zum Beispiel in Chicago oder Harlem nach der *Great Migration* entstanden war. Dieser neuen Welt der Afroamerikaner begegnen wir in dem Roman *Nigger Heaven* (1926) des Publizisten, Kultur- und Musikkritikers CARL VAN VECHTEN (1880–1964), der nicht nur zu den bedeutendsten weißen Förderern der *Harlem Renaissance* zählt, sondern mit Romanen wie *Peter Whiffle* (1922), *Firecrackers* (1925) oder *Spider Boy* (1928), ähnlich wie Fitzgerald und Nathanael West, das *Jazz Age* und Hollywood thematisierte. Eines seiner Hauptverdienste aber war die Unterstützung jener schwarzen Kulturschaffenden, die um ein neues afroamerikanisches Selbstbewußtsein rangen. Diese als *Harlem Renaissance* bekanntgewordene Bewegung, die schon bald weit über den New Yorker Stadtteil hinaus wirkte, forderte die Geburt des *New Negro* und ging deshalb auch treffender unter der Bezeichnung *New Negro Renaissance* in die amerikanische Kulturgeschichte ein.

Die *New Negro Renaissance* war bei aller Gemeinsamkeit in der Zielsetzung, der Etablierung einer ethnisch-kulturell begründeten Identität – und das hatte sie übrigens mit anderen ethnischen Minderheiten wie den *Native Americans* oder den *Chicanos* gemeinsam – alles andere als ideologisch homogen. Die Kontroverse zwischen Booker T. Washington und William E. B. DuBois zum Thema einer wie auch immer gearteten Integration in eine dominante weiße Welt vermittelt einen tiefen Einblick in die Probleme einer sich entwickelnden multikulturellen Gesellschaft, von der alle Minderheiten auf ähnliche Weise betroffen waren, am wenigsten vielleicht noch jene, deren nationale oder religiöse Wurzeln der Integration nicht noch zusätzliche rassische Hürden in den Weg stellten, nachdem sie die sprachlichen übersprungen hatten (z. B. Deutsche, Skandinavier, Iren, Juden).

In diesem Klima entwickelte sich in dem inzwischen von Schwarzen in Besitz genommenen New Yorker Stadtteil Harlem ein Zentrum afroamerikanischer Kultur, das von der Publizistik über Literatur und Theater bis hin zur Musik und Bildenden Kunst mit allen Facetten aufwartete, zu denen künstlerische und intellektuelle Kreativität fähig ist. Hier entstand die kulturelle und politische Infrastruktur, von der aus ein halbes Jahrhundert später der Aufbruch der *Civil Rights*-Bewegung möglich wurde. Bereits 1917, als das erste schwarze Regiment nach Frankreich entsandt wurde, erschienen die *Three Plays for a Negro Theatre* von RIDGELY TORRENCE (1875–1950); im selben Jahr entstand die *Afroamerican Liberty League*, ein Jahr später die *National Association for the Advancement of Colored People* (*NAACP*). 1919 wurde das *Harlem Conservatory of Fine Arts*, ein Jahr später die *Associated Negro Press* und die *National Association of Negro Musicians* ins Leben gerufen. Und in den Jahren 1920 bis 1924 erlebte das afroamerikanische Theater mit der Gründung der *National Negro*

Theatre Corporation, der *Colored Players Guild*, dem *Negro Experimental Theatre*, dem *Negro Art Theatre* oder den *National Colored Players* mit Künstlern wie etwa Paul Robeson eine große Zeit.

Hinter all diesen Aktivitäten stand das Streben nach der Überwindung eines von der Sklaverei und der *Jim Crow*-Apartheid zutiefst verletzten Selbstbewußtseins. Eines der wesentlichsten Ziele war es zu beweisen, daß man durch die Wiederentdeckung und -belebung des kulturellen Erbes (insbesondere Folklore) zur Schaffung eines der Kultur der Weißen ebenbürtigen afroamerikanischen Kulturbewußtseins kommen konnte, was eine solide Basis für eine neue schwarze Identität innerhalb der von Weißen dominierten Gesellschaft schaffen sollte. Diese Ziele ließen sich nicht nur durch den Einsatz ›kultureller‹ Mittel erreichen, sondern waren auch Gegenstand ideologisch-politischer Auseinandersetzungen, wobei anzumerken ist, daß diese zeitlich mit der *red decade* der ›weißen‹ amerikanischen Kultur zusammenfielen. Nicht wenige der *New Negroes* glaubten im Lauf ihrer Karrieren, ein Zusammengehen mit den Kommunisten und der Sowjetunion böte den Schlüssel für die Lösung ihrer Probleme.

Wie wenig es sich bei der *New Negro Renaissance* – sieht man vom Endziel der Emanzipation ab – um eine homogene Gruppierung handelte, zeigt ein Blick in ihre wichtigsten Zeitschriften: *The Crisis* ab 1910, bis 1934 herausgegeben von W. E. B. DuBois, *Opportunity* ab 1912, redigiert von C. S. JOHNSON (1868–1963) und Countee Cullen oder *The Messenger* unter der Leitung von RANDOLPH A. PHILIP (1889–1979).

Zu den bedeutendsten frühen Vertretern der *Harlem Renaissance* zählt der aus Florida stammende Diplomat und Dozent an der *Fisk University* JAMES WELDON JOHNSON (1871–1938), der bereits 1912 mit dem Roman *The Autobiography of an Ex-Colored Man*, *God's Trombones* (1927) und Gedichten (*Selected Poems*, 1935) die Richtung wies und mit *The Books of American Negro Spirituals* (2 Bde., 1925/26) und *The Book of American Negro Poetry* (1922/31) sowie der Studie *Black Manhattan* (1930) wichtige Beiträge für die Bewegung lieferte, in die er mit seiner Autobiographie *Along This Way* (1933) tiefe Einblicke vermittelt. Das gilt auch für das Werk des ›Philosophen‹ und Initiators der *Harlem Renaissance*, dem in Oxford und Berlin ausgebildeten ALAIN LOCKE (1886–1954), der als Philosophieprofessor an der *Howard University* wirkte. Seine zahlreichen Essays zur Kunst und Kultur sowie die von ihm auf den Weg gebrachte Anthologie *The New Negro: An Interpretation* (1925) sind Programm. Sein Engagement bei der Schaffung der *Harmon Foundation* (1926), die Preise für Werke der Literatur, Musik, Malerei, Wissenschaft und Bildung, die man an schwarze Urheber vergab, haben zusammen mit der Förderung so bedeutender Autorinnen und Autoren wie Z. N. Hurston, Langston Hughes oder Claude McKay zum Aufschwung der Bewegung beigetragen.

Etwa zeitgleich legte JEAN TOOMER (1894–1967) mit *Cane* (1923) ein Buch vor, das nachhaltig auf die Ausprägung einer afroamerikanischen Literatur wirken sollte, da hier Rasse und Gesellschaft in einem neuen Licht erscheinen. Bereits in dieser Phase der *New Negro Renaissance* werden die unterschiedlichen Ansätze zur Überwindung des Rassismus auch in der Literatur deutlich. Da ist zum Beispiel der auf dem folkloristischen Erbe basierende, dem wir etwa in den Werken der Anthropologin ZORA NEALE HURSTON (1901?–1960) mit *Jonah's Gourd Vine*, 1934; *Their Eyes Were Watching God*, 1937; *Moses, Man of the Mountain*, 1939; *Seraph on the Suwanee*, 1948, und der anthropologischen Sammlung *Mules and Men*, 1935, sowie ihrer Autobiographie *Dust Tracks on a Road*, 1942, begegnen. Hier greift sie selbstbewußt auf eine afrikanische mündliche Erzähltradition zurück, und damit wird sie zu einer – wenn auch von militanteren afroamerikanischen Kritikern als zu wenig kämpferisch bezeichneten – Wegbereiterin des nach 1960 aufblühenden Romans aus der Feder schwarzer Frauen. Daran vermochte auch die 1932 von WALLACE THURMAN (1902–1934) – der mit den beiden Romanen *The Blacker the Berry* (1929) und dem Bühnenstück *Harlem* (1929) einen wichtigen Beitrag zur afroamerikanischen Literatur leistete – verfaßte Satire auf Z. N. Hurston als »Sweetie May Carr« in dem Harlemer Schlüsselroman *Infants of the Spring* (1932) nichts ändern.

Am stärksten ist in dieser Phase das folkloristische Element in der Lyrik, in den *Songs* und *Spirituals* ausgeprägt, wobei das Bekenntnis zur Folklore in den meisten Fällen keine ›reine‹ Lyrik hervorbringt, sondern fast immer als Medium für die Verkündung der Forderung nach Gleichberechtigung dient. Das gilt auch für die Lyrik eines der bekanntesten afroamerikanischen Dichter, des Harvard-Absolventen COUNTEE CULLEN (1903–1946), dessen Verse (*Color*, 1925; *Copper Sun*, *The Ballad of the Brown Girl*, 1927; *The Black Christ*, 1929) vom verzweifelten Versuch ihres Schöpfers künden, einen Ausweg in die Welt des Idealismus zu finden. Einen recht vollständigen Überblick über die verschiedenen Richtungen und Ausprägungen der afroamerikanischen Lyrik jener Jahre vermitteln die *Anthology of Verse by American Negroes* (ed. N. I. White 1924), *Caroling Dusk: An Anthology of Verse by Negro Poets* (C. Cullen, 1927) und *The Poetry of the Negro* (ed. L. Hughes, 1949).

Der soziale Protest der afroamerikanischen Autoren erreichte in den zwanziger und dreißiger Jahren einen Höhepunkt. Schon W. E. B. DuBois hatte die *color line* als eines der entscheidenden Schlachtfelder im Kampf um mehr Menschlichkeit bezeichnet und hinzugefügt: »The history of the world is the history not of individuals, but of groups, not of nations, but of races, and he who ignores or seeks to override the race idea in human history ignores and overrides the central thought of history.« Und so ist es gleichsam selbstverständlich, daß die nun selbstbewußter werdenden afroamerikanischen Autorinnen und Autoren ihre Feder zunehmend als Waffe bei der Bewältigung ihres als historisch empfundenen Auftrags einsetzen.

Das gilt vor allem für einen der führenden Funktionäre des *NAACP*, WALTER WHITE (1893–1955), der neben seiner politischen Arbeit mit den Romanen *The Fire in the Flint* (1924), wo es um Lynchjustiz geht, und *Flight* (1926), der das *passing* zum Thema hat, seine politischen Vorstellungen in Literatur übertrug. Eine wichtige Rolle beginnt auch das Ringen um die Gleichberechtigung, insbesondere der Frauen, in den Werken von JESSIE FAUSET (1882–1961) zu spielen, die neben Lyrik, *short stories* und Essays mit den Romanen *There Is Confusion* (1924) und *Plum Bun* (1929) zeigte, wie *blackness* und *femaleness* für sie miteinander verbunden sind und welche Kräfte sie aus den Überlieferungen afroamerikanischen Kulturgutes zog (*The Chinaberry Tree*, 1931; *Comedy: American Style*, 1934). Von ähnlicher Bedeutung für die in den sechziger Jahren einsetzende Blüte der Literatur schwarzer Frauen sind die Romane *Quicksand* (1928) und *Passing* (1929) der aus Chicago stammenden Autorin dänisch-karibischer Abstammung NELLA LARSEN (1891–1964), die sich dem Thema des *passing* und damit dem der Identitätsprobleme von Schwarzen in der von Weißen dominierten Gesellschaft zuwendet. Die Romane der an James und Joyce geschulten Afroamerikanerin sind auch in ästhetischer Hinsicht von beachtlicher Qualität.

Wirkten die meisten der genannten Autorinnen und Autoren zunächst vornehmlich in den Grenzen der *black communities* und erfuhren die ihnen zustehenden Würdigungen erst in der Zeit der Bürgerrechtsbewegung der sechziger Jahre, so profilierten sich in den dreißiger Jahren einige Autoren mit einer eher naturalistisch orientierten Protestliteratur, die ihre Wirkung auf eine weiße Leserschaft nicht verfehlte. So kleidete der aus Louisiana stammende, in Chicago ausgebildete ARNA BONTEMPS (1902–1973) seinen Protest in die Form des historischen Romans. *Black Thunder* (1936) schildert eine Sklaven-Revolte in Virginia im Jahr 1800, *Drums at Dusk* (1939) einen Aufstand in Haiti. *One Hundred Years of Negro Freedom* (1961) gibt einen Überblick über die Position der Afroamerikaner in der Zeit seit der Aufhebung der Sklaverei. Ähnlich konsequent gibt sich das Werk des in Jamaica geborenen und 1912 in die USA eingewanderten CLAUDE McKAY (1889–1948). Er debütierte mit Lyrik (*Songs of Jamaica*, 1912; *Harlem Shadows*, 1922) und schuf neben den *short stories Gingertown* (1932) mit *Home to Harlem* (1928), dem Roman eines aus Frankreich heimkehrenden schwarzen Soldaten, ein bedrückendes Bild vom Schicksal dieser Veteranen, die keinen Dank für den Dienst an ihrer Heimat erwarten können. Diesem Thema werden wir nach 1945 erneut begegnen. Die Studie *Harlem: Negro Metropolis* (1940) behandelt die Lebensbedingungen der Afroamerikaner in der weißen Großstadt.

Eher noch bitterer sind die den Problemen der Schwarzen und ihrer weißen Widersacher gewidmeten Prosawerke von LANGSTON HUGHES (1902–1967) *Not Without Laughter* (1930), *The Ways of White Folks* (1934) oder *Simple Stakes a Claim* (1957) sowie seine Gedichtsammlungen (*The Weary Blues*, 1926; *Dear Lovely Death*, 1931; *The Dream Keeper*, 1932; *Ask Your Mama*, 1961 u. a.), in denen die Vorbilder Whitman, Sandburg und Dunbar, aber auch der *Blues* in Inhalt und Form anklingen. Mit diesem Werk qualifizierte er sich als unbeirrbarer Kämpfer für Menschlichkeit und Gleichberechtigung und trug wesentlich dazu bei, die Probleme der Afroamerikaner auch außerhalb der USA bekannt zu machen. In dieser Beziehung hatte er eine ähnliche Wirkung wie der bedeutendste afroamerikanische Erzähler jener Jahre, der in Roxie, Mississippi, geborene RICHARD WRIGHT (1908–1960).

> Er wuchs im Süden auf, ging 1927 nach Chicago, schloß sich dort den Naturalisten an, lebte in der immer stärker von Schwarzen bewohnten »südlichen Vorstadt« Farrells und schloß sich 1932 unter dem Eindruck der *depression* – wie McKay und andere schwarze Intellektuelle – der kommunistischen Partei an. Über New York ging er 1947 nach Paris, wo er sich dem Kreis um Sartre und den *Temps Modernes* zuwandte. Später trennte er sich enttäuscht von der extremen Linken und bezog eine existentialistische Position. Er starb in seinem Pariser Exil.

Bereits in seiner ersten Sammlung von *short stories*, *Uncle Tom's Children* (1938/40), darin unter anderem »Big Boy Leaves Home«, »Down by the Riverside« und »Long Black Song«, erweist sich Wright als leidenschaftlicher und naturalistischer Interpret seines emanzipatorischen Anliegens und gewann mit dem Roman *Native Son* (1940) weithin Anerkennung. Der von der Macht des Milieus in den Tod getriebene Bigger Thomas hat als schwarzer Studs Lonigan unter den gegebenen Verhältnissen weit stärker zu leiden als die irisch-katholischen Außenseiter weißer Hautfarbe. Auf diesen Protestroman folgte die Autobiographie *Black Boy* (1945), und etwa zu der Zeit, da Wright bekannte, er habe »versucht, Kommunist zu sein«, vollzog sich sein Wechsel zur existentialistischen Weltausdeutung und einer an Dostojewskij und Kafka orientierten Sicht, die für den Rassen- als Klassenkampf nurmehr wenig Raum ließ. Der philosophische Roman *The Outsider* (1953) präsentiert in der Gestalt des Cross Demon einen von der Zivilisation gehetzten Menschen, der »alle Möglichkeiten der Existenz erforschen« will. Damit löste Wright – auf eine sehr intellektualistische Weise – die literarische afroamerikanische Gestalt aus ihrem bis dahin spezifischen Isolations-Klischee und entsprach so den Vorstellungen vieler schwarzer Kritiker, die mit

Richard Gibson (»A No to Nothing«, 1950 in der *Kenyon Review*) meinten: »Was man einem noch unverdorbenen jungen Schwarzen zu raten hat, ist, nicht einfach ein Negerschriftsteller zu werden, sondern ein Schriftsteller, der zufällig auch ein Schwarzer ist.«

Die Empfehlung, »nicht die Krücken eines Sensationsthemas wie den Rassenhaß« zu benutzen und sich bewußt zu werden, daß wir »in der Ära von Joyce, Proust, Mann, Gide und Kafka« leben, fand bei der jüngeren Generation afroamerikanischer Autoren, die in den vierziger Jahren zu schreiben begannen, Gehör. Wie wenig man aber in der Regel in den USA jener Jahre noch immer »zufällig auch ein Schwarzer ist«, demonstriert noch kurz nach dem Zweiten Weltkrieg die 1938 aus Connecticut nach Harlem zugewanderte und von Wright beeindruckte ANN PETRY (*1908). Sie hatte sich bereits als Publizistin einen Namen gemacht, als sie mit dem Roman *The Street* (1946) die Auswirkungen des Rassismus auf afroamerikanische Frauen in der Großstadt thematisierte und in *Country Place* (1947) und *The Narrows* (1953) Bilder aus dem bedrückenden Leben schwarzer Mitbürger im weißen Kleinstadtmilieu Neuenglands zeichnete. Ihren emanzipatorischen Zielen dienen neben *short stories* (*Miss Muriel, and Other Stories*, 1971) eine Reihe von Kinderbüchern. Dieses Genre griff auch die aus Kansas stammende GWENDOLYN BROOKS (*1917) auf (*Bronzeville Boys, and Girls*, 1956), die aber auf Grund ihrer in Chicago gesammelten Erfahrungen das Leben der Afroamerikaner in der Großstadt in das Zentrum ihrer Dichtung rückte (*A Street in Bronzeville*, 1945; *The Bean Eaters*, 1960, *Selected Poems*, 1963) und in der mit dem Pulitzerpreis ausgezeichneten Verserzählung *Annie Allen* (1949) oder dem Roman *Maud Martha* (1953) erschütternde Bilder von der rassistisch bedingten sozialen und geistigen Isolation schwarzer Mädchen und Frauen entwirft. Gwendolyn Brooks gehört bereits zu der Übergangsgeneration afroamerikanischer Autorinnen, deren spätere Gedichte (*In the Mecca*, 1968; *Riot*, 1969; *Family Pictures*, 1970; *To Disembark*, 1982; *Very Young Poets*, 1983) zusammen mit Essays (u. a. *Primer for Blacks*, 1980) und einer Autobiographie (1972) dem literarischen Bestand der schwarzen Bürgerrechtsbewegung zuzuordnen sind.

Native Americans

Wesentlich vorsichtiger und auf Grund völlig anderer ethnographischer und sozialer Bedingungen vollzieht sich der ›Eintritt‹ anderer *minorities* in die nordamerikanische Literatur. Das gilt zunächst für die *Native Americans*, die weder ethnisch und sprachlich noch kulturell eine homogene Minderheit bildeten und bilden. Stärker als die Afroamerikaner sind sie von Anfang an stets als Thema der amerikanischen Literatur präsent gewesen – entweder als blutrünstige Barbaren oder romantisch eingefärbte edle Wilde. Die Fülle dieser Literatur stammt fast ausnahmslos aus der Feder weißer Autoren. Das gilt zu einem guten Teil auch noch für die Jahrhundertwende und die ersten Jahrzehnte danach. Es wurden nun jedoch insofern neue Akzente gesetzt, als sich eher wissenschaftlich denkende Ethnographen darum mühen, die in vielen Stammessprachen mündlich weitergereichten Schätze zu heben und durch ›Verschriftlichung‹ zu bewahren, was Mythen, Sagen oder Rituelles zu bieten hatten.

Dieses Verdienst kommt vor allem Männern wie WASHINGTON MATTHEWS (1843–1905; *The Navaho Ceremony*, 1887; *Navaho Myths, Prayers and Songs*, 1907, u. a.), FRANZ BOAS (1858–1924; *Chinook Songs*, 1888) sowie den Editoren einer Fülle von Anthologien indianischer Lyrik zu, von denen *The Indian's Book* (ed. N. C. Burlin, 1908/23), *Navajo Traditional Poetry* (ed. E. L. Walton, 2 Bde., 1920) oder die Studie *American Indian Verse: Characteristics of Style* (1921) nur einige Beispiele für das wachsende Interesse an den kulturellen Schätzen der *Native Americans* sind. In diesem Zusammenhang ist auf das Werk des Ethnographen und Anthropologen OLIVER LA FARGE (1901–1963) hinzuweisen, der neben historisch angelegten Studien insbesondere mit dem Roman *Laughing Boy* (1929), der tragischen Lebensgeschichte zweier junger Navajo auf dem Hintergrund des von ihnen zu durchleidenden Kulturkonflikts, das Thema der Identitätssuche anschlägt, das von da an die Literatur der *Native Americans* beherrschen sollte.

Diese Publikationen haben wesentlich zur Etablierung eines Bildes der *Native Americans* beigetragen, das die kulturellen Wurzeln dieser Minderheit in einem neuen Licht erscheinen ließ und zur Korrektur der überlieferten Klischees führte. Dabei darf jedoch nicht übersehen werden, daß auf Grund der so anderen Weltsichten und -interpretationen der *Native Americans* die Übertragung mündlicher Überlieferungen in die Schriftform einer völlig anderen Kultur nicht unproblematisch ist und möglicherweise nur einen gewissermaßen entseelten Abglanz der wirklichen Ideengehalte ermöglicht.

Um die Jahrhundertwende entstanden in zunehmendem Maße ›authentische‹ Texte von *Native Americans* selbst, indessen in Englisch, das nun ihre Schriftsprache wurde, sofern sie nicht im Einzugsbereich des Mexikanischen lebten. Es handelte sich dabei – ähnlich wie bei den Afroamerikanern – um Erinnerungen, Autobiographisches, Ethnographisches, Folkloristisches, aber auch schon um Proteste gegen das Vorgehen der Angloamerikaner. Ein interessantes Beispiel dieser Art bietet »What I am Going to Tell You Here will Take Me until Dark« (1881), eine Rede des Ponca-Häuptlings STANDING BEAR (1829–1908) im Zusammenhang mit der geplanten Deportation seines Stammes von Dakota nach Oklahoma. Während dieses Dokument noch den *oratories* vorhergehender Jahrhunderte nahesteht, betraten nun auch die ersten durch ›weiße‹ Bildungseinrichtungen gegangenen *Native Americans* die literarische Bühne, womit ein Stadium erreicht wird, in dem wir es immer seltener mit Autoren zu tun haben, die ihre Geschichten mit Hilfe Weißer zu Papier bringen.

Ein markantes Beispiel dafür ist das Sioux-Halbblut CHARLES ALEXANDER EASTMAN (Ohijesa, 1858–1939). Er promovierte 1890 an der *Boston University* zum M. D., arbeitete als Arzt und reüssierte sehr schnell als angesehener Publizist und Autor. Zu seinen wichtigsten Werken zählen die Reminiszenz *An Indian Boyhood* (1902), *Old Indian Days* (1907), *Wigwam Evenings* (1909), *The Soul of the Indian* (1911), *From the Deep Woods; Chapters in the Autobiography of an Indian* (1916) und andere. Von derselben Bedeutung sind die informativen Bücher des Ponca-Häuptlings LUTHER STANDING BEAR (Ota K'te, 1868?–1939?), der einer der ersten Schüler der bekannten Indianer-Schule in Carlisle, Pennsylvania, war. Er verbrachte seine Jugend in Nebraska und Dakota, wurde Mitglied und Dolmetscher in *Buffalo Bill's Wild West Show* (1898) und kämpfte mit der Feder für die Rechte seines Stammes. Zu seinen wichtigsten Werken zählen *My People, the Sioux* (1928), *My Indian Boyhood* (1931), *Land of the Spotted Eagle* (1933) und *Twenty True Stories* (1934). Von derselben Bedeutung für die Popularisierung der Emanzipationsbestrebungen der *Native Americans* war die 1932 erschienene, von JOHN NEIHARDT (1881–1973) recht eigenwillig edierte Biographie des Sioux-Medizinmannes BLACK ELK (1863–1950): *Black Elk Speaks* (1932).

In diesen Jahren meldeten sich immer häufiger *Native Americans* zu Wort, die ihre Erfahrungen, Hoffnungen und Forderungen nicht mehr nur in ethnographischen Studien und soziokulturellen Essays vortragen, sondern in zunehmendem Maß in die fiktionale Form kleiden und somit den Beginn einer ›autochthonen‹ *American Indian* Literatur markieren wollten. Ein gutes Beispiel für den Übergang vom angloamerikanisch beeinflußten ethnographischen oder folkloristischen Schrifttum zur *Native American*-Literatur bietet die aus dem Stamm der Okanoga kommende MOURNING DOVE (Hum-Ishu.Ma, 1888–1936), ein Halbblut aus Idaho, die nur wenig Schulbildung genießen, aber auf einen reichen Schatz der von ihrer Großmutter weitergegebenen mündlichen Überlieferung ihres Stammes zurückgreifen konnte. Ihr Roman *Cogewea: The Half-Blood* (1927) ist der wohl erste Roman aus der Feder einer Indianerin. Sie hat ihn in Zusammenarbeit mit ihrem Freund, dem Ethnologen McWhorter, geschrieben, was die Nähe zur *romance* erklärt. Ursprünglicher wirken ihre *Coyote Tales* (1933/1990), die, wie zum Beispiel »The Spirit Chief Names the Animal People«, tiefe Einblicke in das Leben und die Befindlichkeit ihres Stammes vermitteln und weniger angloamerikanisches Reflektieren aufscheinen lassen. Das Vorwort von Standing

Bear mag zur weiteren Verbreitung des Bandes beigetragen haben. Der 1990 von Jay Miller edierte Band *Mourning Dove: A Salisham Autobiography* bietet eine authentische Einführung in diese Übergangsperiode.

Die zentralen Themen dieser Autoren sind die schwierige Position des Halbblutes zwischen den Kulturen und die elende Situation, in die die *Native Americans* im Zuge ihrer Vertreibung, Einweisung in Reservate und die ›re-education‹ in Missionsschulen geraten sind. Ganz im Stil und Geist der *Local Color* wirkte so der in Standford und Harvard ausgebildete Cherokee JOHN MILTON OSKISON (1874–1947), der als Journalist für die angesehensten Zeitschriften schrieb und in *short stories* wie »The Problem of Old Harjo«, »When the Grass Grew Long« und vielen anderen farbige und authentische Porträts der für das *Indian Territory* typischen Charaktere zeichnete. Nach seiner Rückkehr aus dem Ersten Weltkrieg schilderte er in den Romanen *Wild Harvest; A Novel of Transition Days in Oklahoma* (1925) und *Black Jack Davy* (1926) das gewissenlose Verhalten von Weißen und *mixed-bloods* gegenüber *Native Americans* in den letzten Tagen des *Indian Territory*, um in *Brothers Three* (1935) zu zeigen, wie drei Halbblutindianer, die ihren Stamm verlassen, in der von Kommerz und Materialismus beherrschten Welt der Angloamerikaner zugrunde gehen.

Ein ähnliches Szenario entwarf der Osage JOHN JOSEPH MATHEWS (1894–1979), ein an der *University of Oklahoma* und in Oxford ausgebildeter Naturwissenschaftler, der als Flieger am Ersten Weltkrieg teilgenommen hatte. *Wah'kon-tah: The Osage and the White Man's Road* (1929) machte ihn bekannt; in *Sundown* (1934), einem von autobiographischen Elementen durchsetzten Roman, schilderte er in der Person des jungen ›Chal‹ Windzer die mißglückte Rückkehr aus der Welt der Weißen in die Reservation, wo nun ebenfalls Öl und Geld die Möglichkeit verbauen, das Erbe der Väter zu bewahren. Erwähnenswert ist des weiteren *Talking to the Moon* (1945). Lyrischer und etwas hoffnungsfroher präsentieren sich die Essays und Erzählungen des an der *Tulane University* ausgebildeten Mediziners THOMAS S. WHITECLOUD (1914–1972), eines Chippewa-Halbbluts, der sich als Landarbeiter, Lkw-Fahrer und Boxer durchs Leben geschlagen hatte, ehe er im Zweiten Weltkrieg in einer Luftlandeeinheit diente und später als Arzt auch im *Indian Service* wirkte. »Blue Wind's Dancing« (1938) ist ein beeindruckendes Beispiel seiner lyrischen Prosa. Er hinterließ bisher nicht veröffentlichte Essays, Erzählungen und Lyrik.

Von besonderer Bedeutung für die weitere selbstbewußte Entwicklung einer selbständigen Position der *Native Americans* im multikulturellen Spektrum der USA ist das Wirken von WILLIAM D'ARCY McNICKLE (1904–1977), einem Flathead aus Montana. Er stammte aus einer für ihr revolutionäres Verhalten bekannten Familie aus Saskatchewan, wurde in einer *Boarding School* in Oregon erzogen und studierte an den Universitäten von Montana und Oxford. Als Direktor des *Newberry Library's Center for the History of the American Indian* (das heute seinen Namen trägt) und Gründungsmitglied des *Congress of American Indians* hat er einen maßgeblichen Anteil an den Fortschritten, die im Kampf um mehr Gleichberechtigung erreicht werden konnten. Zeugnisse dafür finden wir nicht nur in seinen publizistischen Arbeiten, sondern auch in Monographien, die während des Höhepunktes der Bürgerrechtsbewegung entstanden sind: *The Surrounded* (1936), *They Came Here First: The Epic of the American Indian* (1949), *Runner in the Sun* (1954) *Indian Man: A Life of Oliver La Farge* (1972) oder *Native American Tribalism: Indian Survival and Renewal* (1973). In seiner fiktionalen Prosa, in der eigene Erfahrungen eine zentrale Rolle spielen, wandte er sich gegen Sentimentalismen und gängige Konventionen bei der Behandlung des Indianer-Themas und suchte den Wert der Tradition für das Überleben der Indianer-Kultur auszuloten. Als eine aus dem Leben gegriffene ›Metapher‹ für diesen Ansatz ist es zu werten, wenn als Folge der Politik Grants 1870 zum Katholizismus ›bekehrte‹ Indianer zum Glauben ihrer Vorväter zurückkehrten.

Das zentrale Thema der die *Native Americans* in dieser Phase betreffenden und von ihnen selbst vorgelegten Literatur ist die Diskussion ihrer Stellung zwischen den Kulturen und die Suche nach einer nicht von Entwurzelung und Entfremdung gekennzeichneten Identität. Beide Aspekte bilden übrigens später die Ausgangspunkte für die Renaissance der Literatur dieser Minderheit im Zeichen der Bürgerrechtsbewegung in den sechziger Jahren des 20. Jahrhunderts.

Latinos

Die heute mit etwa siebenundzwanzig Millionen zweitgrößte Minderheit der *Latinos* (Mexican Americans, Chicanos, Hispanics, Aztlán, Puerto Ricans, Cuban Americans) mit deren etwa zehn Millionen umfassenden stärksten Gruppe der Chicanos hebt sich auf Grund ihrer Herkunft und spezifischen historischen Entwicklung auf andere Weise von den Angloamerikanern ab als die *African-Americans* oder die *Native Americans*. Sie ist ungeachtet unterschiedlicher Wurzeln und ethnischer und kultureller Vermischungen etwas homogener. Ursprünglich handelt es sich um ›Mexikaner‹, deren Vorfahren durch die Annektion von Texas und später durch den Vertrag von Guadalupe Hidalgo (1848) und den *Gadsen Purchase* (1853), in denen die Bewohner von Arizona, Nevada, Utah, New Mexico, Kalifornien und eines Teils von Colorado über Nacht US-Bürger geworden waren, mit dem Recht, ihre Sprache und Kultur zu behalten. Dies hat ungeachtet der Zuwanderung von Angloamerikanern dazu geführt, daß große Teile dieser Region noch heute – und durch die anhaltende Zuwanderung aus Mexiko, Kuba und dem karibischen Raum möglicherweise wieder verstärkt – eine bilinguale und bikulturelle Kultur entwickeln, die sich aus indianischen, spanischen und karibischen Wurzeln speist und angloamerikanische Elemente integriert. Es handelt sich inzwischen um eine recht eigenständige Kultur, die weder voll der mexikanischen noch der angloamerikanischen zuzuordnen ist und sich wohl auch deshalb relativ kräftig und, wie es scheint, lebensfähig zwischen diese beiden schiebt.

Ähnlich wie die anderen Minderheiten ziehen auch die *Chicanos* unmittelbar nach der Eingliederung ihrer Siedlungsgebiete die Aufmerksamkeit angloamerikanischer Ethnologen, Anthropologen und Historiker auf sich, wobei sich in die Ergebnisse ihrer Beobachtungen nicht selten mexikanische und indianische Phänomene einblenden. Aus der großen Zahl von Veröffentlichungen dieser Art, die in der ersten Hälfte des 20. Jahrhunderts ein steigendes Interesse an dieser Facette der amerikanischen Gesellschaft dokumentieren, stehen stellvertretend für vieles anderes die Bände *Spanish Exploration in the Southwest, 1542–1706* von H. E. BOLTON, *Coronados Children* (1941) und *Life and Literature of the Southwest* (1942, rev. 1952) von J. FRANK DOBIES, *Narrative of the Santa Fé Expedition* (1935) von G. W. KENDELL, *Alva Nunez Cabeza de Vaca* (1940) von C. HALLENBECK oder *New Mexico: A Pageant of Three Peoples* (1952), denen aber bereits gegen Ende des 19. Jahrhunderts Korrektive aus der Sicht der *Chicanos* gegenübergestellt wurden, etwa durch MARIANO VALLEJOs (1808–1890) *Recuerdos Históricos Tocante a la Alta California* oder die Arbeiten von PIO PICO (1801–1894).

Nicht minder umfangreich ist die angloamerikanische fiktionale Literatur zu diesem Thema. Sie reicht von *short stories* Bret Hartes über Romane HARVEY FERGUSSONs (1890–1971) und Willa Cathers bis hin zu den *Paisanos* in Steinbecks *Tortilla Flat* oder der 1929 von Mabel Major und Rebecca Smith edierten Anthologie *The Southwest in Literature*. Diese angloamerikanischen Bilder erfahren früh Korrektive aus der Sicht und den Federn der *Chicanos* selbst. Eines der dafür wichtigsten frühen Genres ist der *corrido*, eine Art Ballade, die sich neben der *copla*, der *danza* und der *décima* von der zweiten Hälfte des 19. Jahrhunderts an größter Beliebtheit erfreute und noch heute gepflegt wird. Sie hat ihre Wurzeln in den mittelalterlichen spanischen Romanzen, basiert auf mündlicher Überlieferung und ist deshalb im Original Spanisch. Sie war und ist eine Waffe der *Chicanos* in ihrem Ringen um Identität und Anerkennung durch die *Anglos*. Diese kurzen Stücke besingen die Überlegenheit der *vaqueros* über die *cowboys* (»Kiansis I« – »Kansas I«), den Mut, mit dem stolze *Chicanos* den *rinches* und Sheriffs entgegentreten (»Gregorio Cortez«, »Jacinto Trevino«), aber auch Themen aus dem Famlienleben (»El Hijo Desobediente« – »The Disobedient Son«). Welche Rolle der *corrido* noch heute in der *Chicano*-Literatur spielt, läßt sich daran ablesen, daß Zeilen auf den Tod J. F. Kennedys (»Recordando al Presidente« – »Remembering the President«) oder eine Hommage auf den Führer der *United Farm Workers* (»Corrido de César Chávez«) in diese Form gegossen wurden.

Frühe Beispiele für das Erwachen einer authentischen *Chicano*-Literatur sind auch die Romane *El Hijo de la Tempestad* (1892) und *Trans de la Tormenta la Calma* (1892) von EUSEBIO CHACÓN (1869–1948), die Lyrik von VICTOR BERNAL (1888–1915; *Las Primicias* 1915) und Gedichte und Erzählungen von FELIPE MAXIMILIANO CHACÓN (1873–?; *Obras*, 1924) und FRAY ANGÉLICO CHÁVEZ (1910–1945; *New Mexico Tryptych*, 1940; *Eleven Lady-Lyrics and Other Poems*, 1945). Die bedeutendste *Chicana*-Autorin dieser Epoche ist jedoch die aus Montery, Mexiko, stammende Professorin für Schauspiel und Theaterleiterin JOSEPHINA NIGGLI (1910–1983). Neben einem Band *Mexican Folk Plays* (1938) und *short stories* wurde sie insbesondere mit dem Roman *Mexican Village* (1945) bekannt, in dem sie das Thema des zwischen der mexikanischen und der angloamerikanischen Kultur nach seiner Identität suchenden Jugendlichen anschlägt, das in den sechziger Jahren weiter an Bedeutung gewinnen sollte.

Asian-Americans

Die kleinste und am wenigsten homogene Minderheit des ausgehenden 19. und beginnenden 20. Jahrhunderts bilden die *Asian-Americans*, die sich aus Einwanderern aus China, Japan, Korea, den Philippinen und anderen asiatischen Ländern zusammensetzt. Diese Einwanderung – allen voran die der Chinesen – begann um 1850 und erreichte im Zusammenhang mit dem Bau der *Central Pacific Railroad* einen Höhepunkt. Ein großer Teil der um 1890 in den USA arbeitenden 103 620 Männer hatten als ›Gastarbeiter‹ ihre Familien zu Hause zurückgelassen (nur etwa dreitausendneunhundert Frauen waren ihnen gefolgt) und hatten ursprünglich die Absicht, in ihre Heimat zurückzukehren. Die Mehrzahl der Einwanderungswilligen mußte feststellen, daß sie keineswegs als Mitbürger erwünscht waren. Bereits 1882 unterband der *Chinese Exclusion Act* (der bis 1943 Gesetz war) die Einwanderung von Chinesen oder sorgte für entwürdigende Aufnahmeprozeduren. Der *Alien Land Law Act* (1913) untersagte Asiaten, Land in Kalifornien zu erwerben, und 1924 verbot der *Asian Exclusion Act* die Eheschließung zwischen Angloamerikanern und Asiaten und verweigerte Chinesen und Japanern die amerikanische Staatsbürgerschaft. Den Höhepunkt, aber auch eine Differenzierung dieser Diskriminierungen brachte der Überfall Japans auf Pearl Harbor, als dessen Folge hundertzehntausend in den USA lebende Menschen japanischer Herkunft in Internierungslager deportiert und noch lange nach dem Krieg politisch diskriminiert wurden. Etwa zur gleichen Zeit besserte sich das Los der Chinesen, die man nun als Verbündete ansah. Diese politisch bedingten Wechselwinde, mit denen die *Asian-Americans* bis zum Beginn der Bürgerrechtsbewegung zu kämpfen hatten, waren nicht dazu angetan, eine schnelle Blüte einer *Asian-American*-Literatur zu fördern.

Die Angloamerikaner reagierten auf die relativ unvorbereitete Begegnung mit den für sie gleichsam aus einer anderen Kultur und Welt Kommenden auf die oben skizzierte Weise. Diese Immigranten waren ihnen in ihren Sprachen, Schriften, Religionen, Traditionen und Wurzeln noch fremder als die anderen Minderheiten, mit denen sie es in jenen Jahren zu tun hatten. Hinzu kam die Konzentration insbesondere der Chinesen in den *Chinatowns* der Großstädte von San Francisco bis Manhattan, in denen sie ihre Kultur bis heute wie selbstverständlich fortleben.

Aber auch in diesem Fall gab es nicht wenige Angloamerikaner, die dazu beitragen wollten, Vorurteile gegenüber dieser Minderheit abzutragen und die um Verständnis und Toleranz warben. Die einschlägigen Werke Lafcadio Hearns, die er um die Jahrhundertwende in Japan schrieb, oder die mit dem Nobelpreis ausgezeichneten China-Romane Pearl S. Bucks aus den dreißiger und vierziger Jahren des 20. Jahrhunderts sind Beispiele für diese Bemühungen. Schon Bret Harte hatte mit der *short story* »Wan Lee, The Pagan« gegen einen rassistischen Pogrom seiner Landsleute im Jahre 1869 leidenschaftlich Stellung bezogen.

Im Dienst dieser Bemühungen steht eine Reihe von Werken asiatischer Immigranten, die ihre amerikanischen Leser mit ihrer Herkunft und Sozialisation vertraut machen wollten. Oftmals sind die Bücher sehr autobiographisch angelegt, wie etwa *When I was a Boy in China* (1887) von LEE YAN PHOU (1861–?), *When I was a Boy in Korea* (1928) von NEW IL-HAN (*1894–?) oder *My Country and My People* (1937) von LIN YUTANG (1895–1976).

Ein besonders erschütterndes und einmaliges Dokument der seelischen Not asiatischer Einwanderer bietet die von HIM MARK LAI, GENNY LIM und JUDY YUNG edierte Sammlung *Island: Poetry and History of Chinese Immigrants on Angle Island, 1910–1940* (1990). Angel Island in der Bucht von San Francisco war das Ellis Island der asiatischen Einwanderer, ein Ort, wo diese auf Grund der erwähnten Gesetzgebung in einer strengen Isolierung gehalten und nicht selten zurückgeschickt wurden. Im Jahre 1970 entdeckte der Park Ranger Alexander Weiss an den Wänden der geschlossenen Baracken Inschriften und Gedichte, die die entwürdigenden Aufnahmeprozeduren reflektieren. Die Gedichte, deren Stil und Inhalt in der Geschichte, den Mythen und den Kulturen Chinas wurzeln, sind von unterschiedlicher Qualität; in allen Fällen ist ihnen China die Quelle des Lebens, die USA das – oft unerreichbare – Ziel. Hoffnung und Bitterkeit angesichts psychischer Wunden kennzeichnen diese

Lyrik. So heißt es etwa in »The Voyage«: »Instead of remaining a citizen of China, I willingly became an ox. ... / How was anyone to know that my dwelling place would be a prison?« Das Wort prison ist allgegenwärtig, so auch in »The Detainment«: »Imprisonment ... when will it end?« oder in »About Westerners«: »Imprisoned I am melancholy ... / They treat us Chinese badly ... I am truly miserable.« Doch auch Stolz scheint auf, etwa in »The Weak Shall Conquer«, wo es heißt: »Why else do we come to this place to be imprisoned? / ... The dragon out of water is humiliated by ants; / The fierce tiger who is caged is baited by a child / ... An advantageous position for revenge will surely come one day.« Und ein Zurückgewiesener schreibt in »Crude Poem Inspired by the Landscape«: »Melancholy and hate gather on my face. / Now that I must return to my country, / I have toiled like the *jingwei* bird in vain.« Auch hier der Verweis auf einen einschlägigen chinesischen Mythos.

In diesem Klima konnte sich eine authentische asiatisch-amerikanische Literatur in den verschiedenen ethnischen Gruppen nur zögerlich und abhängig von den sie jeweils betreffenden politischen Gegebenheiten entwickeln. Als frühe Zeugnisse einer chinesisch-amerikanischen Literatur können die autobiographischen Skizzen und Erzählungen von SUI SIN FAR (auch EDITH EATON, 1867–1914) genannt werden, die – wie etwa »Mental Portefolio of an Eurasian« (1909) – in angesehenen Zeitschriften erschienen und 1912 in der Sammlung *Mrs. Spring Fragrance* vorgelegt wurden. Als Folge der amerikanisch-chinesischen Waffenbrüderschaft errangen PARDEE LOWE (1873–?) mit seinen stark autobiographischen Romanen *Father and Glorious Descendant* (1943) und JADE SNOW WONG (*1922) mit *Fifth Chinese Daughter* (1945), in dem es um den Ort des Protagonisten zwischen den beiden Kulturen geht, beachtliche Aufmerksamkeit. Es handelt sich um glaubwürdigere Interpretationen des Anpassungsprozesses, als sie LIN YUTANG mit dem Roman *Chinatown Family* (1948) präsentiert, in dem der Eindruck erweckt wird, auf dem Weg zur Integration gebe es weder Rassismus noch Diskriminierung.

Welche kulturellen Klüfte und rassistischen Demütigungen asiatische Einwanderer auf ihrem Weg in die USA überwinden mußten, schilderte der aus Korea stammende YOUNG HILL KANG (1903–1972). Er hatte vor seiner Einwanderung im Jahre 1921 eine amerikanische Missionsschule besucht und sich autodidaktisch weitergebildet. Kurz studierte er in Harvard und Boston, schrieb zunächst in koreanisch und schließlich ab 1928 in englisch. An der *University of New York* begegnete er Thomas Wolfe, der ihm für seinen ersten Roman, *The Grass Roof* (1931), zu einem Verleger verhalf. Es ist die Geschichte eines jungen Koreaners bis zu seiner Auswanderung in die USA. Nach Aufenthalten in Deutschland und Italien legte Kang 1937 *East Goes West: The Making of an Oriental Yankee* vor, wo er das von Rassismus und Vorurteilen überschattete Leben eines koreanischen Einwanderers schildert, was in der Kritik nicht auf Gegenliebe stieß. So erfuhr Kang eine seiner Bedeutung angemessene Würdigung erst in der Zeit der Bürgerrechtsbewegung. Sein Werk – er übersetzte auch aus dem Koreanischen – nimmt deshalb einen wichtigen Platz im Korpus der asiatisch-amerikanischen Literatur ein, weil hier am Beispiel der Protagonisten die kulturellen Wurzeln, der Übergang in die andere Kultur und die Schwierigkeiten der ›Anpassung‹, besser des ›Zurechtfindens‹, eine ihrer Komplexität entsprechende authentische Darstellung finden.

Ähnliche, eher noch bitterere Erfahrungen sprechen aus den Büchern von Autoren japanischer Herkunft, oft der zweiten Generation *(nisei)*, in denen neben den auch die anderen Asiaten betreffenden Problemen das Trauma der Deportation in *Relocation Camps* aufscheint. Typisch dafür ist das Leben und Werk des in San Francisco geborenen TOSHIO MORI (*1910). Er mußte drei Jahre in einem solchen Lager in Utah verbringen. Das Erscheinen des Bandes *Yokohama, California* (1949), der das Leben japanischer Einwanderer in Kalifornien behandelt, war ursprünglich für 1941 geplant und fiel einer unausgesprochenen Zensur zum Opfer. Erst sehr spät legte er mit *Woman of Hiroshima* (1978) und der Sammlung *The Chauvinist and Other Stories* (1979) weitere Bücher vor, die ihn zu einem geschätzten Vertreter der asiatisch-amerikanischen Literatur aufsteigen ließen. Eine ähnliche Bedeutung erlangte MONICA SONE (*1919), die ebenfalls der zweiten Einwanderergeneration angehört und in *Nisei Daughter* (1953) das Schicksal der vom Krieg betroffenen Amerikaner japanischer Abkunft behandelt, das mit dem Weg in die Lager zur Zerstörung japanisch-amerikanischer Gemeinwesen führte. Authentisch geht auch der in Seattle aufgewachsene und an der *Columbia University* ausgebildete JOHN OKADA (1923–1970) mit der angloamerikanischen Gesellschaft ins Gericht. Er hatte dem Land im Krieg in der Luftwaffe gedient und war deshalb um so erbitterter darüber, wie man mit den *nisei* umging. In *No-No Boy* (1957) zeichnet er das Porträt eines *nisei*, der auf Grund seiner Erfahrungen nicht eingezogen werden möchte. Auch Okada, von dem noch manches unveröffentlicht ist, mußte lange auf seine Anerkennung warten. Nicht viel lichter ist auch das Bild, das CARLOS BULOSAN (1913–1956) von den Integrationsproblemen der religiös und kulturell den Angloamerikanern näher als Chinesen und Japaner stehenden philippinischen Einwanderen in *America Is in the Heart* (1940) zeichnet.

Von diesen düsteren Bildern hebt sich das Werk des ebenfalls in Kalifornien lebenden Romanciers, *Short story*-Autors und Bühnendichters armenischer Abstammung WILLIAM SAROYAN (1908–1981) durch seine optimistischen Noten ab. In einer Fülle von *short stories* (*The Daring Young Man on the Flying Trapeze*, 1934; *The Trouble With Tigers*, 1938; *My Name Is Aram*, 1940; *The Assyrian and Other Stories*, 1950), einer

Reihe von Romanen (*The Human Comedy*, 1943; *Rock Wagram*, 1951, oder *One Day in the Afternoon of the World*, 1964) sowie populären Bühnenstücken (*My Heart's in the Highland*, 1939; *The Time of Your Life*, 1939; *Love's Old Sweet Song*, 1941, u. a.) entwirft er impressionistische, nicht selten sentimental und idyllisch getönte Bilder vom Leben kleiner, bedrückter Leute, die – ähnlich wie die *Paisanos* Steinbecks – in ihrer schlichten Lebenstüchtigkeit und einem zuweilen naiven Optimismus und Gottvertrauen ihrer Zukunft entgegensehen.

Die Mehrzahl der als authentisch zu wertenden Werke aus der Welt der (nichteuropäischen) Minderheiten gründet sich auf Autobiographisches, was oftmals identisch mit Durchlittenem ist. Die so entstandenen Bilder vom Eintritt in die angloamerikanisch dominierte Gesellschaft und die damit verbundenen Identitätsprobleme unterscheiden sich erheblich von der Idee einer relativ einfachen Assimilation und der des *melting pot*, die gleichsam ein angloamerikanisches Credo jener Zeit war, das sich in einer wahren Flut von Publikationen niederschlug. *The Making of an American* (1901) von Jacob A. Rii, *The Promised Land* (1912) von Mary Antin, *From Alien to Citizen* (1914) von Edward Steiner oder *An American in the Making* von M. E. Ravage legen Zeugnis von einer ›Ideologie‹ ab, die in großem Widerspruch zu den rassistischen Demütigungen und Identitätsverlusten steht, die diese Einwanderer erleiden mußten. Ihre Literatur bildete bereits in dieser Phase die Grundlage für die in der Zeit der Bürgerrechtsbewegung in der zweiten Hälfte des 20. Jahrhunderts ins Leben tretende Renaissance der Minderheiten-Literaturen.

VII. VOM KALTEN KRIEG ZUR WELTGESELLSCHAFT?

Konfrontation und Entspannung

Obschon das Territorium der USA nach Pearl Harbor von den verheerenden Zerstörungen des Zweiten Weltkriegs verschont geblieben war und der Durchschnittsamerikaner in den *golden fifties* als Folge dieses Krieges in die Phase der *Affluent Society* (J. K. Galbraith, 1958) eintreten konnte, hatten sich – zunächst verdeckt durch die Ereignisse des Krieges – außen- und innenpolitische Herausforderungen vorbereitet, die das Land und seine damals etwa hundertfünfzig Millionen Einwohner in der zweiten Hälfte des 20. Jahrhunderts tiefgreifend verändern sollten.

Außenpolitisch gab es nach Pearl Harbor, Hiroshima und Nagasaki und dem bei Kriegsende zutage tretenden sowjetischen Expansionismus keinen Weg mehr zurück in die Isolation wie 1919. Die Besetzung Deutschlands und Japans zwang die USA in die Verantwortung für die praktische Erhaltung und Gestaltung des Friedens, die über das hinausging, worüber man bei der Gründung der UNO (26. Juni 1945) philosophiert hatte. In dem Augenblick, da Stalin Länder Mittel- und Osteuropas daran hinderte, demokratische Gesellschaften zu errichten, die Kommunisten in Griechenland einen Bürgerkrieg begannen, in China siegten und die kommunistischen Parteien Frankreichs und Italiens auf den Kurs Moskaus einschwenkten, sah man in Washington (und anderen Hauptstädten der Demokratien) die gemeinsamen Kriegsziele in Gefahr. In schneller Folge ergriffen die USA Maßnahmen, um der weiteren Ausbreitung des sowjetischen Einflusses Einhalt zu gebieten. Die ersten deutlich erkennbaren Reaktionen waren die Truman-Doktrin (1947) und der Marshallplan, für den die USA sechzehn Staaten siebzehn Milliarden Dollar Wiederaufbauhilfe zur Verfügung stellten, wobei Washington *de facto* auch eine Wende in seiner Deutschlandpolitik vollzog und mit der Gründung der Bundesrepublik eine neue Epoche der deutsch-amerikanischen Beziehungen einleitete, die ihren Höhepunkt in der vorbehaltlosen Unterstützung der Wiedervereinigung durch die USA im Jahr 1990 fand.

Mit der Verkündung des Marshallplans aber verschärfte sich der Ost-West-Gegensatz, der unter der Bezeichnung Kalter Krieg in die Geschichte einging und im Eisernen Vorhang sein sichtbares Symbol fand, von Jahr zu Jahr. Vom Juni 1948 bis zum Mai 1949 blockierten die Sowjets West-Berlin, im April 1949 erfolgte die Gründung der NATO. Die Antwort Moskaus war der Warschauer Pakt. 1949 siegte Mao Tse-tung in China, und im Juni 1950 überfiel das kommunistische Nord-Korea den westlich orientierten Süden des Landes, den UN-Streitkräfte unter Führung der USA bis Juli 1953 verteidigten. Der Kalte Krieg hatte seine erste heiße Phase durchlaufen und dafür gesorgt, daß die USA zur politischen und militärischen Führungsmacht des Westens aufgestiegen waren, ja aufsteigen mußten.

Die Suez-Krise, die von den Sowjets blutig niedergeschlagenen Aufstände in der DDR (1953) und Ungarn (1956), die Einflußnahme Moskaus auf die Befreiungsbewegungen der Entwicklungsländer, der Sieg Castros in Kuba sowie die Berlin- und die Kuba-Krise vom August 1961 beziehungsweise Oktober 1962 führten die Welt an den Rand der atomaren Vernichtung. Parallel dazu sorgten der Sputnik-Schock vom 4. Oktober 1957, die Ermordung J. F. Kennedys am 22. November 1963 und die immer tiefere Verstrickung der USA in den Vietnamkrieg für eine bis dahin in der Geschichte der USA nicht dagewesene Sinnkrise, die außenpolitisch ihre Reaktion unter anderem in der Gründung des *Peace Corps*, der auf Lateinamerika gerichteten »Allianz für den Fortschritt« und dem von Massendemonstrationen in den USA herbeigeführten und 1973 in Paris besiegelten Ende des Vietnamkrieges fand, der bis weit in die Regierungszeit der Präsidenten Reagan und Bush als Trauma nachwirkte. Die von Nixon mit seiner China-Politik und gegenüber Moskau eingeleitete Entspannung, die von den Präsidenten Ford und Carter – von letzterem unter Betonung der Menschenrechte – fortgesetzt wurde, rückte die USA mehr und mehr in eine Position, die es Präsident Reagan unter Ausnutzung einer konservativen Grundströmung im Lande möglich machte, mit Hilfe eines außerordentlichen Rüstungsprogramms das Vietnam-Trauma abzuschütteln und den Kreml davon zu überzeugen, daß die UdSSR nicht in der Lage sein würde, den Kalten Krieg zu gewinnen. Damit war sein Ende eingeläutet. Die UdSSR war zu Tode, die USA aber waren ökonomisch krank gerüstet.

Mit dem Fall des Eisernen Vorhangs Ende 1989, der Wiedervereinigung Deutschlands 1990 und dessen Verbleiben in der NATO beim gleichzeitigen Zusammenbruch der UdSSR (1991) und des Warschauer Paktes standen die USA vor der Aufgabe, ihre Rolle auf der Weltbühne neu zu definieren. Gleichsam über Nacht, und für viele unerwartet, waren sie zur einzigen globalen Ordnungsmacht avanciert. Damit mußte das Land neue Verantwortung schultern, die – wie am Golf 1991 oder im zerfallenden Jugoslawien 1996/97 – andere entweder nicht bereit, nicht in der Lage oder zu uneins waren zu tragen. Und noch vermag niemand vorauszusagen, mit welchen Problemen die USA in dieser Rolle an der Schwelle des neuen Jahrtausends mit Blick auf die unüberschaubaren Entwicklungen Rußlands und die Ansprüche Chinas konfrontiert werden. Sicher scheint nur zu sein, daß die Zeiten vor F. D. Roosevelt und dem *New*

Deal, da viele in den USA von einer heilsbringenden Isolation träumten, spätestens seit dem Ende des Zweiten Weltkriegs endgültig vorüber sind, und vieles spricht dafür, daß die USA nach Jahrzehnten eines starken transatlantischen Engagements ihre Aufmerksamkeit wieder stärker dem pazifischen Raum schenken werden.

Ähnlich dramatisch vollzogen sich seit der Jahrhundertmitte die innenpolitischen und damit auch die sozialen und kulturellen Veränderungen für die Bürger der USA, die sich in jenen Jahren eines bis dahin unbekannten, steigenden Wohlstands erfreuen durften. Auf praktisch allen Gebieten konnten sie mit Erfolgen aufwarten. Über neun Millionen Kriegsteilnehmer wurden nahezu problemlos in das Wirtschaftsleben zurückgeführt, fast 2,5 Millionen von ihnen nahmen mit Hilfe der *GI-Bill* einen gebührenfreien Studienplatz in Anspruch, was zu einem spürbaren Anstieg des Bildungsniveaus im Lande führte. Forschung und technische Innovationen – wie etwa das Mond-Programm (1969) als Antwort auf den Sputnik-Schock von 1957 – wurden gleichsam über Nacht auf den Weg gebracht. In den sechziger Jahren schwamm das Land auf einer bis dahin nicht gekannten Konsumwelle, der Traum vom eigenen Haus war erfüllbar geworden, die Motorisierung hatte einen kaum noch zu übertreffenden Sättigungsgrad erreicht, der Siegeszug der elektronischen Medien in einer sich zur Dienstleistungsgesellschaft wandelnden Welt war nicht mehr aufzuhalten. Die Emanzipation der Frauen, sechzig Prozent waren nun berufstätig, war ebenso auf dem Vormarsch wie die der Afroamerikaner, von denen immerhin schon vierzig Prozent ihr Geld in *white-collar-jobs* verdienten. Wie dünn jedoch das Eis noch immer ist, auf dem die Emanzipationsbewegungen stehen, zeigt der Umstand, daß es auch in den neunziger Jahren, wie etwa 1992 in Los Angeles, nur relativ geringfügiger Anlässe bedarf, um ethnisch bedingten gewaltsamen Aufruhr auszulösen. Doch das war nur die eine Seite der Medaille.

Hinzu kam, daß sich das Land in der zweiten Hälfte der achtziger Jahre – nicht zuletzt durch die hohen Rüstungslasten – mit großen ökonomischen Problemen konfrontiert sah, mit einer so hohen Staatsverschuldung, daß der nach dem Krieg erreichte Lebensstandard nicht gehalten werden konnte. Vorbei waren die Zeiten, da ein Verdienender der Familie genügte, um ein gutes Mittelklasse-Einkommen sicherzustellen. 1989 lebten 11,3 Prozent der US-Bevölkerung unter der amtlich festgelegten Armutsgrenze; bei den Afroamerikanern ist es noch immer etwa ein Drittel. Bemerkenswert ist auch der sich in einer fünfzigprozentigen Scheidungsrate ausdrückende Verfall der Familie und der sozialen Strukturen mit allen an den traditionellen Grundwerten der Amerikaner rührenden Folgen für die nachwachsende Generation. In welchem Maße sich der von vielen als Verfall der Sitten bezeichnete Prozeß, der nicht nur einen ökonomisch bedingten, sondern vor allem auch einen soziokulturellen Umbruch signalisiert, bereits Eingang in den engeren Kreis der Eliten verschafft hatte, beleuchtete schlaglichtartig der Watergate-Skandal, der 1974 zum Rücktritt von Präsident Nixon führte. Solche Vorfälle und die daraus resultierenden Befindlichkeiten der Nation und ihrer Bürger wurden zunehmend von der Literatur aufgegriffen.

Viele dieser Erscheinungen standen in einer unmittelbaren oder mittelbaren Beziehung zu den außenpolitischen Veränderungen. Die weitere Urbanisierung und Industrialisierung und die sich daraus ergebenden Bevölkerungsverschiebungen in den Süden und Westen waren zu einem guten Teil kriegsbedingt. Das gilt auch für den bemerkenswerten Aufstieg von Minderheiten. Im Jahr 1950 lebte in den Grenzen der USA eine noch fast absolut von Weißen dominierte Gesellschaft. Gegen Ende des Jahrhunderts (1990) war die Bevölkerung auf etwa zweihundertfünfzig Millionen gestiegen, wobei der Anteil der ›Weißen‹ auf etwa 74 Prozent zurückgegangen war. 1990 lebten in den USA rund dreiunddreißig Millionen Schwarze, 2,2 Millionen *Native Americans*, 9,2 Millionen *Asian-Americans* und fast siebenundzwanzig Millionen *Hispanics* (Chicanos, Puertoricaner, Kubaner u. a.), wobei der Zuwachs insbesondere der *Asians*, aber auch der *Hispanics* und Afroamerikaner den der ›Weißen‹ stark übertrifft. Dieses Faktum zog auf dem Hintergrund und parallel zu den internationalen Herausforderungen innenpolitische Turbulenzen nach sich, die in unübersehbarem Kontrast zum wirtschaftlichen Aufschwung der Nachkriegsjahre standen.

Die erste erschütterte das Land unmittelbar nach Ausbruch des Kalten Krieges, als Senator Joseph R. McCarthy am 9. Februar 1950 den Startschuß zu der berüchtigten Hexenjagd auf vorgebliche Kommunisten in den USA gab, von der auch viele Schriftsteller, Künstler und Intellektuelle wie zum Beispiel Dashiell Hammett, Lilian Hellman und Dalton Trumbo unmittelbar betroffen waren. Es zeigt jedoch die widersprüchliche Situation jener Zeit, daß sich nahezu gleichzeitig Präsident Truman mit seinem *Fair Deal*-Programm für Reformen, insbesondere die Verbesserung der Lage der Afroamerikaner einsetzte und 1953 mit Earl Warren ein Mann in den *Supreme Court* gewählt wurde, der entscheidend dazu beitrug, daß die Segregation an den Schulen 1954 für verfassungswidrig erklärt wurde, was der *separate but equal*-Doktrin ein Ende setzte und die Basis für die Bürgerrechtsbewegung schuf. Es blieb jedoch noch ein langer Weg, den die um gewaltlosen Widerstand bemühten Anhänger MARTIN LUTHER KINGs (1929–1968) gehen mußten, ehe sie – und mit ihnen andere Minderheiten – zumindest auf dem Papier rechtlich als gleichberechtigte Bürger anerkannt wurden. Die Jahre 1963, 1965 und 1968 brachten mit der Ermordung der Brüder John F. und Robert Kennedy, Malcolm X' und Martin Luther Kings einen Höhepunkt physischer Gewalt. Die Zeit der *conformity* war zu Ende gegangen, und im Lauf der sechziger Jahre war eine Situation entstanden, die zeitgenössische Historiker veranlaßte, von »the unraveling America«, ja sogar von »America's suicide attempt« zu sprechen. Lyndon B. Johnson, den der Mord an J. F. Kennedy ins Amt geführt hatte, war es 1964 vorbehalten, die *Civil Rights Bill* durchzusetzen, im Rahmen seiner *Great Society* viele Formen von Diskriminierung justitiabel zu machen und der Armut in Amerika den Kampf anzusagen.

In dieser Phase, da das Fernsehen nahezu täglich unzensierte Bilder von den Kämpfen und Massakern aus Vietnam in die Wohnstuben der Amerikaner brachte, entwikkelte sich ein brisantes Gemisch von Gewaltbereitschaft, das sich aus dem Potential militanter Kriegsgegner, ungeduldiger und tatsächlich diskriminierter Angehöriger von Minderheiten sowie Aussteigern jedweder Couleur zusammensetzte und insbesondere an den Universitäten und in den Ghettos dem Establishment den Kampf, auch unter Einsatz von Gewalt, ansagte. Marksteine an diesem Weg sind die ersten Studentenproteste im Jahr 1965, die Gründung der *Black Panther*-Partei, der *Black Muslims*, die *Black Power*-Bewegung oder der Slogan *Black Is Beautiful*. Am Ende dieser Entwicklung stand eine Massenbewegung, die nicht nur alle ethnischen Minderheiten erfaßte und unter anderem die feministische Bewegung stärkte, sondern auch den Abbruch des amerikanischen Engagements in Vietnam erzwang, das fünfundfünfzigtausend Amerikaner das Leben gekostet hatte. In dieser Atmosphäre entstand aber auch eine von Drogen, der Absage an sexuelle Tabus und an bürgerliche Werte geprägte Gegenkultur, die sich bereits kurz nach dem Krieg in Gestalt der *Beatniks* abgezeichnet hatte und für deren Verfechter nun das Wort »Hippie« zum Markenzeichen wurde.

Der Marsch auf Washington 1969 bildete den Höhepunkt, aber auch den Anfang vom Ende der Protestbewegung. Inzwischen hatte sich mit Präsident Nixon die konservative Grundstimmung gegenüber den alle Grundwerte in Frage stellenden Tendenzen wieder zu Wort gemeldet, wobei freilich angesichts der Watergate-Affäre offenkundig wurde, daß die von den Konservativen viel beschworenen amerikanischen Grundwerte auch bei ihnen nicht in den besten Händen lagen und die Krise des Staates auch eine Krise seiner Eliten war. Erst das Ende des Vietnamkriegs – in seiner Form ein für ›patriotische‹ Amerikaner und Veteranen noch heute traumatisches Ereignis –, der Rücktritt Nixons und die auf der Betonung der Menschenrechte basierende Politik Carters leiteten über in die Ära Reagan/Bush, in der die USA auch innenpolitisch wieder jenes Selbstvertrauen zurückgewannen, das ihnen J. F. Kennedy in den sechziger Jahren mit dem Aufbruch zu neuen Grenzen, der Landung auf dem Mond und einer gerechteren sozialen Ordnung verheißen hatte.

Am Ende dieses Jahrhunderts, da sich rund zweihundertsiebzig Millionen US-Bürger einem aus dem Kalten Krieg stammenden riesigen Haushaltsdefizit, aber auch einem bemerkenswerten wirtschaftlichen Aufschwung gegenübersehen, wird das Land auch weiterhin mit einer Fülle tiefgreifender Widersprüche konfrontiert. Es befindet sich inmitten einer technologischen, strukturellen, vor allem aber soziokulturellen und ethnologischen Umbruchsphase, deren Ergebnisse derzeit kaum abzuschätzen sind. Erstaunlich ist dabei die sich ungeachtet der nicht zu übersehenden konservativen Grundstimmung entfaltende Dynamik dieser Gesellschaft. Sicher scheint nur zu sein, daß sich das Land auf einem relativ schnellen Wege in ein multikulturelles Gemeinwesen befindet, auf dem die dominierenden Euro-Amerikaner gegenüber den aufstrebenden Minderheiten an Einfluß ›verlieren‹ werden. Dies gilt nicht nur für die Wirtschaft und die Politik, sondern, wie sich bereits jetzt zeigt, vor allem für die Kultur und das Feld der Literatur. Es ist nicht auszuschließen, daß eine weitere Folge dieser Entwicklung eine mit der Bevölkerungsverschiebung (ethnisch wie geographisch) einhergehende Lösung von der WASP-Ideologie und damit von einem immer noch stark eurozentrisch beeinflußten Denken sein kann. Bei allem Stolz und Patriotismus, auf den man am Ende dieses Jahrhunderts in den USA stößt, treten doch die vom Ringen um Identität der Minderheiten ausgehenden zentrifugalen kulturellen Kräfte deutlich hervor. Sie vermitteln nicht selten den Eindruck, daß wir es derzeit mit einer *self-reflecting* und *splintering society* zu tun haben, aber auch mit einer, die auf Grund ihrer multikulturellen Gegebenheiten über ihre Rolle in einer auf uns zukommenden *global society* nachdenkt. Auch insofern – und nicht nur im Rückblick – ist es plausibel, wenn das 20. Jahrhundert immer häufiger das ›amerikanische‹ genannt wird.

In dieser Phase erweist sich die schon in den dreißiger Jahren von dem französischen Amerikanisten Régis Michaud vertretene These, die Literatur sei in den USA immer nur eine Begleiterscheinung der Tat gewesen, nach wie vor als richtig. Tatsächlich reflektieren die amerikanische Literatur wie auch ihre Kritik (Literaturtheorie und -wissenschaft) in erstaunlicher Schärfe, ja geradezu seismographisch, die dieser Entwicklung immanenten Erschütterungen. Horst Dippel diagnostizierte sie als eine Folge des Übergangs vom »materiellen Überfluß« in die »moralische Krise« und fragte zu Recht, ob sich die USA seit dem Ende des Zweiten Weltkriegs und insbesondere derzeit im Sinn des Buchtitels von William H. Chafe auf einer *Unfinished Journey* befinden.

Von der Autorität der Literatur

Angesichts dieser atemberaubenden Entwicklung fanden sich amerikanische Schriftsteller, Dichter, Dramatiker und Kritiker, ja die Humanwissenschaftler ganz allgemein vor der von ihnen kaum als lösbar angesehenen Aufgabe, ihre aus den Fugen geratene

Welt von Auschwitz, Dresden, Hiroshima oder My Lay mit den aus dem 19. Jahrhundert und der ersten Hälfte des 20. Jahrhunderts übernommenen mimetischen Instrumentarien angemessen zu reflektieren und zu interpretieren. Allenthalben war vom Ende der Literatur die Rede. 1967 sagte John Barth, er und seine Zeitgenossen schrieben eine »literature of exhaustion«, und fügte hinzu, die Ära des Romans, »if not the printed word altogether«, sei am Ende. Und John Updike sekundierte 1978: »The profession of the writer in the United States has been sharply devaluated in the last thirty years, and has suffered loss both in the dignity assigned to it by no-writers, and in the tense of purpose that shapes a profession from within.« Es ist eine Phase, da es weit verbreitet ist, gegen die Gesellschaftsbilder und damit auch deren kulturelle Ausprägungen selbst des liberalen Lagers anzutreten, Freud zu einem guten Teil zurückzulassen und unter dem Banner Paul Goodmans, Wilhelm Reichs und Herbert Marcuses neuen Befreiungen von tradierten ›Einschränkungen‹ das Wort zu reden und den Feldzug gegen das bürgerliche Establishment auszurufen, aus dem die meisten Kritiker übrigens selbst kamen.

Dieser Prozeß – von Barth und Updike sicherlich überspitzt charakterisiert – wird besonders deutlich in der Literaturkritik, -theorie und -wissenschaft, was im Englischen gemeinhin als *literary criticism* bezeichnet wird, ein Feld, das sich in der zweiten Hälfte des 20. Jahrhunderts in den USA zu einer Art vierter literarischer Gattung entwickelt und entsprechend etabliert hat. Es ist gekennzeichnet durch eine zunehmende Akademisierung als eine der Folgen der Einführung des *creative writing* in den *curricula* der *Colleges* und Universitäten des Landes, wo nun immer mehr Autoren als Literaturprofessoren wirken. Dies trug dazu bei, daß die Grenzen zwischen fiktionaler Literatur selbst und ihrer Kritik und Wissenschaft immer fließender wurden, *criticism* aber auch zunehmend esoterischer wurde. Autoren schrieben zunächst ›ihre‹ Theorien und dazu ihre Texte und *vice versa*. Dabei wird dieses Feld ebenso dynamisch wie fast unübersehbar – mit starken innovativen Momenten. Manche Beobachter meinen – und das nicht ganz zu Unrecht –, hier verbinde sich viel Hektik mit einer Tendenz zum Modischen. Da dies auch auf andere Bereiche des zeitgenössischen *American way of life* zutrifft, ließe sich hier Systemimmanenz konstatieren.

Betrachtet man die Szene etwas genauer, so sind es zunächst weder Kriegs- noch unmittelbare Nachkriegserscheinungen, die das Bewußtsein des Wertewandels evozieren. Es handelt sich auch keineswegs um einen hektisch-abrupten Prozeß. Analysiert man die Situation und akzeptiert die Literaturkritik als Seismographen der kulturellen Tendenz, so stellt man fest, daß sich die Beben, die mit der Ablösung von den Traditionen des späten 19. Jahrhunderts, etwa dem Positivismus Taines, der sich noch 1951 in A. H. Quinns *The Literature of the American People* niederschlägt, bereits auf die dreißiger und vierziger Jahre datieren lassen. Sie wurden von den Kriegsereignissen möglicherweise länger überschattet, als es sonst der Fall gewesen wäre.

Es ist Armin Paul Frank zuzustimmen, daß das Jahr 1941 mit dem Erscheinen von *The New Criticism* von JOHN CROWE RANSOM (1888–1974), *The Philosophy of Literary Form* von KENNETH BURKE (1897–1993), *The Wound and the Bow* von EDMUND WILSON (1895–1972) und *American Renaissance* von F. O. MATTHIESSEN (1902–1950) eine ›Zeitenwende‹ signalisiert.

Angesichts der stimmstarken Phalanx der *red decade* wurde zum Beispiel die Stimme des an der *Stanford University* wirkenden Dichters und Idealisten YVOR WINTERS (1900–1968) zunächst kaum vernommen, zumal er – in der Tradition Babbitts stehend – stärker ästhetische Gesichtspunkte berücksichtigt wissen wollte. Seine Poesie (*Collected Poems*, 1952, erw. 1960) folgte seiner Forderung nach klassischer Zucht, Würde, Beschränkung und moralischem Urteil. In seinem kritischen Werk *Primitivism and Decadence* (1937), *Maule's Curse* (1938), *The Anatomy of Nonsense* (1943) und *In Defence of Reason* (1947) wendet er sich gegen die von der Romantik ausgehenden ›Verirrungen‹ der modernen Poesie, den angeblichen Obskurantismus des amerikanischen Schriftstellers des 19. Jahrhunderts und den Soziologismus in der Literatur seiner Epoche. Die Werke dieses Neuhumanisten bildeten ein natürliches Korrektiv in einer Zeit, da die ästhetischen Aspekte vernachlässigt worden waren. Erst langsam besann sich die Kritik, textorientierter zu denken, das heißt strukturelle und stilistische Kriterien stärker in die Urteilsfindung einzubeziehen. F. O. Matthiessen schlug in *American Renaissance: Art and Expression in the Age of Emerson and Whitman* die Brücke von der Kultur- zur Literaturkritik und fand in LIONEL TRILLING (1905–1975) einen würdigen Sekundanten.

Um 1940 wird also den überkommenen und herrschenden Interpretationsansätzen mit einer werkimmanenten, einer soziologisch orientierten, einer psychoanalytischen und einer kulturhistorisch akzentuierten Methode der Kampf angesagt. Ersterer, der *New Criticism*, hat sich in der Folge als so stabil erwiesen, daß er lange selbst von seinen Kritikern als Maßstab akzeptiert wurde und auch heute in Modifikationen und Erweiterungen noch in Theorien nachwirkt, die dazu bestimmt waren, ihm den Garaus zu machen. Zu den Hauptvertretern dieser schließlich nicht nur die Anglistik/Amerikanistik weltweit erfassenden Schule zählen – bei allen Unterschieden im Detail – die *Kenyon Critics* um A. Tate, R. P. Blackmur, W. K. Wimsatt jr., R. P. Warren und die *Yale Formalists* um C. Brooks. Nicht zu vergessen sind auch RENÉ WELLEK (1903–1995) und AUSTIN WARREN (*1899) mit ihrem Standardwerk *Theory of Literature* (1949), in dem sie die Poetik (Literaturtheorie) und die Kritik (Bewertung) mit Wissenschaft

(Forschung) und Literaturgeschichte (der ›Dynamik der Literatur‹ im Gegensatz zur ›Statik‹ der Theorie und Kritik) zusammenzuführen versuchten.

Zu den wichtigsten Publikationen dieser Richtung zählen *The World's Body* (1938) und *The New Criticism* von J. C. Ransom, *The Philosophy of Literary Form* und *Language as Symbolic Action* (1966) von Kenneth Burke, der auch mit seinem ›Dramatismus‹ auf sich aufmerksam machte, oder R. P. Blackmurs *Language as Gesture* (1952) sowie die konsequent formalistischen Textanalysen *The Well-Wrought Urn* (1947) von CLEANTH BROOKS (1906–1994), der allerdings in späteren Arbeiten psychologischen und soziologischen Aspekten wieder eine gewisse Bedeutung einräumt. Das Verdienst dieser Richtung war es, dem *close reading* einen angemessenen Platz in der Literaturkritik zuzuweisen. Die ausschließliche Konzentration auf den Text selbst, die wesentlich zur Wiederherstellung der künstlerischen Autorität desselben beitrug, war allerdings von der schnell beklagten Vernachlässigung der extratextuellen Entstehungsbedingungen und Wirkkräfte begleitet. Dieser Tendenz suchte schon Kenneth Burke dadurch entgegenzuwirken, daß er auch die Entstehungsbedingungen bei einer solchen Interpretationsmethode angemessen berücksichtigt sehen wollte. Hier machen sich soziologische Einflüsse (Hugh Dalziel Duncan, *Language and Literature in Society*, 1953) bemerkbar.

Parallel dazu, allerdings gestützt auf den Einfluß, den Freud bereits auf die Literatur der zwanziger Jahre genommen hatte (Van Wyck Brooks, *The Ordeal of Mark Twain*, 1920/33; J. W. Krutch, *Edgar Allan Poe: A Study in Genius*, 1926), erleben wir eine gewisse Renaissance dieses Ansatzes, der nun aber, wie von Norman N. Holland in *The Dynamics of Literary Response* (1968) dargelegt, auch textorientierter handelt.

Von größerer Bedeutung und Wirksamkeit, weil die Basis für die *American Studies* legend, ist die sogenannte integrative Kritik, das heißt jener Ansatz, der in der Interpretation eines Werkes die jeweiligen politischen, wirtschaftlichen, kulturellen, ethnischen oder regionalen Kontexte einbezieht. Damit wird die Literatur zu einem Teil der Kultur, die Literaturgeschichte zu einem Aspekt der Kulturgeschichte und damit letztlich zu einem weit über das Anliegen der Philologie hinausgehenden Teilaspekt der Landeswissenschaft. Wichtige Werke, die diesen Weg weisen, sind *Virgin Land: The American West as Symbol and Myth* (1950) von Henry Nash Smith, *Savagism and Civilization: A Study of the Indian and the American Mind* (1953/1965) von Roy Harvey Pearce, *The American Adam: Innocence, Tragedy, and Tradition in the Nineteenth Century* (1955) von R. W. B. Lewis, *The Machine in the Garden: Technology and the Pastoral Ideal in America* (1964) von Leo Marx und nicht zuletzt die von Robert E. Spiller, Willard Thorp und anderen herausgegebene *Literary History of the United States* (1946). Der Schritt von der Literatur- zur Kulturgeschichte wird besonders deutlich in F. O.

Matthiessens *The Responsibilities of the Critic* (posth. 1952). Hier belegt er, daß die integrative Methode keineswegs als ein Rückfall in den Positivismus alter Provenienz oder die ideologische Textmanipulation des orthodoxen Marxismus denunziert werden kann. Vielmehr fordert auch Matthiessen die Bereitschaft zum *close reading*, darüber hinaus aber auch die Fähigkeit, die historische Einbettung eines Textes zu erkennen, um dem literarischen Werk diese zusätzliche Dimension zu erschließen und gleichzeitig zu verhindern, daß die Grenze zwischen Werbespot und Gedicht verwischt oder die Literatur als Instrument einer platten Widerspiegelung mißbraucht wird. Damit legt diese Methode auch eine gewisse Basis für den gegenwärtig in Erscheinung tretenden *New Historicism*.

In ihrer Wirkung ebenfalls nicht zu unterschätzen sind die Ansätze, in denen Mythen und Symbole in das Zentrum der Interpretation gerückt werden, zumal diese oft auch anthropologisch und ethnologisch akzentuierten Methoden in der Ästhetik und Theorie der in der zweiten Hälfte des 20. Jahrhunderts sich kräftig entwickelnden Minderheiten erheblich an Bedeutung gewinnen sollten. Auch diese Methode ist bis zu einem gewissen Grad eine Reaktion auf den *New Criticism* und kann in ihren Wurzeln etwa bis zu dem zwölfbändigen Werk *The Golden Bough* (1890–1915) des Briten James George Frazer oder *Die Philosophie der symbolischen Formen* (1923/29) von Ernst Cassirer zurückverfolgt werden, die 1953 auch englisch vorlag. Die hier angestrebte Verschmelzung anthropologischer und psychologischer Ansätze findet ihre amerikanische Ausprägung unter anderem in Leslie A. Fiedlers *Love and Death in the American Novel* (1960) und in den Arbeiten des Kanadiers Northrop Frye, *Anatomy of Criticism* (1957), *Fables of Identity* (1963) oder *Fools of Time* (1967).

Die einzige bedeutendere Kritiker-Schule der vierziger und frühen fünfziger Jahre, die sich dezidiert nicht als eine Art Ergänzung, Erweiterung oder Korrektur des ansonsten durchaus anerkannten *New Criticism* empfand, waren die *Chicago*- oder *Neo-Aristoteliens* um R. S. Crane, Elder Olson und Wayne C. Booth. Ihnen ging es um eine Objektivierung der Literaturkritik auf der Grundlage einer umfassenderen Auslegung der Aristotelischen *Poetik*. Sie konnten sich dabei auf einen Essay R. S. Cranes, »History Versus Criticism in the University Study of Literature« (1935), stützen. Die bedeutendsten Essays aus dieser Schule finden sich in der von R. S. Crane herausgegebenen Sammlung *Critics and Criticism: Ancient and Modern* (1952) und dem Band *The Languages of Criticism and the Structure of Poetry* (1953) sowie Wayne C. Booths *The Rhetoric of Fiction* (1961), der damit zu einer Neuorientierung auf dem Feld der Romantheorie beitrug.

Überschaut man die Wege, die die amerikanische Literaturkritik und -theorie in den vierziger bis sechziger Jahren gegangen ist, so darf man sagen, daß im Zentrum der verschiedenen Schulen der *New Criticism* – sei es als Basis oder Provokation – gestanden hat. Alles kreiste nun mehr oder weniger um das *close reading*, so daß Murray Krieger zu Recht von einer Herrschaft des *contextualism* sprechen konnte, in der die Kritik etwa mit Arbeiten wie R. P. Blackmurs *The Double Agent* (1935), *Language as Gesture* oder *The Lion and the Honeycomb* (1955) immer mehr das Profil einer eigenständigen literarischen Gattung annahm und nun zunehmend von Autoren gleichsam als theoretische Vorgabe für eigene fiktionale Texte genutzt wurde.

Etwa um 1960 wird von der amerikanischen Kritik, nicht zuletzt unter dem Einfluß europäischer Entwicklungen, ein neues Kapitel begonnen. Dies geschieht bezeichnenderweise zu einem Zeitpunkt, da amerikanische Arbeiten auf diesem Felde in ihren Titeln eine Endzeit-Konnotation insinuieren: J. W. Aldridge, *After the Lost Generation* (1951), Daniel Bell, *The End of Ideology* (1960), Marcus Klein, *After Alienation* (1964) oder Lionel Trillings *Beyond Culture* (1965) und schließlich noch 1980 Frank Lentricchias *After the New Criticism*. Im Grund wird hier das Gefühl vermittelt, daß eine Epoche endet, ohne daß man weiß, wohin die Reise gehen könnte.

Mit dem Ende der ›Herrschaft‹ des *New Criticism* beginnt für die amerikanischen Kritiker und Theoretiker eine Periode, die Harold Bloom in *The Western Canon* (1994) als »the worst of all times for literary criticism« bezeichnet. Und in der Tat überstürzen und überschneiden sich nun in kurzen Abständen so viele Ansätze, Methoden und Theorien, daß deren Darstellung den Rahmen dieser Skizze sprengen würde. Immerhin sollte darauf aufmerksam gemacht werden, daß sich in dieser Umbruchphase auch in den USA eine linguistisch orientierte Literaturkritik zu Wort meldete. Ausgehend von einem kommunikationstheoretischen Modell, vertritt unter anderem Roman Jakobson in seinem vielzitierten Aufsatz »Linguistics and Poetics« (1960) die Auffassung, das Spezifische eines poetischen Textes bestehe darin, daß seine sprachliche Form wichtiger sei als sein Inhalt. Und Sol Saporta sekundiert ihm: »Die Anwendung der Linguistik auf Dichtung setzt voraus, daß Dichtung Sprache ist, und läßt alles außer acht, was Dichtung sonst vielleicht noch ist.« (1960) Es war zu befürchten, daß die Linguistik mit einem solchen Ansatz nicht die Hoffnungen erfüllen konnte, die von seiten der Literaturwissenschaft insbesondere in den sechziger und frühen siebziger Jahren gehegt wurden. Erfolgversprechender waren dagegen Arbeiten zur linguistischen Stilistik wie Winfried Novottnys *The Language Poets Use* (1962) oder der von Roger Fowler herausgegebene Band *Essays on Style and Language* (1966).

Für die nun einsetzende Phase findet sich der nicht eben erhellende Begriff Postmodernismus, der in sich so unscharf und von Unsicherheit geprägt ist wie das, was er beschreiben soll. Er benennt eine Zeit und einen Prozeß, der mit Begriffen wie posthumanistisch, postkulturell, postrationalistisch oder postindustriell bezeichnet wird, ohne daß damit gesagt ist, was dies heißt. Sicher ist nur, daß wir es mit einer Bewegung zu tun haben, die die Autorität der Kunst und ihrer Formen in Frage stellt und letztere soweit aufzulösen sucht, daß die Grenzen zwischen Kunst und Leben nicht mehr erkennbar sind. Es handelt sich um eine radikale Absage an tradierte Vorstellungen, etwa mit der Prämisse, bei einer Beschäftigung mit Kunst handele es sich immer um einen Kommunikationsprozeß, wie dies beispielsweise von Vertretern des *Living Theatre*, etwa J. Gelber oder N. Shange, aber auch in anderen Genres und in der ›Öffnung‹ der Kunst zur *pop-art* praktiziert wurde.

In dieser Atmosphäre wurde in den sechziger Jahren unter dem Begriff Strukturalismus eine neue Front gegen den *New Criticism* und seine Spielarten eröffnet. Ziel dieser Schule ist es, für die Geisteswissenschaften allgemein Untersuchungsmethoden nach dem Vorbild der von F. de Saussure begründeten Strukturalen Linguistik zu entwickeln und diese auch auf die Literatur anzuwenden. Hier machen sich europäische Einflüsse bemerkbar. Aus Deutschland wirkt seit den siebziger Jahren die auf W. Dilthey zurückgehende Hermeneutik in der von H.-G. Gadamer (*Wahrheit und Methode*, 1965) vertretenen und etwa von E. D. Hirsch in *The Aims of Interpretation* (1976) in den USA ausformulierten Form. Einfluß hatten auch die Ansätze der kritischen Theorie der Frankfurter Schule (Adorno, Horkheimer, Habermas) sowie die in Konstanz begründete Rezeptionsästhetik von H. R. Jauß und W. Iser. Nietzsche, Heidegger und Freud waren schließlich Ausgangspunkte einer neuen Literaturtheorie, die vor allem in den achtziger Jahren unter dem Einfluß J. Derridas die theoretische Diskussion in den USA (Schule von Yale) bestimmte. Eher stärker ist dieser aus Frankreich über den Atlantik wirkende Einfluß. Dort war es zur Kooperation von Vertretern vieler Disziplinen gekommen, so daß man den Strukturalismus in seiner späteren Form als einen interdisziplinären Ansatz bezeichnen darf, der sich auf linguistische und anthropologische Überlegungen stützte. Ausgehend von Saussures *Cours de linguistique générale* (1916, engl. 1960) flossen hier zusammen: die Ideen des Anthropologen C. Lévi-Strauss, der Soziologen L. Goldmann und L. Althusser, des Kulturwissenschaftlers Foucault, des Philosophen J. Derrida, des Psychoanalytikers J. Lacan, des Psychologen J. Piaget, des Linguisten A. J. Greimas und der Literaturkritiker R. Barthes, C. Bremond und T. Todorov, um nur die Wichtigsten zu nennen.

Über die Prager Schule, L. Bloomfield und den Linguisten Chomsky erreichten diese Ideen, die den literarischen Text nicht mehr so sehr als ästhetisches Objekt, sondern als Gegenstand eines Interaktionsprozesses zwischen Werk (Autor) und Leser deuten, Amerika, wo sie – unter anderem in Jonathan Cullers *Structuralist Poetics* (1975), Robert Scholes' *Structuralism in Literature* (1975) oder Stanley Fishs *Is There a Text in This Class?* (1980) modifiziert – eine transatlantische Deutung finden. Allen

Vertretern dieser Schule ist die Überzeugung gemeinsam, der literarische Text habe seine überkommene Autorität verloren. Auf dem Hintergrund der Pariser Studentenunruhen trugen insbesondere Barthes, Lacan, Foucault und Derrida in den siebziger und achtziger Jahren dazu bei, die Literatur im Rahmen des sogenannten Poststrukturalismus zum Mittel eines subversiven Kampfes gegen die bestehenden Machtstrukturen umzuwerten, mit dem Ziel, eine kulturelle Revolution herbeizuführen. Als eines der wichtigsten Ergebnisse dieses Prozesses – der übrigens über Luce Irigaray, Julia Kristeva und Hélène Cixous auch den *Feminist Criticism* erreichte – ist das Bekenntnis zur offenen Struktur anzusehen, die zu einem wesentlichen Merkmal der *Deconstruction* avancieren sollte.

Auf der Basis des Poststrukturalismus fordern nun Deleuze, Foucault oder Barthes unter Berufung auf Nietzsche, Heidegger und Freud eine radikale ›Hinterfragung‹ aller Felder der Wissenschaft und Kultur, womit sie insbesondere den amerikanischen Gesellschaftskritikern entgegenkommen, die aus ethnischen, rassischen oder anderen die Minderheiten bedrückenden Gründen nach absolut neuen Ufern streben. So heißt es bei Derrida: »Wir halten es nicht mehr für selbstverständlich, daß ein literarischer Text auf eine endliche Bedeutung oder Reihe von Bedeutungen reduziert werden kann, sondern wir sehen den Akt des Lesens als einen endlosen Prozeß, in dem Wahres und Falsches unentwirrbar miteinander verwoben ist.« Wir erfahren zwar nicht, was wahr und was falsch ist oder sein kann, wohl aber, daß nach den Gesetzen dieser Methode die Selbstreferentialität eines Textes zum Kernstück der Literatur wird. Alles, was Literatur zuvor ausmachte, ist aus dieser Sicht bestenfalls eine noch nicht überwundene Illusion. Dabei stützt man sich besonders auf Derridas *De la grammatologie* (1967), *L'écriture et la différance* (1976), J. Lacans *Ecrits* (1966) sowie auf die *Yale School of Criticism* um H. Hartman, Paul de Man, J. Hillis Miller und H. Bloom. Letzterer gab zusammen mit anderen den Band *Deconstruction and Criticism* (1979) heraus und redet hier der Ent-Mythologisierung der Literatur das Wort, richtet sich gegen die Idealisierung der Kunst und spricht damit einem Text, dessen Grenze zur Welt verschwindet, den autonomen Status ab. Zu den weiteren wichtigen Schriften dieser Schule zählen *On Deconstruction: Theory and Criticism after Structuralism* (1982) von J. Culler oder der von J. Arac und anderen herausgegebene Band *The Yale Critics: Deconstruction in America* (1983).

Schon 1994 aber eröffnete Bloom in *The Western Canon* eine neue Front. Nun sagt er, daß es darum gehe, »the autonomy of the aesthetic« zu verteidigen; jetzt meint er: »Aesthetic criticism returns us to the autonomy of imaginative literature.« Mit einem Blick zurück heißt es hier, »›cultural materialists‹ (Neo-Marxist); ›New Historicist‹ (Foucault); ›Feminist‹« – die er zusammen mit den »Deconstructors« und »Afrocentrists« als »School of Resentment« bezeichnet – »has abandoned the quest to meet the challenge.« Und er fährt fort: »Cultural criticism is another dismal social science, but literary criticism, as an art ... always will be an elitist phenomenon. It was a mistake to believe that literary criticism could become a basis for democratic education or for social improvement.« Der Idee von der Re-Vision bleibt er aber insofern verhaftet, als er sagt: »Great writing is always rewriting or revisionism and is founded upon a reading that clears space for the self ...«

Eines der Ziele von Blooms Attacken ist der seit den achtziger Jahren immer stärker in das Zentrum der Literaturtheorie drängende *New Historicism*, dem wir auch unter der Bezeichnung *Poetics of Culture* oder in seiner eher britischen Ausprägung als *Cultural Materialism* begegnen. In ihm wirkt poststrukturalistisches Gedankengut weiter, ist nun aber mit kulturanthropologischen Überlegungen verknüpft, wie man sie bei Clifford Geertz (*The Interpretation of Cultures*, 1973) und der historischen Diskursanalytik Foucaults findet, was Bloom zu der Bemerkung veranlaßt: »Our current New Historicists, with their odd blend of Foucault and Marx, are only a minor episode in the endless history of Platonism.«

Auch die *New Historicists* sind auf der Suche nach besseren Antworten hinsichtlich der sich zwischen ästhetischen, kulturellen und historischen Ansätzen bei der Textanalyse ergebenden interpretatorischen Spannungsverhältnisse und fordern als Anti-Formalisten, bei der Interpretation der Texte deren Entstehungsbedingungen – von der Absicht bis zur historischen Situation – einzubeziehen. Der Text ist bei ihnen nicht mehr Abbild seiner historischen Situation, sondern Teil der jeweiligen sozialen Gegebenheiten. So postuliert Geertz: »A man is an animal suspended in webs of significance he himself has spun«, die es nun zu entwirren gelte, indem man »the historicity of texts and the textual history« (Louis A. Montrose, 1990) als wesentliche Prämissen dieses Ansatzes anerkenne. Diese Methode, die auf einer Verwebung von historischen und gesellschaftlichen Diskursen mit der literarischen Komposition beruht, wurde in den achtziger Jahren vor allem in der Renaissance- und Shakespeare-Forschung entwikkelt. Ihr amerikanischer Hauptvertreter ist Stephen Greenblatt (*Renaissance Self-Fashioning: From More to Shakespeare*, 1980; *Shakespearian Negotiations*, 1988; *Learning to Curse*, 1990). Insbesondere der von ihm herausgegebene Band *The Forms of Power and the Power of Forms in the Renaissance* (1982) gibt Aufschluß über die ideologischen Implikationen dieses Ansatzes. Zu den wichtigsten britischen Arbeiten auf diesem Felde zählen Alan Sinfields *Faulties: Cultural Materialism and the Politics of Dissident Reading* (1992) und Graham Holderness' *Shakespeare Recycled* (1992). Gute Einführungen in die amerikanischen Ausdeutungen bieten H. Aram Veeser (ed.) *The New Historicism* (1989) und B. Thomas, *The New Historicism and Other Old-Fashioned Topics* (1991).

Der *New Historicism* – als derzeit letzte höhere Woge im sehr bewegten Meer der amerikanischen Literaturkritik und -theorie – dürfte sich unter anderem deshalb so relativ kräftig in Szene gesetzt haben, weil er vielen Ansprüchen entgegenkommt, die der Mentalität einer weiter ausgreifenden *re-vision* und der damit einhergehenden Literatur des *re-writing* (von Vertretern von *counter cultures* über *ethnic minorities* bis hin zu den *Feminist* und *Gender Studies*) eine weitere theoretische Basis eröffnet, die zum Teil über das hinausgeht, was andere Theorien zu bieten hatten. Indessen lauert hier wieder die Gefahr, daß bei der Aufhebung der Grenzen zwischen historischem und literarischem Diskurs, zwischen fiktionalem Text und Realität der Textmanipulation per Interpretation neue Türen geöffnet werden.

Als eine der Folgen der sich in den USA von den sechziger Jahren an vollziehenden gesellschaftlichen Veränderungen bilden sich auf dem Hintergrund der Bürgerrechtsbewegungen und in Anlehnung an die bereits erwähnten Theorien und Methoden in den ›erwachenden‹ Gruppierungen und Minderheiten nun Schulen, die den spezifischen Anliegen derselben in besonderem Maß gerecht werden wollen. Zu erwähnen sind in diesem Zusammenhang zunächst Feministinnen und Afroamerikaner und neuerdings auch andere, bisher weniger gehörte Minderheiten. Bei der Renaissance dieser Gruppen stand die Überzeugung Pate, sie seien bisher nicht nur politisch und wirtschaftlich, sondern auch sozial und kulturell – und mithin auch auf den Gebieten der Literatur und ihrer Kritik – von einer patriarchalisch-eurozentristischen Gesellschaft dominiert und diskriminiert worden. Sie zogen nun aus, dieses Defizit zu beseitigen, was neue Schulen entstehen ließ, für die eine starke ideologische Dynamik charakteristisch ist. Ein gutes Beispiel dafür sind die sich aus der *Women's Lib*-Bewegung der sechziger und siebziger Jahre entwickelnden *Feminist Studies* an den Universitäten und *Colleges* des Landes, die sich bald als eine solide Basis für das Entstehen des *Feminist Criticism* erweisen sollten. Ähnlich wie bei den ethnischen Minderheiten handelte es sich zunächst um eine ausgesprochen politisch und sozial orientierte Bewegung, deren Ziel anfangs die Erlangung der Gleichberechtigung der Frau, das Streben nach weiblicher Identität und die Möglichkeit der weiblichen Selbstfindung waren. Dieser von Akademikerinnen angeführten Bewegung ging es also vornehmlich um Sinnstiftendes. Arbeiten wie *The Feminine Mystique* (1963) von Betty Friedan, *Sexual Politics* (1970) von Kate Millet, »The Kingdom of the Fathers« (1976) von Adrienne Rich, *Gyn/Ecology: The Metaethics of Radical Feminism* (1979) von Mary Daly oder *The Madwoman in the Attic: The Woman Writer and the Nineteenth-Century Literary Imagination* (1979) von Sandra Gilbert und Susan Gubar schlagen Breschen für eine auch international an Bedeutung gewinnende Bewegung, in der von Anfang an Literatur eine zentrale Rolle spielte. Dies wohl nicht zuletzt deshalb, weil dieses Feld für

Frauen traditionell ›offener‹ war als andere. Elaine Showalter spricht in Anspielung auf Kate Chopin vom »Great Awakening«, und Sandra Gilbert bemerkte 1979: »The experience of women in and with literature are different from those of men.« 1971 gründete Gloria Steinem mit *Ms.* eine Zeitschrift, die ein wichtiges Forum des Feminismus werden sollte.

Am Anfang des *Feminist Criticism* stand das Aufdecken und Benennen der weiblichen Stereotypen in der Literatur, etwa der Frauen »as angels or monsters«, was als »textual harassment« empfunden wurde. Das nächste größere Anliegen war die Entdeckung, Wiederentdeckung und das Bekanntmachen von »lost women writers«, denen nach Auffassung feministischer Kritik nicht die ihnen gebührende Anerkennung widerfahren war. Diesen Ansatz reflektieren Patricia Meyer Spacks in *The Female Imagination* (1975), Ellen Moers in *Literary Women* (1978), E. Showalter mit *A Literature of their Own* (1977) oder Tillie Olsen mit *Silences* (1978). Etwa um die gleiche Zeit rückten Adrienne Rich, Marge Piercy, Judy Chicago, Susan Griffin unter anderem das Thema *female consciousness* in das Zentrum ihrer Argumentation, wobei sich eine lesbisch orientierte Kritik entwickelte und sich neben den *Feminist Studies* auch *Gender Studies* zu Wort meldeten, die ihren Niederschlag in *Of Woman Born: Motherhood as Experience and Institution* (1976) von Adrienne Rich oder in *The Reproduction of Mothering* (1978) von Nancy Chodorow fanden. Elaine Showalter differenzierte *Feminist Literary Criticism* in *Feminist Critique*, der etwa Kate Millett, Julia Kristeva, Adrienne Rich oder Nina Auerbach, und *Gynocriticism*, dem Hélène Cixous, S. Gubar, S. Gilbert, Rachel Blau DuPlessis, Hortense I. Spillers und sie selbst zuzuordnen wären.

Etwa zeitgleich setzte unter dem Einfluß der in den USA bereits stark diskutierten ›postmodernen Schulen‹ und europäischer Einflüsse die Entwicklung der feministischen Literaturkritik und Theorienbildung auf breiter Front ein. Wirkte aus England ein eher sozialistisch und marxistisch geprägter Ansatz herüber (Mary Jacobus, Cora Kaplan), so kamen aus Frankreich neofreudianische (Lacan) und dekonstruktivistische (Derrida, Barthes) Ideen und nicht zuletzt die Ansichten von Hélène Cixous und Julia Kristeva sowie die Version von *L'écriture féminine*, die für H. Cixous eine Form feministischer Aktion, ja eine revolutionäre Kraft ist. Damit wurde auch in den USA das Eis endgültig gebrochen. Innerhalb kürzester Zeit konnte die amerikanische Frauenbewegung mit einer Fülle alle Gattungen betreffenden theoretischen und literaturkritischen Studien aufwarten. Zu ihnen zählen Toril Moi, *Sexual/Textual Politics: Feminist Literary Theory* (1985), E. Showalter (ed.), *The New Feminist Criticism: Essays on Women, Literature and Theory* (1985), Mary Eagleton (ed.), *Feminist Literary Theory: A Reader* (1986) und *Towards a Feminist Poetics* (1988); C. Weedon, *Feminist Practice and Poststructuralist Theory* (1987), Josephine Donovan (ed.), *Feminist Literary Criti-*

cism: Explorations in Theory (1985), G. Austin (ed.), *Feminist Theories for Dramatic Criticism* (1990) und viele andere mehr. Bemerkenswert ist, daß es im Bereich der *Feminist Studies* und ihrer Theorien von Anfang an eine enge Zusammenarbeit mit Frauen anderer Minderheiten gegeben hat. Gute Beispiele bieten für die *black community* unter anderem Beiträge wie »Toward a Black Feminist Criticism« von Barbara Smith oder »New Directions for Black Feminist Criticism« von Deborah E. McDowell sowie die vielen Essays etwa von Alice Walker, Barbara Christian, Karla Holloway oder Cheryl A. Wall, um nur einige zu nennen. Ähnliches gilt für Beiträge von Paula Gunn Allen oder Rayna Green aus dem Lager der *Native Americans*, Gloria Anzaldúa und Cherríe Moraga für die *Chicanas* oder Amy Ling für die *Asian-Americans*, die ebenfalls für viele stehen. Einen guten Überblick über diesen Bereich bietet der von Robyn R. Warhol und Diane Price Herndl herausgegebene Band *Feminism: An Anthology of Literary Theory and Criticism* (1991).

Noch fühlen sich die Vertreterinnen der feministischen Schulen nicht am Ziel ihrer Bestrebungen, die E. Showalter 1985 wie folgt formulierte: »We are demanding ... a new universal literary history and criticism that combines the literary experiences of both women and men, a complete revolution in the understanding of our literary heritage.« Damit verwies sie auf einen weiterführenden Ansatz, die seit den neunziger Jahren immer stärker in Erscheinung tretenden *Gender Studies*. Zu den bislang wichtigsten Arbeiten dieser Richtung zählen *Transcendendig Gender* (1988) von G. Blum, *The Feminist Reader. Essays in Gender and the Politics of Literary Criticism* (1989) von C. Belsey, J. Moore und anderen (eds.), *Speaking of Gender* (1989) von E. Showalter (ed.), *Sexual Anarchy: Gender and Culture at the Fin de Siècle* (1990) von E. Showalter, *Engendering the Subject. Gender and Self-Representation in Contemporary Women's Fiction* (1991) von S. Robinson oder *Subversive Intent, Gender, Politics, and the Avant-Garde* (1992) von S. R. Suleiman. Auch in diesem Zusammenhang ist auf die Fülle theoretischer Schriften zu verweisen, mit denen Autorinnen und Autoren aller Genres und gesellschaftlichen und ethnischen Gruppen in jüngster Zeit ihr fiktionales oder poetisches Werk begleiten.

Ähnlich wie der Aufstieg der *Feminist Studies* vollziehen sich auch die sogenannte dritte Renaissance der *Black Studies* und der damit einhergehende Aufschwung des afroamerikanischen Kulturbetriebs als unmittelbare Folge der Bürgerrechtsbewegungen. Ungeachtet eines Neubeginns in der *Harlem Renaissance* hatten die Schwarzen in den USA einen nach wie vor schwierigen Weg zurückzulegen. Erst Anfang der zwanziger Jahre konnte Charles E. Burch den ersten Kurs »Poetry and Prose of Negro Life« an der *Howard University* anbieten, und es dauerte noch einmal gut zehn Jahre, ehe James W. Johnson, der an der *Fisk University* (Tennessee) lehrte, in New York eine

Vorlesung über »Negro Literature« abhalten durfte. Es war der erste Kurs dieser Art, der an einer ›weißen‹ amerikanischen Universität angeboten wurde. Damit begann die wissenschaftliche Beschäftigung mit afroamerikanischer Literatur durch Schwarze in den USA. Aber wieder mußten etwa dreißig Jahre vergehen, ehe sich die inzwischen durchaus beachtete afroamerikanische Literatur aus der Umklammerung der dominanten euroamerikanischen Kritik langsam befreien konnte. Autoren wie Langston Hughes, Richard Wright oder Ralph Ellison wurden bis dahin an der Elle weißer Kritik und ihrer Theorien gemessen.

Diese Art der ›Integration‹ afroamerikanischer kultureller Kreativität stieß in den fünfziger und insbesondere in den sechziger Jahren auf zunehmenden Widerstand in der *black community*. Die mit der *Black Power*-Bewegung entstehenden *Black Studies* konzentrierten sich zunächst auf historische und gesellschaftswissenschaftliche Fragestellungen. Sehr bald aber entdeckten sie die Bedeutung der Literatur (und anderer Künste) und ihrer Wissenschaft als emanzipatorische und identitätsstiftende Kräfte. Gefordert wurde nun eine afroamerikanische Ästhetik, die sich vom weißen *mainstream* abkoppelt und auf die Mythen, Überlieferungen und Symbole, kurz, auf das kulturelle Erbe der Afroamerikaner und deren Erfahrungen in der Sklaverei stützt. Das Ziel der *black aesthetics* bestand, wie es H. A. Baker formulierte, darin, »to break the interpretative (white) monopoly on Afro-American expressive culture« und deren »single standard set of criticism«. Das aus dieser Entwicklung resultierende *Black Arts Movement* stand angesichts solcher Zielsetzungen im Zeichen einer hochgradigen Politisierung, die von *Black Power*, den *Black Muslims* (Malcolm X), den *Black Panthers* (E. Cleaver) und einem zum Kommunismus tendierenden Flügel (W. E. B. DuBois) ausging und auf den Sturz der bestehenden gesellschaftlichen Verhältnisse abzielte.

Unter diesen Umständen entwickelte sich das *Black Arts Movement* zu einer kulturellen Speerspitze im Kampf gegen das verhaßte System. Baldwins Essays *Notes of a Native Son* (1955), »The Fire Next Time« (1963), *Rap on Race* (1972), *The Autobiography of Malcolm X* (1964), LeRoi Jones' (Imamu Amiri Baraka) Essays *Home* (1966) und *Blues People* (1963), die zusammen mit Larry Neal herausgegebene Sammlung *Black Fire: An Anthology of African-American Writing* (1968) sowie Arbeiten von Donald Gibson, June Jordan, Houston A. Baker jr., R. Baxter Miller und vielen anderen vermitteln ausgezeichnete Einblicke in die Befindlichkeit der intellektuellen Afroamerikaner jener Jahre, für die – als Schüler von Charles Davis, Michael G. Coke oder Darwin Turner – die Literatur und ihre Wissenschaft nicht nur zum »weapon in the war of ideas«, sondern auch zu einem unverzichtbaren Instrument der Schaffung eines schwarzen sozialen Realismus auf der Basis einer neo-afrikanischen Rückbesinnung wurde. Der *New Criticism* und seine Varianten und jedwede Diskussion über die Kunst um ihrer selbst willen oder ihrer autochthonen Autorität hatten hier keinen Platz.

Mitte der siebziger Jahre setzte eine Wende ein. Der Umstand, daß die Literatur bis dahin fast ausschließlich durch sozio-historische Brillen gesehen worden war, hatte, wie H. L. Gates feststellte, »blocked out the literariness of the black text«. So begann auch die afroamerikanische Kritik sich auf poststrukturalistische Positionen zuzubewegen. Eine der Konsequenzen war die nun sichtbar werdende Spannung zwischen den neuen, stärker textorientierten »principles of criticism« und der bis dahin gepflegten Konzentration auf soziologische und ideologische, also text-externe Aspekte. Für Dexter Fisher stellte sich nun die entscheidende Frage: »In what ways does minority literature share the values and assumptions of the dominant culture ...?« Diese Problematik behandelte sie in *Minority Language and Literature: Retrospective and Perspective* (1979) und zusammen mit Robert Stepto in *Afro-American Literature: The Reconstruction of Instruction* (1979). Man kann diese Phase als die einer Hinwendung zu einer neuerlichen Reform der schwarzen Ästhetik bezeichnen, deren Ziel es (nach Stepto) ist, »to rectify African American literary study by introducing into its explication formalist and structuralist methods of reading and by providing a critique of the essentialism of black aesthetic criticism that had grown out of the black art's movement«.

Mit diesem neuen Trend bewegte sich die afroamerikanische Kritik und Theorie aus ihrer Randlage mehr auf das Zentrum dieser vierten Gattung zu. Man darf jenen zustimmen, die von einem neuen afroamerikanischen Ästhetizismus sprechen, der die *mainstream*-Schulen nicht mehr ignorierte, sondern sie in die eigenen Überlegungen einbezog. Hier scheint sich ein Weg von der Ablehnung eurozentristischer Gedanken hin zu der Überzeugung abzuzeichnen, die Ideen der Kritiker-Schulen würden als »mutually constitutive and socially produces« (Gates) akzeptiert. Diese Tendenz fand ihren Niederschlag in Arbeiten wie *The Signifying Monkey: A Theory of African-American Literary Criticism* (1988) von H. L. Gates jr. und in dem von ihm herausgegebenen Band *Reading Black, Reading Feminist: A Critical Anthology* (1990), in dem sich Beiträge der wichtigsten schwarzen Theoretikerinnen wie Mae Henderson, Deborah McDowell oder Hortense Spillers finden, die deutlich machen, daß nicht nur die zeitgenössische afroamerikanische Literatur ihre wesentlichen Impulse von Frauen erhält, sondern auch Kritik und Theoriebildung dem Wirken von Frauen ihre steigende Bedeutung verdanken. Die von Cheryl A. Wall herausgegebene Sammlung *Changing Our Own Words: Essays on Criticism, Theory, and Writing by Black Women* (1989) ist dafür ein guter Beleg.

Einen ähnlich ›politisierten‹ Weg wie der von den *Feminist* und *Black Studies* geförderte *literary criticism* dieser Gruppierungen durchliefen und durchlaufen – mit unterschiedlicher Intensität und zeitlicher Verzögerung – die *Native Americans*, die *Latinos* und die *Pacific- and Asian-Americans*. Seit den siebziger und achtziger Jahren warten sie mit einer Fülle von einschlägigen Studien auf. Auch bei ihnen steht am Beginn das Streben nach identitätsstiftenden Fundierungen im Spannungsfeld zwischen den eigenen ethnischen Traditionen und kulturellen Wurzeln und den von den dominierenden euroamerikanischen Denkgebäuden ausgehenden Impulsen. Nach Lage der Dinge kann es nicht überraschen, wenn von diesen Minderheiten am Anfang mehr Wert auf historische, soziologische, politische und sozioökonomische Ansätze – unter Einbeziehung einer anthropologisch gesehenen Kultur und damit Literatur – gelegt wurde als auf textorientierte. Die Literatur galt auch hier als eine sinnstiftende Kraft, die nicht in der Welt der Ästhetik endet. Daß sich die Kritiker und Literaturwissenschaftler zusammen mit den Autoren dieser Bevölkerungsgruppen seit den späten siebziger Jahren zunehmend an den Diskurs der auf diesem Felde etablierten Schulen anlehnten, ist ein Zeichen dafür, daß auch sie die modernen Ansätze und Methoden für sich in Anspruch nahmen, die sich inzwischen internationalisiert, ja globalisiert haben. Was dabei aber zu beachten bleibt und was bei aller ähnlicher formaler Ausrichtung und Zielsetzung für unterschiedliche inhaltliche Ausprägungen sorgt, sind die Akzentuierungsbedingungen und Befindlichkeiten, die sich aus den unterschiedlichen Quellen und Überlieferungen der nun schnell aufstrebenden Minderheiten ergeben.

So ist es fast natürlich, daß die *Native Americans* nach dem Schock, den sie beim Zusammenprall mit der ›weißen‹ Kultur erlitten hatten, und nach einer langen Zeit faktisch erzwungenen Schweigens zunächst ihre Kräfte auf die Hebung und Wiederbelebung schon fast aus dem Gedächtnis der ›Nationen‹ geschwundener Schätze und deren Sicherung richteten. Dieser Prozeß, der erst am Anfang steht und eine große Rolle in der Literaturkritik dieser Minderheit spielt, beeinflußt alle Genres der gegenwärtig innerhalb dieser Minderheit entstehenden Literatur. Bände wie *Literature of the American Indians: Views and Interpretations* (1975), herausgegeben von A. Chapman, *Studies in American Indian Literature* (1983) von P. G. Allen (ed.), *Native American Renaissance* (1983) von Kenneth Lincoln oder *Critical Essays on Native American Literature* (1985), von A. O. Wiget herausgegeben, legen davon Zeugnis ab und zeigen die Vielschichtigkeit eines unerhört schwierigen Akkulturationsprozesses, dem diese Minderheit und ihre Kulturschaffenden ausgesetzt waren und noch immer sind. Hier wird aber auch deutlich, welche Rolle in der Weltsicht, der Kultur und Literatur der *Native Americans* eine spezifische Naturverbundenheit und die daraus erwachsenden Mythen und ökologischen Grundstimmungen spielen.

Das Fehlen einer eigenen ›Schrift‹-Sprache und damit schriftlich fixierter Literaturdenkmäler aus vorkolumbianischer Zeit und die Fülle ihrer Sprachen zwingt die nun aufblühende Literaturwissenschaft dieser Minderheit überdies, ihr Erbe nicht nur aus mündlicher Überlieferungsform in schriftliche Fixierung zu überführen, sondern auch in eine Sprache oder Sprachen (und damit Denkweisen) umzugießen, die dem Denken und Handeln ihrer Schöpfer in keiner Weise angemessen sein können. Daher wird im Lager der *Native Americans*, auch angesichts wachsenden Selbstbewußtseins auf den Feldern Politik, Geschichte oder Literaturwissenschaft, nach Wegen gesucht, die den Besonderheiten ihrer Situation und ihres Weltbildes gerechter werden als die der jeweils aktuellen herrschenden Schulen der ›Weißen‹. Manches spricht dafür, daß sich diese Renaissance zu einem guten Teil aus dem *magic realism* speisen könnte, der aus Lateinamerika herüberwirkt und auch bei den *Latinos* auf fruchtbaren Boden fällt. Wie vielfältig die Ansichten auch im Lager der *Native Americans* sind, läßt sich unter anderem dem von B. Schwann und A. Krupat herausgegebenen Band *Recovering the Word: Essays on Native American Literature* (1989) entnehmen. Daß sich die *Native Americans* den Ideen ihrer Umwelt keineswegs verschließen oder in ein kulturelles oder literarisches Ghetto begeben wollen, dokumentieren Werke wie der von P. G. Allen edierte Band *Studies in American Indian Literature: Critical Essays and Course Designs* (1983), *The Voice in the Margin. Native American Literature and the Canon* (1989) von A. Krupat oder die von G. Vizenor herausgegebene Sammlung *Narrative Chance: Postmodern Discourse on Native American Indian Literature* (1989). Fast alle diese Studien und die darin enthaltenen Ansätze heben sich vom amerikanischen *mainstream criticism* durch starke Betonung anthropologischer und ökologischer Sichtweisen ab.

Wie stark sich die Denkgebäude der *Native Americans* und der *Latinos* und hier insbesondere der *Chicanos*, die sich selbst zum Teil als Indianer sehen, berühren, demonstriert die kenntnisreiche Studie *Mestìzaje: The Transformation of Ancient Indian Religious Thought in Contemporary Chicano Tradition* (1980) von Thomas Vallejos. Geht es bei den *Native Americans* vor allem um die Rückbesinnung oder auch die Bewahrung einer eigenständigen ›literarischen‹ Identität, so handelt es sich bei den *Latinos* um eine Minderheit, die ihre Wurzeln nicht nur in der indianischen, mexikanisch-spanischen oder karibischen Vergangenheit sucht, sondern auch in einer engen Wechselbeziehung zu diesen außerhalb der USA sich voll entfaltenden Gegenwartskulturen steht. Zudem haben sie sich zu einem guten Teil das Spanische als Muttersprache in einem englischsprachigen Umfeld bewahrt und werden insbesondere seit der Mitte des 20. Jahrhunderts in diesen Bereichen durch einen starken Einwanderungsstrom bestärkt, da die Immigranten offenbar – anders als die euroamerikanischen Einwanderer – darum bemüht sind, ihre mitgebrachte Identität durch eine Einbürgerung nicht zu verlieren. So spielt im *criticism* dieser Minorität die Zweisprachigkeit – die zunehmend in allen Genres der *Chicano*-Literatur Platz greift – eine besondere Rolle. Studien wie »Recuerdo, Desubrimento y Voluntad en el Proceso Imaginativo Literario« (1975) von Tomás Rivera, *Bilingual Poetry: A Chicano Phenomenon* (1985) von Susan Bassnett oder *Chicano Narrative. Dialectics of Difference* (1990) von Saldívar Ramón sind dafür gute Beispiele.

Wie stark man sich auch in dieser Minderheit bemüht, die Suche nach einer durchaus als neu angesehenen Identität zwischen der ›spanischen‹ und der *gringo*-Welt (wofür die sprachliche Ausformung des *Spanglish* steht) auf Traditionen zu gründen, können wir dem von E. Gonzales-Berry herausgegebenen Band *Pasó Par Aquin: Critical Essays on the New Mexican Literary Tradition, 1542–1988* (1989) oder *Retrospace: Collected Essays on Chicano Literature, Theory, and History* (1990) von Juan Bruce-Novoa entnehmen. Bemerkenswert ist auch hier die große Rolle, die Frauen in einem gleichsam doppelten, ethnischen und feministischen Emanzipationsprozeß im Schatten der dominanten patriarchalisch-eurozentristischen Literaturkritik spielen. In diesem Zusammenhang ist auf den von María Herrera-Sobek und H. M. Viramontes vorgelegten Band *Chicana Creativity and Criticism: Charting New Frontiers in American Literature* (1988), Marta Esther Sandoz' *Contemporary Chicana Poetry: A Critical Approach to an Emerging Literature* (1985) oder die 1985 von M. H. Herrera besorgte Edition *Beyond Stereotyping. The Critical Analysis of Chicana Literature* (1985) hinzuweisen. Relativ weit gefächerte Informationen über die Entwicklung und Bewertung der rasch an Bedeutung gewinnenden *Chicano*-Literatur enthalten auch die 1979 von Joseph Sommers und Tomás Ybarra-Frausto zusammengestellte Anthologie *Modern Chicano Writers: A Collection of Critical Essays* und der von Vernon Lattin herausgegebene Band *Contemporary Chicano Fiction: A Critical Survey* (1986). Dieses reichhaltige literaturkritische Werk aus der Feder von *Latinos* wird ergänzt durch eine Fülle von Essays von Autoren dieser Minderheit, die ihre fiktionalen Texte mit Gedanken über Sinn und Form von Literatur zu fundieren suchen.

Dasselbe gilt im Prinzip für die *Pacific- and Asian-Americans*, die auf Grund ihrer besonders gelagerten politischen Situation in den USA erst relativ spät ihre Stimme in dem vielfältiger werdenden Chor der Literaturkritik erheben konnten. Auch in diesem Falle sind es außer Literaturwissenschaftlern Autoren, die sich neben ihrem Wirken auf fiktionalem Gebiet um die Entwicklung einer ihrem Herkommen verpflichteten Kultur und damit Literaturkritik verdient machen. Dabei ist der Bogen weit gespannt. Er reicht von der Überlieferung und Rückbindung an die Mythen und Symbole, ja die Sprache der alten Heimatkulturen bis hin zur Diskussion der Probleme, die sich aus der Erkenntnis der schon in den USA Geborenen ergeben, daß es für sie grundsätzlich keinen Weg zurück in jene Welt gibt. Deshalb sehen sie unter anderem die Aufgabe ihrer Literatur (und der anderen kulturellen Bereiche) darin, Bewahrenswertes, wo immer möglich, mit den von ihnen zu akzeptierenden Werten einer ihnen zwar zum Teil noch immer fremd erscheinenden, jedoch freiwillig gewählten Welt zu verbinden. Das wird zunehmend zum Thema dieser Literatur und deren kritischer Verarbeitung. Wie dies vonstatten gehen kann, demonstriert unter anderem Patricia Lin Binde in »Icicle in the Desert: Perspective and Form in the Works of Two Chinese Women« (1979). Eine gute Einführung in diesen Bereich der Literaturkritik bieten auch Elaine H. Kim mit *Asian American Literature: An Introduction to the Writings and their Social Context* (1982) oder K. Meissenburgs *The Writing on the Wall. Socio-Historical Aspects of Chinese American Literature, 1900–1980* (1987). Stellvertretend für viele spezielle Studien sollen genannt werden »I'm Here: An Asian American Woman's Response« (1987) und *Between Worlds: Women Writers of Chinese Ancestry* (1990) von Amy Ling, die übrigens einmal mehr deutlich macht, daß es auch auf dem Feld der Literaturkritik der *Asian-Americans* insbesondere Frauen sind, die die Brücken zu den anderen Minderheiten schlagen.

Betrachtet man die Aktivitäten der ethnischen Minderheiten auf dem Feld des *literary criticism*, wie sie sich seit den sechziger Jahren vor uns ausbreiten, so wird deutlich, daß sie bei aller kulturell und politisch bedingten Vielfalt eines gemeinsam haben: Anders als die euroamerikanischen Schulen und Gruppierungen streben sie derzeit weniger nach textorientierten Theoriebildungen – obgleich diese Tendenz in jüngster Zeit an Stärke zu gewinnen scheint –, sondern nach Ansätzen und Methoden, die dazu beitragen könnten, den Literaturen der jeweiligen Minderheiten eine wichtige identitäts- und damit sinnstiftende Funktion im Ringen um einen sicheren Standort im Spannungsfeld zwischen ihrem Kulturerbe und der dominanten ›weißen‹ Kultur zuzuschreiben. In welcher Form und in welchem Umfang das gelingen wird, ist offen, zumal die zentrifugalen Tendenzen, die in der Folge der Bürgerrechtsbewegungen in Erscheinung traten, kaum an Intensität verloren haben und im Widerstreit mit den nach wie vor starken konzentrischen stehen.

Schaut man am Ende des 20. Jahrhunderts auf die Entwicklung von *literary criticism* in den USA zurück, so darf man sagen, daß dieser nicht nur einen bedeutenden Beitrag zur Entfaltung der eigenen (National-)Literatur geleistet hat, sondern auch wesentlichen Einfluß auf die Weltliteratur, zumindest aber die europäische, ausübte. Das gilt für die theoretische Fundierung von Gattungen wie etwa der *short story* durch Poe und viele andere mehr oder für die Neuorientierung in der Romankonzeption durch Henry James ebenso wie für die großen Einflüsse, die zum Beispiel Ezra Pound und die Pariser Gruppe um den *Imagism* und später die Begründer des *New Criticism* – um nur einige wenige zu nennen – verbuchen konnten. Zur gleichen Zeit verschmolzen die Amerikaner wesentliche Elemente der europäischen Theorien und Ansätze von der deutschen Romantik über den von Howells vermittelten französischen Realismus/Naturalismus bis hin zu den ›postmodernen‹ Schulen, die zum Teil spezifisch amerikanische Ausprägungen erfuhren. Einen guten Überblick über die Leistungen der amerikanischen Literaturkritik, der gleichsam eine Einführung in diese Gattung ist, bieten die zweiundzwanzig von Stephen Greenblatt und Giles Gunn unter dem Titel *Redrawing the Boundaries: The Transformation of English and American Literary Studies* (1992) herausgegebenen Essays, die von den *Medieval Studies*, der Romantik, den *Postmodern Studies*, dem *Gender Criticism* bis hin zu *Deconstruction* oder *Composition and Literary Studies* fast alle in diesem Bereich relevanten Gegenstände ansprechen.

Vieles Gegenwärtige erscheint eher modisch und wird den Lackmus-Test der Zeit wahrscheinlich nicht bestehen, manches aber zeugt von großer Dynamik, Originalität oder Experimentierfreude, beispielsweise Jack Kerouacs *Essentials of Spontaneous Prose*. Die dabei bewiesene Weltoffenheit und Kreativität dürften dafür sorgen, daß sich die Entwicklung der Literaturkritik in den USA hin zu einer Art vierten literarischen Gattung fortsetzen wird.

Prosavarianten

Krieg und Nachkrieg

Die Jahre seit 1920 hatten der amerikanischen Literatur ein zweites ›Goldenes Zeitalter‹ beschert, und als sich dieses nach dem Krieg mit den Spätwerken der nun mit Nobelpreisen ausgezeichneten Prosaisten seinem Ende zuneigte, glaubten viele Kritiker zunächst, der Zweite Weltkrieg werde sich ähnlich stimulierend auf die amerikanische Literatur auswirken wie die Zeit nach dem Ersten. Das Warten auf eine zweite *lost generation* aber war vergebens, und es ist offensichtlich, warum sich die (Literatur-)Geschichte nicht wiederholen konnte. Die Generation um Hemingway und Faulkner hatte einen tiefen Schock erlitten, war brutal aus dem Traum einer Jugend gerissen worden, dem sehr viel Viktorianisches angehaftet hatte. Für sie stürzten Weltbilder, für sie bedeutete Überleben Verpflichtung zum Aufbegehren gegen die anachronistisch gewordenen Werte der Väter.

Ähnliches fand nach dem Zweiten Weltkrieg zunächst nicht statt. Die Atmosphäre der unmittelbaren Nachkriegszeit vermittelte den Eindruck, als sollte ›Bewährtes‹ – auch auf dem Hintergrund der *red decade* – fortgeschrieben werden. Und im übrigen war es die Dekade, da die amerikanische Literatur mit den Nobelpreisen der in der Zwischenkriegszeit ausgezeichneten Autoren wie T. S. Eliot, Faulkner, Hemingway und Steinbeck in den Jahren 1948, 1950, 1954 und 1962 einen Höhepunkt ihrer Weltgeltung erreichte und im Gefolge der siegreichen US-Armeen ihren Siegeszug um die Welt antrat. Wie stark diese Generation auch die inneramerikanische Szene beherrschte, zeigt ein Blick in die Liste der Pulitzerpreisträger jener Jahre.

So verwundert es nicht, daß die aus dem Krieg zurückkehrenden jungen Schriftsteller zunächst im Schatten der großen Namen standen. Darüber hinaus ist nicht zu übersehen, daß in diesem Krieg Jahrgänge an die Fronten Europas und des Pazifik gingen, denen Desillusionierung keine schreckliche plötzliche Erkenntnis mehr war. Sie hatten sie in den Jahren der *great depression* gleichsam mit der Muttermilch eingesogen. Das neue Völkermorden traf sie nicht wie ein Blitz aus heiterem Himmel, sondern war eher die Bestätigung bereits gehegter Befürchtungen. Die schreibenden GIs der Zeit zwischen 1941 und 1945 hatten – verglichen mit ihren Vätern – offensichtlich Hornhaut auf der Seele. Wenn sie sich ebenfalls als Opfer menschlicher Borniertheit fühlten, so ist doch unverkennbar, daß sich die Protagonisten des neuen Kriegsromans – und das nicht erst seit Hellers *Catch–22* – von denen des alten dadurch unterscheiden, daß sie die Welt wesentlich sozialkritischer sehen als ihre Vorgänger. Dabei gehen die jungen Autoren auch mit den Verhältnissen in den USA und insbesondere ihrer Armee scharf ins Gericht. Wenn so viele der in Deutschland spielenden Romane das Grauen der KZ thematisieren, so bedeutet dies, daß die GIs zumindest davon überzeugt sein konnten, auf der Seite der ›kleineren Übel‹ das Leben riskiert zu haben. Von Hurra-Patriotismus findet sich im seriösen Kriegsroman, der eigentlich ein Anti-Kriegsroman ist, keine Spur. Insofern bieten die seit 1941 entstandenen Romane und Erzählungen zunächst nicht eigentlich einen Neubeginn, sondern die Fortschreibung des um 1920 von Cummings, Dos Passos oder Hemingway eingeschlagenen Weges, bereichert um eine sozialkritische Komponente und die Erfahrung der Protagonisten als Rädchen im Getriebe der Besatzung und der damit einhergehenden Konfrontation mit fremden Kulturen. Die sich aus dieser Komplexität ergebende Verstärkung der naturalistischen Tendenz – auch wenn sie zuweilen in surrealistischem Gewande daherkommt – ist unübersehbar.

Bezeichnend für den neuen amerikanischen Kriegsroman sind ein ausgesprochen selbstkritischer Ton und ein bemerkenswert waches politisches Gewissen. Ein besonders typisches Beispiel für diese Tendenz ist der Roman des aus Illinois stammenden Autodidakten JAMES JONES (1921–1977), *From Here to Eternity* (1951), mit der Apokalypse grausam geschundener GIs aus der Zeit unmittelbar vor dem Angriff der Japaner auf Pearl Harbor. Der *private* Prewitt wird nach Mißhandlungen in die Desertion getrieben und stirbt völlig sinnlos im Kugelhagel der eigenen Leute, als er sich beim Angriff der Japaner wieder seiner Einheit zur Verfügung stellen will. Auch in weiteren Büchern (*The Thin Red Line*, 1962; *Go to the Widow-Maker*, 1967; *Viet Journal*, 1974; *WW II: A Chronicle of Soldiering*, 1975, u. a. m.) thematisierte er den Krieg und dessen Folgen, konnte aber den Erfolg seines Erstlings nicht wiederholen. Ähnlich hohe Auflagen wie dieser erzielte der von der Kritik oft in das Reich der Unterhaltungsliteratur verwiesene Roman *The Cain Mutiny* (1951) von HERMAN WOUK (*1915). Die tragische Geschichte der Besatzung eines Kriegsschiffes entbehrt zwar nicht gewisser lebensechter Bilder, bleibt aber, was den Ausgang betrifft, unbefriedigend, weil sentimental und klischeehaft. Dies gilt zum Teil auch für seine späteren Romane, in denen er unter anderem den Holocaust thematisiert. Realistischer, aber auch hoffnungsvoller sind die Aussagen des in Brooklyn geborenen Linksliberalen IRWIN SHAW (1913–1984), der bereits vor dem Krieg mit dem antimilitaristischen Stück *Bury the Dead* (1936) bekannt wurde. Er diente in Europa und gestaltete in *The Young Lions* (1948) das Schicksal dreier Soldaten: des Linksintellektuellen Michael Whitacre, des gepeinigten amerikanischen Juden Noah Ackermann und des deutschen Nationalisten Christian Diestl. Shaws Anklage gilt nicht nur dem Krieg, sondern auch dem an beiden Ufern des Atlantik anzutreffenden Rassismus. Dieses Thema spielt in nicht wenigen Kriegsromanen eine zusätzliche Rolle. Shaw blieb zunächst seiner Gesellschaftskritik treu, so etwa mit *The Troubled Air* (1951), wo er sich mit der Kommunistenhatz auseinandersetzte, oder dem *midlife*-Krisen-Roman *Rich Man, Poor Man* (1970). Sein Spätwerk nahm immer mehr melodramatische Züge an, so daß er bei aller Popularität eigentlich nie die Wirkung seines Frühwerks wiederholen konnte. Zu den interessanten Charakterstudien innerhalb dieses Genres zählt auch *The Strange Land* (1951) des Kriegskorrespondenten NED CALMER (Edgar Calmer; 1907–1986), der den Weg einer Gruppe amerikanischer Soldaten von der Landung in Frankreich nach Deutschland aus den unterschiedlichen Perspektiven der Betroffenen zeichnet.

Einen neuen Akzent im Genre ›Kriegsroman‹ setzte die Flut jener Bücher, in denen es weniger um den Krieg selbst oder die Not des Menschen im Inferno des Kampfes geht, sondern um die Auswirkungen des Krieges sowohl auf die als Protagonisten erscheinenden Soldaten als auch auf die betroffenen Zivilisten, womit das Thema des amerikanisch-europäischen Kulturkonflikts eine neue Ausdeutungsebene fand. Es ist Martin Meyer voll zuzustimmen, wenn er in seinem Buch *Nachkriegsdeutschland im Spiegel amerikanischer Romane der Nachkriegszeit* (1994) diesen Roman-Typus als eine Fundgrube für eine weitergehende imagologische Forschung bezeichnet. Einer der ersten Vertreter dieses Ansatzes ist der in Tientsin als Sohn eines Missionars geborene, in China, Yale und Cambridge (England) ausgebildete zeitweilige Sekretär von Sinclair Lewis, JOHN HERSEY (1914–1993). Er hatte als *Time*-Korrespondent zunächst vom pazifischen Kriegsschauplatz berichtet und seine Eindrücke in *Men on Bataan* (1942) und *Into the Valley* (1943) niedergelegt. Bekannt wurde er mit dem Roman *A Bell for Adano* (1944), in dem er schildert, wie die Versuche des amerikanischen Majors Joppolo, das Vertrauen der besiegten und besetzten Italiener zu gewinnen, von der mangelnden Sensibilität seiner Vorgesetzten durchkreuzt werden. Diesem kritischen Ansatz blieb Hersey auch in seinem späteren Werk treu. Es folgten ein Bericht über den Einsatz der ersten Atombombe, *Hiroshima* (1946), und das interessante Experiment *The Wall* (1950), ein Buch über die Liquidierung des Warschauer Ghettos durch die Nazis. Indem er hier Fiktion und Reportage miteinander verwob, suchte Hersey eine Erzählform von höherer Authentizität zu schaffen, um den Grausamkeiten des Geschehens gerechter werden zu können. Auch in seinen späteren Romanen (*The War Lover*, 1959; *The Algiers Motel Incident*, 1968, oder *The Conspiracy*, 1972) stellte er sich aktuellen politischen Themen. So schuf er mit *White Lotus* (1965) eine Parabel über den Rassismus, indem er ein fiktives orientalisches Land schilderte, in dem weiße Sklaven gehalten werden. Hersey ist ungeachtet der von ihm immer wieder aufgespürten menschlichen Fehlleistungen kein Nihilist, sondern lebt von der Hoffnung, das Gewissen der Menschen wachrütteln zu können.

Diesen Glauben scheint der aus Massachusetts stammende, in Harvard ausgebildete JOHN HORNE BURNS (1916–1953) als Soldat verloren zu haben. Auch er gibt in *The Gallery* (1947) ein beeindruckendes Bild vom Krieg in Italien. Der Roman ist aus einer Folge von ›Porträts‹ und ›Promenaden‹ kontrapunktisch komponiert. In den ›Promenaden‹ entwirft der Autor liebenswerte Städte- und Landschaftsbilder, die er in den ›Porträts‹ mit einer Reihe verfehlter und dem Nihilismus verfallener Figuren füllt. Sein zweiter Roman, *Lucifer with a Book* (1949), schildert die morbide Atmosphäre einer Jungenschule. Ebenfalls in Italien – dem ersten von amerikanischen Soldaten betretenen Feindstaat – spielen die Romane *All Thy Conquests* (1946) und *The Girl on the Via Flaminea* (1949), in denen der in England geborene Schüler Hemingways ALFRED HAYES (1911–1985) wie Hersey und Burns die amerikanisch-italienische Konfrontation thematisiert. Eine analoge Tendenz läßt sich auch mit Blick auf das besiegte Deutschland feststellen.

Zu den wenigen Autoren dieses Genres, die sich als Romanciers wirklich durchsetzen konnten, zählt THOMAS BERGER (*1924). Sein erster Roman, *Crazy in Berlin* (1958), spielt im Sommer 1945 im besetzten Berlin. Dieser zuweilen die Satire streifende Roman schildert in den Gestalten des Deutsch-Amerikaners Carlo Reinhart und des aus Deutschland stammenden Juden Nathan Schild deren Suche nach Identitäten in einer sich in den Trümmern der Stadt teilenden Welt. In den Romanen *Reinhart in Love* (1962), *Vital Parts* (1970) und *Reinhart's Women* (1981) schreibt Berger die Geschichte seines in die USA zurückgekehrten Protagonisten fort. Zu seinen späteren Werken zählen unter anderem *Little Big Man* (1964), eine Parodie auf den Western-Mythos, *Regiment of Women* (1973), wo wir in das von Frauen beherrschte 22. Jahrhundert geführt werden, und die geistreiche Spionagegeschichte *Nowhere* (1985). Berger ist ein Meister des verdeckten Humors, der kompositorischen Kleinkunst. Seine Gedankengänge sind nicht selten die eines Querdenkers, was seinen Reinhart schon von Soldatenzeiten an zu einem ›Anti-Helden‹ werden läßt. Daß die Welt von heute aber keineswegs lustiger ist als die im zerstörten Berlin, sucht er in den späteren Romanen *The Houseguest* (1988), *Orrie's Story* (1990), einer in die Gegenwart transportierten *Orestie*, oder in *Robert Crews* (1994), einer zeitgenössischen Version des *Robinson Crusoe*, deutlich zu machen.

Einen weit größeren Bekanntheitsgrad erzielte JAMES A. MICHENER (1907–1997), der als Dozent und Verlagslektor wirkte und schließlich mit konventionell gefügten Erzählungen und Romanen ein riesiges internationales Lesepublikum erreichte. Am Anfang standen mit den Erzählungen *Tales of the South Pacific* (1947) – die die Grundlagen des Musicals *South Pacific* von RICHARD RODGERS (1902–1979) und OSCAR HAMMERSTEIN II. (1895–1960) bilden sollten – und *Return to Paradise* (1951) sowie den Romanen *The Fires of Spring* (1949), *The Bridges of Toko-Ri* (1953) und *Sayonara* (1954) Bücher, in denen er seine während des Krieges im Pazifik gemachten Erfahrungen verarbeitete. Danach wandte er sich – von wenigen Ausnahmen wie zum Beispiel *The Drifters* (1971) abgesehen – dem episch angelegten Geschichtspanorama zu, für das *The Source* (1965) über Palästina, *Chesapeake* (1978) über Maryland, *The Covenant* (1980) über Südafrika, *Poland* (1983), *Texas* (1985), *Alaska* (1988), *Caribbean* (1989) oder *Mexico* (1992) stehen.

Nicht ganz so produktiv, aber doch bekannter als HAROLD ROBBINS (1916–1997; *Never Love a Stranger*, 1948; *The Pirate*, 1974; *Descent from Xanadu*, 1984, u. a.) ist LEON URIS (*1924). Er hatte mit den Romanen *Battle Cry* (1953), einem Buch über den Einsatz der *Marines*, *The Angry Hills* (1955) über den Krieg in Griechenland und *Exodus* (1958), dem Roman zur Gründung Israels, einen hohen Bekanntheitsgrad errungen, als er – wohl im Auftrag der *Air Force* – in *Armageddon: A Novel of Berlin* (1964) auf dem Hintergrund des sich verschärfenden Kalten Krieges den Wandel des amerikanischen Deutschlandbildes zwischen 1944 und 1949 aus der Perspektive des Besatzungsoffiziers irischer Abkunft Sean O'Sullivan nachzeichnete und wohl auch förderte. Insofern ist dieser Roman ein literarisches Denkmal amerikanischer Nachkriegspolitik. Der in diesem Roman im Zentrum stehende Zusammenstoß militärischen und zivilen Denkens durchzieht auch *Generation Without Farewell* (1960), einen in Marburg angesiedelten Schlüsselroman der linksliberalen Publizistin KAY BOYLE (1903–1992) oder – hier innerhalb der amerikanischen Luftwaffe auf der *Ocanara Air Base* in Florida und verbunden mit Rassismus – *Guard of Honour* (1948) von JAMES GOULD COZZENS (1903–1978). Er schildert zweiundsiebzig Stunden einer vom Rassismus ausgelösten Krisensituation im September 1943 und diskutiert in den Gestalten des Berufsoffiziers Colonel Ross und des aus dem Zivilleben einberufenen Captain Hicks das Thema von Macht und deren verantwortungsbewußtem Einsatz. Die Charaktere stehen insofern in der Tradition ihrer literarischen Vorläufer, als sie intelligent und entschlossen dem Guten zum Sieg zu verhelfen suchen. In seinem Spätwerk, *By Love Possessed* (1957) und *Morning, Noon, and Night* (1968), zeichnete Cozzens recht plastische Bilder aus dem Leben der Mittelklasse der Nachkriegszeit.

Wesentlich heterogener ist das Œuvre NORMAN MAILERs (*1923), das die Brüche und Diskurse der amerikanischen Gesellschaft zwischen 1950 und der Jahrhundertwende geradezu seismographisch aufnimmt und reflektiert.

Er wurde als Sohn eines Geschäftsmannes in New Jersey geboren, erwarb in Harvard den Grad eines *Bachelors*, diente 1944–1946 als Infanterist im Pazifik und setzte 1947/48 seine Studien in Paris an der Sorbonne fort. Der Kriegsroman *The Naked and the Dead* (1948) machte ihn über Nacht berühmt. Mit *Barbary Shore* (1951) und *The Deer Park* (1955) blieb er in der Tradition des Realismus/Naturalismus, um mit der der Bewegung der *Beats* nahestehenden Sammlung *The White Negro* (1957) die Grenzen der tradierten Genres sowohl formal als auch thematisch zu überschreiten. Neben dem Roman sind es *nonfiction narratives* wie *The Armies of the Night* (1968), dessen Untertitel *History as a Novel, the Novel as History* eine Art Progamm nicht nur für Mailer darstellt, *Of a Fire on the Moon* (1970), *How the Wimp Won the War* (1991) oder ›Sachbücher‹ wie *The Prisoner of Sex* (1971), *Marilyn* (1973) oder *Oswald's Tale: An American Mystery* (1995), die Beispiele Genregrenzen überschreitender Texte bieten. Dabei sind – analog zu den literaturtheoretischen Diskursen jener Jahre – die Grenzen zwischen den Gattungen für Mailer absolut fließend, wie z. B. *Why Are We in Vietnam?* (1967), *The Executioner's Song* (1979), *Ancient Evenings* (1983), *Tough Guys Don't Dance* (1984), *Harlot's Ghost* (1991) und *The Gospel According to the Son* (1997) belegen. Hinzu kommt eine schier unübersehbare Zahl an Essays, Interviews und Meinungsäußerungen zu nahezu allen Begebenheiten der amerikanischen Politik, die Mailer als einen der engagiertesten, aber auch skandalumwitterten Exponenten der Bürgerrechtsbewegung auszeichnen.

Zu Beginn seiner Karriere begegnet er uns als Realist/Naturalist, der einen guten Teil seines frühen Erfolges den stilistischen und kompositorischen Mitteln verdankt, die er von den großen Autoren der Zwischenkriegszeit übernommen hat. Das gilt vor allem für den außerordentlich erfolgreichen Kriegsroman *The Naked and the Dead*.

Das hier geschilderte Schicksal einer Gruppe amerikanischer Soldaten während der Eroberung der Pazifikinsel Anopopei gipfelt in einem die Absurdität des Krieges symbolisierenden, völlig sinnlosen Opfergang einfacher Soldaten zum höheren Ruhme ihrer Vorgesetzten und einer faschistoiden Maschinerie, die ihre Soldaten nicht nur zu Opfern, sondern auch zu Tätern werden läßt. Mailer erweist sich dabei als ein Epiker, der es mit Hilfe schon bei Dos Passos anzutreffender Kunstgriffe wie etwa des »Chores« oder des »Zeitraffers« versteht, die Fabel soziologisch zu verbreitern und psychologisch zu vertiefen.

In *Barbary Shore*, einem naturalistisch gestalteten, die Isolation des modernen Menschen symbolisierenden Abbild eines New Yorker Mietshauses, und *The Deer Park*, einer in Hollywood spielenden Gesellschaftssatire, konnte Mailer zwar den Erfolg seines ersten Romans nicht wiederholen, empfahl sich aber als ein entschiedener Gegner der schweigenden Nachkriegsgeneration und verstand es, stets im ›Gespräch‹ zu bleiben. Mit *The White Negro* näherte er sich den *beats* und den *hipsters* an, als deren Sprecher er sich zeitweilig verstand. Von nun an gab es kaum eine Kampagne von einigem Belang, in der sich Mailer nicht in Szene zu setzen versuchte; in *Advertisements for Myself* (1959), einer Sammlung sowohl fiktionaler als auch nichtfiktionaler Texte, bezeichnete er sich nun als »left conservative« und philosophischen »existentialist«.

Als Schriftsteller wechselte er von nun an ständig zwischen *fiction*, *nonfiction* oder *narrative*, ganz so, wie sich Moden und Theorien jener Jahrzehnte den Abbruch der Gattungs- und Genregrenzen wünschten. *An American Dream* (1965), die ›Studie‹ einer sich auflösenden Ehe in einer nicht intakten Gesellschaft, und *Why Are We in Vietnam?*, die Geschichte der Bärenjagd eines Discjockeys und seines Vaters in Alaska als eine Art *tour d'initiation*, sind fiktional angelegte Studien zum Thema des »amerikanischen Charakters«. Nur zwei Jahre nach Capotes *In Cold Blood* und fast gleichzeitig mit Styrons *Confessions of Nat Turner* legte Mailer mit *The Armies of the Night* seinen sehr persönlich gehaltenen *account* der großen Anti-Vietnam-Demonstration vom 21. Oktober 1967 am Pentagon vor, womit er sich in die Phalanx jener einreiht, die in der *nonfiction novel*, der Verbindung von Chronik und Fiktion, den Text der Zukunft sehen. Mailer wandte diese Methode in der Folge immer wieder an und erzielte mit der »true life novel« *The Executioner's Song*, einem an Capote erinnernden Bericht über das Leben und die am 17. Januar 1977 erfolgte Hinrichtung Gary Gilmores, einen weiteren großen Erfolg, den er aber mit dem ähnlich angelegten Buch *Oswald's Tale: An American Mystery*, dem Versuch, Licht in die Ermordung J. F. Kennedys zu bringen, nicht wiederholen konnte. Was seine späten Romane betrifft, so sind sie thematisch und formal so disparat wie sein gesamtes Œuvre: *Acient Evenings* spielt zwischen 1320 und 1121 vor Chr. in Ägypten und folgte den vier Leben und drei Reinkarnationen des Höflings Menenhetet; *Tough Guys Don't Dance* ist ein *murder mystery*, und *Harlot's Ghost* thematisiert ironisch das Innenleben der CIA am Beispiel zweier Mitarbeiter.

Es ist heute schwer zu sagen, welche dieser Texte aus welchem Grund Bestand haben werden; manches spricht für seinen ersten Roman. Sicher aber scheint zu sein, daß man auch später noch die Werke dieses *enfant terrible* dieser Epoche immer dann mit Gewinn wird heranziehen können, wenn man sich mit den Inhalten, Formen und Brüchen dieser schnellebigen Jahrzehnte vertraut machen will.

Ähnlich vielseitig und fast in allen Genres angesiedelt ist das umfangreiche Werk des in West Point in eine Familie der militärisch-politischen Elite des Landes geborenen GORE VIDAL (*1925), der sich nach Kriegsdienst im Pazifik und neben einer Reihe politischer Aktivitäten und Ambitionen mit seinem Kriegsroman *Williwaw* (1946) zu Wort meldete und sogleich neben James Jones, Norman Mailer und Truman Capote als eines der hoffnungsvollsten Talente der Nachkriegsliteratur gefeiert wurde. Wenn man seine unter dem Pseudonym EDGAR BOX erschienenen *mysteries* einbezieht, haben wir es mit fünfundzwanzig Romanen, sieben Bühnenstücken und zahlreichen Essays unterschiedlicher Qualität und Kompositionsmuster zu tun, die es unmöglich machen, ihn einer literarischen Kategorie zuzuordnen. Nur soviel läßt sich sagen, daß er thematisch sehr eklektisch vorgeht, auch hinsichtlich möglicher Vorbilder, daß er das moderne Patriarchat und seine gesellschaftliche Ausformung ablehnt und die amerikanische Politik für ein Produkt von Heuchelei und Opportunismus hält. Entsprechend sarkastisch, ja ätzend, sind seine Satiren. Sein Bekenntnis »The USA is my theme, and all that dwell in it«, führte dazu, daß er sich im Laufe seiner Karriere immer stärker historischen und zeitgeschichtlichen Themen zugewandt hat und damit einen beachtlichen Beitrag zum ›re-writing‹ der amerikanischen Geschichte leistete.

Auf den Kriegsroman folgte mit *The City and the Pillar* (1948, rev. 1965) ein Werk, dessen Erfolg das Ergebnis seiner Absicht war, Tabuthemen, etwa die Homosexualität, anzuschneiden. Danach erschienen mit *The Season of Comfort* (1949), *A Search for the King* (1950) und *Dark Green, Bright Red* (1950) schwächere Bücher, und auch *The Judgment of Paris* (1952, rev. 1965) und *Messiah* (1954, rev. 1965) erfuhren erst im Sog späterer Erfolge Anerkennung. Mit *Julian* (1964), dem ›Tagebuch‹ des im vierten Jahrhundert lebenden Kaisers Julianus, mit Anmerkungen von Zeitgenossen des Kaisers, in dem es um sehr viel Persönliches, Triviales, Menschliches geht, begann die Phase seiner historisch-politischen Romane. Zusammen mit *Creation* (1981) aus der Welt der Könige Darius und Xerxes haben wir es mit einem Vorstoß Vidals auf dem Feld der Entmystifizierung der Geschichte zu tun. Diese Absicht liegt auch den folgenden – sich auf die amerikanische Geschichte konzentrierenden – Romanen zugrunde. Den Auftakt bildet *Washington, D. C.* (1967), eine Kritik an den Kämpfen um die Nachfolge Roosevelts zwischen dem älteren Senator Day und seinem jungen Adlatus Clay, in der Vidal den generationsbedingten Verfall der Sitten wie folgt umreißt: »He (Day) really believed that there were some things one ought not do while Clay realizes that the only thing one ought not do is lose the game.« Sechs Jahre später griff Vidal in *Burr* (1973) das Thema des Machtkampfes Jefferson–Burr–Hamilton auf und entwarf dabei von den tradierten Bildern dieser Politiker abweichende neue, womit er viele liebgewordene Vorstellungen in Frage stellte. Dies geschieht auch in *1876* (1976), in dem der Erzähler des vorhergehenden Bandes – der nun über sechzigjährige Journalist Schuyler – nach New York zurückkommt, um feststellen zu müssen, daß hundert Jahre nach Gründung der USA die politischen Sitten des Landes verfallen sind und die Welt offenbar für *scoundrels* gemacht ist. In diesen Romanen agieren und erzählen – wie etwa bei Upton Sinclair – historische Gestalten dokumentiert, aber auch fiktionalisiert nach dem Grundsatz Vidals, »I prefer fiction to history, particularly if the narrative involves people that once lived ...« Diesem Prinzip bleibt er auch in den späteren Romanen wie *Duluth* (1983), *Lincoln* (1984), *Empire* (1987) und *Hollywood: A Novel of America in the 1920s* (1990) treu und grundsätzlich auch in *Live from Golgotha: A Gospel According to Gore Vidal* (1992), in dem er die Ursprünge und die Perversionen des Christentums aus einer sehr persönlichen Sicht unter die Lupe nimmt.

Nicht historisch, aber kaum weniger gesellschaftskritisch sind drei Bücher, in denen Vidal Zeugnisse experimenteller Erzählkunst vorlegte. Es handelt sich dabei um zum Surrealismus neigende Romane wie *Two Sisters* (1970), ein in zwei Zeitebenen – NOW and THEN – und Perspektiven erzähltes Herostratus-Zitat, das mit essayistischen Einlassungen zur Literatur, etwa zu Mailer, Kerouac, Gide, Hemingway, Moravia, Vonnegut und vielen anderen gespickt ist und somit einen guten Einblick in Vidals Vorstellungen von der Rolle des Schriftstellers gewährt, und *Myra Breckinridge* (1968) sowie den ›Folgeband‹ *Myron* (1974), in denen auf dem Hintergrund einer grotesken Geschlechtsumwandlung und der Enttabuisierung homosexueller Lebensäußerungen der *American way of life* von Hollywood über die Ära Kennedy bis hin zu der Nixons einer ätzenden Kritik unterzogen wird. Manches spricht dafür, daß die beiden letztgenannten andere Bücher von Vidal überdauern werden. Überschaut man sein Werk, so darf man sagen, daß er in seinen Arbeiten – und seinem skandalumwitterten Leben – wenige Gelegenheiten ausließ, die herrschenden kulturellen und politischen Weltbilder seiner Zeitgenossen zu demontieren und deren heuchlerische Hintergründe bloßzulegen. Diesem Ziel dient auch ein Großteil seines umfangreichen essayistischen Werkes, in dem – wie bei vielen anderen Autoren dieser Jahre – das Thema des Verhältnisses von Dichtung und Wirklichkeit in fiktionalen Texten eine wichtige Rolle spielt.

Ähnlich existentialistisch wie das Frühwerk Mailers, jedoch ohne die bei Paul Bowles anzutreffenden eskapistischen Züge ist die Prosa des in Detroit geborenen NELSON ALGREN (1909–1981). Wie Farrell – mit dem er oft verglichen wird – wuchs er in ärmlichen Verhältnissen in Chicago auf und begann als ein an Hemingway geschulter, aber vom Feuer des Protests Beflügelter vom Unglück der um ihre Lebenschancen Gebrachten zu berichten. In *Somebody in Boots* (1935) – auf dem Höhepunkt der *red decade* – schilderte er die Not eines amerikanischen Jungen in den Jahren der *Depression*, und *Never Come Morning* (1942) bietet die Geschichte des jungen Polen Bruno Bicek, der davon träumt, den Slums von Chicago als erfolgreicher Boxer entrinnen zu können, und schließlich zum Mörder wird, während seine Freundin Steffi in der Prostitution endet. Im selben Milieu spielen die *short stories* des Bandes *The Neon Wilderness* (1947) und Algrens bedeutendster Roman *The Man with the Golden Arm* (1949), wo der im Krieg hochdekorierte Frankie Machine nach dem Sieg genötigt ist, sein Leben in der Unterwelt zu fristen, süchtig wird und die Lösung seiner Probleme im Freitod sucht. Die poetische Intensität dieses naturalistisch angelegten Romans vermochte Algren in *A Walk on the Wild Side* (1956) – einer Geschichte aus der Unterwelt von New Orleans zur Zeit der *Depression* – nur partiell zu wiederholen. Beide Romane zeigen, wie stark sich die Prosa Algrens vom spröderen Naturalismus Dreisers oder Farrells unterscheidet. Algrens *Notes from a Sea Diary* (1965) enthalten unter anderem seinen Kommentar zu Hemingway; hier macht er aber auch deutlich, wo die Grenzen der ihm nachgesagten Affinität zu Farrell verlaufen. Die von Algren als so verhängnisvoll empfundene Fremdbestimmung des Individuums ist auch in seinem Werk fast absolut, aber selbst in den Gestalten Biceks oder Machines glimmt zuweilen ein Funken jenes existentialistischen Willens zur Selbsterhaltung, den das Werk seines Vorbildes Hemingway auszeichnet.

Ebenso sozialkritisch, aber gegen die ihr geradezu unheilbar erscheinende Torheit der Intellektuellen gerichtet ist das Lebenswerk der aus Seattle stammenden (*Memories of a Catholic Girlhood*, 1957), am *Vassar College* ausgebildeten linksliberalen MARY McCARTHY (1912–1989). Sie machte sich bereits in den dreißiger Jahren als Mitglied der Gruppe um Edmund Wilson (ihrem zweiten Ehemann), Philip Rhav und Lillian Hellman einen Namen als Theaterkritikerin in der *Partisan Review* (*Sights and Spectacles*, 1956) und erwies sich in ihren Reiseberichten (*Venice Observed*, 1956; *The*

Stones of Florence, 1959) und Essays (*On the Contrary*, 1961) als scharfsichtige Beobachterin ihrer Umwelt. Während ihrer Ehe mit Edmund Wilson lernte sie das Leben der New Yorker Avantgardisten kennen, ohne sich mit ihnen voll zu identifizieren. Ihre Chroniken aus dieser Welt, *The Company She Keeps* (1942) und die *Short story*-Sammlung *Cast a Cold Eye* (1950), bieten beißende Satiren auf jene Intellektuelle, die an ihren Elfenbeintürmen bauen und sich dabei auch noch für besonders fortschrittlich halten. Ähnlich beurteilte sie die Betriebsamkeit einer Künstlerkolonie und brachte in dem Roman *A Charmed Life* (1955) die Überzeugung zum Ausdruck, in ihr seien mehr destruktive denn konstruktive Kräfte am Werk. Nicht minder satirisch sind ihre Interpretation des Hochschullebens in *The Groves of Academe* (1952) und die Chronik einer Gruppe von acht ehemaligen Studentinnen in dem Roman *The Group* (1963), die wegen der freizügig gestalteten sexuellen Szenen Aufsehen erregte. Mit dieser gelungenen soziologischen Studie wurde sie weltweit bekannt. Die sechziger und siebziger Jahre standen ganz im Zeichen ihres Kampfes gegen das amerikanische Engagement in Vietnam. Nach Reisen in dieses Land bezog sie mit den Reportagen *Vietnam* (1967), *Hanoi* (1968) und *Medina* (1972) entsprechend Stellung, um später in *The Mask of State: Watergate Portraits* (1974) die politischen Eliten der USA aufs Korn zu nehmen. Ihre letzten beiden Bücher *Birds of America* (1971) und *Cannibals and Missionaries* (1979), thematisch auf diesem Hintergrund stehend, sind in nicht allen ihren Teilen wirklich überzeugende Ideenromane und insofern Beispiele dafür, wie sich die politischen Unruhen der siebziger Jahre in der fiktionalen Literatur der amerikanischen Linken niederschlugen. Mary McCarthy war auf dem Höhepunkt des Kalten Krieges allen Ernstes der Meinung, die Systeme der kommunistisch beherrschten Staaten befänden sich auf dem Weg zu größerer Freiheit und einer »plurality of choice«.

Ein völlig anderes Weltbild bietet die kunstvoll strukturierte Prosa des in Tanger lebenden Komponisten und Musikers PAUL BOWLES (*1910), der bei Aaron Copland in New York, Virgio Thomason in Paris und in Berlin studiert hat, aber erst 1949 mit *The Sheltering Sky* als Prosaschriftsteller hervortrat. Mit diesem Buch, das der Verlag Doubleday zurückgewiesen hatte, empfahl sich Bowles als Existentialist. Alle seine Romane (*Let It Come Down*, 1952; *The Spider's House*, 1955; *Up Above the World*, 1966, oder *Points in Time*, 1982) und die in mehr als einem Dutzend Bänden herausgegebenen *short stories* schildern von der Zivilisation abgestoßene Menschen des Abendlandes, die die von ihnen als sinnlos empfundene Welt hinter sich lassen wollen, um etwa bei den Beduinen, das heißt in der Natur, einen neuen Lebensinhalt zu suchen, der sich aber durchaus als eine Fata Morgana erweisen kann. Sein Romantizismus gibt sich intellektuell und bewegt sich oft zwischen Sexualität und Sentimentalismus und kommt eigentlich immer zu dem Schluß, der moderne Mensch befinde sich in der Regel auf einer ständigen Flucht ohne rechtes Ziel und ende nicht selten in individueller Desintegration. Zu erwähnen sind neben seiner Lyrik (*The Thicket of Spring*, 1972, u. a.) seine zahlreichen Übersetzungen aus dem Maghrebinischen und dem Arabischen, mit denen er diese Literaturen (neben französischen, spanischen und italienischen Autoren) amerikanischen Lesern zugänglich machte.

Eine besondere Position unter den zu Beginn der fünfziger Jahre aus dem *New Criticism* hervorgegangenen Autoren nimmt der presbyterianische Geistliche und Hochschullehrer FREDERICK BUECHNER (*1926) ein, der schon mit seinem ersten Roman *A Long Day's Dying* (1949) bewies, daß er nicht nur mit den zeitgenössischen ästhetischen Theorien vertraut war, sondern auch James, Eliot und Joyce schätzte. Nach seiner modernen Version des »Prokne«-Themas folgten mit *The Seasons' Difference* (1951), *The Return of Ansel Gibbs* (1958), *The Final Beast* (1965) und *The Entrance to Porlock* (1970) psychologische Studien mit zunehmend religiöser Substanz. Hervorzuheben ist die Tetralogie um die Welt des Leo Bebb und dessen Weg vom Bibelverkäufer zum Kirchengründer und Präsidenten des *Gospel Faith College: Lion Country* (1971), *Open Heart* (1972), *Love Feast* (1974) und *Treasure Hunt* (1977). In den späteren Romanen verbindet Buechner seine religiösen Anliegen mit historischen Stoffen, wenn er in *Godric* (1980) das Leben eines im zwölften Jahrhundert lebenden angelsächsischen Heiligen schildert, in *Brendan* (1987) die Abenteuer eines im 16. Jahrhundert lebenden Iren behandelt oder in *The Son of Laughter* (1994) die biblische Geschichte des Jakob zum Thema wählt. Seine besondere Rolle als Autor und Priester beschrieb er in den Essay-Bänden *The Sacred Journey* (1982), *Now and Then* (1983), *The Clown in the Belfry: Writings on Faith and Fiction* (1991) und anderen. Die Stärke seiner literarischen Botschaft – die ihn sehr schnell bekannt machte – liegt in der Fähigkeit, überzeugende Charaktere in geschliffener Sprache zu gestalten und seine religiösen Anliegen humorvoll und unsentimental vorzutragen, ihnen Authentizität zu verleihen. »As a preacher«, sagt er, »I am trying to do many of the same things I do as a writer ... The process of telling a story is something like religion if only in the sense of suggesting that life itself has a plot and leads to a conclusion that makes some kind of sense.« Insofern unterscheidet er sich deutlich von der wachsenden Zahl der in jenen Jahren die literarische Bühne betretenden Autoren, die diese »kind of sense« kaum oder überhaupt nicht mehr glaubten erkennen zu können.

Der Süden

In seinem vielzitierten Essay »The Profession of Letters in the South« hat Allan Tate 1935 auf »the peculiarly historical consciousness« der Schriftsteller des amerikanischen Südens hingewiesen. Hinzu kommen weitere für die Literatur dieser Region charakteristische Züge, die ebenfalls aus der Geschichte – seit Poe oder Simms – heraufkommen. Es ist die *gothic novel*, eine Tendenz zum Makabren, Dekadenten, aber auch zum Lyrischen, später verbunden mit einer gewissen Wehmut um Verlorenes angesichts der harten, materialistischen Lebensart des Nordens. Diese Weltsichten wurden nicht selten historisch begriffen und wirkten häufig mythenbildend. Deren Befindlichkeiten haben sich seit oder nach Faulkner insofern gewandelt, als Mythen des Vergangenen nach dem Zweiten Weltkrieg in der Literatur des Südens mehr und mehr in zeitgenössische Seinsinterpretationen einbezogen und so als Instrumente der Entmystifizierung der Geschichte wirksam wurden. Somit weist die Literatur des Südens gewisse autochthone Züge innerhalb der US-Literatur auf, die auch über die Jahrhundertmitte erhalten blieben. Um diese Zeit dominierten in ihr Faulkner, R. P. Warren und die *Agrarians* in einem Maße, daß sich der Übergang in die bewegten sechziger und siebziger Jahre vergleichsweise stufenlos vollzog. Dabei ging es ihr, um R. P. Warren zu zitieren, um die »exploration of the drama of self and American history«, und dies vollzieht sich – oft eingebettet in christliche Ethik – in der Überzeugung, wir gingen aus der Geschichte in die Geschichte oder aber »out of nowhere, toward nowhere«.

Auf diesem Hintergrund suchten Vertreter der sogenannten Mississippi-Delta-Schule im Sog Faulkners, aber auch Kafkas, Prousts oder Joyces und beeindruckt von Hawthorne und H. James ihre fiktionalen Welten immer wieder auch mit Hilfe abnormer Charaktere im Symbol zu gestalten. Dies gilt zunächst für die aus Georgia stammende, am Konservatorium Juillard zu New York ausgebildete CARSON McCULLERS (1917–1967). Ihre musikalische Neigung und ihr Gefühl für den Klang des Wortes befähigten sie, diszipliniert und harmonisch zu komponieren. Bereits der Titel ihres ersten Romans, *The Heart Is a Lonely Hunter* (1940), spricht von ihrem Bemühen, die seelische Vereinsamung des Menschen darzustellen.

Die Gestalt des Taubstummen John Singer, der sich nur mit seinem Leidensgenossen Spiros verständigen kann und nach dessen Tod Selbstmord begeht, steht für die Unfähigkeit des Menschen, sich wirklich mitzuteilen. Welcher Grad der Isolierung des Individuums nach Ansicht der Autorin bereits erreicht ist, wird am traurigen Schicksal des ›normalen‹ Bewunderers Johns transparent.

Ihr zweiter Roman, *Reflections in a Golden Eye* (1941), eine in einem Truppenlager

Georgias spielende makabre Erzählung in der Art des ›psychiatrischen‹ Romans, ist ein brillant geschriebenes Kabinettstück, aber von geringerem Tiefgang als sein Vorgänger. Mit *The Member of the Wedding* (1946), der ebenfalls in einer Kleinstadt des Südens spielenden Geschichte der einsamen und sensiblen zwölfjährigen Frankie Adams – hier blitzen autobiographische Elemente auf –, gelingt es der Autorin, in knapper Form eine psychologische Studie von beeindruckender Subtilität zu schaffen. Auch in *Clock Without Hands* (1961), wo der an Leukämie erkrankte J. T. Melone fünfzehn Monate lang stirbt, während sich vor seiner Tür die Probleme des Südens zu individuellen Tragödien verdichten, gelingt es Carson McCullers mit mystischer Eindringlichkeit und respektablem Einfühlungsvermögen, das Denken und Empfinden ihrer Charaktere sichtbar zu machen. Gewiß spiegelt sich in ihren Seelen die Komplexität südlicher Befindlichkeit; die hier abgehandelten allgemeinmenschlichen Probleme aber – und sie bilden den Kern dieser psychologischen und symbolischen Kunst – weisen über die Grenzen des Regionalismus hinaus. Damit bieten diese Romane und McCullers' Kurzprosa (*The Ballad of the Sad Café*, 1951; *The Mortgaged Heart*, 1971) lediglich eine südliche Variante des nun allgemeinamerikanischen Themas von der großen Einsamkeit inmitten der Massengesellschaft.

Wie Carson McCullers sucht auch die aus Mississippi stammende EUDORA WELTY (*1909) die Isolierung des Individuums am abseitigen Charakter zu demonstrieren und im Symbol zu erhöhen. Auch sie greift zuweilen auf die Figur des Taubstummen zurück oder zeigt das um Selbstverständnis ringende Kind. Was sie jedoch bei aller Affinität zu den Grundthemen von Carson McCullers unterscheidet, sind eine ausgeprägte groteske Note und ein hochpoetischer Stil von bemerkenswerter Eleganz. Sie ist eine Meisterin der kurzen Form. Ihre fast ausnahmslos im Süden spielenden *Short story*-Sammlungen (*A Curtain of Green*, 1941; *The Wide Net*, 1943; *The Golden Apples*, 1949; *The Bride of the Innisfallen*, 1955; *Collected Stories*, 1980) gehören zu den besten Leistungen der modernen amerikanischen Kurzprosa. Ihre eindrucksvollsten *short stories* »Lily Daw and the Three Ladies«, »Petrified Man« oder »Why I Live at the P. O.« sind frühe Arbeiten. In *The Golden Apples* bedient sie sich des Kunstgriffes Sherwood Andersons bei der Schilderung des Lebens im Dorf Morgana, Mississippi, jedoch löst sie die Einheit der Zeit auf, um einen vierzig Jahre umfassenden Ausschnitt aus dem grotesk-tragischen Leben dieses Gemeinwesens zu geben. Die Technik der *short story* bestimmt auch die Struktur ihrer Romane, die man als längere Erzählungen bezeichnen könnte. In der teilweise balladesk und märchenhaft komponierten *novelette The Robber Bridegroom* (1942) wird das Werben eines Banditen um die Tochter eines Pflanzers geschildert, *Delta Wedding* (1946) behandelt das Leben einer Pflanzerfamilie, *The Ponder Heart* (1954) bietet eine komische Phantasie auf dem Hintergrund eines kleinen Ortes in Mississippi, *Losing Battles* (1970) schildert eine in den dreißiger Jahren im Spannungsfeld zwischen den Zeiten stehende Familie derselben Region, und *The Optimist's Daughter* (1972) thematisiert die Probleme eines Mädchens mit der zweiten Frau ihres Vaters in New Orleans. Auch in diesen längeren Werken gestaltet Eudora Welty weniger deskriptiv als imaginativ. Einen Einblick in das Wesen ihres Werkes vermitteln die in *The Eye of the Story* (1978) gesammelten Essays.

Zu den bereits in den dreißiger Jahren schreibenden Mitgliedern der *Southern Renaissance* zählt die in Kentucky gebürtige CAROLINE GORDON (1895–1981). Ihre Ehe mit Alan Tate führte sie in den inneren Zirkel der *Fugitives*. In ihren Romanen (*Penhally*, 1931; *Aleck Maury, Sportsman*, 1934; *The Malefactors*, 1956; *The Glory of Hera*, 1972, u. a.) und Erzählungen (*The Collected Stories*, 1981) erweist sie sich als eine in Formen und Inhalten konservativ denkende, realistische, dem Experiment abholde Autorin, für die die Niederlage des Südens und seiner ›aristokratischen‹ Schicht ein tragischer historischer Vorgang war. Ihre Texte zeichnen sich durch einen hohen stilistischen Anspruch aus.

Der Kontrast zwischen dem *Old South* und den Anforderungen der Gegenwart in ihrer Heimat Mississippi bildet den Kern des Frühwerkes von ELIZABETH SPENCER (*1921) – *Fire in the Morning* (1948), *This Crooked Way* (1952) und *The Voice at the Back Door* (1956) –, die als Ergebnis eines Italienaufenthalts mit *The Light in the Piazza* (1960) und *Knights and Dragons* (1965) gelungene Charakterstudien aus jener Welt vorlegte, ehe sie sich mit *The Snare* (1972), *The Salt Line* (1984) und *Marilee* (1981) sowie ihrer Kurzprosa *Ship Island* (1968), *The Stories of Elizabeth Spencer* (1981) und *Jack of Diamonds* (1988) wieder der Welt des tiefen Südens, von New Orleans und der Golfküste zuwandte.

Weit bedeutender für die Erzählkunst des Südens ist das Werk der aus Savannah stammenden, früh an einer tückischen Krankheit verstorbenen und katholisch gläubigen FLANNERY O'CONNOR (1925–1964). Sie ist aus dem *Writer's Work Shop* der *University of Iowa* hervorgegangen und weitgehend von den Ansichten des *New Criticism* geprägt. Schon während ihres Studiums begann sie Kurzprosa zu schreiben und legte mit *Wise Blood* (1952) einen Roman in der Tradition der *gothic novel* vor, in dem der verwundet aus der Armee entlassene Hazel Motes bei seiner Heimkehr auf eine »Church Without Christ« und in der Gestalt des Asa Hawkes auf einen Scharlatan trifft, der seine Anhänger betrügt und den er deshalb mit dem Auto überfährt. Hazel zahlt für diese Tat letztlich ebenfalls mit dem Leben. Auch der zweite Roman, *The Violent Bear It Away* (1960), thematisiert fanatischen Fundamentalismus in der Gestalt Jugendlicher im Hinterland Georgias und zeichnet sich durch seine makabre Anlage aus. Beide Romane sind entweder aus *short stories* hervorgegangen oder tragen deren typische Kompositionszüge, und vieles spricht dafür, daß Flannery O'Connor ihren Platz im Kanon der amerikanischen Literatur eher als Autorin von Kurzprosa behaupten wird. Mit *A Good Man Is Hard to Find* (1955) legte sie ihren ersten Sammelband vor, der bereits alle ihre Kunst auszeichnenden Charakteristika aufweist: tiefe Religiosität, den Konflikt zwischen Gläubigkeit und Profanem, groteske Züge in Verbindung mit Realismus, mystische Aspekte und Elemente der *gothic novel*, und all das auf dem Hintergrund ihrer südlichen Heimat. Die Handlungen ihrer Erzählungen setzen sich zusammen aus den Alltagstrivialitäten einer von durchschnittlichen Weißen, »poor whites« und »niggers« bevölkerten Welt, die ihre Menschen aber nicht in jene oft in der Prosa des Südens anzutreffende Hoffnungslosigkeit führten, sondern in der Selbsterkenntnis und der Möglichkeit zu erfahrender Gnade Sinnstiftendes enthalten. Das gilt auch für die folgenden Bände von Erzählungen *Everything That Rises Must Converge* (1965) und die in *Mystery and Manners* (1969) gesammelte Prosa sowie die *Complete Stories* (1971). Ihre Briefe erschienen unter dem Titel *The Habit of Being* (1979). Die Titelgeschichten der beiden zuerst genannten Sammelbände oder Erzählungen wie »The River« (1953), »The Artificial Nigger« (1955) oder »Judgement Day« (1965) machen deutlich, warum ihr relativ schmales Werk zum Besten gehört, was die Kurzprosa des Südens in jenen Jahren hervorgebracht hat.

Einen anderen Akzent setzt die von Poesie durchdrungene Prosa des Texaners WILLIAM GOYEN (1915–1983). Insbesondere der Roman *The House of Breath* (1950), die Geschichte eines Knaben, der sich allein und tapfer durch sein kleines, ständig bedrohtes Leben schlägt, ist ein lyrisch-episches Beispiel einer mystisch-legendären Weltausdeutung, in der die Stimme der Charaktere mit denen des Flusses, des Windes, des Brunnens, also der lebenden Natur und den Werken des Menschen zusammenklingen. Diese poetische Harmonie trägt zu einem guten Teil auch die *short stories* Goyens (*Ghost and Flesh*, 1952; *The Faces of Blood Kindred*, 1960; *Had I a Hundred Mouths*, 1985). Die folgende längere Prosa, die *romance In a Farther Country* (1955), *The Fair Sister* (1963) oder *Come the Restorer* (1974) erreichen nicht die poetische Dichte des Erstlings; *Arcadio* (1984) ist die Geschichte eines als Außenseiter leben müssenden Hermaphroditen. Parallel zu seiner Prosa hat Goyen Bühnenstücke geschrieben (*The Diamond Rattler*, 1960; *Christy*, 1964, u. a.).

Weit bekannter und lange Zeit als der führende Autor des Südens der Nachkriegszeit gefeiert ist der aus New Orleans stammende TRUMAN CAPOTE (1924–1984).

Der bereits als Neunzehnjähriger für die Erzählung »Miriam« mit dem *O. Henry Award* Ausgezeichnete wollte nie als ein Autor des Südens angesehen werden, obwohl er selbst und sein Werk aus dieser Welt hervorgegangen sind. Vieles spricht dafür, daß ihn sein früher Erfolg – man feierte ihn geradezu als einen Wunderknaben der US-Literatur – in einen extrovertierten Vertreter eines von Alkohol und Drogen bestimmten Jet-sets verwandelte, so daß er schließlich als eine der schillerndsten Figuren innerhalb relativ kurzer Zeit an seinen Erfolgen zugrunde ging. Sein Werk besteht aus den drei kürzeren *romances Other Voices, Other Rooms* (1948), *The Grass Harp* (1951) und *Breakfast at Tiffany's* (1958), dem berühmten Reportageroman *In Cold Blood* (1966), einer Reihe von Bänden mit Kurzprosa recht unterschiedlicher Qualität (*Tree of Night*, 1949; *A Christmas Memory*, 1966; *The Thanksgiving Visitor*, 1969; *Music for Chameleons*, 1980, u. a.), Essaybänden, Reiseskizzen und dem Fragment *Answered Prayers* (1986/87), einem unvollendeten Roman.

Bereits sein erster Roman, *Other Voices, Other Rooms*, kündet von der unentrinnbaren Einsamkeit des modernen Menschen. Dieses mit *gothic*-Elementen gestaltete, die Grenzen zwischen Realismus und Traum nahezu aufhebende »Märchen aus dem modernen Süden« ist recht eigentlich ein Initiationsroman.

Geschildert wird, wie der Knabe Joel auf dem Weg zu seinem unbekannten – und, wie sich herausstellt, lebensuntüchtigen – Vater am Ende in eine morbide, von Psychopathen bevölkerte und von deren gemeinsamer Schuld zusammengehaltene Kleinwelt gerät. Das Leben auf dem Anwesen des gelähmten Vaters ist ein Alptraum – aber nicht im Sinne Faulkners. Denn wenn Joel schließlich erkennt, daß er diese Welt »furchtlos und ohne Zögern« verlassen muß, so erinnert sein Entschluß eher an Huck Finn. Capote komponiert im Symbol. Kalkulierter Schrecken bestimmt seine Bilder, die auf bizarr-eigenwillige Weise kommendes Ungemach andeuten oder vorwegnehmen. Objekt dieser grausamen und abseitigen Situation ist der unter abnormen Erwachsenen heranreifende Knabe.

Daß Capote zu einem guten Teil Romantiker ist, zeigt sein zweiter Roman, *The Grass Harp*, der ebenfalls vom Reifeprozeß eines Jungen erzählt. Die Fabel ist eine Parabel auf die Freiheit des Menschen, aber sie ist weniger quälend und zuweilen humorvoll erzählt. Die Tragik der Charaktere resultiert hier nicht aus ihren Taten, sondern aus ihrem absolut naiven Sein. Es ist eine fast gutmütige Satire, voller Lyrismen und von einer Art antithetischer Komposition, deren Komik wirkungsvoll mit dem poetischen Tenor und dem romantischen Hintergrund der Fabel kontrastiert.

In der ›Novelle‹ *Breakfast at Tiffany's* gestaltete Capote mit Holly Golightly eine Frau im New York der vierziger Jahre auf der Suche nach ihrer Identität. Er postuliert, diese sei die Voraussetzung für die Liebe, ohne die wiederum die individuelle Freiheit unerreichbar bleibe. Wegen seiner melodramatischen Züge zählt dieses Werk nicht zu seinen stärksten. Seine besten *short stories*, wie etwa »Miriam« oder »Jug of Silver«, sind Beispiele einer an Ornamenten und Metaphern reichen Sprache. Einen besonderen Beitrag zur modernen amerikanischen Literatur aber leistete Capote mit *In Cold Blood: A True Account of a Multiple Murder and Its Consequences*, einem Buch, das nicht nur ein Welterfolg wurde, sondern auch die Tür zur *nonfiction novel* aufstieß.

> Dieser Reportageroman zeichnet minutiös die Geschehnisse der von Dick Hikkock und Perry Smith am 15./16. November 1959 an dem Farmerehepaar Clutter und deren Töchtern in Holocomb, Kansas, unmotiviert verübten, ebenso sinnlosen wie grausamen Morde nach. Indem die Täter vom Autor bis zu ihrer Hinrichtung am 14. April 1965 ›begleitet‹ werden, weitet sich der *account* schließlich zu einer psychologischen Studie aus.

Capote, der bei seinen gründlichen Recherchen von seinem Freund Harper Lee unterstützt wurde, hatte, ehe er auf diesen ›Fall‹ stieß, darüber nachgedacht, »journalism as an art form in itself« zu sehen und zu nutzen. Als Begründung gab er an: »First, it didn't seem to me that anything truly innovative had occured in prose writing ... since the 1920s; second, journalism as an art was almost virgin territory.« Es ist nicht ohne Ironie, daß Norman Mailer dieses ›neue Genre‹ als »a failure of imagination« bezeichnete, um nur wenige Jahre später diese Technik in *The Executioner's Song* zu übernehmen und zu dessen Durchsetzung beizutragen.

Capote verfügte zweifellos über die Fähigkeit, die sprachlichen Register vom hochpoetischen Ausdruck bis hin zur kühlsten Sachlichkeit den Gegenständen entsprechend einzusetzen, und sein gutes Ohr für Dialekt und Rhythmus versetzte ihn in die Lage, Passagen von brillanter Farbigkeit zu schaffen. Aber nicht immer hält die Idee, was die virtuos beherrschte Technik verspricht, so daß offenbleiben muß, ob er jenen hohen Rang bewahren kann, den man ihm in den fünfziger und frühen sechziger Jahren zuschrieb.

Von ähnlicher Bedeutung wie Capote ist der aus Newport News gebürtige und im Süden ausgebildete WILLIAM STYRON (*1925). Von allen Südstaatenautoren dieser Zeit steht der zeitweilige Verlagslektor, der längere Zeit in Paris und Rom lebte, nach eigenem Bekunden Faulkner, Thomas Wolfe und R. P. Warren am nächsten. Schon sein erster Roman, *Lie Down in Darkness* (1951), erinnert an Faulkners *As I Lay Dying*. Es ist die Geschichte der Beerdigung der im Selbstmord geendeten Tochter Peyton aus der desintegrierten Lofti-Familie gegen Ende des Zweiten Weltkriegs. In ihrer

Verzweiflung und Unfähigkeit, aus dem sie bedrückenden Milieu auszubrechen, stürzt sie sich von einem Wolkenkratzer. Vieles erinnert an die Compsons Faulkners, aber Styron ist ›liberaler‹, wohl weniger dem ›Mythos‹ des Südens verhaftet und ein Psychologe und Meister des inneren Monologs, der bei aller freien Handhabung der Zeitkomponente seine Fabel nicht in der Epik versickern läßt. Das zeigt auch sein in einem Ausbildungslager der Marine spielender Kurzroman *The Long March* (1952), der nicht nur die Brutalität des Militarismus zeigt, sondern vor allem eine Anklage gegen jene ist, die das Leben eines Menschen um einer Sache willen geringschätzen. Colonel Templeton dient seiner Aufgabe als Ausbilder »mit religiösem Eifer«, und Captain Mannix, der Kritiker dieses Systems, kommt vor ein Kriegsgericht und wird in den Koreakrieg abkommandiert. Für Styron ist die Welt ein Dschungel, in dem entsprechende Gesetze herrschen. Diesem Thema ist auch die psychologische Studie eines Mordes, *Set This House On Fire* (1960), gewidmet. Das Opfer ist der pervertierte und sadistische Mason Flagg, der Mäzen und Zerstörer seines Mörders, des talentierten, aber ziellos im Alkohol lebenden Künstlers Cass Kinsolving. Der Ermordete trägt hier die volle Schuld an seinem Schicksal.

Auf dem Höhepunkt der Bürgerrechtsbewegung löste Styron mit seinem Roman *The Confessions of Nat Turner* (1967) eine heftige Kontroverse aus. Es ist die in der ersten Person erzählte Geschichte des Sklaven Nat Turner, der 1831 zusammen mit anderen Schwarzen gegen die Sklaverei rebellierte, gefangen und schließlich hingerichtet wurde. Während die ›weiße‹ Kritik lobte, daß Styron damit in literarisch anspruchsvoller Form auf die »monstrous reality of slavery« hingewiesen habe, hielt ihm die ›schwarze‹ entgegen, Styrons Nat sei »based on white stereotypes«. Styron selbst verwies darauf, daß dieses Buch kein Geschichtswerk, sondern »meditation on history« sei, und in einem Brief an die Nation fügte er hinzu: »I at no time pretended that my narrative was an exact transcription of historical events; had perfect accuracy been my aim I would have written a work of history rather than a novel.« Ähnlich stellt sich die Frage nach dem Verhältnis von Realität und Fiktionalität in dem auf dem Höhepunkt der Holocaust-Debatte erschienenen Roman *Sophie's Choice* (1979). Hier berichtet der autobiographisch angelegte Erzähler-Autor Stingo von seiner Begegnung mit dem von Drogen zerstörten jüdischen Intellektuellen Nathan Landau und seiner polnischen Geliebten Sophie Zawistowska in einem Mietshaus in der Bronx. Beide haben während des Kriegs in Polen Grausames erlebt, so daß Stingo glaubt, »a sinister zone of likeness between Poland and the American South« feststellen zu können, womit er die Geschichte eines weit entfernten Landes und dessen Menschen in Beziehung setzt zu seiner engeren Heimat.

Auch in seinem Spätwerk – etwa dem Schauspiel *In the Clap Shack* (1972) und *A*

Tidewater Morning: Three Tales from Youth (1993) – klingt Styrons Glaube an, der Mensch könne in einer von Wölfen bevölkerten Welt nur dann einen Teil seiner Identität bewahren, wenn er sich so weit wie irgend möglich auf sich selbst zurückzöge. In seinem Essay-Band *This Quiet Dust & Other Writings* (1982) und in *Darkness Visible: A Memoir of Madness* (1990) vermittelt er uns gute Einblicke in seine künstlerischen und menschlichen Positionen.

Einen anderen Akzent setzt die in New Orleans geborene und in Alabama aufgewachsene SHIRLEY ANN GRAU (*1929), die 1958 mit dem Roman *The Hard Blue Sky* über das Leben auf einer abgeschiedenen Insel Louisianas debütierte. In *The House on Coliseum Street* (1961) behandelt sie die traurige Kindheit eines Mädchens in New Orleans. Ihren Durchbruch erzielte sie mit der Geschichte einer Familie des Südens, *The Keepers of the House* (1964). Auch in den späteren Werken – *The Condor Passes* (1971) und *Evidence of Love* (1974) – werden generationsbedingte familiäre Spannungen auf dem Hintergrund südlicher Lebensart thematisiert. Ihre *short stories* (*The Black Prince*, 1955; *The Wind Shifting West*, 1973; *Nine Women*, 1986) enthalten beeindruckende Porträts aus dem Leben ihrer Heimat.

Zu den bedeutendsten Erzählern des Südens nach dem Zweiten Weltkrieg zählt zweifelsfrei der in Birmingham, Alabama, geborene, in Mississippi aufgewachsene und in New York zum Arzt ausgebildete WALKER PERCY (1916–1990). Da ihm eine schwere Tuberkulose die Ausübung seines Berufes unmöglich machte, wandte er sich der Literatur zu, wobei er sich – zum Katholizismus konvertiert – sehr stark an Faulkner orientierte. Im Zentrum seiner Werke stehen das Wissen um die Last der auf dem Süden ruhenden Geschichte und die Erkenntnis, daß die Relativierung aller Werte zum Verfall der Moral und zur Ignorierung von Verantwortung dem Leben gegenüber führt. Ähnlich wie seine Vorbilder A. Tate und R. P. Warren ist auch Percy der Überzeugung, man müsse sich den aus der modernen Industriegesellschaft (des Nordens) kommenden verderblichen Einflüssen entgegenstellen und könne nur durch die Rückkehr zu einem einfachen Leben im (katholischen) Glauben gesunden. Entsprechend düster ist die Welt in seinen Romanen, die jedoch insofern Sinnstiftendes bereithalten, als sie in der Beichte und der tätigen Nächstenliebe so etwas wie Licht am Ende eines Tunnels verheißen. Was die Rolle der Literatur in diesem Prozeß betrifft, so finden wir bei Percy die folgende aufschlußreiche Aussage: »American literature is not having its finest hour. The Southern gothic mood yielded to the Jewish masturbatory novel, which in turn gave way to the WASP homosexual novel, which has nearly run its course. The catholic literary renaissance, long awaited, failed to materialize.«

In seinem ersten Roman, *The Moviegoer* (1961), wird der Protagonist John Bickerson Bollings (Binx) zwischen Mardi Gras und seinem 30. Geburtstag in New Orleans angesichts der Krise einer jungen Frau, Kate, vor die von ihm schließlich positiv beantwortete Entscheidung gestellt, Verantwortung zu übernehmen. Von den folgenden fünf Romanen, die neben den Essaysammlungen *The Message in the Bottle* (1975) und *The Last Self-Help Book* (1983) sein Œuvre ausmachen, sind bei aller ›Unabhängigkeit‹ jeweils zwei als zusammengehörend zu betrachten. Das gilt zunächst für *The Last Gentleman* (1966) und *The Second Coming* (1980), die durch ihren Protagonisten Will (oder Billy) Barrett und die reiche, aus dem Süden stammende Familie der Vaughts zusammengeführt werden. Fast alles in dieser Welt verläuft aus der Sicht ›Normaler‹ abnorm. Der fünfundzwanzigjährige Billy leidet, nachdem er Zeuge des Selbstmordes seines Vaters geworden war, an einer Amnesie, hat sein Studium aufgegeben und ist im Keller eines großen New Yorker Kaufhauses für die Belüftung zuständig, als er im Central Park auf die einundzwanzigjährige Kitty Vaught stößt und so mit dieser Familie in Berührung kommt, schließlich als Betreuer des an einer tödlichen Blutkrankheit leidenden Bruders Kittys mit den Vaughts nach Georgia geht und dem Leben wieder Sinn abgewinnen kann, der unter anderem in der Taufe des Kranken besteht. In *The Second Coming* begegnen wir Will, der nicht zu Kitty zurückgegangen ist, als erfolgreichem Wall-Street-Anwalt, der eine reiche Erbin geheiratet hatte, nach dem Tod seiner Frau zusammen mit seiner Tochter in einer Golfplatz-Welt in den Smoky Mountains lebt, wo er nach neuem Lebenssinn sucht und zunächst zu der Überzeugung kommt, die Suche führe zu keiner Antwort: »It doesn't even ask a question.« Nach der Flucht in eine Höhle und der Begegnung mit der Tochter Kittys in einem Gewächshaus, in das sie aus der Nervenklinik geflohen ist, ist es schließlich die Liebe zur Tochter, die eine Chance bereithält, »the living death« zu überwinden. Der offene Schluß dieses Romans und die ebenfalls stets offene Frage, was Wahnsinn, was normal ist, erinnert an Dostojewskijs *Idiot*.

Im Zentrum des zweiten Roman-Paares, *Love in the Ruins* (1971) und *The Thanatos Syndrome* (1987), steht der zunächst fünfundvierzigjährige Dr. Thomas More, der als Arzt und Patient in einer Nervenklinik zu den Toten im Leben zu zählen ist und der uns mit seinem Tagebuch Aufschluß über die USA gibt, die sich zu Beginn der achtziger Jahre bereits fünfzehn Jahre in einem Krieg befanden. Der Roman ist über weite Strecken eine makabre Satire, die als einziges Mittel zur Überwindung der diagnostizierten Situation eine Rückkehr zum Glauben anbietet. Das gilt auch für den zweiten der beiden Romane, in dem Percy mit den Möglichkeiten der modernen Naturwissenschaften ins Gericht geht. Wieder ist Thomas More der Protagonist, der soeben aus dem Gefängnis entlassen wurde, wo er wegen Drogenvergehens eingesessen hatte. More hat das im Titel erwähnte Syndrom entdeckt, das die sprachliche Reaktion auf die den Computern eigene binäre ›Intelligenz‹ reduziert und somit zum Ende des

Menschen als eines *homo sapiens* beiträgt. Der Ausweg aus dieser Situation ist der Versuch, die Physis und die Psyche des Menschen zusammenzuführen, um so den Zustand der ursprünglichen, paradiesischen Unschuld wiederherzustellen.

Ein ähnliches Muster liegt auch dem sich durch seine intertextuellen Bezüge und eine stärker zutage tretende Gesellschaftskritik auszeichnenden Roman *Lancelot* (1977) zugrunde. Der Erzähler und Protagonist Lancelot ist Patient in einem *Center of Aberrant Behavior* und berichtet in seiner Zelle dem Freund und »priest-psychiatrist« Percival seine Geschichte. Er hatte entdeckt, daß seine Tochter das Produkt eines Ehebruches seiner Frau war. Deshalb ermordete er sie und ihren neuen Liebhaber während eines Hurrikans durch Brandstiftung. Mit der Lebenslüge klingt Ibsen an, mit den Namen die Gralssage, zunächst aber als »unholy grail«. Die Hoffnung gilt einem neuen Anfang, in dem Sex-Opfer wie Allie in romantischer Liebe wieder zu sich kommen können. Zusammen mit der jungen Anna sucht Lancelot über Sühne, Beichte und Liebe eine Chance für ein neues Leben zu erhalten. Wäre nicht das grausam-kalte Umfeld, könnte man an Hawthorne denken.

So sehr Percy ein Mann des Südens, ein Vertreter konservativer Traditionen und gläubiger Katholik ist, so klar sieht er auch, wo die Grenzen der um eine neue Ethik oder zumindest um die Bewahrung alter Werte Bemühten in seinem Land liegen. Für ihn leben die Amerikaner am Sonntag in den Kirchen und lauschen andächtig den missionarischen Reden der Billy Grahams, um in der Woche skrupellos Nixon und dem Watergate-Syndrom zu huldigen. Insofern ist das Werk Percys eine nicht nur ästhetisch beachtliche Leistung, sondern auch eine überzeugende Interpretation einer Epoche amerikanischer Geschichte, in der die Krise der Gesellschaft und ihrer Eliten besonders stark zutage trat. Und schließlich beklagt er, daß der Norden – und wer dächte dabei nicht sogleich an Faulkners *Sanctuary* und Popeye – der Pornographie huldige und der Süden dem nichts anderes entgegenzusetzen habe als vormals skeptische Anhänger Jeffersons, die nun zu »crooked Christians« mutiert seien.

Häufig mit Faulkner verglichen wird das Frühwerk des aus North Carolina stammenden, in Duke ausgebildeten und später dort lehrenden Professors REYNOLDS PRICE (*1933). Seine beiden ersten Romane *A Long and Happy Life* (1962) und *A Generous Man* (1963) sowie die *short stories The Names and Faces of Heroes* (1963) schildern das Leben der Familie Rosacoke Mustians in einer Kleinstadt des Südens, ohne indes schon den großen Durchbruch zu bringen. Anders als viele seiner Zeitgenossen zog er daraus den Schluß, Literatur müsse einfacher, klarer und transparenter sein, und suchte diese Erkenntnis in dem Roman *Love and Work* (1968) und dem zweiten Band Erzählungen, *Permanent Errors* (1970), umzusetzen. Aber auch damit errang er kaum mehr als Achtungserfolge. Stärker beachtet wurden *The Surface of the*

Earth (1975) und *The Source of Light* (1981), die das Leben im ländlichen Virginia und North Carolina in den ersten vierzig Jahren des 20. Jahrhunderts thematisieren, was im zweiten der beiden Romane bis in die sechziger Jahre fortgesetzt wird. Einen wirklichen Durchbruch erzielte er jedoch mit *Kate Vaiden* (1986), dem überzeugenden psychologischen Porträt der sich vielfach schuldbeladen fühlenden Titelheldin und deren seelischer Not angesichts ihres verlorenen Sohnes. Seit diesem Roman wird Price von der Kritik hoch eingeschätzt und hat sich mit den folgenden Romanen *Good Hearts* (1988), in dem er die Thematik seines ersten Buches wieder aufnimmt, *The Tongues of Angels* (1990) und *Blue Calhoun* (1992), wo ein fünfundsechzigjähriger Verkäufer eines Musikladens in Raleigh seiner Enkelin in langen Briefen sein Leben erzählt, endgültig als einer der beachtenswerten Autoren des Südens in den achtziger Jahren etabliert. Sein Werk wird abgerundet durch die Gedichtbände *Vital Provisions* (1982) und *The Laws of Ice* (1986) sowie Essays und Erinnerungen. Seine *Collected Stories*, die die in den Romanen entworfenen Panoramen ergänzen, erschienen 1993.

Die in der Literatur des Südens immer wieder anzutreffende *gothic novel* findet seit den sechziger und siebziger Jahren eine weithin akzeptierte Ausprägung im Schaffen des in Rhode Island gebürtigen, in Tennessee ausgebildeten und schließlich in El Paso lebenden CORMAC McCARTHY (*1933). Das gilt zunächst für *The Orchard Keeper* (1965), die Geschichte eines Mordes in den Great Smoky Mountains, und *Outer Dark* (1968), der inzestuösen Verstrickung der Geschwister Culla und Rinthy. In *Child of God* (1974) und *Suttree* (1979) treten groteske Züge stärker hervor. Mitte der achtziger Jahre wandte sich McCarthy Porträts einfacher Menschen in der Geschichte des Südens zu. So zeigt *Blood Meridian, or The Evening Redness in the West* (1985) Texas und die mexikanischen Unruhen um 1849. *All the Pretty Horses* (1992), *The Crossing* (1994) und *Cities of the Plain* (1999) bilden seine *Border Trilogy*, in der junge Menschen Abenteuer auf historischem Hintergrund zu bestehen haben und damit Einblicke in die Verhältnisse jener Region in der Zeit des Umbruchs geben. Nicht übersehen sollte man auch sein Bühnenstück *The Stonemason* (1994), das mit mehreren Generationen Schwarzer aufwartet, die in den siebziger Jahren des 20. Jahrhunderts auf das Wissen ihrer Vorfahren zurückgreifen.

Eine besondere Stellung in der Südstaaten-Literatur der achtziger Jahre nimmt der in New Orleans geborene, an der *Tulane* und der *Columbia University* ausgebildete JOHN KENNEDY TOOLE (1937–1969) mit seinem bereits in den sechziger Jahren geschriebenen Roman *A Confederacy of Dunces* (1980) ein. Da er für diese in New Orleans spielende, auf den *American way of life* zielende Satire keinen Verleger fand, nahm er sich das Leben. Von Tooles Mutter bedrängt, setzte sich Walker Percy für die Annahme des Manuskripts ein. Die Geschichte um die Verschwörungen des etwas abartigen Protagonisten Ignatius J. Reilly ist von komödienhafter Farbigkeit und verbuchte einen großen Erfolg. Erst 1989 konnte nach juristischen Auseinandersetzungen ein schon 1953 verfaßtes Manuskript, in dem ein Jugendlicher mit der Bigotterie seiner südlichen Heimat in den vierziger Jahren konfrontiert wird, unter dem Titel *The Neon Bible* erscheinen.

Von den zwischen den Kriegen geborenen und aufgewachsenen Autoren des Südens verdient der eher traditionell komponierende Professor MADISON JONES (*1925) Erwähnung, der seit dem Erscheinen seines ersten Romans *The Innocent* (1957) mit *Forest of the Night* (1960), *A Buried Land* (1963), *Passage Through Gehenna* (1982) und anderen, insbesondere aber seit dem Erscheinen von *An Exile* (1967) einen gewissen Bekanntheitsgrad erreichte. Bedeutender – das aber gilt vornehmlich für seine Lyrik – ist James Dickey (s. S. 689), der zwischen seinem reichen lyrischen Werk mit den Romanen *Deliverance* (1970), *Alnilam* (1987) und *To the White Sea* (1993) Proben seiner Prosa vorlegte. Beim ersten und beim dritten Roman handelt es sich um spannende Abenteuer-Fabeln, während wir im zweiten mit dem Psychogramm eines blinden Vaters konfrontiert werden. In EDWARD ABBEY (1927–1989), der mit *nonfiction* über seine Heimat, *Appalachian Wilderness* (1970), und den Südwesten bekannt wurde, treffen wir auf einen Autor, der sich in den Romanen *Black Sun* (1971), *The Monkey Wrench Gang* (1975) oder *Hayduke Lives* (1989) der Auslieferung der Wildnis an die Industrie entgegenstellt.

Was die während und nach dem Zweiten Weltkrieg geborenen und etwa seit den siebziger Jahren publizierenden Autoren betrifft, so ist es derzeit noch schwierig, aus der großen Fülle der Schriftsteller jene herauszufiltern, deren Werk Bestand haben dürfte. Zu ihnen zählt zunächst der aus Georgia stammende Realist HARRY CREWS (*1935), der sich selbst als traditionellen Erzähler bezeichnet und mit entsprechend komponierten Fabeln aufwartet. Dabei dichtet er im Symbol, wie etwa in *Car* (1972), *The Hawk Is Dying* (1973) oder *A Feast of Snakes* (1976). Insbesondere die Welt des Autofriedhofs und die Befindlichkeit der dort Lebenden im ersten (Kurz-)Roman sind typisch dafür und lassen erkennen, welche Rolle er dem Auto in der modernen Industriegesellschaft einräumt: »America was a V–8 country«, heißt es hier, »gas-driven and water-cooled, and that it belonged to men who belonged to cars.«

Eine völlig andere Welt und andere Perspektiven bieten die Romane der aus Minneapolis kommenden, in Duke ausgebildeten und in Baltimore lebenden ANNE TYLER (*1941). Im Zentrum ihrer vielen Romane von *If Morning Ever Comes* (1964) über *The Clock Winder* (1973), *Searching for Caleb* (1976) oder *Breathing Lessons* (1988) bis hin zu *Saint Maybe* (1991) und *Patchwork Planet* (1998) stehen das Leben in kleinen Städten des Südens und die Beschäftigung mit dem Glauben und einer möglichen Erlösung.

Zu den jüngeren Autoren des Südens, die von der Kritik nicht selten einem Neo-Faulknerismus zugeschlagen werden, zählt der aus Jackson, Mississippi, stammende Englischprofessor RICHARD FORD (*1944). Er hat sich stets gegen die Zuordnung gewehrt: »Personally, I think«, sagt er, »there is no such thing as Southern Writing or Southern literature or Southern ethos ...« Und er fügt hinzu: »William Faulkner, after all, was not a great Southern writer: he was a great writer who wrote about the South.« Er debütierte mit dem Roman *A Piece of My Heart* (1976), der Geschichte der Begegnung eines Landstreichers aus Arkansas und eines Chicagoer Jurastudenten auf einer einsamen Insel im Mississippi-Delta; es folgten mit *The Ultimate Good Luck* (1981) die Geschichte eines Vietnam-Veteranen und dem Bruder seiner Ex-Freundin, der als Drogendealer in Mexiko einsitzt, *The Sportswriter* (1986), eine aus Alltagstrivialitäten des Protagonisten Frank Bascombe psychologisch gegründete Zustandsstudie, und *Independence Day* (1995). Eine ähnlich positive Aufnahme wie dieser Roman fand der Band *Rock Springs: Stories* (1987) mit den beachtenswerten Erzählungen »Children« und »Great Falls«. Die Mehrzahl der hier versammelten *short stories* spielen auf dem Hintergrund Montanas. Dies gilt auch für den Kurzroman *Wildlife* (1990), der den Abstieg der dort ansässigen Familie Brinson zum Gegenstand hat. Ob diese Hinwendung zu einer nordwestlichen Region im Zusammenhang mit der eingangs zitierten Ablehnung einer ›Brandmarkung‹ als Südstaaten-Autor zu sehen ist, muß abgewartet werden.

Anders als Ford bekennt sich der aus Durham, North Carolina, stammende Professor CLYDE EDGERTON (*1944) ›stolz‹ zu seinen südlichen Wurzeln, wenn er etwa sagt, daß die Grundlage für sein Erzählen die von den mütterlichen Vorfahren gepflegten »storytelling traditions of the rural South« seien, die ihn als Kind geformt hätten. Er gehörte zu den relativ wenigen Autoren jener Jahre, die sich explizit für das amerikanische Engagement in Vietnam aussprachen, und war dort als Pilot eingesetzt. Nach dieser Erfahrung trat bei ihm ein Sinneswandel ein. Angeregt durch Eudora Welty und Flannery O'Connor, begann er gegen Ende der siebziger Jahre *short stories* zu schreiben, ehe er 1985 mit dem Roman *Raney*, der turbulenten Geschichte der ersten beiden Ehejahre des Titelhelden, einen schönen Einblick in das südliche Kleinstadtleben gab. Die Kritik nannte ihn einen südlichen Thurber. Sein nächster Roman, *Walking Across Egypt* (1987) – angeregt durch eine Geschichte seiner Mutter – wartet mit einer freundlicheren Note auf als *The Floatplane Notebooks* (1988), wo er am Beispiel der Familiengeschichte der Copelands – ausgelöst durch den persönlich erlebten Schrecken des Vietnamkrieges – deutlich zu machen sucht, »what wars do to people«. Mit *Killer Diller* (1991) kehrt er zum Thema der kleinstädtischen menschlichen Komödien zurück, indem er so alltägliche Themen wie Diät, Übergewicht und sexuelle Begierde in Beziehung setzt mit des Protagonisten Wesley Benfields Wunsch, doch ein ordentlicher Christenmensch zu sein. Was die Hintergründigkeit dieses Buches betrifft, so trägt sie dazu bei, in Edgerton den Meister einer trickreichen Didaktik zu erkennen. Im übrigen macht er deutlich, daß die von Ford in Frage gestellte, ja abgelehnte südliche Tradition, von manchen als ›überholt‹ empfunden, noch keineswegs an ihrem Ende angekommen ist.

Das zeigt sich auch in einer großen Anzahl von Werken aus der schier unüberschaubaren Menge südlicher fiktionaler Literatur der Gegenwart, in denen sich südliche Traditionen der Themen und des Erzählens mit modernen Trends dieser Region kreuzen. Das gilt zum Beispiel für das »enfant terrible of American fiction«, den in Atlanta geborenen CALDER WILLINGHAM (1922–1995), den die Kritik nach dem Erscheinen seines Erstlings *End as a Man* (1947) als »a verbose smut writer« bezeichnete. Beklagt wurde seine »four-letter-monotony« als Ergebnis seines konsequenten Realismus. Dieser Methode ist er bis zu seinem Tod treu geblieben (*Providence Island*, 1969; *The Big Nickel*, 1975), ohne jedoch noch einmal den Schock und die Aufmerksamkeit seines ersten Romans auslösen zu können.

Gleichsam wie ein Kontrastprogramm dazu wirkt das Werk des Englischprofessors und langjährigen Herausgebers der *Sewanee Review*, ANDREW LYTLE (*1902), der zu den Unterzeichnern von »I'll Take My Stand« gehört. Der Schüler G. P. Bakers und J. C. Ransoms zeichnet christliche Weltbilder und ist davon überzeugt, daß die Desintegration der Familie ein entscheidender Faktor der Desintegration der modernen Gesellschaft ist. Die beiden vor beziehungsweise nach dem Bürgerkrieg handelnden Romane *The Long Night* (1936) und *The Velvet Horn* (1957) sowie *A Wake for the Living: A Family Chronicle* (1975) zählen zu den bekannteren Werken eines Mannes, der sich darüber hinaus mit den Bänden *The Hero with the Private Parts* (1966) und *Southerners and Europeans: Essays in a Time of Disorder* (1988) einen Namen als Kritiker in der Tradition der *Agrarians* gemacht hat. Ebenfalls von dieser Gruppe beeinflußt ist der aus Georgia stammende MARION H. MONTGOMERY Jr. (*1925), der neben Lyrik (*Dry Lightning*, 1960; *The Gull and Other Georgia Scenes*, 1969) und Literaturkritik unter anderem zu Poe, Hawthorne, Pound und Eliot in den Romanen *The Wandering of Desire* (1962), *Darrell* (1964) oder *Fugetive* (1974) den alten und den neuen Süden thematisiert, wie er ihn auf dem Land und in der *suburbia* manifestiert sieht.

Auf Grund seiner Themenwahl und -ausführung mit Faulkner verglichen wird der das harte Kleinstadtleben der kleinen Leute im Nordwesten von Texas behandelnde WILLIAM HUMPHREY (*1924), der 1958 mit dem Roman *Home From the Hill* auf sich aufmerksam machte und seinen Ruf mit *The Ordways* (1965), *A Time and a Place* (1968), *Proud Flesh* (1973), *The Collected Stories* (1985) und anderen festigen konnte.

Sein Verhältnis zum Süden ist klar umrissen in der autobiographischen Geschichte seiner Jugend *Farther Off from Heaven* (1977) und den Essays *Ah, Wilderness: The Frontier in American Literature* (1977). Nicht zu übersehen ist in diesem Zusammenhang der Roman *To Kill a Mockingbird* (1960), in dem der aus Alabama stammende HARPER LEE (*1926) den Prozeß gegen einen der Vergewaltigung einer Weißen beschuldigten Schwarzen aus der Perspektive der Tochter des weißen Verteidigers schildert und so den fortwirkenden Rassismus des Südens auf die Anklagebank bringt. Diesem Thema gewidmet sind auch die Romane des ebenfalls aus Alabama stammenden JESSE HILL FORD (1928–1996), *Mountains of Gilead* (1961), *The Conversion of Buster Drumwright* (1964), *The Raider* (1975) und die *short stories Fishes, Birds, and Sons of Men* (1967), in denen er sich gegen »romantic novels« ausspricht, »in which a nice little kid or two brought a whole town to its senses. They ignored the fact that for over a century the average Southerner has been brought (up) to believe that the Negro's an inferior person.«

Gute Einblicke in die sich wandelnde Welt des Südens vermitteln auch die stark autobiographisch geprägten Bücher des in Mississippi geborenen und in seinem Heimatstaat und Oxford ausgebildeten Journalisten WILLIE MORRIS (*1934). *North Towards Home* (1967), insbesondere aber *Yazoo: Integration in a Deep-Southern Town* (1971) und die für seinen Sohn geschriebenen Reminiszenzen der eigenen Jugend *Good Old Boy: A Delta Boyhood* (1971) sowie der Roman *The Last of the Southern Girls* (1973) reflektieren den schwierigen Aufbruch des Südens in die neue Zeit.

Der derzeit wohl bekannteste Vertreter der Literatur des Südwestens ist der in New York geborene, in New Jersey und Europa ausgebildete, weitgereiste WILLIAM EASTLAKE (*1917). Vier seiner sieben Romane (*Go in Beauty*, 1956; *Bronc People*, 1958; *Portrait of an Artist with Twenty-Six Horses*, 1963, und *Dancers in the Scalp House*, 1975) spielen in seiner südwestlichen ›Wahlheimat‹. In drei weiteren, *Castle Keep* (1965), der Geschichte einer Gruppe amerikanischer Soldaten in der Ardennenschlacht 1944/45, *The Bamboo Bed* (1969), einem Vietnam-Roman, und *The Long, Naked Descent into Boston* (1977), einer Satire auf die amerikanische Revolutionszeit, wendet er sich historisch gegründeten Themen zu, die die Grenzen einer Region überschreiten.

Zu Beginn der achtziger Jahre meldete sich mit BOBBIE ANN MASON (*1940) eine Stimme aus Kentucky zu Wort, die nach feministischen Studien (*Nabokov's Garden: A Guide to Ada*, 1974; *The Girl Sleuth*, 1975) bereits mit *short stories* im *New Yorker* und anderen Zeitschriften auf sich aufmerksam gemacht hatte. In *Shiloh and Other Stories* (1982) entwirft sie beeindruckende Bilder vom Leben der kleinen Leute, der Arbeiter und Farmer ihres Heimatstaates. Die Stärken dieser Erzählungen resultieren aus der Fähigkeit der Autorin, die Präzision ihrer realistischen Skizzen mit einem Gespür für die Umgangssprache und psychologische Entdeckungen zu Bildern von hoher Authentizität zu verdichten. Ihren Durchbruch erzielte sie mit dem Roman *In Country* (1985), einem die Grenzen des Regionalismus sprengenden Buch, in dem sie dem Vietnam-Trauma ihres Landes und ihrer Generation überzeugend Ausdruck verleiht. Die siebzehnjährige Protagonistin, Samantha Hughes, deren Vater in Vietnam gefallen ist, wird in der Gestalt ihres vom Krieg tief getroffenen Onkels Emmett, bei dem sie lebt, mit den menschlichen Verwerfungen konfrontiert, unter denen die Veteranen noch ein Jahrzehnt nach ihrem Einsatz leiden. Dieser Roman ist sicherlich einer der interessanten Versuche, das Vietnam-Trauma der siebziger und achtziger Jahre authentisch und unsentimental literarisch zu bewältigen. Im Schatten dieses Buches stehen der Kurzroman *Spence + Lila* (1988), die Geschichte einer von Krankheit und Trennung bedrohten vierzigjährigen Liebe eines Farmerehepaars, und der Band *Love Life: Stories* (1989), mit dem sie sich einmal mehr als eine sensible Erzählerin erweist.

Etwa ein Jahrzehnt später meldete sich mit dem aus North Carolina stammenden T(HOMAS) R(EID) PEARSON (*1956) ein Erzähler zu Wort, der sich nach eigenem Bekunden der südlichen Erzähltradition und den Vorbildern Mark Twain, Faulkner und O'Connor besonders verbunden fühlt. Seine zum Teil aus der Perspektive Jugendlicher erzählten Romane *A Short History of a Small Place* (1985), *Off for the Sweet Hereafter* (1986), *The Last of How It Was* (1987) oder *Call and Response* (1989) bieten eine Art Chronik des Lebens in der fiktiven Kleinstadt Neely in North Carolina und einer Reihe zum Teil exzentrischer Familien wie den Pettigrews, Throckmortons, Eppersons und Masseys. Die Allgemeingültigkeit der hier entworfenen Bilder sprengt den Rahmen des geographisch abgegrenzten Mikrokosmos. Was jedoch den Ideengehalt, die Verinnerlichung südlicher Lebensart und deren sprachliche Fassung betrifft, so ist Pearson ein Beispiel dafür, daß am Ende des Jahrhunderts die südliche Erzähltradition und deren sprachliche Ausformung ihre eigenständige Position in der amerikanischen Literatur bewahrt hat.

Aufbegehren und Experiment

Während sich auf den Feldern des Kriegs- und Militärromans und der Literatur des Südens unmittelbar nach dem Krieg in Übereinstimmung mit dem Grundkonsens einer nach Harmonie strebenden Epoche auf dem Hintergrund allgemeinen Wohlstands und selbstgefälligen Patriotismus zunächst ideengehaltliche wie formale Traditionen fortschrieben, bereitete sich bereits ein tiefgreifender Wandel vor, dessen Auswirkungen auf die zweite Hälfte des 20. Jahrhunderts nicht hoch genug veranschlagt werden können. Ähnlich wie nach dem Ersten Weltkrieg geht es um einen grundsätzlichen

Wertewandel, ausgelöst von der Skepsis einer jungen Generation, die – ähnlich wie die *lost generation* um Fitzgerald und Hemingway – nach neuen Lebensinhalten jenseits der überkommenen, meist materiell orientierten suchte. Sie verband diese Suche mit der Frage, ob die literarische Interpretation ihres Wollens in den überkommenen Formen oder nach dem Prinzip Pounds – *Make It New* – vorzunehmen sei, und entschloß sich für letzteres. Der Kern dieser Gruppierung, die *Beat generation* – von Kerouac in Analogie zur *lost generation* so bezeichnet –, sammelte sich 1953 in San Francisco, löste die *silent generation* ab und erreichte ihren Höhepunkt in den frühen Sechzigern, als ihre ›Gegenkultur‹ zu einem guten Teil von der Bürgerrechtsbewegung aufgesogen wurde. Neben den Lyrikern Allen Ginsberg, Lawrence Ferlinghetti, Kenneth Rexroth oder Gregory Corso waren es Kerouac, Burroughs und in deren Gefolge Kesey und Holmes, die als Prosaschriftsteller hervorzuheben sind.

Die Galionsfigur der Bewegung aber war zweifellos der aus Massachusetts stammende Franko-Amerikaner JACK KEROUAC (1922–1969), dessen Leistungen im *football* ihm ein nicht zu Ende geführtes Studium ermöglichten, der im Krieg bei der Handelsmarine diente und danach in New York mit Allen Ginsberg und Burroughs – mit denen ihn eine lebenslange Freundschaft verband – und anderen Bohemiens mit der Literatur in Berührung kam. Diese *Beats* waren keineswegs nur Dichter, vielmehr verstanden sie sich als Menschen, die auch mit den Mitteln der Literatur Altes zu überwinden trachteten, wobei ihnen der Ausstieg aus der von ihnen abgelehnten Gesellschaft offensichtlich wichtiger war als deren Veränderung. Was die *Beats* und Kerouac »von all den Rebellen der Politik, den Lebensformen und Sozialrevolutionären unterscheidet, die ganz bestimmte Verhältnisse, Formen und Verhaltensweisen für ändernswert halten, ist der ausgeprägt *subjektive* Zug ihrer Rebellion. Hier wird alles Geschehen als eigenes, persönliches Problem gewertet, das man *für sich allein* lösen kann. Auch wenn hier von Gott ... gesprochen wird, so steht immer die Einsicht dahinter, daß man inneren Halt und Erlösung nur für sich allein zu finden vermag.« (Karl O. Paetel).

Kerouac verbrachte als Gelegenheitsarbeiter Jahre auf der Wanderschaft. Auf der Suche nach »Erfahrung« wurde er *Beatnik* und schilderte das Leben der *Beats* in den weitgehend autobiographischen Berichten *On The Road* (1957) und *Big Sur* (1962), die heute als die wohl authentischsten Chroniken der *Beats* angesehen werden. Dabei mußte Kerouac sechs Jahre warten, ehe das 1957 gefeierte und noch heute als Kultbuch der Bewegung gewürdigte Buch einen Verleger fand. Neben den Jugenderinnerungen, *Doctor Sax* (1959), dem in der *stream of consciousness*-Technik gestalteten *Book of Dreams* (1960), den Reiseskizzen *Lonesome Traveler* (1960) und der Gedichtsammlung *Mexico City Blues* (1959) steht eine Reihe lose strukturierter Romane, in denen sich der Subjektivismus und der absolut individualisierte Existentialismus der *Beats* manifestieren. Der noch unter dem Einfluß Thomas Wolfes entstandene Erstling *The Town and the City* (1950), die Geschichte einer in Lowell, Massachusetts, lebenden, sich langsam auflösenden Familie, enthält dieses Gedankengut erst in Ansätzen, während *The Dharma Bums* (1958) der den *Beats* in dieser Phase eigenen Suche nach der Wahrheit, dem *dharma*, mit Hilfe des Zen-Buddhismus gewidmet ist. Auch die späteren Bücher wie *The Subterraneans* (1958), das die Liebe zwischen einem *Beat*-Schriftsteller und einer Afroamerikanerin schildert, *Maggie Cassidy* (1959), die Geschichte eines Jungen, der verzweifelt seine Selbstbestätigung in der Liebe sucht, *Tristessa* (1960), der Bericht über eine drogenabhängige Prostituierte in Mexico City, *Visions of Gerard* (1963), *Desolation Angels* (1965) und *Satori in Paris* (1966) künden nicht nur von subjektivem Nonkonformismus, sondern zeigen eine Welt, in der es kaum noch einen Platz für Traditionen und verbindliche Werte gibt.

Es liegt in der Konsequenz des Gesetzes, nach dem die *Beats* angetreten sind, daß sie gegen die überkommenen ästhetischen Maßstäbe anrennen. Kerouac bezeichnete die *Beats* als »bardische Kinder«, »kindlich-graubärtige Homers«: »Das ganze Gegenteil des Bonzen Eliot«, mit dessen »graufratzig akademischer Wortklauberei« der Drang nach dem männlich-freien Sang der *Beats* nichts gemeinsam habe. Den immer wieder vorgebrachten Vorwurf der Disziplinlosigkeit wies Kerouac von sich und bekannte sich zu jener Disziplin, »die wir aus den japanischen Haikus kennen und die darin liegt, daß man die Dinge direkt, rein, konkret ausdrückt. Da gibt es keine Abstraktionen oder Erklärungen, da ist alles geradezu und munter drauflos.« Manches erinnert an die Imagisten, modifiziert freilich in der Weise, daß hier der Spontaneität eine entscheidende Rolle eingeräumt wird, wie Kerouac in seiner Theorie, den *Essentials of Spontaneous Prose*, ausführt. Auch in dieser Beziehung – und nicht nur in der Themenwahl – ging es Kerouac und den *Beats* um das Beseitigen von Tabus und die Zerschlagung überlieferter Strukturen, Formen und gattungstypologischer Grenzen. Es ist Gabriele Spengemann zuzustimmen, wenn sie sagt: »Kerouacs Texte bewegen sich entschieden hin in Richtung auf *faction*«, und das mit dem Ziel, mit Hilfe eines spontanen Schreibaktes – wie besonders konsequent in *Visions of Cody* (1960/70) zum Einsatz gebracht – Texte von einer höchstmöglichen »*true to life-authenticity*« zu schaffen. Mit Ferlinghetti vertrat er die Ansicht, mit der Poesie und Prosa der *Beats* – »einer Art alt-neuer Zen-Wahnsinnsdichtung« – sei »die Dichtung zu ihren Ursprüngen zurückgekehrt«.

Ebenso konsequent und rebellisch sind Werk und Wirken des in St. Louis geborenen WILLIAM S. BURROUGHS (1914–1997). Er stammte aus einer angesehenen Familie, studierte in Harvard, Wien und Mexico City, ohne Abschlüsse zu erlangen, schlug sich als Barkeeper, Detektiv und Schauspieler durchs Leben, reiste rastlos durch Mexiko, Südamerika, Marokko und Europa, war von 1944–1957 drogenabhängig, mußte deshalb vor der amerikanischen Justiz fliehen und erschoß, offensichtlich im Drogenrausch, seine Frau, die ihn mit Kerouac und Ginsberg in New York bekanntgemacht hatte. Diese drei Männer sollten den Kern der literarischen *Beat*-Bewegung bilden. Burroughs debütierte unter dem Pseudonym William Lee 1953 mit *Junkie*, dessen unzensierte Fassung nach einem Rechtsstreit 1977 unter dem Titel *Junky* wie ein Fanal des Aufbruchs einer Gegen-Kultur wirkte. Es ist ein weitgehend autobiographisch gegründeter, in der Ich-Form erzählter Bericht des William Lee aus der Drogenszene, sich damit berührender Unterwelt und daraus resultierender Flucht vor dem Gesetz. 1959 erschien in Paris eine – übrigens von Kerouac getippte – ›Collage‹ von Skizzen und Notizen, das unstrukturierte Buch *The Naked Lunch.* Es wird eigentlich nur durch das *alter ego* des Autors, William Lee, lose zusammengehalten und durch das Generalthema Burroughs', daß der Mensch stets seiner Süchtigkeit ausgesetzt ist, sei es durch Macht, Sex oder Drogen; »all of humanity«, heißt es hier, »is victimized by some form of addiction ... the body is a biological trap«. Mit diesem Text machte Burroughs deutlich, daß sein Streben nach Freiheit und weitgehender gesellschaftlicher Ungebundenheit sein Programm, wenn nicht gar seine Obsession war. Ihm ging es darum, die den Menschen beherrschenden geistigen Kontrollmechanismen der Gesellschaft mit Hilfe der Sprache und der in ihr behandelten Themen zu durchbrechen. Das Ergebnis ist im Inhaltlichen die Mißachtung jedweder Tabus und formal eine Collage- und Montagetechnik, auf die er schon bei T. Tzara, G. Stein, T. S. Eliot und Dos Passos getroffen ist, die er aber durch Übernahme der *cut up*-Methode seines Maler-Freundes Biron Gysin weitertrieb.

Es folgte mit der ›Trilogie‹ – wenn solche traditionellen Begriffe in bezug auf Burroughs überhaupt einen Sinn geben – *The Soft Machine* (1961), *The Ticket That Exploded* (1962) und *Nova Express* (1964), eine als Satire auf das moderne Leben zu lesende apokalyptische Vision einer von Technik beherrschten Welt angesichts interplanetarischer Gangster. Die in den siebziger Jahren erscheinenden Texte, *The Last Words of Dutch Schultz* (1970/75), die *confessio* eines Gangsters auf dem Totenbett, *The Wild Boys: A Book of the Dead* (1971/79) und *Exterminator!* (1973), behandeln Homosexualität beziehungsweise Sexualität als befreiende Kraft. Die Suche oder besser das Streben nach Freiheit beherrscht auch sein Spätwerk, *Cities of the Red Night* (1981), *The Place of Dead Roads* (1984) und *The Western Lands* (1987). Der erste dieser drei Bände ist mit seinen drei Handlungen – eine spielt in der Gegenwart, eine vor hunderttausend Jahren in Städten der Wüste Gobi und die dritte im 18. Jahrhundert in Lateinamerika – ein für Burroughs' Verhältnisse überschaubares Beispiel für den völlig freien Umgang mit *settings* und Zeit in den für ihn typischen nichtlinearen Erzählsträngen. Der zweite Roman, er spielt 1890, präsentiert uns in der Gestalt des Western-Autors Kom Carson ein *alter ego* Burroughs' auf der Suche nach Freiheit.

Obgleich das Œuvre Burroughs' ein Beispiel von Selbstreferentialität ist, tragen die in *The Job* (1971) und *The Third Mind* (1978) zusammengestellten Meinungsäußerungen sowie der Briefwechsel mit Ginsberg (*The Yaga Letters*, 1963; *Letters to Allen Ginsberg, 1953–1957*, 1981, u. a.) in besonderem Maß dazu bei, die Positionen der *Beats* transparenter zu machen. Es nimmt nicht wunder, daß Burroughs' Bücher eine höchst unterschiedliche Aufnahme fanden. Wie immer man aber zu ihnen steht, man kann nicht leugnen, daß sie die chaotischen Sechziger im allgemeinen und die der *Beats* in einer Weise reflektieren, daß sie – wo ihnen der ›literarische‹ Rang abgesprochen wird – Dokumente einer soziokulturellen Umbruchphase sind, Auslöser und Begleiter der Hippie- und Punk-Bewegungen bis in die Musikszene des *Rock*, mithin Wegbereiter der *popular culture*.

Ebenfalls den *Beats* zuzurechnen ist der aus Massachusetts stammende Akademiker dieser ›Gruppe‹, JOHN CLELLON HOLMES (1926–1988), der sich 1952 mit dem Artikel »This Is the Beat Generation« zu dieser Bewegung bekannte und im selben Jahr in dem Roman *Go* das Leben intellektueller *Beat*-Stadtstreicher schilderte. Auch die beiden folgenden Romane, *The Horn* (1958), die Geschichte eines alten schwarzen Saxophonisten, und *Get Home Free* (1964) aus dem Leben des Bohemien-Milieus, führen in die Welt der *Beats*, die er seinen Lesern in dem autobiographischen Rückblick auf Schriftsteller der *Beats* in *Nothing More to Declare* (1967) und dem Buch über Kerouac, *Gone in October* (1985), präsentiert. Hinzu kommen Essaybände und seit Ende der siebziger Jahre Gedichte (*The Bowling Green Poems*, 1977; *Death Drag*, 1979; *Dire Coasts*, 1988; *Night Music*, 1989). In vielem den *Beats* nahe – jedenfalls stellt er sich in seinem autobiographischen *screenplay The Further Inquiery* (1990) neben sie – ist auch KEN KESEY (*1935), der nach Erfahrungen als Wärter in einem Hospital für geistig Behinderte mit dem Roman *One Flew Over the Cuckoo's Nest* (1962) über Nacht berühmt wurde. Es ist die Geschichte des in der Heilanstalt weggeschlossenen Chief Bromden und des aus dem Gefängnis in die Anstalt verlegten McMurphy und dessen erfolgreichem Kampf gegen die die Allmacht symbolisierende Oberin Ratched. McMurphy wird wegen seines humanitären Aufbegehrens mit Elektroschocks und einer Hirnoperation ›ruhiggestellt‹ und bekommt schließlich von der Hand des Chief eine Art Gnadentod. Vieles erinnert bei Kesey an die makabren Stoffe und deren bitter-satirische Behandlung in der Literatur des Südens. Das gilt bis zu einem gewissen Grad auch für den Roman des Bruderzwists, *Sometimes a Great Notion* (1964), mit dem er den Erfolg seines Erstlings aber nicht wiederholen konnte.

Angesichts solcher Texte überrascht es nicht, daß man die *Beats* in der traditionellen Kritik mit gemischten Gefühlen aufnahm, während sie von ihren Anhängern in den höchsten Tönen gelobt wurden. Sie wollten polarisieren und haben dieses Ziel erreicht. Man kann sogar jenen zustimmen, die noch immer meinen, man habe den »Wert ihrer Erzählkunst maßlos überschätzt«, freilich nur dann, wenn man ›reine‹ philologische Maßstäbe anlegt. Damit wird man jedoch der Bedeutung, auch der literarischen, dieses Phänomens für die amerikanische Literatur der zweiten Hälfte des 20. Jahrhunderts nicht gerecht, selbst dann, wenn man etwa Paul O'Neill zustimmt, für den die *Beats* »social rebels first and poets only second« gewesen sind. In ihre Bewertung einzubeziehen ist die Tatsache, daß sie in einer Zeit, da sich das geistige Leben der USA in relativ ruhigem Fahrwasser befand, sowohl die inhaltlichen wie auch die formal-strukturellen Anliegen und Ansichten – naiv vielleicht, in jedem Fall ziemlich antiintellektuell – freisetzten, die zu den essentiellen Charakteristika der amerikanischen Literatur seit den sechziger Jahren werden sollten: inhaltlich die Überwindung der letzten Tabus der WASP-Welt, etwa auf den Feldern Sexualität, Drogen, Rassenproblematik, inter- und multikultureller Offenheit sowie der Suche nach Möglichkeiten der Erweiterung des individuellen Freiraums angesichts der Mechanismen der immer entfremdender wirkenden Industrie- und Kommunikationsgesellschaft. All dies wird mit möglichst ungebremster Spontanität vorgetragen, von der sich die *Beats* das Optimum erreichbarer Lebensnähe erhofften, die literarisch zur *poetry of confession* und zur Selbstreferentialität führte, zu Kompositions- und Strukturvorstellungen, die ihnen Gattungs- und Genregrenzen obsolet erscheinen ließen und Brücken bis hinüber zur *Pop-art* bauten. Dabei waren sie, wie ihre Verehrung etwa Miltons, Whitmans oder William Carlos Williams' und vieler anderer sowie ihre Aufzeichnungen deutlich machen, keineswegs so entwurzelt und so naiv, wie sie von ihren Kritikern zuweilen noch heute dargestellt werden.

Dieser Gruppe und deren Verhältnis zu Gesellschaft und Literatur nahestehend und ihr von der Kritik nicht selten zugerechnet war der in Andernach geborene, doch bereits 1922 mit den Eltern in die USA gekommene CHARLES BUKOWSKI (1920–1994), der sich als ungelernter Arbeiter in den verschiedensten Jobs mühsam durchs Leben schlug, ehe er im Alter von fünfunddreißig Jahren zu schreiben begann und sehr schnell als *underground writer* zur Kultfigur der *counter culture* jener Jahre wurde. Sein Werk zeugt von einer unerhörten Produktivität. Zwischen *Flower, Fist and Bestial Wail* (1960) und *Days Run Away Like Wild Horses over the Hills* (1993) veröffentlichte er fast fünfzig Freivers-Gedichtbände und -bändchen, sechs Bände *short stories*, eine Fülle an *nonfiction* und die Romane *Post Office* (1971), *Factotum* (1975), *Women* (1978), *Ham on Rye* (1982), *Horsemeat* (1982) und *Hollywood* (1989). Hier schildert er – wie auch in den anderen von ihm genutzten Genres – in knapper Sprache die Welt der heruntergekommenen Großstädte mit ihren Drogen-, Sex-, Alkohol- und Gewaltproblemen, so wie er sie durchlitten hat. Und so sind die meisten seiner Protagonisten folgerichtig autobiographisch angelegt. Das gilt vor allem für die Figur des Henry Chinaski, dem wir immer wieder in den *short stories* und Romanen als *alter ego* Bukowskis begegnen: als *postman* in *Post Office*, als Kind und Jugendlicher unter der Fuchtel eines gestrengen Vaters in *Ham on Rye* oder als alter Mann, der ein Drehbuch über sein Leben schreiben soll, in *Hollywood*. Alle Texte konstituieren sich weitgehend aus Episoden des Lebens ihres Schöpfers. Auch bei Bukowski führen Spontanität und Selbstreferentialität über die traditionellen Gattungsgrenzen.

Über die genannten Autoren hinaus verdient mit CHANDLER BROSSARD (*1922) ein literarischer ›Pionier‹ der Umbruchzeit Erwähnung, dessen *Who Walk in Darkness* (1952) einer der ersten Romane war, der sich mit der für Amerika neuen Welt der *Hipsters* beschäftigte. Auch später ist er – unter dem Pseudonym DANIEL HARPER – mit zum Teil provokanten Erzählungen (*Dirty Books for Little Folks*, 1978), Romanen (*Did Christ Make Love?*, 1973) und Sachbüchern (*The Insane World of Adolf Hitler*, 1966) ein kritischer Chronist seiner Zeit geblieben. Als Herausgeber des Bandes *The Scene Before You: A New Approach to American Culture* (1955) tat er sich als unbequemer Mahner in einem nach Ruhe und Harmonie strebenden Zeitgeist hervor.

Diese in jenen Jahren von den *Beats* ausgehende, schon bald von Capote, Mailer und anderen aufgenommene Tendenz wird schließlich Mitte der sechziger Jahre bei dem aus Richmond stammenden, in Yale ausgebildeten Reporter und Journalisten THOMAS (TOM) WOLFE (*1931) zum ästhetischen Prinzip. Damit stellte er sich an die Spitze einer Bewegung – der auch Jimmie Breslin, Gay Talese und Hunter Thompson zuzuordnen sind –, die als *New Journalism* bekannt wurde. Der Weg dorthin führte über Reportagen und Essays aus der und über die amerikanische Gegenwartskultur. Dabei werden harte journalistische Fakten der Ausformung durch Techniken fiktionaler ›Textproduktion‹ unterworfen. Wolfe definiert *New Journalism* als »the use by people writing nonfiction of techniques which hitherto had been thought of as confined to the novel or the short story to create in one form both the kind of objective reality of journalism and the subjective reality that people have always gone to the novel for«. In solchen von Dialogisierung, wechselnden Perspektiven, scharfer Detaillierung und kaleidoskopartiger Komposition beherrschten Texten, die getragen werden von einem gleichermaßen unorthodoxen wie glänzenden Stil, empfiehlt sich Wolfe als einer der führenden Chronisten der sechziger bis achtziger Jahre. Dabei ist er Sozialkritiker, Satiriker und nicht selten Karikaturist zugleich. Sein Werk reflektiert nahezu alle wesentlichen Begebenheiten jener stürmischen Epoche amerikanischer Innenpolitik und erreichte mit seinen unorthodoxen Aussagen und seinem ständigen »Wider-den-Strich-Argumentieren« einen sehr großen Leserkreis. Am Anfang stand mit *The Kandy-Kolored Tangerine – Flake Streamline Baby* (1965) ein satirisch angelegtes Panorama der Helden der *pop-culture* der frühen sechziger Jahre; in *The Electric Kool-Aid Acid Test* (1968) wandte er sich dem psychedelischen (LSD-)Experiment Ken Keseys und seiner »Merry Pranksters« zu; *Radical Chic and Mau Mauing the Flak Catchers* (1970) schildert »white liberals nibbling caviar while signing checkes for the revolution with their free hands« im Hause Leo Bernsteins für die *Black Panthers*. Mit *The Painted Word* (1975) und *From Bauhaus to Our House* (1981) wandte er sich der Kunst und ihrer Kritik beziehungsweise der Architektur zu. Neben diesen und anderen Büchern ist besonders *The Right Stuff* (1979) hervorzuheben. Diese die Grenzen der Reportage weit überschreitende Darstellung der ›menschlichen‹ Seiten und Probleme der ersten amerikanischen Astronauten gilt als die beste Behandlung dieses Themas in der amerikanischen Literatur. Mitte der achtziger Jahre bezog er insofern eine neue Position, als er in seinem »literary manifesto« nun die Schriftsteller aufforderte, von den esoterischen literarischen Experimenten zu lassen und die uns umgebende bizarre Welt mit den Mitteln des Realismus darzustellen. Das Ergebnis dieses ›Umdenkens‹ war die Wiederaufnahme des Themas »New Yorker Gesellschaft«, das er bereits 1976 in *Mauve Gloves and Madmen, Clutter and Vine, and Other Short Stories* ins Visier genommen hatte, um es nun in *The Bonfire of the Vanities* (1987) in Form eines realistischen Romans um die Probleme des wohlhabenden Maklers McCoy, dessen Familie und deren Umfeld im New York der achtziger Jahre zu behandeln. Möglicherweise hat er dabei daran gedacht, dem vom Beginn des Jahrhunderts stammenden Bild New Yorks von Dos Passos eines aus der Endzeit des Jahrhunderts an die Seite zu stellen. Daß er damit eine Abkehr vom nahezu grenzenlosen Experiment – als dessen Vertreter er lange Zeit galt – vollzieht, ist sicherlich bemerkenswert.

In dieser Hinsicht folgt ihm der aus Kentucky stammende Reporter, Kolumnist und Korrespondent führender amerikanischer und europäischer Zeitungen und Zeitschriften HUNTER S. THOMPSON (*1939) nicht. Nach dem Studium des Journalismus an der *Columbia University* wandte er sich der »Szene« zu und schuf mit *Hell's Angels* (1966) ein Porträt der berühmt-berüchtigten Motorradgang, mit dem er über Nacht als einer der führenden Vertreter des *New Journalism* bekannt wurde, den er mit Verweis auf einen seiner Protagonisten später »Gonzo Journalism« nannte. Als erklärter Gegner des »Main Street America« galt er bald schon als der »wildman« dieser Richtung, dessen Texte nach einer Definition Vonneguts aus »moving collages of carefully selected junk« bestehen. Seine in der ersten Person gehaltenen »accounts« – in denen der ›Erzähler‹ unter den Namen Raoul Duke und Dr. Hunter S. Thompson agiert – sind, und darin unterscheidet er sich von Tom Wolfe, Selbstporträts eines journalistischen Aussteigers von der Art der *Beats*. Die Titel verkünden sein Programm: *Fear and Loathing in Las Vegas. A Savage Journey to the Heart of the American Dream* (1972) oder *Fear and Loathing on the Campain Trail '72* (1973). Viel beachtet wurden – unter anderem – die bislang vier Bände der »Gonzo-Papers« *The Great Shark Hunt: Strange Tales from a Strange Time* (1979), *Generation of Swine: Tales of Shame and Degradation in the '80s* (1988), *Songs of the Doomed: More Notes of the Death of the American Dream* (1990) und *Better than Sex: Confessions of a Political Junkie* (1993). Sein drei Zentner schwerer samoanischer Anwalt Dr. Gonzo erinnert in vielem an seinen Freund Oscar Zeta Acosta in einer Welt der »politics of unreason«, die sich für Thompson nur mit parodistischen Mitteln reflektieren läßt.

Identitätssuche im *mainstream*

Der sich seit dem Krieg immer deutlicher abzeichnende Wertewandel in den USA und die sich daraus ergebende Kommunikationslücke zwischen den Generationen sowie die Entfremdung und Isolierung Jugendlicher finden ihren exemplarischen Niederschlag in den psychologisch tiefer schürfenden Charakterstudien des in New York geborenen und seit Jahrzehnten nahezu absolut zurückgezogen lebenden JEROME DAVID SALINGER (*1919), der seit Ende der vierziger Jahre in Zeitschriften Kurzprosa veröffentlichte und mit seinem bislang einzigen Roman *Catcher in the Rye* (1951) einen weltweit bekannten ›Klassiker‹ schuf.

> In der Gestalt des sechzehnjährigen Ich-Erzählers Holden Caulfield begegnet uns ein Charakter, dem die Welt trotz der ihn umgebenden materiellen Sicherheit nichts zu bieten hat, wofür es sich zu leben lohnt. Für Holden ist diese Welt, in der niemand an die zur Schau gestellten ethischen Normen glaubt, voller Lug, eine einzige Schurkerei – »phony«. Wenn schließlich die Eltern glauben, die Probleme ihres Sohnes mit Hilfe eines Psychotherapeuten lösen zu können, so spricht daraus das Unvermögen der älteren Generation, die jüngere auch nur in Ansätzen zu verstehen. Mit der Flucht aus der Schule und aus seinen anderen Bindungen erweist sich Holden als ein Glied in der Kette jugendlicher Charaktere der US-Literatur, die wie Huck Finn, Jimmie Trescott oder Nick Adams – unter unterschiedlichen Bedingungen – schmerzhaft mit der Erwachsenenwelt kollidieren.

Die Ursachen der Entfremdung, die sich in der Kommunikationsunfähigkeit zwischen den Generationen niederschlägt, führen zur Flucht aus der ›realen‹ Welt in den Traum etwa vom Leben im Blockhaus im Westen. Auch in den folgenden Erzählungen (*Nine Stories*, 1953; *Franny and Zooey*, 1961; *Raise High the Roof Beam, Carpenters and Seymour: An Introduction*, 1963; »Hapworth 16, 1924«, 1965), einer Chronik der Familie Glass, haben wir es mit einem quasi in sich zusammenfallenden Generationskonflikt zu tun, in dem man nicht einmal Haß oder gar den Ödipuskomplex antrifft. Kommunikation ist eigentlich nur noch mit Gleichaltrigen oder Jüngeren möglich. Das gilt auch für das *alter ego* des Autors, den Erzähler Buddy Glass, der am Freitod seines Bruders Seymour und dem Leben der Geschwister erkennen muß, daß in dieser Welt sensiblen Menschen eigentlich nichts anderes bleibt, als sich abzuschirmen. Hier kommt die – offenbar von Salinger gelebte – Überzeugung zum Ausdruck, es sei der materielle und wissenschaftliche Fortschritt, der die Krise der Persönlichkeit auslöse, und es gelte nun, nach Antworten im Geistigen, Transzendenten, etwa dem Zen-Buddhismus, zu suchen. In jedem Fall hat die von Salinger erzählte Geschichte von der durch Entfremdung verursachten Not der Jugendlichen und ihrer Sehnsucht nach Wärme und Nachbarschaft in der kalten Welt des Fortschritts den Nerv einer Generation in einem Maß getroffen, wie es vor ihm nur wenigen Autoren gelungen ist. Seit 1965 hat Salinger nichts mehr veröffentlicht und sogar gerichtlich erzwungen, daß die ohne seine Zustimmung erschienenen *The Complete Uncollected Stories of J. D. Salinger* (1974) wieder eingezogen werden mußten. Es heißt, daß er in der Abgeschiedenheit seines Lebens in New Hampshire nach wie vor schreibe – wenn dem so ist, wird es sich eines Tages zeigen, ob sein Ruhm von zeitlich begrenzter Bedeutung sein oder darüber hinausreichen wird. So viel aber ist schon heute deutlich: Ähnlich wie Ellison gelang es ihm, die Befindlichkeit seiner Generation so zu treffen, daß sogar die von ihm benutzte Umgangssprache Halbwüchsiger der weißen Mittelschicht gleichsam zum ›Markenzeichen‹ einer Generation wurde.

Einer der besten Chronisten der *suburbia*, der grünen Vorstädte der im tatsächlichen oder eingebildeten Wohlstand lebenden weißen oberen Mittelschicht – quasi der Eltern der Holden Caulfields –, ist der aus Massachusetts stammende Dozent JOHN CHEEVER (1912–1982). Er gilt als ein Meister der *short story*, als amerikanischer Tschechow »of the exurbs«. Seine Charaktere sind in der Regel weiß, protestantisch, geistig ärmer als materiell und leben in einer Leere, da es eigentlich nichts mehr gibt, was sie nicht schon gekauft hätten. Es ist das Leben zwischen dem Morgen- und dem Abendzug zur und von der Arbeit, es sind die Parties am Abend, von denen man sich nachts mit Hilfe von Tabletten erholen muß, wenn man nicht gar den Psychotherapeuten braucht. Cheever, selbst ein rehabilitierter Alkoholiker, ist ein guter Kenner und scharfer Beobachter dieser Szene, die er präzis, bildhaft, episodisch in einer schnörkellosen Sprache zeichnet. Zwischen 1943 und 1993 erschienen dreizehn Bände *short stories*; fast alle finden sich in *The Stories of John Cheever* (1978) und *Thirteen Uncollected Stories by John Cheever* (1994), darin solche Kabinettstücke wie »The Enormous Radio«, »The Chimera« und »The Swimmer«. Seine Kurzprosa wird ergänzt durch fünf Romane, von denen neben *Bullet Park* (1969) und *Oh What a Paradise It Seems* (1982) vor allem *The Wapshot Chronicle* (1957) und der Folgeband *The Wapshot Scandal* (1964), die in St. Botolphs, Massachusetts, angesiedelte Fabel um die skurrilen Angehörigen zweier Generationen der Wapshot-Familie, freundliche Aufnahme fanden. Das gilt auch für *Falconer* (1977), die wahrscheinlich/unwahrscheinliche Geschichte Ezekiel Farraguts, eines Angehörigen einer heruntergekommenen, alteingesessenen neuenglischen Familie, der nach dem Mord an seinem Bruder im Gefängnis einsitzt, dort zwar ›clean‹, dafür aber homosexuell wird und sich anstatt eines Toten aus dem Gefängnis herausschmuggelt, um furchtlos einem neuen Leben entgegenzutreten. In diesen Romanen steht hinter mancher bizarrer, auf den ersten Blick humorvoll erscheinender Szene das Wissen um die inneren Nöte der Protagonisten, die das eigentliche Anliegen Cheevers sind.

Einen besonderen Platz unter den ›Analytikern‹ der sich in der *suburbia*, im Spannungsfeld zwischen Moloch Großstadt und vorgeblicher Landidylle wandelnden *middle class* nimmt die zunächst umstrittene und schließlich weniger beachtete Prosa des in New York lebenden ehemaligen Jagdfliegeroffiziers JAMES SALTER (*1925) ein. Er war 1945 aus West Point hervorgegangen, hatte bis 1957 in fast allen Teilen der Welt in der *Air Force* gedient und wandte sich nach seiner Entlassung im Jahre 1957 der Literatur zu.

Seine ersten beiden Bücher, *The Hunters* (1957) und *The Arm of Flesh* (1961), sind spannende Erzählungen aus der Welt der *Air Force*, wobei die emotionalen Belastungen der Piloten das vom Versagen der Technik verursachte menschliche Drama der Opfer und überlebenden Piloten dominieren. Bereits in seinem zweiten Buch erweist sich Salter als ein versierter avantgardistischer Autor, indem er – ähnlich wie Ned Calmer in *The Strange Land* – die neunzehn Kapitel von ständig wechselnden Ich-Erzählern in einer fragmentarisch anmutenden Erzählweise gleichsam in Monologen darbietet. Dem Experiment bleibt er auch in seinem dritten Roman, *A Sport and a Pastime* (1967), treu, der aus einer voyeuristischen Doppelgänger-Perspektive erzählten Beziehung des amerikanisch-französischen Liebespaares Dean und Anne-Marie, die als ein zwischen lyrischen und realistischen Farben oszillierendes Sittenbild des ausgehenden 20. Jahrhunderts angesehen werden kann. Das gilt auch für seinen wohl besten, Ende der fünfziger Jahre spielenden und Ende der neunziger Jahre reüssierenden Roman *Light Years* (1975), der minutiös den Alltag der in der *suburbia* in Harmonie und Wohlstand zerbröckelnden Mittelklassefamilie des Architekten Viri (Vladimir)

Berland, seiner Frau Nedra und ihrer Töchter Franca und Danny schildert, die sich schließlich in den Midlife-Krisen der beiden Partner, ihren Affären und der Scheidung in Nichts auflöst. Das beim Erscheinen zunächst kritisch aufgenommene Buch nimmt in mancher Hinsicht sowohl thematisch als auch, was die minimalistische, präzise Sprache und die von einer starken Dialogisierung bewirkte dramatische und episodale Struktur betrifft, vieles von dem voraus, was in den achtziger und neunziger Jahren als für diese Zeit charakteristisch angesehen werden kann. Zu Salters weiteren Werken zählen der Roman *Solo Faces* (1979), der Band *Dusk and Other Stories* (1981), darin so lesenswerte Erzählungen wie »Am Strande von Tanger«, »Burning the Days« oder »American Express«, die sich ebenfalls durch ihre klare parataktische Sprache und die für Salter bezeichnende Verbindung/Spannung von Lyrismen und absoluter Unsentimentalität als Stücke moderner Klassik auszeichnen. Die Autobiographie des erst kürzlich ›wiederentdeckten‹ Salter, *Burning the Days*, erschien 1997.

Kritik an den Konventionen und dem Konformismus jener Jahre ist auch das Anliegen des aus Ohio stammenden Dozenten und Übersetzers JAMES PURDY (*1923). Für den mit naturalistischen Mitteln Arbeitenden und Elemente der *gothic fiction* Einsetzenden, im Symbol Gestaltenden stehen die Entfremdung Jugendlicher, das Kleinstadtleben im Mittleren Westen und das Thema der Homosexualität im Zentrum seiner Prosa, Lyrik und Dramatik. Nachdem ihn mehrere Verlage abgewiesen hatten, verdankte er den (übrigens in England erfolgten) Druck seines Erstlings *63: Dream Palace* (1956) der Intervention der britischen Dichterin Edith Sitwell. Seitdem hat er eine Fülle von der Kritik kontrovers aufgenommener Romane und *Short story*-Sammlungen veröffentlicht. Bedeutsamer als die *short stories* (*Color of Darkness*, 1957; *Children Is All*, 1962; *The Candles of Your Eyes*, 1987, u. a.) ist der Roman *63: Dream Palace* mit der Schilderung der Ausbeutung der verwaisten Brüder Fenton und Claire nach ihrer Übersiedlung nach Chicago und der unter dem Einfluß von Drogen erfolgenden Erdrosselung Claires durch Fenton. Der zweite Roman, *Malcolm* (1959), präsentiert den jungen Titelhelden auf seiner pikaresk angelegten Vatersuche in einer Art von Initiationsreise, auf der er eigentlich nur lernt, daß es in dieser Gesellschaft nichts zu lernen gibt. Am Ende stehen die Einsamkeit, aber auch die zum Alptraum werdende Abwesenheit eines sinnvollen Daseins. Eine kaum noch zu übertreffende Zuspitzung erfährt dieser sozialkritisch getönte Symbolismus in dem Roman *The Nephew* (1960).

Hier plagen sich alle in einer Kleinstadt Ohios lebenden Charaktere mit einem – nur jeweils ihnen selbst bekannten – Unglück ab, wovon ihre Nachbarn nach Möglichkeit nichts wissen sollen. In den Gestalten der Geschwister Alma und

Boyd wird die individuelle Tragödie gleichsam sozial potenziert, als sie, um ihrem Leben Sinn zu geben, ihren Neffen Cliff aufziehen, um ihn dann im Koreakrieg zu verlieren. Als sie nun seinem Leben nachgehen, müssen sie erfahren, daß Cliff die ihm erwiesenen Wohltaten gehaßt und sich in Homosexualität ausgelebt hat. Almas späte Erkenntnis, daß wir uns alle gegenseitig weitgehend Fremde sind, ist das Urteil Purdys über die ihm feindlich erscheinende Welt.

Nach der Satire auf das Verlagswesen und das literarische Establishment, *Cabot Wright Begins* (1964), und der Geschichte eines bisexuellen Möchtegern-Poeten, *Eustace Chisholm and the Works* (1967), wendet er sich mit *Jeremy's Version* (1970) wieder den Problemen Heranwachsender in der Erwachsenenwelt zu, indem er das Leben der Familie Fergus aus der Sicht eines Fünfzehnjährigen darstellt. Auch in *The House of the Solitary Maggot* (1974) – die Handlung spielt in der Nähe des Heimatortes von Jeremy – geht es um Jugendliche, die allein durch ihre Existenz Opfer unverantwortlich handelnder Eltern sind. Von den späteren Romanen sind *Mourners Below* (1981), eine mit gotischen Elementen bestückte Geschichte der Familie Bledsoe, und *On Glory's Course* (1984) zu erwähnen, wo Adele Berington – inzwischen reich geworden – ihren einstmals unter dem Zwang der Verhältnisse zur Adoption freigegebenen Sohn sucht. Seine bislang letzten Erzählungen, *The Candles of Your Eyes* (1987), und der Roman *Garments the Living Wear* (1989) erfuhren eine geteilte Aufnahme, und manches spricht dafür, daß sich der Meister des schwarzen Humors und der beißenden Satire im Ausland einer höheren Wertschätzung erfreuen kann als zu Hause.

Sind Purdys Alma und Boyd trotz allen Ungemachs noch bemüht, ihrem Dasein einen Sinn abzuringen, so gestaltet der aus Pennsylvania stammende, an der *Harvard University* ausgebildete JOHN UPDIKE (*1932) in seinen »no hero-novels« Charaktere von allgemeiner Unrast erfaßter ›kleiner Leute‹, deren Kampf mit der ihnen undurchschaubar erscheinenden Welt sich in »pathetischen, impotenten Gesten« (Finkelstein) erschöpft.

Updike gilt als einer der bedeutendsten Autoren der amerikanischen Gegenwart. Sein überaus umfangreiches Œuvre umfaßt alle literarischen Gattungen. Die in siebzehn Editionen erschienenen Gedichte liegen in den *Collected Poems: 1953–1993* (1993) vor; zwischen *The Same Door* (1959) und *The Afterlife and Other Stories* (1994) veröffentlichte er etwa fünfundzwanzig *Short story*-Sammlungen, ein Dutzend Essaybände sowie die Romanbände *The Poorhouse Fair* (1959), *Rabbit Run* (1960), *The Centaur* (1963), *Of the Farm* (1965), *Couples* (1968), *Bech: A*

Book (1970), *Rabbit Redux* (1971), *A Month of Sundays* (1975), *Marry Me: A Romance* (1976), *The Coup* (1979), *Rabbit Is Rich* (1981), *Bech Is Back* (1982), *The Witches of Eastwick* (1984), *Roger's Version* (1986), *S.* (1988), *Rabbit at Rest* (1990), *Memories of the Ford Administration* (1992) und *Brazil* (1994).

Bereits in seinem ersten Roman, *The Poorhouse Fair*, in dem sich die alten Insassen eines Armenhauses gegen diskriminierende Formen des Sozialstaates auflehnen, läßt er die moderne Zivilisation als ein aller Menschlichkeit beraubtes Phänomen erscheinen, als eine entseelte Öde, die der amerikanischen Kleinstadt in den Romanen Sinclair Lewis' nahesteht. Sein zentrales Thema ist nach eigenem Bekunden »the American Protestant small town middle class«, der Verfall ihrer Ethik und die damit verbundene Auflösung bislang wirksamer Werte, die das Land groß gemacht haben. Dabei erweist er sich als ein durchaus religiös fundierter sozialkritischer Autor in der Tradition des psychologischen Realismus. Mit seinen vier »Rabbit«-Romanen, in denen er im Abstand von jeweils zehn Jahren die Befindlichkeit seines Protagonisten thematisiert, entwirft er ein eindrucksvolles Porträt des amerikanischen Durchschnittsbürgers auf dem Hintergrund der gesellschaftlichen Umbrüche seines Landes in der zweiten Hälfte des 20. Jahrhunderts.

Der Roman *Rabbit Run* – er erlebte 1964 und 1970 revidierte Ausgaben – konfrontiert uns mit dem sechsundzwanzigjährigen Harry »Rabbit« Angstrom, dessen Spitz- und Familiennamen für sich sprechen. Er war glücklich nur in jenen Jahren, da er als Basketball-Star seiner Schule brillierte. In Brewster hatte er Janice, eine Alkoholikerin, geheiratet, die sich wenig um ihren dreijährigen Sohn Nelson kümmert und auch sonst alles verkommen läßt. Rabbit sucht aus dieser Ehe in eine Beziehung zu Ruth, eine Frau zweifelhaften Rufes, zu fliehen, die ebenfalls ein Kind erwartet. Auch vor der nun anstehenden Entscheidung zwischen den beiden Frauen läuft er davon. An die Stelle von Liebe treten in diesem Beziehungsgeflecht unverbindlicher Sex und eine undefinierbare Panik angesichts drohender Verantwortung. *Rabbit Redux* spielt zehn Jahre später. Es ist die Zeit der Drogen, Hippies und Bürgerrechtsbewegungen. Harry ist zu Janice zurückgekehrt, die ihrerseits nun eigene Wege geht und Harry veranlaßt, sich einem Hippie-Mädchen und ihrer Gruppe zuzuwenden. Das Mädchen kommt beim Brand des Hauses um. Am Ende finden Harry und Janice in ihrem fortwährenden Ehekrieg wieder zueinander. Sie sind älter geworden, aber kaum reifer. Dieser Roman bietet über den *plot* hinaus gute Einblicke in die Geschehnisse und die Stimmungslage des Landes in der Ära der

Mondlandung, der Vietnam-Proteste und Rassenunruhen und deren Auswirkungen auf die ›Suburbia‹-Kultur.

Rabbit Is Rich führt uns in die Zeit der Carter-Administration, ins Jahr 1979. Harry ist nun sechsundvierzig Jahre alt und nach dem Tod des Schwiegervaters zum Erben und Manager eines Autohauses aufgestiegen. Damit ist er Mitglied der lokalen Hautevolee. In der Ehe arrangiert man sich. Lediglich in der Sorge um den fünfundzwanzigjährigen Sohn Nelson scheinen Generationsprobleme auf, die Schatten auf die trügerische Idylle werfen, in der sich eigentlich alles nur um die Pole Wohlleben und Sex dreht. Insofern hat die Bürgerrechtsbewegung keine positiven Folgen für diese WASPs gezeitigt.

Rabbit at Rest führt uns in die achtziger Jahre, die Reagan-Zeit, in jene Epoche, da AIDS und Computer das Land erneut tiefgreifend veränderten. Harry hat sich als typischer ›Babbitt‹ dieser Epoche nach Florida zurückgezogen – das Geschäft hat sein Sohn Nelson übernommen – und verbringt die Zeit ohne sichtbaren Sinn. Als Harry während eines Basketballspiels relativ früh an einem Herzinfarkt stirbt, wird er nicht nur Opfer seiner Lebensweise, sondern erleidet einen Tod, der für diese Gesellschaftsschicht ebenso typisch ist, wie es sein Leben war.

Dieses Weltbild wird abgerundet und punktuell vertieft in der Verknüpfung von Realismus und Mythologie in einem der ›Olinger‹-Romane, *The Centaur*.

Hier macht Updike am Beispiel des aus der Sicht seines fünfzehnjährigen Sohnes gezeichneten *High School*-Lehrers George Caldwell deutlich, daß es nicht geraten erscheint, der Gesellschaft wohlwollend und unvoreingenommen zu begegnen. Caldwell ist zu anständig für diese Welt; seine Arglosigkeit wird ihm immer wieder zum Verhängnis, bis er schließlich erkennt, daß seine Mitmenschen um eines Cents willen bereit sind, über Leichen zu gehen. »Das ist die Sorte Bastarde, mit denen ich mein ganzes Leben lang zu tun hatte. Sie sind zu gerissen für mich.« Updike parallelisiert die Charaktere des Romans mit Gestalten aus der Mythologie (Caldwell = Chiron usw.) und erreicht durch Abstraktion des geschilderten Kleinstadtlebens eine symbolische Universalität von bedrückender Eindringlichkeit.

Ähnlich düstere Perspektiven verheißen auch die Romane *Couples*, *Marry Me* oder *The Witches of Eastwick*, in denen Sex und Partnertausch für die Desintegration der Werte in dieser Epoche stehen. Zu erwähnen wären außerdem *Bech: A Book* und der ›Folge‹-Band *Bech Is Back*, die Geschichte des Lebens und Schaffens eines fiktiven jüdischen

Schriftstellers aus New York, seiner Reise in den Ostblock, seiner Affären und seines Aufstiegs zu schriftstellerischem Ruhm. Auch dieser Charakter, mit dem Updike der Frage nach der Rolle des Künstlers in der Gesellschaft nachgeht, ist in die Zeitgeschichte eingebunden und stellt damit neben seiner ästhetischen Komponente eine Art Zeitdokument dar.

Updike hat seine Gedanken von der Leere des Daseins äußerlich gut situierter Menschen in den Sammlungen *The Same Door* (1959), *Pigeon Feathers* (1962), *The Music School* (1966) und anderen ergänzt und weiter ausgeführt und sich auch in seinen Gedichten *The Carpetered Hen and Other Tame Creatures* (1958) oder *Telephone Poles* (1963) als sicherer Stilist empfohlen, wobei er sich in seinen Versen als Meister einer schlichten Komik erweist, die in seinen Romanen nicht immer so deutlich hervortritt.

Updike hat mit seinem Œuvre lange Wege zurückgelegt – vom traditionellen Realismus bis zu dessen Verbindung mit mystischen und magischen Elementen. Was alle seine Werke vermitteln, ist die Erkenntnis, daß die Welt um den modernen Menschen leerer geworden ist. Die Kritik erkennt in diesem Werk »the heroic void of ordinary life«. Das alles trifft zu, doch wer wirklich hinschaut, findet in diesen Romanen auch die Gründe für die Ursachen der Leere dargestellt, womit Updike – ungewollt vielleicht – Hinweise gibt, wie diese Leere zu füllen wäre. Schließlich ist er im Grunde ein christlich denkender Autor.

Auf ähnliche Panoramen und Porträts stoßen wir in dem umfangreichen Werk der aus dem Staate New York stammenden, in Wisconsin ausgebildeten und schließlich als Professorin in Princeton lehrenden JOYCE CAROL OATES (*1938), die 1964 mit dem Roman *With Shuddering Fall* die literarische Bühne betrat und bislang – zum Teil unter dem Pseudonym ROSAMOND SMITH – über dreißig Romane, fast fünfundzwanzig *Short story*-Bände, über ein Dutzend Lyrik-Sammlungen, zwanzig Bühnenstücke und viele Essay-Bände veröffentlicht hat und damit ein großes Publikum erreichte. Ihre Prosa steht in der Erzähltradition des 19. Jahrhunderts; zu ihren Vorbildern zählen Charles Dickens, Joseph Conrad und Anthony Trollope. Ihr Credo lautet: »I am concerned with only one thing: the moral and social conditions of my generation.« Um die damit verknüpften Ziele zu erreichen, nutzt sie alle Genres und Ansätze vom klassischen Realismus bis zur Parodie, vom Gedicht bis zum Essay. Als sozial engagierte und moralischen Maximen verpflichtete Autorin spürt sie den Widersprüchen ihrer Zeit und Umwelt nach, den Desintegrationsfaktoren einer Gesellschaft, in der sie in der zu Sex verkommenen Liebe, in Drogen, Gewalt und Korruption die das Individuum entfremdenden und verformenden Kräfte diagnostiziert. Den Durchbruch erzielte sie mit ihrem vierten Roman *them* (1969), der das Leben der Familie Wendall im Detroit der *Depression* schildert, in dessen Zentrum die Protagonistin Maureen steht. Dieser Roman gilt als »a work of history in fictional form« und ist der letzte Band einer sich aus den vorher erschienenen Romanen *A Garden of Earthly Delights* (1967), der die Armen schildert, und *Expensive People* (1968), der das Leben der Reichen thematisiert, konstituierenden Trilogie.

Viele ihrer Romane zielen kritisch auf spezielle Bereiche des Lebens jener Epoche. So analysiert *Wonderland* (1971) die Welt der Mediziner, *Do with Me What You Will* (1973) thematisiert das Rechtswesen, *The Assassins: A Book of Hours* (1975) legt die Korruption in Washington, D. C., bloß, *Son of the Morning* (1978) setzt sich mit Problemen der Religion auseinander, und *Unholy Loves* (1979) beschäftigt sich mit der Welt der Akademia. Ihre späteren Romane, etwa *Bellefleur* (1980), *A Bloodsmoor Romance* (1982) oder *Mysteries of Winterthurn* (1984), greifen die bereits in *them* anklingende Neigung zur *gothic fiction* wieder auf. *Marya: A Life* (1986) und *You Must Remember This* (1987) gewähren auf Grund starker autobiographischer Elemente gute Einsichten in ihr Werden und Wesen als Interpretatorin ihrer Epoche. In den während der neunziger Jahre erschienenen Büchern greift sie immer wieder in die Geschichte der fünfziger und sechziger Jahre zurück, etwa in das Leben der Mittelschicht (*American Appetites*, 1989), die Rassenunruhen (*Because It Is Bitter, and Because It Is My Heart*, 1990), den fatalen Unfall Senator Edward Kennedys, dem eine Sekretärin zum Opfer fiel (*Black Water*, 1992), oder den Feminismus der fünfziger Jahre (*Foxfire: Confessions of a Girl Gang*, 1993). Ihre *short stories* gehören zum Besten, was diese Dekaden hervorgebracht haben. Auch die oft anthologisierte Erzählung »Where Are You Going, Where Have You Been?« muß erwähnt werden, in der sich die sexuelle Erweckung der fünfzehnjährigen Connie durch einen älteren Mann in einer Welt zwischen realistischer Wahrnehmung und allegorischer Traumwelt vollzieht, oder die der *gothic fiction* nahestehenden Erzählungen »Thanksgiving« und »Martyrdom« des im Titel an Poe erinnernden Bandes *Haunted, Tales of the Grotesque* (1994). Die Neigung zum ›Düsteren‹ hat ihr den Vorwurf des Pessimismus eingebracht, dem sie mit der Bemerkung begegnete: »No writer is a pessimist; the very act of writing is an optimistic art. I think of it primarely as a gesture of sympathy.«

In vielem Joyce Carol Oates nahe stehen Absichten und Werk des aus New Hampshire stammenden Englischprofessors und Trainers JOHN IRVING (*1942), dessen Stoffe sich durch eine Mischung von Komik und Tragik auszeichnen. Auch er orientiert sich an Autoren und Formen des 19. Jahrhunderts und bekennt, er wolle den Leser vor allem unterhalten: »I really am looking up on the novel as an art form that was at its best when it was offered as a popular form.« In diese Form kleidet er seine moralischen Anliegen, in Bilder der zeitgenössischen Gesellschaft, deren Zelle – die

Familie – durch Sex, Gewalt und Entfremdung Gefahr läuft zu zerfallen. Seine ersten Romane, *Setting Free the Bears* (1969), die Geschichte zweier Motorradfahrer und ihres Trips durch Österreich, *The Water-Method Man* (1972) über die Pechsträhne eines Studenten und der Partnertausch-Roman *The 158-Pound Marriage* (1974), fanden kaum mehr als freundliche Aufnahme. Dies änderte sich mit dem Roman *The World According to Garp* (1978), den Irving »an artfully disguised soap opera« nannte und der schnell zu einer Art Kultbuch wurde. Es ist eine eher komische als tragische Geschichte des von der Schwester Jenny Fields und einem auf den Tod verletzten Soldaten in einem Lazarett gezeugten Sohnes, dem Jenny die Initialen T. S. nach dem Dienstrang des Vaters (Technical Sergeant) und den Namen – Garp – nach dem Geräusch gibt, das der Sterbende gerade noch hervorzustoßen in der Lage war. Während die Mutter eine führende Frauenrechtlerin wird, steigt Garp mit dem Roman *The World According to Bensenhaver* zu schriftstellerischem Ruhm auf, nachdem er seine Familie bei einem Autounfall teils getötet, teils verstümmelt hat. Schließlich werden Mutter Jenny und Sohn Garp sinnlos ermordet; was bleibt, sind die ›Reste‹ dieser Familie und die von den beiden Toten in Wort und Tat hinterlassenen Vermächtnisse. Die Wirkung dieses Buches hat Irving mit den späteren Romanen *The Hotel New Hampshire* (1981), *The Cider House Rules* (1985), *A Prayer for Owen Meany* (1989), *A Son of the Circus* (1994), *Trying to Save Piggy Sneed* (1996) oder *A Widow for One Year* (1998), in denen die Absicht Irvings, seine Leser vor allem zu unterhalten, stärker in den Vordergrund tritt, nicht wiederholen können.

Zu den bekanntesten Vertretern des in der Tradition der *novel of manners* stehenden modernen Gesellschaftsromans zählt der durch Eliteschulen und Yale gegangene Sohn eines erfolgreichen New Yorker Anwalts LOUIS AUCHINCLOSS (*1917). Nach Kriegsdienst in der Marine und Jurastudium arbeitete er bis 1986 in einer Anwaltspraxis und wurde so zu einem guten Interpreten der New Yorker Geldaristokratie, als deren bester literarischer Kenner er gilt. Dieser Welt hat er über fünfzig Bücher gewidmet, die Hälfte davon Romane, über ein Dutzend *Short story*-Bände sowie Essay-Sammlungen, in denen er sich unter anderem mit seinen Vorbildern Marcel Proust, Henry James, Edith Wharton, Ellen Glasgow, Anthony Trollope, aber auch mit Henry Adams und F. Scott Fitzgerald auseinandersetzt. Die Kritik nannte Auchincloss »the Anthony Trollope of America's Mayflower set«, und tatsächlich stellt er das Leben der New Yorker WASP-Oberschicht von der Kolonialzeit bis zur Gegenwart auf den Prüfstand. Im Zentrum seiner ›Analysen‹ steht die Familie als der von den Zeitläuften und den Emanzipations-Strömungen bedrohte Nukleus einer bröckelnden Gesellschaft. Viele seiner Romane – er betrat 1947 unter dem Pseudonym ANDREW LEE mit *The Indifferent Children* die literarische Szene – behandeln mehrere Generationen, zum Beispiel *The House of Five Talents* (1960) die Zeit zwischen 1873 und 1948 oder *Portrait in Brownstone* (1962), wo das Schicksal der Familie Denison von etwa 1900 bis zur Gegenwart geschildert wird.

Zu seinen besten Romanen zählen jene, in denen er mit an Henry James erinnernden Porträts aufwartet, etwa in *The Rector of Justin* (1964) mit der Charakterstudie des Schulleiters Francis Prescott oder in *The House of the Prophet* (1980) mit der offensichtlich dem bekannten Publizisten Walter Lippman nachempfundenen Figur des Felix Leitner. Zeitlich ist bei ihm der Bogen weit gespannt. Er reicht, wie in *The Book Class* (1984), weit in die Vergangenheit und hat – etwa in *Diary of a Yuppy* (1987) – mit dem Protagonisten Robert Service Raum für einen Charakter des ausgehenden 20. Jahrhunderts. Von den Büchern seines Spätwerks verdient der Roman *Honorable Man* (1986) besondere Aufmerksamkeit. Der Autor sagt, er enthalte seine »ultimate explanation of the puritan ethic in our time«. Das Ergebnis ist ein auf unpolitische Weise politisches Buch – was man auch vom Gesamtwerk sagen kann –, in dem der der behandelten Gesellschaft drohende moralische Tod eine zentrale Rolle spielt. Die auf diese Weise gesammelte Erkenntnis faßt der Autor in dem Satz zusammen: »I used to say to my father, ›Everything would be all right if only my class at Yale ran the country.‹ Well, they did run the country during the Vietnam War and look what happened ...« Einen guten Zugang zu seiner Kurzprosa vermitteln *The Collected Stories of Louis Auchincloss* (1994).

Auf eine stärkere Tendenz zum Naturalismus trifft man in den *short stories* und Romanen des in Brooklyn geborenen HUBERT SELBY (*1928), der seine *High School* nicht abschloß, 1944–1946 als Matrose bei der Handelsmarine diente und sich 1964 der Literatur zuwandte. Seine *short stories Last Exit to Brooklyn* (1964), wo er, wie er sagt, »the horrors of a lovely world« beschwört, machten ihn bekannt. Es ist eine Welt voller Prostitution, Drogenabhängiger, Krimineller, Vergewaltiger und Homosexueller, dargestellt in einer Weise, daß man den Band in Großbritannien als pornographisch einstufte, verbot und Selby als einen »poet of decline« bezeichnete. Auch die folgenden Romane, *The Room* (1971), die Bewußtseinsstrom-Erzählung eines inhaftierten Kriminellen, und *Requiem for a Dream* (1978), die Geschichte eines Drogensüchtigen, sowie die Erzählungen *Song of the Silent Snow* (1986) bieten schockierende Bilder einer Welt der Schrecken, die der Autor zu einem guten Teil selbst durchschritten hat.

Ähnlich authentisch wirken die Werke des aus der Arbeiterklasse kommenden, in Albany in einer irisch-amerikanischen Familie geborenen Journalisten WILLIAM KENNEDY (*1928), der seit 1983 als Englischprofessor lehrt. Er hatte 1963 bei Bellow studiert, der ihn auch ermutigte zu schreiben. Bekannt wurde er zunächst als Journalist, während seine frühen Romane anfangs recht unbeachtet blieben. Erst als

Saul Bellow dafür gesorgt hatte, daß der vorher mehrfach von Verlagen abgelehnte Roman *Ironweed* (1983) erscheinen konnte, erinnerte man sich seiner zuvor erschienenen »Albany«-Romane *The Ink Truck* (1969), *Legs* (1975) und *Billy Phelan's Greatest Game* (1978). *Quinn's Book* (1988) führt zurück in das Albany vor dem Bürgerkrieg und bildet den Auftakt eines Zyklus um den Erzähler Daniel Quinn, in dem Schilderungen der Stadt, ihrer Menschen und ihrer Kultur seit den Jahren der *Depression* durch blutige und gewaltsame Episoden aus dem 19. Jahrhundert ergänzt werden. Kennedy rundet seine »Albany«-Romane mit dem Sachbuch *O Albany!: An Urban Tapestry* (1983) ab. Obgleich er sich thematisch fast ausschließlich auf seine Heimatstadt konzentriert, überschreitet er mit diesen Romanen die Grenze der Regionalkunst insofern, als es ihm gelingt, die Geschehnisse dieser Stadt als Paradigmen für die aller vergleichbarer amerikanischer Städte erscheinen zu lassen.

Unter den vornehmlich mit traditionellen Mitteln gestaltenden Autoren jener Jahre nimmt der intellektuelle ›Globetrotter‹ und Lehrer PAUL THEROUX (*1941) eine Sonderstellung ein. Er stammte aus einer armen, kinderreichen Arbeiterfamilie, wuchs in Massachusetts auf, studierte an neuenglischen Universitäten, trat dem *Peace Corps* bei und lehrte danach Englisch in Italien, Malawi, Uganda und Singapur. Später lebte er hauptsächlich in Großbritannien. Wirklich bekannt wurde er, der 1967 mit dem Roman *Waldo* einen ersten Achtungserfolg erzielt hatte, mit seinen Reisebüchern. Zwischen dem ersten, *The Great Railway Bazaar* (1975), und *The Pillars of Herkules: A Grand Tour of the Mediterranean* (1995) sind ein Dutzend erschienen, womit er gleichsam in die Fußstapfen Mark Twains tritt. Mit diesem Erfolg lenkte er die Aufmerksamkeit auf seine inzwischen ebenfalls zahlreichen Romane und vier *Short story*-Sammlungen. Seine Fiktionen sind das Ergebnis der von ihm im Ausland gesammelten Erfahrungen. *Fong and the Indians* (1968), *Girls at Play* (1969) und *Jungle Lovers* (1971) führen den Leser in das postkoloniale Afrika mit seinen kulturellen Verwerfungen und in die auf die alte Ausbeutung folgenden neuen. Das Zusammenleben von Schwarzen, Asiaten und Weißen und die sich daraus ergebenden Kulturkonflikte sind das Material, aus dem Theroux seine reiche Palette farbiger Charaktere und bewegter Handlungen zusammenstellt. Mit *Saint Jack* (1973), dem bisher wohl besten Roman Theroux', einer in Singapur spielenden Satire auf die Korruption der postkolonialen Zeit, begegnen wir in dem Protagonisten Jack Flowers einem Individuum, das sich als Autor deshalb nicht verwirklichen kann, weil für ihn das Leben in zunehmendem Maße zur Schinderei wird. *The Black House* (1974) und die beiden kurzen Romane *The Family Arsenal* (1976) und *Half Moon Street* (1984) spielen im ländlichen England und den Slums von London. Seine bislang letzten Romane *Chicago Loop* (1991), *Millroy the Magician* (1994) und andere erweitern den Ausblick ihres Autors, ohne jedoch den

Aussagen der früheren Bücher wesentliche neue Aspekte hinzuzufügen. Inzwischen wird er oft mit Joseph Conrad, Graham Greene, Somerset Maugham und Waugh verglichen, sogar Henry James wird bemüht. Dabei wird er eher als konservativer Brite denn als ein moderner amerikanischer Autor empfunden, dessen konventioneller Realismus mit seinen zuweilen durchaus romantischen und melodramatischen Einsprengseln wenig Raum für kompositorische Innovationen läßt.

Einen besonderen Akzent setzte in den fünfziger Jahren der in New York als Sohn einer irischen Einwandererfamilie geborene J. P. DONLEAVY (*1926), der nach dem Krieg in das Land seiner Väter zurückkehrte und 1967 die irische Staatsbürgerschaft annahm. Er hatte Amerika den Rücken gekehrt, da er es für »a country corrosive of the spirit«, ein Land von »big greed, big lust, big envy« hielt, »where your media mezmerized brain shuts off when the media does«. Kurzum, er meinte, dieses Land hätte ihn umgebracht, wenn er nicht die Flucht ergriffen hätte. Er betrat die literarische Bühne mit einer Provokation, dem Roman *The Ginger Man* (1955), den fünfundvierzig Verleger als zu schmutzig, skatologisch und obszön abgelehnt hatten, ehe er durch Vermittlung von Brendan Behan in Paris erscheinen konnte und sogleich ein *underground*-Klassiker wurde. Es ist die Geschichte des Ex-GI Sebastian Dangerfield, gekleidet in schwarzen Humor und so komponiert, daß der Protagonist durch den Wechsel der Erzählperspektive sowohl als Objekt als auch als Subjekt in der Fabel steht. Die bemerkenswerte Publikationsgeschichte dieses Romans hat Donleavy in *The History of the Ginger Man* (1994) niedergeschrieben. Den Erfolg seines Erstlings konnte Donleavy in seinen folgenden Romanen – *A Singular Man*, 1963; *The Saddest Summer of Samuel S.*, 1966; *The Beastly Beatitudes of Balthazar B.*, 1968; *The Onion Eaters*, 1971; *The Destinies of Darcy Dancer, Gentleman*, 1977; *Schultz*, 1979, und dessen Folgeband *Are You Listening Rabbi Löw*, 1987; *Leila*, 1983; *That Darcer, That Dancer, That Gentleman*, 1990 u. a.; einige davon hat er erfolgreich dramatisiert – nicht wiederholen. Die in diesen Romanen agierenden Figuren sind pessimistisch, entfremdet, eingetaucht in eine Melancholie, die selbst in den von Donleavy immer wieder bemühten Slapstick-Szenen bitter erscheinen. Sie sind zwar auf der Suche nach einer besseren Welt, haben als Außenseiter aber keine echte Perspektive.

Es wird zu Recht darauf hingewiesen, daß die sich aus dem amerikanischen Engagement in Vietnam und dessen Verlauf ergebenden Traumata tiefe Narben im Selbstbewußtsein der Nation hinterlassen haben. Dies wird besonders deutlich in der diesen Krieg und seine Folgen thematisierenden Literatur, die, was den seriösen amerikanischen Kriegsroman betrifft, neue Akzente setzt. War der Zweite Weltkrieg im Bewußtsein der meisten Amerikaner noch ein ›gerechter‹ Krieg, so ist die öffentliche Meinung hinsichtlich des Vietnamkrieges geteilt. Auch diesem Krieg ist eine Flut von Texten gewidmet, deren Qualität von ›Landserlektüre‹ bis hin zu Werken reicht, die eine gute Chance haben, in die Literaturgeschichte einzugehen. Fast alle stammen von Augenzeugen, die sich einer Leserschaft bewußt waren, der die Realität Vietnams Tag für Tag per Fernsehen unzensiert ins Haus flimmerte. Das Fernsehbild hatte natürlich Auswirkungen auf die Printmedien und die fiktionale Verarbeitung des Themas. Kennzeichnend für diesen Wandel ist MICHAEL HERRs (*1940) Band *Dispatches* (1968). Vordergründig handelt es sich um etwas Reportagehaftes. Das Geschehen wird in eine vermeintlich objektive Berichtsform gegossen, die der Tendenz zur *documentary novel* nahesteht und keinen Raum mehr für den zentralen Charakter hat. Die in der Szene agierenden GIs repräsentieren, wie in Romanen zum Zweiten Weltkrieg, einen Querschnitt der amerikanischen Bevölkerung und verrichten auf Befehl einen *job*. Was bei Herr bleibt, sind eindringliche Impressionen, die uns kaleidoskopartig mit allen Formen von Kampf, Aktionen und Angst konfrontieren, die diesem Krieg, in dem die GIs den Gegner kaum je zu Gesicht bekommen, eigen sind. Bei Herr sind die Soldaten Opfer, ›Un-Helden‹, denen er freilich einen bislang höchstens einmal bei Mailer aufscheinenden Zug des ›Täters‹ hinzufügt. Damit nehmen seine Protagonisten eine bisher im amerikanischen Kriegsroman kaum zu findende neue Qualität an. Einen guten Beleg für diese These bietet der eher traditionell komponierte Roman *Fields fo Fire* (1978) des in diesem Krieg hochdekorierten Offiziers JAMES WEBB (*1946), in dem zwei dem Text vorangestellte *statements* den ›neuen‹ Weg weisen: einerseits die Aussage »I would like to reaffirm my undying pride in having been a part of that anomalous insanity embodied in the word ›Marine‹« und andererseits die Widmung für die Gefallenen »And for the others who became causalties upon their return«.

Auf diesem Hintergrund stehen auch die Protagonisten der Werke des aus Minnesota stammenden TIM O'BRIEN (*1946), der neben dem die Angst und den Zynismus seiner Generation im Zeitalter der atomaren Bedrohung reflektierenden Roman *The Nuclear Age* (1985) mit *If I Die in the Combat Zone* (1969), *Going After Cacciato* (1975) und *The Things They Carried* (1990) sowie dem nun nicht mehr in Vietnam spielenden Roman *In the Lake of the Woods* (1994) ein beachtliches Œuvre zum Thema Vietnam vorlegt. Bereits in seinem ersten Vietnam-Buch, in dem der Autor auch als Erzähler fungiert, haben wir es mit einem Text zu tun, den wir im Sinne Federmanns als ›self-reflecting‹ bezeichnen dürfen und in dem O'Brien nur ein Jahr nach dem von ihm sehr geschätzten Herr in sein sich zwischen Traum und Realität bewegendes Vietnam-Bild dessen Opfer-Täter-Image der Protagonisten aufnimmt. In *If I Die in the Combat Zone* avanciert der Täter-Komplex zu einem Phänomen der amerikanischen Gesellschaft schlechthin, wenn es eingangs heißt: »To understand what happens among the mine fields of My Lai, you must know something about what happens in America.«

Dieses Schuldbewußtsein wirkt in die reale Welt der Protagonisten, aus der sie – gemäß dem Motto von *Going After Cacciato* »Soldiers are dreamers« – wo immer möglich zu entfliehen suchen. Das gilt auch für Paul Berlin, die zentrale Figur dieses Romans, die einerseits – wie O'Briens Hemingway-Vorbilder – unbarmherzig mit der Realität konfrontiert wird, andererseits aber mit der (angeblichen?) Desertion, Flucht und Verfolgung Cacciatos durch Tunnel, über Laos, Indien, Teheran und durch Hessen nach Paris aufbricht in eine surreale Vorstellungswelt à la Yossarian, die sich am Ende jedoch nur als Traum oder Tagtraum erweist. Er steht schließlich noch oder wieder dort, wo er die Verfolgung Cacciatos aufnehmen sollte. O'Brien präsentiert einen Protagonisten, dessen Befindlichkeit weder in der realen noch in der Traumwelt viel mit ›Heldentum‹ zu tun hat. Auch er ist Opfer und Teilhaber an der Täterschaft in beiden Welten und muß am Ende aller physischen wie psychischen Marter erkennen, daß er nichts bewegt hat.

Was diesen vorerst letzten Protagonisten-Typus des Kriegsromans von den vorherigen unterscheidet, sind die Betroffenheit und das Bewußtsein, Schuld auf sich geladen zu haben – das Wissen, daß in einer solchen Grenzsituation die Position des Opfers gleichsam automatisch in die des Täters hinübergleitet. Wie stark diese Erkenntnis Tim O'Brien beschäftigt, macht er in dem zwanzig Jahre nach Vietnam erschienenen Roman *In the Lake of the Woods* einmal mehr deutlich, wo der Politiker und Vietnamveteran John Wade fast zwanzig Jahre nach Ende des Krieges von seiner Opfer-Täter-Rolle eingeholt wird – und dadurch seine politische Karriere ein Ende findet. Vieles spricht dafür, daß der Täter-Aspekt eine direkte Folge der Erkenntnis weiter Kreise der amerikanischen Öffentlichkeit und mithin vieler Autoren war, daß man in Vietnam nicht so eindeutig auf der richtigen Seite gestanden habe wie in den voraufgegangenen Kriegen. So erklärt sich auch eine Reihe von fiktionalen Texten, die sich mit »casualties upon their return« beschäftigen. Hier sei nur auf den bereits erwähnten Roman *In Country* von Bobby Ann Mason verwiesen, der Bruce Springsteens »I'm ten years burning down the road / Nowhere to run ain't got nowhere to go« (»Born in the USA«) als Motto aufgreift und so das inhaltlose, ausgegrenzte sowie von Traumata und Drogen zerstörte Leben von Vietnamveteranen thematisiert.

Noch bedrückender ist das von LARRY BROWN (*1951) in *Dirty Work* (1989) gezeichnete Bild. In diesem an DALTON TRUMBOs (1905–1976) am Vorabend des Zweiten Weltkrieges entstandenen Roman *Johnny Got His Gun* (1939) erinnernden Text begegnen wir fünfzig Jahre später und zweiundzwanzig Jahre nach Vietnam in einem Hospital zwei ›Helden‹ dieses Krieges, dem aus Mississippi stammenden Schwarzen Braiden Chaney und dem Weißen Walter James. Braiden ist nur noch ein Torso, er ließ seine Arme und Beine, Walter sein Gesicht in Vietnam »along with other more vital parts of themselves«. Zwei hilflose Reste von Menschen, in denen nur noch das Denken funktioniert, sind die traurigen Überbleibsel dessen, was man einst aussandte, mutig zu kämpfen, zu sterben oder als ›Helden‹ heimzukehren. Der Autor dieses vorerst letzten ›Helden‹-Bildes in der amerikanischen Kriegsliteratur ist 1951 geboren, während des Vietnamkrieges aufgewachsen und hat 1970 bis 1972 bei den *Marines* gedient.

Das ›Helden‹-Bild und seine Mutation vom strahlenden Jüngling Coopers über den zunächst von Heldentaten träumenden Bauernjungen Cranes, die von Neugier getriebenen und schließlich desillusionierten Angehörigen der *lost generation*, den Idealisten Robert Jordan, die *tough boys* des Zweiten Weltkrieges, die Opfer-Täter bis hin zu den über Jahrzehnte in Hospitälern entsorgten Opfer-Täter-Torsos des Vietnamkrieges demonstrieren beeindruckend den Wandel, den das amerikanische Heldenbild in knapp zweihundert Jahren erfahren hat. Stand am Beginn noch der Dualismus Gut-Böse, so ist dieser derzeit faustisch aufgehoben in der Figur des *victim* als *victimizer* oder *vice versa*, die am Ende auch physisch jede menschliche Kontur verliert.

Zu den Autoren, die mit ihren ästhetischen Auffassungen zu einem guten Teil im traditionellen psychologischen Realismus oder im Naturalismus des ausgehenden 19. Jahrhunderts oder der dreißiger Jahre des 20. wurzeln, zählt eine Reihe von Schriftstellern jüdischer Abkunft, deren ›literarische Assimilation‹ zum Teil einen solchen Grad erreicht zu haben scheint, daß sie sich entweder selbst – wie etwa Norman Mailer oder Irwin Shaw – dem *mainstream* zurechnen oder diesem von der Kritik zugeordnet werden. Was könnte zum Beispiel »amerikanischer«, mehr *mainstream* sein als die Baseball-Romane des jüdischen Schriftstellers MARK HARRIS (*1922; u. a., aber auch *The Goy*, 1970)? Der nach dem Krieg immer wieder zitierte Hinweis LUDWIG LEWISOHNs (1882–1955), ein jüdisches Buch sei jüdisch, wenn der Autor sich seines Jüdischseins bewußt sei, bietet keine gute Basis dafür, die Literatur amerikanischer Juden ähnlich wie die der Afroamerikaner und anderer Minderheiten gesondert zu behandeln (und sie damit in ein Ghetto zu verweisen). Natürlich gibt es auch afroamerikanische Autoren, deren ethnische Herkunft weitgehend hinter ihren Romanen verschwindet, etwa bei dem Unterhaltungsautor FRANK YERBY (1916–1991; u. a. *Goat Song. A Novel of Ancient Greece*, 1967).

Als ›jüdischer‹ Autor – im strengen Sinn des Wortes – ist der in Polen geborene, 1935 in die USA eingewanderte ISAAC BASHEVIS SINGER (1904–1991) zu nennen, der sich nicht nur des Jiddischen als Literatursprache bediente, sondern seine Fabeln – und auch damit läßt er sich kaum als ›amerikanischer‹ Schriftsteller einordnen – auf den Hintergrund des Judentums seiner polnischen Heimat stellte (*Satan in Goray*, 1935, engl. 1955; *The Family Moskat*, 1950; *The Estate*, 1969; *Scum*, 1991, u. a.). Besonders hervorzuheben ist seine Kurzprosa, etwa die Sammlung *Gimpel the Fool*

(1957) in der Übersetzung Saul Bellows. Seine *Collected Stories* erschienen 1982 in einer englischen Ausgabe.

Der derzeit bedeutendste Autor jüdischer Herkunft, der in der vom Krieg bedingten Umbruchphase die literarische Bühne der USA betrat, ist der 1976 mit dem Nobelpreis für Literatur ausgezeichnete SAUL BELLOW (*1915).

Er wurde als Sohn russisch-jüdischer Immigranten in Lachine (Kanada) geboren und kam als Neunjähriger mit den Eltern nach Chicago, wo er eine gute Schulbildung genoß. Er studierte in Chicago und an der *Northwestern University*, brach aber sein Studium der Anthropologie an der *University of Wisconsin* 1937 ab. Dazu bemerkte er später: »Every time I worked on my thesis, it turned out to be a story.« Bis zum Beginn seines Dienstes in der Handelsmarine (1944/45) arbeitete er u. a. am *WPA Writer's Project*, wo er Autoren-Biographien schrieb, und im Verlagswesen. 1946 begann er an der *University of Minnesota* eine akademische Karriere, die ihn als Professor und Gastprofessor an mehrere in- und ausländische Universitäten führte. Sein literarisches Werk, an dessen Beginn der Roman *Dangling Man* (1944) steht, enthält neben Bühnenstücken (*The Wrecker*, 1954; *Under the Weather* – drei Einakter –, 1965; *The Last Analysis*, 1965) eine große Anzahl von Essays und editorialen Arbeiten, besonders Romane und Kurzprosa. Seine Romane *The Victim* (1947), *The Adventures of Augie March* (1953), *Seize the Day* (1956), *Henderson the Rain King* (1959), *Herzog* (1964) und *Mr. Sammler's Planet* (1970) sind introspektiv konzipiert, traditionell ausgeführt und stehen dem Weltbild Kafkas nicht fern. In den späteren Romanen *Humboldt's Gift* (1975), *The Dean's December* (1982), *More Die of Heartbreak* (1987), *A Theft* (1989) und *The Bellarosa Connection* (1989) oder in der von dem Ich-Erzähler Harry Trellman in *The Actual* (1997) vertretenen Hoffnung, daß es nie zu spät ist, um Versäumtes nachholen zu wollen, gewinnen die zum Teil autobiographisch begründete Thematik des jüdischen Intellektuellen im amerikanischen Umfeld sowie essayistische Züge weiter an Raum. Seine besten *short stories* finden sich in den Sammlungen *Mosby's Memoires* (1968), *Him with His Foot in His Mouth* (1984) und *Something to Remember Me By* (1991). Des weiteren ist auf den Band *To Jerusalem and Back* (1976) – in dem sein Verhältnis zum Judentum und zu Israel deutlich wird – sowie seine vielen Essays, deren wichtigste in *It All Adds Up* (1994) zusammengefaßt sind, hinzuweisen.

Für Bellow ist der Roman »a momentary stay against confusion«. Und er fügt hinzu: »I feel that art has something to do with the achievement of stillness in the midst of chaos.« Eben diesem Chaos wird der siebenundzwanzigjährige Intellektuelle Joseph in *Dangling Man* ausgeliefert, als er, seiner Lebensplanung verlustig gehend, mit der Einberufung zur Armee rechnen muß. In seinem Tagebuch, das die Zeit vom 15. Dezember 1942 bis zum 9. April 1943 abdeckt, hält Joseph die Zeit des Wartens fest, die eine Zeit des Ringens mit sich selbst ist, eine Zeit des In-der-Luft-Hängens. Schließlich ist er aber davon überzeugt, daß es die Aufgabe eines Menschen ist, nicht sein Los abzuwarten, sondern sein Schicksal in freier Willensentscheidung selbst zu gestalten. Josephs Erkenntnis – und damit unterscheidet er sich von Updikes Rabbitt – lautet: »I must know what I myself am.«

Nicht die äußere Handlung ist hier von Belang, sondern die Reflexion des Geschehens, wie sie ihren Niederschlag im Tagebuch findet. Ähnlich verhält es sich in *The Victim*, einer Allegorie auf den Antisemitismus. Hier wird Asa Leventhal von dem ›Arier‹ Albee zu Unrecht beschuldigt, ihm die Karriere zerstört zu haben. Obgleich Asa weiß, daß Albee ein fragwürdiger Charakter ist, fühlt er sich in die von ihm nicht zu vertretende Angelegenheit verstrickt und beginnt, über die von ihm nicht zu akzeptierende Schuld bedrückt nachzugrübeln.

Mit *The Adventures of Augie March* löste sich Bellow bis zu einem gewissen Grad von den den ersten beiden Romanen zugrunde liegenden Mustern und demonstrierte nun an der Titelgestalt die amerikanische Idee von der »Jagd nach dem Glück« unter den Bedingungen der modernen Massengesellschaft. Es ist ein pikaresk angelegter Bildungsroman, ein affirmatives Buch. Es zeichnet die Wanderung des jungen Augie March von Chicago über Mexiko und die African Sea nach Paris und die Wandlung vom Jüngling zum reifen Ehe- und erfolgreichen Kaufmann, der frei und optimistisch einer bösen Umwelt trotzen kann. Von diesem Optimismus ist in dem drei Jahre später erschienenen Roman *Seize the Day* wenig zu spüren. Die Geschichte des Versagers und ›Anti-Helden‹ Tommy Wilhelm, dem alles unter den Händen zerbricht und der am Ende von einem schillernden Psychologen und Ersatzvater um die letzte Habe gebracht wird, ist das düsterste Buch des Autors und kontrastiert mit dem folgenden, *Henderson the Rain King*, einem pikaresken Roman voller Komik, in dessen Mittelpunkt der vor der Zivilisation nach Afrika flüchtende fünfundfünfzigjährige Millionär und Titelheld steht, ein Don Quixote unserer Tage auf der Suche nach neuen Lebensinhalten.

Den ersten Höhepunkt seines Werkes schuf Bellow mit dem Roman *Herzog*.

> Es ist die Geschichte eines bekannten und begabten jüdischen Hochschullehrers, der in seinem vierzigsten Lebensjahr erkennt, daß ihm das Leben nach zwei gescheiterten Ehen und unendlichen wissenschaftlichen Mühen absolut nichts mehr zu geben hat. Am Rande des Selbstmordes stehend, lehnt er psychiatrische

Hilfe ab, da sich seiner Meinung nach hinter Begriffen wie ›normal‹ und ›gesund‹ keine echten Werte verbergen, sondern das höchst suspekte Urteil der konformistisch denkenden Masse, dessen einziger Maßstab die Anpassungsfähigkeit des Individuums an die jeweils gängige Konvention ist. Moses Herzog aber setzt Wahrheit und subjektives Empfinden gleich, und da er davon überzeugt ist, daß es in der Natur der Massengesellschaft liegt, nicht nach dem letzten Sinn des Lebens zu forschen, bleibt ihm nur noch der Rückzug in die Isolation seines Landhauses und in sich selbst. Die Intensität seines Ringens um ein neues Selbstverständnis wird in seinen – nie abgeschickten – Briefen an Freunde, Feinde, Philosophen oder gar Gott sichtbar. Hier spiegelt sich Herzogs inneres Erleben ungebrochen. Bezeichnend für seine Geisteshaltung ist ein Brief an Nietzsche: »Rejecting mankind as it is, that ordinary, practical, thieving, stinking, unilluminated, sodden rabble, not only the laboring rabble, but even worse the ›educated‹ rabble with its books and concerts and lectures, its liberalism and its romantic theatrical ›loves‹ and ›passions‹ – it all deserves to die, it will die. Okay.«

Im Grunde ist auch Moses Herzog ein *no hero*; seine Auflehnung mit Nietzsche ein letztes Scheingefecht, denn in dem Moment, da er klar erkennt, daß der ›Fortschritt‹ eine Art Krebsgeschwür und die Welt ein Konglomerat reinsten Unsinns ist, schließt er seinen Frieden mit ihr, weist er die Illusion einer möglichen Besserung und das »Gift der Hoffnung« zurück und ist »ganz zufrieden damit zu sein, eben so zu sein, wie es bestimmt ist«. Damit wird Herzog zum Prototyp einer amerikanischen Generation, die enorme Kraft aufwenden muß, um in einer Welt des Konformismus etwas an Individualität zu retten. Was bleibt, ist dieser Widerspruch, eine Form des Existentialismus, der nicht aus physischer Not resultiert, sondern aus der Qual der psychischen Bedrohung. Manches spricht übrigens dafür, daß wir in der Gestalt Herzogs einem amerikanischen Oblomow begegnen, dessen ›Original‹ der Immigrantenfamilie Bellow aus dem Werk Gontscharows sicherlich bekannt war.

Die in diesem Roman aufscheinende seelische Not plagt auch den in drei Handlungssträngen leidenden, aus Polen und der Nazibesetzung entkommenen Titelhelden in *Mr. Sammler's Planet*, der zusehen muß, wie sich der Rest seiner Familie auflöst, junge Juden vom *American way of life* aufgesaugt und so der jüdischen Tradition entfremdet werden. Hier beginnt Abstraktion den konkreten *plot* zu überwuchern. Diese Tendenz gewinnt in den späteren Romanen weiter an Boden. Das gilt zunächst für *Humboldt's Gift* und dessen zwischen dem Mafioso Rinaldo Cantabile und seinem Mentor Von Humboldt Fleischer stehenden und leidenden Chicagoer Biographen und Dramatiker Charlie Citrine und dessen anthroposophischem Umfeld. Mit seinen nicht enden wollenden intertextuellen und auf die Geschichte fast aller Disziplinen sich verbreitenden Anspielungen, denen selbst der gebildete Leser – will er alle Tiefen des Textes ausloten – nur mit Hilfe einschlägiger Lexika gewachsen ist, schuf Bellow ein schwer zugängliches Werk. Bellow kommentiert bescheiden: »Humboldt is very much a comic book about death.« Auf diese Art von Komik folgt mit *The Dean's December* wieder ein düsteres Buch, das die Unmenschlichkeit des kommunistischen Regimes in Rumänien mit den Erfahrungen parallelisiert, die der in Chicago tätige Dekan Albert Corde während der Rassenunruhen in seiner Stadt machen mußte. Lichter ist der Roman *More Die of Heartbreak*, ein locker komponiertes Buch um die Mesalliancen des Professors für Russische Literatur Kenneth Tractenberg und dessen Onkel, des Botanikers Benn Crader, der sich diesem Chaos durch die Flucht an den Nordpol entzieht, um dort Moose zu erforschen.

Besondere Aufmerksamkeit verdient *The Bellarosa Connection*, die zwischen Roman und Erzählung anzusiedelnde Geschichte um Harry Fonstein und dessen Sohn, in der Bellow einmal mehr die Frage nach dem Überleben jüdischer Identität unter den Bedingungen des *American way of life* stellt. Harry gehört zu den vor dem KZ Geretteten und fand in Amerika – wie so viele Juden vor und nach ihm – Aufnahme und Schutz, doch nun sagen die Retter, etwa Billy Rose: »Werde Amerikaner. Tu etwas für das Geschäft!« Das physische Überleben hat einen hohen Preis: die Gefahr des Verlustes der jüdischen Identität. »Die Juden haben alles überlebt, womit Europa sie geschlagen hat … Aber jetzt kommt eine neue Prüfung: Amerika. Können sie sich hier auch behaupten, oder wächst ihnen Amerika über den Kopf?« heißt es an einer Stelle. Damit knüpft Bellow in seinem Spätwerk noch einmal dort an, wo er mit *Augie March*, *Herzog*, vor allem aber in *Mr. Sammler's Planet* diese Frage aufwarf und in *To Jerusalem and Back* (1976) seinen Standort in diesem Spannungsfeld zu bestimmen suchte. Späte Essays und Erinnerungen, die diesen Aspekt seiner Weltsicht vertiefen, enthält der Band *It All Adds Up*.

Im Gegensatz zu Bellow, dessen intellektuelle Charaktere in der sie umgebenden Welt oft keine echten Perspektiven mehr sehen, sucht der ebenfalls aus einer russisch-jüdischen Einwandererfamilie stammende, in der *Depression* in ärmlichen Verhältnissen in Brooklyn aufgewachsene BERNARD MALAMUD (1914–1986) die Erfahrungen armer Einwanderer und deren Ringen um ein besseres Leben in einer fremden und feindlichen Umwelt in traditioneller Erzählweise fiktional umzusetzen. Dabei orientierte er sich an Henry James und Hawthorne, aber auch am jüdischen Erbe, das in seinem Werk die besonderen Akzente setzt. In seinem ersten Roman *The Natural* (1952) macht er sich über den Mythos des amerikanischen Helden, einen Baseballspieler, und dessen als Nonplusultra erachteten *way of life* lustig, um in *The*

Assistant (1957), seinem wohl besten Roman, das Unglück der armen New Yorker jüdischen Kaufmannsfamilie Bober darzustellen. Seine *short stories The Magic Barrel* (1958), darin unter anderem »The First Seven Years« und *Idiots First* (1963) sowie *Rembrandt's Hat* (1973), bieten weitere Episoden aus dem Leben entfremdeter kleiner Leute, die dem Leser trotz mancher Düsternis nicht selten mit trockenem Humor präsentiert werden. Die erste Periode seines Schaffens, die er mit dem an D. H. Lawrence' *Lady Chatterley's Lover* erinnernden satirischen Roman *A New Life* (1961) abschließt, vermittelt mit Figuren wie Pinye Salzman, Leo Finkle, den Bobers oder Sy Levin tiefe Einblicke in die Befindlichkeit der um ihre Existenz und die Bewahrung ihrer Identität ringenden armen Juden New Yorks.

Mit dem Roman *The Fixer* (1966) verließ Malamud diese ›enge‹ Welt, indem er den Leser mit dem Schicksal des Yakov Bok im zaristischen Kiew konfrontiert. Der Hintergrund dieser Fabel ist die vom Vater überlieferte Geschichte des 1913 wegen angeblichen Ritualmordes verfolgten Mendel Beiliss, womit Malamud seine amerikanischen Leser mit einem der Gründe vertraut machte, die jüdische Einwanderer zu Beginn des 20. Jahrhunderts veranlaßten, Rußland zu verlassen. Nach den loser komponierten *Pictures of Fidelman: An Exhibition* (1969), einer Art pikaresk angelegten Künstlerromans, bedient sich Malamud der Figur des Schlemihl. Manches spricht dafür, daß die Gestalt des Susskind die Rolle des *alter ego* Malamuds einnimmt. Sein Spätwerk trägt düstere Züge. *The Tenants* (1971) führt in ein von *squatters* besetztes Abrißhaus der Lower Eastside; *Dubin's Lives* (1979) enthält insofern eine Bestandsaufnahme des Autors Malamud, als die Titelgestalt eine Biographie D. H. Lawrence' zu schreiben sucht und auf Grund der hier aufscheinenden Intertextualität Rückschlüsse auf Malamuds Vorbilder zuläßt. Das bedrückendste Buch aber ist sein letztes, *God's Grace* (1982), in dem unter anderem die Frage gestellt wird, warum Gott den Holocaust zugelassen hat, um die Überlebenden einer endgültigen, von den Djanks (Yankees) und den Drushkies (Russen) herbeigeführten (atomaren) Vernichtung zuzuführen. Allein Calvin Cohn, ein Unterwasserforscher, überlebt mit einer Schimpansin, Mary Madlyn, die eine neue Eva werden könnte, neben anderen Schimpansen, etwa Buz, der als eine Art Freitag am Beginn einer neuen Welt figuriert. Die hier aufblitzende Komik ist makaber. Malamud gilt als ein Meister des jüdisch-amerikanischen Ausdrucks und einer Komik, die dem moralischen Anliegen seiner Erzählungen und Romane angemessen ist. Das gilt besonders für viele seiner *short stories*; die Mehrzahl von ihnen ist in *The Stories of Bernard Malamud* (1983) und dem von Robert Giroux herausgegebenen Band *The People, and Uncollected Stories* (1989) enthalten. *The People* ist sein letzter, unvollendeter Roman.

Dem frühen Malamud verwandt ist der als Kind mit seinen Eltern aus Österreich in die USA gekommene und an der Lower Eastside in sehr bescheidenen Verhältnissen aufgewachsene HENRY ROTH (1906?–1995), der 1934 mit *Call It Sleep* aus der Sicht des kleinen David Schearl das Leben in seiner neuen Heimat beschrieb. Die Kritik der *red decade* vermißte an diesem Buch »proletarisches Bewußtsein« und einem dem Thema angemessenen Realismus, was dazu führte, daß Roth sechzig Jahre lang nichts mehr veröffentlichte. Als der Roman 1960 eine zweite Auflage erlebte, wurde er als der beste aus der Welt der amerikanischen jüdischen Ghettos nicht nur ein großer Erfolg, sondern diente als Vorbild für folgende Autoren. Das zweite Buch Roths, der bei seinem Tod das Manuskript eines fünfbändigen autobiographischen Romans hinterlassen hat, erschien 1994 unter dem Titel *A Star Shines Over Mt. Morris Park*.

Nur wenige Jahre nach Malamud meldete sich der oft mit Anton Tschechow, Henry James oder Franz Kafka verglichene Chronist der zeitgenössischen jüdischen Mittelschicht, PHILIP ROTH (*1933), zu Wort. Er wuchs im von der *Depression* hart getroffenen Newark, New Jersey, auf, studierte in Chicago und lehrte später Englisch und *Creative Writing*. Den Auftakt seines umfangreichen Werkes bildete der vielbeachtete Band *Goodbye, Columbus and Five Short Stories* (1959), in dem in der Titelgeschichte und Erzählungen wie »The Conversion of the Jews«, »Epstein« oder »Defender of the Faith« die Assimilationsprobleme jüdischer Einwanderer thematisiert werden. Bereits mit diesen von Kindheitserinnerungen getragenen Erzählungen stieß er bei gläubigen, orthodoxen Juden auf entschiedene Ablehnung, die sein Gesamtwerk bis heute begleitet. Die beiden folgenden Romane, *Letting Go* (1962) und *When She Was Good* (1967), erregten wenig Aufmerksamkeit. Dies änderte sich mit *Portnoy's Complaint* (1969). Die hier in drastisch-realistischer Weise behandelte Lösung des Alex Portnoy von der Mutter und damit den jüdischen Familienbanden, mit allen darin enthaltenen Ängsten und Schuldkomplexen, empörte die jüdische Gemeinschaft insbesondere durch die Darstellung »pornographischer« Details. Man bezeichnete das Buch als »dirty« und wies es zurück.

In den drei nächsten Romanen, *Our Gang* (1971), *The Breast* (1972) und *The Great American Novel* (1973), ritt Roth seine Attacken gegen die »Trick E. Dixon (Nixon)«-Administration, schilderte – im Schatten Kafkas – die Verwandlung eines Menschen in eine Frauenbrust und thematisierte den Mythos des Baseball im Leben der Amerikaner. Die folgenden beiden Bücher, *My Life as a Man* (1974) und *The Professor of Desire* (1977), nähern sich wieder dem Frühwerk des Autors an. Im Zentrum seines Œuvres aber stehen die Zuckerman-Romane *The Ghost Writer* (1979), *Zuckerman Unbound* (1981), *The Anatomy Lesson* (1983) und deren ›Epilog‹ *The Prague Orgy* (1983) – 1985 zusammen als *Zuckerman Bound* –, in denen Roths *alter ego*, der Schriftsteller-Protagonist Nathan Zuckerman, seine Karriere seit 1956 auf dem Hintergrund jüdischer ›Verpflichtungen‹ angesichts des Holocaust thematisiert und weitere Stationen dieser Karriere – wie etwa den Skandal um *Portnoy's Complaint* (hier als *Carnovsky*) – und seines Lebens fiktionalisiert, um im dritten Band 1973 als Folge einer Midlife-Krise Zuckermans dessen Wechsel in die Medizin zu beschreiben, ohne daß er sich damit aus dem bisherigen Leben verabschieden und sich der Zugehörigkeit zum Judentum entziehen kann. Der Tod der Eltern und die vernichtende Kritik des jüdischen Literaturkritikers Milton Appel (= Irving Howe) sind Auslöser dieser Krise. Die enge Verbindung von fiktionalisierter Autobiographie und jüdischer Zeitgeschichte bildet auch den Kern des aus drei Tagebucheinträgen aus dem Jahr 1976 bestehenden Epilogs, in dem Roth – ähnlich wie Bellow mit Mr. Sammler – das Schicksal der aus polnisch-stalinistischer Unterdrückung geflohenen Krankenschwester Jaga schildert, die mit der Übersiedlung in die USA das Elend des Exils durchleiden muß. In diesem Roman erweist sich der durch seine Libertinage immer wieder gescholtene Roth als ein moralischer Autor von hohen Graden.

Gegen Ende der achtziger Jahre wandte er sich mit *The Counterlife* (1986) und *Deception* (1990) dem literarischen Experiment zu, im zweiten der beiden Romane dem Problem von Fiktion und Realität, der Frage, was in diesem Rahmen Wahrheit, was Lüge ist. Hinzu kam mit *The American West's Acid Rain Test* (1985), *The Facts: A Novelist's Autobiography* (1988) und *Patrimony: A True Story* (1991) Autobiographisches, das den Zugang zu seinem Werk erleichtert. Die bisher letzten Romane *Operation Shylock: A Confession* (1993) – er führt nach Israel – und *Sabbath's Theatre* (1995), die Geschichte eines von Sex und Todesangst gehetzten Erotomanen, erreichen nicht die Wirkung früherer Werke und fügen diesen auch kaum neue Aspekte hinzu.

Daß der Geist dieser Bücher gewissermaßen nicht Roths letztes Wort war, zeigt der 1998 mit dem Pulitzerpreis ausgezeichnete Roman *American Pastoral* (1997).

> Es handelt sich um eine vier Generationen umfassende jüdische Familiensaga auf dem Hintergrund der Stadt Newark, New Jersey, und den moralischen Niedergang ihrer weißen Mittelschicht als Begleiterscheinung und Folge des Vietnamkriegs. Der Protagonist, Seymour Levov, Enkel jüdischer Einwanderer, die durch Fleiß und Anpassung die Grundlage für Seymours Fabrik und Einheirat in die WASP-Gemeinschaft gelegt hatten, ist ironischerweise geradezu das Klischee eines ›Germanen‹: groß, athletisch und blond, so daß er überall nur als der ›Schwede‹ bekannt ist. Er muß erleben, wie seine Tochter Merry während der Vietnam-Jahre in den Terrorismus abgleitet, bombenwerfend mordet und nach ihrem Wiederauftauchen aus der Illegalität eine geradezu abstruse ›Friedfertigkeit‹ an den Tag legt. Was Levov bleibt, ist die Erfahrung, daß die Generation

> seiner Tochter keine Bindungen mehr an die Wertvorstellungen ihrer Altvorderen hat. Das Fazit, das er aus der Krise seiner Familie (und Zeit) – die stellvertretend für die Mittelschicht schlechthin steht – zieht, ist die Erkenntnis, daß die schlimmste Lehre, die das Leben für uns bereithalten kann, darin kulminiert, daß alles sinnlos ist.

Der Roman, zu einer Zeit (1970) begonnen, da Roth nach eigenem Bekunden am liebsten selbst Bomben geworfen hätte, wurde erst zwanzig Jahre später fortgeschrieben und ist ein bemerkenswertes Beispiel für eine literarische Interpretation des Abstiegs der zunächst so selbstsicheren weißen Nachkriegsgesellschaft in die Abgründe der Verunsicherung, die mit Vietnam in den USA Platz gegriffen hat.

Etwa um die gleiche Zeit betrat der Enkel jüdischer Einwanderer aus dem Baltikum, der in der Bronx aufgewachsene und am *Kenyon College* und der *Columbia University* ausgebildete Englischprofessor E. L. DOCTOROW (*1931) die literarische Bühne. Seine ersten beiden Romane, *Welcome to Hard Times* (1960) – eine Art Western-Satire auf die naive Fortschrittsgläubigkeit seiner Zeitgenossen – und die *science-fiction-story Big as Life* (1966), blieben zunächst unbeachtet, und das galt auch für *The Book of Daniel* (1971), das erst nach dem Erfolg von *Ragtime* (1975) eine seiner Bedeutung entsprechende Würdigung erfuhr. Doctorows Feld ist die Geschichte oder besser die »metahistory«; eine seiner wichtigsten Fragestellungen gilt dem Verhältnis von Dichtung und Wahrheit, von Fiktion und Sachbericht. Er sucht sie in dem Essay »False Documents« mit folgender Feststellung zu beantworten: »There is no fiction or nonfiction as we commonly understand the distinction: there's only narration.«

Ganz im Zeichen dieser Erkenntnis steht sein ›historischer‹ Roman *The Book of Daniel*, dessen *plot* sich eng an den Fall des 1953 wegen Atomspionage für die Sowjetunion hingerichteten Ehepaares Ethel und Julius Rosenberg anlehnt. Der Ich-Erzähler ist der Sohn David der hier als Isaakson Figurierenden. Die Frage nach Schuld oder Unschuld bleibt auch für ihn offen. Auch für ihn steht am Ende nur die Erkenntnis »Everything is elusive. God is elusive. Revolutionary morality is elusive, Justice is elusive. Human character.« Darin erschöpfen sich die politischen Aussagen des als eines der interessantesten politischen Romane jener Dekade und neben Robert Coovers *Public Burning* als bestes Buch zu jenem Thema geltenden Textes. Indem der Roman mit der Familie der Isaaksons eine jüdische Familie und ihr Ringen um eine spezielle Identifikation in der WASP-Gesellschaft ins Zentrum rückt, erlangt er eine zusätzliche Dimension. Die Isaaksons wollen sich ›assimilieren‹, sie wollen Teil der liberalen Welt Amerikas werden und meinen, der Kommunismus sei der von Tom Paine, Jefferson oder Lincoln begründete Amerikanismus des 20. Jahrhunderts. Für den Sohn Daniel – die Anspielung auf die Bibel ist unübersehbar – wird das Schicksal der Eltern zu einer jüdischen Initiation in einer nichtjüdischen Welt, womit einmal mehr die Problematik der Assimilation jüdischer Bürger aufgeworfen wird, die alles andere als gläubige Juden sind.

Mit dem Roman *Ragtime* führt uns Doctorow in die Zeit zwischen dem Amtsantritt Theodore Roosevelts und dem Eintritt der USA in den Ersten Weltkrieg im Jahre 1917. Das Buch ist collagenhaft komponiert, bietet ein aus *rags* zusammengefügtes Panorama, in dessen Zentrum drei Familien stehen: die des schwarzen Musikers Coalhouse (eine Anspielung auf Kleists *Michael Kohlhaas*) Walker, wohlhabende WASPs und arme jüdische Einwanderer. Erzählt wird aus der Perspektive eines »little boy«. Doctorow nannte diesen Roman »a mingling of fact and invention – a novelists's revenge on an age that celebrates nonfiction«. Auch in *Loon Lake* (1980) – ebenfalls ein Beispiel experimenteller Prosa – wählte er mit der *Depression* ein historisches Thema und nutzte den Stoff zur Gesellschaftskritik. Stärker autobiographisch angelegt sind die beiden in den dreißiger Jahren in New York spielenden Romane *World's Fair* (1985) und *Billy Bathgate* (1989), in denen wir mit Erfahrungen eines Jungen in der Großstadt beziehungsweise mit dem Abgleiten des fünfzehnjährigen Billy in die Welt des organisierten Verbrechens konfrontiert werden. Manches erinnert an Dreiser, Dos Passos oder Farrell, unübersehbar aber bleibt das Ringen des Autors um eine Antwort auf die Fragen jüdischer Identität in einem urbanisierten amerikanischen Umfeld, das wir hier in die Form des experimentellen historischen Romans gekleidet sehen.

Eine andere Form der Verwurzelung, nämlich der offensichtlich durch den Holocaust bewirkten Einbindung in jüdische Traditionen begegnen wir in den Romanen, Erzählungen und Essays der in New York geborenen CYNTHIA OZICK (*1928), die sich nach eigenem Bekunden an Henry James orientiert und sich mit ihren Texten um die Bewahrung jüdischer Weltsicht in deren konservativer Ausprägung bemüht, weil sie in ihr die Träger jener Moral und Ethik sieht, die der modernen Welt (der Christen) in zunehmendem Maß verlorenzugehen drohen. Vieles ist ironisch, ja komisch angelegt, manches kafkaesk; häufig schöpft sie aus den Quellen jüdischer Folklore, wie wir es von Singer kennen. Da sie ihre Magisterarbeit über Henry James geschrieben hat, verwundert es nicht, daß sie ihren ersten Roman, *Trust* (1966), die Geschichte einer jungen Frau und ihres Ringens um Identität im Schatten des Holocaust, »Jamesian« nennt. Den Durchbruch erzielte sie mit ihrer zum Teil stilistisch beispielhaften Kurzprosa *The Pagan Rabbi and Other Stories* (1971), *Bloodshed and Three Novellas* (1976) und *Levitation: Five Fictions* (1982). Diese Erzählungen, in denen sie die ganze Spannbreite der Erzählkunst vom Lyrismus bis zur Satire, vom Realismus bis zum Surrealismus, von der Konvention zum Experiment und vom Jiddischen bis zum Slang virtuos einzusetzen versteht, schöpfen zu einem Teil aus dem mündlich überlieferten Schatz ihrer Großmutter. Harold Bloom sieht in ihrem Ansatz »her desire to remain a follower of the Jewish tradition«, und das in einer von ihr als feindlich empfundenen Umwelt. In dem Roman *The Cannibal Galaxy* (1983) klingen die Probleme an, denen ein Künstler mit Grundsätzen im Spannungsfeld verschiedener Kulturen ausgesetzt ist, und der Philip Roth gewidmete *The Messiah of Stockholm* (1987) greift weit über das amerikanische Umfeld hinaus. Hier wird die Geschichte eines schwedischen Rezensenten – Lars Ademining – erzählt, der ein Manuskript des 1942 von der Gestapo ermordeten polnischen Autors Bruno Schulz entdeckt hat. Im Kern richtet sich diese Literatur gegen die drohende Assimilierung und ringt um die Bewahrung alter, im besonderen geistiger Werte, um eine drohende Desintegration des Judentums in der (amerikanischen) Umwelt zu verhindern.

Einem anderen, von schwarzem Humor, Satire und sarkastischer Moral geprägten Weltbild begegnen wir in dem umfangreichen Werk des aus New York stammenden Englischprofessors STANLEY ELKIN (1930–1995), dessen Romane (*Boswell: A Modern Comedy*, 1964; *A Bad Man*, 1967; *The Franchiser*, 1976; *The Magic Kingdom*, 1985; *The Rabbi of Lud*, 1987; *The MacGuffin*, 1991, u. a. m.) und Erzählungen (*Criers and Kibitzers, Kibitzers and Criers*, 1966; *The Making of Ashenden*, 1972; *The Living End*, 1979; *Van Gogh's Room at Arles: Three Novellas*, 1992, u. a.) in ihren Strukturen zuweilen an Laurence Sterne erinnern. Fast immer handelt es sich um moralisch angelegte literarische Komödien aus allen Bereichen des modernen Alltagslebens – von der Midlife-Krise und wirklichen Trivialitäten bis hin zu ›hoher‹ Philosophie. Dabei kennt Elkin keine Tabus und wendet sich etwa in *The Franchiser* mit dem Protagonisten Ben Flesh gegen die Ideologie der Assimilation: »Kiss off all Individuality. Assimilate, Homogenize! What's in the Melting Pot? Campbell's Soup, Kraft Cheese, Kool-Aid ...« Seine Botschaften sind nicht frei von Zynismus, wenn es etwa heißt: »The immigrants who shortened their names, the Jews who changed them, the slaves who borrowed new ones from their masters, were consequently diminished. They tailored who they were to the specifications of a culture that wanted someone else, insofar as the culture knew anything at all about what it wanted.« Tatsächlich ist sein Werk ein Beispiel dafür, wie sich Autoren jüdischer Herkunft einerseits den Strömungen der anglo-amerikanischen Kultur annähern, sich andererseits aber der damit für den Bestand ihrer Gemeinschaft gefährlichen Folgen durchaus bewußt sind.

Beispiele für die Annäherung bietet der in Lodz geborene und zunächst an polnischen Universitäten und in Moskau ausgebildete, schließlich 1957 aus seiner stalinistisch beherrschten Heimat in die USA ausgewanderte JERZY KOSINSKI (1933–

1991), der zunächst unter dem Pseudonym JOSEPH NOVAK schrieb. Er wuchs als Kind im polnischen Untergrund lebender jüdischer Eltern zur Zeit der deutschen Besetzung auf und schuf nach seiner Übersiedlung in die USA mit seinem ersten Roman, *The Painted Bird* (1965), in dem er diese Erfahrungen aus der Sicht eines sechsjährigen Jungen fiktionalisiert, einen beeindruckenden Beitrag zu diesem Thema. In den folgenden Büchern – *Steps* (1968), *Being There* (1971), *The Devil Tree* (1973), *Cockpit* (1975), *Blind Date* (1977), *Passion Play* (1979), *Pinball* (1982) und *The Hermit of 69th Street* (1988) – bietet er sein Leben begleitende, autobiographisch beeinflußte Fiktionen, in denen er mit seiner »subjective reality« den Lebensweg seiner als *alter egos* erkennbaren Protagonisten aus den Tagen der Jugend in Polen bis in die Welt eines wohlhabenden amerikanischen Schriftstellers nachzeichnet.

Mit welchen Schwierigkeiten aber gerade die aus Osteuropa eingewanderten Juden angesichts der modernen Welt der USA zu kämpfen haben, machen die Romane *The Chosen* (1967), *The Promise* (1969), *My Name Is Asher Lev* (1972), *In the Beginning* (1975) oder *The Book of Lights* (1981) des bereits in New York geborenen, als Rabbi aber aufs engste mit den Problemen dieser Menschen vertrauten CHAIM POTOK (*1929) deutlich. Das zeigt sich besonders in *The Gates of November* (1996), der in die Form der *documentary novel* gegossenen Saga der russisch-jüdischen Familie Slepak. Der Vater Salomon, der 1917 als überzeugter Bolschewist von New York nach Rußland geht und dort zum Geheimdienstmann wird, muß erleben, wie sich sein Sohn Wladimir zu einem Gegner des Systems entwickelt, dessen Dissidententum eine Abkehr von der säkularen Ideologie reflektiert und damit eine Rückkehr zu den im Glauben angelegten Wurzeln.

Überschaut man heute die jüdisch-amerikanische Literatur seit dem Ende des Zweiten Weltkriegs, so lassen sich bei aller Vielfältigkeit zwei Hauptrichtungen feststellen. Die eine zielt zunehmend auf eine ›Eingliederung‹ in den euro-amerikanischen *mainstream* und wird etwa durch Irwin Shaw, Salinger, Joseph Heller oder Doctorow repräsentiert; die andere hat stärker die Bewahrung des kulturellen (und religiösen, spirituellen) Erbes, vor allem auf dem Hintergrund des Holocaust, im Auge. Dafür stehen die Werke Cynthia Ozicks, ARTHUR A. COHENs (*1928) *In the Days of Simon Stern* (1973) und sein Hannah-Arendt-Roman *An Admirable Woman* (1983) oder SUSAN FROMBERG SCHAEFFERs (*1941) *Anja* (1974). Nicht wenige der dem *mainstream* Zuneigenden, wie etwa Bellow, Heller oder Doctorow, griffen in ihren Werken immer wieder auf Stoffe aus der jüdischen Geschichte und Zeitgeschichte und die Assimilationsproblematik zurück und machten auf diese Weise deutlich, daß die von den Orthodoxen vermutete ›Amerikanisierung‹ der Intellektuellen offensichtlich weniger fortgeschritten ist als befürchtet.

In der amerikanischen Nachkriegsliteratur nimmt der in St. Petersburg geborene Romancier, Dichter, Dramatiker, Kritiker, Essayist und Übersetzer VLADIMIR NABOKOV (1899–1977) einen besonderen Platz ein.

Er ist der Sohn eines großbürgerlichen Juristen liberal-konservativer Prägung, der in Opposition sowohl zum zaristischen Absolutismus als auch zur Diktatur Lenins stand und deshalb 1919 nach Berlin floh, wo er 1922 ermordet wurde. Nach sorgloser Kindheit und elitärer Ausbildung, die Nabokov als Student der Slawistik und Romanistik bis 1922 in Cambridge fortsetzen konnte, begann er erste Gedichte zu schreiben. Nach dem Tod des Vaters wandte er sich in Berlin (1922–1937) und Paris (1937–1940) dem Journalismus und der Literatur zu. Unter dem Pseudonym V. SIRIN erschienen nun seine ersten Romane. In dieser Schaffensperiode bediente er sich des Russischen. Dabei handelt es sich um *Sie kommt – kommt Sie?* (1926), *König, Dame, Bube* (1928), *Lushins Verteidigung* (1930), *Die Heldentat* (1932), *Gelächter im Dunkel* (1932), *Verzweiflung* (1936), *Das Geschenk* (1937) und *Einladung zur Enthauptung* (1938) sowie neun Bände Erzählungen, acht Gedichtsammlungen, neun Bühnenstücke und anderes mehr. 1940 ging er in die USA, deren Staatsbürgerschaft er 1945 erwarb. Hier wirkte er anfangs als Russischlehrer, konnte aber auf Grund seiner antisowjetischen Haltung zunächst keine feste Anstellung finden. Dies änderte sich erst 1948 mit der Ernennung zum Professor für Russische Literatur an der *Cornell University*. Zu seinen wichtigsten, seit 1940 in Englisch geschriebenen Romanen zählen *The Real Life of Sebastian Knight* (1941), *Lolita* (Paris 1955, USA 1958), *Pnin* (1957), *Look at the Harlequins!* (1974) und *Ada or Ardor: A Family Chronicle* (1969). Hinzu kommen Essays zur Literatur, etwa zu Puschkin, Gogol oder Joyce, sowie Übersetzungen aus dem Russischen (Igorlied, Puschkin, Lermontow, Tjuttschew) und ins Russische (Romain Rolland, Lewis Carroll). Ende der fünfziger Jahre ging er in die Schweiz, wo er verstarb.

Den Durchbruch als »amerikanischer« Autor erzielte der in vier Sprachen auf hohem Niveau heimische Nabokov mit *Lolita*. Das Manuskript wurde von vier Verlagen wegen seiner ›Anstößigkeit‹ abgelehnt, ehe es 1955 von dem Pariser *Olympia Verlag* veröffentlicht wurde. Erst drei Jahre später konnte die Verführungsgeschichte um das zwölfjährige »nymphet« Dolores Haze und die *confessio* ihres Stiefvaters Humbert Humbert auch in den USA erscheinen. Im Licht des davon ausgehenden Aufsehens wurden in den sechziger und siebziger Jahren die Romane seiner russischen Periode in von ihm selbst oder seinem Sohn besorgten englischen Übersetzungen veröffentlicht. Nicht weniger Aufmerksamkeit erregte der mit avantgardistischen Mitteln komponierte Roman *Pale Fire* um das 999 Zeilen, vier Cantos umfassende Poem des kurz zuvor ermordeten fiktiven amerikanischen Pope-Experten und Dichters John Shade (1961) und dessen Herausgebers Dr. Charles Kinbote. Er ist ein Beispiel für die experimentelle Prosa, die sich in den sechziger Jahren in den USA durchzusetzen begann. Eines der bedeutendsten Werke Nabokovs in dieser Periode aber ist zweifellos *Ada or Ardor*, die aus der Perspektive des fast neunzigjährigen Protagonisten Ivan ('Van') Veen geschriebene Geschichte seiner inzestuösen Beziehung zu seiner Cousine, der Kindfrau Ada, die sich als seine Schwester entpuppt.

In vielem ist Nabokov ein Europäer geblieben, und doch ist er aus der amerikanischen Literatur der zweiten Hälfte des 20. Jahrhunderts nicht wegzudenken. Wenn er in dieser Beziehung in den USA wirksamer wurde als etwa Singer, so liegt dies nicht nur daran, daß er sich entschied, in englischer Sprache zu schreiben, sondern weil viele seiner Romane in ihrer Substanz von transatlantischen Begegnungen und Berührungen leben. Charakteristisch dafür sind Protagonisten wie Adam Krug oder Humbert Humbert. Bemerkenswert ist darüber hinaus die relativ große intertextuelle Dichte vieler seiner Texte, die unter anderem Shakespeare, Pope, Swift, Goethe, Mérimée, Sade und Poe einbeziehen. Einen guten Teil seiner kompositorischen und sprachlichen Brillanz verdankt Nabokov seiner kosmopolitischen Bildung und seiner Mehrsprachigkeit sowie seinem darauf gestützten kalkulierten und disziplinierten Spiel mit Sprache und Form. Damit hat er einen nicht zu unterschätzenden Einfluß auf jüngere amerikanische Autoren – Thomas Pynchon und Ronald Sukenick studierten bei ihm – ausgeübt. Nicht übersehen sollte man seine Erzählungen (*Details of a Sunset and Other Stories*, 1976, u. a.), Gedichte (*Poems*, 1959; *Poems and Problems*, 1970), Bühnenstücke (*The Man from the U.S.S.R. and Other Plays*, 1984), Literaturkritik (*Lectures on Literature*, 1980) und seine Memoiren *Speak Memory: An Autobiography Revisited* (1966), in denen sich Nabokov, wie übrigens in vielen seiner Fiktionen, als entschiedener Gegner der von ihm erlebten Diktaturen erweist, was sicherlich einer der Gründe ist, warum man ihn ungeachtet seiner Berliner Jahre zum Beispiel in dem 1963 in der DDR erschienenen *Lexikon der Weltliteratur* nicht findet.

Die Dekaden der Quodlibetät

Etwa zur gleichen Zeit, da inmitten einer *affluent*, von Harmonie träumenden Gesellschaft Salinger seinen Holden Caulfield feststellen läßt, daß diese Welt im Kern faul, »phony« sei, beginnen sich mit den daraus resultierenden neuen Fragestellungen auch neue Formen ihrer (erzählerischen) Beantwortung herauszubilden, die im Verlauf der sechziger und siebziger Jahre mehr und mehr an Boden gewinnen und sich in den Achtzigern weiter durchsetzen. Erst in den neunziger Jahren lassen sich Tendenzen ausmachen, die dem Realismus früherer Jahre wieder näherkommen. Was die Benennung der sogenannten neuen, ›experimentellen‹ Literatur betrifft, so gibt es dafür eine Reihe von Begriffen, etwa »superfiction«, »antifiction«, »surfiction« oder schlichter »new fiction« und »innovative fiction«. Diskutiert werden hier eine Zeit und Autoren, die am Beginn dessen stehen, was derzeit mit der sinn-leeren Formel »postmodern« belegt wird. Es handelt sich dabei um Dekaden, in denen eigentlich alles, von den Formen, Themen, Tabus, Moralkodizes über ethische und gesellschaftliche Normen bis zu sprachlichen Ebenen und Strukturen, nicht nur ›hinterfragt‹ und zur Disposition gestellt, sondern um fast jeden Preis, ja bewußt der Dekonstruktion anheimgegeben wird. Das Grundmuster ist das des seinem Zusammensetzen harrenden Puzzle durch den Rezipienten. Es scheint gerechtfertigt, diese Dekaden – zumal wir sonst bald in die Lage kommen, von post-post- oder gar post-post-postmodern zu sprechen – ihrem Wesen nach als die Epoche der *Quodlibetät* zu bezeichnen.

Eingeleitet wird diese Tendenz durch eine Reihe von Autoren, denen die Welt nach Auschwitz, Dresden, Hiroshima und später Vietnam nurmehr schwer zu begreifen und mit den alten Mitteln kaum noch beschreibbar war. Sie erschien ihnen nach eigenem Erleben auch kaum noch erfaßbar, in ganzen Bereichen schlicht absurd und, anders als Leibniz sie gesehen hatte, einfach sinnlos. Die Realität präsentierte sich ihnen als Ausgeburt des Grotesken, dem man fiktional allenfalls noch mit schwarzem Humor begegnen konnte.

Zu den Autoren, die diese historische Wende in der US-Literatur eingeläutet haben, gehören eine Reihe von Erzählern, die bei ihren Versuchen, die Welt auf eine neue Art begreifend zu interpretieren, die geradlinigen, logisch nachvollziehbaren Erzählstränge hinter sich lassen und sich des Surrealismus als Schlüssel zu einer neuen Formwelt bedienen. An die Stelle der traditionellen chronologischen Erzählstruktur tritt nun nicht selten eine episodal angelegte nonlineare Erlebnisstruktur. Dabei wird die in ihren Umrissen noch erkennbare Real-Welt zum Gegenstand ihres grotesken Zerrbildes und der Erkenntnis, daß in dieser Welt oftmals nur noch diejenigen ›normal‹ sind, die vom kranken *consensus omnium* der Gesellschaft als abartig empfunden werden.

Auf diesem Hintergrund ist JOSEPH HELLER (*1923) zu sehen, der als einer der bedeutendsten Erzähler Amerikas in der zweiten Hälfte des 20. Jahrhunderts gilt.

Er wurde als Sohn jüdisch-russischer Einwanderer in Brooklyn geboren, diente ab 1942 bei der Luftwaffe im Mittelmeer, studierte danach in New York und Oxford und lehrte kurze Zeit als Universitätsdozent. Mit seinem ersten Roman

> *Catch–22* (1961) wurde er über Nacht berühmt. Erst dreizehn Jahre später folgte mit *Something Happened* (1974) ein zweites – im Sog des ersten Erfolges – positiv aufgenommenes Buch. Ähnliches kann man von *Good as Gold* (1979) sagen. Die nächsten beiden Bücher *God Knows* (1984) und *Picture This* (1988) konnten nicht an vorhergegangene Erfolge anknüpfen. Mit *Closing Time* (1994) aber legte Heller gleichsam als Bestandsaufnahme seiner Erfahrungen als Bürger und Autor einen Roman vor, mit dem er sich – wie er sagt – würdig aus der Literatur verabschieden wollte.

Als ein Meisterwerk und Meilenstein der amerikanischen Literatur dieser Zeit gilt zu Recht das Kabinettstück surrealistischer Prosa *Catch–22*.

> Captain Yossarian ist davon überzeugt, daß seine Umwelt nichts anderes im Sinn hat, als ihm nach dem Leben zu trachten. Das hatte er zwar bereits erkannt, als er sich zur Luftwaffe meldete, dennoch schlagen alle seine Versuche, den Kopf aus der Schlinge zu ziehen, fehl. Alles, was um ihn herum geschieht, empfindet er als verschwörerische Anschläge auf sein Leben. Die Lage spitzt sich zu, als er im Jahr 1944 von der Mittelmeerinsel Pianosa Luftangriffe gegen Ferrara, Bologna und Avignon fliegen muß, obwohl er die von ihm ursprünglich erwarteten Einsätze längst absolviert hat. Die Generäle und Obristen brauchen ihn und seine Kameraden, um sich Washington als hervorragende Truppenführer zu empfehlen, also um Karriere zu machen. Selbst die Ärzte und sogar der Kaplan werden unter diesen Bedingungen zu Werkzeugen in der Hand dieser Offiziere. Der Meister dieser von Korruption beherrschten Welt ist der Versorgungsoffizier Milo Minderbinder, der buchstäblich aus allem Geld und den Krieg zum idealen Exerzierfeld seines geschäftsorientierten Weltbildes macht und sogar mit den Deutschen handelt. Diese Welt ist für Yossarian bar jeder Logik, was klassisch in seinen Überlegungen über die Lage zum Ausdruck kommt, der er ausgesetzt ist: »(A pilot) would be crazy to fly more missions and sane if he didn't, but if he was sane he had to fly them. If he flew them he was crazy and didn't have to; but if he didn't want to he was sane and had to. Yossarian was moved very deeply by the absolute simplicity of this clause of Catch–22 …«

Es überrascht nicht, daß Heller diesen Zusammenbruch tradierter Denkgewohnheiten – selbst auf dem grausamen Hintergrund des Krieges – in das Gewand des schwarzen Humors kleidet, denn buchstäblich alle Aspekte, ja die geringsten Trivialitäten des Alltagslebens der B–52-Bomberpiloten auf dem Mikrokosmos der Insel Pianosa vollziehen sich im Reich des Absurden und Grotesken. Gerade in diesem Zusammenhang enthüllt das Buch, welche Welten sich zwischen diesem Roman und der Denkweise auftun, die etwa Hemingways *A Farewell to Arms* entstehen ließ. Die Zeiten scheinen vorbei zu sein, da Soldaten wie Yossarian eindeutig zwischen Gut und Böse, Moral und Laster, Sex und Liebe unterscheiden konnten. Für einen solchen ›Luxus‹ hat sein Umfeld keinen Platz mehr.

Der Krieg ist für Heller nicht das einzige Schlachtfeld. In seinem zweiten Roman, *Something Happened*, begegnen wir in Bob Slocum einem erfolgreichen Versicherungskaufmann voller Angst vor der Umwelt und voller Furcht, ins Leere zu fallen. Er ist so etwas wie das zivile Gegenstück Yossarians. Der Roman beginnt mit den Worten »I get the willies ... Even at work, where I am doing so well now.« Für Bob Slocum ist die Firma sein Pianosa, die Chefs sind seine Generäle und die Welt selbst dann noch immer eine Bedrohung, wenn sie für ihn und seine Familie alle nötigen materiellen Güter bereithält.

In *Good as Gold* verbindet Heller die persönliche Geschichte des Protagonisten Bruce Gold, der eigentlich mit dem Buch über *The Jewish Experience in America* eine Art jüdischer Geschichte in den USA schreiben sollte, mit einer politischen Satire auf den präsidialen Machtapparat in Washington, D. C., in dem Bruce Gold Karriere machen will. Das eigentliche Arbeitsgebiet Golds und seine Herkunft aber machen diesen Roman zu einem Buch voller jüdischer Reflexionen.

Nach diesen Satiren auf Krieg, Geschäftswelt und Politik wendet sich Heller mit *God Knows* der (biblischen) Geschichte zu, indem er König David, den Bezwinger Goliaths und Vater des Weisen Salomon, seine Geschichte aus der Sicht des 20. Jahrhunderts – er kennt Telefon, Nähmaschine und Radio ebenso wie Shakespeare oder Poe – erzählen läßt. Dieser Roman bietet ein gutes Beispiel für das in jenen Jahren in Mode kommende »re-writing of history«. In diesem Fall steht die Entmystifizierung einer der zentralen Gestalten jüdischer Geschichte im Zentrum. Dem Erzähler David geht es um seine »wahre« Geschichte und dem Autor offenbar darum, deutlich zu machen, daß sich zwischen dem historischen Menschen David und dessen Mythos eine riesige Kluft auftut. Ihm sind jedenfalls die (sexuellen) Beziehungen zu Abigail und Bethsheba wichtiger als alle Siege und das Bild, das man ihm im Lauf der Jahrtausende zugeschrieben hat. Das Buch ist weitschweifig und möglicherweise mit Blick auf Hellers Identitätssuche interessanter als seine vorhergehenden Romane, *Good as Gold* vielleicht ausgenommen. Auch *Picture This*, wo die Geschichte der Niederlande zur Zeit Rembrandts und die Griechenlands in den Tagen des Sokrates thematisiert wird, fällt hinter die frühen Romane zurück.

Anders verhält es sich bei *Closing Time*, seinem, glaubt man einem Interview Hellers im Juli 1994, »wahrscheinlich« letzten Roman. Er ist die ›Fortsetzung‹ von *Catch–22*. Fünfzig Jahre nach Kriegsende begegnen wir Yossarian – und seinen Kameraden von einst – als erfolgreiche Mittelklässler und Rentner, also als Typen, die sie, als sie selbst noch jung waren, zutiefst verachtet hatten. Milo Minderbinder, um nur ein Beispiel zu nennen, ist – beraten von Yossarian – zu einem erfolgreichen Waffenhändler avanciert. Im Kern ist der Roman eine politische Satire auf die von Heller verabscheuten amerikanischen Machteliten und in dieser Beziehung eine Fortschreibung von *Good as Gold*. Sollte der Roman tatsächlich Hellers letztes fiktionales Wort bleiben, so wäre dies bitterer als alles, was er vorher zu Papier gebracht hat. Bitterer wohl deshalb, weil er am Ende seiner Karriere offenbar spürt, daß er trotz aller großen Erfolge nicht viel zur Veränderung der von ihm als bedrohlich empfundenen Verhältnisse hat beitragen können. Noch einmal blitzen in diesem Roman aber zuweilen all die Lichter und die gedanklichen, witzigen und sprachlichen Feuerwerke auf, mit denen er *Catch–22* zu einem Welterfolg machte.

Ähnlich kritisch, vielleicht nicht ganz so zornig wie der späte Heller, gibt sich der aus Minneapolis stammende andere Meister des amerikanischen Surrealismus, KURT VONNEGUT Jr. (*1922).

> Er stammte aus einem während der Depression verarmten Elternhaus mittelwestlicher Prägung und konnte auf Grund der wirtschaftlichen Schwierigkeiten nicht mehr jene elitäre Erziehung genießen, deren seine älteren Brüder teilhaftig wurden. Er begann in Cornell zu studieren, wechselte an das *Carnegie Institute for Technology*, wurde Soldat und geriet 1944 während der Ardennenschlacht in deutsche Gefangenschaft. Als Gefangener erlebte er am 13. Februar 1945 den Luftangriff auf Dresden. Nach seiner Heimkehr schloß er seine Studien in Chicago ab und arbeitete danach als Journalist, Reporter, PR-Manager, Dozent und Professor an verschiedenen Universitäten. Seine ersten literarischen Schritte unternahm er mit *short stories* für populäre Zeitschriften, ehe er mit *Player Piano* (1952) und *The Sirens of Titan* (1959) auf dem Feld der Science-fiction von sich reden machte. Es folgten *Mother Night* (1961), *Cat's Cradle* (1963) und *God Bless You, Mr. Rosewater* (1965). Den auch internationalen Durchbruch als »experimenteller« Autor erzielte er mit *Slaughterhouse Five; or, The Children's Crusade* (1969). Im Sog dieses Erfolgs erschienen in relativ kurzen Abständen *Breakfast of Champions* (1973), *Slapstick* (1976), *Jailbird* (1979), *Deadeye Dick* (1982), *Galapagos* (1985), *Bluebird* (1987), *Hocus Pocus* (1990) und *Timequake* (1997), die *short story*-Bände *Canary at a Cathouse* (1961) und *Welcome to the Monkey House* (1968) sowie das Bühnenstück *Happy Birthday, Wanda June* (1970/71).

Nach den eher konventionellen Science-fiction-Romanen *Player Piano* und *Sirens of Titan*, in denen bereits die für Vonnegut charakteristische Überzeugung von der Hilflosigkeit der Menschen innerhalb des von ihnen geschaffenen Systems in satirischer Form zum Ausdruck kommt, folgte mit *Mother Night* ein Schwenk in die absurden Niederungen der Politik. Im Zentrum der Handlung steht der amerikanische Bühnenschriftsteller Howard B. Campbell jr., der bei Ausbruch des Zweiten Weltkriegs als Agent in Deutschland bleibt und diesen Auftrag als antisemitischer Propagandist getarnt ausführt. Nach dem Krieg wird er von den Israelis gesucht, aufgespürt und in Jerusalem inhaftiert, wo er auf seinen Prozeß wartet. Die komplizierte und die Grenzen der Glaubwürdigkeit streifende Agentengeschichte ist Gegenstand einer Art *confessio*, die Campbell vor seinem Prozeß ablegt. In *Cat's Cradle* verbindet Vonnegut Science-fiction-Elemente mit der düsteren Vision vom Ende der Menschheit durch die Erfindung und Proliferation des die Welt vereisenden »ice-nine« durch Dr. Felix Hoenikker, der auch als Vater der Atombombe figuriert. Es ist eine Satire auf die ›reine Wissenschaft‹, aber sie birgt noch mehr, nämlich die Erkenntnis, daß die Jagd nach den amerikanischen Idealen erfolglos sein wird: »Americans are forever searching for love in forms it never takes, in places it never can be. It must have something to do with the vanished frontier.«

Nach dem eher ›positiven‹ Roman um die ›Rosewater Foundation‹ in *God Bless You, Mr. Rosewater* folgt mit *Slaughterhouse Five* die Fiktionalisierung seiner Kriegserlebnisse, vor allem aber des Angriffs auf Dresden, bei dem am 13. Februar 1945 hundertfünfunddreißigtausend Zivilisten den Tod in den Flammen fanden und den Vonnegut überlebt hat.

> Dieser Roman ist collagenhaft, nichtlinear, in der ›Rezeptionsweise‹ Außerirdischer (Tralfalmadorianer) erzählt, mit denen der Protagonist Billy Pilgrim vorgeblich in Verbindung steht und die »no beginning, no middle, no suspense, no moral, no causes, no effects« kennen. Er ist somit ein klassisches Beispiel einer Kompositionsweise der Quodlibetät und trägt, indem im ersten und im letzten Kapitel das Entstehen des Romans Thema ist, auch Züge der Metafiktion. Der *plot* – oder besser die *plots* – liegen auf verschiedenen zukünftigen, gegenwärtigen und vergangenen Zeitebenen. Billy ist ein zeitreisender Optometrist aus Ilium, New York, der Dresden und einen Flugzeugabsturz überlebt hat und weiß, daß er am 13. Februar 1976 zu sterben hat. Seine vorgebliche Begegnung mit den Außerirdischen führt zu einer weiter verwickelten, vielschichtigen, mit Science-fiction-Elementen angereicherten Fabel, die nur schwer zu skizzieren ist. Das Fazit dessen, womit Billy in seinem Leben konfrontiert wurde, lautet,

> daß alles, aber auch alles sinnlos ist, so daß John Barth diesen Roman zu Recht eine »Nihilistic comedy« nennen konnte. Zutreffender wäre vielleicht, angesichts der stets wiederkehrenden Formel »so it goes« von einer fatalistischen Atmosphäre zu sprechen.

Dieser Grundhaltung bleibt Vonnegut in den folgenden Romanen treu, so beispielsweise in *Breakfast for Champions*, der im Herbst 1972 spielenden Satire auf den Zustand der USA, wo es unter anderem heißt: »But nobody believes anymore in a new American Paradise« – »Human beings are robots, are machines« oder »I think I am trying to make my head as empty as it was when I was born onto this damaged planet fifty years ago.« Der Autor-Erzähler nennt diesen Roman »my fiftieth birthday present to myself«. Nicht lichter sind die schwarzen Komödien *Jailbird*, wo sich der Protagonist Walter F. Starbuck auf dem Hintergrund von Auschwitz und Watergate unter Verweis auf die Bergpredigt zum Kommunismus bekennt, oder *Deadeye Dick*, wo der Vater des Titelhelden unter anderem den jungen Hitler vor dem Verhungern bewahrt.

Von größerem Gewicht als die letztgenannten beiden Bücher aber ist der Roman *Galapagos*, den man als ein Manifest der Fehlentwicklung der Menschheit bezeichnen kann. Im Zentrum steht die bereits in *Cat's Cradle* – A-Bombe, ice-nine – postulierte Prämisse, der Mensch sei auf Grund der überproportionalen Entwicklung seines Gehirns in die Lage versetzt, die Mittel zu seiner Selbstvernichtung zu schaffen. Der Erzähler, Leon Trotzky Trout, ist der Sohn des in anderen Romanen Vonneguts auftretenden Science-fiction-Autors Kilgore Trout, der spätestens seit Vietnam die Welt, »a meaningless nightmare«, nicht mehr versteht. Er, der nach seinem gewaltsamen Tod durch den blauen Tunnel in das Nachleben gelangt ist, erzählt die Geschichte der menschgemachten Katastrophe des Jahres 1986 zurückblickend aus einem Abstand von einer Million Jahren. Stattgefunden hat eine ›darwinsche Rückentwicklung‹, an deren Ende sich die Nachfahren der mit der »Bahía de Darwin« auf Galapagos Gestrandeten und Überlebenden zu seehundartigen Wesen entwickelt haben, denen die Fähigkeit zur Selbstvernichtung abhanden gekommen ist, womit man am Anfang einer friedvollen Welt stehen könnte. So wird die »Bahía de Darwin« zu einer zweiten »Arche Noah«. Vieles an dieser surrealistischen Fabel schreibt fort, was wir aus Malamuds *God's Grace* kennen.

Überschaut man das von Mosaikstücken eigener Erkenntnisse und Erfahrungen mit Elementen von Science-fiction beherrschte Werk, so erkennt man in ihm die Ängste angesichts der von Menschen zu verantwortenden Folgen aller Fehlentwicklungen, mit denen sie Schuld auf sich zu nehmen haben für die aus ihrem Verhalten resultierenden Katastrophen. Aus diesem Œuvre spricht ein oftmals verzweifelt anmutender Existentialist, der seine sich ›auflösenden‹ Welten in das Gewand der Parodie, der Satire, des schwarzen Humors und des Surrealismus kleidet. Die ihm dafür angemessen erscheinende narrative Reaktion ist die Auflösung der hergebrachten linear-chronologischen Erzählstruktur.

Als einer der Vorboten einer konsequenten Abkehr vom realistischen Roman und einer über den Surrealismus Hellers oder Vonneguts hinausgehenden Kompositionsweise darf der aus Connecticut stammende, in Harvard ausgebildete, später als Professor wirkende JOHN HAWKES (*1925) bezeichnet werden. Konsequent weist er tradierte Vorstellungen von Literatur zurück und postuliert für sich: »I began to write fiction on the assumption that the true enemies of the novel were plot, character, setting and theme, and having once abandoned these familiar ways of thinking about fiction, totality of vision or structure was really all that remained. And structure … is still my largest concern as a writer.« Das Ergebnis dieses Ansatzes ist eine auf Dekomposition und Dekonstruktion angelegte Erzählweise, in der die Entwicklung der Charaktere und der Handlungen in der Tat eine sekundäre Rolle spielt und die deshalb nicht nur antirealistisch, sondern auch über Strecken esoterisch wirkt. Vieles in seinen fünfzehn Romanen ist lediglich angedeutet, fragmentarisch und nicht selten kafkaesk. »My fiction«, sagt Hawkes, »is generally an evocation of the nightmare or terroristic universe in which sexuality is destroyed by law, by dictum, by human perversity … and it is this destruction … which I have attempted to portray … in order to be true to human fear and to human ruthlessness.«

Bereits sein erster Roman, *The Cannibal* (1949), in dessen drei Teilen 1945–1914–1945 die surreale Szenerie zweier vergangener und eines drohenden dritten Weltkriegs auf deutschem Boden phantasmagorisch ›dargestellt‹ wird, ist ein Beleg für diese Sicht. Die so von Hawkes entworfenen Welten sind in *black humor* daherkommende bittere Komödien, Parodien und Persiflagen auf ihre Zeit und Lebensäußerungen. So bietet *The Beatle Leg* (1951) eine Parodie auf den Western, *The Lime Twig* (1961) eine auf den englischen Kriminalroman. Ebenso düster ist die Lebensgeschichte des ehemaligen Seeoffiziers Papa Cue Bale (Skip, Skipper) in *Second Skin* (1964), die dieser zu Beginn der fünfziger Jahre auf einer Tropeninsel – »a wandering island … unlocated in space and quite out of time« – niederschreibt und in der Gewalt und Tod eine zentrale Rolle spielen. Ein intertextueller Bezug zu Shakespeares *The Tempest* liegt nahe. Und das trifft auch auf *The Blood Oranges* (1971) und dessen Bezug auf *Twelfth Night* zu, wo wir wieder – wie eigentlich immer bei Hawkes – auf die dialektische Ambiguität von »lover and destroyer«, von »the seeds of life« und »the seeds of death« stoßen. In diesem Zusammenhang ist besonders auf *Death, Sleep and the Traveller* (1974) und *Travesty* (1976) hinzuweisen. *Adventures in the Alaskan Skin*

Trade (1985) enthält Kindheitserinnerungen; *Whistlejacket* (1988) ist ein um das Leben der Van Fleets gebauter ›Kriminalroman‹. Der Roman *Sweet William: A Novel of Old Horse* (1993), *Innocent Party: Four Short Plays* (1966) und andere Bühnenstücke sowie die Sammelbände *Lunar Landscapes: Stories and Short Novels, 1949–1963* (1969) und *Humors of Blood and Skin* (1984) und andere runden das Werk eines Autors ab, der zu den Pionieren der *new fiction*, eines neuen experimentellen Erzählens, zu zählen ist.

Sechs Jahre nach dem Erscheinen von *The Cannibal* betrat der auf Long Island aufgewachsene und ebenfalls in Harvard ausgebildete, in Lateinamerika, Europa und Asien weit gereiste Publizist WILLIAM GADDIS (1922–1998) mit der experimentell angelegten Satire *The Recognitions* (1955) die literarische Bühne. Die Kritik begrüßte diesen Roman um den zunächst ehrenhaften Maler Wyatt Gwyon, der zum Fälscher und meisterhaften Kopierer alter Meister wird und damit als Paradigma des zeitgenössischen Kunstbetriebes steht, als ein sprachliches Feuerwerk. Erst zwanzig Jahre später folgte mit *JR* (1975) die große Satire auf das von Heuchelei und Korruption geprägte amerikanische Geschäftsleben und das Erziehungssystem des Landes. Es ist die Geschichte des elfjährigen Jungen J. R. Vansant, der am Telefon ein riesiges Unternehmen aufbaut und damit eigentlich nichts anderes tut, als die amoralischen Möglichkeiten auszuschöpfen, die ihm die Gesellschaft bietet. J. R. ist alles andere als der uns aus der amerikanischen Literatur bekannte *innocent* auf der Jagd nach dem *American dream*; er ist der Jugendliche, der sich diesen ›Luxus‹ nicht mehr leisten will, sondern bedenkenlos zugreift. Das Buch besteht fast ausschließlich aus Dialog, der über Strecken wie eine Tonbandmitschrift von der Art der *Visions of Cody* von Kerouac anmutet. Form und Komplexität dieses Buches reflektieren die Ansprüche, die Gaddis an Literatur und Leser stellt. »For me it is very much a proposition between the reader and the page. That's what books are about. And he must bring something to it or he won't take anything away.«

Was es so schwierig macht, diese Texte aufzunehmen, ist Gaddis' Überzeugung, in einer Welt neuer Werte müßten selbst die Werte der alten in neuen Formen ausgedrückt werden. Dies führt zu einer bemerkenswerten Komplexität des Behandelten und der Behandlung. Sein dritter Roman, *Carpenter's Gothic* (1985), ist kürzer und weniger experimentell. Der, wie *JR*, fast absolut dialogisierte Text spielt von Oktober bis November 1983 in einer kleinen Stadt am Hudson River und legt mit der Darstellung des Verhältnisses zwischen den Geschwistern Elizabeth Broth und Billy sowie dessen Schwager Paul offen, warum diese Gesellschaft ihre Perspektiven verspielt. *A Frolic of His Own* (1994) besteht ebenfalls fast ausschließlich aus Dialog, was sich als charakteristisch für die Prosa Gaddis' herausgebildet hat. Diese um den Protagonisten Oscar Crease und sein Umfeld aufgebaute Handlung ist eine Satire auf die zeitgenössische amerikanische Gesellschaft unter besonderer Berücksichtigung ihres Rechtswesens.

Auch Gaddis setzt in seinen Parodien und Satiren die der schwarzen Komödie eigenen Instrumente ein. Das geschieht jedoch in einer Weise, die nicht verhehlt, daß er auch in dieser ›neuen Form‹ zentralen Themen der amerikanischen Literatur vor ihm treu bleibt – etwa der Suche nach der persönlichen Identität oder dem Vater. Überschattet wird sein Gedankengebäude aber immer wieder von der Annahme, Gott habe diese Welt sich selbst überlassen und somit könne niemand das so entstandene und herrschende Chaos eingrenzen oder dessen weitere Ausbreitung verhindern.

In vielen seiner Ansichten steht ihm der in Cambridge, Maryland, geborene JOHN BARTH (*1930) nahe. Er studierte an der *Johns Hopkins University*, orientierte sich an Nabokov und Márquez und lehrte bis 1990 als Professor für Englisch. Er gilt als einer der führenden Theoretiker und Praktiker der experimentellen Literatur in der Epoche der Quodlibetät. Im Zentrum seiner Überlegungen stehen – wie bei Gaddis – die Interaktion von Leser und Text, die Absurditäten menschlicher Existenz in einer chaotisch erscheinenden Welt und das Problem der persönlichen Identität in derselben. Von ihm stammt der Begriff der »literature of exhaustion« und der der Notwendigkeit des »Replenishment«. Dabei erweist er sich einerseits als ein Meister in vielen Genres, andererseits als ein Autor, der die Grenzen zwischen den Genres nicht nur überspringt, sondern auflöst. Seine ersten beiden Romane sind nihilistisch. In *The Floating Opera* (1956, rev. 1967) – Barth nennt ihn »a philosophical minstrel show« – lernen wir in einer locker geknüpften Handlung den Protagonisten Tod Andrews kennen, der im Leben keinen Sinn mehr sieht und sich deshalb entscheidet, Selbstmord zu begehen.

Nicht hoffnungsvoller ist die Botschaft des zweiten Romans, *The End of the Road* (1958, rev. 1967), in dem sich die handelnden Figuren gegenseitig zerstören. Nach diesen eher konventionellen Kompositionen folgte mit *The Sot-Weed Factor* (1960) eine Parodie auf den pikaresken historischen Roman mit der fiktiven Biographie des historischen Ebenezer Cook, der 1708 in London eine *Hudibras*-Satire gleichen Namens geschrieben hatte, womit Barth ein interessantes Beispiel für die von den experimentierenden Autoren der sechziger Jahre stärker gepflegte Intertextualität schuf. Den Durchbruch erzielte Barth mit *Giles Goat-Boy; or, The Revised New Syllabus* (1966), den er ein »comic testament« nennt. George Giles, der als Goat Bockfuss aufwuchs, will der Grand Tutor, der Retter der Welt werden. Etwa zur gleichen Zeit veröffentlichte Barth den vielzitierten Aufsatz »The Literature of Exhaustion« (1967), in dessen Folge mit den Romanen *LETTERS* (1979), *Sabbatical: A Romance* (1982) und *The Tidewater Tales: A Novel* (1987) – die beiden letzten sind thematisch und ›zeitlich‹ eng miteinander verknüpft – ›Metatexte‹ entstehen, in denen er nicht nur – von Odysseus über Don Quixote bis hin zu Huck Finn – sehr intertextuell vorgeht, sondern Literatur und ihre Entstehung schlechthin zur Diskussion stellt. Neben *The Last Voyage of Somebody the Sailor* (1991) und *Once Upon a Time: A Floating Opera* (1994) erschienen die *short story*-Bände *Lost in the Funhouse* (1968) und *On With the Story* (1996), in denen er seine ›Theorien‹ auf die Kurzprosa anwendet. Die Bände *The Literature of Exhaustion, and the Literature of Replenishment* (1982), *The Friday Book* (1984) und *Further Fridays: Essays, Lectures, and Other Nonfiction, 1984–1994* (1995) sind nicht nur beachtenswerte Dokumente zeitgenössischer Literatur-Diskussion, sondern erleichtern auch den Zugang zu dem nicht immer leicht lesbaren Werk.

Zu den bedeutendsten Vertretern des amerikanischen avantgardistischen Romans dieser Epoche zählt der auf Long Island geborene und derzeit sehr zurückgezogen lebende THOMAS PYNCHON (*1937).

> Nach der *High School* nahm er zunächst ein Ingenieurstudium auf, das er bald zugunsten eines Studiums der englischen Literatur bei Nabokov an der *Cornell University* aufgab, wo er nach Dienst in der Marine 1959 seinen B. A. erwarb. In Greenwich Village und bei Reisen durch Mexiko und Kalifornien kam er mit der avantgardistischen Szene im allgemeinen und den *Beats* in Berührung. Letztere und insbesondere Kerouac scheinen ihn besonders beeindruckt zu haben. Von 1960 bis 1962 arbeitete er bei Boeing im Informationsdienst. Bereits während des Studiums und der Arbeit bei Boeing schrieb er erste Erzählungen, etwa die häufig anthologisierte »Entropy« (1960), in denen sich der von den *Beats* ausgehende Eindruck spiegelt. Der Erfolg des ersten Romans *V.* (1963) ermöglichte es ihm, sich – ähnlich wie Salinger – aus der Öffentlichkeit zurückzuziehen. Er soll heute in Kalifornien leben. Seine weiteren Romane sind *The Crying of Lot 49* (1966), *Gravity's Rainbow* (1973), *Vineland* (1990) und *Mason & Dixon* (1998). Die erst nach zähem Widerstand Pynchons herausgegebene Sammlung früher, zum Teil schon während der Studienzeit entstandener *short stories* erschien unter dem Titel *Slow Learner* (1984).

Für Pynchon besteht die Welt, in der wir leben, aus einem von Menschen nicht mehr beherrschbaren Chaos als Vorbereitung auf eine technisch und soziologisch bedingte Apokalypse. Mithin ist diese Welt für die in Pynchons Texten agierenden Figuren undurchschaubar, in ihrer Bedeutung nicht oder kaum zu erfassen. Entsprechend ›chaotisch‹, jedenfalls nicht nach überlieferten Normen komponiert, sind seine Texte, deren Handlungsfäden – so es welche gibt – sich in den Labyrinthen der vielen kleinen *plots* nahezu verlieren. Im Kern kreisen die zentralen Gedanken aller seiner Texte um die Bedrängungen und Bedrohungen, die Gefahren der modernen Welt, wie sie sich aus den technischen, aber auch gesellschaftlichen Revolutionen unseres Zeitalters ergeben. Das hier lebende Individuum ist nicht nur fremdbestimmt, sondern tatsächlich nicht mehr in der Lage, die Welt um sich herum zu erfassen, geschweige denn zum eigenen Vorteil zu steuern. Dieser Erkenntnis folgt die von Pynchon gefundene Form der nicht einfach zu lesenden Erzählung, in der es eigentlich keine kohärenten Erzählsequenzen gibt, sondern eher eine Art von Erzählpartikeln, die sich nur schwer zu *plots* – und seien sie noch so begrenzt – zusammenfassen lassen. Immer aber ist der Leser gut beraten, wenn er sich bei der Rezeption des Umstandes bewußt bleibt, daß sich bei aller Groteske und bei allem Surrealismus die ›Philosophie‹ Pynchons in der Geschichte, der Soziologie und nicht zuletzt in naturwissenschaftlich-technischen Gedankenreisen bewegt. Das gilt bereits für seinen ersten Roman *V.*

> Aus der breiten, vielfach in sich gebrochenen epischen Landschaft dieses Textes ragen zwei Personen heraus: der Ex-Seemann, der den *Beats* verwandte Außenseiter Benny Profane, der sich nach einer Zeit des Herumtreibens in den zwielichtigen Vierteln und Kreisen der Ostküste der *Zeitsuss Allegator Patrol* anschließt, die in der Kanalisation New Yorks die blinden Albino-Alligatoren jagt, deren sich Kinder durch Fortspülen in der Toilette entledigt haben. Dieser Reise durch die Unterwelt steht eine andere gegenüber, die des Historikers Hubert Stencis, dessen Obsession es ist, das Tagebuch seines Vaters, eines ehemaligen britischen Agenten, zu entschlüsseln. Deshalb geht es ihm vor allem darum herauszufinden, was oder wer sich hinter dem Buchstaben V verbirgt. Diese Reise führt ihn – räumlich – durch Europa und Afrika und zeitlich vom 19. Jahrhundert über die Weltkriege bis in die Suezkrise des Jahres 1956. Am Ende bleibt offen, was sich hinter dem V verbirgt – Leere, Nichts, *void*?

Mit einer solchen Skizze ist kaum anzudeuten, welche Dimension diese Phantasmagorie erreicht. Im Grunde begegnen wir hier nicht nur allen möglichen Prosagenres, sondern auch allen Stimmungslagen vom Lyrismus bis zur pornographischen Härte.

Ebenfalls um das Entschlüsseln von Geheimnissen der Vergangenheit geht es in dem kürzeren und überschaubareren Text *The Crying of Lot 49*. Die Protagonistin Oedipa Maas soll das Erbe ihres ehemaligen Liebhabers Pierce Inverarity bewahren und stößt dabei auf ein bis ins 16. Jahrhundert zurückreichendes verschwörerisches System, dessen Symbol das Tristero – ein Posthorn – ist. Oedipa ist nicht in der Lage, das Rätsel zu lösen. Der Roman bricht in dem Moment ab, da auf der Versteigerung das Los 49 ausgerufen werden soll, wovon Oedipa sich eine Lösung erhofft.

Sicherlich bedeutender, wenn nicht überhaupt der wichtigste experimentelle Roman dieser Epoche ist *Gravity's Rainbow*, in dem wir rund dreihundert Charakteren begegnen.

> Die ›Handlung‹ setzt gegen Ende des Zweiten Weltkriegs ein. Leutnant Tyrone Slothrop, der als Abwehroffizier bei einer Einheit dient, die die V 2-Raketenangriffe beobachtet, wird überwacht, weil immer dort, wo er sich zu Schäferstündchen aufhielt, später eine Rakete niedergeht. Abwehragenten gehen davon aus, daß dies die Folge des Umstands ist, daß Tyrone als Junge von dem in Harvard tätigen deutschen Wissenschaftler Lazlo Jamf – der auch der Erfinder der V 2 ist – mit Imipolex G behandelt wurde. Auf der Suche nach einer Erklärung gerät Tyrone in die unglaublichsten Situationen und Abenteuer – u. a. an von deutschen Raketenspezialisten ausgebildete Hereros –, die ebenfalls Teil einer großen Verschwörung zu sein scheinen. Am Ende steht die Erkenntnis: »War was never political at all, the politics were all theatre, all just to keep the people distracted ... secretly, it was being dictated instead by the needs of technology.« Schließlich ist das Phallussymbol Rakete – von der Produktion in Nordhausen über die Entwicklung in Peenemünde bis zum (letzten) Abschuß in der Lüneburger Heide – zu einem Zeichen des Todes geworden. Und doch ist der Symbolismus Pynchons nicht frei von Hoffung. Wird die Rakete 00000 auf ein unbekanntes Ziel abgeschossen, so startet Blicero die letzte Rakete – 00001 – mit dem in ein Imipolex G-Tuch gehüllten Gottfried (!). Die Rakete, die im ganzen Roman für Tod steht, könnte so ein Inbegriff des Gottesfriedens sein. Doch was bedeutet dies? Selbst ein so großes, auf Hoffnung gerichtetes Symbol wie der Regenbogen wird angesichts der oben zitierten Bedeutung der Technologie für den Krieg zur Flugparabel der Rakete umgedeutet, die, der Schwerkraft folgend, zu dem Zeitpunkt, da der Roman geschrieben wurde, das Ende der Welt herbeiführen kann.

In *Vineland* führt Pynchon seine Leser zurück in die Welt der Hippies seit den sechziger Jahren bis in das Jahr 1984. Im Zentrum stehen der Pianist Zoyd Wheeler, seine Frau Frenesi Gates und deren (?) Tochter Prairie. Zoyd hat sich mit Getreuen in die Einsamkeit Nordkaliforniens zurückgezogen und muß desillusioniert feststellen, daß die Träume der aufrührerischen Jugend in einer Zeit zunehmender ›Normalisierung‹ ins Leere gelaufen sind. Den Kern der ›Fabel‹ bildet der schließlich von der Tochter

Prairie aufgedeckte ›Wandel‹ ihrer Mutter Frenesi, die einst ausgezogen war, die an den aufrührerischen Studenten verübten Grausamkeiten des Machtapparates zu filmen und zu dokumentieren, sich dabei in einen Agenten der Macht verliebte und zu einem Mord an dem Führer der Aufrührer mißbrauchen ließ. Der Text ist nicht frei von Nostalgie und bewegt sich sowohl auf realistischem als auch virtuellem (von Medien bestimmtem) Boden.

Pynchon ist hinsichtlich seiner Bedeutung für seine Zeit oft mit Joyce verglichen worden. Er selbst verweist auf Jack Kerouac, Saul Bellow und Philip Roth. Doch sein Werk ist eher sorgenvoller. »When we speak of ›seriousness‹ in fiction, ultimately we are talking about an attitude toward death – how characters may act in its presence, for example, or how they handle it when it isn't so immediate.«

Gilt Pynchon heute als einer der bedeutendsten Romanciers der sechziger bis achtziger Jahre, so ist es gewiß nicht übertrieben, den aus Philadelphia stammenden Reporter, Museumsdirektor und Englischprofessor DONALD BARTHELME (1931–1989) als einen der bedeutendsten Vertreter der Kurzprosa jener Jahre zu bezeichnen. Auch er, der sich übrigens als »antinovelist« sah und sich als Avantgardist in Greenwich Village zu Hause fühlte, suchte die traditionellen Erzählpartikel wie *plot*, Charakter und Zeit hinter sich zu lassen und auch der Sprache neue Akzente zu verleihen. Bereits sein erster Band Erzählungen, *Come Back, Dr. Caligari* (1964) mit *short stories* wie »At the Tolstoy Museum«, »Brain Damage«, »The Falling Dog«, »The Sandman« oder »Robert Kennedy Saved from Drowning«, machte ihn berühmt. Sein Feld ist die Parodie, die Satire; seine Bilder sind nicht selten bizarr; sein Humor ist auf den ersten Blick dem Nonsens nahe. Doch fast alles ist selbstreferentiell und tiefgründig. Aus seinen neun *short story*-Sammlungen verdienen *City Life* (1970), *Sixty Stories* (1981) – darin die besten aus fast zwanzig Jahren – und *Forty Stories* (1987) hervorgehoben zu werden. Die Kritik nennt ihn auf Grund seiner Fähigkeit, äußerst präzise zu formulieren, zu Recht einen Meister des Minimalismus, der keinen Vergleich mit Hemingway scheuen muß. Aber er ist auch ein Surrealist und im übrigen auf allen Feldern zu Hause, die für die experimentellen Autoren jener Jahre von Bedeutung waren, etwa der Intertextualität oder dem Spiel mit der Sprache. Sein Humor läßt zuweilen vergessen, daß wir es keineswegs mit unverbindlichen Burlesken zu tun haben, sondern nicht selten mit bewußt angelegten Dekonstruktionen kultureller Kodizes, wie dies zum Beispiel in dem episodenhaften Umgang mit dem Schneewittchen-Stoff in *Snow White* (1967) oder mit der Pietät in *The Dead Father* (1975) zum Tragen kommt. Mit *Paradise* (1986) konnte er nicht an die vorhergehenden Erfolge anschließen; in *The King* (1990) aber, wo er die Tafelrunde König Artus' in das 1940 von deutschen Luftangriffen heimgesuchte London verlegt, blitzt der Witz früherer Texte erneut auf.

Auch bei Barthelme suchen wir vergeblich nach linearen Handlungsstrukturen; vieles ist skizzenhaft, das, was gemeinhin als Roman akzeptiert wird, resultiert aus der Collagetechnik. Vieles spricht dafür, daß er seine großen Erfolge und seine Popularität in einer für experimentelle Autoren erstaunlich breiten Leserschaft dem Umstand verdankt, daß er, anders als viele ›Akademiker‹ der Quodlibetisten, nie absolut theorieorientierte Texte schrieb, die nur für Insider gedacht oder ihnen gerade noch zugänglich waren.

Auf eine zuweilen ähnlich satirische, oft surrealistisch ausgelegte Weltausdeutung treffen wir bei dem aus Iowa stammenden, in Illinois, Bloomington und an der *University of Chicago* ausgebildeten, heute als Professor in Providence, Rhode Island, wirkenden ROBERT COOVER (*1932). Am Anfang seines Œuvres steht mit dem eher traditionell gefügten Roman *The Origin of the Brunists* (1966) ein Buch um den Aufstieg und Fall einer (fiktiven) Religionsgemeinschaft, die als Folge eines Bergwerksunglücks und der Behauptung des einzigen Überlebenden, Giovanni Bruno, die Jungfrau Maria habe ihn besucht und gerettet, entstanden ist. Mit *The Universal Baseball Association, Inc., J. Henry Waugh, Prop.* (1968) folgte eine Parabel auf das zeitgenössische Amerika. Hier schafft sich der Protagonist Henry Waugh in seiner Vorstellung eine komplette Baseball-Liga mit allem, was dazugehört, die er völlig beherrscht und am Ende mit einem Würfel-Wurf zerstört, womit auch seine reale Welt zerbricht. Besondere Würdigung erfuhr Coovers »factional account« *The Public Burning* (1977), in dem er sechs Jahre nach Doctorows *The Book of Daniel* ebenfalls die 1953 erfolgte Verurteilung und Hinrichtung der Atomspione Julius und Ethel Rosenberg thematisiert, die Exekution auf dem Times Square stattfinden und den damaligen Vizepräsidenten Nixon erzählen und kommentieren läßt. Nach den Kurz-Romanen *A Political Fable* (1968/80) und *Spanking the Maid* (1981) folgten der um einen Kriminalfall kreisende Roman *Gerald's Party* (1986) und *Pinoccio in Venice* (1991). Besondere Aufmerksamkeit verdient seine Kurzprosa, die in den Bänden *Pricksongs & Descants* (1969), *In Bed One Night and Other Brief Encounters* (1983), *A Night At the Movies, Or You Must Remember This* (1987) oder *Whatever Happened to Gloomy Gus of the Chicago Bears?* (1987) zum Besten zählt, was Quodlibetisten der siebziger und achtziger Jahre an Sprachexperimenten hervorgebracht haben. Daneben ist auf seine Bühnenstücke (*The Kid*, 1972; *Love Scene*, 1972; *A Theological Position, Rip and Awake*, beide 1975; *Bridge Hound*, 1981) zu verweisen, die deutlich machen, daß Coover außer Lyrik beachtenswerte Beiträge auf den verschiedenen Feldern der avantgardistischen Literatur schuf.

Anders verhält es sich zunächst bei dem aus einer Arbeiterfamilie in Spokane stammenden RICHARD BRAUTIGAN (1935–1984), der seit 1957 mit Gedichten (*The Return of the Rivers*, 1957; *Lay the Marble Tea*, 1959; *The Octopus Frontier*, 1960), denen er bis zu seinem Freitod weitere Bände (*All Watched Over By Machines of Loving Grace*, 1967; *Rommel Drives on Deep Into Egypt*, 1970; *June 30th, June 30th*, 1978, u. a.) hinzufügte, zu einem der führenden Vertreter der literarischen Gegenkultur der Westküste wurde. Mit seinem betonten Antiintellektualismus stand er sowohl den *Beats* als auch den Hippies nahe, bekannte sich dabei zu einer »new fiction« und hatte es deshalb zunächst schwer, einen Verleger zu finden. Über die Grenzen der College- und Westküstenleserschaft hinaus bekannt wurde er erst, als ihm Vonnegut zu einem bekannten Verleger verhalf. Seine Prosa ist Fleisch vom Fleische der Quodlibetät: surrealistisch, collagen- und skizzenhaft, genreüberschreitend und, bei allem Pessimismus, versehen mit komödienhaften Zügen. Als ein wesentliches Mittel zur Darstellung der von ihm empfundenen Frustrationen dienen ihm die Parodie und nicht selten die Metafiktion und das Surfen in Phantasiewelten. So parodiert *A Confederate General From Big Sur* (1964) Aspekte des Bürgerkrieges, und *In Watermelon Sugar* (1968) berichtet der erzählende Schriftsteller in einer Weise über eine alternative Kommune, die einer Satire auf diese Lebensweise nahekommt. In *The Hawkline Monster: A Gothic Western* (1974) schließlich begegnen wir einem auf Poes »The Fall of the House of Usher« verweisenden intertextuellen ›Roman‹. Diesen Tendenzen blieb er auch in seinen späteren längeren Prosatexten wie *Willard and His Bowling Trophies: A Perverse Mystery* (1975), *Sambrero Fallout: A Japanese Novel* (1976), *Dreaming of Babylon: A Private Eye Novel, 1942* (1977) und *The Tokyo-Montana Press* (1980) treu. In einigen dieser Werke bringt er sein wachsendes Interesse am Zen-Buddhismus und an Japan zum Ausdruck.

Sein bedeutendstes Werk aber ist zweifellos *Trout Fishing in America* (1967). Dieser ›Roman‹ ist bereits 1961 entstanden, fand aber erst sechs Jahre später einen Verleger und avancierte sofort – neben Salingers *Catcher in the Rye* und Hellers *Catch–22* – zum Kultbuch der sechziger und siebziger Jahre.

> Das Buch besteht aus siebenundvierzig recht kurzen Text-Teilen, die collagenhaft montiert sind und durch ihren Ich-Erzähler – einen Aussteiger –, seine Frau und deren Kind zusammengehalten werden. Der ›realistische‹ Hintergrund der Geschichte ist der Forellenfang in der Landschaft des amerikanischen Nordwestens. Fischen und Landschaft stehen hier symbolisch für den naturverbundenen *American way of life*, der indes auch hier schon bedroht wird von dessen industrialisierter Variante, der vordringenden Kommerzialisierung und Entfremdung, wodurch die Natur zum Handelsobjekt wird: »We're selling the waterfalls separately of course, and the trees and birds, flowers, grass and ferns we're also selling extra. The insects we're giving away free with a minimum of ten feet of stream.«

> Das spielt sich in den Jahren 1959 bis 1961 ab und wird ergänzt, unterbrochen, abgerundet durch Kindheitserinnerungen des Erzählers, anekdotische und parodistische Einlagen, die insofern auch intertextuell sind, als sie auf Thoreau, Longfellow, Hemingway, Steinbeck, Henry Miller u. a. zielen. Hinzu kommen Anspielungen auf die zeitgenössische Politik (Nixon/Kennedy-Wahlkampf 1960), die Geschichte (Lewis und Clark 1805) oder die Unterwelt (Billy the Kid, John Dillinger, Jack the Ripper). Selbst Leonardo da Vinci – als Erfinder einer Angelrute – und ein Schäfer als Adolf Hitler vor Stalingrad bevölkern die Imagination des Erzählers. Es ist ein Text voller Mystik und Symbolik, die jedoch ständig der Dekonstruktion ausgesetzt sind, etwa das Denkmal Franklins, dem der im Rollstuhl sitzende Trinker Short als Paradigma eines gleichsam auf den Hund gekommenen Amerika gegenübergestellt wird.

Im Werk Brautigans ist der amerikanische Traum ausgeträumt; nicht zu Ende ist jedoch bei aller Frustration und Desillusionierung die Suche nach einer neuen Grenze, einer neuen amerikanischen Utopie, in der die Natur nicht länger nur Objekt in einem großen Ausverkauf an die industrialisierte Zivilisation bleibt.

In diesem Sinn moralisch sind auch die Werke des im Staat New York geborenen Mediävisten und Professors der Englischen Literatur JOHN GARDNER (1933–1982). Als Hochschullehrer hat er sich intensiv mit Literaturtheorie und -kritik sowie der Technik des Schreibens beschäftigt und seine Auffassungen in fünfundzwanzig Essaybänden niedergelegt beziehungsweise ediert (*The Forms of Fiction*, 1961; *On Moral Fiction*, 1978; *The Art of Fiction*, 1984, u. a.). Als Forscher widmete er sich vornehmlich Chaucer und der mittelenglischen Dichtung sowie dem König-Artus-Kreis. Obgleich er als ein Philosoph und in mancher Hinsicht Wertkonservativer anzusehen ist, erzielt er seine Wirkung als Autor durch seine von Nonkonformismus getragenen Provokationen. Im Zentrum seines Denkens steht das Ringen der individuellen Freiheit mit den kulturellen Zwängen und der Akademisierung der modernen Welt, die seiner Meinung nach ins Virtuelle, ins Leere zu laufen droht. In seinem ersten Roman *The Resurrection* (1966) treffen wir in dem Protagonisten auf einen an Leukämie erkrankten Philosophieprofessor und mit ihm auf die Frage, wie ein Todgeweihter noch sinnvoll leben kann. In *The Wreckage of Agathon* (1970) greift er insofern weiter aus, als er im Dialog zwischen dem griechischen Philosophen und seinem Schüler der impliziten Kritik an der modernen Zivilisation eine historische Dimension verleiht.

Wirklich bekannt wurde Gardner erst mit seiner moralischen ›Umwertung‹ des altenglischen Heldenepos *Beowulf* in dem Roman *Grendel* (1971). Wie bereits in den vorhergehenden Büchern lautet der Grundton: Chaos *versus* Zivilisation. Hier aber erfolgt eine ›Umschreibung‹ der Geschichte oder besser des Mythos insofern, als Gardner das Epos aus der Sicht Grendels präsentiert, der seinen Krieg gegen die Menschen beginnt, weil er sich von diesen zurückgewiesen fühlt. Dieser in zwölf Sektionen komponierte Roman besticht durch seine zwingende symbolhafte Gestaltung. In den folgenden Romanen *The Sunlight Dialogues* (1972), in dem er sein Grundthema am Beispiel der Kontroverse zwischen einem ausgestoßenen Polizisten und dessen Vorgesetzten abhandelt, und *October Light* (1976) kann er diese Wirkung nicht wiederholen. Im letzten der beiden Romane gelingt Gardner jedoch in der Sicht des Erzählers Henry Soames eine beeindruckende Übertragung des Chaos-Ordnungs-Prinzips auf die amerikanische Gegenwartsproblematik. Hier wird deutlich, wo die Ursachen für Gardners Zivilisationskritik zu suchen sind.

Neben dem Versroman *Jason and Medeia* (1973) und der ›wiedererzählten‹ Geschichte der Befreiung Schwedens von der dänischen Herrschaft im 16. Jahrhundert in *Freddy's Book* (1980) ist es Gardners letzter Roman *Mickelsson's Ghosts* (1982), in dem er seinem literarischen Werk eine besonders tiefschürfende philosophische Begründung zu geben suchte. Hier geht es um Zeiterscheinungen, die die Gesellschaft physisch wie metaphysisch existentiell bedrohen. Die beiden Leitfiguren oder »ghosts« in dieser Kontroverse sind Nietzsche und Luther, von denen der erste sagt, »works are everything«, während der zweite postuliert: »None of your works mean anything.« Auf diesem Hintergrund entwickelt sich die Tragödie des Titelhelden, eines Philosophieprofessors, der auf seiner Farm – wohin er sich zurückgezogen hat – nicht nur von äußeren Kräften heimgesucht, sondern auch von Gedanken an eigene miese Verfehlungen gequält wird. Dieses Buch ist in seiner Form und in seinem Inhalt ein Beispiel für den Geist der Quodlibetät. Das Gesamtwerk Gardners zeigt indessen, wie unter den Bedingungen einer weit verbreiteten Orientierungslosigkeit, der sich auch die Avantgardisten nicht entziehen können, *moral fiction* aussehen könnte. Nach Gardner ist »true«, »moral act« eine Art Kunst, die »clarifies life, establishes models of human action … carefully judges our right and wrong directions … It designs visions worth trying to make facts.« Und sein Fazit, das sich in allen seinen Werken bricht, lautet: »Real art creates myths a society can live instead of die by.«

Von einer solchen gesellschaftlichen Einbindung von Literatur scheint der aus North Dakota stammende, am *Kenyon College* und in Cornell ausgebildete Philosophieprofessor WILLIAM GASS (*1924) nicht viel zu halten. Seine Romane und Erzählungen sind Beispiele einer weitgehend selbstreferentiellen Literatur, in der die Sprache des als Stilisten gelobten Autors eine Vorrangstellung gegenüber ihren Inhalten einnimmt. »There are no descriptions in literature«, lesen wir bei ihm, »there are only constructions.« Seine Werke gründen sich auf seine literaturtheoretischen Überlegungen, die eine Verbindung von Fiktion und Philosophie anstreben und die mit ihren Angriffen gegen die Ästhetik des Realismus ›Charakter‹, *plot* und andere traditionelle Konstituenten der Textgestaltung zurückweisen. Bei ihm heißt es: »The aesthetic aim of any fiction is the creation of a verbal world. ... fiction, like poetry, should not merely mean but, above all, be.« Es ist also die Welten erschaffende Kraft des Wortes, die bei ihm zählt (*The World Within the Word*, 1978), wobei in diesem Denkgebäude R. M. Rilke, P. A. Valéry, G. Stein und nicht zuletzt L. Wittgenstein ihre Spuren hinterlassen haben.

Ein erstes Beispiel ist der Roman *Omensetter's Luck* (1966), die aus drei Perspektiven erzählte Geschichte des nach Gilean am Ohio zugewanderten Titelhelden, in der die Frage nach einer möglichen Erlösung durch die Kunst ins Zentrum gerückt wird. Zwei Jahre später legte Gass mit der »essay-novella« *Willie Masters' Lonesome Wife* (1968) eines der am weitesten gehenden Beispiele experimentellen Erzählens vor. Die einsame Bab Masters erzählt die Entstehung des Textes und des damit im Zusammenhang stehenden Geschlechtsaktes. Beides wird in Beziehung gesetzt zu der Rezeption des Textes, dessen Beginn das Foto der Vorderansicht einer Frau bietet und dessen Ende mit der Rückseite derselben Frau aufwartet. Das Ganze ist gedruckt auf verschiedenen Papiersorten und -farben (Blau, Grün, Rot, Weiß), die mit den erwarteten emotionalen Rezeptionsebenen korrespondieren und, gesetzt in verschiedenen Typen, lineares Lesen zugunsten des situativen aufheben sollen. Dieses Buch ist eines der klarsten Beispiele für Metafiktion, die diese Periode der amerikanischen Literatur hervorgebracht hat.

Im selben Jahr erschien mit dem *Short story*-Band *In the Heart of the Heart of the Country* (1968/81) eine Sammlung von fünf seit 1958 entstandenen Erzählungen – neben der Titelgeschichte unter anderem »The Pedersen Kid« und »Mrs. Mean« –, die ebenfalls metafiktionale Ausdeutungen des Kleinstadtlebens im Mittelwesten präsentieren. Auch Gass' zweiter Roman, *The Tunnel* (1995), bietet in der Geschichte des Historikers William Frederick Kohler eine Metafiktion. Der Professor hat gerade sein großes Werk *Guilt and Innocence in Hitler's Germany* vollendet und schickt sich an, das noch fehlende Vorwort zu schreiben. Dieses wächst sich zu einem weiteren Buch aus, dessen Aussage der des eigentlichen Textes widerspricht. Es ist so ›persönlich‹, daß er es sogar vor seiner Frau verbirgt. Wenn der Professor schließlich unter der Last seiner Selbsterkenntnisse im Keller seines Hauses einen Tunnel gräbt, so steht diese Tätigkeit symbolisch für das Graben in seiner Vergangenheit. Auch mit diesem Text macht Gass deutlich, daß er einer der führenden sprachphilosophischen Prosaisten des ausgehenden 20. Jahrhunderts in den USA ist.

Ebenso weit gehen die Experimente des in Brooklyn gebürtigen Journalisten, Lehrers und heute in Stanford lehrenden Professors GILBERT SORRENTINO (*1929), dessen literarische Karriere mit einem Brückenschlag zwischen den Lyrikern der *Beats* – denen er zwischen 1956 und 1960 als Herausgeber der Zeitschrift *Neon* eine Plattform bot – und den konsequentesten Vertretern der folgenden experimentellen Prosa begann. Am Anfang seines Werks stand von Pound, Williams oder Creeley beeinflußte Dichtung. Zwischen den Bänden *The Darkness Surrounds Us* (1960) und *Selected Poems, 1958–1980* (1981) sind sechs weitere erschienen. Seine Prosa – bislang legte er rund ein Dutzend Romane vor – bietet Beispiele extremen Experimentierens, bei dem Parodie und bizarre Komik mit selbstreferentiellen Aspekten und Metafiktion aufs engste zusammenwirken. Dabei ist ihm die Form wichtiger als der Inhalt, ja, er geht noch einen Schritt weiter, wenn er postuliert: »Form not only determines content ... form invents content.« An die Stelle chronologischer Erzählstränge tritt bei ihm bereits im ersten Roman, *The Sky Changes* (1966), die Auflösung dieses Strukturprinzips. Sorrentino begründete dies mit der Bemerkung: »The past, the present, the future are mixed together in order to show very clearly that there is really no past that's worse than the present.« Sein zweiter Roman, *Steelwork* (1970), besteht aus sechsundneunzig unchronologisch miteinander verbundenen Skizzen, Vignetten, Szenen und Erinnerungen aus der Kindheit des Autors. In *Imaginative Qualities of Actual Things* (1971), einer Satire auf die New Yorker Avantgarde der sechziger Jahre, ist jedes der acht Kapitel einem Charakter zugeschrieben, und der kürzere Text, *Splendide-Hotel* (1973), besteht aus sechsundzwanzig Teilen, von denen jeder einem Buchstaben des Alphabets zugeordnet ist. Den Höhepunkt dieser ›technischen‹ Experimente erreichte Sorrentino mit *Mulligan Stew* (1979), einem Roman, der nichts ausläßt, was *innovate fiction* bis zu diesem Zeitpunkt hervorgebracht hat, und der selbst vor der Parodie der Metafiktion nicht Halt macht. Die Kritik nannte das Buch »the end of the self-reflexive novel«. Zu Beginn der achtziger Jahre nahm Sorrentino in den autobiographischen oder realitätsbezogeneren Romanen *Aberration of Starlight* (1980), *Chrystal Vision* (1981) und *Blue Pastoral* (1983) das extreme Experiment etwas zurück, um in seiner ›Trilogie‹, *Odd Number* (1985), *Rose Theatre* (1987) und *Misterioso* (1989), erneut seine literaturtheoretischen Thesen voll in die Praxis umzusetzen.

Auf eine ähnliche Konsequenz stoßen wir in den Theorien und Texten des ebenfalls aus Brooklyn stammenden, in Cornell und an der *Brandeis University* ausgebildeten Hochschullehrers RONALD SUKENICK (*1932). In seiner Sammlung innovativer Kurzprosa *The Death of the Novel, and Other Stories* (1969) lesen wir: »The contemporary writer – the writer who is actually in touch with life of which he is part – is forced to start from scratch: Reality doesn't exist, time doesn't exist, personality doesn't exist.« Alles ist für ihn das Resultat eines Vorstellungsaktes, der überdies in der Form eines Puzzles daherkommt und vom Leser auf subjektive Weise aufgenommen und zusammengesetzt werden muß. Dies führt ihn geradewegs zu von ihm als notwendig erachteten Dekonstruktionen und einer sein ganzes Werk durchziehenden Suche nach neuen Formen. Dazu heißt es in seinem Essay »The New Tradition in Fiction«: »By the point some form has become certified Literature it has become a formula unseeable in prefabricated repetitions. But experience is never prefab. It is immediate, metamorphic, and unpredictable.« Die Welt und ihre Literatur hat aus seiner Sicht keinen Raum für lineare, hierarchische oder chronologische Sequenzen. Vielmehr ist die Literatur das Produkt komplexer Wahrnehmungen, was die radikale Abkehr von der hergebrachten Vorstellung von Realismus impliziert, die bei den ›Akademikern‹ der siebziger und achtziger Jahre an Raum gewann.

Nach diesem Prinzip sind alle seine Texte komponiert. Sein erster Roman, *Up* (1968), schildert in einer autobiographisch gefärbten Satire den Versuch eines jungen Autors, seinen ersten Roman zu schreiben. *Out* (1973), die Geschichte eines jungen New Yorkers, den es nach Kalifornien zieht, beginnt mit Abschnitt 9 und endet bei 0. Es folgen die Romane *98.6* (1975), in dem es um neue Formen des sozialen Zusammenlebens geht, dem eine neue Form von Literatur zugeordnet werden soll, und zu *Blown Away* (1987) bemerkt der Autor: »(It) explores my idea of the novel as related to suppressed traditions of magic, shamaism, prophecy ... all this based on an interpretation of Prospero, our tradition's most eminent literary wizard.« Weitere Beispiele seines technischen Experiments sind *Long Talking Bad Conditions Blues* (1979), das aus einem in Absätze gebrochenen langen Satz besteht, *The Endless Short Story* (1986) und die »nonfiction narrative« *Down and In: Life in the Underground* (1987). Der Essayband *In Form: Digressions on the Act of Fiction* (1985) vermittelt Einsichten in die nicht immer leicht zugänglichen Zielsetzungen dieses Autors und Theoretikers.

Nicht minder schwierig ist der Zugang zum Werk des 1948 aus Paris in die USA eingewanderten bilingualen Schriftstellers und Professors RAYMUND FEDERMAN (*1928), der zunächst als Übersetzer und Lyriker reüssierte (*Among the Beasts/Parmi les Monstres*, 1967; *Me Too*, 1975; *Duel*, 1991; *Nowthen*, 1992). Auch er war auf der Suche nach neuen Formen und Strukturen für eine Prosa im Spannungsfeld zwischen Imagination und Realität. Er nennt seine Literatur »surfiction« und schreibt in gewisser Hinsicht Joyce und Beckett fort. Sein bisheriges Werk ist stark autobiographisch, geprägt von der Ermordung seiner Familie im KZ und dem eigenen Einwandererschicksal, etwa in den ersten Romanen *Double or Nothing* (1971) oder *Take It or Leave It* (1976); letzterer schildert einen jungen französischen Immigranten in der US-Army auf dem Weg nach Korea und ist die englische Version seines französischen Romans *Amer Eldorado* (1974). Mit dem zweisprachigen Roman *The Voice in the Closet/Le Voix* *dans le cabinet de Débarras* (1979) – ein in einer Abstellkammer verborgener Junge muß miterleben, wie die Nazis seine Familie abführen – wendet sich Federman konsequenter dem Experiment zu. Die englische Version dieses Textes wird Teil von *The Twofold Vibration* (1982), in dem zum Jahreswechsel 1999 ein alter Mann auf sein Leben zurückblickt. *Smiles on Washington Square* (1985), dessen Protagonist Moinous das *alter ego* Federmans zu sein scheint, bietet in der Begegnung des arbeitslosen frankoamerikanischen Koreaveteranen mit Suzette, der linksstehenden Tochter einer wohlhabenden neuenglischen Familie, Sozialkritik und Metafiktion in einem. *To Whom It May Concern* (1990) und *A Version of My Life* (1993) bewegen sich in einem Rahmen, den Federman wie folgt absteckt. »Since ... no meaning pre-exists language, but meaning is produced in the process of writing (and reading), the new fiction will not attempt to be meaningful, truthful, or realistic, nor will it attempt to serve as the vehicle of a ready-made meaning. On the contrary, it will be seemingly devoid of any meaning, it will be deliberately illogical, unrealistic, non sequitur, and incoherent. And only through the joint efforts of the reader and creator will a meaning possibly be extracted from the fictitious discorse.« Damit hat Federman auch eine Art Credo seiner extrem experimentellen Mitautoren zu Papier gebracht.

Ähnlich wie er denkt der in Wien geborene, über China in die USA gekommene und dort 1960 eingebürgerte Dozent WALTER ABISH (*1931). In seinem ersten Roman, *Alphabetical Africa* (1974), treibt er mit den zweiundfünfzig Kapiteln nach dem Prinzip A-Z/Z-A zugeordneten Buchstaben sein experimentelles Spiel. Bekannter wurde er mit dem Roman *How German Is It* (1980). In diesem Buch kehrt der Protagonist, der Schriftsteller Ulrich Hargenau, in die auf dem Grund des ehemaligen Nazi-KZ Durst auch von seinem Bruder mitaufgebaute Stadt Brumholdstein zurück, um mehr über das Leben und Sterben seines Vaters zu erfahren, den die Nazis im Zusammenhang mit dem 20. Juli 1944 hingerichtet hatten. In der nun prosperierenden Bundesrepublik stoßen Bürger auf ein Massengrab aus der Nazizeit, womit die neue Gesellschaft von ihrer Geschichte eingeholt, ein weiteres Verdrängen unmöglich wird und sich der Protagonist, der mit den Nachforschungen nach seinem Vater auch nach seiner eigenen Identität suchte, die Frage stellt, wie deutsch er denn eigentlich selbst sei. Abish, der bei Niederschrift dieses Buches die Bundesrepublik nicht aus eigener Anschauung kannte, hat mit dem Zusammenbruch der Dekke über dem Massengrab offensichtlich zum Ausdruck bringen wollen, für wie brüchig er die Basis hält, auf der sich Nachkriegsdeutschland noch immer bewegt. Neben dem Lyrik-Band *Duel Site* (1970) und den *short story*-Sammlungen *Minds Meet* (1975) und *In the Future Perfect* (1977) verdienen die intertextuelle Collage *99: The New Meaning* (1990) und das in Mexiko spielende Buch *Eclipse Fever* (1993) Erwähnung. In *Eclipse Fever* werden die Probleme Mexikos im besonderen und die der dritten Welt im allgemeinen angesprochen.

Etwa gleichzeitig betrat mit dem aus New York stammenden DON DeLILLO (*1936) ein Autor die Bühne, dessen Frühwerk zwar von der Kritik gelobt, aber nur von einem relativ kleinen Leserkreis angenommen wurde. Das gilt fast ausnahmslos für alle seine frühen Romane von *Americana* (1971) über *End Zone* (1972) bis *Great Jones Street* (1973), in denen die Suche der Protagonisten nach nationaler Identität, das Phänomen *American football* als moderne Version des Krieges und die Welt der Drogen- und Rockkultur thematisiert werden. In *Ratner's Star* (1976) begegnen wir mit dem vierzehnjährigen Nobelpreisträger Billy Twilling einer surrealistischen Welt der Sciencefiction. Erst nach *Players* (1977) und den beiden Thrillern *Running Dog* (1978) und *The Names* (1982) gelang De Lillo mit dem Roman *White Noise* (1985) mehr als nur ein Achtungserfolg. Hier steht für die Familie des Professors Jack Gladney angesichts einer Luftvergiftung die Frage »who will die first?« zur Debatte und damit das Thema moderne Technologie und Tod. Den wirklichen Durchbruch erzielte DeLillo erst mit *Libra* (1988), einem Roman um J. F. Kennedys Ermordung, dem eine Verschwörungsthese zugrunde liegt. Ähnlich positiv ist der Roman *Mao II* (1991) aufgenommen worden, die beeindruckend komponierte schwarze Komödie um den Protagonisten Bill Gray, der, ähnlich wie Salinger und Pynchon, in absoluter Zurückgezogenheit lebt, dadurch seinen Ruf als Autor enorm steigert, am Ende aber unfähig ist, das von ihm geplante *Opus magnum* seinen hohen Ansprüchen gemäß zu vollenden. Nun sucht er mit Hilfe der Medienwelt und des Kulturbetriebes sein Versagen hinter sich zu lassen, indem er sich bereit erklärt, in London die Lyrik eines in Beirut von Terroristen entführten Schweizer Dichters vorzutragen. Doch auch dies geht schief; für Gray gibt es nun auf diesem neuen Weg kein Zurück mehr. Bei dem Versuch, über Athen und Zypern mit den Entführern Kontakt aufzunehmen, stirbt er sozusagen außerhalb des Scheinwerferlichts, dessen er nach seinem Scheitern als Autor so sehr zu bedürfen glaubte.

Überschaut man das bisher vorliegende Werk DeLillos bis hin zu *Underworld* (1997), so bieten seine Romane vielfältige Bilder des Niedergangs der zeitgenössischen Gesellschaft. Seine Themen reichen von der politischen Verschwörung, der organisierten Kriminalität, von Mord und Terrorismus bis hin zum Umweltverbrechen und verdeutlichen, daß es die Gesellschaft selbst ist, die ihre Krankheiten produziert. Die Welt in den Romanen De Lillos ist eine apokalyptische, die sich aus Puzzles zusammensetzt und in eine Sprache gefaßt ist, die alle Register von der Umgangssprache bis hin zur Computersprache zu ziehen in der Lage ist. Mit welcher Präzision De Lillo zu arbeiten vermag, wird besonders in dem minimalistischen Stil von *White Noise* deutlich.

Das Thema Krankheit und Entfremdung des Individuums in einem immer anonymer und undurchschaubarer werdenden Umfeld beherrscht auch die Prosa des Englischprofessors JOSEPH McELROY (*1930), der von allen Experimentalisten DeLillo am nächsten zu stehen scheint. Nach *A Smuggler's Bible* (1966), *Hind's Kidnap* (1969) und *Ancient History* (1971) wurde er mit *Lookout Cartridge* (1974), einem Roman um das rätselhafte Verschwinden eines Filmemachers in London, einem breiteren Lesepublikum bekannt. Von seinen späteren Romanen *Plus* (1977), *Ship Rock* (1980) und *Women and Men* (1987) ist letzterer eine eindringliche Studie menschlicher Vereinzelung im Moloch Großstadt. Eher noch bedrückender ist *The Letter Left to Me* (1988), der Bericht eines Fünfzehnjährigen, der einen Brief von seinem Vater erhält, der soeben Selbstmord begangen hat.

Unter den experimentierenden Autoren, die in den achtziger Jahren die literarische Bühne betraten, ist der aus Newark, New Jersey, stammende PAUL AUSTER (*1947) insofern ein interessanter Schriftsteller, als er für seine Bücher auf die Grundmuster der *mystery-*, *detective-* und *science-fiction*-Romane zurückgreift, diese Genres quodlibetär ausbaut und dabei seit dem Ende der achtziger Jahre eine Brücke zum sogenannten Neo-Realismus zu schlagen begann. Nach einem Studium an der *Columbia University* arbeitete er unter anderem als Seemann, Telefonist und Hausmeister in Frankreich, übersetzte aus dem Französischen (surrealistische Poesie, Sartre u. a.), schrieb Essays und hatte von 1986 bis 1990 eine Dozentur für *Creative Writing* in Princeton inne.

Sogleich bekannt wurde er mit dem ersten Band seiner New-York-Trilogie, *City of Glass* (1985), die er mit *Ghosts* (1986) und *The Locked Room* (1987) vollendete. Die Basis dieser Romane bildet das Muster des Detektivromans, das Thema aber ist die Suche nach und der Verlust der Identität in einer chaotischen Welt, in diesem Fall der Megalopolis. Quodlibetär an diesen Büchern ist, daß in ihnen Fakt und Fiktion ebensowenig auseinanderzuhalten sind wie etwa Text, Autor und Erzähler, zumal Paul Auster selbst als in der Szene stehender Charakter aufscheint. Die drei Bücher präsentieren drei völlig verschiedene Geschichten, die nur durch die Stadt und das Thema der sehr unterschiedlich angelegten Suche nach Identität der Protagonisten lose zusammengehalten werden. Im ersten Roman wird der Kriminalschriftsteller Quinn – irrtümlich, anstelle des Detektivs Paul Auster – mit der Jagd auf einen besessenen Linguisten – mit ihm kommt das Thema Sprache und Wirklichkeit ins Spiel – beauftragt und nimmt am Ende die Identität seiner Camouflage als Stadtstreicher an. Im zweiten Band geht es geradezu abstrakt zu, wenn White den Detektiv Blue anheuert, um einen Mann namens Black zu verfolgen, und Blue am Ende nicht weiß, ob White und Black identisch sind. Lebensnäher und deshalb für den Leser auch leichter zugänglich ist der dritte Band, in dem ein Schriftsteller nach dem Verschwinden seines ebenfalls schreibenden Jugendfreundes Fanshaw gebeten wird, dessen Erbe zu verwalten. Dabei schlüpft er so tief in dessen Leben und Identität, daß bei der Nachricht, sein vermißter Freund Fanshaw könnte wieder auftauchen, seine ›neue‹ Identität, die sich nun als eine geborgte erweist, zusammenbricht. In dem folgenden Roman *In the Country of Last Things* (1987), in dem die Suche der Anna Blume nach ihrem vermißten Bruder in einer materiell und spirituell ruinierten Stadt endet, nutzt Auster das Instrumentarium des Science-fiction-Romans.

Mit dem Roman *Moon Palace* (1989), der Initiationsreise des Waisenjungen Marco Stanley Foggs durch New York City, setzte Auster insofern neue Akzente, als er nun stärker neo-realistische Techniken verwandte. Das gilt auch für den Thriller *The Music of Chance* (1990) und den Roman *Leviathan* (1992), in dem der Schriftsteller Walter Aaron nach dem gewaltsamen Tod seines Freundes, des Schriftstellers Benjamin Sachs, dessen Ansehen vor den Medien schützen will und dabei in bislang unbekannte Winkel im Leben des Toten vordringt. Als eine große Metapher des kollabierenden amerikanischen Traums läßt sich der Roman *Mr. Vertigo* (1994) deuten. In der Gestalt des in den zwanziger Jahren im Mittleren Westen lebenden Waisenknaben Walter Rawley begegnen wir einem modernen Huck Finn, der sich von dem geheimnisumwitterten Master Yehudin ›zivilisieren‹ läßt, das heißt von ihm aufgenommen wird und bei ihm das Fliegen lernt. Mit diesem Kunststück haben sie großen Erfolg; ehe sie aber den Höhepunkt desselben, nämlich den Broadway erreichen, verliert Walter diese Fähigkeit und stürzt in das Gangstermilieu Chicagos ab. Damit und mit Büchern wie *Hand to Mouth: A Chronicle of Early Failure* (1997), da Austers *alter ego* Quinn durch seine ›Stadt aus Glas‹, sein New York führt, oder *Lulu on the Bridge* (1998) endet dieser Traum in der von Auster als bitter empfundenen Realität amerikanischen Lebens gegen Ende des Jahrtausends.

Auf einen anderen Ton treffen wir in den Erzählungen und Romanen des in Kalifornien lebenden Hochschullehrers CORAGHESSAN T. BOYLE (*1948), der wegen seines schwarzen Humors, seiner absurden surrealistischen Kompositionen und seiner souveränen Beherrschung der Sprache oft mit Pynchon, Barth, aber auch mit Evelyn Waugh oder Kafka in einem Atemzug genannt wird. Seine ersten Erzählungen – »Heart of a Champion«, »Dada« und andere – erschienen in Zeitschriften. Der erste Sammelband, *The Descent of Man* (1979), wartet in der Titelgeschichte mit der Liebesaffäre einer Frau mit einem hochintelligenten, mit Nietzsche vertrauten Schimpansen auf. Mit den folgenden Romanen, *Water Music* (1981), *Budding Prospects* (1984), *World's End* (1987), *The Road to Wellville* (1993) und *The Tortilla Curtain* (1995), in dem für das mexikanische Paar América und Candido das ersehnte amerikanische Paradies eine von geldgierigen Gringos beherrschte Hölle wird, oder *Riven Rock* (1997), eine um eine Sexualneurose kreisende skurrile Geschichte, und weiteren Kurzprosa-Sammelbänden festigte er seinen Ruf als ein Experimentalist, der auch mit helleren Farben zu zeichnen versteht und dabei deutlich macht, daß die Welt lichter sein kann als von manchen seiner Vorgänger angenommen.

Ebenfalls den Quodlibetisten zuzurechnen ist der aus Ithaca, New York, stammende und in vielem an Pynchon erinnernde DAVID FOSTER WALLACE (*1962), dessen erstes Buch, *The Broom of the System* (1987), ein Bildungsroman in der Manier der *new fiction* ist. Die Suche der jungen Leonore nach ihrer zweiundneunzigjährigen Urgroßmutter – eingebettet in unglaubliche Handlungen und dargestellt mit unterschiedlichen Techniken – mündet ein in die Suche nach der eigenen Identität. Erwähnenswert ist auch seine Kurzprosa *Girl with Curious Hair* (1988), darin neben der Titelgeschichte Erzählungen wie »Everything is Green«, »Little Expressionsless Animals« oder »My Appearance«, in denen die Themen Schein und Realität, aber auch Sprache und Wirklichkeit eine wichtige Rolle spielen.

Parallel zu den extremen Experimentalisten etablierten sich mit den sogenannten Minimalisten Autorinnen und Autoren, die bei ihren Versuchen, neue literarische Wege zu gehen, bis zu einem gewissen Grad sprachökonomische Forderungen der Imagisten aufnehmen. Eine der bekanntesten Vertreterinnen dieser Richtung ist die aus einer in der Mitte des 19. Jahrhunderts nach Kalifornien eingewanderten Pionierfamilie stammende JOAN DIDION (*1934). Charakteristisch für ihren eleganten Stil ist die hohe Präzision ihrer gründlich durchgefeilten, knappen Sprache, die an Hemingway erinnert. Sie entspricht ihrem Credo: »I'm not much interested in spontaneity. What concerns me is total control.« In allen ihren Romanen – *Run River* (1963), *Play It as It Lays* (1970), *A Book of Common Prayer* (1977) und *Democracy* (1984) – treffen wir auf aus der Bahn geworfene, aber letztlich starke Frauen, die ärgste Belastungen tapfer überwinden und schlimmstenfalls, wie Charlotte Douglas in *A Book of Common Prayer*, einen sinnlosen, nicht ihnen anzulastenden Tod sterben müssen. Diese Texte konstituieren sich aus zum Teil extrem kurzen Kapiteln, einer filmischen Technik harter Schnitte und der Vermischung von Fakt und Fiktion, in der sie selbst als Charakter figuriert. Diese Technik zeichnet auch ihre Essays aus, in denen sie, wie in den Romanen, ihr enges Verhältnis zur kalifornischen Heimat erkennen läßt. Der erste Band, *Slouching Towards Bethlehem* (1968), enthält bereits vorher bei *Vogue* erschienene Stücke. Später folgen *The White Album* (1979; in Anlehnung an das berühmte Album der *Beatles*), *After Henry* (1993) und *Sentimental Journeys* (1993) mit Skizzen aus dem Leben im Westen und ihren Erfahrungen.

Im Zentrum des Werkes dieser von den politischen Ideen ihrer Zeit doch weitgehend losgelöst lebenden Autorin steht die Erkenntnis, daß die Gesellschaft, in der sie lebt, aus den Fugen geraten ist, und es ist gewiß kein Zufall, daß der Titel ihres ersten Essaybandes auf ein Gedicht von W. B. Yeats verweist, in dem es heißt: »Things fall apart; the center cannot hold.« Ungeachtet der Tatsache, daß Frauen im Zentrum ihres Werks stehen, lehnt sie den Feminismus entschieden ab und bezeichnet ihn als eine »curious historical anomaly«. Neben ihren Romanen und Essays schrieb sie zusammen mit ihrem ebenfalls als Romanautor (*True Confessions*, 1977; *Dutch Shea, Jr.*, 1982; *The Red, White, and Blue*, 1987) bekanntgewordenen Ehemann JOHN GREGORY DUNNE (*1932) eine Reihe erfolgreicher Drehbücher. Der Umstand, daß man sie zu Recht dem *New Journalism*, der *New Literature*, den Minimalisten oder der ›Literatur des Westens‹ zuordnen kann, zeigt einmal mehr, wie schwierig es in der zweiten Hälfte des 20. Jahrhunderts wird, amerikanische Autoren auch nur annähernd fair bestimmten Kategorien zuzuordnen.

Das gilt auch für den aus Houston, Texas, stammenden, an den *Tulane*- und *Johns Hopkins*-Universitäten, beim Film und als Hochschullehrer tätigen FREDERICK BARTHELME (*1943). Seine auf dem Hintergrund des modernen Südens in knappen Strichen entworfenen Bilder und Dialoge verleihen seinen in jeder Hinsicht ökonomisch komponierten Texten den Charakter von Momentaufnahmen. Seine erste *Short story*-Sammlung *Rangoon* (1970) und der Roman *War & War* (1971) blieben weitgehend unbeachtet. Das änderte sich erst mit dem Erzählungsband *Moon Deluxe* (1983), in dem die Themen allgemeiner Ziellosigkeit (»Violet«, »Lumber«), Unentschlossenheit (»Safeway«) oder Entfremdung und Einsamkeit (»Raincheck«), fast immer aber selbstbewußter werdende Frauen im Zentrum stehen, die Männer verunsichern. Letzteres gilt besonders für die Romane *Second Marriage* (1984) und *Tracer* (1985), wo der Protagonist Martin, wie es Susan M. Dodd so treffend wie ironisch formuliert, als männliches Opfer, als »the Unknown Soldier of the Gender War« erscheint. Auch in seiner späteren Sammlung *Chroma* (1987), mit so ausgefeilten Erzählungen wie »Perfect Things«, »Driver« oder »Cut Glass«, bleibt er seiner früher angeschlagenen Thematik weitgehend treu und erweist sich einmal mehr als ein Künstler mit scharfer Beobachtungsgabe und der Fähigkeit zur detaillierten Beschreibung in lakonischer Sprache, als souveräner Meister der sich auf das Wesentlichste beschränkenden kurzen Form.

Science-fiction und Thriller

Mit dem sich seit den Tagen der *Beats* und danach vollziehenden Abbau der Schranken zwischen den *Belle Lettres* und der sogenannten Trivialliteratur entwickelte sich in der amerikanischen Literatur eine bemerkenswerte Vernetzung von ›Hoher Literatur‹ und

Genres wie dem Thriller, dem Spionageroman und Detektivroman und nicht zuletzt der Science-fiction, die einen nicht unwesentlichen Anteil an konstitutiven Elementen der Romane Pynchons, Vidals, Vonneguts – um nur einige zu nennen – haben. Diese Genres haben indes schon vorher in der ›anspruchsvollen‹ Literatur der Welt und Amerikas eine Rolle gespielt. Namen wie Mary Wollstonecraft Shelley (1797–1851), Jules Verne (1828–1905) oder H. G. Wells (1866–1946) belegen es. In Amerika findet sich Science-fiction von Anfang an in der sich entwickelnden Literatur diesseits und jenseits der Wasserscheide, von der die Vertreter eines traditionellen Kanons glauben, sie trenne ›hohe‹ und ›triviale‹ Literatur. Verwiesen sei hier etwa auf Poes »Hans Pfaall« (1835) und »Balloon Hoax« (1848), Mark Twains *A Connecticut Yankee* (1889) oder W. D. Howells' *A Traveler from Altruria* (1894), oder die enorm populären *dime novels* wie *Steam-Man of the Plains* (1868) von EDWARD ELLIS (1840–1916), oder *The Princess of Mars* (1912) und andere des Tarzan-Erfinders EDGAR RICE BURROUGHS (1875–1950). Nicht zu übersehen ist jedoch, daß in der zeitgenössischen Science-fiction, ungeachtet des schnellen und faszinierenden technischen und wissenschaftlichen Fortschritts, die sozialen und gesellschaftlichen Komponenten desselben das Interesse an den rein technischen überlagert.

Zu den nach dem Zweiten Weltkrieg auf diesem Feld bekanntgewordenen Autoren zählt der in allen Genres von der Dichtung über die *short story*, das Bühnenstück, die Jugendliteratur und nichtfiktionale Bücher außerordentlich produktive Berufsschriftsteller und Publizist RAY BRADBURY (*1920), der kurz nach Kriegsende mit dem Band Erzählungen *Dark Carnival* (1947) hervortrat und danach mit seinem Roman *The Martian Chronicles* (1950) ein im Prinzip optimistisches Bild von einer die Menschheit herausfordernden neuen Grenze, der Kolonisation des Mars, entwarf. Dabei ist sein Blick in der Überzeugung nach vorn gerichtet, man könne in einer neuen Welt nur dann bestehen, wenn man in der Lage sei, sich vom Alten zu lösen. Bei weitem nicht so positiv ist *Fahrenheit 451* (1953), wo wir auf eine vom Fernsehen beherrschte totalitäre Gesellschaft der Zukunft stoßen, in der zum Beispiel der Besitz eines Buches nicht nur mit dessen Verbrennen, sondern auch mit dem Tod des Besitzers geahndet wird. Das Œuvre Bradburys – etwa die Romane *Dendelion Wine* (1957), *Death Is a Lonely Business* (1985) oder *A Graveyard for Lunatics* (1990) und *short stories* wie *The Best of Bradbury* (1976), *The Stories of Ray Bradbury* (1980) und viele andere mehr – geht insofern über die reine Science-fiction hinaus, als dem Autor stets daran gelegen ist, diese Texte so zu gestalten, daß sie den Leser zwingen, über die möglichen (negativen) Folgen des so rasch voranschreitenden wissenschaftlich-technischen Fortschritts nachzudenken. Damit wird er zu einem Warner, der verhindern will, daß diese auch positive Elemente enthaltende Entwicklung die Moral und alles eigentlich wirklich Menschliche zerstört. So werden die besten seiner Texte zu Plädoyers für eine notwendige Selbstfindung des Individuums und einer Gesellschaft vor dem Hintergrund ihrer drohenden Selbstzerstörung.

Der weltweit bekannteste Science-fiction-Autor der zweiten Hälfte des 20. Jahrhunderts ist zweifellos der in der UdSSR geborene und 1923 mit seinen Eltern in die USA gekommene Professor für Biochemie ISAAK ASIMOV (1920–1992), dessen Œuvre rund fünfhundert Titel in allen Sparten des geschriebenen Wortes aufweist. Einen besonders großen Einfluß hat er mit einer Fülle populärwissenschaftlicher Publikationen auf dem Feld der Naturwissenschaften ausgeübt. 1938 begann er sich der Science-fiction zuzuwenden und schuf mit seinen *Robot*-Romanen *I, Robot* (1950), *The Caves of Steel* (1954), *The Naked Sun* (1957), *The Complete Robot* (1982), *The Robots of Dawn* (1983), *Robots and Empire* (1985) und *Norby: Robot for Hire* (1987) sowie mit der *Foundation*-Serie, *Foundation* (1951), *Foundation and Empire* (1952), *Second Foundation* (1952), *Foundation's Edge* (1982), *Foundation and Earth* (1986) und *Prelude to Foundation* (1988), visionäre Bilder einer neuen technisierten Welt und seine in der Zukunft angelegte Geschichte vom Fall und Neubeginn eines galaktischen Imperiums.

Eine interessante Wendung und Bereicherung erfährt dieses Genre unter der Hand der durch ihren Vater, den renommierten Anthropologen Alfred L. Kroeber (1876–1960), mit fremden Kulturen vertraut gemachten URSULA K. Le GUIN (*1929). Es ist bezeichnend für ihren Ansatz, daß sie, der die moderne Science-fiction so viel verdankt, es ablehnt, diesem Genre zugeordnet zu werden. »Some of my fiction«, sagt sie, »is ›science fiction‹, some is ›phantasy‹, some is ›realist‹, some of it is ›magic realism‹.« Dies ändert jedoch nichts an der Tatsache, daß sie mit ihren anthropologischen, kosmologischen und soziologischen Versionen möglichen Daseins – mit denen sie ihren Zeitgenossen einen Spiegel vor das Gesicht hält – zur führenden Science-fiction-Autorin Amerikas avancierte. Auch sie kann auf ein außerordentlich umfangreiches Œuvre aus Gedichten, Kurzprosa, Jugendliteratur, Romanen und so weiter verweisen. Besondere Aufmerksamkeit verdienen die *Hainish*-Serie, *Rocannon's World* (1966), *Planet of Exile* (1966), *City of Illusions* (1967), *The Left Hand of Darkness* (1969), *The Dispossessed* (1974) und *short stories*. Es handelt sich um die in einen historischen Rahmen gestellte Geschichte der ›Rasse‹ der Hain. In diesen Werken wird deutlich, wie die anthropologisch geschulte und soziologisch engagierte Autorin bei der Erschaffung ihrer visionären Welten über die bei Asimov anzutreffenden Imaginationen hinausgeht. Dies gilt besonders bezüglich ihres enormen Einfallsreichtums hinsichtlich der von ihr geschaffenen Wesen, Welten und Zeiten, die unser Denken in Frage stellen, wie es in *The Left Hand of Darkness* dem Erden-Botschafter Genly Ai auf dem Planeten Gethen bei seiner Begegnung mit der in einer androgynen Gesellschaft aufgewachsenen Estraven oder dem Physiker Shevak in *The Dispossessed* widerfährt.

Ein Beispiel für das Zusammenrücken und die Verzahnung von Science-fiction, Thriller und Spionageroman unter dem Dach der Genregrenzen abtragenden *new fiction* bieten die Romane und *short stories* von JOHN CALVIN BATCHELOR (*1948), der von sich sagt, daß er neben anderen Laurence Sterne, Vonnegut und Pynchon als Vorbilder besonders schätzt. Während sein erster Roman, *The Further Adventures of Halley's Comet* (1981), ohne Schwierigkeiten der Science-fiction zugeordnet werden kann, steht sein zweiter, *The Birth of the People's Republic of Antarctica* (1983), den Texten Pynchons und anderer Quodlibetisten bedeutend näher als etwa Bradbury oder Asimov. Hier begegnen wir dem gleichsam aus einer isländischen Saga stammenden blonden Riesen Skalgrim Ice-Waster. Er sitzt wegen der von ihm begangenen Verbrechen gegen die Menschlichkeit im Gefängnis und erzählt nun – aus dem Jahr 2037 auf die Zeit um 1990 zurückblickend – die Geschichte seines Lebens. Dabei handelt es sich auf weiten Strecken um eine Phantasmagorie. Die Fülle der benannten Erlebnisse auf seinem Weg zum Aufstieg und Fall als Diktator der Volksrepublik sind gespickt mit verfremdeten Zitaten und Vorkommnissen aus Geschichte, Politik und Literatur, die dem Text einen sehr komplexen Charakter verleihen. Ähnliches kann man von *American Falls* (1985) sagen, einem »Was-wäre-wenn-Gewesen«-Rückblick auf den amerikanischen Bürgerkrieg und dessen mögliches (anderes) Ende. Nicht minder abenteuerlich und surrealistisch geht es in der lose gefügten Erzählung des Titelhelden *Gordon Liddy Is My Muse, by Tommy ›Tip‹ Paine* (1990) und in der mit demselben fiktiven Erzähler präsentierten Satire auf den Spionageroman, *Walking the Cat, by Tommy ›Tip‹ Paine: Gordon Liddy Is My Muse II* (1991), zu. Mit seinem bislang letzten Roman *Peter Nevsky and the True Story of the Russian Moon Landing: A Novel* (1993) nähert er sich wieder der in seinem ersten Roman bezogenen Position im Bereich der Science-fiction, ohne daß man dem allerdings schon eine feste literarische Positionsbeschreibung entnehmen sollte.

Einen anderen Akzent setzten in den siebziger und achtziger Jahren die außerordentlich populären, von Film und Fernsehen in ihrer Breitenwirkung unterstützten *fantasy-* und *horror-*Romane, die ihrem Wesen nach auf die relativ lange und starke angelsächsische Tradition der *romance* im allgemeinen und der *gothic tale* im besonderen zurückgehen. Zu erinnern ist in diesem Zusammenhang einmal mehr an Mary Wollstonecraft Shelleys *Frankenstein* (1818), R. L. Stevensons *Dr. Jekyll and Mr. Hyde* (1886), Bram Stokers *Dracula* (1897), die – von Kritik und Literaturwissenschaft zu Recht unterschiedlich beurteilt – aus der Literaturgeschichte und als Zeitgeist-Monumente nicht wegzudenken sind. Der auch international bekannteste Vertreter dieses heute in den USA so weit verbreiteten Genres ist zweifellos der aus Neuengland stammende STEPHEN KING (*1947), der auch unter dem Pseudonym RICHARD BACHMAN schrieb. Seine Mischung von Science-fiction, Horror, Surrealismus und schwarzem Humor schafft eine Welt des Alptraums, die alles zu übertreffen sucht, was bisher in dieser Hinsicht nach Lewis, Radcliffe, Poe, Hawthorne oder Melville entstanden ist. Er selbst sagt, diese Visionen spiegelten die Ängste wider, die in den fünfziger und sechziger Jahren angesichts des drohenden nuklearen Holocaust seine Generation heimgesucht haben. Weltweit bekannt wurde er mit dem Roman *Carrie* (1974). Andere sehr bekannte Romane Kings sind *Salem's Lot* (1975), *The Dead Zone* (1979), *IT* (1986) oder *Insomnia* (1994) – um nur einige der etwa dreißig Titel zu nennen, die fast alle verfilmt und in viele Sprachen übersetzt wurden. Ihre Wirkung erzielen sie nicht zuletzt auf Grund der Verbindung ihrer an die *romance* erinnernden *plots* mit dem harten – wie King bekennt –, an Dreiser und Norris geschulten Realismus/Naturalismus, der auch andere zeitgenössische Science-fiction auszeichnet. King sieht in dieser Art zu schreiben und die Welt zu betrachten ein didaktisches Unterfangen, wenn er etwa sagt: »The horror story ... is really as conservative as an Illinois Republican in a three-piece pinstrip suit ... its main purpose is to reaffirm the virtues of the norm by showing us what awful things happen.« Und an anderer Stelle heißt es bei ihm: »There is no horror without Love – Horror is the contrasting emotion to our understanding of all the things that are good and normal.«

Einer ähnlichen Welt begegnen wir in den Büchern der aus New Orleans stammenden und heute in Kalifornien lebenden ANNE RICE (*1941), die auch die Pseudonyme ANNE RAMPLING und A. N. ROQUELAURE benutzt. Neben ihrer Vampir-Trilogie (*Interview with the Vampire*, 1976; *The Vampire Lestat*, 1985; *The Queen of the Damned*, 1988), dem Science-fiction-Roman um die Wiedererweckung einer dreitausend Jahre alten Mumie, *The Mummy: Or Ramses the Damned* (1989), ist es die unter dem Pseudonym A. N. Roquelaure vorgenommene ›Neuinterpretation‹ des Schneewittchen-Stoffs in den Romanen *The Claiming of Sleeping Beauty* (1983), *Beauty's Punishment* (1984) und *Beauty's Release: The Continued Erotic Adventures of Sleeping Beauty* (1985), die ihrem Schaffen ein der Frauenliteratur jener Jahre nahestehendes markantes Profil verleiht.

Zu den weltweit bekanntesten amerikanischen Autorinnen und Autoren der zweiten Hälfte des 20. Jahrhunderts zählt zweifellos die offensichtlich in Deutschland, England oder Frankreich höher als in ihrem Mutterland eingeschätzte, aus Texas stammende PATRICIA HIGHSMITH (1921–1995). In ihren zahlreichen Romanen und Erzählungen stützt sich die vornehmlich in Europa gelebt Habende und auch dort Gestorbene auf Kompositionsmuster und Handlungszüge aus dem Reservoir der Detektiv-Erzählung und des Thrillers, deren Grenzen sie aber immer in Richtung eines psychologischen Realismus oder Surrealismus überschreitet. Das Thema ihrer populären Romane ist nicht einfach eine Tat und deren Aufklärung, also der Sieg der staatlich organisierten Gerechtigkeit über das Böse, sondern die psychologisch begründete Exkursion in die Abgründe (un)menschlicher Denkfähigkeiten und deren Folgen im direkten Konflikt zwischen ihren Protagonisten. Im Grunde handelt es sich um die Nachtseiten des Lebens, um den Konflikt zwischen Gut und Böse. Hinzu kommt das Umgehen mit den daraus resultierenden Gefühlen von Schuld und der Erkenntnis vom allgemeinen Verfall der Sitten. All das spielt sich auf einem für den Durchschnittsleser nicht selten exotisch anmutenden Hintergrund und in den geschickt geschürzten, spannungsgeladenen Fabeln ihrer vierundzwanzig Romane und sieben Erzählbände ab. Bereits in ihrem ersten Roman, *Strangers on a Train* (1950), in dem Guy Haines und Charles Bruno vom jeweils anderen einen perfekten Mord erwarten, treffen wir auf jene aus der Mittelklasse kommenden Babbits voller krimineller Energie, die in der Figur des Tom Ripley in den fünf Ripley-Romanen *The Talented Mr. Ripley* (1955), *Ripley under Ground* (1970), *Ripley's Game* (1974), *Ripley under Water* (1991) und *The Boy Who Followed Ripley* (1993) in Umkehr des traditionellen Musters der Kriminalgeschichte die Ereignisse nicht aus der Perspektive des schließlich erfolgreichen Detektivs, sondern aus der des erfolgreichen und davonkommenden Täters bieten. Im Kern aber geht es Patricia Highsmith um Identitätsprobleme, um das Pendeln zwischen verschiedenen Identitäten oder die Auflösung derselben, etwa in *Edith's Diary* (1977), die durchaus auch auf dem Hintergrund zeitgenössischer gesellschaftlicher Phänomene und Entwicklungen für die Protagonistinnen und Protagonisten tragisch ausgehen, womit dem Leser in der Regel nicht die emotionale Genugtuung geboten wird, die man gemeinhin aus dem Sieg der Gerechtigkeit zieht.

Zu den von der zeitgenössischen Kritik besonders beachteten Autoren des modernen amerikanischen Kriminalromans zählt MICHAEL CONNELLY (*1956). Seine um den Detektiv Hieronimous Bosch vom *Los Angeles Police Department* angeordneten Fabeln gelten als das Beste, was auf diesem Gebiet seit Ende der siebziger Jahre in den USA erschienen ist. Mit seinen Romanen *The Black Echo* (1992), *The Black Ice* (1993), *The Last Coyote* (1994), *The Poet* (1996) oder *Trunk Music* (1997) stellt er sich in die Tradition der sozialkritischen *detective story* der dreißiger Jahre, indem er seine Fabeln soziologisch und psychologisch fundiert und seine Protagonisten aus einer Welt heraus, in der sie zu leben gezwungen sind und aus der heraus sie handeln, Gestalt annehmen läßt. Und so ist es nur folgerichtig, daß der Detektiv Bosch ohne das Wissen um seine Vietnam-Verstrickungen nicht wirklich verstanden werden kann, woraus ersichtlich wird, in welchem Maß noch am Ende des Jahrhunderts das Vietnam-Trauma selbst in diesem Genre nachwirkt.

Neorealismus

Obgleich Ende der sechziger Jahre auf dem Hintergrund einer intensiv einsetzenden literaturtheoretischen Diskussion der Realismus und dessen mimetisches Konzept von vormaligen Realisten wie etwa Mailer und jungen, nachdrängenden Avantgardisten mehrfach totgesagt worden war, konnte dieses Konzept jedoch selbst auf dem Höhepunkt quodlibetistischer Bilderstürmerei eine feste und breite Basis behaupten. Dies geschah zunächst durch eine Phalanx bereits in den sechziger Jahren fest etablierter Autorinnen und Autoren wie etwa Updike oder Bellow und vieler anderer, die ihrem Konzept treu blieben. Des weiteren entschieden sich viele der in den späten sechziger Jahren reüssierenden Autorinnen und Autoren – etwa J. C. Oates –, dem extremen Experiment von Anfang an abzusagen, so daß zeitlich parallel zur theoretischen Bewegung des *New Historicism* eine Art Bekenntnis zum konventionellen Erzählen unter Einschluß innovativer Kompositionsmuster zu konstatieren ist. Daraus resultierte in den siebziger Jahren und danach eine vorwiegend psychologische und gesellschaftskritische Erzählweise, die der Esoterik der Quodlibetisten weitgehend abschwor und mit allgemeiner zugänglichen Texten aufwartete.

Ein interessanter Vertreter dieser Richtung ist der aus New York stammende Schauspieler und Journalist ROBERT STONE (*1937), dessen Romane mit einer Vielfalt an Themen aus dem Alltagsleben aufwarten. Der Bogen spannt sich vom Thriller über die Liebesgeschichte bis hin zu Themen wie Rassismus, Gewalt und politische Satire. Die Schauplätze seiner Handlungen reichen von New Orleans über Vietnam und Lateinamerika bis nach Hollywood. Seine Begegnungen mit Kerouac und Ken Kesey hatten ihn nach Kalifornien geführt und mit dem kritischen Gedankengut der *Beats* vertraut gemacht. Sein erster Roman, *A Hall of Mirrors* (1967), beschreibt die Spannung zwischen einem Millionär und den von ihm Ausgebeuteten; *Dog Soldiers* (1974) behandelt die Themen Vietnam und Drogen, *A Flag for Sunrise* (1981) – an Graham Greene erinnernd – den amerikanischen Imperialismus, und *Children of Light* (1986) führt nach Hollywood und lehrt – ähnlich wie bei Heller –, daß der als ›verrückt‹ angesehene Protagonist der einzige ›normale‹ Mensch in dieser Handlung ist. Stones Welt ist die der Außenseiter, der *drifter* und der Drogenkultur. Die Stärke seiner Bücher resultiert aus glaubwürdigen Charakteren in überzeugenden Umfeldern. Seine Dialoge lassen ein feines Gespür für das gesprochene Wort der präsentierten Gruppierungen erkennen.

Etwa zwanzig Jahre später betritt mit JANE ANNE PHILLIPS (*1952) eine Autorin die literarische Bühne, deren Leben, *short stories* und Romane gleichsam einen weiblichen ›Nachhall‹ auf die *Beat generation* bilden. Die aus West Virginia stammende Schriftstellerin hat sich in den siebziger Jahren – ähnlich wie kurz nach dem Krieg Kerouac und seine Freunde – »on the road« begeben und dabei als eine Art Aussteigerin den Kontinent durchquert. In ihren *short stories Black Tickets* (1979) und *Fast Lanes* (1984) sowie dem Roman *Machine Dreams* (1984) begegnen wir den Aussteigern einer neuen Generation, die aber nicht mehr mit denen der vorangegangenen identisch sind. Letzteres gilt auch für die Figuren in den Romanen des aus Connecticut stammenden Mitglieds des New Yorker *Literary Brat Pack* BRET EASTON ELLIS (*1964), etwa *American Psycho* (1991), oder TAMA JANOWITZ (*1957), *Slaves of New York* (1986), und DAVID LEAVITT (*1961), *The Lost Language of Cranes* (1986). Auch JAY McINERNEYs (*1955) *Bright Lights, Big City* (1984), *Ransom* (1985), *The Story of My Life* (1988) sowie *Last of the Savages* (1997) und der von Tom Wolfes *Bonfire of the Vanities* beeinflußte Roman *Brightness Falls* (1992) führen in die Welt der Yuppie-Kultur, der Drogen, des Alkohols und des Sex, deren dunkle Seiten durch gekonnten Einsatz komischer Elemente hervorgehoben werden. McInerney bezeichnet Evelyn Waugh, P. G. Wodehouse und Mark Twain als die Vorbilder seines »comic sense«, und die Kritik nannte die in seinen Romanen handelnden Menschen zu Recht »our latest Lost Generation«.

Der bekannteste und literarisch anspruchsvollste Neorealist der frühen siebziger und achtziger Jahre ist der aus Oregon gebürtige, von John Gardner zum Schreiben ermunterte RAYMOND CARVER (1938–1988), der 1968 mit einem Band Lyrik, *Near Klamath*, auf sich aufmerksam machte und in der Folge neun weitere Gedichtbände, zum Beispiel *At Night the Salmon Move* (1976) und *In a Marine Light: Selected Poems* (1987), herausbrachte. Ab 1976 veröffentlichte er auch Kurzprosa, von der bei seinem Tod zehn Bände vorlagen und von denen hier *Will You Be Quiet, Please?* (1976), *Furious Seasons* (1977), *What We Talk about When We Talk about Love* (1981), *Cathedral* (1984), *Where I'm Calling From: New and Collected Stories* (1988) oder *Short Cuts: Selected Stories* (1993) Erwähnung verdienen. Carvers Themen kommen aus dem Leben der kleinen Leute des pazifischen Nordwestens der USA, der Arbeiter, Händler, Angestellten oder Lehrer, die sich nicht sicher sein können, ob sie am nächsten Tag noch Arbeit und einen angemessenen Unterhalt haben. Erzählungen wie die oft anthologisierten »Neighbours«, »The Bath« oder »A Small, Good Thing« zeichnen eine Welt, in der sich Einsamkeit und Entfremdung mit einer Art von Existentialismus verbinden, die an die Haltung mancher Protagonisten Hemingways erinnern. Carvers präzise Sprache und komprimierte Kompositionsweise schaffen Texte, die ihn zu Recht als einen der anerkanntesten Vertreter der kurzen Form in den siebziger und achtziger Jahren erscheinen lassen.

In dieser Beziehung steht ihm die aus Washington, D. C., stammende ANN BEATTIE

(*1947) nahe, die ihre ersten *short stories* in *The New Yorker* veröffentlichte. Auf Grund ihrer behavioristischen Erzähltechnik, ihrer situativen Gedankenführung in einer klaren, in kurze Sätze gefaßten Sprache wurde sie von der Kritik als eine der führenden Minimalistinnen gelobt. Bisher hat sie zwischen *Distortions* (1976) und *What Was Mine, and Other Stories* (1991) sechs *Short story*-Bände herausgegeben, in deren Zentren immer wieder in den siebziger und achtziger Jahren frustrierte Vertreter der lebhaften Sechziger nach neuen Perspektiven suchen. Dies wird besonders deutlich in ihrem ersten Roman *Chilly Scenes of Winter* (1976). Der etwa zwanzigjährige Protagonist Charles begegnet uns als ein vereinsamter, frustrierter Mann in einer »chilly world«. Nicht viel hoffnungsvoller ist die Situation eines in den siebziger Jahren unglücklich verheirateten Vierzigjährigen im zweiten Roman, *Falling in Place* (1980), und seiner von ihm verlassenen und nun vereinsamten Geliebten, einer Schriftstellerin, in *Love Always* (1985). Ihr bislang bester Roman ist *Picturing Will* (1990), in dem sie mit der Geschichte des fünfjährigen Scheidungs-Waisenjungen Will das zentrale Thema der die amerikanische Jugend angesichts der zerfallenden Familien heimsuchenden Orientierungslosigkeit behandelt. Die Handlung wird unterbrochen durch Tagebucheintragungen, die Will – nun selbst Vater – findet und so retrospektiv zu einer Ortsbestimmung kommen kann. Ihr bislang letzter Roman, *Another You* (1995), ist ein sozialkritischer moderner Gesellschaftsroman aus der Welt der einsamen Außenseiter der weißen Mittelschicht, aus der Ann Beattie alle ihre Themen schöpft. Dabei vermittelt sie immer wieder den Eindruck, daß bei aller Beschwernis am Ende des Tunnels ein Licht schimmert. In diesem Zusammenhang darf auf die das Leben im Nordwesten schildernde MARILYNNE ROBINSON (*1944) hingewiesen werden, die mit ihren Romanen *Housekeeping* (1981) und *Mother Country* (1988) die Tradition der Regionalkunst aufgreift, diese aber nicht als Kunst der Idylle interpretiert, sondern die schwierige Lage der traditionellen Familie im zeitgenössischen Umfeld porträtiert.

Das Thema der vom Zerfall bedrohten und damit die Gesellschaft ins Chaos stürzenden Familie beherrscht auch das Werk der in Los Angeles geborenen Englischprofessorin JANE SMILEY (*1949). Der Hintergrund der meisten ihrer sozialkritischen Romane ist die Welt des Mittleren Westens. Nach ihrer ersten »pastoral novel« *Barn Blind* (1980), in dem sie das Verhältnis der Rancher-Frau Kate Karlson zu ihren vier heranwachsenden Kindern thematisiert, folgt mit *At Paradise Gate* (1981) ein Buch, in dem die Protagonistin Anna Robinson angesichts des bevorstehenden Todes ihres Mannes und in Anwesenheit ihrer drei Töchter zu einem Rückblick auf ihr nicht spannungsfreies Leben gezwungen wird. Mit *Duplicate Keys* (1984), einer an der Westside spielenden *mystery* im Gewand einer Analyse zwischenmenschlicher Beziehungen, und *The Greenlanders* (1988), einer im Stil einer Wikingersaga erzählten, viele

Generationen der Gunnarson-Familie behandelnden Chronik, verläßt Jane Smiley den Mittleren Westen, in den sie aber mit ihrem bislang bekanntesten Roman, *A Thousand Acres* (1991), zurückkehrt. Die 1979 handelnde Geschichte des Farmers Larry Cook und seiner drei Töchter ist ein Beispiel für ein »re-writing of literature«. Die König-Lear-Konstellation wird erzählt aus der Sicht der Tochter Ginny (= Goneril), also einer weiblichen Perspektive, und abgerundet durch eine ökologische Weltsicht. Mit diesem Roman, der Geschichte der nun auf die Farmen des Mittleren Westens – bis zum Inzest – übergreifenden Desintegration der Familie, legt Jane Smiley ein beeindruckendes Werk vor, in dem sie sowohl feministische wie umweltpolitische Aspekte in einer Weise behandelt, die frei von jedweder Agitation sind. Daß sie in der Lage ist, schärfere Klingen zu schlagen, beweist sie übrigens mit dem Roman *Moo* (1995), der Satire auf das Leben an einem landwirtschaftlichen *College* des Mittleren Westens, oder der pikaresk angelegten Erzählweise von *The All-True Travels and Adventures of Lidie Newton* (1997). Ihre Kurzprosa findet sich in den Bänden *The Age of Grief* (1987) und *Ordinary Love and Good Will* (1989).

Eine ebenso positive Aufnahme fand Ende der achtziger Jahre die aus Maryland stammende BARBARA KINGSOLVER (*1955), die, ähnlich wie Jane Smiley, ihre Themen aus dem Leben der Familien und ländlichen Orte des Mittleren Westens schöpft. Im Zentrum ihrer Romane und Erzählungen stehen Arbeits- und Obdachlose, alleinerziehende Mütter und vereinsamte Frauen, die eigentlich nur deshalb überleben können, weil sie in der Not fest zusammenhalten. Damit wird sie zu einer Vertreterin einer sozialkritischen Literatur amerikanischer Schule. Gleichsam über Nacht bekannt wurde sie mit dem Roman *The Bean Trees* (1988), der von der Protagonistin Taylor Gree, einer starken Frau aus Kentucky, erzählten Geschichte einer Gruppe von Frauen, die sich unter schwierigen Bedingungen eine neue Lebensgrundlage schaffen. Daß es sich hier auch um die Aufnahme von in Zentralamerika verfolgten Flüchtlingen handelt, sei am Rande vermerkt. Ähnlich wie bei Ann Beattie und Jane Smiley treffen wir in fast allen ihren Texten auf starke Frauengestalten, in denen sich das neue weibliche Selbstbewußtsein spiegelt, das in den siebziger und achtziger Jahren nicht nur in der feministischen Literaturtheorie aufscheint, sondern auch in die literarische ›Praxis‹ Einzug hält. Es ist indessen schwer zu sagen – und das gilt für fast alle erst in den neunziger Jahren reüssierenden Autorinnen und Autoren –, ob ihre Werke Bestand haben werden. Immerhin hat Barbara Kingsolver ihre mit dem ersten Roman errungene Position mit den folgenden – *Animal Dreams* (1990) und *Pigs in Heaven* (1994) sowie *Homeland and Other Stories* (1989) – und mit dem Lyrik-Band *Another America* (1994) festigen können.

Von ähnlich bemerkenswerter Eindringlichkeit ist die Prosa des aus Alabama stammenden TOBIAS WOLFF (*1945), der neben Carver und Ann Beattie zu den besten Vertretern der zeitgenössischen amerikanischen Kurzprosa gezählt werden kann. Wolff hat die Schrecken Vietnams als Soldat am eigenen Leib erfahren, und so ist ein großer Teil seiner *short stories* (*In the Garden of the North American Martyrs*, 1981; *Matters of Life and Death*, 1982; *The Barracks Thief and Other Stories*, 1984; *Back in the World*, 1985; *The Night in Question*, 1986) diesem Trauma geschuldet. Dies gilt auch für den zweiten Band seiner Memoiren, *In Pharao's Army: Memoirs of the Lost War* (1994). Die dreizehn Sektionen, die sich fast wie zu einer ›Initiationsreise‹ verwobene *short stories* lesen, bestechen ebenfalls durch ihre gleichermaßen lakonische wie klare Sprache als Teil eines transparenten Stils, der es rechtfertigt, Wolff als einen der bemerkenswertesten ›Minimalisten‹ der amerikanischen Kurzprosa des zu Ende gehenden 20. Jahrhunderts zu bezeichnen.

Frauenliteratur

Es ist bereits mehrfach und aus verschiedenen Gründen darauf hingewiesen worden, daß sich im Zusammenhang mit den Bürgerrechtsbewegungen eine neue Art der Frauenliteratur herausbildete, die, wie zu zeigen sein wird, später insbesondere die Literatur der Minderheiten beflügelte. Dabei ist die Emanzipationsbewegung schreibender Frauen keineswegs erst ein Ergebnis der Bürgerrechtsbewegungen, wie ein Blick zurück etwa auf die Imagistinnen H. D., Amy Lowell oder Gertrude Stein zeigt.

Die Brücke zwischen dieser Zeit und der Gegenwart, dem Paris der zwanziger und dreißiger und dem New York der fünfziger und sechziger Jahre schlägt ANAÏS NIN (1903–1977), eine bemerkenswerte Frau, deren Werk erst nach dem Zweiten Weltkrieg angemessene Würdigung erfuhr. Sie wurde in Paris als Tochter einer in den besten Zirkeln der Stadt verkehrenden Musikerfamilie geboren und kam aus familiären Gründen mit ihrer Mutter 1914 in das von ihr nicht geliebte New York. Die Heirat mit einem Bankier verlieh ihr die Möglichkeit, nach Paris zurückzukehren und dort bis zum Beginn des Zweiten Weltkriegs zu leben. In dieser Zeit, in der sie die in Paris lebende Creme der Avantgardisten kennenlernte und sich mit Psychotherapie beschäftigte, begann für sie ein Doppelleben zwischen den gesellschaftlichen Zirkeln ihres Mannes und der von Prostituierten, Drogensüchtigen und Gangstern bevölkerten Welt um Henry Miller, mit dem sie eine intime Beziehung einging. In dieser Zeit befreite sie sich von den Fesseln bürgerlicher Konventionen und begann zu schreiben. Zu ihren wichtigsten Romanen zählen *The House of Incest* (1936), *Winter of Artifice* (1939), *The Four Chambered Heart* (1950) und *A Spy in the House of Love* (1954). Hinzu kommen Erzählungen wie *Under a Glass Bell* (1944), die Erotika-Sammlungen *Delta of Venus* (1977) und *Little Birds*

(1979) sowie eine Fülle an Kritik aus weiblicher Sicht, mit der sie seit den sechziger Jahren bis lange nach ihrem Tod (z. B. *The Mystic of Sex: A First Look at D. H. Lawrence*, 1995) nachhaltigen Einfluß auf die sexuelle Befreiung der Frau und die Frauenbewegung schlechthin ausgeübt hat. Noch bedeutender als ihre fiktionalen Werke sind ihre seit früher Jugend geschriebenen und zwischen 1966 und 1981 veröffentlichten *Diaries*. Sie gelten als wichtige Dokumente aus einer Zeit, da sich der Feminismus auf den Weg machte. Darüber hinaus vermitteln sie Einblicke in ihre von egoistischen Männern und sensibel-verführerischen Frauen bevölkerte fiktionale Welt.

Ebenfalls weit gereist und von Europäern wie Simone Weil, Camus, Sartre, Nathalie Sarraute, Georg Lukács oder Eugene Ionesco beeinflußt wurde die zwischen New York, Kalifornien und Europa pendelnde SUSAN SONTAG (*1933). Diese kosmopolitische Intellektuelle wurde zunächst durch ihre Essays und die darin enthaltene Forderung nach einer neuen formalen Ästhetik (*Against Interpretation*, 1966; *Styles of Radical Will*, 1969) und politisch-gesellschaftskritische Kritik (*Trip to Hanoi*, 1968; AIDS *and Its Metaphors*, 1989) bekannt. Als Kunst- und Kulturkritikerin will sie die Hermeneutik durch eine »Erotik der Kunst« ersetzen und beteiligte sich engagiert an den theoretischen Diskussionen der siebziger und achtziger Jahre. Insofern ist sie den Avantgardisten zuzurechnen. Ihre ersten Romane, *The Benefactor* (1963) und *Death Kit* (1967), sind amerikanische Ausprägungen des *nouveau roman*. *The Volcano Lover, a Romance* (1992) ist ihre Version der Dreiecksgeschichte von Lord Nelson, Emma und Lord Hamilton. Ebenfalls auf einer ›historischen‹ Gestalt, der Schwester von Henry und William James, Alice, überblendet mit Carrolls Alice, fußt ihr Stück *Alice in Bed, A Play* (1993) in das sie auch die Geister von Emily Dickinson und Margaret Fuller einbezieht.

Zu den bekanntesten, in den siebziger und achtziger Jahren im Dienst der weiblichen Emanzipation schreibenden Autorinnen – sie bezeichnet sich selbst als »left leaning feminist« und »Devout pagan« – zählt die aus New York stammende und 1966 bis 1969 in Heidelberg weilende ERICA JONG (*1942). Am Anfang ihres umfangreichen Œuvres steht mit dem Band *Fruits and Vegetables* (1971) Lyrik; weitere Bände folgten, von denen *The Poetry of Erica Jong* (3 Bde., 1976) und *Becoming Light: Poems New and Selected* (1992) eine repräsentative Auswahl ihrer durchaus positiv wirkenden Gedichte bieten. Berühmt wurde sie mit dem Roman *Fear of Flying* (1973), einem von Satire durchsetzten feministischen Bildungsroman der Schriftstellerin Isadora Wing, die sich auf der Reise zu einem Kongreß in Wien von ihrem chinesisch-amerikanischen Mann Bennett trennt, um mit dem englischen Psychoanalytiker Adrian Goodlove – der sich aber als impotent erweist – ihre sexuelle Befreiung zu suchen. Als er sie verläßt, kehrt Isadora frustriert und unerfüllt zu ihrem Mann zurück. *How to Save Your Own Life* (1977) ist die Fortsetzung des ersten Romans. Nach dem Erfolg ihres Romans *Candida Confesses* verläßt Isadora erneut Bennett, geht nach Kalifornien und glaubt, in dem Drehbuchautor Josh Ace den idealen Partner gefunden zu haben. Im dritten Band dieser Geschichte, *Parachutes and Kisses* (1984), erscheint die nun vierzigjährige Isadora als Mutter und von Josh verlassene alleinerziehende Frau, die auf einer Reise nach Rußland ihre ethnischen Wurzeln und mit ihren sexuellen Abenteuern ihre persönliche Identität aufspüren möchte. Am Ende findet sie in dem jüngeren Schauspieler Bean eine gewisse Ruhe und Bestätigung. Vieles in diesen drei Romanen legt die Ansicht nahe, daß Erica Jong hier autobiographisch gefärbte Fiktionen geschaffen hat. Sie selbst bemerkte dazu immerhin: »I cannibalized real life.«

Auf ein völlig anderes Erzähl- und Kompositionsmuster treffen wir in ihrem dritten Roman, *Fanny, Being the True History of the Adventures of Fanny Hackabout-Jones* (1980). Hier tritt an die Stelle der konfessionellen Erzählhaltung der oben genannten Bücher ein in allen seinen Teilen pikaresker Roman, »a cross between Tom Jones and Moll Flanders, with a wink at Fanny Hill«. Diese Aussage Erica Jongs wird untermauert durch die zum Einsatz kommende archaische Sprache, Syntax und Orthographie und gerät schließlich dann zur Satire auf diesen das 18. Jahrhundert evozierenden Geist, wenn wir sehen, wie die Fanny jenes Zeitalters mit den Waffen des gegenwärtigen Feminismus umzugehen versteht.

Einem ähnlich angelegten, historisch verbrämten erotischen Feminismus begegnen wir in *Serinissima: A Novel of Venice* (1987), in dessen Mittelpunkt die oft geschiedene, der *midlife*-Krise näherrückende Schauspielerin während der Filmfestspiele in Venedig in das 16. Jahrhundert zurückgeworfen wird, dabei William Shakespeare und seinen Liebhaber, den Earl of Southampton, trifft und dem großen Dichter als Inspiration für die Dark Lady seiner Sonette und die Jessica, die Tochter Shylocks im *Merchant of Venice*, dient. Hier nähert sich Erica Jong dem Erzählmuster in Virginia Woolfs *Orlando* und dem Surrealismus der Quodlibetät.

Erica Jong hält sich als Dichterin und Prosaschriftstellerin für eine dem Anliegen der Frauen und des Feminismus verpflichtete Autorin. Diesem Ziel dient auch ihr vorerst letzter Roman, *Any Woman's Blues* (1990). Als Motiv für ihr Schreiben gibt sie an: »Nobody was writing honestly about women and the variousness of their experience.« Ihrer Meinung nach bedurfte es daher »a thinking woman who had also had a sexual life«.

Düsterer als Jongs Werk sind die Romane und Erzählungen der aus Massachusetts stammenden JOY WILLIAMS (*1944), deren weitgehend impressionistisch gestaltete Prosa in einer sparsamen Sprache von der Hoffnungslosigkeit ihrer Protagonistinnen kündet. Bedrückend ist in *State of Grace* (1973) die nonlinear erzählte, von Rückblikken unterbrochene Geschichte einer Frau vom Beginn der Schwangerschaft bis zur Geburt ihres Kindes. Nicht lichter ist die Welt in *The Changeling* (1978), da der seelische und geistige Verfall einer von einem Mann auf eine Insel entführten Frau dargestellt wird, und in ihrem letzten Roman, *Breaking and Entering* (1988). Mit ihren Erzählungen (*Escape*, 1990) wird sie von der Kritik nicht selten mit Flannery O'Connor und J. C. Oates verglichen.

Zu den kämpferischen Wegbereiterinnen einer neuen Frauenliteratur zählt die aus ärmlichen Verhältnissen Nebraskas stammende überzeugte Feministin und Arbeiter-Funktionärin TILLIE OLSEN (*1913). Ihre Erfahrungen als Mutter von vier Töchtern und aus einem alltäglichen Kampf ums Überleben fließen ein in ihre *short stories Tell Me a Riddle* (1962) und den in den dreißiger Jahren verfaßten und spielenden sozialkritischen Roman *Yonnondio* (1974). Von besonderer Bedeutung für die zeitgenössische Frauenliteratur ist der Band *Silences* (1978), in dem sie auf das Schicksal von Autorinnen verweist, die ihrer Meinung nach aus Gründen des Geschlechts, ihrer ethnischen Herkunft oder der Position in der Gesellschaft keine Gelegenheit hatten, als Schriftstellerinnen hervorzutreten.

Ganz im Dienst eines kämpferischen Feminismus steht auch das Werk der aus New York stammenden Literaturwissenschaftlerin MARYLIN FRENCH (*1929). Sie hat über James Joyce promoviert und wurde in ihrem Streben um die Emanzipation vornehmlich von Simone de Beauvoir beeinflußt. Ihr Credo lautet: »My goal in life is to change the entire social and economic structure of western civilization, to make it a feminist world.« Und sie fügt hinzu, »It's a kind of moral view.« Tatsächlich wurde ihr erster Roman, *The Women's Room* (1977), in dem sie das Schicksal der nur auf ihre traditionelle Rolle als Frau vorbereiteten Mira nach ihrer Scheidung als zwar freies, aber alleingelassenes Opfer der Männerwelt schildert, eine Art feministisches Kultbuch. Ähnlich schwierig gestaltet sich die Beziehung zwischen der Professorin Dolores und dem unglücklich verheirateten Victor in dem von Liebe und Verzweiflung handelnden Roman *The Bleeding Heart* (1980). Die Unterdrückung der Frau ist auch Thema der beiden folgenden Romane. *Her Mothers Daughter* (1987) enthält die von der Protagonistin Anastasia erzählte Geschichte von vier Generationen einer Einwandererfamilie, in denen das spirituelle Erbe über die Töchter weitergegeben wird. Anastasia möchte so frei wie ein Mann leben, sich in einer Welt emanzipieren, in der für Frauen die Unterdrückung eine Art Erblast ist. Noch bedrückender ist der Roman *Our Father* (1994), in dem das Leben von vier Halbgeschwistern desselben Vaters behandelt wird. Als den Vater ein Schlaganfall trifft, versammeln sich die Geschwister und stellen fest, daß er sie alle als junge Mädchen sexuell mißbraucht hat. Die Zielrichtung und die Aussage aller ihrer Texte ist klar, und sie verlieren kaum etwas von ihrer Wirkung, wenn zu Recht festgestellt wird, daß es sich bei ihren männlichen Figuren oft um nicht sehr runde Charaktere handelt. Der Schlüssel zu ihren fiktionalen Werken, so es angesichts der Klarheit eines solchen bedarf, findet sich in den Essay-Sammlungen *Shakespeare's Division of Experience* (1981), *Beyond Power: On Women, Men and Morals* (1985) und *The War Against Women* (1992).

Dem militanten Feminismus von Marylin French nahe stehen die Bücher der aus New York stammenden, in Cornell und Yale ausgebildeten JOANNA RUSS (*1937), die mit *Picnic in Paradise* (1968), *The Female Man* (1975) oder *The Adventures of Alyx* (1983) zum Teil im Gewand von Science-fiction gegen die Unterdrückung der Frauen kämpft. Als ein Ausdruck des Ringens um die radikale Aufhebung der männlichen Dominanz dienen auch utopische oder Science-fiction-Romane wie etwa *Woman on the Edge of Time* (1976) von MARGE PIERCY (*1936) oder ein Text wie *The Longings of Women* (1994), mit denen sie politische und literaturkritische Ideen des Feminismus in fiktionale Literatur umsetzt.

Eine besondere Stellung unter den seit Mitte der siebziger Jahre an die Öffentlichkeit tretenden Autorinnen nimmt die in New York geborene und später in San Francisco lebende, auch unter dem Pseudonym THE BLACK TARANTULA auftretende KATHY ACKER (1945–1997) ein. Nach einem Studium der Philosophie und Lehrtätigkeit wirkte sie als engagierte Feministin und überdies als die prominenteste Vertreterin der ebenfalls in dieser Zeit in den Vordergrund drängenden *Punk-Culture* und deren Literatur in den USA. Als der *Pop-Art* nahestehende Autorin wartet sie mit Erzählmustern und -techniken auf, die der Quodlibetät zuzurechnen sind. Ihre aus Gewalt, Pornographie, Intertextuellem und Plagiaten bestehenden Collagen sowie die dabei von ihr eingesetzte *cut up*-Methode erinnern an Burroughs und Genet. Mit ihrem dekonstruktivistischen Welt- und Kunstverständnis reiht sie sich ein in die Schar jener avantgardistischer Bohemiens, die dem fiktionalen Text die Autorität oder gar eine mögliche sinnstiftende Funktion absprechen. So sind die meisten ihrer Texte in fast jeder Hinsicht wohl provokativ gemeint. Bereits ihr erster Roman, *The Childlike Life of the Black Tarantula: Some Lives of Murderesses* (1973, rev. 1975), enthält alle oben skizzierten Elemente. Bei den folgenden, *I Dreamt I Was a Nymphomaniac: Imagining* (1974) und *Kathy Goes to Haiti* (1978), handelt es sich um Texte, in denen der Sex-Akt – zum Teil metatextuell – detailliert thematisiert wird, während der Roman *Great Expectations* (1982), der mit einem Zitat aus dem gleichnamigen Text von Charles Dickens beginnt, als Beispiel für ihre ›Plagiat-Technik‹ angeführt werden soll. Kathy Acker begründete diese über die bis dahin üblichen intertextuellen Methoden hinausgehende Technik damit, daß es ihr Ziel sei, die von anderen Autoren in anderen Zeiten für eine andere Leserschaft geschaffenen Charaktere ihren – neuen – erzählerischen Welten einzuverleiben. Der Roman *Blood and Guts in Highschool* (1984) schließlich bietet eine nicht eben appetitliche Geschichte einer an einer einschlägigen

Entzündung erkrankten, sexbesessenen jungen Frau, dessen emanzipatorischer Wert vielleicht darin besteht, daß seine Autorin vor so gut wie nichts zurückschreckt. Befragt, wo sie sich in der Welt der Literatur angesiedelt sieht, verwies sie auf ihre Vorbilder Alain Robbe-Grillet und Marguerite Duras und »the tradition of European novelists, post-nouveau roman«. Ihr Beitrag zur Emanzipation weiblicher Autorenschaft besteht darin, Tabus prinzipiell zu ignorieren; vieles spricht dafür, daß ihre Texte typischer als Zeitdokumente denn als ›Literatur‹ – die sie ohnehin nicht schreiben wollte – überleben könnten.

Ethnische Facetten

African-Americans

In den zwanziger Jahren hatten sowohl Afroamerikaner wie auch progressive weiße Intellektuelle mit der *Harlem Renaissance*, dem *New Negro Movement* die Grundlage für ein wachsendes Interesse der dominanten euroamerikanischen Gesellschaft an der kulturellen Kreativität ihrer schwarzen Mitbürger gelegt, was sich auch im wachsenden Selbstbewußtsein der Afroamerikaner niederschlug. Dieser etwa ein Jahrzehnt währende Aufschwung kann jedoch nicht darüber hinwegtäuschen, daß das Interesse an diesen durchaus als autochthon zu bezeichnenden kulturellen Äußerungen – etwa Literatur generell, Jazz oder ›primitive Kunst‹ – auf politischen, sozialen und wirtschaftlichen Gebieten begleitet war von einem unverhohlenen Rassismus, der mit der Depression der dreißiger Jahre keinesfalls an Einfluß verlor. Dennoch läßt sich zurückblickend sagen, daß die *Harlem Renaissance* ungeachtet ihres schleichenden Niedergangs im Land für die weitere Entwicklung der afroamerikanischen Kultur ein günstiges Klima hinterließ, das sich die anderen Minderheiten nicht zunutze machen konnten. Auf dieser Basis vollzog sich im wesentlichen der Wandel, den die afroamerikanische Kultur und damit auch ihre Literatur von dieser Zeit an bis in die Periode der Bürgerrechtsbewegungen durchlief und für die Durchsetzung eines neuen afroamerikanischen Selbstverständnisses sorgte, ohne das diese Literatur in der zweiten Hälfte des 20. Jahrhunderts nicht denkbar wäre.

Hatten die Autoren in den zwanziger und dreißiger Jahren hauptsächlich die dominante Gesellschaft im Visier, mit dem Ziel einer humanistischen ›Integration‹, so setzte sich mit der Phase der *red decade* auch bei den afroamerikanischen Autoren zunächst mehr und mehr die Überzeugung durch, ihre Literatur dürfe nicht einfach nur eine Spielart der weißen Sozialkritik sein, sondern müsse ein tragendes Element einer eigenständigen sein und dem berechtigten Streben nach ungeteiltem Selbstbewußtsein entsprechen. Angesagt war also eine kritische Literatur, die aus den Tiefen des afroamerikanischen Erbes für die eigene *community* schöpfen sollte. Wenn daran auch das weiße Amerika teilhatte – um so besser. In diesem Sinn forderte J. W. Johnson schon im Jahr 1922, »to find a form that will express the racial spirit by symbols from within rather than by symbols from without … expressing … the peculiar turns of thought … of the negro«.

Das Ergebnis solcher Forderungen war einerseits die Entwicklung einer eigenständigeren afroamerikanischen Ästhetik, andererseits – durchaus als eine afroamerikanische Spielart – das Entstehen eines sozial gegründeten Protestromans von der Art Richard Wrights, der in seiner Form in der Tradition der *muckrakers* und Dreisers zu begreifen und als Pendant zu den Werken Caldwells oder Farrells zu sehen ist. Was Ton und Anliegen betrifft, so bewirkt die Zuspitzung auf den Rassismus mehr Militanz. Ein gleichermaßen interessantes wie bedrückendes Beispiel dafür bietet der Roman *The Last of the Conquerers* (1948) des nach Frankreich ›emigrierten‹ Journalisten WILLIAM GARDNER SMITH (1927–1974). Sein Protagonist Hayes Dawkins muß im Land der Nazis erleben, daß er als schwarzer Soldat bei den Besiegten auf mehr Verständnis und Sympathie stößt als innerhalb der von weißen Rassisten dirigierten US-Militärmaschinerie, wo die schwarzen Soldaten nun, da sie ihren Beitrag zum Sieg geleistet haben, als Menschen letzter Klasse behandelt werden.

Die in dieser Phase entstehende afroamerikanische Prosa ist links orientiert und drängt mit ihrem zum Naturalismus tendierenden sozialen Protestroman zunächst die eher auf Mythen und folkloristisches Gut gegründeten Texte von der Art Z. N. Hurstons wieder in den Hintergrund. In dieser Atmosphäre wird Richard Wright für viele schwarze Autorinnen und Autoren zum Vorbild.

Das gilt in besonderem Maß für den von der Kritik immer wieder als ›Nachfolger‹ Wrights bezeichneten JAMES BALDWIN (1924–1987).

> Er wurde als ältestes von neun Kindern in Harlem geboren, litt unter der Strenge eines offenbar fanatisch religiösen Stiefvaters, arbeitete als Jugendlicher im Dienst einer Kirche. Seine Liebe zur Literatur – als Vorbilder nennt er Harriet Beecher Stowe, Dickens und Horatio Alger – brachte ihn in Kontakt mit der Szene von Greenwich Village. Im Winter 1944/45 begegnete er Richard Wright, der ihn ermutigte zu schreiben. Als sich Wright 1947 dem amerikanischen Rassismus durch Emigration nach Paris entzog, folgte ihm Baldwin ein Jahr später nach, blieb hier ununterbrochen zehn Jahre und kehrte auch danach nur sporadisch zurück. Er starb in Saint-Paul-de-Vence. Sein erster Roman *Go Tell It on the*

Mountain (1953) machte ihn sogleich berühmt. Es folgten *Giovanni's Room* (1956), *Another Country* (1962), *Tell Me How Long the Train's Been Gone* (1968), der bittere Protest-Roman *If Beale Street Could Talk* (1974) und *Just Above My Head* (1979), die *short story*-Sammlung *Going to Meet the Man* (1965) und die Essay-Sammlungen *Notes of a Native Son* (1955), *Nobody Knows My Name* (1961) und *The Fire Next Time* (1963), aus denen sich seine Position in den Auseinandersetzungen der Bürgerrechtsbewegung deutlicher ablesen läßt als aus seiner fiktionalen Prosa.

So sehr man Baldwin immer wieder als den legitimen ›Sohn‹ Wrights bezeichnet, so wenig schreibt er doch dessen kompromißlose Protesthaltung fort. Natürlich lehnt auch er den selbst erlittenen Rassismus kategorisch ab, vertritt aber – und dafür wird er von den militanten Schwarzen wie etwa den *Black Muslims* gescholten – die Auffassung, Separatismus und Rassenhaß würden der notwendigen Verständigung der Rassen im Weg stehen. Obwohl er auf dem Höhepunkt der Bürgerrechtsbewegung schärfere Töne anschlägt, vergißt er nie, beide Lager zu warnen und – Henry James zitierend – darauf hinzuweisen, daß die Schwarzen und die Weißen in den USA, ob sie es wollen oder nicht, einem »complex fate« ausgeliefert sind. Erst die wirkliche Freiheit der Afroamerikaner kann seiner Meinung nach auch ein neues Leben der depravierten weißen Zivilisation ermöglichen. In gewisser Beziehung sind seine Romane aus der Welt der verstädterten Afroamerikaner des Nordens eine Antwort auf die Ansicht Faulkners, der die Kraft der Farbigen aus ihrer »Primitivität«, sprich Ursprünglichkeit herleitet.

Baldwins erster Roman, *Go Tell It on the Mountain*, ist ein mit an Joyce erinnernden Mitteln komponiertes Buch über die in Harlem lebende Familie des vierzehnjährigen John Grimes. Die 1935 spielende Geschichte, in der Baldwin auch das traumatische Verhältnis zu seinem Vater verarbeitet, ist voller Bitterkeit und weitgehend bestimmt durch selbstverschuldete Probleme. In dem in Paris spielenden Roman *Giovanni's Room* verwebt er die Forderung nach der Gleichberechtigung der Schwarzen mit dem Thema der Sexualität, das ein weiteres zentrales Anliegen im Werk Baldwins ist. Hier bringt er seine Verachtung für die Heuchelei und den moralischen Verfall der weißen Zivilisation zum Ausdruck und setzt deutliche existentialistische Akzente. Stehen die Gestalten des ersten Romans noch in sichtbarem Bezug zur größeren Gesellschaft, so reduziert Baldwin die Problematik des schwarz-weißen Antagonismus in *Giovanni's Room*, seinen Schauspielen (*Blues for Mister Charley* und *The Amen Corner*, beide 1964), den *short stories* und insbesondere in *Another Country* auf die Intimsphäre hetero- und homosexueller Beziehungen zwischen Partnern beider Rassen. So leidet der angesehene schwarze Schlagzeuger Rufus Scott ungeachtet aller Erfolge und seiner ihn liebenden weißen Frau Leona ständig unter dem Gefühl, diskriminiert zu sein, so daß er Beruf und Familie zurückläßt und mit einem Sprung von der George-Washington-Brücke aus einer Welt flieht, in der auch seine Schwester und sein einziger weißer Freund, der Schriftsteller Vivaldo, nicht vergessen können, daß sie verschiedenen Rassen angehören.

Die Verlagerung der Rassenproblematik in die Intimsphäre verleiht der Anklage Baldwins einen Grad an poetischer Intensität, den Werke des naturalistischen Sozialprotestes durchaus nicht immer erreichen. Dennoch war gerade dieses Konzept für militante Bürgerrechtler wiederholt ein Grund, mit Baldwin hart ins Gericht zu gehen. Dies mag dazu geführt haben, daß *Tell Me How Long the Train's Been Gone* eine Wende im Werk Baldwins markiert. Hier geht es nicht mehr primär um die intimen Probleme des Protagonisten Leo Proudhammer, der, herzkrank in der Klinik, Stationen seines Lebens an sich vorüberziehen läßt, sondern darum, welche Rolle er als arrivierter Schwarzer und berühmter Künstler bei der Befreiung der Afroamerikaner zu spielen hat. Wenn dieser Ich-Erzähler Baldwins sogar dem bewaffneten Widerstand das Wort redet, so ist dies ein Indiz dafür, daß Baldwin in dieser Phase seines Schaffens viel von seiner Hoffnung auf Vernunft aufgegeben hatte. Das gilt bis zu einem gewissen Grad auch für seine beiden letzten Romane, aus denen mehr von dem von der neuen afroamerikanischen Ästhetik geforderten Selbstbewußtsein spricht. Überschaut man sein Gesamtwerk, so muß man aber feststellen, daß der unmittelbare Erbe Wrights in der afroamerikanischen Prosa seiner Zeit einen Übergang vom Protestroman der *red decade* zu einer von einer neuen Ästhetik der kulturellen Wurzeln begründeten Literatur repräsentiert.

Diesen Schritt vermochte der aus Illinois stammende und mit den Slums von Chicago wohlvertraute WILLARD MOTLEY (1912–1965) nicht zu tun. Seine Romane sind an Farrell orientierte naturalistische Chroniken einer vom Milieu bedrohten und zerstörten Jugend. In *Knock on Any Door* (1947) gleitet ein Junge in Verbrechen und Mord ab; *We Fished All Night* (1951) folgt der Weltausdeutung des ersten Romans, und in dem schwächeren Buch *Let No Man Write My Epitaph* (1958) schildert er den verzweifelten Versuch des Sohnes eines auf dem elektrischen Stuhl Hingerichteten und einer süchtigen Mutter, sich ein ordentliches Leben aufzubauen. Das fremdbestimmte Leben Schwarzer (aber auch unterprivilegierter Weißer) auf der Schattenseite des Lebens bildet auch das Thema der frühen Romane *If He Hollers Let Him Go* (1945), *Lonely Crusade* (1947), *Cast the First Stone* (1952) des wegen bewaffneten Überfalls Verurteilten und 1954 nach Europa ausgewanderten CHESTER HIMES (1909–1984), ebenso der Geschichte einer schwarzen Familie, *Third Generation*

(1954). Seit seiner Übersiedlung nach Frankreich wandte er sich der Detektivgeschichte zu und gilt mit Romanen wie *All Shot Up* (1960), *Blind Man With a Pistol* (1969), *Run Man Run* (1966) und anderen als der Begründer eines naturalistisch-sozialkritischen afroamerikanischen Kriminalromans. Mit den Autobiographien *The Quality of Hurt* (1972) und *My Life as Absurdity* (1976) hinterließ er eindrucksvolle Bilder aus seinem wechselvollen Leben.

Einen anderen Weg schlug der in Oklahoma geborene RALPH WALDO ELLISON (1914–1994) ein, der mit seinem Roman *Invisible Man* (1952) als einer der bedeutendsten amerikanischen Schriftsteller jener Epoche gilt. Nach einem Musikstudium am *Tuskegee-Institute* ging er nach New York, wo er – wie so viele Autoren jener Jahre – im *Federal Writers' Project* als Redakteur des *Negro Quarterly*, insbesondere aber in den Begegnungen mit Langston Hughes und Richard Wright mit dem Marxismus und der Literatur in Berührung kam. In dieser Zeit beschäftigt er sich intensiv mit den Großen der Weltliteratur des 19. und 20. Jahrhunderts, besonders mit T. S. Eliot und dessen *Waste Land* sowie mit Hemingway, dessen Stil und wohl auch Existentialismus ihn besonders beeindruckten. Bei dieser Lektüre wurde ihm deutlich – wie er in seiner Essay-Sammlung *Shadow and Act* (1964) zum Ausdruck bringt –, daß man sich als Vertreter einer Minderheit nicht in die Welt seiner *community* zurückziehen darf, sondern gerade als ein politischer und moralischer Autor Elemente aus getrennten Welten zusammenführen muß. In den Jahren zwischen 1938 und 1944 schrieb er Erzählungen und Essays, die unter anderem in den *New Masses* erschienen und die, wie etwa »Slick Gonna Learn«, in ihrer Ideologie und ihrem Naturalismus der ›proletarischen‹ Literatur zuzurechnen sind. Doch sehr bald ließ er diese Position hinter sich und gab in »Flying Home« oder »King of the Game« symbolistischen, die Grenze zum Surrealismus streifenden Experimenten Raum. Schon hier wird deutlich, daß er den Glauben seines Mentors Wright an einen soziologischen Determinismus nicht mehr teilte. Natürlich rang auch er um die Emanzipation der Afroamerikaner, doch sah er sie nicht nur als Opfer Dritter und stellte fest, »that this battle for freedom and identity must be waged not against individuals or even groups, but against no less than history and fate«.

In diesem Sinn entstand in den Jahren seit 1945 *Invisible Man*, ein von Prolog und Epilog eingeschlossener Bildungsroman eines namenlosen jungen schwarzen Erzählers in einem New Yorker Keller-Refugium. Es ist die Reise des Jungen aus dem ländlichen Süden durch ein *College* für junge Schwarze in die nördliche Großstadt, auf der er sich nach Erfahrungen mit seinem korrupten schwarzen Schulleiter, einem die Schwarzen mißbrauchenden kommunistischen Apparatschik, dem brutalen ›Street-king‹ Ras oder dem heuchlerischen Geistlichen Rinehart und unter dem Eindruck des ihn umgebenden Chaos als »invisible man« in sein Kellerloch zurückzieht. Das Kernstück dieses auch stilistisch beeindruckenden, aus realistischen und surrealistischen Elementen komponierten Buches, sagte Ellison, sei das »American Theme«, die Suche des Individuums nach seiner Identität. Der später mit Ehren geradezu überhäufte Ellison hat als Autor und Kritiker großen Einfluß auf die Literatur jener Epoche ausgeübt. Es entbehrt nicht einer gewissen Tragik, daß seine Auffassung, auch die Welt »beyond the Negro community« zu beachten und einem engeren Weltbild »more universal meaning« entgegenzusetzen, im eigenen Lager auf Widerstand stieß. Dieser erreichte einen Höhepunkt in der Debatte mit Irving Howe, der Ellison 1963 beschuldigte, Richard Wright und die schwarze Protestliteratur faktisch verraten zu haben.

Einer ähnlichen Kritik sah sich der aus einer Arbeiterfamilie Louisianas stammende Professor für Englisch ERNEST J(AMES) GAINES (*1933) ausgesetzt, der darauf folgendes erwiderte: »So many of our writers have not read any further back than (Wright's) *Native Son*, so many of our novels deal only with the great city ghettos, that's all we write about, as if there's nothing else ... We've only been living in these ghettos for 75 years or so, but the other 300 years – I think this is worth writing about.« Auch er geht dabei »beyond the borders«, indem er – wie Ellison – als literarische Vorbilder neben Flaubert, Maupassant die Russen Gogol, Turgenjew und Tschechow, vor allem aber Hemingway und Faulkner nennt, dessen Yoknapatawpha County beim Entstehen der fiktiven Bayonne-Region der Romane Gaines offensichtlich Pate gestanden hat. Es ist die ländliche Heimat, aus der sein Werk, seine Charaktere, seine Erzähler leben. Seine Themen sind die Folgen der Sklaverei, die Entfremdung und Isolation der Menschen unter dem auf sie wirkenden sozialen und materiellen Druck und die Spannungen, die sich aus dem Beharren auf Tradition und dem Zwang zu zukunftsgerichteter Veränderung ergeben.

Sein erster Roman – noch eher eine Etüde – *Catherine Carmier* (1964) behandelt die von Rassismus betroffene Liebe des Afroamerikaners Jackson Bradley und der Kreolin Catherine, deren Familie auf alle herabblickt, die dunkler sind als sie selbst. Noch tragischer ist das in *Of Love and Dust* (1967) dargelegte Schicksal des jungen Schwarzen Marcus Payne, der ein Opfer des Zusammenspiels seines weißen Arbeitgebers und eines Cajun-Aufsehers wird. Den Durchbruch erzielte Gaines mit *The Autobiography of Miss Jane Pittman* (1971). Hier erzählt die über hundert Jahre alte Titelheldin die Geschichte ihres Lebens in der Sklaverei, dem Bürgerkrieg, der *Reconstruction* und *Segregation* bis hin zur Bürgerrechtsbewegung. Indem sie gleichsam die Erfahrung Afroamerikas in jenen Epochen verkörpert, steht ihr Lebensweg für den aller Afroamerikaner. Der folgende Roman *In My Father's House* (1978) ist die Geschichte des an Faulkner erinnernden, von Schuld begleiteten Abstiegs des schwarzen Bürgerrechtlers Martin, den eine Affäre seiner Jugend einholt. Mit diesem und dem 1948 spielenden, aus fünfzehn Perspektiven erzählten Roman *A Gathering of Old Men* (1983) sowie *A Lesson Before Dying* (1993) schafft Gaines eindringliche ›Studien‹ aus einer ob ihres rassenbedingten Unglücks für Außenstehende skurril erscheinenden Welt, in der es ihm um Gerechtigkeit und um die Würde und den Stolz der Betroffenen geht. Diese Bücher sind in der Tat keine vordergründigen ›novels of protest‹ im Sinn militanter Bürgerrechts-Aktivisten, jedoch Romane, die den Geist tiefer Menschlichkeit atmen und die stärker zum Nachdenken anregen als manche plakative Anklage.

Dasselbe läßt sich für die in Birmingham, Alabama, als Tochter eines methodistischen Geistlichen geborene Englischprofessorin MARGARET WALKER (*1915) sagen. Sie arbeitete in den dreißiger Jahren eng mit Wright zusammen (*Richard Wright: Daemonic Genius*, 1988), bis diese Verbindung 1939 abrupt endete. 1965 promovierte sie an der *University of Iowa*. 1942 machte sie mit dem Gedichtband *For My People* auf sich aufmerksam, dem mit *Ballad of the Free* (1966), *Prophets of a New Day* (1970), *October Journey* (1973) und *This Is My Country* (1989) weitere Lyrik folgte. Berühmt und gleichzeitig im eigenen Lager sehr umstritten wurde sie mit *Jubilee* (1965), dem ersten wirklichen historischen Roman aus einer ›afroamerikanischen Feder‹. Seine Entstehungsgeschichte brachte sie in *How I Wrote ›Jubilee‹* (1972, erw. 1990) zu Papier. Es handelt sich um die in drei Sektionen gegliederte Chronik einer schwarzen Frau, Vyry, von ihrer Kindheit als Sklavin und ›illegitimen Tochter‹ ihres Besitzers auf einer Plantage in Georgia über die Kriegsjahre bis hin zur *Reconstruction*, wo sie für ihre Kinder und die Familie die Grundlagen für ein neues Leben schafft. Es ist ein in ein historisches Gewand gekleideter Entwicklungsroman, ein hohes Lied auf die Kraft der schwarzen Frau unter unmenschlichen Bedingungen. Es ist aber auch die zum Teil dokumentierte Geschichte einer Epoche (der Text war zunächst als Dissertation gedacht), verwoben mit einer (fiktionalisierten) Geschichte von Margaret Walkers Großmutter, in der die Protagonistin Vyry das Schicksal ihrer Generation repräsentiert.

Einige afroamerikanische Kritiker haben Margaret Walker vorgeworfen, sie hätte eine Romanze à la *Gone With the Wind* geschrieben. Sie übersehen dabei, daß sie das Schicksal des Südens nicht aus dem Blickwinkel seiner Oberschicht, sondern aus der Perspektive des allerschwächsten Gliedes dieser *institution*, nämlich der rassistisch, sexistisch und materiell gnadenlos ausgebeuteten schwarzen Frau schildert. Es mag sein, daß der Tenor des Buches bei seinem Erscheinen nicht dem auf dem Höhepunkt der Bürgerrechtsbewegung erwarteten Tonfall entsprach. Man sollte jedoch bedenken, welch großen Dienst Margaret Walker ihrer *community* mit diesem Roman erwiesen hat. Auch sie lehnte es ab, sich beim Ringen um Emanzipation in ein schwarzes

Ghetto oder einen *black nationalism* zurückzuziehen. Ihr durchaus nicht von allen Mitstreitern akzeptiertes Credo lautete: »Writers should not write exclusively for black or white audience but most inclusively ... about human condition.« Vieles spricht dafür, daß sie mit *Jubilee* wesentlich dazu beigetragen hat, der dritten Renaissance der afroamerikanischen Literatur und ihren Autorinnen und Protagonistinnen eine Bresche zu schlagen.

Der von ihr gewiesene Weg in die Geschichte der Afroamerikaner sollte ein wesentliches Element einer auf der Tradition der *slave narrative* aufbauenden Literatur werden, mit dem Schwarze ihren von Weißen verursachten ›geschichtslosen‹ Raum zu füllen begannen. Es war der Weg zurück zu ihren Wurzeln. Von großer Bedeutung war daher der Welterfolg des Romans *Roots: The Saga of an American Family* (1976) von ALEX HALEY (1921–1992), der als Aktivist der panafrikanischen Bewegung übrigens Malcolm X zu dessen *Autobiography* anregte und diese vollendete. Sie ist neben den Autobiographien von ELDRIDGE CLEAVER (*1935) *Soul on Ice* (1968) und *Soul on Fire* (1978) ein aufschlußreiches Schriftdenkmal jener Jahre. Haleys Familienchronik, endend bei dem aus Afrika verschleppten Kunta Kinte, löste – auch außerhalb der afroamerikanischen Minderheit – eine Welle des Suchens nach den Wurzeln ethnischer und kultureller Identitäten aus.

Die bei Margaret Walker zugrunde liegende und von Haley aufgegriffene Motivation, nämlich das von den weiblichen Vorfahren mündlich übermittelte Wissen um die Wurzeln und das Schicksal als für die Gegenwart der *black community* sinnstiftend weiterzugeben, wird charakteristisch für eine Phalanx von afroamerikanischen Autorinnen, ohne die der Aufschwung der afroamerikanischen Literatur in der zweiten Hälfte des 20. Jahrhunderts nicht denkbar wäre. Zu ihnen zählt die Publizistin und Dozentin für *black literature*, die in Brooklyn geborene Tochter von aus Barbados eingewanderten Eltern, PAULE MARSHALL (*1929). Ihre Mutter und deren Freunde, die sie »poets in the kitchen« nennt, »taught me my first lessons in the narrative art«, heißt es bei ihr. Ihr erstes Buch *Brown Girl, Brownstones* (1959) ist ein autobiographischer Bildungsroman um ein in Brooklyn geborenes Mädchen, das dem Konflikt der Eltern zwischen Heimkehr nach Barbados (Vater) oder Anpassung an die Großstadt New York (Mutter) ausgesetzt ist und nach seiner Zeit am *College* seine ethnischen Wurzeln zu suchen beginnt. Die Titelgeschichte des Bandes *Reena, and Other Stories* (1983) nimmt dieses Thema noch einmal auf und schreibt es fort. Nach der *short story*-Sammlung *Soul Clap Hands and Sing* (1961) und dem spärlichen Echo auf ihre Prosa bedurfte es erst der erfolgreichen Wiederauflage von *Brown Girl, Brownstones* im Jahr 1981, um Paule Marshall wieder zum Schreiben zu ermutigen. Mit *Praisesong for the Widow* (1983), der Suche der angepaßten und assimilierten reichen Witwe

Avatara Johnson nach ihren Wurzeln, und *Daughters* (1991), der Thematisierung des Generationskonfliktes am Beispiel der zwischen zwei Welten stehenden jungen Frau Ursa, erweist sich Paule Marshall als eine feinsinnige Erzählerin, die den westindisch-afroamerikanischen Dialog meisterhaft beherrscht, womit sie ihren Figuren ein hohes Maß an Plastizität, Farbigkeit und Authentizität verleiht.

Einen Höhepunkt erreicht diese Literatur seit Ende der sechziger Jahre mit dem Œuvre der ersten afroamerikanischen Nobelpreisträgerin, TONI MORRISON (*1931).

Sie wurde in Lorain, Ohio, als Chloe Anthony Wofford in eine aus dem Süden zugewanderte Arbeiterfamilie geboren und wuchs »black, female and poor« auf. Ihre Eltern ermöglichten ihr eine gute Schulbildung, so daß sie nach einem Studium an der *Howard University* 1955 an der *Cornell University* graduieren konnte. Zwei Jahre später kehrte sie als Dozentin für Englisch an die *Howard University* zurück. Schon in der Schule interessierte sie sich für Literatur, machte sich mit Flaubert und Jane Austen vertraut und schrieb ihre Abschlußarbeit über Virginia Woolf und William Faulkner. Seit Ende der fünfziger Jahre wirkte sie bis 1983 als Lektorin beim Verlag Random House, wo sie sich auch um die Förderung afroamerikanischer Literatur (u. a. Gayl Jones, T. C. Bambara) verdient machte. Daneben nahm sie zahlreiche Gastdozenturen wahr, bis sie 1989 als Professorin für *Afro-American Studies* an die *Princeton University* berufen wurde. Ihr erster Roman *The Bluest Eye* erschien 1970; es folgten *Sula* (1973), *Song of Solomon* (1977), *Tar Baby* (1981), *Beloved* (1987), *Jazz* (1992) und *Paradise* (1998) sowie Kurzprosa (»Recitatif«, 1983), das Theaterstück *Dreaming Emmett* (1986) und, neben vielen Aufsätzen, der für das Verständnis ihres Werkes aufschlußreiche Essay-Band *Playing in the Dark: Whiteness and the Literary Imagination* (1992).

Als 1970 *The Bluest Eye* erschien, hatten die Bürgerrechtsbewegungen ihren Höhepunkt erreicht und die der Afroamerikaner oft eine militante Note angenommen, was Toni Morrison jedoch nicht dazu veranlaßte, einen militanten Protestroman zu schreiben. Sie schöpfte aus den Tiefen ethnischer Quellen und dem Glauben an die nahezu unbegrenzte Kraft schwarzer Frauen. Die Welt ihrer Protagonistinnen ist das Leben kleiner schwarzer *communities*, ein Umfeld, in dem das Überlieferte stärker ist als die von Anonymität und Hektik der Großstadt bedingte Entfremdung. Doch diese Welt ist keineswegs heil, sondern eine von Gewalt, Korruption und sich auflösenden Familien und den damit einhergehenden Konflikten gekennzeichnete Gesellschaft, die auf dem Hintergrund der dominanten weißen gesehen werden muß. Bereits in ihrem ersten Werk, *The Bluest Eye* – in dem fast nur Schwarze agieren –, wird dies deutlich, wenn das Mädchen Pecola Breedlove letztlich an ihrem Streben nach blauen Augen zugrunde geht. Dieser in den Jahren 1940/41 spielende, aus der kindlichen Perspektive der Freundin Pecolas, Claudia MacTeer, erzählte Entwicklungsroman der von der Mutter ungeliebten, vom Vater vergewaltigten, geschwängerten und in den Wahnsinn getriebenen Pecola bildete den Beginn einer neuen Art afroamerikanischer Prosa, in der Frauen eine führende Rolle übernahmen.

Ähnlich erfolgreich wie ihr erster Roman war *Sula*, die in den Jahren 1919–1927 und 1937–40 (mit einem *postscript* bis 1965) handelnde Geschichte der Freundschaft und des Hasses der »in the bottom of Medaillon« aufgewachsenen Mädchen/Frauen Sula Peace und Nel Wright, die in ihrer *community* das rebellische und das konformistische Element verkörpern. Auch diese Fabel ist voller Gewalt, Rassismus und Lieblosigkeit. Sie zeichnet sich durch eine geradlinig erzählte, von gelegentlichen Rückblenden unterbrochene Fabel aus, deren überzeugende psychologische Linienführung auf Grund meisterlicher Sprachbeherrschung ein hohes Maß an Authentizität ausstrahlt. Hoffnungsvoller als diese von der Unterdrückung Schwarzer durch Schwarze gekennzeichneten Bücher ist – zumindest was den Ausgang betrifft – *Song of Solomon*. Mit diesem Roman verläßt Toni Morrison die enge Welt einer kleinen *community* und umgreift fast einhundert Jahre amerikanischer Geschichte der zu Wohlstand gekommenen schwarzen Familie Dead. Auch hier ist das Familien- und Gemeinschaftsleben keineswegs vorbildlich. Indem jedoch Macon Dead III., genannt Milkman, bei der Suche nach materiellen Werten, geleitet durch seine Tante Pilate, auf die Geschichte der eigenen Familie stößt, beschreitet er nun den Weg vom Egoismus zur »brotherhood« und findet statt Reichtum Identität.

Mit *Tar Baby* schlägt Toni Morrison den Zirkel noch weiter, aber auch hier geht es um die Rolle der Identität im Leben und in der Karriere einer sich emanzipierenden Frau. Die Protagonistin ist das erfolgreiche Model Jadine Childs. Sie wurde als zwölfjährige Waise von Onkel und Tante aufgenommen, auf teure Privatschulen und schließlich zum Studium an die Sorbonne geschickt. So wird sie zu einem Teil der weißen Welt. Während eines Segeltörns in der Karibik kommt sie mit Son, einem in seiner Herkunft verwurzelten Schwarzen in Berührung. Beide versuchen erfolglos, einander von der jeweils anderen Position zu überzeugen. Am Ende geht Jadine, als sie sieht, daß sie sich der Machowelt Sons nicht unterordnen kann, zurück nach Paris, um sich dort zu verwirklichen. Son bleibt auf der Insel Eloe, sein Schicksal offen. Ähnlich wie im vorhergehenden Roman, wo bereits der Titel auf mystisches Kulturgut der Sklaven verweist, verwebt Toni Morrison auch in *Tar Baby* dieses Element mit Realistischem. Auf diesem Fundament gründet sich auch ihr wohl bedeutendster Roman *Beloved*.

Mit diesem Buch griff Toni Morrison, wie es vor ihr Margaret Walker getan hatte und nach ihr Alice Walker und viele andere schwarze Autorinnen tun sollten, auf Berichte und Überlieferungen *(narratives)* mißhandelter und bedrängter Sklavinnen zurück. In diesem Fall ist es das Schicksal der entflohenen Sklavin Margaret Garner, die 1851 ihr Kind umbrachte, um ihm das Schicksal der Sklaverei zu ersparen. Der Roman ist nicht chronologisch erzählt, Rückblenden reichen bis in die Zeit der Sklaverei. Sethe wurde im Alter von dreizehn Jahren von dem relativ humanen Plantagenbesitzer Garner gekauft, um die freigelassene spätere Schwiegermutter von Sethe, Baby Suggs, zu ersetzen. Sie heiratet Halle Suggs, das Ehepaar hat vier Kinder. Als Mr. Garner stirbt und sein Bruder »schoolteacher« – ein grausamer Rassist – ihr Herr wird und sie vermuten muß, daß man ihre Kinder verkaufen will, entschließt sie sich zur Flucht. Es gelingt, die Söhne per *underground railroad* zu Baby Suggs nach Ohio zu retten. Sie selbst flieht mit der älteren Tochter und mit Denver schwanger barfuß und gedemütigt, erreicht Cincinnati, nur ihr Mann Halle kann nicht entkommen und verliert wegen seiner Unfähigkeit, seiner Frau zu helfen, den Verstand. »Schoolteacher« hat Sethe inzwischen aufgespürt und will sein ›Eigentum‹ zurück, da bringt Sethe ihre ältere Tochter um. Von da an beherrscht »baby ghost« das Haus und das Leben von Sethe, so daß sie von ihren Söhnen Bugler und Howard verlassen wird und mit Denver zurückbleibt. Acht Jahre später taucht Paul D., ein ehemaliger Sklave von Garners Plantage, bei Sethe auf und vertreibt »baby ghost«, doch diese kehrt danach als Zwanzigjährige – so alt wäre die Tochter zu diesem Zeitpunkt – zurück und beginnt die nun physisch wie psychisch verfallende Sethe völlig zu beherrschen. Es bedarf der Konfrontation mit der Vergangenheit und der Hilfe der Frauen der *community* und Paul D.'s, um Sethe zu heilen.

Beloved ist nicht nur ein bedrückendes Beispiel für das Schicksal, das die Vorfahrinnen der diese Romane schreibenden Frauen durchleiden mußten, sondern auch ein Stück hoher Erzählkunst, ein Roman, von dem man schon heute sagen kann, daß er in der Geschichte der amerikanischen Literatur Bestand haben wird. Ob man das bei Toni Morrisons derzeit letztem Roman *Jazz* ebenfalls sagen darf, muß abgewartet werden. Die an ein Photo einer toten jungen Frau in einem Korb (von James Van De Zee) anknüpfende Geschichte von der Ermordung einer jungen Frau durch einen eifersüchtigen alten Liebhaber und der Reaktion seiner Frau ist als erzählerische Studie möglicherweise interessanter denn als ein Text, der, wie Toni Morrison fordert, »should have something in it that enlightens; something in it that opens the door and points the way«.

Morrisons erster Roman seit der Nobelpreisverleihung 1993, *Paradise* (1998), sollte ursprünglich *War* heißen und umspannt die Zeit zwischen *Reconstruction* und dem Jahr 1976 in der *all-black town* Ruby, Oklahoma, die zwischen 1940 und den späten sechziger Jahren ihre Unschuld bewahren kann und so ihren schwarzen Bewohnern jener Jahre als Paradies erscheint. Dann allerdings brechen Zank und Streit aus, die nach Sündenböcken verlangen. Solidarität schlägt um in Ausgrenzung, Gewalt und Militanz; *Black Power* richtet sich nun gegen Teile der eigenen *community*, und der Widersinn besteht nach Morrison darin, daß »they think they have outfoxed the whiteman when in fact they imitate him«.

Auch mit diesem Roman läßt Morrison die lineare Erzähltradition und folgt einer dem Mündlichen verpflichteten Erzählweise, Gegenwart und Vergangenheit werden zu einem sprachlichen wie kompositionell äußerst komplexen Text verwoben, der plastische und in ihren Handlungen schlüssige Charaktere hervorbringt. Im Zentrum steht einmal mehr die Problematik afroamerikanischer Identität und Schicksalsgebundenheit in Gegenwart und Vergangenheit, was sich auf Grund der Vielschichtigkeit des Textes dem Rezipienten erst beim wiederholten Lesen voll erschließt.

Von ähnlicher Bedeutung für die amerikanische Literatur der zweiten Hälfte des 20. Jahrhunderts ist das Werk der aus Georgia stammenden ALICE WALKER (*1944).

Sie war die jüngste Tochter eines armen Pächters einer Baumwollfarm, erhielt ihre erste Bildung auf der schwarzen Eliteschule *Spelman College* in Atlanta und wechselte von hier an das wegen seiner avantgardistischen Kunstausbildung bekannte *Sarah Lawrence College* nach Bronxville, New York, wo ihr Interesse an der Literatur von ihrer Lehrerin, der Lyrikerin Muriel Rukeyser, die ihren ersten Gedichtband zu verlegen half, gefördert wurde. Eine Reihe von Stipendien gaben ihr die Möglichkeit, sich neben Lehraufträgen der Literatur zu widmen. Daneben engagierte sie sich in der Bürgerrechtsbewegung, als deren Aktivistin sie zusammen mit ihrem Ehemann Mel Leventhal – einem Bürgerrechtsanwalt – bekannt wurde. Auch sie debütierte mit einem Gedichtband, *Once: Poems* (1968), dem mit *Alice Walker Boxed Set – Poetry* (1985) eine Sammlung, in der fast alles seit 1973 Entstandene enthalten ist, und *Her Blue Body Everything We Know: Earthling Poems, 1965–1990* (1991) weitere folgten. Weltweit berühmt wurde sie mit Beginn der siebziger Jahre durch ihre Romane *The Third Life of Grange Copeland* (1970), *Meridian* (1976), *The Color Purple* (1982), *The Temple of My Familiar* (1989) und *Possessing the Secret of Joy* (1992) sowie durch die *short story*-Bände *In Love and Trouble: Stories of Black Women* (1973) und *You Can't Keep a Good*

Woman Down (1981). Der Essay-Band *In Search of Our Mothers' Garden* (1983), der historische Analysen und Literaturkritik mit Autobiographischem und Dichtung verbindet, gilt heute als ein Klassiker feministischer Kulturkritik, wobei sie in Abgrenzung vom ›weißen Feminismus‹ den Begriff »womanist« einführt. Zu ihren Verdiensten zählt u. a. die Wiederentdeckung von Z. N. Hurston mit dem von ihr herausgegebenen Band *I Love Myself When I am Laughing* (1979).

Am Beginn ihres Prosawerks steht mit *The Third Life of Grange Copeland* die Chronik der einfachen, armen und von Schulden bedrückten schwarzen Pächter-Familie Copeland in der Zeit zwischen etwa 1900 und 1960. Grange Copeland, der Vater, mißhandelt Frau und Kind, zerstört so die Familie und geht in den Norden, wo er Freiheit und Glück wähnt. Nach dem Selbstmord seiner Frau kehrt er nach Georgia zurück und erlebt, wie sein Sohn genau dieselben Fehler macht wie er, dabei aber auf eine starke Partnerin trifft, die er schließlich tötet. Es sind letztlich die ehemalige Prostituierte Josie, die in dieser Welt mit beiden Beinen auf dem Boden steht, und Granges Enkelin Ruth, die den Großvater lehrt, daß eine menschliche Perspektive nicht aus Haß erwachsen kann. Dieses Buch, das die ganze Komplexität des südlichen Rassismus in sich birgt, zeichnet sich durch die authentische Wiedergabe der dem *Standard English* entrückten Sprache der Schwarzen des Südens aus und ist hinsichtlich seines Ideengehalts das Musterbeispiel eines von Milieu und Vererbung bedingten Determinismus.

Einer Verknüpfung von Rassismus und Sexismus begegnen wir in dem in den siebziger Jahren im Umfeld der Bürgerrechtsbewegung spielenden Roman *Meridian*, in dessen Mittelpunkt mit Meridian Hill eine – zum Teil autobiographisch angelegte – Frau steht, die sich von Mann und Kind trennt, um für die Emanzipation zu kämpfen, letztlich aber nicht fähig ist, dies mit einer Waffe in der Hand zu tun. Wie zerstörerisch der Rassenhaß selbst im Zentrum der Bürgerrechtsbewegung wirkt, wird am Beispiel der schwarz/weißen Beziehung zwischen Truman Held und Lynne Rabinowitz offenbar. Truman beginnt sie zu hassen, weil sie weiß ist, Lynne haßt die Schwarzen, weil sie von ihnen aus der Bewegung gedrängt und vergewaltigt wird. Die stärkste Revolutionärin ist Anne-Marion Coles, die beste Freundin Meridians; sie kämpft und würde auch für ihre Sache töten. Meridian ist ein gelungener Charakter, repräsentativ für viele schwarze Frauen der sechziger Jahre. Ihr Weg führt von der Anpassungsbereitschaft zur Selbstbefreiung. Auf diesem Weg gewinnt sie die Stärke, um schließlich auf materialistische Vorteile zu verzichten, geistige Überlegenheit zu gewinnen, indem sie sich auch der Vergangenheit ihrer *community* bewußt wird und zu den armen Schwarzen im Süden zurückkehrt, um für deren Selbstbestimmung zu kämpfen. Damit wird dieses Buch zu einem Roman schwarzer und weiblicher Selbstentdeckung und -findung.

Internationales Renommee erlangte Alice Walker mit dem Briefroman *The Color Purple*, in dem dieses Prinzip fortgeschrieben wird.

> Er schildert das zunächst tragische, ja unerträgliche Leben der sich schwarz, arm und häßlich fühlenden Celie, die im Alter von vierzehn Jahren nach sexuellen und psychischen Quälereien sich ihre Not in Briefen an Gott und ihre Schwester Nettie von der Seele schreibt. Sie hat zwei Kinder als Folge der Vergewaltigung durch Alfonso, ihren Stiefvater, von dem sie aber glaubt, daß es ihr Vater ist. Alfonso nimmt ihr die Kinder weg und verheiratet sie mit dem armen Farmer Mr. –, der sie ebenfalls mißhandelt, da er die Blues-Sängerin Shug Avery liebt, zu der sich nun Celie ebenfalls hingezogen fühlt. In dieser Phase entwickelt Celie Selbstbewußtsein, verläßt ihren Mann, gründet erfolgreich ein Unternehmen und kehrt später emanzipiert in ihr Elternhaus zurück, wo sie – wiedervereint mit ihren Kindern – eine Lebensperspektive sieht. Sie geht den Weg aus dem Nichts und erfährt Erfüllung in der *sisterhood* zu Shug und anderen Frauen.

Mit ihrer späteren Prosa *The Temple of My Familiar*, wo sie in einer »dreamlike structure« Mythen, Symbole, Legenden zusammenführt, und *Possessing the Secret of Joy*, mit Figuren aus *The Color Purple*, festigte Walker ihren Ruf als eine der besten politisch und sozial engagierten Erzählerinnen dieser Dekade. Damit setzte sie innerhalb der afroamerikanischen und afrikanischen Frauenliteratur einen weiteren sinnstiftenden Akzent.

Ebenfalls der Bürgerrechtsbewegung eng verbunden war die in Harlem, Queens und Jersey City aufgewachsene TONI CADE BAMBARA (1939–1996). Sie lernte die später von ihr literarisch interpretierte Welt als Sozialarbeiterin und Journalistin gründlich kennen und wirkte als Gastprofessorin für *African-American Studies*. Sie begann, vignettenartige *short stories* zu schreiben; die meisten sind anekdotenhafte Skizzen aus dem Leben der Afroamerikaner: *Gorilla, My Love* (1972) und *The Sea Birds Are Still Alive* (1977). In dem Roman *The Salt Eaters* (1980), in dem sie die in den siebziger Jahren vom Selbstmord bedrohte Bürgerrechtlerin Velma Henry mit der ›Erdenmutter‹ der *community* Mannie Ransom zusammenführt, sucht Toni Bambara nach eigenem Bekunden Brücken zwischen den innerhalb der Bürgerrechtsbewegung verfeindeten Gruppierungen zu schlagen. Immer gilt dabei – wie auch in *If Blessing Comes* (1987) – ihre ganze Sympathie den Erniedrigten und Beleidigten, der von ihr selbst durchlittenen Welt, und manches spricht dafür, daß sie mit ihren *short stories* wie etwa

»My Man Bovanne«, »Playin with Punjab« oder »Maggie of the Green Bottles« im Gedächtnis ihrer Leser bleiben wird. Die Anthologien *The Black Woman* (1970) und *Tales and Stories for Black Folks* (1971) gab sie unter dem Pseudonym TONI CADE heraus.

Von erstaunlicher Kreativität und Vielseitigkeit zeugen die vielfältigen Aktivitäten der aus St. Louis stammenden *Civil Rights*-Aktivistin MAYA ANGELOU (*1928). Sie studierte Musik, schlug sich als Kellnerin und Köchin durchs Leben und wirkte als Tänzerin, Schauspielerin, Regisseurin, Redakteurin, Lyrikerin und Schriftstellerin. Seit 1971 hat sie mehrere Bände Lyrik herausgegeben, die seit 1994 als *The Complete Collected Poems of Maya Angelou* vorliegen. Einen größeren Leserkreis erreichte sie mit ihren fünf autobiographischen Bänden *I Know Why the Caged Bird Sings* (1970), *Gather Together in My Name* (1974), *Singin' and Swingin' and Gettin' Merry Like Christmas* (1976), *The Heart of a Woman* (1981) und *All God's Children Need Travelling Shoes* (1986). Es ist die Geschichte einer jungen schwarzen Frau, die als Kind vom Freund ihrer Mutter vergewaltigt wird, in den frühen fünfziger Jahren mit Prostitution und Drogen in Berührung kommt, sich in den Sechzigern dem *Civil Rights Movement* anschließt und schließlich nach Ghana, in das Land ihrer Vorväter, geht. Mit dieser Chronik – der erste und der vierte Band hinterlassen den stärksten Eindruck – entwirft Maya Angelou ein breites Gemälde dieser Epoche aus dem Blickwinkel einer schwarzen Frau.

Derselben Perspektive begegnen wir in der Lyrik und Prosa der aus einer Arbeiterfamilie Kaliforniens stammenden, an den *Howard-*, *Fisk-* und *Brown-Universities* ausgebildeten Kritikerin und Professorin für *African-American Studies* SHERLEY ANNE WILLIAMS (*1944). Am Beginn ihrer schriftstellerischen Arbeit steht mit *Give Birth to Brightness: A Thematic Study in Neo-Black Literature* (1972) ihre Forderung nach einer neuen afroamerikanischen Literatur, die eine Synthese von »black oral tradition« und »Western literate forms« sein sollte. Von sich sagt sie: »I wanted to write about lower-class black women.« Berühmt aber wurde sie durch ihren Griff in die Geschichte, den Roman *Dessa Rose* (1986). Dieses kompositorisch wie sprachlich auf hohem Niveau stehende Werk schildert in Dessa Rose eine junge, schwangere Sklavin, die sich nach der Ermordung ihres Geliebten einer Rebellion angeschlossen hatte und – bis zur Geburt ihres für den Sklavenhalter wertvollen Kindes – in einem Keller ihrer Hinrichtung entgegensieht. In dieser Zeit wird sie von dem weißen ›Historiker‹ Adam Nehemiah ›vernommen‹ und gewinnt dabei zunehmend an Statur. Schließlich wird sie befreit und, zusammen mit anderen geflohenen Sklaven, von der Weißen Rufel Sutton auf deren Plantage aufgenommen und geschützt. Dabei ist es insbesondere die Entwicklung des Verständnisses zwischen den beiden Frauen, die dem Roman Tiefgang verleiht. Die Fabel basiert auf zwei Ereignissen der *Ante Bellum*-Zeit, die historisch nichts miteinander zu tun hatten, aber in den Gestalten der Dessa und der Rufel zusammengeführt werden. Des weiteren ist der Roman eine Reaktion Sherley Williams' auf den von ihr abgelehnten Roman *Confessions of Nat Turner* von Styron, da hier die Lust Turners auf weiße Frauen als ein Motiv für den Aufstand durchscheint. Eine der wichtigen Botschaften von *Dessa Rose* ist, daß gegenseitiges Verstehen, insbesondere das von Menschen verschiedener Rassen, den Weg zu mehr Humanität für alle weisen kann.

Bar jeder »positive race images« und deshalb auch von afroamerikanischen Kritikern angegriffen ist die Prosa der aus Kentucky stammenden Englischprofessorin GAYL JONES (*1949), die sich selbst als »storyteller« bezeichnet und darauf verweist, daß der *blues* den Resonanzboden ihrer Romane bildet. Im Zentrum derselben stehen sexuell und rassisch brutal ausgebeutete Frauen, deren Existenz an sich schon ein Alptraum ist. So sieht sich die Titelfigur in *Corregidora* (1975), die Blues-Sängerin Ursa, als ›Endprodukt‹ einer über drei Generationen auf sie herabkommenden Kette von Sklaverei, Prostitution und Inzest. Sie stammt von einem portugiesischen Sklavenhalter ab, der der Vater ihrer Mutter und Großmutter war, und auch Ursa hat unter Mißhandlungen zu leiden. Ein ähnlich grausames Schicksal ist der Protagonistin Eva Nedina Cabada in *Eva's Man* (1976) beschieden, die in ihrer Verzweiflung ihren Partner sexuell verstümmelt und vergiftet hat und unter den Folgen ihrer Tat geistig ins Abseits driftet. Ähnlichen Bildern begegnen wir in den Erzählungen und Vignetten des Bandes *White Rat* (1977). Gayl Jones, die sich selbst als besonders interessiert an den »oral traditions of storytelling« bezeichnet – vergleiche *Liberating Voices: Oral Tradition in African American Literature* (1991) –, hat ein feines Gespür für die gesprochene Sprache, was ihren Charakteren angesichts der geschilderten Grenzsituationen Glaubwürdigkeit verleiht. Der Einsatz des *Black American English* als ästhetisches Mittel für die von ihr angestrebte neue afroamerikanische Literatur stellt sie in eine Reihe mit T. Morrison, A. Walker, S. Williams, T. Bambara, E. Gaines oder I. Reed.

»All the good men are either dead or waiting to be born« lautet einer der meistzitierten Sätze aus dem ersten Roman der in Brooklyn geborenen, aber im Süden aufgewachsenen GLORIA NAYLOR (*1950). Von 1968 bis 1975 arbeitete sie als Missionarin der Zeugen Jehovas, erwarb in Yale einen M. A. in *Afro-American Studies* und schlug sich als Telefonistin und Hotelangestellte durch, ehe sie an verschiedene Universitäten eingeladen wurde. Ihr erster Roman *The Women of Brewster Place* (1982) schildert in der Form des sozialen Realismus den am Ende einer ghettoartigen Straße gelegenen Mikrokosmos Brewster Place aus den Perspektiven von sieben hier lebenden Frauen um Mattie Michael. Sie sind verschiedener Herkunft, unterschiedlichen Alters, haben individuelle Träume und politische Vorstellungen. Was sie eint, sind die ebenfalls sehr voneinander abweichenden Wechselfälle des Lebens, die sie in aller Härte trafen und ihnen keinen Zipfel des *American dream* reichten. Auch ihr zweiter Roman, *Linden Hills* (1985), ist klassisch sozialkritisch, indem hier der idealistische junge schwarze Dichter Willie Mason, der im Slum an der Grenze zum exklusiven schwarzen Stadtteil Linden Hills lebt, beim Betreten dieser Welt erkennt, daß auch die schwarze Mittelklasse desintegriert, wenn sie die weiße kopiert. Die Ursache für diesen Prozeß sieht er in der Lösung von den ethnischen Wurzeln. Dieses Thema – nun aber in der Tradition Z. N. Hurstons oder T. Morrisons – bildet den Kern ihres in viele Sprachen übersetzten Romans *Mama Day* (1988), der deutliche Züge des *magic realism* trägt. Die amerikanische Großstadt und die ›staatenlose‹ Insel Willow Springs bilden den Hintergrund des Konflikts zwischen der ihren Wurzeln im Süden verhafteten Cocoa und ihrem in rationalen Kategorien des Nordens denkenden Partner George. Im Zentrum dieses Konflikts steht die mit übersinnlichen Kräften ausgestattete neunzigjährige Heilerin Miranda Day, genannt Mama Day, die ihre Großenkelin rettet. Der intertextuelle Bezug dieses Romans zu Shakespeares *Tempest* ist offenkundig. Ein hervorstechendes Merkmal ihrer Kompositionsweise ist der Einsatz der Erzählperspektive, die es den einzelnen Charakteren gestattet, mit ihren Stimmen zu sprechen. Dies zeigt sich einmal mehr in der Komposition von *Bailey's Cafe* (1992).

Die Naylors Cocoa bedrohende Gefahr der Entfremdung bei gleichzeitiger Einsicht, daß sich eine aufkommende Generation von der vorherigen emanzipieren muß, bildet auch die Themen der in Antigua geborenen JAMAICA KINCAID (*1949), die siebzehnjährig als *Au pair*-Mädchen nach New York kam. Sie wurde gleichsam über Nacht mit ihren elliptisch erzählten, poetischen *short stories* aus dem Leben ihrer westindischen Heimat bekannt. Der Band *At the Bottom of the River* (1983), darin »Girl« oder »The Letter from Home«, sind Beispiele ihres unverwechselbaren Stils. Ihre Romane, die ebenfalls starke autobiographische Elemente enthalten, dürfen auch dem Genre des Bildungsromans zugeordnet werden. Das gilt zunächst für die Titelfigur von *Annie John* (1985); die Krankenschwester verläßt nach bitteren Erfahrungen und einem schmerzhaften Abnabelungsprozeß von ihrer Mutter um ihres Fortkommens willen die heimatliche Insel. Daß dieser Weg nicht in ein ungeteiltes Glück führt, zeigt Jamaica Kincaid in ihrem zweiten Roman *Lucy* (1990), wo die neunzehnjährige Ich-Erzählerin als *Au pair*-Mädchen zu reichen Leuten in eine amerikanische Stadt, das heißt in eine Welt kommt, die ihr total fremd, in der sie allein ist. Das Buch, in dem die Autorin einmal mehr ihren Blick für das scheinbar Unbedeutende, Kleine zum Tragen bringt, endet mit einer Tagebuchaufzeichnung der einsamen Lucy, in der es heißt: »I wish I could love someone so much that I could die from it.«

Einen deutlich christlich-moralischen Akzent setzt die in Berkeley, Kalifornien, geborene und offenbar an verschiedenen *Colleges* ausgebildete J. CALIFORNIA COOPER, von deren Karriere und Privatleben bislang wenig zu erfahren war. Nur so viel ist gewiß: Alice Walker ermunterte sie zum Schreiben und half ihr, den ersten Band Erzählungen, *A Piece of Mine* (1984), herauszubringen. Sie bezeichnet sich selbst als »Bibel scholar«, und tatsächlich berufen sich viele ihrer *short stories* auf die Bibel. In ihren Urteilen mag sie manchen als konservativ erscheinen, in der Wahl ihrer Themen aber, mit denen sie insbesondere Heranwachsende ansprechen will, kennt sie keine Tabus. Sie nimmt sie aus einer nicht eben guten Welt. Vergewaltigung, Notzucht, Inzest, Prostitution, Drogen und Sexualität sind an der Tagesordnung in ihren Texten, ebenso die Folgen der Vergangenheit wie Sklaverei und ›Mischehen‹. Ihr Feld ist die Kurzprosa: *A Piece of Mine* mit »$ 100 and Nothing!«, »The Free and the Caged« und anderen, *Homade Love* (1986) mit »Living« oder »Happiness Does Not Come in Colors«, *Some Soul to Keep* (1987) mit fünf »long-short stories«, *The Matter Is Life* (1992), wo wir mehr Experimentelles antreffen, und *Some Love, Some Pain, Some Time* (1995). Zu Beginn der neunziger Jahre wandte sie sich mit *Family* (1991) und *In Search of Satisfaction* (1994) auch dem Roman zu, wobei sie mit dem ersten der beiden einen mehrere Generationen betreffenden ›Bericht‹ über das Leben der Sklaven und ihrer ›Herren‹ in der Zeit vor dem Bürgerkrieg gibt und insofern die von M. Walker, T. Morrison und anderen verwendeten Raster für die Geschichte der Fanny Colet nutzt, die ihrem Master neun Kinder geboren hat und ihn umbringt, weil dieser sie nun seinem Sohn als ›breeder‹ unterschieben will. Als Erzählerin fungiert Fannys Tochter Clara. Eines der Geheimnisse von Coopers Erfolg ist ihre direkte, durchschaubare und aus der Tradition der mündlichen Erzählweise schöpfende ›schwarze‹ Umgangssprache.

Einen neuen Ton in der afroamerikanischen Literatur dieser Jahre stimmt der aus Illinois gebürtige Schüler John Gardners, der Englischprofessor CHARLES JOHNSON (*1948) an. Das Ziel des 1980 zum Buddhismus Konvertierten ist es, eine »philosophical black American literature« zu schaffen. Er folgt dabei der Phänomenologie Edmund Husserls, hat auch die asiatische Philosophie vom Vedānta bis zum Zen im Auge und will damit Ost und West verbinden, woraus eine neue afroamerikanische Weltsicht entstehen soll. Sein erster, unter der Anleitung von Gardner entstandener Roman *Faith and the Good Thing* (1974) ist die oft humorvolle, im Stil der *folktale* gehaltene Geschichte der Faith Cross, eines Mädchens aus dem Süden, das sich nach Chicago aufmacht, um dort das »good thing« zu suchen. Diesem durchaus philosophischen Buch folgt mit *Oxherding Tale* (1982) der handlungsreiche Entwicklungsroman des jungen Mulatten Andrew Hawkins, der sich als Kind des Alkohols in der entseelten Welt zwischen Schwarz und Weiß mit den Philosophen Plato, Schopenhauer und Hegel bekanntmacht. Johnson nennt diesen Roman »a modern, cosmic, philosophical slave narrative – a kind of dramatization of the famous ›Ten Oxherding Pictures‹ of the Zen artist Kakuan Shien«, und er fügt hinzu, daß er hier »the eighteenth-century English novel with the Eastern Parable« verbunden habe. Nach dem *Short story*-Band *The Sorcerers Apprentice* (1986) greift Johnson in dem in die Form des Logbuches gekleideten Roman *Middle Passage* (1990) die aus der Perspektive eines Ex-Sklaven erzählte Rebellion auf einem Sklavenschiff auf, bei der die Mythen der aus dem Stamm der Almusseri stammenden Rebellen eine zentrale Rolle spielen. Wenn dabei der Erzähler Rutherford Calhoun mit Anspielungen auf Vertreter des klassischen Altertums sowie Hegel, Böhme und Beethoven aufwartet, so trägt dies weniger zur Steigerung der Aussage dieses Romans bei als zur Unterstreichung der Ziele seines Autors.

Parallel zum Aufschwung der afroamerikanischen Frauenliteratur sind die Werke einiger Autoren zu nennen, in denen sich die Emanzipation, das heißt auch die Lösung von den Mustern der *Harlem Renaissance* und der Wright-Epoche bricht und in denen sich der Weg von diesen Positionen hin zu einer neuen schwarzen Ästhetik gut nachvollziehen läßt. Zu diesen Autoren zählt der 1957 bis 1961 in Harvard ausgebildete Publizist, Photograph und Dozent WILLIAM MELVIN KELLEY (*1937). Sein Weg führt ihn politisch von der »racial coexistence« in der Zeit vor der Bürgerrechtsbewegung zum kämpferischen Antirassismus und in seiner Literatur vom konventionellen Erzählen zum Experiment. Insofern reflektiert er geradezu klassisch die Entwicklung dieser Epoche. Neben den *short stories* in *Dancers on the Shore* (1964) sind es seine Romane, die ihn bekannt machten und von denen er sagt: »Perhaps I'm trying the Faulknerian pattern although I guess it's Balzacian ... all of my books are really one big book.« In *A Different Drummer* (1962) plaziert Kelley seine Charaktere in einem 1818 in die Union aufgenommenen fiktiven Staat, den 1957 »all the state's Negro inhabitants« verlassen, weil der »different drummer« nicht auf von Gruppen herbeizuführende Veränderungen vertraut, sondern – daher die Anspielung auf Thoreau – es als die Aufgabe des Individuums sieht zu handeln. Nach *A Drop of Patience* (1965) folgte mit *dem* (1967) eine radikal antirassistische Satire auf die »ways of white people«, deren hier agierende Mittelklasse-Vertreter in jeder Beziehung impotent sind und nach künstlicher Befruchtung ein Zwillingspaar, ein Kind schwarz, eines weiß, in die Welt setzen. Der vierte Band, *Dunfords Travels Everywheres* (1970), wohl angeregt durch Joyce' *Finnegan's Wake*, konfrontiert den in Harvard ausgebildeten Chig Dunford mit dem aus Harlem kommenden Carlyle Bedlow–Repräsentanten zweier afroamerikanischer Welten in einer Sprache, die sich konstituiert aus Pidgin, Black American, Harlem Argot, Bantu-Elementen und Standard English, die Kelley »Langleash« nennt und die die Kritik als »black form of the dream language of James Joyce« bezeichnet hat. Kelleys Versuch, die amerikanische Geschichte aus der Sicht der Afroamerikaner episch zu behandeln und dabei die ethnischen Stereotypen in Frage zu stellen, ist ihm auch im eigenen Lager nicht gedankt worden. Seine frühe Aufforderung, kein »Negro literary ghetto« zu schaffen und den Weg zu den Wurzeln außerhalb Harlems zu suchen, sowie sein Bekenntnis »I am not a sociologist or a politician, or a spokesman ... I am a writer ... I think, I should ask questions«, haben ihm unter anderem den Vorwurf eingebracht, er sei von der Sprache und der Kultur des Feindes gefangen. Kelley mag – gemessen an traditionellen Standards – keine sehr große Literatur hervorgebracht haben, sein Leben und sein Werk und die sich darin zeigenden Reaktionen auf die Entwicklung seiner *community* und deren Literatur aber können auch späteren Generationen Zugang zum Verständnis des emanzipatorischen Prozesses jener Jahre vermitteln.

Kelley und Reed bis zu einem gewissen Grad nahe steht der aus Atlanta stammende, außerordentlich produktive Professor für Englisch CLARENCE MAJOR (*1936). Mit seiner Lyrik (*Love Poems of a Black Man*, 1965; *Symptoms and Madness*, 1971; *Some Observations of a Stranger at Zuni ...*, 1988, u. a.), seinen *short stories* (*Fun and Games*, 1988), Editionen (*The New Black Poetry*, 1989; *Calling the Wind*, 1993), Essays (*The Dark and Feeling: Black American Writers and Their Work*, 1974) und seinen Romanen schuf er ein Werk, in dem er nicht nur den Rassismus und die Gewalt innerhalb der *black community* thematisiert, sondern auch als Verfechter eines weit über die Grenzen der Afroamerikaner hinausgehenden Avantgardismus bekannt geworden ist. Insofern vertritt er eine radikale Ästhetik und schafft dabei eine nicht leicht zugängliche Prosa, die den mitschaffenden Leser verlangt. Als Romanautor trat er 1969 mit *All-Night Visitors* an die Öffentlichkeit. Es folgten *NO* (1973) und, stärker beachtet, *Reflex and Bone Structure* (1975), in dem sich die Beziehungen zwischen drei namentlich genannten Charakteren und dem anonym bleibenden »Narrator« auf der Ebene eines diskursiven Experiments entwickeln. Dabei kommt es zur Verschmelzung surrealistischer Bilder mit realistischen Szenarien, zur Einbeziehung von Elementen der Pop-Kultur, des Films und der Musik. Diese Technik findet auch in späteren Romanen wie *My Amputations* (1986), *Such Was the Season* (1987) und *Painted Turtle: Woman with Guitar* (1988) Anwendung, wobei letzterer in der Gestalt der Suni-Sängerin und Gitarristin das in allen ethnischen Minderheiten-Literaturen der USA aufscheinende Thema der ›doppelten‹ Emanzipation der heranwachsenden Frau behandelt. Indem die Protagonistin in Beziehung gesetzt wird zu ihrem Clan-Chef Old Gehachu, der Grandma Wilhelmina und indianischen Stammestraditionen, spüren wir Einflüsse des *magic realism*, der hier in einem Roman zum Tragen kommt, den man auf Grund seiner Entstehungsgeschichte und seines *plot* einen multikulturellen nennen kann.

Von größerer Wirkung aber ist zweifellos das umfangreiche Œuvre des Dichters, Dramatikers, Romanciers, Schauspielers, Journalisten und Professors ISHMAEL REED (*1938). Er wurde in Chattanooga geboren, kam als Kind mit seinen Eltern nach Buffalo, New York, studierte an der örtlichen Universität, siedelte nach New York City über, gründete hier die unabhängige Zeitung *East Village Other* und begann 1967 mit *The Free-Lance Pallbearers*, einer Satire auf die Führer der Weißen, ihren *way of life* und deren schwarze Nachahmer, seine literarische Karriere. Seine Kritiken an den Führern der *Black Muslims* und anderer Extremisten wurden unter anderem von Amiri Baraka als falsch zum falschen Zeitpunkt verurteilt. Reed etablierte sich dennoch als der wohl profilierteste Satiriker einer pikareske Züge tragenden afroamerikanischen Prosa und stieg mit Romanen wie *Yellow Back Radio Broke-Down* (1969), insbesondere *Mumbo Jumbo* (1972), *The Last Days of Louisiana Red* (1974), *Flight to Canada* (1976), *The Terrible Twos* (1982), *Reckless Eyeballing* (1986), *The Terrible Threes* (1989) und *Japanese by Spring* (1993) zu einem der bedeutenden amerikanischen Autoren der zweiten Hälfte des 20. Jahrhunderts auf.

Obgleich sich Reed uneingeschränkt zu seiner afroamerikanischen *community* bekannte – auch als literarische Vorbilder nennt er fast ausschließlich Schwarze – und es als eines seiner Hauptanliegen bezeichnete, »to humble Judeo-Christian culture«, handelt es sich bei seinen Werken keineswegs um eine lediglich schwarz/weiß orientierte Protestliteratur mit einseitigen Schuldzuweisungen, sondern um Texte mit Themen von universeller Bedeutung, die sich auf ihrem rassistischen Hintergrund besonders überzeugend präsentieren. Reed führt alle ihm bekannten Kompositionsstrategien und Stilmittel auf eine innovative Art zusammen, was für ihn mehr als nur ein ästhetisches Programm zu sein scheint. Er sagt dazu: »Many people have called my fiction muddled, crazy, incoherent, because I've attempted in fiction the techniques and forms of painters, dancers, film makers, musicians in the West have taken for granted for at least fifty years, and the artists of many other cultures for thousands of years.« Dabei spielt Mystisches – etwa in seiner Hoodoo-Vorstellung oder in Gestalten wie Loop Garoo, Pap LeBas, Black Peter, um nur einige zu nennen – eine zentrale Rolle in von Allegorien durchsetzten Collagen voller historischer Anspielungen und Bedeutungen, die weder vor Papst noch Präsidenten haltmachen und einmal den Amerikanern sogar die emotionale Reife von Zweijährigen attestieren.

Die historische Einbettung seiner Stoffe ist das Resultat der Überzeugung Reeds, Dichter hätten zugleich Priester und Historiker zu sein, und seines Ziels, »to rewrite history to reveal the truth«. Bei diesem Unternehmen spannt er, wie Michael Boccia bemerkt, den Bogen weit: »From black history to black humor, from Black Power to black magic.« In seiner provokanten Art parodiert Reed nicht nur seine Themen und ihre Inhalte, sondern mit ihrer Behandlung auch die von ihm dabei gehandhabten Versatzstücke aus den verschiedenen Genres, die er zusammenfügt. Das gilt auch für seine Gedichte (*Conjure: Selected Poems, 1963–1970*, 1972; *Chattanooga*, 1973; *New and Collected Poems*, 1988, u. a.), und Bühnenstücke (*The Ace Booms* 1980; *Mother Hubbard*, 1982; *Savage Walls*, 1985). Seine Essay-Bände, etwa *God Made Alaska for the Indians* (1982) oder *Writin' is Fightin'* (1990), vermitteln gute Einblicke in das Weltbild dieses Avantgardisten, dessen zentrales Anliegen die Verbesserung jener sozialen Verhältnisse ist, die nach seiner Meinung noch immer die Entwicklung der Afroamerikaner behindern.

Eine besondere Position auf dem Feld der afroamerikanischen Prosaliteratur dieser Epoche nehmen Autoren ein, die sich – und das ist ein weiterer Beleg für die erreichte weitgehende Emanzipation – der Science-fiction zuwenden und ihr, aus ihrem Blickwinkel gesehen, neue Dimensionen eröffnen. Der führende Vertreter dieses Genres ist derzeit der aus New York stammende Literaturwissenschaftler SAMUEL R. DELANY Jr. (*1942), der seit Beginn der sechziger Jahre mit seinen zahlreichen Romanen und *short stories* viel Anerkennung fand. Den Durchbruch erzielte er mit *Babel–17* (1966) und *The Einstein Intersection* (1967). Insbesondere seine vier Romane der »Return to Neveryon«-Serie (*Tales of Neveryon*, 1979; *Neveryona; or, The Tale of Signs and Cities*, 1983; *Flight From Neveryon*, 1985; *The Bridge of Lost Desire*, 1987) sind Beispiele für eine kulturelle Ausweitung und den innovativen Ausbau dieses Genres. Dies gilt auch für die Romane der aus Kalifornien stammenden und von der Kritik möglicherweise unterschätzten OCTAVIA E. BUTLER (*1947), die 1978 mit *Patternmaster* eine Serie eröffnete und ihren Ruf mit der Xenogenesis-Trilogie (*Dawn: Xenogenesis*, 1987; *Adulthood Rites*, 1988; *Imago*, 1989) festigte. Octavia Butler ist derzeit die einzige bemerkenswerte schwarze Frau in diesem Genre, und es mag ihrer geistigen Nähe zu Autorinnen wie Toni Morrison oder Alice Walker zuzuschreiben sein, daß sie Science-fiction vornehmlich für emanzipatorische Zwecke im Dienst der schwarzen Frauen einsetzt. Ein gutes Beispiel ist *Kindred* (1979), die Geschichte der in Gegenwart und Wohlstand lebenden Afroamerikanerin Dana, die auf eine Zeitreise in die Welt ihrer versklavten Ur-Ur-Großmutter und damit selbst in die Sklaverei gezwungen und mißhandelt, gedemütigt und verstümmelt in die Gegenwart zurückgeworfen wird.

Am Ende des 20. Jahrhunderts kann die afroamerikanische Literatur auf einen gleichermaßen beschwerlichen wie erfolgreichen Weg zurückschauen. Der hauptsächlich für Weiße geschriebene, noch einer Rechtfertigung bedürfende Protestroman der dreißiger Jahre führt hin zu einer in vielfacher Hinsicht emanzipierten Literatur, die sich zu einem guten Teil aus den Tiefen des von Frauen bewahrten Kulturerbes nährt. Die schöpferische Umsetzung dieses Erbes hat nicht nur eine wesentliche sinnstiftende Funktion in der *black community* ausgeübt, sondern der modernen amerikanischen Literatur ganz allgemein wertvolle Impulse gegeben und Werke geschenkt. H. L. Gates bemerkte zu Recht, daß sich am Ende des Jahrhunderts eine Phase ihrem Ende nähert, »so that we can get beyond the large theme of racisms and get to the deeper theme of how black people love and cry and live and die. Which, after all, is what art is all about.«

Latinos

Obgleich die inzwischen zweitgrößte Minderheit zu einem guten Teil in geschlossenen Gemeinschaften lebte und auf eine bis in die Kolonialzeit vor dem Eindringen der *gringos* zurückreichende literarische Tradition zurückblicken konnte, kann von einem Aufschwung dieser Literatur erst in den sechziger und siebziger Jahren gesprochen werden. Dieser Prozeß geht Hand in Hand mit dem politischen Erwachen der *Chicanos* und schlägt sich zunächst in den für agitatorische Zwecke mehr geeigneten Genres *play* und *poetry* nieder. Was die längere Prosa betrifft – und das gilt auch für andere Minderheiten –, so litt deren Renaissance anfangs unter dem Fehlen angemessener Publikationsmöglichkeiten. Das änderte sich im Fall der *Chicanos* erst 1967 mit der Gründung des Verlages *Quinto Sol*, dem andere folgten. So waren Prosa-Autoren dieser Minderheit zunächst vor allem auf Zeitschriften angewiesen, was ihre Tendenz zur Kurzprosa erklärt, zumal sie dabei auch stärker auf die mündliche Erzähltradition der *cuentos* zurückgreifen konnten. Bereits hier treffen wir auf jene eigentümliche Mischung von Legenden, Mythen, Fabeln und ›Soziogrammen‹ der *Chicano*-Welt und ihrer Berührung mit der der *gringos*, die bis in die Gegenwart das Ringen dieser Minderheit um eine auf Selbstbewußtsein fußende Identität charakterisieren.

Zu Erzählungen dieser Art, die zum Teil noch vor dem Höhepunkt der Bürgerrechtsbewegungen entstanden sind, zählen der Roman *Mexican Village* (1945) von JOSEPHINA NIGGLI (1910–1983) oder *Tierra Amarilla: Cuentos de Nueva México* (1964, zweisprachig 1971) von SABINE R. ULIBARRÍ (*1919) und ihre weiteren Bände *Mi abuela fumaba puros y otros cuentos de Tierra Amarilla/My Grandma Smoked Cigars and Other Stories of Tierra Amarilla* (1977), *Primeros encuentros/First Encounters* (1982) und *El Cóndor and Other Stories* (1989). Neben Kurzprosa von Mario Suarez und Gary Soto oder Estela Portillo Trambley sind vor allem die Erzählungen um die siebzehnjährige Rocío Equibel in der Sammlung *The Last of the Menu Girls* (1986) der auch als Bühnenschriftstellerin hervorgetretenen DENISE CHÁVEZ (*1948) und die *short stories* des Bandes *The Moths and Other Stories* (1985) von HELENA MARIÁ VIRAMONTES (*1954) zu erwähnen. Letztere verbinden eine scharfe Kritik an den rassistischen Bedingungen an der Grenze und den Auswirkungen des Kulturkonfliktes mit einer feministischen Sichtweise. Dies gilt auch für ihren Roman aus der Welt der Wanderarbeiter, *Under the Feet of Jesus* (1995). Sie wird zu Recht als Chronistin der *barrios*, der Grenzstädte, bezeichnet und wirkt als Sprachrohr der Anliegen der *Chicana* und als Anklägerin der US-Politik gegenüber Mittelamerika. Die Ausformung ihrer Prosa erinnert nicht selten an García Márquez und Isabel Allende, wofür »The Cariboo Café« (1984) ein Beispiel ist.

Es bedurfte jedoch nicht erst der Bürgerrechtsbewegungen, um kritische Stimmen zu wecken. Eine gleichermaßen kenntnisreiche wie authentische Einführung in die zentralen Themen der sich in den siebziger Jahren voll entfaltenden *Chicano*-Prosa bieten die zahllosen Essays von ERNESTO GALARZA (1905–1984), der als Sechsjähriger 1910 mit seinen Eltern vor der mexikanischen Revolution nach Kalifornien geflohen war und als einer der besten Kenner der Situation der *Mexican Americans* gilt. Nach Studium und Promotion an der *Columbia University* wurde er Gewerkschaftsfunktionär und widmete sich dem Kampf um die Verbesserung der Lage der amerikanischen und mexikanischen Landarbeiter. Neben sozialkritischen Studien zur Situation in lateinamerikanischen Staaten sind es vor allem Essays wie *Strangers in Our Fields* (1956), *Merchants of Labor: The Mexican Bracero Story: An Account of the Managed Migration of Mexican Farm Workers in California, 1942–1960* (1964) oder *Spiders in the House and Workers in the Field* (1970), die einen tiefen Einblick in die Situation dieser Menschen vermitteln, die zu einem guten Teil die Protagonisten der *Chicano*-Literatur stellen. Neben vielen Schriften für die Jugend – darunter auch zweisprachige Gedichte – und Lyrik (*Kodachromes in Rhyme*, 1982) ist es seine Autobiographie *Barrio Boy* (1970), in der er mit den Themen Immigration und Akkulturation gleichsam den Rahmen vorgibt, in dem sich die sich nun stärker zu Wort meldende *Chicano*-Prosa bewegt.

Das gilt zunächst für JOSÉ ANTONIO VILLARREAL (*1924), dessen Roman *Pocho* (1959) neben JOHN RECHYs (*1934) *City of Night* (1963) für diese Renaissance steht, ehe RAYMOND BARRIO (*1921) mit dem in der Tradition des ›sozialistisch-proletarischen‹ Romans stehenden Buch *The Plum Plum Pickers* (1969) das von Ausbeutung, Armut und Not, aber auch von mexikanischen Aufsehern mitbedingte schwere Los der Wanderarbeiter am Beispiel Manuel Guttierez' und seiner Familie darstellt. Es ist ein hartes Buch voller schwarzem Humor, mit lyrischen Passagen und ironischem Unterton und mit Dialogen, in denen er die Befindlichkeit seiner Charaktere authentisch agieren läßt. Alle Verlage, denen Barrio das Manuskript anbot, lehnten es ab, so daß er das Buch schließlich im Selbstverlag herausbringen mußte. Es wurde sofort zu einem großen Erfolg, zu einem *underground*-Klassiker und lenkte als solcher die Aufmerksamkeit breiter Leserkreise auf die neu entstehende Prosa der *Chicanos*. Barrio, der auch eine Reihe selbst illustrierter Bücher zu verschiedenen Themen (*Prism: Essays in Art*, 1970; *Mexico's Art and Chicano Artists*, 1975, u. a.) herausgegeben hat, legte 1990 mit *Carib Blue* seinen zweiten Roman vor. Den Kern seines Werks bildet die Überzeugung: »Our modern America is suffering from a hideous disease called superaffluence ... eroding and destroying America's fine moral spirit.« Der Preis, den man für all den technischen Fortschritt zu entrichten habe, sei die »destruction of one's very soul«.

Nicht minder sozialkritisch sind die autobiographischen ›Romane‹ des in New York City in eine puertorikanische Arbeiterfamilie geborenen THOMAS PIRI (*1928), der in den fünfziger Jahren nach einem bewaffneten Überfall ins Gefängnis kam und dort zu schreiben begann. Nach der Haftentlassung arbeitete er in Rehabilitationseinrichtungen für ehemalige Häftlinge und Drogenabhängige. Neben seinen *Stories from El Barrio* (1978) sind es seine autobiographischen Berichte *Down These Mean Streets* (1967), *Savior, Savior, Hold My Hand* (1972) und *Seven Long Times* (1974), die ihn berühmt machten. Vom ästhetischen Standpunkt betrachtet sind es Bücher von schlichter literarischer Qualität, jedoch von einer großen Ehrlichkeit hinsichtlich der Welt der geschilderten Unterprivilegierten. In seiner Kompromißlosigkeit ist der Text Fleisch vom Fleische der in jenen Jahren entstehenden *Nuyorican*-Literatur der Puertorikaner. Die hier eingesetzten, in dieser Welt beheimateten Sprachvarianten vom Spanish-Harlem-Dialekt bis zum Gefängnisjargon veranlaßten die Kritik, von einem »linguistic event« zu sprechen.

Einem ebenfalls von Drogen- und Alkoholmißbrauch, Sex und Elend bedingten Außenseitertum im Großstadtmilieu begegnen wir im Werk des Juristen OSCAR ZETA ACOSTA (1935–?), der in den frühen siebziger Jahren nach Mexiko ging und seitdem verschollen ist. Seine fiktionale *Autobiography of a Brown Buffalo* (1972) und *The Revolt of the Cockroach People* (1973) schildern ein bedrückendes Milieu ausgegrenzter *Latinos* im Los Angeles der sechziger Jahre.

In die ländliche und kleinstädtische Welt des Lower Rio Grande Valley führt der zunächst in Spanisch, später zweisprachig schreibende Englischprofessor ROLANDO HINOJOSA(-SMITH) (*1929), dessen Ziel es ist, die Geschichte dieser Grenzregion in fiktionale Literatur umzusetzen. Er betrat die literarische Bühne mit *Estampas del valle y otras obras* (1972), die 1980 als *Sketches of the Valley and Other Works* auch auf Englisch erschienen. Sie bilden den Auftakt zu der bislang sieben Romane umfassenden *Klail City Death Trip*-Serie (1972–1990). In diesen zunächst spanisch oder zweisprachig erschienenen Büchern – bei dem dritten, *Korean Love Songs From Klail City Death Trip* (1978), handelt es sich um einen Versroman – entwirft Hinojosa in seiner fiktiven Stadt Klail City im texanischen Belken County ein breites Panorama des Lebens dieser Region. Es ist ein alle Gattungsgrenzen sprengendes Werk mit Porträts einer schier unübersehbaren Menge an Figuren aus allen Schichten der dort ansässigen Gesellschaft und wird aus den verschiedensten Perspektiven dargeboten. Vieles ist absolut zeitbezogen, so etwa die Erfahrungen Rafa Buenrostros im Koreakrieg, vieles autobiographisch, wie die Erlebnisse der Studentenzeit und die des Schriftstellers Galindo oder des Lokalhistorikers Esteban Echavarria, in denen sich Hinojosa zu einem guten Teil selbst gezeichnet zu haben scheint. Neben diesem Zyklus steht der konventioneller gefügte Detektivroman *Partners in Crime* (1985), ein Kokain-Dealer-Thriller, der allerdings durch die Charaktere Jehu und Rafa und den Ort der Handlung mit dem Zyklus verknüpft ist, der das größte fiktionale Gemälde der *Chicano*-Welt bietet, das bisher von dieser Literatur hervorgebracht wurde. Hinojosa begründet diese Konzeption mit dem Hinweis: »My goal is to set down in fiction the history of the Lower Rio Grande Valley.«

Nicht minder anspruchsvoll gibt sich die in Mexiko spielende Trilogie *Memories of the Alhambra* (1977), *Not By the Sword* (1982) und *Inheritance of Strangers* (1985) von NASH CANDELARIA (*1943), in der die Familie Rafa, insbesondere Vater Jose und sein Sohn Jol, nicht nur im mexikanisch-euroamerikanischen Spannungsfeld, sondern auch zwischen sich und dem indianischen Erbe steht, womit die Stellung der *Chicanos* in der sie besonders berührenden Dreiecks-Position thematisiert wird. Diesen eher historisch angelegten Romanen stehen die in ›postmoderne‹ Gewänder gekleideten Texte *Caras viejas y vino nuevo* (1975), *Reto in el paraiso* (1983) und *The Brick People* (1988) von ALEJANDRO MORALES (*1944) insofern nahe, als sich, ähnlich wie im dritten Band von Candelaria, wieder die Konflikte mit den *gringos* ins Zentrum schieben.

Ebenfalls zweisprachig präsentiert sich das Werk des aus Texas gebürtigen Hochschullehrers TOMÁS RIVERA (1935–1984) aus der Welt der Wanderarbeiter, der er selbst entstammte. Neben seinen Gedichten *Always and Other Poems* (1973) ist es der Band *... y no se lo tragó la tierra / And the Earth Did Not Part* (1971), eine aus Anekdoten, Berichten, inneren Monologen, Dialogen in ständigen Perspektivwechseln ›montierte‹ Geschichte der Familie eines Wanderarbeiters und ihres Sohnes, die nicht zuletzt durch ihre eindringliche Bildhaftigkeit von sich reden machte.

Einen Höhepunkt der Prosa der *Chicanos* bildet das Werk des in New Mexico geborenen Herausgebers, Übersetzers und Englischprofessors RUDOLFO A. ANAYA

(*1937), der neben Theaterstücken (*The Season of La Llorona*, 1979; *Who Killed Don Jose* (1989) und den *short stories The Silence of the Llano* (1982) vor allem mit den Romanen *Bless Me Ultima* (1972), *The Heart of Aztlán* (1976) und *Tortuga* (1979), die er selbst als eine Trilogie bezeichnet hat, weit über die Grenzen Amerikas hinaus bekannt wurde. Im Grunde handelt es sich um eine *Chicano*-Version des Bildungsromans des in einem kleinen neumexikanischen Ort aufwachsenden Antonio, der zwischen den unterschiedlichen Lebensentwürfen der Eltern zerrieben wird. Dieser Konflikt ist überwölbt von dem zwischen Gut (der *cuandra*-Heilerin Ultima) und Böse (des Tenorio Trementina) herrschenden Spannungsverhältnis. Der zweite Band, der den Umzug vom Land in die Stadt zum Gegenstand hat, wirkt vordergründig politischer, während der dritte, mit dem Reifeprozeß des Kindes Tortuga im Krankenhaus, wieder mythischen Aspekten mehr Raum gibt. In diesen aus Legenden, Folklore, Allegorien und mythischen Elementen zusammengefügten und mit realistischen Klammern versehenen Fabeln erweist sich Anaya als Meister einer Erzählweise, die dem lateinamerikanischen *magic realism* in vielem sehr nahesteht. Dabei geht es Anaya, dessen Roman *The Legend of Llorona* (1984) insbesondere hinter *Bless Me Ultima* zurücksteht, nicht mehr so sehr um den Konflikt zwischen *Chicanos* und *Anglos*, sondern um die für ihn weiter gehende Frage: »What am I and why am I here? – What is the nature of mankind?«, womit er die Grenzen der besonders auf die *Chicano*-Welt bezogene Identitätssuche vieler seiner Zeitgenossen weitet. Nach der Bedeutung der Mythologie in seinen Werken und im Leben befragt, antwortet er: »The land and the people force this mythology on us.« So wird die spezifische Identität einer *community* aus seiner Sicht das Ergebnis eines unausweichlichen, ja deterministischen Phänomens, dem das Individuum nicht entkommen kann.

Ebenfalls dem *magic realism* verhaftet ist der in Los Angeles geborene Journalist, Reporter und Hochschullehrer RON(ALD FRANCIS) ARIAS (*1941). »For me«, sagt er, »García Márquez transformed, *deepened* reality in so many of its aspects – tragic, humorous, adventurous, wonderous.« Dabei verweist er insbesondere auf Márquez' *Cien años de solidad* (1967). Und so entstand aus einer wohlabgewogenen Komposition von präziser journalistischer Beschreibung, *stream of consciousness*-Technik und mythisch-magischen Erzählsträngen mit *The Road to Tamazunchale* (1975) einer der eindrucksvollsten Romane dieses Genres in englischer Sprache. Er schildert die letzten Tage des pensionierten Enzyklopädien-Händlers Fausto Tejada und dessen imaginative Reise in das mexikanische Dorf Tamazunchale, den endgültigen Ruheplatz nach dem Tode. Dabei verschwimmen und verschwinden die Grenzen zwischen Realität und Illusion, Gegenwart und Vergangenheit, Leben und Tod. Fausto findet sich im Lima des 16. Jahrhunderts wieder, begegnet auf der *interstate* bei Los Angeles einem Inka-

Schäfer, bringt Mexikaner über die Grenze und nimmt an einem kosmischen Picknick teil, wo er seine verstorbene Frau wiedersieht. Am Ende dieser – auch an Cabell erinnernden – Phantasmagorie akzeptiert Fausto sein Ende, das weder einen Einschnitt in seiner Existenz noch in der Erzählung bedeutet.

Der Einfluß des magischen Realismus geht bei einer Reihe von zeitgenössischen *Chicano*-Autoren seit den siebziger Jahren Hand in Hand mit einer Tendenz zu neuen Ausdrucksformen und Experimenten. Man übertreibt kaum, wenn man sagt, daß diese innovative Art, Prosa zu schreiben, für die *Chicano*-Literatur jener Jahre ebenso charakteristisch ist wie die harte, traditionell gefügte Sozialkritik der vorangegangenen Dekade, ohne dabei dieses Anliegen aus dem Auge zu verlieren. Gute Beispiele dafür bieten *Peregrinos de Aztlán* (1974) und *El sueño de Santa María de las Piedras* (1986) von MIGUEL M. MÉNDEZ (*1930), deren englische Versionen erst 1992 beziehungsweise 1989 erschienen. Auch er schildert mit der Stadt Tijuana die Welt der Grenze, einer Grenze, die für ihn mehr ist als die zwischen *Anglos* und *Chicanos*, nämlich die Scheidelinie zwischen einer menschlichen und einer vom krassen Materialismus bestimmten Welt, die nach Ansicht seines Protagonisten Timoleo Noraga das Ende des Lebens auf unserem Planeten herbeiführen wird, wenn man sich nicht – was er durchaus für möglich hält – dagegen stemmt. Auch hier wird die Konfrontation zum Paradigma einer Auseinandersetzung von globaler Dimension. Ebenfalls zum Kreis derer, die ihre Themen mit den Mitteln des magischen Realismus behandeln, gehören ORLANDO ROMERO (*1945) mit *Nambé-Year One* (1976) und ARTURO ISLAS (1938–1991), dessen Roman *The Rain God: A Desert Tale* (1984) mit der Geschichte von der Immigration der Familie Angel seit dem Jahr 1910 ein altes Thema in ein innovativ konzipiertes neues Gewand kleidet und der mit *Migrant Souls* (1990) – wo er die Bedeutung der Sprache als Instrument von Herrschaftsstrukturen behandelt – zu konventionellerem Formenverständnis zurückkehrte.

Dieses Thema steht auch im Zentrum des autobiographischen Werks des in San Francisco geborenen und an den Universitäten Stanford, Berkeley, London und der *Columbia University* ausgebildeten RICHARD RODRIGUEZ (*1944). Bedeutender als *Days of Obligation: An Argument with My Mexican Father* (1992) ist sein erstes Buch *Hunger of Memory: The Education of Richard Rodriguez* (1982), in dem er seine Reise durch das amerikanische Bildungssystem nachzeichnet und zu dem Ergebnis kommt, daß diese mit dem Ende seiner ethnischen Identität ihren Abschluß gefunden haben würde. Er bricht sein Studium ab, weil er die mit dieser Ausbildung verbundenen Privilegien nicht auf dem Rücken gerade der benachteiligten *Chicanos* erwerben will. Als wichtigstes Instrument der Entfremdung erkennt er die Sprache, die Sprache der *gringos*, die er um des Fortkommens willen braucht, die aber niemand in seiner Familie verstand, so daß seine Eltern die ersten Opfer ihres Bemühens wurden, ihr Kind zu ›integrieren‹. Nach zehnjährigem Studium sucht er den Weg zurück in das vertraute ethnische Umfeld, aber diesen Weg gibt es nicht mehr, insbesondere dann nicht, wenn man es ablehnt, seine Bevölkerungsgruppe als ›Minderheit‹ zu begreifen. Das Fazit dieses zwischen Journalismus und Literatur stehenden Autors, der George Orwell als sein Vorbild nennt, ist, daß man das Englische als Sprache der *gringos* von den Kindern der Minderheiten fernhalten muß, um sie nicht der Entfremdung auszusetzen und zu entwurzeln. Damit verweist Rodriguez – anders als die vordergründigen Sozialkritiker – auf das große Dilemma, in dem sich nicht nur die *Latinos* befinden, die um ihres persönlichen Fortkommens und der Verbesserung der Lage ihrer *community* willen die Bildungsparameter der dominanten Gesellschaft annehmen müssen, dafür aber den Preis ihrer Entwurzelung zu zahlen haben.

Manches deutet darauf hin, daß sich insbesondere die in den späten achtziger und den neunziger Jahren debütierenden Autorinnen und Autoren ihrer bikulturellen Situation, die sie auch als Verantwortung und Chance zu spüren scheinen, voll bewußt sind, womit sie den Begriff der Emanzipation mit neuen Inhalten füllen, wie dies etwa bei ANA CASTILLO (*1953) der Fall ist. Sie begann mit Lyrik (*Women Are Not Roses*, 1984), ehe sie in dem Briefroman *The Mixqhiahuala Letters* (1986) mit Bildern einer Mexiko-Reise aus den Sichten einer *Chicana* und einer New Yorker Künstlerin, aus den für sie wichtigen unterschiedlichen Perspektiven aufwartet. Auch ihr folgender Roman *So Far From God* (1993), in dem sich fast alles um das Thema einer multikulturellen Welt dreht, ist ein Plädoyer für eine bessere Welt. Auch sie denkt zweisprachig und bikulturell, schöpft dabei aus dem Erbe ihrer ethnischen Herkunft und legt in *The Massacre of Dreamers: Essays on Xicanisma* (1994) ihre Überzeugung dar, Literatur sei ein wichtiges Instrument im Kampf um eine kulturell wohlfundierte Emanzipation.

Unter den jüngeren *Chicanos*, die bereits von einigen Ergebnissen der Bürgerrechtsbewegungen profitiert haben und dies anders sehen als etwa Rodriguez, werden indessen Stimmen laut, die den Begriff der Emanzipation weiter fassen und sich ethnischem Gruppendenken nicht unterordnen möchten. Ein gutes Beispiel für diese Tendenz bietet die sowohl feministische Aspekte aufgreifende und gleichzeitig die Verwandtschaft zur Welt der *Native Americans* betonende Prosa von ALMA LUZ VILLANUEVA (*1944), die wie so viele mit Lyrik (*Blood Root*, 1977; *Mother, May It?*, 1978; *Planet with Mother May I?*, 1993) begann und mit den Romanen *The Ultraviolet Sky* (1987) und *Naked Ladies* (1994) und ihren Erzählungen *Weeping Woman. La Llorona and Other Stories* (1994) bekannt wurde. Betrachtet man in diesem Zusammenhang noch die avantgardistisch strukturierten Romane *Face* (1985), *Frieze* (1986) und *The*

Love Queen of the Amazon (1992), mit denen CECIL PINEDA (*1942) die Frage stellen will, ob die schreckliche Geschichte der Menschheit das Ergebnis des schlechten Erinnerungsvermögens der Menschheit ist, so wird deutlich, daß die späten achtziger und insbesondere die neunziger Jahre gekennzeichnet sind durch Werke, in denen sich zunehmend unterschiedliche Vorstellungen von ethnischer und kultureller Emanzipation, in jedem Fall aber das wachsende Selbstbewußtsein ihrer Verfasser spiegelt. Dabei ist es schwer abzuschätzen, wie sich das insbesondere im Umfeld der *Hispanics* auswirkt und ob Anaya Recht behalten wird mit seinem Titel: *Bilinguism: Promise for Tomorrow* (1976).

Native Americans

Obgleich die *Native Americans* vom Beginn des amerikanischen Schrifttums an eine wesentliche, auch fiktionalisierte Rolle gespielt haben und dabei in zunehmendem Maß als ›positive‹ Charaktere in der *mainstream*-Literatur figurierten, waren sie doch bis ins 20. Jahrhundert hinein weitgehend Opfer einer von stereotyper Grundeinstellung bestimmten Darstellung. Anfänge einer von Selbstbewußtsein und vom Streben nach Selbstbestimmung geprägten Literatur der *Native Americans* zeigten sich erst nach dem Zweiten Weltkrieg. Im Grunde ist auch sie ein Ergebnis der Bürgerrechtsbewegungen und des sich damit verändernden kulturpolitischen Klimas in den USA. Das fand seinen Niederschlag in einer zunehmenden Zahl indianischer Autoren und in der wachsenden Bereitschaft des Kulturbetriebs, dieser Minderheiten-Literatur mehr Aufmerksamkeit zu schenken und ihr – zum Beispiel in Anthologien und historischen Darstellungen – Platz einzuräumen. Wie zäh dieser Prozeß jedoch ablief, läßt sich an der Zeit ablesen, die seit den sechziger Jahren vergehen mußte, ehe sich diese Entwicklung im amerikanischen Literatur-Kanon niederschlug.

Was die Autoren der *Native Americans* betrifft, so erzielten sie – zu einem guten Teil aktive Mitstreiter in der Bürgerrechtsbewegung – ihren Durchbruch gegen Ende der sechziger Jahre. Ihre wesentlichen Antriebskräfte sind das Streben nach Gleichberechtigung und einer aus ihrem kulturellen Erbe hergeleiteten Identität in einer von Euroamerikanern bestimmten Umwelt. Als einem der führenden Vertreter dieses neuen Anspruchs begegnen wir dem Sioux VINE DELORIA Jr. (*1933), der mit dem Buch *Custer Died for Your Sins: An Indian Manifesto* (1969) ein Signal zu neuem Aufbruch gab und in *We Talk, You Listen* (1972) gegen das »stereotyping« der *Native Americans* zu Felde zog, um mit der Literatur ein neues Geschichtsbild zu schaffen »and not mere amendmends to the historical interpretations of white America«.

Etwa um die gleiche Zeit meldete sich der Kiowa N(AVARRE) SCOTT MOMADAY

(*1934) zu Wort, der heute als einer der bedeutendsten Autoren dieser Bevölkerungsgruppe geschätzt wird. Der in Oklahoma geborene und in einem Reservat aufgewachsene Maler und Professor widmet sich in seinen Büchern den Traditionen der Indianer und den »memories of the blood … that I find missing in the world at large«. Am Anfang seines Schaffens stehen in *The Journey of Tai-me* (1967, erw. *The Way to Rainy Mountain*, 1969) persönliche Erinnerungen und Erfahrungen, Geschichten und Überlieferungen sowie Mythen der Kiowas. Berühmt wurde er mit dem Roman *House Made of Dawn* (1968). Er bietet die Geschichte des aus dem Zweiten Weltkrieg heimkehrenden Abel, der zwischen der Welt der Weißen und der seines Stammes zerrieben wird, schließlich aber in das Reservat zurückkehrt, um so wieder in die Tradition des sterbenden Großvaters einzutauchen. »The Story is«, sagt Momaday, »that of his struggle to survive on the horns of a real and tragic dilemma in contemporary society.« Wir erleben diese Welt und ihr Dilemma aus verschiedenen Perspektiven und fragmentiert, erzählt mit feiner Ironie, die keinen Raum für Melodramatik läßt, womit Momadays Fabel an Authentizität gewinnt. Dies gilt auch für seinen zweiten Roman, *The Ancient Child* (1989), die Geschichte eines modernen Indianer-Künstlers – Tsoaitalee – auf der Suche nach seiner Identität. Es ist ein weitgehend autobiographisch bestimmtes Buch.

Diese Prosa zeichnet sich durch feine Lyrismen und einen nicht zu überhörenden romantischen Ton aus, so daß es nicht überrascht, wenn ihr Autor von sich sagt: »I don't think myself as a novelist. I'm a poet.« Tatsächlich steht im Zentrum seines Denkens und Schreibens die Überzeugung, die Indianer verfügten über eine spirituelle Erfahrung, die anderen fehle. Das wird auch deutlich in *The Names: A Memoir* (1976), wo Momaday sich in der Form der Autobiographie und der *tribal tales* auf die Suche nach den Wurzeln seiner Identität begibt. Wie in den Romanen trifft man hier auf ein Weltbild, in dem die physische und die spirituelle Welt ihre Einheit anstreben in einem Universum, das sich aus dem Prinzip Harmonie konstituiert. Daß diese Welt aber nicht frei von Widersprüchen ist, die letztlich erst im Tod aufgehoben werden können, sagt er uns unter anderem in dem Gedicht »Rainy Mountain Cemetry«.

Ein dunkleres Bild der Welt in den Reservaten entwirft der aus dem Volk der Blackfeet stammende, in Montana geborene JAMES WELCH (*1940). Auch er debütierte mit Lyrik (*Riding the Earthboy 40: Poems*, 1971), ehe er mit den Romanen *Winter in the Blood* (1974) und *The Death of Jim Loney* (1979) Protagonisten schuf, die nach vielversprechenden sportlichen Leistungen in der *High School* am Ende dieser ›Karriere‹ keine Perspektive für sich sehen und ziellos in Alkohol, Nichtstun, Langeweile und Sex dahintreiben. Hier erweist sich das Leben der *Native Americans* als von gleicher Einsamkeit und Entfremdung geprägt wie das anderer Teile der Bevölkerung. Dieser

Blickwinkel resultiert offenbar aus der Entscheidung Welchs, sich nicht *nur* als Indianer zu sehen. Insofern sind diese Texte im Kern gleichsam Pendants vieler zeitgenössischer Romane aus anglo-amerikanischen Federn. Etwas anders verhält es sich bei dem Band *Fools Crow* (1986), in dem Welch die indianischen Sitten, Riten und Gebräuche der zeitgenössischen »Malaise« gegenüberstellt und deren Überlegenheit postuliert. Dieser Tenor bestimmt sein bisheriges Gesamtwerk. Es ist der Stolz auf das Erbe der Väter, das aber im Begriff ist, der Entfremdung und Inhaltslosigkeit des Lebens der zeitgenössischen Indianer Montanas zum Opfer zu fallen. Das Lakonische seiner Sprache und der zurückgenommene Humor in der Behandlung der Gegenstände lassen das, was man diesen Menschen angetan hat, authentisch erscheinen.

Der Zorn über den Verlust traditioneller Werte und eine selbstreferentielle Interpretation der Acoma Pueblos und der Chippewaws beziehungsweise Ojibwas wurde auch in den Romanen und Prosa-Bänden von SIMON J. ORTIZ (*1941; *Fightin': New and Collected Stories*, 1983) und GERALD ROBERT VIZENOR (*1934; *Darkness in Saint Louis Bearheart*, 1973, u. a.) festgehalten, zweier Autoren, die bisher vor allem als Lyriker Bedeutung erlangt haben.

Einen wesentlichen Beitrag zur Renaissance dieser Literatur leistet die an der *University of New Mexico* wirkende Laguna-Indianerin mexikanisch-weißer Abstammung LESLIE MARMON SILKO (*1948), die ebenfalls mit Lyrik (*Laguna Woman*, 1974) an die Öffentlichkeit trat, ehe sie mit dem Roman *Ceremony* (1977) den Durchbruch erzielte und seitdem als eine der bedeutendsten Vertreterinnen der Literatur der *Native Americans* gilt. Auch sie behandelt das Thema des zwischen Kulturen zerriebenen Halbbluts. Ihr Protagonist Tayo kann sich nach den in Krieg und Gefangenschaft in der weißen Welt durchlebten Schrecken zunächst auch im neumexikanischen Reservat nicht einfach wieder in die zivile Welt eingliedern. Bei der Suche nach seiner Navajo-Identität begegnet er dem Medizinmann Belone, der den aus der Bahn Geworfenen der überlieferten Zeremonie zuführt – so findet er zurück in den Schoß seines Stammes und damit in die Harmonie, die das Leben dieser Menschen ausmacht. Mit ihrer Verwebung von zeitgenössischem Thema und indianischen Überlieferungen und Mythen, gekleidet in eine von der mündlichen Weitergabe geprägten Prosa, gilt Silko zu Recht als eine der feinsinnigsten Erzählerinnen ihrer Generation mit einer über die Grenzen ihrer ethnischen Gruppe hinausgehenden Wirkung. Neben ihrem Roman *Almanac of the Dead* (1991) sind vor allem ihre *short stories Storyteller* (1981) zu erwähnen, von denen »Lullaby«, die Entführungsgeschichte »Yellow Woman« und »Tony's Story« zum Besten zählen, was die Literatur der *Native Americans* bislang hervorgebracht hat.

Von ähnlicher Bedeutung für diese Literatur ist das bisherige Werk der aus Minnesota stammenden LOUISE ERDRICH (*1954). Sie ist ein chippewaw-deutsch-amerikanisches Halbblut und gehörte zu den ersten Frauen, die am *Dartmouth College* studieren konnten. Während ihres Studiums – sie erlangte ihren M. A. an der *Johns Hopkins University* – fand sie zu den Quellen ihrer ethnischen Identität, verließ ihr Reservat und gelangte nach vielen Tätigkeiten – von der Kellnerin bis zur Chefredakteurin – in die intellektuelle ›weiße‹ Mittelschicht Bostons. Die Begegnung mit ihrem späteren Ehemann, dem Anthropologen und Modoc-Indianer MICHAEL DORRIS (1945–1997), der 1987 mit dem Bestseller *A Yellow Raft in Blue Water* bekannt wurde, führte zu einer fruchtbaren literarischen Zusammenarbeit. Auch sie debütierte mit Lyrik (*Jacklight*, 1984; *Baptism of Desire*, 1989), ehe sie mit dem aus der Erzählung »The World's Greatest Fisherman« hervorgegangenen Roman *Love Medicine* (1984) einen an die Romankonzeption Faulkners erinnernden Romanzyklus um die fiktive Stadt Argus, North Dakota, eröffnete, dem *The Beet Queen* (1986), *Tracks* (1988) und *The Crown of Columbus* (1991) folgten. Hier schildert sie die Schicksale dreier miteinander verbundener Indianerfamilien in der Zeit zwischen 1912 und den achtziger Jahren. Die keineswegs chronologisch und kohärent berichtete Fabel wird zusammengehalten – und erzählt – von determinierten Charakteren. Dabei spannt sich der Bogen von der Prostituierten June Kashpaw über den nicht in die neue Zeit integrierbaren Vertreter des Hergebrachten, Eli, die 1932 in der Depression aufwachsenden Waisenkinder Mary und Karl Adare bis hin zu dem die Jahre 1912 bis 1924 abdeckenden Erzähler Nanopush und der das Heraufziehende, Neue repräsentierenden Pauline. Im Zentrum von *Tracks* steht die letzte, von Nanopush Gerettete, Überlebende einer von Tbc ausgelöschten Familie. Der letzte Band, *The Crown of Columbus*, den sie zusammen mit ihrem Mann schrieb, reflektiert diese Kooperation gleichsam biographisch und insofern stärker als Vorhergehendes, als Kolumbus hier einmal aus der Sicht einer Indianerin (Vivian Twostar) und zum anderen aus der des neuenglischen Dichters Roger Williams (!) beschrieben wird, womit nicht nur zwei verschiedene Welten Amerika ›wiederentdecken‹, sondern auch der Suche nach einem neuen Geschichtsbild im Rahmen einer von den *Native Americans* als unabdingbar angesehenen Re-Vision des Alten Genüge getan wird. Mit dem Roman *The Bingo Place* (1994) festigte Louise Erdrich ihren Ruf als sensible Erzählerin mit einem Gespür für die Nuance und die psychologische Wirkung des gezielten Einsatzes nichtlinearen Erzählens im Zusammenhang mit wechselnder Erzählperspektive.

Vieles spricht dafür, daß Momaday, Welch, Silko und Erdrich für die weitere Entwicklung der Prosa der *Native Americans* einen wichtigen, auch auf die Literatur der Weißen rückwirkenden Beitrag leisten. Wie sich diese an Legenden, Mythen und Imagination reiche Literatur heute sieht, zeigt der von Paula Gunn Allen herausgegebene Band *Spider Woman's Granddaughters* (1989) mit beeindruckenden Beispielen aus dem Bereich der Kurzprosa. In vielem steht die Prosa der *Native Americans* dem aus Lateinamerika herüberwirkenden *magic realism* näher als der Literatur des euroamerikanischen *mainstream*, ohne daß damit gesagt sein soll, daß die zeitgenössischen nordamerikanischen Prosaisten dieser Minderheit als Adepten der Lateinamerikaner anzusehen wären. Es ist zwar richtig, daß die eine Brücke zu dieser Literatur schlagenden *Chicanos* eine zum Teil enge Verbindung zu den *Native Americans* pflegen und ihnen in vielem sehr nahestehen, doch vieles weist darauf hin, daß die Art, wie die Indianer die Welt sehen und interpretieren, wie sie ihre Sagen und Mythen begreifen und fiktional umsetzen, Teil ihres ureigenen Erbes und weniger das Produkt lateinamerikanischen Einflusses ist.

Asian- und Pacific-Americans

Die Literatur der *Asian-* und *Pacific-Americans* in der zweiten Hälfte des 20. Jahrhunderts reflektiert wie die keiner anderen amerikanischen Minderheit die Wechselfälle amerikanischer Außen- und Einwanderungspolitik. Waren es vor dem Zweiten Weltkrieg zunächst die Einwanderer japanischer Abstammung, die sich relativ früh literarisch artikulieren konnten, so sorgten der Angriff auf Pearl Harbor und die folgende Internierung dieser Minderheit dafür, daß deren Stimmen fast völlig verstummten. Zur gleichen Zeit konnten sich Autoren chinesischer Abstammung nach Jahrzehnten ärgster rassistischer Repression nun als Verbündete im Kampf gegen Japan zunehmend wohlwollender Aufmerksamkeit erfreuen. Die in der Nachkriegszeit in Erscheinung tretenden Autorinnen und Autoren sind in der Regel in den USA geboren und durchliefen deren Bildungssysteme. Ihr bleibendes starkes Interesse an den Wurzeln ihrer Herkunft und ihre Suche nach einer neuen Identität unter den Bedingungen einer sich formierenden multikulturellen Gesellschaft kristallisieren sich unter anderem in den starken autobiographischen Akzenten dieser Prosa. Nach wie vor steht das Spannungsverhältnis zwischen den ›Heimat‹-Kulturen (oft der Eltern) und den Anforderungen, die die angloamerikanische Welt stellt, im Zentrum der Argumente. Zum ohnehin als schmerzhaft empfundenen Akkulturationsprozeß gesellt sich ein aus dem Zusammenstoß der Kulturen resultierender besonders tiefgreifender Generationenkonflikt immer dann, wenn diese Menschen vor die Entscheidung gestellt werden, welche überkommenen und bewahrten Werte sie um der Teilhabe am *American dream* willen aufgeben müßten.

Ein realistisches, sowohl psychologisch wie historisch überzeugend gezeichnetes Bild dieser Situation entwirft LOUIS CHU (1915–1970) in dem Roman *Eat a Bowl of*

Tea (1961), der jedoch erst in der Atmosphäre der Bürgerrechtsbewegungen bei seiner Neuauflage 1979 angemessene Beachtung fand. Diese nichts beschönigende Darstellung der Ghettosituation in der Männerwelt von New Yorks *Chinatown* zeigt die doppelte Belastung, der deren Bewohner in der neuen Heimat ausgesetzt sind. Es ist einerseits das Wissen um die Notwendigkeit, mit der selbstgewählten neuen Welt zurechtzukommen, andererseits die Konfrontation der jüngeren Generation – in Gestalt von Ben Loy und Mei Oi – mit dem Patriarchat und dem Weltbild der Väter. Dieses Thema beherrscht auch *The Crossings* (1968) von CHUANG HUA (*1937). Hier steht die durch die Akkulturation bedingte Auflösung der traditionellen Familienbande – des Inbegriffs des kulturellen Erbes – zur Diskussion. Der Sohn heiratet außerhalb der chinesischen Gemeinschaft, und die Tochter verläßt die Welt der Familie und führt darüber hinaus in Paris einen nicht mit dem überlieferten Kodex zu vereinbarenden Lebenswandel. Auf einer Reise nach China muß sie schließlich erkennen, wie stark sie entwurzelt ist.

Acht Jahre später betritt mit MAXINE (TING TING) HONG KINGSTON (*1940) eine Autorin die Bühne, die einen entscheidenden Beitrag zur internationalen Anerkennung der chinesisch-amerikanischen Literatur leistete. Auch sie stützt sich weitgehend auf Selbsterlebtes und vor allem auf das von ihrer Mutter an sie weitergegebene Wissen um die Wurzeln ihres kulturellen Erbes. Berühmt wurde sie mit dem Buch *The Woman Warrior: Memoirs of a Girlhood Among Ghosts* (1976). Es ist die aus Fakten, Mythen und Erinnerungen zusammengefügte Geschichte ihrer Familie und ihrer Entwicklung als junge Chinesin in den USA vornehmlich aus der Sicht ihrer Mutter, Brave Orchid. Ihr Vater hatte 1924 China verlassen, ihre Mutter nachgeholt und dann unter großen persönlichen Opfern die Grundlage für ein neues Leben in der Fremde gelegt, ohne dieser zuzugehören. Sie leben zwischen den »ghosts« der chinesischen Tradition und denen der modernen weißen Massengesellschaft. Die fünf Sektionen dieses Buches – insbesondere »No Name Woman« – schildern vor allem die Auswirkungen des Patriarchats und des Akkulturationsprozesses auf die Frauen der Familie, die in China eine besonders untergeordnete Stellung einnahmen. Dieses Buch sollte man zusammen mit *China Man* (1980) lesen. Auch dieser Band bietet eine Mischung von Legenden, Mythen und Historischem. Es ist die Geschichte der Männer dieser Familie – insbesondere des Vaters –, der eine angesehene Position in China aufgegeben hatte, um unter entwürdigenden Bedingungen und um fast jeden Preis in den USA einen Neubeginn zu wagen. Beide Bücher reflektieren kaleidoskopartig das etwa zwischen 1860 und dem Vietnamkrieg über Generationen abrollende Einwandererschicksal von Chinesen; sie weisen auch in ihrer Komposition und Erzählweise das Flair des noch in vieler Hinsicht bewahrten chinesischen Erbes auf. Neben diesen

Büchern und *Hawaii One Summer* (1980) und *Through the Black Curtain* (1988) ist vor allem *Tripmaster Monkey* (1989) zu erwähnen, die Geschichte des jungen Wittman Ah Sing aus der kalifornischen *Beat*-Welt der sechziger Jahre, in Beziehung gesetzt zu einer chinesischen Quelle des 16. Jahrhunderts. Sie wird in einem an García Márquez erinnernden magischen Realismus und nicht frei von sarkastischem, schwarzem Humor vorgetragen. Die Bedeutung von Maxine Hong Kingston für die zeitgenössische amerikanische Literatur – nicht nur für die ihrer Minderheit – besteht nicht zuletzt in ihrer sprachlichen und kompositorischen Reife, dem Vermögen, aus der Komposition der intimen Familienszene Bilder zu entwerfen, aus denen sich die sozialen, kulturellen und politischen Probleme der *Chinese Americans* ihrer Generation ablesen lassen.

In welchem Maß der Emanzipationsprozeß dieser Minderheit eng verbunden ist mit dem ihrer weiblichen Mitglieder, belegt das Werk der zweiten, derzeit sehr anerkannten, in Oakland geborenen AMY (RUTH) TAN (*1952). Sie gilt neben M. H. Kingston als die bedeutendste Autorin der *Chinese Americans*. Bekannt wurde sie mit dem Roman *The Joy Luck Club* (1989), der in den achtziger Jahren spielenden Geschichte um die junge June, die nach dem Tod ihrer Mutter als deren ›Ersatz‹ in den 1949 in San Francisco gegründeten Joy Luck Club eintreten soll. Die Freundinnen ihrer Mutter wollen sie so in die Lage versetzen, das von ihnen bisher weitergetragene kulturelle Erbe später weiterzugeben. Deshalb wird June nach China geschickt, wo sie erkennt, wie ›chinesisch‹ sie wirklich ist. Amy Tan bemerkte – und diese Erkenntnis floß auch in ihre folgenden Bücher ein –, daß sie bei dem Versuch, sich vom Alten zu distanzieren, feststellen mußte, »how very Chinese I was«. Das Thema der Anpassung ist bei ihr aufs engste verbunden mit dem Mutter-Tochter-Verhältnis in der kulturellen Genealogie. Das gilt ebenso für *The Kitchen God's Wife* (1991). Hier tut sich die bereits 1949 in die USA eingewanderte Mother Winnie noch immer schwer, mit den Freiheiten des amerikanischen Lebens zurechtzukommen, während ihre Tochter Pearl kein Verständnis mehr für die Einschränkungen hat, die ihr die familiären Traditionen abfordern. Einen gewissen neuen Akzent setzt sie in dem Roman *The Hundred Secret Senses* (1995). Er behandelt die Konfrontation der in den USA geborenen Olivia Laguni mit ihrer aus China nachgeholten älteren Halbschwester Kwan Li und beider Rückkehr zu den Wurzeln ihrer Familie, in das Dorf Changmain der Gegenwart und das des Jahres 1864. Auch hier spielen die »ghosts«, die Sagen und Mythen eine zentrale Rolle in Fabeln, die dem magischen Realismus ebenfalls nicht fernstehen. Wie sehr Amy Tan daran gelegen ist, das kulturelle Erbe ihrer Gemeinschaft zu wahren und weiterzugeben, belegen ferner ihre Kinderbücher *The Moon Lady* (1992) und *The Chinese Siamese Cat* (1994).

Weitere in den neunziger Jahren erschienene Romane setzen die Akzente zum Teil anders. Das gilt zunächst für den aus San Francisco stammenden GUS LEE (*1946) und dessen *China Boy* (1991), einen autobiographisch gefärbten Roman über die Entwicklung des Knaben Kai Ting im Kalifornien der fünfziger Jahre, dessen Eltern 1940 aus China gekommen waren. Nach dem Tod seiner Mutter will die aus einer *Pennsylvania-Dutch*-Familie stammende Stiefmutter Edna die chinesischen Einflüsse tilgen, doch Kai Ting sucht seinen eigenen Platz im amerikanischen Leben, was auf eine Emanzipation sowohl von der Stiefmutter als auch dem chinesischen Erbe hinausläuft, so daß wir es hier mit einer pubertär, politisch und ethnisch bestimmten Initiationsgeschichte zu tun haben, einer besonderen Version der Verwirklichung des *American dream*. Mit dem Roman *Honour and Duty* (1993) konnte er seine Stellung als einer der beachteten Autoren seiner Minderheit festigen.

Ein ähnliches Weltbild finden wir bei der in New York geborenen LILLIAN JEN (GISH JEN) (*1956?), deren Eltern während des Krieges aus Shanghai in die USA gekommen waren und die ihre Ausbildung in Harvard genießen konnte. Im Zentrum ihres Romans *Typical American* (1991) sucht der Vater Ralph Chang, der in den fünfziger Jahren als Austauschstudent aus Shanghai angesichts der kommunistischen Machtübernahme in China in den USA blieb, ein typischer Mensch »In the American Society« – so der Titel einer ihrer *short stories* – zu werden, um am *American dream* teilzuhaben. Diese mit Ironie angereicherte Fabel entwirft ein plastisches Bild der Auseinandersetzungen einer neuen Generation mit den Problemen, die ihr die Immigration der Eltern aufbürdet. Diesem Thema sind auch ihre *short stories* gewidmet. Eine ähnliche Thematik behandelt die beachtenswerte Kurzprosa des in New York geborenen DAVID WONG LOUI (*1954). Sein Band *Pangs of Love, and Other Stories* (1991) mit so einprägsamen Erzählungen wie »Bottle of Beaujolais«, »The Movers« oder »Displacement« zählt zum Besten, was die Kurzprosa der *Chinese Americans* hervorgebracht hat.

Von ähnlicher Qualität sind die seit den siebziger Jahren erscheinenden Bücher japanisch-amerikanischer Autorinnen und Autoren. Die hier zum Teil anzutreffende Bitterkeit ist das Ergebnis ihrer Internierung in Lagern während des Krieges, die zuweilen traumatische Züge hinterlassen hat. Das gilt etwa für den Roman *Farewell to Manzanar* (1973) – Manzanar war eines dieser Lager – von JEANNE W. (*1934) und JAMES D. HOUSTON (*1933). Eindringlicher als zuvor wird nach den mit der dominanten Gesellschaft gemachten Erfahrungen die Frage nach der ethnischen Identität und der möglichen – und zunehmend als nötig empfundenen – selbstbewußten Annäherung an die nach wie vor ›feindliche‹ Welt gestellt, wofür DANIEL OKIMOTOs (*1942) *American in Disguise* (1971) ein gutes Beispiel ist. Dabei erweist sich die zweite Generation *(nisei)* als zum Teil relativ selbstbewußt. Auch in dieser *community* geht es nicht zuletzt um die Emanzipation der Frau als ein wesentliches zusätzliches Element im ethnischen Emanzipationsprozeß. Dieser Ansatz beherrscht sehr stark die Kurzprosa der in Kalifornien geborenen und im Krieg drei Jahre in einem Lager internierten Journalistin HISAYE YAMAMOTO (*1921). Seit Ende der vierziger Jahre gestaltet sie in ihren *short stories* Frauen japanisch-amerikanischer Herkunft in einer fremden und darüber hinaus von Männern beherrschten Kultur. Ihre mit leichter Ironie und zurückgenommenem Humor erzählten Fabeln wie etwa »The High-Healed Shoes« (1948), »Yoneko's Earthquake« (1951) oder »Epithalamium« (1960) sind frühe Beispiele ihrer Kurzprosa; eine vollständigere Sammlung bietet der Band *Seventeen Syllables and Other Stories* (1988).

In jüngster Zeit spricht aus den Romanen und Erzählungen dieser Minderheit die Hoffnung, es gebe eine Chance für eine würdige, sich vom amerikanischen *mainstream* unterscheidende und von ihr akzeptierte Identität. Diese Hoffnung findet ihren Ausdruck in Kinder- und Jugendbüchern, etwa denen von JEAN DAVIES OKIMOTO (*1942), und in die Unsicherheit durchaus noch reflektierenden Familienromanen, etwa *The Floating World* (1989) von CYNTHIA KADOHATA (*1956).

In welchem Maß sich das Trauma der rassistischen Politik der Anglo-Amerikaner gegenüber ihren aus Japan abstammenden Mitbürgern in der Kriegs- und unmittelbaren Nachkriegszeit auch in der Literatur lange danach Geborener niederschlägt, belegt der einfühlsame Roman *Snow Falling on Cedars* (1994) von DAVID GUTARSON (*1965). Im Zentrum der 1954 auf der Insel San Piedro spielenden Handlung steht das schwierige Verhältnis von ›Amerikanern‹ und ›Japanern‹, dargestellt an den zwischenmenschlichen Beziehungen im Alltagsleben des Mikrokosmos dieser Insel.

Das von den beiden großen *communities* der *Asian-Americans* entworfene Bild wird ergänzt durch Romane und Erzählungen von Autorinnen aus Südostasien. Dafür steht die von den Philippinen eingewanderte JESSICA TARAHATA HAGEDORN (*1949), die mit ihrer Lyrik und Kurzprosa (*For Young Women: Poems*, 1973; *Dangerous Music*, 1973; *Pet Food and Tropical Apparitions*, 1981) insbesondere Vertreter der ›Gegenkultur‹ auf sich aufmerksam machte, ehe sie mit dem Roman *Dogeaters* (1989) bekannt wurde. Es ist ein Roman über den Kontrast von der Armut einfacher Menschen und dem Reichtum der Familie des Diktators in ihrer Heimat, ein Buch, das mehr über die Befindlichkeit seiner zurückblickenden Autorin als über deren Zustandsbestimmung in der neuen Heimat aussagt. John Updike nennt dieses Buch düster, »set down with poetic brightness and grisly comedy«.

Anders verhält es sich bei der 1961 aus Indien in die USA eingewanderten Englischprofessorin BHARATI MUKHERJEE (*1940), die sich – ähnlich wie die Autorinnen der *Chinese* und *Japanese-Americans* – mit dem Kulturschock auseinandersetzt, dem auch ihre Protagonistinnen ausgeliefert werden. So behandelt ihr Roman *The Tiger's Daughter* (1972) die ›Verwestlichung‹ der in den USA aufwachsenden jungen Frau Tara, die bei der Rückkehr in ihre alte Heimat angesichts der dortigen Armut und elementaren Not des vorher gehüteten nostalgischen Mythos einer heilen Heimat-Welt verlustig geht. Noch tragischer gestaltet sich das Leben der jungen Inderin Dimple in *Wife* (1975), die die von ihr erwartete passive Rolle einer Bengali-Frau im hektischen New Yorker Umfeld nicht mehr akzeptieren kann und unter dem Druck der fremden Verhältnisse und der ihr ständig entgegengebrachten Vorurteile ihren Mann umbringt. Zu weiteren Romanen, *Darkness* (1985) und *The Holder of the World* (1993), und den Erzählungen *The Middleman and Other Stories* (1988), in denen sie viele persönliche Erfahrungen verarbeitet, gesellen sich interessante Studien zu politischen und kulturellen Themen ihrer Heimat Indien.

Drama

Mainstream – Anglo-Americans

Am Ende des Zweiten Weltkriegs stand das amerikanische Drama fast völlig im Schatten von Dramatikern der Zwischenkriegszeit wie etwa Eugene O'Neill, S. N. Behrman, Elmer Rice, Maxwell Anderson, Philip Barry, Thornton Wilder, Lillian Hellman oder William Saroyan. Die Stücke dieser Autoren beherrschten in einem Maß den Broadway und damit die ›seriöse‹ Bühne der USA, daß von einem Wandel im Bereich dieser Gattung zunächst kaum die Rede sein konnte. Symptomatisch für diese Situation ist unter anderem die Publikations-, Aufführungs- und Rezeptionsgeschichte mancher bedeutender Stücke und/oder Spätwerke der oben genannten Autoren und vieler Adepten. Gute Beispiele dafür bietet das Werk O'Neills. So erzielte *The Iceman Cometh* 1946 zunächst nur einen Achtungserfolg, um 1956 zu seiner heutigen Bedeutung aufzusteigen; *Long Day's Journey Into Night*, entstanden 1940, erschien 1956; *Moon for the Misbegotten*, 1943 geschrieben, kam 1947 auf die Bühne. Dazu gesellten sich Ende der fünfziger und zu Beginn der sechziger Jahre weitere in den Dreißigern entstandene Bühnenwerke posthum wie *A Touch of the Poet* (1958), *Hughie* (1964) und *More Stately Mansions* (1964). Ähnlich verhält es sich bei Wilder, dessen bereits 1938 entstandenes Stück *The Merchant of Yonkers* erst in dieser Phase, nämlich 1954, als *The Matchmaker* zum großen Erfolg wurde.

Parallel dazu, von der ›seriösen‹ Literaturkritik aber nicht angemessen wahrgenommen und behandelt, feierten auf der Bühne der *affluent* und auf Konsens ausgerichteten *society* Stücke und Darbietungsformen große Erfolge, die den Optimismus und die Harmoniebedürftigkeit der *middle class* reflektierten und die ebenfalls zum größten Teil in der kommerziellen Welt des Broadway an die Öffentlichkeit traten. Dabei handelte es sich zunächst um die sich aus Elementen von Revue und Show zusammenfügende *musical comedy*, ein typisch amerikanisches Genre, das sich seit dem 19. Jahrhundert großer Beliebtheit erfreute und nach dem Ende des Zweiten Weltkriegs seinen Siegeszug um die Welt antrat. Viele dieser Stücke waren, wie das von OSCAR HAMMERSTEIN II. (1895–1960) erarbeitete und von JEROME KERN (1885–1945) vertonte Libretto von E. Ferbers *Show Boat* (1927) oder DuBose Heywards und Gershwins *Porgy and Bess* (1927), ›Adaptionen‹ literarischer Texte. Hammerstein hat mit dem Komponisten RICHARD RODGERS (1902–1979) in den vierziger und fünfziger Jahren mit *Carousel* (1945, nach Molnárs *Liliom*), *South Pacific* (1949, nach Micheners *Tales of the South Pacific*), *The King and I* (1951, nach Landons *Anna and the King of Siam*), *The Sound of Music* (1959, ein österreichisches Emigrantenschicksal) und insbesondere mit *Oklahoma!* (1943, nach Green Riggs' *Green Grow the Lilacs*) nachhaltigen Einfluß auf den Erfolg dieses Genres ausgeübt.

Zu den wichtigsten Stücken dieser Art zählen des weiteren COLE PORTERs (1891–1964) *High Society* (1956, nach Barrys *The Philadelphia Story*), JERRY HERMANs (*1932) *Hello, Dolly!* (1964, nach Wilders *The Matchmaker*), JOHN KANDERs (*1927) *Cabaret* (1966, nach Isherwoods *Goodbye to Berlin*), ANDREW LLOYD WEBBERs (*1948) *CATS* (1981, nach T. S. Eliots *Old Possum's Book of Practical Cats*) oder das »American Tribal Love-Rock Musical« *Hair* (1967) von JAMES RADO und GEROME RAGNI in der Musik von Galt MacDermot. *Hair* setzte insofern neue Akzente, da es als *concept musical* keinen traditionellen *plot* mehr bietet, sondern einen Einblick in die Welt der von der ›Gegenkultur‹ beherrschten Jugendszene in der Zeit des Vietnam-Protests und der Bürgerrechtsbewegungen des East Village gewährt. Das Stück wurde zum Prototyp des *Rock Musical* und in der Behandlung der Themen Sex, Drogen oder Freizügigkeit zu einem Höhepunkt des Protests auf dem Feld dieses Genres. Die enge Verbindung des *Musicals* zur Literatur spiegelt sich jedoch nicht nur in Adaptionen von Romanen, Erzählungen oder Schauspielen, sondern auch in der unmittelbaren Mitwirkung von Autoren als Librettisten, zum Beispiel Gertrude Stein, W. H. Auden, Maxwell Anderson, Truman Capote und vielen anderen.

Eine zweite Säule der amerikanischen Nachkriegsbühne bildeten unterhaltsame Komödien. Typische Beispiele für diesen Zeitgeist stammen aus der Feder von MARY (ELLEN) COYLE CHASE (1907–1981). Ihr erstes Stück *Me Third* (1936) war für das *Federal Theatre Project* in Denver geschrieben und nicht viel erfolgreicher als ihr letztes, *Cocktails with Mimi* (1974). Bezeichnend für die Stimmung des Theaterpublikums in den fünfziger Jahren aber war der große Broadway-Erfolg ihres Stückes *Harvey* (1944), der Geschichte des gutmütigen, aber verrückten Trunkenbolds Elwood P. Dowd und dessen Beziehung zu einem fast zwei Meter großen, unsichtbaren Kaninchen namens Harvey. Ähnlich populär waren die Stücke des 1929 in die USA eingewanderten Autors niederländisch-englischer Herkunft JOHN VAN DRUTEN (1901–1957). Er hatte seine Karriere in London begonnen und sich in den vierziger Jahren am Broadway einen Namen mit geistreichen Komödien gemacht, in denen er sich insbesondere dem Leben der *middle class* widmete, etwa in *The Voice of the Turtle* (1943), einem romantischen Drei-Charaktere-Stück auf dem Hintergrund der Kriegszeit. Seinen Ruf festigte er mit *I Remember Mama* (1944), *Bell, Book and Candle* (1950), einer Hexenkomödie, und *I Am a Camera* (1951), der Adaption von Isherwoods *Goodbye to Berlin* (1930), die ihrerseits zum Entstehen des Musicals *Cabaret* beitrug und damit ein gutes Beispiel für das Zusammenspiel von Literatur, Sprechtheater, Musiktheater – und hier muß man noch Film und Fernsehen hinzufügen – bietet.

Viele dieser Stücke sind heute mit ihren Autoren vergessen, etwa die gegen Ende des Krieges und danach auf die Bühne kommenden *war plays The Wind is Ninety* von Ralph Nelson, *Command Decision* von W. W. Haines oder die Adaptionen, die Autoren von Kriegsromanen zum Teil selbst vornahmen. Das gilt zum Beispiel für die Liebesgeschichte eines amerikanischen Soldaten und einer italienischen Frau in *The Girl on Via Flaminia* (1949) des in England geborenen Romanciers (*All Thy Conquests*, 1946; *The Temptation of Don Volpi*, 1960) ALFRED HAYES (1911–1985) oder *A Bell for Adano* von John Hersey, der seinen gleichnamigen Roman zusammen mit PAUL OSBORN (1901–1988), einem Meister der Dramatisierung von Romanen und bekannten Autor von Gesellschaftskomödien, für die Bühne bearbeitete. Daß auch der Kalte Krieg nicht spurlos an der Bühne vorbeiging, belegt die von SIDNEY KINGSLEY (1906–1995) vorgenommene Dramatisierung *Darkness at Noon* (1951) des weltbekannten antistalinistischen Anklageromans von Arthur Koestler aus dem Jahr 1941.

Eine bedeutende Rolle spielte in dieser Übergangszeit das Werk der aus New Orleans stammenden Hochschullehrerin LILLIAN HELLMAN (1905–1984), deren sozialkritische Problemstücke und Charakterstudien zu einem guten Teil den Geist der *red decade* bis hinein in die sechziger Jahre bewahren und ein Gegengewicht zu den doch leichteren Komödien der Nachkriegszeit bilden. Die von Tschechow beeindruckte, mit Eisenstein und T. Williams befreundete Lebensgefährtin D. Hammetts wurde nach dem Erfolg ihres ersten Stückes, *The Children's Hour* (1934), als »second Ibsen« und »the American Strindberg« gefeiert. Nach diesem einen schottischen Kriminalfall des 19. Jahrhunderts thematisierenden Stück, in dem die falsche Verdächtigung einer

Schülerin Leben und Lebenswerk zweier ein Internat leitenden tüchtigen Lehrerinnen zerstört, folgte mit *The Little Foxes* (1939) eine scharfe Attacke auf das skrupellose Geschäftsgebaren und die kriminelle Energie der Hubbard-Familie in einer südlichen Kleinstadt. *Watch on the Rhine* (1941) lenkt die Aufmerksamkeit der Amerikaner auf die von den Nazis ausgehende Gefahr. In den Nachkriegsstücken *The Autumn Garden* (1951), wo das inhaltslose und unglückliche Leben einer geistig entleerten Mittel- und Oberschicht am Beispiel eines Malerehepaares dargestellt wird, und *Toys in the Attic* (1960), womit sie zum Thema südlicher Dekadenz zurückkehrt, bewahrte sie ihr unverkennbares Profil. Zu ihren späten Erfolgen zählt die von Leonard Bernstein vertonte Adaption von Voltaires *Candide* (1957). 1952 wurde sie vor das *Un-American Activities Commitee* zitiert, kam auf die Schwarze Liste Hollywoods, hörte 1963 auf, Stücke zu schreiben, um in ihren von der kritischen Öffentlichkeit sehr kontrovers diskutierten vier Memoirenbänden *An Unfinished Woman* (1969), *Pentimento* (1973), *Scoundrel Time* (1976) und *Maybe* (1980) und anderen interessante Einblicke in die Atmosphäre der McCarthy-Ära aus der Sicht des Opfers zu geben.

Der Beginn einer neuen Ära des amerikanischen Dramas nach dem Zweiten Weltkrieg ist zweifellos mit dem Namen des in Mississippi geborenen Gestalters unerfüllter Charaktere TENNESSEE (Thomas Lanier) WILLIAMS (1914–1983) verbunden, der zu den bedeutendsten Dramatikern des 20. Jahrhunderts zu zählen ist.

Im Hause seines Großvaters, eines anglikanischen Geistlichen, aufgewachsen, siedelte er mit den Eltern nach St. Louis über und studierte hier und an der *University of Iowa*. Die Berührung mit Schauspielergruppen, insbesondere mit den »Mummers« in St. Louis, weckte sein Interesse an der Dramatik. Ende der dreißiger Jahre begann er Stücke zu schreiben. *27 Wagons Full of Cotton and Other Plays* (1946) enthält frühe Einakter. Nach der mißglückten Bostoner Premiere von *Battle of Angels* (1940, 1957 rev. als *Orpheus Descending*) dauerte es bis 1944, bis er mit *The Glass Menagerie* und drei Jahre später mit *Streetcar Named Desire* (1947) den Durchbruch erzielte. Es folgten *Summer and Smoke* (1948), *The Rose Tattoo* (1950), das Stück auf den Tod D. H. Lawrence', *I Rise in Flame, Cried the Phoenix* (1951), das Traumspiel *Camino Real* (1953), *Cat on a Hot Tin Roof* (1955), *Sweet Bird of Youth* (1959) und *The Night of Iguana* (1962). Seine späteren Werke, darunter *The Milktrain doesn't Stop Here Anymore* (1964), *In the Bar of a Tokyo Hotel* (1969), *Slapstick Tragedy* (1965), *Vieux Carré* (1979), *A Lovely Sunday for Creve Coeur* (1980) oder *Clothes for a Summer Hotel* (1980) u. a., haben nicht die Bedeutung der früheren Stücke. Seine Romane *The Roman Spring of Mrs. Stone* (1950) und *Moise and the World of Reason* (1975) sowie die *short stories One Arm*

> (1948/51), *Hardy Candy* (1954), *Eight Mortal Ladies Possessed* (1974) und *It Happened the Day the Sun Rose* (1982) sowie seine Gedichte *In the Winter of the Cities* (1956) und *Androgyne, Mon Amour* (1977) treten hinter das dramatische Werk zurück. In seinen späteren Jahren litt er unter den Folgen von Alkohol- und Drogenmißbrauch. Mit seinen *Memoirs* (1975) schenkte er der Nachwelt freimütige Schilderungen seines in jeder Beziehung bemerkenswerten Lebens.

Williams folgte O'Neill insofern, als er seine ebenfalls frustrierten Gestalten und eine bedrückende Atmosphäre in dramatischen Bildern präsentiert. Auch seine Tragödien enden nicht so sehr in der physischen Katastrophe, sondern zeichnen den seelischen Niedergang von Menschen, die am Zusammenbruch ihrer Traumwelt leiden oder zugrunde gehen. Im Zentrum vieler Stücke stehen sexuell unbefriedigte Frauen, deren Nymphomanie und anderes Fehlverhalten offen auf der Bühne analysiert werden. In diesen Dramen erweist sich Williams als ein Autor vom Schlag D. H. Lawrence'.

Sein erster Bühnenerfolg, *The Glass Menagerie*, eines der stärksten Stücke des amerikanischen Nachkriegsdramas, erinnert mit seinem Ansager an die Technik Wilders und ist ein Beitrag Williams' zur *Southern Renaissance*.

> Es behandelt in epischer Breite die körperlich bedingte geistige Isolation der im Reich ihrer Glastiere lebenden, körperbehinderten Laura Wingfield. Auf Betreiben ihrer Mutter bringt ihr Bruder Tom Lauras heimliche Schulliebe, Jim, ins Haus. Als Laura – zu neuer Liebe animiert – erkennt, daß Jim verlobt ist, zieht sie sich noch tiefer in das Reich ihrer Träume zurück. Der nun von der Mutter gescholtene Tom verläßt das Haus und folgt damit dem Vorbild des Vaters.

Auf diese subtile Charakteranalyse folgt mit *A Streetcar Named Desire* eine desillusionierende Studie des moralischen Abstiegs einer Frau.

> Die in der Ehe mit einem im Selbstmord geendeten Homosexuellen um sexuelle Erfüllung gebrachte Pflanzerstochter Blanche DuBois besucht ihre in einem heruntergekommenen Wohnviertel von New Orleans lebende Schwester Stella, die mit dem Arbeiter polnischer Abstammung, Stanley Kowalski, verheiratet ist. Blanche verachtet den »Plebs« und giert gleichzeitig nach ihrem primitiven Schwager. Als Stella ein Kind zur Welt bringt, kommt es zu intimen Beziehungen zwischen Blanche und Stanley. Blanche berichtet ihrer Schwester davon und wird von Stella ins Irrenhaus gebracht.

Während hier die triebhaften Züge der Charaktere und die Mißachtung von Tabus offengelegt werden, zeichnen sich die folgenden Stücke durch gleichsam im Sande verlaufende Tragödien aus. In *Summer and Smoke* gibt sich eine Pfarrerstochter, dem Zufall folgend, in einer Art Torschlußpanik hin, ohne Erfüllung zu finden, und in *The Rose Tattoo* läßt sich die am Golf lebende junge italienische Witwe auf der Suche nach einem neuen Mann durch die erwiesene Untreue des Verstorbenen nicht aus der Fassung bringen. Serafina delle Rose ist die am wenigsten psychopathische Frauengestalt Williams'. Nach dem in sechzehn »Blöcken« gegliederten symbolischen Traumspiel *Camino Real* kehrt Williams mit *Cat on a Hot Tin Roof* zum Thema sexueller Triebhaftigkeit zurück und zeichnet in Maggie eine Frau, in der sich körperliche Begierde mit Besitzstreben verbindet. Noch bedrückender ist die Atmosphäre in *Sweet Bird of Youth*; hier hält ein alternder Filmstar einen jungen Mann aus, der vom Vater des Mädchens, das er zugrunde gerichtet hat, mit Kastration bedroht wird. Eine ähnlich ausweglose Figurenkonstellation bietet *The Night of Iguana*, da der wegen des Mißbrauchs einer Sonntagsschülerin unehrenhaft entlassene Priester Shannon, der nun als Fremdenführer seinen Lebensunterhalt verdient, zwischen die sensible Malerin Hannah und die triebhafte Hotelwirtin Maxine gerät und letzterer gleichsam zum Opfer fällt.

Die Dramen Williams' sind Beispiele eines extremen psychologischen und psychoanalytischen Realismus, in denen naturalistische Elemente und eine nicht selten starke Symbolik mit Gedanken Strindbergs in subtiler Härte verwoben werden. Seine Charaktere stehen ›vereinzelt‹ einem absolut indifferenten Universum gegenüber, physisch und psychisch in einer Weise bedrängt, daß sie zwangsläufig zu Opfern oder Tätern, oft sogar zu beidem in einer Person werden. Im Grunde steht er in der Tradition des amerikanischen Realismus. Indem es ihm aber gelingt, die Grenzen desselben zu überschreiten und in Traumwelten vorzustoßen, die wie Kapseln in der realen Welt schweben, hat er dem amerikanischen Drama der zweiten Hälfte des 20. Jahrhunderts wesentliche Impulse verliehen.

Das gilt auf andere Weise auch für das Werk des aus New York stammenden Sozialkritikers ARTHUR MILLER (*1915), dessen Stücke insofern von den Nachwirkungen Ibsens auf die amerikanische Bühne künden, als in ihnen die Lebenslüge das zentrale Thema bildet.

Miller stammte aus einer von der Depression hart getroffenen New Yorker Unternehmerfamilie, studierte an der *University of Michigan*, arbeitete als Journalist, mußte mit dem Stück *The Man Who Had All the Luck* (1944) am Broadway einen Mißerfolg hinnehmen und erzielte mit dem Roman *Focus* (1945), einer ironisch gehaltenen Attacke gegen Rassenvorurteile, einen Achtungserfolg. Mit den

Stücken *All My Sons* (1947) und *Death of a Salesman* (1949) avancierte er zu einem der angesehensten Dramatiker der Nachkriegsgeneration. Als Reaktion auf die ›Hexenjagd‹ der McCarthy-Ära entstanden 1953 *The Crucible* und zwei Jahre später *A View from the Bridge*, eine in Brooklyn angesiedelte klassische Tragödie, in der Eddie Carbone aus Liebe zu seiner Nichte Catherine ins Verderben gleitet. 1957 erschienen die *Collected Plays*. Darauf zog er sich vom Broadway zurück, um mit *After the Fall* (1964) und *Incident at Vichy* (1965) Fallstudien zum Thema der Verantwortung des Individuums vorzulegen. Dieses Thema erfuhr in Stücken wie *The Price* (1968) und *The Creation of the World and Other Business* (1972) seine ans Mystische grenzende Vertiefung. Zu den wichtigsten Stücken seines Spätwerks zählen *The American Clock* (1980), *I Can't Remember Anything* und *Clara* (beide 1986). In dieser Phase erschienen auch *The Theatre Essays of A. M.* (1978), *Salesman in Bejing* (1984, mit Überlegungen zur Regie) und seine Autobiographie *Timebends. A Life* (1987).

Im Zentrum fast aller Stücke Millers steht der Durchschnittsbürger mit seinen Nöten, aber auch Träumen, die nur zu häufig unter der Last der Realitäten zerbrechen, womit die Charaktere zu Opfern ihrer Träume werden. Unter den gegebenen Bedingungen hat das Individuum kaum eine Option. Es ist ziemlich gleichgültig, ob es sich den Herausforderungen mutig stellt oder sich konformistisch anzupassen sucht, am Ende wird es auf der Strecke bleiben. Die Frage ist nur, ob es dabei seine Integrität bewahrt. Dabei begegnet man einem zuweilen an Hemingway erinnernden Existentialismus, wenn etwa John Proctor in *The Crucible* sagt, »a man will not cast away his good name«, und den Tod des ›klassischen‹ Helden anderen Lösungen vorzieht. Und so verkünden seine Stücke und komplexen Charaktere eine didaktisch konzipierte Moral, die aus einer sozialkritischen Weltsicht resultiert. Dieser Aspekt seines Œuvres ist ganz offensichtlich das Ergebnis der von ihm während der Depression und des Krieges durchlittenen Erfahrungen. Wie schwierig es für seine Protagonisten sein kann, in dieser Welt einen ›sicheren‹ Standort zu finden, bringt er im Spätwerk zum Ausdruck, wenn in *The Creation of the World* Kain sowohl Gott als auch den Teufel zurückweist.

In welchem Maß Miller zunächst in der Sozialkritik wurzelte, demonstrierte er in *The Man Who Had All the Luck*, einem Stück aus dem Arbeitermilieu, und in dem Roman *Focus*. Ein soziales (antikapitalistisches) Gewissen hat Miller auch die Feder bei seinem ersten großen Erfolg, *All My Sons*, geführt.

Das Stück spielt kurz nach Kriegsende. Im Zentrum steht der *selfmademan* Joe Keller, der gemeinsam mit seinem kriminellen Partner mit der Lieferung minderwertiger Ersatzteile an die Luftwaffe ein Vermögen verdient hat. Sein Sohn Larry, ein Pilot, ist von einem Feindflug nicht zurückgekehrt, und nur die Mutter glaubt daran, daß er noch leben könnte. Aus einem Brief Larrys geht hervor, daß er von den Machenschaften seines Vaters gewußt und deshalb den Tod gesucht hat. Erst jetzt begreift Joe Keller, welche Schuld er auf sich geladen hat, und erkennt in den von ihm zu verantwortenden Toten »all my sons«. Er begeht Selbstmord, doch die Schwere seiner Verfehlung lastet auf seinem zweiten Sohn Chris, den die Mutter in ein normales Leben zurückzuführen sucht.

Auch das erfolgreichste Stück, *Death of a Salesman*, gilt der Entlarvung der Lebenslüge auf dem Hintergrund des *American dream*. Hier schildert Miller mit einer an Wilder gemahnenden Technik und an Ibsen erinnernden Konzeption den Versuch eines Handlungsreisenden, sich und seiner Familie die Wahrheit, daß er nicht mehr gebraucht wird, vorzuenthalten.

Das Stück behandelt die letzten beiden Tage im Leben des dreiundsechzigjährigen Willy Loman, der zeit seines Lebens dem *American dream* vertraut hat und nun erleben muß, daß er in dem Moment nicht mehr gebraucht wird, da er den an ihn gestellten Anforderungen nicht mehr entsprechen kann. Diese Thematik wird verknüpft mit dem Generationskonflikt. Der Verlust des positiven Vaterbildes aus der Sicht des Sohnes Bliff führt zu einer Verschärfung der Krise. Loman sucht seinen Ausweg im Selbstmord, aber selbst dieser steht im Zeichen einer von Geld regierten Welt. Mit einem vorgetäuschten Autounfall, einer letzten Lebenslüge, will Loman der Familie wenigstens seine Lebensversicherung retten. Das Stück ist die Tragödie vom Zerbrechen eines Traumes an den Realitäten des Lebens.

Nach diesen realistischen Charakterstudien von beachtlichem psychologischen Tiefgang, die zu den besten Analysen der amerikanischen Nachkriegsgesellschaft zu zählen sind, erfaßte auch Miller die Hysterie der McCarthy-Ära, auf die er mit *The Crucible* reagierte, wo er die Intoleranz seiner konservativen Zeitgenossen in der Verkleidung der Salemer Hexen-Verfolgungen von 1692 an den Pranger stellte. In den neun folgenden Jahren legte er kein Stück vor, wohl aber mit den *Collected Plays* des Jahres 1957 ein langes, analytisch gehaltenes Vorwort, das einen guten Einblick in seine Auffassungen von Drama und Theater in seiner Zeit gewährt.

Seine Rückkehr zum Broadway erfolgte 1964 mit dem weitgehend autobiographischen Stück *After the Fall* und dem kurzen *Incident at Vichy*, das eine Szene aus dem von Deutschen besetzten Frankreich des Jahres 1942 bietet. Mit diesen und folgenden Stücken, von denen das Drama um die von unterschiedlichen Weltbildern bestimmten Lebenswege zweier Brüder und deren Wiederbegegnung nach dem Tod der Eltern, *The Price*, noch einmal Millers Meisterschaft in der psychologischen Charakterstudie aufblitzen läßt, konnte er die Wirkung seiner beiden inzwischen weltberühmten frühen Dramen nicht wiederholen.

Ebenfalls sehr erfolgreich, wenn auch stets im Schatten von T. Williams und A. Miller stehend, erreichen Ende der vierziger und während der fünfziger Jahre eine Reihe von Dramatikern den Broadway, die durch ihre enge Verbindung zum Hörfunk, Film und später auch zum Fernsehen deutlich machen, in welche Art von Wettbewerbssituation die amerikanische Bühne angesichts der rasanten Entwicklung dieser neuen Medien geriet.

Der Bedeutendste unter diesen Autoren ist der aus Kansas stammende WILLIAM INGE (1913–1973), dessen Stücke *Come Back, Little Sheba* (1950), *Picnic* (1953) und *Bus Stop* (1955) unter einer realistischen Oberfläche mit eindrucksvollen psychoanalytisch ausgeloteten Charakteren aufwarten, die in einer symbolisch gestalteten Welt um ihre Position ringen. Der Erfolg dieser Stücke veranlaßte die Kritik zu der Annahme, Inge werde neben T. Williams und A. Miller zum dritten großen Dramatiker dieser Generation aufsteigen. Als sich diese Hoffnung nicht erfüllte und *The Dark at the Top of the Stairs* (1957), *A Loss of Roses* (1957) und andere nicht an die Erfolge des Frühwerkes anknüpfen konnten, wandte er sich von 1970 an dem Roman zu (*Good Luck, Miss Wyckoff*, 1970; *My Son Is a Splendid Driver*, 1971), konnte aber auch auf diesem Feld seinen frühen Ruhm nicht festigen und wählte den Freitod.

Einen ähnlichen Bekanntheitsgrad erlangte der aus New York stammende und in Harvard ausgebildete Dozent für *playwriting* ROBERT ANDERSON (*1917). Er debütierte bei Kriegsende mit dem aktuellen Stück *Come Marching Home* (1945) und erzielte mit *Tea and Sympathy* (1953), der in einer Jungenschule in Neuengland spielenden Initiationsgeschichte eines Knaben, einen solchen Erfolg, daß er im selben Jahr in die 1938 von M. Anderson, E. Rice und anderen gegründete *Playwrights' Company* aufgenommen wurde. Auch er konnte mit seinen folgenden Werken (*All Summer Long*, 1953; *Silent Night, Lonely Night*, 1959, u. a.) das Niveau seines zweiten Stückes nicht halten, blieb aber auf Grund seiner fast vierzig Adaptionen von Stücken und Romanen beinahe ein halbes Jahrhundert eine feste Größe der amerikanischen Theaterszene, in die seine Autobiographie *I Never Sang for My Father* (1968) gute Einblicke vermittelt. Kaum weniger populär war der aus New York stammende Theaterwissenschaftler und außerordentlich produktive Hörspiel- und Drehbuchautor ARTHUR LAURENTS (*1918), der 1945 ebenfalls mit einem ›Kriegsstück‹, *Home of the Brave*, einer Thematisierung des Antisemitismus in der US-Army, debütierte und mit *The Time of the Cuckoo* (1952), der Studie der in Desillusionierung endenden Beziehung zwischen einer Amerikanerin und einem italienischen Geschäftsmann, und *A Clearing in the Woods* (1952) mit feinsinnigen Charakteranalysen expressionistischer und psychoanalytischer Provenienz aufwartete. Seinen fortdauernden Bekanntheitsgrad verdankt er jedoch dem von ihm verfaßten Buch der Musical-Version von Shakespeares *Romeo and Juliet*, der *West Side Story*, die in der Vertonung von Leonard Bernstein am 27. September 1957 vom New Yorker *Winter Garden Theatre* ihren nicht enden wollenden Siegeszug um die Welt antrat. Damit und mit den Musicals *Gypsy* (1959) und *Hallelujah, Baby!* (1967) festigte er seinen Ruhm in diesem Bereich.

Die enger werdende und nicht zuletzt von der wirtschaftlichen Situation des Theaters bestimmte ›Kooperation‹ von Theater und Fernsehen machte sich seit dem Ende der fünfziger Jahre immer stärker bemerkbar. Zu den Adaptionen von Prosaliteratur kamen häufige Bühnenadaptionen von Fernsehspielen, wie etwa Shimon Wincelbergs *Kataki* (1959), PADDY CHAYEVSKYs (1923–1981) TV-Spiel *Marty* (1953), das über den Film (1955) schließlich als das Theaterstück *Middle of the Night* (1956) den Broadway erreichte, oder – um ein weiteres Beispiel dieses neuen Zusammenwirkens zu nennen – N. RICHARD NASHs (N. R. NUSBAUM, *1913) großer Erfolg *The Rainmaker* (1955), der ein erweitertes Fernseh-Manuskript ist. Zu dieser Gruppe von Autoren zählt auch der 1958/59 am Broadway erfolgreiche TV-Autor und intime Kenner der Welt des Broadway WILLIAM GIBSON (*1914; *Two for the Season*, 1958; *The Miracle Worker*, 1959), der diese Epoche wie folgt beschreibt: »The theatre in this country, in this decade, was primarily a place not in which to be serious, but in which to be likeable.«

Dieser Tendenz suchten bereits unmittelbar nach dem Krieg die *Off-Broadway*-Theatergruppen entgegenzuwirken, die sich – anders als der Broadway – zu Beginn als Non-profit-Unternehmen verstanden und auf kleinen Bühnen, etwa dem *Artist's Theatre*, dem *Phoenix Theatre*, dem *Circle in the Square* und anderen mehr, dem anspruchsvollen Welttheater (von Shakespeare über Tschechow bis Beckett, Frisch und Fo) und jungen avantgardistischen Amerikanern ein Forum boten. Noch war der Maßstab aller Erfolge der Broadway, doch schon bald trat der *Off-Broadway* aus dem Schatten und verlieh dem kommerziellen Theater durch seine Experimentierfreude neue Impulse, die sich in den sechziger Jahren in großer Breite auf der amerikanischen Bühne auszuwirken begannen.

Der führende Vertreter dieser Neuorientierung und neben T. Williams und A. Miller bedeutendste amerikanische Dramatiker der zweiten Hälfte des 20. Jahrhunderts ist der in Washington, D. C., geborene EDWARD ALBEE (*1928).

Er wurde als Kleinkind von dem bekannten Besitzer einer Vaudeville-Theaterkette, Reed Albee, adoptiert und stand so seit seiner frühesten Jugend in engster Verbindung zur Welt des Theaters. Nach einer wenig erfolgreichen Schul- und Studienzeit, während der er Stücke und Gedichte zu schreiben begann, siedelte er 1950 nach Manhattan, New York, über, schlug sich dort als Laufbursche und Verkäufer durchs Leben, blieb dabei aber der Literatur und dem Theater treu. Sein erstes aufgeführtes Stück, *The Zoo Story*, das er im Alter von dreizehn Jahren geschrieben haben will, hatte seine Uraufführung 1959 am Berliner Schiller-Theater und erlebte zwölf weitere deutsche Aufführungen, ehe es 1960 am *Provincetown Playhouse* in Greenwich Village die amerikanische Bühne erreichte. Mit diesem Stück und *The Sandbox* (1959) wurde er gleichsam über Nacht berühmt und festigte diesen Ruf mit *The Death of Bessie Smith* (1960), *The American Dream* (1961), *Who's Afraid of Virginia Woolf?* (1962), *Tiny Alice* (1965) und *A Delicate Balance* (1966). Es folgten Bühnen-Adaptionen von Prosa (z. B. McCullers *Ballad of the Sad Café*, 1963; J. Purdys *Malcolm*, 1965; Nabokovs *Lolita*, 1981) und kurze Stücke (*Box*; *Quotations from Chairman Mao-Tse Tung*, 1969; *Listening*, 1976; *Seascape*, 1975, und *Counting the Ways*, 1976). Das eher konventionelle Spätwerk – wie *The Lady from Dubuque* (1979) – steht im Schatten seines frühen Ruhms. Sein letztes am Broadway aufgeführtes Stück, *The Man Who Had Three Arms*, wurde 1983 von der Kritik zerrissen. *The Marriage Play* (1987) – es hatte 1992 eine von Albee selbst besorgte Premiere – und *Three Tall Women* (1991) fanden zunächst kein Forum in New York und erreichten die Bühne über das englische Theater in Wien.

Bereits in seinen ersten Einaktern profilierte sich Albee als ein leidenschaftlicher Kritiker der Heuchelei, des Konformismus und der seiner Meinung nach daraus resultierenden geistigen Sterilität der Nachkriegszeit. In *The Zoo Story* – nach dem Muster von Strindbergs *Die Stärkere* – wandte er sich gegen die Unterdrückung des Individuums durch die Konformisten; *The Death of Bessie Smith* kritisiert die Tyrannisierung der Schwarzen durch die Weißen; *The Sandbox* richtet sich gegen die Unterwerfung der arbeitsunfähigen Alten durch die Jugend, und in der Familienposse *The American Dream* – nach dem Vorbild von Ionescos *Die Kahle Sängerin* – verurteilt er die Knebelung des noch freien, unschuldigen Kindes durch konformistische Eltern.

Der erste Dreiakter, *Who's Afraid of Virginia Woolf?*, ist ein in seiner Härte an T. Williams erinnernder Geschlechterkampf zwischen dem sechsundvierzigjährigen College-Professor für Geschichte, George, und dessen zweiundfünfzigjähriger Frau Martha, der Tochter des College-Präsidenten, die ihren Mann als einen Versager empfindet und während einer Party vor dem jungen Biologen Nick und dessen Frau demütigt. Zusammengehalten wird die verpfuschte Ehe durch die Fiktion eines nicht vorhandenen Sohnes. Schließlich sieht George keinen anderen Ausweg, als diese Lebenslüge zu zerstören, womit die Ehepartner erkennen, daß sie nun, nach dem ›Verlust‹ des Sohnes, aufeinander angewiesen sind.

Mit diesem Stück hatte Albee am Broadway Fuß gefaßt. Er knüpfte darin an die Ehedramen Strindbergs und an Gedankengut Genets an und nutzte, wie O'Neill und T. Williams, die behandelten Konflikte, um den *American dream* in Frage zu stellen. Dabei ging es ihm nicht – der Mode der Epoche entsprechend – um tiefenpsychologisch angelegte Charakter- und Beziehungsstudien, sondern um Personen in psychologisch begründeten Situationen, die man als eine für die Zeit typische amerikanische Gesellschaftskritik ausschöpfen konnte.

Das gilt im Prinzip auch für den Dreiakter *A Delicate Balance*, in dem ebenfalls zwei im Wohlstand lebende Ehepaare – Agnes und Tobias sowie Edna und Henry – als Gefangene ihrer Komplexe zwischen Furcht und Freundschaft koexistieren und das delikate Gleichgewicht in dem Augenblick bedroht, ja zerstört wird, da der in der inneren Isolation lebende Tobias ein Bekenntnis zur Freundschaft ablegen soll. Aus dem Quartett des ersten Einakters ist hier ein Sextett geworden. Nicht nur Tobias, Edna und Henry erscheinen als Opfer des Alleinseins und innerer Leere, auch Agnes' Schwester Claire – sie ist dem Alkohol verfallen – und ihre Tochter Julia, die nach ihrer vierten verfehlten Ehe nach Hause zurückkehrt, sind an ihren von keinen materiellen Sorgen bedrohten Leben zerbrochen.

Obgleich manche seiner folgenden Stücke und Adaptionen auch international erfolgreich waren, wobei die Frage erlaubt ist, inwieweit sie von der hohen Qualität und der großen Wirkung der früheren Stücke profitierten, ist seit der – übrigens auch von der Kritik sehr kontrovers beurteilten – »metaphysical mystery« *Tiny Alice* die Akzeptanz der späteren Stücke zurückgegangen. Diese Tendenz wurde nicht einmal durch die Verleihung des Pulitzerpreises für *Seascape* im Jahr 1975 und *Three Tall Women* 1994 umgekehrt. Dessenungeachtet dürfte Albee seinen festen Platz unter den Großen des amerikanischen Theaters in der zweiten Hälfte des 20. Jahrhunderts behaupten. Sein Gespür für die Herausforderungen der Epoche und die souveräne Umsetzung der daraus resultierenden Themen in Dramatik und zwingende Dialoge zeichnen ein Werk aus, das den Geist seiner Zeit authentisch-überzeugend reflektiert. Albee erweist sich eigentlich immer als ein gewandter Meister sprachlicher Formkunst und feinfühliger Seelenanalytiker, ständig darum bemüht, der Bühne neue psychologische Dimensionen zu erschließen. In vielfacher Hinsicht ist das moderne amerikanische Theater seit seinem Auftreten nicht mehr das, was es vorher war.

Ende der fünfziger Jahre, als die Kooperation zwischen dem Broadway und *Off-Broadway*-Bühnen – wie auch Produktionen von Albee zeigen – enger geworden waren, traten Dramatiker ins Rampenlicht, die sowohl thematisch als auch ›technisch‹ nach neuen Ufern streben und zum Teil sogar Uraufführungen ihrer Stücke in Europa hatten. Das gilt für den Theaterwissenschaftsdozenten JACK GELBER (*1932), der dem alternativen *Living Theatre* (unter Judith Malina und Julian Beck) nahestand, wo auch sein erster großer Erfolg, *The Connection* (1960), 1959 uraufgeführt wurde. Mit diesem an Brechts, Pirandellos und Becketts Vorstellungen orientierten provokanten Stück aus der Drogenszene wartete Gelber thematisch wie ›technisch‹ – etwa mit der Einbeziehung von Jazz, Improvisation und der angestrebten Aufhebung der Grenze zwischen Bühne und Auditorium – mit Elementen des absurden Theaters auf, die in den sechziger Jahren von der *avant-garde* des *Off-Off-Broadway* aufgegriffen wurden. Das Stück gilt deshalb heute zu Recht als ein wichtiger Beitrag zur Wiederbelebung des amerikanischen Theaters in den fünfziger Jahren. Obwohl er diesen Erfolg und diese Bedeutung mit seinen späteren Stücken (*The Apple*, 1961; *Square in the Eye*, 1965; *The Cuban Thing*, 1969; *Sleep*, 1972; *Starters*, 1980; *Big Shot*, 1988) nicht wiederholen konnte, ist er einer der markantesten Dramatiker dieser Epoche geblieben. Sein Roman *On Ice* (1964) thematisiert die *Beat generation*.

Als der intellektuellste Dramatiker dieser Periode gilt JACK RICHARDSON (*1935), für den das Dasein eine von Überraschungen und unvorhersehbaren Konfusionen bestimmte ›Situation‹ ist. In *The Prodigal* (1960) präsentierte er den Konflikt des Orest in neuem Gewand, der zunächst vor der Erkenntnis flieht, daß Macht zur Gewalt führt, und schließlich doch seinen Mord verübt, weil man es eben von ihm erwartet. Von ähnlicher Eindringlichkeit ist *Gallow's Humor* (1961), zwei kurze absurde Komödien, in denen wir dem Mörder Walter auf dem Weg zur Hinrichtung und dem Scharfrichter begegnen, der es ablehnt, seine Frau zu töten. *Lorenzo* (1963), wo der Titelheld im Kriegschaos umkommt, oder *Xmas in Las Vegas* (1965) sind weitere Beispiele seiner Drama-Konzeption, die er wie folgt beschreibt: »Once the curtain goes up, and there is a revelation of what the evening's metaphor is to be, the audience may grow restive unless the ensuing play adds some intelligent, humerous, or tragic flesh to that metaphor.«

Ebenfalls mit Anklängen an das absurde Theater, doch mit gut erkennbaren sozialkritischen Absichten präsentiert sich das zu grotesker Parodie tendierende Werk des aus New York stammenden ARTHUR KOPIT (*1937). Er unternahm seine ersten dramatischen Versuche mit dem psychoanalytischen, absurd angelegten Einakter *The Questioning of Nick* (1957) auf einer Workshop-Bühne in Harvard. Es folgten die Western-Parodie *Don Juan in Texas* (1957), die Satire auf Hemingway *Across the River and* *into the Jungle* (1958) und das Traumspiel *Sing to Me Through Open Windows* (1958), ehe er 1962 am New Yorker *Phoenix Theatre* mit der 1960 entstandenen makabren Parodie auf den Ödipus-Komplex *Oh Dad, Poor Dad, Mama's Hung You in the Closet and I'm Feeling So Sad* seinen ersten großen Erfolg feiern konnte. Nach Experimenten, von denen *The Day the Whores Came Out to Play Tennis* (1965), einer Parodie auf das Klubleben Neureicher, Aufmerksamkeit erregte, erfolgte 1968 am Londoner *Aldwych Theatre* die Uraufführung seines bedeutendsten Werkes, *Indians*, eines aus dreizehn Szenen bestehenden, episch angelegten Stücks, in dem er mit Verweis auf den in den Gestalten von Buffalo Bill und Sitting Bull angelegten Antagonismus von Weißen und Indianern im Jahr 1886 eine Art dramatisches *rewriting of history* vornimmt, in dem er den Genozid an den *Native Americans*, den Mythos vom Westen und die Verdrängungsstrategie der Weißen an den Pranger stellt. Später stellte Kopit eine Beziehung zwischen dieser Aussage und der amerikanischen Vietnam-Politik her. Ebenfalls dem Thema der *frontier* gewidmet ist *Louisiana Territory; Or, Lewis and Clark – Lost and Found* (1975). Von seinen späteren Werken verdient *Wings* (1978), das beeindruckende Experiment, die Beziehung der von einem Schlaganfall getroffenen Emily Stilson und ihrer Therapeutin Marianne Owen darzustellen, hervorgehoben zu werden. Mit *Secrets of the Rich* (1976), *The End of the World* (1984) und *The Road to Nirvana* (1990), einer schwarzen Komödie zum Thema atomare Bedrohung beziehungsweise zum Geschäftsgebaren Hollywoods, erreichte er diese Leistungen nicht mehr. Mehr Aufmerksamkeit zog er mit seiner Version des Musicals *Phantom of the Opera* (1991) auf sich.

Einflüsse des absurden Theaters verrät auch das Werk von MURRAY SCHISGAL (*1926), dessen erster Einakter, *The Tiger* (1963), die Klischees der harmoniebeflissenen Mittelklasse kritisiert, der in *Luv* (1963), einem Zweiakter, mit einer Mischung von Farce, Vaudeville und absurdem Drama zum Thema Heirat und Scheidung aufwartet und mit *Fragments* (1967) oder *Jimmie Shine* (1968) Aufmerksamkeit erregte. Ähnliches gilt für die frühen Werke von FRANK D. GILROY (*1925), *Who'll Save the Plowboy?* (1962), insbesondere aber für *The Subject Was Roses* (1964), das heute als eines der besten jener Zeit angesehen wird. Dieses Stück ist eine psychologisch angelegte Studie einer amerikanischen Familie angesichts der Heimkehr ihres im Krieg gereiften Sohnes; es enthält beeindruckende Porträts der Nachkriegsgesellschaft. Zu den erfolgreichsten Bühnenschriftstellern der sechziger Jahre gehört NEIL SIMON (*1927), der in einer Flut von geistreichen Stücken insbesondere die selbstgefällige Mittelschicht ins Visier nahm und attackierte. Zu seinen vielbeachteten Stücken zählen *Come Blow Your Horn* (1961), *Barefoot in the Park* (1964), *The Old Couple* (1966), *Plaza Suite* (1968), *The Prisoner of the Second Avenue* (1972), *Biloxi Blues* (1984) und andere mehr. Als Höhepunkt seines Werkes gilt *Lost in Yonkers* (1991), eine düstere Familientragödie von großer Eindringlichkeit.

In den fünfziger und sechziger Jahren entwickelte sich als Alternative zur fortschreitenden Kommerzialisierung und Verschwisterung von *Off-Broadway* und Broadway in Kaffeehäusern, Kirchen und anderen neuen Spielstätten Manhattans, aber auch außerhalb New Yorks – etwa in Washington, San Francisco und Minneapolis – eine neue Theaterszene, die unter der Bezeichnung *Off-Off-Broadway* in die amerikanische Kulturgeschichte eingegangen ist und die den Vorhof zum Broadway enorm vergrößerte. Zu den bekanntesten dieser Art zählt das bereits 1948 von den Piscator-Schülern Julian Beck und seiner Frau gegründete *Living Theatre*, dessen Bedeutung für den in den sechziger Jahren am *Off-Off-Broadway* heimischen Avantgardismus und dessen Experimente hoch veranschlagt werden muß. Noch vor dem Höhepunkt der Bürgerrechts- und der Anti-Vietnam-Bewegung treffen wir hier auf eine ästhetische und politische Radikalisierung, die lange wirken sollte. »We insisted«, formulierte Beck, »on experimentation that was an image for a changing society. If one can experiment in theatre, one can experiment in life.« Infolge einer Auseinandersetzung mit den Steuerbehörden wurde das Theater 1963 geschlossen, produzierte danach lange in Europa und Brasilien und kehrte erst 1984 in eine feste New Yorker Spielstätte zurück. Dazwischen liegen Programme, die den Einfluß Artauds *(The Theatre and Its Double)* deutlich erkennen lassen, bahnbrechende Inszenierungen, etwa Gelbers *The Connection* (1959) oder Kenneth Browns »nonplay, with nondialoge and noncharacters« *The Brig* (1963), das die im Verlauf eines Tages in einem Gefängnis der Marines an den Insassen begangenen Grausamkeiten behandelt.

Diese Art Theater fühlte sich stets den Unterdrückten verpflichtet und wollte dazu beizutragen, eine neue soziale Ordnung zu befördern, indem es mit »collectice creations«, das heißt etwa unter Einbeziehung von Bergleuten, Stahlarbeitern oder einfach nur Passanten auf Straßen und Plätzen, mit neuen Präsentationsformen die Grenzen zwischen Kunst und Leben aufzuheben suchte. Zu den bekanntesten Spielstätten dieser Art zählt das von Joseph Cino in einem *coffeehouse* gegründete *Caffé Cino*, das seit etwa 1961 regelmäßig Programme anbot. Weitere immer bedeutender werdende ›Bühnen‹ sind das *Café LaMaMa*, das *Poet's Theatre*, *Theatre Genesis* oder das *Open Theatre* – um nur einige zu nennen. Nie zuvor hatten junge Dramatiker in Amerika ein so großes Forum für ihre Experimente und Versuche, über *Off-Broadway* den Broadway zu erreichen. Das gilt auch für RONALD RIBMAN (*1932), der mit seinen existentialistisch fundierten Stücken (*The Ceremony of Innocence*, 1965; *Harry, Noon and Night*, 1965; *The Journey of the Fifth House*, 1966; *A Break in the Skin*, 1972; *The Poison Tree*, 1973, oder dem Stück vom Leben am Tor des Sterbens auf einer Krebsstation,

Cold Storage, 1977) über das *American Place Theatre*, wo auch Robert Lowell mit *The Old Glory* (1964) und wichtigen Adaptionen wirkte, die Bühne erreichte.

Zu den Pionieren dieser neuen ›Bewegung‹ gehört der aus Missouri stammende, zunächst am *Caffé Cino* und später am *LaMaMa* wirkende LANFORD WILSON (*1937), der 1963 mit dem Einakter *So Long at the Fair* debütierte und auf über vierzig Dramen zurückschauen kann. Relativ schnell erreichte er über die *Off-Broadway*-Bühnen (*Balm in Gilead*, 1964; *The Rimers of Eldritch*, 1965; *This Is the Rill Speaking*, 1965) den Broadway, wo er mit der von ihm mitbegründeten *Circle Theatre Company* ab 1969 zu einer führenden Figur des zeitgenössischen amerikanischen Dramas avancierte. Dramen wie *The Hot 1 Baltimore* (1973), ein an äußerer Handlung armes naturalistisches Stück, das die Zuschauer mit Bildern allgemeinen Verfalls und Träumen von einer guten Vergangenheit konfrontiert, *5th of July* (1978), *Angels Fall* (1982) oder die Tragödie der Tally-Familie aus Missouri (*Talley's Folly*, 1979; *A Tale Told*, 1981; *Tally and Son*, 1986), aber auch die bisher letzten Stücke, das Homosexualität diskutierende *Burn This* (1987) oder *Redwood Curtain* (1992), sind bei aller ihnen zugrunde liegenden Skepsis nicht frei von Sentimentalität. Es scheint jedoch eben diese Schwäche gewesen zu sein, die den Stücken zu ihrer überdurchschnittlichen Popularität verholfen hat.

Nicht minder produktiv und profiliert ist der aus Illinois stammende Musiker, Schauspieler und Dramatiker SAM SHEPARD (Samuel Shepard Rogers, *1943). Er wuchs in Kalifornien auf, lebte längere Zeit in London und San Francisco und ist, was seine Themenwahl (der Mythos des Westens, die Zerstörung des *American dream*) und die Reflexion seiner Umwelt (*pop-* und *counter culture*) anbelangt, der wohl ›amerikanischste‹ Vertreter der amerikanischen Dramatik der Jahre zwischen 1965 und 1990. Er gilt als »the most inventive in language and revolutionary in craft«, aber auch als »the most obscure and undisciplined US dramatist« seiner Zeit. Und in der Tat ist es schwierig, sein über vierzig Stücke umfassendes Œuvre thematisch oder die Kompositions-Segmente betreffend als ein geschlossenes oder sich in bestimmten Richtungen entwickelndes ›Ganzes‹ zu sehen. Er entwirft Welten, die sich aus Facetten konstituieren. Es beginnt mit einer enormen Themenvielfalt – vom Mythos des Westens (*Cowboys*, 1964) über die Drogenszene, die Rockmusik, Gewalt, pervertierte Liebe oder Science-fiction. Ähnlich vielfältig sind die von ihm eingesetzten Kompositionsmuster und Sprachregister.

Zu den herausragenden Dramen seines Werkes zählen neben *The Rock Garden* (1964), *La Turista* (1967) und dem Rock-Drama *The Tooth of Crime* (1972) die an O'Neill erinnernde Familien-Trilogie *Curse of the Starving Class* (1978), *Buried Child* (1978) und *True West* (1980). Das erste Stück konfrontiert uns mit einer heruntergekommenen Farm und einer zerfallenden Familie, von der nur noch der Sohn Wesley darum ringt, die Familie und seine Wurzeln zu bewahren. Das zweite, konventioneller, aber auch intertextueller (Ibsen, Strindberg, O'Neill, Pinter) angelegte Stück präsentiert die Geschichte einer depravierten Farmer-Familie im Staat Illinois, deren Geheimnis um ein totes Kind sie auf makabre Weise zusammenhält. Und doch steht im Zentrum des Dramas die Überzeugung, ungeachtet der auch das Land und den Mittleren Westen erfassenden, allgegenwärtigen Entfremdung sei es die Verbundenheit zum Land und zur Heimat, die Hoffnung auf eine Zukunft gewähre. Im dritten Stück der Trilogie, das auf dem Hintergrund des bei Shepard mystisch angelegten Wilden Westens spielt, werden in den Gestalten zweier Brüder – Austin und Lee – nicht nur zwei Lebensentwürfe, sondern die sich für den modernen Menschen auftuenden Alternativen zwischen einem Leben, angepaßt in der Zivilisation, und einem, frei, aber auch unbehaust, in der Wildnis thematisiert. Daß die Bilder vom ›true West‹ schließlich zu nostalgischen Hollywood-'Artefakten' werden, ist ein weiterer Beleg dafür, wie weit Wirklichkeit und Schein hier auseinandergedriftet sind.

Im Grunde geht es Shepard – und das gilt auch für seine späteren Stücke wie *Fool for Love* (1979), *A Lie of the Mind* (1985) oder *The States of the Shock* (1991) mit einer späten Analyse der amerikanischen Befindlichkeit nach Vietnam – immer wieder um den Verlust des amerikanischen Traums zwischen Hoffnung und Desillusionierung. Dies ist oft in einen mystischen Realismus gekleidet, der nicht frei ist von schwarzem Humor und makaberster Satire. Und wenn Shepard sagt, er sei nicht »interested in the communication of ideas but in ›theatrical event‹«, so enthalten seine ›Bühnen-Ereignisse‹ durch die Verknüpfung von Mythos und Realität eine starke moralische, ja sozialkritische Botschaft.

Eine ähnlich orientierte Gesellschaftskritik kennzeichnet das Werk des in Brüssel geborenen und 1940 in die USA eingewanderten Schauspielers und Dramatikers JEAN-CLAUDE VAN ITALLIE (*1936). Nach dem Studium an der *Harvard University* und in New York kam er mit Avantgarde-Gruppen – zunächst (1963–1968) mit dem *Open Theatre* – in Berührung und lehrte an verschiedenen Universitäten. Sein erstes Stück *War* (1963) brachte ihm einen Achtungserfolg, aber schon drei Jahre später feierte man ihn nach der Aufführung von *Motel* und *Pavane* am *LaMaMa* als das neue Talent der *Off-Off-Broadway*-Szene. Mit *The Hunter and the Bird* (1964), *Almost Like Being* (1964) und *I'm Really Here* (1964) festigte er diesen Ruf. Auch ihm geht es darum, Leben und Kunst auf der Bühne miteinander zu verbinden. Er setzt dabei Aspekte des *American way of life* in seinen experimentellen Stücken einer nicht selten grotesk, ja absurd angelegten Sozialkritik aus. Sein bekanntester Titel ist – aus drei kurzen Stücken bestehend – *America Hurrah* (1966, *Interview* – vorher *Pavane*, *TV* und

Motel), in dem herrschende Normen, die Entfremdung und Zerstörung zwischenmenschlicher Beziehungen sowie die aus den konventionellen amerikanischen Weltbildern dieser Zeit resultierenden Klischees und Stereotypen zum Gegenstand der Gesellschaftssatire werden. Den eher ›realistisch‹ angelegten, enger begrenzten Bereichen der ersten beiden Teile folgt in *Motel* eine surrealistische Darstellung der Gesellschaft im Mikrokosmos, in dem die Zerstörung der amerikanischen Zivilisation als unabwendbar erscheint. Nicht lichter ist die Atmosphäre in *The Serpent* (1968), wo der Traum vom Paradies einer Welt gegenübergestellt wird, in der J. F. Kennedy oder Martin Luther King zu Mordopfern werden. In den siebziger Jahren wartete er mit einer Reihe von Adaptionen antiker und moderner Dramen auf. Mit *Ancient Boys* (1991 am *LaMaMa*) fügte er der Fülle der in dieser Zeit in den USA entstehenden Stücke zum Thema AIDS seinen nicht sonderlich überzeugenden Beitrag hinzu. Daß er das Theater als einen Ort betrachtet, an dem Menschen wachgerüttelt, für Probleme ihrer Zeit und Gesellschaft sensibilisiert werden sollen, unterstreicht er mit folgender Aussage: »The sensory nerves of the audience are not to be spared.« Und genau dies setzte er in seinen nicht selten schockierenden Provokationen um.

Dies gilt auch für den aus Texas stammenden Designer, Maler, Architekten und Dramatiker ROBERT WILSON (*1941), der als eine der führenden Gestalten des experimentellen Theaters dieser Zeit angesehen wird. Seine Vision vom »Theatre of Vision« oder »Total Theatre« geht über das hinaus, was vor ihm an Theater-Experimenten die Bühne erreicht hatte. Man trifft nur noch auf weniges, was der traditionellen Vorstellung vom Drama entspricht. Es wird eigentlich alles zerbrochen: die Handlungsabläufe, die Charakterisierung, die Zeit, der Ort, der Raum und mit ihnen die sprachliche Fassung. Dies alles wird ›ersetzt‹ durch Bilder, Collagen, Ton- und visuelle Effekte. Auch Wilson will die Barriere zwischen der Welt der Zuschauer und der Bühne überwinden, stellt dabei aber, nicht zuletzt durch seine surrealistischen Ansätze, die öfter in die Form des Happenings gekleidet sind, so hohe Ansprüche an sein Publikum, daß ihnen die Institution Theater kaum noch gerecht werden kann. Das gilt insbesondere für die von ihm eingesetzte Technik der Zeitdehnung; das Überqueren der Bühne durch einen Schauspieler kann eine Stunde dauern. So nimmt *Deafman Glance* (1970) acht Stunden in Anspruch, das für das Shiraz Festival bestimmte Stück *Overture to Ka Mountain* (1972) gar eine Woche. Die Aufführung der für das ›Olympic Arts Festival‹ 1984 in Los Angeles vorgesehenen Theater-Oper der Geschichte der Menschheit *The CIVIL warS* (1983/84) hätte sich über viele Tage erstreckt und war deshalb als Ganzes praktisch unaufführbar. Sie wurde deshalb in Teilen in Europa, Asien und den USA aufgeführt, in Köln in Kooperation mit Heiner Müller.

Erlebten seine frühen Stücke (*Dance Event*, 1965; *ByrdwoMAN*, 1968; *The King of*

Spain, 1969, u. a.) ihre Uraufführungen in den USA, so finden wir Wilson seit den siebziger Jahren zunehmend an europäischen Bühnen (*The Life and Times of Joseph Stalin*, 1973 Kopenhagen; *A Mad Man a Mad Giant a Mad Dog a Mad Urge a Mad Face*, 1974 Rom; *A Letter to Queen Victoria*, 1974 Spoleto; *Death, Destruction and Detroit*, 1979/1987 Berlin; *The Man in the Raincoat*, 1981 Köln; *The Golden Windows*, 1982 München, oder *Great Day in the Morning*, 1982 Paris). In welchem Maß es ihm darum ging, aktuelle Unmenschheits-Geschichte aufzuarbeiten, belegte er mit *The Confessions of Klaus Barbie, the Butcher of Lyon* (1984).

Ähnlich experimentierfreudig, innovativ, der Avantgarde und den Vorstellungen eines ›total theatre‹ verpflichtet ist der aus Philadelphia stammende und in San Francisco und New York wirkende Regisseur und Dramatiker LEE BREUER (*1937). Er studierte in Europa, unter anderem am *Berliner Ensemble*, bezeichnet sich als einen »reluctant radical« und machte sich zunächst einen Namen mit Beckett-Inszenierungen, ehe er sich mit seiner Trilogie *Animations* (1979; *The Red Horse*, 1970; *The B. Beaver*, 1974; *The Shaggy Dog*, 1978) und *Sister Suzie Cinema* (1980) auch als Dramatiker durchsetzte. Daneben machte er mit den Adaptionen *The Lost Ones* (1976) und *The Gospel at Colonus* (1983) nach Beckett und Sophokles von sich reden und schuf mit *A Prelude to Death in Venice* (1980) und *The Warrior Ant* (1988) beeindruckende Beispiele für seine Vorstellung vom »total theatre«. Nicht ganz zu Unrecht nannte der angesehene Theaterkritiker Jack Kroll *The Gospel at Colonus* »a triumph of reconciliation, bringing together black and white, Pagan and Christian, ancient and modern in a sunburst of joy that seems to touch the secret heart of civilization itself«.

Einen Höhepunkt der amerikanischen Dramatik auf dem Hintergrund der Anti-Vietnam- und Bürgerrechtsbewegungen bilden die Stücke des aus Iowa stammenden Drehbuchautors und Dramatikers DAVID (WILLIAM) RABE (*1940), der sich schon als Student dramatisch betätigt hatte, ehe er 1965 eingezogen wurde und von 1965 bis 1967 als Soldat nach Vietnam kam. Dieses Erlebnis bildet das zentrale Thema seiner Vietnam-Trilogie *Sticks and Bones* (entstanden 1967/68), *The Basic Training of Pavlo Hummel* (1971) und *Streamers* (1976). Diese von Gewalt und Brutalität gekennzeichneten, vom Expressionismus und dem epischen Theater beeinflußten Stücke reflektieren nicht nur die Gnadenlosigkeit des Krieges und die daraus resultierende absolute Entfremdung der Soldaten, sondern auch – in *Streamers* – die katastrophalen Auswirkungen auf die in einem Camp in Virginia auf ihren Einsatz in Vietnam wartenden jungen GIs. Bereits das Leben im Dunstkreis dieses Krieges erweist sich für die Betroffenen als ein Inferno. Obgleich Rabes Stücke heute als der wichtigste Beitrag des amerikanischen Dramas zum Thema Vietnam gewertet werden, sollte man nicht übersehen, daß er auch mit Dramen wie *The Orphan* (1970 als *Nor the Bones of Birds*)

– seiner Adaption der *Oresteia* –, *Burning* (1974), *In the Boom Boom Room* (1975), *Gose and Tomtom* (1982/86) oder dem aus *Macbeth* stammenden Titel *Hurlyburly* (1984) – ›Konfusion‹ – Stücke zum Thema Homosexualität und Image auf dem Hintergrund Hollywoods und authentische Reflexionen der amerikanischen Gesellschaft des ausgehenden 20. Jahrhunderts schuf, in denen Gewalt, Rassismus, falsches Heldentum, Betrug jeder Art und sehr viel Desillusionierung in Form einer Verbindung von grotesker Komödie, bitterer Satire und surrealistischer Phantasie präsentiert werden.

Verglichen mit den Stücken Shepards oder Robert Wilsons, sind die oft autobiographischen Dramen von JOHN GUARE (*1938) bei aller zuweilen beklagten Abstraktheit leichter zu erfassen. Sie sind lyrisch im Ton, satirisch in ihrer Intention und beeindrucken durch ihre sensible sprachliche Ausformung. Guare debütierte mit dem Einakter *Muzeeka* (1968) und wurde mit der köstlichen Satire auf die Problematik zwischenmenschlicher Beziehungen, *The House of Blue Leaves* (1970), bekannt. Diesem Ton blieb er in *The Landscape of the Body* (1977) – einer im Absurden gehaltenen Studie zum Thema *experience and innocence*, in der Betty ihre Schwester Rosalie aus dem Pornofilm-Milieu retten will – oder *Bosoms and Neglect* (1979) treu. Neben *Four Baboons Adoring the Sun* (1992) zählt *Six Degrees of Separation* (1990), eine satirische Thematisierung der Isolation und Generationsproblematik innerhalb der zeitgenössischen amerikanischen Familie, zu den erfolgreichsten Stücken dieser Jahre.

Einer der bedeutendsten Dramatiker, die in den siebziger Jahren den Weg vom *Off-Off-Broadway* zum Broadway zurücklegten, ist der in Illinois gebürtige Begründer der *Saint Nicholas Theatre Company* von Chicago, DAVID MAMET (*1947), der mit Einaktern wie *Duck Variations* (1977) oder *Sexual Perversity in Chicago* (1978) auf sich aufmerksam machte und bereits 1977 mit dem Zweiakter *American Buffalo*, einem Stück über das sich in Betrug und krimineller Energie reflektierende Dilemma des amerikanischen Alltags, auf den Broadway vordrang. Im Kern ist auch Mamet ein Sozialkritiker, der aber nicht nur über die allgegenwärtige Entfremdung seiner Zeit philosophiert, sondern die Katastrophe der Nation als Folge eines allgemeinen Werteverfalls diagnostiziert. Sie ist das Resultat einer ausschließlich auf materielles Streben, Denken und Handeln gerichteten und sich daraus dialektisch ergebenden individuellen kriminellen Energie. Um dies deutlich werden zu lassen, bedient sich Mamet einer schonungslosen und bis in die Sprache hinein schockierenden Form der Entlarvung liebgewordener amerikanischer Klischees vom Geschäftsleben (*The Water Engine*, 1978), vom Alltag (*Mr. Happiness*, 1978; *Shoeshine*, 1981) und von der Sexualität (*The Woods*, 1979) bis hin zur Welt der Bühne (*A Life in the Theatre*, 1978). In dem Erfolgsstück der Jahre 1983/84, *Glengarry Glen Ross* – dem Drama sich gegenseitig betrügender Makler –, setzt er die in den ersten Stücken und *American Buffalo* angelegte Analyse und Entlarvung überkommener Gepflogenheiten fort, die ihr vorläufiges Ende in *Speed-the-Plow* (1988) und *Oleanna* (1992) gefunden haben. Seine Dramatik konstituiert sich aus kurzen Sektionen, Blitzlichtaufnahmen ähnelnden Bildern und Figuren sowie schockierenden Sprechakten. Mamet gilt als Meister eines neuen Tons auf der Bühne. Mit Blick auf sein Sprachgefühl heißt es bei Jack Kroll: »His antiphonal exchanges ... make him the Aristophanes of the inarticulate.« Selbst wenn man diese Auffassung als übertrieben empfindet, so steht doch fest, daß Mamets Stücke in Ton und Inhalt interessante Artikulationen ihres zeitlichen und örtlichen Umfelds sind und darüber hinaus präsentieren und repräsentieren, was die amerikanische Bühne am Ende des 20. Jahrhunderts ausmacht.

Das Bild des amerikanischen Theaters dieser Epoche wäre nicht vollständig ohne die Einbeziehung des Auflebens einer sich auf dem Hintergrund der Bürgerrechtsbewegung kräftig entwickelnden Dramatik ethnischer Minderheiten und anderer Gruppen, die wesentlich zur Stärkung und Identitätsfindung derselben beigetragen hat und weiterhin beiträgt. Damit ist auch die außerliterarische Bedeutung dieses Genres für die ›Minderheiten‹ nicht hoch genug zu veranschlagen.

Da sind zunächst die durch die Bürgerrechts- und Hippie-Bewegung ausgelösten Artikulationen eines *gay-* und *lesbian-*, vor allem aber eines Frauendramas zu erwähnen. Letzterem ging es um die Emanzipation der Frau in einer Zeit des Umbruchs. So entstanden insbesondere in den sechziger und siebziger Jahren militante feministische Theatertruppen, etwa das *Spiderwoman Theater* in New York, *At the Foot of the Mountain Theatre* in Minneapolis oder die lesbisch-feministische Truppe *Split Britches*. In diesen Theatertruppen spiegeln sich auch die multikulturellen und ethnischen Diskurse dieser Epoche. Aus der Fülle der in diesem Umfeld schreibenden Frauen ist MEGAN TERRY (*1932) eine der bekanntesten Avantgardistinnen des *Off-Off-Broadway*. Ihre zentralen Themen sind die sozialen, politischen und sexuellen Probleme der modernen Frau, die sie unter Einsatz origineller Experimente auf die Bühne bringt. Sie debütierte mit *Calm Down Mother* und *Keep Tightly Closed in a Cool Dry Place* (beide 1965) und wurde über Nacht auch international bekannt mit dem ersten Rock-Musical *Viet Rock* (1966), das das erste Proteststück gegen den Vietnamkrieg war. Sie hat über sechzig Stücke geschrieben, von denen *The People vs. Ranchman* (1967), *Approaching Simone* (1970) – eine ›Chronik‹ der Simone Weil –, *Hothouse* (1974) und *Walking Through Walls* (1987) die erfolgreichsten waren. Nicht minder provokativ ist das Werk der ebenfalls der experimentellen *Off-Off-Broadway*-Szene zuzurechnenden ROCHELLE OWENS (*1936), die unter anderem in ihren Stücken perverse Gewalt und Sexualität als Folgen des Konfliktes entfremdeter Menschen in einer selbstgerechten Gesellschaft in Form des *theater of cruelty* diskutiert (*Istanboul*, 1965; *Becleh*,

1967; *Kontraption*, 1970; *He Wants Shih*, 1975; *Chucksy's Hunch*, 1981, u. a.). Den Durchbruch erzielte sie 1967 mit der 1981 am *LaMaMa* wiederaufgeführten Tragikomödie *Futz* über die Liebe eines Mannes zu seinem Schwein und die Reaktion der Nachbarschaft auf diese Sodomie.

Eine beachtenswerte Variante des experimentellen feministischen Theaters bieten die von LILY TOMLIN (*1939) mit Jane Wagner entwickelten *one-person-shows Appearing Nitely* (1977) und *The Search for Signs of Intelligent Life in the Universe* (1985) mit bemerkenswerten Charakterstudien. Ebenso originell, aber ›realistischer‹ in ihre Umwelt eingebettet sind die Figuren in den Stücken von MARSHA NORMAN (*1947). Neben einer Reihe erfolgreicher Stücke (*Third and Oak: The Laundromat* (and) *The Pool Hall*, 1978; *The Hold Up*, 1983; *Traveler in the Dark*, 1984, oder *Winter Shakers*, 1987) und Musicals (*Sarah and Abraham*, 1988; *The Secret Garden*, 1991) errang sie besonders mit *Getting Out* (1978), einer Thematisierung der Rehabilitation zweier aus dem Gefängnis in das Gefängnis der Freiheit entlassenen Frauen, Anerkennung. Den Erfolg dieses Stückes konnte sie 1983 mit *'night Mother* wiederholen, der Darstellung der letzten Nacht einer jungen Frau, die sich und ihre Mutter auf ihren Selbstmord vorbereitet und dabei auf den verzweifelten Widerstand der Mutter trifft. Das Thema der bedrückenden Situation der modernen Frau zwischen feministischen Ansprüchen und traditionellem Rollenverständnis spielt auch eine zentrale Rolle im dramatischen Werk von WENDY WASSERSTEIN (*1950). In *Uncommon Women and Others* (1977) erinnern sich fünf ehemalige Studentinnen des Holyoke College an ihren Weg ins rauhe Leben. Eine ähnliche Atmosphäre herrscht in *Isn't It Romantic* (1983), wo Frauen mit den Vorstellungen ihrer Eltern und Liebhaber und mit dem Leben schlechthin konfrontiert werden. Der Sprung vom *Off-Broadway* zum Broadway gelang ihr 1989 mit *The Heidi Chronicles*. Sie präsentieren Schlüsselszenen aus der Entwicklung der Titelheldin in den sechziger bis achtziger Jahren und bieten ein satirisches Porträt einer Angehörigen der amerikanischen Mittelschicht jener Jahre. Militante Feministinnen haben dieses Stück als ›antifeministisch‹ abgelehnt.

Eine gewisse Sonderstellung im ›Frauendrama‹ nimmt das Werk von BETH HENLY (*1952) ein. Ihre *black comedies* sind moderne Fortschreibungen der aus der Tradition des amerikanischen Südens kommenden Elemente der Schauerromantik. Das gilt besonders für *Crimes of the Heart* (1981), einer von absurdem Witz und bizarren Charakteren getragenen Geschichte dreier abartiger Schwestern aus Mississippi, von denen eine ihren Mann erschossen hat. Sie festigte ihren Ruf mit *The Wake of Jamey Foster* und *Am I Blue?* (beide 1982), der ebenfalls in Mississippi spielenden schwarzen Komödie *The Miss Firecracker Contest* (1984), *The Debutante Ball* (1985), *Abundance* (1990) und anderen und gilt als die führende feministische Dramatikerin des Südens.

Bis zu einem gewissen Grad bildet das feministische Theater eine Brücke zwischen dem kritischen Drama des dominanten euroamerikanischen Theaters und der von ethnischen Minderheiten repräsentierten multikulturellen Theaterszene, die sich in den sechziger und siebziger Jahren kräftig entwickelte und damit die Tendenzen der gesellschaftlichen Entwicklung der USA jener Jahre deutlich reflektiert.

Ethnische Facetten

Ein gutes Beispiel für die an Boden gewinnende Multikulturalität der amerikanischen Bühne sind das sich im Rahmen einer dritten afroamerikanischen Renaissance auf dem Hintergrund der Leistung der *Harlem Renaissance* breiter entfaltende afroamerikanische Theater sowie die jetzt auch ins Rampenlicht tretenden Dramatiker anderer ethnischer Minderheiten, die auf die dominante euroamerikanische Gesellschaft wirkten. Und doch bedurfte es nicht erst des Aufbruchs der Bürgerrechtsbewegung, um Foren für das afroamerikanische Drama zu schaffen. Wichtige Spielstätten, etwa das *Harlem Experimental Theatre*, die *Negro Actors Guild*, das *Harlem Suitcase Theatre* und das *American Negro Theatre,* waren bereits in den zwanziger bis vierziger Jahren entstanden, zu denen sich in den sechziger Jahren und danach die *Negro Ensemble Company* oder die *Afro-American Guild of Performing Artists* und andere gesellten, so daß sich im ganzen Land eine große afroamerikanische Theaterlandschaft entwickelte.

Es lag in der Natur der Dinge, daß das afroamerikanische Drama – wie auch die anderen Genres der Minderheiten-Literaturen – weit über das Literarische und Ästhetische hinausreichende identitätsstiftende und politische Funktionen auszuüben suchte. So spiegelt sich *dieser* Aspekt auch in den Werken der in die politische Entwicklung eingebundenen Autoren stärker wider als in der euroamerikanischen Literatur jener Jahre. In den ersten Nachkriegsjahren sind es – bei allem Protest gegen die diskriminierende Behandlung der schwarzen Mitbürger – vornehmlich Stücke schwarzer Autoren, die sich an die dominante weiße Gesellschaft richten und eine tolerante und humane Integration der Afroamerikaner anmahnen. Der führende Vertreter dieser von ihm auch in Prosa und Lyrik vertretenen Richtung ist LANGSTON HUGHES (s. S. 460), dessen Melodrama *Mulatto* (1935), das den Rassismus in einer Stadt des Südens thematisiert, der erste größere Broadway-Erfolg eines schwarzen Dramatikers war. Auf diesem Erfolg baute er mit einer Reihe von Stücken – darunter Adaptionen seiner eigenen Prosa (*Little Ham*, 1936; *Troubled Island*, 1936; *Joy to My Soul*, 1937, u. a.) – auf und blieb seiner von Satire und Humor bestimmten Protesthaltung selbst zu einer Zeit treu (*Simply Heavenly*, 1957; *Tambourines to Glory*, 1963, oder *Mule Bone*, zusammen mit Z. N. Hurston, 1930, 1991), als eine jüngere Generation bereits militantere Töne anschlug.

Nicht minder satirisch ist das Werk von OSSIE DAVIS (*1917), der sich als Schauspieler bei den *Rose McClendon Players* in Harlem einen Namen gemacht hatte und dessen bekannteste Komödie, *Purlie Victorious* (1961), das Porträt einer rassistischen Stadt des Südens, nicht nur den Broadway, sondern auch als Film und als Musical ein breites Publikum erreichte. Eines der immer wieder behandelten Themen der afroamerikanischen Dramatik ist die Initiation junger Schwarzer und die nicht selten damit einhergehende traumatisierende Tragik in einem von Weißen dominierten Umfeld. LOUIS PETERSON (*1922) verband dabei in *Take a Giant Step* (1953), dem ersten Stück eines Afroamerikaners am Broadway, den Rassen- und den Generationskonflikt, während der in Harlem lebende Lehrer LOFTON MITCHELL (*1919) mit dem auf Fakten beruhenden Drama aus dem Leben des Reverend Dr. Joseph DeLaine, *A Land Beyond the River* (1957), gegen die Diskriminierung junger Schwarzer in den Schulen ankämpft. Mitchell verdanken wir mit seinen Studien *Black Drama* (1967) und *Voices of the Black Theatre* (1975) gute Darstellungen der Erfahrungen der Afroamerikaner in der Welt des amerikanischen Theaters.

Bereits in dieser Phase demonstriert die afroamerikanische Dramatik – und das gilt sowohl für Autorinnen wie für Autoren – wachsendes Selbstbewußtsein, das sich in zunehmendem Maß aus der Neubewertung der Geschichte der *black community* ableitete. So diskutiert WILLIAM BRANCH (*1927) in *In Splendid Error* (1954) das Verhalten von Frederick Douglass angesichts der Aktion John Browns in Harper's Ferry und schildert in *A Medal for Willie* (1951), wie eine selbstbewußte schwarze Südstaatlerin den Orden zurückweist, den ihr eine weiße Gesellschaft posthum für ihren gefallenen Sohn verleihen will.

Ähnlich starken Frauengestalten begegnet man in den Stücken der aus Charleston, South Carolina, stammenden, in Harlem aufgewachsenen ALICE CHILDRESS (*1920). Sie wirkte zunächst am *Negro Theatre*. Mit ihrem *Off-Off-Broadway* aufgeführten Stück *Gold Through the Trees* (1952) hat sie wesentlich dazu beigetragen, die New Yorker Bühne für Frauen zu öffnen. Sie festigte ihre Anerkennung mit *Trouble in Mind* (1955), wo sich eine verdiente schwarze Schauspielerin ungeachtet drohender Nachteile dagegen wehrt, weiter die stereotype Rolle einer *darkie* am Broadway zu spielen. Das Stück galt als eine der besten *Off-Broadway*-Produktionen jener Jahre. Um die Würde der Frau geht es auch in *Wedding Band* (1966), *Wine in the Wilderness* (1969) und in *Moms* (1987), dem Porträt der Komödiantin Jacky ›Moms‹ Mabley. Eine Meisterin des ins Surrealistische ausgreifenden Einakters ist ADRIENNE KENNEDY (*1931). Ihre bedeutendsten Stücke, *Funnyhouse of a Negro* (1964) – hier schildert sie die letzten Augenblicke vor dem Selbstmord der Mulattin Sarah, die mit ihrer ›mixed heritage‹ nicht zurechtkommt – und *The Owl Answers* (1969), die Geschichte einer anderen Mulattin, der ihre unsichere Identität auf der Seele liegt, gelten den ›Opfern‹, den zwischen den Rassen stehenden Frauen. Spätere Stücke widmete sie dem Leben des ›Beatle‹ John Lennon und Charlie Chaplin.

Eine wichtige Rolle in der weiteren Entfaltung des afroamerikanischen Dramas spielte der in Louisiana gebürtige Schauspieler, Regisseur und Autor DOUGLAS TURNER WARD (*1930), der mit den satirischen Einaktern *Happy Ending* und *Day of Absence* (beide 1965) sowie *The Reckoning* (1969) und *Brotherhood* (1970) bekannt wurde und zusammen mit ROBERT HOOKS (*1937) 1967 die *Negro Ensemble Company* gründete, eines der erfolgreichsten afroamerikanischen *Off-Broadway*-Unternehmen, an dem 1969 auch LONNIE ELDER (*1931) mit *Ceremonies in Dark Old Men*, der in einem Harlemer Friseursalon spielenden Tragikomödie über am Rande der Legalität um ihre Existenz ringende Opfer des Rassismus, debütierte. Der inzwischen insbesondere als Film und TV-Drehbuchautor bekannte Elder zog 1988 mit dem Einakter *Splendid Mummer*, dem Porträt des afroamerikanischen Schauspielers Ira Aldridge, erneut die Aufmerksamkeit der Kritik auf sich. Weniger sicher im Urteil erwies sich Ward bei der Beurteilung von CHARLES GARDONE (*1925). Sein Stück *No Place to Be Somebody* (1967), das auf dem Hintergrund steigender schwarzer Militanz im Dunstkreis schwarzer und weißer Außenseiter mafioser Art spielt, lehnte er ab, so daß es am *Public Theatre* über die Bühne ging. Es war das erste Stück eines afroamerikanischen Dramatikers, das mit dem Pulitzerpreis ausgezeichnet wurde.

Bereits Anfang der sechziger Jahre wurde deutlich, daß auch im Bereich des Dramas der Minderheiten ein tiefgreifender, die Zeiten der ›Integration‹ hinter sich lassender Wandel einzutreten begann. Ein erstes Signal bot der Angloamerikaner MARTIN DUBERMAN (*1930) mit seinem *documentary play* zur Geschichte der Afroamerikaner in den USA, *In White America* (1963). Die bedeutendste Dramatikerin dieser Phase war die aus Chicago stammende LORRAINE HANSBERRY (1930–1965). Als Kind einer wohlhabenden afroamerikanischen Familie hatte sie eine universitäre Ausbildung genossen und wirkte auch als Malerin. Ihre Briefe und Essays aus der Welt der Schwarzen in dieser Umbruchphase, zusammengefaßt in dem Band *To Be Young, Gifted and Black* (1969), gehören zum Interessantesten, was in jenen Jahren zu diesem Thema geschrieben wurde. Als Meilenstein auf dem Weg der afroamerikanischen Dramatik gilt heute *A Raisin in the Sun* (1959), ein realistisches Stück aus dem Leben einer schwarzen Familie im Ghetto von Chicago. Diesen engen Rahmen sprengte sie – mit einer Tendenz zum nonrealistischen Drama – in *The Sign in Sidney Brustein's Window* (1964), das in das Milieu der schwarzen und jüdischen intellektuellen Mittelschichten von Greenwich Village führt. Aus den posthum veröffentlichten Dramen (*The Drinking Gourd*, 1972; *What Use are Flowers*, 1972) ist das von ihrem Ehemann Robert Nemiroff und Charlotte Zaltzberg vollendete Fragment *Le Blancs* (1965) hervorzuheben. Hier weitet sie ihren Blickwinkel auf Afrika aus.

Einen bedeutenden Schritt in Richtung eines afroamerikanischen Dramas, das weniger als Vehikel des Protestes mit Zielrichtung auf ein weißes Publikum und mithin eher ›integrativ‹ gedacht ist, gehen seit Mitte der sechziger Jahre Autoren wie James Baldwin und LeRoi Jones. In ihren Lebensläufen und Werken ist dieser Bruch deutlich markiert. Beide standen zunächst, wenn auch sehr kritisch, im ›integrativen‹ Lager. Mit der Verschärfung der Diskussion um mehr Bürgerrechte und dem Aufkommen militanter und revolutionärer Flügel wie der *Black Power*-Bewegung, der *Black Muslims* (Malcolm X) oder der *Black Panthers* (E. Cleaver) wird die (*Off-Off-Broadway-*) Bühne der Afroamerikaner parallel zu den euroamerikanischen Reflexionen der Anti-Vietnam- und Hippie-Szene und dem Ringen der anderen Minderheiten um mehr Eigenständigkeit zunehmend militanter, bis hin zur Absage an die Vertreter der ›Integration‹. Dieser Umschwung im Leben und Werk von JAMES BALDWIN (s. S. 600) findet deutlichen Ausdruck in dem Band *The Fire Next Time* (1963). In den hier abgedruckten Briefen verdeutlicht Baldwin am Beispiel der *Black Muslims*, daß für ihn die Rassenfrage das zentrale Thema der USA ist. Sie enthalten nicht nur Warnungen an weiße und schwarze Extremisten, sondern sind das wohl wichtigste Dokument jener Tage zum Thema der *Civil Rights*. Das den Afroamerikanern in den USA angetane Unrecht fokussiert Baldwin in dem Drama *Blues for Mister Charlie* (1964), dessen Handlung den Mord an dem vierzehnjährigen Emet Till zur Grundlage hat, der 1955 in Mississippi umgebracht worden war, weil er angeblich hinter einer weißen Frau hergepfiffen hatte. Sein erstes, bereits 1955 entstandenes Stück, *The Amen Corner* (1968), das Porträt einer eifernden und mitleidlosen Harlemer Predigerin, erreichte erst nach dem Erfolg von *Blues for Mister Charlie* 1964 den Broadway.

Noch konsequenter in der Ablehnung der weißen Gesellschaft gibt sich LeROI JONES (Imamu Amiri Baraka, s. S. 692), der mit dem langen Einakter *Dutchman* (1964) dem militanten, revolutionären afroamerikanischen Theater eine Bresche schlug. Das Stück spielt in einem New Yorker U-Bahn-Wagen, wo die weiße Frau Lula den jungen Afroamerikaner Clay provoziert und ihn, als er reagiert, ermordet. Die Leiche Clays wird aus dem Wagen geworfen, und ein anderer Schwarzer steigt ein. Nun erhebt sich die Frage, ob es, wie soeben geschehen, weitergeht. In diesem Stück schrieb Jones sowohl Brecht als auch Artauds *théâtre de la cruauté* fort. Nach seinem Bruch mit der weißen Avantgarde von Greenwich Village ging Jones nach Harlem und wurde 1965 zum Mitbegründer des *Black Arts Repertory Theatre/School*, von dem starke Impulse auf das sich bildende revolutionäre afroamerikanische Theater ausgingen. Jones forderte, dieses Theater habe »to show victims so that their brothers in the audience will be better able to understand that they are the brothers of victims.« Und dieses Verstehen soll sie darauf vorbereiten, für ihre Sache notfalls auch zu sterben. Aus seinen folgenden Stücken (*The Slave*, 1964; *The Toilet*, 1964; *A Black Mass*, 1966; *General Hag's Skeezag*, 1991) ist *Slave Ship* (1967) hervorzuheben, ein Stück über die Verschleppung der Sklaven nach Amerika, das bis hin zur symbolischen Zerstörung dieses von Weißen beherrschten Staates führt. In den siebziger Jahren ließ Jones den *Black Nationalism* hinter sich und wandte sich dem Marxismus-Leninismus zu, was er in dem Stück *The Motion of History* (1975) zum Ausdruck brachte.

Der Einfluß Jones' auf die Intellektuellen der *black community* und damit auf deren Theater war in dieser Epoche beachtlich und wirkte unter anderem auch auf das Werk des wohl bedeutendsten afroamerikanischen Dramatikers jener Jahre, des aus Philadelphia stammenden ED BULLINS (*1935). Nach Abschluß des Studiums in Kalifornien wurde er stellvertretender Leiter des Harlemer *New Lafayette Theatre* und Chefredakteur des einflußreichen *Black Theatre Magazine*. Neben seiner Kurzprosa *The Hungered One. Early Writings* (1971) und dem Roman *The Reluctant Rapist* (1973) widmete er sich – auf Anregung LeRoi Jones' – fast ausschließlich dem Drama, weil er hoffte, auf diese Weise mit seinen den *Black Panthers* nahestehenden Weltbildern ein größeres Publikum zu erreichen. Das sehr umfangreiche Bühnenwerk Bullins' zählt zu dem Wichtigsten, was die afroamerikanische Dramatik in der zweiten Hälfte des 20. Jahrhunderts zur US-Literatur beigetragen hat. Es zeichnet sich durch einen kompromißlosen Kampf um die Emanzipation der Afroamerikaner aus, lehnt sich im Formalen an Genet, Sartre, Kafka, Camus, an das absurde Theater, das Lehrstück oder das Ritualtheater an. Und es ist seinem Wesen nach zu einem guten Teil auch Straßen- und Agitationstheater. Zu seinen bekanntesten Stücken zählen *Goin' a Buffalo* (1966), *In the Wine Time* (1968), *The Duplex* (1970), *In New England Winter* (1971), *The Fabulous Miss Marie* (1971) und *The Taking of Miss Janie* (1975). Das zentrale Ziel seines Schaffens ist die Etablierung eines afroamerikanischen Nationalbewußtseins als Vorbereitung einer »post-American« Gesellschaft (»We don't need cars, planes, guns ... but first we have to kill like a couple of million people.«). In vielen seiner Stücke experimentiert Bullins mit Formen und verbindet Dialog mit Rhythmik, Ritualen, Jazz und Blues als miteinander verwobenen Elementen einer innovativen Bühnen-Komposition, womit er dem amerikanischen Drama neue kreative Impulse verleiht.

Gleichsam im Schatten Bullins' standen die ebenfalls in jenen Jahren recht erfolgreichen Stücke von RON MILNER (*1938), der mit *Who's Got His Own* (1966) das harte Leben eines Afroamerikaners in einem rassistischen Umfeld schilderte und mit *Roads* *of the Mountaintop* (1986) ein Porträt Martin Luther Kings auf die Bühne brachte. Von ähnlicher Bedeutung ist das Werk von CHARLES FULLER (*1939), dessen *A Soldier's Play* (1981), das in einem Armeelager von Lousiana spielt und die Suche nach dem Mörder eines schwarzen Sergeanten zum Thema hat, zu den besonders beachteten Stücken jener Zeit zählt. Fuller konnte seinen Ruf mit *In the Deepest Part of Sleep* (1974), *The Brownsville Raid* (1976), *Zooman and the Sign* (1980), *Sally and Prince* (1988/89) und anderen festigen, jedoch seine frühen Erfolge mit einer Serie von Stükken zur Lage der Afroamerikaner in der Zeit der *Reconstruction* nicht wiederholen.

Ein Beispiel für die kreative Innovationskraft des afroamerikanischen Theaters bietet das Werk der aus New Jersey stammenden NTOZAKE SHANGE (Paulette Williams, *1948). Mit ihrem *coreopoem for colored girls who have considered suicide / when the rainbow is enuf* (1976) präsentierte sie eine Abfolge von Rezitationen von sieben Frauen, die sie mit optischen und musikalischen Effekten verwob. Die zentrale Aussage dieses ›Stückes‹, in dem sich die Autorin wörtlich als eine der Frauen sieht, lautet: »i cdnt stand bein sorry & colored at the same time / it's so redundant in the modern world.« Mit dieser ›Bühnen-Kreation‹ griff sie über das Anliegen des afroamerikanischen Theaters insofern hinaus, als in ihr das Streben nach Identität nicht mehr allein ethnisch, sondern auch feministisch fundiert wird. Nach dem etwas konventionelleren *A Photograph: A Study of Cruelty* (1977) bestätigte sie ihren Ruf als Innovatorin durch das längere *choreopoem Spell # 7*, wo sie Poesie, Tanz, Musik/Gesang und Masken einsetzte. Es folgten *A Daughter's Geography* (1983), eine Adaption von Brechts *Mutter Courage* (1980), *Betsey Brown* (1985) und *The Love Space Demands* (1992). Ihre Verbindung von Freiverskunst und Dramatik stützt sich auf den Einsatz von psychologisch wohlfundiertem *Black American*, womit sie eine zwingende Atmosphäre schafft und der ›Bühnen-Kunst‹ formal und sprachlich neue originelle Dimensionen erschließt.

Nicht minder um eine ethnische Identitätsstiftung bemüht ist das Theater der *Hispanics (Chicanos, Puerto Ricans, Cubans)*, der *Native Americans* und *Asian-Americans*, das auf dem Hintergrund der Bürgerrechtsbewegungen deutliche Motivationsschübe erfuhr und diese stark politisch akzentuierten Identifikationsprozesse reflektiert. Dabei unterscheiden sich die Bedingungen, unter denen die eben genannten Minderheiten ans Werk gehen mußten, stark von denen des afroamerikanischen Theaters, so wie sie sich auch untereinander nicht gleichen. Die *Native Americans* schreiben zwar – wie die *Asians* – in Englisch, kommen aber aus ganz verschiedenen Stammestraditionen. Die *Asians* sind jedoch eher noch inhomogener, kommen sie doch aus ganz verschiedenen Sprach- und Kulturgemeinschaften und Nationen und hatten bis zum Beginn der Bürgerrechtsbewegungen der sechziger Jahre auf Grund der politischen

Gegebenheiten herzlich wenig kulturellen Gestaltungsraum in den USA. Auch die nun häufig unter dem Begriff *Hispanics* zusammengefaßten Minderheiten sind keineswegs kulturell homogen. Was sie eint, ist eine spanisch(-karibische) Kultur und Tradition sowie eine gemeinsame Sprache, die sie zum Teil auch in geschlosseneren Siedlungsgebieten (Südkalifornien, Südarizona, Florida) in der Literatur pflegen. Ihre Literatur ist – unter Einbeziehung von *Spanglish* – nicht selten bilingual. Mithin bietet auch die dramatische Literatur Amerikas und die damit verbundene Welt des Theaters viele Beispiele für die sich an der Schwelle zum 21. Jahrhundert schnell entwickelnde multikulturelle Gesellschaft des Landes.

Was die *Native Americans* betrifft, so haben sich bisher relativ wenige Autoren dem Drama zugewandt, obgleich der Cherokee ROLLIE LYNN RIGGS (1899–1954) aus Oklahoma bereits in den dreißiger Jahren mit den Stücken *The Cherokee Night* (1930) und *Roadside* (1930) debütierte und insbesondere mit der Musical-Version *Oklahoma!* seines Stückes *Green Grow the Lilacs* (1931) ab 1943 internationale Erfolge verzeichnen konnte. Die Welt seiner Dramen ist die der *cowboys* im *Indian Territory*. Es bedurfte jedoch erst der Renaissance ethnischen Selbstbewußtseins, um die Basis für eine Dramatik der Indianer aufzubauen, eine Dramatik, die sich auf indianische Traditionen stützte und der Identitätsfindung dienen konnte. Dies bedeutete die Wiederentdeckung und -belebung alter Rituale, religiöser und Stammes-Zeremonien, die vom Einpersonen-'Stück' eines Erzählers bis zur Improvisation reichen, die, wie zum Beispiel die *Navajo chantways*, über hundert Stunden dauern. Solche ›Präsentationen‹ unterscheiden sich insofern grundsätzlich vom euroamerikanischen Drama, als hier das Publikum nicht passiver Zuschauer, sondern aktiver Mitgestalter, Teilhaber des Geschehens ist. Das große Verdienst, diese Traditionen wiedererweckt und geeignete Spielstätten geschaffen zu haben, kommt dem Kiowa HANAY GEIOGAMAH (*1945) zu, der mit der Gründung des *Native American Theatre Ensemble* in den siebziger Jahren ein erstes Forum für eine politisch orientierte indianische Bühnenliteratur ins Leben rief. Hier begann er indianische Traditionen mit europäischen Dramenkonzeptionen so zu verbinden, daß sie einem breiteren Publikum zugänglich wurden. Sein bedrükkendes Drama *Body Indian* (1972) ist ein Beispiel für den Geist des Aufbruchs dieser Minderheit und hat wesentlich dazu beigetragen, daß sich derzeit nicht wenige *Native Americans* in diesem Genre versuchen, von denen jedoch noch niemand eine wirklich erstrangige Position in der amerikanischen Dramatik erlangen konnte.

Das gilt, von ganz wenigen Ausnahmen abgesehen, auch für die Bühnenliteratur der *Asian-Americans*, deren Tradition bis in die zweite Hälfte des 19. Jahrhunderts zurückreicht, als an der Westküste Theater für chinesische Immigranten entstanden, um ihnen die vertraute Kultur der verlassenen Heimat in ihre neue Welt zu bringen.

Dabei handelte es sich unter anderem um Opern und *puppet shows* chinesischer Provenienz, die sich in den *Chinatowns* bis weit in das 20. Jahrhundert hinein hielten. Von einem *Asian-American Theater*, das heißt von einem Theater, das die Welt der endgültig in die amerikanische Gesellschaft eingehenden Asiaten thematisiert, kann eigentlich erst seit Beginn der Bürgerrechtsbewegungen gesprochen werden. Auch hier steht das Theater als Institution für die Herausbildung und Festigung einer neuen Identität der Minderheit zwischen zwei Kulturen, wobei die politische Intention vor der ästhetischen rangiert.

Marksteine auf diesem Weg sind die Gründung des ersten *Asian-American Theaters*, den *East West Players*, das 1965 in Los Angeles D. H. Hwang, Wakako Yamauchi, Valina Houston und anderen als Forum diente, und das 1977 von Tsia Chang in New York ins Leben gerufene *Off-Off-Broadway Pan Asian Repertory Theatre*, das Lao She *(Teahouse)*, R. A. Shiomi *(Yellow Fever)*, D. H. Hwang, Ping Chong oder Ph. K. Gotanda aufführte und zeigte, daß nun das *Asian-American Theater* auch die Ostküste erreicht hatte.

Zu den bekanntesten Bühnenautoren dieser Minderheit zählt der in Toronto geborene PING CHONG (*1946), der 1972 mit *Lazarus* sein erstes Multimedia-Science-fiction-Stück präsentierte und seitdem mit *Angels of Swedenborg* (1985), *Kind Ness* (1986) oder *Elephant Memories* (1990) seinen Ruf als futuristischer Experimentator festigen konnte. Etwa zur gleichen Zeit erreichte FRANK CHIN (*1940) mit *The Chickencoop Chinaman* (1971) und anderem ein breiteres amerikanisches Publikum. Bedeutender aber sind die Werke und das Wirken Gotandas und D. H. Hwangs. PHILIP KAN GOTANDA (*1950) ist japanisch-amerikanischer Herkunft und thematisiert in seinen Stücken die Schwierigkeiten, die seine Landsleute auf dem Weg zur Integration in die amerikanische Gesellschaft zu durchleben haben. *Song for a Nisei Fisherman* (1980) ist die lyrisch im Ton, doch realistisch in der Sache angelegte Geschichte eines eingewanderten Akademikers, *The Wash* (1987) schildert die Probleme eines älteren japanischen Ehepaars angesichts seiner Scheidung in dieser ihm doch fremden Welt, und *Yanke Dwang You Die* (1987) ist nicht nur eine Satire auf Hollywood, sondern schildert auch das Generationenproblem zweier unterschiedlich alter Schauspieler asiatischer Abkunft. Gotanda erregte 1991 mit seinem surrealen Film-Drama *Fish Head Soup* erneute Aufmerksamkeit und gilt nach wie vor als ein wichtiger Schrittmacher innerhalb der *Asian-American community*.

Der in Stanford und Yale ausgebildete DAVID HENRY HWANG (*1957) hingegen ist der erste *Asian-American*-Dramatiker von nationalem Rang, der mit seinen aus Geschichte, Phantasie und realistischer Weltsicht komponierten Stücken die »fluidity of identity« zu ergründen sucht. Dies gilt für die *plays* aus der Welt seiner ethnischen

Gruppe wie *FBO* (1978), das den Kulturkonflikt zwischen den schon in Amerika und den noch in China geborenen Chinesen thematisiert, *The Dance and the Railroad* (1981), *Family Devotions* (1981), die beiden Einakter *The House of Sleeping Beauties* und *The Sound of Voice* (in: *Sound of Beauty*, 1983) und seinen großen Durchbruch *M. Butterfly* (1988). Dieses auf Puccinis Oper aus dem Jahr 1904 zurückgehende Stück, in dem ein französischer Diplomat Opfer maoistischer Spionage wird, was er seinem Rassendünkel zuschreiben muß, gilt als Meisterstück der Verbindung eines populären Themas mit der politischen Gegenwart. Hwang, der mit späteren Stücken die Grenzen seiner ethnischen Gruppen-Welt überschreitet (*Rich Relations*, 1986, eine Satire auf das Leben der oberen Mittelschicht; *Bondage*, 1992) und mit Philip Glass die Libretti für die beiden Opern *1,000 Airplanes on the Roof* (1988) und *The Voyage* (1992) schrieb, sah bereits in *M. Butterfly* nicht nur ein ethnisch-politisches Stück, sondern auch ein »extreme example of the self-delusion any of us go through when we fall in love«. Es wäre sicher zuviel gesagt, wenn man Hwang als einen Autor auf dem Weg zum *mainstream* bezeichnete; bei allen Bekenntnissen zu seiner ethnischen Gruppe ist er jedoch durchaus in der Lage, grenzüberschreitend zu schreiben und zu wirken.

Von ganz anderer Qualität ist das dramatische Werk der *Hispanics*, das ebenfalls – zumindest was die *Cuban-Americans* betrifft – bis in das 19. Jahrhundert zurückreicht und in der ersten Hälfte des 20. Jahrhunderts mit Melodramen und *farces* bis nach New York wirkte. Die größte, zum Teil auch relativ geschlossen siedelnde Gruppe der *Hispanics* bildeten zunächst die *Chicanos*, deren kulturelle und politische Renaissance aufs engste mit den Bürgerrechtsbewegungen verknüpft ist. Ihr Theater war eine politische Gründung mit explizit politischen Zielen. 1964 gründete L. M. Valdés die *San Francisco Mime Troupe*, um den Gewerkschaftsführer César Chávez bei der Organisierung der mexikanischen Landarbeiter im Kampf gegen die Ausbeutung der Euroamerikaner zu unterstützen. Angesichts dieser Funktion und der oft formal ungebildeten und des Englischen nicht mächtigen Zuschauer spielte die mündliche, bilinguale ›Übermittlung von Botschaften‹ auf dem Forum des Straßentheaters eine wichtige Rolle. In diesem Rahmen waren die *actos* sehr erfolgreich, die man als revolutionäre Präsentationen bezeichnen kann. 1965 übernahm diese Funktion das *El Teatro Campesino*, von dem entscheidende Impulse für die weitere Entwicklung der *Chicano*-Kultur und die politische Emanzipation dieser Minderheit ausgingen. Die wichtigste Rolle spielten hier die Stücke von LUIS M. VALDÉS (*1940) *Las dos caras del patroncito/The Boss's Two Faces* (1965), *Quinta temporada/Fifth Season* (1966), *Soldado razo/Buck Private* (1970) und *Zoot Suit* (1978), das erste Stück eines *Chicano*, das den Broadway erreichte. Es ist die Geschichte des während des Zweiten Weltkriegs zu Unrecht zum Tode verurteilten Bandenchefs Henry Reyna, seines unfairen

Prozesses und der Aufhebung des Urteils. Das mit Musik angereicherte Stück verbindet Dokumentarisches *(Living Newspaper)* und Symbolisches mit Elementen des Agitprop-Theaters. In seinen *corridos* und seinen jährlich aufgeführten *Pastoralas* stützt sich Valdés auf das folkloristische Erbe der *Chicanos*.

Eine eigene Spielart der *Hispanics* bietet das *Nuyorican Theatre*, eine bilinguale, bikulturelle Institution, die auf der Basis eines Arbeiter-Klassen-Bewußtseins die ethnische Identität der in den USA lebenden Puertorikaner zu stärken suchte. Diese auch *Rican* genannte Minderheit schuf sich, insbesondere in New York, Straßentheater wie *Teatro Orilla*, *Nuevo Teatro Pobre de América*, *Teatro Jurutungo*, *Teatro Cuarto* und andere, wo sie ihren Anteil an den Bürgerrechtsbewegungen in die Öffentlichkeit trugen. Die Themen und die Militanz vieler ihrer Produktionen erklären sich daraus, daß einige ihrer Autoren aus den Gefängnissen oder den untersten Schichten der Gesellschaft kamen. Zu den führenden Spielstätten der sechziger und siebziger Jahre zählten das *Teatro Repertorio Español* und das *Puerto Rican Traveling Theatre*. Aber auch hier ist die Spannweite groß. Neben Themen aus der Drogenszene, dem Gefängnis, von der Straße (Lucky Cienfuegos, Miguel Piñero) begegnen wir poetisch-folkloristischen (Tato Laviera) und technisch-avantgardistischen (Miguel Algarín). Der bekannteste Autor der ersten Kategorie ist MIGUEL PIÑERO (1947–1988), selbst ein Sträfling in Sing-Sing, der mit seinem an Genets Texte erinnernden Gefängnisdrama *Short Eyes* (1974) international bekannt wurde und mit den folgenden Stücken *The Sun Always Shines for the Cool* (1984) und *Outrageous: One Act Plays* (1986) beachtlichen Einfluß auf das *Rican*-Theater ausübte.

Stärker in den puertorikanischen Traditionen verwurzelt und dem *magic realism* zuneigend sind die *plays* von JOSÉ RIVERA (*1955; *The House of Ramon Iglesias*, 1983; *The Promise*, 1988; *Each Day Dies With Sleep*, 1990). Diese ›neue‹ Tendenz ist typisch für eine Gruppe jüngerer Autorinnen und Autoren (J. S. Alam, E. Gallardo, F. Fraguada, R. Irizzarry, Y. Ramírez, C. Tirado), die aus einem bessergestellten Umfeld kommen und eine bessere Bildung genießen konnten. Eine besondere Stellung nimmt TATO LAVIERA (*1951; vgl. S. 702) ein, der seit 1960 in New York lebende Chronist des »life in El Bario«, der in den USA den sozialen und kulturellen Traditionen seiner Heimat verpflichtet bleibt. Er schreibt Englisch, Spanisch und *Spanglish*, sieht sich der *Afro-American community* aufs engste verbunden und sucht nach einer multi-ethnischen, pluralistischen Idee, einer neuen ethnischen Identität, die eine Absage an die Ideologie des *melting pot* beinhaltet. Diesem Gedanken verleiht er in *Olú Clemente* (1979) Ausdruck.

Dieser aus der Welt der Karibik gespeiste Geist beherrscht auch die Werke vieler spanisch schreibender, vor Castro vornehmlich nach Florida geflohener Immigranten

(J. C. Pérez, L. Hernández, F. Borges, A. Ariza u. a.). Die politische Tendenz ihrer Stücke ist antikommunistisch und zielt auf den Sturz ihres Gegners Castro. Die folgende Generation (I. Acosta, M. Martín, M. Peña, D. Prida, O. Torres) hingegen, bereits in den USA aufgewachsen, ist bilingual und inkorporiert sich insofern in die multikulturelle amerikanische Literatur, als sie den von ihr zu durchlebenden Kultur- und Generationskonflikt thematisiert und ihre Stücke in den Dienst der Suche nach einer neuen Identität stellt. Die bedeutendste kubanisch-amerikanische Dramatikerin ist MARIA IRENE FORNÉS (*1930), die mit ihren *plays* und Musicals (*Tango Palace*, 1964; *Promenade*, 1965; *The Successful Life of Three*, 1965; *Dr. Kheal*, 1968; *The Danube*, 1984; *Abingdon Square*, 1987) Stücke schuf, die die Grenzen ethnischer Dramatik überschreiten. In ihren bekanntesten Werken, *The Conduct of Life* (1985), in dem ein Leutnant eines südamerikanischen Landes seine politischen und sexuellen Frustrationen an seiner Frau und seiner Geliebten ausläßt, und dem in einem neuenglischen Landhaus spielenden, nur mit Frauenrollen besetzten Stück *Fefu and Her Friends* (1977), in dem es um das Problem von Frauenfreundschaften geht, macht die Dramatikerin – ähnlich wie N. Shange – deutlich, daß ihre ethnischen Grenzüberschreitungen auch als Brückenschlag in das Lager der Feministinnen gemeint sind. Damit setzt sie ein Zeichen dafür, daß es bei aller Differenzierung im Lager der amerikanischen Minderheiten immer wieder zu Vernetzungen jenseits ethnischer Grenzen kommt. Darüber hinaus sind ihre innovativen Experimente, ihre oft nicht einfach zu durchschauenden Kompositionszüge – gekleidet in ein eigenwilliges sprachliches Gewand – insofern *mainstream*, als sie sich in dieser Beziehung den quodlibetären dramatischen Ausformungen annähern, die wir am Ende des 20. Jahrhunderts beinahe bei allen Autoren amerikanischer Bühnenliteratur – welcher ethnischen Gruppe sie auch angehören mögen – antreffen und die von der zeitgenössischen Literaturkritik und -wissenschaft so wenig erhellend wie unscharf mit dem Begriff *postmodern* belegt werden.

Dichtung

Mainstream – Anglo-Americans

So wie die in den zwanziger Jahren geborenen Prosaschriftsteller und Dramatiker unter dem Einfluß oder gar im Schlagschatten so großer Namen wie Hemingway, Faulkner oder O'Neill standen, so hatten ihre zeitgenössischen Poeten mit den ihre Felder fast absolut dominierenden Schöpfungen und Ideen von Frost, Pound, besonders aber von T. S. Eliot zu ringen, um sich von den Vorstellungen der ›Moderne‹ zu befreien und neuen Ufern zustreben zu können. Diese Tendenz hatte bereits vor dem Ende des Zweiten Weltkriegs auf dem Hintergrund des *New Criticism* eingesetzt, entfaltete ihre volle Wirkung aber erst in den fünfziger Jahren, so daß die führenden Dichter der ersten Nachkriegsdekade in ihren Frühwerken nicht selten noch in der Eliot-Ära wurzelten und erst im weiteren Verlauf ihrer Karrieren die mit den sechziger Jahren über die USA hereinbrechenden Umbrüche sowohl thematisch als auch formal in der Lyrik zu reflektieren begannen. Dieser Prozeß geht Hand in Hand mit einer bis dahin in der amerikanischen Literatur nicht dagewesenen ›Akademisierung‹ der Autorenschaft, die sich seit dem Ende des Zweiten Weltkriegs zunehmend aus Universitätsprofessoren und Dozenten zusammensetzt, woraus eine nicht zu übersehende, fortschreitende ›Intellektualisierung‹ ihrer Welt-Interpretationen und Dichtungen und letztlich eine *balkanisation* (Daniel Hoffman) einer oft noch als *mainstream* empfundenen Befindlichkeit der ›Moderne‹ resultiert.

Es ist eine kleine Ironie der Literaturgeschichte, daß die Dominanz des aus den USA nach England ausgewanderten T. S. Eliot ihren ersten bedeutenden Widerstand in den USA in dem aus England eingewanderten WYSTAN HUGH AUDEN (1907–1973) fand.

Auden wurde als Brite in New York geboren, wuchs in England auf, studierte in Oxford und wurde dort der Kopf der linksintellektuellen *Pylon Poets*, wo er u. a. mit Stephen Spender zusammentraf. 1935 heiratete er die Tochter Thomas Manns, Erika, nahm auf der Seite der Republik am Spanischen Bürgerkrieg teil, bereiste Deutschland und China und kam 1939 in die USA, wo er sich 1946 einbürgern ließ. Bei seinem Frühwerk (*Poems*, 1930; *The Orators*, 1932; *Look Strangers!*, 1936; *Spain*, 1937), das noch nicht der US-Literatur im engeren Sinn zugerechnet werden kann, handelt es sich um eine weitgehend marxistisch bestimmte Interpretation der Zeitläufe. Das gilt auch für die mit Isherwood unter dem Eindruck Brechts und der deutschen Expressionisten entstandenen Versdramen *The Dog Beneath the Skin* (1935) und *The Ascent of F 6* (1936). Mit den Gedichtsammlungen *Another Time* (1940), *New Year Letter* (1941), *The Sea and the Mirror* (1945) oder *The Age of Anxiety. A Baroque Eclogue* (1947) vollzog Auden eine Wende über Freudsche Positionen hin zu von Kierkegaard und Niebuhr beeinflußten religiös-christlichen Seins-Interpretationen. Von 1956 bis 1961 wirkte er als Professor für Dichtung in Oxford und lebte später in Italien und Österreich. Sein Spätwerk, *City Without Walls* (1967) und *Thank You Fog* (1974), bietet lyrische Experimente. Seine *Collected Poems* erschienen 1976, *The Com-*

plete Works of W. H. Auden wurden 1989 von E. Mendelson ediert. *The Dyer's Hand* (3 Bde., 1962) und *Secondary Worlds* (1968) enthalten seine Essays, Vorlesungen und Kritiken.

»Poetry«, sagt Auden, »is not magic. In so far as poetry ... can be said to have an ulterior purpose, it is, by telling the truth, to disenchant and to disintoxicate.« Auden ist stets auf der Suche nach Erfüllung dieses Credos gewesen. Zunächst als Marxist, später als Freudianer und schließlich als Christ. Was die Aussagen seiner Lyrik betrifft, so war er – gleich, welcher Weltanschauung er gerade zuneigte – ein Poet der Hoffnung in einer von Industrialisierung, Diktaturen und Krieg bedrohten Welt, womit er der Angst und den Hoffnungen eines guten Teils seiner Generation Ausdruck verlieh. Es waren jedoch nicht nur die Themen, mit denen er den Nerv seiner Zeit traf, sondern auch die virtuose Wiederaufnahme bewährter Formen in der Dichtung, wie der der Ballade, Ode, Elegie, des Sonetts oder Versdramas bis hin zu Libretti und Limericks, die die ihm folgenden Poeten nachhaltig beeinflußte. Hinzu kam ein durchaus auch avantgardistischer Umgang mit Editionsweisen, etwa die nach ihren Anfangsbuchstaben alphabetische Anordnung der Gedichte in *The Collected Poetry of W. H. Auden* (1945) oder die Art seiner Revisionen oder Dekonstruktionen von Formen. Hier erweist er sich als ein Meister aller Metren und Formen, als ein Dichter, der die Klaviatur aller Töne von der Ironie bis zur bedrückenden Angst virtuos beherrscht. Darüber hinaus muß vermerkt werden, daß er auch als Kritiker vom Rang Trillings, Cowleys, Ransoms oder Tates einen beachtlichen Einfluß auf die Dichter der Nachkriegsdekade ausübte und mit der Entdeckung und Förderung von A. Rich, W. S. Merwin, D. Hoffman, J. Ashbery, J. Wright oder J. Hollander der amerikanischen Poesie in der zweiten Hälfte des 20. Jahrhunderts nicht zu unterschätzende Impulse verlieh.

Noch immer stärker unter dem Eindruck der *metaphysical poets* des 17. Jahrhunderts sowie T. S. Eliots und J. C. Ransoms steht die frühe Dichtung des aus Massachusetts stammenden Harvard-Absolventen und -Dozenten STANLEY KUNITZ (*1905). Seine zentralen Themen umkreisen zunächst den aus der Romantik bekannten Konflikt zwischen Ratio und Gefühl (*Intellectual Things*, 1930) sowie Kriegserinnerungen (*Passport to the War*, 1944), die er in strenge Formen gießt, die sich aber in den späten Sammlungen wie *The Testing-Tree* (1971), *The Terrible Threshold. Selected Poems, 1940–1970* (1974) und *The Wellfleet Whale and Companion Poems* (1983) lokkern. Hier finden sich nicht nur Bildhaftigkeit von hoher Intensität und subtil gestaltete Jugenderinnerungen aus Massachusetts, sondern auch Aktuelles, etwa Bonhoeffers Aufbegehren gegen Hitler oder die erste Mondlandung.

Ähnlich traditionell gestaltet ist das mit sanfter Ironie in Umgangssprache gehaltene Werk der mit M. Moore befreundeten, aus Boston stammenden Harvard-Dozentin ELIZABETH BISHOP (1911–1979). Sie besticht mit brillanten emblematischen Bildern, etwa in den Gedichten »Roosters« oder »The Fish« in *North and South* (1946), oder den Landschaftsbildern und ›Skizzen‹ aus ihrer Heimat Nova Scotia, »The Bight«, »A Summer's Dream«, »At the Fishhouses« oder »Cape Breton«. Zu ihren wichtigsten Sammlungen zählen *A Cold Spring* (1955), *Complete Poems* (1969), *Geography III* (1977), *That Was Then* (1989) sowie die Frucht ihres sechzehnjährigen Aufenthalts in Brasilien, *Brazil* (1969). *The Complete Poems* (1983) und *The Collected Prose* (1984) erschienen posthum. Provokanter wirkte der geistvoll-satirische Ton des um einen »neuen Traditionalismus« ringenden Historikers PETER VIERECK (*1916). Seine Sammlungen (*Terror and Decorum*, 1948; *Strike Through the Mask!*, 1950; *The Persimmon Tree*, 1956; *New and Selected Poems 1932–1967*, 1967; *Archer in the Marow: The Applewood Cycles 1967–1987*, 1987) oder das Versdrama *The Tree Witch* (1961) sowie Kritiken (*Conservatism Revisited*, 1949) löcken wider den Stachel des »nonkonformistischen Nonkonformismus« und reden »dynamischen und konservativen«, auf strenge Form bedachten Ideen das Wort.

Letzteres gilt auch für die eleganten und ›klassizistisch‹ polierten Verse des Kriegsteilnehmers, Harvard-Absolventen und Professors RICHARD WILBUR (*1921). Seine von M. Moore beeinflußte, sich durch Formenstrenge, Musikalität und originelle Diktion auszeichnenden Verse *The Beautiful Changes* (1947), *Things of This World* (1956), *New and Collected Poems* (1988), vor allem aber der Band *Ceremony* (1950) weisen den Weg von einer anfangs eher kontemplativen (»Ligates«, »Water Walker«) zur später stärker dramatischen Lyrik (*Advice to a Prophet*, 1961; *Walking to Sleep*, 1969; *The Mind-Reader*, 1976), in der er auch seinen Sympathien mit den 1970 auf radikale Veränderungen drängenden Studenten der *Weslyan University* (»For the Student Strikers«) Ausdruck verlieh. Seit den fünfziger Jahren trug er mit glänzenden Übersetzungen – insbesondere aus der französischen Literatur – wesentlich dazu bei, amerikanischen Lesern europäische Kultur näherzubringen. Er selbst wollte »vitale Poesie« schreiben, und was seine ästhetische Position betrifft, so bekennt er: »A good part of my work could ... be understood as public quarrel with the aesthetics of Edgar Allan Poe«. Für seine im Grunde ›vermittelnde‹ Position in den Jahrzehnten tiefgreifender Wandlungen auch innerhalb der amerikanischen Literatur wurde er 1988 in der Nachfolge R. P. Warrens als *poet laureate* der USA geehrt.

Von ähnlicher Bedeutung für jene Jahre ist das umfangreiche Werk des aus New York stammenden Dozenten HOWARD NEMEROV (1920–1991). Er hatte als Pilot am Krieg teilgenommen und seitdem die Welt als einen chaotischen Ort diagnostiziert, dem mit der Disziplin und dem Ordnungsgefühl des Künstlers entgegenzutreten sei. Diesem Ziel dienten neben Romanen (*The Melodramatists*, 1949; *The Homecoming Game*, 1957) *short stories* (*Stories, Fables, and Other Diversion*, 1971), Versdramen und viel beachtete Essays (*Reflections on Poetry and Poetics*, 1972; *Speculations on the Meaning of Poetry and Other Essays*, 1978). Die Fülle seiner meist im Blankvers von beachtlicher Qualität gehaltenen Gedichte (*The Image and the Law*, 1947; *Guide to the Ruins*, 1950; *The Salt Garden*, 1955; *Collected Poems*, 1977; *Inside the Onion*, 1984; *War Stories*, 1987; *Trying Conclusions. New and Selected Poems. 1961–1991*, 1991), in denen er von metaphysischen Juxtapositionen (»The Goose Fish«) über meditative Naturgedichte (»A Day on the Big Branch«, »The Pond«) bis hin zur komischen und satirischen Weltausdeutung (»History of a Literary Moment«, »Mousemeal«, »A Modern Poet«) alles umgreift, was die Lyrik jener Dekade thematisierte, bietet gute Belege für den Zeitgeist jener Jahre. Nemerov meinte von sich, er sei »brought up to a poetry of irony, paradox, wit, as primary means of imagination«. Ebenfalls auf der Suche nach einer neuen Ordnung in einer vom Krieg verwüsteten Weltmoral war der aus dem Krieg zurückkehrende Marineflieger WILLIAM MEREDITH (*1919). Seine nicht unmittelbar autobiographisch oder bekenntnishaft zu bezeichnenden Verse (*Love Letter from an Impossible Land*, 1944; *Ships and Other Figures*, 1948; *The Open Sea*, 1958) beeindrucken durch ihre Bildhaftigkeit, reflektieren aber auch Ereignisse jener Dekade (»The Wreck of the Thresher, 1964). Letzteres gilt insbesondere für *Hazard, the Painter* (1975), wo die Figur des Malers Hazard (!) als «in charge of morale in a morbid time» zu dem Schluß gelangt: «What can a man do / but bear witness?»

Die beiden bedeutendsten Zeitzeugen jener Dekade nach Eliot und Auden aber sind John Berryman und Robert Lowell, die gleichsam als Gelenk zwischen den soeben genannten Dichtern und den sechziger Jahren unter dem Eindruck der Umbrüche zu schreiben begannen.

Der aus Oklahoma stammende JOHN BERRYMAN (1914–1972) war ein in seinen Formen und Themen traditions- und naturverbundener Dichter, der sich der Krisen seiner Zeit jedoch in einem Maß bewußt war, daß er letztlich als Mensch an ihnen scheiterte. Als Dichter folgte er zunächst Yeats und Auden (*Poems*, 1942; *The Dispossessed*, 1948), ehe er mit *Homage to Mistress Bradstreet* (1956) aus dem Schatten seiner Vorbilder trat und mit den ersten *77 Dream Songs* (1964) und *Berryman's Sonnets* (1967) nicht nur dem Thema der Entfremdung, sondern auch intimen Belastungen in einer von ihm feindlich empfundenen Welt Tribut zollt. Die Bände *Love and Fame* (1970), *Delusions, etc* (1972) und *Collected Poems, 1934–1972* (1988) vertiefen diese Themen und sind Beispiele stilistischer Meisterschaft. Den Höhepunkt seines Schaffens aber bilden die *Dream Songs*, die von keiner Chronologie, sondern von den psychischen Befindlichkeiten der zentralen Figur Henry zusammengehalten werden, der sich darüber wundert, was die Welt ist und was sie alles aushält. Am Ende wählte Berryman dreihundertfünfundachtzig *Dream Songs* aus, weitere wurden in seinem Nachlaß gefunden. Der Bewunderer Anne Bradstreets und Cranes (*Stephen Crane*, 1950), der Schüler Mark Van Dorens, der von sich sagte, »I am only interested in people in crisis«, hat ein Leben geführt, das eine Abfolge von Krisen gewesen ist, denen er sich zunächst mit Alkohol und schließlich durch den Freitod entzog, nachdem er konstatiert hatte: »Hosts / of regret come & find me empty« und »I must start / to sit with a blind brow / above an empty heart.«

Als der bedeutendste amerikanische Dichter dieser Epoche gilt heute zu Recht ROBERT LOWELL (TRAILL SPENCE Jr.) (1917–1977).

Der Sohn einer der angesehensten Bostoner Familien studierte zunächst in Harvard (1935–1937) und wechselte in dem Bemühen, die Last seines familiären Erbes abzustreifen, an das *Kenyon College*, wo er bei Ford Madox Ford, J. C. Ransom und A. Tate mit dem Geist der *Fugitives*, also einem Kontrastprogramm zum Weltbild der Brahmanen von Boston, in Berührung kam. Nachdem er schon früh gegen den kalvinistischen Krämergeist aufbegehrt hatte, folgte der nächste Schritt seiner Rebellion in der 1940 erfolgenden Konversion zum Katholizismus. Als überzeugter Pazifist ging der Sohn eines Marineoffiziers als Kriegsdienstverweigerer 1944 ins Gefängnis (»Memories of West Street and Lepke«, 1959). Seine frühen Gedichte (*Land of Unlikeness*, 1944; *Lord of Weary's Castle*, 1946; *The Mills of the Kavanaughs*, 1951) behandeln u. a. den Bruch mit seinem puritanischen Erbe. Aber schon 1950 trennte er sich wieder vom Katholizismus, was seinen Niederschlag in einer S. Plath und A. Sexton vorwegnehmenden Konfessions-Dichtung (*Life Studies*, 1959/68) fand. Danach wandte er sich stärker historisch motivierten und meditativen Überlegungen zu (*For the Union Dead*, 1964; *Near the Ocean*, 1967; *History*, 1973; *The Dolphins*, 1973; *Selected Poems*, 1976; *Day By Day*, 1977). Hinzu kamen ›Imitationen‹, neu-schöpfende Übersetzungen von Homer über Sappho hin zu Baudelaire und Rimbaud, Einakter (*The Old Glory*, 1965), Essays und Notebooks, mit denen er sich nicht nur als bedeutender Dichter, sondern insbesondere in der heißen Phase der Bürgerrechtsbewegung – er nahm an der Studentenrevolte an der *Columbia University* und zusammen mit N. Mailer am Marsch auf das Pentagon teil, wofür er inhaftiert wurde – als standhafter Bürgerrechtler erwies. Diese Aktionen entsprachen seinem seit den sechziger Jahren vertretenen Wunsch vom »Learning to live in history« (*For Lizzie and Harriet*, 1973).

Der ewig suchende Lowell hat viele schöpferische und weltanschauliche Phasen durchlaufen. Seine ersten Vorbilder waren Milton und Donne, doch dann entdeckte er W. C. Williams, um allerdings 1962 zu erkennen: »Williams enters me but I cannot enter him ... I am almost saying I cannot enter America ... It is as if no poet except Williams had really seen America or heard its language.« Lowell spürte, offenbar stärker als viele seiner Zeitgenossen, daß die Welt zu einem »Kingdom of the mad« zu verkommen drohte und daß die Kunst, also auch die Dichtung, dazu aufgerufen war, zur Bewältigung dieser Krise beizutragen, und dies sowohl in der Reaktion auf die Geschehnisse der Zeit als auch in der Suche nach neuen Formen. »A drastic experimental art is now expected and demanded. The scene is dense with the dirt and power of an industrial society.« Er gelangte mit den *Life Studies* – und mit ihm die zeitgenössische amerikanische Dichtung – an einen Wendepunkt. Dies führte hin zu dem, was man heute *referential poetry* und *provisional structure* nennen hört, was jedoch nicht heißt, daß er mit diesen Neuorientierungen Bewährtes aus dem Auge verlor.

Doch es sind nicht nur die Strukturen und Formen, die ihn auszeichnen. In der Zeit der sich zuspitzenden Politisierung in den USA nach der Dekade der ›Harmonie‹ hatte es den Anschein, daß Lowells Engagement innerhalb der Anti-Vietnam- und der Bürgerrechtsbewegungen damals als bedeutsamer angesehen wurde. Sein Engagement kann als ein weiteres Indiz dafür gewertet werden, wie sehr er unter der Last litt, aus dem Zentrum der WASP-Gesellschaft zu stammen, was auch aus der Übernahme Hawthornscher und Melvillescher Fabeln für die Einakter spricht. Sein Rigorismus und seine in den *Notebooks* und vielen Interviews enthaltenen Neuinterpretationen der Geschichte ließen ihn bei der heranwachsenden Generation als Dichter und moralische Instanz in einer Zeit des Umbruchs zum Vorbild werden. Dabei konnte er sich und seiner Zeit nicht einmal Hoffnung verheißen. Auch für den späten Lowell blieb die Welt korrupt, die Kultur der Feind ihrer selbst. Schließlich hatten ihn die zwischen Puritanismus und Katholizismus, bürgerlichem Aufbegehren und Selbstbesinnung, der Suche nach der besten sprachlichen Ausdrucksform zwischen Klassizismus und Umgangssprache schwankenden Anläufe und die zahlreichen, im Experiment angestrebten strukturellen Ausformungen am Ende seines Lebens zu keinem Ziel geführt. Sein Vermächtnis lautet: »If we see light at the end of the tunnel, / it's the light of an oncoming train.«

Bereits in der Dekade der Harmonie meldete sich mit der *Beat generation* eine auch als soziale Gruppe zu verstehende Schar von Dichtern zu Wort, die sich als Teil einer Untergrund- oder Gegenkultur verstand und die nach Rexroth deshalb nach San Francisco kam, weil sie der »world of poet-professors, Southern Colonels und ex-leftist Fascists« entfliehen wollte. In kleinen, zum Teil selbstfinanzierten Zeitschriften

(*Blackmountain Review*, *City Light Books* u. a.) artikulierte sie ihren Protest gegen die von ihr als korrupt und seelenlos empfundene kapitalistische Gesellschaft. Ihr Organ, die *Evergreen Review*, wurde innerhalb kürzester Zeit eine der bekanntesten Literaturzeitschriften der USA. Seit der San Franciscoer Verleger LAWRENCE FERLINGHETTI (*1919; *Pictures of the Gone World*, 1955; *Starting from San Francisco*, 1961; *An Eye on the World*, 1967; *Open Eye, Open Heart*, 1973; *Endless Life. Selected Poems*, 1981) 1956 Ginsbergs Gedicht »Howl« veröffentlicht hatte, gewann die Bewegung ständig an Boden. Das Wort *Beat* hat hier einen doppelten Sinn: Einmal heißt es »geschlagen«, »todmüde«, »ausgelaugt«, zum anderen »auf sich konzentriert«, »glückselig«. Letzteres drückt das Lebensgefühl dieser oft zu Unrecht als ›Aussteiger‹ bewerteten Gruppe aus. Neben dem Romancier JACK KEROUAC (s. S. 523; *Mexico City Blues*, 1959) ist hier der Sohn italienischer Einwanderer GREGORY CORSO (*1930) zu nennen. Er durchlebte eine schwierige Jugend, begann im Gefängnis zu schreiben und ging zusammen mit Kerouac und Ginsberg »on the road«. Seine Dichtungen *The Vestal Lady of Brattle* (1955), *The Happy Birthday of Death* (1960) und *Long Live Man* (1962) enthalten bittere Anklagen gegen die Gesellschaft. Sein in Form eines Atompilzes gesetztes Gedicht »The Bomb« (1958) demonstriert die Perversion der Gefühle eines Menschen, der gezwungen ist, mit der Bombe zu leben. Sein autobiographisches Gedicht *Herald of the Autochthonic Spirit* (1981) und eine Reihe von Essays sind gute Quellen hinsichtlich der Befindlichkeit der *Beats*.

Hinter dem Zynismus und Zorn mancher (auch nichtliterarischer) Vertreter dieser Gruppe steht jedoch keineswegs nur Nihilismus, sondern ein zuweilen tief romantisch anmutender Wertkonservatismus. Gute Beispiele dafür bieten die Verse des Sohnes russisch-jüdischer Einwanderer ALLEN GINSBERG (1926–1997), der als Hauptvertreter der Lyriker dieser Gruppe zu werten ist. Auch er ist ein scharfer Kritiker der amerikanischen Gesellschaft, radikal in seinen Ansichten, ekstatisch im Ton und entschlossen, aus allen gesellschaftlichen Zwängen auszubrechen. Sein Gedicht »Howl« (1956, erw. 1971) begründete seinen Ruhm und legte den Grundstein für die *San Francisco Renaissance*. Zu den wichtigsten Sammlungen dieses sehr produktiven Dichters zählen *Empty Mirror: Early Poems* (1961), *Kaddish and Other Poems, 1958–1960* (1961), *Planet News, 1961–1967* (1968), *The Fall of America: Poems of These States, 1965–1971* (1972) sowie *Plutonian Ode: Poems, 1977–1980* (1982). Ginsberg schuf seine Lyrik keineswegs losgelöst von Traditionen oder Vorbildern. Seine Wurzeln reichen zurück bis Whitman, dem er mit »A Supermarket in California« ein Denkmal setzte; die Brücke zu ihm wies W. C. Williams. Diese Nähe gilt aber nicht nur für die offensichtliche Verwandtschaft der Formen, sondern auch für die menschliche Bindung und das Pathos dieser Poesie, die sich in einer Welt von Rost und Stahl den Blick für eine durchaus romantisch empfundene Natur und die Würde des Menschen bewahrt. In »Sunflower Sutra« (1955) scheint ein neuer Whitman zu uns zu sprechen: »and deliver my sermon to my soul, and Jack's soul too, and anyone who'll listen, / – We're not our skin of grime, – / We're not dread bleak dusty imageless / locomotive, we're all beautiful golden sunflowers inside, we're blessed by / our own seed & golden hairy naked accomplishment-bodies.« In »Poem Rocket« (1958) verschmolz Ginsberg seinen von Verfremdung bedrohten Menschen des kosmischen Zeitalters mit Raum und Zeit und erwies der Kontinuität der Dichtung und seinem großen Vorbild Whitman die Reverenz des jungen Amerika: »in one fold of the universe where Whitman was / and Blake and Shelley saw Milton dwelling as in a starry temple / ... / real Yous squatting in whatever form.«

Ebenfalls auf Whitman gegründet, aber auch die Thematiken Thoreaus, R. Jeffers und D. H. Lawrence' und imagistische Vorstellungen Pounds und W. C. Williams aufnehmend, ist das Œuvre des aus dem Staat Washington stammenden ›Ökologen‹ der *Beats*, GARY SNYDER (*1930), des Japhy Ryder in Kerouacs *The Dharma Bums*. Nach Studien des Buddhismus, der im Diskurs der Gruppe eine große Rolle spielte, trug er 1955 nach seiner Begegnung mit Ginsberg, Kerouac und KENNETH REXROTH (1905–1982; *The Dragon and the Unicorn*, 1952; *The Collected Longer Poems*, 1968, u. a. Gedichtbände und Essays) zur Gründung der *San Francisco Renaissance* bei. Die Gedichte aus jener Zeit (*Riprap*, 1959, u. a.) wurden durch Lesungen in der *Six Gallery* bekannt. 1956 ging er für rund zwölf Jahre nach Japan, wo er seine Buddhismus-Studien vertiefte und nach seiner Rückkehr nach Kalifornien in seiner Dichtung umsetzte. Sammelbände wie *A Range of Poems* (1966), *The Back Country* (1968), *Axe Handles* (1983) oder *Left Out in the Rain: New Poems 1947–1985* (1986) sowie eine Reihe bemerkenswerter Essays (*The Old Ways*, 1977; *The Practice of the Wild*, 1990, u. a.) machen deutlich, in welchem Maß sich der ›Sinologe‹ und ›Buddhist‹ dieser Gruppe immer stärker ökologischen Themen annäherte, in der Absicht, einer neuen Harmonie von Natur und Mensch den Weg zu weisen.

Der Lyrik der *Beats* relativ nahe stand der Mitbegründer der *New York School of Poets*, der aus Baltimore gebürtige FRANK O'HARA (1926–1966). Sein Musikstudium sowie die enge Freundschaft zu bedeutenden zeitgenössischen Künstlern wie Willem de Kooning, Larry Rivers, Jackson Pollock und anderen trugen dazu bei, daß er gemeinsam mit den *Poets* eine Art Programm entwickeln konnte, das der modernen amerikanischen Dichtkunst neue Impulse verlieh. Mit der Forderung nach Spontanität, für die seine *Lunch Poems* (1964) repräsentativ sind, berührte er Kerouacsche Ideen. Mittels der Verbindung von Elementen ›hoher‹ Kultur mit denen der *Pop-art* bis hin zum *comic-strip* oder vulgären Bereichen bereitete er neuen Experimenten, die nicht selten in den Surrealismus hineinreichen, den Weg. Auch inhaltlich brach er mit bestehenden Tabus, beispielsweise in seinen offen homoerotischen *Love Poems* (1965). Viele seiner Gedichte zeichnen sich durch eine aus dem Rhythmus der Umgangssprache und Alltagsthemen schöpfenden freundlichen Leichtigkeit aus (»My Heart«, 1970), deren erzählender Ton (»The Day Lady Died«, 1964; »Why I Am Not a Painter«, 1971, oder »Getting Up Ahead of Someone [Sun]«, 1965) die trivialen Begebenheiten ebenso zum Ereignis werden läßt wie die Aussage seines »Poem« (1965), dem er den Untertitel »A la récherche de Gertrude Stein« gibt. Die Frische seiner Verse geht indessen mit einem melancholischen Unterton einher. Als er einem Verkehrsunfall zum Opfer fiel, galt der am *Museum of Modern Arts* wirkende Dichter als *der* »poet among the painters« (Perloff), der neben einer Fülle von Gedichten (*Collected Poems*, 1971) *Selected Plays* (1978) und Essays zurückließ, die zum Wichtigsten zählen, das diese Gruppe geschaffen hat.

Zu seinen engsten Mitstreitern in der *School of Poets* zählten J. Ashbery, W. S. Merwin, J. Schuyler und später K. Koch. JOHN ASHBERY (*1927), gebürtig in Rochester, New York, studierte in Harvard und an der *Columbia University* englische und französische Literatur, ging 1956 mit einem Fulbright-Stipendium nach Europa, wo er bis 1965 blieb und unter anderem für die avantgardistische *Partisan Review* als Kritiker wirkte. Bis 1974 stand er als Chefredakteur der *Art News* im Zentrum der New Yorker Kunstszene, danach nahm er eine Professur für *creative writing* wahr und wirkte weiter als prominenter Kultur- und Kunstkritiker. Neben wenigen Dramen (*Three Plays*, 1978) entstand ein umfangreiches Œuvre avantgardistischer Lyrik, in dem sich eine originelle Themenbehandlung in traditionellen Formen vollzieht. Manches erinnert an W. Stevens, doch vieles kommt in einem unprätentiösen Erzählton daher (»The Instruction Manuel«, 1956; »Farm Implements and Rutabagas in a Landscape«, 1970), der für diese Gruppe typisch ist. Zu seinen wichtigsten Sammlungen zählen *Some Trees* (1956), *The Tennis Court Oath* (1962), *Self-Portrait in a Convex Mirror* (1975) und *Flow Chart* (1991). In seinen späteren Versen gewinnen Individuelles und Autobiographisches Raum. Der zentrale Gedanke seines Werkes gilt der »mutability«, der sich ständig verändernden Welt, in der sich der Mensch behaupten muß. Wie Ashbery ist auch sein Freund JAMES SCHUYLER (1923–1991), mit dem er 1969 den Roman *A Nest of Ninnies* schrieb, mit einer Lyrik (*Salute*, 1960; *Hymn to Life*, 1974; *The Morning of the Poem*, 1980) hervorgetreten, die zeigt, wie eng die Verbindung dieser Gruppe mit der bildenden Kunst war.

Weniger licht als die der Verse O'Haras präsentiert sich die Welt des aus New York stammenden und in Princeton ausgebildeten W(ILLIAM) S(TANLEY) MERWIN (*1927), der auch mit Übersetzungen aus dem Spanischen (*The Poem of the Cid*, 1959) und dem Französischen (*Song of Roland*, 1963, und Symbolisten) sowie dem Drama *Favor Island* (1957) auf sich aufmerksam machte. Mit der Absicht, eine Sprache einzusetzen, die »rough, spare, sineray, rapid« sein sollte, zollte er den Imagisten, aber auch Berryman und B. P. Blackmur Tribut. Sein erster Band, *A Mask for Janus* (1952), war mit Balladen und Liedern in mittelalterlichen Formen folklorehaft gestimmt. Danach wandte er sich stärker persönlichen und gegenwartsbezogenen Themen zu (*The Dancing Bears*, 1954; *Green With Beasts*, 1956; *Drunk in the Furnace*, 1960; *The Moving Target*, 1960), um schließlich mit *The Lice* (1967) zu folgender Erkenntnis zu gelangen: »The future was so bleak that there was no point in writing at all.« Diese Position resultierte aus der wachsenden Furcht vor der Zerstörung des Menschen in einem an dessen Schicksal herzlich wenig interessierten Kosmos und der Erkenntnis, es sei der Mensch selbst, der diesen Prozeß durch die Zerstörung der Umwelt beschleunige. Und so steht sein Spätwerk (*The Compass Flower*, 1977; *Feathers from the Hill*, 1978; *Finding the Islands*, 1982; *Selected Poems*, 1988, oder *The Rain in the Trees*, 1988) im Zeichen der Bewahrung der Lebensgrundlagen der Menschheit (»Peasant: His Prayers to the Power of the World«). Sein Weltbild umschrieb er mit dem Hinweis, nahezu alle seine Interessen gälten den »nonliterate people, in their and our relation to the earth, to the primal source of things, our relation to the world … the destruction of the earth for abstract and greedy reasons«. Damit wurde Merwin auf dem Hintergrund der Bürgerrechtsbewegungen und des Vietnam-Protestes zu einem der ersten amerikanischen Dichter, die bewußt, ja geradezu ›politisch‹ für den Umweltschutz eintraten.

Von anderer Art ist die Dichtung des zwei Jahrzehnte jüngeren Vertreters der *Poets*, des aus Ohio gebürtigen KENNETH KOCH (*1925), der in seinen Versen mit satirisch-komischer Kritik an den Werten der Mittelschicht rüttelt (*Ko, or A Season on Earth*, 1959; *Sleeping With Women*, 1969, u. a.). Auch er sieht sich in einer sich auflösenden Welt, in der wir vor allem deshalb immer unsicherer würden, weil wir zu viel wüßten. Eine repräsentative Auswahl seines Œuvres bieten die *Selected Poems, 1950–1982* (1985), *Days and Nights* (1982) und *One Thousand Avant-Garde Plays* (1988). Sein Band *Wishes, Lies and Dreams: Teaching Children to Write Poetry* (1970) wurde vom *National Endowment for the Art* als ein Handbuch für den Schulunterricht empfohlen, womit der Einfluß Kochs auf die Vorstellung von moderner Lyrik – die er von traditionellen Formen befreien will – bei der nachwachsenden Generation möglicherweise größer ist als der vieler anderer Dichter der New Yorker *Poets*.

Neben den *Beats* und der New Yorker *School of Poets* entstanden und wirkten zu dieser Zeit eine Reihe von ›Schulen‹, insbesondere an Colleges, die einerseits zeigen, welche Renaissance die Poesie in der zweiten Hälfte des 20. Jahrhunderts in den USA erlebte, andererseits aber deutlich machen, daß auch in diesem Genre ein *mainstream* immer schwerer zu diagnostizieren ist. Zu den bekanntesten (stark akademisierten) Schulen zählen die von Yvor Winters in Stanford, von Paul Eagle in Iowa, von Mark Van Doren an der *Columbia University* oder die die Tradition der *Southern Agrarians* oder *Fugitives* fortschreibenden Anhänger J. C. Ransoms am *Kenyon College*. Insbesondere gegen letztere richtete sich eine Gruppe von Poeten und Künstlern, die der aus Massachusetts stammende Dichter, Kritiker und Professor am *Black Mountain College* CHARLES OLSON (1910–1970) um sich scharte.

Olson hatte u. a. bei F. O. Matthiessen in Harvard studiert, im Krieg gegen die Zensur protestiert und war als Freund, Schüler und Unterstützer Pounds als ein »antiacademic-academic« davon überzeugt, daß der Rationalismus für die Entfremdung des Menschen verantwortlich zu machen ist. Als Rektor des *Black Mountain College* (1951–1956) formte er dieses zu einer avantgardistischen Kunst- und Bildungsstätte um und machte es zu einem Begegnungsort von experimentierenden Malern (Franz Kline, Robert Rauschenberg), Tänzern (Merce Cunningham), Musikern (John Cage) und Dichtern. Mit seiner Melville-Interpretation *Call Me Ishmal* (1947), eines der besten Beispiele amerikanischer Literaturkritik, und seinem Essay »Projective Verse« (1950), eines der wirkungsvollsten Manifeste nach Pound und den Imagisten, hatte sich Olson einen Namen als Kritiker gemacht, den er mit Essays wie *Human Universe and Other Essays* (1965) und *Mythologies: The Collected Lectures* (2 Bde., posth. 1978/79) festigte. Seine Lyrik findet sich fast vollständig in den Sammlungen *In Cold Hell, In Thicket* (1953) und den drei Bänden *The Maximum Poems* (1953/1975).

Olson fordert in seiner ›Theorie‹ mit der Überwindung überkommener Sprach-, Syntax- oder Metren-Muster nicht nur die Überwindung traditioneller Formen, sondern auch des überkommenen Denkens und postuliert: »Form is never more than an extension of content.« An anderer Stelle sagt er: »What does not change is the will to change.« Diese beiden Postulate bilden das Kernstück seiner Lyrik, womit er sich als »mythographer« und immerwährender Erneuerer sah. Mit seinen oft fragmentarischen, abgebrochenen Gedanken und Sätzen streift er die Prosa. Seine Mystisches, Historisches, Philosophisches, Lyrisches, Triviales – oft in didaktischer Absicht – verbindende Gedankenwelt überspannt gewaltige Räume und hat beachtlichen Einfluß auf die amerikanische Gegenwartsdichtung ausgeübt. Insbesondere *The Maximum Poems*, bei seinem Tod unvollendet, ist das wohl anspruchsvollste amerikanische Dicht-Werk nach Pounds *Cantos* und W. C. Williams' *Paterson*. Es handelt sich um

»personal epic« in Vollendung, in der er am Beispiel seiner Heimatstadt Gloucester, Massachusetts, unter Verweis auf die Vergangenheit deutlich macht, was die materialistische Welt unserer Tage aus dem Werk der Altvorderen gemacht hat. Zu Olsons besten Gedichten zählen »The Kingfishers«, »Death of Europe«, »The Librarian« oder »I, Maximus Gloucester, to You«, »Maximus to Himself« und »The Quaker Graveyard at Nantucket«, in denen sich auch die Formenvielfalt seiner Experimente bricht. Über die Dichtung resümiert Olson: »Our anti-cultural speech, [is] made up / of particulars only.«

Aus der Gruppe seiner Gefährten und Schüler – unter anderen Paul Blackburn, Ed Dorn, John Wieners, Cid Carman, Joel Oppenheimer, Theodore Enslin, John Logan, Jonathan Williams oder der später ›abtrünnige‹ LeRoi Jones (Amiri Baraka) – ragen mit R. Creeley, D. Levertov und R. Duncan Dichterpersönlichkeiten von übernationalem Rang hervor. So unterschiedlich viele ihrer Ansichten und Verse auch sein mögen, so sehr stimmen sie doch – mit Olson und untereinander – in der Überzeugung überein, die überkommene Kultur und deren Konventionen müßten überwunden, und das Verhältnis zwischen Kunst und Rationalismus müßte neu gestaltet werden.

Der aus Massachusetts gebürtige Professor für Dichtung ROBERT CREELEY (*1926) kam nach Studien in Harvard 1950 mit Olson in Berührung, mit dem er die *Black Mountain School* gründete, an der er lehrte und die einflußreiche *Black Mountain Review* mitedierte, nachdem er in Frankreich und auf Mallorca – wo sein Roman *The Island* (1963) angesiedelt ist – mit der europäischen Dichtung vertraut geworden war. Neben seinem Mentor Olson haben ihn nach eigenem Bekunden vornehmlich W. Stevens und Paul Valéry sowie Whitman, W. C. Williams und E. Pound beeinflußt. Seine enge Verbundenheit zu R. Duncan (»The Door«, 1959), H. Crane (»Hart Crane«, 1962), Allen Ginsberg (»The Messengers«, 1967) und anderen Dichter-Freunden zeigt sich in vielen seiner Gedichte. Seine Lyrik zeichnet sich durch eine fast klassizistisch zu nennende Präzision aus. Gedichte wie »Kore« (1959), »I Know a Man« (1962), »Words« (1967) und »America« (1969) stehen stellvertretend für seine Kompositionsstrategien und deren sprachliche Durchformung. Zu seinen wichtigsten Sammelbänden zählen *For Love: Poems 1950–1960* (1962), *Words* (1967), *Memory Gardens* (1986) und *The Company* (1988); hinzu treten Prosa (*Mister Blue*, 1956, erw. 1965; *Mabel, a Story and Other Prose*, 1976) und Essays (*Was that a Real Poem and Other Essays*, 1979). Der Band *The Complete Correspondence* (1990) vermittelt einen guten Einblick in die engen Vernetzungen, die zwischen den zeitgenössischen ›Schulen‹ bestand, und macht deutlich, welches Verdienst dem an vielen Universitäten lehrenden Creeley, gerade mit Blick auf die *Beats*, zukommt.

In dieser Beziehung stand ihm der aus Oakland, Kalifornien, stammende ›Mystiker‹

seiner Gruppe, ROBERT DUNCAN (1919–1988), ebenso nahe wie in bezug auf ästhetische und stilistische Fragen, in denen beide weitgehend die avantgardistische Ansicht Olsons teilten. Duncan berief sich, ähnlich wie Creeley, auf die Imagisten, G. Stein, E. Pound, H. D. oder D. H. Lawrence, aber nicht so sehr als Vorbilder, sondern als »a link in a spiritual tradition«, das für ihn über Whitman bis hin zu Dante und weiter zurück reichte. Der Mythos von Eros und Psyche wurde sein zentrales Thema (»The Truth & Life of Myth: An Essay in Essential Autobiography«, 1968), auch seiner Lyrik (»A Poem Beginning with a Line by Pindar«, 1960). Duncan ist gleichsam zwischen den ›poetischen‹ Zentren San Francisco, New York und dem *Black Mountain College* hin- und hergependelt. Er kam aus Berkeley, stieß in den vierziger Jahren in New York auf A. Miller und Anaïs Nin, traf nach dem Krieg in San Francisco auf K. Rexroth und die *Beats*, um sich in den fünfziger Jahren bei Olson niederzulassen und sich dessen Ansicht, ein Gedicht müsse ein »field of action« sein, anzuschließen. Die Gedichtsammlungen *The Opening of the Field* (1960) und *Roots and Branches* (1964) brachten ihm erste Anerkennung. Seine Vorstellungen von einer apokalyptischen Welt waren die Grundlage für die zunehmend politischer werdende Lyrik der siebziger Jahre (*Bending the Bow*, 1971; *Ground Work: Before the War*, 1983; *Ground Work II: In the Dark*, 1987). Diese Haltung bestimmt auch seine Verse über die Schrekken des Vietnamkrieges (»From Robert Southwell's ›The Burning Babe‹«, 1977) und die von seinem Land begangenen Verbrechen: »Victor and victim know not what they do –«. Es ist die ihm eigene Verknüpfung von realistischem Schrecken und mystischer Deutung, die ihn von den meisten seiner Zeitgenossen abhebt und ihn zu einem der interessantesten Vertreter der Lyrik seiner Zeit macht.

DENISE LEVERTOV (*1923), die Robert Duncan und Robert Creeley als die wichtigsten zeitgenössischen Dichter erachtete, kann mit diesen in einem Atemzug genannt werden. Sie wurde in England geboren, kam 1948 in die USA, studierte in Stanford, wo sie sich der Dichtung verschrieb, an den Vorstellungen W. C. Williams' orientierte und sich schließlich der *Black Mountain School* zuwandte. Ihre frühen Themen sind Natur, Liebe, Mutterschaft, nicht aber als Idylle, sondern kontrastiert mit einer bedrohenden Welt der Ungerechtigkeiten, des Vietnamkrieges und der atomaren Bedrohung. So heißt es in ihrem Essay »Poetry, Prophecy, Survival«: »It is difficult / to get news from poems / yet men die miserably every day / for lack / of what is found there.« Im Zentrum all ihres Dichtens und Denkens stehen soziale und humanitäre Anliegen, denen sich ihre Familie bereits in den dreißiger Jahren in Europa gestellt hatte. Diese Haltung zieht sich wie ein roter Faden durch ihr umfangreiches Œuvre (*The Double Image*, 1946; *The Jacob's Ladder*, 1958; *Collected Earlier Poems 1940–1960*, 1979; *Poems 1960–1967*, 1983; *Poems 1968–1972*, 1987). In vielen ihrer

Verse behandelt sie die im Zusammenbruch befindliche Zivilisation und bringt die Hoffnung zum Ausdruck, es möge eine Rückkehr in eine harmonische Natur geben. Aber auch diese Hoffnung verführt sie nicht zu idyllischem Denken, vielmehr bleibt sie ihrem sozialen Engagement in der Überzeugung verbunden, daß stets die Kraft des Individuums zählt. So heißt es in »A Solitude« (1961) am Ende von dem Blinden: »and now he says he can find his way. He knows / where he is going, it is nowhere, it is filled / with presences, he says, *I am*.« Und in »Making Peace« (1987) heißt es: »But peace, like a poem, / is not there ahead of itself, / ... in the words of its making, / grammar of justice, / syntax of mental aid.« Es ist jedoch nicht nur die Spannweite ihrer Themen in einer »world full of fumes and decibels« (»A Woman Alone«, 1978, bis zu »The May Mornings«, 1982), sondern auch ihre konsequente Haltung in Bürgerrechtsfragen und der Anti-Vietnam-Bewegung (ihr Mann Mitchell Goodman war einer der prominentesten angeklagten Vietnam-Gegner), die sie zu einem »Denkmal« für jene Jahre der amerikanischen Krise werden ließen.

Ende der sechziger Jahre, da es offensichtlich wurde, in welchem Maß sich die poetische Landschaft der USA ausbreitete, aber auch zersplitterte und sich nicht mehr in Schulen oder *mainstream*-Zuordnungen ›darstellen‹ oder rezipieren ließ, begannen sich auch die ›Kategorien‹ *Confessional Poetry* (Rosenthal in *The New Poets*, 1967) und *Autobiographical Poetry* (D. Kalstone in *Five Temperaments*, 1977) durchzusetzen, obgleich beide Begriffe eigentlich stets einer jeden Dichtung immanent waren und deshalb die Verse fast aller Dichter von Beginn an beherrschten und sich allein deshalb für eine ›Kategorisierung‹ nicht wirklich eignen. Im Zentrum einer so bezeichneten Lyrik stehen die autobiographischen, aus eigenem Erleben resultierenden, in der Textualisierung öffentlich ›bekannten‹ Befindlichkeiten der Autoren. Das Zusammenfließen dieser beiden Aspekte zählt mehr als die jeweils gewählte Form oder Orientierung an Vorbildern. Ein einprägsames Beispiel dafür sind die Gedichtsammlungen von L. E. SISSMAN (1928–1976), der neben sozialer Satire in *Pursuit of Honor* (1971) in den Gedichtsammlungen *Dying: An Introduction* (1968) und *Hello Darkness* (posth. 1978) das Wissen um seinen bevorstehenden Krebstod in beeindruckende Blankvers-Monologe kleidete.

Dieser Richtung zugerechnet werden kann der aus New York stammende Sproß der bekannten Makler-Familie JAMES MERRILL (1926–1995), der zu den bedeutendsten Vertretern der amerikanischen Gegenwartslyrik zählt. Er erfuhr bereits mit seinen frühen Gedichten – *Jim's Book* (1942) und *The Black Swan* (1946) – Anerkennung, den Durchbruch aber erzielte er erst mit der Gedichtsammlung *Water Street* (1962). Der an den Zeitvorstellungen Prousts orientierte, mit Europa durch viele Reisen und Aufenthalte, insbesondere in Griechenland, eng vertraute Dichter hat sich nie einer Schule zuordnen lassen, sondern ist, sowohl in Stil- wie in Formfragen von der sogenannten Moderne kommend, stets einen selbständigen Weg gegangen. Nach seinen frühen Tastversuchen wandte er sich, unter Verwendung von Mythen und Fabeln, mehr und mehr einer autobiographisch getönten, erzählenden Lyrik zu, die er als »translations« der Welt ansah und die eigentlich immer um das zentrale Thema »home« kreist (*Nights and Days*, 1966; *The Fire Screen*, 1969; *Braving the Elements*, 1972). Als sein Hauptwerk aber sind die *Divine Comedies* (1976), die Trilogie *The Changing Light at Sundover (The Book of Ephraim*, 1976; *Mirabell: Books of Number*, 1978; *Scripts for the Pageant*, 1980) sowie *Coda: The Higher Keys*, 1982) und *Late Settings* (1985) anzusehen, hinter dem seine Dramen und Prosa zurückstehen. Merrill ist einer der brillantesten Techniker der modernen amerikanischen Lyrik, der die verschiedenen Metren vom Blankvers bis hin zum Sonett in einem Werk und einer Versfolge miteinander verbinden und als eine hochflexible ›Form‹ für eine umgangssprachliche Diktion einsetzen kann.

Als das für die *Confessional Poetry* besonders typische Werk werden die Verse der aus Boston stammenden Lowell-Schülerin SYLVIA PLATH (1932–1963) gewertet, die bereits als sehr junge Frau dichterische und akademische Erfolge verzeichnen und 1956 mit einem Stipendium nach Cambridge, England, gehen konnte, wo sie den späteren *poet laureate* Englands, Ted Hughes, heiratete und sich für eine schriftstellerische Karriere entschied. Ihre in schneller Folge entstandene Lyrik (*The Colossus*, 1960; *Ariel*, 1965; *Uncollected Poems*, 1965; *Crossing the Water* und *Winter Trees*, posthum 1971), in der sie die Beziehung zwischen Kind und Vater (»For a Fatherless Son«, 1962; »Daddy«, 1965), Liebe, Tod und Auferstehung (»Lady Lazarus«, 1965) sowie insbesondere die unbefriedigende Rolle der Frau in der modernen Gesellschaft thematisierte, galt als einfühlsame Leistung der femininen Bekenntnis-Dichtung jener Jahre. Der autobiogaphische Roman *The Bell Jar* (1963) vermittelt einen guten Einblick in die Befindlichkeit dieser von unerträglichen Belastungen, Selbstmordversuchen und manisch-depressiven Phasen heimgesuchten sensiblen Dichterin, die schließlich den Freitod wählte. Ein ähnliches Schicksal beschied sich die andere bekannte Lowell-Schülerin ANNE SEXTON (1928–1974). Sie stammte aus einer angesehenen neuenglischen Familie und litt früh unter der Angst, den an sie gestellten Ansprüchen der Familie und ihres Umfeldes nicht gerecht werden zu können. 1948 floh sie aus dem Elternhaus, heiratete und begann 1957 in Boston zu studieren, wo sie bei Lowell 1959 Sylvia Plath kennenlernte. Bereits ihre erste Gedichtsammlung *To Bedlam and Part Way Back* (1960) brachte ihr frühen Ruhm. Ihre *Selected Poems* (1964), *Live or Die* (1966) und *Live Poems* (1969) festigten ihn und machten die an Rimbaud, Kafka, Neruda und Lowell orientierte Dozentin zu einer der markantesten Dichterinnen jener Jahre. Überschattet war ihr von Nervenzusammenbrüchen zerrüttetes Leben vom Wissen um die unbefriedigende Rolle der Frau in Haus (»Housewife«, 1962) und Gesellschaft (»Young«, 1961; »Somewhere in Africa«, 1966) und die nicht zu verwirklichenden Träume in einer feindlichen Welt (»The Death Baby«, 1974). Ihre *Complete Poems* (1981), weitere *Selected Poems* (1988) und *No Evil Star: Selected Essays, Interviews and Prose* (1985) erschienen posthum und runden das Werk dieser früh vollendeten Dichterin ab.

Positiver stellt sich die Welt in der von der Bekenntnis-Lyrik herkommenden Dichtung der in New York gebürtigen, an der *Columbia University* wirkenden Dozentin LOUISE GLÜCK (*1943) dar. In ihren feinfühligen Versen zollt sie dem Mythos des Westens Tribut (*Firstborn*, 1968; *The House on Marshland*, 1975) und zeichnet bei aller Skepsis eine Welt, die nicht bar jeder Hoffnung ist (*Achilles*, 1985; *Ararat*, 1990). Ebenfalls den Bekenntnis-Dichtern zugerechnet werden kann der an der *Cornell University* lehrende Englischprofessor und aus Pennsylvania stammene Lowell-Schüler WILLIAM DeWITT SNODGRASS (*1926). Er hatte bereits mit seinen ersten stark autobiographischen Gedichten *Heart's Needle* (1959) einen beachtlichen Erfolg. Die Verse des zweiten Bandes, *After Experience* (1968), thematisieren seine Sorge um den Zustand der Welt und ihrer Opfer, wofür die Gedichte »Platform Man« oder »Flat One« charakteristische Beispiele sind. Snodgrass, der auch Rilke, Morgenstern, Frisch sowie Minnesang- und Troubadour-Dichtung übersetzt hat, weitete seine Themen zunehmend auf Historisches aus, etwa in *The Führer Bunker: A Cycle of Poems in Progress* (1977) oder *Magda Goebbels* (1983), wo er den Schuldverstrickungen des Nationalsozialismus nachgeht. Sein Œuvre (*Selected Poems: 1957–1987*, 1987; *Midnight Carnival*, 1988, u. a.) besteht aus einer dichten, sehr emotionalen, selbst-analytischen Lyrik, in der – frei von Sentimentalität – mit Tönen von Traurigkeit, aber auch Ironie die Lasten und Absurditäten dieses Lebens behandelt werden. Dabei stellt sich ihm die Frage: »Am I writing what I really think? ... not what I wish to I felt. Only what I cannot help thinking.«

Einen besonderen Platz unter den Dichterinnen jener Jahre beansprucht die aus Baltimore stammende kämpferische Bürgerrechtlerin ADRIENNE RICH (*1929).

Die lange in Kalifornien lebende, am *Radcliffe College* ausgebildete und in Cornell als Dozentin wirkende Tochter eines Pathologieprofessors suchte in der Dekade der ›silent‹ Fünfziger ihr Leben als Frau eines Harvardprofessors einzurichten, nachdem sie vorher mit dem von Auden eingeleiteten Gedichtband *A Change of World* (1951) Aufmerksamkeit erregt und danach mit Hilfe eines Stipendiums Europa kennengelernt hatte. Ihre Ehe empfand sie zunehmend als eine Beeinträchtigung ihrer sozialen und kreativen Möglichkeiten, was in den Bänden *The*

> *Diamond Cutters* (1955) und besonders *Snapshots of a Daughter-in-Law* (1963) sowie in ihrem späteren feministischen Credo des Essaybandes *Of Woman Born: Motherhood as Experience and Institution* (1976) Niederschlag fand. Mit dem Umzug nach New York identifizierte sie sich mehr und mehr mit den Zielen der Anti-Vietnam- und der Bürgerrechtsbewegung, was auch in ihrer Lyrik (*Leaflets*, 1969; *The Will to Change*, 1971) zum Ausdruck kam. In den siebziger Jahren war sie als Dichterin eine Gestalt des öffentlichen Lebens, eine »person of History« geworden und engagierte sich mit Verve für feministische Anliegen (*Diving Into the Wreck*, 1973; *Your Native Land, Your Life*, 1986; *Time's Power: Poems 1985–1988*, 1989; *An Atlas of the Difficult World: Poems 1988–1991*, 1991, u. a.). Ihr poetisches Werk wird ergänzt durch eine Fülle literaturtheoretischer und politischer Essays (*It Is the Lesbian in Us*, 1976; *Compulsory Heterosexuality and Lesbian Existence*, 1981; *What Is Found There: Notebooks on Poetry and* Politics, 1993, u. a.).

Es würde Rich nicht gerecht, ihre große Bedeutung auf die emanzipatorischen Bewegungen der sechziger bis achtziger Jahre zu reduzieren. Ihr Weg aus der Familie, der *silent generation* der Nachkriegsdekade, auf das politische Forum einer im Umbruch befindlichen Welt war das Ergebnis ureigener Erfahrungen und führte zunächst zu einer *poetry of confession*. Dabei stützte sie sich nach eigenem Bekunden auf Frost, Dylan Thomas, Donne, W. Stevens und Yeats. Doch bald durchlebte sie – anstatt eine viktorianische Erfüllung in Ehe und Mutterschaft zu finden – die Frustration der Isolation einer sich auf die Küche zurückgeworfen fühlenden Ehefrau: »the massive weight of Uncle's wedding band / sits heavily upon Aunt Jennifer's hand«, heißt es in »Aunt Jennifer's Tigers«. Sie hatte schmerzlich erkannt: »A life I didn't choose / chose me: even / my tools are the wrong ones / for what I have to do.« Doch dann erfolgte ihr ›Ausbruch‹; Beispiele dafür sind unter anderem die Gedichte »The Roofwalker« (D. Levertov gewidmet), »The Perennial Answer« oder »Autumn Equinox«. »Piece by Piece I seem / to re-enter the world« schrieb sie und widmete von nun an ihr Leben und Schaffen dem Kampf gegen die Ungerechtigkeiten der Welt. Sie erklärte: »I am an instrument in the shape / of a woman trying to translate pulsations / into images.« Die von ihr so bitter empfundenen Einschränkungen der Frauen sensibilisierten sie auch für die anderen Defizite der amerikanischen und der Weltgesellschaft. »Poetry«, meinte sie, »must consciously situate itself amid political conditions.« Und diese Bedingungen waren für sie Rassismus, Vietnam und jede von Mehrheiten gefährdeten identitätsstiftenden Auffassungen von Minderheiten. In den siebziger Jahren entwikkelte sie sich zu einer entschiedenen, ja militanten Feministin und schrieb nun »directly and overtly as a woman, out of a woman's body and experience« (»When We Dead Awaken: Writing as Re-Vision«, 1971).

Die Bedeutung von Adrienne Rich resultiert aus ihrer Fähigkeit, ungeachtet ihres bedingungslosen Engagements in der Sache, selbst ihre ›politische‹ Poesie – »the personal is the political« – nicht zu gereimten Leitartikeln verkommen zu lassen. Ihr Werk, meist im dramatischen Monolog oder in der Form des referentiellen Poems gehalten, ist in seinen besten Teilen selbstanalytisch und von Themen, Formen und Sprache bestimmter starker Aussagekraft, die uns aus der Lyrik Lowells, Plaths und Sextons bekannt ist und ihre Zeit überdauern dürfte. Ihre Energetik eröffnete der *Confessional Poetry* neue Dimensionen. Damit errang Rich hohes internationales Ansehen als »a woman and not a man«, und, wie sie sagt, als »a white and also Jewish interior of a particular Western consciousness from the making of which most women have been excluded«. Dieser Situation ein Ende zu setzen war eines der großen Ziele ihres Schaffens, in dem sich die Brüche in der amerikanischen Gesellschaft jener Dekaden geradezu klassisch spiegeln. Ähnlich verhält es sich bei der sechzehn Jahre älteren MURIEL RUKEYSER (1913–1980), die bereits gegen Ende der *red decade* – und ganz in deren Geist – in ihren politisch und sozial engagierten Gedichten *Theory of Flight* (1935), *U.S. 1* (1938) und *A Turning Wind* (1939) mit Themen an die Öffentlichkeit getreten war, mit denen sie die der Bürgerrechtsbewegung vorwegnahm. Am Anfang stehen Gedichte wie »Absalom« (1938), in denen sie – gestützt auf Fakten – den von Unternehmern in Kauf genommenen Tod von Arbeitern geißelt. Ihr politischer Standort – angelehnt an die Kommunisten – machte sie zu einer politischen Visionärin, die zeit ihres Lebens gegen Rassismus und die Benachteiligung der Frau zu Felde zog. Verse wie »Martin Luther King, Malcolm X« (1973) oder ihre Haltung in der Vietnam-Frage »How We Did It« (1976) verleihen der mehrfach inhaftierten Präsidentin des amerikanischen P.E.N. eine neue Bedeutung in den sechziger und siebziger Jahren, die 1968 in dem Gedicht »Orpheus« von der Zeit fordert: »No more masks! No more mythologies!« und die mit ihren freien Versen (*Collected Poems*, 1979; *Out of Silence: Selected Poems*, 1992), ihren Dramen und Essays – anders als viele ihrer Zeitgenossen – durchaus Optimismus ausstrahlt.

Neben den genannten Gruppierungen und Schulen wirkte der aus Madison stammende Übersetzer Trakls, Rilkes, Vallejos, Nerudas, Jiménez', García Lorcas und indischer Literatur ROBERT BLY (*1926), der, auf Jakob Böhme verweisend (*The Light Around the Body*, 1967), in *Silence in the Snowy Fields* (1962) zunächst mit einer introspektiven, regional gefärbten Lyrik aufwartete. Für deren Bildhaftigkeit prägte er den Begriff *Deep Image*, der sehr schnell auf eine Gruppe von Dichtern angewendet wurde. Bekannt wurde er vor allem als *der* Poet der Anti-Vietnam-Bewegung, als

Begründer der *American Writers against the Vietnam War* 1966, und als er im selben Jahr mit DAVID RAY (*1932) die Anthologie *A Poetry Reading Against the Vietnam War* edierte. Sein Widerstand gegen die Brutalitäten dieses Krieges war so kompromißlos wie seine Ausdrucksweise: »Men like Rusk (US-Außenminister) are not Men.« Seine *poésie engagée* ist hart, oft am Rand des Zynismus, dabei den der Täter entlarvend: »The Marines use cigarette lighters to light the thatched roofs / of / huts / because so many Americans own their own homes.« Seine Überzeugungen leitet er ab aus dem Transzendentalismus, besonders aus Thoreaus *Civil Disobedience*. In seinen späteren Gedichten (*Sleepers Joining Hands*, 1973; *The Man in the Black Coat Turns*, 1981; *Four Ramages*, 1983, u. a.) und Essays (*Leaping Poetry*, 1975; *American Poetry: Wildness and Domesticity*, 1990; *Iron John. A Book About Men*, 1990) plädiert er für die Ablösung des Patriarchats durch eine von mehr Feinfühligkeit beherrschte matriarchale Ordnung und diskutiert seine Vorstellung vom *Deep Image* als konstitutives Element der Poesie.

Ebenfalls aus dem Mittleren Westen stammte der lange Zeit in New York lehrende Professor JAMES WRIGHT (1927–1980). Nach Studien bei Ransom und Roethke debütierte der unakademische Romantiker 1957 mit dem von Auden eingeleiteten Band *The Green Wall*. Seine frühe Lyrik, mit der er sich an R. Frost, A. Robinson, aber auch an Ransom und Roethke orientierte, stand in ihrer vom Metrum bis zur Versform reichenden Struktur in der strengen Tradition seiner Vorbilder. Dies änderte sich, als er in den fünfziger Jahren R. Bly begegnete, mit ihm übersetzte und dabei seine Vorstellungen von einer *Poetry of Leaping Images* mit ihrer Tendenz zum Surrealismus entwickelte und schließlich mit Bly in dessen Theorie vom *Deep Image* oder der *emotive imagination* weitgehend übereinstimmte. Für die damit einhergehende Auflösung seines bisherigen Formverständnisses und den Einsatz des Freiverses in Umgangssprache und *leaping images* ist das Gedicht »Lying in a Hammock at William Duffy's Farm in Pine Island, Minnesota« (1963) ein gutes Beispiel. Ähnlich wie Bly war er ein Aktivist der Anti-Vietnam- und Bürgerrechtsbewegungen. Dabei wandte er sich nicht nur gegen Erscheinungen der Tagespolitik (»Confession to J. Edgar Hoover«, den Chef des FBI), sondern auch gegen Schandmale in der Geschichte seines Landes, zum Beispiel in »A Centenary Ode. Inscribed to Little Crow, Leader of the Sioux Rebellion in Minnesota, 1862« (1971), wo er den *Native Americans* und seinen Landsleuten zuruft: »I had nothing to do with it. I was not here / I was not born.« Im Zentrum seines von Nervenzusammenbrüchen, Alkohol und später dem nahen Krebstod überschatteten Schaffens, das in *Collected Prose* (1983) und *Above the River: The Complete Poems* (1990) gesammelt vorliegt, stehen – wenn man von wenigen helleren Gedichten insbesondere aus seiner italienischen Zeit absieht – Verzweiflung angesichts allgegenwärtiger Gewalt in einer Welt, die kaum noch Raum für schmerzlose Liebe läßt. »Dead

Riches, dead hands, the moon / Darkens, / And I am lost in the beautiful white ruins / of America«, heißt es in dem sein Weltbild skizzierenden Schluß des Gedichts »Having Lost My Sons, I Confront the Wreckage of the Moon: Christmas 1960« (1963).

Ähnlich autobiographisch und naturverbunden debütierte der seit 1969 als Professor für Englisch an der *University of South Carolina* wirkende JAMES DICKEY (*1923), der erst im Alter von fast vierzig Jahren als Dichter auf sich aufmerksam machte. Seine Kriegserlebnisse als Pilot in Korea, vor allem aber seine in der Tradition des Südens stehende Distanz zur technisierten Welt bilden die Basis einer Lyrik, mit der er im Dienst seiner Zeitgenossen gegen den Verfall bewährter Werte anschreibt. Der thematische Bogen ist weit gespannt. Stets war Dickey auf der Suche nach Archetypen, nach elementaren Mythen, womit er Snyder, Merwin, aber über Lowell und Olson auch Eliot nahekam (*Drowning with Others*, 1962; *Helmets*, 1964; *Poems: 1957–1967*, 1967; *The Eye-Beaters, Blood, Victory, Madness, Buckhead and Mercy*, 1970; *The Central Motion: Poems 1968–1979*, 1983; *The Eagle's Mile*, 1990; *The Whole Motion: Collected Poems, 1945–1992*, 1992, u. a.). Wie jedoch aus »The Suspect in Poetry« (1964) und späteren Essays zu entnehmen ist, hatte er stets Vorbehalte gegen den Eliot-Kult, die *Fugitives* und auch gegenüber den *Beats*, den *Black Mountain-* und *Confessional Poets* und hielt seinen Mentor Roethke für »the greatest poet this country has yet produced«. Sein Ziel in der Dichtung war »fusion of inner and outer states of dream, fantasy and illusion where everything ... creates a single impression«. Dabei bediente er sich der Technik der gebrochenen Zeile (»split line«), in der die Interpunktion durch Zwischenräume markiert wird, was seinen Versen einen Stakkato-Rhythmus verleiht, zum Beispiel in »Sheep Child« oder »Falling« (1981), dem Gedicht, in dem eine Stewardeß über Kansas aus dem Flugzeug fällt. Seine Verse sind provokativ, oft schockierend und gehen einer Auseinandersetzung mit dunklen Seiten der amerikanischen Geschichte nicht aus dem Weg, wofür Gedichte wie »Slave Quarters« oder »The Firebombing«, da ein Pilot, der eine japanische Stadt mit Napalm übergossen hat, mit seinem ihm von der Geschichte aufgezwungenen Massenmord ringt, charakteristisch sind. Sein Spätwerk (*Jericho*, 1974; *The Zodiac*, 1976; *God's Image*, 1977) bietet neben Prosagedichten auch Romane (*Deliverance*, 1970; *Alnilam*, 1987) und Kritik.

Einen etwas anderen Akzent setzt der naturwissenschaftlich vorgebildete, an der *Cornell University* lehrende Professor für *creative writing* A. (RICHIE) R. (RANDOLPH) AMMONS (*1926), in dessen an Lokalfarbe reichen, oft meditativen Gedichten transzendentes Gedankengut und naturwissenschaftliche Erkenntnisse verbunden werden. *Ommateum With Doxology* (1955) atmet den Geist Emersons. Viele seiner Gedichte (*Collected Poems: 1951–1971*, 1972; *The Snow Poems*, 1977; *Worldly Hopes*, 1982, u. a.) greifen zurück auf Weltbilder Thoreaus und Whitmans. *Sphere: The Form of*

Motion (1974) ist ein moderner »Song of Myself«. Seine von gutem Beobachtungs- und Einfühlungsvermögen gekennzeichneten Verse bieten eine Mischung von romantischer Hoffnung und zeitgenössischem Skeptizismus. Die von ihm genutzten Formen reichen von der Skizze über die Meditation bis hin zu episch-dramatischen Bereichen, in denen oft die Welt North Carolinas und New Jerseys aufscheint. Eine ähnliche, ebenfalls romantische Grundstimmung findet sich bei dem aus Kansas stammenden Literaturdozenten WILLIAM STAFFORD (*1914), der seine der *Deep Image*-Gestaltung nahestehende Dichtung den Landschaften des Westens – wo er seit 1948 lebt – und dem einfachen Leben ihrer Menschen widmet. Sein dichterischer Erstling, *Down in My Heart* (1947), setzt mit autobiographischen Themen ein. Mit den folgenden Bänden *West of Your City* (1960), *Traveling Through the Dark* (1962), *An Oregon Message* (1987) und anderen mehr erweist er sich als ein Meister der kurzen Form, des Augenblicks, dessen einfache Diktion mit seiner erzählenden Syntax harmoniert und kaum einmal das Gefühl des Artifiziellen aufkommen läßt. Seine *Deep Images* sind die Flüsse, die Indianer Oregons, der Mensch in seiner kleinen, noch nicht völlig entfremdeten Gemeinschaft, die aus sich selbst heraus leben könnte.

Diese Grundstimmung findet man in den Gedichten des in Amherst tätigen Dozenten JAMES TATE (*1943) nicht so leicht. Er wurde bereits mit seinen frühen Gedichten, *Cages* (1966), und den folgenden, *The Lost Pilot* (1967) und *Absences* (1972), als einer der besten Lyriker seiner Zeit gelobt. Er hat diesen Ruf mit Bänden wie *The Memory of Caresses* (1979) und *Selected Poems* (1991) gefestigt. Seine Gegenstände sind zum Teil Wiederaufnahmen des unter anderem von Salinger in den fünfziger Jahren behandelten Themas vom Zusammenbruch der zwischenmenschlichen Kommunikation und der damit im Zusammenhang stehenden Isolation und Entfremdung des Individuums, bei Tate allerdings angereichert mit der leisen Hoffnung, die Überwindung dieses Zustands könne zu einem möglichen Neubeginn führen.

Ethnische Facetten

Ähnlich wie im Drama führte der Aufbruch der Bürgerrechtsbewegungen, die auch durch öffentliche Dichterlesungen die Menschen zu erreichen suchten, in der Lyrik – insbesondere an den Universitäten – zu einem fast eruptiven Ausbruch, der nicht nur als Zeiterscheinung wichtig sein dürfte, sondern auch der Lyrik neue inhaltliche und formale Dimensionen erschloß. Das gilt ganz besonders hinsichtlich ihrer multikulturellen Facetten, die sich möglicherweise einmal als prototypisch für die sich gegen Ende des 20. Jahrhunderts insgesamt im globaleren Rahmen entwickelnde Weltliteratur erweisen könnten. Dieser Prozeß vollzog sich für die euroamerikanische Gesellschaft sehr schmerzhaft, weil kämpferisch, auf dem Hintergrund von Massendemonstrationen, brennenden Wohnvierteln und Universitäten und von TV-Bildern aus Vietnam. Für die Minderheiten in ihren nun aufbrechenden radikaleren Emanzipationsbestrebungen aber war dies der Weg einer militanten Suche nach Selbstbewußtsein und einer neuen Identität.

Die Afroamerikaner konnten in dieser Phase bereits auf die kulturellen Errungenschaften zurückgreifen, die ihnen die *New Negro Renaissance* der Vorkriegszeit hinterlassen hatte. Waren Afroamerikaner wie Richard Wright oder Langston Hughes noch darauf angewiesen, sich an euroamerikanischen Vorbildern zu orientieren, so konnten sich die nun in die Literatur drängenden – übrigens auch formal besser gebildeten – schwarzen Dichter an Vorbilder aus ihrer eigenen, afroamerikanischen *community* halten. Zu den Wegbereitern dieses Wandels zählt zum Beispiel der aus der *Harlem Renaissance* hervorgegangene Dozent MELVIN TOLSON (1898–1966), der mit seiner frühen Dichtung *Rendezvous With America* (1944) und Dramen (*Black No More*, 1952; *The Fire in the Flint*, 1963) außerhalb eines afroamerikanischen Publikums kaum bekannt war, bis er 1953 als Schöpfer des *Libretto for the Republic of Liberia* zum *poet laureate* dieses Landes gekürt wurde und mit dem ehrgeizigen Versuch an die Öffentlichkeit trat, von der Gegenwart ausgehend die Geschichte der Afroamerikaner zu ihren Wurzeln in einer breit angelegten Dichtung zurückzuverfolgen. *A Gallery of Harlem Portraits; Book 1, The Curator* (1965) ist der erste Teil dieses unvollendet gebliebenen Werkes.

Von ähnlicher Bedeutung für den Übergang ist der in arme Verhältnisse in Detroit hineingeborene Professor für Englisch ROBERT HAYDEN (1913–1980), der früh zu schreiben begann, von 1936 bis 1938 für das *Federal Writers' Project* arbeitete und sich mühsam durchs Leben schlug, ehe er gegen Ende des Krieges – als Dichter kaum beachtet – seine akademische Ausbildung abschließen konnte. Im Gegensatz zu den meisten bekannten afroamerikanischen Autoren jener Tage lehnte er es ab, ethnozentristisch zu schreiben. Dem 1940 zum Baha'i Konvertierten ging es darum, über Gruppen- und Rassengrenzen hinaus ›universal‹ zu wirken. Dies brachte ihm in den sechziger und siebziger Jahren harsche Kritik militanter Bürgerrechtler ein. Der Verantwortung für seine schwarzen Mitbürger in dieser heißen Phase der Bürgerrechtsbewegungen war er sich indessen bewußt. Früh schon hatte er deren Probleme in seinen »spirit of place poems«, in denen er Kindheit und *neighborhood* (*Heart-Shape in the Dust*, 1940; *Elegies for Paradise Valley*, 1978) behandelte, oder historischen Versen wie »Middle Passage« (1962) aufgegriffen und nicht aus dem Auge verloren (*Angle of Ascent*, 1975; *A Ballad of Remembrance*, 1978; *Collected Poems*, 1985, u. a.). Seine Verse sind nicht selten elegisch, immer dem »will of freedom« verpflichtet, aber auch

»opposed to the chauvenist and the doctrinaire«. Sein Beitrag zur Emanzipation bestand in »correcting the misconceptions and the destroying some of the stereotypes and clichés which surrounded Negro history«. Er hat dies mit leiseren Tönen versucht als andere. Verse aber wie die auf Gershwins *Porgy and Bess* anspielenden »Summertime and the Living« (1962) oder seine »Homage to the Empress of Blues« Bessie Smith (1962) und andere bedeutende Afroamerikaner führten dazu, daß man Hayden 1965 auf dem ersten *World Festival of the Negro Arts* den Großen Preis für Dichtung zuerkannte.

Einen anderen Weg – den in den folgenden zwei Dekaden viele Afroamerikaner einschlugen – geht der in Newark, New Jersey, geborene, aus der schwarzen Mittelschicht kommende LeROI JONES/IMAMU AMIRI BARAKA (*1934). Er studierte in Harvard, diente bei der *Air Force*, wurde – des Kommunismus verdächtigt – entlassen und stieß 1957 als Bohemien zu den Avantgardisten von Greenwich Village. So kam er mit Olson, O'Hara, insbesondere aber mit Ginsberg und den *Beats* in Berührung. Nach einer Kuba-Reise im Jahr 1960 und den Morden an Martin Luther King und Malcolm X brach er mit der Welt der Weißen, tauschte seinen Sklavennamen gegen eine Muslim-Bantu-Komposition und zog nach Harlem. Dies ist der Weg eines Bohemiens über den schwarzen Nationalismus zum internationalistischen, marxistischen Sozialismus. Auf diesem Weg wird die Kunst zur Waffe im Kampf um ein neues rassisches Selbstbewußtsein. Neben seinen Dramen (s. S. 662), *Selected Plays and Prose of Amiri Baraka/L.J.* (1979), ist es vor allem seine Lyrik (*Black Art*, 1966; *Hard Facts*, 1976; *Selected Poems of Amiri Baraka/L.J.*, 1979), in der er seine ästhetischen und politischen Anliegen provokativ in *Standard American English* vorträgt, etwa in »Black People: This Is Our Destiny« (1969), »A Poem Some People Will Have to Understand« (1969) oder den nach seiner Identität fragenden Versen »Numbers, Letters« (1969). Damit wird der ursprünglich von Pound, W. C. Williams und Olson beeinflußte, heute als Professor Lehrende zu einer der wichtigsten Persönlichkeiten der afroamerikanischen Bewegung und Literatur der sechziger und siebziger Jahre und ihrer Neuorientierung von der ›integrativen‹ Phase hin zur militanten Einforderung der Bürgerrechte auch für seine Rasse.

Den von Jones/Baraka vollzogenen Wandel mußten die meisten der ihm folgenden schwarzen Autorinnen und Autoren, die erst auf dem Höhepunkt der Bürgerrechtsbewegungen zur Literatur stießen, nicht durchlaufen. Für sie war das Wort, das Gedicht, das Buch vom Anfang ihrer Karrieren an – und damit griffen sie eine alte amerikanische Tradition auf – *a weapon in the war of ideas*, hier im Kampf um die Gleichberechtigung und eine neue Identität der Minderheiten in der euroamerikanisch dominierten Gesellschaft.

Zu den bemerkenswerten Dichtern dieser revolutionären Szene zählt der aus ärmlichen Verhältnissen stammende, in Mississippi geborene ETHERIDGE KNIGHT (1931–1991). Er genoß nur wenig formale Bildung, vagabundierte, kam als Teenager mit der Drogenszene in Berührung, ging als Sechzehnjähriger zur Armee, kämpfte in Korea und wurde als Folge eines Beschaffungsdeliktes 1960 zu zehn bis fünfundzwanzig Jahren Gefängnis verurteilt. Die Morde an den schwarzen Führern, insbesondere aber die Lektüre der *Autobiography of Malcolm X* veranlaßten ihn, im Gefängnis zu schreiben. Später sagte er: »I died in 1960 from a prison sentence and poetry brought me back to live.« Seine Dichtung, in der das mündliche Element dominiert, thematisiert die Verzweiflung und das Gefühl der ohnmächtigen Verlassenheit, der Isolation des Gefangenen. Die *Poems From Prison* (1968), darin so eindrucksvolle Stücke wie »The Idea of Ancestry«, »The Violent Space«, »Hard Rock Returns to Prison ...«, »He Sees Through Stone« oder »To Make a Poem in Prison« zählen zum Besten der amerikanischen Gefängnis-Lyrik. 1968 wurde Knight mit Hilfe von G. Brooks und S. Sanchez, die er heiratete, auf Bewährung entlassen. In der wiedergewonnenen Freiheit entstanden neue Verse (*Belly Song and Other Poems*, 1975; *Born of a Woman: New and Selected Poems*, 1980; *The Essential Etheridge Knight*, 1986), in denen er zunehmend nach seiner Herkunft fragte, wie in »The Bones of My Father« oder »A Poem for Myself (Or Blues for A Mississippi ›Black Boy‹)«. »Ilu, The Talking Drum« (1980) ist in seinem Trommel-Beat-Rhythmus der Afrikaner eines der besonders beeindruckenden Gedichte des an Krebs Verstorbenen, der von seiner Gefängniszeit berichtete: »soft words are rare and drunk drunk / Against the clang of the keys.«

Ähnlich wie in der Prosa der afroamerikanischen Minderheit sind es auch auf dem Feld der Lyrik Frauen, die in diesem Prozeß der Emanzipation und der Stiftung einer neuen Identität eine führende Rolle spielen. Nicht selten schlagen sie Brücken zu den Frauen anderer Rassen und Minderheiten. Charakteristisch für diese neue Tendenz sind Leben und Werk der Englischprofessorin AUDRE LORDE (1932–1992), deren Eltern aus Westindien in die USA gekommen waren. Ihr Weltbild als Afroamerikanerin, Lesbierin und Feministin gründet sich auf die von ihren Vor-Müttern (*Our Dead Behind Us*, 1986) empfangenen afrikanischen Mythen und afrokaribischen Traditionen. In ihrem umfangreichen Œuvre (*The First Cities*, 1968; *Cables to Rage*, 1970; *From a Land Where Other People Live*, 1973; *The New York Head Shop and Museum*, 1975; *Between Ourselves*, 1976; *Chosen Poems Old and New*, 1982; *Undersong: Chosen Poems Old and New*, 1992), mit dem sie sich als ›warrior poet‹ empfiehlt, stellt sie sich gegen eine Männerwelt und entwirft Bilder starker Frauen, insbesondere das ihrer Mutter. Das Ziel der in *Standard English* schreibenden Dichterin ist »to speak the truth ..., and to attempt to speak it with as much precision and beauty as possible«. Dabei fordert sie, »not to be afraid of difference. To be real, tough, loving – Even if you are afraid.« Viele ihrer Verse (und ihr Roman *Zami: A New Spelling of My Name*, 1982) sind autobiographisch, historisch und nicht frei von Mythen. Sie nannte sich eine grenzüberschreitende (»Walking Over Boundaries«, 1978) »Biomythographin«. Unter Anspielung auf A. Rich und Olson heißt es bei ihr in dem Gedicht »Stations« (1986): »Some women wait for some thing / to change and nothing / does change / so they change themselves.« Der didaktischen Ausrichtung ihrer Lyrik entsprechen ihre Essays (*Apartheid USA* ..., 1986; *I Am Your Sister*, 1986 – beide mit Merle Woo; *Sister Outsider*, 1984; *A Burst of Light*, 1988).

Eine ähnlich einflußreiche Rolle spielen Wirken und Werk der in Cincinnati aufgewachsenen Historikerin NIKKI GIOVANNI (*1943), die eine »New Black Poetry« forderte. Bereits in ihren ersten Gedichtbänden *Black Feeling, Black Talk* (1967) und *Black Judgement* (1968) verkündete sie stolz, eine Schwarze zu sein und suchte dieses Gefühl mit ihren Gedichten für Kinder – *Spin a Soft Black Song* (1971), *Ego-Tripping and Other Poems for Young People* (1973) und *Vacation Time: Poems for Children* (1980) – an die junge Generation der Afroamerikaner weiterzugeben. Ihre autobiographischen Einlassungen *Gemini: An Extended Autobiographical Statement on My First Twenty-Five Years of Being a Black Poet* (1971), die Essays *Sacred Cows And Other Edibles* (1988) und edierten Reden und Diskussionen etwa mit J. Baldwin oder M. Walker, die in den siebziger Jahren veröffentlicht wurden, sind beeindruckende Dokumente ihres Kampfes. Für sie ist Literatur »only useful as it reflects reality«. Ihre Wirklichkeit aber – und das ist ihr Weltbild – ist zweigeteilt. In *My House* (1972) teilt sie es in »The Rooms Inside«, in denen sie lieben kann, und »The Room Outside«, die Außen-Welt also, in der »nothing makes sense«. In ihren Forderungen nach Veränderung ist sie kompromißlos: »Can we learn to kill WHITE for Black / Learn to kill niggers / Learn to be Black men«, heißt es in »The True Import of Present Dialogue: Black vs. Negro« (1968). Im selben Jahr fügte sie hinzu: »if they kill me / it won't stop / the revolution.« Neben solchen provokativen Gedichten stehen Verse, die ihren neuen ästhetischen Vorstellungen Ausdruck verleihen, etwa »Beautiful Black Man« (1968), in dem sie sich des *Black American* bedient. Die späteren Gedichte, etwa *Cotton Candy on a Rainy Day* (1978) oder *Those Who Ride the Night Wind* (1983), deuten wie »The Rose Bush« auf einen gewissen Rückzug in die »Rooms Inside« hin. Giovanni, die in ihrem poetischen Werk eine Welt in »serious disorder« zeigt, eine Gesellschaft, die »still separate and unequal« ist, sieht dennoch in allen Mitmenschen »Pioneers« mit »a deep desire to survive and an equally strong will to live«. Ihre Verse sind von hoher sprachlicher und struktureller Flexibilität, sie bieten vom Jazz-Rhythmus getragenes *Black American* ebenso wie Lehrgedichte im *Standard English*. Nicht minder variantenreich sind die angeschlagenen emotionalen Tonlagen vom Humor über den Zorn bis hin zum Zynismus. Und alles vollzieht sich in einer großen thematischen Vielfalt, womit sie einen festen Platz in der afroamerikanischen Literatur beanspruchen kann.

Kämpferisch gibt sich auch die aus Alabama stammende Dozentin für *creative writing* und *Afro-American Studies* SONIA SANCHEZ (*1934). Auch ihr, der Mutter, Lehrerin und politischen Aktivistin, geht es zunächst vor allem darum, ihre Dichtung in den Dienst des Kampfes um ein neues afroamerikanisches Selbstbewußtsein zu stellen. Ihre harten Angriffe gegen das weiße Establishment, vorgetragen in einer unakademischen, nicht selten rüden Diktion, richten sich besonders gegen die das System tragende Mittelschicht. Sie geht dabei so weit, das *Standard English* als Instrument weißer Unterdrückung abzulehnen. Zu ihren frühen Themen zählt das Verhältnis zwischen schwarzen Frauen und Männern und deren Kinder (*Homecoming*, 1969; *WE a BaddDDD People*, 1970; *Liberation Poem*, 1970; *It's a New Day: Poems for Young Brothas and Sistuhs*, 1971, u. a.), wofür »to all brothas«, »poem at thirty« oder »nigger« charakteristische Beispiele sind. 1972 schloß sie sich der von Elijah Muhammad etablierten Moslem-Ideologie an, was sich in ihren *Love Poems* und in *A Blues Book for Blue Magic Women* (beide 1974) sowie *Ima Talken Bout the Nation of Islam* (1972) niederschlug. In ihren späteren Versen (*I've Been a Woman: New and Selected Poems*, 1978) oder ihren Prosagedichten (*Homegirls and Handgrenades*, 1984) sind Mystisches und Abstraktes zu finden. Ein guter Teil ihres Werks lebt von ihrer Experimentierfreude, wofür Gedichte wie »nigger«, »summery«, »LISTENEN TO BIG BLACK AT S.F. STATE« oder »summer words of a sistuh addict« stehen können. Ihre Theaterstücke, etwa *The Bronx Is Next* (1968), zielen auf den gesellschaftlichen Wandel, wobei die Kritik am Rassismus verbunden wird mit der an der von Verfall und Entfremdung erfaßten Welt. Darin stimmt sie prinzipiell überein mit der etwa zehn Jahre älteren Literaturprofessorin MARI EVANS (*1923). Diese außerordentlich kreative Dichterin, Dramatikerin, Kritikerin, Musikerin und TV-Mitarbeiterin wurde zu Beginn der siebziger Jahre durch ihre in viele Sprachen übersetzten Werke bekannt. Ihre Waffe im Kampf um die Emanzipation ist das referentielle, in vielen Formen variierende Gedicht im idiomatischen *Standard English*. »I understand«, heißt es bei ihr, »that Black writers have a responsibility to use the language in a manner it is and always has been used by non-Black writers and by the state itself: as a political force … (I see) the various art forms as vehicles … and try for a poetic language that says … ›This, is what we must do!‹« Schon nach ihren frühen Veröffentlichungen *I Am a Black Woman* (1970) bemerkte die Kritik: »[She] comes closer to the new militancy of revolution«, und tatsächlich verband sie noch in ihren späteren Gedichten wie *Nightstar* (1981) oder *A Dark and Splendid Mass* (1992) ihr ethnisch-humanes Anliegen mit der Kritik an den Übeln eines

Systems, das Armut, Obdachlosigkeit, Krieg und eine allumfassende Entfremdung hervorbringt und fördert.

Starkes Engagement für ihre Sache legt ebenso die Professorin für *Afro-American Studies* JUNE JORDAN (*1936) an den Tag, die als Essayistin (*Civil Wars*, 1981; *On Call: Political Essays*, 1985; *Technical Difficulties: African-American Notes on the State of the Union*, 1992), Komponistin und bisher kaum beachtete Dramatikerin (*The Spirit of Sojourner Truth*, 1979; *For the Arrow That Flies by Day*, 1981; *All These Blessings*, 1988) eine beachtliche kreative Breite erkennen läßt und vor allem mit ihrem lyrischen Werk Anerkennung fand. Nach schwerer Jugend ist eines ihrer zentralen Themen die Selbstfindung des Individuums, aber auch die der unterdrückten Kulturen. Dabei orientierte sie sich bereits an afroamerikanischen Vorbildern wie L. Hughes, M. Walker und R. Hayden und näherte sich den Positionen A. Lordes und A. Duveaus. Ihr politischer Kampf gilt nicht nur dem Rassismus, sondern – auf Grund ihrer bisexuellen Neigungen – der Emanzipation der Minderheiten schlechthin und zielt auch auf Umweltprobleme. Fast alle ihre Gedichte aus der Zeit zwischen 1970 und 1975 finden sich in dem Sammelband *Things That I Do in the Dark: Selected Poetry* (1977). Danach wurde ihre Thematik internationaler und gilt in *Living Room: New Poems* (1985) und *Naming Our Own Destiny* (1989) nicht mehr nur den Unterdrückten der USA, sondern auch denen im Libanon, in Liberia oder Südafrika, etwa in den Gedichten »To Free Nelson Mandela« oder »Moving Toward Home«, wo es heißt: »I was born a Black woman / and now / I am become a Palestinian.« In welchem Maß für sie die Welt auch noch nach der Epoche der Bürgerrechtsbewegungen ein Ort ist, in dem sie sich hilflos zwischen individuellen und politischen Bedrängungen sieht, sagt ihr »Poem about My Right«: »I can't do what I want / to do with my own body because / I am the wrong / sex the wrong age / the wrong skin ...«

Von durchaus anderer Art ist das Werk von LUCILLE CLIFTON (*1936). Die aus dem Staat New York kommende Ehefrau und Mutter von sechs Kindern und spätere Professorin am *St. Mary's College* widmete ihre vielfach ausgezeichnete Lyrik (*Good Times*, 1969; *Two-Headed Woman*, 1980; *Quilting: Poems 1987–1990*, 1991) dem Leben der schwarzen Arbeiter in der Großstadt. Im Zentrum ihrer Dichtung stehen die Familie als Kern der *community*, das Verhältnis der Menschen zueinander und die historische Herkunft in der weiß dominierten Umwelt. Wie L. Hughes und G. Brooks unterstreicht sie die Bedeutung der Familie mit Verweis auf die Vor-Mütter, die Urgroßmutter, die man einst kidnappte, deren Tochter, die man lynchte. Mit diesen Stücken will sie die Vergangenheit wieder lebendig werden lassen und wachhalten, um so ihren Beitrag zur Identitätsfindung, aber auch – aus ihrer christlichen Überzeugung heraus – zur Versöhnung zu leisten. Daraus resultiert ihr optimistischer Ton (»Good News

About the Earth«, »Some Jesus«). Bei ihr sind es neben »The black God, Kali / a woman God« aber auch afrikanische Göttinnen wie Yemoja sowie Mythos, Volksglaube und Zaubersprüche, aus denen sich ihre Lyrik speist. »My family«, sagt sie, »tends to be a spiritual and even perhaps mystical one«, und dies kommt in ihrer Dichtung immer wieder zum Ausdruck.

Einen neuen Akzent, man möchte sagen, einen über die Radikalitäten der Bürgerrechtsbewegungen hinausweisenden, setzt der in Albuquerque gebürtige, aus einer Arbeiterfamilie stammende JAY WRIGHT (*1935). Das Studium der Folkloristik, Anthropologie, der Naturphilosophie, des europäischen Mittelalters und der Renaissance sowie afrikanischer Religionen, deren Rituale, Kosmologien und Symbole in seine Dichtung eingehen, bildet die Basis eines qualitativ beachtlichen Œuvres. Die Gedichtsammlung *The Homecoming Singer* (1971), deren Titelgedicht charakteristisch für die erzählerische Dynamik dieser Lyrik ist, wird getragen von der Verarbeitung autobiographischer Elemente, die sich aus den Erfahrungen des Dichters in den Bereichen Politik, Geschichte und der Mythen konstituieren. Die Bände *Soothsayers and Omens* (1976), *Dimensions of History* (1976) und *Explications/Interpretations* (1984) sind insofern besonders interessant, als der Afroamerikaner Wright hier die Grenzen seiner Minderheit hinter sich läßt und die afrikanischen, spanischen und indianischen Elemente zusammenführt in der These, alle Ideen der Menschheit kämen aus einer Wurzel, und die sich intellektuell, kulturell und spirituell ausprägenden ›Existenzen‹ seien in ihrer Abhängigkeit von der ›materiellen Existenz‹ zu sehen und zu beurteilen. So gelangt auch er – indes nicht über die Religion wie L. Clifton – zum Prinzip Hoffnung, indem er darauf hinweist, daß sich die Afroamerikaner auf ihrem Weg zu einer neuen Identität zunächst mit ihren Wurzeln versöhnen müßten. So wie Wright in *The Double Invention of Komo* (1980) auszieht, sich im Ritual der Bambere-Zeremonie gleichsam selbst (wieder) zu entdecken, ist sein historisch-autobiographisches Œuvre, etwa mit den Gedichten »Tensions and Resolutions« (1984) oder »Homecoming ...«, das Paradigma einer romantisch anmutenden Suche nach Selbstfindung in der Geschichte Afrikas und Amerikas, nun aber unter Einschluß Europas. Damit fügt Wright der afroamerikanischen Dichtung des 20. Jahrhunderts eine neue Dimension hinzu, die auf Versen und einer Sprachbeherrschung von beachtlicher Qualität basiert. Die Originalität dieses Ansatzes und dessen überzeugende poetische Umsetzung, die man als multikulturell, wenn nicht sogar als global tendierend bezeichnen kann, lassen vermuten, daß die Dichtung dieses breit gebildeten Meisters des präzisen Wortes als bleibende Leistung der amerikanischen Literatur am Ende des 20. Jahrhunderts Bestand haben wird.

Ebenso gebildet und multikulturell ausgerichtet ist das Werk der aus einer Mittelklassefamilie Ohios stammenden RITA DOVE (*1952). Sie hat eine ähnlich fundierte internationale Bildung genossen wie Jay Wright. Nach Studien in den USA kam sie als Fulbright-Stipendiatin nach Tübingen, bereiste von dort Europa und heiratete schließlich einen deutschen Schriftsteller. Sie wirkt heute als Dozentin an der *University of Virginia*. Schon ihre ersten Gedichtbände, *The Yellow House on the Corner* (1980) und *Museum* (1983), machen deutlich, in welchem Maß sie die Begegnung mit der Welt außerhalb der USA sensibel gemacht hat für andere Kulturen und wie der in den USA so oft gebrauchte Begriff ›multikulturell‹ bei ihr eine weitergreifende Qualität annimmt. Dies ist die Basis, von der ausgehend Rita Dove in einer Art Familien- und Stadtchronik ihrer Heimat Acron, Ohio, *Thomas und Beulah* (1986), am Beispiel Thomas' (23 Gedichte) und Beulahs (21 Gedichte) das Leben ihrer Großeltern, deren Verlobungszeit und Heirat schildert. Damit entwirft sie ein beeindruckendes Bild von den Leistungen der schwarzen Gesellschaft und trägt zur Identitätsstiftung afroamerikanischer Leser bei. Die Gedichte *Grace Notes* (1989), die *short stories Fifth Sunday* (1985) und der Roman *Through the Ivory Gate* (1952) runden ein noch unvollendetes Werk ab, das – wie die Dichtung Jay Wrights – den Beginn einer neuen Ära afroamerikanischer Poesie anzuzeigen scheint, in der das noch nicht vollendete Ringen dieser Minderheit um eine eigene, neue Ästhetik und Identität eine neue Qualität anzunehmen im Begriff ist.

Eine immer bedeutender werdende Facette der amerikanischen Dichtung bildet die Poesie der *Latinos*, die zuweilen aus der besonderen Multikulturalität resultiert, die sich aus der Affinität zur afro-amerikanisch-karibischen, aber auch zur mexikanischen Kultur ergibt. So kann es nicht überraschen, daß die Dichtung der siebziger und achtziger Jahre – die sowohl englisch als auch spanisch und bilingual komponiert ist – sehr kämpferisch daherkommt. Im Kern handelt es sich bei diesen ›Versen‹ um Mittel im Ringen um die Befreiung von der materiellen Ausbeutung und kulturellen Dominanz der *gringos*. Typischer Vertreter dieser Richtung ist SERGIO ELIZONDO (*1930; *Perros y antiperros; una epica chicana*, 1972) – seine Charaktere sind überlegene ›winner who take nothing‹. Dies gilt auch für die zum Teil im Gefängnis entstandene Dichtung RAÚL SALINAS' (*1934; »A Trip Through the Mind Jail«, 1970) und RICARDO SÁNCHEZ' (*1941). Letzterer spricht sich in *Canto y grito mi liberación* (1971) – 1973 auch englisch als *I Cry and Sing My Liberation* – und *Hechizospelles* (1976) nicht nur für die Befreiung, sondern auch gegen jede Form der Assimilation aus. In dieselbe Richtung zielen die anklagend-kämpferischen Zeilen in *Hay otra voz: Poems* (1972), *Shaking Off the Dark* (1984) und *Crónica de mis años peores* (1987) von TINO VILLANUEVA (*1941).

Da in der Dichtung dieser schnell wachsenden Minderheit eine Reihe feministisch orientierter Frauen an Einfluß gewinnt, kann auch ein Brückenschlag zu zum Teil militanten Feministinnen anderer Minderheiten und der dominierenden euro-amerikanischen Frauen-Poesie konstatiert werden. Dabei handelt es sich um Solidaritäten neuer Qualität im Rahmen der literarischen Szene der Bürgerrechtsbewegungen. Eine neue Qualität nimmt auch die Suche der in den vierziger und fünfziger Jahren geborenen *Latinos* nach ihrer Identität an. Ihnen scheint klar zu sein, daß die Lösung dieses Problems weder in einem Zurück in eine wie auch immer geartete spanisch-karibisch-indianische Kultur noch in der Assimilation in der euro-amerikanischen zu finden ist, sondern auf einer anderen Ebene vollzogen werden muß, die nicht nur bikultural, sondern auf Grund der geographischen, sozialen und siedlungsbedingten Gegebenheiten auch bilingual sein müßte. Zwischen diesen Markierungen stürmt, bewegt und tastet sich eine Reihe von Dichterinnen und Dichtern voran, die aus einer großen Anzahl schreibender *Latinos* herausragen. Dabei spielte der 1967 in Berkeley gegründete Verlag *Quinta Sol*, zu dessen bekanntesten Autoren der Dichter JOSÉ MONTOYA (*1932) mit *El sol y los de abajo and Other R.C.A.F. Poems* (1972) zählt, eine wichtige Rolle.

Eine der Frauen, die als Chefredakteurin der einflußreichen Zeitschrift *Fuego de Aztlán* die mexikanisch-indianische Symbiose verkörpert, zugleich aber eine diese Grenze überschreitende feministische Poesie schreibt, ist BERNICE ZAMORA (*1938). Sie, deren Vater im Bergbau arbeitete, stammte aus einer bereits sechs Generationen im südlichen Colorado lebenden Farmerfamilie. Seit den siebziger Jahren erschienen ihre Gedichte, in denen Liebe und Sex, Tod und Auferstehung, Verläßlichkeit und Untreue, aber auch Wein und Blut und vor allem die Schlange zentrale Motive bilden und die sich immer wieder gegen die von Männern dominierte Welt richten, in der die Gewalt gegen Frauen zum Alltag gehört. Ihre Sammlung *Restless Serpents* (1976), insbesondere das Gedicht »Penitents«, das die sich entwickelnde neue Rolle der Frau thematisiert, macht deutlich, daß die auf Shakespeare, Hesse, R. Jeffers und Guillevic verweisende Dichterin eine neue Generation formal besser gebildeter *Latinos* repräsentiert. Das gilt auch für die aus El Paso stammende PAT MORA (*1942). In ihrem Gedicht »University Avenue« (1986) begegnet man der Frau aus der Arbeiterklasse, der erst jetzt die Universität offensteht. Unter Verweis auf den in Texas herrschenden Rassismus plädiert sie für Bikulturalismus und Bilingualismus, das heißt für eine *Chicana/o*-Identität, und lehnt die Assimilation strikt ab. Dieses Thema bildet den Kern solcher Gedichte wie »Unnatural Speech« (1986), dem Porträt eines zwischen den Kulturen ständig hin- und hergeworfenen Studenten, oder »Border Town: 1938« (1986), in dem die Geschichte nicht zur Idylle wird, sondern wo die Rede ist von einem »separate and unequal system« von »segregated schools«. Und in »Legal

Alien« (1984) heißt es: »an American to Mexicans / a Mexican to Americans / a handy token / sliding back and forth / between the fringes of both worlds / by smiling / by Masking the discomfort / of being pre-judged / Bilaterally.« Ihr bisheriges Werk, sehr stark der Tradition mündlicher Überlieferung verpflichtet, liegt vor in den Sammelbänden *Chants* (1984), *Borders* (1986), *Communion* (1991) und *A Birthday Basket for Tía* (1992). Ihr Essay-Band *Nepantla: Essays from the Land in the Middle* (1993) ist eine interessante Einführung in die Befindlichkeit der zwischen den USA und Mexiko um ein neues Selbstbewußtsein ringenden *Chicanos.*

Ähnlich kämpferisch betrat die aus der zweiten Generation von *Chicanos* stammende, im nördlichen Kalifornien geborene Dozentin LORNA DEE CERVANTES (*1954) die literarische Bühne. Auch sie hat eine eindeutige politische Konzeption, die sie in klare, äußerst rhythmische und argumentative Verse umsetzt, die in ästhetischer Hinsicht als ein beachtenswerter Beitrag zur *Chicana*-Literatur angesehen werden können. Wie Carlos Castañeda ist sie der Ansicht, die Welt müsse einer neuen Harmonie zugeführt werden, wenn sie überleben soll. Dabei hat sie – vom neuen Selbstbewußtsein einer *Chicana* und Feministin ausgehend – ein klares Ziel: die Überwindung der Männer-Gesellschaft im Rahmen eines Kultur- und Klassenkampfes. In dem »Poem for the Young White Man Who Asked Me How I, An Intelligent, Well-Read Person Could Believe in the War Between Races« (1981) faßt sie ihr Weltbild zusammen: »I believe in revolution«, heißt es hier, »I'm marked by the color of my skin« oder »Let me show you my wounds ... my ›excuse me tongue‹ ... with the feeling of not being good enough.« Und sie fährt fort: »that is not / my land« und schließt »I do not believe in the war between races / but in this country / there is war.« Solchen Zeilen stehen lyrische Naturgedichte gegenüber. Sie sprechen für die große poetische Spannweite ihrer Lyrik, deren größter Teil Eingang fand in die Bände *Emplumada* (1981) und *From The Cables of Genocide: Poems of Love and Hunger* (1991). Zu den feministisch orientierten *Chicanas* ist auch die in Chicago geborene SANDRA CISNEROS (*1954) zu rechnen, die mit ihrer Prosa – *The House on Mango Street* (1984) und *Woman Hollering Creek and Other Stories* (1991) – sowie ihren Gedichten – *Bad Boys* (1980) und *My Wicked Wicked Ways* (1987) – den Archetypus der sich vom ›bad girl‹ zur ›evil woman‹ entwickelnden Frau thematisiert und dazu beitragen will, die literarische Leere zwischen den Kulturen mit einem neuen Bikulturalismus zu füllen. Die Dichterinnen haben wesentlich dazu beigetragen, daß sich ein post-nationaler *Chicana*-Feminismus entwickelte, für den Namen wie Cherríe Moraga, Gloria Anzaldúa oder Norma Alarcón stehen, die durch eine Revision von Geschichtsbildern – wie das von La Malinche – eine neue *Chicana*-Identität aus der Taufe heben wollen.

Stark autobiographisch gefärbt sind die Gedichte des aus Fresno gebürtigen, heute in Berkeley als Dozent wirkenden GARY SOTO (*1952), der über das *creative writing program* zur Literatur stieß und seit 1973 seine Verse zu veröffentlichen begann. In *Elements of San Joaquin* (1977) präsentierte er in einer klaren, unkomplizierten Sprache und transparenten Bildhaftigkeit Szenen aus seiner Kindheit, Jugend und Familie. Sie bieten Beispiele für eine zwischen den mexikanischen und euroamerikanischen Welten tastenden Identität, und es klingt überzeugend, wenn Soto nach den Schlachten der Bürgerrechtsbewegungen den sozialen Aspekt dieses Kampfes im Auge behält und sagt: »I believe in the culture of the poor.« Ebenfalls autobiographisch und in der Tradition der mündlichen Überlieferung, insbesondere der spanischen Ballade, stehend, sind die Gedichte des Dozenten ALBERTO RÍOS (*1952). Der Sohn eines mexikanischen Vaters und einer englischen Mutter bewegt sich nicht nur sicher zwischen den beiden Sprachen, sondern auch in ihren Kulturen (*Whispering to Fool the Wind*, 1982; *Five Indiscretions*, 1985; *The Lime Orchard Women*, 1989; *Teodora Luna's Two Kisses*, 1990). Seine – auch rhythmisch – klaren Verse verbinden alltägliche Situationen mit ins Surreale abdriftenden Gedanken und sind nicht selten didaktisch, wie das Gedicht »Advice to a First Cousin« (1985) zeigt, das mit den Zeilen beginnt: »The way the world works is like this.« 1984 ergänzte er seine Poesie mit *The Iguana Killer: Twelve Stories of the Heart*, die dem magischen Realismus seines Vorbildes Neruda nahekommen.

Eine besondere Spielart der *Latino*-Literatur bringen die seit den vierziger Jahren in größerem Umfang insbesondere nach New York eingewanderten Puertorikaner hervor, deren zweite Generation einerseits leidenschaftlich um soziale Gleichberechtigung ringt, andererseits aber darum bemüht bleibt, ihre karibischen Wurzeln nicht zu verschütten. Viele von ihnen erkennen, daß es mit Rückbesinnung allein nicht getan ist, sondern eine neue Identität auf der Tagesordnung steht. Ihren entscheidenden Impuls erfährt auch diese Minderheiten-Literatur durch den Zeitgeist der Bürgerrechtsbewegungen, der sich auf dem Hintergrund der Großstadt – New York – noch stärker sozialkritisch ausprägt. Charakteristisch für diese Situation ist das Werk eines der Schrittmacher dieser Generation, PEDRO PIETRI (*1944). Sein *Puerto Rican Obituary* (1973), eine von Sarkasmus, Ironie und bitterem Humor gekennzeichnete Attacke gegen eine Gesellschaft, in der der *American dream* für die Puertorriqueños zum Alptraum geworden ist, führt durch die Täler von Arbeitslosigkeit, Armut und Demütigung. Die darin enthaltene Aufforderung zur Überwindung des westlich-kapitalistischen Systems appelliert an den Stolz der Betroffenen. Die aus der eigenen Kultur zu schöpfende Würde verheißt eine Hoffnung jenseits der abverlangten Assimilation. Mit *Traffic Violations* (1983), wo sich das lyrische Ich den *outcasts* zuschlägt, führt der Weg vom sozialen Protest zu einer an das Surrealistische grenzenden Analyse der Zivilisation. Alle seine Verse sind in der Sprache der *barrio* und einem dem *Black American* nahestehenden Idiom gehalten, was er als ein Zeichen der Solidarität mit der schwarzen Minderheit verstanden wissen will. Auch in dem Band *The Masses Are Asses* (1984) bekräftigt er noch einmal, was er seinen Landsleuten bereits im Jahr 1973 als Gedicht-Titel zurief: »PUERTO RICO IS A BEAUTIFUL PLACE / PUERTO-RRIQUEÑOS ARE A BEAUTIFUL RACE«. In dieser Auffassung, aber auch in seinem sozialen Protest steht ihm der Dramatiker und Dozent für *creative writing* TATO LAVIERA (vgl. S. 668) nahe, der als Kind nach New York kam und als der Chronist des *barrio* gilt. Mit dem Band *Enclave* (1981) machte er auf sich aufmerksam; mit *AmeRícan* (1985) wurde er zum poetischen Interpreten der *Nuyoricans*, deren hartes, von Hunger und Entbehrungen gekennzeichnetes Leben er in *La Carreta Made a U-Turn* (1976) beeindruckend behandelt. Seine Lyrik will vorgetragen, gesungen, in jedem Fall gehört werden. Sie nutzt nicht nur das Idiom der *Nuyoricans*, sondern auch die Rhythmik der karibischen Musik. Er schreibt in Englisch, Spanisch und *Spanglish* und fühlt sich insbesondere dem afrikanisch-karibischen Erbe verpflichtet, wenn er sagt: »It is called Africa in all of us.« Es ist das Vermächtnis einer multi-ethnischen Kultur, nun getragen von einem pluralistischen Weltbild, das bei aller Beschwernis nicht frei von Lebensfreude ist.

Ebenfalls der Sozialkritik gewidmet ist die Dichtung der Lehrerin JUDITH ORTIZ COFER (*1952). Da ihr Vater bei der Marine diente, wechselte die Familie oft ihren Wohnsitz zwischen Puerto Rico und den USA, wo sie sich schließlich in Georgia niederließ. Cofer studierte unter anderem in Oxford und lernte so die Welt jenseits der Minderheitenkonflikte kennen. Eines der zentralen Themen in ihrem umfangreichen Werk (*Latin Women Pray*, 1980; *The Native Dancer*, 1981; *Among the Ancestors*, 1981; *Peregrina*, 1986; *The Line of the Sun*, 1989; *Silent Dancing*, 1990, u. a.) ist nicht mehr so sehr der ethnische Aspekt, sondern das Verhältnis Mann–Frau, das sie für eine stabile Gesellschaft, für die Kultur schlechthin als wesentlich erachtet. Dabei spielt Sexualität eine bedeutende Rolle. Es ist die Spannung zwischen Sehnsucht und Erfüllung, die ein Leben bestimmt, in dem die meisten Probleme aus frustrierter Sehnsucht resultieren. Ihre Gedichte, von denen »Claims« (1987), »My Father in the Navy: A Childhood Memory« (1987) und »En Mis Ojos No Hay Días« (1987) hervorgehoben werden können, sind Beispiele von großer sprachlicher Dichte. In »Latin Women Pray« skizziert sie die spezifische Situation der Latina zwischen den Kulturen: »They pray in Spanish to an Anglo God / With a Jewish Heritage … / All fervently hoping / That if not omnipotent / At least be bilingual.«

Introspektiver ist die Dichtung des als Fünfjähriger in die USA gekommenen und heute in Kalifornien lebenden VICTOR HERNÁNDEZ CRUZ (*1949), dessen bikulturelle Situation insbesondere in seinen sprachlichen, bilingualen Ansätzen aufscheint. Im Zentrum seiner Themen steht nicht mehr nur die rauhe Welt der *barrio*, auch wenn in der Gedichtsammlung *Snaps* (1969) Drogenerfahrungen und andere Folgen der entfremdenden Urbanisierung thematisiert werden. Seine Vorstellungen von Bilingualität und Bikulturalität tendieren hin zum Kosmopolitischen. So, wie er in seinen Versen, zum Beispiel in »Mountain Building«, mit Spanisch und Englisch spielt, beide Sprachen und deren Rhythmen miteinander verwebt, wie dies besonders in *By Lingual Wholes* (1982) geschieht, führt er auch deren Gedankenwelten zusammen. Was die Formen betrifft, so findet sich das Ein-Wort-Gedicht neben dem Haiku oder der *short story*. Alles dient dem Versuch, auch im Ästhetischen eine neue Identität zu finden. Formal steht er der *concrete poetry*, den Minimalisten nahe, die er mit dem Rhythmus des Spanischen zu verbinden sucht. Manches spricht dafür, daß Cruz die Lyrik der *Latinos* nach den Dekaden einer kämpferischen *litérature engagée* in eine Phase der Selbstfindung überführt, in der ästhetische Aspekte wieder an Boden gewinnen.

Was die *Native Americans* betrifft, so waren viele von ihnen in den fünfziger bis siebziger Jahren vor allem damit beschäftigt, das von ihren Vorfahren mündlich weitergegebene Kulturerbe in Texten festzuhalten, um es als Grundlage für die Renaissance dieser Kultur und einer darauf basierenden Literatur zu bewahren. Hatten sich dieser Aufgabe vorher meist euroamerikanische Anthropologen angenommen, so geht dies nun auf dem Hintergrund der Bürgerrechtsbewegung mehr und mehr auf *Native Americans* über, die verstärkt als Autoren in Erscheinung treten und bemüht sind, in einem Prozeß des *re-writing* ihrer bislang vornehmlich von Weißen interpretierten Geschichte deren Einschätzungen zu korrigieren. Sehr typisch für diesen Prozeß ist das Werk des aus Minnesota stammenden Ojibwa/Chippewa GERALD ROBERT VIZENOR (*1934). Als Professor für *American Indian Studies* hat er in einer ganzen Reihe von Texten (*Anishinabe Adisokan. Stories of the Ojibwa*, ed. 1974; *Earthdivers: Tribal Narratives on Mixed Descent*, 1981; *The People Named the Chippewa: Narrative Histories*, 1984; *Touchwood: A Collection of Ojibway Prose*, 1987) solche Schätze gehoben und in seiner autobiographischen Erzählung *Growing Up in Minnesota* (1976) sowie in den Romanen *The Trickster of Liberty: Tribal Heirs to a Wild Baronage* (1988) und *The Heirs of Columbus* (1991) einfühlsame Bilder aus dem Leben seiner Minderheiten gezeichnet. Seine Gedichte (*Born in the Wind*, 1960; *The Old Park Sleepers*, 1961; *South of the Painted Stone*, 1963, oder *Seventeen Chirps*, 1964) leben – oft in der Form des Haiku – von den Mythen seines Stammes und künden von einer starken Naturverbundenheit, was ohnehin typisch für die Literatur der *Native Americans* ist.

Daß aber auch sie in ihrer Entschlossenheit, ihre Identität und Selbstbestimmung zurückzugewinnen, nicht hinter den anderen Minderheiten zurückstehen, beweist der in Albuquerque geborene Acoma-Pueblo SIMON J. ORTIZ (*1941), der zunächst eher intime Lyrik schrieb, aber in den sechziger und siebziger Jahren auf N. S. Momaday und J. Welch aufmerksam wurde und sich zur »Native American nationalistic voice« entwickelte. Seine Gedichtbände *Going for the Rain* (1976), *A Good Journey* (1977) und insbesondere *Fight Back: For the Sake of the People, For the Sake of the Land* (1980) bergen in den Titeln schon das Programm. Diese Verse verbinden politisches Wollen mit einem feinen Gespür für die Verletzlichkeit der Schöpfung (»song of language is a way of touching«) und der Erkenntnis, daß eine tragfähige Identität nicht nur eine individuelle Angelegenheit ist, sondern auch aus der Gruppe und der heimatlichen Erde erwächst. In seiner Gegnerschaft zu den Angloamerikanern steht Ortiz auf dem Standpunkt, daß deren Zivilisation den Menschen entfremdet und die Umwelt, in und von der wir leben, zerstört. Dies ist einer der Gründe, daß für ihn Poesie nicht nur ein ästhetisches Phänomen ist. Der Gedichtzyklus *From Sand Creek* (1981) faßt diese Ideen zusammen. Die darin enthaltene Aufforderung, Verantwortung für die Welt zu übernehmen, beinhaltet aber auch Hoffnung. Diese Lyrik wird ergänzt durch Prosa (*Howbah Indians*, 1978; *Fightin': New and Selected Stories*, 1983, u. a.).

Nicht freundlicher zeichnet ihren Staat die aus Tulsa, Oklahoma, stammende Creek JOY HARJO (*1951), die ihre Zeit ganz bewußt aus der Perspektive der Indianer sieht. Sie will die »fantastic and terrible story of our survival«, die Isolation in den Reservaten und die Entfremdung in den Städten in den Blick ihrer Mitmenschen rücken. In ihren Gedichten (*The Last Song*, 1975; *What Moon Drove Me To This*, 1979; *She Had Some Horses*, 1983; *Secrets from the Center of the World*, 1987) variiert sie zwischen Realismus, Zorn, aber auch der lyrischen Zartheit indianischer Spiritualität. Beide Seiten finden sich in Versen wie »New Orleans« (1983), »Remember« (1983) oder »We Must Call a Meeting« (1990) – letzteres zeigt, daß der Kampf um die Emanzipation noch längst nicht zu Ende ist. Ihre Stellung in dieser Welt spricht aus den Zeilen »She had some horses she loved. / She had some horses she hated. / These were the same horses.«

Um die Aufarbeitung, Sichtbarmachung und Neubewertung des Schicksals der *Native Americans* geht es auch der Anthropologin und Dozentin für *Ethnic and Native American Studies* WENDY ROSE (*1948). Sie ist eine Hopi mit englischen, schottischen, deutschen und irischen Vorfahren, wuchs in Oakland auf und gilt heute als eine der bedeutendsten Dichterinnen der *Native Americans*. Sie ist politisch sehr aktiv, übrigens auch als Feministin. Sie lehnt die eurozentristische Poetik ebenso ab wie die von (weißen) Männern beherrschte (akademische) Welt und tritt ihnen, gegründet auf ihre Stammestraditionen, selbstbewußt entgegen (*Academic Squaw: Reports to the World from the Ivory Tower*, 1977). Ein wichtiges Thema ist für sie der tragische Tod so vieler Indianer durch die Hand der Weißen. Gedichte wie »To the Hopi in Richmond« (1985) oder »If I Am Too Brown or Too White for You« (1985) drücken viel von dem Zorn und dem Schmerz aus, die sie als eine zwischen den Kulturen Geborene bedrükken. Zu ihren bekanntesten Sammlungen zählen *Hopi Roadrunner Dancing* (1973), *Builder Kachina: A Home-Going Cycle* (1979) und *Going to War with All My Relations* (1993). Hinzu kommen *Long Division: A Tribal History* (1977), *Halfbreed Chronicles* (1985) und andere.

Das Thema der Entfremdung und des Exils im Land der Mütter und die den Indianern von der Geschichte aufgebürdeten Lasten bestimmen den Ton der Gedichte der aus Montana stammenden Oneida ROBERTA HILL WHITEMAN (*1947). Ihre Verse überzeugen durch ihre sprachliche Ökonomie und eine plastische Bildhaftigkeit, die in der Kultur der Indianer wurzelt. 1972 edierte sie zusammen mit Duane Natum *Carriers of the Dream Wheel: Contemporary Native American Poetry*, eine der gelungensten Sammlungen zeitgenössischer Indianer-Lyrik. Ihre besten Gedichte »Lines for a Marking Time«, »In the Longhouse, Oneida Museum«, »Underground Water« oder »Scraps Worthy of Wind« zeichnen sich durch die mystische Einbindung des lyrischen Ich in eine allumfassende Natur aus, die dieses Weltbild bestimmt. Den Schmerz über das ihrem Volk angetane Unrecht trägt diese Poesie auch in *Star Quilt* (1984) mit großer Würde und verbindet sie – etwa in »Dream of Rebirth« (1984) – mit der Hoffnung, daß »Once more eagles will restore our prayers. / ... / Some of us may wake unashamed. / Some will rise that clear morning like the swallows.«

Geht es den Dichtern der *Native Americans* vornehmlich um die Wiedergewinnung der Selbstachtung und die Wiederherstellung der ihnen von den Weißen geraubten Selbstbestimmung und die Bewahrung der Natur als elementarem Lebensspender, so konzentriert sich die Dichtung der in sich ethnisch sehr heterogenen *Asian-Americans* auf die Themen Gleichberechtigung und eine neue Identität in einer von ihnen freiwillig gewählten fremden Kultur. Dabei mußten sie bis zum Beginn der Bürgerrechtsbewegung – die Chinesen bis in den Krieg, die Japaner noch danach – viele Demütigungen hinnehmen, die sogar noch die dritte Einwanderergeneration traumatisieren. Charakteristisch dafür sind das Leben und Werk von JANICE MIRIKITANI (*1942). Sie ist eine *sansei*, deren Eltern im Krieg interniert waren. Ihr Ziel ist es, mit ihrer Dichtung gegen die rassistischen Vorurteile der Euroamerikaner anzukämpfen und deren Rassismus zu entlarven. Daß sie als Frau japanischer Herkunft sich auch den Frauen der dritten Welt verpflichtet fühlt, gibt ihrer Dichtung eine globalere, sozialkritische und feministische Note. Diese Weltoffenheit hindert sie aber nicht daran, nach einer neuen Identität für ihre Landsleute im Rahmen einer Gesellschaft zu suchen, die nur noch wenig Raum für Menschen läßt, die sich der Assimilation entziehen möchten.

Ihre Gedichte, gesammelt in *Awake in the River* (1978) und *Shedding Silence* (1987), sind zum Teil zornig, aggressiv und hart wie in »MS«, »Jungle Rot and Open Arms« und »Japs«, aber auch weich und zart wie »The First Generation« oder »Breathing Tradition«. Natürlich verarbeitet sie auch die Geschichte ihrer Minderheit und vor allem ihrer Familie, wie die Zeilen »For My Father« eindrucksvoll zeigen. Um diesen Werten Geltung zu verschaffen, gilt es für sie zunächst, die Überlieferungen und Erfahrungen zu verarbeiten und ihnen eine Stimme zu verleihen. So heißt eines ihrer Gedichte nicht zufällig »Breaking Silence«. Ihre Freiverskunst zeichnet sich durch inhaltliche und formale Flexibilität aus: Sie ist politisch und intim, hart und elegisch, und sie ist immer zielgerichtet kämpferisch, da für sie Schreiben und Kämpfen zusammengehören.

Der derzeit meistgeschätzte Dichter der *Asian-Americans* ist der auf Hawaii geborene, an verschiedenen Universitäten lehrende Professor für *creative writing* GARETT HONGO (*1951). Er ist japanischer Abstammung und bemüht sich, kulturelle Brücken zwischen dem Land seiner Väter und seiner neuen Heimat zu schlagen. Beeinflußt von Frank Chin, Lawson Inada und Wakako Yamauchi in den siebziger Jahren, wirkte er von 1976 bis 1978 in der Theatergruppe *Asian Exclusive Act*, wo damals die wichtigsten Dramen der amerikanisch-asiatischen Emanzipationsbewegung – darunter auch sein Stück *Nisei Bar and Grill* – ihr Publikum erreichten. »My project as a poet«, schreibt er, »has been motivated by the search for the origins of various kinds – quests for the ethnic and familial roots, cultural identity, and poetic inspiration.« Damit sind für ihn Geschichte, Tradition und Gegenwart seiner Minderheit für die Herausbildung einer neuen Identität von gleicher Bedeutung und finden dementsprechend ihren Platz in seiner Dichtung (*Yellow Light*, 1982; *The River of Heaven*, 1988). Seine Verse spiegeln – wiewohl sie auf amerikanischem Hintergrund stehen – auf vielfältige Weise den kulturellen Hintergrund ihres Schöpfers. »Yellow Light« (1982), »Off From Swing Shift« (1982), »Something Whispered in the *Shakuhachi*« (1982) oder das Yamauchi gewidmete Gedicht »And Your Soul Shall Dance« (1982) sind getragen von einem Ton und einer Bildhaftigkeit, die man als charakteristisch für die Lyrik der *Asian-Americans* bezeichnen kann.

Die Problematik der Neuorientierung in einer kulturell fremden, ja feindlichen Welt ist auch das Thema der aus Honolulu stammenden Dichterin chinesisch-koreanischer Herkunft CATHY SONG (*1955), die 1983 ihre in fünf Sektionen gegliederten einunddreißig Gedichte, *Picture Bride*, vorlegte. Hier behandelt sie aus der Perspektive einer Frau und sehr autobiographisch gegründet die Probleme ihrer Familie und deren Umfeld. Besonders beeindruckend ist das Gedicht »The Youngest Daughter«, das die schmerzhafte Lösung junger Frauen von den Traditionen ihrer Altvorderen – ein weltweites Thema multikultureller weiblicher Identitätsfindung – schildert. Der Identifikationsprozeß dreier Generationen einer Familie, darin die Verse »The Binding«, ist Gegenstand der vier Sektionen des Bandes *Frameless Windows. Squares of Light* (1988). Songs Verse sind von natürlicher Bildhaftigkeit und den Themen angepaßter schlichter Emotionalität. Daß es auch Dichter dieser Minderheit gibt, die auf Grund ihres Schicksals ihre Herkunft zunächst vornehmlich »self-reflecting« in Lyrik umsetzen und dies stärker an der neuen Heimat orientiert tun, zeigt LI-YOUNG LEE (*1957). Er wurde als Sohn eines aus China geflüchteten Leibarztes Mao Tse-tungs in Djakarta geboren, von wo aus seine Eltern in die USA flohen und in Pennsylvania eine Heimat fanden. Hier orientierte er sich an Roethke, J. Wright und Levertov und schrieb eine Lyrik, die er »art of memory« nennt, die in Gedichten wie »The Gift«, »Eating Alone«, »The Room and Everything in It«, »Mnemonic« und anderen den Eindruck erweckt, als seien manche der Identitäts-Aspekte bei ihm nicht ethnisch, sondern allgemeinmenschlich bedingt. Der größte Teil seiner bisher vorliegenden Dichtung ist gesammelt in den Bänden *Rose* (1986) und *The City in Which I Love You* (1990).

Überschaut man die in der zweiten Hälfte des 20. Jahrhunderts in den USA entstandene Dichtung, so wird man mit einer außerordentlichen Vielfalt konfrontiert. Sie reicht im Formalen vom Fortschreiben tradierter Positionen über Experimente vielfältiger Art bis hin zu einem neuen Minimalismus. Inhaltlich spiegelt sie die Krisen jener Epoche, insbesondere den Aufbruch der Bürgerrechtsbewegungen und der Minderheiten in den sechziger bis achtziger Jahren. Ungeachtet der großen ethnisch, historisch oder sozial bedingten Vielfalt spielt dabei ein gewisser Trend zu einer die Grenzen der Rassen und Kulturen überwindenden Solidarität eine immer größere Rolle. Das gilt insbesondere für die Dichterinnen. Insofern mag die Haltung Janice Mirikitanis, die sich übrigens auch der ›dritten‹ Welt zugehörig fühlt, ein Indiz dafür sein, daß wir am Ende dieses Jahrtausends in der Literatur der USA gleichsam erst am Anfang einer den Emanzipationsprozeß begleitenden und fördernden Dichtung stehen, die Tore aufstößt in eine pluralistische, wenn nicht gar globale Sichtweise. »I don't think«, sagt Mirikitani, »that Third World writers can really afford to seperate themselves from the ongoing struggles for their people. Nor can we ever not embrace our history.«

SCHLUSSBEMERKUNG

Der sich seit dem Ende des Zweiten Weltkrieges vollziehende und im Verlauf der Bürgerrechtsbewegungen verstärkende Wertewandel hat in allen Bereichen der amerikanischen Gesellschaft tiefe Spuren hinterlassen. Nachdem sich nun ein guter Teil des Pulverdampfes verzogen hat, wird deutlich, in welchem Maß auch und gerade die Literatur in ihren geschichtlichen Dimensionen und als ideen- und identitätsstiftende Institution Veränderungen unterworfen wurde, die sie ihrerseits mit angestoßen und begleitet hat. So ›modern‹ dieser Prozeß auf den ersten Blick erscheinen mag, so wenig ist er dies. Vielmehr wird hier wieder deutlich, wie sehr die amerikanische Literatur die gesellschaftliche Entwicklung der Nation schon immer nicht nur reflektierte, sondern auch aktiv begleitete.

Typisch für die amerikanische Literatur der zweiten Hälfte des 20. Jahrhunderts ist die wachsende Distanz zu hergebrachten Werten sowie zu überlieferten Formen und Inhalten, nicht selten mit immer wieder neuen, ja geradezu überschäumenden Theorien verbrämt, die jene Epoche einleiteten, die man gemeinhin die »Postmoderne« nennt, die aber treffender mit dem Begriff Quodlibetät zu bezeichnen ist.

Ein wesentliches Merkmal dieser Epoche ist – einhergehend mit dem oben genannten – eine immer weiter ausgreifende ›Popularisierung‹ von Kultur und Kunst und damit auch der Literatur. So wie sich hier im allgemeinen die Grenzen zwischen ›hoher‹ und ›populärer‹ Kunst (siehe etwa Andy Warhol) verwischen, ist ein ähnlicher Prozeß in der Literatur nicht zu übersehen. War es schon seit den zwanziger Jahren in den USA üblicher als anderswo, ›hohe‹ Literatur zu dramatisieren oder gar als Musical auf die Bühne zu bringen, so gewann diese Tendenz angesichts des wachsenden Einflusses von Film, Fernsehen und anderen Medien zunehmend an Bedeutung. Der Film zum Buch – das Buch zum Film haben der Literatur neue Tore aufgestoßen und zum Beispiel der *detective story* und dem *thriller*, aber auch der *documentary novel* oder dem *documentary play* zu neuen Stellenwerten in der Kultur- und Literaturgeschichte verholfen, an die die Philologen alter Schule noch vor einem halben Jahrhundert nicht zu denken bereit waren.

Und *last but not least* sorgte diese Epoche für ein völlig neues Verständnis der seit den Tagen der *Harlem Renaissance* virulenten Diskussion um die Rolle einer Literatur ethnischer Minderheiten im Konzert des anglo-amerikanischen *mainstream*. Gerade auf diesem Feld wird deutlich, welche Bedeutung die historische Dimension und die soziologische Einbettung in ihre gesellschaftlichen Bezüge für die Wertung einer Literatur hat. Eine ›Stilgeschichte‹ allein könnte ihr ebensowenig gerecht werden wie der völlige Verzicht auf textimmanente Interpretationen. Daß hier derzeit in und mit dieser Literatur die möglicherweise bedeutendste *battle of ideas* seit dem Bestehen der USA geschlagen wird, sei nur am Rande erwähnt.

Überschaut man die Landschaft der amerikanischen Literatur am Ende des Jahrhunderts, das vielleicht einmal als das ›amerikanische‹ in die Weltgeschichte eingehen wird, so läßt sich sagen, daß sich die amerikanische Literatur in diesem Jahrhundert unerhört kraftvoll und vielfältig entwickelt hat. Die oben erwähnte ›Auflösung‹ von Werten und Formen macht es nicht einfach, in dem Maße zu werten, wie es uns der Abstand zu weiter zurückliegenden Epochen erlaubt. Vieles spricht aber dafür, daß die Explosion des amerikanischen Bildungswesens seit dem Ende des Zweiten Weltkriegs zu einem quantitativen Aufblühen dieser Literatur auf relativ hohem Niveau geführt hat. Genau diese Fülle ist es, die es uns derzeit so schwer macht zu sagen, wer wohl in dieser Epoche die Hawthornes, Poes, Mark Twains, Pounds, Hemingways, Faulkners oder O'Neills sein werden, auch wenn bereits jetzt einige viele andere zu überragen scheinen. Aber man denke nur an so manchen ›Dichterfürsten‹ des 19. Jahrhunderts, der heute kaum noch Zugang zu Anthologien findet.

Keineswegs sicher ist auch, wie sich die Renaissance der Literatur der ethnischen Minderheiten auf die weitere Entwicklung der amerikanischen Literatur im ganzen auswirken wird. Werden wir es am Ende mit einer neuen Qualität dessen zu tun haben, was der Wappenspruch der USA mit den Worten *e pluribus unum* umschreibt, oder werden die zentrifugalen Kräfte in der amerikanischen Gesellschaft und damit auch ihrer Kultur eher größer, so daß wir am Ende des Jahrtausends vor einer Entwicklung stehen, die andeutet, daß sich auf kulturellem und literarischem Gebiet der Wappenspruch umzukehren beginnt in *ex uno plurima*?

ZEITTAFEL

Literatur und Geschichte Nordamerikas		Literatur und Geschichte der Welt	
um 1000 A.D.	Leif Erikson entdeckt Nordamerika		
DIE KOLONIALZEIT			
1490er	Europ. Seefahrer (Ch. Kolumbus, J. Cabot) landen in Nordamerika		
1580–1631	Captain J. Smith		
1585	Sir W. Raleighs »Lost Colony«	1587	Hinrichtung Maria Stuarts
1588–1649	J. Winthrop	1588	Sieg über die »Große Armada«
1590?–1667	W. Bradford	1590	E. Spenser, *Faerie Queene*
		1592	Th. Kyd, *The Spanish Tragedy*
		1594	W. Shakespeare, *Sonnets*
1603–1683	R. Williams	1603	† Elizabeth I.
1607	Jamestown gegründet		Shakespeare, *Hamlet*
1608	Smith, *A True Relation ...*	1608–1674	J. Milton
1612?–1672	A. Bradstreet	1611	King-James-Bibel
		1616	B. Johnson, *Works*
			† Shakespeare und Cervantes
1619	Sklaverei in Virginia	1618–1648	Dreißigjähriger Krieg
1620	»Mayflower«		
1621	Holländer gründen Nieuw Amsterdam (New York)	1624	M. Opitz, *Buch von der deutschen Poeterei*
1624	Smith, *The Generall Historie of Virginia ...*	1625? –1676	Ch. v. Grimmelshausen
1630	Gründung der Massachusetts Bay Colony	1632–1704	J. Locke
1634	Siedlungen in Maryland	1634	Milton, *Comus*
1636	Harvard gegründet		
1637	»Pequot War«		
1640	*Bay Psalm Book* ca. 27 950 Einwohner	1642	Puritaner schließen in London die Theater
		1643–1715	Ludwig XIV. regiert
1644	Williams, »The Bloudy Tenent ...«	1646–1716	G. W. v. Leibniz

Literatur und Geschichte Nordamerikas

1644–1729	E. Taylor
1650	Bradstreet, »The Tenth Muse ...«
1662	M. Wigglesworth, *The Day of Doom*
1663–1728	C. Mather
1664	New York englisch
1670	ca. 114500 Einwohner
1674–1744	W. Byrd
1675–1776	King Philip's War
1681	Mather beginnt Tagebuch
1692	Hexenprozesse in Salem, Massachusetts
1693	Gründung des »William and Mary College«
1700	ca. 275000 Einwohner
1701	Yale gegründet
1702	Mather, *Magnalia Christi Americana*
1703–1758	J. Edwards
1720–1772	J. Woolman
1723	B. Franklin in Philadelphia
1732–1799	G. Washington
1733	Franklin, *Poor Richard's Almanack*
1734	»Great Awakening«
1735–1813	M.-G. Jean de Crèvecœur
1735–1826	J. Adams
1737–1809	Th. Paine
1741	Bradfords *American Magazine* Franklins *General Magazine* Edwards, »Sinners in the Hands of an Angry God«
1743–1826	Thomas Jefferson
1746	Princeton gegründet
1748–1816	H. H. Brackenridge
1750	ca. 1207000 Einwohner
1752–1832	Ph. Freneau
1754	Edwards, *Freedom of Will*
1754–1760	»French-Indian War«
1756	Woolman beginnt sein Journal

Literatur und Geschichte der Welt

1649	Hinrichtung Charles' I.
1649–1660	O. Cromwell Lord Protector
1651	Th. Hobbes, *Leviathan*
1660	Restauration
1664	Molière, *Tartuffe*
1667	Milton, *Paradise Lost*
1669	Grimmelshausen, *Simplicissimus*
1678	J. Bunyan, *The Pilgrim's Progress*
1679	»Habeas Corpus Act« in England
1683	Türken vor Wien
1688	»Glorious Revolution«
1690	Locke, *Essay Concerning Human Understanding*
1700	W. Congreve, *The Way of the World*
1703–1791	J. Wesley
1707	Realunion Englands mit Schottland
1707–1754	H. Fielding
1709–1784	S. Johnson
1711	Pope, *Essay on Criticism Spectator* gegründet
1719	D. Defoe, *Robinson Crusoe*
1722	Defoe, *Moll Flanders*
1723–1790	A. Smith
1724–1803	F. G. Klopstock
1724–1804	I. Kant
1726	J. Swift, *Gulliver's Travels*
1740	S. Richardson, *Pamela*
1742	Fielding, Joseph Andrews
1743	A. Pope, *The Dunicad*
1744–1803	J. G. Herder
1748–1773	Klopstock, *Messias*
1749	Fielding, *Tom Jones*
1749–1832	J. W. Goethe
1751	Th. Gray, »Elegy ...«
1755	G. E. Lessing, *Miss Sara Sampson*
1756–1763	Siebenjähriger Krieg

Literatur und Geschichte Nordamerikas		**Literatur und Geschichte der Welt**	
1758	Franklin, *The Way to Wealth*	1756–1791	W. A. Mozart
1759	Eroberung Quebecs	1759–1767	L. Sterne, *Tristram Shandy*
		1759–1805	F. Schiller
		1760–1826	J. P. Hebel
		1762	J.-J. Rousseau, *Du Contrat Social*
		1764	H. Walpole, *The Castle of Otranto*
REVOLUTIONSZEIT			
1765	»Stamp Act«	1765	Th. Percy, *Reliques of Ancient English Poetry*
1767	Th. Godfrey, *The Prince of Parthia*	1766	Lessing, *Laokoon*
1767–1845	A. Jackson	1767–1835	W. v. Humboldt
		1768–1848	F. R. Chateaubriand
		1769–1859	A. v. Humboldt
		1769–1821	Napoleon I.
1770	Boston Massacre	1770–1827	L. van Beethoven
		1770–1850	W. Wordsworth
		1770–1843	F. Hölderlin
1771	Franklin beginnt *Autobiography*	1771–1832	W. Scott
1771–1810	Ch. B. Brown		
1772	J. Trumbull, *The Progress of Dullness*	1772–1834	S. T. Coleridge
1773	Bostoner Tea Party		
1774	Erster Kontinentalkongreß		
1775	Zweiter Kontinentalkongreß	1775	R. B. Sheridan, *The Rivals*
1776	»Declaration of Independence« Paine, *Common Sense*	1777	Sheridan, *School for Scandal*
1778	Bündnis mit Frankreich	1778	Herder, *Volkslieder*
1780	ca. 2 781 000 US-Einwohner		
1781	Ch. Cornwallis kapituliert in Yorktown	1781	Kant, *Kritik der reinen Vernunft*
1782–1852	D. Webster	1784	J. Watt erfindet die Dampfmaschine
1783–1859	W. Irving	1785–1863	J. Grimm
1783	Friede von Paris	1785	E. Cartwright erfindet den Webstuhl
1785	Th. Dwight, *Conquest of Canaan*	1786–1859	W. Grimm
1787	Constitutional Convention		
	R. Tylers *The Contrast* aufgeführt	1787	Goethe, *Iphigenie auf Tauris*
1788	*The Federalist*	1788–1824	Lord Byron
DIE JUNGE UNION			
1788	Verfassung ratifiziert	1788–1860	A. Schopenhauer
1789	W. H. Brown, *The Power of Sympathy*		
	Washington wird Präsident		
1789–1851	J. F. Cooper	1789	Sturm auf die Bastille

Literatur und Geschichte Nordamerikas

1790	3929214 Einwohner
1791	»Bill of Rights«
	S. Rowson, *Charlotte Temple*
1793	First »Fugitive Slave Law«
	E. Whitney erfindet die »Cotton Gin«
1794	Paine, *The Age of Reason*
1795–1870	J. P. Kennedy
1798	W. Dunlaps *André* aufgeführt
1799	Ch. B. Brown, *Edgar Huntly*
1800	über 5,3 Millionen Einwohner
1801	Th. Jefferson Präsident
1803	»Louisiana Purchase«
1803–1882	R. W. Emerson
1806–1870	W. G. Simms
1807	R. Fultons Dampfschiff
1807–1882	H. W. Longfellow
1807–1892	J. G. Whittier
1808	W. C. Bryant, *The Embargo*
	Import von Sklaven verboten
1809	Irving, *Knickerbocker History* …
1809–1849	E. A. Poe
1809–1865	A. Lincoln
1809–1894	O. W. Holmes
1810	7239881 Einwohner
1812–1814	Zweiter Krieg mit England
1815	Freneau, *Poems*
1817	Bryant, »Thanatopsis«
1819	Irving, *The Sketch Book*
1819–1891	H. Melville; J. R. Lowell
1819–1892	W. Whitman
1820	Cooper, *Precaution*
	9638435 Einwohner

Literatur und Geschichte der Welt

1790	E. Burke, *Reflections on the Revolution in France*
1792	Ludwig XVI. hingerichtet
1792–1822	P. B. Shelley
1795–1821	J. Keats
1795–1881	Th. Carlyle
1797–1828	F. Schubert
1797–1856	H. Heine
1798	*Lyrical Ballads*
1799–1850	H. Balzac
1800–1859	Th. B. Macaulay
1801–1890	J. H. Newman
1802–1885	V. Hugo
1804	Schiller, *Wilhelm Tell*
	Napoleon I. Kaiser
1805	Trafalgar
	C. Brentano, *Des Knaben Wunderhorn*
1805–1859	A. de Tocqueville
1806	Ende des Heiligen Römischen Reichs
1807	Verbot des Sklavenhandels im Britischen Empire
1808	Goethe, *Faust I*
1809–1882	Ch. Darwin
1809–1892	A. Tennyson
1810–1849	F. Chopin
1811–1863	W. M. Thackeray
1812–1870	Ch. Dickens
1812–1889	R. Browning
1813	J. Austen, *Pride and Prejudice*
1813–1815	Befreiungskriege
1814	Scott, *Waverley*
	Wordsworth, *The Excursion*
1815	Waterloo
1815–1898	O. v. Bismarck
1817	Byron, »Manfred«
	Coleridge, *Biographia Literaria*
1818	Shelley, »Revolt of Islam«
1818–1883	I. S. Turgenjew
1819–1880	G. Eliot
1819–1900	J. Ruskin
1819–1898	Th. Fontane
1820	Scott, *Ivanhoe*
	Keats, *Lamia*…

Literatur und Geschichte Nordamerikas		Literatur und Geschichte der Welt	
	Missouri-Kompromiß		Shelley, *Prometheus Unbound*
1821	Bryant, *Poems*	1821–1867	Ch. Baudelaire
	Cooper, *The Spy*	1821–1880	G. Flaubert
		1821–1881	F. M. Dostojewskij
1823	»Monroe Doctrin«	1822–1888	M. Arnold
1827	Cooper, *The Prairie*	1827	Heine, *Buch der Lieder*
	Poe, *Tamerlane*	1828–1882	D. G. Rossetti
1828–1867	H. Timrod	1828–1906	H. Ibsen
		1828–1909	G. Meredith
1829	Poe, »Al Aaraaf«	1828–1910	L. Tolstoi
1830	12854711 Einwohner	1830	erste Eisenbahn
1830–1886	E. Dickinson		Revolution in Europa
1830–1886	P. H. Hayne		
1831	W. L. Garrison gründet *The Liberator*	1831	V. Hugo, *Notre-Dame de Paris*
	»New England Anti-Slavery Society«		
1832	Kennedy, *Swallow Barn*	1832	Tennyson, *Poems*
	N. Hawthorne, »Young Goodman Brown«		»Reform Bill« in England
	A. B. Longstreet, *Georgia Scenes*		
	Simms, *The Partisan*		
1833	»American Anti-Slavery Society«	1833	Verbot der Sklaverei im britischen Empire
1835–1910	Mark Twain	1835	G. Büchner, *Dantons Tod*
1836	Emerson, *Nature*	1836	Dickens, *Pickwick Papers*
1836–1902	B. Harte		
1837	Emerson, *The American Scholar*	1837	Dickens, *Oliver Twist*
	Hawthorne, *Twice-Told Tales*	1837–1901	Queen Victoria regiert
1837–1902	E. Eggleston	1837–1909	A. C. Swinburne
1837–1820	W. D. Howells		
1838	»Underground Railway« etabliert		
1839	Poe, »The Fall of the House of Usher«	1839	Carlyle, *Chartism*
	Longfellow, *Voices of the Night*		
1840	17068355 Einwohner	1840–1928	Th. Hardy
	The Dial gegründet	1840–1893	P. I. Tschaikowskij
	Poe, *Tales of the Grotesque*		
1842	Poes Rezensionen der *Twice-Told Tales* von Hawthorne	1842	A. Droste-Hülshoff, *Die Judenbuche*
1842–1881	S. Lanier		
1842–1910	W. James		
1842–1914?	A. Bierce		
1843–1916	H. James	1844–1924	A. France
1845	Poe, »The Raven«	1845	B. Disraeli, *Sybil*
	Annexion von Texas		
1846	Melville, *Typee*	1846	Dostojewskij, *Arme Leute*
1846–1848	Mexikanischer Krieg		Hungersnot in Irland
1847	Emerson, *Poems*	1847	Ch. Brontë, *Jane Eyre*
	Longfellow, *Evangeline*		E. Brontë, *Wuthering Heights*

Literatur und Geschichte Nordamerikas

	Melville, *Omoo*
1848	Lowell, *Biglow Papers*
	»Gold Rush« in Kalifornien
1849	Melville, *Mardi*
	Longfellow, *Kavanagh*
1850	Hawthorne, *Scarlet Letter*
	Melville, *White Jacket*
	Emerson, *Representative Men*
	Whittier, »Ichabod«
	23 263 486 Einwohner
	»Fugitive Slave Laws«
1851	*New York Times* gegründet
	Melville, *Moby Dick*
	Hawthorne, *House of the Seven Gables*
1851–1928	W. C. Brownell
1852	Hawthorne, *The Blithedale Romance*
	Melville, *Pierre*
	H. Beecher Stowe, *Uncle Tom's Cabin*
1854	Thoreau, *Walden*
	»Kansas-Nebraska Act«
	Bildung der Republikanischen Partei
1855	Whitman, *Leaves of Grass*
	Longfellow, *Hiawatha*
	Duyckinck, *Cyclopaedia of American Literature*
1856	J. L. Motley, *The Rise of the Dutch Republic*
1856–1924	W. Wilson
1857	*Atlantic Monthly* gegründet
1859–1952	J. Dewey
1860	Hawthorne, *The Marble Faun*
	Lincoln Präsident
1860–1940	H. Garland
1861–1865	Civil War
1862	Ch. F. Browne, *Artemus Ward: His Book*
1862–1910	O. Henry
1863	Schlacht bei Gettysburg
	»Gettysburg Address«
1865	Appomattox
	Lincoln ermordet
	I. Kongreß der »National Labor Union«

Literatur und Geschichte der Welt

1847/48	Thackeray, *Vanity Fair*
1848	Revolutionen in Europa
	Chartisten-Demonstrationen in London
1849	Dickens, *David Copperfield*
1849–1912	J. A. Strindberg
1850	Browning, *Sonnets from the Portuguese*
1850–1893	G. de Maupassant
1850–1894	R. L. Stevenson
1851	Th. Storm, *Immensee*
1852	Thackeray, *Henry Esmond*
	F. Hebbel, *Agnes Bernauer*
1854	Dickens, *Hard Times*
	G. Keller, *Der grüne Heinrich*
1854–1856	Krimkrieg
1855	Tennyson, *Maud*
1856	Flaubert, *Madame Bovary*
1857	Ch. Baudelaire, *Les fleurs du mal*
1857–1924	J. Conrad
1859	Darwin, *Origin of Species*
1860	Spencer, *Program of a System of Synthetic Philosophy*
1860–1904	A. Tschechow
1861	W. Raabe, *Die schwarze Galeere*
	Bauernbefreiung in Rußland
	Einigung Italiens
1862	Hugo, *Les Misérables*
	Meredith, *Modern Love*
1864–1869	Tolstoi, *Krieg und Frieden*

Literatur und Geschichte Nordamerikas		**Literatur und Geschichte der Welt**	
VOM BÜRGERKRIEG ZUM »GILDED AGE«			
1865	Mark Twain, »The Celebrated Jumping Frog«	1865–1936	R. Kipling
	Howells am *Atlantic Monthly*	1865–1939	W. B. Yeats
	Whittier, »Snow Bound«	1866	Dostojewskij, *Schuld und Sühne*
	Aufhebung der Sklaverei	1866–1946	H. G. Wells
1867	Harte, *Condensed Novels*	1867	K. Marx, *Das Kapital*
	Beginn der »Southern Reconstruction«		
	Kauf Alaskas	1867–1933	J. Galsworthy
1868	Harte, »The Luck of Roaring Camp«	1868	Browning, *The Ring and the Book*
1869	Mark Twain, *The Innocents Abroad*	1869	Dostojewskij, *Der Idiot*
	»Union Pacific Railroad« vollendet		
1869–1910	W. V. Moody		
1869–1936	E. A. Robinson		
		1870	Deutsch-Französischer Krieg
1871	Eggleston, *The Hoosier Schoolmaster*	1871	Gründung des Deutschen Reiches
	J. Hay, *Pike County Ballads*		Pariser Kommune
	Whitman, *Democratic Vistas*		Darwin, *The Descent of Man*
1871–1900	S. Crane	1871–1922	M. Proust
1871–1945	Th. Dreiser		
1872	W. James lehrt in Harvard	1873	M. Arnold, *Literature and Dogma*
1874–1925	A. Lowell		
1874–1945	E. Glasgow		
1874–1946	G. Stein		
1875	H. James, *Roderick Hudson*	1875/77	Tolstoi, *Anna Karenina*
1875–1963	R. Frost	1875–1955	Th. Mann
1876	H. James in London		
	Mark Twain, *Tom Sawyer*		
	A. G. Bells Telefon		
	Schlacht am Little Big Horn		
1877	H. James, *The American*	1877	Ibsen, *Stützen der Gesellschaft*
1878–1967	C. Sandburg	1878	Fontane, *Vor dem Sturm*
1878–1968	U. Sinclair		
1879	J. W. Cable, *Old Creole Days*	1879	Meredith, *The Egoist*
1879–1931	V. Lindsay		Büchner, *Woyzeck* (a. d. Nachlaß)
1879–1958	J. B. Cabell		
1880	J. C. Harris, *Uncle Remus*	1880	Dostojewskij, *Die Brüder Karamasow*
	H. Adams, *Democracy*		E. Zola, *Nana*
	50 155 783 Einwohner		
1880–1956	H. L. Mencken		
1881	H. James, *Portrait of a Lady*	1881	Ibsen, *Gespenster*
	»Tuskegee Institute« gegründet		
1882	Howells, *A Modern Instance*	1882	Fontane, *Frau Jenny Treibel*
	Mark Twain, *The Prince and the Pauper*	1882–1941	V. Woolf
1883	Mark Twain, *Life on the Mississippi*	1883	Stevenson, *Treasure Island*

Literatur und Geschichte Nordamerikas		**Literatur und Geschichte der Welt**	
1884	Mark Twain, *Huckleberry Finn*		
1885	Howells, *The Rise of Silas Lapham*	1885	Automobil Benz und Daimler
1885–1951	S. Lewis		
1885–1972	E. Pound		
1886	Letzter großer Indianerkrieg; Gefangennahme von Geronimo	1886	Stevenson, *Dr. Jekyll und Mr Hyde*
1888–1953	E. O'Neill	1888	Fontane, *Stine*
1888–1965	T. S. Eliot		
1889	Mark Twain, *A Connecticut Yankee*	1889	G. Hauptmann, *Vor Sonnenaufgang*
1890	Dickinson, *Poems, First Series*		
	W. James, *The Principles of Psychology*		
	Howells, *A Hazard of New Fortune*		
1891	Howells, *Criticism and Fiction*	1891	Erste Gleitflüge O. v. Lilienthals
	Garland, *Main-Travelled Roads*		Th. Hardy, *Tess of the D'Urbervilles*
			F. Wedekind, *Frühlings Erwachen*
1891–1960	Z. N. Hurston		
1891–1980	H. Miller		
1892	A. Bierce, *In the Midst of Life*	1892	Hauptmann, *Die Weber*
	Crane, *Maggie*		G. B. Shaw, *Widower's House*
1894	Howells, *A Travel from Altruria*		Yeats, The Countess Cathleen
	G. Santayana, *Sonnets*	1895	Fontane, *Effi Briest*
1895	Crane, *The Red Badge of Courage*		O. Wilde, *An Ideal Husband*
	Erstes amerikanisches Automobil		Röntgen-Strahlen entdeckt
1896–1970	J. Dos Passos	1896	A. E. Housman, *A Shropshire Lad*
1897–1962	W. Faulkner	1897	B. Stoker, *Dracula*
1898	Spanisch-Amerikanischer Krieg		R. M. Rilke, *Die Weise von Liebe und Tod des Cornets Christoph Rilke*
1899	F. Norris, *McTeague*		
1899	Th. Veblen, *The Theory of the Leisure Class*	1898	J. Conrad, *The Nigger of the Narcissus*
1899–1961	E. Hemingway		
1899–1977	V. Nabokov		

START INS AMERIKANISCHE JAHRHUNDERT

1900	Dreiser, *Sister Carrie*	1900	Conrad, *Lord Jim*
	75 994 575 Einwohner		
1900–1938	Th. Wolfe		
1901	Norris, *Octopus*	1901	Kipling, *Kim*
	Th. Roosevelt Präsident		Th. Mann, *Buddenbrooks*
1902	Robinson, *Captain Craig*		
1902–1968	J. Steinbeck		
1903	Norris, *The Pit*	1903	S. Butler, *The Way of All Flesh*
	H. James, *The Ambassadors*		Rilke, Das Stundenbuch
	Jack London, *The Call of the Wild*		
	Erster Motorflug der Brüder Wright		
1903–1987	E. Caldwell		

Literatur und Geschichte Nordamerikas		Literatur und Geschichte der Welt	
1904	H. A. Adams, *Mont Saint-Michel and Chartres*	1904	Hardy, *The Dynasts*
		1904/05	Russisch-Japanischer Krieg
	O. Henry, *Cabbages and Kings*	1905	H. Mann, *Professor Unrat*
1906	Sinclair, *The Jungle*		
1907	W. James, *Pragmatism*		
	Adams, *The Education of Henry Adams*	1907	M. Gorki, *Die Mutter*
1907–1973	W. H. Auden		Synge, *The Playboy of the Western World*
1909	Stein, *Three Lives*		
1910	»NAACP« gegründet	1910	Hauptmann, *Die Ratten*
1911	E. Wharton, *Ethan Frome*	1911	H. v. Hofmannsthal, *Jedermann*
	Dreiser, *Jennie Gerhardt*		
1912	*Poetry: A Magazine of Verse*		
1912–1982	J. Cheever		
1913	W. Cather, *O Pioneers!*	1913	Shaw, *Androcles and the Lion*
	Glasgow, *Virginia*		
	Frost, *A Boy's Will*		
	Lindsay, »General William Booth ...«		
1914–1994	R. Ellison	1914–1918	Erster Weltkrieg
1915	Die ›kleinen Theater‹ entfalten sich	1915	S. Maugham, *Of Human Bondage*
	Some Imagist Poets		
	E. L. Masters, *Spoon River Anthology*		
	V. W. Brooks, *America's Coming of Age*		
	* S. Bellow, A. Miller und M. Walker		
1916	Mark Twain, *The Mysterious Stranger*	1916	H. Barbusse, *Le feu*
	Robinson, *The Man Against the Sky*		J. Joyce, *Portrait of the Artist as a Young Man*
	Frost, *Mountain Interval*		
	Sandburg, *Chicago Poems*		
1917	Robinson, *Merlin*	1917	G. Kaiser, *Gas*
	Cambridge History of American Literature I		Oktoberrevolution in Rußland
	Die USA treten in den Krieg ein		
1917–1977	R. Lowell		
1918	Cather, *My Ántonia*	1918	O. Spengler, *Der Untergang des Abendlandes*
	Sandburg, Cornhuskers		H. *Mann, Der Untertan*

ZWISCHEN DEN WELTKRIEGEN

1919	Cabell, *Jurgen*	1919	Friede von Versailles
	Sh. Anderson, *Winesburg, Ohio*		Weimarer Republik
	Mencken, *Prejudices*		
	* J. D. Salinger		

Literatur und Geschichte Nordamerikas

1920	Eliot, *Poems*
	Lewis, *Main Street*
	Sandburg, *Smoke and Steel*
	Sh. Anderson, *Poor Whites*
	Wharton, *The Age of Innocence*
	O'Neill, *Beyond the Horizon*
1921	O'Neill, *The Emperor Jones*
	Dos Passos, Three Soldiers
	Lewis, Babbit
1922	Eliot, *The Waste Land*
	O'Neill, The Hairy Ape
1922–1969	J. Kerouac
	* W. Gaddis und K. Vonnegut
1923	Frost, *New Hampshire*
	* J. Dickey und J. Heller
1924	O'Neill, *Desire Under the Elms*
	J. C. Ransom, *Chills and Fever*
	Dickinson, *Complete Poems*
1924–1984	T. Capote
1924–1987	J. Baldwin
	* Th. Berger
1925	Lewis, *Arrowsmith*
	Dreiser, *An American Tragedy*
	Dos Passos, *Manhattan Transfer*
	F. S. Fitzgerald, *The Great Gatsby*
	R. Jeffers, *Roan Stallion*
	Pound, *Canto*
	* J. Hawkes, G. Vidal und W. Styron
1926	Hemingway, *The Sun Also Rises*
	Faulkner, *Soldier's Pay*
	O'Neill, *The Great God Brown*
	* J. Merrill
1926–1997	A. Ginsberg
1927	* J. Ashbery
1928	O'Neill, *Strange Interlude*
	Frost, *West Running Brook*
	Sandburg, *Good Morning America*
	N. Larsen, *Quicksand*
	* E. Albee und M. Angelou
1929	Hemingway, *A Farewell to Arms*
	Wolfe, *Look Homeward, Angel*
	Faulkner, *Sartoris*; *The Sound and the Fury*
	Larsen, *Passing*
	Beginn der Weltwirtschaftskrise

Literatur und Geschichte der Welt

1920	D. H. Lawrence, *Women in Love*
1921	Shaw, *Back to Methuselah*
	Galsworthy, *The Forsythe Saga* abgeschl.
	Joyce, *Ulysses*
1922	Faschistische Machtübernahme in Italien (B. Mussolini)
1923	Lawrence, *Studies in Classic American* Literature
	Hitler-Putsch in München
1924	Th. Mann, *Der Zauberberg*
	Shaw, *Saint Joan*
	Melville, Billy Budd
	J. Stalin an der Macht in Rußland
1925	F. Kafka, *Der Prozeß*
	Woolf, Mrs. Dalloway
	A. Hitler, Mein Kampf
1926	Kafka, *Das Schloß*
1927	H. Hesse, *Der Steppenwolf*
1928	Lawrence, *Lady Chatterley's Lover*
	B. Brecht, Dreigroschenoper
1928/40	M. A. Scholochow, *Der stille Don*
1929	E. M. Remarque, *Im Westen nichts Neues*
	A. Döblin, Berlin Alexanderplatz
	R. Aldington, *Death of a Hero*

Literatur und Geschichte Nordamerikas		**Literatur und Geschichte der Welt**	
1930	Lewis wird erster Nobelpreisträger der amerikanischen Literatur *I'll Take My Stand: Humanism and America* Faulkner, *As I Lay Dying* Eliot, *Ash-Wednesday* Dos Passos, *The 42nd Parallel* * J. Barth 122 775 046 Einwohner	1930	J. Ortega y Gasset, Aufstand der Massen C. Zuckmayer, *Der Hauptmann von Köpenick* Hesse, Narziß und Goldmund R. Musil, Der Mann ohne *Eigenschaften* I. Seidel, *Das Wunschkind*
1931	O'Neill, *Mourning Becomes Electra* Faulkner, *Sanctuary* * T. Morrison	1931	R. Michaud, *Die amerikanische Literatur der Gegenwart* K. Jaspers, *Die geistige Situation der Zeit*
1931–1984	D. Barthelme		
1932	Glasgow, *The Sheltered Life* Faulkner, *Life in August* Caldwell, *Tobacco Road* J. T. Farrell, *Young Lonigan* * R. Coover und J. Updike	1932	A. Huxley, *Brave New World* H. Fallada, *Kleiner Mann – was nun?* J. Roth, *Radetzkymarsch*
1933	Stein, *Autobiography of Alice B. Toklas* O'Neill, *Ah Wilderness!* Hemingway, *Winner Take Nothing* Caldwell, *God's Little Acre* *My Battle* (Hitlers *Mein Kampf*) in USA publiziert * Ph. Roth Beginn des »New Deal«	1933	Th. Mann, *Joseph und seine Brüder* Hitler an der Macht
1933–1982	J. Gardner		
1934	Farrell, *The Young Manhood of Studs Lonigan* H. Miller, *Tropic of Cancer* * N. S. Momaday	1934	J. Weinheber, *Adel im Untergang*
1935	Wolfe, *Of Time and the River* Steinbeck, *Tortilla Flat* M. Anderson, *Winterset* Santayana, *The Last Puritan* C. Odets, *Waiting for Lefty*	1935	H. Mann, *Die Jugend des Henri Quatre* Italien erobert Abessinien
1936	Brooks, *The Flowering of New England* Dos Passos, *The Big Money* Sandburg, *The People, Yes* Faulkner, *Absalom, Absalom!* * D. DeLillo	1936–1939	Spanischer Bürgerkrieg
1937	Hemingway, *To Have and Have Not* Hurston, *Their Eyes Were Watching God* A. MacLeish, *The Fall of the City* Steinbeck, *Of Mice and Men* * Th. Pynchon	1937	Chinesisch-Japanischer Krieg
		1938	F. Werfel, *Der veruntreute Himmel*

	Literatur und Geschichte Nordamerikas		**Literatur und Geschichte der Welt**
1938	Th. Wilder, *Our Town*		»Anschluß« Österreichs und des Sudentenlandes
	* I. Reed		
	P.S. Buck erhält den Nobelpreis	1939	Brecht, *Mutter Courage und ihre Kinder*
1939	Steinbeck, *The Grapes of Wrath*		Ch. Isherwood, Goodbye to Berlin
	Wolfe, *The Web and the Rock*	1939–1945	Zweiter Weltkrieg
1940	R. Wright, *Native Son*	1940	G. Greene, *The Power and the Glory*
	C. McCullers, *The Heart Is a Lonely Hunter*		A. Koestler, *Darkness at Noon*
	Wolfe, *You Can't Go Home Again*		
	Sinclair, *World's End*		
	Hemingway, *For Whom the Bell Tolls*		
	* J. Welsh		
1941	Glasgow, *In This Our Life*		
	E. Wilson, *The Wound and the Bow*		
	* P. Theroux		
	Die USA treten in den Krieg ein	1942	S. Zweig, *Die Welt von gestern*
1942	M. Anderson, *The Eve of St. Mark*		Hesse, *Das Glasperlenspiel*
	Wilder, *The Skin of Our Teeth*	1943	S. Andres, *Wir sind Utopia*
1943	* S. Shepard		J.-P. Sartre, *L'Etre et la Néant*
1944	J. Hersey, *A Bell for Adano*		
	K. Shapiro, *V-Letter*	1945	Zuckmayer, *Des Teufels General*
	* A. Walker		G. Orwell, *Animal Farm*
	Landung in der Normandie		Kapitulation Deutschlands und Japans
1945	Mencken, *The American Language*		Atombomben auf Hiroshima und Nagasaki
	T. Williams, *The Glass Menagerie*		Charta der Vereinten Nationen

VOM KALTEN KRIEG ZUR WELTGESELLSCHAFT?

1946	Dreiser, *The Bulwark*	1946	Sartre, *La putain respectueuse*
	E. Welty, *Delta Wedding*		M. Frisch, Die Chinesische Mauer
	R. P. Warren, *All the King's Men*		† Hauptmann
	Vidal, *Williwaw*		
	* T. O'Brien		
1947	H. S. Canby, *American Memoir*	1947	Th. Mann, *Doktor Faustus*
	Lewis, *Kingsblood Royal*		W. Borchert, Draußen vor der Tür
	Williams, *Streetcar Named Desire*		Marshall-Plan
	* P. Auster, A. Beattie und D. Mamet		
1948	Faulkner, *Intruder in the Dust*	1948	Greene, *The Heart of the Matter*
	N. Mailer, *The Naked and the Dead*		Blockade Westberlins durch die Sowjets
	R. E. Spiller et al., *Literary History of the United States*		Kommunistischer Putsch in der ČSR
	Pound, *The Pisan Cantos*		
	Capote, *Other Voices, Other Rooms*		
	Auden, *Age of Anxiety*		
	* N. Shange und L. M. Silko	1949	Orwell, *Nineteen eighty-four*

Literatur und Geschichte Nordamerikas

1949 F. Buechner, *A Long Day's Dying*
P. Bowles, *The Sheltering Sky*
A. Miller, *Death of a Salesman*
Faulkner erhält den Nobelpreis
1950 Eliot, *The Cocktail Party*
Hemingway, *Across the Rivers and into the Trees*
150 697 316 Einwohner
1950–1953 Koreakrieg
1951 Faulkner, *Requiem for a Nun*
Salinger, *Catcher in the Rye*
Styron, *Lie Down in Darkness*
* J. Harjo
1952 Hemingway, *The Old Man and the Sea*
Steinbeck, *East of Eden*
Beginn der McCarthy-Ära
* R. Dove
1953 Bellow, *Adventures of Augie March*
Wright, *The Outsider*
1954 Faulkner, *The Fable*
W. Stevens, *Collected Poems*
Hemingway erhält den Nobelpreis
Supreme Court erklärt Segregation für verfassungswidrig
1955 A. Miller, *A View from the Bridge*
Mailer, *Deer Park*
Williams, *Cat on a Hot Tin Roof*
Zusammenschluß von »AFL« und »CIO«
1956 Ginsberg, »Howl«
O'Neill, *Long Day's Journey into Night*
1957 Kerouac, *On the Road*
Faulkner, *The Town*
B. Malamud, *The Assistant*
Cheever, *Wapshot*
1958 Eliot, *The Elder Statesman*
Nabokov, *Lolita*
Th. Roethke, *Words for the Wind*
Alaska 49. Staat der USA
1. US-Satellit
1959 Bellow, *Henderson the Rain King*
L. Hansberry, *A Raisin in the Sun*
Roth, *Goodbye, Columbus*
Hawaii 50. Staat der USA
1960 Faulkner, *The Mansion*
Updike, *Rabbit, Run*
170 323 175 Einwohner

Literatur und Geschichte der Welt

S. de Beauvoir, Le deuxieme sexe
Sieg Mao Tse-tungs in China
Gründung der NATO, der BRD, der DDR und des COMECON
1950 S. Beckett, *Molly*
1951 G. Benn, *Probleme der Lyrik*
1952 H. Lüdeke, *Geschichte der amerikanischen Literatur*
1953 Beckett, *En attendant Godot*
A. Robbe-Grillet, Les gommes
Volksaufstand in Ost-Berlin und der DDR
1955 † Thomas Mann
Ph. Larkin, *The Less Deceived*
BRD in der NATO
Warschauer Pakt gegründet
1956 B. Pasternak, *Dr. Schiwago*
† Brecht und Benn
J. Osborne, Look Back in Anger
F. Dürrenmatt, *Der Besuch der alten Dame*
Volksaufstand in Ungarn
Britisch-Französische Invasion Ägyptens
1956–1959 Bürgerkrieg auf Kuba (F. Castro)
1957 Beckett, *Fin de partie*
Frisch, Homo faber
Sputnik
EWG gegründet
1958 Beauvoir, *Mémoire d'une jeune fille reangée*
1959 G. Grass, *Die Blechtrommel*
H. Böll, Billard um halb zehn
U. Johnson, Mutmaßungen über Jakob
M.-C. Blais, La belle bête
A. Camus, *Les possédés*
Robbe-Grillet, Dans le Labyrinthe
A. Wesker, *Roots*

Literatur und Geschichte Nordamerikas		Literatur und Geschichte der Welt	
1961	Baldwin, *Nobody Knows My Name* Heller, *Catch–22* McCullers, *Clock Without Hands* J. F. Kennedy Präsident Erster amerikanischer bemannter Raumflug	1961	Erster sowjetischer bemannter Raumflug Bau der Berliner Mauer
1962	E. Albee, *Who's Afraid of Virginia Woolf?* Faulkner, *The Reivers* K. A. Porter, *Ship of Fools* Williams, *The Night of the Iguana* Steinbeck erhält den Nobelpreis	1962	M. V. Llosa, *La ciudad y los perros* Kuba-Krise
1963	M. McCarthy, *The Group* Updike, *The Centaur* Pynchon, *V* Kennedy ermordet *Civil Rights*-Demonstrationen	1963	K. Amis, One Fat Englishman Böll, Ansichten eines Clowns R. Hochhuth, Der Stellvertreter Atomstopp-Vertrag ASEAN gegründet Organisation für Afrikanische Einheit
1964	Hemingway, *Paris: A Moveable Feast* Bellow, *Herzog* Vidal, *Julian* J. Berryman, *77 Dream Songs* M. L. King erhält den Friedensnobelpreis	1964	H. Pinter, *The Homecoming*
1965	Albee, *Tiny Alice* A. Haley, *The Autobiography of Malcolm X* Mailer, *An American Dream*		
1965–1973	Vietnamkrieg		
1966	Barth, *Giles Goat-Boy* Capote, *In Cold Blood* M. Walker, *Jubilee* Pynchon, *The Crying of Lot 49* Merrill, *Nights and Days*	1966	M. Atwood, *The Circle Game* V. Llosa, *La casa verde* S. Heaney, Death of a Naturalist P. Handke, Publikumsbeschimpfung
1967	R. Brautigan, *Trout Fishing in America* *Styron, The Confessions of Nat Turner* Wilder, *The Eighth Day* Mailer, *The Armies of the Nigh*	1967	C. Fuentes, *Cambio de piel* G. García Márquez, *Cien años de soledad*
1968	Updike, *Couples* Vidal, *Myra Breckinridge* J. Didion, *Slouching Towards Bethlehem* M. L. King ermordet	1968	T. Stoppard, *The Real Inspector Hound* J. Becker, *Jakob der Lügner* S. Lenz, *Die Deutschstunde* Sowjetische Invasion der ČSSR
1969	Momaday, *House of Dawn* Roth, *Portnoy's Complaint* Armstrong, Aldrin und Collins auf dem Mond Anti-Vietnamkrieg-Demonstrationen Woodstock-Festival	1969	Fowles, *The French Lieutenant's Woman*
1970	Hemingway, *Islands in the Stream*	1970	J. L. Borges, *Doctor Brodie's Report*

Literatur und Geschichte Nordamerikas		**Literatur und Geschichte der Welt**	
	Pound, *Collected Cantos*		García Márquez, El otoño del *patriarca*
	Wolfe, *Radical Chic …*		A. Schmidt, *Zettel's Traum*
	203 235 298 Einwohner		
	Dickey, *Deliverance*		
	Didion, *Play It as It Lays*		
1971	E. L. Doctorow, *The Book of Daniel*	1971	M. Spark, *Not to Disturb*
	E. J. Gaines, *The Autobiography of Miss Jane Pitman*		I. Bachmann, *Malina*
1972	Barth, *Chimera*	1972	L. Valenzuela, *El gato eficaz*
	I. Reed, *Mumbo Jumbo*		
	Welty, *Optimist's Daughter*		
	Watergate-Affäre		
1973	Ginsberg, *The Fall of America*	1973	I. Murdoch, *The Black Prince*
	Morrison, *Sula*		Großbritannien tritt der EWG bei
	Lowell, *The Dolphin*		
	O'Brien, *If I Die …*		
	Pynchon, *Gravity's Rainbow*		
	Vidal, *Burr*		
1974	J. Welch, *Winter in the Blood*	1974	Larkin, *High Windows*
1975	Albee, *Seascape*	1975	R. Bradbury, *The History Man*
	Ashbery, *Self-Portrait*		
	T. Olson, *The Maximus Poem*		
	Bellow, *Humboldt's Gift*		
	Doctorow, *Ragtime*		
	Shange, *For Colored Girls …*	1976	DDR bürgert W. Biermann aus
1976	W. Stegner, *The Spectator Bird*		B. Strauß, *Trilogie des Wiedersehens*
	Bellow erhält den Nobelpreis		A. Carpentier, *Écue-Yamba-o*
1977	Coover, *Public Burning*	1977	Stoppard, *Professional Foul*
	Morrison, *Song of Solomon*		
	M. Herr, *Dispatches*		
	W. Percy, *Lancelot*		
1978	J. Irving, *The World According to Garp*	1978	J. Kogawa, *Jericho Road*
	O'Brien, *Going After Cacciato*		
	I. B. Singer erhält den Nobelpreis		
1979	Didion, *The White Album*	1979	M. Puig, *El beso de la mujer araña*
	Roth, *The Ghost Writer*		
	Styron, *Sophie's Choice*		
1980	J. C. Oates, *Bellefleur*	1980	W. Golding, *Rites of Passage*
	Percy, *The Second Coming*		
1981	Ashbery, *Shadow Train*	1981	Kogawa, *Obasan*
	Morrison, *Tar Baby*		S. Rushdie, *Midnight's Children*
	Roth, *Zuckerman Unbound*		
	Updike, *Rabbit Is Rich*		
1982	Bellow, *Dean's December*		
1983	A. Walker, *The Color Purple*	1983	Valenzuela, *Cola de lagartija*
1984	L. Erdrich, *Love Medicine*	1984	Heaney, *Fieldwork*
	LeRoi Jones, *Autobiography*	1985	García Márquez, El amor en los *tiempos del cólera*
	Mamet, *Glengarry Glen Ross*		

	Literatur und Geschichte Nordamerikas		**Literatur und Geschichte der Welt**
1986	DeLillo, *White Noise*		J. Fowles, *A Maggot*
	Welch, *Fool's Crow*		P. Süskind, *Das Parfüm*
1987	R. Dove, *Thomas and Beulah*	1987	M. Ondaatje, *In the Skin of a Lion*
	Wolfe, *The Bonfire of the Vanities*	1988	Pinter, *Mountain Language*
			S. Rushdie, *The Satanic Verses*
1988	T. C. Boyle, *World's End*	1989	Friedliche Revolution in Ostdeutschland
	G. Hongo, *The River of Heaven*		
	Morrison, *Beloved*		Fall der Mauer
			Massaker auf dem Tienanmen-Platz in Beijing/Peking
1989	W. Wasserstein, *The Heidi Chronicles*		
1990	Doctorow, *Billy Bathgate*	1990	Wiedervereinigung Deutschlands
	Updike, *Rabbit at Rest*		
	O'Brien, *The Things They Carried*		
	248 709 873 Einwohner		
1991	Roth, *Patrimony*	1991	Zusammenbruch des kommunistischen Systems und der UdSSR
	A. Tan, *The Kitchen-God's Wife*		
	J. Smiley, *A Thousand Acres*		Ende des Kalten Kriegs
1992	DeLillo, *Mao II*	1992	M. Ondaatje, *The English Patient*
	Mamet, *Oleanna*		R. Schneider, *Schlafes Bruder*
1993	Updike, *Collected Poems*		
	Morrison erhält den Nobelpreis		
1994	O'Brien, *In The Lake of the Woods*		
	Albee, *Three Tall Women*		
1995	W. Gass, *The Tunnel*		
1997	Vonnegut, *Timequake*	1997	Ch. Hein, *Von allem Anfang an*
	Roth, *American Pastoral*		
1998	Morrison, *Paradise*	1998	M. Walser, *Ein springender Brunnen*
	Pynchon, *Mason & Dixon*	1999	Europäische Währungsunion

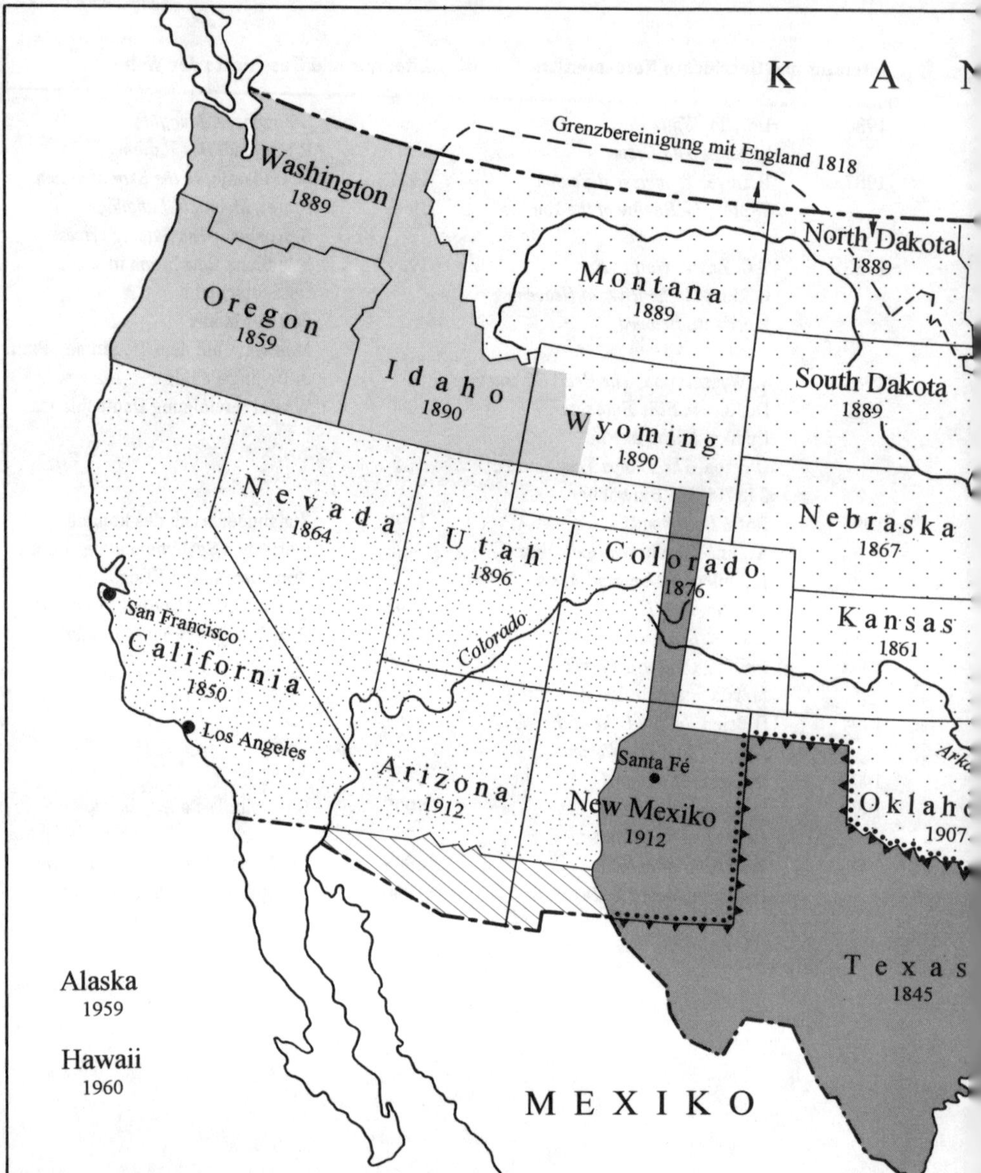

Grenze der sklavenhaltenden Staaten
Grenze der konföderierten Staaten

(Die Jahreszahlen geben das Jahr der Aufnahme als Staat in die Union an.)

Die territoriale Expansion der USA

- Die „dreizehn" Staaten
- Von England im Frieden von Paris 1783
- Von Frankreich 1803 (Louisiana-Kauf)
- Von Spanien 1819
- Texas (von Mexiko 1845 annektiert)
- Oregon Country (1846 erworben)
- Mexiko-Cession 1848
- Gadsen-Kauf 1853
- Alaska (1867 von Rußland gekauft)
- Hawaii (1897 annektiert)

KANADA
Maine
St. Lorenz Strom
New Hampshire
Vermont
Connecticut
Merrymack
New York
Hudson
Mohawk
Utica
Concord
Portsmouth
Amesbury
Salem
Greenfield
Amherst
Albany
Lenox
Concord
Cambridge
Copperstown
Massachusetts
Boston
Provincetown
Westfield
Springfield
Plymouth
Providence
New Bedford
Hartford
Litchfield
Rhode Island
Connecticut
New Haven
Martha´s Vineyard
Nantucket Insel
Tarrytown
Pennsylvania
Long Island
Newark
New York
New Jersey
Philadelphia

AUSGEWÄHLTE BIBLIOGRAPHIE

Hinweis:
Folgende Internet-Adressen eröffnen Nutzern des World Wide Web aktuelle Hintergrundinformationen zur amerikanischen Literatur und darüber hinaus.

I. Englische Seminare
Universität Karlsruhe (TH)
http://www.rz.uni-karlsruhe.de/Outerspace/VirtualLibrary/42.de.html
Universität Tübingen
http://www.uni-tuebingen.de/uni/nes/sites.html

II. Projekte in *English and American Studies*
Erfurt Electronic Studies in English
http://webdoc.gwdg.de/edoc/eese/urls.html
Deutsche Gesellschaft für Amerikastudien
http://www.uni-oldenburg.de/dgfa/
Reuben, P. R., ed. *PAL: Perspectives in American Literature: A Research and Reference Guide.* 11th ed. July 1998.
http://www.csustan.edu/english/reuben/pal/table.html

III. Literatur
Gates, J. E. »Literature in Electronic Format: The Traditional English and American Canon«, *Choice* 34.8 (April 1997): 1279–1296.
http://www.jsu.edu/depart/english/choice.htm

Bibliographien

American Bibliography of Books and Articles on the Modern Languages and Literatures. New York, 1921 ff.

Blanck, J. *Bibliography of American Literature.* 9 vols. New Haven, 1955–1991.

Humanities Index. New York, 1975 ff. (auch CD-ROM ed.)

Kamp, J. ed. *Reference Guide to American Literature.* 3rd ed. Detroit, 1994.

Marcuse, M. J. ed. *A Reference Guide for English Studies.* Berkeley, 1990.

Spiller, R. E. *et al.*, eds. *Literary History of the United States.* 2 vols. 4th rev. ed. New York, 1974.

Nachschlagwerke

Chevalier, T., ed. *Contemporary Poets.* 5th ed. Detroit, 1991.

Contemporary Authors: A Bio-Bibliographical Guide to Current Authors and their Works. Detroit, 1962 ff. (auch auf CD-ROM)

Dictionary of Literary Biography. Detroit, 1978 ff.

Frenzel, E. *Stoffe der Weltliteratur.* 8. Aufl. Stuttgart, 1992.

Hart, J. D., ed. *The Oxford Companion to American Literature.* 6th ed. New York, 1995.

Henderson, L., ed. *Contemporary Dramatists.* 5th ed. Detroit, 1991.

Hornung, A. *Lexikon amerikanischer Literatur.* Mannheim, 1992.

Internationaler Biographischer Index/World Biographical Index, CD-ROM-ed. 3. Ausg. München, 1997.

Propyläen-Geschichte der Literatur: Literatur und Gesellschaft der westlichen Welt. 6 Bd. Berlin, 1981–86.

Schweikle, G. und Schweikle, I., Hg. *Metzler-Literatur-Lexikon: Begriffe und Definitionen.* 2. überarb. Aufl. Stuttgart, 1990.

Shipley, J. T., ed. *Dictionary of World Literary Terms: Forms, Techniques, Criticism.* 3rd ed. London, 1970.

Thies, H., Hg. *Hauptwerke der amerikanischen Literatur.* München, 1995.

Wilmeth, D. B. and Miller, T. L., eds. *Cambridge Guide to American Theatre.* New York, 1996.

Geschichte und Kulturgeschichte

Adams, J. T., ed. *Dictionary of American History.* 2nd ed. 6 vols. New York, 1942–61.

Adams, W. P., Hg. *Die Vereinigten Staaten von Amerika.* Frankfurt, 1977.

Adams, W., Hg. *Länderbericht USA I und II.* Bonn, 1992.

Angermann, E. *Die Vereinigten Staaten von Amerika seit 1917.* 7. Aufl., München, 1983.

Banta, M. *Imaging American Women: Ideas and Ideals in Cultural History.* New York, 1987.

Beard, Ch. A. and M. R., *The Rise of American Civilization.* 4 vols. New York, 1927–1942.

Black, N. *Social Feminism.* Ithaca, NY, 1989.

Brennan, T., ed. *Between Feminism and Psychoanalysis.* London, 1989.

Brogan, H. *The Penguin History of the United States of America.* London, 1990.

Davidson, C., ed. *Reading in America: Literature and Social History.* Baltimore, 1989.

Elkins, S. M. *Slavery: A Problem in American Institutional and Intellectual Life.* 2nd ed. Chicago, 1968.

Franklin, J. H. *From Slavery to Freedom: A History of Negro Americans.* 5th ed. New York, 1980.

Greenblatt, S. and Gunn, G. *Redrawing the Boundaries: The Transformation of English and American Studies.* New York, 1992.

Guggisberg, H. R. *Geschichte der USA.* 2 Bde. Stuttgart, 1988.

Hacker, L. M. and Zahler, H. S. *The Shaping of the American Tradition.* 2 vols. New York, 1947.

Hall, Th. C. *The Religious Background of American Culture.* New York, 1930.

Hart, J. *The Popular Book: A History of America's Literary Taste.* New York, 1950.

Hofstadter, R. *The American Political Tradition.* New York, 1948.

Hübner, E. *Das politische System der USA: Eine Einführung.* 3. akt. Aufl. München, 1993.

Hutner, G., ed. *American Literature, American Culture.* New York, 1998.

Jordan, W. *White Over Black.* Chapel Hill, NC, 1968.

Josephy, A. M. and Brandon, W., eds. *The American Heritage Book of Indians.* New York, 1961.

Kleinsteuber, H. J. *Die USA: Politik, Wirtschaft, Gesellschaft.* Hamburg, 1984.

Lösche, P. *Amerika in Perspektive.* Darmstadt, 1989.

Larkin, O. W. *Art and Life in America.* New York, 1949.

Mann, G. *Vom Geist Amerikas.* Stuttgart, 1954.

Marx, L. *The Machine in the Garden: Technology and the Pastoral Ideal in America.* London, 1964.

Morison, S. E. and Commager, H. S. *The Growth of the American Republic.* 2 vols. 3rd ed. New York, 1942.

Mott, F. L. *American Journalism: A History of Newspapers in the United States Through 250 Years, 1690–1940.* New York, 1941.

Mott, F. L. *A History of American Magazines.* 5 vols. Cambridge, 1930–1968.

Pearce, R. H. *Savagism and Civilization: A Study of the Indian and the American Mind.* Berkeley, 1988.

Podell, J. *Religion in America.* New York, 1987.

Raeithel, G. *Geschichte der Nordamerikanischen Kultur.* 3 Bde. Weinheim, 1987.

Riley, I. W. *American Thought from Puritanism to Pragmatism.* 2nd ed. New York, 1923.

Rourke, C. *The Roots of American Culture and Other Essays.* New York, 1942.

Sautter, U. *Geschichte der Vereinigten Staaten von Amerika.* 4. erw. Aufl. Stuttgart, 1991.

Schlesinger, A. M. and Fox, D. R., eds. *A History of American Life.* 12 vols. New York, 1927–1944.

Schneider, H. W. *A History of American Philosophy.* New York, 1946.

Shafritz, J. M. *The Dorsey Dictionary of American Government and Politics.* Chicago, 1988.

Slotkin, R. *Regeneration Through Violence: The Mythology of the American Frontier, 1600–1860.* Middletown, CT, 1973.

Sperry, W. L. *Religion in America.* rev. ed. New York, 1939.

Tebbel, J. W. *A History of Book Publishing in the United States.* 4 vols., New York, 1972–81.

Tindall, G. B. *America: A Narrative History.* 2 vols. New York, 1984.

Tocqueville, A. de *Democracy in America.* 2 vols. 1835/40, New York, 1945.

Turner, F. J. »The Significance of the Frontier in American History« in *Frontier and Section: Selected Essays.* Ed. Billingston, R. A., Englewood Cliffs, NJ, 1961.

Wasser, H. *Die Vereinigten Staaten von Amerika: Porträt einer Weltmacht.* Stuttgart, 1980, Frankfurt, 1984.

Wersich, R. B., Hg. *USA-Lexikon: Schlüsselbegriffe zu Politik, Wirtschaft, Gesellschaft, Kultur, Geschichte und zu den deutsch-amerikanischen Beziehungen.* Berlin, 1994.

Literaturgeschichte

Abel, D. *American Literature.* 3 vols. Great Neck, NY, 1963.

Abel, E., ed. *Writing and Sexual Difference.* Chicago, 1982.

Ahrends, G. *Die amerikanische Kurzgeschichte: Theorie und Entwicklung.* 2. Aufl. Stuttgart, 1995.

Baker, H. A., Jr., ed. *Three American Literatures: Essays in Chicano, Native American, and Asian-American Literature for Teachers of American Literature.* New York, 1982.

Bell, B. W. *The Afro-American Novel and Its Tradition.* Amherst, 1987.

Bercovitch, S., ed. *The Cambridge History of American Literature.* Vol. I 1590–1820; Vol. II 1820–1865. Cambridge, 1994, 1995.

Berkhofer, R. F. *The White Man's Indian: Images of the American Indian from Columbus to the Present.* New York, 1979.

Bone, R. H. *The Negro Novel in America.* New York, 1958, rev. ed. 1965.

Breinig, H. und Halfmann, U. *Die amerikanische Literatur bis zum Ende des 19. Jahrhunderts.* Tübingen, 1985.

Brooks, V. W. *America's Coming of Age.* New York, 1915.

Bruce-Novoa, J. *RetroSpace. Collected Essays on Chicano Literature: Theory and History.* Houston, 1990.

Bruce-Novoa, J. *Chicano Poetry. A Response to Chaos.* Austin, 1982.

Brumble, H. D. III. *American Indian Autobiography.* Berkeley, 1988.

Calderon, H. H. and Saldívar, J. D., eds. *Criticism in the Borderlands: Studies in Chicano Literature, Culture, and Ideology.* Durham, 1991.

Canby, H. S. *Classic Americans: A Study of Eminent American Writers from Irving to Whitman.* New York, 1959.

Candelaria, C. *Chicano Poetry: A Critical Introduction.* Westport, CT, 1986.

Chapman, A., ed. *Literature of the American Indians: Views and Interpretation.* New York, 1976.

Chase, R. *The American Novel and its Tradition.* New York, 1957.

Cheung, K.-K. and Stan, Y. *Asian American Literature: An Annotated Bibliography.* New York, 1988.

Christian, B. *Black Feminist Criticism: Perspectives on Black Women Writers.* New York, 1985.

Cowie, A. *The Rise of the American Novel.* New York, 1948.

Donovan, J. *Feminist Theory: The Intellectual Traditions of American Feminism.* New York, 1987.

Eagleton, M., ed. *Feminist Literary Theories: A Reader.* Oxford, 1986.

Elliott, E., ed. *Columbia Literary History of the United States.* New York, 1988.

Elliott, E. *et al.*, eds. *The Columbia History of the American Novel.* New York, 1991.

Fiedler, L. A. *Love and Death in the American Novel.* New York, 1960.

Fisher, D., ed. *Minority Language and Literature: Retrospective and Perspective.* New York, 1977.

Fisher, D. *The Third Woman: Minority Woman Writers of the United States.* Boston, 1980.

Fried, L., ed. *Handbook of American-Jewish Literature: An Analytical Guide to Topics, Themes, and Sources.* Westport, CT, 1988.

Gregory, H. and Zaturenska, M. *A History of American Poetry.* New York, 1946.

Gunn, G. *The Culture of Criticism and the Criticism of Culture.* New York, 1987.

Guttman, A. *The Jewish Writer in America: Assimilation and the Crisis of Identity.* New York, 1971.

Haas, R. *Amerikanische Literaturgeschichte.* 2 Bde. Heidelberg, 1972 und 1974.

Huerta, J. *Chicano Theatre: Themes and Forms.* Ypsilanty, MI, 1982.

Itschert, H., Hg. *Das amerikanische Drama von den Anfängen bis zur Gegenwart.* Darmstadt, 1972.

Kim, E. *Asian American Literature: An Introduction to the Writings and Their Social Context.* Philadelphia, 1982.

Krieger, M. *Theory of Criticism.* Baltimore, 1976.

Kroeber, K. *Traditional Literatures of the American Indian: Texts and Interpretations.* Lincoln, NE, 1981.

Krupat, A. *For Those Who Come After: A Study of Native American Autobiography.* Berkeley, 1985.

Krupat, A. *The Voice in the Margin: Native American Literature and the Canon.* Berkeley, 1989.

Lang, H.-J., Hg. *Der amerikanische Roman: Von den Anfängen bis zur Gegenwart.* Düsseldorf, 1972.

Leisy, E. E. *The American Historical Novel.* Norman, OK, 1950.

Lim, S. G. and Ling, A., eds. *Reading the Literatures of Asian America.* Philadelphia, 1992.

Ling, A. *Between Worlds: Women Writers of Chinese Ancestry.* New York, 1990.

Loggins, V. *The Negro Author: His Development in America.* New York, 1931.

Lubbers, K., Hg. *Die amerikanische Lyrik: Von der Kolonialzeit bis zur Gegenwart.* Düsseldorf, 1974.

Lüdeke, H. *Geschichte der amerikanischen Literatur.* 2. erw. Aufl. Bern, 1963.

Martínez, J. A. and Lomelí, F. A., eds. *Chicano Literature: A Reference Guide.* Westport, CT, 1985.

Monroe, N. E. *The Novel and Society.* Chapel Hill, 1941.

Nadel, I. B. *Jewish Writers of North America: A Guide to Information Sources.* Detroit, 1981.

Ostendorf, B., ed. *Amerikanische Gettoliteratur: Zur Literatur ethnischer, marginaler und unterdrückter Gruppen in Amerika.* Darmstadt, 1983.

Ostendorf, B. *Black Literature in White America.* New York, 1982.

Ostriker, A. S. *Stealing the Language: The Emergence of Women's Poetry in America.* Boston, 1986.

Owens, L. *Other Destinies: Understanding the American Indian Novel.* Norman, OK, 1992.

Parrington, V. L. *Main Currents in American Thought: An Interpretation of American Literature from the Beginnings to 1920.* 3 vols. New York, 1927–1930.

Pattee, F. L. *The Development of the American Short Story.* New York, 1923.

Peck, D. R. *American Ethnic Literatures: Native American, African American, Chicano/Latino, Asian American Writers and Their Backgrounds – An Annotated Bibliography.* Englewood Cliffs, NJ, 1992.

Piller, W. *Der Chicano Roman. Stufen seiner Entwicklung.* Bern, 1991.

Quinn, A. H., ed. *The Literature of the American People.* New York, 1951.

Quinn, A. H. *A History of the American Drama: From the Beginning to the Civil War.* 2nd ed. New York, 1943; 1979.

Quinn, A. H. *A History of the American Drama: From the Civil War to the Present Day.* New York, 1936; rev. ed. 1980.

Quinn, A. H. *American Fiction: An Historical and Critical Survey.* New York, 1936.

Reising, R. J. *The Unusable Past: Theory and the Study of American Literature.* New York, 1986.

Ruland, R. and Bradbury, M. *From Puritanism to Postmodernism: A History of American Literature.* Harmondsworth, 1991.

Ruoff, A. LaVonne Brown. *American Indian Literatures: An Introduction, Bibliographic Review, and Selected Bibliography.* New York, 1990.

Schirmer, W. F. *Geschichte der englischen und amerikanischen Literatur.* Hg. A. Esch. Tübingen, 1983.

Schulze, M. *Wege der amerikanischen Literatur: Eine geschichtliche Darstellung.* Frankfurt/M., 1968.

Sollors, W. and Diedrich, M. *The Black Columbiad Defining Moments in African American Literature and Culture.* Cambridge, MA, 1994.

Spiller, R. E./Thorp, W. *et al.*, eds. *Literary History of the United States.* 4th ed. New York, 1974.

Stauffer, D. B. *A Short History of American Poetry.* New York, 1974.

Swann, B. and Krupat, A., eds. *Recovering the Word: Essays on Native American Literature.* Berkeley, 1987.

Swann, B., ed. *Smoothing the Ground: Essays on Native American Oral Literature.* Berkeley, 1983.

Tantum, Ch. M. *Chicano Literature.* Boston, 1982.

Trent, W. P. *et al.*, eds. *The Cambridge History of American-Literature.* 3 vols. in 1. New York, 1943.

Van Doren, C. *The American Novel, 1789–1939.* rev. ed., New York, 1940.

Wagenknecht, E. *Cavalcade of the American Novel.* New York, 1952.

Wiget, A. O. *Native American Literature.* Boston, 1985.

Wiget, A. O., ed. *Critical Essays on Native American Literature.* Philadelphia, 1985.

Wiget, A. O., ed. *Dictionary of Native American Literature.* New York, 1994.

Wilson, G. B. *Three Hundred Years of American Drama and Theatre: From Ye Bear and Ye Cubb to Chorus Line.* 2nd ed. Englewood Cliffs, NJ, 1982.

Wong, S. C. *Reading Asian American Literature: From Necessity to Extravagance.* Princeton, 1993.

Zapf, H., Hg. *Amerikanische Literaturgeschichte.* Stuttgart, 1997.

Literaturkritik und -theorie

Ahrens, R. und Wolff, E., Hg. *Englische und amerikanische Literaturtheorie.* 2 Bde. Heidelberg, 1979.

Bogdal, K.-M., Hg. *Neue Literaturtheorien.* Opladen, 1990.

Blamires, H. *A History of Literary Criticism.* New York, 1991.

Burns, E. *Sociology of Literature and Drama: Selected Readings.* Harmondsworth, 1973.

Coyle, M. *et al.*, eds. *Encyclopedia of Literature and Criticism.* Detroit, 1991.

Erzgräber, W., Hg. *Moderne englische und amerikanische Literaturkritik.* Darmstadt, 1970.

Foerster, N. *American Criticism: A Study in Literary Theory from Poe to the Present.* Boston, 1928.

Frank, A. P. *Einführung in die britische und amerikanische Literaturkritik und -theorie.* Darmstadt, 1983.

Frye, N. *Anatomy of Criticism: Four Essays.* Princeton, 1957.

Greene, G. and Kahn, C. *Making a Difference: Feminist Literary Criticism.* London, 1985.

Hawthorn, J. *A Glossary of Contemporary Literary Theory.* 2nd ed. London, 1994.

Hooks, B. *Feminist Theory: From Margin to Center.* Boston, 1983.

Hoffman, D. G. *Form and Fable in American Fiction.* New York, 1961.

Jones, H. M. *The Theory of American Literature.* Cornell, 1948; repr. 1966.

Kaufman, L., ed. *Gender and Theory.* Oxford, 1989.

Krieger, M. *Words About Words About Words: Theory, Criticism, and the Literary Text.* Baltimore, 1988.

Krieger, M. *Theory of Criticism.* Baltimore, 1976.

Lang, H.-J. *Studien zur Entstehung der neueren amerikanischen Literaturkritik.* Hamburg, 1961.

Lentricchia, F. and McLaughlin, Th., eds. *Critical Terms for Literary Study.* Chicago, 1990.

Levin, H. *Contexts of Criticism,* Cambridge, MA, 1958.

Lodge, D., ed. *Modern Criticism and Theory: A Reader.* London, 1988.

Lodge, D., ed. *Twentieth Century Literary Criticism: A Reader.* London, 1972.

Parrinder, P. *Authors and Authority: English and American Criticism 1750–1990.* 2nd ed. Basingstoke, 1991.
Selden, R. *Practicing Theory and Reading Literature: An Introduction.* 3rd ed. Lexington, KY, 1993.
Stanzel, F. K. *Theorie des Erzählens.* 5. Aufl. Göttingen, 1991.
Strelka, J. P., ed. *Literary Theory and Criticism.* 2 vols. Bern, 1984.
Strelka, J. und Hinderer, W., eds. *Moderne amerikanische Literaturtheorien.* Frankfurt a. M., 1970.
Tompkins, J. P., ed. *Reader-Response Criticism: From Formalism to Post-Structuralism.* Baltimore, MD, 1980.
Wellek, R. and Warren, A. *Theory of Literature.* 3rd ed. Harmondsworth, 1973.
Wellek, R. *A History of Modern Criticism: 1750–1950.* 8 vols. New Haven, 1955–1992.
Wilpert, G. von *Sachwörterbuch der Literatur.* 7. Aufl. Stuttgart, 1989.
Winter, H. *Literaturtheorie und Literaturkritik.* Düsseldorf, 1974.
Zapf, H. *Kurze Geschichte der anglo-amerikanischen Literaturtheorie.* 2. Aufl. München, 1991.

Anthologien

Anzaldúa, C., ed. *Making Face, Making Soul=Haciendo Caras: Creative and Critical Perspectives by Feminists of Color.* San Francisco, 1990.
Baym, N. *et al.*, eds. *The Norton Anthology of American Literature.* 4th ed. 2 vols. New York, London, 1994.
Benét, W. R. and Pearson, N. H., eds. *The Oxford Anthology of American Literature.* New York, 1938.
Binder, W. und Breinig, H., eds. *Facing America: Multikulturelle Literatur der heutigen USA in Texten und Bildern.* Zürich, 1994.
Bode, C., *et al. American Literature: An Anthology with Critical Introductions.* 3 vols. New York 1966.
Cerf, B. and Cartmell, V. H., eds. *Sixteen Famous American Plays.* New York, 1941.
Cochrane, J., ed. *The Penguin Book of American Short Stories.* Harmondsworth, 1971.
Fisher, D., ed. *The Third Woman: Minority Women Writers of the United States.* Boston, 1980.
Gates, H. L. Jr. and McKay, N., eds. *The Norton Anthology of African-American Literature.* New York, 1997.
Grant, D. *Classic American Short Stories.* rev. ed. New York, 1989.
Hubell, J. B., ed. *American Life in Literature.* 4 vols. rev. ed. New York, 1971.

Hüllen, W., Hg. *English and American Poetry.* Stuttgart, 1997.

Kreymborg, A., ed. *An Anthology of American Poetry: Lyric America 1630–1941.* 2nd rev. ed. New York, 1941.

Lauter, P. *et al.*, eds. *Heath Anthology of American Literature.* 2nd edit. 2 vols. Lexington, MA, 1994.

Link, Franz, Hg. *Amerikanische Lyrik: Vom 17. Jahrhundert bis zur Gegenwart.* (zweisprachig) 2. Aufl. Stuttgart 1992.

Litz, A. W., ed. *Major American Short Stories.* rev. ed. New York, 1980.

McMichael, G. *et al.*, eds. *Anthology of American Literature.* 2nd ed. 2 vols. New York, 1980.

Meller, H. und Sühnel, R., eds. *British and American Classical Poems.* Braunschweig, 1966. 6. korr. Nachdruck Heidelberg, 1998.

Moore, G., ed. *American Literature: A Representative Anthology of American Writing from Colonial Times to the Present.* London, 1946.

Moore, G., ed. *The Penguin Book of American Verse.* Harmondsworth, 1979.

Moraga, Ch. and Anzaldúa, G., eds. *This Bridge Called My Back: Writings by Radical Women of Color.* New York, 1981.

Oates, J. C., ed. *The Oxford Book of American Short Stories.* New York, 1992.

Randall, D., ed. *The Black Poets: A New Anthology.* New York, 1971.

Ruiz, V. and DuBois, E. C., eds. *Unequal Sisters: A Multicultural Reader in US Women's History.* New York, 1994.

Schulze, M., Hg. *Amerikanische Kurzgeschichten: Von Irving bis Crane.* Leipzig, 1957.

Stedman, C. and Hutchinson, E. M., eds. *A Library of American Literature from the Earliest Settlement to the Present Time.* 11 vols. New York, 1888–1890.

Turner, F., ed. *The Portable North American Indian Reader.* New York, 1973.

DIE KOLONIALZEIT

Geschichte und Kulturgeschichte

Andrews, Ch. M. *The Colonial Period of American History.* 4 vols. New Haven, 1934–1938.

Axtell, J. *After Columbus: Essays on the Ethnohistory of Colonial North America.* New York, 1988.

Bates, E. S. *American Faith: Its Religious, Political and Economic Foundations.* New York, 1940.

Bercovitch, S. *The Puritan Origins of the American Self.* New Haven, 1975.

Byngton, E. H. *The Puritan as a Colonist and Reformer.* Boston, 1899.

Cobb, S. H. *The Rise of Religious Liberty in America: A History.* New York, 1902; repr. 1977.

Cross, A. L. *The Anglican Episcopate and the American Colonies.* New York, 1902.

Delage, D. *Bitter Feast: Amerindians and Europeans in Northeastern North America, 1600–64.* Vancouver, 1993.

Faust, A. B. *The German Element in the United States …* 2 vols. New York, 1927; repr. 1977.

Foster, F. H. *A Genetic History of the New England Theology.* Chicago, 1907.

Herget, W. *Studies in New England Puritanism.* Frankfurt, 1983.

McGregor, G. *The Noble Savage in the New World Garden: Notes Towards a Syntactics of Place.* Toronto, 1988.

May, H. *Enlightenment in America.* New York, 1976.

Morais, H. M. *Deism in Eighteenth-Century America.* New York, 1934.

Nettels, C. P. *The Roots of American Civilization: A History of American Colonial Life.* New York, 1938.

Nye, R. B. *The Cultural Life of the New Nation, 1776–1830.* New York, 1960.

Taylor, W. R. *Cavalier and Yankee: The Old South and American National Character.* London, 1963.

Twaney, R. H. *Religion and the Rise of Capitalism.* New York, 1926.

Wertenbaker, Th. J. *The Puritan Oligarchy: The Founding of American Civilization.* New York, 1947; repr. 1970.

Wood, R., ed. *The Pennsylvania Germans.* Princeton, 1942.

Wright, L. B. *The Atlantic Frontier: Colonial American Civilization, 1607–1763.* New York, 1947.

Wright, L. B. *The First Gentlemen of Virginia: Intellectual Qualities of the Early Colonial Ruling Class.* San Marino, CA, 1940.

Literaturgeschichte

Brumm, U. *Puritanismus und Literatur in Amerika.* Darmstadt, 1973.

Bissel, B. H. *The American Indian in English Literature of the Eighteenth Century.* New Haven, 1925.

Caldwell, P. *The Puritan Conversion Narrative: The Beginnings of American Expression.* Cambridge, 1983.

Galinsky, H. *Geschichte amerikanischer Kolonialliteratur: Multinationale Wurzeln einer Weltliteratur in Entwicklungslinien und Werkinterpretationen (1542–1722).* Darmstadt, 1991.

Gunn, G., ed. *Early American Writing.* New York, 1994.

Murdock, K. B. *Literature and Theology in Colonial New England.* Boston, 1949.

Piercy, K. *Studies in Literary Types in Seventeenth-Century America, 1607–1710.* New Haven, CT, 1939.

Spengeman, W. C. *A New World of Words: Redefining Early American Literature.* 2nd ed. New York, 1994.

Tyler, M. C. *A History of American Literature, 1607–1765.* 2 vols. rev. ed. New York 1909/1917.

Van Der Beets, R. *The Indian Captivity Narrative: An American Genre.* London, 1984.

White, P., ed. *Puritan Poets and Poetics: Seventeenth-Century American Poetry in Theory and Practice.* University Park, 1985.

Anthologien

Cairns, W. B., ed. *Selections from Early American Writers, 1607–1800.* New York, 1909/1917.

Cowell, P. *Women Poets in Pre-Revolutionary America, 1650–1775: An Anthology.* Boston, 1983.

Miller, P. and Johnson, Th. M., eds. *The Puritans.* New York, 1983.

Spiller, R. E., ed. *The Roots of National Culture: American Literature to 1830.* New York, 1933.

Autoren

Arksey, L. *et al.*, eds. *American Diaries: An Annotated Bibliography of Published American Diaries and Journals. Vol. 1: Diaries Written from 1492–1844.* Detroit, 1983.

Arthur, S. C. *Audubon: An Intimate Life of the American Woodsman.* New Orleans, 1937.

Breitwieser, M. R. *American Puritanism and the Defence of Mourning: Religion, Grief and Ethnology in Mary White Rowlandson's Captivity Narrative.* Madison, WI, 1990.

Breitwieser, M. R. *Cotton Mather and Benjamin Franklin: The Price of Representative Personality.* Cambridge, 1985.

Carpenter, E. J. *Roger Williams: A Study of the Life, Times, and Character of a Political Pioneer.* New York, 1909.

Cowell, P. and Stanford, A., eds. *Critical Essays on Anne Bradstreet.* Boston, 1933.

Dean, J. W. *Sketch of the Life of Rev. Michael Wigglesworth, A. M., with a Fragment of His Autobiography, Some of His Letters, and a Catalogue of His Library.* Albany, 1863. 2nd ed., 1971.

Earnest, E. *John and William Bartram: Botanists and Explorers.* Philadelphia, 1940.
Erdt, T. *Jonathan Edwards: Art and the Sense of the Heart.* Amherst, 1980.
Fagin, N. B. *William Bartram: Interpreter of the American Landscape.* Baltimore, 1933.
Grabo, N. *Edward Taylor.* New York, 1961.
Miller, P. *Roger Williams: His Contributions to the American Tradition.* Indianapolis, 1953.
Miller, P. *Jonathan Edwards.* New York, 1949.
Murdock, K. B. *Increase Mather: The Foremost American Puritan.* Cambridge, 1925.
Piercy, J. K. *Anne Bradstreet.* New York, 1965.
Plumb, A. H. *William Bradford of Plymouth.* Boston, 1920.
Scheick, W. J. *Critical Essays of Jonathan Edwards.* Boston, 1980.
Smith, B. *Captain John Smith, His Life and Legend.* Philadelphia, 1953.
Stanford, A. *Anne Bradstreet: The Worldly Puritan.* New York, 1974.
Walker, G. L. *Thomas Hooker, Preacher, Founder, Democrat.* New York, 1891.
White, E. W. *Anne Bradstreet: »The Tenth Muse«.* New York, 1971.
Winthrop, R. C. *Life and Letters of John Winthrop.* 2 vols. 1864–1867; 2nd ed. 1869.

DIE REVOLUTIONSZEIT

Geschichte und Kulturgeschichte

Baldwin, A. M. *The New England Clergy and the American Revolution.* Durham, NC, 1928.
Bailyn, B. *The Ideological Origins of the American Revolution.* Cambridge, 1992.
Beman, R., *et al.*, eds. *Beyond Confederation: Origins of the Constitution and American National Identity.* Chapel Hill, NC, 1987.
Cott, N. *The Bonds of Womanhood: »Woman's Sphere« in New England 1780–1835.* New Haven, 1977.
Freeman, D. S. *George Washington: A Biography.* 7 vols. New York, 1948–57.
Galloway, J. *Historical and Political Reflections on the Rise and Progress of the American Rebellion.* London, 1780.
Greene, J. P. and Pole, J. R., eds. *Encyclopedia of the American Revolution.* Cambridge, MA, 1991.
Hoffman, R. and Albert, P. J., eds. *Women in the Age of the American Revolution.* Charlottesville, 1989.
Jones, H. M. *O Strange New World: American Culture: The Formative Years.* New York, 1964.

Kerber, L. K. *Women of the Republic: Intellect and Ideology in Revolutionary America.* Chapel Hill, NC, 1980.

Knollenberg, B. *The Origins of the American Revolution.* New York, 1960.

Palmer, R. R. *The Age of Democratic Revolution.* 2 vols. London, 1959–64.

Peterson, M. D. *Thomas Jefferson and the New Nation: A Biography.* New York, 1970.

Silverman, K. *A Cultural History of the American Revolution.* New York, 1976.

Warren, M. O. *History of the Rise, Progress, and Termination of the American Revolution.* 3 vols. Boston, 1805; repr. 1970.

Literaturgeschichte

Loshe, L. D. *The Early American Novel 1789–1830.* New York, 1966.

Meserve, W. J. *An Emerging Entertainment: The Drama of the American People to 1828.* Bloomington, 1977.

Moody, R. *America Takes the Stage: Romanticism in American Drama and Theatre, 1750–1900.* Bloomington, 1955.

Ostriker, A. S. *Stealing the Language: The Emergence of Women's Poetry in America.* Boston, 1986.

Parrington, V. L. *The Connecticut Wits.* New York, 1926.

Parker, P. L. *Early American Fiction: A Reference Guide.* Boston, 1984.

Pattee, F. L. *The First Century of American Literature.* New York, 1935.

Petter, H. *The Early American Novel.* Columbus, 1971.

Richardson, L. N. *A History of Early American Magazines, 1741–1789.* New York, 1931.

Seilhamer, G. O. *History of the American Theatre.* 3 vols. Philadelphia, 1888–1391; repr. 1969.

Spengeman, W. C. *The Adventurous Muse: The Poetics of American Fiction, 1789–1900.* New Haven, 1977.

Tyler, M. C. *The Literary History of the American Revolution. 1763–1783.* 2 vols. New York, 1897.

Wegelin, O. *Early American Plays, 1714–1830: A Compilation of the Titles of Plays and Other Dramatic Poems. rev. ed.* New York, 1905.

Wegelin, O. *Early American Poetry: A Compilation of the Titles of Volumes of Verse and Broadsides.* Gloucester, MA, 1965.

Wright, L. H. *American Fiction, 1774–1850: A Contribution Toward a Bibliography.* San Marino, CA, 1939.

Ziff, L. *Writing in the New Nation: Prose, Print, and Politics in the Early United States.* New Haven, CT, 1991.

Anthologien

Brawley, B. G., ed. *Early Negro American Writers: Selections with Biographical and Critical Introductions.* Chapel Hill, NC, 1935; repr. New York, 1970.

Meserole, H. T., ed. *Seventeenth-Century American Poetry.* Garden City, NY, 1968.

Autoren

Adkins, N. F. *Philip Freneau and the Cosmic Enigma: The Religious and Philosophical Speculations of an American Poet.* New York, 1949.

Beatty, R. C. *William Byrd of Westover.* Boston, 1932.

Bowden, M. W. *Philip Freneau.* Boston, 1976.

Clark, D. L. *Charles Brockden Brown, Pioneer Voice of America.* Durham, NC, 1952.

Cohen, I. B. *Benjamin Franklin: His Contribution to American Tradition.* Indianapolis, 1953.

Lewis, J. *Thomas Paine, Author of the Declaration of Independence.* New York, 1947.

Marsh, Ph. *Philip Freneau. Poet and Journalist.* Minneapolis, MN, 1967.

Mitchell, J. P. *St. Jean de Crèvecoeur.* New York, 1916.

Newlin, C. M. *The Life and Writings of Hugh Henry Brackenridge.* Princeton, 1932.

Van Doren, C. *Benjamin Franklin.* New York, 1938.

Van der Weyde, W., ed. *The Life and Works of Thomas Paine.* 10 vols., New Rochelle, NY, 1925.

Warfel, H. R. *Charles Brockden Brown, American Gothic Novelist.* Gainsville, FL, 1949.

DIE JUNGE UNION

Geschichte und Kulturgeschichte

Adams, H. *History of the United States of America During the Administration of Jefferson and Madison.* 9 vols. New York, 1884–1889, repr. 4 vols., NY 1930.

Boorstin, D. *The American Political Tradition*. New York, 1948.

Brock, W. R. *Conflict and Transformation: The United States, 1844–1877.* Harmondsworth, 1973.

Cash, W. J. *The Mind of the South.* New York, 1941.

Catton, B. *The Centennial History of the Civil War.* 3 vols. London, 1978.

Chai, L. *The Romantic Foundations of the American Renaissance.* Ithaca, NY, 1987.

Charvat, W. *The Origins of American Critical Thought, 1810–1835.* Philadelphia, 1936.

Cochran, Th. C. and Miller, W., eds. *The Age of Enterprise: A Social History of Industrial America.* rev. ed. New York, 1961.

Cole, A. C. *The Irrepressible Conflict: 1850–1865.* New York, 1934.

Collins, B. *The Origins of America's Civil War.* London, 1981.

Cook, G. W. *Unitarianism in America: A History of its Origin and Development.* Boston, 1902.

Cunliffe, M. *The Nation Takes Shape, 1789–1837.* Chicago, 1959.

De Voto, B., *The Curse of Empire.* Boston, 1952.

De Voto, B., *1846: The Year of Decision.* Boston, 1943.

Dillon, M. L. *The Abolitionists: The Growth of a Dissident Minority.* New York, 1974.

Dumond, D. L. *Anti-Slavery.* Ann Arbor, 1961.

Foner, E. *Free Soil, Free Labor, Free Men.* New York, 1970.

Franklin, J. H. *The Militant South.* Cambridge, MA, 1956.

Freehling, W. W. *Prelude to Civil War: The Nullification Crisis in South Carolina, 1816–1836.* New York, 1966.

Genovese, E. *Roll, Jordan, Roll: The World the Slaves Made.* New York, 1974.

Hochfield, G., ed. *Selected Writings of the American Transcendentalists.* New York, 1966.

Howe, I. *The American Newness: Culture and Politics in the Age of Emerson.* Cambridge, 1985.

Lee, A. M. *The Daily Newspaper in America: The Evolution of a Social Instrument.* New York, 1937.

Levin, D. *History as Romantic Art: Bancroft, Prescott, Motley, and Parkman.* New York, 1967.

Lewis, R. W. B. *The American Adam: Innocence, Tragedy and Tradition in the Nineteenth Century.* Chicago, 1959.

McMaster, J. B. *A History of the People of the United States from the Revolution to the Civil War.* 8 vols. New York, 1883–1913.

Matthiessen, F. O. *American Renaissance: Art and Expression in the Age of Emerson and Whitman.* New York, 1941.

Miller, P., ed. *The Transcendentalists: Their Prose and Poetry.* Garden City, NY, 1957.

Myerson, J. *The Transcendentalists. A Review of Research and Criticism.* New York, 1984.

North, D. C. *The Economic Growth of the United States, 1790–1860.* Englewood Cliffs, NJ, 1961.

Oates, S. B. *With Malice Toward None: The Life of Abraham Lincoln.* London, 1978.

Pease, D. *Visionary Compacts: American Renaissance Writings in Cultural Context.* Madison, WI, 1987.

Potter, D. M. *The Impending Crisis.* New York, 1976.
Schlesinger, A. M. *The Age of Jackson.* New York, 1945.
Sollors, W. *Beyond Ethnicity: Consent and Descent in American Culture.* New York, 1986.
Swift, L. *Brook Farm. Its Members, Scholars, and Visitors*. New York, 1900.
Turner, L. D. *Anti-Slavery Sentiment in American Literature Prior to 1865.* Chicago, 1926.
Urbanski, M. M. O. *Margaret Fuller's ›Woman in the Nineteenth Century‹.* Westport, CT, 1980.

Literaturgeschichte

Bay, N. *Novels, Readers and Reviewers: Response to Fiction in Antebellum America.* Ithaca, NY, 1987.
Brooks, V. W. *The World of Washington Irving.* New York, 1944.
Brooks, V. W. *The Flowering of New England, 1815–1865.* New York, 1936; rev. ed. 1941.
Boas, G., ed. *Romanticism in America.* Baltimore, 1940.
Diedrich, M. *Ausbruch aus der Knechtschaft: Das amerikanische* Slave Narrative *zwischen Unabhängigkeitserklärung und Bürgerkrieg.* Stuttgart, 1986.
Foerster, N. *Nature in American Literature: Studies in the Modern View of Nature.* New York, 1958.
Frothingham, O. B. *Transcendentalism in New England: A History.* New York, 1876.
Hunt, Th. *Le Roman Américain, 1830–1850.* Paris, 1937.
Keiser, A. *The Indian in American Literature.* New York, 1933.
Matthiessen, F. O. *American Renaissance: Art and Expression in the Age of Emerson and Whitman.* New York, 1941.
Railton, S. *Authorship and Audience: Literary Performance in the American Renaissance.* Princeton, 1992.
Rollins, H. E. *Keats' Reputation in America.* Cambridge, 1946.
Santayana, G. *Winds of Doctrine.* New York, 1913.
Siebald, M. und Immel, H., Hg. *Amerikanisierung des Dramas und Dramatisierung Amerikas.* Frankfurt, 1985.
Tompkins, J. *Sensational Designs: The Cultural Work of American Fiction, 1790–1860.* New York, 1985.

Anthologien

Gates, H. L., Jr., ed. *The Classic Slave Narratives.* New York, 1987.

Parks, E. W., ed. *Southern Poets: Representative Selections: With Introduction, Bibliography, and Notes.* (Amer. Writers Ser.), New York, 1936.

Autoren

Adkins, N. F. *Fitz-Greene Halleck: An Early Knickerbocker Wit and Poet.* New Haven, 1930.

Allen, G. W. *Melville and His Work.* New York, 1971.

Allen, G. W. *The Solitary Singer: A Critical Biography of Walt Whitman.* New York, 1955, 2nd ed. 1970.

Allen, G. W. *Walt Whitman Abroad.* Syracuse, 1955; repr. 1978.

Allen, G. W. *The New Walt Whitman Handbook.* New York, 1975.

Asselineau, R. *L'Evolution de Walt Whitman.* Paris, 1954.

Barba, P. A. *Cooper in Germany.* Bloomington, IN, 1914.

Beatty, R. C. *James Russell Lowell.* Nashville, TN, 1942.

Beaver, J. *Walt Whitman: Poet of Science.* New York, 1951.

Beers, H. A. *Nathaniel Parker Willis.* Boston, 1885.

Bercaw, M. K. *Melville's Sources.* Evanston, IL, 1987.

Bonaparte, M. *Edgar Poe: étude psychoanalytique.* Paris, 1933.

Booth, B. A. and Jones, C. E. *A Concordance of the Poetical Works of Edgar Allan Poe.* Baltimore, 1941.

Cambiaire, C. P. *The Influence of Edgar Allan Poe in France.* New York, 1927.

Canby, H. S. *Thoreau.* Boston, 1939.

Canby, H. S. *Walt Whitman, An American: A Study in Biography.* Boston, 1943.

Cantwell, R. *Nathaniel Hawthorne: The American Years.* New York, 1948.

Channing, W. H. *The Life of William Ellery Channing.* Boston, 1880.

Chase, R. *Herman Melville: A Critical Study.* New York, 1949.

Chipperfield, F. *In Quest of Love: The Life and Death of Margaret Fuller.* New York, 1957.

Cooke, J. E. *Poe as a Literary Critic.* Ed. N. B. Fagin, Baltimore, 1946.

Damon, S. F. *Thomas Holley Chivers, Friend of Poe: With Selections from His Poems.* New York, 1930; 1973.

Davidson, E. H. *Poe: A Critical Study.* Cambridge, MA, 1957.

Frédérix, P. *Herman Melville.* Paris, 1950.

Frothingham, O. B. *George Ripley.* Boston, 1882.

Giantvalley, S. *Walt Whitman 1838–1939 A Reference Guide.* Boston, 1981.

Glicksberg, Ch. I. *Walt Whitman and the Civil War.* Philadelphia (Diss.), 1933.

Godwin, P. *A Biography of William Cullen Bryant, with Extracts from His Private Correspondence.* 2 vols., New York, 1883.

Göske, D. *Herman Melville in deutscher Sprache.* Frankfurt/M., 1990.

Grossman, J. *James Fenimore Cooper.* New York, 1949.

Grünzweig, W. *Walt Whitman. Die deutschsprachige Rezeption als interkulturelles Phänomen.* München, 1991.

Halleck, F.-G. *The Poetical Writings of Fitz-Greene Halleck: With Extracts from those of Joseph Rodman.* Ed. J. C. Wilson. New York, 1969.

Hatfield, J. T. *New Light on Longfellow, with Special Reference to His Relations to Germany.* Boston, 1933; repr. 1970.

Herold, A. L. *James Kirke Paulding: Versatile American.* New York, 1926.

Hollis, C. C. *Language and Style in Leaves of Grass.* Baton Rouge, LA, 1983.

Holmes, O. W. *John Lothrop Motley: A Memoir.* Boston, 1879.

Howard, L. *Herman Melville: A Biography.* Berkeley, CA, 1951.

Howe, M. A. De Wolfe. *Holmes of the Breakfast-Table.* Mamaroneck, NY, 1972; repr. of 1939 ed.

James, H. *Hawthorne.* New York, 1879.

Lemonnier, L. *Edgar Poe et la Critique Française de 1845 à 1875.* Paris, 1928.

Leyda, J., ed. *The Melville Log: A Documentary Life of Herman Melville, 1819–1891.* 2 vols., New York, 1951.

Loggins, V. *The Hawthornes: The Story of Seven Generations of an American Family.* New York, 1951.

Ludblad, J. *Nathaniel Hawthorne and European Literary Tradition.* Uppsala, 1947.

Male, R. R., Jr. *Hawthorne's Tragic Vision.* Austin, TX, 1957.

Nye, R. B. *George Bancroft: Brahmin Rebel.* New York, 1944.

Paulding, W. I. *The Literary Life of James K. Paulding.* New York, 1867.

Peckham, H. H. *Gotham Yankee: A Biography of William Cullen Bryant.* New York, 1950.

Percival, M. O. *A Reading of Moby Dick.* Chicago, 1950.

Pickard, S. T., *Life and Letters of John Greenleaf Whittier.* 2 vols. Boston 1894, rev. ed. 1907.

Pinkney, W. *The Life of William Pinkney.* New York, 1969.

Power, J. *Shelley in America in the Nineteenth Century: His Relation to American Critical Thought and His Influence.* New York, 1969.

Quinn, A. H. *Edgar Allan Poe: A Critical Biography.* New York, 1941.

Reichart, W. A. *Washington Irving and Germany.* Ann Arbor, MI, 1957.

Rummings, D. D. *Walt Whitman. 1940–1975: A Reference Guide.* Boston, 1982.

Rusk, R. L. *The Life of Ralph Waldo Emerson.* New York, 1949.

Seybold, E. *Thoreau: The Quest and the Classics.* Yale, 1951.

Stewart, R. *Nathaniel Hawthorne: A Biography.* New Haven, CT, 1948.

Stoller, L. *After Walden, Thoreau's Changing Views on Economic Men.* Stanford, 1958.
Stowe, Ch. E. *Life of Harriet Beecher Stowe: Compiled from Her Journals and Letters.* Boston, 1889.
Sweeney, G. M. *Melville's Use of Classical Mythology.* Amsterdam, 1975.
Van Doren, M. *Nathaniel Hawthorne.* New York, 1949.
Vincent, H. P. *The Trying Out of Moby Dick.* Boston, 1949.
Wade, M. *Margaret Fuller: Whetstone of Genius.* New York, 1940.
Wagenknecht, E. *Nathaniel Hawthorne.* Oxford, 1951.
Wagenknecht, E. *Longfellow: A Full-Length Portrait.* New York, 1955.
Waggoner, H. H. *Hawthorne, A Critical Study.* Cambridge, MA, 1955.
Whicher, St. E. *Freedom and Fate: An Inner Life of Ralph Waldo Emerson.* 2nd ed. Philadelphia, 1971.
Williams, S. T. *The Life of Washington Irving.* 2 vols. New York, 1935.
Wilson, R. F. *Crusader in Crinoline: The Life of Harriet Beecher Stowe.* Philadelphia, 1941; repr. 1972.
Woodberry, G. E. *The Life of Edgar Allan Poe.* 2 vols. Philadelphia, 1909.
Woodberry, G. E. *Nathaniel Hawthorne.* Boston, 1902; repr. 1980.

VOM BÜRGERKRIEG ZUM »GILDED AGE«

Geschichte und Kulturgeschichte

Carnegie, A. *The Gospel of Wealth.* New York, 1889.
Commager, H. S. *The American Mind: An Interpretation of American Thought and Character Since the 1880's.* New York, 1950.
Du Bois, W. E. B. *Black Reconstruction in America.* London, 1966.
Destler, Ch. M. *American Radicalism, 1865–1901.* New London, CT, 1946.
Egbert, D. D. and Person, S. *Socialism and American Life.* 2 vols. Princeton, 1952.
Franklin, J. H. *From Slavery to Freedom: A History of the American Negroes.* New York, 1947.
Frazer, E. F. *The Negro in the United States.* New York, 1957.
Handlin, O. *Immigrants as a Factor in American History.* Englewood Cliffs, NJ, 1959.
Hicks, J. D. *The Populist Revolt: A History of the Farmer's Alliance and the People's Party.* Minneapolis, 1931.
Higham, J. *Strangers in the Land: Patterns of American Nativism 1860–1925.* New York, 1963.

Kirkland, E. C. *Industry Comes of Age.* New York, 1951.
Levine, L. W. *Black Culture and Black Consciousness: Afro-American Folk Thought from Slavery to Freedom.* New York, 1977.
McKitrick, E. L. *Andrew Johnson and Reconstruction.* Chicago, 1960.
Maddox, L. *Removals: Nineteenth-Century American Literature and the Politics of Indian Affairs.* Norman, OK, 1992.
Odum, H. W. and Moore, H. E. *American Regionalism: A Cultural-Historical Approach to National Integration.* New York, 1938.
Stampp, K. *The Era of Reconstruction.* London, 1965.
Thernstrom, S., ed. *Harvard Encyclopedia of American Ethnic Groups.* Cambridge, 1980.
Vann Woodward, C. *The Strange Career of Jim Crow.* 3rd rev. ed. New York, 1974.
Vann Woodward, C. *The Origins of the New South.* Baton Rouge, LA, 1951.
Warren, S. *American Freethought, 1860–1914.* New York, 1966.
Werkmeister, D. H. *A History of Philosophical Ideas in America.* New York, 1949.
Wiernik, P. *History of the Jews in America: From the Period of the Discovery of the New World to the Present Time.* 3rd ed. New York, 1972.

Literaturgeschichte

Aaron, D. *The Unwritten War: American Writers and the Civil War.* London, 1973.
Åhnebrink, L. *The Beginnings of Naturalism in American Fiction 1891–1903.* Cambridge, MA, 1950; New York 1961.
Brooks, V. W. *New England: Indian Summer, 1865–1915.* New York, 1940.
Carter, E. *Howells and the Age of Realism.* Bloomington, 1971.
Conder, J. J. *Naturalism in American Fiction: The Classic Phase.* Lexington, 1984.
Fluck, W. *Inszenierte Wirklichkeit: Der amerikanische Realismus 1865–1900.* Paderborn, 1991.
Hazard, L. L. *The Frontier in American Literature.* New York, 1927.
Hicks, G. *The Great Tradition: An Interpretation of American Literature Since the Civil War.* New York, 1933, rev. ed. 1935.
Howard, J. *Form and History in American Literary Naturalism.* Chapel Hill, NC, 1985.
Kaplan, A. *The Social Construction of American Realism.* Chicago, 1988.
Kieniewicz, Th. *Men, Women, and the Novelist: Fact and Fiction in the American Novel of the 1870s and 1880s.* New York, 1991.
Liljegren, S. B. *The Revolt Against Romanticism in American Literature.* Uppsala, 1945.
Martin, J. *Harvest of Change: American Literature 1865–1914.* Englewood Cliffs, NJ, 1969.

Pattee, F. L. *A History of American Literature Since 1870.* New York, 1915.

Pizer, D. *The Theory and Practice of American Literary Naturalism: Selected Essays and Reviews.* Carbondale, 1984.

Rusk, R. L. *The Literature of the Middle West Frontier.* 2 vols. New York, 1925.

Tandy, J. R. *Crackbox Philosophers in American Humor and Satire.* New York, 1925.

Trachtenberg, A. *The Incorporation of America: Culture and Society in the Gilded Age.* New York, 1982.

Walcutt, Ch. Ch. *American Literary Naturalism: A Divided Stream.* Minneapolis, 1956.

Wilson, E. *Axel's Castle: A Study in the Imaginative Literature of 1870–1930.* New York, 1931.

Anthologien

Beatty, R. C. *et al.*, eds. *The Literature of the South.* Scott, Foresman, 1952.

Flanagan, J. T., ed. *America Is West: An Anthology of Middlewestern Life and Literature.* Minnesota, 1945; repr. Westport, CT, 1970.

Holbrook, St. H., ed. *Promised Land: A Collection of Northwest Writing.* New York, 1945.

Howells, W. D., ed. *The Great Modern American Stories: An Anthology.* New York, 1920.

Paine, G., ed. *Southern Prose Writers* (Am. Writ. Ser.), 1947.

Parks, E. W., ed. *Southern Poets.* (Am. Writ. Ser.), 1946.

Sherman, J. R., ed. *African-American Poetry of the Nineteenth Century: An Anthology.* Urbana, IL, 1992.

Showalter, E., ed. *Daughters of Decadence: Women Writers of the Fin-de-Siècle.* London, 1993.

Warfel, H. R, and Orians, G. H., eds. *American Local Color Stories.* New York, 1941.

Autoren

Adams, J. T. *Henry Adams.* New York, 1933.

Asselineau, R. *The Literary Reputation of Mark Twain from 1910 to 1950.* Paris, 1954.

Baym, M. J. *The French Education of Henry Adams.* New York, 1951.

Beatty, R. C. *Bayard Taylor: Laureate of the Gilded Age.* Norman, OK, 1936.

Bell, I. F. A., ed. *Henry James: Fiction as History.* Totowa, NJ, 1984.

Bennett, P. *Emily Dickinson: Woman Poet.* Iowa City, 1991.

Bianchi, M. D. *The Life and Letters of Emily Dickinson.* Boston, 1924, rev. eds. 1924, 1925, 1929.

Bickley, R. B., Jr. *Joel Chandler Harris.* Athens, GA, 1987.

Biklé, L. L. C. *George W. Cable: His Life and Letters.* New York, 1928.

Bloom, H., ed. *Henry James.* New York, 1987.

Brooks, V. W. *The Ordeal of Mark Twain.* New York, 1920, rev. ed. 1933.

Brooks, V. W. *The Pilgrimage of Henry James.* New York, 1925.

Buchler, J. *Charles Peirce's Empiricism.* New York, 1939.

Cady, E. H. *The Realist at War: The Mature Years, 1885–1920, of William Dean Howells.* Sycracuse, 1958; repr. Westport, CT, 1986.

Cady, E. H. *The Road to Realism: The Early Years, 1837–1885, of William Dean Howells.* Syracuse, 1956; repr. Westport, CT, 1986.

Carter, E. *Howells and the Age of Realism.* 1954, Bloomington, 1971.

de Voto, B. *Mark Twains's America.* Boston, 1935; repr. 1997.

Eble, K. E. *William Dean Howells.* 2nd ed. Boston, 1982.

Edel, L. *Henry James: The Untried Years, 1843–1870.* Philadelphia, 1953.

Elfenbein, A. S. *Women on the Color Line: Evolving Stereotypes and the Writings of George Washington Cable, Grace King, Kate Chopin.* Charlottesville, VA, 1990.

Emerson, E. *The Authentic Mark Twain.* Philadelphia, 1984.

Feeder, W. and Griffin, S. M., eds. *The Art of Criticism: Henry James on the Theory and the Practice of Fiction.* Chicago, 1986.

Feibleman, J. *An Introduction to Peirce's Philosophy, Interpreted as a System.* New York, 1946.

Foster, E. *Mary E. Wilkins Freeman.* New York, 1956.

Harlow, A. F. *Joel Chandler Harris: Plantation Storyteller.* New York, 1941.

Howells, W. D. *My Mark Twain: Reminiscences and Criticism.* New York, 1910.

Kinch, J. C. B., ed. *Mark Twain's German Critical Reputation, 1875–1986.* New York, 1989.

Kirk, C. M. and Kirk, R. *William Dean Howells.* New York, 1962.

Knapp, B. *Emily Dickinson.* New York, 1989.

McMurray, W. *The Literary Realism of William Dean Howells.* Carbondale, IL, 1967.

Masters, E. L. *Mark Twain: A Portrait.* New York, 1938.

Matthiessen, F. O. *Henry James: The Major Phase.* New York, 1944.

Matthiessen, F. O. *Sarah Orne Jewett.* Boston, 1929.

Moran, J. C. *Seeking Refuge in Torre San Nicola: An Introduction to Francis Marion Crawford.* Nashville, TN, 1980.

Morris, L. R. *William James, the Message of a Modern Mind.* New York, 1950.

Nolan, J. C. *et al. Poet of the People: An Evaluation of James Whitcomp Riley.* Bloomington, IN, 1951.

O'Connor, R. *Bret Harte: A Biography.* Boston, 1966.

Pease, O. A. *Parkman's History: The Historian as Literary Artist.* New Haven, 1953.

Perry, R. B. *The Thought and Character of William James.* London, 1935; repr. Nashville, TN, 1996.

Randel, W. P. *Edward Eggleston.* New York, 1963.

Rourke, C. *Davy Crockett.* New York, 1934.

Rowe, J. C. *The Theoretical Dimension of Henry James.* Madison, WI, 1984.

Samuels, E. *Henry Adams.* Cambridge, MA, 1989.

St. Armand, B. L. *Emily Dickinson and Her Culture.* Cambridge, MA, 1964.

Seitz, D. C. *Artemus Ward: A Biography.* New York, 1919.

Sewell, D. R. *Mark Twain's Languages: Discourse, Dialogue, and Linguistic Variety.* Berkeley, CA, 1987.

Seyersted, P. *Kate Chopin. A Critical Biography.* Oslo, 1969.

Smit, D. W. *The Language of a Master: Theories of Style and the Late Writings of Henry James.* Carbondale, IL, 1988.

Smith, H. N., ed. *Mark Twain: A Collection of Critical Essays.* Englewood Cliff, NJ, 1963.

Smith, H. N. *Mark Twain: Development of a Writer.* Cambridge, MA, 1962.

Stevenson, E. *Henry Adams: A Biography.* New York, 1955.

Tanner, T. *Henry James.* 3 vols. Harlowe, 1979–81.

Tenney, T. A. *Mark Twain: A Reference Guide.* Boston, 1977.

Wade, J. D. *Augustus Baldwin Longstreet: A Study of the Development of Culture in the South.* New York, 1924.

Wagenknecht, E. C. *The Novels of Henry James.* New York, 1983.

Wagenknecht, E. C. *Mark Twain.* Norman, OK, 1967.

Wallace, L. *An Autobiography.* 2 vols. New York, 1906.

Whicher, G. F. *This Was a Poet: A Critical Biography of Emily Dickinson.* New York, 1938; repr. 1980.

DER START INS AMERIKANISCHE JAHRHUNDERT

Geschichte und Kulturgeschichte

Blum, J. M. *Woodrow Wilson and the Politics of Morality.* Boston, 1956.

Blum, J. M. *The Republican Roosevelt.* Cambridge, MA, 1954.

Cargill, O. *Intellectual America: Ideas on the March.* New York, 1941.

Conn, P. *The Divided Mind: Ideology and Imagination in America 1898–1917.* Cambridge, 1983.

Douglas, A. *Terrible Honesty: Mongrel Manhattan in the 1920s.* New York, 1995.
Goldman, E. F. *Rendezvous with Destiny: A History of Modern American Reform.* New York, 1952.
Kalaidjian, W. B. *American Culture Between the Wars.* New York, 1993.
Kennan, G. *American Diplomacy 1900–1950.* Chicago, 1951.
Madison, Ch. A. *Critics and Crusaders: A Century of American Protest.* New York, 1947.
Parrington, V. L. *American Dreams: A Study of American Utopias.* 2nd ed. New York, 1964.
Regier, C. C. *The Era of Muckrakers.* Chapel Hill, NC, 1932.
Scott, B. K., ed. *The Gender of Modernism.* Bloomington, 1990.
Tichi, C. *Shifting Gears: Technology, Literature, Culture in Modernist America.* Chapel Hill, NC, 1987.
Tuchman, B. W. *The Zimmerman Telegram.* New York, 1966.

Literaturgeschichte

Beach, J. W. *The Outlook for American Prose.* New York, 1926.
Bloom, C. *Twentieth-Century American Drama.* Basingstoke, 1995.
Bradbury, M. *The Modern American Novel.* New York, 1982.
Bradbury, M. and Palmer, D., eds. *The American Novel and the Nineteen Twenties.* London, 1971.
Bronner, E. *The Encyclopedia of the American Theatre 1900–1975.* San Diego, 1980.
Bruns, F. *Die amerikanische Dichtung der Gegenwart.* Leipzig, 1930.
Capetti, C. *Writing Chicago: Modernism, Ethnography, and the Novel.* New York, 1993.
Coffman, S. K. *Imagism: A Chapter for the History of Modern Poetry.* Norman, OK, 1951.
Eysteinsson, A. *The Concept of Modernism.* Ithaca, NY, 1990.
Gelpi, A., *A Coherent Splendor: The American Poetic Renaissance, 1910–1950.* New York, 1987.
Goetsch, P. *Das amerikanische Drama.* Düsseldorf, 1974.
Grimmiger, R. *et al.*, Hg. *Literarische Moderne.* Reinbek, 1995.
Hay, S. A. *African American Theatre: An Historical and Critical Analysis.* Cambridge, MA, 1994.
Hughes, G. *Imagism and Imagists: A Study in Modern Poetry.* Stanford, CA, 1931.
June, H. *Form and History in American Literary Naturalism.* Chapel Hill, NC, 1985.
Kaplan, A. *The Social Construction of American Realism.* Chicago, 1988.
Kazin, A. *On Native Grounds: An Interpretation of Modern American Prose Literature.* New York, 1942.

Kazin, A. *Starting Out in the Thirties.* London, 1966.

Kenner, H. *The Pound Era.* Berkeley, 1971.

Klein, M. *Foreigners: The Making of American Literature 1900–1940.* Chicago, 1981.

Kreymborg, A. *A History of Modern Poetry.* New York, 1934.

MacNicholas, J., ed. *Twentieth Century American Dramatists.* 2 vols. Detroit, 1981.

Meserve, W. J. *An Outline History of American Drama.* Totova, NJ, 1965.

Michaud, R. *Die amerikanische Literatur der Gegenwart.* Leipzig, 1931.

Miller, J. Y. and Frazer, W. L. *American Drama Between the Wars: A Critical History.* Boston, 1991.

O'Brien, E. J. *The Dance of Machines: The American Short Story and the Industrial Age.* New York, 1929.

Pattee, F. L. *The New American Literature, 1890–1930.* New York, 1930.

Perkins, D. *A History of Modern Poetry.* 2 vols. Cambridge, 1976 and 1987.

Robinson, M. *The Other American Drama.* New York, 1994.

Schäfer, J. *Geschichte des amerikanischen Dramas im 20. Jahrhundert.* Stuttgart, 1982.

Taupin, R. *L'Influence du Symbolisme Français sur la Poésie Américain (de 1910 à 1920).* Paris, 1929; engl. New York, 1985.

Taylor, W. F. *The Economic Novel in America.* Chapel Hill, NC, 1942.

Vordtriede, F. *Der Imagismus: Sein Wesen und seine Bedeutung.* Phil. Diss. Freiburg i. Brsg., 1935.

Weirick, B. *From Whitman to Sandburg in American Poetry.* New York, 1924.

Anthologien

Jessup, A., ed. *Representative American Short Stories.* Boston, 1923.

Lowell, A., ed. *Some Imagist Poets.* Boston, 1915, 1916, 1917.

Monroe, H. and Henderson, A. C., eds. *The New Poetry: An Anthology.* rev. and enl. New York, 1932.

Shockley, A. A., ed. *Afro-American Women Writers 1846–1933: An Anthology and Critical Guide.* New York, 1988.

Untermeyer, L., ed. *Modern American Poetry: A Critical Anthology.* 6th rev. ed. New York, 1942.

Williams, O., ed. *New Poems: An Anthology of British and American Verse.* 4 vols. New York, 1940–1944.

Zukofsky, L., ed. *An ›Objectivists‹ Anthology.* Boston, 1932.

Autoren

Åhnebrink, L. *The Influence of Emile Zola on Frank Norris.* Cambridge, 1947.
Barnard, E. *Edwin Arlington Robinson: A Critical Study.* New York, 1952; repr. 1969.
Bennett, M. R. *The World of Willa Cather.* New York, 1951.
Bloom, H., ed. *Stephen Crane,* New York. 1987.
Cady, E. H. *Stephen Crane.* Boston, 1980.
Daiches, D. *Willa Cather: A Critical Introduction.* New York, 1951.
Dell, F. *Upton Sinclair: A Study in Social Protest.* New York, 1927, New York, 1970.
Edman, I., ed. *The Philosophy of Santayana: Selections.* New York, 1936.
Etlain, R. W. *Owen Wister.* Boise, ID, 1973.
Fatout, P. *Ambrose Bierce, The Devil's Lexicographer.* Norman, OK, 1951.
Harris, L. *Upton Sinclair: American Rebel.* New York, 1975.
Kaplan, E. *Philosophy in the Poetry of Edwin Arlington Robinson.* New York, 1940.
London, J. *Jack London and His Times: An Unconventional Biography.* New York, 1939.
Long, E. H. *O. Henry: The Man and His Work.* Philadelphia, 1949.
Lubbock, P. *Portrait of Edith Wharton.* New York, 1947.
McWilliams, V. *Lafcadio Hearn.* Boston, 1946.
Manchester, F. and Shepard, O., eds. *Irving Babbitt: Man and Teacher.* New York, 1941.
Marchand, E. *Frank Norris: A Study.* Stanford, CA, 1942.
Matthiessen, F. O. *Theodore Dreiser.* New York, 1951.
Morgan, A. E. *Edward Bellamy.* New York, 1944.
Nathanson, J. *John Dewey: The Reconstruction of the Democratic Life.* New York, 1951.
Nevius, B. *Edith Wharton: A Study of Her Fiction.* Berkeley, CA, 1953.
Noel, J. *Footloose in Arcadia: Personal Record of Jack London, George Sterling, Ambrose Bierce.* New York, 1940.
O'Connor, R. *Ambrose Bierce.* Boston, 1967.
Pizer, D. *The Novels of Theodore Dreiser: A Critical Study.* Minneapolis, 1976.
Schlipp, P. A., ed. *The Philosophy of George Santayana.* Philadelphia, 1983.
Sergeant, E. S. *Willa Cather: A Memoir.* Philadelphia, 1953.
Stone, I. *Sailor on Horseback: The Biography of Jack London.* Boston, 1938.
Thiebaux, M. *Ellen Glasgow.* New York, 1982.
Van Doren, C. *James Branch Cabell.* New York, 1925.
Walker, F. *Frank Norris: A Biography.* New York, 1932.
Winters, Y. *Edwin Arlington Robinson.* New York, 1927.

ZWISCHEN DEN WELTKRIEGEN

Geschichte und Kulturgeschichte

Beard, Ch. A. and M. R. *The Rise of American Civilization,* 2 vols. New York, 1927; rev. and enl. 1933, with vol. III added in 1939 and vol. IV in 1942.

Burns, J. M. *Roosevelt: The Soldier of Freedom.* London, 1971.

Commager, H. S. *The American Mind.* New Haven, 1950.

Crane, M. ed. *The Roosevelt Era.* New York, 1947.

Curti, M. *The Growth of American Thought.* New York, 1943.

Curti, M. *The Roots of American Loyalty.* New York, 1946.

Feis, H. *The Road to Pearl Harbor.* Princeton, 1950.

Galbraith, J. K. *The Great Crash.* London, 1955.

Gunther, J. *Roosevelt in Retrospect: A Profile in History.* New York, 1950.

Hacker, M. and Zahler, H. S., eds. *The Shaping of the American Tradition.* 2 vols. New York, 1947.

Lerner, M. *America as a Civilization: Life and Thought in the United States Today.* New York, 1957.

Leuchtenburg, W. E. *The Perils of Prosperity 1914–1932.* Chicago, 1958.

Leuchtenberg, W. E. *Franklin D. Roosevelt and the New Deal.* New York, 1963.

Morison, S. E. and Commager, H. S., *The Growth of the American Republic.* 4th ed. New York, 1950.

Myrdal, G. *An American Dilemma: The Negro Problem and Modern Democracy.* New York, 1944.

Ogg, F. A. and Ray, P. O. *Introduction to American Government.* 10th ed. New York, 1922.

Schlesinger, A. M. *Political and Social Growth of the American People, 1860–1940.* rev. ed. New York, 1941.

Schlesinger, A. M. and Fox, D. R., eds. *A History of American Life.* 12 vols. New York, 1927–1944.

Scott, W. *Documentary Expression and Thirties America.* New York, 1973.

Sinclair, A. *Prohibition.* London, 1962.

Terkel, S. *Hard Times: An Oral History of the Great Depression.* New York, 1970.

Tichi, C. *Shifting Gears: Technology, Literature, Culture in Modernist America.* Chapel Hill, 1987.

Literaturgeschichte

Beach, J. W. *American Fiction, 1920–1940.* New York, 1941.
Berney, K., ed. *Contemporary American Dramatists.* London, 1994.
Blackmur, R. P. *Language as Gesture.* New York, 1952.
Bloom, C., *Twentieth-Century American Drama.* Basingstoke, 1995.
Bogan, L., *Achievement in American Poetry, 1900–1950.* Chicago, 1951.
Bowman, J. C. *Contemporary American Criticism.* New York, 1926.
Brodin, P. *Les écrivains américains de léntre deux guerres.* Paris, 1946.
Brooks, C. *Modern Poetry and the Tradition.* Chapel Hill, NC. 1939.
Bungert, M., ed. *Die amerikanische Short Story: Theorie und Entwicklung.* Darmstadt, 1972.
Cowie, A. *The Rise of the American Novel.* New York, 1940.
Cowley, A. *The Literary Situation.* New York, 1954.
Cowley, M. *After the Genteel Tradition: American Writers Since 1910.* New York, 1937.
Davis, A. P. *From the Dark Tower: Afro-American Writers 1900–1960.* Washington, DC, 1974.
Downer, A. S., ed. *American Drama and Its Critics.* Chicago, 1965.
Downer, A. S. *Fifty Years of American Drama, 1900–1950.* Chicago, 1951.
Finkelstein, S. *Existentialism and Alienation in American Literature.* New York, 1965.
Flexner, E. *American Playwrights, 1918–1938: The Theatre Retreats from Reality,* New York, 1938.
Foerster, N. *American Criticism: A Study in Literary Theory from Poe to the Present.* Boston, 1928.
Gardiner, H. C., ed. *Fifty Years of the American Novel.* New York, 1951.
Geismar, M. *Writers in Crisis: The American Novel Between Two Wars.* New York, 1942.
Gerstenberger, D. and Hendrick, G. *The American Novel 1789–1959.* Denver, 1961.
Gilbert, D. *American Vaudeville: Its Life and Times.* New York, 1940.
Gross, S. L. and Hardy, J. E. *Images of the Negro American Literature.* Chicago, 1966.
Harap, L. *Creative Awakening: The Jewish Presence in Twentieth-Century American Literature.* Philadelphia, 1987.
Hartmann, J. G. *The Development of American Social Comedy from 1787 to 1936.* New York, 1971.
Hassan, I. *Radical Innocence,* Princeton, 1961.
Hoffman, F. J. *The Modern Novel in America, 1900–1950.* Chicago, 1951.
Huggins, N. I. *Harlem Renaissance.* New York, 1972.

Hyman, S. E. *The Armed Vision: A Study in the Methods of Modern Literary Criticism.* New York, 1948.

Kamp, J., ed. *Reference Guide to American Literature.* 3rd ed. Detroit, 1994.

Kilchenmann, R. J. *Die Kurzgeschichte: Formen der Entwicklung.* Stuttgart, 1967.

Kinne, W. P. *George Pierce Baker and the American Theatre.* Cambridge, MA, 1954.

Krutch, J. W. *The American Drama Since 1918: An Informal History.* rev. ed. New York, 1957.

Lai, H. M. *et al.*, eds. *Island: Poetry and History of Chinese Immigrants on Angel Island 1910–1940.* San Francisco, 1980.

Loggins, V., *The Negro Author: His Development in America to 1900.* New York, 1921; repr. 1964.

Magny, C. E. *L'Age du Roman Américain.* Paris, 1948.

Moses, M. J. *The American Dramatists.* rev. ed. Boston, 1918.

Moses, M. J. and Brown, J. M., eds. *The American Theatre as Seen by Its Critics, 1752–1934.* New York, 1934.

Prichard, J. P. *Criticism in America: An Account of the Development of Critical Techniques from the Early Period of the Republic to the Middle of the Twentieth Century.* 2nd. ed. Norman, OK, 1967.

Quinn, A. H. *A History of the American Drama: From the Civil War to the Present Day.* 2 vols. New York, 1927, rev. ed. 1936.

Raiziss, S. *La Poésie Américaine ›Moderniste‹, 1910–1940.* New York, 1948.

Ransom, J. C. *The New Criticism.* Norfolk, CT, 1941.

Rubin, L. D., Jr. and Jacobs, R.D., eds. *Southern Renascence: ›The Literature of the Modern South.‹* Baltimore, 1953.

Schlaeger, J., Hg. *Kritik in der Krise.* München, 1986.

Sherman, B. *The Intervention of the Jew: Jewish American Education Novels, 1916–1964.* New York, 1969.

Sievers, W. D. *Freud on Broadway: A History of Psychoanalysis and the American Drama.* New York, 1955.

Sutton, W., *Modern American Criticism.* Englewood Cliffs, NJ, 1963.

Tate, A. and Bishop, J. P., eds. *American Harvest: Twenty Years of Creative Writing in the United States.* New York, 1942.

Thornston, J. *et al. Short Fiction Criticism, 1800–1958.* Denver, 1961.

Wagenknecht, E. *Cavalcade of the American Novel.* New York, 1952.

Warfel, H. R. *American Novel of Today.* New York, 1951.

Warren, S. W., ed. *Twentieth-Century Short Story Explication.* Hamden, CT, 1961.

West, R. B. *The Short Story in America, 1900–1950.* Chicago, 1956.

Winter, Y. *Primitivism and Decadence: A Study of American Experimental Poetry.* New York, 1937.

Anthologien

Caverton, V. F., ed. *Anthology of American Negro Literature.* New York, 1929.

Cerf, B. and Carmell, V. H., eds. *Sixteen Famous American Plays.* Garden City, NY, 1941.

Hicks, G. *et al.* eds. *Proletarian Literature in the United States: An Anthology.* New York, 1968.

Jones, LeRoi, Amiri Baraka and Neal, L., eds. *An Anthology of Afro-American Writing.* New York, 1935.

Lewis, D., ed. *The Portable Harlem Renaissance Reader.* New York, 1994.

Monroe, H. and Henderson, A. V., eds. *The New Poetry: An Anthology.* rev. and enl. New York, 1932.

Untermeyer, L., ed. *Modern American Poetry: A Critical Anthology.* 1919, 6th rev. ed. New York, 1941.

Washington, M. H., ed. *Invented Lives: Narratives of Black Women 1860–1960.* New York, 1987.

Autoren

Atkins, J. A. *The Art of Ernest Hemingway: His Work and Personality.* London, 1952.

Bailey, M. D. *Maxwell Anderson: The Playwright as Prophet.* New York, 1957.

Baker, C. *Ernest Hemingway: A Life Story.* New York, 1969.

Baker, C. *Hemingway and His Critics.* 2nd ed., Princeton, 1951.

Baker, C. *Hemingway: The Writer as Artist.* 2nd ed., Princeton, 1956.

Bakish, K. *Richard Wright.* New York, 1973.

Becker, G. J. *John Dos Passos.* New York, 1974.

Bloom, H. ed. *Eugene O'Neill.* New York, 1987.

Bloom, H. ed. *Gertrude Stein.* New York, 1986.

Bloom, H. ed. *Wallace Stevens: The Poems of Our Climate.* Ithaca, NY, 1977.

Branch, E. M. *James T. Farrell,* New York, 1971.

Brooks, C. *William Faulkner: The Yoknapatawpha Country.* New Haven, 1977.

Callahan, N. *Carl Sandburg: His Life and Works.* University Park, PA, 1987.

Campbell, H. M. and Foster, R. E. *William Faulkner: A Critical Appraisal.* Norman, OK, 1951.

Cargill, O. *et al.*, eds. *O'Neill and His Plays: Four Decades of Criticism.* New York, 1961.

Carpenter, H. *A Serious Character: The Life of Ezra Pound.* Boston, 1988.
Chesnutt, H. M. *Charles W. Chesnutt: Pioneer of the Color Line.* Chapel Hill, NC, 1952.
Chasca, E. E. *John Gould Fletcher and Imagism.* Columbia, LA, 1978.
Clark, B. H. *Eugene O'Neill: The Man and His Plays.* rev. ed., New York, 1947.
Cook, S. J. *Erskine Caldwell and the Fiction of Poverty.* Baton Rouge, LA, 1991.
Cox, S. *A Swinger of Birches: A Portrait of Robert Frost.* New York, 1957.
Dates, S. B. *William Faulkner: The Man and the Artist. A Biography.* New York, 1987.
Detzer, K. W. *Carl Sandburg: A Study in Personality and Background.* New York, 1941.
Donald, D. H. *Look Homeward: A Life of Thomas Wolfe.* Boston, MA, 1987.
Elder, D. *Ring Lardner.* Garden City, NY, 1956.
Eliot, T. S. *Ezra Pound: His Metric and Poetry.* New York, 1917.
Engel, B. F. *Marianne Moore.* rev. ed. Boston, 1989.
Engel, E. A. *The Haunted Heroes of Eugene O'Neill.* Cambridge, MA, 1953.
Falk, D. V. *Eugene O'Neill and the Tragic Tension.* New Brunswick, NJ, 1958.
Friedman, A. W. *William Faulkner.* New York, 1984.
French, W. G. *John Steinbeck.* Boston, 1975.
Gardner, H. *The Art of T. S. Eliot.* London, 1949.
Gregory, H. *Amy Lowell: Portrait of the Poet in Her Time.* New York, 1958.
Hemenway, R. E. *Zora Neale Hurston: A Literary Biography.* Urbana, IL, 1977.
Henry, D. D. *William Vaughn Moody: A Study.* Boston 1934.
Hoffman, F. J. and Vickery, O. W., eds. *William Faulkner: Two Decades of Criticism.* East Lansing, MI, 1951.
Hotchner, A. E. *Papa Hemingway: A Personal Memoir.* New York, 1966.
Howe, I. *Sherwood Anderson.* New York, 1951.
Kazin, A., ed. *F. Scott Fitzgerald: The Man and His Work.* Cleveland, 1951.
Koch, V. *William Carlos Williams.* Norfolk, CT, 1950; repr. 1973.
Levot, A. *F. Scott Fitzgerald: A Biography.* London, 1984.
Lewis, W. B. *The German Reception of America's First Dramatist.* (O'Neill) New York, 1984.
Link, F. H. *Eugene O'Neill.* Frankfurt/M., 1967.
Lisca, P. *The Wide World of John Steinbeck.* New Brunswick, NJ, 1958.
Lueders, E. *Carl Van Vechten and the Twenties.* Albuquerque, 1955.
Lynn, K. S. *Hemingway.* New York, 1987.
Manchester, W. *Disturber of the Peace: The Life of H. L. Mencken.* New York, 1950.
Masters, E. L. *Vachel Lindsay: A Poet in America.* New York, 1935.
Matthiessen, F. O. *The Achievement of T. S. Eliot.* 2nd ed. New York, 1947.
Miner, W. L. *The World of William Faulkner.* Durham, NC, 1952.

Minter, D. *William Faulkner: His Life and Work.* Baltimore, 1980.
Mizener, A. *The Far Side of Paradise: A Biography of F. Scott Fitzgerald.* Boston, 1951.
Mooney, H. J. *The Fiction and Criticism of Katherine Anne Porter.* Pittsburgh, 1957.
Nagy, N. Ch. de. *The Poetry of Ezra Pound: The Pre-Imagist Stage.* 2nd ed. Bern, 1963.
Norman, Ch. *The Magic-Maker: E. E. Cummings.* New York, 1958.
Nowell, E. *Thomas Wolfe: A Biography.* New York, 1960.
O'Connor, W. V. *The Shaping Spirit: A Study of Wallace Stevens.* Chicago, 1950.
Pack, R. *Wallace Stevens: An Approach to His Poetry and Thought.* New Brunswick, NJ, 1958.
Papajewski, H. *Thornton Wilder.* 2.Aufl., Frankfurt/M., 1965.
Powell, L. C. *Robinson Jeffers: The Man and His Work.* New York, 1970. Repr. of 1934 ed.
Robinson, J. S. *Hilda Doolittle: The Life and Work of an American Poet.* Boston, 1982.
Russel, P., ed. *A Collection of Essays to be Presented to Ezra Pound on His Sixty-fifth Birthday.* London, 1950.
Sergeant, E. S. *Robert Frost.* New York, 1961.
Schevill, J. E. *Sherwood Anderson: His Life and Work.* Denver, CO, 1951.
Schorer, M. *Sinclair Lewis.* New York, 1961.
Sheean, V. *The Indigo Bunting: A Memoir of Edna St. Vincent Millay.* New York, 1951.
Smith, G., Jr. *T.S. Eliot's Poetry and Plays: A Study in Sources and Meaning.* Chicago, 1956.
Sutherland, D. *Gertrude Stein: A Biography of Her Work.* New Haven, 1951.
Thompson, L. *Fire and Ice: The Art and Thought of Robert Frost.* New York, 1942.
Van Doren, C. *Sinclair Lewis: A Biographical Sketch.* New York, 1933.
Van Doren, M. *Edwin Arlington Robinson.* New York, 1975.
Viebrock, H. und Frank, A. P. *Zur Aktualität T.S. Eliots.* Frankfurt/M., 1975.
Walser, R., ed. *The Enigma of Thomas Wolfe: Biographical and Critical Selections.* Cambridge, MA, 1953.
Watts, H. H. *The Cantos of Ezra Pound.* London, 1954.
Watts, H. H. *Ezra Pound and the Cantos.* Chicago, 1952.
Weaver, M. *William Carlos Williams: The American Background.* Cambridge, MA, 1971.
Weber, B. *Hart Crane: A Biographical and Critical Study.* New York, 1948.
Weeks, R. P., ed. *Hemingway: A Collection of Critical Essays.* Englewood Cliffs, NJ, 1962.
Wilson, E., ed. *The Crack Up* (F. Scott Fitzgerald). Norfolk, CT, 1945.
Wrenn, J. H. and Wrenn, M. H. *Edgar Lee Masters.* Boston, 1983.

VOM KALTEN KRIEG ZUR WELTGESELLSCHAFT

Geschichte und Kulturgeschichte

Acuna, R. *Occupied America: A History of Chicanos.* New York, 1981.

Arac, J., ed. *Postmodernism and Politics.* Minneapolis, 1986.

Bak, H., ed. *Multiculturalism and the Canon of American Culture.* Amsterdam, 1993.

Bardeleben, R. von *et al.*, eds. *Missions in Conflict: Essays on US-Mexican Relations and Chicano Culture.* Tübingen, 1986.

Calleo, D. P. *The Imperious Economy.* Cambridge, MA, 1982.

Dickstein, M. *Gates of Eden: American Cultures in the Sixties.* New York, 1977.

Flax, J. *Thinking Fragments: Psychoanalysis, Feminism and Postmodernism in the Contemporary West.* Berkeley, 1991.

Griffin, D. R. *God and Religion in the Postmodern World: Essays in Postmodern Theology.* Albany, NY, 1989.

Harrington, M. *The Other America: Poverty in the United States.* rev. ed., Harmondsworth, 1971.

Huyssen, A. und Scherpe, K. R., Hg., *Postmoderne. Zeichen eines kulturellen Wandels.* Reinbek, 1986.

Jameson, F. *Postmodernism and the Logic of Cultural Capitalism.* Durham, NC, 1991.

Kennedy, R. F. *Thirteen Days: The Cuban Missile Crisis.* London, 1969.

Kerjan, L., ed. *L'Amérique urbaine des années soixante – Urban America in the Sixties.* Rennes, 1994.

Kroker, A. *The Postmodern Scene: Excremental Culture and Hyper-Aesthetics.* New York, 1986.

Lewis, D. L. *Martin Luther King: A Critical Biography.* London, 1970.

Lewy, G. *America in Vietnam.* New York, 1978.

Lukas, J. A. *Nightmare: The Underside of the Nixon Years.* New York, 1976.

Prago, A. *Strangers in Their Own Land: A History of Mexican Americans.* New York, 1973.

Rovere, R. H. *Senator Joe McCarthy.* London, 1960.

Sheehan, N., ed. *The Pentagon Papers.* Chicago, 1971.

Stavans, I. *The Hispanic Condition: Reflections on Culture and Identity in America.* New York, 1995.

Takaki, R. *Strangers From a Different Shore: A History of Asian New York Americans.* Boston, 1989.

Tsai, S.-S. H. *The Chinese Experience in America.* Bloomington, 1986.

White, Th. H. *The Making of the President 1960.* London, 1962.
Yergin, D. *Shattered Peace: The Origins of the Cold War and the National Security State.* Boston, 1977; repr. 1990.

Literaturgeschichte und Kritik

Allen, D. and Tallman, W., eds. *The Poetics of the New American Poetry.* New York, 1973.
Bernheimer, Ch., ed. *Comparative Literature in the Age of Multiculturalism.* Baltimore, 1995.
Braxton, M. and McLaughlin, A. N., eds. *Wild Women in the Whirlwind: Afro-American Culture and the Contemporary Literary Renaissance.* New Brunswick, 1990.
Bungert, H. *Die amerikanische Literatur der Gegenwart: Aspekte und Tendenzen.* Stuttgart, 1977.
Culler, J. *Structuralist Poetics.* London, 1975.
Docherty, Th. *After Theory: Postmodernism – Postmarxism.* London, 1990.
DuPlessis, R. B. *Writing Beyond the Ending: Narrative Strategies of Twentieth-Century Women Writers.* Bloomington, 1985.
Eisenstein, H. *Contemporary Feminist Thought.* Boston, 1983.
Elam, D. *Feminism and Deconstruction: Ms. en abyme.* London, 1994.
Evans, J. *Feminist Theory Today. An Introduction to Second-Wave Feminism.* London, 1995.
Fabre, G. *Drumbeats, Masks, and Metaphors: Contemporary Afro-American Theatre.* Cambridge, 1983.
Gates, H. L., Jr. ed. *Reading Black, Reading Feminist: A Critical Anthology.* New York, 1990.
Gates, H. L., Jr. *The Sygnifying Monkey. A Theory of Afro-American Literary Criticism.* New York, 1988.
Gilbert, S. M. and Gubar, S., eds. *Shakespeare's Sisters: Feminist Essays on Women Poets.* Bloomington, IN, 1979.
Grabes, H. *Das amerikanische Drama der Gegenwart.* Kronberg, 1976.
Greenblatt, S. and Gunn, G., eds. *Redrawing the Boundaries: The Transformation of English and American Literary Studies.* New York, 1992.
Gutíerrez, R. and Padilla, G., eds. *Recovering the U. S. Hispanic Literary Heritage.* Houston, 1993.
Harvey, D. *The Condition of Postmodernity.* Oxford, 1989.
Hassan, I. *The Postmodern Turn: Essays in Postmodern Theory and Culture.* Columbus, OH, 1987.

Heller, A., Hg. *Der amerikanische Roman nach 1945.* Darmstadt, 1987.

Hempfer, K., Hg. *Poststrukturalismus. Dekonstruktion, Postmoderne.* Stuttgart, 1982.

Herms, D. *Die zeitgenössische Literatur der Chicanos (1959–1988).* Frankfurt/M. 1990.

Heerera-Sobek, M. and Viramontes, H. A., eds. *Chicana Creativity and Criticism: Charting New Frontiers in American Literature.* Houston, 1988.

Hölbling, W. *Fiktionen vom Krieg im neueren amerikanischen Roman.* Tübingen, 1987.

Hoffman, D. *The Harvard Guide to Contemporary American Writing.* Cambridge, MA, 1979.

Hoffmann, G., Hg. *Der zeitgenössische amerikanische Roman: Von der Moderne zur Postmoderne.* 3 Bde. München, 1988.

Horno-Delgado, A. *et al.*, eds. *Breaking Boundaries: Latina Writings and Critical Readings.* Amherst, MA, 1989.

Humm, M., ed. *Feminism: A Reader.* Hemel Hempstead, 1992.

James, S. M. and Busia, A. P. A., eds. *Theorizing Black Feminism: The Visionary Pragmatism of Black Women.* New York, 1993.

Karl, F. R. *American Fictions, 1940–1980: A Comprehensive History of Critical Evaluation.* New York, 1983.

Karrer, W. and Puschmann-Nalenz, B., eds. *The African-American Short Story, 1970–1990: A Collection of Critical Essays.* Trier, 1993.

Keller, L. *Re-making It New: Contemporary American Poetry and the Modernist Tradition.* New York, 1987.

Lattin, V. E., ed. *Contemporary Chicano Fiction: A Critical-Survey.* Binghampton, NY, 1986.

Lentriccia, F. *After the New Criticism.* Chicago, 1980.

Link, F. *Make It New: US-amerikanische Lyrik des 20. Jahrhunderts.* Paderborn, 1996.

Link, F. *Amerikanische Erzähler seit 1950: Themen, Inhalte, Formen.* Paderborn, 1993.

Lodge, D., ed. *Modern Criticism and Theory.* New York, 1988.

McHale, B. *Postmodern Fiction.* New York, 1987.

Malin, I., ed. *Contemporary American-Jewish Literature: Critical Essays.* Bloomington, IN, 1973.

Mazzaro, J. *Postmodern American Poetry.* Urbana, 1980.

Meyer, M., *Nachkriegsdeutschland im Spiegel amerikanischer Romane der Besatzungszeit (1945–1955).* Tübingen, 1994.

Miller, N. K., ed. *The Poetics of Gender.* New York, 1986.

Newton, J. and Rosenfelt, D., eds. *Feminist Criticism and Social Change: Sex, Class and Race in Literature and Culture.* New York, 1985.

Nicholson, L., ed. *Feminism/Postmodernism.* New York, 1989.

Pinsker, S. *Jewish American Fiction 1917–1987.* Boston, 1992.

Pryse, M. and Spillers, H.J., ed. *Conjuring: Black Women, Fiction, and the Literary Tradition.* Bloomington, IN, 1985.

Rich, A. *Of Woman Born: Motherhood as Experience and Institution.* New York, 1976.

Ruoff, A. LaVonne Brown and Ward, J., eds. *Redefining American Literary History.* New York, 1990.

Sánchez, M. E. *Contemporary Chicano Poetry: A Critical Approach to an Emerging Literature.* Berkeley, 1985.

Schöpp, J. *Ausbruch aus der Mimesis. Der amerikanische Roman im Zeichen der Postmoderne.* München, 1990.

Schulz, M. F. *Radical Sophistication: Studies in Contemporary Jewish-American Novelists.* Athens, OH, 1969.

Scott, B. K., ed. *The Gender of Modernism: A Critical Anthology.* Bloomington, IN, 1990.

Showalter, E., ed. *The New Feminist Criticism: Essays on Women, Literature & Theory.* New York, 1985.

Spender, D., ed. *Feminist Theorists: Three Centuries of Key Women Thinkers.* New York, 1983.

Tanner, T. *City of Words: American Fiction 1950–1970.* London, 1971.

Tompkins, J. P., ed. *Reader-response Criticism: From Formalism to Post-Structuralism.* Baltimore, 1980.

Trujillo, R. G. and Rodriguez, A. *Literatura Chicana: Creative and Critical Writings Through 1984.* Oakland, 1985.

Veeser, H. A., ed. *The New Historicism.* New York, 1989.

Vizenor, G., ed. *Narrative Chance: Postmodern Discourse on Native American Indian Literatures.* Albuquerque, 1989.

Walch, J. and Aulich, J., eds. *Vietnam Images: War and Representation.* Basingstoke, 1989.

Walden, D., ed. *Twentieth-Century American-Jewish Fiction Writers.* Detroit, 1984.

Walter, R. *Magical Realism in Contemporary Chicano Fiction.* Frankfurt/M., 1993.

Warhol, R. R. and Herndl, D. P., eds. *Feminism: An Anthology of Literary Theory and Criticism.* New Brunswick, 1991.

Weixelman, J. and Baker, H. A., eds. *Black Feminist Criticism and Critical Theory.* Greenwood, FL, 1988.

Whelehan, I. *Modern Feminist Thought: From the Second Wave to »Post-Feminism«.* Edinburgh, 1995.

Anthologien

Cade, T., ed. *The Black Woman: An Anthology.* New York, 1970.

Corso, G. und Höllerer, W., Hg. *Junge amerikanische Lyrik.* (Dt. und engl.) München, 1961.

Garza, R. O. de la, *et al. The Mexican American Experience: An Interdisciplinary Anthology.* Austin, 1985.

Paetel, K. O., ed. *Beat: Eine Anthologie.* Reinbek, 1962.

Patterson, L., ed. *Black Theatre: A 20th-Century Collection of the Work of Its Best Playwrights.* New York, 1971.

Washington, M., ed. *Any Woman's Blues: Stories by Contemporary Black Women Writers.* London, 1986.

Washington, M., ed., *Midnight Birds: Stories of Contemporary Black Women Writers.* Garden City, NY, 1980.

Für die zweite Hälfte des 20. Jahrhunderts wurde darauf verzichtet, Monographien aufzulisten, die sich mit dem Werk eines einzigen Autors bzw. einer einzigen Schriftstellerin beschäftigen. Deren Anzahl ist so groß, daß aus Platzgründen keine Wahl blieb. Es wird empfohlen, in erster Linie die digitalen Kataloge in wissenschaftlichen Bibliotheken zu Rate zu ziehen. Ferner bieten einschlägige Internetadressen Zugriff auf jeweils aktuelle Auflagen.

PERSONENREGISTER

Die Kernstellen zu den amerikanischen Autoren sind durch Kursivsetzung hervorgehoben.

SACHREGISTER